2016上海教育年鉴

SHANGHAI EDUCATIONAL YEARBOOK

上海市教育委员会 编

上海人民出版社

上海教育概览(2015)

基础教育

中小学、幼儿园、特殊教育、工读学校总数	3106所↑
幼儿园	1510所↑
小学	764所↑
中学	790所↑
特殊教育学校	29所
工读学校	13所
中小学、幼儿园、特殊教育学校、工读学校在校学生总数	191.06万人
幼儿园在园幼儿数	53.59万人↑
小学在校学生数	79.87万人↓
普通初中在校学生数	41.23万人↓
普通高中在校学生数	15.82万人↑
特殊教育在校学生数	0.45万人↓
工读学校在校学生数	0.10万人↓

义务教育入学率	99.9%
初中毕业生数	9.43万人↑
高中阶段毕业生数(含普通高中、普通中专、职业高中、技工学校)	8.83万人↓
高考统考考生数	7.27万人
647所高校在沪实际录取学生数	64495人

中等职业教育

普通中等职业学校总数	85所
职业高中	27所
中等专业学校	51所
中等技工学校	7所
普通中等职业学校全日制在校学生总数	10.33万人↓

高等教育

普通高等学校总数	67所
普通高校本专科在校学生总数	51.16万人↑
本科在校学生数	36.72万人↑
高职高专在校学生数	14.44万人↑
研究生培养机构(不包括中科院在沪分院和煤炭院上海分院)	48家
在读研究生数	13.83万人↑
在读博士生数	2.86万人
在读硕士生数	10.97万人

研究生招生数(含科研机构)	4.60万人↑
博士生招生数	0.65万人↑
硕士生招生数	3.95万人↑
普通高等学校本专科招生数	14.07万人↓
本科生招生数	9.20万人↑
专科生招生数	4.87万人↓

成人高等中等学历教育

成人中高等学历教育学校总数	27所
独立设置成人高校	14所
独立设置中等专业学校	13所
成人高等教育和中等专业教育在校学生总数	28.84万人
成人本专科在校学生数	15.80万人
网络本专科在校学生数	11.36万人
成人中专在校学生数	1.64万人
成人本专科招生数	4.79万人
成人网络本专科招生数	4.42万人↓

成人中专招生数	0.69万人
成人本专科毕业生人数	4.97万人
成人网络本专科毕业生人数	4.77万人
成人中专毕业生人数	0.71万人

非学历教育

成人职业技术培训机构	636所
民办非学历高等教育机构	215所
校外教育机构总数	22所
少年宫	17所
少年科技站	4所
少年之家	1所
各类老年教育机构	5593个

中外合作办学

中外合作办学机构	28个
中外合作办学项目	163个
外籍人员子女学校数	36所
外籍人员子女学校在读学生数	27339名
在沪普通高校来华留学生数	55596人
全市在校港澳台学生数	6431人
高校港澳台学生数	2224人
中小学幼儿园港澳台学生数	4207人

教工队伍

小学教职工总数	6.03万人
小学专任教师数	5.23万人
中学教职工总数	7.02万人
中学专任教师数	5.50万人
普通高校教职工总数	7.36万人
普通高校专任教师数	4.16万人
正高级职称教师数	0.75万人
副高级职称教师数	1.35万人
中级职称教师数	1.64万人
市属高校教职工总数	4.12万人↑
市属高校专任教师数	2.60万人↑
中央部委属高校教职工总数	3.24万人↓
中央部委属高校专任教师数	1.56万人↓

教育经费

全市教育部门财政预算内教育事业预算总额	802亿元↑
市级教育事业预算总额	242亿元↑
区级教育事业预算总额	560亿元↑

注：↑表示统计数据与上年相比有所增加；↓表示统计数据与上年相比有所减少。

“凝魂聚气育芳菲 立德树人铸品质”上海市教育系统培育和践行社会主义核心价值观现场推进会

2015中国(上海)国际青少年足球邀请赛

5月22日，上海健康医学院成立暨领导班子任命宣

2015全国第二届军事训练营在沪举行

国歌从这里唱响——2015年“红色印记”上海市青少年党史普及教育系列活动

学生参加“蓝天下的至爱”慈善活动

爱心图书送往云南省德宏州

“智诚讲堂”之中国传统文化开讲

中学生参加爱心义卖活动

2015上海教育年度新闻人物颁奖

在上海龙华烈士陵园，中学生向革命烈士敬献花篮

大中小学生中华优秀文化展示月揭幕

2月27日，中小学生迎来新学期，学校安排了丰富多彩的安全教育活动

高考结束，考生、家长在考点门口留影纪念

华东师范大学第一附属中学建校90周年

龙华中学建校50周年

崇明中学建校100周年

高安路第一小学建校60周年

上海中学150周年校庆

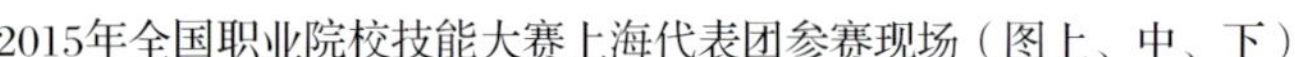

2015年全国职业院校技能大赛上海代表团参赛现场（图上、中、下）

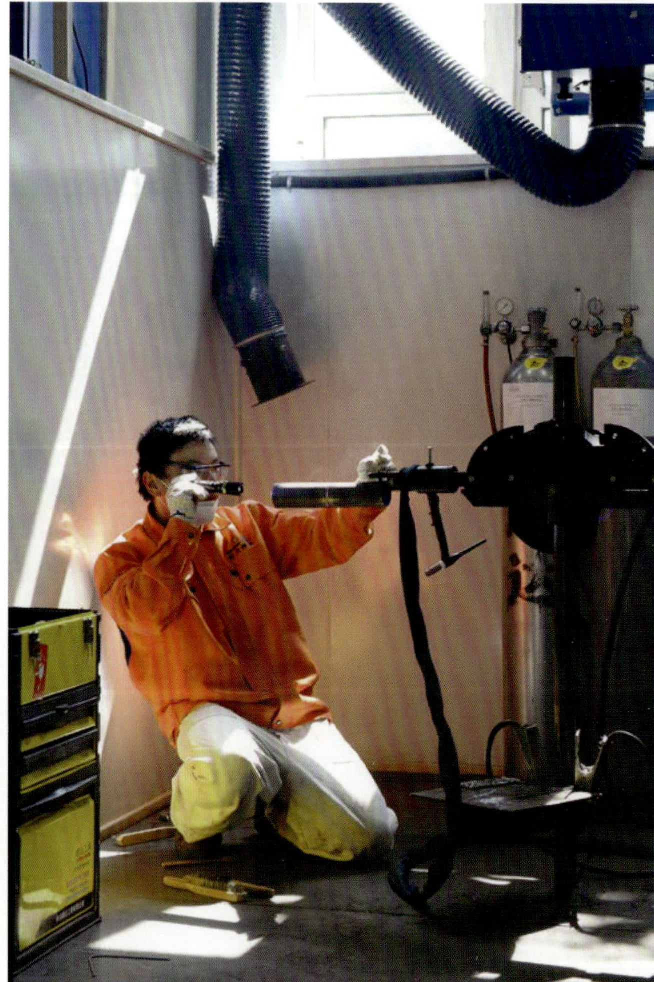

上海市“星光计划”第六届职业院校职业技能大赛（图上、中、下）

上海大学生获奖节目汇报演出

2015年上海市高校大学生法治辩论赛决赛现场（图中、下）

2015年应届高校毕业生首场招聘会

上海大学生创业论坛

第四届上海大学生原创音乐大赛

上海市首届青年艺术博览会

2015上海市民文化节

2015上海国际童书展

上海老年大学教学成果汇演

让残障孩子劳动自立

上海市第十一届全民终身学习活动周

小学生参加上海国际艺术节演出

第二届上海市学生龙文化全能赛

校园原创话剧《钱宝钧》

面对面——课堂搬进中华艺术宫

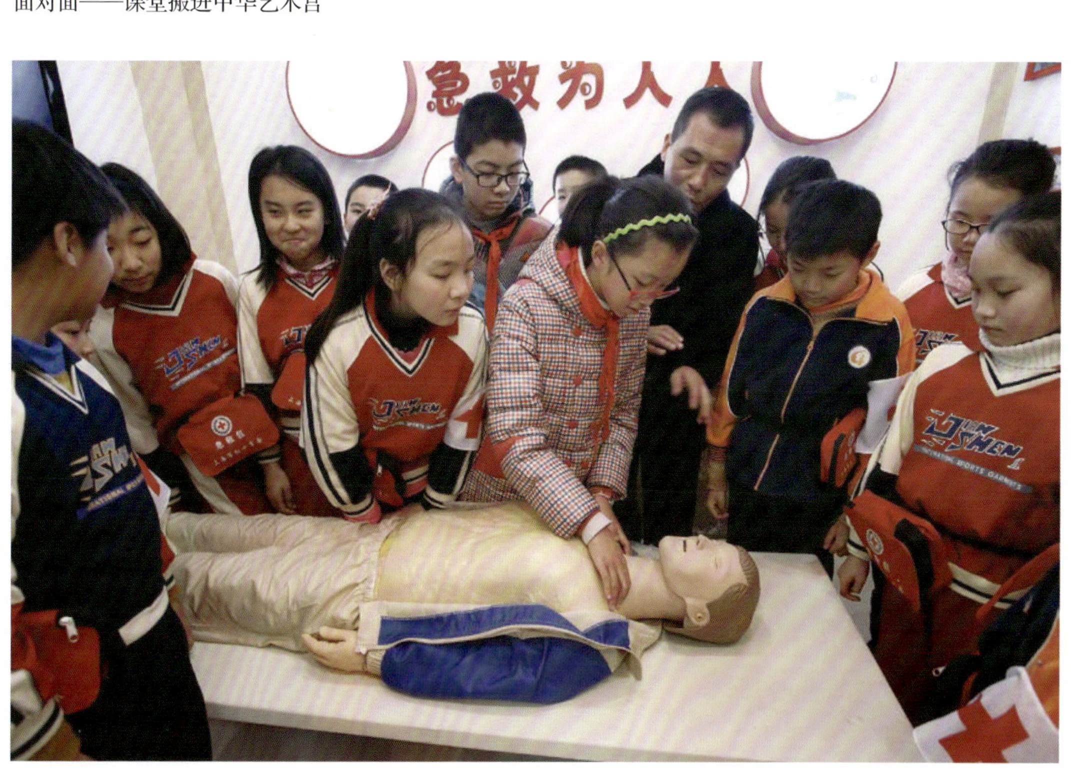

“健康生活 幸福成长”中小学健康教育主题活动

华东师范大学第四附属中学嘉年华游园会

幼儿园举办开放日活动

“六一”儿童节庆祝活动

静安区第一中心小学“最炫民族风”展示活动

小学课外活动：模型制作

青少年科普创新体验

学生职业体验

上海–喀什职业教育联盟送教培训

日喀则双语师资培训中心扎染馆

上海教师在贵州省支教

支教教师到学生家中家访

教苑群芳——黄浦女教师服饰魅力秀

上海市高中青年体育教师教学展示研讨活动

第三十一届教师节新教师宣誓仪式

高校创新创业典型展示活动（图上、中）

大学生观看动画毕业设计展上的创意作品

上海第二工业大学学生正在展示创新创业成果

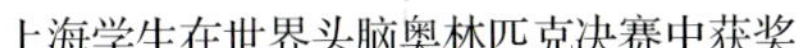

上海学生在世界头脑奥林匹克决赛中获奖

2015 中国国际教育展（上海站）

全国少儿毽球赛

2015上海市中小学篮球锦标赛

校园田径运动会

上海市校园排球联盟成立

室内创意操表演

全国大学生射箭（射艺）邀请赛

2015中国(上海)国际青少年足球邀请赛颁奖

世界青少年美式台球锦标赛

上海国际友好城市青少年夏令营开营

外国留学生在上海外国语大学参加上海暑期学校（图上、中）

中德学生切磋球技

在上海教育博览会上，中小学生参加现场活动（图上、中、下）

编辑说明

一、《上海教育年鉴》是上海市教育委员会编纂的按年度发布上海教育改革和发展情况的专业性年鉴。它是上海各级教育行政部门、各级各类学校执行党和国家的教育法律法规与方针政策、做好教育工作的经验总结，是上海教育事业发展进程的真实记录。

二、编纂本年鉴是为教育管理决策、教育科学研究提供参考，为宣传交流上海教育改革与发展成就设立窗口，为关注和研究上海教育的相关单位与个人提供信息资料。

三、本年鉴的基本内容有："特载""法律 法规 规章 文件""各级各类教育""区县教育""高等学校""教育科研与考试、评估机构""教育电视、报刊与教育集团""教育人物""大事记""教育统计"。

四、本年鉴栏目为"栏目—分目—条目"三级结构层次，以条目为主要载体。为便于检索，卷首设中英文目录，卷末有索引。索引分主题词索引、人名索引和串文图片索引。

五、本年鉴记述时限为2015年1月1日至12月31日，部分内容、数据涉及2015年前。个别资料延续到2016年3月。

六、本年鉴稿件由上海市教育委员会相关处室、直属单位，各区县教育行政部门，各高等院校等有关单位提供。

目　录

特　载

法律　法规　规章　文件

各级各类教育

综合类

基础教育

职业教育

高等教育

民办教育

终身教育

语言文字工作

国际交流和港澳台交流

区县教育

黄浦区

徐汇区

静安区

闸北区

虹口区

杨浦区

浦东新区

闵行区

嘉定区

宝山区

金山区

松江区

青浦区

奉贤区

崇明县

高等学校

复旦大学

上海交通大学

华东师范大学

上海外国语大学

上海财经大学

上海海关学院

上海民航职业技术学院

上海理工大学

上海大学

上海工程技术大学

上海中医药大学

上海师范大学

上海对外经贸大学

上海电力学院

上海海洋大学

华东政法大学

上海体育学院

上海戏剧学院

上海音乐学院

上海杉达学院

上海立信会计学院

上海电机学院

上海公安高等专科学校

上海行健职业技术学院

上海城市管理职业技术学院

上海交通职业技术学院

上海海事职业技术学院

上海电子信息职业技术学院

教育科研与考试、评估机构

上海市教育科学研究院

上海市教育考试院

教育人物

大事记

教育统计

索　引

Contents

Special Articles

Laws, Regulations and Documents

Various Educations at Different Levels

Miscellanies

Basic Education

Vocational Education

Education in Districts and the County

Huangpu District

Xuhui District

Jing'an District

Changning District

Hongkou District

Yangpu District

Pudong New District

Minhang District

Jiading District

Baoshan District

Jinshan District

Qingpu District

Fengxian District

Chongming County

Higher Educational Institutions

Fudan University

Shanghai Jiao Tong University

Shanghai Jiao Tong University School of Medical

Tongji University

East China University of Science and Technology

Donghua University

East China Normal University

Shanghai University of Finance and Economics

Shanghai Customs College

Shanghai Civil Aviation College

Shanghai University of Traditional Chinese Medicine

Shanghai Normal University

Shanghai Ocean University

East China University of Political Science and Law

Shanghai Conservatory of Music

Shanghai Sanda University

Shanghai Lixin University of Commerce

Shanghai Dianji University

Shanghai Financial University

Shanghai University of Political Science and Law

Shanghai Institute of Tourism

Shanghai Police College

Shanghai Xingjian College

Shanghai Polytechnic College of Urban Management

Shanghai Communications Polytechnic

Shanghai Maritime Academy

Shanghai Technical Institute of Electronics & Information

Shanghai Vocational College of Science and Technology

Shanghai Sports Institute

Shanghai Donghai Vocational & Technical College

Shanghai Industrial & Commercial Polytechnic

Shanghai Aurora College

Institutions of Scientific Research, Examination and Evaluation on Education

Shanghai Municipal Educational Examinations Authority

Shanghai Education Evaluation Institute

Educational TV, Press and Education Group

Shanghai Education Television Station

Shanghai Educational Press Group

Educational Personage

Chronicles

Educational Statistics

Index

特　　载

Special Articles

高校宣传思想工作面临的挑战

（2015年2月9日）

上海市副市长　翁铁慧

高校是党的宣传思想工作的重要领域，肩负着学习研究宣传马克思主义、培育和弘扬社会主义核心价值观、为实现中华民族伟大复兴的中国梦提供人才保障和智力支持的重要任务。在党中央的坚强领导下，高校宣传思想战线始终坚持正确政治方向和舆论导向，大学生思想政治教育成效显著，教师思想政治素质明显提高，高校思想理论建设取得新进展，宣传思想阵地管理不断加强，党委统一领导、党政工团齐抓共管的体制机制逐步完善，为办好人民满意的教育、维护改革发展稳定大局作出了重要贡献。同时，随着改革开放的深入和市场经济的发展，高校所处的社会思想文化环境更加复杂，我们也要清醒地认识到，对照中央要求、人民期待、师生需求，当前高校宣传思想工作还不够适应，存在不少薄弱环节。对此，需要深刻剖析内外两方面所面临的重大挑战，并在直面挑战中寻求进一步加强和改进高校宣传思想工作的重点、方法和途径。

一、意识形态领域很不平静

当前，世界范围内各种思想文化交流、交融、交锋更加频繁，国际思想文化领域斗争深刻复杂，一些西方国家把我国发展壮大视为对资本主义价值观和制度模式的挑战，加大对我国进行战略围堵和牵制遏制力度，高校抵御和防范敌对势力渗透的任务更加繁重。

近年来，国际上围绕发展模式与价值观的竞争日益凸显，各种思想文化交流、交融、交锋日趋频繁，西方一些势力抱着意识形态偏见和冷战思维不放，把意识形态渗透作为对我推行西化、分化战略的主要手段，意识形态领域渗透与反渗透的斗争尖锐复杂。特别是随着移动互联网和智能移动终端的发展和普及，网上信息源头和传播渠道急剧增多，网络舆论规模与影响越来越大，西方敌对势力利用其掌握的网络资源和技术优势，通过互联网以造谣污蔑、借题发挥、小题大做、挑拨离间等方式制造大量混淆视听的负面舆论，使原本身处高校内的师生由于互联网信息传播即时性、受众结构扁平化等特征，因而面临受到更多、更直接的意识形态渗透的风险。

与此同时，在改革发展的成果更加惠及国人，全党的道路自信、理论自信、制度自信更加坚定，社会各界对中国特色社会主义道路的认同度不断提高的同时，一些错误思潮以学术为形态、以知识为载体做出别样的解读和评说，并竭力同我党争夺话语权和影响力。高校汇集了大量的知识分子，他们思想活跃、思维敏捷、个性化特点比较鲜明，对各种新的思想观念、社会思潮敏感性较强。同时，高校又肩负着立德树人的根本任务，高校教师在知识讲授中必须对错误思潮的学术外表要有正确的政治辨别力，但目前个别人甚至出现了与党和政府疏远疏离的倾向。

二、社会价值判断呈现多元

当前，人们思想活动的独立性、选择性、多变性、差异性明显增强，用社会主义核心价值观引领广大师生的任务更加艰巨。其中,以下三方面的影响值得注意。

一是社会转型产生的影响。市场化的社会环境使学生在个人发展上获得了更广泛的自由度和选择权,也使他们感受到更强的竞争和更大的压力。处于人格成长期的青年学生,不得不在多重人格的冲撞当中去寻求协调、均衡和整合。同时,社会转型过程中所产生的一些深层次社会问题,也给青年学生造成了一定程度的负面影响,如贫富差距过大、腐败行为等。

二是社会组织形态变化带来的影响。高校社会化办学程度扩大,学生以社会人的身份和非学校组织的身份参与社会活动和社会实践的机会增多,高校传统的“看好门、管好人”的管理模式已经受到挑战。如果说社会心态是一种心理思想的碰撞,那么组织形态变化就是对学生传统管理方式的现实冲击。

三是学生群体特征变化带来的影响。当代大学生思想活跃、个性鲜明、独立意识比较强,但他们中也有一些人团结协作、艰苦奋斗精神不足,心理素质欠佳,抗挫折能力比较弱。整体来看,当代大学生群体思想政治面貌主流积极健康向上,他们对中国共产党的领导和中国特色社会主义的信心显著提升,对维护国家统一、民族团结和社会稳定普遍认同,立志成长成才、投身社会实践、提升文明素养、实现人生价值的意识和行动更加自觉。他们对当前的社会进步、经济发展表示出较高的认可度和满意度,对新中国的历史也体现出辩证认识、理性分析的努力,对未来的发展前景表现出光明、积极的心态,对自身人生价值的认识和追求,更多强调个体人格的完善、生活的自由独立。总体而言,当前大学生的思想状况、理想信念、价值观、世界观,既继承中国传统文化中注重家庭伦理、敢于负责等优良因素,又表现出注重个体、追求人生价值实现等鲜明的时代特征,同时也存在着一些模糊甚至错误的认识,需要进一步阐明和适时加以引导。

三、网络舆论引导任务艰巨

互联网已成为舆论斗争的主战场,加强网络舆论引导,充分运用新型传播手段创新高校宣传思想工作,掌握网络舆论主动权的任务更加凸显。

互联网已经实现对高校学生的全面覆盖、全程融入,每日必网、无网不在已经成为高校学生的基本生活方式。特别是近年来移动互联网的迅速崛起,包括微博、微信等新兴媒体应用诞生,使得网络对于学生影响的深入过程逐渐加速,必须深刻认识互联网成为高校学生生活“新常态”后,对高校宣传思想工作所带来的影响和挑战,其中应高度重视以下方面。

一是网络平台开放度高、话题发散性强。网络的开放性让人们接受信息的渠道变得复杂,同时人们不再只是单纯的信息接受者,更是信息源和传播者。网络公共参与的开放性和低门槛使信息变得鱼龙混杂,这对于学生辨别信息真伪是一种考验,也加剧了信息监管和控制难度。一些别有用心的人利用网络话题跳跃式前进的特征,有意地将话题引到政治性、敏感性问题上去,把原本的利益诉求变成价值诉求,这给高校的宣传思想和维稳工作带来挑战。

二是网络信息传播速度快、范围扩散性广。随着网络的扩散,事件的传播区域和参与人群将会不断扩大,这使得以往在某一单位、某一局部发生的事件将会随着网络传播的扩散而成为全国范围广受关注、备受讨论的热点,传统的线下处理方式将因为线上信息的快速扩散而大大增加难度。因此,网络不仅为事件酝酿提供了平台,而且也使得事件的应对处置难度增加。比如,过去在校园发生撞车等事件,学校及相关部门及时处理就能妥善解决,但如果通过网络的过度炒作,局部性、个别性事件就极易演变成社会事件。

三是网络舆论影响源多、人物活跃性高。互联网开辟了舆论的新领域,在复杂和喧嚣的网络中,一批知名度高、影响力大的网络意见领袖迅速崛起,他们出没于网络空间的焦点之处,活跃于网络事件的焦点时刻,或是在大型门户网站开设博客、微博,或是在热点事件中奋笔疾书,或是在时政论坛中兴风弄潮,他们的观点言论往往对网络舆论走向发挥重要的导向作用。对此,必须高度注意一些意见领袖利用网络传播平台,以线上线下、现实虚拟、国际国内互动的方式将信息传播与社会动员结合起来,试图误导学生、煽动学生。

四、应对举措和重点工作

面对新形势新情况新任务，高校宣传思想工作还不够适应，存在不少薄弱环节，还需着力加强。为此，高校在加强和改进宣传思想工作过程中要以《意见》部署为指导，在工作理念上，切实遵循教育规律、学生身心发展规律、思想政治教育工作规律，把改革创新作为根本动力，加强整体设计，注重系统推进，积极创新理念思路、方式方法和途径渠道。在工作任务上，坚持以立德树人为根本，以理想信念教育和传统文化教育为重点，以课堂教学、社会实践和网络思想政治教育为载体，以提升工作队伍整体水平为保障，特别是要着力抓好以下重点工作。

一是要以马克思主义为指导，尽快建立起具有中国特色的哲学社会科学理论体系。要在哲学社会科学理论上练好"内功"，增强思想引领的主动性，特别要发挥高校哲学社会科学的学科优势和专家资源，抓紧从学理上厘清当前意识形态领域突出问题的理论根源、分析其思想本质，加快建构适应并能够指导中国特色社会主义实践的哲学社会科学理论体系。要切实推动中国特色社会主义理论体系进教材进课堂进头脑。要提升研究回答重大问题的能力，实施中国特色新型高校智库建设推进计划，建立健全高校哲学社会科学研究分类评价体系。要加强哲学社会科学学术话语体系建设，推动高校哲学社会科学"走出去"，支持中外学者围绕中国发展和全球性重大问题开展合作研究。

二是要加强社会主义核心价值观教育的实效性。要以社会主义核心价值观为指导，加大对学生和教师两方面的教育力度。对于学生，要充分发挥思想政治理论课这一主渠道，切实推动社会主义核心价值观进教材进课堂进头脑。要实施高校思想政治理论课建设体系创新计划，全面深化课程建设综合改革，编好教材，建好队伍，抓好教学，切实办好思想政治理论课。要着力增强大学生思想政治教育针对性实效性，启动大学生思想政治教育质量提升工程，把社会主义核心价值观融入高等教育全过程。对于教师，要始终坚持"学术研究无禁区，课堂讲授有纪律，公开宣传有要求"，引导不同类型的教师群体增强政治意识、大局意识、责任意识，用社会主义核心价值观凝聚人心。要坚持不懈用中国特色社会主义理论体系武装教师头脑，进一步健全教师政治理论学习制度，实行学术安全培训制度，深入推进哲学社会科学教学科研骨干和思想政治理论课骨干教师研修工作，建立中青年教师社会实践和校外挂职制度，重视在优秀青年教师中发展党员。要扎实推进师德建设，落实高校教师职业道德规范，完善师德建设长效机制，实行师德一票否决制，完善加强高校学风建设办法，健全学术不端行为监督查处机制。要严把教师聘用考核政治关，探索教师定期注册制度。

三是要学会善于做好知识分子的工作，增强高校领导班子的感召力。在情感上要与知识分子多交流，给予充分的尊重，争取他们的思想认同。同时也要敢于交锋，善于引导，旗帜鲜明地告诉他们我们坚持什么、反对什么，不能任由他们在错误的道路上越走越远。

四是要进一步加强高校意识形态阵地的严格规范管理。强化高校课堂教学纪律，严格执行教师教学考核、教材使用、教学过程督导制度。严格按照"谁主办、谁负责；谁审批、谁监督"的原则，切实落实论坛讲坛学术报告会一会一报制、境外基金资助等事项的管理措施。

五是要进一步加强网络舆情监控和引导。要按照网络生态和运行规律，综合运用法律手段、技术手段，治理网上乱象，加强高校网络安全管理，完善高校网络信息内容监管机制，让网络空间成为激发正能量的坚强阵地。要创新网络思想政治教育，开展高校校园网络文化建设专项试点工作，大力推进校报校刊数字化建设，探索建立优秀网络文章在科研成果统计、职务职称评聘方面的认定机制，着力培育一批导向正确、影响力广的网络名师，立足校园网站建设开办一批贴近师生学习生活的网络名站名栏，建设一支由学生和青年教师骨干组成的网络宣传员队伍，打造示范性思想理论教育资源网站、学生主题教育网站和网络互动社区，推进辅导员博客、思想政治理论课教师博客、校务微博、校园微信公众账号等网络新媒体建设。

六是要进一步加强组织领导，强化责任机制。高校领导班子，一定要坚持守土有责、守土尽责，要切实加强党对高校宣传思想工作的领导。要完善高校宣传思想工作机制，高校党委要强化政治责任和领导责任，校党委书记、校长要旗帜鲜明地站在意识形态工作第一线，充分发挥高校党委的领导核心作用，坚持和完善党委领导下的校长负责制，建立健全高校党委统一领导、党政工团齐抓共管、党委宣传部门牵头协调、有关部门和院（系）共同参与的工作机制，充分发挥院（系）党组织保证监督作用，加强高校共青团建设，加快推进高校章程制定和核准工作。要强化规范管理。对造成消极影响或严重后果的失职渎职行为，一定要严格追究、严肃处理，决不纵容姑息。

（原载《中国教育报》）

在2015年春季上海高校党政负责干部会议上的讲话(摘要)

（2015年2月27日）

中共上海市教育卫生工作委员会书记　陈克宏

全国高校党建工作会议围绕落实中办55号、中办59号文件精神，针对在全面深化高等教育综合改革、建设中国特色社会主义现代大学制度中加强和改进党的建设工作，作出了系统部署。习近平总书记在会前专门作出重要批示，强调要加强对高校党的建设工作的领导和指导，坚持党的教育方针，坚持社会主义办学方向，加强和改进思想政治工作，切实把党要管党、从严治党落到实处。

当前之所以要特别强调高校必须把党要管党、从严治党切实落到实处，首先是由党的地位所决定的，其次是由高校肩负的使命和置身的背景所决定的，同时也从一个方面表明高校党建工作现状中还存在着亟待弥补的不足。在当前，落实党要管党、从严治党要求，切实加强和改进高校党的建设，特别是全面加强和改进党对高校的领导，比以往任何一个时候都要更加重要和更加迫切。在以往工作基础上，必须着力抓好三方面工作。

一、切实加强和改进高校二级院系层面党的建设

落实党建工作责任，包括落实学校党委党建责任、落实二级院系党组织党建责任，以及落实最基层党支部党建责任等三个层面。从问题导向的角度来看，当前的重中之重，是要围绕落实二级院系党组织的党建责任，深入加强研究，拿出切实举措。这个问题如果不能得到及时有效解决，党对高校的领导、高校立德树人使命等，都势必受到极大影响。

从近几年上海高校面上情况来看，二级院系党组织总体上能履行基本职责、发挥应有作用，但对照新要求、新任务，还存在不少薄弱环节。主要表现在四个方面：一是二级院系党组织的工作机制还不够完善。二是二级院系党组织负责人队伍建设还需加强。三是二级院系党组织发挥作用方面还有待提升。许多二级院系党的工作与中心工作的融合度不高，“两张皮”现象还不同程度存在。四是二级院系党组织在支撑保障方面还需进一步加强。

落实刘延东副总理提出的“高校党委必须推动工作重心不移，形成大抓基层、严抓基层的鲜明导向”的要求，各高校党委要着力抓好四个方面的工作：一是要高度重视并切实加强对二级院系党建工作的领导。这是高校党委和党委书记的职责所在，是落实高校党委领导下的校长负责制的重要支撑。二是要切实强化二级院系党组织的政治核心作用。要把加强和改进二级院系党建工作作为落实党委领导核心作用的必然延伸，确保二级院系党组织发挥思想引领、参与决策、推动改革、用人导向、监督保证等方面的政治核心作用。三是要认真选好配强二级院系党组织负责人。四是要进一步强化对二级院系党建工作的保障支持。

关于民办高校党建工作，要健全民办高校党建工作体制、机制，规范党委参与决策制度，改进完善党委书记选派方式，促进民办高校党建工作全覆盖。上海的民办高校党建工作要继续走在全国前列。

二、进一步加快构建和完善高校全员育人体系

全面加强和改进高校党的建设，切实落实“党要管党、从严治党”，其根本目的，是为了确保高校社会主义办学方向，更好地担当立德树人的根本使命。而构建和完善更加科学合理的育人体系，是一个十分重要的核心抓手。当前，必须要把进一步加快构建和完善高校全员育人体系作为当务之急，将其摆在突出地位。为此，要进一步加强四个方面的工作。

一是要更加充分地发挥思想政治理论课的主渠道作用。必须切实推进思想政治理论课的课堂教学改革，使思想政治理论课的主渠道作用得到更好更充分的发挥。要进一步总结上海大学“大国方略”课程相关经验，集中力量，充分整合一些高校的优势资源，打造若干成功典型，建设若干门示范性课程，在全市巡回推广，形成示范效应。同时，要继承和弘扬传统的教研室体制优势，建立起时政热点问题等方面的专家研讨备课机制。

二是进一步强化辅导员队伍建设。开展全市新一轮高校辅导员队伍建设督查，为制定上海高校辅导员队伍建设新一轮五年规划提供科学依据。进一步深入推进辅导员职业能力建设，提升辅导员队伍的综合素质。进一步推动“曙光计划”“晨光计划”“上海高校青年教师培养资助计划”“阳光计划”“辅导员工作室”等人才培养项目，加强辅导员骨干培养和团队建设。

三是持续深入推进哲学社会科学骨干教师培训。在坚持以往成功经验的基础上，从三个方面完善培训工作。首先，进一步把握政治性，帮助学员全面、准确、系统学习领会习近平总书记系列重要讲话，掌握其中所包含的马克思主义基本立场、观点和方法，深化对马克思主义中国化最新理论成果的理解。其次，进一步强化针对性，根据时代和实践发展要求，围绕重大理论和现实问题开展研修，帮助学员清醒认识世情、国情和党情。第三，要进一步提高实效性，充分发挥哲学社会科学资政、启民和育人功能。此外，要将培训工作与建设具中国特色的新型高校智库紧密结合起来。

四是要全面切实加强青年教师队伍建设。“全面”强调的是加强青年教师队伍政治思想、教学科研能力、道德品质素养等各方面的建设，全方位覆盖，不留死角；“切实”强调的是要拿出实招、抓到实处，而不是虚张声势，甚至只停留在口头上。其中，特别要把切实加强青年教师队伍的政治思想建设摆在突出位置。

从目标上讲，加强青年教师队伍的政治思想建设，要牢牢坚持三个层面的要求。理想层面，是要培养青年教师的政治意识。一般层面，是要培养青年教师的责任意识。底线层面，是要培养青年教师的职业道德意识。

从对象、方式和途径等方面讲，加强青年教师队伍的政治思想建设，着重要把握四个方面要求。首先，要切实加强对青年党员教师的教育和管理。其次，要切实加强对海归教师的政治思想引导。要引导他们正确认识中国国情，客观看待当前发展中的问题和中外政治制度差异。第三，要切实改进加强青年教师队伍政治思想建设的理念、方式和载体。其中，特别是要高度重视并充分发挥实践育人的重要作用，要通过各种政策设计和制度安排，引导和激励广大青年教师走出书斋，积极投身社会实践，在改革开放和经济社会发展的现实中切身感受中国特色社会主义事业的伟大成就，提高认识水平和思想觉悟，增强才干，陶冶情操。第四，要切实加强和改进青年教师队伍的培训工作。必须进一步严把政治关，要在培训中留出充足的时间，进一步切实加强课堂授课纪律方面的教育。

三、坚决守住高校党建工作和改革发展若干重要底线

高校领导要切实增强底线思维意识、提高底线思维能力，居安思危，把工作预案准备得更充分、更周详。特别要牢牢守住三条底线。

首先，要牢牢守住意识形态工作底线。高校的重要地位和使命，决定了高校意识形态工作必须常抓不懈，须臾不可放松。事实表明，当前高校意识形态领域斗争依然严峻复杂。必须着力抓好两个方面的工作：一方面，要着力增强意识形态工作能力；另一方面，要切实加强相关制度建设，严明政治纪律和政治

规矩。

其次，要牢牢守住党风廉政建设底线。一是要建立一批制度，把“一岗双责”具体化。二是完善督查机制，强化过程监督。要切实加强对党风廉政建设责任制落实情况的日常督查和各类专项检查。特别要突出政治纪律和政治规矩执行情况以及中央八项规定精神执行情况等方面的监督检查。三是要健全查处机制，深化责任追究。特别是要加大通报曝光力度，经查属实的违法违纪行为，都要在一定范围内进行公开通报，充分发挥案件的教育、警示和震慑作用。

第三，要牢牢守住校园安全底线。校园安全问题绝非小事，一旦处理不当，就极可能引发群体性事件、极端性事件，绝不能掉以轻心，容不得半点闪失和马虎。

在2015年春季上海高校党政负责干部会议上的讲话（摘要）

（2015年2月27日）

上海市教育委员会主任　苏　明

一、2014年主要工作情况

2014年是教育系统深化改革的开局之年，也是加快推进教育现代化的关键之年。上海高等教育改革发展成效主要体现在七个方面：

（一）两项国家教改试点任务扎实落地。一是率先深化教育领域综合改革，印发实施上海教育综合改革方案，国家部委以“一授权两报备”方式支持上海深化改革。二是率先开展高考综合改革试点，按照“两依据一参考”要求，立足科学评价与公平选拔，提出系列改革措施。

（二）高等教育体制机制创新持续推进。一是完成行业高校隶属关系划转，10所原隶属行业企业的高校顺利划转至市教委。二是深化高校投入机制改革，初步构建以基本办学经费和内涵建设经费为主的市属公办高校经常性经费投入机制。三是创新民办学校扶持机制，加大对民办教育支持力度，开展非营利民办高校示范校建设，成立市民办高校教师专业发展中心和市民办教育发展基金会。

（三）职业教育“立交桥”初步构建。一是深化职业教育贯通培养模式改革试点，扩大中高职贯通培养模式改革范围，启动“中职—应用本科”贯通培养模式改革。二是强化教育教学与行业企业需求的融合，总结推广临床医学专业硕士和住院医师规范化培训相结合改革试验，启动临床医学博士专业学位教育与专科医师规范化培训结合改革，扩大“双证融通”专业改革试点范围。

（四）高等教育教学改革成效明显。一是骨干教师教学激励计划启动试点。遴选4所正式试点高校和4家试点培育高校率先推行。二是教学改革成果获得认可，上海高校获得33项高等教育国家级教学成果奖。三是人才培养模式创新取得突破，建成基本涵盖高校各主要学科专业的国家级、市级、校级实验教学示范中心，建成59个国家级工程实践教育基地。

（五）知识创新与知识服务能力继续增强。一是国家“2011中心”实现“零”的突破，上海高校有4个协同创新中心进入2014年国家“2011计划”建设行列。二是高校获科技成果奖励占“半壁江山”。在年度国家科学技术奖励大会上，上海高校及附属医院共有28项成果获奖。

（六）高等教育国际化进程稳步向前。一是注重优化中外合作办学层次与结构，全市共有28个中外合作办学机构和152个项目，新设上海温哥华电影学院、上海国际时尚创意学院。二是注重优化来沪留学生结构，共有5.6万名外国留学生在高校就读，其中长期生3.9万名，占比过七成。三是注重加大汉语国际推广，新增3所孔子学院，全市已在国外举办44所孔子学院。

（七）高考改革配套措施相继出台。一是高校分专业提出2017年高考选考科目工作顺利完成，上海全部37所本科院校及时公布科目要求。二是“春季高考”改革启动平稳，22所市属本科院校参加，投放招生计划1640名。三是严格规范高考加分项目及分值。四是严格规范艺术类专业招生录取工作。

二、2015 年工作重点

（一）落实“两个方案”：上海教育综合改革方案和上海高考改革方案

1. 推进落实上海教育综合改革方案。一是加强统筹谋划与组织领导，充分依托市教育综合改革领导小组议事决策平台，凝聚改革共识与合力。二是明确推进实施策略与路径。高等教育领域的综合改革分市级与高校两个层面推进落实。各高校要在 6 月底前，完成学校综合改革方案制定与报备工作，市里在 8 月底前完成备案程序。

2. 推进落实上海高考改革方案。一是做好一二本批次合并后相应招生录取环节调整准备，2016 年起，上海将正式合并一二本批次，各高校招生录取相关环节要相应配套，组织做好方案并进行模拟推演。二是启动实施高中学业水平考试制度，出台新的普通高中学业水平考试实施办法，建立中等职业教育学习水平测试制度。三是启动构建高中学生综合素质评价体系，启动高中学生综合素质评价信息管理系统，构建“市级—区级—学校”三级社会实践基地网络。

（二）实施三个规划：坚持问题导向，明确上海高等教育布局结构调整、现代职业教育体系构建和高校学科建设的基本思路

1. 实施上海高等教育布局结构与发展规划。一是多途径提高医学类高校的办学层次和人才培养能力。二是加快提升艺术类高校和艺术学科整体水平。三是稳步提高经管类院校的办学重心和应用研究能力。四是优化提升法学类院校人才培养结构和层次。五是引导不同类别院校的理工农学科特色发展。六是提升文史哲教类人才培养层次与质量。

2. 实施上海现代职业教育体系建设规划。一是调整职业教育层次结构，按照“巩固提高中职发展水平、创新发展高等职业教育”思路，分专业大类对中高职、应用本科的层次结构进行调整。二是创新职业教育培养模式，设计六种职业人才培养途径和通道。三是建立快速调整响应机制，建设若干所五年制专科学校和应用本科院校，建设若干所国际高端品牌院校。四是推动职业教育贯通衔接，在职业教育内部，打通“中职—专科高职—应用型本科—专业学位研究生”的上升通道，打通职业教育与新一轮高考改革的衔接通道；在职业教育外部，融通学历职业教育系统与面向全体劳动者的终身职业培训系统，融通职业院校与行业企业，构建形成大职教体系。

3. 实施上海高校学科发展规划。高峰高原学科一期申报工作已完成。各高校要按照相关反馈意见抓紧完善方案。市教委将组织专家组对Ⅰ、Ⅱ类高峰学科点和各校学科建设整体方案进行分析评估论证，按照“成熟一校、启动一校”推进实施。

（三）深化四项改革：提升教育教学质量、创新科研管理体制、促进民办高校发展、推进依法治教依法治校

1. 大力提升高等教育教学质量。一是推行市属高校骨干教师教学激励计划。扩大市属高校骨干教师教学激励计划试点范围，建立投入强度动态调整机制。二是深化本科课程教学改革，重点强化本科教育教学评价。三是深化职业教育教学改革，启动专科高职“双证融通”专业建设试点；深化应用型人才贯通培养试点，遴选一批专科高职专业开展应用型人才一体化贯通培养试点。

2. 加快创新高校科研管理体制。一是改革科技成果分类评价与职务成果处置制度，试点把技术转移、专利发明、成果转化、决策咨询、艺术作品、创意设计、研究报告、国家和行业标准等成果形式纳入评价范畴；支持开展高校技术转移中心建设，将职务科技成果处置和收益权下放给高校。二是推进实施“2011 中心”和高校智库建设，完善支撑协同创新的新型科研组织形态及人事分配机制。

3. 促进民办教育健康特色发展。一是放开民办高校收费。民办高校学历教育学费、住宿费调整为市场调节价，民办高校学历教育学费和住宿费按照“自主定价、优质优价”的原则，由学校统筹考虑相关因素，自主确定收费标准。二是推进非营利民办高校示范校创建，提供政策和资金支持。三是探索建立民办高

校骨干教师激励机制。探索试行骨干教师从教津贴，探索建立民办学校教师收入分配动态增长机制，完善“年金制”等多种社会保障。

4. 构建完善依法治教依法治校的制度机制。一是抓好章程制定与发布，市属高校要确保在 2015 年 9 月底之前完成章程制定并报市教委核准。二是提升依法治校能力水平，各高校要以制定学校章程为契机，做好现有规章制度“立、改、废、释”，抓紧构建完善以章程为基础的学校规章制度体系。

法律　法规
规章　文件

Laws, Regulations and Documents

国务院关于加快发展民族教育的决定

（国发〔2015〕46号）

各省、自治区、直辖市人民政府，国务院各部委、各直属机构：

党和国家历来高度重视民族教育工作。经过各地和有关部门的共同努力，民族教育事业快速发展，取得了显著成绩，教育规模不断扩大，办学条件明显改善，教师队伍素质稳步提升，学校民族团结教育广泛开展，双语教育积极稳步推进，教育教学质量不断提高，培养了一大批少数民族人才，为加快民族地区经济社会发展、维护祖国统一、促进民族团结作出了重要贡献。由于历史、自然等原因，民族教育发展仍面临一些特殊困难和突出问题，整体发展水平与全国平均水平相比差距仍然较大。为了加快推进少数民族和民族地区教育发展，实现国家长治久安和中华民族繁荣昌盛，现就加快发展民族教育作出以下决定。

一、准确把握新时期民族教育的指导思想、基本原则和发展目标

（一）指导思想。高举中国特色社会主义伟大旗帜，以邓小平理论、"三个代表"重要思想、科学发展观为指导，全面贯彻党的十八大、十八届二中、三中、四中全会精神和习近平总书记系列重要讲话精神，按照"四个全面"战略布局，认真贯彻党的教育方针和民族政策，深入落实党中央、国务院决策部署，以立德树人为根本，以服务改善民生、凝聚民心为导向，保障少数民族和民族地区群众受教育权利，提高各民族群众科学文化素质，传承中华民族优秀传统文化，大力培育和弘扬社会主义核心价值观，维护民族团结和社会稳定，为实现"两个一百年"奋斗目标和中华民族伟大复兴的中国梦，培养造就德智体美全面发展的社会主义合格建设者和可靠接班人。

（二）基本原则。坚持中国共产党的领导。坚定不移地把党的政治领导、思想领导、组织领导贯穿到民族教育工作的全过程和各方面，坚持社会主义办学方向，坚持中国特色社会主义道路，坚持维护祖国统一，坚持各民族一律平等，打牢中华民族共同体思想基础，巩固和发展平等团结互助和谐的社会主义民族关系。

坚持缩小发展差距。坚持民族因素和区域因素相结合，完善差别化区域政策，分区规划，分类指导，夯实发展基础，缩小发展差距，促进教育公平，决不让一个少数民族、一个地区掉队，推进民族教育全面发展。

坚持结构质量并重。适应区域发展总体战略和"一带一路"建设需要，优化教育结构，科学配置资源，提高教育质量，提升少数民族和民族地区学生就业创业能力和创造幸福生活能力，促进民族教育与经济社会协调发展。

坚持普特政策并举。发挥中央统筹支持作用，加大中东部地区对口支援力度，激发民族地区内生潜力，系统谋划、突出重点，普惠性政策向民族教育倾斜，制定特殊政策重点支持国家通用语言文字教育基础薄弱地区教育快速发展。

坚持依法治教。依据国家法律法规，运用法治思维和法治方式深化民族教育综合改革，扎实推进教育行政部门依法行政、学校依法治校，加强法治教育，增强各民族师生法律意识。坚持教育与宗教相分离。全面贯彻党的宗教工作基本方针和有关宗教法律法规，任何组织和个人不得利用宗教进行妨碍国家教育制度的活动，不得在学校传播宗教、发展教徒、设立宗教活动场所、开展宗教活动、建立宗教组织。

（三）发展目标。到2020年，民族地区教育整体发展水平及主要指标接近或达到全国平均水平，逐步实现基本公共教育服务均等化。民族地区学前两年、三年毛入园率分别达到80%、70%。义务教育学校办学条件基本实现标准化，九年义务教育巩固率达到95%，努力消除辍学现象，基本实现县域内均衡发展。高中阶段教育全面普及，普职比大体相当，中职免费教育基本实现。高等教育入学机会不断增加，高考录取率不断提高，学科专业结构基本合理，应用型、复合型、技术技能型人才培养能力显著提升。国家通用语言文字教育基础薄弱地区学前教育阶段基本普及两年双语教育，义务教育阶段全面普及双语教育。新增劳动力平均受教育年限接近或达到全国平均水平，主要劳动年龄人口平均受教育年限明显提高，从业人员继续教育年参与率达到50%。各级各类教育质量显著提高，服务民族地区全面建成小康社会的能力显著增强。

二、打牢各族师生中华民族共同体思想基础

（四）积极培育和践行社会主义核心价值观。坚持不懈开展中国特色社会主义和中国梦宣传教育，引导各族学生增强中国特色社会主义道路自信、理论自信、制度自信，树立正确的国家观、民族观、宗教观、历史观、文化观，深刻认识中国是全国各族人民共同缔造的国家，中华文化是包括56个民族的文化，中华文明是各民族共同创造的文明，中华民族是各民族共有的大家庭。坚持不懈开展法治教育和公民意识教育，把法治教育纳入国民教育体系，引导各族学生牢固树立维护民族团结和国家统一的法律意识。创新教育载体和方式，开展形式多样的体现社会主义核心价值观要求的主题教育实践活动，提高思想政治教育针对性实效性。试点开展马克思主义宗教观、党的宗教工作方针政策和有关宗教法律法规教育，引导各族师生正确认识和看待宗教问题。加强心理健康教育。

（五）建立民族团结教育常态化机制。坚持不懈开展爱国主义教育和民族团结教育，引导各族学生牢固树立“三个离不开”思想，不断增强对伟大祖国、中华民族、中华文化、中国共产党、中国特色社会主义的认同。深入推进民族团结教育进学校、进课堂、进头脑，在全国小学高年级、初中开设民族团结教育专题课，在普通高中思想政治课程中强化民族团结教育内容，在普通高校、职业院校（含高等职业学校和中等职业学校，下同）开设党的民族理论与政策课程。国务院教育行政部门指导编写中学、小学各一册民族团结教育教材，其中农村义务教育阶段纳入免费教科书范围，各地可结合实际编写地方补充教材。推动马克思主义理论研究和建设工程民族学类教材在全国高校相关专业统一使用，巩固党的民族理论和民族政策在民族学教学研究领域的指导地位。利用现代信息技术等多种手段，开发、编译民族团结教育教学资源。在师范院校和民族院校设立马克思主义民族理论与政策师范专业，培养培训民族团结教育课教师。将民族团结教育纳入督导评估工作。

（六）促进各族学生交往交流交融。在有条件的民族地区积极稳妥推进民汉合校，积极开展各族学生体育、文艺、联谊等活动，促进不同民族学生共学共进。在民族地区与支援省市之间，建立各族学生交流交往平台，通过开展“手拉手　心连心”、主题夏令营以及互相考察学习等活动，增进相互了解，相互学习，相互帮助。在内地民族班开展走班制等多种教学管理模式试点，探索推进混班教学、混合住宿，鼓励少数民族学生积极参加学校社团组织和文体活动，组织开展当地学生与内地民族班学生之间互帮互学、友好班级等活动，促进内地民族班学生尽快融入当地学习、生活。

（七）促进各民族文化交融创新。坚持以社会主义先进文化为引领，传承建设各民族共享的中华文化，继承和弘扬少数民族优秀传统文化，建设各民族共有精神家园。充分发挥教育在各民族文化交融创新中的基础性作用，把中华优秀传统文化融入中小学教材和课堂教学，在民族地区学校开设民族艺术和民族体育选修课程，开展民族优秀传统文化传承活动。鼓励支持普通高校、职业院校加强与文化企事业单位合作，将民族优秀文化列入学科专业，开展教学和研究，挖掘民族优秀文化资源，抢救保护和传承非物质文化遗产。科学保护各民族语言文字。

三、全面提升各级各类教育办学水平

（八）加快普及学前教育。科学规划、合理布局民族地区学前教育机构，支持乡村两级公办和普惠性民办幼儿园建设，新建、改扩建安全适用的幼儿园，开发配备必要的教育资源，改善保教条件，满足适龄幼儿入园需求。规范办园行为，强化安全监管，加强保教管理。合理配置幼儿园保教人员。重点支持民族地区实施学前教育三年行动计划。

（九）均衡发展义务教育。民族地区义务教育发展规划、资源布局应主动适应扶贫开发、生态移民、城镇化建设等需要。大力推进民族地区义务教育学校标准化建设，全面改善贫困地区义务教育薄弱学校基本办学条件，缩小城乡差距和校际差距。因地制宜保留并办好必要的村小学和教学点。以提高教学质量为重点，实施民族地区中小学理科教学质量提升计划，深化课程和教学改革，开齐开足国家课程，开设具有民族特色的地方课程和学校课程。依法保障农业转移人口和其他进城务工人员随迁子女平等接受义务教育的权利。切实解决“大班额”、“大校额”问题。依法履行控辍保学职责，降低辍学率。建立健全农村留守儿童关爱服务机制。保障女童入学。

（十）提高普通高中教学质量。继续支持民族地区教育基础薄弱县普通高中建设，扩大优质教学资源，按国家规定标准配齐图书、实验室、教学仪器设备。全面深化课程改革，落实国家课程方案，加强选修课程建设，推行选课走班。强化基础知识和基本技能训练，加强理科课程和实验课教学，开展研究性学习、社区服务和社会实践，促进学生全面而有个性发展。全面实施普通高中学业水平考试和综合素质评价。推动普通高中多样化特色化发展，鼓励举办综合高中。

（十一）加快发展中等职业教育。适应培养创新创业人才和培育新型职业农牧民要求，合理布局民族地区中等职业学校，保障并改善基本办学条件。现代职业教育质量提升计划、优质特色学校建设等项目重点向民族地区倾斜。加强校企合作，推进产教融合，择优扶持发展民族优秀传统文化、现代农牧业等优势特色专业。聘请民族技艺大师、能工巧匠、非物质文化遗产传承人担任兼职教师。推进招生和培养模式改革，扩大中东部地区职业院校面向民族地区招生规模，提高民族地区中等职业学校毕业生升入高等职业院校比例，实现初高中未就业毕业生职业技术培训全覆盖。鼓励内地优质职业教育资源以及有条件的企业在民族地区开办职业技术学校，落实税收等相关优惠政策。

（十二）优化高等教育布局和结构。制定实施民族地区高校布局规划、民族院校和民族地区高校学科专业调整规划。优先设置与实体经济和产业发展相适应的高等职业学校。积极支持有条件的民族地区设置工科类、应用型本科院校。引导一批民族地区普通本科高校和民族院校向应用技术型高校转型。以就业为导向，调整民族院校和民族地区高校学科专业结构，重点提高工、农、医、管理等学科比例，支持办好师范类专业，提升民族特色学科水平。硕士博士学位点设置、本专科研究生招生计划、高校人文社会科学研究基地、中央财政支持地方高校发展的专项资金等向符合规划、办学条件和质量有保障的民族院校和民族地区高校倾斜。办好民族院校。

（十三）积极发展继续教育。加强对民族地区城乡社区教育的指导。城乡社区教育机构和网络建设向民族地区倾斜。支持民族地区建设以卫星、互联网等为载体的远程开放教育及服务平台，加强涉农专业、课程和教材建设，开展学历与非学历继续教育。引导民族地区广播电视大学转型升级。鼓励中东部省市和教育部直属高校面向民族地区开放继续教育优质资源。加强农牧民继续教育。继续开展扫盲工作。

（十四）重视支持特殊教育。在民族地区的地市州盟和30万人口以上、残疾儿童较多的县市区旗建好一所特殊教育学校，配齐特教专业教师，完善配套设施。鼓励和支持普通学校为残疾学生创造学习生活条件，提高随班就读和特教班的教学质量。开展面向残疾学生的职业教育和国家通用语言文字教育，重点提高学生的生活技能和就业能力。

四、切实提高少数民族人才培养质量

（十五）有序扩大人才培养规模。落实好少数民族高层次骨干人才计划。加强少数民族高端人才培养工作，培养一批政治素质高、学术造诣深、具有国际影响力和话语权的少数民族优秀人才。继续实施国家公派留学西部特别项目。支援中西部地区招生协作计划、农村贫困地区定向招生专项计划、教育部直属高校及其他自主招生试点高校招收农村学生专项计划等向民族地区倾斜。适当提高东中部省市职业院校招收民族地区学生的比例。适度扩大高校民族班、预科班招生规模以及东中部高校招收内地西藏新疆班高中毕业生规模。鼓励支持民族地区和东中部省市双向扩大高校招生规模。加强少数民族专业技术人才特殊培养。

（十六）改革考试招生制度。按照国家考试招生制度改革的统一要求，保留并进一步完善边疆、山区、牧区、少数民族聚居地区少数民族考生高考加分优惠政策，推进民族地区和内地西藏新疆班毕业生高考招生制度改革，逐步探索建立基于统一高考和高中学业水平考试成绩、参考综合素质评价的公平、多元的录取机制。完善高校民族班、民族预科班招生办法，探索实施高校民族预科阶段结业会考制度，不断提高培养质量。

（十七）强化内地民族班教育管理服务。制订长远发展规划，加大支持力度，进一步加强内地民族班建设，改善办学条件。坚持“严、爱、细”原则，对各民族学生实行统一标准、统一要求、统一管理。推行内地民族班一对一、一对多的全员育人导师制，用心用情关爱学生，帮助解决学习生活困难。合理设置课程，加强教材建设，深化教学改革，强化课堂教学，加强课后辅导，严格考核标准，完善淘汰机制，加强督导评估，提高教学质量。完善后勤服务，办好学生食堂，尊重清真饮食习惯，鼓励有条件的地方为内地民族班学校统一采购清真食品原材料。在少数民族学生集中的学校按照 50∶1 的生师比配齐配强政治素质高、懂双语、会管理的少数民族教师，推广设立少数民族学生工作示范平台，全面提高教育管理服务水平。

（十八）加强普通高校、职业院校毕业生就业创业指导。开设就业指导课程，普及创业教育，引导学生树立正确的择业观，增强创业意识和创业能力。对就业困难学生开展一对一就业指导、重点推荐。鼓励在民族地区的中央企业和对口援建项目吸纳当地普通高校、职业院校毕业生就业。引导内地民族班高校毕业生到农村中小学担任双语教师。加大就业政策宣传力度，引导学生到基层就业、到企业就业、自主创业。

五、重点加强民族教育薄弱环节建设

（十九）加强寄宿制学校建设。针对国家通用语言文字教育基础薄弱地区、农牧区和偏远地区实际，科学编制寄宿制学校建设规划，合理布局，改扩建、新建标准化寄宿制中小学校。按照国家规定标准配备图书、实验室、教学仪器设备。提高生均公用经费标准，配齐后勤管理服务人员，加强学校管理，强化安全教育，提高人防、物防、技防能力，确保学校安全。全面提高入学率，实现各民族学生学习在学校、生活在学校、成长在学校。对地处偏远又无条件寄宿的学校，因地制宜加强建设、改善条件。

（二十）支持边疆民族地区教育发展。国家教育经费向边疆省区倾斜，边疆省区教育经费向边境县倾斜，提高边疆民族地区义务教育阶段学校经费保障水平和生均公用经费标准。加强基础设施建设，改善基本办学条件，不断增强边境学校吸引力。支持边疆省区制定激励政策，鼓励引导高校毕业生、骨干教师到边境学校任教，提高教育质量。

（二十一）科学稳妥推行双语教育。依据法律，遵循规律，结合实际，坚定不移推行国家通用语言文字教育，确保少数民族学生基本掌握和使用国家通用语言文字，少数民族高校毕业生能够熟练掌握和使用国家通用语言文字。尊重和保障少数民族使用本民族语言文字接受教育的权利，不断提高少数民族语言文字教学水平。在国家通用语言文字教育基础薄弱地区，以民汉双语兼通为基本目标，建立健全从学前到中小学各阶段有效衔接，教学模式与学生学习能力相适应，师资队伍、教学资源满足需要的双语教学体系。国家对双语教师培养培训、教学研究、教材开发和出版给予支持，为接受双语教育的学生升学、考试提供政策支持。鼓励民族地区汉族师生学习少数民族语言文字和各少数民族师生之间相互学习语言文字。研究完善双语教师任职资格评价标准，建立双语教育督导评估和质量监测机制。

六、建立完善教师队伍建设长效机制

（二十二）健全教师培养制度。坚持不懈地用中国特色社会主义理论体系武装教师头脑，加强师德师风教育，全面提高教师思想政治素质、师德水平和能力素质。民族地区要制定教师队伍建设专项规划，推进师范院校专业调整和教学改革，重点培养双语教师、“双师型”教师和农村中小学理科、音体美等学科紧缺教师，形成教师培养补充长效机制。支持民族地区师范院校免费培养双语教师。教育部直属师范大学师范生免费教育政策向民族地区倾斜，鼓励引导东中部省市师范院校为民族地区培养免费师范生。落实好教师配备政策，杜绝挤占挪用教师编制，严格教师准入，招聘合格教师。实施好乡村教师支持计划。农村义务教育学校教师特岗计划和边远贫困地区、边疆民族地区、革命老区人才支持计划教师专项计划向民族地区倾斜。

(二十三) 完善教师培训机制。制订全员培训规划，落实每五年一周期的培训。国家级、省级、市级培训向民族地区农村教师和内地民族班教师倾斜。重点加强幼儿园、中小学、职业院校和内地民族班校长、骨干教师、班主任(辅导员)思想政治和业务能力培训。加强少数民族双语教师国家通用语言文字培训。强化培训过程管理和结业考核双向评价。在东中部地区选择若干所师范院校建设民族地区双语和“双师型”骨干教师培养培训基地。

(二十四) 落实教师激励政策。改善教师福利待遇，绩效工资分配向农村教学点、村小学、乡镇学校教师、双语教师和内地民族班教师倾斜，切实落实提高农村中小学教师待遇的政策措施，实施好集中连片特困地区乡村教师生活补助政策。落实好边远、农村地区教师职称(职务)评聘、晋升倾斜政策。建立健全校长、教师交流轮岗和城镇教师支援农村教育等制度，对扎根边疆、扎根农村、长期从事内地民族班教育管理并作出突出贡献的教师，中央和地方政府按照国家有关规定给予表彰。支持民族地区农村教师周转宿舍建设。

七、落实民族教育发展的条件保障

(二十五) 完善经费投入机制。各级政府要切实增加民族教育投入，加快推进民族地区基本公共教育服务均等化。中央财政针对民族地区特殊情况加大一般性转移支付和教育专项转移支付力度，并重点支持新疆、西藏和四省藏区等国家通用语言文字教育基础薄弱地区开展双语教育。整合民族教育中央专项资金并适时扩大资金规模，集中用于解决双语教育、教师培养培训、民族团结教育、民族文化交融创新等方面的突出问题。地方各级人民政府在安排财政转移支付资金和本级财力时要对民族教育给予倾斜。对口支援资金要继续加大对教育事业的支持力度。完善内地民族班办学经费投入机制。鼓励和引导社会力量支持发展民族教育，多渠道增加民族教育投入。

(二十六) 加大学生资助力度。完善学前教育资助制度。落实好农村义务教育阶段学生“两免一补”政策，完善经费标准动态调整机制，确保应助尽助。落实好中等职业教育免学费政策，完善国家助学金政策。普通高中、高校学生资助政策向少数民族和民族地区家庭经济困难学生倾斜。在按程序制定或修订对口支援项目规划后，各省市对口支援新疆、西藏、青海藏区资金可用于资助受援地在内地学习的学生。将民族预科生和少数民族骨干计划基础强化培训阶段的家庭经济困难学生纳入高校国家资助体系。鼓励内地高校通过设立学习进步奖学金等方式，加大对来自国家通用语言文字教育基础薄弱地区学生的奖励资助力度。做好残疾学生资助工作。

(二十七) 加快推进教育信息化。加强民族地区教育信息基础设施建设，加快推进“宽带网络校校通”、“优质资源班班通”、“网络学习空间人人通”，国家教育资源公共服务平台优先向民族地区学校开放。制订民族地区教育资源建设方案，开发、引进、编译双语教学、教师培训和民族文化等数字资源，并推广应用。在大规模在线学习平台上，开发面向民族地区的教育课程。鼓励民族地区与发达地区之间的校际联网交流。以中小学和职业院校教师为重点，加强对教师信息技术应用能力的培训，全国中小学教师信息技术应用能力提升工程向民族地区倾斜。

八、切实加强对民族教育的组织领导

(二十八) 加强党对民族教育工作的领导。党的领导是确保民族教育正确发展方向的根本保证。要充分发挥党委领导核心作用，健全民族教育的领导体制和工作机制，及时研究解决民族教育工作中的重大问题和群众关心的热点问题。进一步加强和改进民族地区教育系统党的建设，重视抓基层、打基础，把学校党建工作放在更加突出的位置，加强组织建设，完善制度体系，抓住薄弱环节，转变工作方式，提升党员干部的政治意识、责任意识、阵地意识和底线意识，切实增强学校党组织的创造力、凝聚力、战斗力。

（二十九）全面落实政府职责。各有关部门要加强对民族教育发展的统筹协调和分类指导。地方各级政府是推进民族教育发展的责任主体，要把民族教育工作纳入重要议事日程，建立由主要负责同志负总责、分管负责同志具体负责、教育部门牵头、有关部门密切配合的工作机制。健全民族教育管理机构，加强领导班子建设，教育行政部门要明确专门机构和人员负责民族教育工作，加强对跨省区民族教育协作的指导和管理。

（三十）充分发挥对口支援作用。健全教育对口支援机制。支援省市、中央企业、学校要树立政治意识、大局意识、全局意识，按照已建立的对口援助关系，重点加大对受援地区双语教育、职业教育和学前教育的支援力度，配套完善必要的设施设备，培训和选派中小学校长、班主任、骨干教师，帮助培养各类人才。发挥中东部职业教育集团办学优势，对口支援民族地区职业学校。继续做好中东部高校对口支援西部高校工作，利用优质教育资源帮助受援高校加强人才培养、师资队伍建设、学科专业建设和科学研究。

（三十一）切实加强民族教育科学研究。国家民族教育研究机构要构建跨地区民族教育科研平台，统筹规划，协调指导，组织开展民族教育重大理论和政策研究。各省（区、市）政府要高度重视民族教育科研、教研工作，完善支持机制，加强队伍建设，以研促教、教研结合，全面提升民族教育科研、教研工作服务民族教育发展的能力。

（三十二）认真落实各项政策措施。地方政府在编制区域发展战略规划和地方经济社会发展规划时，要把民族教育摆到突出位置，优先发展、重点保障，并列为政府目标考核的重要内容。研究制订民族教育发展专项规划和年度计划，明确发展目标、主要任务、改革举措、重大项目和保障措施。民族自治地方可以依据法律，结合实际，制定民族教育法规。建立健全民族教育政策落实情况监督检查机制，国务院教育行政部门要会同有关部门定期开展专项督导检查。

国务院

2015 年 8 月 11 日

国务院关于印发统筹推进世界一流大学和一流学科建设总体方案的通知

（国发〔2015〕64 号）

各省、自治区、直辖市人民政府，国务院各部委、各直属机构：

现将《统筹推进世界一流大学和一流学科建设总体方案》印发给你们，请认真贯彻落实。

国务院

2015 年 10 月 24 日

统筹推进世界一流大学和一流学科建设总体方案

建设世界一流大学和一流学科，是党中央、国务院作出的重大战略决策，对于提升我国教育发展水平、增强国家核心竞争力、奠定长远发展基础，具有十分重要的意义。多年来，通过实施“211工程”“985工程”以及“优势学科创新平台”和“特色重点学科项目”等重点建设，一批重点高校和重点学科建设取得重大进展，带动了我国高等教育整体水平的提升，为经济社会持续健康发展作出了重要贡献。同时，重点建设也存在身份固化、竞争缺失、重复交叉等问题，迫切需要加强资源整合，创新实施方式。为认真总结经验，加强系统谋划，加大改革力度，完善推进机制，坚持久久为功，统筹推进世界一流大学和一流学科建设，实现我国从高等教育大国到高等教育强国的历史性跨越，现制定本方案。

一、总体要求

（一）指导思想

高举中国特色社会主义伟大旗帜，以邓小平理论、“三个代表”重要思想、科学发展观为指导，认真落实党的十八大和十八届二中、三中、四中全会精神，深入贯彻习近平总书记系列重要讲话精神，按照“四个全面”战略布局和党中央、国务院决策部署，坚持以中国特色、世界一流为核心，以立德树人为根本，以支撑创新驱动发展战略、服务经济社会发展为导向，加快建成一批世界一流大学和一流学科，提升我国高等教育综合实力和国际竞争力，为实现“两个一百年”奋斗目标和中华民族伟大复兴的中国梦提供有力支撑。

坚持中国特色、世界一流，就是要全面贯彻党的教育方针，坚持社会主义办学方向，加强党对高校的领导，扎根中国大地，遵循教育规律，创造性地传承中华民族优秀传统文化，积极探索中国特色的世界一流大学和一流学科建设之路，努力成为世界高等教育改革发展的参与者和推动者，培养中国特色社会主义事业建设者和接班人，更好地为社会主义现代化建设服务、为人民服务。

（二）基本原则

——坚持以一流为目标。引导和支持具备一定实力的高水平大学和高水平学科瞄准世界一流，汇聚优质资源，培养一流人才，产出一流成果，加快走向世界一流。

——坚持以学科为基础。引导和支持高等学校优化学科结构，凝练学科发展方向，突出学科建设重点，创新学科组织模式，打造更多学科高峰，带动学校发挥优势、办出特色。

——坚持以绩效为杠杆。建立激励约束机制，鼓励公平竞争，强化目标管理，突出建设实效，构建完善中国特色的世界一流大学和一流学科评价体系，充分激发高校内生动力和发展活力，引导高等学校不断提升办学水平。

——坚持以改革为动力。深化高校综合改革，加快中国特色现代大学制度建设，着力破除体制机制障碍，加快构建充满活力、富有效率、更加开放、有利于学校科学发展的体制机制，当好教育改革排头兵。

（三）总体目标

推动一批高水平大学和学科进入世界一流行列或前列，加快高等教育治理体系和治理能力现代化，提高高等学校人才培养、科学研究、社会服务和文化传承创新水平，使之成为知识发现和科技创新的重要力量、先进思想和优秀文化的重要源泉、培养各类高素质优秀人才的重要基地，在支撑国家创新驱动发展战略、服务经济社会发展、弘扬中华优秀传统文化、培育和践行社会主义核心价值观、促进高等教育内涵发展等方面发挥重大作用。

——到2020年，若干所大学和一批学科进入世界一流行列，若干学科进入世界一流学科前列。

——到2030年，更多的大学和学科进入世界一流行列，若干所大学进入世界一流大学前列，一批学科进入世界一流学科前列，高等教育整体实力显著提升。

——到本世纪中叶，一流大学和一流学科的数量和实力进入世界前列，基本建成高等教育强国。

二、建设任务

（四）建设一流师资队伍

深入实施人才强校战略，强化高层次人才的支撑引领作用，加快培养和引进一批活跃在国际学术前沿、满足国家重大战略需求的一流科学家、学科领军人物和创新团队，聚集世界优秀人才。遵循教师成长发展规律，以中青年教师和创新团队为重点，优化中青年教师成长发展、脱颖而出的制度环境，培育跨学科、跨领域的创新团队，增强人才队伍可持续发展能力。加强师德师风建设，培养和造就一支有理想信念、有道德情操、有扎实学识、有仁爱之心的优秀教师队伍。

（五）培养拔尖创新人才

坚持立德树人，突出人才培养的核心地位，着力培养具有历史使命感和社会责任心，富有创新精神和实践能力的各类创新型、应用型、复合型优秀人才。加强创新创业教育，大力推进个性化培养，全面提升学生的综合素质、国际视野、科学精神和创业意识、创造能力。合理提高高校毕业生创业比例，引导高校毕业生积极投身大众创业、万众创新。完善质量保障体系，将学生成长成才作为出发点和落脚点，建立导向正确、科学有效、简明清晰的评价体系，激励学生刻苦学习、健康成长。

（六）提升科学研究水平

以国家重大需求为导向，提升高水平科学研究能力，为经济社会发展和国家战略实施作出重要贡献。坚持有所为有所不为，加强学科布局的顶层设计和战略规划，重点建设一批国内领先、国际一流的优势学科和领域。提高基础研究水平，争做国际学术前沿并行者乃至领跑者。推动加强战略性、全局性、前瞻性问题研究，着力提升解决重大问题能力和原始创新能力。大力推进科研组织模式创新，依托重点研究基地，围绕重大科研项目，健全科研机制，开展协同创新，优化资源配置，提高科技创新能力。打造一批具有中国特色和世界影响的新型高校智库，提高服务国家决策的能力。建立健全具有中国特色、中国风格、中国气派的哲学社会科学学术评价和学术标准体系。营造浓厚的学术氛围和宽松的创新环境，保护创新、宽容失败，大力激发创新活力。

（七）传承创新优秀文化

加强大学文化建设，增强文化自觉和制度自信，形成推动社会进步、引领文明进程、各具特色的一流大学精神和大学文化。坚持用价值观引领知识教育，把社会主义核心价值观融入教育教学全过程，引导教师潜心教书育人、静心治学，引导广大青年学生勤学、修德、明辨、笃实，使社会主义核心价值观成为基本遵循，形成优良的校风、教风、学风。加强对中华优秀传统文化和社会主义核心价值观的研究、宣传，认真汲取中华优秀传统文化的思想精华，做到扬弃继承、转化创新，并充分发挥其教化育人作用，推动社会主义先进文化建设。

（八）着力推进成果转化

深化产教融合，将一流大学和一流学科建设与推动经济社会发展紧密结合，着力提高高校对产业转型升级的贡献率，努力成为催化产业技术变革、加速创新驱动的策源地。促进高校学科、人才、科研与产业互动，打通基础研究、应用开发、成果转移与产业化链条，推动健全市场导向、社会资本参与、多要素深度融合的成果应用转化机制。强化科技与经济、创新项目与现实生产力、创新成果与产业对接，推动重大科学创新、关键技术突破转变为先进生产力，增强高校创新资源对经济社会发展的驱动力。

三、改革任务

（九）加强和改进党对高校的领导

坚持和完善党委领导下的校长负责制，建立健全党委统一领导、党政分工合作、协调运行的工作机制，不断改革和完善高校体制机制。进一步加强和改进新形势下高校宣传思想工作，牢牢把握高校意识形态工作领导权，不断坚定广大师生中国特色社会主义道路自信、理论自信、制度自信。全面推进高校党的建设各项工作,着力扩大党组织的覆盖面,推进工作创新,有效发挥高校基层党组织战斗堡垒作用和党员先锋模范作用。完善体现高校特点、符合学校实际的惩治和预防腐败体系,严格执行党风廉政建设责任制,切实把党要管党、从严治党的要求落到实处。

(十)完善内部治理结构

建立健全高校章程落实机制,加快形成以章程为统领的完善、规范、统一的制度体系。加强学术组织建设,健全以学术委员会为核心的学术管理体系与组织架构,充分发挥其在学科建设、学术评价、学术发展和学风建设等方面的重要作用。完善民主管理和监督机制,扩大有序参与,加强议事协商,充分发挥教职工代表大会、共青团、学生会等在民主决策机制中的作用,积极探索师生代表参与学校决策的机制。

(十一)实现关键环节突破

加快推进人才培养模式改革,推进科教协同育人,完善高水平科研支撑拔尖创新人才培养机制。加快推进人事制度改革,积极完善岗位设置、分类管理、考核评价、绩效工资分配、合理流动等制度,加大对领军人才倾斜支持力度。加快推进科研体制机制改革,在科研运行保障、经费筹措使用、绩效评价、成果转化、收益处置等方面大胆尝试。加快建立资源募集机制,在争取社会资源、扩大办学力量、拓展资金渠道方面取得实质进展。

(十二)构建社会参与机制

坚持面向社会依法自主办学,加快建立健全社会支持和监督学校发展的长效机制。建立健全理事会制度,制定理事会章程,着力增强理事会的代表性和权威性,健全与理事会成员之间的协商、合作机制,充分发挥理事会对学校改革发展的咨询、协商、审议、监督等功能。加快完善与行业企业密切合作的模式,推进与科研院所、社会团体等资源共享,形成协调合作的有效机制。积极引入专门机构对学校的学科、专业、课程等水平和质量进行评估。

(十三)推进国际交流合作

加强与世界一流大学和学术机构的实质性合作,将国外优质教育资源有效融合到教学科研全过程,开展高水平人才联合培养和科学联合攻关。加强国际协同创新,积极参与或牵头组织国际和区域性重大科学计划和科学工程。营造良好的国际化教学科研环境,增强对外籍优秀教师和高水平留学生的吸引力。积极参与国际教育规则制定、国际教育教学评估和认证,切实提高我国高等教育的国际竞争力和话语权,树立中国大学的良好品牌和形象。

四、支持措施

(十四)总体规划,分级支持

面向经济社会发展需要,立足高等教育发展现状,对世界一流大学和一流学科建设加强总体规划,鼓励和支持不同类型的高水平大学和学科差别化发展,加快进入世界一流行列或前列。每五年一个周期,2016年开始新一轮建设。

高校要根据自身实际,合理选择一流大学和一流学科建设路径,科学规划、积极推进。拥有多个国内领先、国际前沿高水平学科的大学,要在多领域建设一流学科,形成一批相互支撑、协同发展的一流学科,全面提升综合实力和国际竞争力,进入世界一流大学行列或前列。拥有若干处于国内前列、在国际同类院校中居于优势地位的高水平学科的大学,要围绕主干学科,强化办学特色,建设若干一流学科,扩大国际影响力,带动学校进入世界同类高校前列。拥有某一高水平学科的大学,要突出学科优势,提升学科水平,进入该学科领域世界一流行列或前列。

中央财政将中央高校开展世界一流大学和一流学科建设纳入中央高校预算拨款制度中统筹考虑,并通过相关专项资金给予引导支持;鼓励相关地方政府通过多种方式,对中央高校给予资金、政策、资源支持。地方高校开展世界一流大学和一流学科建设,由各地结合实际推进,所需资金由地方财政统筹安排,中央财政通过支持地方高校发展的相关资金给予引导支持。中央基本建设投资对世界一流大学和一流学科建设相关基础设施给予支持。

（十五）强化绩效，动态支持

创新财政支持方式，更加突出绩效导向，形成激励约束机制。资金分配更多考虑办学质量特别是学科水平、办学特色等因素，重点向办学水平高、特色鲜明的学校倾斜，在公平竞争中体现扶优扶强扶特。完善管理方式，进一步增强高校财务自主权和统筹安排经费的能力，充分激发高校争创一流、办出特色的动力和活力。

建立健全绩效评价机制，积极采用第三方评价，提高科学性和公信度。在相对稳定支持的基础上，根据相关评估评价结果、资金使用管理等情况，动态调整支持力度，增强建设的有效性。对实施有力、进展良好、成效明显的，适当加大支持力度；对实施不力、进展缓慢、缺乏实效的，适当减少支持力度。

（十六）多元投入，合力支持

建设世界一流大学和一流学科是一项长期任务，需要各方共同努力，完善政府、社会、学校相结合的共建机制，形成多元化投入、合力支持的格局。

鼓励有关部门和行业企业积极参与一流大学和一流学科建设。围绕培养所需人才、解决重大瓶颈等问题，加强与有关高校合作，通过共建、联合培养、科技合作攻关等方式支持一流大学和一流学科建设。

按照平稳有序、逐步推进原则，合理调整高校学费标准，进一步健全成本分担机制。高校要不断拓宽筹资渠道，积极吸引社会捐赠，扩大社会合作，健全社会支持长效机制，多渠道汇聚资源，增强自我发展能力。

五、组织实施

（十七）加强组织管理

国家教育体制改革领导小组负责顶层设计、宏观布局、统筹协调、经费投入等重要事项决策，重大问题及时报告国务院。教育部、财政部、发展改革委负责规划部署、推进实施、监督管理等工作，日常工作由教育部承担。

（十八）有序推进实施

要完善配套政策，根据本方案组织制定绩效评价和资金管理等具体办法。

要编制建设方案，深入研究学校的建设基础、优势特色、发展潜力等，科学编制发展规划和建设方案，提出具体的建设目标、任务和周期，明确改革举措、资源配置和资金筹集等安排。

要开展咨询论证，组织相关专家，结合经济社会发展需求和国家战略需要，对学校建设方案的科学性、可行性进行咨询论证，提出意见建议。

要强化跟踪指导，对建设过程实施动态监测，及时发现建设中存在的问题，提出改进的意见建议。建立信息公开公示网络平台，接受社会公众监督。

国务院关于进一步完善城乡义务教育经费保障机制的通知

（国发〔2015〕67号）

各省、自治区、直辖市人民政府，国务院各部委、各直属机构：

为深入贯彻党的十八大和十八届二中、三中、四中、五中全会精神，认真落实党中央、国务院决策部署，统筹城乡义务教育资源均衡配置,推动义务教育事业持续健康发展,国务院决定,自2016年起进一步完善城乡义务教育经费保障机制。现就有关事项通知如下:

一、重要意义

义务教育是教育工作的重中之重,在全面建成小康社会进程中具有基础性、先导性和全局性的重要作用。自2006年实施农村义务教育经费保障机制改革以来,义务教育逐步纳入公共财政保障范围,城乡免费义务教育全面实现,稳定增长的经费保障机制基本建立,九年义务教育全面普及,县域内义务教育均衡发展水平不断提高。但随着我国新型城镇化建设和户籍制度改革不断推进,学生流动性加大,现行义务教育经费保障机制已不能很好适应新形势要求。城乡义务教育经费保障机制有关政策不统一、经费可携带性不强、资源配置不够均衡、综合改革有待深化等问题,都需要进一步采取措施,切实加以解决。

在整合农村义务教育经费保障机制和城市义务教育奖补政策的基础上,建立城乡统一、重在农村的义务教育经费保障机制,是教育领域健全城乡发展一体化体制机制的重大举措。这有利于推动省级政府统筹教育改革,优化教育布局,实现城乡义务教育在更高层次的均衡发展,促进教育公平、提高教育质量;有利于深化财税体制改革,推动实现财政转移支付同农业转移人口市民化挂钩,促进劳动力合理流动,推动经济结构调整和产业转型升级;有利于促进基本公共服务均等化,构建社会主义和谐社会,建设人力资源强国。

二、总体要求

(一)坚持完善机制,城乡一体。适应新型城镇化和户籍制度改革新形势,按照深化财税体制改革、教育领域综合改革的新要求,统筹设计城乡一体化的义务教育经费保障机制,增强政策的统一性、协调性和前瞻性。

(二)坚持加大投入,突出重点。继续加大义务教育投入,优化整合资金,盘活存量,用好增量,重点向农村义务教育倾斜,向革命老区、民族地区、边疆地区、贫困地区倾斜,统筹解决城市义务教育相关问题,促进城乡义务教育均衡发展。

(三)坚持创新管理,推进改革。大力推进教育管理信息化,创新义务教育转移支付与学生流动相适应的管理机制,实现相关教育经费可携带,增强学生就读学校的可选择性。

(四)坚持分步实施,有序推进。区分东中西部、农村和城镇学校的实际情况,合理确定实施步骤,通过两年时间逐步完善城乡义务教育经费保障机制,并在此基础上根据相关情况变化适时进行调整完善。

三、主要内容

整合农村义务教育经费保障机制和城市义务教育奖补政策,建立统一的中央和地方分项目、按比例分担的城乡义务教育经费保障机制。

(一)统一城乡义务教育"两免一补"政策。对城乡义务教育学生免除学杂费、免费提供教科书,对家庭经济困难寄宿生补助生活费(统称"两免一补")。民办学校学生免除学杂费标准按照中央确定的生均公用经费基准定额执行。免费教科书资金,国家规定课程由中央全额承担(含出版发行少数民族文字教材亏损补贴),地方课程由地方承担。家庭经济困难寄宿生生活费补助资金由中央和地方按照5∶5比例分担,贫困面由各省(区、市)重新确认并报财政部、教育部核定。

(二)统一城乡义务教育学校生均公用经费基准定额。中央统一确定全国义务教育学校生均公用经费基准定额。对城乡义务教育学校(含民办学校)按照不低于基准定额的标准补助公用经费,并适当提高寄宿制学校、规模较小学校和北方取暖地区学校补助水平。落实生均公用经费基准定额所需资金由中央和地方按比例分担,西部地区及中部地区比照实施西部大开发政策的县(市、区)为8∶2,中部其他地区为6∶4,东部地区为5∶5。提高寄宿制学校、规模较小学校和北方取暖地区学校公用经费补助水平所需资金,按照生均公用经费基准定额分担比例执行。现有公用经费补助标准高于基准定额的,要确保水平不降低,同时鼓励各地结合实际提高公用经费补助标准。中央适时对基准定额进行调整。

（三）巩固完善农村地区义务教育学校校舍安全保障长效机制。支持农村地区公办义务教育学校维修改造、抗震加固、改扩建校舍及其附属设施。中西部农村地区公办义务教育学校校舍安全保障机制所需资金由中央和地方按照5∶5比例分担；对东部农村地区，中央继续采取“以奖代补”方式，给予适当奖励。城市地区公办义务教育学校校舍安全保障长效机制由地方建立，所需经费由地方承担。

（四）巩固落实城乡义务教育教师工资政策。中央继续对中西部地区及东部部分地区义务教育教师工资经费给予支持，省级人民政府加大对本行政区域内财力薄弱地区的转移支付力度。县级人民政府确保县域内义务教育教师工资按时足额发放，教育部门在分配绩效工资时，要加大对艰苦边远贫困地区和薄弱学校的倾斜力度。

统一城乡义务教育经费保障机制，实现“两免一补”和生均公用经费基准定额资金随学生流动可携带。同时，国家继续实施农村义务教育薄弱学校改造计划等相关项目，着力解决农村义务教育发展中存在的突出问题和薄弱环节。

四、实施步骤

（一）从2016年春季学期开始，统一城乡义务教育学校生均公用经费基准定额。中央确定2016年生均公用经费基准定额为：中西部地区普通小学每生每年600元、普通初中每生每年800元；东部地区普通小学每生每年650元、普通初中每生每年850元。在此基础上，对寄宿制学校按照寄宿生年生均200元标准增加公用经费补助，继续落实好农村地区不足100人的规模较小学校按100人核定公用经费和北方地区取暖费等政策；特殊教育学校和随班就读残疾学生按每生每年6000元标准补助公用经费。同时，取消对城市义务教育免除学杂费和进城务工人员随迁子女接受义务教育的中央奖补政策。

（二）从2017年春季学期开始，统一城乡义务教育学生“两免一补”政策。在继续落实好农村学生“两免一补”和城市学生免除学杂费政策的同时，向城市学生免费提供教科书并推行部分教科书循环使用制度，对城市家庭经济困难寄宿生给予生活费补助。中央财政适时提高国家规定课程免费教科书补助标准。

（三）以后年度，根据义务教育发展过程中出现的新情况和新问题，适时完善城乡义务教育经费保障机制相关政策措施。高校、军队、农垦、林场林区等所属义务教育学校经费保障机制，与所在地区同步完善，所需经费按照现行体制予以保障。

五、组织保障

（一）加强组织领导，强化统筹协调。各地区、各有关部门要高度重视，加强组织领导。省级人民政府要切实发挥省级统筹作用，制定切实可行的实施方案和省以下各级政府间的经费分担办法，完善省以下转移支付制度，加大对本行政区域内困难地区的支持。各省（区、市）要将实施方案、省以下资金分担比例和家庭经济困难寄宿生贫困面，于2016年3月底前报财政部、教育部。县级人民政府要按照义务教育“以县为主”的管理体制，落实管理主体责任。国务院有关部门要发挥职能作用，加强工作指导和协调。

（二）优化教育布局，深化教育改革。各地要结合人口流动的规律、趋势和城市发展规划，及时调整完善教育布局，将民办学校纳入本地区教育布局规划，科学合理布局义务教育学校。加快探索建立乡村小规模学校办学机制和管理办法，建设并办好寄宿制学校，慎重稳妥撤并乡村学校，努力消除城镇学校“大班额”，保障当地适龄儿童就近入学。加强义务教育民办学校管理。深化教师人事制度改革，健全城乡教师和校长交流机制，健全义务教育治理体系，加强留守儿童教育关爱。

（三）确保资金落实，强化绩效管理。各级人民政府要按照经费分担责任足额落实应承担的资金，并确保及时足额拨付到位。县级人民政府要加强县域内教育经费的统筹安排，保障规模较小学校正常运转；加强义务教育学校预算管理，细化预算编制，硬化预算执行，强化预算监督。规范义务教育学校财务管理，创新管理理念，将绩效预算贯穿经费使用管理全过程，切实提高经费使用效益。

（四）推进信息公开，强化监督检查。各级人民政府要加大信息公开力度，将义务教育经费投入情况向同级人民代表大会报告，并向社会公布，接受社会监督。各级财政、教育、价格、审计、监察等有关部门要齐抓共管，加强对义务教育经费保障机制资金使用管理、学校收费等情况的监督检查。各级教育部门要加强义务教育基础信息管理工作，确保学生学籍信息、学校基本情况、教师信息等数据真实准确。

（五）加大宣传力度，营造良好氛围。各地区、各有关部门要高度重视统一城乡义务教育经费保障机制的宣传工作，广泛利用各种宣传媒介，采取多种方式，向社会进行深入宣传，使党和政府的惠民政策家喻户晓、深入人心，确保统一城乡义务教育经费保障机制各项工作落实到位。

本通知自 2016 年 1 月 1 日起执行。凡以往规定与本通知规定不一致的，按本通知规定执行。

国务院

2015 年 11 月 25 日

国务院办公厅关于深化高等学校创新创业教育改革的实施意见

（国办发〔2015〕36 号）

各省、自治区、直辖市人民政府，国务院各部委、各直属机构：

深化高等学校创新创业教育改革，是国家实施创新驱动发展战略、促进经济提质增效升级的迫切需要，是推进高等教育综合改革、促进高校毕业生更高质量创业就业的重要举措。党的十八大对创新创业人才培养作出重要部署，国务院对加强创新创业教育提出明确要求。近年来，高校创新创业教育不断加强，取得了积极进展，对提高高等教育质量、促进学生全面发展、推动毕业生创业就业、服务国家现代化建设发挥了重要作用。但也存在一些不容忽视的突出问题，主要是一些地方和高校重视不够，创新创业教育理念滞后，与专业教育结合不紧，与实践脱节；教师开展创新创业教育的意识和能力欠缺，教学方式方法单一，针对性实效性不强；实践平台短缺，指导帮扶不到位，创新创业教育体系亟待健全。为了进一步推动大众创业、万众创新，经国务院同意，现就深化高校创新创业教育改革提出如下实施意见。

一、总体要求

（一）指导思想

全面贯彻党的教育方针，落实立德树人根本任务，坚持创新引领创业、创业带动就业，主动适应经济发展新常态，以推进素质教育为主题，以提高人才培养质量为核心，以创新人才培养机制为重点，以完善条件和政策保障为支撑，促进高等教育与科技、经济、社会紧密结合，加快培养规模宏大、富有创新精神、勇于投身实践的创新创业人才队伍，不断提高高等教育对稳增长促改革调结构惠民生的贡献度，为建设创新型国家、实现“两个一百年”奋斗目标和中华民族伟大复兴的中国梦提供强大的人才智力支撑。

（二）基本原则

坚持育人为本，提高培养质量。把深化高校创新创业教育改革作为推进高等教育综合改革的突破口，树立先进的创新创业教育理念，面向全体、分类施教、结合专业、强化实践，促进学生全面发展，提升人力资本素质，努力造就大众创业、万众创新的生力军。

坚持问题导向，补齐培养短板。把解决高校创新创业教育存在的突出问题作为深化高校创新创业教育改革的着力点，融入人才培养体系，丰富课程，创新教法，强化师资，改进帮扶，推进教学、科研、实践紧密结合，突破人才培养薄弱环节，增强学生的创新精神、创业意识和创新创业能力。

坚持协同推进，汇聚培养合力。把完善高校创新创业教育体制机制作为深化高校创新创业教育改革的支撑点，集聚创新创业教育要素与资源，统一领导，齐抓共管，开放合作，全员参与，形成全社会关心支持创新创业教育和学生创新创业的良好生态环境。

（三）总体目标

2015年起全面深化高校创新创业教育改革。2017年取得重要进展，形成科学先进、广泛认同、具有中国特色的创新创业教育理念，形成一批可复制可推广的制度成果，普及创新创业教育，实现新一轮大学生创业引领计划预期目标。到2020年建立健全课堂教学、自主学习、结合实践、指导帮扶、文化引领融为一体的高校创新创业教育体系，人才培养质量显著提升，学生的创新精神、创业意识和创新创业能力明显增强，投身创业实践的学生显著增加。

二、主要任务和措施

（一）完善人才培养质量标准

制订实施本科专业类教学质量国家标准，修订实施高职高专专业教学标准和博士、硕士学位基本要求，明确本科、高职高专、研究生创新创业教育目标要求，使创新精神、创业意识和创新创业能力成为评价人才培养质量的重要指标。相关部门、科研院所、行业企业要制订、修订专业人才评价标准，细化创新创业素质能力要求。不同层次、类型、区域高校要结合办学定位、服务面向和创新创业教育目标要求，制订专业教学质量标准，修订人才培养方案。

（二）创新人才培养机制

实施高校毕业生就业和重点产业人才供需年度报告制度，完善学科专业预警、退出管理办法，探索建立需求导向的学科专业结构和创业就业导向的人才培养类型结构调整新机制，促进人才培养与经济社会发展、创业就业需求紧密对接。深入实施系列“卓越计划”、科教结合协同育人行动计划等，多形式举办创新创业教育实验班，探索建立校校、校企、校地、校所以及国际合作的协同育人新机制，积极吸引社会资源和国外优质教育资源投入创新创业人才培养。高校要打通一级学科或专业类下相近学科专业的基础课程，开设跨学科专业的交叉课程，探索建立跨院系、跨学科、跨专业交叉培养创新创业人才的新机制，促进人才培养由学科专业单一型向多学科融合型转变。

（三）健全创新创业教育课程体系

各高校要根据人才培养定位和创新创业教育目标要求，促进专业教育与创新创业教育有机融合，调整专业课程设置，挖掘和充实各类专业课程的创新创业教育资源，在传授专业知识过程中加强创新创业教育。面向全体学生开发开设研究方法、学科前沿、创业基础、就业创业指导等方面的必修课和选修课，纳入学分管理，建设依次递进、有机衔接、科学合理的创新创业教育专门课程群。各地区、各高校要加快创新创业教育优质课程信息化建设，推出一批资源共享的慕课、视频公开课等在线开放课程。建立在线开放课程学习认证和学分认定制度。组织学科带头人、行业企业优秀人才，联合编写具有科学性、先进性、适用性的创新创业教育重点教材。

（四）改革教学方法和考核方式

各高校要广泛开展启发式、讨论式、参与式教学，扩大小班化教学覆盖面，推动教师把国际前沿学术发展、最新研究成果和实践经验融入课堂教学，注重培养学生的批判性和创造性思维，激发创新创业灵感。运用大数据技术，掌握不同学生学习需求和规律，为学生自主学习提供更加丰富多样的教育资源。改革考试考核内容和方式，注重考查学生运用知识分析、解决问题的能力，探索非标准答案考试，破除“高分低能”积弊。

（五）强化创新创业实践

各高校要加强专业实验室、虚拟仿真实验室、创业实验室和训练中心建设，促进实验教学平台共享。各地区、各高校科技创新资源原则上向全体在校学生开放，开放情况纳入各类研究基地、重点实验室、科技园评估标准。鼓励各地区、各高校充分利用各种资源建设大学科技园、大学生创业园、创业孵化基地和小微企业创业基地，作为创业教育实践平台，建好一批大学生校外实践教育基地、创业示范基地、科技创业实习基地和职业院校实训基地。完善国家、地方、高校三级创新创业实训教学体系，深入实施大学生创新创业训练计划，扩大覆盖面，促进项目落地转化。举办全国大学生创新创业大赛，办好全国职业院校技能大赛，支持举办各类科技创新、创意设计、创业计划等专题竞赛。支持高校学生成立创新创业协会、创业俱乐部等社团，举办创新创业讲座论坛，开展创新创业实践。

（六）改革教学和学籍管理制度

各高校要设置合理的创新创业学分，建立创新创业学分积累与转换制度，探索将学生开展创新实验、发表论文、获得专利和自主创业等情况折算为学分，将学生参与课题研究、项目实验等活动认定为课堂学习。为有意愿有潜质的学生制定创新创业能力培养计划，建立创新创业档案和成绩单，客观记录并量化评价学生开展创新创业活动情况。优先支持参与创新创业的学生转入相关专业学习。实施弹性学制，放宽学生修业年限，允许调整学业进程、保留学籍休学创新创业。设立创新创业奖学金，并在现有相关评优评先项目中拿出一定比例用于表彰优秀创新创业的学生。

（七）加强教师创新创业教育教学能力建设

各地区、各高校要明确全体教师创新创业教育责任，完善专业技术职务评聘和绩效考核标准，加强创新创业教育的考核评价。配齐配强创新创业教育与创业就业指导专职教师队伍，并建立定期考核、淘汰制度。聘请知名科学家、创业成功者、企业家、风险投资人等各行各业优秀人才，担任专业课、创新创业课授课或指导教师，并制定兼职教师管理规范，形成全国万名优秀创新创业导师人才库。将提高高校教师创新创业教育的意识和能力作为岗前培训、课程轮训、骨干研修的重要内容，建立相关专业教师、创新创业教育专职教师到行业企业挂职锻炼制度。加快完善高校科技成果处置和收益分配机制，支持教师以对外转让、合作转化、作价入股、自主创业等形式将科技成果产业化，并鼓励带领学生创新创业。

（八）改进学生创业指导服务

各地区、各高校要建立健全学生创业指导服务专门机构，做到“机构、人员、场地、经费”四到位，对自主创业学生实行持续帮扶、全程指导、一站式服务。健全持续化信息服务制度，完善全国大学生创业服务网功能，建立地方、高校两级信息服务平台，为学生实时提供国家政策、市场动向等信息，并做好创业项目对接、知识产权交易等服务。各地区、各有关部门要积极落实高校学生创业培训政策，研发适合学生特点的创业培训课程，建设网络培训平台。鼓励高校自主编制专项培训计划，或与有条件的教育培训机构、行业协会、群团组织、企业联合开发创业培训项目。各地区和具备条件的行业协会要针对区域需求、行业发展，发布创业项目指南，引导高校学生识别创业机会、捕捉创业商机。

（九）完善创新创业资金支持和政策保障体系

各地区、各有关部门要整合发展财政和社会资金，支持高校学生创新创业活动。各高校要优化经费支出结构，多渠道统筹安排资金，支持创新创业教育教学，资助学生创新创业项目。部委属高校应按规定使用中央高校基本科研业务费，积极支持品学兼优且具有较强科研潜质的在校学生开展创新科研工作。中国教育发展基金会设立大学生创新创业教育奖励基金，用于奖励对创新创业教育作出贡献的单位。鼓励社会组织、公益团体、企事业单位和个人设立大学生创业风险基金，以多种形式向自主创业大学生提供资金支持，提高扶持资金使用效益。深入实施新一轮大学生创业引领计划，落实各项扶持政策和服务措施，重点支持大学生到新兴产业创业。有关部门要加快制定有利于互联网创业的扶持政策。

三、加强组织领导

（一）健全体制机制

各地区、各高校要把深化高校创新创业教育改革作为“培养什么人，怎样培养人”的重要任务摆在突出位置，加强指导管理与监督评价，统筹推进本地本校创新创业教育工作。各地区要成立创新创业教育专家指导委员会，开展高校创新创业教育的研究、咨询、指导和服务。各高校要落实创新创业教育主体责任，把创新创业教育纳入改革发展重要议事日程，成立由校长任组长、分管校领导任副组长、有关部门负责人参加的创新创业教育工作领导小组，建立教务部门牵头，学生工作、团委等部门齐抓共管的创新创业教育工作机制。

（二）细化实施方案

各地区、各高校要结合实际制定深化本地本校创新创业教育改革的实施方案，明确责任分工。教育部属高校需将实施方案报教育部备案，其他高校需报学校所在地省级教育部门和主管部门备案，备案后向社会公布。

（三）强化督导落实

教育部门要把创新创业教育质量作为衡量办学水平、考核领导班子的重要指标，纳入高校教育教学评估指标体系和学科评估指标体系，引入第三方评估。把创新创业教育相关情况列入本科、高职高专、研究生教学质量年度报告和毕业生就业质量年度报告重点内容，接受社会监督。

（四）加强宣传引导

各地区、各有关部门以及各高校要大力宣传加强高校创新创业教育的必要性、紧迫性、重要性，使创新创业成为管理者办学、教师教学、学生求学的理性认知与行动自觉。及时总结推广各地各高校的好经验好做法，选树学生创新创业成功典型，丰富宣传形式，培育创客文化，努力营造敢为人先、敢冒风险、宽容失败的氛围环境。

国务院办公厅

2015年5月4日

国务院办公厅关于全面加强和改进学校美育工作的意见

（国办发〔2015〕71号）

各省、自治区、直辖市人民政府，国务院各部委、各直属机构：

美育是审美教育，也是情操教育和心灵教育，不仅能提升人的审美素养，还能潜移默化地影响人的情感、趣味、气质、胸襟，激励人的精神，温润人的心灵。美育与德育、智育、体育相辅相成、相互促进。党的十八届三中全会对全面改进美育教学作出重要部署，国务院对加强学校美育提出明确要求。近年来，经过各地、各有关部门的共同努力，学校美育取得了较大进展，对提高学生审美与人文素养、促进学生全面发展发挥了重要作用。但总体上看，美育仍是整个教育事业中的薄弱环节，主要表现在一些地方和学校对美育育人功能认识不到位，重应试轻素养、重少数轻全体、重比赛轻普及，应付、挤占、停上美育课的现象仍然存在；资源配置不达标，师资队伍仍然缺额较大，缺乏统筹整合的协同推进机制。为进一步强化美育育人功能，推进学校美育改革发展，经国务院同意，现提出以下意见。

一、总体要求

（一）指导思想。全面贯彻党的教育方针，以立德树人为根本任务，落实文艺工作座谈会精神，按照国家中长期教育改革和发展规划纲要（2010—2020年）要求，把培育和践行社会主义核心价值观融入学校美育全过程，根植中华优秀传统文化深厚土壤，汲取人类文明优秀成果，引领学生树立正确的审美观念、陶冶高尚的道德情操、培育深厚的民族情感、激发想象力和创新意识、拥有开阔的眼光和宽广的胸怀，培养造就德智体美全面发展的社会主义建设者和接班人。

（二）基本原则。坚持育人为本，面向全体。遵循美育特点和学生成长规律，以美育人、以文化人，在整体推进各级各类学校美育发展的基础上，重点解决基础教育阶段美育存在的突出问题，缩小城乡差距和校际差距，让每个学生都享有接受美育的机会。

坚持因地制宜，分类指导。以问题为导向，充分考虑地区差异，重点关注农村、边远、贫困和民族地区美育教学条件的改善，加强分类指导，因地因校制宜，鼓励特色发展，坚持整体推进与典型引领相结合，形成"一校一品"、"一校多品"局面。

坚持改革创新，协同推进。加强美育综合改革，统筹学校美育发展，促进德智体美有机融合。整合各类美育资源，促进学校与社会互动互联，齐抓共管、开放合作，形成全社会关心支持美育发展和学生全面成长的氛围。

（三）总体目标。2015年起全面加强和改进学校美育工作。到2018年，取得突破性进展，美育资源配置逐步优化，管理机制进一步完善，各级各类学校开齐开足美育课程。到2020年，初步形成大中小幼美育相互衔接、课堂教学和课外活动相互结合、普及教育与专业教育相互促进、学校美育和社会家庭美育相互联系的具有中国特色的现代化美育体系。

二、构建科学的美育课程体系

（四）科学定位美育课程目标。学校美育课程建设要以艺术课程为主体，各学科相互渗透融合，重视美育基础知识学习，增强课程综合性，加强实践活动环节。要以审美和人文素养培养为核心，以创新能力培育为重点，科学定位各级各类学校美育课程目标。

幼儿园美育要遵循幼儿身心发展规律，通过开展丰富多样的活动，培养幼儿拥有美好、善良的心灵，懂得珍惜美好事物，能用自己的方式去表现美、创造美，使幼儿快乐生活、健康成长。义务教育阶段学校美育课程要注重激发学生艺术兴趣，传授必备的基础知识与技能，发展艺术想象力和创新意识，帮助学生形成一两项艺术特长和爱好，培养学生健康向上的审美趣味、审美格调、审美理想。普通高中美育课程要满足学生不同艺术爱好和特长发展的需要，体现课程的多样性和可选择性，丰富学生的审美体验，开阔学生的人文视野。特殊教育学校美育课程要根据学生身心发展水平和特点，培养学生的兴趣和特长，注重潜能发展，将艺术技能与职业技能培养有机结合，为学生融入社会、创业就业和健康快乐生活奠定基础。职业院校美育课程要强化艺术实践，注重与专业课程的有机结合，培养具有审美修养的高素质技术技能人才。普通高校美育课程要依托本校相关学科优势和当地教育资源优势，拓展教育教学内容和形式，引导学生完善人格修养，强化学生的文化主体意识和文化创新意识，增强学生传承弘扬中华优秀文化艺术的责任感和使命感。

（五）开设丰富优质的美育课程。学校美育课程主要包括音乐、美术、舞蹈、戏剧、戏曲、影视等。各级各类学校要按照课程设置方案和课程标准、教学指导纲要，逐步开齐开足上好美育课程。义务教育阶段学校在开设音乐、美术课程的基础上，有条件的要增设舞蹈、戏剧、戏曲等地方课程。普通高中在开设音乐、美术课程的基础上，要创造条件开设舞蹈、戏剧、戏曲、影视等教学模块。职业院校要在开好与基础教育相衔接的美育课程的同时，积极探索开好体现职业教育专业和学生特点的拓展课程。普通高校要在开设以艺术鉴赏为主的限定性选修课程基础上，开设艺术实践类、艺术史论类、艺术批评类等方面的任意性选修课程。各级各类学校要重视和加强艺术经典教育，根据自身优势和特点，开发具有民族、地域特色的地方和校本美育课程。

（六）实施美育实践活动的课程化管理。美育实践活动是学校美育课程的重要组成部分，要纳入教学计划，实施课程化管理。建立学生课外活动记录制度，学生参与社区乡村文化艺术活动、学习优秀民族民间艺术、欣赏高雅文艺演出、参观美术展览等情况与表现要作为中小学生艺术素质测评内容。各级各类学校要贴近校园生活，根据学生认知水平和心理特点，积极探索创造具有时代特征、校园特色和学生特点的美育活动形式。要以戏曲、书法、篆刻、剪纸等中华优秀传统文化艺术为重点，形成本地本校的特色和传统。中小学校应以班级为基础，开展合唱、校园集体舞、儿童歌舞剧等群体性活动。任何学校和教师不得组织学生参加以营利为目的的艺术竞赛活动，严禁任何部门和中小学校组织学生参与商业性艺术活动或商业性庆典活动。

三、大力改进美育教育教学

（七）深化学校美育教学改革。建立以提高学校美育教育教学质量为导向的管理制度和工作机制。按照国家规定的不同学段美育课程设置方案、课程标准以及内容要求，切实强化美育育人目标，根据社会文化发展新变化及时更新教学内容。开发利用当地的民族民间美育资源，搭建开放的美育平台，拓展教育空间。开展多种形式的国际交流与合作，各级各类学校应根据自身条件和特点积极参与中外人文交流。依托现有资源，加强学校美育实践基地建设，取得一批美育综合改革的重要成果，发挥辐射带动作用，推动学校美育的整体发展。

（八）加强美育的渗透与融合。将美育贯穿在学校教育的全过程各方面，渗透在各个学科之中。加强美育与德育、智育、体育相融合，与各学科教学和社会实践活动相结合。挖掘不同学科所蕴涵的丰富美育资源，充分发挥语文、历史等人文学科的美育功能，深入挖掘数学、物理等自然学科中的美育价值。大力开展以美育为主题的跨学科教育教学和课外校外实践活动，将相关学科的美育内容有机整合，发挥各个学科教师的优势，围绕美育目标，形成课堂教学、课外活动、校园文化的育人合力。

（九）创新艺术人才培养模式。专业艺术院校要注重内涵建设，突出办学特色，专业设置应与学科建设、产业发展、社会需求、艺术前沿有机衔接。加强社会服务意识，强化实践育人，进一步完善协同育人的人才培养模式，增强人才培养与经济社会发展的契合度，为经济发展、文化繁荣培养高素质、多样化的艺术专门人才。遵循艺术人才成长规律，促进艺术教育与思想政治教育有机融合、专业课程教学与文化课程教学相辅相成，坚持德艺双馨，着力提升学生综合素养，培养造就具有丰厚文化底蕴、素质全面、专业扎实的艺术专门人才。

（十）建立美育网络资源共享平台。充分利用信息化手段，扩大优质美育教育资源覆盖面。以国家实施“宽带中国”战略为契机，加强美育网络资源建设，加快推进边远贫困地区小学教学点数字教育资源全覆盖。支持和辅导教师用好多媒体远程教学设备，将优质美育资源输送到偏远农村学校。充分调动社会各方面积极性，联合建设美育资源的网络平台，大力开发与课程教材配套的高校和中小学校美育课程优质数字教育资源，鼓励各级各类学校结合“互联网＋”发展新形势，创新学校美育教育教学方式，加强基于移动互联网的学习平台建设。

（十一）注重校园文化环境的育人作用。各级各类学校要充分利用广播、电视、网络、教室、走廊、宣传栏等，营造格调高雅、富有美感、充满朝气的校园文化环境，以美感人，以景育人。要让社会主义核心价值观、中华优秀传统文化基因通过校园文化环境浸润学生心田，引导学生发现自然之美、生活之美、心灵之美。进一步办好大中小学生艺术展演活动，抓好中华优秀传统文化艺术传承学校与基地建设，各地要因地制宜探索建设一批体现正确育人导向、具有丰富文化内涵的校园文化美育环境示范学校。

（十二）加强美育教研科研工作。在全国教育科学规划课题和教育部人文社会科学研究项目中设立美育专项课题，并予以一定倾斜。以服务决策为导向，整合资源，协同创新，深入研究学校美育改革发展中的重大理论和现实问题，打造高校美育综合研究的高地和决策咨询的重地。研究制定高校和中小学校美育课程学业质量标准，深入开展美育教学研究和教材研究，形成教材更新机制。加强基础教育阶段艺术类学科教研队伍建设，建立教研员准入制度，严格考核要求。探索建立县（区）美育中心教研协作机制，发挥学科带头人在美育教学研究上的引领作用，促进美育教学质量稳步提升。

四、统筹整合学校与社会美育资源

（十三）采取有力措施配齐美育教师。各级教育部门和各级各类学校要把师资队伍建设作为美育工作的重中之重，努力建设一支师德高尚、业务精湛、结构合理、充满活力的高素质美育教师队伍。普通高校要根据美育课程开设需要，加快公共艺术教师队伍建设。各地要制定时间表、采取有效措施破解中小学校美育教师紧缺问题，根据实行城乡统一的中小学教职工编制标准的要求，通过农村学校艺术教育实验县综合改革实践，建立农村中小学校美育教师补充机制，重点补充农村、边远、贫困和民族地区乡（镇）中小学校的美育教师。实行美育教师交流轮岗制度，采取对口联系、下乡巡教、挂牌授课等多种形式，鼓励城市美育教师到农村学校任教。

（十四）通过多种途径提高美育师资整体素质。各地要建立高校与地方政府、行业企业、中小学校协同培养美育教师的新机制，促进美育教师培养、培训、研究和服务一体化，切实提高各级各类学校美育师资水平。鼓励成立校际美育协作区，发挥艺术学科名师工作室的辐射带动作用，促进美育师资队伍均衡发展。鼓励教师参与美育课程建设和教学改革，支持教师合作开发开设美育课程，倡导跨学科合作。健全老中青教师传帮带和新老教师互帮互助机制。搭建美育课堂教学交流和教学技能培训平台，加强经验交流与培训，在中小学教师国家级培训计划（国培计划）中加大对中小学校教师特别是乡村美育教师培训力度，带动各地开展农村美育教师培训。

（十五）整合各方资源充实美育教学力量。教育部门要联合和依托文化部门及相关单位，组织选派优秀文化艺术工作者积极参与文艺支教志愿服务项目，鼓励和引导高校艺术专业教师、艺术院团专家和社会艺术教育专业人士到中小学校担任兼职艺术教师，开展“结对子、种文化”活动。积极探索组建美育教学联盟、文艺工作者援教联盟，依托联盟搭建农村美育支教平台。继续鼓励和支持专业文艺团体、非专业的高水平文艺社团有计划地赴高校开展高雅艺术进校园活动，组织专家讲学团开设专题美育讲座。聘请艺术家和民间艺人进校园，因地制宜成立相关工作室。专业艺术院校要积极在中小学校建立对口支持的基地。

（十六）探索构建美育协同育人机制。以立德树人、崇德向善、以美育人为导向，加强对家庭美育的引导，规范社会艺术考级市场，强化社会文化环境治理，宣传正确的美育理念，充分发挥家庭和社会的育人作用，转变艺术学习的技术化和功利化倾向，营造有利于青少年成长的健康向上的社会文化环境。建立学校、家庭、社会多位一体的美育协同育人机制，推进美育协同创新，探索建立教育与宣传、文化等部门及文艺团体的长效合作机制，建立推进学校美育工作的部门间协调机制。

五、保障学校美育健康发展

（十七）加强组织领导。各地要将美育作为实现教育现代化的一项重要任务摆在突出位置，认真履行发展美育的职责，将美育发展纳入政府重要议事日程，结合实际制定具体实施方案，明确工作部署，切实抓紧抓好。建立健全教育部门牵头、有关部门分工负责、全社会广泛参与的美育工作机制，明确责任，按照职能分工，落实好推进学校美育改革发展的各项任务。

（十八）加强美育制度建设。坚持依法治教，运用法治思维和法治方式，深化美育综合改革。研究完善学校美育工作有关规章制度，使美育制度规则体系能够及时适应实践发展需要，为推进学校美育改革发展提供制度保障。

（十九）加大美育投入力度。地方政府要通过多种形式筹措资金，满足美育发展基本需求，建立学校美育器材补充机制。各地要加快推进义务教育阶段学校美育设施标准化建设，加强高校艺术教育场馆建设，将更多的文化建设项目布点在学校，促进学校资源与社会资源互动互联，推动校内外资源设施共建共享。鼓励各地筹措和利用社会资金对农村中小学校美育走教教师给予专项补贴。中央财政通过全面改善贫困地区义务教育薄弱学校基本办学条件等工作，加大投入力度，支持地方尽快补齐学校美育的短板。

（二十）探索建立学校美育评价制度。各地要开展中小学生艺术素质测评，抓好一批试点地区和试点学校，及时总结推广，发挥示范带动作用。实施中小学校美育工作自评制度，学校每学年要进行一次美育工作自评，自评工作实行校长负责制，纳入校长考核内容，并通过当地教育部门官方网站信息公开专栏向社会公示自评结果。制定符合高校艺术专业特点的教育教学评价标准。建立学校美育发展年度报告制度，各级教育部门每年要全面总结本地区各级各类学校美育工作，编制年度报告。教育部应委托第三方机构研究编制并发布全国学校美育发展年度报告。

（二十一）建立美育质量监测和督导制度。中小学校美育课程开课率已列入教育现代化进程监测评价指标体系之中，各地要将其作为对学校评价、考核的重要指标。要在国家基础教育质量监测中，每三年组织一次学校美育质量监测。鼓励各地运用现代化手段对美育质量进行监测。各级教育督导部门要将美育纳入督导内容，定期开展专项督导工作。

国务院办公厅

2015 年 9 月 15 日

国务院办公厅关于改革完善博士后制度的意见

（国办发〔2015〕87 号）

各省、自治区、直辖市人民政府，国务院各部委、各直属机构：

博士后制度是我国培养高层次创新型青年人才的一项重要制度，自 1985 年建立以来，培养了一批高层次创新型人才，取得了一批重要科研成果，为推动科技进步和经济社会发展作出了积极贡献。但与此同时，我国博士后制度还存在定位不够明确、设站单位主体作用发挥不足、培养质量有待提升、招收培养评价办法不够健全、国际化水平不高等问题。为深入实施人才优先发展战略，更好发挥博士后制度在培养高层次创新型青年人才、推动大众创业万众创新中的重要作用，经国务院同意，现提出以下意见：

一、总体要求

（一）指导思想。全面贯彻党的十八大和十八届二中、三中、四中、五中全会精神，按照党中央、国务院决策部署，牢固树立并切实贯彻创新、协调、绿色、开放、共享的发展理念，深入实施创新驱动发展战略和人才优先发展战略，推进人才发展体制改革和政策创新，以解决制约博士后事业发展的重大问题为导向，以提高博士后研究人员培养质量为核心，创新符合青年人才成长规律及博士后研究人员特点的管理制度，完善体制机制，健全服务体系，提升国际化水平，推动博士后事业科学发展。

（二）基本原则。坚持问题导向，完善体制机制。把解决制约博士后事业发展的突出问题作为首要任务，明确博士后研究人员定位，完善考核奖励制度，巩固博士后制度独特优势，增强博士后制度吸引力。

坚持分类管理，着力提高质量。把提升博士后研究人员培养质量作为改革完善博士后制度的核心，强化设站单位和博士后合作导师在博士后研究人员培养中的作用，支持设站单位对博士后研究人员实施分类管理。紧密结合重大项目，加强研究工作的创新性，加大学术交流和国际交流力度，培养更多高层次创新型青年人才。

坚持服务发展，扶持创新创业。把扶持创新创业作为改革完善博士后制度的着力点，制定扶持政策，引导博士后研究人员到企业创新创业，把科研成果转化为生产力。

坚持以人为本，健全服务体系。把健全服务体系作为改革完善博士后制度的落脚点，建立博士后研究人员进出站工作服务协调机制，建设交流平台，充分发挥社会组织作用，为博士后研究人员提供更好的服务保障。

（三）主要目标。通过改革设站和招收方式，完善管理制度，加强培养考核，促进国际交流，充分发挥博士后制度在高校和科研院所人才引进中的重要作用、设站单位在博士后研究人员培养使用中的主体作用、博士后研究人员在科研团队中的骨干作用，推动博士后制度成为吸引、培养高层次青年人才的重要渠道。到2020年，重点高校、科研院所新进教学科研人员和国家重大科技项目中博士后研究人员比例有明显提高，外籍和留学回国博士后新进站人数进一步增加，人才吸引效应显著增强。

二、改革管理制度

（四）明确博士后研究人员定位。博士后研究人员作为国家有计划、有目的培养的高层次创新型青年人才，在站期间是具有流动性质的科研人员。博士后研究人员在站时间一般为2年，根据项目需要可在2—4年内灵活确定；对进站后承担国家重大科技项目的，应当根据项目资助期限和承担的任务及时调整在站时间，最长不超过6年。博士后研究人员享受设站单位职工待遇，设站单位应按单位性质与博士后研究人员签订事业单位聘用合同、企业劳动合同或工作协议，并按有关规定为博士后研究人员缴纳社会保险费。

（五）明确设站单位主体地位。充分发挥高校、科研院所、企业在博士后研究人员招收培养中的主体作用。博士后设站单位是对博士后研究人员进行管理的责任主体，负责研究制定具体管理办法，规范博士后研究人员进站程序，加强过程评价，严格出站考核，切实履行管理责任。改革博士后证书发放方式，除国家实施的博士后培养专项计划博士后证书由全国博士后管理委员会发放外，科研流动站博士后证书由设站单位发放，科研工作站博士后证书由省级人力资源社会保障部门发放。

（六）改进设站和培养方式。严格设站条件，严守设站程序，优化设站结构布局，适度控制设站规模，适当下放设站审批权限。开展博士后科研工作站独立招收试点和博士后科研流动站设站方式改革试点。加大对中小型高科技企业特别是民营中小型高科技企业设立博士后科研工作站的支持力度，下放园区类博士后科研工作站分站设站审批权限。在总结经验基础上，规范博士后科研流动站、科研工作站联合培养工作。

（七）全面推开分级管理。逐步健全国家、省（区、市）、设站单位三级管理体制。国家博士后工作管理部门负责制定全国博士后工作发展规划、政策法规、管理制度，组织实施国家重点项目、资助计划，开展设站审批、交流服务等工作。省级博士后工作管理部门负责制定本省（区、市）博士后工作管理实施细则，开展进出站管理、经费资助、评估考核、服务保障等工作。设站单位负责博士后研究人员的招收、培养、考核、管理、服务等具体工作。

三、完善管理办法

（八）完善招收办法。坚持博士后制度培养青年人才的基本方向，博士后申请者一般应为新近毕业的博士毕业生，年龄应在35周岁以下，申请进入企业博士后科研工作站或人文社会科学领域、人才紧缺基础薄弱的自然科学领域博士后科研流动站的，可适当放宽进站条件。设有国家重点科研基地、承担国家重大科技项目的非设站单位，备案后可以依托重大科技项目招收项目博士后。适当放开设站单位博士毕业生不得进入本单位同一个一级学科博士后科研流动站的限制。在职博士后研究人员应以高校、科研院所教学科研人员为主，并严格控制比例。不得招收党政机关领导干部在职进站从事博士后研究。

（九）健全培养及评价办法。完善博士后研究人员站内资助办法。博士后研究人员在站期间科研成果可作为在站或出站后评聘职称的依据。强化设站单位专家学术委员会在博士后进站遴选、中期考核、出站评定中的作用，发挥博士后合作导师在博士后研究人员招收、培养、考核、管理等方面的作用。建立以科研计划书为主要内容的培养制度，完善以创新性科研成果为核心评价标准的博士后绩效考核评价体系。支持设站单位对不同学科领域、不同研究类型的博士后研究人员实施分类培养、分类评价。

（十）畅通退出渠道。明确博士后研究人员退站条件和程序。建立博士后科研流动站、科研工作站与全国人才流动中心、各地人才流动服务机构的协调联动机制，由全国人才流动中心或各省（区、市）确定的人才流动服务机构按照人事档案管理规定接收保管退站、滞站博士后研究人员的人事档案。

四、提高培养质量

（十一）结合重点科研基地和项目培养。鼓励设站单位、备案的非设站单位依托国家重点科研基地或承担的国家重大科技项目招收培养博士后研究人员。鼓励设站单位围绕博士后研究人员组建科研创新团队。支持博士后研究人员参与国家重点领域、重大专项、前沿技术和重大科学研究计划。

（十二）加大交流力度。加大博士后国际交流计划实施力度，大力吸引海外博士来华（回国）从事博士后研究，加大博士后研究人员参加国际学术交流力度。支持有条件的地方、部门和设站单位设立博士后国际交流项目，与国际一流大学、科研院所等签订博士后研究人员交流协议，定期或不定期开展学术交流活动，进一步提升学术水平，深入推进全国博士后学术交流活动。

（十三）完善评估机制。加强博士后研究人员培养质量动态跟踪。对博士后科研流动站、科研工作站实施分类评估。综合评估工作每五年开展一次，对评估结果优秀的单位按有关规定给予表彰或表扬，对评估不合格的单位取消设站资格。指导地方建立实时、动态的评估体系，授权地方开展新设博士后科研流动站、科研工作站评估工作。

五、支持创新创业

（十四）积极推进科研成果转化。围绕实施创新驱动发展战略和国家区域发展总体战略、适应产业转型升级需要，统筹利用现有科技资源，依托现有创新示范中心和科研成果转化基地，大力支持博士后研究人员创新创业，促进科研成果转化。

（十五）完善创新创业激励政策。在站博士后研究人员按规定享受国家关于支持科技人员创新创业的激励政策。博士后研究人员按国家有关规定享受在站期间科研成果转化收益。鼓励符合条件的企业按照有关规定，通过股权、期权、分红等激励方式，调动博士后研究人员创新创业的积极性。

六、做好保障工作

（十六）完善博士后日常经费和科研经费投入机制。自2015年8月1日起，博士后研究人员日常经费标准由每人每年5万元提高到每人每年8万元。整合优化各项博士后人才培养计划，突出特色，提升效率。地方和设站单位可根据自身情况给予配套投入，支持有条件的地方设立博士后创业基金。设站单位投入博士后工作的经费中，用于研发新技术、新产品、新工艺的，按照国家税收有关规定，享受企业所得税税前加计扣除优惠。推进博士后公寓建设，鼓励地方和设站单位采取多种方式解决在站博士后研究人员周转住房问题。

（十七）鼓励社会资金投入。充分利用市场机制，采取鼓励政策措施，引导社会资金通过设立优秀博士后奖励基金、风险投资基金、产业引导基金等形式，支持博士后研究人员创新创业，资助创业孵化和科技成果转化，并获得相应的回报。

（十八）提升服务水平。建立国家与地方博士后研究人员进出站工作服务协调机制，推进博士后研究人员进出站"在线预审、一次办结"服务平台建设和使用，提高博士后研究人员进出站服务效率。为外籍来华博士后研究人员提供便利，按照在站时间办理签证、工作许可和居留手续。

（十九）建设交流平台。将全国博士后人才和科技项目交流信息服务系统纳入"金保工程"统筹建设，加强博士后人才、科技成果与用人单位和市场的信息沟通，提供相应的服务。实施自然科学、人文社会科学优秀博士后论著出版支持计划。发挥定期开展的博士后科技服务团作用，为中西部地区提供科技服务。支持地方政府、部门和社会组织搭建区域性博士后交流平台，推进博士后人才和科技项目对接。

（二十）发挥社会组织作用。支持博士后发起成立学术性社会组织，搭建学术交流平台。通过政府转移职能、购买服务等方式，支持社会组织为博士后科技研发、自主创新、人才培养等方面提供服务。

各地区和有关部门要充分认识改革完善博士后制度的重要意义，加强组织领导，密切协同配合，确保改革完善博士后制度的各项目标任务落实到位。

国务院办公厅

2015年11月30日

国务院学位委员会　教育部关于印发《学位证书和学位授予信息管理办法》的通知

（学位〔2015〕18号）

各省、自治区、直辖市学位委员会、教育厅（教委），新疆生产建设兵团教育局，有关部门（单位）教育司（局），中国科学院前沿科学与教育局，中国社会科学院研究生院，中共中央党校学位评定委员会，中国人民解放军学位委员会，各学位授予单位：

根据国务院学位委员会第三十一次会议关于调整学位证书制发方式和管理办法的决议，为更好地适应学位工作和高等教育综合改革需要，提高学位授予质量，特制定《学位证书和学位授予信息管理办法》并印发给你们，请遵照执行。

自2016年1月1日起，学位证书由各学位授予单位自行印制，国务院学位委员会办公室印制的学位证书不再使用。各学位授予单位和有关主管部门要高度重视学位证书制发方式的调整工作，做好宣传解释，确保稳步实施。

附件：学位证书和学位授予信息管理办法

国务院学位委员会

教育部

2015年6月26日

学位证书和学位授予信息管理办法

第一章　总　　则

第一条　为规范学位证书制发，加强学位授予信息管理，根据《中华人民共和国高等教育法》和《中华人民共和国学位条例》及其暂行实施办法，制定本办法。

第二条　学位证书是学位获得者达到相应学术水平的证明，由授予学位的高等学校和科学研究机构（简称“学位授予单位”）制作并颁发给学位获得者。本办法所指学位证书为博士学位证书、硕士学位证书和学士学位证书。

第三条　学位授予信息是学位获得者申请学位的相关信息，以及学位证书的主要信息，包括博士学位、硕士学位和学士学位授予信息。

第二章　学位证书制发

第四条　学位证书由学位授予单位自主设计、印制。

第五条　学位证书应包括以下内容：

（一）学位获得者姓名、性别、出生日期（与本人身份证件信息一致），近期免冠正面彩色照片（骑缝加盖学位授予单位钢印）。

（二）攻读学位的学科、专业名称（名称符合国家学科专业目录及相关设置的规定）。

（三）所授学位的学科门类或专业学位类别（按国家法定门类或专业学位类别全称填写）。

（四）学位授予单位名称，校（院、所）长签名。

（五）证书编号。统一采取十六位阿拉伯数字的编号方法。十六位数字编号的前五位为学位授予单位代码；第六位为学位授予的级别，博士为2，硕士为3，学士为4；第七至第十位为授予学位的年份（如2016年授予的学位，填2016）；后六位数为各学位授予单位自行编排的号码。

（六）发证日期（填写学位授予单位学位评定委员会批准授予学位的日期）。

第六条　对于撤销的学位，学位授予单位应予以公告，宣布学位证书作废。

第七条　学位证书遗失或损坏的，经本人申请，学位授予单位核实后可出具相应的“学位证明书”。学位证明书应注明原学位证书编号等内容。学位证明书与学位证书具有同等效力。

第三章 学位授予信息报送

第八条 学位授予信息主要包括:学位获得者个人基本信息、学业信息、研究生学位论文信息等。信息报送内容由国务院学位委员会办公室制定。

第九条 学位授予单位根据国务院学位委员会办公室制定的学位授予信息数据结构和有关要求,结合本单位实际情况,确定信息收集范围,采集学位授予信息并报送省级学位主管部门。

第十条 省级学位主管部门汇总、审核、统计、发布本地区学位授予单位的学位授予信息并报送国务院学位委员会办公室。

第十一条 国务院学位委员会办公室汇总各省(自治区、直辖市)和军队系统的学位授予信息,开展学位授予信息的统计、发布。

第十二条 学位授予单位在做出撤销学位的决定后,应及时将有关信息报送省级学位主管部门和国务院学位委员会办公室。

第十三条 确需更改的学位授予信息,由学位授予单位提出申请,经省级学位主管部门审核确认后,由省级学位主管部门报送国务院学位委员会办公室进行更改。

第四章 管 理 与 监 督

第十四条 学位授予单位负责:

(一) 设计、制作和颁发学位证书;

(二) 收集、整理、核实和报送本单位学位授予信息,确保信息质量;

(三) 将学位证书的样式及其变化情况、学位评定委员会通过的学位授予决定及名单及时报送省级学位主管部门备查。

第十五条 省级学位主管部门负责:

(一) 本地区学位证书和学位授予信息的监督管理,查处违规行为;

(二) 组织实施本地区学位授予信息的汇总、审核和报送。

(三) 对本地区学位授予信息的更改进行审核确认。

第十六条 国务院学位委员会办公室负责:

(一) 学位证书和学位授予信息的规范管理,制定有关的管理办法和工作要求,指导查处违规行为;

(二) 组织开展学位授予信息报送工作;

(三) 学位授予信息系统的运行管理;

(四) 学位证书信息网上查询的监管。

第五章 附 则

第十七条 根据有关规定,学位授予单位印制的学位证书,不得使用国徽图案。

第十八条 学位证书是否制作外文副本,由学位授予单位决定。

第十九条 中国人民解放军系统的学位证书和学位授予信息管理,由军队学位委员会参照本办法制定具体规定。

第二十条 本办法自2016年1月1日起实行。有关规定与本办法不一致的,以本办法为准。

教育部　国家发展改革委　财政部关于引导部分地方普通本科高校向应用型转变的指导意见

（教发〔2015〕7号）

各省、自治区、直辖市教育厅（教委）、发展改革委、财政厅（局），新疆生产建设兵团教育局、发展改革委、财务局：

为贯彻落实党中央、国务院关于引导部分地方普通本科高校向应用型转变（以下简称转型发展）的决策部署，推动高校转型发展，现提出如下意见。

一、重要意义

当前，我国已经建成了世界上最大规模的高等教育体系，为现代化建设作出了巨大贡献。但随着经济发展进入新常态，人才供给与需求关系深刻变化，面对经济结构深刻调整、产业升级加快步伐、社会文化建设不断推进特别是创新驱动发展战略的实施，高等教育结构性矛盾更加突出，同质化倾向严重，毕业生就业难和就业质量低的问题仍未有效缓解，生产服务一线紧缺的应用型、复合型、创新型人才培养机制尚未完全建立，人才培养结构和质量尚不适应经济结构调整和产业升级的要求。

积极推进转型发展，必须采取有力举措破解转型发展改革中顶层设计不够、改革动力不足、体制束缚太多等突出问题。特别是紧紧围绕创新驱动发展、中国制造2025、互联网＋、大众创业万众创新、“一带一路”等国家重大战略，找准转型发展的着力点、突破口，真正增强地方高校为区域经济社会发展服务的能力，为行业企业技术进步服务的能力，为学习者创造价值的能力。各地各高校要从适应和引领经济发展新常态、服务创新驱动发展的大局出发，切实增强对转型发展工作重要性、紧迫性的认识，摆在当前工作的重要位置，以改革创新的精神，推动部分普通本科高校转型发展。

二、指导思想和基本思路

1. 指导思想

贯彻党中央、国务院重大决策，主动适应我国经济发展新常态，主动融入产业转型升级和创新驱动发展，坚持试点引领、示范推动，转变发展理念，增强改革动力，强化评价引导，推动转型发展高校把办学思路真正转到服务地方经济社会发展上来，转到产教融合校企合作上来，转到培养应用型技术技能型人才上来，转到增强学生就业创业能力上来，全面提高学校服务区域经济社会发展和创新驱动发展的能力。

2. 基本思路

——坚持顶层设计、综合改革。系统总结近年来高等教育和职业教育改革的成功经验，增强改革的系统性、整体性和协调性。不断完善促进转型发展的政策体系，推动院校设置、招生计划、拨款制度、学校治理结构、学科专业设置、人才培养模式、师资队伍建设、招生考试制度等重点难点领域的改革。充分发挥评估评价制度的导向作用，以评促建、以评促转，使转型高校的教育目标和质量标准更加对接社会需求、更加符合应用型高校的办学定位。

——坚持需求导向、服务地方。发挥政府宏观调控和市场机制作用，推进需求传导式的改革，深化产教融合、校企合作，促进高校科学定位、特色发展，加强一线技术技能人才培养，促进毕业生就业质量显著提高，科技型创业人才培养取得重大突破，将一批高校建成有区域影响力的先进技术转移中心、科技服务中心和技术创新基地。

——坚持试点先行、示范引领。转型的主体是学校。按照试点一批、带动一片的要求，确定一批有条件、有意愿的试点高校率先探索应用型(含应用技术大学、学院)发展模式。充分发挥试点高校的示范引领作用，激发高校转型内生动力活力，带动更多地方高校加快转型步伐，推动高等教育改革和现代职业教育体系建设不断取得新进展。

——坚持省级统筹、协同推进。转型的责任在地方。充分发挥省级政府统筹权，根据区域经济社会发展和高等教育整体布局结构，制定转型发展的实施方案，加强区域内产业、教育、科技资源的统筹和部门之间的协调，积极稳妥推进转型发展工作。

三、转型发展的主要任务

3. 明确类型定位和转型路径。确立应用型的类型定位和培养应用型技术技能型人才的职责使命，以产教融合、校企合作为突破口，根据所服务区域、行业的发展需求，找准切入点、创新点、增长点，制定改革的时间表、路线图。转型高校要结合“十三五”规划编制工作，切实发扬民主，通过广泛的思想动员，将学校类型定位和转型发展战略通过学校章程、党代会教代会决议的形式予以明确。

4. 加快融入区域经济社会发展。建立合作关系，使转型高校更好地与当地创新要素资源对接，与经济开发区、产业聚集区创新发展对接，与行业企业人才培养和技术创新需求对接。积极争取地方政府、行业企业支持，通过建设协同创新中心、工业研究院、创新创业基地等载体和科研、医疗、文化、体育等基础设施共建共享，形成高校和区域经济社会联动发展格局。围绕中国制造2025、“一带一路”、京津冀协同发展、长江经济带建设、区域特色优势产业转型升级、社会建设和基本公共服务等重大战略，加快建立人才培养、科技服务、技术创新、万众创业的一体化发展机制。

5. 抓住新产业、新业态和新技术发展机遇。创新发展思路，增强把握社会经济技术重大变革趋势的能力，加强战略谋划和布局，实现弯道超车。适应、融入、引领所服务区域的新产业、新业态发展，瞄准当地经济社会发展的新增长点，形成人才培养和技术创新新格局。促进新技术向生产生活广泛渗透、应用，推动“互联网＋”战略在当地深入推进，形成人才培养和技术创新新优势。以服务新产业、新业态、新技术为突破口，形成一批服务产业转型升级和先进技术转移应用特色鲜明的应用技术大学、学院。

6. 建立行业企业合作发展平台。建立学校、地方、行业、企业和社区共同参与的合作办学、合作治理机制。校企合作的专业集群实现全覆盖。转型高校可以与行业、企业实行共同组建教育集团，也可以与行业企业、产业集聚区共建共管二级学院。建立有地方、行业和用人单位参与的校、院理事会(董事会)制度、专业指导委员会制度，成员中来自于地方政府、行业、企业和社区的比例不低于50%。支持行业、企业全方位全过程参与学校管理、专业建设、课程设置、人才培养和绩效评价。积极争取地方、行业、企业的经费、项目和资源在学校集聚，合作推动学校转型发展。

7. 建立紧密对接产业链、创新链的专业体系。按需重组人才培养结构和流程，围绕产业链、创新链调整专业设置，形成特色专业集群。通过改造传统专业、设立复合型新专业、建立课程超市等方式，大幅度提高复合型技术技能人才培养比重。建立行业和用人单位专家参与的校内专业设置评议制度，形成根据社会需求、学校能力和行业指导依法设置新专业的机制。改变专业设置盲目追求数量的倾向，集中力量办好地方(行业)急需、优势突出、特色鲜明的专业。

8. 创新应用型技术技能型人才培养模式。建立以提高实践能力为引领的人才培养流程，率先应用“卓越计划”的改革成果，建立产教融合、协同育人的人才培养模式，实现专业链与产业链、课程内容与职业标准、教学过程与生产过程对接。加强实验、实训、实习环节，实训实习的课时占专业教学总课时的比例达到30%以上，建立实训实习质量保障机制。扩大学生的学习自主权，实施以学生为中心的启发式、合作式、参与式教学，逐步扩大学生自主选择专业和课程的权利。具有培养专业学位研究生资格的转型高校要建立以职业需求为导向、以实践能力培养为重点、以产学结合为途径的专业学位研究生培养模式。工程硕士等有关专业学位类别的研究生教育要瞄准产业先进技术的转移和创新，与行业内领先企业开展联合培养，主要招收在科技应用和创新一线有实际工作经验的学员。

9. 深化人才培养方案和课程体系改革。以社会经济发展和产业技术进步驱动课程改革，整合相关的专业基础课、主干课、核心课、专业技能应用和实验实践课，更加专注培养学习者的技术技能和创新创业能力。认真贯彻落实《关于深化高等学校创新创业教育改革的实施意见》，将创新创业教育融入人才培养全过程，将专业教育和创业教育有机结合。把企业技术革新项目作为人才培养的重要载体，把行业企业的一线需要作为毕业设计选题来源，全面推行案例教学、项目教学。将现代信息技术全面融入教学改革，推动信息化教学、虚拟现实技术、数字仿真实验、在线知识支持、在线教学监测等广泛应用，通过校校合作、校企合作联合开发在线开放课程。

10. 加强实验实训实习基地建设。按照工学结合、知行合一的要求，根据生产、服务的真实技术和流程构建知识教育体系、技术技能训练体系和实验实训实习环境。按照所服务行业先进技术水平，采取企业投资或捐赠、政府购买、学校自筹、融资租赁等多种方式加快实验实训实习基地建设。引进企业科研、生产基地，建立校企一体、产学研一体的大型实验实训实习中心。统筹各类实践教学资源，构建功能集约、资源共享、开放充分、运作高效的专业类或跨专业类实验教学平台。

11. 促进与中职、专科层次高职有机衔接。建立与普通高中教育、中等职业教育和专科层次高等职业教育的衔接机制。有条件的高校要逐步提高招收在职技术技能人员的比例，积极探索建立教育—就业“旋转门”机制，为一线技术技能人才的职业发展、终身学习提供有效支持。适当扩大招收中职、专科层次高职毕业生的比例。制定多样化人才培养方案，根据学习者来源、知识技能基础和培养方向的多样性，全面推进模块化教学和学分制。

12. 广泛开展面向一线技术技能人才的继续教育。瞄准传统产业改造升级、新兴产业发展和新型城镇化过程中一线劳动者技术提升、技能深化、职业转换、城市融入的需求，大力发展促进先进技术应用、形式多样、贴近需求的继续教育。主动承接地方继续教育任务，加强与行业和领先企业合作，使转型高校成为地方政府、行业和企业依赖的继续教育基地，成为适应技术加速进步的加油站、顺应传统产业变革的换乘站、促进新兴产业发展的人才池。

13. 深化考试招生制度改革。按照国家考试招生制度改革总体方案，积极探索有利于技术技能人才职业发展的考试招生制度。试点高校招收中、高等职业院校优秀应届毕业生和在职优秀技术技能人员，应当将技术技能测试作为录取的主要依据之一，教育部制定有关考试招生改革实施意见。试点高校考试招生改革办法应当报省级教育行政部门批准并以省为单位报教育部备案。招生计划、方案、过程、结果等要按有关规定向社会公开。

14. 加强“双师双能型”教师队伍建设。调整教师结构，改革教师聘任制度和评价办法，积极引进行业公认专才，聘请企业优秀专业技术人才、管理人才和高技能人才作为专业建设带头人、担任专兼职教师。有计划地选送教师到企业接受培训、挂职工作和实践锻炼。通过教学评价、绩效考核、职务(职称)评聘、薪酬激励、校企交流等制度改革，增强教师提高实践能力的主动性、积极性。

15. 提升以应用为驱动的创新能力。积极融入以企业为主体的区域、行业技术创新体系，以解决生产生活的实际问题为导向，广泛开展科技服务和应用性创新活动，努力成为区域和行业的科技服务基地、技术创新基地。通过校企合作、校地合作等协同创新方式加强产业技术技能积累，促进先进技术转移、应用和创新。打通先进技术转移、应用、扩散路径，既与高水平大学和科研院所联动，又与中职、专科层次高职联动，广泛开展面向中小微企业的技术服务。

16. 完善校内评价制度和信息公开制度。建立适应应用型高校的人才培养、科学研究质量标准、内控体系和评估制度，将学习者实践能力、就业质量和创业能力作为评价教育质量的主要标准，将服务行业企业、服务社区作为绩效评价的重要内容，将先进技术转移、创新和转化应用作为科研评价的主要方面。完善本科教学基本状态数据库，建立本科教学质量、毕业生就业质量年度报告发布制度。

四、配套政策和推进机制

17. 落实省级政府统筹责任。各地要结合本地本科高校的改革意愿和办学基础，在充分评估试点方案的基础上确定试点高校。试点高校应综合考虑民办本科高校和独立学院。省级改革试点方案要落实和扩大试点高校的考试招生、教师聘任聘用、教师职务（职称）评审、财务管理等方面的自主权。

18. 加快推进配套制度改革。建立高校分类体系，实行分类管理，制定应用型高校的设置标准。制定应用型高校评估标准，开展转型发展成效评估，强化对产业和专业结合程度、实验实习实训水平与专业教育的符合程度、双师型教师团队的比例和质量、校企合作的广度和深度等方面的考察，鼓励行业企业等第三方机构开展质量评价。制定试点高校扩大专业设置自主权的改革方案，支持试点高校依法加快设置适应新产业、新业态、新技术发展的新专业。支持地方制定校企合作相关法规制度和配套政策。

19. 加大对试点高校的政策支持。通过招生计划的增量倾斜、存量调整，支持试点高校符合产业规划、就业质量高和贡献力强的专业扩大招生。将试点高校“双师双能型”高水平师资培养纳入中央和地方相关人才支持项目。在国家公派青年骨干教师出国研修项目中适当增加试点高校选派计划。支持试点高校开展与国外同类高校合作办学，与教育援外、对外投资等领域的国家重大战略项目相结合走出去办学。充分发挥应用技术大学（学院）联盟等作用，与国外相应联盟、协会开展对等合作交流。

20. 加大改革试点的经费支持。各地可结合实际情况，完善相关财政政策，对改革试点统筹给予倾斜支持，加大对产业发展急需、技术性强、办学成本高和艰苦行业相关专业的支持力度。建立以结果为导向的绩效评价机制，中央财政根据改革试点进展和相关评估评价结果，通过中央财政支持地方高校发展等专项资金，适时对改革成效显著的省（区、市）给予奖励。高校要健全多元投入机制，积极争取行业企业和社会各界支持，优化调整经费支出结构，向教育教学改革、实验实训实习和“双师双能型”教师队伍建设等方面倾斜。积极创新支持方式，探索政府和社会资本合作（PPP）等模式，吸引社会投入。

21. 总结推广改革试点典型经验。在省级试点的基础上，总结梳理改革试点的经验和案例，有计划地推广一批试点方案科学、行业企业支持力度较大、实施效果显著的试点典型高校，并加大政策和经费支持力度。教育、发展改革、财政等部门共同建立跟踪检查和评估制度。

22. 营造良好改革氛围和舆论环境。加强对转型发展高校各级领导干部和广大师生员工的思想教育和政策宣传，举办转型试点高校领导干部专题研修班和师资培训班，坚定改革信心，形成改革合力。广泛动员各部门、专家学者和用人单位参与改革方案的设计和政策研究。组织新闻媒体及时宣传报道试点经验。

根据本意见精神，教育部、发展改革委、财政部建立协调工作机制，加强对转型发展工作的指导。

教育部

国家发展改革委

财政部

2015年10月21日

中央宣传部　教育部关于印发《普通高校思想政治理论课建设体系创新计划》的通知

（教社科〔2015〕2号）

各省、自治区、直辖市党委宣传部、党委教育工作部门、教育厅（教委），新疆生产建设兵团党委宣传部、教育局，有关部门（单位）教育司（局），教育部直属各高等学校：

现将《普通高校思想政治理论课建设体系创新计划》印发给你们，请结合本地本校实际情况，认真贯彻执行。各地各高校制定的实施方案和政策措施请及时报送教育部。

中央宣传部

教育部

2015年7月27日

普通高校思想政治理论课建设体系创新计划

为贯彻落实党的十八大和十八届三中、四中全会精神，贯彻落实习近平总书记系列重要指示精神，根据中共中央办公厅、国务院办公厅《关于进一步加强和改进新形势下高校宣传思想工作的意见》，特制定本计划。

一、充分认识办好高校思想政治理论课的重要性艰巨性

高校肩负着学习研究宣传马克思主义、培养中国特色社会主义事业建设者和接班人的重大任务。思想政治理论课是巩固马克思主义在高校意识形态领域指导地位，坚持社会主义办学方向的重要阵地，是全面贯彻落实党的教育方针，培养中国特色社会主义事业合格建设者和可靠接班人、落实立德树人根本任务的主干渠道，是进行社会主义核心价值观教育、帮助大学生树立正确世界观人生观价值观的核心课程。办好思想政治理论课，事关意识形态工作大局，事关中国特色社会主义事业后继有人，事关实现中华民族伟大复兴的中国梦，必须始终摆在突出位置，持之以恒，常抓不懈。

近些年来，在党中央坚强领导下，各部门和各地各高校认真实施新课程方案，采取一系列重大举措，全面加强和改进思想政治理论课，深入推进中国特色社会主义理论体系进教材进课堂进学生头脑。统一编写使用本专科4本教材和研究生5门课程教学大纲。初步构建三级教师培训体系，队伍规模不断扩大，结构进一步优化。全面推进教学科研改革，优化教学内容，创新课堂教学形式，推广了一批行之有效的教学方法。设立马克思主义理论一级学科，为思想政治理论课建设提供坚实的学科支撑。思想政治理论课课程和教材建设进一步规范，教师队伍综合素质不断提高，课堂秩序和教学效果明显改善，大学生学习兴趣和满意程度得到提升，思想政治理论课建设的良好局面已经形成，为加强和改进大学生思想政治教育，维护高校改革发展稳定大局作出了重要贡献。

同时，也必须清醒地认识到，世界范围内各种思想文化交流交融交锋更加频繁，如何发挥正能量，增强

对重大理论和现实问题的阐释力，在多元中确立主导，给思想政治理论课提出新的挑战。必须清醒地认识到社会思想意识更加多元多样多变，面对各种思潮和复杂的社会现象，如何运用马克思主义的立场观点方法在多样中求得共识，给思想政治理论课提出新的要求。

思想政治理论课建设自身也还存在许多困难和不足：一些地方和高校对思想政治理论课仍然重视不够，政策条件保障尚未落实到位，思想政治理论课在高校考核评价体系中的地位和作用不够突出；统筹推进教材修订完善、教师队伍建设、教学方法改革的意识不强，思想政治理论课建设体系尚未完全形成；教师队伍建设不适应思想政治理论课改革发展需求，整体素质亟待提升；改革创新的手段不多，制约思想政治理论课针对性实效性的瓶颈亟待突破；有效整合全社会资源的力度不够，思想政治理论课建设全员全方位全过程育人的格局仍需巩固。必须深入贯彻落实习近平总书记重要批示精神，充分认识思想政治理论课建设的重要性、长期性、艰巨性、复杂性，以执着的信念、坚定的信心，攻坚克难，勇于创新，切实把思想政治理论课办好。

二、高校思想政治理论课建设体系创新计划的指导思想、基本原则和目标任务

高校思想政治理论课建设体系创新计划的指导思想是：高举中国特色社会主义伟大旗帜，以马克思列宁主义、毛泽东思想、邓小平理论、"三个代表"重要思想、科学发展观为指导，深入贯彻落实党的十八大和十八届三中、四中全会精神，深入贯彻落实习近平总书记系列重要讲话精神，深入贯彻落实《关于进一步加强和改进新形势下高校宣传思想工作的意见》精神，全面贯彻党的教育方针，立足坚定大学生对中国特色社会主义的道路自信、理论自信、制度自信，以教材体系、人才体系、教学体系建设为核心，以学科支撑体系、综合评价体系、条件保障体系建设为关键，以推动综合改革创新为动力，以问题为导向，以教育教学实效性为评价标准，进一步坚定信心，强化责任，系统规划，整体推进，落实思想政治理论课在高校立德树人工作中的战略地位，把培育和践行社会主义核心价值观融入教书育人全过程，为实现"两个一百年"奋斗目标、实现中华民族伟大复兴中国梦发挥应有的作用。

实施高校思想政治理论课建设体系创新计划的基本原则是：坚持理论与实际相结合，注重发挥实践环节的育人功能，创新推动学生实践教学和教师实践研修。坚持教学与科研相结合，努力探索攻克教学难关，强化马克思主义理论学科和科研对教学的支撑作用。坚持教师讲授与学生参与相结合，注重师生教学互动，充分调动学生学习的主动性、积极性。坚持课堂教学与日常教育相结合，积极拓展思想理论教育渠道，创新发挥第二课堂的教育作用。坚持思想政治理论课与专业课相结合，注重发挥所有课程的育人功能，所有教师的育人职责。坚持校内与校外相结合，注重资源整合，探索建立全社会关心支持思想政治理论课建设的长效机制。

实施高校思想政治理论课建设体系创新计划的目标是：整体推进教材、教师、教学等方面综合改革创新，编写充分反映马克思主义中国化最新成果、教师好用学生爱读的系列教材，建设一支对马克思主义理论真学、真懂、真信、真用的教师队伍，培育推广理论联系实际、富有吸引力感染力的多种教学方法，重点建设一批教学科研皆强的马克思主义学院，逐步构建重点突出、载体丰富、协同创新的思想政治理论课建设体系，不断深化中国特色社会主义和中国梦教育，深入开展社会主义核心价值观教育，加强法治教育，坚持不懈地推动中国特色社会主义理论体系进教材、进课堂、进头脑，不断改善思想政治理论课教学状况，努力把思想政治理论课建设成为学生真心喜爱、终身受益、毕生难忘的优秀课程。

实施高校思想政治理论课建设体系创新计划的主要任务是：

——推进统编教材编写使用，编写教师参考用书、学生辅学读本、教学指导资料和理论普及读物等教学系列用书，构建面向教师和学生不同对象，辐射本专科生、研究生各个层次，涵盖纸质和数字化等多种载体，体现思想性、科学性、可读性相统一的立体化教材体系。

——提高专职教师队伍整体素质，广泛争取知名专家学者和党政领导干部的支持，注重发挥辅导员队伍的联动作用，健全完善选聘配备、培养培训、特聘教授等制度，建设一支理想信念坚定、师德高尚、理论功底扎实、教学效果良好的高水平思想政治理论课教师队伍,形成专兼结合、结构合理的教学人才体系。

——改革教学方法,创新教学艺术,倡导集体备课和名师引领,强化问题意识和团队攻关,注重发挥教与学两个积极性,形成第一课堂与第二课堂、理论教学与实践教学、课堂教学与网络教学相互支撑,理念手段先进、方式方法多样、组织管理高效的思想政治理论课教学体系。

——加强马克思主义理论学科规范化建设,凝练学科方向,汇聚学科队伍,扩大学科影响,把马克思主义理论学科建设成为哲学社会科学优势学科,构建以马克思主义理论学科为引领,相关学科为补充,有效支撑思想政治理论课建设的学科体系。

——健全完善评价标准,明确评价导向,优化评价机制,坚持评建结合,管理与服务并重,紧密结合思想政治理论课教材、教师、教学等实际,构建有利于激发各方面积极性,全面系统、科学规范、运行有效的综合评价体系。

——建强独立二级机构,重点建设一批马克思主义学院,稳定经费投入渠道,强化高校党委责任,不断健全基本要求具体、责任分工明确、政策制度完善,有利于形成工作合力的思想政治理论课建设条件保障体系。

三、高校思想政治理论课建设体系创新计划的重点建设内容

(一)以统编教材为基础,建设思想性、科学性和可读性统一的思想政治理论课立体化教材体系

1. 大力推进统编教材编写使用。根据中央精神和教学实际需要,及时修订和使用好本专科4本教材和研究生5门课程教学大纲,组织制定《高校"形势与政策"课教育教学要点》。建立教材使用情况即时监测制度,跟踪分析师生对教材使用的意见建议,把师生评价作为教材修订重要标准,吸收一线师生参与教材修订工作。建立高校思想政治理论课教材研究中心,加强对教材内容和表述方式的研究,加强对思想政治理论课学术话语体系的研究,推动提高思想政治理论课教材编写质量和水平。编写马克思主义理论学科本科生和研究生核心课程教材。各地各高校要确保思想政治理论课教学使用统编教材。

2. 编写完善教学系列用书。组织编写与本专科思想政治理论课统编教材相配套的教师参考书、疑难问题解析、教学案例解析、学生辅学读本等教学用书,更好地促进统编教材的使用。制定专科2门必修课程教学建议。编写研究生5门课程教学讲义。组织编发高校思想政治理论课教学活页。把《习近平总书记系列重要讲话读本》《中国特色社会主义学习读本》《马克思主义哲学十讲》和《世界社会主义五百年》等作为思想政治理论课教学重要参考书。开展对教材重点难点研究,完善教学系列用书编写体例,创新编写模式。加强编写队伍建设,形成老中青年相结合、学科背景相补充的梯队。各地各高校,特别是民族地区可以组织编写符合实际需要的思想政治理论课教学参考用书。

3. 切实推进优质教学资源共享。加强"高校思想政治理论课程网站"建设,完善网站建设机制,优化栏目设置,使之成为全国思想政治理论课教师共建共享共管的平台。成立全国思想政治理论课网站信息共享联盟,整合各地各高校优质网络教学资源。推动思想政治理论教育网络期刊建设,探索建立思想政治理论教育类优秀网络文章在科研成果统计、职务评聘方面的激励机制。建立文献共享资源库。建设一批教学资源研究实验室,系统总结凝练优质教学资源。建立大学生思想政治理论课主题学习网站和微信公众账号学习平台,使之成为宣传展示学生理论学习成果的阵地。各地各高校要积极参与相关网站建设,采取切实措施推动本地本校教学资源共建共享。

(二)切实提高专职教师整体素质,建设专兼结合、结构合理的思想政治理论课教学人才体系

1. 建立思想政治理论课专职教师任职资格制度。制定思想政治理论课教师任职资格标准,把政治立场作为教师聘用的首要标准,严把教师聘用政治关。建立新进教师宣誓和专任教师定期网络注册制度。严格教师管理,在事关政治原则、政治立场和政治方向上不能与党中央保持一致的,或理论素质、教学水平达不到相应课程要求的,不得继续担任思想政治理论课教师。本科和专科院校分别严格按照1∶350—400和1∶550—600的师生比配足配强专职教师。各高校要结合思想政治理论课教师岗位实际合理确定选聘

条件，加强后备人才储备，充分保障思想政治理论课教学和科研用人需求。

2. 进一步完善教师培养培训制度。逐步健全完善国家示范培训、省级分批轮训、学校全员培训紧密衔接、相互补充的三级培训体系。统筹规划培训内容，系统设计培训形式，组织编写培训教材，凝练形成满足不同层面需要的菜单式培训方案。中宣部、教育部举办骨干教师、新进教师、新修订教材使用、社会实践研修等示范培训。强化教学科研骨干培养，推进择优资助及国内高级访学计划，每年培养150名左右骨干。在高校哲学社会科学教学科研骨干研修班中增加思想政治理论课教师培训名额。实施教学科研团队择优支持计划。加强教育部高校思想政治理论课教师社会实践研修基地建设。将思想政治理论课教学科研骨干培养与干部队伍建设结合起来，支持教学科研骨干、马克思主义学院负责人到相关部门挂职或实践锻炼。探索运用网络开展远程培训，运用微信公众账号开展微培训，增强培训灵活性、时效性，扩大培训覆盖面。各地各高校要认真贯彻落实《普通高等学校思想政治理论课教师队伍培养规划(2013—2017年)》，研究制定具体实施计划。各高校每年对全体教师至少培训一次。

3. 建立高校思想政治理论课特聘教授制度。设立思想政治理论课兼职教师岗位，制定思想政治理论课特聘教授任职标准，聘请符合条件的专家学者、党政领导干部和先进人物等兼任思想政治理论课教师。教育部建立思想政治理论课特聘教授资源库，为各地各高校提供优质教师资源。规范思想政治理论课特聘教授管理，建立完善思想政治理论课特聘教授巡讲机制。各地各高校要根据实际制定相应政策，加大经费投入，实施好特聘教授制度。高校所有校领导要带头讲思想政治理论课。鼓励支持辅导员班主任骨干兼任思想政治理论课教师，鼓励支持思想政治理论课教师从事辅导员、班主任工作，推动两支队伍的有机融合。鼓励支持哲学社会科学教师参与思想政治理论课教学。

(三)积极培育和推广优秀教学方法，建设理念科学、形式多样、管理有效的思想政治理论课课堂教学体系

1. 培育推广优秀教学方法。选取若干所高校建立教学改革试验基地，统筹课堂教学、实践教学、网络教学建设，充分发挥课堂教学的主渠道作用和实践教学、网络教学的有效补充作用，积极开展高校思想政治理论课综合改革试点探索。依托教学指导委员会制定教学方法改革建议，鼓励创新教学模式。实施教学方法改革项目“择优推广计划”，五年内遴选和培育100项形式新颖、效果良好、受学生欢迎的优秀思想政治理论课教学方法改革项目，完善项目遴选、培育和推广机制。各地各高校要积极推进专题教学，凝练教学内容，强化问题意识，构建重点突出、贴近实际的教学体系。探索网络教学试点，开发思想政治理论课在线课程，组织大学生开展“同上一堂网络思政课”活动，建设一批名师名家网络示范课，推进优质网络教学资源建设。建立覆盖面广、代表性强的教学方法改革信息库，加强对教学方法改革的分析和研究，组织发布《高校思想政治理论课教学方法改革年度报告》。

2. 不断深化教学研究与理论研究。实施教学攻关行动计划，统筹社会专家资源建立教学改革智库，开展教学重点问题研究，建立教学热点难点定期搜集解答制度，为深化教学改革、增强教学效果提供有力支撑。实施集体备课制度，深入开展多种形式的教学讨论和辩论，加强对各门课程教学设计的研究，加强对不同课程之间内容衔接的研究。加强对教案编写、课件制作、课堂教学组织的研究，努力形成一批精彩教案、精彩课件，打造一批精彩课堂。设立“高校马克思主义理论教学与研究文库”出版资助项目，推出优秀马克思主义理论学科和思想政治理论课教学学术专著。各地各高校要积极鼓励广大教师开展理论研究，推动马克思主义中国化理论创新，研究回答重大理论和现实问题。

3. 切实加强教学管理。严格落实学分规定，不得以任何形式变相压减课时。合理设置教学规模，推行中班教学，班级规模原则上不超过100人。充分运用网络等现代技术手段，探索中班上课，小班研学讨论的教学模式。科学安排教学时间。实施教师听课互评互学制度，开展高校思想政治理论课教学观摩活动。坚持知行合一原则，创新考试考核办法，探索建立科学全面准确评价学生思想政治理论课学习效果的评价体系。各高校要健全学生评教制度，完善评教方式，合理运用评教结果。

（四）努力强化实践教学，建设与课堂教学相互促进的思想政治理论课第二课堂教学体系

1. 着力培育学生理论骨干和理论社团。实施卓越马克思主义理论人才培养计划，加强学生理论骨干培养。各地各高校要鼓励思想政治理论课名师担任青年马克思主义者培养工程培训专家。举办理论学习夏令营，开展“理论之星”评选活动，鼓励学生学习马克思主义经典著作。加强对学生理论社团的引导，每个理论社团配备一位思想政治理论课教师担任指导老师。开展“高校优秀学生理论社团评选活动”，引导和鼓励学生通过自我学习、自我教育的方式拓展课堂教学成果。

2. 着力提高校园文化建设的理论品质。实施高校学生马克思主义自主学习行动计划，充分发挥学生理论学习的主体作用。结合思想政治理论课程学习，组织学生开展形式多样的文化艺术活动，举办马克思主义理论学习沙龙。围绕社会主义核心价值观课堂学习，开展高校学生多媒体创作展示活动。围绕思想政治理论课热点难点问题，组织开展全国高校学生系列主题理论学习讨论会，让学生围绕一些模糊认识在讨论中增进价值认同，增强理论自信。

3. 整合资源强化实践教学。制定印发《高校思想政治理论课实践教学大纲》，进一步规范实践教学。推动思想政治理论课实践教学与大学生社会实践活动有机结合，整合思想政治理论课教师和辅导员队伍，共同参与组织指导实践教学。各高校要健全组织管理方式，逐步形成学校思想政治理论课教学科研机构、宣传部、教务处、学工部、团委等部门协调配合的实践教学工作机制。积极争取社会各方面支持，整合实践教学资源，拓展实践教学形式，建设一批相对稳定的实践教学基地。注重总结实践教学成果，把优秀调研报告等作为课堂教学的补充材料。

（五）努力建强马克思主义理论学科，形成以马克思主义理论学科为引领、相关学科为补充的思想政治理论课学科支撑体系

1. 切实把马克思主义理论学科建成优势学科。制定马克思主义理论学科发展规划，以马克思主义理论学科优先发展、优势发展、优质发展带动高校哲学社会科学繁荣发展，更充分发挥高校哲学社会科学育人功能。推进马克思主义理论学科基础理论和重大问题年度主题研究，制定学科人才培养指导方案，编写《高校马克思主义理论学科年度报告》。规范马克思主义理论学科本科生、硕士生、博士生培养工作，探索建立本硕博相衔接的人才培养体系。通过“长江学者奖励计划”等人才计划，大力培养马克思主义理论学科领军人才。推动建设马克思主义理论学科国家级协同创新中心，搭建高端马克思主义理论教育和研究平台。加强马克思主义理论研究类刊物建设，拓展马克思主义理论研究成果交流宣传阵地，办好《马克思主义研究》《思想理论教育导刊》《马克思主义与现实》等一批重点刊物，并作为高校思想政治理论课教师评聘职务职称的核心期刊。高校文科学报应开设思想政治理论课研究栏目。

2. 发挥哲学社会科学其他学科的支撑作用。深入推进哲学社会科学教学科研骨干研修工作，组织广大哲学社会科学教师系统学习马克思主义理论和党的路线方针政策。各高校要支持马克思主义理论学科与其他学科开展交叉研究，形成一批具有学科特色和广泛影响的理论创新成果。注重哲学社会科学研究成果在思想政治理论课教学中的运用，定期向思想政治理论课教师摘发参考资料。推动马克思主义中国化最新成果的普及教育研究，组织哲学社会科学专家编写一批通俗理论读物，创作一批音像作品，为思想政治理论课提供鲜活、生动、接地气的教学素材。

（六）坚持管理与激励并重，建设导向明确、系统完善的思想政治理论课综合评价体系

1. 规范思想政治理论课宏观管理。修订《高校思想政治理论课建设标准》，建立定期督查制度与跨省区市交叉检查制度，组织专家开展抽查，及时公示督查结果，完善督查结果反馈与整改约谈机制。健全马克思主义理论学科学位授权点建设评估制度，建立动态建设机制，达不到建设要求的限期整改或撤销学位授权点。构建思想政治理论课教学质量测评工作体系，建立若干个教学质量观测点，即时动态掌握思想政治理论课教学状况，完善教学质量测评机制。

2. 健全教师考核评价制度。改革教学和科研评价方式，将课堂教学质量等作为重要评价标准，鼓励教

师把主要精力放在研究教学内容、创新教学方法、提高教学实效上。要探索建立符合思想政治理论课教师职业特点的职务职称评聘标准，提高教学和教学研究占比，引导和鼓励思想政治理论课教师将更多时间和精力投入到教学中。

3. 完善先进典型宣传表彰机制。积极选树思想政治理论课教师、教学科研二级机构先进典型，推选年度影响力人物、教学名师、教学能手和优秀团队。探索建立思想政治理论课荣誉教师制度，宣传长期从事思想政治理论课教学的一线优秀教师先进事迹。各地各高校要完善思想政治理论课建设激励办法，逐步形成国家、地方和高校三级激励机制。

（七）切实加强统筹协调，建设有利于形成工作合力的思想政治理论课条件保障体系

1. 加强机构建设，建好高校马克思主义学院。研究制订马克思主义学院建设标准，推进思想政治理论课教学科研机构科学规范建设。实施重点马克思主义学院建设工程，建设一批集马克思主义理论学习教育、研究宣传、人才培养于一体的高水平马克思主义学院，使之成为办好高校思想政治理论课的坚强战斗堡垒。各地宣传、教育部门要整合资源，推动社会力量共建高校马克思主义学院。深入推进直属于学校领导的独立二级教学科研机构建设。规范二级机构职能定位，统一管理全校本专科、研究生思想政治理论课（包括“形势与政策”课）教学，统一负责马克思主义理论学科建设，统一管理思想政治理论课教师队伍。加强二级机构领导班子建设，班子成员应是中共党员，且从事马克思主义理论学科研究和思想政治理论课教学。

2. 加大投入力度，完善体系创新的条件保障。体系创新计划有关经费纳入马克思主义理论研究和建设工程。各地各高校要加大思想政治理论课建设专项经费投入，并随学校经费的增长逐年增加。其中，本科院校按本硕博全部在校生总数每生每年不低于20元的标准，专科院校按在校生总数每生每年不低于15元的标准列支教师学术交流、实践研修等培养培训费用。努力提高思想政治理论课教师待遇，确保教师收入不低于本校教师平均水平。优化思想政治理论课二级机构办公环境，配备必要的现代化办公设施，提供充分的教学科研资料，加强信息化建设。

3. 加强组织领导，确保思想政治理论课优先发展。中宣部、教育部负责本计划的组织实施，定期研判形势，及时研究解决新情况新问题。制定思想政治理论课结对对口支援计划，推动思想政治理论课均衡发展。加强高校思想政治理论课教学指导委员会建设，充分发挥其研究、咨询、评价、指导和服务作用。各地宣传、教育部门要研究制定落实本计划的详细实施方案。高校党委书记是思想政治理论课建设的第一责任人，党委书记、校长和分管校领导要切实负起政治责任和领导责任，确保在学校发展规划、经费投入、公共资源使用中优先保障思想政治理论课建设，在人才培养、科研立项、评优表彰、职务评聘等方面优先支持思想政治理论课教师，真正落实思想政治理论课在学校教育教学体系中的重点建设地位。

教育部关于印发《中小学生守则(2015年修订)》的通知

（教基一〔2015〕5号）

各省、自治区、直辖市教育厅（教委），新疆生产建设兵团教育局：

为全面落实党的十八大和十八届三中、四中全会精神，深入贯彻习近平总书记系列重要讲话精

神，积极培育和践行社会主义核心价值观，进一步增强中小学德育的针对性、实效性，根据学生发展的新特点，我部在广泛征求意见的基础上，制定了《中小学生守则(2015年修订)》。现予以发布，请遵照执行。

各地可依据修订后的《守则》，结合实际情况，制订小学生日常行为规范、中学生日常行为规范。

教育部

2015年8月21日

中小学生守则

1. 爱党爱国爱人民。了解党史国情，珍视国家荣誉，热爱祖国，热爱人民，热爱中国共产党。
2. 好学多问肯钻研。上课专心听讲，积极发表见解，乐于科学探索，养成阅读习惯。
3. 勤劳笃行乐奉献。自己事自己做，主动分担家务，参与劳动实践，热心志愿服务。
4. 明礼守法讲美德。遵守国法校纪，自觉礼让排队，保持公共卫生，爱护公共财物。
5. 孝亲尊师善待人。孝父母敬师长，爱集体助同学，虚心接受批评，学会合作共处。
6. 诚实守信有担当。保持言行一致，不说谎不作弊，借东西及时还，做到知错就改。
7. 自强自律健身心。坚持锻炼身体，乐观开朗向上，不吸烟不喝酒，文明绿色上网。
8. 珍爱生命保安全。红灯停绿灯行，防溺水不玩火，会自护懂求救，坚决远离毒品。
9. 勤俭节约护家园。不比吃喝穿戴，爱惜花草树木，节粮节水节电，低碳环保生活。

教育部关于印发《职业院校管理水平提升行动计划(2015—2018年)》的通知

(教职成〔2015〕7号)

各省、自治区、直辖市教育厅(教委)，计划单列市教育局，新疆生产建设兵团教育局：

为深入贯彻落实全国职业教育工作会议精神和全国人大常委会职业教育法执法检查有关要求，推动职业院校以强化教育教学管理为重点，全面贯彻落实国家有关政策、制度、标准和要求，不断提高管理工作规范化、科学化、精细化水平，加快实现学校治理能力现代化，现将《职业院校管理水平提升行动计划(2015—2018年)》印发给你们，请认真贯彻执行。

教育部

2015年8月28日

职业院校管理水平提升行动计划

(2015—2018年)

提升管理水平是促进职业院校内涵发展的现实要求,是提高人才培养质量的重要保障。近年来,职业院校依法治校意识日益增强,管理制度不断完善,管理工作得到普遍重视。但是,与加快推进依法治教和治理能力现代化的新要求相比,职业院校在管理理念、能力和信息化水平等方面仍有差距。为全面贯彻落实《国务院关于加快发展现代职业教育的决定》和全国人大常委会职业教育法执法检查有关要求,落实国家有关职业教育各项决策部署,发挥管理工作对职业教育改革发展的推动、引领和保障作用,不断提高职业院校管理规范化、精细化、科学化水平,自2015年秋季学期起,倡导践行"改变从今天开始",实施职业院校管理水平提升行动计划(2015—2018年)(以下简称行动计划)。

一、总体要求

(一)指导思想

全面贯彻党的十八大和十八届三中、四中全会精神,深入贯彻习近平总书记系列重要讲话精神,落细落小落实《国务院关于加快发展现代职业教育的决定》,坚持依法治校,建立和完善现代职业学校制度,以强化教育教学管理为重点,进一步更新管理理念、完善制度标准、创新运行机制、改进方式方法、提升管理水平,为基本实现职业院校治理能力现代化奠定坚实基础。

(二)工作目标

经过三年努力,职业院校以人为本管理理念更加巩固,现代学校制度逐步完善,办学行为更加规范,办学活力显著增强,办学质量不断提高,依法治校、自主办学、民主管理的运行机制基本建立,多元参与的职业院校质量评价与保障体系不断完善,职业院校自身吸引力、核心竞争力和社会美誉度明显提高。

——政策法规落实到位。国家职业教育有关法规、制度及标准得到落实,质量意识普遍增强,办学行为更加规范,学校常规管理,特别是学生、课程教学、招生、学籍、实习、安全等重点领域的管理有效加强。

——管理能力显著提升。学校章程普遍建立,治理结构不断完善,管理队伍专业化水平大幅提升,信息化管理手段广泛应用,管理工作的薄弱环节全面改善,办学活力显著增强,管理规范、特色鲜明、办学质量高、社会声誉好的典型学校不断涌现。

——质量保障机制更加完善。职业院校管理状态"大数据"初步建成,学校人才培养工作的自我诊断、反馈、改进机制基本形成,政府、行业、企业及社会等多方参与学校评价的机制更加健全,职业院校教育质量年度报告制度逐步完善。

(三)基本原则

——规范办学,激发活力。确立管理工作在职业院校办学中的基础性地位,落实国家职业教育有关法规、制度及标准,全面规范办学行为,不断激发办学活力,切实提高职业院校依法办学的能力和水平。

——问题导向,标本兼治。以教育教学管理为重点,针对学校常规管理中的薄弱环节和突出问题,立知、立行、立改,对症施治、标本兼治,全面提高职业院校管理工作的有效性。

——活动贯穿,全面行动。设计和开展灵活多样的活动,以活动促管理、以活动促落实,推动职教系统全员参与。充分调动社会各方力量,积极参与行动计划的实施,形成推动职业院校管理水平提升的良好氛围和工作合力。

——科研引领,注重长效。结合不同区域实际和中高职特点,加强职业院校管理的制度、标准、评价等理论与实践研究,引导和帮助职业院校建立自我诊断、自我改进和自我完善的长效机制。

二、重点任务

（一）突出问题专项治理行动

职业院校要对照国家职业教育有关法规、制度及标准，围绕以下重点领域，结合学校实际，全面查摆管理工作中存在的突出问题，有针对性地开展专项治理系列活动。

——诚信招生承诺活动。加强招生政策和工作纪律的宣传教育，面向社会公开承诺诚信招生、阳光招生，规范招生简章，学校主要领导和招生工作相关人员签订责任书，不以虚假宣传和欺骗手段进行招生，杜绝有偿招生等违规违纪现象。

——学籍信息核查活动。全面落实学籍电子注册和管理制度，严格执行《高等学校学生学籍学历电子注册办法》《中等职业学历教育学生学籍电子注册办法》。充分利用学生管理信息系统，加强学籍电子注册、学籍异动、学生信息变更等环节的管理，注重电子信息的核查，确保学籍电子档案数据准确、更新及时、程序规范，杜绝虚假学籍、重复注册等现象。

——教学标准落地活动。按照《教育部关于深化职业教育教学改革全面提高人才培养质量的若干意见》等文件要求，完善学校专业人才培养方案，强化教学过程管理，组织开展教学计划执行情况检查，注重教学效果的反馈与改进，杜绝课程开设与教学实施随意变动等现象。

——实习管理规范活动。严格执行学生实习管理相关规定，强化以育人为目标的实习过程管理和考核评价，完善学生实习责任保险、信息通报等安全制度，维护学生合法权益，改变学生顶岗实习的岗位与其所学专业面向的岗位群不一致等现象。

——平安校园创建活动。加强学校安全管理，落实“一岗双责”责任制，建立健全安全应急处置机制和人防、物防、技防“三防一体”的安全防范体系，消除水电、消防、餐饮、交通和实训等方面的安全隐患。

——财务管理规范活动。严格执行国家财经法律法规，建立健全学校财务管理制度；增强绩效意识，夯实会计基础工作；严格预算管理，强化预算约束；建立完善学校内部控制机制，强化财务风险防范意识；加强学生资助等专项资金的过程控制，规范会计行为，防止和杜绝虚报虚列、违规使用资金等现象的发生。

各级教育行政部门根据实际，针对重点领域和共性问题，加强对职业院校开展专项治理活动的调研、指导和检查，督促学校落实专项治理行动的各项要求，并建立长效机制。

（二）管理制度标准建设行动

职业院校要加快学校章程建设步伐，建立健全体现职业院校办学特点的内部管理制度、标准和运行机制，不断完善现代职业学校制度。

——加快学校章程建设。依法制定和完善具有各自特色的学校章程，中职学校加快推进章程建设工作，高职院校完成章程制定工作，按要求履行审批程序并实施。以章程建设为契机，加大行业、企业和社区等参与学校管理的力度，不断完善学校治理结构和决策机制。

——完善管理制度标准。以学校章程为基础，理顺和完善教学、学生、后勤、安全、科研和人事、财务、资产等方面的管理制度、标准，建立健全相应的工作规程，形成规范、科学的内部管理制度体系。

——强化制度标准落实。加强对管理制度、标准的宣传和学习，明确落实管理制度、标准的奖惩机制，强化管理制度、标准执行情况的监督、检查，确保落实到位。

各级教育行政部门要为职业院校制定章程搭建交流、咨询和服务平台，推动形成一校一章程的格局；组织开展职业院校管理指导手册研制工作，为完善学校管理制度提供科学指导。

（三）管理队伍能力建设行动

职业院校要适应发展需求，遵循管理人员成长规律，以提升岗位胜任力为重点，制订并实施学校管理队伍能力提升计划，不断提高管理人员的专业化水平。

——明确能力要求。按照国家对职业院校管理人员的专业标准和工作要求，围绕学校发展、育人文化、课程教学、教师成长、内部管理等方面，结合学校实际和不同管理岗位特点，细化院校长、中层管理人员和基层管理人员等能力要求，引导管理人员不断提升岗位胜任力。

——加强培养培训。以需求为导向，以能力要求为依据，科学制订各类管理人员培养培训方案，完成一轮管理人员全员培训；搭建学习平台，建立分层次、多形式的培训体系，做到日常培训与专题培训相结合，在职学习与脱产进修相结合，理论学习与经验交流相结合，不断提升管理人员的敬业精神和业务能力。

——强化激励保障。坚持民主、公开、竞争、择优的原则，选拔聘用管理人员，拓展管理人员的发展空间和上升通道，形成有利于优秀管理人才脱颖而出的机制；积极推进以岗位能力要求为依据的目标考核，把考核结果与干部任免、培养培训、收入分配等结合起来，强化管理人员的职业意识，激发管理人员的内在动力。

各级教育行政部门要把职业院校管理骨干培养培训纳入国家和省级校长能力提升、教师素质提高等培训计划统筹实施，组织开展管理经验交流活动，搭建管理专题网络学习平台，为职业院校管理队伍水平提升创造条件。

（四）管理信息化水平提升行动

职业院校要以落实《职业院校数字校园建设规范》为重点，加快信息化技术系统建设，建立健全信息化管理机制，增强信息化管理素养和能力，促进信息技术与教育教学的深度融合。

——强化管理信息化整体设计。制订和完善数字校园建设规划，做好管理信息系统整体设计，建设数据集中、系统集成的应用环境，实现教学、学生、后勤、安全、科研等各类数据管理的信息化和数据交换的规范化。

——健全管理信息化运行机制。建立基于信息化的管理制度，成立专门机构，确定专职人员，建立健全管理信息系统应用和技术支持服务体系，保证系统数据的全面、及时、准确和安全。

——提升管理信息化应用能力。强化管理人员信息化意识和应用能力培养，提高运用信息化手段对各类数据进行记录、更新、采集、分析，以及诊断和改进学校管理的能力。

各级教育行政部门要加强统筹协调，加大政策支持和经费投入力度，加快推进《职业院校数字校园建设规范》的贯彻实施，组织开展信息化管理创新经验交流与现场观摩等活动，促进职业院校管理信息化水平不断提高。

（五）学校文化育人创新行动

职业院校要坚持立德树人，积极培育和践行社会主义核心价值观，弘扬“劳动光荣、技能宝贵、创造伟大”的时代风尚，营造以文化人的氛围，从学校理念、校园环境、行为规范、管理制度等方面对学校文化进行系统设计，充分发挥学校文化育人的整体功能。

——凝练学校核心文化。总结体现现代职教思想、职业特质、学校特色、可传承发展的校训和校风、教风、学风等核心文化，形成独特的文化标识，并通过板报、橱窗、走廊、校史陈列室、广播电视和新媒体等平台进行传播，发挥其在学校管理中的熏陶、引领和激励作用。

——精选优秀文化进校园。弘扬中华优秀传统文化和现代工业文明，加强技术技能文化积累，开展劳模、技术能手、优秀毕业生等进学校活动，促进产业文化和优秀企业文化进校园、进课堂，着力培养学生的职业理想与职业精神。

——培养学生自主发展能力。创新德育实现形式，充分利用开学典礼和毕业典礼、入党入团、升国旗等仪式和重大纪念日、民族传统节日等时点，将社会主义核心价值观内化于心、外化于行。广泛组织丰富多彩的学生社团活动，深入开展学生文明礼仪教育、行为规范教育以及珍爱生命、防范风险教育，培养学生的社会责任感和自信心，促进守规、节俭、整洁、环保等优良习惯的养成，提升自我教育、自我管理、自我服务的能力。

各级教育行政部门要联合社会各方力量，因地制宜组织开展校训和校风、教风、学风及文化标识、优秀学生社团等遴选展示活动，持续组织“文明风采”竞赛等德育活动，推动职业院校文化育人工作创新，不断提高职业院校文化软实力。

（六）质量保证体系完善行动

职业院校要适应技术技能人才培养需要，不断完善产教融合、校企合作的人才培养机制，建立健全全员参与、全程控制、全面管理的质量保证体系。

——建立教育教学质量监控体系。确立全面质量管理理念，把学习者职业道德、技术技能水平和就业质量作为人才培养质量评价的重要标准，强化人才培养全程的质量监控，完善由学校、行业、企业和社会机构等共同参与的质量评价、反馈与改进机制，全面保证人才培养质量。

——完善职业教育质量年度报告制度。加强职业院校人才培养状态数据采集与分析，充分发挥数据平台在质量监控中的重要作用，进一步完善高职院校质量年度报告制度，逐步提高年度报告质量和水平；建立中职学校质量年度报告制度，国家中职示范（重点）学校自 2016 年起、其他中职学校自 2017 年起，每年发布质量年度报告。

各地教育行政部门要加大对本地区职业教育质量统筹监管的力度，建立和完善质量预警机制。省级教育行政部门要加强对本地区职业院校人才培养状态数据的审核，编制并发布省级职业教育质量年度报告。教育部定期组织质量年报的合规性审查，并将结果向社会公布。

三、保障措施

（一）加强组织领导

教育行政部门是组织实施行动计划的责任主体。教育部负责行动计划的总体设计、全面部署和监督指导，掌握重点任务推进节奏（重点任务分工及进度安排表见附件 1）；省级教育行政部门要结合本地实际，研究制订行动计划实施方案并细化工作安排，将本地区行动计划实施方案报教育部备案，并加大统筹推进力度，加强对本行政区域各地市、县级教育行政部门组织实施行动计划和有关重点工作的检查指导。职业院校是具体落实行动计划的责任主体，根据行动计划整体部署，并结合学校管理工作实际，对照《职业院校管理工作主要参考点》（见附件 2），制订工作方案和年度推进计划，建立工作机制，明确目标任务和路线图、时间表、责任人，确保行动计划有序开展、有效落实。

（二）加强宣传发动

各级教育行政部门和职业院校要全面开展宣传教育活动，分层次、多形式地开展行动计划以及国家职业教育有关政策法规和制度标准的宣传解读活动，领会精神实质，明确工作要求，营造舆论氛围；创新宣传载体和方式，充分发挥专题网站、新媒体和公共数据平台等的作用，实施微学习、微传播，在各自门户网站设立“职业院校管理水平提升行动计划”专栏，并通过专家辅导、专题研讨和微电影、动画宣传片等师生喜闻乐见的形式，使国家有关职业院校管理政策要求入脑、入心；组织发动新闻媒体、社会团体和科研机构等各方力量，参与行动计划的宣传，不断扩大行动计划的参与度和影响力，形成实施行动计划的工作合力。

（三）加强督促检查

行动计划是现代职业教育质量提升计划的重要内容，各地各院校管理水平和质量将作为资金分配的重要因素。各级教育行政部门要建立督查调研、情况通报、限期报告、跟踪问效等制度，完善行动计划落实情况督促检查工作机制；职业院校要创新工作方法，采取实地检查、随机抽查、群众评议和走访行业企业、社区、家庭等方式，充分利用信息化等手段，全面了解和掌握职业院校管理工作实效，发现典型并及时予以总结推广，发现问题并迅速进行督促整改。教育部建立行动计划实施进展情况简报、通报和重大问题限期整改报告制度，并视情况组织专项督查；委托第三方依据学校管理工作实效及实施行动计划取得的实绩，分类遴选全国职业院校管理 500 强，充分发挥其示范、引领、辐射作用，确保行动计划提出的各项目标任务落到实处。

（四）加强指导服务

各级教育行政部门要发挥科研在职业院校管理中的引领作用，加强职业院校管理专家队伍建设，组织开展相关理论与实践研究，跟踪行动计划的实施进展情况，并及时提供专业指导；按照不同管理主题，广泛征集和宣传职业院校优秀管理案例。教育部组织专业力量设计面向学校管理者、教师、学生以及行业企业人员等的问卷，开展大样本网络调查，形成全国职业院校管理状态“大数据”及分析报告，为学校诊断、改进管理工作和教育行政部门宏观决策提供实证依据。

上海市教育督导条例

（2015年2月11日上海市第十四届人民代表大会常务委员会第十九次会议通过，2015年5月1日起施行）

第一章 总 则

第一条 为了保证教育法律、法规和国家教育方针、政策的贯彻执行，实施素质教育，提高教育质量，促进教育公平，推动教育事业科学发展，推进教育治理体系和治理能力建设，根据国务院《教育督导条例》，结合本市实际，制定本条例。

第二条 对本市行政区域内的各级各类教育实施教育督导，适用本条例。

第三条 市和区、县教育督导委员会负责统筹、协调、指导本行政区域内的教育督导工作，审议教育督导工作的重大事项，聘任督学，协调解决教育督导工作中发现的重大问题。市和区、县人民政府教育督导室是同级教育督导委员会的办事机构，承担教育督导委员会的日常工作，负责教育督导的具体实施。

市和区、县教育督导委员会及其教育督导室（以下统称教育督导机构）在本级人民政府领导下依法独立行使教育督导职能。市教育督导机构应当对区、县教育督导机构进行业务指导。

第四条 教育督导机构对人民政府相关职能部门和下级人民政府依法履行教育职责，各级各类学校和其他教育机构（以下统称学校）规范办学实施监督、指导，并对教育发展状况和教育质量组织开展评估、监测。

第五条 市和区、县人民政府应当加强对教育督导工作的领导，将教育督导经费列入本级政府财政预算，并根据本行政区域教育规模和教育督导工作需要，对开展教育督导工作的人员配备和工作条件予以保障。

第六条 本市实行市与区县分级督导、分工负责的教育督导体制。

鼓励和支持学生及其家长、社会组织、社会公众有序参与教育督导。

第二章 督学的管理

第七条 符合国家规定条件的人员，经考核合格后可以任命或者聘任为督学。

市教育督导机构负责制定本市督学考核的标准和规范，并通过政府网站等方式向社会公布。

第八条　市和区、县人民政府应当加强教育督导队伍建设，根据教育督导工作的性质与需要，配备专职督学。专职督学由市和区、县人民政府任命。具有专业技术职务的专职督学，按照相应专业技术职务管理办法晋升，具体办法由市教育督导机构会同市人力资源社会保障部门制定。

兼职督学由教育督导机构聘任，任期为三年，可以连续聘任，连续聘任不得超过三个任期。

第九条　教育督导机构应当定期对督学开展相关法律、法规、规章以及教育管理、教育质量评估和监测等方面的专业培训，并采取措施支持督学开展教育督导科学研究与交流，提高督学专业能力。

第十条　督学受教育督导机构的指派实施教育督导。

督学开展教育督导，应当遵守国家和本市相关规定，客观公正地反映实际情况，不得隐瞒或者虚构事实。

督学与被督导单位有利害关系或者有其他可能影响客观公正实施教育督导情形的，应当回避。

教育督导机构负责对本级督学的履职情况进行考评。考评不合格的，按照相关规定处理。

第三章　教育督导的实施

第十一条　教育督导机构对人民政府相关职能部门和下级人民政府实施的教育督导，包括下列事项：

（一）教育相关规划的部署与落实、各级各类教育协调发展情况；

（二）教育经费的投入、管理与使用情况；

（三）学校办学条件的保障与改善情况；

（四）义务教育均衡发展与教育城乡一体化的落实情况；

（五）校长队伍建设、教师配备及待遇保障情况；

（六）法律、法规和国家教育政策规定的其他事项。

第十二条　教育督导机构对学校实施的教育督导，包括下列事项：

（一）依法自主办学与民主管理情况；

（二）素质教育、课程建设与教育教学日常管理情况；

（三）教师队伍建设与专业发展情况；

（四）学生德、智、体、美等方面全面发展情况；

（五）学校与家庭、社会合作与资源共享情况；

（六）法律、法规和国家教育政策规定的其他事项。

教育督导应当结合学校特点分类实施，具体办法由市教育督导机构制定。

第十三条　实施教育督导可以采取全面、系统的综合督导，单项或者局部的专项督导和对教育督导责任区内学校教育实施的经常性督导等形式。

第十四条　区、县教育督导机构根据本行政区域内的学校布局和在校学生规模等情况设立教育督导责任区，并为责任区内每所学校指派不少于两名的责任督学。责任督学的姓名、联系方式和督导事项应当通过政府网站等方式向社会公布。学生及其家长、教师和社会公众对学校规范办学情况的意见和建议，可以直接向责任督学反映。

第十五条　教育督导机构对政府相关职能部门和下级人民政府应当每五年至少实施一次综合督导或者专项督导。

教育督导机构对所辖学校应当每三至五年至少实施一次综合督导，并根据需要就教育普遍性问题和教育重点工作等开展专项督导。

对责任区内学校实施的经常性督导每学期不得少于两次。

对于办学不规范、受学生及其家长和社会公众举报并查证属实的学校，教育督导机构应当增加对其实施专项督导或者经常性督导的次数。

第十六条　实施教育督导可以采取以下方式：

（一）听取被督导单位的情况汇报；

（二）查阅有关文件、账目、档案等资料；

（三）参加教育教学活动或者进行其他现场考察；

（四）参加有关工作会议或者组织召开座谈会；

（五）开展问卷调查、测评、个别访谈；

（六）实施教育督导时可以采取的其他方式。

第十七条　教育督导机构对人民政府相关职能部门和下级人民政府实施综合督导，应当听取有关社会公众和相关行业协会等社会组织的意见；对学校实施综合督导，应当听取学生及其家长、教师、社区单位等方面代表的意见。参与人员应当通过随机方式产生，不得指定。

第十八条　教育督导机构实施专项督导或者综合督导，应当事先确定督导事项，成立由三名以上督学组成的督导小组，并事先向被督导单位发出书面督导通知。教育督导机构要求被督导单位组织自评的，被督导单位应当在通知规定期限内报送自评报告。

责任督学实施经常性督导可以不事先通知学校；确需通知的，不应早于两个工作日。

第十九条　区、县人民政府应当对本行政区域的教育工作进行自评，并形成自评报告报送市教育督导机构。

自评报告应当包含政府依法履行教育职责、教育财政经费使用、教师队伍保障、学生发展水平、硬件设施达标、教育资源变更以及本地区居民对政府依法履行教育职责的评价等内容。

市教育督导机构对各区、县人民政府的自评情况进行核查后，通过政府网站等方式向社会公布。

第二十条　经常性督导结束后，责任督学应当及时向指派其实施督导的教育督导机构提交工作报告；责任督学在教育督导中发现违法违规办学、侵犯师生合法权益、影响正常教育教学秩序或者危及师生人身安全隐患等情况，应当及时督促学校和相关部门处理。

第二十一条　督导小组应当对被督导单位的自评报告、现场考察情况和社会公众的意见进行评议，形成初步督导意见，并在督导结束时向被督导单位反馈。

被督导单位对初步督导意见有异议的，可以自教育督导结束之日起十个工作日内向督导小组提交书面申辩意见。

教育督导机构应当根据督导小组的初步督导意见，综合分析被督导单位的申辩意见，经督导小组集体评议并征得三分之二以上成员的同意，自督导结束之日起三十日内作出督导意见书。

督导意见书应当说明事实、理由和法律法规依据，就督导事项对被督导单位作出客观公正的评价；对存在的问题，应当提出限期整改要求和建议。

第二十二条　教育督导机构作出的督导意见书，除送达被督导单位外，还应当通过政府网站等方式向社会公布。

第二十三条　被督导单位应当根据督导意见书提出的问题、整改要求和期限进行整改，并在规定时限内向作出督导意见书的教育督导机构报告整改情况。

教育督导机构应当对被督导单位的整改情况进行核查。

第四章　督导报告与评估监测

第二十四条　专项督导或者综合督导结束后，教育督导机构应当向本级人民政府提交督导报告；区、县的教育督导报告还应当报市教育督导机构备案。教育督导机构应当向本级人民政府提交年度教育督导工作报告。

督导报告应当通过政府网站等方式向社会公布。学生及其家长、社会组织、社会公众对督导报告有异议的,可以向发布督导报告的教育督导机构反映。教育督导机构接到反映后,应当及时进行调查核实,并将处理情况反馈给反映人。

第二十五条　市和区、县人民政府及其有关主管部门应当将督导报告作为对被督导单位及其主要负责人进行考核、奖惩、任免的重要依据。

第二十六条　教育督导机构应当根据教育的发展现状和实际需要,组织开展教育质量评估和监测工作,并组织专业机构发布教育质量评估报告、监测结果。

第二十七条　教育督导机构可以委托依法成立的研究机构、评估机构及其他组织,开展相关教育质量评估和监测活动。

教育督导机构应当将社会组织提供的评估报告、监测结果作为实施教育督导的重要参考。

第五章　法律责任

第二十八条　违反本条例的行为,法律、行政法规有处理规定的,依照法律、行政法规的规定处理。

第二十九条　教育督导机构违反本条例第十五条、第十七条、第二十一条、第二十二条、第二十三条、第二十四条规定,有下列情形之一的,对直接负责的主管人员和其他责任人员给予批评教育;情节严重的,依法给予处分:

(一) 未按照规定周期实施教育督导的;

(二) 未按照规定吸收社会公众参与督导,影响督导公正的;

(三) 未按照规定作出或者公布督导意见书的;

(四) 未对被督导单位的整改情况进行核查的;

(五) 未按照规定提交或者公布督导报告的。

第六章　附　　则

第三十条　本条例自 2015 年 5 月 1 日起施行。

上海市人民政府教育督导室关于对本市各级各类学校实施教育督导的意见

(沪教督〔2015〕4 号)

各区县人民政府,各高等学校,各有关委、局、控股(集团)公司:

《上海市教育督导条例》(以下简称《条例》)已于 2015 年 2 月 11 日经市十四届人大常委会第十九次会议表决通过,于 2015 年 5 月 1 日起正式施行。为贯彻落实国务院《教育督导条例》《上海市教育督导条例》,

加强对行政区域内各级各类学校和教育机构(以下简称“各级各类学校”)的依法监督、分类指导,促进管办评分离,推进教育治理体系现代化,现就对本市各级各类学校实施教育督导提出如下意见:

一、督导目的

1. 教育督导是教育管理的重要组成部分,是实施依法治教的重要环节。教育督导部门负责对政府相关职能部门和下级政府依法履行教育职责、各级各类学校规范办学实施监督、指导,对教育发展状况和教育质量组织开展评估、监测。

2. 实施各级各类学校教育督导的根本任务是监督、指导学校全面贯彻执行教育法律、法规和国家教育方针、政策,依法规范办学行为,深入实施素质教育,全面提高教育质量。

二、指导思想

1. 坚持依法监督。要按照政府依法管理、学校依法自主办学、社会各界依法参与和监督的要求,改革教育督导方式,促进教育行政管理职能转变,提升学校规范办学的水平。

2. 注重分类指导。要遵循各级各类教育发展规律,采用多种方式对学校实施教育督导。要坚持监督、指导并重,为学校发展提供服务,引导各级各类学校合理定位、办出特色。

3. 促进多方参与。要探索建立符合现代教育治理要求的教育督导组织体系,建立完善社会参与学校评估制度。实施教育督导,可以委托专业机构对学校办学和教育质量实施评估、监测。

4. 保障自主办学。要按照政校分开、管办分离的原则理顺政府和学校关系,保障学校依据教育法律法规和本校章程自主办学。实施教育督导,要有利于推动现代学校制度建设,促进学校内涵发展和教育质量全面提升。

三、督导对象

教育督导的对象是实施基础教育(包括学前教育、义务教育、普通高中教育)、普通高等教育、职业教育、特殊教育等层次和类型的学校和教育机构,以及实施继续教育及少年儿童校外教育的学校和教育机构。其中,包含国家机构以外的社会组织或者个人,利用非国家财政性经费举办的学校和教育机构(以下简称“民办学校”)。

四、督导内容

1. 教育督导内容要与国家教育方针、教育法律法规和政策规定相一致,尊重各级各类学校发展的差异性。依据办学体制,对各级各类学校实施教育督导的内容应分别确定。

2. 对基础教育学校实施教育督导的主要内容包括:依法办学与民主管理,课程改革及素质教育实施效果,教育教学管理制度建设与执行,教师队伍建设与专业发展,学校与家庭、社区合作及资源共享,以及法律、法规和国家教育政策规定的其他事项。

3. 对普通高等学校实施教育督导的主要内容包括:办学方向与培养目标,领导体制与民主管理,财政性教育经费配置及使用,教育教学质量和人才培养目标实现情况,科学研究水平、社会服务能力,以及法律、法规和国家教育政策规定的其他事项。

4. 对职业院校实施教育督导的主要内容包括:办学方向与发展定位,学校管理制度,办学条件及财政性教育经费使用,技术技能人才培养质量,师资配备和“双师型”教师队伍建设,学校与行业、企业合作;校内外实训基地等公共资源建设与使用,以及法律、法规和国家教育政策规定的其他事项。

5. 对继续教育机构实施教育督导的主要内容包括:财政性教育经费配置及使用,规范招生、收费的情况,教学管理制度与运行,培养、培训目标实现情况,服务于学习型社会建设的情况,以及法律、法规和国家教育政策规定的其他事项。

6. 对少年儿童校外教育机构实施教育督导的主要内容包括:教师和工作人员职业资格和业务培训,设施、经费的管理和使用,活动组织的公益性,活动内容、方式的多样性,以及法律、法规和国家教育政策规定的其他事项。

7. 对实施各级各类教育的民办学校实施督导，还应包括以下内容：学校管理人员、教职工等任职资质，规范资产与财务管理、招生、收费，民办高等学校法人财产权落实情况，以及法律、法规和国家教育政策规定的其他事项。

五、督导方式

1. 实施分类督导。市和区县教育督导部门代表本级人民政府，对所辖各级各类学校规范办学、人才培养、教育质量等情况，以及重大政策问题、重大突发事件实施教育督导。

对基础教育学校、少年儿童校外教育机构，主要采用政府教育督导和学校年度自评相结合的教育督导方式。对普通高等学校、职业院校、继续教育机构，主要采用学校自我评估、政府教育督导、社会评估监测相结合的教育督导方式。

2. 加强部门协同。建立政府相关职能部门共同参与各级各类学校督导的制度，为创造良好的学校育人环境和社会氛围提供有力保障。

教育督导部门应依据规定职责范围，将学校督导结果通报相关职能部门。相关职能部门要针对各级各类学校督导中发现的普遍问题，在调查研究基础上完善相关政策措施。

3. 支持社会参与。教育督导部门要为家长和社会公众参与对各级各类学校的教育督导提供保障条件。其中，对普通高等学校、职业院校实施教育督导，可以邀请用人单位代表、行业协会、企业参与，充分听取各方对人才培养质量的意见。

教育督导部门可以依据职责，委托符合资质要求的专业研究机构、评估机构及社会组织，实施对各级各类学校办学状况评估和教育质量监测。

4. 督导执法联动。针对教育督导中发现的各级各类学校规范办学的问题，探索建立教育督导与教育、人力资源社会保障、民政、工商行政等相关部门行政执法联动机制。

受教育者、家长和社会公众可以通过信息举报平台，举报各级各类学校违规办学行为。举报平台获取的违规办学信息，纳入教育、人力资源社会保障、民政、工商行政管理等相关职能部门的联合监管范围。

六、督导实施

1. 市和区县教育督导部门分别负责统筹本行政区域内各级各类学校的教育督导工作，同时进一步加强对区域内教育质量的评估、监测工作。教育督导部门对社会组织接受委托实施的对各级各类学校的评估、监测工作进行统筹协调和规范引导。

2. 市和区县教育督导部门依据国家有关规定和要求，结合本地区实际，负责制定本地区所属各级各类学校督导规划。

3. 市和区县教育督导部门负责制定各级各类学校教育督导标准，组织专家对各级各类学校督导方案进行审核，并负责对外发布。

4. 教育督导部门建立委托管理制度，依法委托具有资质的研究机构、评估机构及社会组织，组织实施对各级各类学校相关教育评估、监测活动。

5. 市和区县教育督导部门主动邀请人大代表、政协委员、教育专家和行业企业代表等参与教育督导工作。同时加强督学的专业培训，提高督学专业化水平。

6. 市和区县教育督导部门建立相关督导标准、方案、程序等信息公告制度，广泛接受教师、学生、社会各界对教育督导过程的监督。

七、督导结果运用

1. 市或区县教育督导部门对各级各类学校实施教育督导或组织开展评估、监测的报告，应向社会公布。

2. 普通高等学校、职业院校应在自我评估基础上，向社会发布教学质量年度报告。教学质量年度报告作为政府实施教育督导以及有关机构开展院校评估和专业评估的重要参考。

3. 相关部门应当将督导结果作为对学校及其主要负责人进行考核、奖惩、任免的重要依据。督导工作完成后，学校要对教育督导意见中涉及的相关问题，在规定期限内主动进行整改，依法规范办学行为，完善内部管理制度，切实提高教育质量。

4. 对各级各类学校实施教育督导的结果，作为考核政府相关部门履行教育职责并实施问责的重要依据。对各级各类学校实施教育督导中发现与政府职能部门相关的问题，应当向相关部门提出工作建议。相关职能部门应在调查研究基础上提出方案，及时整改。

上海市人民政府教育督导室

2015 年 9 月 23 日

上海市人民政府办公厅关于转发市教委等三部门制订的《上海市校车安全管理规定》的通知

（沪府办〔2015〕83 号）

各区、县人民政府，市政府有关委、办、局：

市教委、市公安局、市交通委制订的《上海市校车安全管理规定》已经市政府同意，现转发给你们，请认真按照执行。

上海市人民政府办公厅

2015 年 9 月 18 日

上海市校车安全管理规定

第一条（目的和依据）

为加强校车安全管理，保障乘坐校车的中小学生和幼儿的人身安全，依照国务院发布的《校车安全管理条例》及有关要求，制定本规定。

第二条（校车定义）

本规定所称校车，是指本市行政区域内依照本规定取得校车使用许可的学校自有或租赁，用于接送义务教育学生和学前教育幼儿上下学的 7 座以上的载客汽车。

接送小学生和幼儿的校车，应当为按照专用校车国家标准设计和制造的小学生和幼儿专用校车。九年一贯制学校学生应当乘坐与其学龄相适应的校车。

第三条(校车使用许可)

取得校车使用许可应当符合下列条件：

(一) 车辆符合校车安全国家标准,取得机动车检验合格证明,并已在公安机关交通管理部门办理注册登记；

(二) 有取得校车驾驶资格的驾驶员；

(三) 有包括行驶路线、开行时间和停靠站点的合理可行的校车运行方案；

(四) 有健全的安全管理制度；

(五) 已取得投保机动车承运人责任保险。

第四条(校车基本要求)

(一) 必须符合国家关于车辆的安全技术标准；

(二) 车窗不得粘贴深色反光膜；

(三) 应当具有行驶记录功能的卫星定位装置以及逃生锤、校车标志灯、停车指示牌、ABC 干粉灭火器、急救箱等安全设备。安全设备放置在安全且便于取用的位置,并确保性能良好,有效适用；

(四) 自有校车外观必须符合本市中小学安全防范管理地方标准；

(五) 使用年限应当符合国家规定。

第五条(校车驾驶人条件)

校车驾驶人应当符合下列条件：

(一) 取得相应准驾车型的驾驶证,年龄在 25 周岁以上,不超过 60 周岁；

(二) 具有 3 年以上准驾车型驾驶经历,最近连续 3 个记分周期内没有被记满分记录；

(三) 无致人死亡或者重伤的交通事故责任记录；

(四) 无饮酒后驾驶或者醉酒驾驶机动车的记录,最近 1 年内无驾驶客运车辆超员、超速等严重交通违法行为记录；

(五) 无犯罪记录；

(六) 身心健康,无传染性疾病,无癫痫、精神病等可能危及行车安全的疾病病史,无酗酒、吸毒行为记录。

第六条(校车使用许可程序)

本市中心城区义务教育阶段公办学校和公办幼儿园一般不使用校车。民办学校、民办幼儿园,特殊教育学校及郊区义务教育阶段学校、幼儿园因接送学生上下学需要配备校车的,可以向所在地区县教育行政部门申请校车使用许可。程序如下：

(一) 学校向所在地区县教育行政部门申领校车使用申请表,如实填报相关信息。

(二) 学校自购校车的,应当向区县教育行政部门提交以下材料：

1. 区县教育行政部门签发的校车使用申请表；

2. 机动车所有人身份证明；

3. 机动车登记证书；

4. 机动车行驶证；

5. 机动车安全技术检验合格证明；

6. 取得校车驾驶资格的驾驶人的机动车驾驶证；

7. 驾驶员、随车照管人员身份证、本市公安治安管理部门出具的无犯罪、吸毒行为记录证明、本市驾驶员体检机构或二甲以上医院出具的有关身体条件的证明及本人有关无传染病、癫痫、精神病、酗酒、吸毒行为等的书面承诺；

8. 校车安全管理制度；

9. 机动车承运人责任保险证明。

（三）学校租赁校车的，除向区县教育行政部门提交前项所列材料之外，还应当提交校车服务提供者的客运经营许可证、租赁合同。

（四）区县教育行政部门自收到学校申请材料后予以初审，材料齐全的，应当在收到之日起3个工作日内，分别送本区县同级公安机关交通管理部门和相关交通运输主管部门征求意见。

（五）公安机关交通管理部门和交通运输主管部门应当在3个工作日内回复意见。

（六）区县教育行政部门应当自收到回复意见之日起5个工作日内提出审查意见，报本区县政府。区县政府决定批准的，出具校车使用许可证明，由区县公安交通管理部门发给校车标牌。

第七条（校车通行安全）

（一）校车运载学生时，应当配备随车照管人员。随车照管人员应符合以下条件：年龄在22周岁以上，不超过60周岁；具备高中以上学历，具有一定的组织沟通能力；身体健康，无传染性疾病、无癫痫、精神病等可能危及照管安全的疾病病史，无酗酒、吸毒行为记录；无犯罪记录。

（二）校车运载学生时，应当在规定的位置，悬挂校车标牌，开启校车标志灯；按照规定路线、规定时间行驶；在规定站点停靠上下学生时，还应当开启危险警告信号灯（双跳灯），同时启用停车指示牌；可在公交专用车道及其他禁止社会车辆通行但允许公共交通车辆通行的路段行驶，但不得在非机动车道上行驶。

（三）校车必须确保一人一座，禁止站立；不得以任何理由超员，不得违反国家规定的限速要求。

（四）校车每半年接受一次安全技术检验。

第八条（管理职责）

（一）区县政府应当科学规划学校的设点布局，积极配合有关部门发展公共交通，保障学生就近入学，减少学生上下学的交通风险。

城郊接合部和郊区的区县政府因地区经济和社会规划发展需要对义务教育学校设点布局进行调整而造成学生上下学困难的，区县政府应当提供公共交通或者安排住宿，学生搭乘公共交通或者住宿确有困难的，可以安排校车。

区县政府对本行政区域的校车安全管理工作负总责。由区县政府统一组织、协调本区县有关部门履行校车安全管理职责。

（二）区县教育、公安、交通运输等部门依照本规定，履行校车安全管理的相关职责，建立完善校车安全管理信息共享机制、工作会商机制和联合抽查机制，设立并公布举报电话，举报网络平台，方便群众举报违反校车安全管理规定的行为。接到举报的部门应当及时依法处理，对不属于本部门管理职责的举报，应当及时移送有关部门处理。

（三）区县教育行政部门应当认真受理、审核校车使用申请，将校车管理工作纳入对中小学、幼儿园安全管理和校（园）长考核的范畴。同时，依职能处理校车违规行为以及相关学校责任人。

（四）公安交通管理部门应当认真做好校车标牌核发工作，加强校车年检、运行等情况的监督检查；对校车超载、超速等违法行为依法处理，并在违法行为消除后方可放行；将校车违法和事故处理情况及时通报相关区县教育部门和学校。

校车标牌发放的区县公安交通管理部门负责校车及其驾驶人安全运行管理。

（五）交通运输主管部门应当督促校车服务提供者对所提供校车和驾驶人的管理，不断提高校车服务水平和安全保障能力。

（六）校车服务提供者应当建立健全校车安全管理措施，落实校车安全工作责任，确保车辆的各项技术性能处于良好状态;提供校车驾驶人的资格证明;与校车使用学校签订安全管理责任书,责任书应当明确各自的安全管理责任、安全管理措施,突发事件处置预案等;约定随车照管人员。校车接送学生上下学当日,不得从事其他经营活动。

(七)使用校车的学校应当建立健全校车安全管理制度,配备安全管理人员、随车照管人员,加强校车的安全维护;定期对校车驾驶人、随车照管人员进行安全教育,开展道路交通安全法律法规、应急处置和应急救援知识技能的学习培训;与乘坐校车的学生监护人签订安全协议。

学校应当对教师、学生及其监护人进行交通安全教育,讲解校车安全乘坐知识,劝导学生不乘坐无客运资质的车辆,并定期组织应对校车安全事故的应急疏散演练。

(八)随车照管人员应当履行下列职责:

1. 发现驾驶人无校车驾驶资格,或饮酒、醉酒后驾驶,或者身体严重不适以及校车超员等明显妨碍行车安全情形的,制止校车开行;督促校车驾驶人在行车前对校车进行安全技术检查。

2. 学生上下车时,在车下引导、指挥、维护上下车秩序,制止学生携带易燃、易爆、易碎物品及管制刀具等上车,发现学生无故缺席,及时与学生监护人或学校分管领导取得联系。

3. 帮助、指导学生安全落座,系好安全带,确认车门关闭后示意驾驶人启动校车。

4. 制止学生在校车行驶途中离开座位、嬉戏打闹、吃东西或将头、手伸出车窗外等危险行为。

5. 核实学生上下车人数,确认乘车学生已经全部离车后本人方可离车。

第九条(乘坐人申请和权利)

学生乘坐校车,应当由其监护人向学校提出书面申请。经学校审核同意后,监护人应当与学校签订协议。

学生监护人应当配合学校或者校车服务提供者做好校车安全教育和管理工作;发现校车违反本规定的,有权制止,有权拒乘,并向教育部门、交通运输主管部门或公安交通管理部门举报。

第十条(违规处置)

学校违反《校车安全管理条例》的,除依照国家规定予以处罚外,由教育行政部门给予通报批评;造成学生人身伤害的,学校依法承担民事责任;构成犯罪的,依法追究学校领导和直接责任人刑事责任;对民办学校由审批机关责令暂停招生,情节严重的,吊销其办学许可证。

第十一条(退出机制)

取得校车标牌的车辆因故不再作为校车使用的,学校应当在15天内,到所在区县教育行政部门办理注销手续。同时,将校车标牌交回公安交通管理部门。自有校车的颜色必须在30天内消除。

第十二条(过渡期)

从2016年9月1日起,本市新申请幼儿校车使用许可的车辆,必须是按照专用校车国家标准设计和制造的幼儿专用校车。

第十三条(参照执行)

本市高中阶段学校、台商子女学校、外籍人员子女学校和经市主管部门批准的本市学校开办的国际部的校车管理参照本规定执行。

第十四条(生效及废止)

本规定自印发之日起施行。《上海市人民政府办公厅关于转发市教委等三部门制订的〈上海市校车安全管理规定〉的通知》(沪府办〔2012〕55号)同时废止。

附件:上海市中小学、幼托园所校车使用申请表(略)

上海市人民政府办公厅转发市人力资源和社会保障局等四部门关于完善本市普通高等院校学生医疗保障制度实施意见的通知

（沪府办〔2015〕101号）

各区、县人民政府，市政府有关委、办、局：

《关于完善本市普通高等院校学生医疗保障制度的实施意见》已经市政府同意，现转发给你们，请认真按照执行。

2015年10月22日

关于完善本市普通高等院校学生医疗保障制度的实施意见

为了切实保障普通高等院校学生的基本医疗，现就完善本市普通高等院校学生医疗保障制度提出如下实施意见：

一、关于普通门急诊医疗

（一）本市各类高等院校、科研院所（以下统称“院校”）中接受普通高等学历教育的全日制本科学生、高职高专学生以及非在职研究生（以下统称“大学生”），其普通门急诊继续实行“财政定额拨款、学校管理、专款专用、超支分担”的方式。

（二）大学生普通门急诊医疗补助资金（以下简称“补助资金”）的标准，从每生每年度45元提高至60元。

（三）补助资金由市财政按照原渠道划拨至各院校，隔年检查并剔除不合理支出后清算，年度结余滚存使用，超支由市财政补助50%，院校承担50%。对补助资金结余过多（指结余资金与当年拨入定额补助资金相比倍数达3倍以上）的院校，不再核拨当年补助资金；当年发生的医疗费用，在历年结余资金中列支。

对补助资金定额标准及超支补助比例，根据经济社会发展和资金使用情况适时调整。

（四）补助资金必须严格管理、规范审核、单独核算、专款专用，不得挪作他用，并接受财政、审计部门的监督检查。

（五）市人力资源社会保障局（市医保办）、市教委和市财政局根据各自职责，做好本市大学生医疗保障的管理工作。

各院校负责本院校大学生普通门急诊的就医管理及医疗费用报销等业务，并协助做好本院校大学生住院及门诊大病就医管理的相关工作，确保大学生的基本医疗得到保障。

（六）已开设医务部门的院校要加强校内医务部门建设，有条件的院校要尽量开设医务部门，不具备条件的院校要通过委托邻近社区卫生服务中心等途径，确保大学生普通门急诊医疗。要切实加强校内医务部门管理，做到合理医疗、减少浪费。

二、关于大学生大病医疗帮困

（一）各院校按照每生每年度2元的标准筹集资金后，交市红十字会，设立大学生大病医疗帮困资金，建立大学生大病医疗帮困互助机制，以解决患大病大学生的个人自负医疗费困难。

大学生大病医疗帮困资金由各院校在自筹资金中安排，其筹集、使用、管理的具体办法，由市人力资源社会保障局（市医保办）、市教委、市财政局、市红十字会另行制定。

（二）各院校要继续发挥商业保险的作用，鼓励大学生自愿参加商业保险，进一步提高医疗保障水平。

（三）各院校要继续做好大学生医疗帮困互助工作，将医疗帮困纳入院校帮困助学的补助范围，对有困难的学生给予帮助。

本实施意见自印发之日起施行，文件有效期为5年。2015年9月1日至本实施意见印发之日，大学生普通门急诊医疗按本实施意见执行。

上海市人力资源和社会保障局
上海市医疗保险办公室
上海市教育委员会
上海市财政局
2015年10月12日

上海市教育委员会关于在本市教育系统普遍建立学校法律顾问制度的意见

（沪教委法〔2015〕5号）

各高等学校、各区县教育局、各委局控股集团公司：

普遍建立学校法律顾问制度，是教育部《全面推进依法治校实施纲要》提出的目标任务，是推进现代学校制度建设、完善学校内部治理的重要抓手，对于全面推进依法治校、有效防范风险具有十分重要的意义。现就本市教育系统普遍建立法律顾问制度工作提出以下意见：

一、指导思想和目标任务

普遍建立学校法律顾问制度，要以邓小平理论、三个代表重要思想和科学发展观为指导，认真贯彻落实党的十八届三中、四中全会决定和习近平总书记系列讲话精神，加强法治建设，推进各级各类学校治理体系和治理能力现代化，提高依法治校的能力与水平，切实维护学校和师生员工的合法权益。

二、学校法律顾问的职责

法律顾问由各级各类学校自行聘任，按合同约定的职责和范围提供法律服务，主要可以承担下列法律事务：

（一）参与起草、修改和审查学校规章制度和规范性文件，协助学校依法依规开展办学活动；

（二）为学校重大决策、办学行为、合同行为进行风险评估或提供法律论证意见，协助审查学校重大事项的相关法律文书；

（三）代理学校参加诉讼、仲裁及其他相关法律事务；

（四）参与处理学校的行政、民事非诉讼法律事务，参与调解涉及学校的重大纠纷及学校对外谈判；

（五）为学校提供日常法律咨询，代拟及出具相应法律文书；

（六）协助学校开展依法治校实践、培训和法律知识普及活动；

（七）对学校防控校内伤害事故等各类法律纠纷提供事前合理化建议及处置预案；

（八）其他与学校相关的法律事务。

三、学校法律顾问的聘任

学校法律顾问应当从宪法、行政法、民商法、经济法、金融法等领域的专家学者、律师等法律实务工作者中聘任。各级各类学校要严格按照聘任标准和程序，做好法律顾问的聘任工作。

（一）高校法律顾问的聘任

高校可以聘请精通教育法律法规、熟悉学校管理的专业律师作为常年法律顾问，也可以聘请校内具有律师执业资格的教师兼职担任。有条件的高校可以建立法律专家咨询小组、法律顾问室等机构，其中规模较大、院系较多、独立分支机构较多的高校可以设置学校总法律顾问。学校总法律顾问全面负责学校法律事务工作，可以参与学校重大决策，对学校法定代表人负责。

（二）中小学法律顾问的聘任

中小学(含中等职业技术学校，下同)法律顾问应当具备相应的法律资质，在所从事的法律领域具有较高的专业素养，且熟悉学校教育、具有良好的职业道德。各中小学校可结合本校实际，采用灵活方式选择法律服务，以下模式可作参考：

1.“专门法律顾问”模式。对法律服务需求个性化较强、法律服务需求量较多的中小学校，可以按照合理配置的原则，自主选聘具有资质的执业律师或其他法律服务工作者作为本校的常年法律顾问。选聘方式可以一所中小学单独选聘，也可以多所中小学联合选聘一位法律顾问。

2.“法律顾问团”模式。由区县教育局组建本区县教育系统“法律顾问团”，统一聘请，统一管理。对于法律事务需求量不多、法律服务个性化需求并不突出的中小学校，在有法律服务需求的情况下，可以寻求“顾问团”的法律服务。对采用“专门法律顾问”模式的中小学校，在遇到特殊法律问题难以处理时，也可寻求“法律顾问团”的法律服务。

（三）幼儿园法律顾问的聘任

幼儿园法律顾问的聘任，可以结合实际情况，参照中小学校法律顾问聘任模式执行。

四、工作要求

（一）加强组织领导。各相关单位要高度重视学校法律顾问制度建设，要确定专门的法治工作机构或人员负责此项工作，并要落实责任，落实工作计划和措施。要根据学校实际需要，采用合约方式选聘政治素质好、专业素养高、履职能力强、诚信品质优的律师或其他法律服务工作人员担任法律顾问。为确保此项工作的有序开展，市教委政策法规处将加强对全市学校法律顾问工作的指导、监督和协调。

（二）健全工作机制。各级各类学校应当制定本校法律顾问工作的相应具体制度，对法律顾问的聘任标准和程序，法律顾问的工作职责、工作方式、权利义务等内容进行规范，并由专人或专职部门负责学校法律顾问制度的建设与实施。各级各类学校应当在2015年6月底前普遍建立学校法律顾问制度，组织开展活动。已设有法律事务办公室或类似机构的各级各类学校，可根据需要决定是否另外聘请法律顾问。

（三）强化保障落实。各级各类学校要尽快建立并不断完善学校法律顾问工作机制，主动搭建工作平台，畅通法律顾问履职渠道，为法律顾问发挥作用提供便利、创造条件。要将聘请法律顾问的经费支出纳入年度经费预算，保证法律顾问工作的正常需要。要充分发挥法律顾问在法律咨询、培训和知识普及等方面的作用，提升广大师生员工的法治意识，减少校园意外事故发生，努力构建和谐校园。

请各高校、各区县教育局、各委局控股集团公司于8月底前，将各自建立并开展学校法律顾问制度情况报送至市教委政策法规处。

上海市教育委员会
2015年1月30日

上海市教育委员会　上海市民政局　上海市社会团体管理局关于印发《上海市民办非学历教育机构管理办法》的通知

（沪教委民〔2015〕19号）

各区县教育局、民政局、社团局：

为进一步规范本市民办非学历教育机构的审批和管理，根据《中华人民共和国民办教育促进法》《中华人民共和国民办教育促进法实施条例》《民办非企业单位登记管理暂行条例》和《上海市终身教育促进条例》等法律法规规定，我们制定了《上海市民办非学历教育机构管理办法》，现印发给你们（见附件），请遵照执行。

附件：上海市民办非学历教育机构管理办法

上海市教育委员会
上海市民政局
上海市社会团体管理局
2015年9月22日

附件

上海市民办非学历教育机构管理办法

第一章　总　则

第一条（制定依据）　根据《中华人民共和国民办教育促进法》《中华人民共和国民办教育促进法实施条例》《民办非企业单位登记管理暂行条例》和《上海市终身教育促进条例》及其他相关法律法规，结合本市实际，制定本办法。

第二条（指导思想）　贯彻国家对民办教育“积极鼓励、大力支持、正确引导、依法管理”的方针，鼓励和引导社会力量兴办教育，促进本市民办非学历教育健康发展。

第三条（适用范围） 本办法所称民办非学历教育机构（以下统称“民非教育机构”）是指：本市行政区域内，经教育行政部门许可、民政部门法人登记的，由国家机关以外的社会组织或者个人，利用非国家财政性经费，面向社会举办的，不以营利为宗旨和目的的，主要从事文化教育类活动的非学历教育机构。在本市行政区域内的经营性民办培训机构，不适用本办法。

第四条（管理部门） 市教育行政部门和民政部门负责制定民办非学历教育相关规范性文件和政策，依法实施宏观管理和综合协调、指导和监督各区县教育行政部门和民政部门开展相关工作。

各区县教育行政部门是本行政区域内民非教育机构的许可机关和行业主管部门，负责对民非教育机构实施规划、许可和监督管理。

各区县民政部门是本行政区域内民非教育机构的登记管理机关，负责民非教育机构的法人登记和监督管理。

第二章 设 立

第五条（申办条件） 举办者申请设立民非教育机构应当具备以下条件：

（一）举办者应当符合有关法律法规的规定，具有必备的开办资金和稳定的经费来源。举办者可以用资金、实物、土地使用权、知识产权以及其他财产作为办学出资，其中：事业单位出资办学，应当经其上级主管单位批准；国有及国有控股企业出资办学，应当按照国有企业投资管理的相关规定，报国资监督管理部门备案。

举办者不得向学生、学生家长筹集资金举办民非教育机构，不得向社会公开募集资金举办民非教育机构。

两个以上社会组织或者个人联合举办民非教育机构，应当依法签订《联合办学协议》；

（二）民非教育机构的理事会、董事会或者其他形式决策机构（以下统称“决策机构”）的组成符合法律法规的规定；

（三）具有规范的学校章程和健全的管理制度；

（四）具有与办学项目和办学规模相适应的办学场所与办学经费，配备能满足教育教学活动需要的设施设备以及必要的生活与安全保障设施；

（五）配备符合条件的专职负责人（以下统称“校长”）和满足教学需求的专兼职教师队伍与管理人员；

（六）符合其他法律法规的规定。

申办条件的具体要求由《上海市民办非学历教育机构设置标准》（以下简称《设置标准》）予以规定。

已具备《设置标准》规定办学条件的，举办者可以按照本办法第六条直接申请正式设立民非教育机构；暂不具备的，举办者可以按照本办法第七条申请筹设民非教育机构。

第六条（正式设立）

（一）（设立申请）

申请正式设立民非教育机构，在经登记管理机关核准名称后，由举办者向许可机关提出书面申请。

申请正式设立民非教育机构，举办者应当向许可机关提交相关申请材料，主要包括：机构名称、举办者资质及出资来源、培养目标、办学规模、办学层次、办学形式、办学条件、内部管理体制、经费筹措与管理使用等情况，并对申请材料的真实性负责。

（二）（申请受理）

许可机关收到举办者提出的正式设立民非教育机构的申请后，应当根据下列情况分别作出处理：

1. 申请事项依法不属于本行政机关职权范围的，应当即时作出不予受理的决定，并告知申请人向有关行政机关申请；

2. 申请材料不齐全或者不符合法定形式的，应当在5日内一次告知申请人需要补正的全部内容，逾期不告知的，自申请材料收到之日起即视为受理；

3. 申请材料齐全、符合法定形式的，或者申请人按照许可机关的要求提交全部补正申请材料的，许可机关应当受理。

（三）（审核批准）

许可机关受理正式设立民非教育机构的申请后，应当组织专家或者委托具有相应资质的教育评估机构，对申请材料以及实际办学条件和办学能力进行审核评议或者评估论证，由专家或者评估机构出具书面报告。审核评议或者评估论证的费用由许可机关承担。

许可机关应当依照相关法律法规和本办法的规定，在3个月内以书面形式作出是否批准正式设立民非教育机构的决定；对不批准的，应当说明理由并告知救济途径。

（四）（发证备案）

对批准设立的民非教育机构，由许可机关颁发"民办学校办学许可证"（以下简称"许可证"），并将有关材料及时报送市教育行政部门备案。民非教育机构需要延续办学许可有效期的，应当在办学许可有效期届满30日前向许可机关提出申请。许可机关应当根据申请，在其办学许可有效期届满前，作出是否准予延续的决定；逾期未作决定的，视为准予延续。

市与各区县教育行政部门应当将批准设立的民非教育机构名称、地址、校长、学校类型等信息，通过政府网站等媒体向社会公开。

第七条（机构筹设）

（一）（筹设申请）

需在正式设立民非教育机构之前进行筹设的，在经登记管理机关核准名称后，由举办者向许可机关提出书面申请，并参照第六条第一款提交相关申请材料。

（二）（审核批准）

许可机关收到筹设申请后，应当依法对申请材料进行审核，在5日内一次书面告知是否受理申请；申请材料不齐全或者不符合法定形式的，应当当场或者在5日内一次告知申请人需要补正的全部内容；不予受理的，应当书面说明理由。受理申请的，自受理之日起的30日内，以书面形式作出是否同意筹设的决定。许可机关同意筹设的，发给筹设批准书；不同意筹设的，应当书面说明理由并告知救济途径。

（三）（筹设期限）

民非教育机构筹设期不得超过3年。超过3年的，举办者应当重新申报。民非教育机构在筹设期内，不得以任何名义开展招生与教育教学活动。

第八条（登记事项） 民非教育机构取得"许可证"或者经审批同意筹设后，应当按照国家有关法律法规的规定，到民政部门办理法人登记等手续。

第三章 管 理

第九条（证件管理） 民非教育机构的"许可证"和《民办非企业单位（法人）登记证》等证件，必须在民非教育机构公开场所的显著位置公示。

民非教育机构遗失证件的，应当立即公告，并及时向证件颁发机关补办。

民非教育机构不得以各种名义出租出借"许可证"。

第十条（教学管理） 民非教育机构不得开展军事、警察、宗教、政治等培训活动。未经有关教育行政部门批准或者同意，不得举办面向义务教育阶段学生的各类竞赛活动，不得擅自组织中小学生参加各类竞赛活动。

民非教育机构应当按照《许可证》载明的学校类型和办学内容在经批准的办学地址开展教育教学活动。

民非教育机构开设的办学项目、课程和选用的教材应当符合有关法律法规的规定；其中开设涉外办学项目的，应当符合《中华人民共和国中外合作办学条例》和《中华人民共和国中外合作办学条例实施办法》的规定；以未成年人为对象开设的办学项目和课程，应该遵循未成年人的身心发展规律，减轻学生过重的课业负担，促进未成年人健康发展。

第十一条（人员管理） 民非教育机构应当配备满足办学需求的教职工队伍，依法与教职工建立劳动用工关系，保障教职工的合法权益。各区县教育行政部门应当引导民非教育机构贯彻落实教育部关于严禁在职中小学教师有偿补课的规定、不聘用在职中小学教师。

民非教育机构应当建立教师考核制度和培训制度。

民非教育机构聘任外籍人员，应当按照国家有关规定执行。

第十二条（安全保障） 民非教育机构应当加强消防安全、食品安全等管理，落实安全防范措施，防范各类安全责任事故发生。鼓励民非教育机构特别是以未成年人为对象开展教育教学活动的，为学生购买人身伤害意外保险。

第十三条（简章广告） 民非教育机构发布招生简章和广告，应当报许可机关备案。

民非教育机构的招生简章和广告的内容不得欺骗和误导受教育者及其家长，并符合《广告法》和《广告管理条例》等相关规定。

第十四条（收费管理） 民非教育机构应当依法制定收费项目、收费退费标准和办法，向社会做好公示工作，并在招生收费时履行告知义务。

民非教育机构应当以培训周期为单位收取费用；培训周期超过一年的，按学年收取费用；不得以折扣优惠等任何理由，跨培训周期或者跨学年打包、捆绑预收费用。

民非教育机构的收费应当开具本机构的税务发票。

民非教育机构收取的费用应当主要用于教育教学活动和改善办学条件。

第十五条（资产和财务管理） 民非教育机构举办者应当按时、足额履行出资义务，投入民非教育机构的资金和资产应当由具备相应资质的资产评估机构或者验资机构进行资产评估或者验资，并计列在民非教育机构法人名下。民非教育机构应当依法落实法人财产权，建立健全资产和财务管理制度，依法开设并使用学杂费专用账户。

民非教育机构存续期间，所有资产由民非教育机构依法管理和使用，任何组织和个人不得截留、挪用或者侵占。

民非教育机构应当依法执行《民间非营利组织会计制度》，在每个会计年度结束时制作财务会计报告，委托会计师事务所进行审计并公布审计结果。

第十六条（其他教育方式） 民非教育机构利用互联网等技术开展教育教学活动，应当符合国家关于民非教育机构管理的相关规定，并且应当符合国家关于相应技术管理的规定。

第四章 变 更

第十七条（举办者变更） 民非教育机构举办者的变更，应当按照相关法律法规和民非教育机构章程的规定，由举办者提出，在进行财务清算后，经决策机构同意，由民非教育机构向许可机关提出申请，许可机关依法进行审批。许可机关审批同意变更的，向民非教育机构颁发新的“许可证”。

第十八条(办学层次和类别变更)　民非教育机构办学层次和类别的变更,由决策机构作出变更决议,然后由民非教育机构向许可机关提出申请,许可机关依法进行审批。许可机关审批同意变更的,向民非教育机构颁发新的“许可证”,并由民非教育机构向登记管理机关提出法人登记事项变更申请。

第十九条(名称变更)　民非教育机构名称的变更,由决策机构作出变更决议,然后由民非教育机构在经登记管理机关核准名称后,向许可机关提出申请。许可机关同意变更的,向民非教育机构颁发新的“许可证”,并由民非教育机构向登记管理机关提出法人登记事项变更申请。

第二十条(地址变更)　民非教育机构应当在办学许可批准的办学地址开展教育教学活动,办学地址包括“许可证”载明的地址和教学点地址。

办学条件和办学活动等符合相关规定、上年度年检合格、财务状况良好的民非教育机构可以向许可机关申请设立教学点,教学点的办学条件应当符合《设置标准》的相关规定,教学点的办学活动由设立教学点的民非教育机构统一实施并承担相关责任。

民非教育机构变更办学地址的,应当按照如下情形办理相关手续:

(一) 民非教育机构在许可机关行政区域内变更办学地址的,应当向许可机关提出申请,经许可机关审批同意后变更;

(二) 民非教育机构在本市范围内跨区县变更办学地址涉及许可机关变更的,应当向原许可机关和新许可机关提出申请,经审批同意后变更;

(三) 民非教育机构在本市范围内跨区县设立教学点,应当向许可机关提出申请,由许可机关征求拟设教学点所在地的区县教育行政部门意见,拟设教学点所在地的区县教育行政部门应当在10个工作日内反馈书面意见。许可机关在作出审批决定后,应当书面告知民非教育机构与教学点所在地的区县教育行政部门;不同意设立的,应当说明理由;

(四) 民非教育机构办学地址变更涉及法人登记事项等变更的,应当在许可机关颁发新的“许可证”后,依法办理相关手续。

第二十一条(其他变更)　民非教育机构决策机构成员或者其在决策机构中职务的变更,在原决策机构作出变更决议后,由民非教育机构报许可机关备案,许可机关应当在备案后及时告知登记管理机关。

民非教育机构校长的变更,在决策机构作出变更决议后,由民非教育机构向许可机关申请颁发新的“许可证”。

民非教育机构法定代表人的变更,在决策机构作出变更决议后,由民非教育机构向登记管理机关申请变更法人登记。民非教育机构的法定代表人应当由决策机构负责人或者校长担任,并且符合学校章程的规定。

第二十二条(章程修订)　民非教育机构章程的修订,在决策机构作出修订决议后,由民非教育机构向登记管理机关提出核准申请,登记管理机关在书面征求许可机关意见后予以核准。民非教育机构应当自登记管理机关同意核准之日起15日内,将核准后的章程报许可机关备案。

第二十三条(信息更新)　民非教育机构的变更事项经审批同意后,许可机关与民非教育机构应当及时更新本市民办教育信息管理系统中的相关信息。

第五章　终　　止

第二十四条(终止办学)　民非教育机构应当在《中华人民共和国民办教育促进法》第五十六条规定的情形下终止办学,并按照《中华人民共和国民办教育促进法》第五十七条、第五十八条和第五十九条等条文的规定做好学生安置、财务清算和财产清偿等工作,终止的民非教育机构由许可机关收回《许可证》。

第二十五条（许可注销） 民非教育机构办学许可有效期届满未延续的，许可机关应当按照《中华人民共和国行政许可法》等法律法规注销其办学许可。

许可机关应当将准予民非教育机构终止办学或者注销办学许可的决定告知登记管理机关和报市教育行政部门备案，并通过政府网站等媒体向社会公告。

第二十六条（法人注销） 终止办学的民非教育机构应当依法向登记管理机关提出法人登记注销申请。

第六章 监 督

第二十七条（监督管理） 市教育行政部门和民政部门应当做好对各区县教育行政部门和民政部门的监督指导，依法组织开展专项检查、督导、评估等工作。

各区县教育行政部门和民政部门应当做好对民非教育机构的监督管理，依法组织开展专项检查、督导、评估、年检等工作，对民非教育机构的违法违规办学行为依法予以处理。对涉嫌有虚假出资、抽逃办学资金、财务管理混乱等情形的民非教育机构，许可机关、登记管理机关等相关行政部门可以委托审计机构进行审计，并依法处理。民非教育机构在许可机关所在区县外设立教学点的，由教学点所在地的区县教育行政部门配合许可机关做好监督管理工作。

第二十八条（社会评估） 建立和完善民非教育机构办学水平和教学质量的第三方社会评价机制。

鼓励和引导民非教育机构委托具有教育评估资质的社会机构对自身的办学水平和教育质量进行评估。

第二十九条（行业自律） 鼓励民办非学历教育相关行业组织构建行业自律监管体系，建立行业内部规范管理制度、行业自律性约束机制和行业诚信制度。

第三十条（无证查处） 社会组织和个人擅自开展非学历教育活动的，由有关行政部门按照《中华人民共和国教育法》第七十五条、《中华人民共和国民办教育促进法》第六十四条和《上海市终身教育促进条例》第三十四条等规定依法予以处理。

第七章 扶持与鼓励

第三十一条（奖励资助） 鼓励和引导民非教育机构积极参与上海市学习型社会建设，在构建终身教育体系和建设科技创新中心中发挥重要作用。鼓励符合条件的民非教育机构积极承接政府购买服务项目。对为民办非学历教育发展作出突出贡献的集体和个人给予表彰和奖励。

第三十二条（师资培训） 政府支持鼓励行业组织和专业机构对民非教育机构的校长、教师及管理人员进行培训，提高其依法履职能力。

第三十三条（政策扶持） 民非教育机构享受国家规定的税收优惠政策。民非教育机构可以依法接受社会捐赠，并可以以捐赠者的姓名、名称命名校舍或者其他教育教学设施、生活设施。

第八章 附 则

第三十四条（实施日期） 本办法自 2015 年 10 月 15 日起实施，有效期为 5 年。《上海市民办非学历教育院校（机构）审批和管理办法（试行）》不再使用。

上海市教育委员会关于印发《上海市新优质学校集群发展三年行动计划（2015—2017年）》的通知

（沪教委基〔2015〕77号）

各区县教育局：

为全面落实国家和上海市中长期教育改革和发展规划纲要，进一步推进本市义务教育优质均衡发展，根据《上海市教育综合改革方案（2014—2020年）》实施要求，我委制定了《上海市新优质学校集群发展三年行动计划（2015—2017年）》。现印发给你们，请结合实际，贯彻执行。

特此通知。

附件：上海市新优质学校集群发展三年行动计划（2015—2017年）

上海市教育委员会

2015年11月9日

附件

上海市新优质学校集群发展三年行动计划

（2015—2017年）

为贯彻实施《上海市教育综合改革方案（2014—2020年）》，加强优质教育资源辐射，提升义务教育阶段公办学校办学活力和变革能力，促进义务教育优质均衡发展，在推进"新优质学校"项目的基础上，深化"新优质教育"的实践和探索，特制定本行动计划。

一、指导思想

贯彻党的十八大和十八届三、四、五中全会精神，坚持"回归教育本原""育人为本""促进公平"的价值追求，积极回应社会与时代对教育需求的挑战，以"新优质教育"实践为着力点，以内涵发展项目实践为载体，以集群创新为途径，扩大优质教育资源辐射面，让越来越多的义务教育阶段公办学校成为"家门口的好学校"，努力办人民满意的教育。

二、工作目标

构建与上海市国际化大都市相适应的"新优质教育"基本框架与实践范例，使本市义务教育阶段学校发展更为均衡，办学水平更加优质，发展活力更加充分，人民群众对义务教育的满意度不断提高。到2017年，加入新优质学校集群发展的学校数量扩大至250所左右，覆盖全市义务教育阶段约25%的学校。

三、基本界定

"新优质教育"主要是指：在育人观念上，回归教育本原，关注每一个学生的差异发展；在课程建设上，根据学生发展需求建立丰富、可选择的课程体系；在课堂教学上，满足每一个学生的学习需求，特别关注学有困难学生的成长支持；在质量评价上，突破单一的分数指标，实施以学业质量绿色指标为基础的教育质量综合评价。

“新优质学校集群发展”主要是指：一批积极探索实践“新优质教育”、有不断变革发展内生动力的公办学校，组成不同形式的实践团队，针对内涵发展的瓶颈问题，深入开展项目研究和实践，不断提升学校的办学水平。通过集群发展，这类学校要达到本市义务教育阶段学校办学基本标准，“绿色指标”综合评价结果处于全市优良水平，有鲜明的办学特色，家长及社区居民满意度达到90%以上，成为“家门口的好学校”。

四、主要措施

新优质学校集群发展将着力通过“新优质教育”的实践与探索，丰富与完善学校课程，推进课堂教学方式与组织形式变革，激发教师成长的活力和潜能，营造家校合作的育人环境，促进学校课程、教学、教师、管理等领域整体改进，提升教育质量与办学水平。

（一）按需集群，聚焦“新优质教育”开展实践

市级层面将100所新优质学校集群发展项目学校（以下简称“市项目学校”）结成实践研究共同体，由上海市新优质学校研究所进行指导，按照新优质教育理念，根据基础教育发展趋势和校本教育改革深化的关键点，寻找学校“最近发展区”，进行新优质学校设计，形成立意高、可持续、符合学校实际的具体发展路径。

各区县教育行政部门结合区域教育综合改革实际，组织一批区域新优质学校集群发展项目学校（以下简称“区项目学校”），聚焦课程与教学、管理与文化、评价与改进等领域的瓶颈问题，组成不同项目的实践研究团队，以研究和实践相结合的工作方式开展行动研究，在协同研究中提升学校解决关键问题的能力，促进学校转型发展，提高办学质量。

（二）培育范例，提炼“新优质教育”的核心经验

市教委和区县教育行政部门组织专业力量对参加新优质学校集群发展项目的学校（以下简称“项目学校”）逐一进行深度调研，开展个案实证研究，诊断分析问题，进行跟踪指导，构建问题解决的行动模型，发掘与提炼符合“新优质教育”理念的示范案例和学校样本经验。

在梳理办学成功经验的基础上，强化专业人员与学校的密切合作，探索建立符合“新优质教育”理念的“发现—培育—改进—提升”的学校发展机制，揭示学校优质发展的基本路径，转化为具有针对性、操作性和创新型的“新优质教育”培训课程，从而丰富和完善“新优质教育”的基本内涵，将“新优质教育”的核心经验进行推广与辐射。

（三）多维分享，创建“新优质教育”的展示平台

改革学校发展经验传播方式。改变以往单纯的结果式、结论式、静态化的经验传播方式，在关注项目学校发展结果的同时，更加注重学校变革的过程化、可视化、动态化的经验共享新模式的应用与推广。

市与区县形成合力，搭建多渠道的“新优质教育”交流、展示平台。根据学校变革经验的呈现方式，充分运用电视、报刊等传统媒体和微博、微信等新媒体，加强宣传推广力度，提升“新优质教育”及项目学校在市民中的知晓度和影响力。积极主动地向广大教育工作者及家长、社会传递“新优质教育”的办学理念，在全社会树立正确的教育发展价值导向。

市级层面将创办《新优质学校》微信公众号与《新优质学校》通讯，引导项目学校主动通过微信公众号与通讯对外传播学校的办学理念、重要举措和办学成果；建立学校之间交流互动、共享开放学习资源，实现协同发展；增强对家长和社区需求的敏感性，丰富家校互动方式，完善诉求反馈机制，提高学校的开放度和知名度。

（四）培养队伍，打造“新优质教育”的中坚力量

市教委以培养践行“新优质教育”的校长队伍为重要任务，采取高级研修、岗位锻炼、展示辐射等方式，

打造一支具有“新优质教育”理念、全力办好“家门口好学校”的高素质校长队伍。区县教育行政部门要为项目学校的校长和教师提供充分的培训、锻炼、扶持、交流展示等机会和渠道，转变广大教育工作者的教育理念和教学行为，形成一大批认同和践行“新优质教育”理念的师资队伍。

（五）市区联动，营造“新优质教育”的绿色生态

市教委将推进新优质学校集群发展，作为促进义务教育阶段公办学校变革的重要抓手。市项目学校要在转型发展方面发挥起好示范、引领作用。上海市新优质学校研究所要积极将新优质项目学校的推进模式和有效经验辐射到区县。

区县教育行政部门要在区域推进新优质学校集群发展中，树立鲜明的价值导向，拓宽视野，统筹资源，鼓励跨界，多元合作，创新区域推进机制，形成“新优质教育”生态圈。要鼓励学校积极参与到市区两级攻关研究项目之中，充分激发学校的自主性和主动性，释放学校和教师的改革活力，引导学校将新优质项目实践与其他各项工作整合起来，通过专业引领和富有区域特点的学校组群来提升学校的变革能力，推动学校教育教学的整体设计与优化。

（六）深化研究，形成“新优质教育”的品牌效应

强化理论与实践结合的行动研究。整合上海市新优质学校研究所、教育教学研究机构和有关高等院校的资源，将集成研究的成果付诸行动。同时，研究“新优质教育”的理论问题，锤炼新优质学校集群发展的一般经验。聚焦“新优质教育”的核心问题，厘清“新优质教育”的基本内涵、基本特征、发展路径、行动策略，构建“新优质教育”理论体系，以更好地指导“新优质教育”实践、打造“新优质教育”品牌。

建立新优质项目学校评测标准与反馈机制。吸收国内外先进学校评估理念，结合上海实际，研究制定《上海市新优质项目学校评测标准》，构建“办学效果—社会反应”有效反馈机制，形成基于标准的项目学校循环改进的提升机制，引领更多学校走向新优质。

五、保障机制

新优质学校集群发展需要各级部门的高度重视和积极作为，需要行政推动、专业支撑、经费支持、环境营造等方面的和谐统一，需要教育系统内外的思想一致、行动协同和文化共生。

（一）加强组织领导

市教委将推进新优质学校集群发展作为实施基础教育综合改革的一项重点工作，整合各种资源，统筹推进。

各区县教育行政部门要结合本地实际，将新优质学校集群发展纳入区域教育综合改革予以推进，系统设计区域新优质学校集群发展推进方案，明确目标任务、主要措施和时间表、路线图，经市级专家组评议通过后实施。要通过实施区县新优质学校集群发展，办好一批“家门口的好学校”。

（二）强化专业指导

市教委充分发挥基础教育领域专家以及科研、教研等部门形成相互协同配合的机制，对区县新优质学校集群发展提供指导帮助。同时，办好上海市新优质学校研究所，重视研究所自身建设及研究、指导、咨询服务功能的发挥，对市项目学校提供针对性的专业指导。

区县教育行政部门要统筹区域教研、科研等部门专业人员，并整合区域内外各种资源，为区项目学校提供专业支撑。

（三）加强经费保障

在经费保障上，市教委支持上海市新优质学校研究所和区县开展新优质学校集群发展工作。各区县应设立专项经费，保障新优质学校集群发展过程中行动研究、经验提炼、辐射推广等方面的需要。

（四）加强考核

市教委将区域推进新优质学校集群发展情况列入区县教育质量评估指标、年度教育工作评价指标予

以考核。

区县教育局要加强对区项目学校的实践成效加强考核，从办好每一所学校的理念出发，注重项目学校经验的推广和辐射，但不得以“新优质学校”名称对学校命名、挂牌。

（五）营造良好氛围

要坚持边研究、边总结、边宣传，建立宣传引导机制，创新宣传推广方式，注重用广大教师和家长易于接受的方式传播新优质教育理念和项目学校改革发展经验。要畅通学校内外、教育内外的信息渠道，通过多种方式吸纳社会各方意见建议，及时作出积极回应，努力营造实施“新优质教育”的良好社会氛围。

上海市教育委员会等9部门关于印发《上海市学前教育三年行动计划（2015—2017年）》的通知

（沪教委基〔2015〕72号）

各区县教育局、发展改革委、卫生计生委、财政局、编办、人力资源和社会保障局、建设管理委、农委、规划土地局、住房保障房屋管理局：

为深入贯彻教育部、国家发展改革委、财政部《关于实施第二期学前教育三年行动计划的意见》（教基二〔2014〕9号）的要求，推进实施国家和上海市中长期教育改革和发展规划纲要，促进本市学前教育事业发展，满足人民群众对学前教育的需求，市教委、市发展改革委、市卫生计生委、市财政局、市编办、市人力资源社会保障局、市住房城乡建设管理委、市农委、市规划国土资源局等9部门联合制定了《上海市学前教育三年行动计划（2015—2017年）》，经市政府同意，现印发给你们，请认真按照执行。

附件：上海市学前教育三年行动计划（2015—2017年）

上海市教育委员会
上海市发展和改革委员会
上海市卫生和计划生育委员会
上海市财政局
上海市机构编制委员会办公室
上海市人力资源和社会保障局
上海市住房和城乡建设管理委员会
上海市农业委员会
上海市规划和国土资源管理局
2015年11月24日

附件

上海市学前教育三年行动计划（2015—2017年）

为满足适龄儿童入园需要，全面提升学前教育质量，适应社会对优质学前教育的多元需求，本市自2006年起已启动两轮学前教育三年行动计划，并按时完成相关任务。通过采取一系列举措，加大资源建设，强化保教质量，积极应对入园矛盾，构建形成了学前教育公共服务体系，确保了学前教育事业在适龄入园儿童快速增长背景下的稳步发展。未来三年，本市将继续面临学前教育入园高峰的压力。学前教育资源的持续建设与合理布局，保教质量的普遍提升与满足适龄儿童接受多样化学前教育的需求，仍将是本市学前教育发展的重点任务。

为深入贯彻落实党的十八大和十八届三中全会关于“办好学前教育”“推进学前教育改革发展”的决策部署，促进本市学前教育事业科学发展，特制定《上海市学前教育三年行动计划（2015—2017年）》。

一、指导思想

以党的十八大、十八届三中和四中全会精神为指导，全面贯彻落实《国家中长期教育改革和发展规划纲要（2010—2020年）》和《国务院关于当前发展学前教育的若干意见》精神，按照教育部等三部委《关于实施第二期学前教育三年行动计划的意见》和《上海市中长期教育改革和发展规划纲要（2010—2020年）》的部署，坚持改革创新，努力破解难题；坚持普及学前教育，鼓励多样化发展；坚持儿童发展为本，推进依法办园。创设有利于上海学前教育健康、有序、均衡发展的良好环境，努力满足本市适龄儿童接受优质学前教育的需求，促进儿童健康、快乐成长。

二、总体目标

基于本市社会经济发展的需求，基于上海市教育综合改革的基本要求，基于学前教育发展的现状与趋势，未来三年本市学前教育发展的目标是：进一步强化政府职能，完善学前教育公共服务体系；加强和优化学前教育资源配置，满足全市符合条件的常住人口中适龄儿童接受学前三年教育的需求；创新符合幼儿发展规律的教养方式，整体提升和优化保教质量；建立规范化的早教服务体系，提供多样的早教指导服务；实施面向0—6岁婴幼儿的快乐启蒙教育，努力建设坚持公益、开放多元、优质均衡、充满活力、具有上海特色的学前教育。

三、发展指标

（一）积极应对入园高峰，继续确保本市户籍3—6岁儿童100%接受学前教育；努力扩大资源，逐步满足符合条件的本市常住3—6岁儿童的学前教育需求。

（二）新建和改扩建90所幼儿园，新增幼儿园建筑面积约3万平方米。坚持按照本市《普通幼儿园建设标准》（DG/TJ08-45-2005）等相关规定配置新建小区配套幼儿园，按照《上海市学前教育装备规范》配置幼儿园设备与玩教具。面对在园儿童持续增加的形势，生均占地面积或建筑面积达到1988年教育部颁布的《城市幼儿园建筑面积定额标准（试行）》的幼儿园，城区达标率应保持在60%以上，郊区达标率应保持在80%以上，努力为幼儿的生活、学习创设良好的环境。

（三）严格按照国家《幼儿园教职员工配备标准（暂行）》（教师〔2013〕1号）配置幼儿园保教人员。在现有幼儿园师资招聘规模的基础上，3年净增1700名左右的幼儿园教师。继续保持本市保教人员100%持证上岗率、100%在职培训率，提升幼儿园教师专业能力。

（四）促进幼儿园均衡发展，幼儿园办园质量在原有基础上普遍提高，全市幼儿园总量的80%达二级一类及以上水平，总量的35%达一级及以上水平。

（五）加强对0—3岁婴幼儿家庭的早期教养指导，将婴幼儿家庭平均每年接受科学育儿指导的频次，由 4 次增加到 6 次。

四、主要措施

（一）强化政府职责，完善学前教育公共服务体系

1. 切实落实政府相关部门职责。健全教育部门主管、各相关部门分工负责、协同配合的工作机制，形成推动学前教育事业改革发展的整体合力。强化区（县）政府对本区域学前教育事业发展的主体责任意识。切实加强街道、乡镇政府对早期教养指导和幼儿看护点的监督管理。

2. 强化组织领导与工作推进。健全市、区（县）两级学前教育联席会议制度，定期召开由分管区（县）长牵头、各相关部门负责人参加的学前教育联席会议，共同破解学前教育改革发展中的瓶颈障碍，协调解决制约区域学前教育发展的重点、热点与难点问题。

3. 科学谋划学前教育事业发展。把学前教育作为区（县）教育事业发展的重要组成部分纳入整体规划。各区（县）要结合实际，科学制定实施本区域的学前教育三年行动计划（2015—2017 年），推动区域学前教育可持续发展。

（二）加强资源整合，提升学前教育普及率与公益性

4. 科学制定学前教育招生入学政策。区（县）政府合理预测适龄入园儿童人数。根据本市人口出生数以及市政府相关政策要求，科学制定区（县）幼儿园招生政策，努力保障符合条件的本市常住人口适龄儿童的学前教育入园需求。

5. 持续扩充学前教育园舍资源。新建居住区公建配套的园舍，应按照《上海市控制性详细规划技术准则》《普通幼儿园建设标准》（DG/TJ08-45-2005）以及《上海市保障性住房（大型居住社区）配套建设管理导则》等相关规定规划建设幼儿园，在坚持土地利用节约集约基础上，进一步优化规划设计，并做到同步规划、同步设计、同步建设、同步交付使用。对于学前教育资源相对紧张的区域，应加强统筹力度、盘活既有校舍资源，对于符合办园条件、满足安全规范的房源，可通过改建、扩建等方式，扩大学前教育园舍资源。

6. 合理提高园舍资源利用率。在一些入园儿童密集且园舍建造速度短期内无法满足需要的地区，可探索通过扩大现有园舍规模、提高园所利用率，以及在确保保教人员配比的前提下适当增加学额等办法，稳妥解决适龄儿童入园紧张问题。

7. 总体布局公、民办幼儿园。坚持学前教育机构的公益性和普惠性，继续大力发展公办幼儿园，积极扶持普惠性民办幼儿园，形成政府主导、社会参与、公办民办共同发展的格局。逐步提高民办三级幼儿园办园标准，多举措提升学前教育基础水平。

8. 完善 0—3 岁婴幼儿早期教养指导服务体系。在市、区（县）两级早教指导中心的管理和指导下，建立覆盖街道、乡镇的早教指导服务网络，配齐相关专业指导人员。提供适合每一个婴幼儿成长的信息服务与指导机会，每年为本市 0—3 岁婴幼儿家庭提供 6 次早教指导服务，满足家长接受科学育儿指导的需求。

（三）实施动态监管，提升学前教育保教质量

9. 倡导宣传科学育儿理念。贯彻教育部《3—6 岁儿童学习与发展指南》要求，结合上海城市发展对人才的需求以及学前教育发展的实际，倡导科学育儿理念，持续提升学前教育保教质量，为幼儿的可持续发展奠定基础。

10. 努力办好每一所幼儿园。探索建立幼儿园发展共同体、城郊结对互助等机制，提高每一所幼儿园的办园质量。积极引导民办幼儿园规范办园、优质办园、个性化办园，鼓励民办三级幼儿园提高办园水平。逐步缩小幼儿园之间的质量差异，促进学前教育均衡发展。

11. 加强学前教育实践指导。修订完善本市《学前教育课程指南》，总结学前教育发展的实践经验，建设能够满足各级各类幼儿园发展需要的课程资源。加强对幼儿发展水平的观察和分析，创新符合幼儿发

展规律的教养模式。引导幼儿园坚持以游戏为基本活动，积极开展“一日活动”的研究与实践，杜绝“小学化”“学科化”倾向，实施快乐启蒙教育。

12. 开展医教结合实践探索。强化教育、卫生计生等部门的协同，深入研究0—6岁婴幼儿身心发展的规律与特点，实施科学的保育教育。深入开展“医教结合的家庭教养指导和预防性干预”试点，总结推广试点区(县)医教结合的实践经验，研究制订促进0—6岁婴幼儿医教结合的相关政策，加强婴幼儿身心发展问题的早期发现与早期干预。

13. 健全学前教育质量监测机制。建立健全市、区(县)、园三级学前教育质量监测机制，完善本市学前教育质量评价体系与幼儿园办园水平评价制度。推动幼儿园开展定期自评，促进其自主发展。引导区(县)开展针对区域学前教育发展特点的动态监管。建立本市幼儿健康水平数据库，开展幼儿健康水平追踪分析。

14. 进一步完善幼小衔接工作。编制实施《上海市幼儿园幼小衔接实施方案》，明确把幼儿园保育教育作为学龄前教育的重要内容，注重小学入学前的基础素养培养。

15. 提升早教指导服务的科学性。结合承担研制教育部《0—3岁婴幼儿学习与发展指南》，进一步完善本市《0—3岁婴幼儿教养方案》，研究制订面向家长的0—3岁婴幼儿早教指导课程和“科学育儿操作包”等，拓展“育儿周周看”等基于现代技术的育儿指导模式与途径。

16. 建立健全家园合作共育机制。推广家园互动的经验成效，建立健全家园共育的制度机制，强化家长参与学前教育的意识，促使家园互动工作规范化、常态化。

(四) 健全制度机制，提升保教人员专业能力

17. 完善幼儿园教职工配备。按照国家《幼儿园教职工配备标准(暂行)》(教师〔2013〕1号)，研究编制《上海市幼儿园教职工配备标准》，补足配齐各类教职员工，满足幼儿园的保育教育、卫生保健、安全保卫等需求。根据幼儿园保育工作的特点与要求，完善幼儿园保健教师、保育员、营养员等保育人员社会招聘机制、专业培训机制、待遇保障机制。研究制定保育人员配备标准和待遇标准，稳定保育队伍，提升队伍质量。

18. 加强学前教育师资培养。加大学前教育新进教师培养培训力度。学前教育教师培养要结合学前教育发展特点，适应0—3岁婴幼儿早教指导服务的需要，适应幼小衔接、医教结合等工作需要，熟练掌握儿童教育的基本知识和技能。

19. 启动“卓越教师培育摇篮工程”。支持相关高校建立健全师范生培养机制，完善师范生在读期间、新教师入职与成长等过程的培养与衔接，建立多层次选拔、定园定人培养、园校共育等机制，培养高素质的幼儿园教师。

20. 建立多渠道配足教师的工作机制。立足区域师资队伍现状与实际，研究返聘等配足教师的工作机制，缓解入园高峰期间优秀师资短缺矛盾。

21. 构建教师专业发展在职培训机制。多渠道开展适应不同教师专业发展需要的在职培训，建设研训一体的学前教育网络培训课程。针对大批新园长、新教师和新教科研员上岗的实际，开展针对性、实效性的职后培训，持续提升其专业素养。

(五) 强化实践应用，提升信息技术在学前教育发展中的效能

22. 加强学前教育信息化建设与管理。将学前教育信息化纳入基础教育信息化管理体系，优化园所信息化环境建设，完善基于园园通平台的市、区(县)、园、家四级信息应用平台，提升管理能级。整合多种媒体，传播科学育儿理念。

23. 推进信息技术在学前教育的有效应用。优化学前教育数据管理分析系统，支持保教质量监控评估和基于证据的教育决策。共建共享学前教育优质资源，创建数字化实验幼儿园，推进信息技术在学前教育

中的创新和有效应用。

24. 开展学前教育信息化应用评估。研制并推行上海市学前教育数据建设管理标准和上海市幼儿园信息化应用评估指标，开展第三方评估，促进上海学前教育信息化发展。

五、保障机制

（一）进一步加大学前教育投入力度

健全政府投入、社会举办者投入、家庭合理分担的学前教育多渠道投入机制，完善公办幼儿园生均公用经费财政拨款标准和普惠性民办幼儿园支持政策，进一步加大对财力相对薄弱区县，特别是远郊农村地区财政教育转移支付力度，对家庭经济困难的适龄幼儿实施学前教育资助政策。

（二）完善学前教育管理体制

坚持依法办园、依法推进学前教育健康发展。积极推动学前教育立法工作。强化托幼机构主体责任，推进幼儿园以章程为核心的内部规章制度体系建设，研制并实施0—3岁婴幼儿教养工作规范化管理的意见，完善内部治理结构。

理顺0—3岁婴幼儿早期教养指导服务管理机制，加强统筹管理，教育、卫生计生、妇联、街镇社区要共同推进0—3岁婴幼儿早期教育指导服务工作。探索建立本市早教指导服务机制，形成上海市早期教养指导服务体系。

（三）加强学前教育三年行动计划落实情况的督导

依据本计划目标要求和本市学前教育事业发展的需要，制订学前教育督政指标，将学前教育三年行动计划的发展目标任务和政策举措落实情况以及涉及学前教育事业发展的教育资源配置、教育经费投入和使用情况、保教人员专业提升、保教质量等事项纳入区县政府依法履行教育责任综合督政内容，以确保学前教育三年行动计划和阶段目标的有效落实。

上海市教育委员会关于印发《关于贯彻落实教育部〈严禁中小学校和在职中小学教师有偿补课的规定〉的实施办法》的通知

（沪教委人〔2015〕85号）

各区县教育局，有关委、局、控股（集团）公司，有关直属单位：

为进一步贯彻落实《教育部关于印发〈严禁中小学校和在职中小学教师有偿补课的规定〉的通知》（教师〔2015〕5号）精神，加强本市中小学师德师风建设，规范中小学校办学行为，我委制订了《关于贯彻落实教育部〈严禁中小学校和在职中小学教师有偿补课的规定〉的实施办法》，现予以印发，请按照执行。

附件：关于贯彻落实教育部《严禁中小学校和在职中小学教师有偿补课的规定》的实施办法

上海市教育委员会

2015年12月10日

附件

关于贯彻落实教育部《严禁中小学校和在职中小学教师有偿补课的规定》的实施办法

第一章　总　　则

第一条　为贯彻落实《教育部关于印发〈严禁中小学校和在职中小学教师有偿补课的规定〉的通知》(教师〔2015〕5号，以下简称《规定》)，进一步加强中小学师德师风建设，规范中小学校办学行为，大力推进素质教育，切实减轻学生学业负担，坚决纠正人民群众反映强烈的教育行风问题，根据《教师法》《中小学教师违反职业道德行为处理办法》(教师〔2014〕1号)等法律法规的规定，结合本市实际，制定本实施办法。

第二条　本办法所称中小学校，是指本市范围内的中小学，包括公办和民办幼儿园、特殊教育机构、普通中小学、中等职业学校、少年宫(含少科站、青少年活动中心)以及教研室、电化教育等机构。

第三条　本办法所称有偿补课，是指在学校正常教育教学计划之外，利用课余时间、双休日、寒暑假和其他法定节假日，对学生开展有偿(收费)补习的行为。有价证券、支付凭证、礼品礼金等财物及其他不正当利益均属“有偿”范围。

第二章　组 织 领 导

第四条　本市各级教育行政部门是治理中小学校和在职中小学教师有偿补课问题的主管部门。上海市中小学师德建设联席会议统筹指导全市治理工作，各区县成立专项治理工作领导小组，按照“谁主管、谁负责”的原则，完善治理工作责任制。

第五条　区县教育行政部门要强化教师师德宣传和教育，将《规定》要求传达到中小学校、教职员工、学生及家长；将学习《规定》作为师德教育的重点内容，记入教师培训学时。要加强监督检查，将“严禁有偿补课”纳入教育督导，特别是责任督学挂牌督导的重要内容，对存在问题的，及时督促学校和相关部门处理。要加强学校指导和管理，主动接受社会监督，对有情况反映的要及时调查核实，依法依规进行处理，严格执行处理决定。要加强对民办非学历培训学校和经营性民办培训公司的管理和检查。要加大违规案件查处力度，实行责任追究。要主动回应社会关切，营造良好的舆论环境。

第六条　校长是治理有偿补课工作的第一责任人，全面有效落实相关管理责任。各学校应加强教师职业道德和职业规范教育，引导教师践行社会主义核心价值观，立德树人，自觉拒绝有偿补课，对每名学生认真负责，为学习有困难学生答疑辅导，开展课前课后或假期义务值守等志愿服务，切实履行好个别辅导和答疑等本职工作。学校与教职工签订聘用合同时必须明确教职工不得参与有偿补课。

第七条　各级教育行政部门、学校和教师要统一思想，提高认识，以最严规范、最严检查、最严惩戒为原则，严禁中小学校和在职中小学教师有偿补课，切实减轻学生课业负担，创设良好的教育生态环境，办好人民满意的教育。

第三章　严 格 规 范

第八条　严格规范学校办学行为，中小学校有下列行为之一的，视情节轻重给予学校、校领导和相关责任人员相应处理：

(一) 组织、要求学生参加有偿补课。

(二) 与校外培训机构联合进行有偿补课。

（三）为校外培训机构有偿补课提供教育教学设施，或向校外培训机构提供、透露学生信息。

第九条 严格规范教师职业行为，在职中小学教师有下列行为之一的，视情节轻重给予教师相应处理：

（一）组织、推荐和诱导学生参加校内外有偿补课。

（二）参加校外培训机构或由其他教师、家长、家长委员会等组织的有偿补课。

（三）为校外培训机构和他人介绍生源、提供相关信息。

第四章 严格检查

第十条 各级教育督导部门要适时开展专项督查，特别抓住寒暑假、法定节假日等时机进行重点督查，对存在第八、九条情形的要严格查处，并对典型案件予以曝光。

第十一条 接到反映学校、教师可能存在第八、九条情形的举报，按照“谁主管、谁负责”的原则，教育行政主管部门和学校应及时组织调查，核实有关事实。对于在课堂上故意不完成教育教学任务、课上不讲课下讲、课上泛讲课下精讲并收取补课费的，以及打击报复不参与有偿补课学生等严重违纪、败坏师德的行为要重点查办。对情节严重、影响重大的，还应会同相关部门共同调查处理。情节特别严重、影响特别恶劣的，市教育督导、行政监察部门可直接进行查办。

第五章 严格惩戒

第十二条 经查实存在第八条情形的中小学校，除清退违规所得外，视情节轻重，由教育行政主管部门在学校、区或市范围内通报批评，取消学校、校领导和相关责任人评优评先资格，撤销相关荣誉称号，给予学校领导和相关责任人诫勉谈话、责令检查、免除行政职务等处理，民办学校核减5%—15%招生计划。

对顶风违纪、造成恶劣影响的，一律先撤职，再按照有关规定严肃处理，并追究学校领导责任及相关部门的监管责任。

第十三条 经查实存在第九条情形的在职中小学教师，除清退违规所得外，视情节轻重，由教育行政主管部门在学校、区或市范围内通报批评，并责成学校给予批评教育、诫勉谈话、责令检查、年度考核不合格、取消评优评先和职务晋升资格、撤销相关荣誉称号等处理，直至警告、记过、降低专业技术职务等级、撤销专业技术职务或行政职务、开除或解除聘用合同的处分。

对情节严重、造成恶劣影响，或第二次出现违规情形的，一律先调离教师岗位，再按照有关规定严肃处理，同时追究相关领导人的责任。

第十四条 特级教师、高级教师出现违规情形的，一律从严从重处理，并按照《上海市特级教师评选管理暂行办法》等相关规定进行相应处理。

第十五条 党员教师出现违规情形的，按照第十三条规定处理，并按照《中国共产党纪律处分条例》给予党纪处分。

第十六条 给予教师处分的，应当按照《中小学教师违反职业道德行为处理办法》规定的程序、权限、要求进行。

第十七条 不服处理决定的，可向学校主管教育部门申请复核。对复核结果不服的，可向学校主管教育部门的上一级行政部门提出申诉。

第十八条 学校或主管教育部门拒不处理、拖延处理或者推诿隐瞒造成不良影响或者严重后果的，上一级行政部门应当追究有关领导的责任。

第六章 监督举报

第十九条 构建学校、教师、学生、家长及社会广泛参与的监督体系，畅通和公开监督举报渠道，鼓励师生家长实名举报，主动接受社会监督。市教委公布统一监督举报电话：62555906；举报邮箱：shjwzlb@shmec.gov.cn。各区县教育行政部门相应公布监督举报电话和邮箱，并由学校告知每位师生和家长。

第七章　附　　则

第二十条　本办法自印发之日起施行，有效期5年。

上海市教育委员会关于开展上海市青少年校园足球精英训练营组建工作的通知

（沪教委体〔2015〕72号）

各区县教育局：

为贯彻落实《中国足球改革发展总体方案》相关精神，根据《全国青少年校园足球竞赛体系建设方案》相关要求，在加快推进青少年校园足球普及的基础上，为发掘和培养优秀足球后备人才，经研究，市教委将在全市范围内整合教育、体育和社会力量开展市、区两级校园足球精英训练营组建工作，现将有关事项通知如下：

一、目的意义

通过组建市、区两级校园足球精英训练营，定期集训和比赛，妥善安排文化学习，为具有足球天赋和发展意愿的青少年学生提供系统的提升平台，构建优秀足球后备人才的培养体系，形成政府主导、行业指导、社会参与的校园足球普及与发展的新局面。

二、建设目标

通过在全市16个区县组建U11、U13、U15、U17的精英训练营体系，使参营训练的总人数达3000人以上，同时注重男女均衡，鼓励女足发展。已经建立青少年足球精英培训基地的区县，可在原有基地基础上进行整合。在区县训练营基础上，选拔品学兼优的营员组建市级训练营，备战全国青少年校园足球工作领导小组办公室组织的小学、初中各组别最高级别比赛。

三、职责与要求

（一）市级训练营

1. 对区县训练营的训练和竞赛提供指导和示范。

2. 在全市范围内选拔优秀足球苗子，定期进行集训和比赛。

3. 代表上海市组队参加每年5—8月小学和初中组的全国分区训练营教学训练和冠军杯竞赛活动，并通过分区选拔参加每年8月份全国夏令营；高中组参加寒假冬令营活动。

（二）区县训练营

1. 承担本区县各年龄段精英训练营的训练和竞赛任务。

2. 输送优秀的足球后备人才至市级精英训练营。

3. 各区县选拔小学、初中精英队，参加每年4—6月份上海市校园足球精英训练营教学训练和精英冠军杯竞赛活动；高中组参加寒假市级精英训练营活动。

四、运行模式

1. 在班际比赛的基础上，通过区县内校际比赛，采用选拔进入、自愿参与的形式产生区级精英训练营，对营员进行动态管理，完善和保障营员的文化课学习。已在职业俱乐部注册的球员不在选拔范围内。

2. 训练时间：11 岁以下营员，除比赛外，每周训练不得超过 6 小时；15 岁以下营员，除比赛外，每周训练不得超过 8 小时；17 岁以下营员，除比赛外，每周训练不得超过 10 小时。

3. 加强文化课教育，区县训练营办公室要高度重视和负责追踪全体参与训营员的学习动态，畅通升学渠道。

4. 建设以区县精英训练营间的联盟精英杯赛，实行分级竞赛和升降级制度，通过较高水平队伍之间的比赛活跃校园足球文化，发掘优秀足球苗子。

5. 区县可以区县青少年校园足球精英训练营的名义在足协进行整体注册。

五、申报与评审

（一）申报

1. 申报对象

以区县为单位进行申报，要求各区县构建 U11、U13、U15、U17 的精英队模式，即 U11（四年级和五年级）、U13（预备班和初一）、U15（初二和初三）、U17（高一和高二）。各精英队均应男、女分别设置，每个精英队的人数在 25 人左右。区域面积较大的区县可适当增加精英队训练点数量。

2. 申报条件

教练团队：通过公开招标的形式，整合各方资源组建一流教练员团队。要求：(1) 每个区县需设置 1 名技术总监（资深 B 级及以上），可兼任带队教练；(2) 每个区县配备 1 名守门员教练（有守门员运动经历）；(3) 每支精英队需配备 1 名主教练（亚足联 C 级及以上）和 1 名助理教练（本区县责任心强、热爱足球的体育教师）；(4) 聘用外籍教练员，技术总监需持有洲际 A 级及以上的证书，主教练需持有洲际 B 级及以上的证书。所有聘用的教练员均需签订劳务合同。所有聘用教练团队成员只能在一个区县精英训练营里承担的训练和比赛工作。

硬件设施：区县精英训练营布局时需具备如下硬件设施，U11 精英训练营具有 7 人制标准场地；U13、U15、U17 精英训练营具有 11 人制标准场地。配备必要的急救药品，设备及与附近医院建立的绿色通道。

3. 申报程序

填写《上海市青少年足球精英训练营申报表》及相关支撑材料，申报单位应于 2015 年 12 月 20 日前，将有关材料报至上海市中山西路 1245 弄 1 号 2 号楼 516 室（联系人：[略]，电话：[略]，邮箱：[略]），逾期不予接收。2015 年 12 月 23—27 日将组织专家进行评审。

（二）评审

市青少年校园足球工作领导小组将组织专家对初审通过的申报单位进行评审；评审通过后将按规定向社会公示各区县青少年足球精英训练营相关信息。

六、管理与保障

1. 各区县要按照市校园足球领导小组指导意见及任务要求，组织开展区县训练营的各项工作。

2. 各区县要成立青少年校园足球精英训练营办公室，专人专管以保障上下衔接和精英训练营日常工作的有序开展。设置区县精英训练营生活学习督导员，建立营员学习档案，了解其学习动态，负责沟通营员训练和学习的协调工作，发现营员文化成绩出现下滑趋势，要重点关注或采取停训，保障营员的全面发展。

3. 市教委将成立青少年校园足球精英训练营办公室，负责全市精英训练营的统筹协调工作。办公室设在上海市学生活动管理中心。

4. 加强制度建设，建立校园足球精英训练营营员的长效管理机制。通过严格的学籍管理、规范的注册程序及公平的法律协议，形成合理的营员和培养单位权利和义务的管理模式，以保障校园足球精英训练营的可持续发展。

七、经费保障及其他

市、区县教育部门应分别确保市及本区训练营的组建及运行经费保障，运行经费主要用于训练、比赛、外出交流培训及教练员的训练津贴等方面。

各区县教育部门及有关单位要高度重视本次市青少年校园足球精英训练营的申报工作，认真组织本区县内相关单位进行可行性分析，并经区县政府及主管单位同意做好申报工作。

上海市教育委员会

2015年12月15日

上海市教育委员会　上海市发展和改革委员会 上海市人力资源和社会保障局　上海市财政局 上海市规划和国土资源管理局关于印发《上海高等教育布局结构与发展规划（2015—2030年）》的通知

（沪教委发〔2015〕186号）

市政府有关委、办、局，各区县人民政府，各高等学校：

为深入贯彻党的十八大和十八届三中、四中、五中全会精神和“四个全面”的战略布局，全面落实《国家中长期教育改革和发展规划纲要（2010—2020年）》和《上海市中长期教育改革和发展规划纲要（2010—2020年）》，深化高等教育综合改革，优化高等教育布局结构，提升高等教育质量水平，建成与社会主义现代化国际大都市相匹配的高等教育，提升服务国家战略和上海经济社会发展能力，市教委、市发展改革委、市人力资源社会保障局、市财政局、市规划国土资源局组织编制了《上海高等教育布局结构与发展规划（2015—2030年）》，并经市委常委会、市政府常务会议、市教育综合改革领导小组会议审议通过。现印发给你们，请结合本部门、本区县、本单位的实际情况，认真组织实施。

附件：上海高等教育布局结构与发展规划（2015—2030年）

上海市教育委员会

上海市发展和改革委员会

上海市人力资源和社会保障局

上海市财政局

上海市规划和国土资源管理局

2015年12月28日

附件

上海高等教育布局结构与发展规划

（2015—2030年）

序 言

当前，上海正深入贯彻落实中央“四个全面”的战略布局，加快建设“四个中心”和社会主义现代化国际大都市，加快建设具有全球影响力的科技创新中心，积极适应经济发展新常态，适应人民群众需求升级新变化，努力实现创新驱动发展和经济转型升级。

上海高等教育面临全面深化教育综合改革、加快转型发展、提升内涵质量等重大机遇和挑战，迫切需要率先实现高等教育治理体系和治理能力现代化，深入推进高等教育布局调整和结构优化，不断提高高等学校的办学质量、效益和水平，加快建成与国际大都市相匹配的高等教育。

为适应新形势、新需求和新挑战，引导并激发高校更好地服务国家战略，服务上海及区域经济社会发展，急需科学统筹、超前谋划、合理确定上海高等教育的发展战略、目标定位，科学规划上海未来高等教育的规模、层次和结构，进一步优化高等教育布局；急需构建科学合理的高等教育分类管理体系，形成政府统筹高等教育发展、客观评价高校办学水平以及合理配置高等教育资源的制度保障，引导各高校科学定位、明确发展方向与目标，立足不同类型努力办出特色、办出水平，为推进上海高等教育协调与可持续发展提供保证。

一、现状与挑战

（一）上海高等教育改革发展与布局结构现状

*高等教育规模稳步扩展，层次结构不断优化。*截至2014年，上海市普通高等学校为68所，其中普通本科院校37所，高职高专院校31所；中央部门所属院校10所，市属高校58所。高等教育在校生总规模为93.12万人，其中，普通本专科和研究生在校生为64.03万人，成人和网络在校生为29.09万人。与“十五”末期（2005年）相比，普通在校生总规模增长了22.8％，其中普通本专科学生和研究生分别增长了14.5％和69.8％。

*体制机制改革扎实推向纵深，办学资源日趋多元。*深入推进“部市共建”国家教育综合改革试验区建设，依托“部市共建”大力支持在沪部属高校发展，与教育部等国家部委共建部分地方高校，快速提升高校整体办学水平。实施行业高校管理体制改革，10所行业高校的隶属关系划归市教委，初步形成共建共管新模式。创新政府扶持社会力量办学机制，民办高校的规模和质量不断提升，成为上海高等教育的重要组成部分。

*高等教育空间布局不断优化，形成与城市建设总体布局相呼应的格局。*以改善办学条件和拓展办学空间为重点，积极推进上海高校空间布局结构调整，形成了围绕杨浦知识创新区、闵行紫竹科学园区、张江自主创新示范区的高校集聚地，以及松江、奉贤、临港等大学园区，基本形成了与上海城市总体规划和产业结构布局相呼应的高等教育空间布局。

*一流大学和高水平特色大学建设持续推进，高等教育服务能力和竞争能力显著提升。*全面推进落实“985工程”“211工程”配套支持和重点建设，统筹引导、加快推进一流大学和一流学科建设。探索科教融合、协同创新的办学模式，由上海市人民政府和中国科学院共同举办高起点、高水平的上海科技大学。汇聚国际国内优质高等教育资源，建立由中美合作举办的上海纽约大学。上海高等教育服务国家战略和上海经济社会发展、适应全球化发展、参与全球竞争的能力获得新的提升。

高校分类发展不断推进，高等教育内涵建设、特色发展迈出新步伐。以“扶需、扶特、扶强”为原则，启动实施了高等教育内涵建设工程，引导高校明确定位、聚焦内涵、注重特色，不断提升办学质量和水平。大力推进国家示范性高职、上海市特色高职建设，高职院校内涵发展不断深入。加大对民办高校的财政和政策支持力度，民办高校初步实现了健康发展、特色发展。

加快构建开放性终身教育学习和服务平台，为学习型城市建设提供了有力支撑。组建成立上海开放大学，率先开放本科专业招生，引导开放大学在学历教育的基础上，积极承担学习型社会建设的任务。率先建立了以学分认定、积累和转换为主要功能的终身教育“学分银行”，探索建立了学历教育学分认定标准、“学分银行”合作高校联盟、学历教育与非学历证书的转换和非学历教育的课程建设标准等新机制。

（二）上海高等教育面临的主要挑战

高等教育对上海建设社会主义现代化国际大都市的支撑度有待提升。上海高等教育总体规模相对不足，人力资源开发水平有待提高。特别是近年来，随着上海常住人口规模持续高速增长，使得上海“每十万人口在校大学生数”“25—64岁大专及以上学历人口比例”等国际通行的高等教育和人力资源发展指标偏低，与上海城市地位不相称。

高等教育与上海产业结构布局的契合度有待增强。目前，上海正按照建设“四个中心”和具有全球影响力的科技创新中心的要求，大力发展金融、航运、贸易等行业，加快发展战略性新兴产业。但是，上海在这些领域的高端人才数量与比例明显不足；同时，高等教育培养相关领域高端人才的能力也有待提升。

高等教育对人民群众优质、多样需求的适应度有待提高。部分高校办学特色不够鲜明，同质化办学倾向明显，与高等教育逐步迈向普及化阶段的发展特征及需求变化不相适应。高校分类管理、分类发展的理念有待进一步落实，高校办学还存在盲目追求“高、大、全”、学科专业低水平重复设置等问题。

针对上海高等教育面临的挑战和问题，急需科学规划上海高等教育整体发展布局，合理确定各类高校功能定位、有效进行分类管理和评价，使上海高等教育布局结构更加合理优化。

二、指导思想与基本原则

（一）指导思想

深入贯彻党的十八大和十八届三中、四中、五中全会精神和“四个全面”的战略布局，全面落实国家和上海市中长期教育改革和发展规划纲要，适度超前谋划上海高等教育发展格局，优化高等教育发展规模、类型、层次结构和空间布局，有效提升上海高等教育的国际竞争力，提升服务国家战略和上海经济社会发展能力，努力建成与社会主义现代化国际大都市相匹配的高等教育，为上海“四个中心”和具有全球影响力的科技创新中心建设提供人才支撑、智力支持和文化引领。

（二）基本原则

需求导向，引领发展。根据国家战略和上海市城市总体规划，以本市人口变化趋势、经济社会发展及人才需求为主要依据，科学规划高等教育发展规模，合理配置高等教育资源，优化高等学校布局结构，不断提升高等教育综合实力与核心竞争力，形成高等教育多样化发展格局，支撑创新驱动发展和经济转型升级，为国家和上海经济社会发展做出新贡献。

统筹兼顾，协调发展。立足于教育治理体系和治理能力现代化建设，进一步加强政府政策引导、学校自主办学、社会多方参与、市场有效调节的高等教育统筹管理体制与机制改革，推动政府相关管理部门之间，政府、高校与社会之间的沟通平台和制度建设，促进高等教育与城市发展的协同共进。

全球视野，创新发展。确立与上海建设现代化国际大都市相匹配的高等教育发展体系，充分利用国际国内两种资源，吸收借鉴国际高等教育发展的先进理念和成功经验，结合国情和上海实际，积极探索高等教育发展的新思维、新模式、新路径，以创新发展加快推进上海高等教育迈入世界发达高等教育之列。

分类引导，卓越发展。构建以人才培养主体功能和主干学科专业集聚度为主要区分标准的上海高等教育分类发展体系，实行分类管理、分类评估、绩效拨款，引导上海高等学校进一步明晰办学定位和发展目标，促进错位竞争、特色办学和多样化发展，在各自领域内追求卓越，争创一流，形成上海高等教育科学发展、持续发展的良好生态。

三、发展目标

（一）总体目标

到2030年，初步建成与社会主义现代化国际大都市相匹配的高等教育，高等教育类型、层次结构、学科布局及空间布局与国家战略需求、区域经济社会发展、上海城市主体功能区建设以及城市空间布局有效匹配，在全国率先实现高等教育治理体系和治理能力现代化；形成总体水平比肩国际大都市，人才培养、科学研究和社会服务适应中国经济发展“新常态”，适应上海“四个中心”和具有全球影响力的科技创新中心建设的国家战略，引领上海城市文化传承和创新，全面提升人民群众文化素质的世界一流高等教育体系。

（二）人才培养规模目标

稳步扩大上海高等教育规模。到2020年，上海高等教育人才培养规模达到105万人左右，其中普通高等教育（包含普通本专科生、研究生和留学生）规模70万人左右，继续教育本专科规模35万人左右。到2030年，上海高等教育人才培养规模预计达到140万人左右，其中普通高等教育规模90万人左右，继续教育本专科规模50万人左右，上海高等教育全面进入普及化阶段。

（三）人才培养层次目标

着眼于提升劳动力人口整体素质和受教育水平，适度提高上海高等教育人才培养的层次结构重心。扩大研究生尤其是专业学位研究生培养规模；扩大留学生规模，提高学历留学生比例；适度扩大本科生规模，基本稳定本科生比例；适度减少专科生规模，相应扩大应用技术型本科生的规模和比例。到2030年，上海普通高等教育的研究生在校生规模预计25万人左右，占比约为27%；本科生规模预计53万人左右，占比约为59%；专科生规模预计13万人左右，占比约为14%。

（四）人才培养学科结构目标

立足于上海城市功能定位和经济转型，合理优化人才培养类别结构。根据上海高校学科发展现状及未来发展趋势，综合考虑未来行业人才需求结构及高校毕业生就业结构变化，将除军事学以外的12个学科门类归集为医学、艺术学、经管、法学、理工农和文史哲教六大类别，统筹规划上海普通高等教育分学科在校生规模及结构。主动适应未来经济社会发展需求，多措并举推进各类学科人才培养持续发展，使各类学科人才培养结构达到合理比例。到2030年，上海普通高等教育的医学类在校生规模预计8万人左右，占比约为9%；艺术类在校生规模预计8万人左右，占比约为9%；经管类在校生规模预计23万人左右，占比约为25%；法学类在校生规模预计6万人左右，占比约为6%；理工农类在校生规模预计35万人左右，占比约39%；文史哲教类在校生规模预计11万人左右，占比约为12%。

建立高等教育人才培养规划目标的动态调整机制，根据未来国家经济社会发展、上海常住人口规模与结构变化等因素，适时调整人才培养规模、层次和结构等规划目标，确保上海高等教育规模、结构、质量、效益的有机统一。

四、战略举措

（一）以人才培养需求为导向调整优化高校布局结构

统筹全市各类高等教育资源。围绕高等教育事业发展目标，通过合并组建、新设增设、调整撤并、中外合作办学、二级学院相对独立运行等多种形式，不断优化上海高校布局结构，提升学科发展整体水平，促进上海高等教育分类发展、特色发展和多样化发展，增强服务经济社会发展的能力和水平。

多途径提高医学类高校的办学层次和人才培养能力。支持部属高校医学院、部市共建医学院改善办学条件，不断扩大招生规模，优化学科设置，培养急需的高水平临床医学类人才和公共卫生人才；通过资源整合和优化调整，提升地方医学类高校的人才培养层次与能力，培养全科医师、康复医师以及其他高层次医技、医护人才，加强医教协同，为上海和区域医疗卫生事业发展提供优质充裕的人力资源保障。

加快提升艺术类高校和艺术学科的整体水平。积极支持艺术类院校改善办学条件，打造国际文化大都市艺术教育品牌；通过依托综合性大学、引进海外优质艺术教育资源等途径，整合优质艺术教育资源，提高艺术类人才培养层次的结构重心，强化上海高等艺术教育特色；通过加强与艺术专业研究机构及专业机构的合作、加强环高校文化创意产业与艺术中心建设等途径提升艺术学科水平。

稳步提高经管类高校的办学层次和应用研究能力。优化经管类学科的人才培养结构，稳步扩大研究生教育规模，适度扩大专业硕士规模，逐步压缩专科生规模。进一步明确独立设置的财经类院校的办学定位，凝练办学特色，形成错位发展格局。通过资源整合和布局调整，着力打造办学实力强、具有鲜明特色的高水平财经类高校。

优化法学类高校的人才培养层次和结构。扩大法学类院校研究生培养规模，重点加强高水平的法学类人才培养和科学研究，适度增设专业硕士点，降低专科层次人才培养比例。加快培养适应自贸区建设发展需要的国际法、知识产权法等方面的专门人才。适应特大城市安全需求，提升公安类人才培养层次。

引导不同类别高校的理工农学科特色发展。加强高校服务创新驱动发展战略，提升理工类院校服务战略新兴产业的人才培养能力。面向经济转型升级需求，重点建设一批行业特色鲜明、专业设置与职业岗位联系密切的应用技术型高校。强化地方高校理工农硕士、博士学位点建设，提高办学水平与竞争力。建立博士、硕士学位授权学科动态调整机制，重点向特色鲜明、与上海产业政策结合紧密、水平较高的学科倾斜。

提升文史哲教类人才培养的层次和水平。加强高校文史哲优势学科建设，发挥其在上海国际文化大都市建设中的引领、支撑作用。加大教育学科学位点布局优化和研究生层次人才培养力度，提升地方高校的基础教育教师培养培训水平，强化学前教育和小学教育师资培养。对接上海体育产业发展规划，提升体育类学科水平。

（二）以教育治理现代化为目标构建高校分类发展体系

形成高校分类管理体系。按照人才培养主体功能和承担科学研究类型等差异性，将高校划分为“学术研究、应用研究、应用技术和应用技能”四种类型；按照主干学科门类（本科与研究生）或主干专业大类（专科）建设情况，将高校划分为“综合性、多科性、特色性”三个类别。引导高校凝练办学特色，聚焦发展重点，避免过度分散资源、过多设置缺乏相互联系和支撑的学科专业，立足学校定位在各自领域追求一流。

“学术研究型”高校以培养学术研究人才为引领，可授予博士、硕士和学士学位，学校以“综合性”“多科性”为主。“应用研究型”高校以培养应用研究与开发的人才为重点，可授予博士、硕士和学士学位，学校以“多科性”“特色性”为主。“应用技术型”高校以培养专门知识和技术应用人才为主体，一般可授予专业研究生和学士学位，学校布局面向行业以“特色性”或“多科性”为主。“应用技能型”高校主要培养专科层次的操作性专业技能人才，学校面向行业、职业以“特色性”为主。

结合未来高等学校规模与布局，通过分类管理和分类评价引导学校自主明确发展定位，聚焦发展重点，形成以“二维”分类为主的上海高等教育分类管理体系，实现上海高校从“一列纵队”向“多列纵队”发展。

引导高校自主明确发展定位。按照“政府政策引导、高校自主选择、社会参与评估”的基本原则，根据全市高等教育发展的整体布局和各高校发展规划，科学确定各高校在“二维”分类体系中的目标定位。通过分类管理和分类发展，鼓励高校找准服务面向的领域和行业，基于自身基础能力建立特色专业群，培养适应经济社会发展的特色人才，避免高校过度追求“大而全”。

根据国家构建现代职业教育体系要求，结合区域经济社会发展及高等教育改革发展实际，按照“二维”

分类管理体系，重点引导并鼓励一批市属本科高校向应用型转变，在招生考试、学科专业建设、人才培养模式、社会科技服务、产学研协同创新等方面全面推进改革。

确立不同类型高校的分类评价指标导向。研究设计高校分类发展、分类评价指标体系。依据高校发展定位和建设的不同目标，对学术研究型高校、应用研究型高校、应用技术型高校和应用技能型高校给予不同侧重的评价导向，明确每一类别高校的发展要求和评价指标，并以此建立和逐步完善高校办学科学评价体系，引导和激励各类高校立足不同的办学定位办出特色、办出水平。

（三）以重点领域为突破口深化高等教育体制机制改革

健全高等教育资源的统筹协调机制。建立部市领导共同主持的在沪部属高校重大改革发展事项定期会商机制，健全地方高校与部属高校深度合作机制。统筹全市高等教育资源，探索建立市区两级政府、教育主管部门与行业主管部门、行业企业共建高等教育的新格局。统筹安排高校本专科生、研究生和继续教育的招生计划，统筹协调在沪部属高校、地方高校普通本专科生源计划比例。

创新多元化的高等学校办学体制。进一步转变政府职能，积极探索教育资源的市场配置体制与机制创新。鼓励社会力量多元参与创办新型特色高校，探索多元举办者混合出资的社会力量办学体制。探索民办教育融资机制与奖励机制，完善政府补贴和购买服务制度。组建不同类型的高校联盟，在联盟内部实现协同合作、错位竞争、特色发展，推动高等学校的行业自治、自律机制建设。

多渠道提升上海高等教育国际化水平。引进国外优质高等教育资源开展多种形式的中外合作办学，允许高校按照国际通行专业名称开展合作办学，改革中外合作办学管理模式。探索进一步引进海外高层次人才新途径、新机制。引导和鼓励各高校大力吸引境外留学生来沪学习交流，着力提高来沪留学生的学历生比重。构建外国留学生教育支撑服务体系，培养一支具备国际化素养的师资管理队伍，建设一批外语授课课程和专业。建立若干区域性留学生服务中心、中国文化体验基地和实践基地，实施留学生勤工助学和优秀留学生毕业后工作实习制度。提升上海作为现代化国际大都市所具有的高等教育影响力和城市软实力。

构建以信息化为支撑的多样化终身学习体系。以教育信息化建设和现代网络技术为支撑，提升网络教育质量，分担高等教育规模。支持开放大学发展，满足人民群众多样化的高等教育需求，扶持有特色的、符合上海城市特点的继续教育和技术培训，将网络高等教育发展与终身教育体系、终身学习“立交桥”建设结合在一起。依托上海终身教育“学分银行”平台，实现普通教育、职业教育与继续教育之间的学分互认。完善上海高校学分互认和转换机制，扩大校际选课、学分互认的渠道，构建高校知识共享和人才培养互融的开放体系。

建立完善分类发展的教师配置和评价制度。制定完善高校教师分类配置标准，根据高校不同定位与类型，确定合理的师生比，科学设置高校岗位结构和比例，建立相应的动态调整机制。研究制定高校教师分类评价指标体系，根据不同类型高校教师专业发展目标和需求，在教师培训、聘任、专业技术职务评定和岗位绩效薪酬等教师专业发展关键环节上，全面探索高校人事制度改革和完善教师评价考核配套制度建设。

建立分类评估、绩效拨款的政府投入机制。与高校分类发展紧密对接，制定差异化拨款投入机制。按分类发展和分类管理框架，坚持不同高校、不同发展定位、不同财政支持的高校分类管理原则，调整优化高校财政拨款结构，完善拨款管理制度，推动高校财政拨款逐步从“投入型”向“绩效型”转变。建立公办高校综合定额动态调整机制，制定分级分类拨款标准。探索民办高校公共财政扶持方式和用途的改革。

五、组织与保障

（一）建立规划落实组织领导与推进制度

成立规划落实领导小组，对规划落实实施有效指导与监督，统筹协调规划审定、实施、保障、依法行政问责和动态管理。建立规划落实推进机制。依托专业机构成立规划实施与推进办公室，负责规划落实的专业化管理与服务工作。建立规划实施信息化管理平台和相关数据库，按照相关评价指标体系对规划实施效果进行动态跟踪评估，并提供规划实施及调整的决策咨询，组织研究、制定动态调整方案。

（二）加强法律法规及配套政策建设

积极推进相关立法工作，增强规划执行的权威性、稳定性、持续性和可监督性。综合考虑国家标准及上海实际情况，制定上海实施普通高校设置标准、基本建设标准、教师编制标准等具体办法，实现上海各类教育资源的最优配置，促进上海高校的科学发展和持续健康发展。

（三）制定规划实施的路线图

制订实施高校布局调整实施方案，有效整合上海高等教育资源，促进高校结构优化。制订实施上海高校“二维”分类管理具体办法，指导高校合理确定办学定位、发展目标、学科专业设置等，组织编制事业发展规划。根据“二维”分类标准制订不同类型高校办学规模核定办法，确保规划目标任务有效落地。

（四）为落实规划提供可靠资源保障

面向2030年，超前设计和安排土地、建设、师资及经费等方面的资源配置与条件保障。重点推进资源整合及功能性设施建设；保持生均经费、师资队伍的持续适度增长；结合人才培养模式创新扩大校外教师聘用规模；按照城市总体规划和土地利用总体规划的要求，结合未来产学研合作发展趋势，贯彻节约集约用地原则，科学安排高等教育发展用地，协调新老校区规划和建设；结合高等教育国际化、信息化、多样化发展，不断提升现有各类高等教育资源的使用效率和承载能力。

附件

上海高等学校“二维”分类标准

分类维度Ⅰ：按人才培养主体功能的分类标准

指　　标	指标表述	学术研究型	应用研究型	应用技术型	应用技能型
研本比	研究生在校生/本科生在校生数	≥0.7∶1	≥0.2∶1	≥0	0
应用型研究生比例（预期）	应用型研究生数/研究生总数	>25%	>50%	>75%	0
博士点集中度（一级学科）	博士学位点数/学校学位点（含本硕博）总数	≥30%	>0	≥0	0
基础性科研投入占比	基础研究投入经费/当年科研投入经费	≥30%	≥10%	≥0	—
师资结构特点		拥有一批具有国际影响力的一流教研人员	拥有一批具有海外学习研究经历的高水平教研人员	拥有一批具有行业、产业实践经历的高水平“双师双能型”教师	以符合“双师双能型”要求的教师为主体
人才培养目标定位		以培养学术研究人才为引领，可授予博士、硕士和学士学位	以培养应用研究与开发人才为重点，可授予博士、硕士和学士学位	以培养专业知识和技术应用人才为主体，一般可授予专业研究生和学士学位	培养专科层次操作性专业技能人才

分类维度Ⅱ:按学科门类(专业大类)集中度情况的分类标准

分类	学科结构类型	综合性	多科性	特色性
指标	学科的主干学科(门类) (高职高专为专业大类)	≥7个	3—6个	1—2个

注:"主干学科"或"专业大类"规定:● 本科院校:同时具有学士、硕士、博士学位授予权的学科(门类);本科或硕士在校生数占1/N以上的学科(门类);N为学校专业分布的学科门类总数。● 高职高专院校:在校生数占15%以上的专业大类

上海市教育委员会　上海市人力资源和社会保障局　上海市发展和改革委员会　上海市财政局　上海市经济和信息化委员会关于印发《上海现代职业教育体系建设规划(2015—2030年)》的通知

(沪教委职〔2015〕30号)

各有关高等学校,各有关委、办、局、控股(集团)公司,各区县教育局,各有关单位:

为贯彻落实《国务院关于加快发展现代职业教育的决定》(国发〔2014〕19号)、教育部等六部门印发的《现代职业教育体系建设规划(2014—2020年)和《上海市人民政府关于加快发展现代职业教育的决定》(沪府发〔2015〕9号)要求,加快发展上海现代职业教育,建设现代职业教育体系,推进上海市职业教育改革发展,上海市教育委员会、上海市人力资源和社会保障局、上海市发展和改革委员会、上海市财政局、上海市经济和信息化委员会组织编制了《上海现代职业教育体系建设规划(2015—2030年)》。现印发给你们,请结合本单位的实际情况,认真组织实施。

附件:上海现代职业教育体系建设规划(2015—2030年)

上海市教育委员会
上海市人力资源和社会保障局
上海市发展和改革委员会
上海市财政局
上海市经济和信息化委员会
2015年12月28日

附件

上海现代职业教育体系建设规划(2015—2030年)

为深入贯彻党的十八大和十八届三中、四中、五中全会精神,落实国家和上海市中长期教育改革和发

展规划纲要，推进实施国务院和上海市人民政府关于加快发展现代职业教育的决定以及教育部等六部门印发的《现代职业教育体系建设规划(2014—2020年)》，围绕上海市加快建设具有全球影响力的科技创新中心和实施教育综合改革的目标，特制定本规划。

一、规划背景

（一）发展形势

国家实施创新驱动发展战略对职业教育提出新定位。党的十八大明确提出要“实施创新驱动发展战略”，把科技创新摆在国家发展全局的核心位置，实现到2020年进入创新型国家行列的目标。为此，党中央国务院把加快发展职业教育作为国家实施创新驱动发展战略的重要支撑，《国务院关于加快发展现代职业教育的决定》明确提出：到2020年，要形成适应发展需求、产教深度融合、中职高职衔接、职业教育与普通教育相互沟通，体现终身教育理念，具有中国特色、世界水平的现代职业教育体系。上海作为全国改革开放排头兵、创新发展先行者，有义务、有责任率先构建具有世界水平、中国特色、上海特点的区域现代职业教育体系，为国家职业教育改革发展探索和积累可复制、可推广的经验成效。

上海区域经济社会持续转型对职业教育提出新需求。当前，上海正紧紧围绕国家重大战略和中央对上海改革发展的战略定位，主动适应经济发展新常态，以提高经济发展质量效益为中心，加快建设“四个中心”和具有全球影响力的科技创新中心，着力推进现代化产业体系和“四新”(新技术、新产业、新业态、新模式)经济发展，促进经济提质、增效、升级。面对新形势新任务，上海职业教育需要加快完善体系建设，深化产教融合、校企合作，培养一大批适应先进制造业、现代服务业、战略性新兴产业，以及“四新”和劳动力市场发展变化新需求的高素质劳动者和知识型、发展型技术技能人才，为区域经济社会持续转型发展提供有力支撑。

世界职业教育改革发展形势对上海职业教育形成新启示。在当前世界经济形势下，许多发达国家和地区更加注重实体经济发展，纷纷把构建完善现代职业教育体系作为支撑实体经济的战略选择，更加注重形成开放、衔接、融通的现代职业教育体系。上海职业教育需要在牢固坚持自身改革发展特点的基础上，紧跟国际职业教育改革发展趋势，让学生有多种发展选择，持续培养大批知识型、发展型技术技能人才，有力支撑实体经济改革发展。

（二）发展现状

近年来，本市职业教育事业快速发展，体系建设稳步推进，培养了大批中高级技能型人才，为提高劳动者素质、推动经济社会发展和促进就业作出了重要贡献，初步建立了以职业学校教育为基础的职业教育体系。全市共有中等职业学校89所，其中职业高中28所、中等专业学校54所、技工学校7所，共有在校生13万人，占高中阶段教育在校生总数的45.2%；独立设置的高等职业技术学院共30所，全日制本科院校二级学院(高职学院)22所，专科层次职业教育在校生14.2万人，占普通高等教育阶段在校生总数的28.2%。

本市在推进职业教育体系建设进程中，注重教育内部的贯通衔接，也重视与劳动就业的横向融通。在提高学生就业能力和可持续发展能力的同时，着力提升服务经济社会发展的功能。比如，开展“中职—高职”“中职—应用技术本科”贯通培养试点，探索“高职—应用技术本科”衔接培养以及专业硕士培养；教育部门、人社部门联合推动学历证书和职业资格证书的“双证”融通；举办“职业体验日”活动，成为中小学生社会实践活动的重要组成部分；与上海开放大学合作，探索开展“中高职立交桥”学分银行；依托职业教育集团、开放实训中心，开展面向社会的职业技能鉴定和职业培训等。

同时也要看到，在推进现代职业教育体系建设中仍然面临诸多问题与挑战，职业教育还不能完全适应经济社会发展的需要，结构不尽合理，质量有待提高，需要进一步深化产教融合、校企合作、人才培养模式改革，建立开放性的、终身性的、融通性的现代职业教育体系，加强普职渗透、坚持学历教育与职业培训并举、推进中高职教育协调发展，拓宽技术技能人才成长途径。

二、编制思路

规划编制的主要思路是在现状分析、需求预测及比较借鉴的基础上，综合运用实证研究、国际比较等多种方法，从两个方面设计上海现代职业教育体系建设：一是布局结构，根据职业教育与产业结合密切的特点，按照专业类确定现代职业教育的规模、层次结构以及培养模式；二是体系框架，设计现代职业教育体系的总体构架，包含内部关系、外部关系。具体如下：

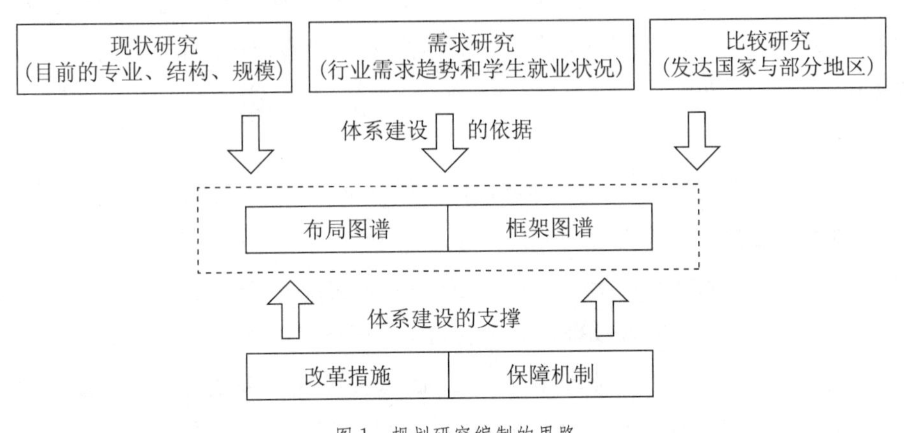

图1 规划研究编制的思路

(一) 分析发展现状。分析上海职业教育体系建设的历史变迁，解析现代职业教育体系建设的背景及需求。梳理上海中高等职业教育的规模、数量、学校结构和专业布局情况，以及上海在推进现代职业教育体系上的探索与实践。

(二) 开展“两个对接”。一方面统一归类中高职专业，对接中职高职。依据教育部中高职专业目录，本市中高职1500个专业点统一归到18个专业大类、79个专业类。另一方面对接国民经济行业分类，对接专业行业。依据《国民经济行业分类》(GB4754-2011)，18个专业大类、79个专业类对应20个行业门类。

(三) 预测未来需求。一方面预测职业教育发展总规模。另一方面预测职业教育各专业类发展规模，确定专业发展趋势，为专业布局提供参考依据。

(四) 比较借鉴经验。基于上海市经济社会发展水平，选择若干发达国家和地区，从社会背景和学制背景、职业教育的层次与形式、职业教育体系发展趋势和特征等进行多维度比较。

三、基本要求

(一) 指导思想

以立德树人为根本，以服务发展为宗旨，以促进就业为导向，统筹发挥好政府和市场的作用，系统设计现代职业教育的结构布局、体系框架和运行机制，推进上海现代职业教育的改革与发展，推动教育制度创新和结构调整，为加快推进“四个率先”、加快建设“四个中心”和社会主义现代化国际大都市，全面建成具有全球影响力的科技创新中心，提供更强大的技术技能人才支撑。

(二) 基本原则

以人为本、面向人人。坚持促进学生终身发展，建立面向人人的学习制度，努力让每个人都有人生出彩的机会。培养学生具有基础知识和技术技能水平、人文精神和终身学习能力，成为能适应工作变化的知识型、发展型技术技能人才。

政府推动、需求导向。发挥政府在职业教育体系建设中的引导、规范和督导作用，深化重要领域和关键环节的改革。坚持需求导向，发挥市场配置资源的能力，增强职业教育体系适应社会主义市场经济的能力，服务城市和产业发展需求、区县发展需要。

整体协调、系统培养。拓宽从中职、专科、本科到研究生的上升通道，统筹协调发展职业教育。加强中等职业教育基础地位，优化中等职业教育布局。加快高等职业教育改革步伐，引导一批本科高等学校转型发展，优化高等教育结构。统筹职业教育和普通教育、继续教育发展，为学生个性发展搭建“立交桥”。

（三）总体目标

牢固确立职业教育在国民教育体系和人力资源开发中的重要位置，构建与市场需求和劳动就业紧密结合、学校教育与职业培训并举、产教深度融合、纵向衔接、横向贯通，体现终身教育理念，结构合理、功能多样、覆盖城乡学龄青年和全体劳动者、贯穿从学习到工作各阶段、满足多样化和差异化需求的现代职业教育体系，完善人才培养立交桥，形成合理的总体教育结构，推动教育现代化基本实现。

四、布局结构

（一）发展规模

总体上，进一步稳定中职规模，稳步增加高职规模。到2020年，中等职业教育在校生预计达到14万人左右，专科层次职业教育在校生预计达到14—15万人左右，本科层次职业教育规模明显扩大；到2030年，中等职业教育在校生规模保持稳定，接受本专科层次职业教育在校生规模预计超过30万人。扩大职业培训规模，使新进入劳动力市场的劳动者都有机会接受相应的职业培训，使企业职工都得到技能提升培训，力争每年新增1万名技师、高级技师。到2020年，高技能人才占本市技能劳动者的比重达到35%左右，到2030年，基本形成适应产业结构优化升级和企业发展需求的人才队伍。

（二）层次结构

根据行业企业发展需求和学生发展诉求，分专业类对中高职、应用技术本科的层次结构进行调整。

——继续开展初等职业教育。根据需要办好初等职业学校。在各类职业院校、培训机构和用人单位内部开展实用技术技能培训，使学习者获得基本的工作和生活技能。

——巩固提高中等职业教育发展水平。增加餐饮管理与服务类、旅游管理类、食品类、包装印刷类、纺织服装类等专业人才培养规模；稳定生物技术类、化工技术类、制药技术类、食品药品管理类、药学类、医学技术类、农业技术类、畜牧兽医类、水上运输类、民航运输类、建筑设计类、土建施工类、建筑设备类、工程管理类、市政工程类、房地产类、材料类、能源类、电力技术类、机械设计制造类、自动化类、机电设备类、汽车类、计算机类、电子信息类、通信类、市场营销类、工商管理类、财务会计类、公共事业类、语言文化类、艺术设计类、表演艺术类等专业人才培养规模；减少护理类、林业技术类、铁道运输类、城市轨道运输类、财政金融类、经济贸易类、教育类、广播影视类等专业人才培养规模。

——创新发展高等职业教育。高职专科增加护理类、生物技术类、化工技术类、制药技术类、餐饮管理与服务类、农业技术类、林业技术类、畜牧兽医类、房地产类、材料类等专业人才培养规模；稳定食品药品管理类、临床医学类、药学类、医学技术类、农林管理类、纺织服装类、食品类、包装印刷类、城市轨道运输类、民航运输类、港口运输类、建筑设计类、土建施工类、建筑设备类、工程管理类、市政工程类、能源类、机械设计制造类、自动化类、机电设备类、汽车类、计算机类、通信类、财务会计类、经济贸易类、市场营销类、工商管理类、公共事业类、公共管理类、公共服务类、语言文化类、教育类、艺术设计类、表演艺术类、广播影视类等专业人才培养规模；减少旅游管理类、公路运输类、水上运输类、电子信息类、财政金融类等专业人才培养规模。鼓励在制药技术类、旅游管理类、临床医学类、药学类、林业技术类、包装印刷类、公路运输类、城市轨道运输类、材料类、能源类、公共事业类等专业加大应用技术本科人才培养规模。

根据产业布局与发展趋势，引导院校结合新技术、新业态积极增设新专业（方向），调整与高污染、高能耗和中低端劳动密集型生产工艺、装备和产品等相关的专业（方向）。

（三）培养模式

根据现有行业企业技术技能标准与理论知识水平要求，结合院校培养现状，引导各专业类形成合理的人才培养模式。总体上有六种培养模式：

——模式1:中职培养。此类专业的技术技能复杂程度中等且对理论知识要求较低,适合采用中等职业教育的常规学制,课程以技能模块课程为主。

适用专业类:水上运输类、制药技术类、能源类、电力技术类、建筑设备类、工程管理类、自动化类、汽车类、电子信息类、纺织服装类、食品类、包装印刷类、市场营销类、工商管理类、旅游管理类、餐饮管理与服务类等。

——模式2:专科培养。此类专业的技术技能复杂程度中等,对理论知识要求达到专科水平,适合采用专科常规学制,课程以技术模块课程为主。

适用专业类:农业技术类、公路运输类、水上运输类、民航运输类、港口运输类、生物技术类、材料类、建筑设计类、工程管理类、房地产类、机械设计制造类、自动化类、机电设备类、汽车类、计算机类、电子信息类、食品类、包装印刷类、财务会计类、市场营销类、工商管理类、护理类、艺术设计类等。

——模式3:应用技术本科培养。此类专业的技术技能复杂程度中等,对理论知识要求达到本科水平,适合采用应用技术本科常规学制,课程以技术学科课程为主。

适用专业类:林业技术类、汽车类、环保类、财政金融类、财务会计类、经济贸易类、旅游管理类、公共事业类等。

——模式4:专科贯通培养。此类专业的技术技能复杂程度高,对理论知识要求达到专科水平,适合采用3年以上长学制培养(如中职起点3+2;5年一贯制),课程应综合技术模块课程和技能模块课程,进行一体化设计。

适用专业类:农业技术类、林业技术类、畜牧兽医类、公路运输类、城市轨道运输类、水上运输类、民航运输类、化工技术类、制药技术类、能源类、土建施工类、建筑设备类、工程管理类、市政工程类、机械设计制造类、自动化类、机电设备类、汽车类、计算机类、通信类、纺织服装类、食品类、财务会计类、经济贸易类、工商管理类、护理类、医学技术类、餐饮管理与服务类、公共事业类、语言文化类、艺术设计类等。

——模式5:应用技术本科贯通培养。此类专业的技术技能复杂程度高且对理论知识要求达到本科水平,适合采用3年以上长学制培养(如专科起点3+2;中职起点3+4,5+2),课程应综合技术学科课程和技能模块课程,进行一体化设计。

适用专业类:水上运输类、化工技术类、制药技术类、药学类等,以及制造大类、电子信息大类、财经大类中岗位技术含量高或复合程度高,专业技术技能训练周期长,适合中职起点培养、中本培养目标相互衔接贯通的专业类。

——模式6:社会培训。此类专业符合以下特征之一:技术技能复杂程度及对理论知识要求均低;技术技能复杂程度高但学生报考意愿低;技能要求不高但技能复合程度高。

适用专业类:农业技术类、水产养殖类、土建施工类、纺织服装类、包装印刷类、餐饮管理与服务类、公共服务类、护理类(老年护理)、市政工程类(给排水)、旅游管理类(酒店服务)等。

根据市场需求变化,将适时调整和完善人才培养模式,以适应产业发展和新业态的产生。

(四) 布局调整

根据市场需求与职业教育现状,在学校、专业、区县等三个维度促进职业教育布局结构调整:

——学校布局。整体上,根据专业市场需求与学校现状,建设若干所亚洲一流、世界知名的高端职业院校;推动一批行业特色鲜明、专业设置与职业岗位联系密切的本科院校转型为从事应用型本科直至专业学位研究生层次的职业教育;根据上海区域经济社会发展需求,整合院校资源,建设若干所五年制专科学校和应用型本科院校。

在整体布局基础上,引导各职业院校围绕本市经济社会需求,形成专业、学校发展特色,按照重点培育、稳定发展、优化调整等三种类型进行总量及结构调整和优化。

——专业布局。通过政策引领、经费支持等,促进本市重点发展的十四个专业大类形成合理布局:

农林牧渔大类扩大中高职贯通培养规模，加强现代农民的社会培训；重点服务上海市第一产业发展亟需生态农业、新技术应用、农业经营等现代农业人才，以及与都市生活相关的农林技术人才，如环境绿化、园艺、宠物、水产养殖等专业。

交通运输大类总体上保持现有培养规模；重点培育鼓励发展与智能交通、城市轨道交通装备、民用航空、高端船舶与海洋工程等相关的专业；工程技术类专业提升至应用技术本科层次，管理类专业以高职专科层次为主。

生化与药品大类增加专科及以上层次人才培养规模，扩大中高贯通培养；培育发展与智慧医疗相关的抗体药物等专业，鼓励发展与生物与医药、精细化工和石油化工等相关专业。限制发展与高污染、小规模、工艺落后化工相关专业。

材料与能源大类稳定培养规模，扩大能源类部分专业中高职贯通培养；鼓励发展与新材料、新能源等相关专业，或在相近专业中增加课程模块；聚焦服务核电、风电、太阳能、智能电网，以及推进新一代核能技术和先进反应堆、大功率海上风电机组、太阳能核心设备、电力储能设备等新能源高端装备研制和产业化。

土建大类扩大中高职贯通培养规模，制定政策支持发展紧缺艰苦专业（如给排水），同时加强社会培训；服务构建宜居环境、建设绿色上海，尤其是注重服务智能绿色家居，工程管理服务、专业中介等生产性服务业等。

制造大类在稳定现有培养规模基础上提高学生培养质量；建立重大技术装备、高端装备产业基地与职业教育人才培养联动机制。鼓励发展与高端装备制造、节能与新能源汽车、民用航空、节能环保设备、高端船舶与海洋工程设备、专业维修服务等相关的专业，或在相近专业中增加课程模块；限制发展与高污染、高能耗和中低端劳动密集型生产工艺、装备和产品等相关专业。

电子信息大类重点是专业建设方向的转型升级，对口服务产业转型升级和新兴业态发展。重点培育发展与移动互联网、卫星导航、云计算、大数据、智能穿戴设备、物联网等新兴业态相关的专业。调整与高污染、高能耗和中低端劳动密集型电子相关的专业。计算机类重点转向专科及以上层次培养。

轻纺食品大类培育发展与服装服饰设计、包装品设计相关的专业；鼓励发展现代都市工业所需的包装印刷、纺织服装相关专业；适度扩大食品品质控制、检验、营养、安全等相关专业规模。限制发展与高污染、高能耗和中低端劳动密集型轻工、纺织类相关的专业。鼓励学校扩大社会培训功能。

财经大类重点扩大高职层次培养规模，在会计、国际贸易、连锁经营等相关专业扩大中高职贯通培养。重点培育鼓励发展与互联网金融、大宗商品电子交易服务平台、电子商务服务、金融专业服务等相关的专业。

医药卫生大类优化人才培养结构，扩大专科层次人才培养规模，在护理、口腔医学技术、康复技术等专业增加中高职贯通培养规模；培养应用技术本科层次的医学技术类人才；加强老年护理等领域的社会培训。

旅游大类着力培养高端旅游专业人才，适当增加应用技术本科培养规模；打造高端旅游类职业院校；通过社会培训有效供给旅游产业基础服务人员。

公共事业大类更加重视老年护理、社区管理、青少年管理、家政服务、中介服务等从事生活、生存型服务的人才培养。重点支持开展社会培训，扩大中高职贯通培养规模和本科层次应用型人才的培养规模。

文化教育大类重点开展“语言＋专业技术”的人才培养，适当缩减中职相关专业招生规模，增加中高职贯通培养规模；鼓励发展与培训教育服务（如行业专业培训、网络培训教育服务）、网络视听和互联网教育等相关专业，支持体育类人才培养。

艺术设计传媒大类扩大中高贯通规模，打造高端艺术设计类院校。大力推进与传统工艺、非物质文化遗产相关的技艺传承人才培养。聚焦媒体、艺术、工业设计、时尚、休闲娱乐等领域，重点服务数字出版、新媒体、网络文化、动漫游戏等新兴业态，推动形成艺术设计传媒领域的“上海品牌”与“上海设计”。

——区县布局。根据行业、市场需求，全市十六个区县依据产业定位、新兴业态及职业院校发展状况，指导区域内职业院校重点发展以下专业类：

浦东新区引导区域内职业院校重点发展计算机类、电子信息类、通信类、制药技术类、财政金融类、经济贸易类、工商管理类、市场营销类、机械设计制造类、汽车类、机电设备类、化工技术类、艺术设计类、材料类等专业类。

黄浦区引导区域内职业院校重点发展财政金融类、经济贸易类、工商管理类、市场营销类、公共服务类、旅游管理类、餐饮管理与服务类、水上运输类、艺术设计类、计算机类等专业类。

徐汇区引导区域内职业院校重点发展机械设计制造类、机电设备类、经济贸易类、工商管理类、公共服务类、计算机类、艺术设计类、材料类、制药技术类等专业类。

长宁区引导区域内职业院校重点发展财政金融类、经济贸易类、市场营销类、计算机类、民航运输类、旅游管理类、餐饮管理与服务类、艺术设计类、汽车类等专业类。

静安区引导区域内职业院校重点发展工商管理类、市场营销类、艺术设计、财政金融类、财务会计类、经济贸易类、房地产类、计算机类、电子信息类、通信类等专业类。

普陀区引导区域内职业院校重点发展财政金融类、经济贸易类、工商管理类、市场营销类、计算机类、水上运输类、艺术设计类、电子信息类、机械设计制造类、包装印刷类等专业类。

虹口区引导区域内职业院校重点发展工商管理类、市场营销类、旅游管理类、计算机类、财政金融类、水上运输类、艺术设计类、汽车类等专业类。

杨浦区引导区域内职业院校重点发展机械设计制造类、机电设备类、财政金融类、计算机类、公共服务类、艺术设计类等专业类。

闵行区引导区域内职业院校重点发展机械设计制造类、机电设备类、计算机类、通信类、电子信息类、化工技术类、材料类、能源类、制药技术类、药学类、食品类、艺术设计类等专业类。

宝山区引导区域内职业院校重点发展旅游管理类、材料类、机械设计制造类、汽车类、计算机类、电子信息类、艺术设计类、化工技术类、市场营销类等专业类。

嘉定区引导区域内职业院校重点发展汽车类、机械设计制造类、机电设备类、市场营销类、材料类、计算机类、艺术设计类、工商管理类等专业类。

金山区引导区域内职业院校重点发展化工技术类、机械设计制造类、机电设备类、汽车类、制药技术类、材料类、食品类、纺织服装类、计算机类、电子信息类等专业类。

松江区引导区域内职业院校重点发展计算机类、电子信息类、通信类、材料类、能源类、化工技术类、制药技术类、机械设计制造类、机电设备类、旅游管理类等专业类。

青浦区引导区域内职业院校重点发展材料类、计算机类、电子信息类、制药技术类、化工技术类、机械设计制造类、汽车类、包装印刷类、旅游管理类等专业类。

奉贤区引导区域内职业院校重点发展环保类、能源类、制药技术类、机械设计制造类、电子信息类、汽车类、农业技术类、化工技术类、旅游管理类等专业类。

崇明县引导区域内职业院校重点发展机械设计制造类、旅游管理类、餐饮管理与服务类、电子信息类、通信类、港口运输类、水上运输类、护理类等专业类。

五、体系框架

(一) 框架图谱

依据区域社会经济发展需求和学生可持续发展需求，对现代职业教育体系框架进行系统设计，统筹协调职业教育内部各学段的关系、职业教育与行业企业的关系、职业教育与普通教育和终身教育的关系、职业教育与外部制度环境的关系。

——设计多样化的学制路径，实现职业教育各学段“纵向贯通”，建立从“中等职业教育—高等职业专科教育—应用技术本科教育—专业学位研究生教育"的纵向衔接体系。

——加强行业企业对职业教育的指导和参与,实现职业教育与行业企业的"横向融合",促进教学内容与行业技术标准最大程度地对接,实现工学结合人才培养。

——扩展职业教育的服务面,建立与普通教育、职业培训与终身教育的有机融通机制。依托互设课程、职业体验日活动等深化普职渗透;通过职业培训、学分银行等加强职前职后一体化。

——完善现代职业教育体系的外部制度环境,包括职业资格制度、促进就业制度和社会分配制度。

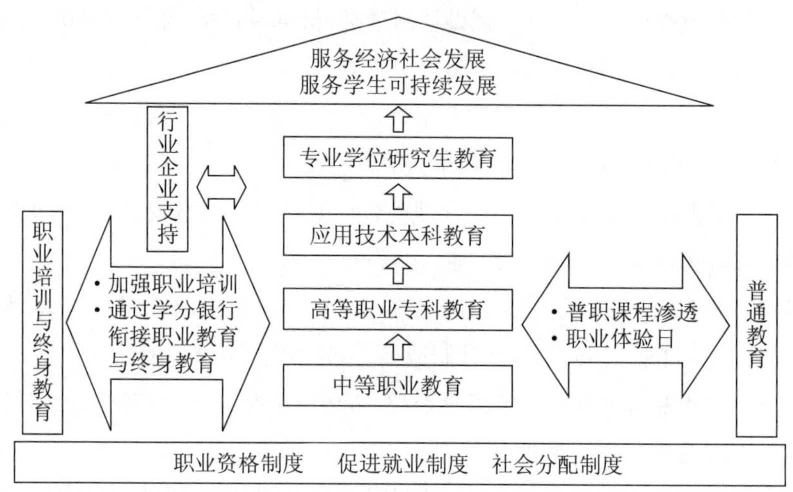

图2　上海现代职业教育体系框架图谱

(二) 学制框架

采取多种形式拓宽中职到专科、专科到本科衔接渠道,构建通畅的生涯发展通道,主要包括10条学制路径:一是通过中考进入中等职业教育;二是通过中考进入5年制专科教育;三是中高职贯通培养;四是中职或普通高中毕业生通过自主招生进入高职专科教育;五是中职毕业生通过对口高考进入高职专科教育或应用技术本科教育;六是中职或普通高中毕业生通过普通高考进入高等教育;七是中职—应用技术本科贯通培养(3+4);八是专科—应用技术本科衔接培养(专科起点3+2);九是五年制专科—应用技术本科衔接培养(5年制专科起点5+2);十是专科—专业学位衔接培养(专科起点3+4),该路径是从专科教育到专业学位教育贯通培养的新设路径。

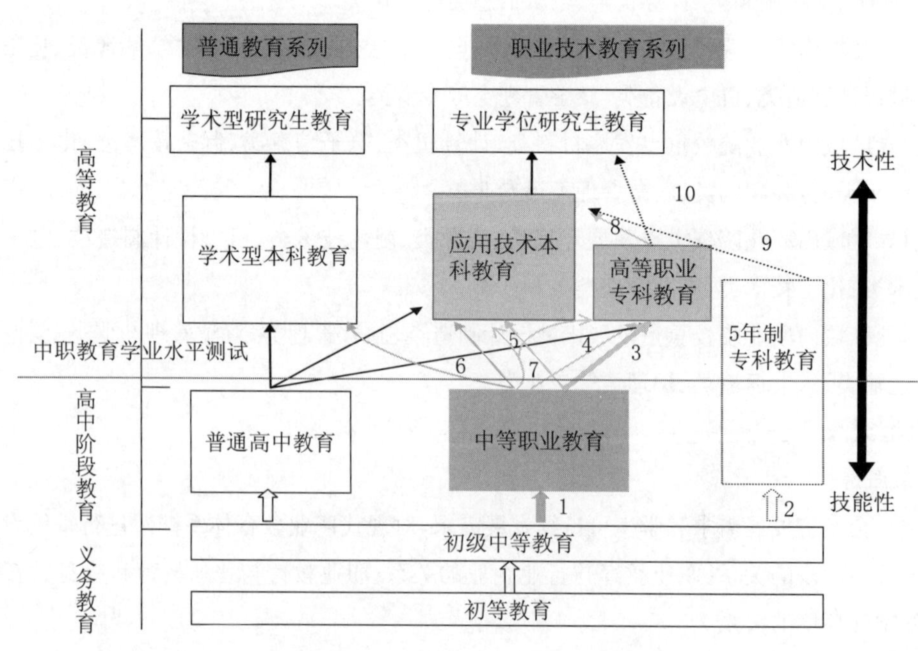

图3　上海职业教育各学段衔接贯通体系

本市将重点推进五年制专科教育、中高职贯通培养、中职—应用技术本科贯通培养(3+4)、专科—应用技术本科衔接培养(专科起点3+2)、专科—专业学位衔接培养(专科起点3+4),并推动体现职业教育特征的中职与开放大学学分转换。

六、实施举措

(一) 完善学制体系,推动职业教育协调发展

稳定中等职业教育规模,提高中等职业教育发展水平,强化中等职业教育在职业教育中的基础地位。总体上保持中等职业学校和普通高中招生规模大体相当。

稳步扩大高等职业教育规模,到2020年,专科高等职业院校与普通应用技术本科高等学校招生规模大体相当。稳定专科高等职业教育规模,创新人才培养模式,提高人才培养质量。扩大本科层次职业教育规模,重点引导一批行业特色鲜明、与职业岗位联系密切的本科专业转型,探索本科层次技术技能人才培养规律。到2030年,形成与经济社会发展相适应、完善的技术技能人才培养机制。

建立以职业需求为导向、以实践能力培养为重点、以产学结合为途径的专业学位研究生培养模式。逐步将行业规范化培训与专业学位教育相结合的培养模式从临床医学推广到教育、艺术等专业学位类别。在国家有关部委的支持下,积极开展符合职业教育特点学位制度的试点工作。

适度提高专科高等职业院校招收中等职业学校毕业生的比例、本科高等学校招收职业院校毕业生的比例。逐步扩大高等职业院校招收有实践经历人员的比例。到2020年,中等职业学校毕业生升入高等职业院校的比例提高到50%左右,专科高等职业院校毕业生升入普通本科高等学校的比例提高到10%以上。应用技术本科专业招收职业院校毕业生和普通高中毕业生的比例大体相当。到2030年,形成畅通、多元的中高等职业院校学生发展通道。

(二) 建立多元成长路径,实现技术技能人才衔接培养

构建"中职—高职专科—应用技术本科—专业学位研究生"相衔接的人才培养体系,制定一体化人才培养方案,根据产业和岗位需求,明确不同学段职业教育的人才培养定位,推动各学段职业教育相关标准、课程和实习实训紧密对接,争取覆盖到中高职的大部分专业、应用技术本科专业的一半以上,培养符合上海经济社会发展需要的技术技能人才。

完善中高职贯通(3+2)培养模式,进一步扩大中高职贯通培养规模,到2020年覆盖目前中等职业学校开设专业的30%。发展五年制专科教育,探索初中毕业起点五年一贯制职业教育人才培养模式。稳步推进中职—应用技术本科贯通(3+4)培养,逐步扩大试点院校范围和专业覆盖面,到2020年覆盖目前中等职业学校所设专业的10%。不断完善一体化的课程与教学改革,进一步提高人才培养质量,到2030年形成系统化的技术技能人才贯通培养机制。

探索高等职业教育各学段衔接培养,以专业建设为抓手探索专科—应用技术本科衔接培养(专科起点3+2)、专科—专业学位衔接培养(专科起点3+4)。

建立中等职业学校学业水平考试制度,配套构建具有职业教育特色的学生综合素质评价体系及信息系统。中等职业学校学业水平考试包括公共基础课学业水平考试、思想品德评价和专业技能学习记录。2015年起,在本市中等职业学校新生中全面实施。

完善"文化素质+职业技能"招生录取制度。鼓励高职专科院校把特色专业招生和主要招生计划安排在统一高考之前,作为高职专科院校招生的主渠道。2017年起,在本市专科层次依法自主招生中,高职专科院校依据普通高中学业水平考试成绩、职业适应性测试情况和综合素质评价信息进行录取。2018年起,本市高职专科院校依据中等职业学校学生的文化素质和职业技能进行录取。本市高等学校应用技术本科专业依据中等职业学校学生的文化素质和职业技能及统一考试成绩进行录取。

（三）优化布局结构，打造国际化人才培养高地

根据产业发展需求，结合学校办学基础，充分发挥企业和高等院校在职业教育与培训方面的作用，引入国际知名教育品牌，采用与世界一流高职院校合作办学等方式，建设若干所亚洲一流、世界知名的高端职业院校和培训机构。提升职业院校在国际公认的职业教育组织中的地位，提高国际影响力。

进一步优化中等职业学校布局，鼓励特色办学。在经济社会发展有需求、中职办学有实力、高职专业设置有空白、应用型人才培养目标明确的专业领域，选择若干办学力量强的中等职业学校举办五年一贯制专科教育。

鼓励一批行业特色鲜明、专业设置与职业岗位联系密切的本科院校转型，从事应用型本科直至专业学位研究生层次的技术技能人才培养。从高校设置、招生计划、经费拨款、考录制度、分类评价等方面加强引导，推动相关高校的专业设置由以学科为导向，逐步转变为以行业和岗位要求为导向。

（四）深化内涵建设，提升服务产业发展能级

根据上海技术技能人才需求预测，健全职业教育专业调整快速响应机制，优化职业院校专业结构，形成学校专业特色。推进重点专业建设，以专业类为核心带动相关专业发展，形成覆盖主要产业链的专业群。

继续深化课程与教学改革，提高人才培养质量。建立专业教学标准与职业标准联动开发机制，继续开发一批服务上海重点产业、特色产业、新兴产业的新专业教学标准，建立专业教学标准定期修订机制。继续推进国际水平职业教育专业教学标准开发，到2020年试点实施专业达到50个，到2030年基本覆盖本市主要专业类别。扩大学历证书与职业资格证书“双证融通”专业改革的试点范围和规模，逐步延伸至专科、应用技术本科，在一些优质培训机构中试点开展面向培训学员的双证融通试点工作。

（五）加强普职渗透，促进学生多样化选择

推进“职业体验日”制度化，依托职业院校，探索建立30个面向中小学生的职业体验中心，加强职业启蒙教育，推进普职渗透，提高职业教育吸引力。

面向本市所有中小学开放职业院校实训场所、课程、师资等教育教学资源，继续开设面向区域中小学的职业体验活动或选修课程，丰富中小学生职业体验的内容和形式。

加强本市中小学职业启蒙教育。推动基础教育阶段的生涯教育和劳动技术课程改革，在普通高中引入职业技术课程，为普通高中学生接受职业基础教育创造条件。

（六）提升社会培训能力，完善职前职后互通机制

充分发挥市场机制作用，积极构建以企业为主体、职业院校为基础、公共实训中心为支撑、职业培训机构为补充的终身职业培训系统。适应本市产业发展和促进就业的需要，面向高校毕业生、在职职工、退役士兵、来沪从业人员、职业农民、农村富余劳动力、失业人员等群体，大规模开展就业技能培训、岗位技能提升培训和创业培训。

支持行业、企业发挥其在各自行业职业教育与培训中的主体作用。推进产业发展急需的首席技师、高技能人才培养基地、技能大师工作室建设。强化市场引导作用，鼓励社会培训机构根据产业需求，培养高技能人才。完善政府购买培训成果机制，健全职业培训管理制度，推动职业培训工作规范健康发展。

支持职业院校开展职业培训。依托职业教育开放实训中心和职业技能鉴定站所，面向社会开展形式多样的职业培训，着力加强对社会紧缺度高、行业艰苦、学生报考意愿较低等专业的职后培训。职业院校要充分利用学校资源，与行业企业共同开发培训项目，积极承接行业企业委托的职业培训，高度重视为中小微企业提供培训服务。

探索建立体现职业教育特征的职业院校与开放大学、成人高校的学分转换机制，职业资格证书与开放大学、成人高校课程之间的学分转换制度。

（七）发挥行业企业作用，建立技术技能积累机制

加强行业部门对本行业职业教育与培训工作的指导。提高行业指导能力，建立职业院校、教育主管部门以及行业的联动机制，促进技术技能的积累与创新。通过职能转移、授权委托、购买服务等方式，培育和支持行业组织履行好发布行业人才需求、推进校企合作、参与指导教育教学、开展质量评价等职责。

鼓励多元主体组建职业教育集团。制订学校、行业、企业、科研机构、社会组织等共同组建职业教育集团的支持政策。探索组建覆盖全产业链、跨行业、跨部门、辐射区域发展的职业教育集团，到2020年，覆盖各区县和主要行业。到2030年，形成若干职业教育集团品牌，集团化办学成为职业教育重要办学模式。

支持企业通过校企合作共同培养培训人才。开展现代学徒制试点，推进校企一体化育人。对举办职业院校的企业，其办学符合职业教育发展规划要求的，通过政府购买服务等方式给予支持。对职业院校自办的、以服务学生实习实训为主要目的的企业或经营活动，按照国家有关规定享受税收等优惠。引导支持社会力量兴办职业教育。

（八）建立系统评价制度，创新质量管理体系

建立一体化、系统化的现代职业教育评估体系。把行业标准和岗位要求作为职业教育质量评价的重要依据，整体设计包含中职、高职、应用技术本科直至专业硕士等职业教育层次的评价标准，对学校办学水平、培养质量等进行全面评估。完善第三方评估机制，引导行业企业作为评价主体之一参与职业教育质量评估。

建立职业教育质量报告制度，定期发布职业教育年度质量报告、年度就业报告、就业跟踪调查报告。建立职业教育专业预警制度和重点建设专业动态调整机制，以专业建设绩效作为政府投入的重要依据。

健全职业教育督导评估制度。教育督导部门要完善职业教育督导评估办法，建立职业教育定期督导评估和专项督导评估制度，加强对政府及有关部门履行发展职业教育职责的督导；要完善督导报告制度、限期整改制度、奖惩制度等制度，将督导评估结果作为各级政府和有关部门、职业院校绩效考核的重要内容。

七、保障条件

（一）经费保障

完善经费稳定投入机制。建立与办学规模和培养要求相适应的财政投入制度，依法制定公办职业院校生均经费标准或公用经费标准，建立非营利民办职业院校政府专项扶持机制，落实国家和本市关于职业教育投入的相关规定。职业学校举办者应当按照学生人数平均经费标准足额投入职业教育经费。加大经费统筹力度，用好各类职业教育经费，发挥好企业职工教育培训经费以及就业经费、扶贫和移民安置资金等各类资金在职业培训中的作用。建立职业教育绩效评价制度、审计监督公告制度、预决算公开制度。

（二）师资保障

根据职业教育特点、总体规划和学生规模，核定公办职业院校教职工编制，合理确定高等职业院校教师和专业技术人员结构比例。在国家中等职业学校教师专业标准的基础上，建立体现上海特点的职业学校教师专业标准，重点突出专业化教学能力与高水平专业技能。

健全职业教育教师专业技术职务（职称）评聘标准和办法。在国家有关部委支持下，积极推进在中等职业学校设置正高级教师职务（职称）的试点工作。

建立职业院校教师与企业工程技术人员、高技能人才双向聘用机制。建立企业经营管理者与学校领导相互兼职规范化管理制度。探索专业技术人员职称系列与教师职称系列更便捷的对接渠道。

建立五年一周期的职业教育教师专业发展培养制度。推动全员培训，针对不同发展阶段的教师开发系统化的、针对性的培养方案，将相关实践经历、培训课程学习等与教师资格注册、职务（称）晋升以及各级各类评优评奖挂钩。进一步加强规范化培训，实施新任专业教师经培训后持证上岗制度，到2020年完成

首轮新教师培训。鼓励专任专业教师在一定年限内达到“双师型”教师标准，到2020年“双师型”教师占专任教师的比例达到50%。依托高技能人才培养基地和行业企业，新建30个教师企业实践基地，进入“双师型”系列的教师，每5年必须在企业实践1年以上。到2030年，教师专业发展培养体系进一步完善，形成一支高素质的双师型教师队伍。

（三）基础能力保障

理顺产权关系，加强职业院校的校舍、教学楼等基础设施建设，改善职业学校后勤设施条件，提升后勤管理与服务保障能力。实施职业院校办学标准达标工程，加大基本建设和设施设备投入力度，确保2020年职业院校全部达到国家制定的办学标准。

根据产业发展需求，新建10个职业教育开放实训中心；实施高等职业院校技术技能培养能力提升工程，改善学校实习实训条件，支持建设一批与产业应用技术发展前沿紧密对接的产教研中心（基地）；完善应用技术型高校实践教学条件，鼓励学校与行业企业共建实验、实习、实训等多层次实践教学基地和综合性实践教育基地。支持职业院校到企业建立一批与产业应用技术发展前沿紧密对接的实训中心或产教研中心，改善实习实训条件。

建立公共实训资源信息平台，定期发布实训信息，实现公共实训资源信息公开。重点推动高技能人才培养基地实训中心向职业院校教师和学生开放，推动职业院校的实训中心向企业、社会开放。教育和人力资源社会保障部门对各类实训中心的开放性进行评价考核，对实训中心建设等予以支持。到2020年实现100个实训中心的共建共享，到2030年基本建成跨部门的公共实训体系。

（四）制度保障

一是完善地方性法规。建立适应职业教育改革发展的制度环境。建立教育、人社和行业部门统筹协调职业教育发展规划、资源配置的协作机制。完善职业资格证书、促进就业和薪酬指导体系，改善劳动者的工作条件与劳动保障，创造公平的就业环境。

二是开发相应职业技能标准。根据上海新产业、新职业、新技术发展要求，依据有关规定开展职业技能标准或专项职业能力标准的开发和提升工作。

三是建立基于大数据的技术技能人才需求预测与发布制度。完善教育、人力资源社会保障、相关委办局和行业协会对技术技能人才培养需求的信息采集和共享机制。到2020年，率先在上海重点产业、特色产业与新兴产业的若干领域，及时发布技术技能人才需求信息，为职业教育人才培养提供重要支撑。到2030年，基本建成覆盖主要行业的技术技能人才需求预测与发布制度。

中共上海市教育卫生工作委员会　上海市教育委员会　上海市教育综合改革领导小组办公室关于印发《上海市深化民办教育综合改革指导意见》的通知

（沪教委民〔2015〕28号）

各区县教育局、各民办高等学校：

为深入贯彻党的十八大和十八届三中、四中、五中全会精神，按照《上海市教育综合改革方案（2014—

2020年)》任务计划，为更好地推动落实既定的民办教育领域综合改革任务，市教卫工作党委、市教委、市教育综合改革领导小组办公室经研究，制定了《上海市深化民办教育综合改革指导意见》(以下简称《指导意见》)，现予以印发，并就本市民办教育编制实施深化综合改革方案要求通知如下。

一、分析现状及存在问题。要认真分析本区县或本学校现状及存在的问题，以此作为谋划推进改革的出发点和立足点，聚焦重点难点，采取针对性措施破解瓶颈问题，为民办教育新一轮改革与发展创造良好的制度环境。

二、细化落实《指导意见》。要参照《指导意见》提出的改革思路，结合本区县或本校实际进一步细化。原则上各民办高校均需编制本校综改方案，鼓励各区县编制本区县民办教育综改方案。鼓励各区县、各民办高校申报《指导意见》附表所列各试点项目，在表中列出的区县和高校已在区县综改方案或上海市综改方案中明确为试点单位的，应申报有关项目。

三、时间节点与报送要求。请各民办高校在2016年3月底之前向市教育综合改革领导小组办公室报备后发布实施本校综改方案。请申报综改项目的各区县和各民办高校在2016年1月15日前向市教卫工作党委、市教委提交有关项目建设方案。

联系人：(略)

电话：(略)

邮箱：(略)

附件：上海市深化民办教育综合改革指导意见

中共上海市教育卫生工作委员会
上海市教育委员会
上海市教育综合改革领导小组办公室
2015年12月28日

附件

上海市深化民办教育综合改革指导意见

为深入贯彻党的十八届三中全会提出的鼓励社会力量兴办教育的指导精神，推进落实《上海市教育综合改革方案(2014—2020年)》，深化办学体制和机制创新，激发民办学校办学活力，提升民办学校办学质量，满足人民群众日益强烈的多样化教育需求，指导各区县、各民办高校深化民办教育综合改革，特制定本意见。

一、总体思路

(一) 指导思想

深入贯彻党的十八大和十八届三中、四中、五中全会精神，按照“四个全面”战略布局要求，全面贯彻党和国家教育方针，以深化教育综合改革为契机，扶持与规范并举，进一步调动社会力量兴办教育的积极性，促进民办教育健康发展。

(二) 总体目标

全面深化教育综合改革，通过积极鼓励和吸引民间资本进入教育领域，大力扶持和引导社会力量兴办教育，到2020年初步建立适应上海城市发展定位要求，满足人民群众多样化、多层次、选择性教育需求的民办教育体系。

——民办学校治理水平进一步提高。加强民办学校党的建设，试点民办学校分类管理制度，完善民办学校监管机制，建立完善具有民办学校特点、办学自主、治理规范、充满活力的现代学校制度。

——政府扶持机制进一步创新。在政府补贴、捐资激励、基金奖励、购买服务、助学贷款等方面进一步创新政府扶持机制。逐步放开民办学校收费标准，扩大民办学校招生自主权，给予民办学校更大的办学自主权。

——多元办学格局进一步完善。鼓励民办学校创新办学体制机制，支持行业企业等力量参与办学，加强公民办学校互动互助，形成公民办教育协调发展的格局。

——民办学校办学质量进一步提升。加强民办学校内涵建设，引导民办学校建立健全教学质量保障体系，鼓励民办学校加强国际交流与合作。试点创办一批高水平、有特色的优质民办学校。

（三）基本原则

1. 坚持整体促进与优先鼓励相结合。一方面，充分发挥市场在资源配置中的决定性作用，鼓励社会力量和民间资本提供多样化教育服务；另一方面，优先鼓励举办非营利性民办学校，营造公益办学的良好社会氛围。探索对营利性和非营利性民办学校实行差别化扶持政策。

2. 注重全面推进与重点突破相结合。把握办学方向，遵循办学规律，全面建立符合社会和人民群众需求的民办教育发展机制。广纳各方面意见，直面现实问题，以现阶段民办教育改革发展面临的瓶颈问题作为深化改革的重点突破口。

3. 注意推进改革与风险防范相结合。要处理好改革的力度、发展的速度与各方面可承受度之间的关系，既要积极推动各项重大改革，又要配套建立改革事项风险评估机制，促使改革的时机、力度、节奏三者有机统一。

二、改革重点

充分发挥民办学校办学体制机制优势，不断提升民办学校办学活力、办学动力和市场竞争力，实现民办教育健康、有序、可持续发展。各区县及各民办高校重点在以下几方面进行探索。

（一）多渠道提升民办学校治理水平

1. 全面加强党的建设。教育行政部门强化思想引领，充分发挥社会力量举办学校党组织的政治核心作用，完善各级党组织工作保障机制，依法加强党组织在民办学校治理结构和决策过程中的作用。实行民办高校党组织负责人兼任政府派驻学校督导专员的制度。通过公开选聘等方式推进民办学校党政领导干部年轻化。

2. 推进现代学校制度建设。完善民办学校法人治理结构，加强民主办学和民主监督。规范民办学校章程，健全学校决策机制，探索实行独立董事（理事）或监事制度；探索职业校长制和公开选聘机制；探索教授治学、专家治学；实行亲属回避制，建立适应自身发展的标准化内部管理体系，加强学校信息公开和事务公开，建立学校与社会的互动机制。

3. 支持社会组织参与民办教育治理。市区两级政府鼓励引导行业协会在行业自律、宣法维权、业务服务及合作交流等方面参与民办学校治理。借鉴国际经验，鼓励发展第三方民办教育专业服务机构。探索建立民办学校第三方质量认证制度和质量监控制度，培育更多的社会机构参与民办学校办学过程和办学质量评估。充分发挥各类机构在民办学校评估认证、咨询服务、风险防范、融资贷款等方面的作用。

（二）创新政府扶持社会力量办学机制

1. 开展分类管理试点。市区两级政府积极支持社会力量举办非营利民办学校，开展非营利民办学校示范校和试点校建设，进一步完善经营性教育培训机构登记和管理制度。

2. 健全政府补贴制度。市区两级政府建立健全政府补贴制度，明确补贴的项目、对象、标准、用途。按照国务院文件精神，健全义务教育阶段民办学校经费保障机制，对义务教育阶段民办学校按不低于生均公用经费基准定额的标准给予补助。健全外来务工人员同住子女入学政府补贴制度。给予非营利民办高校示范校更大力度的支持。对开展非营利制度试点的民办中小学加大资助力度。

3. 完善捐资激励制度。市区两级政府通过税收杠杆鼓励社会力量捐资促进教育发展。对企业和个人支持教育事业的公益性捐赠支出，按照税收法律法规及政策的相关规定在所得税前予以扣除。对符合条件的民办学校进行非营利组织免税资格认定。

4. 试点基金奖励和融资服务制度。市区两级政府支持民办学校设立各类教育基金组织，积极鼓励和引导社会资金进入教育领域。创新民办教育融资机制，进一步拓展上海市民办教育发展基金会功能，奖励和表彰对民办教育作出突出贡献的个人和组织。市区两级政府与金融机构共同探索民办学校以学费收费权质押贷款等多种融资方式拓宽民办学校筹资渠道。

5. 完善政府购买服务机制。通过市场竞争、购买服务的方式从社会引入多种适合学生发展需求的教材和课程。健全公民办学校相互委托管理的机制。因地制宜开展地段内学生就近入读民办中小学与幼儿园的购买学位工作。

6. 探索教师收入保障机制。引导鼓励民办学校建立教师收入与学费收入动态增长机制，合理提高人员经费在学校支出中的比例。探索建立民办学校教师从教奖励制度。在国家养老保障制度改革的框架下，改进完善民办学校教师年金制度，试点对目前离退休时间不足10年的专职教师加速年金积累。对于落实教师年金制度积极有效的学校，予以一定的财政扶持。

（三）鼓励社会力量全面参与办学

1. 鼓励社会力量参与兴办各类教育。市区两级政府支持社会力量进入各级各类教育，提供优质教育资源，进一步优化民办教育生态。重点鼓励社会力量举办或参与举办职业教育、继续教育、老年教育、社区教育和特殊教育等。

2. 鼓励多元主体参与举办民办学校。市区两级政府支持和吸引大型国有企业等社会组织和公民个人以独资、合资、合作等多种方式参与办学，支持民办学校管理者和骨干教师以资金、技术、专利等形式出资，参与学校建设和管理，在学校管理、人员聘用、人才培养、财务管理等方面充分发挥多元主体办学的体制优势。

3. 引导行业企业与学校加强合作。民办学校与行业企业共同营造跨部门联动和校企深度融合的环境，推动行业企业与教育行政部门共同建立体现职业教育特点的评估体系，把行业标准和岗位要求作为职业教育质量评价的重要依据。民办学校吸收借鉴企业化运作模式，强化需、产、学、研、用深度对接，试点职业院校校长与企业主管交流互聘。

4. 加强公办民办学校互动互助。民办学校与公办学校在师资、管理、课程、科研等方面探索资源共享，形成相互委托管理和相互购买服务的新机制。市区两级政府探索在薄弱公办学校引入民办机制，激发办学活力。

（四）扶持民办学校提升办学质量

1. 积极支持办学道路多元探索。鼓励民办普通高等学校依法自主设置和调整学科专业。试点建设小规模、高水平民办高校和应用型特色高职，支持民办高校进行中高职、应用本科贯通培养改革，探索应用型人才产学合作培养模式，支持有条件的民办高校开展专业硕士学位点申报。支持创办理念先进、课程设置多样的民办中小学和幼儿园。

2. 注重民办学校教师专业发展。进一步完善民办学校教师培养机制，充分发挥上海市民办高校教师专业发展中心等专业机构的作用，提高民办学校教师教学科研水平，促进教师专业发展。

3. 鼓励开展国际教育合作与交流。鼓励民办高校招收国际留学生。有条件的区县可探索部分优质民办高中试点引进国际课程，在义务教育阶段民办中小学开展中外融合课程试点。支持民办学校与境外教育机构开展广泛的合作交流，开展境内合作办学或向境外输出教育资源，努力打造具有国际影响力的民办教育品牌。

4. 依法保障民办学校招生自主权。支持民办高校参与招生考试制度改革，试点在核定的办学规模内自主确定年度招生计划。民办小学和初中根据全市统一规定，可提前进行招生。

5. 逐步放开民办教育收费。市区两级政府引导民办学校按照优质优价原则，统筹考虑办学成本、办学质量、办学层次等因素，扩大民办学校收费自主权。民办高等学历教育收费实行自主定价，民办中小学试点实行市场调节价，教育培训机构依据办学成本和市场调节自主定价收费。完善民办学校学费专户管理和收费公示等制度，完善收费的科学监管机制。

三、重点推进项目

在整体推进民办教育综合改革任务中，市区两级政府重点推进非营利民办学校建设、民办教育基金组织和融资制度建设、高水平有特色民办学校建设、民办学校治理结构建设、民办学校购买服务制度试点和民办教育第三方评价机制试点建设等项目，分别在民办高校和各区县推进实施：

（一）非营利民办学校建设

2015 至 2020 年期间，选择若干所民办高校和民办中小学开展非营利民办高校示范校建设和民办中小学非营利制度试点校建设，并在人事、招生、收费、民办教育专项资金、政府购买服务、教师年金制度和教育教学等方面给予扶持，引导民办学校向公益性、特色化方向发展。

（二）民办教育基金组织和融资制度建设

2015 至 2020 年期间，推动建立和完善上海民办教育基金会运作机制，支持民办学校设立教育发展基金会等组织，规范和加强对捐赠资金的管理和运作。充分发挥民办教育基金会在筹集社会资源和资金、支持非营利性民办学校发展、促进政府职能转变等方面的作用，探索引导民办学校坚持公益性办学的新方式和实现政府民办教育治理现代化的新途径。推动建立和完善民办教育融资服务制度，鼓励引导金融机构为民办学校提供多种形式的贷款质押授信服务。

（三）高水平有特色民办学校建设

2015 至 2020 年期间，试点推进高水平有特色民办学校建设。在全市范围内，支持有条件的民办高校试点建设小规模、高水平学校或应用型特色高职，支持纳入新兴应用技术大学的民办高校建设专业硕士学位点。支持民办中小学和幼儿园与公办学校错位发展，特色办学。选择条件成熟的学校，鼓励和吸引大型国有企业及其他企事业单位、社会组织和公民个人等社会力量以多种方式参与办学。在学校管理、人员聘用、人才培养、财务管理等方面充分发挥混合所有制办学的体制优势。

（四）民办学校治理结构建设

2015 至 2020 年期间，在全市范围内选择若干所民办学校开展现代学校制度建设试点。2015 年底，全部民办高校完成学校章程规范工作，健全学校内部管理制度。至 2020 年，重点推进民办高校和中小学内部决策和监督机制建设，探索校长选拔制度和职业校长制，探索民办学校标准化管理，加强学校民主管理和信息公开。

（五）民办教育购买服务制度试点

2015 至 2020 年期间，选取若干符合需求、具备条件的民办中小学和幼儿园，深入开展购买服务试点。明确购买服务的内容和标准，推进民办学校和公办学校相互委托管理，尤其是民办学校托管薄弱公办学校。以购买服务形式推动民办学校参与学区化集团化办学试点。探索建立向民办学校购买课程资源等优质教育服务的制度。

（六）民办教育第三方评价机制试点建设

2015 年至 2020 年期间，探索引进国际先进的评价标准和评价机构，建立多元化的民办教育与民办学校评价机制，建立民办教育第三方评价国际交流平台，培养更多的专业化第三方机构参与民办学校的办学过程和办学质量评估，建立完善民办教育第三方评估机构的运营模式。

四、组织保障

（一）完善组织领导。充分发挥上海市教育综合改革领导小组的领导作用，紧密结合民办教育工作实际和综合改革的任务，协调解决本市民办教育改革发展中的突出问题。市区两级政府统筹协调教育行政管理部门和发改、财政、人社、国土资源、规划、工商等部门，推进各试点民办学校进行制度创新，统筹谋划和推进综合改革工作。

（二）加大落实检查。各区县、各民办高校要充分认识推进民办教育综合改革的重要性、紧迫性，精心组织，周密部署，要分解细化各项改革任务，逐项制定实施方案。对改革中遇到的问题要及时提出针对性的解决措施，有效防控改革风险。

（三）健全激励机制。原则上，各区县、各民办高校每年年底应向及时总结本区县（本校）年度民办教育综合改革推进经验，并向市教委报送工作推进情况，此项工作将作为各项考核考评工作的重要指标之一。

附件：1. 各区县申报民办教育综合改革项目一览表（略）
2. 各民办高校申报民办教育综合改革项目一览表（略）

上海市教育委员会　上海市人力资源和社会保障局关于印发《关于开展“学分认可型双证融通”和“证书认可型双证融通”试点工作的实施办法》的通知

（沪教委终〔2015〕21号）

各高等学校，各中等职业学校，各区县教育局、人力资源社会保障局，有关委、局、控股（集团）公司：

现将《关于开展“学分认可型双证融通”和“证书认可型双证融通”试点工作的实施办法》印发给你们，请你们结合实际，认真贯彻执行。

附件：关于开展“学分认可型双证融通”和“证书认可型双证融通”试点工作的实施办法

上海市教育委员会
上海市人力资源和社会保障局
2015年12月7日

附件

关于开展“学分认可型双证融通”和“证书认可型双证融通”试点工作的实施办法

为了促进学历教育学分和职业培训证书的双向融通，搭建终身学习“立交桥”，推进上海市终身教育体系和学习型社会建设，根据市人力资源社会保障局、市教委《关于印发〈关于本市开展“双证融通”试点工作的实施意见〉的通知》(沪人社职发〔2014〕35 号)，现就开展“学分认可型双证融通”和“证书认可型双证融通”试点工作制定以下实施办法：

一、试点内容

(一)“学分认可型双证融通”

对本市中高等院校开设的学历教育课程，经认定达到相应国家职业资格证书部分考试项目要求的，学历教育学生取得相应课程的学分后，凭上海市终身教育学分银行(以下简称“学分银行”)成绩证明可替代相应职业资格证书部分考试项目，予以认可为相应职业资格的理论知识合格。

(二)“证书认可型双证融通”

对国家职业资格证书，经认定达到相应学历教育课程教学内容和要求的，学生获得相应的职业资格证书后，可通过学分银行服务平台，至继续学习的本市中高等院校，将所获得的职业资格证书转换为相应学历教育课程学分。

二、实施方式

(一)“学分认可型双证融通”实施方式

1. 各院校按照“学分认可型双证融通”试点职业资格证书目录及职业资格证书考试内容和要求，与本校开设的学历教育课程(相关专业部分课程)的教学内容和要求进行对照分析，选定可替代相应职业资格证书理论知识考试的若干门课程，提交“学分认可型双证融通”申请。申请材料包括：“学分认可型双证融通”申请表(附件)、课程教学大纲与教材、考试方案(体现教考分离要求)。

各院校于每年 6 月底，向学分银行管理中心提交书面和电子版申请材料。如学历教育课程的教学内容和要求发生变动，须重新提交申请。联系地址：杨浦区国顺路 288 号学习广场 204 室；邮编 200433；联系人：慈龙玉；联系电话：25653141；电子邮箱：cily@shtvu.edu.cn。

2. 试点项目工作组组织专家对院校的申请材料进行评审，认定替代相应职业资格证书理论知识考试的课程，并在学分银行网站公布。

3. 各院校按照认定的“学分认可型双证融通”课程教学要求实施教学与考试，并将学生考试合格成绩存入学分银行，教学过程资料和试卷、课程评价实施相关材料留存备查。

4. 对课程成绩合格学生，由各院校组织向本市职业技能鉴定部门提出免考相应职业资格证书理论知识的申请。经审核，给符合要求的学生办理相应职业资格证书理论知识免考手续。

(二)“证书认可型双证融通”实施方式

1. 试点项目工作组组织专家，对职业资格证书考试内容和要求与学历教育课程教学内容和要求的相关性进行认定，形成职业资格证书转换为学历教育课程学分的证书目录。

2. 学分银行网站公布职业资格证书转换为学历教育课程学分的证书目录，指导各院校进行相应学分认定转换。

3. 各院校根据本校实际情况，参照学分银行公布的证书目录，受理本校学生职业资格证书转换为相应学历教育课程学分的申请，经审核，给符合要求的学生办理相应的学分转换手续。

4. 学分银行提供学生成绩信息服务。

三、保障措施和工作要求

(一) 成立试点项目工作组，加强试点工作的组织领导

根据《关于本市开展“双证融通”试点工作的实施意见》，由市学分银行牵头，成立由市教委和市人力资源社会保障局相关职能部门、市职业技能鉴定中心等参加的“学分认可型双证融通”和“证书认可型双证融通”试点项目工作组(以下简称“试点项目工作组”)、负责试点工作的推进和实施。

各试点单位要加强试点工作的组织领导，明确工作职责，各职能部门要做好对试点工作的指导服务工作，及时沟通信息，保障试点工作顺利、有序、有效进行。

（二）成立试点项目专家组，加强试点工作质量保障

“试点项目工作组”组织学历教育专家和职业培训专家，成立“学分认可型双证融通”和“证书认可型双证融通”试点项目专家组，负责试点项目的标准制定和认定评审等工作。

各试点单位要加强试点工作的质量保障。按照认定标准与要求，规范认定工作。按照学历教育和职业培训的规律，加强教学过程管理，确保教学和考试质量。工作组对各项试点工作加强检查和监管。

（三）建立工作组例会制度，加强试点工作过程管理

“试点项目工作组”和各试点单位，要建立工作组例会制度，加强对试点工作的过程管理，及时总结交流试点工作模式和经验成果，及时发现和研究解决试点工作中碰到的新情况和新问题。

（四）建立数据对接制度，加强信息安全管理

本市建立职业资格证书发证数据和学分银行成绩数据的对接制度，形成学分的认定、积累和转换机制，为学历教育学分和职业资格证书的双向融通提供信息化保障。

各院校和发证机构要加强试点工作的信息报送和安全管理，确保存入学分银行学生成绩信息的真实性和准确性。

学分银行要加强试点工作成绩信息的规范使用和安全管理。

附件：“学分认可型双证融通”申请表（略）

上海市教育委员会　上海市文化广播影视管理局
上海市新闻出版局关于进一步加强中小学图书馆工作的指导意见

（沪教委基〔2015〕91 号）

各区县教育局、文化局：

根据教育部、文化部、国家新闻出版广电总局《关于加强新时期中小学图书馆建设与应用工作的意见》（教基一〔2015〕2 号）要求，按照本市教育综合改革总体部署，为指导本市中小学校全面贯彻教育方针、实施素质教育，提升学校内涵与品质，形成书香校园，带动全民阅读，助推学习型社会建设，现就进一步加强本市中小学图书馆工作，提出如下意见。

一、提高认识，进一步明确中小学图书馆的地位作用

中小学图书馆是学校的文献资源中心，是学校文化建设和课程资源建设的重要载体，是学校教育教学活动的重要场所和育人阵地。中小学图书馆对于保障、服务与改善教学，提高学生自主学习能力和终身学习能力，促进教师专业成长和学生全面发展，完善公共文化服务体系，推进学习型社会和书香社会建设，具有重要作用与深远意义。因此，各级教育管理部门和学校必须高度重视图书馆的建设与应用工作。

二、加强领导，进一步推动中小学图书馆的整体发展

区县教育行政部门要进一步加强对中小学图书馆工作的领导，完善区中小学图书馆工作委员会的组织架构与工作机制，结合区域教育特点特色制定本区中小学图书馆的发展规划，做到目标、任务和重点明确，保障措施到位，整体推进区域内中小学图书馆的均衡发展，促进办馆水平得到显著提升。

学校要进一步认识加强中小学图书馆建设与应用工作的重要意义，结合学校的发展目标、办学特色，制定图书馆的发展规划和具体实施计划，努力提高图书馆的建设、管理、服务和利用水平。

三、重视队伍建设、进一步提升中小学图书馆的服务水平

区县教育行政部门要建立与完善中小学图书馆专业人员的资格准入、人才引进、岗位聘用、培训进修、工作考核等管理制度。学校要根据办学规模、教育教学和师生的需求，保证图书馆专业人员的数量和质量，并给予图书馆管理人员在职务(称)评聘、晋升、评优等方面与教师同等机会。

学校要聘任适合的教师兼任图书馆馆员，吸收符合相应条件的学生家长代表担任图书馆工作志愿者，构建一支由专业人员、兼职人员与志愿者组成的相对稳定、服务高效的图书馆管理人员队伍。同时，组织学生参与图书馆的管理和服务工作。

区县教育行政部门要将中小学图书馆专业人员的培训工作纳入在职培训规划，有计划、有针对性地对中小学图书馆专业人员进行不同内容、形式和层级的培训，并定期组织开展相应的研修和交流活动。各区县教育行政部门和文化部门联手共同为中小学图书馆专业化规范化发展搭设平台，创新发展方式和服务模式，公共图书馆要对中小学图书馆专业人员的培训提供相应的专业支持。

四、加强资源建设，进一步丰富中小学图书馆的文献保障体系

区县教育行政部门要加强中小学图书馆文献资源建设的规划与管理，学校应根据教育教学工作和师生的需求，有目的、有计划地开展文献资源建设，特别要注重优质资源的建设，努力形成载体多元、内容丰富、种类齐全、结构合理、质量保证、具有特色、利用方便、合作共享的文献资源保障体系。

区县教育行政部门要加强数字资源的建设与利用服务工作的规划与协调，提倡由区县为区域内学校提供基础性、公共性的数字资源的利用服务，学校着重补充具有特色化、个性化的数字资源。做到区县与学校相结合，购买服务与自行开发相结合，实现共建共享。

上海市教育委员会会同上海市新闻出版局定期组织专家，在评选的基础上编制并颁发《上海市中小学图书馆图书配置推荐目录》，供区县和学校参考。

区县教育行政部门和学校在开展图书集中采购时，要按照政府的有关规定和要求，规范运作。同时，逐步形成由专家、图书馆专业人员以及师生和家长等多方代表共同参与的图书评选与采购机制。

五、加强设施建设，进一步完善中小学图书馆的办馆条件

区县教育行政部门要将中小学图书馆的信息化建设纳入教育信息化建设的整体规划加以推进，要指导学校进一步加强图书馆的馆舍建设、设施建设和信息化环境建设，配备必要的设施设备包括电子阅读终端，不断改善阅览环境和条件，使图书馆成为设施完善、功能多元、利用便捷、环境优美的“知识空间”和师生共同成长的“精神家园”。同时，利用走廊、教室等场所设置书刊流通点，倡导学生自主管理、诚信取阅，营造学校在“图书馆”中的文化氛围与书香校园。

六、促进资源利用，进一步发挥中小学图书馆的教育功能

中小学校要充分利用图书馆的馆舍设施资源、人力资源和文献资源等，为课程、教材、教学方法的改革和师生的发展提供更为广泛、深入的支持。要大力引导学科教师自觉利用图书馆的文献资源，补充、拓展、丰富课程教材资源，使图书馆的文献资源特别是学生的优秀课外读物成为教材和教学内容的重要组成部分。同时，结合教学内容和任务，鼓励、要求和组织学生利用图书馆开展相应的学习活动。通过学科教师与图书馆专业人员的紧密合作，课堂教学活动与图书馆教育教学活动的有效结合、促进学科教学与图书馆的深度融合，实现教学方法的进一步改进，以配合人才培养模式的不断创新。

学校要按照市教委每年度颁布的课程计划，确保所规定的阅读课的课时。同时，利用上午课前、午间、下午课后等时间，有计划地指导学生自主、广泛阅读，提倡小学生每天课外阅读半小时、中学生每天课外阅读1小时，实现阅读活动课程化。学校要将学生的阅读活动同德育活动、学科教学活动、专题教育活动、探究活动、兴趣活动、班团队活动、文艺体育活动、社会实践活动等相结合，并利用校外、假期等时间和每年4月23日“世界读书日”、9月9日“国家图书馆日”等时机，组织学生开展各种形式和内容的阅读活动。通过各种有效的组织措施，积极推动阅读活动课内课外相结合，校内校外相结合，家校社区相结合，得到广泛、深入、持续的开展。

学校要进一步重视对学生开展图书馆利用知识的教育，使学生尽早养成利用图书馆的习惯，形成浓厚的阅读兴趣，掌握科学的阅读方法，培养检索、辨别、利用文献信息的能力和自主学习的能力，为其持续终身的学习和发展奠定基础。

七、推动馆际协作，进一步促进中小学图书馆资源的共建共享

各区县教育行政部门和学校要制定措施，推动中小学图书馆的馆际互借和资源的共建共享，并建立与公共图书馆、高校图书馆的馆际互借和资源共享的运行机制。各级文化管理部门应积极予以支持和配合。

各区县教育行政部门要鼓励学校图书馆对学生家长和社区居民开放，促进学校图书馆文献资源的有效利用，发挥学校图书馆的文化辐射作用。

八、完善保障机制，进一步加大中小学图书馆的经费投入

各级教育管理部门要进一步完善图书馆工作经费保障机制，继续加大对中小学图书馆文献资源建设经费的投入。要结合《上海市教育委员会等9家单位关于〈印发促进本市城乡义务教育一体化的实施意见(暂行)的通知〉》(沪教委发〔2015〕139号)中关于加强中小学图书馆建设工作的有关任务和要求，制定区域内中小学图书馆改造和功能提升计划，积极筹措资金，重点改造薄弱馆舍(室)，配备和更新与其功能要求相匹配的设施设备，使区域内中小学图书馆作为基本公共教育服务体系的组成部分，得到相应的优质均衡发展。

各区县教育行政部门要指导中小学校按照本市和区县义务教育阶段和高中阶段生均公用经费财政拨款基本定额标准，安排图书馆文献资源经费和专项设施设备添置更新等项目经费，做到足额保障。

九、形成多方合力，进一步为中小学图书馆的事业发展提供支持

各级文化、新闻出版管理部门要将中小学图书馆工作列入公共文化服务体系事业发展总体规划加以推动。各级文化管理部门和公共(少儿)图书馆要进一步支持中小学图书馆工作，各级公共(少儿)图书馆要加强与中小学图书馆的业务合作，推进资源共享。新闻出版管理部门要引导出版单位、发行单位努力为广大学生提供品种更丰富、内容更优质的出版物。各级新闻、文化、广播、影视管理部门要充分组织和利用各类媒体资源，营造良好的社会环境和舆论环境，为中小学图书馆工作和学生阅读的深入开展提供更为充分的支持，为促进书香校园和书香社会发挥积极作用。

十、加强督导评估，把图书馆建设与有效应用工作纳入发展性督导

各区县教育督导部门要把图书馆建设与有效应用纳入中小学发展性督导评估等相关工作中。督导评估结果应纳入学校管理考核。

各区县教育行政部门会同相关部门要结合本地区实际，制定进一步加强中小学图书馆工作的规划和具体实施计划，并报市教委基教处。

上海市教育委员会
上海市文化广播影视管理局
上海市新闻出版局
2016年1月25日

2015年上海市教育委员会工作要点

2015年，本市教育工作要深入贯彻落实党的十八届三中、四中全会精神和习近平总书记系列重要讲话精神，切实围绕国家和本市中长期教育规划纲要、本市教育综合改革的总体部署，坚持改革创新、攻坚克难，坚持依法治教、依法治校，促进各级各类教育健康发展，完成本市教育改革和发展“十二五”规划确定的重点任务。

一、深化教育领域综合改革，加快推进教育现代化

1. 教育综合改革方案落实。强化教育综合改革的统筹协调与组织领导，推动落实年度教育综合改革任务。指导各区县、高校结合实际编制实施教育综合改革方案。落实新一轮部市战略合作协议，着力在对接服务国家战略与经济社会发展、强化市级教育统筹、提升人才培养质量、提升高校科技创新能力、深化教育管理体制机制改革等方面加大改革力度。

2. 教育规划编制。研制本市教育改革和发展“十三五”规划及相关专项规划、新一轮上海城市总体规划专项规划——“教育设施规划”。出台上海高等教育布局结构与发展规划、上海现代职业教育体系建设规划。深化高校分类指导与管理。

3. 办学管理体制改革。研制上海高校设置和基本建设属地化标准，调整优化高校设置与办学管理体制。推进部市共建在沪部属高校和若干市属高校，促进在沪部属高校与市属高校联动发展，鼓励在沪部属高校更好地服务上海经济社会发展。推进部市共建上海研究院、国家教育宏观政策研究院。推动建设一批应用技术型高校。

二、坚持立德树人根本任务，提升德育工作实效性

4. 社会主义核心价值观与中华优秀传统文化教育。以深化“六进”(进教材、进课堂、进课外、进网络、进教师队伍建设、进评价体系)为抓手，完善教育系统加强培育践行社会主义核心价值观、中华优秀传统文化教育的长效机制，深入推进社会主义核心价值观教育贯穿教育教学全过程。持续推进“中国梦”系列宣传教育，培育一批社会主义核心价值观和中华优秀传统文化项目，开展“劳模进校园”系列主题教育活动。

5. 大中小学德育内容和工作体系一体化。开展大中小学德育课程一体化研究和试点，完善大中小学德育顶层内容体系教育序列。编制中小学各学段、各学科落实德育目标的教学指导意见，研制教材调整及教学实施一体化方案。启动高校哲学社会科学课程德育试点，推进高校形势与政策课程教学规范化，建立高校马克思主义理论学科同城平台，启动高校思想政治理论课拔尖人才培养计划。制定实施高校辅导员队伍建设发展规划，探索辅导员队伍与思政课教师协同育人机制。加强全国大中小学课程德育研究协同创新中心、上海市课程德育研究发展中心和高校课程德育研究基地建设。

6. 校外育人共同体建设。完成《上海市校外教育三年行动计划(2013—2015年)》确定的重点任务。完善区县校外教育联席会议制度。建设学生社会实践电子学生证信息平台，加快推进校外教育信息化管理。扩大电子学生证和中小学生社会实践“家庭护照”使用范围，推动校外教育场馆设置专门部门和人员。建设一批学生“社区实践指导站”，建立一批中华优秀传统文化传习示范基地与市级示范性活动场所。

三、推进城乡一体化建设，促进基础教育高位均衡发展

7. 城乡教育一体化发展。发布实施本市第三轮学前教育三年行动计划（2015—2017年）。出台2015年义务教育阶段学校招生入学实施意见，完善随迁子女就读义务教育管理办法。推进义务教育学区化和集团化办学，促进学区和集团内优质资源共建共享。实施新一轮"新优质学校"建设行动计划，建设更多家门口的好学校。进一步推动中心城区优质教育资源赴郊区新城和大型居住社区办分校、郊区农村义务教育学校委托管理等工作，整体提升郊区学校内涵发展水平。探索构建全市基本统一的义务教育学校校舍建设基本标准、设施设备配置基本标准、教师队伍配置基本标准、教师收入基本标准和生均经费基本标准。

8. 课程教学改革。完成新一轮中小学课程方案和课程标准修订工作。全面推进小学阶段基于课程标准的教学和评价工作，出台小学低年级等第制评价指南。改革高中教学组织形式，推行分层走班教学，开展学生生涯与学涯指导。深化"绿色指标"评价改革，深入推进中小学教育质量综合评价改革实验区建设。加强内地民族班教育教学与管理服务，深入开展民族团结教育。

9. 特殊教育工作。全面实施第二轮本市特殊教育三年行动计划（2014—2016年）。推行特殊教育儿童入学前医学鉴定，探索针对不同残疾类别、年龄阶段残疾儿童医教结合服务的有效方法，完善特殊教育医教协同保障机制。研制学前特殊儿童课程实施指南、随班就读课程实施指南，修订辅读学校九年义务教育学科课程指导纲要。

10. 教育督导工作。配合做好《上海市教育督导条例》立法及相关配套政策制定工作。出台以区县为单位综合推进督政工作指导意见，完善区县政府依法履行教育责任公示公报工作。实施市实验性示范性高中学校专项督导。开展义务教育阶段入学专项督导和中小学生体质健康暨体教结合专项督导。加强市督学和责任督学专业化培训和规范化管理。

四、构建现代职业教育体系，培养高素质技术技能人才

11. 教学改革与专业建设。深化中高职贯通培养模式改革，推进"中职—应用型本科"教育贯通培养模式试点，启动"高职—应用型本科"教育贯通培养模式试点。开展现代学徒制试点，促进校企深度合作。深入实施具备国际水平的职业教育专业教学标准，深化"双证融通"专业改革。加大中职校精品课程建设力度，发挥中职精品特色专业示范引领作用。加大中职网络课程开发力度。启动高职院校一流专业建设计划，打造一批高职重点专业。推动遴选若干行业和区域试行技术技能人才需求信息发布制度。建立健全职业教育专业适应经济社会发展需求的快速响应机制。

12. 学生职业素养提升。颁布中等职业学校学生学业水平评价方案，包括公共基础课学习水平考试和专业技能学习记录。建立中等职业学校学生综合素质评价制度。举行第六届"星光计划"职业技能大赛。组织职业院校参加2015年世界技能大赛和全国职业院校技能赛事。开发适合中小学生的职业启蒙课程，探索建立集中、固定的职业体验中心，打造综合性职业体验平台，推动学生职业体验日活动制度化。

13. 基础能力建设。构建职业教育教师赴企业实践制度，支持职业教育教师取得国际职业资格证书，推行中职校教师全员培训和高职院校专业骨干教师培训。建立职业院校实训中心信息管理平台，促进全市实训资源跨校、跨区域、跨部门共建共享，开展实训中心运行绩效评估。

五、创新人才培养模式，深化高等教育内涵式发展

14. 本科教学质量提升。深入实施本科教学质量与教学改革工程，全面实施高校骨干教师教学激励计划和青年教师担任助教制度，建设精品课程、全英语课程和虚拟仿真实验教学示范中心，建设教学名师和教学团队，规划优秀教材。深入实施各类卓越人才教育培养计划。支持高校参照国际等效的专业认证标准，建设一批一流本科专业。探索高校与行业企业、科研院所协同育人机制，加快创新创业人才培养。研制本科专业教学评估指标体系，引导高校建立五年一轮的本科专业自我评估机制。健全高校年度本科教学质量报告发布制度。

15. 研究生教育质量保障体系建设。探索高端紧缺人才与高层次应用人才培养模式，深化专业学位研究生培养综合改革，探索构建行业规范化培训、职业资格认证与专业学位教育相结合的制度。优化完善本市学位授权体系，启动本市学位点合格评估、研究生学位论文抽检。

16. 高峰高原学科建设。全面实施上海高等学校学科发展与优化布局规划，开展高校高峰高原学科一期建设。试行国际(同行)评估和个性化投入方式，研制基于学校整体发展的学科绩效评价方案。

17. “2011计划”实施与高校新型智库建设。适应和服务本市建设具有全球影响力的科技创新中心，深入实施《上海市“2011协同创新中心”建设发展行动计划(2013—2017年)》，构建国家级、市级、校级协同创新中心三级体系和同城协同机制。改进高校新型智库支持方式、运行模式与评价方式，推动建设若干国家级智库。

18. 高校科技成果分类评价与职务成果处置。选择若干高校试点开展以质量和实际贡献为主要内容的科研工作分类评价。继续推进高校技术转移中心建设，引导市属高校建立职务成果处置和分配制度，依托上海高校市场探索建立成果转化专业服务链。

六、构建区域终身教育体系，推进学习型城市建设

19. 终身教育服务平台建设。推动上海开放大学内涵发展，探索构建开放教育人才培养模式。出台本市高校继续教育转型发展指导意见，推动高校继续教育办学定位与服务模式更好地融入本市终身教育体系。全面完成街镇老年学校标准化建设任务。建立衔接各级各类学校教育信息、覆盖全体市民、伴随一生的个人终身学习账户。

20. 终身教育制度机制完善。完善上海市终身教育学分银行功能，建立健全学分认定、积累和转换制度。构建市民终身学习需求与能力建设监测机制，选择若干区县开展试测。建立教育培训机构资质标准、从业人员资格标准、学习成果评价标准等规范。召开本市第四次老年教育工作会议。

21. 教育培训市场分类管理。构建本市经营性与非经营性教育培训机构分类管理机制，修订完善《上海市经营性民办培训机构登记暂行办法》《上海市经营性民办培训机构管理暂行办法》。通过政府购买服务等方式引导各类民办教育培训机构积极参与学习型社会建设，提升教育培训服务质量。

七、创新体制机制，规范支持民办教育健康发展

22. 扶持与规范并重。出台本市非营利民办高校示范校创建校相关配套政策。研制非营利民办中小学试点办法，开展第二轮民办中小学特色学校、优质幼儿园创建。出台本市进一步完善鼓励社会力量兴办教育的政策措施。开展民办学校招生与收费制度改革，完善民办学校学费指导价管理，进一步扩大民办学校收费自主权，配套完善民办学校学费专户管理等制度。

23. 管理机制与制度健全。探索混合所有的社会力量办学体制，鼓励和吸引国有企业以及各种公有、民营、外资等社会力量以多种方式参与办学。完善民办学校教师“年金制”等社会保障机制，支持民办学校稳定骨干教师队伍。探索民办教育第三方独立评价机制，培养更多专业化的第三方机构参与民办学校办学过程和办学质量评估。探索民办教育融资机制，为民办学校改革发展提供融资服务。

八、加强人才培养和引进力度，提升教师队伍整体水平

24. 中小学教师队伍建设。探索建立中小学校长任用、管理、考核机制。加强特级校长、特级教师流动的过程管理与考核。完善中小学校长专业发展培养培训制度。开展中小学教师资格定期注册制度改革试点，完善见习教师规范化培训制度，扩大中小学教师职务制度改革试点。健全中小学幼儿园教师培训体系，启动实施中小学教师信息技术应用能力提升工程，构建研训一体的教师专业发展机制。

25. 高校教师队伍建设。继续实施上海高校特聘教授(东方学者)岗位计划，启动“青年东方学者”岗位计划。深入实施中青年教师国外访学进修计划、青年骨干教师国内访学计划、教师产学研践习计划和青年教师培养资助计划等。全面实施师资博士后制度、新教师岗前培训制度和教学科研启动资助工作。

26. 岗位人事制度改革。研制高校教师队伍配置标准、高级专业技术职务岗位结构比例调整完善办法、职员职级制度改革方案等。完善中小学机构编制和教师配置标准。研制中专、技校教师系列正高级职称评聘办法。探索构建适应本市教育行业特点的薪酬及激励机制。

九、充分发挥区位优势,提升教育国际化和信息化水平

27. 涉外办学规范。出台本市高校中外合作办学申请指导目录,加强高校中外合作办学统筹规划。出台本市自费出国留学中介机构资格认定与监督管理办法,适时受理新机构申请。建设上海国际教育认证服务中心,完善国际教育专业和课程质量认证制度,提供国际教育认证服务。

28. 双向留学工作促进。进一步优化来华留学生类型结构,稳步扩大来华留学生招生规模,聚焦扩大学历留学生数量与比例、促进留学生所学专业分布多元化。探索把学历留学生规模和教学质量作为评价高校留学生教育水平以及给予相应支持的重要依据。进一步完善高校学生海外学习、实习机制。

29. 教育国际合作与港澳台交流。深化与国际友好城市各项交流活动。办好"上海暑期学校"项目和"上海国际友好城市青少年夏令营"。推动国际教育组织落户上海,启动赴国际教育组织实习计划。探索建立上海国际教育服务园区、中小学国际理解与非通用语种教育研究实践基地。启动本市涉台青少年交流平台建设,组织实施2015年沪台中学生体育节。支持和推进沪台、沪港、沪澳各项师生交流合作项目。

30. 信息化管理与服务。启动基础教育教学平台建设,建立教师备课系统。开展中小学"一师一优课、一课一名师"活动。以高校课程资源中心、高职人才培养数据平台、"易班"学生网络互动社区、开放实训中心、教育行政管理平台等项目建设为引领,探索基于在线平台的教育教学与管理模式。建设国家和本市教育决策支持平台,形成基于大数据的教育决策咨询服务机制。

31. 信息化标准体系与基础环境建设。研制教育信息化基础数据标准、统一身份认证规范、资源和应用开发规范、数据交换接口等系列标准规范,逐步推进本市教育系统各应用系统对接。初步建成"一网两平台三中心"(上海教育城域网;大规模智慧学习泛在平台、上海教育综合管理决策平台;上海教育数据中心、上海教育资源中心和上海教育认证中心),逐步构建覆盖全市各级各类学校的信息化基础设施环境。

十、坚持学生发展为本,为学生终身发展奠定良好基础

32. 文教结合工作。完成本市首轮文教结合三年行动计划(2013—2015年)确定的重点任务。探索高端紧缺文化人才引进新机制,加大顶尖艺术人才和后备人才培养力度。进一步整合文教优质资源,促进学生人文素养提升。加强媒体资源的开发与利用,增强社会主义核心价值观教育的感染力和影响力。支持高校高水平学术期刊建设,依托文化领域专业力量提升高校相关学科建设水平。启动实施馆校结合项目,推进学生艺术教育实践基地建设,优化市学生艺术团设点布局。

33. 学生健康促进工程。扩大高中体育专项化教学改革试点,启动小学体育兴趣化、初中体育多样化试点。推广辐射校园足球联盟建设机制,开展校园篮球、排球联盟建设。组织2015年学生阳光体育大联赛、足球联盟四级联赛和校园足球国际邀请赛。试点建设青少年课外体育活动中心。推进学校卫生保健人员培育中心建设。出台中小学生学校午餐营养标准指导意见。探索建立校园意外运动伤害事故第三方处理机制。继续开展"医教结合"工作。扎实开展食品卫生安全科普宣传教育活动。

34. 考试招生综合改革。落实国家和本市高考改革总体部署,出台普通高中学业水平考试改革方案、高中学生综合素质评价方案等系列配套政策。探索外语标准化命题技术,建设外语听说测试考场。出台本市进一步规范各类考试加分项目办法。深化"春季考试"制度改革。完善本市高校艺术体育类专业考试招生,改进考评方式和标准,完善监督管理机制。出台社会人员参加2017年本市高考办法,稳步推进成人高考、"专升本""插班生"考试招生改革。

35. 就业服务与学生资助。研制支持大学生创业政策措施,支持学生创新创业。推进本市高校全面开设创新创业教育课程,建设一批大学生创业示范基地。推进高校毕业生职业生涯指导,建设一批职业生涯工作室和校外实践基地。加大对就业困难毕业生的帮扶力度。健全高校就业质量年度报告发布机制。完善从学前到大学帮困助学的全覆盖体系,着力推进研究生资助工作。

36. 校园安全与后勤保障。出台本市高校消防安全、校内交通安全、校园安保工作等管理规范,制定高校消防设施设备检测、技防工程检查验收、出入口管理系统建设等技术标准。试运行高校安全保卫信息报送及突发事件应急处置指挥平台。推进高校学生食堂运行监测体系建设,完善高校学生伙食价格平抑基金制度,加快高校主副食品冷链物流基地建设和功能完善。加大校园安全督查力度,完善高校食品安全督察员制度。正式运行学校节能环保监管平台。加强中小学校园安全管理,推进中小学公共安全教育。开展未成年人保护工作,加强未成年人法制宣传教育,启动专门学校内涵提升计划。

十一、转变政府职能,推进治理体系和治理能力现代化

37. 教育法制建设与依法治教。全面开展市属高校、中小学校、幼儿园章程核准工作。开展相关教育法规制定或修订的立法调研。研制本市教育行政处罚裁量基准制度、教育行政和学校重大决策跟踪和评估机制等。开展中小学依法治校示范校创评,推行学校法律顾问制度。搭建教育政策研究平台,建立教育立法咨询与服务研究基地。合作研制江浙皖沪"三省一市"贯彻教育部《关于进一步推进长江三角洲地区教育改革与合作发展的指导意见》实施办法,落实长江三角洲地区教育协作相关项目。

38. 语言文字规范管理。实施《上海市公共场所外国文字使用规定》,加强对重点领域语言文字使用情况监督检查。组织开展中华经典诵读行动。依托上海话有声数据库建设上海地方文化网络展示平台。加快高校语言文字工作评估进程,完成市属本科院校达标评估。推进语言文字规范化示范区创建试点工作。

39. 教育基本建设工作。加快推进一批市级重大建设项目。推进落实区县基础教育"十二五"基本建设规划项目和中等职业教育基础能力建设规划(二期)项目建设,建立校舍安全长效保障机制。

40. 经费管理与审计。探索高校综合预算管理改革。推行市属高校总会计师制度,健全教育经费长效监管机制。建立教育拨款咨询评估机制,加大财务信息公开力度。进一步完善教育费附加和财政教育转移支付经费使用管理。探索构建公办高校学生成本分担机制。做好划转行业高校资产管理,推进委属企业经营性国资管理体制改革。建立健全教育内部审计与审计机关合作机制。做好市属高校局级领导干部经济责任审计,开展委属单位、市属高校所属国有独资和控股企业年度财务决算审计。

41. 教育政风行风建设。构建完善高校教师师德师风建设长效机制。严格落实教育部《严禁教师违规收受学生及家长礼品礼金等行为的规定》。严禁中小学教师在校外培训机构参与有偿补课。进一步完善各类招生录取程序,加强艺术、体育等特殊类型招生监察,严格落实艺术类专业招考分离,严禁辅导老师担任评委,严禁中介机构参与招考工作。

2015 上海教育工作年报

2015 年,是本市教育改革和发展"十二五"规划的收官之年。上海教育工作全面贯彻党的十八大和十八届三中、四中、五中全会精神,认真落实国家和上海市中长期教育改革和发展规划纲要,着力深化教育领域综合改革,促进各级各类教育健康发展,全面完成"十二五"规划的各项任务,为"十三五"规划的开局奠定了坚实的基础。

一、2015 年上海教育事业发展基本情况

2015 年，全市共有中小学、幼儿园、特殊教育学校及工读学校 3106 所，其中：幼儿园 1510 所，比上年增加 48 所；小学 764 所，比上年增加 7 所；中学 790 所，比上年增加 22 所；特殊教育学校 29 所，工读学校 13 所。共有在校学生 191.06 万人，其中：幼儿园 53.59 万人，比上年增加 6.56%；小学 79.87 万人，比上年减少 0.52%；普通初中 41.23 万人，比上年减少 3.38%；普通高中 15.82 万人，比上年增加 0.50%；特殊教育学生 0.45 万人，比上年减少 3.13%；工读学校学生 0.10 万人，比上年减少 29.43%。义务教育入学率保持在 99.9% 以上，普及九年制义务教育的各项指标均达到或超过国家标准。

2015 年，全市初中毕业生 9.43 万人，比上年增加 0.21 万人，高中阶段新生入学率达 97.08%。高中阶段（含普通高中、普通中专、职业高中、技工学校）毕业生 8.83 万人，比上年减少 1.17 万人。全市 2015 年高考统考考生 7.27 万余人，647 所高校在沪实际录取 64495 名，完成对外公布招生计划的 106%。

全市共有普通中等职业学校 85 所，其中：职业高中 27 所，中等专业学校 51 所，中等技工学校 7 所。共有全日制在校生 10.33 万人，比上年减少 8.27%。

全市共有普通高等学校 67 所。普通高校本专科在校学生 51.16 万人，比上年增加 0.98%。其中：本科在校生 36.72 万人，比上年增加 0.70%；高职高专在校生 14.44 万人，比上年增加 1.71%。

全市共有研究生培养机构 48 家（不包括中科院在沪分院和煤炭院上海分院），共有研究生 13.83 万人，比上年增加 0.47 万人，增长 3.51%。其中：博士生 2.86 万人，硕士生 10.97 万人。

全市共有成人中高等学历教育学校 27 所，其中：独立设置成人高校 14 所，成人中专 13 所。成人高等教育和中等专业教育在校学生 28.84 万人，其中：成人本专科在校生 15.80 万人，网络本专科在校生 11.36 万人，成人中专 1.64 万人。成人本专科招生 4.79 万人，毕业 4.97 万人；网络本专科招生 4.42 万人，比上年减少 1.4%，毕业 4.77 万人；成人中专招生 0.69 万人，毕业 0.71 万人。

全市 2015 年研究生招生 4.60 万人（含科研机构），比上年增长 4.79%，其中：博士生 0.65 万人，比上年增长 2.45%；硕士生 3.95 万人，比上年增长 5.11%。普通本专科招生 14.07 万人，比上年减少 0.86%，其中：本科生 9.20 万人，比上年增加 0.55%；专科生 4.87 万人，比上年减少 3.42%。成人本专科招生 4.79 万人，比上年减少 8.68%，其中：本科生 3.26 万人，比上年减少 10.48%；专科生 1.53 万人，比上年减少 4.59%。

全市共有成人职业技术培训机构 636 所，结业生 164.64 万人次。民办非学历高等教育机构 215 所。全市共有校外教育机构 22 所，其中少年宫 17 所，少年科技站 4 所，少年之家 1 所，教职工总数 1240 人。共有各类老年教育机构 5593 个，接受教育的老年人总数 132 万余人。

全市共有中外合作办学机构和项目 191 个，其中机构 28 个，项目 163 个。开展学历教育的机构和项目 168 个，非学历教育 23 个。全市共有外籍人员子女学校 36 所，在读学生 27339 名。2015 年本市各普通高校来华留学生 55596 人，学位生中硕士生与博士生分别比上年增长 12.21% 和 12.15%，学位生总数 17503 人，比上年提高 3.5%。2015 年全市在校港澳台学生总人数为 6431 人，其中高校 2224 人，中小学幼儿园 4207 人。

全市小学教职工总数 6.03 万人，其中专任教师 5.23 万人。中学教职工总数 7.02 万人，其中专任教师 5.50 万人。

全市普通高校教职工总数 7.36 万人，其中专任教师 4.16 万人。市属高校教职工 4.12 万人，比上年增加 1.37%，其中专任教师 2.60 万人，比上年增加 0.24 万人；中央部委属高校教职工 3.24 万人，比上年减少 1.15%，其中专任教师 1.56 万人，比上年减少 0.02 万人。普通高校专任教师中，正高级职称教师 0.75 万人，占 18.1%；副高级职称教师 1.35 万人，占 32.6%；中级职称教师 1.64 万人，占 39.4%。

2015 年，上海教育经费继续稳步增长。全市教育部门财政预算内教育事业预算总额 802 亿元，比上年增长 2.43%。其中：市级教育事业预算总额 242 亿元，比上年增长 1.42%；区级教育事业预算总额 560 亿

元，比上年增长2.87%。

二、以综合改革为引领，推进上海教育规划与布局工作

（一）整体推进落实全市教育综合改革

组织指导各区县、高校编制教育综合改革方案，全面完成各区县、高校教育综合改革方案的备案工作。分层推进落实“市级—区县—高校”综合改革，跟踪指导区县、高校教育综合改革不断取得新进展。

（二）编制各类教育改革发展规划

完成高等教育和职业教育发展规划的制订。《上海高等教育布局结构与发展规划（2015—2030年）》及《上海现代职业教育体系建设规划（2015—2030年）》编制完成并印发。

开展《上海市教育改革和发展“十三五”规划》编制工作。规划编制过程中，注重科学性和专业性，科学确定了“1+15”（1个总规划、15个专项规划）的教育规划体系，经市教育综合改革领导小组专题会议审议并原则同意《上海市教育改革和发展“十三五”规划（送审稿）》。

启动《市级教育“十三五”教育建设规划》编制工作。指导各区县开展“十二五”基础教育基本建设规划总结，汇总、审核“十三五”基础教育基本建设规划。对各高校现状数据进行了初步梳理并开展规划建设项目库调研工作，按节点推进“十三五”教育基本建设规划编制工作。

三、改革教育管理体制机制，切实转变政府职能

（一）试点实施市属公办高校总会计师制度

根据《上海市地方公办高等学校总会计师管理办法（试行）》，2015年首批在上海大学、上海师范大学、上海理工大学委派高校总会计师，针对学校有重大影响的经济活动，实行总会计师和学校校（院）长共同签署和审批制度，赋予总会计师参与学校重大财务决策的权力，发挥财务管理的专业能力，从内控管理上防范学校财务风险。

（二）推进高校人事制度综合改革

开展市属高校专业技术人员兼职与离岗创业工作实施意见、市属高校教师分类考核评价、高校教师队伍配置标准、地方高水平大学长聘教职制度改革、高校合同制科研队伍建设改革、高校行政管理人员职员职级制改革、职业教育“双师型”教师队伍建设等调研工作，初步形成有关调研报告或草案，为出台相关的指导性文件提供决策依据。

（三）推进行业高校管理体制改革

完成上海市机械工业学校、上海市工业技术学校、上海市材料工程学校、上海市第二轻工业学校等4所中职学校隶属关系划转工作。推动学校继续保持与行业企业的紧密联系，深化学校办学专业优势和行业特色。

（四）创新多种形式的办学模式

中国社会科学院与上海市人民政府共同依托上海大学共建上海研究院。依托华东师范大学、市教科院等单位共建国家教育经济宏观政策研究院。推进上海交通大学上海高级金融学院二期建设。推动上海健康医学院、第二军医大学开展战略合作，探索创设相对独立的护理学院有关工作。支持同济大学与芬兰阿尔托大学合作设立“上海国际设计创新学院”项目。

（五）深化现代大学制度建设

发布《上海市属高校章程核准暂行办法》，开展市属高校章程核准工作，研究制定各级各类学校章程核准指标体系，章程初审、评议、核准工作细则，章程执行与监督工作细则等配套文件。全面完成各级各类学校章程制定与核准工作，实现“一校一章程”。开展推进上海高校现代大学制度建设指导意见、上海高校校务委员会制度建设等方面理论研究。继续开展地方高校现代大学制度建设试点工作，增强学校依法自主办学能力，提升学校治理水平。

（六）推进全国教育行政执法体制改革试点

上海被教育部确定为全国教育行政执法体制改革试点地区。已形成市区两级教育行政执法联动运行机制，完善了市、区两级教育培训市场联合执法机制。制定《上海教育委员会关于教育行政处罚的裁量基准》，完善教育行政处罚裁量基准制度，形成教育行政执法依据、执法目录清单。

四、全面推进素质教育，促进学生全面发展

（一）全面推进社会主义核心价值观和中华优秀传统文化教育

开展中华优秀传统文化教育“六进”。面向各高校、中小学、中职校，征集评选“社会主义核心价值观落细落小落实”典型案例。成立上海市劳模文化研究中心，组建劳模讲师团，设立劳模育人实践基地，开展“走近劳模”系列活动，推进劳模精神进课堂。开展上海市第四届中小学生道德实践风尚人物奖（美德少年）评选。举办2014上海大学生年度人物表彰、社会主义核心价值观微视频竞赛。

开展系列主题教育活动。开展上海市中小学（中职校）中华优秀传统文化、百年树人电影阳光行等主题教育活动。以“体验家国情怀，畅享快乐暑期”为主题，为全市未成年人精心设计“暑期大餐”。以“勿忘国耻　圆梦中华”为主题，围绕纪念中国人民抗日战争暨世界反法西斯战争胜利70周年，利用新生入学教育的契机，通过多种形式组织开展“开学第一课”活动，对广大青少年深入进行爱国主义教育和革命传统教育。

（二）深化德育工作体系建设

加强德育师资队伍建设。研究制定上海高校辅导员队伍建设规划（2016—2020年），推动高校辅导员队伍专业化体系建设。开展德育干部（局长）、班主任高级研修班等专题培训，制定《关于加强新一轮上海市中小学骨干教师德育实训基地建设的实施意见》。举办上海高校思想政治理论课中青年骨干教师高级研修班，加强思想政治理论课中青年骨干教师专业化梯队培养。继续实施思政课拔尖教师培训、海外研修资助等培养项目。

推进高校思想政治理论课教学改革。启动2015年度上海高校思想政治理论课教学改革试点项目，遴选5个市级高校思想政治理论课教学改革试点单位，进行跟踪管理、全程指导。组织开展2015年上海市马克思主义理论学科研究生人才培养登峰计划，深入推进思想政治课建设体系创新计划。

完善学生心理健康教育服务体系建设。开展区县心理健康教育达标中心、中小学心理健康教育达标校和示范校、高校心理健康教育达标中心评估，启动区县心理健康教育示范中心以及高校新一轮示范中心建设。实施学校心理咨询师全员继续教育，遴选一批心理健康教育名师。开展心理健康教育服务“医教结合”试点、心理健康教育本土化等探索，开发心理健康档案系统等信息化平台。

（三）开展各类学生文体和健康教育活动

推进学校体育课教学改革。扩大高中专项化课程改革试点范围，21所高中成为第二批试点学校，编制完成高中专项化课程改革9个项目的教学大纲，开展专项化课程大纲培训工作。启动小学体育兴趣化、初中体育多样化改革试点工作，22所小学和23所初中成为首批试点学校。以区县教育综合改革为契机，结合区县的实际情况，在徐汇、闵行、宝山区进行体育课程改革整体试点。

大力发展青少年校园足球。制定上海市青少年校园足球发展意见，成立上海市校园足球领导小组。积极申报全国青少年校园足球特色学校及全国校园足球试点县（区），90所中小学成为全国首批足球特色学校，崇明县成为首批全国足球试点县。加强校园足球人才队伍建设，开展外籍足球教练进校园试点工作，组织全覆盖的校园足球活动指导员培训。举办2015中国（上海）国际青少年校园足球邀请赛，邀请来自8个国家的12支青少年足球队来沪交流。

加强学校公共卫生安全工作。做好学校传染病防控工作，开展相关防控知识的宣传教育。加强学校食品及饮用水安全管理工作。开展《新食品安全法》专题培训。开展“健康生活、幸福成长”中小学健康教育主题活动，开展校园急救设备配置及专项培训。推进健康教育课程建设，编制10门健康教育网络课程，编写《学生健康知识手册》(水平二)。组织“我要健康成长，我爱无烟环境”青少年学生禁烟控烟主题宣传教育活动。

推进学校艺术教育工作。继续推进“中小学艺术教育一体化”课程改革工作，建立起一套大中学相互衔接的艺术教育课程体系。加强艺术学科师资的共融互通，开展“上海市大中小学生中华优秀文化主题月系列活动暨青少年民族文化培训”活动；举行2015年上海学生纪念中国人民抗日战争暨世界反法西斯战争胜利70周年歌会活动；举办第四届上海大学生原创音乐大赛。

举办系列科普教育活动。积极推进上海市青少年科学研究院建设。加强上海青少年科技实践工作站建设，构建体系化的工作站教育模式、管理机制、发展途径。举办2015上海国际自然保护周、上海市第八届青少年创新峰会暨2015上海市青少年科学研究院年会、“少年创客行”——2015年上海市青少年科技夏令营等活动。

五、持续提升基础教育均衡化水平，深化课程教学改革

(一) 扎实推进学前教育发展

研究分析上海学前教育现状，谋划未来三年上海学前教育发展思路与举措，研究制订第三轮学前教育三年行动计划(2015—2017年)。启动研制0—3岁婴幼儿学习与发展指南，启动编制0—3岁科学育儿课程体系和教材。

(二) 提升义务教育均衡发展水平

制订义务教育学校建设与管理标准。印发了《促进本市城乡义务教育一体化的实施意见(暂行)》，启动实施五项标准：完善学校中小学建设标准、优化学校教育装备配置、加强学校信息化环境建设、健全教师配置及收入标准、探索生均拨款基本标准。

推进学区化集团化办学。研究制订《关于推进本市学区化集团化办学的实施意见》和《上海市新优质学校集群发展三年行动计划(2015—2017年)》，努力促进本市义务教育发展再上新台阶。建立“新优质学校”研究所，研究和推进实施本市新优质学校集群发展计划。

全面推行小学基于课程标准的教学与评价。深入开展小学低年级学科核心素养研究，制定小学低年级等第制评价的指导意见，指导学校落实基于课程标准的教学与评价工作要求。

推进实施对口办学和委托管理工作。推进中心城区品牌义务教育学校、幼儿园到大型居住社区和郊区新城公建配套学校对口办学，完成上海市农村义务教育学校第四轮委托管理工作，启动第五轮郊区农村义务教育学校委托管理工作。

完成2015年义务教育招生工作。启用上海市义务教育入学报名系统。进一步完善随迁子女就读义务教育招生入学机制，规范民办中小学招生行为，健全民办中小学招生过程督查机制。全面试行本市户籍人户分离人员子女居住地登记入学。坚持“免试就近入学”原则，切实保障适龄儿童、少年接受教育的基本权利，实现“100%的公办小学、初中划片(或对口)免试就近入学，每所小学的生源基本由就近入学方式确定，每所初中95%以上生源由就近入学方式确定”的目标。

(三) 完善高中学生评价系统

实施综合素质评价制度和高中学业水平考试制度。颁布高中学业水平考试实施办法和课程标准修改方案。制定高中学生综合素质评价实施办法，建设高中学生综合素质评价信息系统，形成电子化档案，引导学校借助写实记录对学生成长过程进行指导。开展高中阶段考试招生入学改革调查与研究。

推动高中教育特色多样发展。推进特色普通高中建设项目，采用项目孵化机制，引领部分高中建设特色课程体系及运作机制。继续推进部分高中开展拔尖创新人才早期培育探索。鼓励区县探索高中课程共享机制。鼓励高中开展学生生涯和学涯指导，建设专兼职相结合的人生发展导师制度。

（四）持续深化课程教学改革

启动课程改革调研。聚焦突出问题和重大需求，以“学理—转化—应用”一体化思路，围绕“培育具有上海特质的学生”“深化课改需要系统设计、重点突破、继承创新”两大需求和“上海学生核心素养”“课程、教材、教学、教师”“教材编审机制与考试招生机制”和“课程教学的信息技术支撑”四个调研专题，立足问题导向和现实需求，科学编制和修订课程标准和各学科教材的编写意见。

深入开展教育质量综合评价。完成2014年度“绿色指标”分析报告，指导区县和中小学校解读和应用评价结果。组织实施上海市中小学学业质量绿色指标测试。全面推进中小学教育质量综合评价改革实验区建设。研制区县教育质量综合评估标准。组织实施PISA测试。

推进信息技术与教育教学的深度融合。推进实施“一师一优课、一课一名师”活动，实现30%以上的中小学教师在平台上“晒课”。启动实施教师信息技术应用能力提升工程，探索运用信息技术满足学生个性化学习和创新素养培育的经验。

推进学籍管理工作。制订《上海市中小学学籍系统管理办法》《上海市电子学生证管理办法》，进行上海市基础教育学生信息系统的二期开发，拓展电子学生证的校内外应用。

（五）提升民族教育和特殊教育质量

做好内地民族班工作。召开本市内地民族班和高校少数民族学生教育管理服务工作会议，制订上海市《关于切实加强有关内地民族班学生教育管理服务工作的实施意见》，进一步加强内地民族班建设。

深入开展特殊教育研究。实施上海市特殊教育三年行动计划(2014—2016年)，开展三年行动计划各项任务落实情况调研。探索针对不同残疾类别、年龄阶段残疾儿童医教结合服务的有效方法。修订聋校和辅读学校装备标准。启动研制学前特殊教育课程指南和普通学校随班就读课程实施指南。

（六）全面加强督政和督学工作

加强教育督导队伍专业规范发展。制订《本市各级各类学校实施教育督导的意见》《上海市中小学校责任督学挂牌督导工作管理办法》。开展8个区县的中小学校责任督学挂牌督导创新区(县)评估，整体提升上海市责任督学挂牌督导工作水平。开展新任专职督学上岗培训与全市督学的业务培训。

开展各类专项督导。对静安、虹口、长宁等12个区开展了区县中小学校和在职中小学教师暑期有偿补课情况专项督导，抽查复豪教育、圣亿教育培训中心等24所涉及文化类培训的民办非学历教育机构。开展“基于课程标准的教学与评价”、义务教育阶段学校就近入学、组织实施2015年国家义务教育质量监测工作、2015年全市绿色指标监测、学生健康促进工程暨体教结合等专项督导。

六、深化职业教育教学改革，创新人才培养模式

（一）探索多样化的人才培养模式

中本、中高职贯通教育试点工作进一步深化。2015年新增中高职教育贯通培养试点专业点15个、中职—应用本科贯通培养试点专业点13个。对2013年招生并已通过甄别的47个试点专业开展跟踪检查工作。开展上海市中等职业学校2016年度新专业备案工作，共有12所学校备案了13个专业点。

“双证融通”专业改革试点深入推进。完成了“双证融通”专业改革试点项目第一轮专业改革试点工作调研报告。组织编撰并出版《上海市中等职业学校“双证融通”专业改革试点工作指南》和《典型案例汇编》，组织首批三年制试点学校开展毕业生质量跟踪调查。

组织开展各类职业教育活动。开展第二届上海市学生职业体验日活动。开展第六届“星光计划”技能大赛活动。组队参加全国职业院校学生技术技能创新成果交流赛。在第43届世界技能大赛上获得银牌，取得历史性突破。

（二）深化职业教育教学改革

健全职业教育制度体系。市政府召开上海市职业教育工作会议，颁布《上海市人民政府关于加快发展现代职业教育的决定》，推进构建现代职业教育体系。《上海市中等职业学校学生学业水平评价实施办法》和《上海市中等职业学校学生综合素质评价实施办法》修订完成并颁布，促进中职学生综合素质全面提升。

推进实施国际水平专业教学标准。完成国际水平专业教学标准试点学校典型案例编撰。研究确定2016年新开发国际水平专业教学标准的专业及承担学校。颁发上海市级专业教学标准（修订）文件，修订了13个专业教学标准。

完善职业教育评估体系。推进中等职业教育改革发展示范校建设，完成首批市级特色示范校检查验收工作。完成全国示范专业点的申报评审，推荐7所职业院校10个专业点申报全国示范专业点。推进上海现代职教评估体系研究工作。

七、全面加强高校学科建设，持续提升教育教学质量

（一）深化研究生教育综合改革

加大研究生教育综合改革力度。首次开展示范级专业学位研究生实践基地评选和建设，深入推进临床医学博士专业学位教育与专科医师规范化培训结合。积极申报深化专业学位研究生教育综合改革试点，已列入全国开展改革试点三个省市之一。

开展学位授权点动态调整。印发《上海市学位授权点动态调整实施方案（实行）》，并在全国率先开展省级统筹下学位授权点动态调整。经学校自主调整、全市统筹调整和国务院学位委员会批准，上海交通大学等7所高校撤销6个博士点、23个硕士点，9所高校增列6个博士点、11个硕士点。完成2015年普通高校学士学位授权审核，华东师范大学等16所高校的25个专业申请增列为学士学位授权专业。

加强研究生教育质量保障体系建设。完成上海2013—2014学年研究生教育质量报告编制工作，继续开展2014—2015年研究生教育质量报告编制工作。推进专业学位教育指导委员会建设，推进研究生教育信息平台新功能模块建设。

（二）全面提高本科教育教学质量

深化本科教学改革工作。进一步完善本科教学质量年度报告制度，促进高校建立本科教学工作持续改进的质量保证运行机制。增加优质本科教学资源，推进上海高校在线课程建设与应用，倡导混合式教学、互动教学，激发学生学习主动性。支持高校协同创新，启动和推进市级重点教改项目94项。开展实验教学示范中心和虚拟仿真实验教学示范中心评选和建设。

优化高校本科专业设置与管理。研究探索新型本科专业质量治理模式，帮助和引导高校建立5年一轮的本科专业自主评估机制。做好年度上海地方高校本科专业设置申报与管理工作，推进上海高校学科专业结构的优化。制定关于推进本市部分本科高校向应用技术型高等教育转型工作实施方案。

推进医教协同工作。研究医学教育临床教学基地建设规范，完善附属医院设置评估指标，新增上海中医药大学附属第七人民医院和上海健康医学院附属第六人民医院东院两个临床教学基地。

（三）提升高校知识服务能力

推进高峰高原学科建设。完成26所高校共计96个学科的专家咨询、论证工作。研究制定各学科财政经费支持额度的测算方案、人员费的分配原则以及学科建设绩效考核指标体系，完成本年度高峰高原学科建设经费划拨。研究制定《上海高校高峰高原学科建设管理办法》，正式启动实施Ⅳ类高峰学科建设工作。

推进2011协同创新中心建设。完成第一、二批知识服务平台的中期复检工作，对通过复检的3个知识服务平台挂牌“上海市协同创新中心”，共挂牌25家“上海市协同创新中心”。

推进上海“文教结合”行动计划。启动2015年上海高校博物馆内涵建设计划、上海高校服务国家重大战略出版工程和上海高校学术期刊质量提升计划。39个出版项目入选上海高校服务国家重大战略出版工程,20家高校学术期刊入选2015年上海高校学术期刊质量提升计划。

推进高校开展区域协同创新。会同张江管委会,推进上海张江高校协同创新研究院建设,进一步凝练高校服务内容和运行模式。与市经济信息化委、中航商发共同签署合作框架协议,启动"上海市商用航空发动机领域联合创新计划";会同市经济信息化委研究高校产学研合作"后补贴"机制。启动上海市"四新"服务券试点工作,启动上海高校技术转移中心试点建设验收工作,继续推进高校技术转移机构和专职人员队伍建设。

八、加强各类学习机构的建设与监管,稳步推进学习型社会建设

(一) 强化各类学习服务体系建设

开展老年教育机构标准化建设。全面完成全市街镇老年学校三年计划(2013—2015年)确定的目标任务。支持197所街(镇)老年学校开展标准化建设,建设功能教室1500多个,招生总人数增加15万。编制完成全国首个基层老年教育机构建设标准《上海市老年学校建设标准指导意见(试行)》,为今后本市社区老年学校功能设施建设和设备配置提供了技术参考。

完善开放教育质量监控与保障体系建设。以上海开放大学为基础,面对上海开放教育的各种办学类型,以全面质量管理理论为依据,明确质量保障的关键环节,构建基于过程的质量监控与保障体系。

举办各类市民终身学习活动。举办了"上海市第十一届全民终身学习活动周""老年教育歌唱类教学成果大赛及展演""首届市民诗歌节""市民网上读书"和"亲子阅读活动"等大型市民终身学习活动。

(二) 修订民非教育机构设置标准和管理办法

修订《上海市民办非学历教育机构管理办法》和《上海市民办非学历教育机构设置标准》,为促进和规范本市民非教育机构健康发展提供有力政策保障。会同市人力资源社会保障局、市工商局、中国人民银行上海分行等9部门,完成《上海市教育培训机构学杂费专用存款账户制度暂行规定》的修订,形成《上海市教育培训机构学杂费收缴和使用管理规定》。组织制定"本市高等教育自学考试专业设置审批管理办法"申报审批流程和工作手册。

九、激发民办教育机构办学活力,促进民办教育机构规范发展

(一) 创新民办教育管理模式

探索制订实施非营利民办中小学试点实施办法。积极探索研究非营利民办中小学试点实施办法,在民办中小学完善并试行非营利制度,对符合条件的民办中小学给予积极支持。

探索公办学校干部到民办学校任职的体制机制。探索民办高校党政干部队伍建设新途径,面向全市公办高校推出若干个党政干部岗位。已完成贤达学院、立达学院和工商学院等学校的党政干部公开选拔工作。

(二) 加强对各类民办教育机构的监管

启动制定民办中小学、幼儿园设置标准。根据民办教育发展的实际需求,制定民办中小学、民办幼儿园设置标准,对民办中小学及幼儿园的设立、变更、终止等事项进行规范,对校舍园舍建设标准、校园长任职资格、师资队伍建设、设施设备配置、课程教学开展等方面制定统一的标准。

完善民办学校办学许可证公众信息查询平台。进一步完善改进民办学校办学许可证公众信息查询平台,开发新版块,方便公众查询和内部工作协调,满足政府信息公开和电子证照管理的要求。

十、持续深化人事制度改革,全面提升师资队伍整体水平

(一) 完善高校教师培养和激励机制

高校高层次人才队伍建设顺利开展。完成第十二批国家"千人计划"推荐工作。完成2015年"百千万人才工程"国家级人选推荐工作。完成文化名家暨"四个一批"人才、"万人计划"哲学社会科学领军人才推荐选拔工作。完成2015年度“长江学者奖励计划”人选推荐工作。完成第十批上海领军人才评选工作。

加强高校青年教师培养工作。开展2015年上海市青年拔尖人才开发计划申报和遴选工作。完成2015年“东方学者”和“青年东方学者”岗位计划实施工作。实施上海高校国际水平师资培养计划，完成2015年度高校青年教师培养资助计划实施工作，开展2015年度新教师岗前培训工作并首次覆盖到高职高专院校新教师。

健全市属公办高校本科教学教师激励机制。开展新一轮激励计划试点工作，结合对上年试点学校专项督查的情况，共确定14所高校入选试点范围。督促2015年纳入试点和试点培育的高校不断完善方案，落实教授为本科生上课、青年教师担任助教工作制度。

(二) 着力推进职业教育双师型队伍建设

创新师资培训，建设双师型队伍。启动中高职院校教师赴国外培训、考取国际通行职业资格证书项目，开展“中高职”贯通专业能力提升培训。完成上海市中职特聘兼职教师资助管理后续相关制度的研究工作。开展2015年度行业所属中职学校教师学分认定工作，初步进行与普通高中师资培训工作对接。

开展高职院校专业教师培训。顺利完成上海高职院校第一期和第二期专业主任培训。组织推进高职高专专业教指委开展2015年全国高职院校专业骨干教师国家级培训项目，约300名教师参加培训，其中外地教师超过85名。完成2015年上海高职院校新教师规范化培训。

(三) 深化基础教育人事制度改革

完善基础教育人事制度。深入推进“教师资格制度改革”，启动教师资格定期注册全面试点工作。完善见习教师规范化培训与教育硕士专业学位教育相衔接的教育硕士培养机制。研究制订中小学教师职称制度改革方案、普通中小学机构编制和教师配置标准、上海市中小学兼职教师实施意见。加强中小学教师师德师风建设，研究制订本市贯彻落实教育部“严禁有偿补课”的实施办法。

教师育人专业素养得到提升。发挥特级教师(校长)示范引领作用，弘扬师德师风，举办“特级教师开课啦”系列公益讲座活动、“特级教师(校长)会客厅”等活动。启动实施教师专业发展机制研究工作，举行上海市教师专业发展学校建设专题培训会，开展上海市教师专业发展学校新一轮创建认定及前两批学校的年检工作。推进实施“上海市中小学(幼儿园)中青年骨干教师团队发展计划”项目。开展教师教学国际调查项目(TALIS)总结分析工作。

十一、推进中外教育合作交流，提升全球教育服务能力

(一) 深化国际合作与交流

开展多种形式的国际合作交流活动。启动“中英伙伴学校交流计划”。继续推进中美“千校携手”项目。完成上海—德国汉堡学生交流项目。推动在印度尼西亚日惹省建立“上海—日惹教育文化中心”相关工作。举办第七届上海国际友好城市青少年夏令营，160名来自22个国家、23个上海国际友好城市的国外师生参加活动。

积极推动国际组织落户上海。鼓励并支持上海师范大学建设“联合国教科文组织教师教育中心”，争取联合国“二类机构”入驻上海。支持上海政法学院“中国—上海合作组织国际司法交流合作培训基地”建设及培训工作。设立“上海市国际理解和中小学非通用语种教育研究中心”，组建基地学校。

加大汉语国际推广力度。成功举办第十届孔子学院大会，全球孔子学院的2300多人参加了大会。不断开拓孔子学院(课堂)发展的新路径、中国文化传播和汉语教学的新方法。

(二) 加强中外合作办学质量保障

积极配合中国教育国际交流协会开展高职高专层次中外合作办学到期评估工作，切实保障中外合作办学质量。启动第二届示范性中外合作办学机构和项目评选工作。完善中外合作办学信息平台建设。

（三）稳步发展来华留学工作

加强课程建设与师资培养。继续开展本市留学生全英语课程建设。签订 2015 年国家留学基金委项目地方合作协议，继续开展留学生教育师资培训，加强留学生授课教师专业外语、教学法培训。

优化来沪留学环境。吸引具有在上海创新创业意愿的外籍优秀高校毕业生进行毕业实习及创业。积极落实支持科创中心建设的出入境政策措施，完善外国留学生在我国高等院校应届毕业后直接在自贸试验区和张江示范区就业的举措。配合市公安局出入境管理局、市外办推进境外人员信息共享数据库建设。

不断拓展新兴生源市场。在英国、爱尔兰成功举办 2015 中国上海教育展。推进"留学上海"英文网站改版，及法语、俄语、西班牙语和阿拉伯语等四个小语种网站开发建设。全面实现上海市政府外国留学生奖学金网上申请与录取。

（四）优化外籍人员子女教育服务体系

规范管理学校办学行为。研究制订上海市外籍人员子女教育发展规划，为本市外籍人员子女学校的区域布局和发展规划提供政策依据。继续开展集中财务审计工作。完成年度注册备案登记工作。启动"上海市中学校长、教师赴外籍人员子女学校伙伴研修"项目，遴选出 11 所学校参加项目，每校一名校长、两名教师共 33 人到上海美国学校、上海协和国际学校、上海长宁国际学校和上海德威英国国际学校开展交流。

（五）深入推进与港澳台教育合作交流

保障港澳台毕业生各项权益。颁布《关于进一步做好本市高校港澳台学生在沪就业工作的通知》，鼓励港澳台学生毕业后在沪创业就业。

加强与港澳教育交流与合作。基本完成《沪港澳教育交流与合作推动计划（2016—2020 年）》起草工作，着重推进两地中小学姊妹学校结对。完成香港幼儿园园长上海培训项目。成功举办"2015 上海—台北学生体育节""2015 百名台生看上海活动"、上海花莲"海峡两岸青年菁英领袖营"，组织本市高校创业者参与"2015 上海—台北城市论坛"。

十二、不断创新招生与就业工作，为学生成长与发展提供有力支撑

（一）健全考试招生各项配套制度

考试招生制度改革顺利平稳。在教育部支持下，上海从 2015 年开始启动实施春季高考改革，首次允许高中应届毕业生参加春考，探索一名考生可同时被 2 所院校录取的途径。深化复旦、交大"综合评价，多元录取"改革试验，在招生录取过程中，复旦面试采取专家、考生多轮一对一的面试模式，交大面试采取两轮考生与专家一对多的面试模式，最大限度地保障了公正、公平、公开。全面落实高校自主招生试点工作。在沪 9 所自主招生试点高校制定实施稳妥可行的校测方案、从严控制优惠分值，严格依据"宁缺毋滥"原则开展自主招生录取工作。严格艺术类招考工作，出台上海"艺考六条"，从加强和完善艺术类专业市级统考、严格规范艺术类专业校考、构建艺考全过程公开透明机制三方面，堵住艺考招录制度漏洞，取得了明显成效。严格规范高考加分项目及分值。2015 年 1 月 1 日起取消全部上海地方性高考加分项目。2015 年 1 月 1 日之前获得的加分项目，按照国家规定仍然有效，但分值由原来的 20—50 分不等，一律调减至 5 分。

（二）做好高校毕业生就业创业服务工作

做好毕业生就业指导服务工作。2015 年全市高校毕业生总量 16.7 万，按照教育部统计口径，截至 9 月 1 日上海高校毕业生总体就业率为 96.53%。我委积极举办各类联合及专场招聘会和就业招聘活动，最大限度发挥校园招聘主渠道的作用，2015 年，基层就业项目中"三支一扶计划"招募 197 人，"村官计划"招募 192 人，"西部志愿者计划"招募 164 人。进一步完善和落实入伍大学生退役后直接落户和社保资助等相关政策，招募 2649 名大学生应征入伍。

完善就业援助帮扶机制。给予低保家庭和残疾学生一次性求职补贴，加强对就业困难大学生的岗位推送。对于“离校未就业”大学生，全面开展实名制登记，配合人保部门对就业困难的离校未就业高校毕业生进行重点就业援助，落实托底安置责任。

优化创业教育与服务。鼓励高校丰富创业教育内容，充实创业教育师资队伍。2015 年，上海高校开设了 109 门创业类课程，各校现有校内创业导师 225 名，校外兼职创业导师 358 名，22 所学校建立了创业实验室和训练中心，涌现了 37 个创业类学生社团。2015 年设立了上海交通大学“‘互联网＋’创业实训基地”等 3 个辐射全市高校学生的创新创业实践基地，以及上海立信会计学院“迎智 CTC 大学生创业实训基地”等 3 个独立的创新创业实践基地。编撰了《2015 年上海市大学生创业指导手册》。

建立多层次职业生涯指导服务体系。每年开展上海大学生职业生涯指导和服务体系建设工作，持续创新学生职业（生涯）发展教育方法。继续加强职业生涯指导教师队伍建设。遴选同济大学、华东政法大学、上海海洋大学三家单位承担就业队伍的初级业务轮训，引进 NCDA（国际生涯师协会）的 CDI 高级生涯讲师培训班，对高校生涯指导教师进行轮训，发挥辐射作用。

十三、优化教育资源配置，为学校教育教学提供充分保障

（一）实施高校设置与调整工作

组建上海健康医学院及附属卫生学校。整合上海医药高等专科学校、上海医疗器械高等专科学校、上海健康职业技术学院等办学资源，组建上海健康医学院。在原上海交通大学医学院附属卫生学校、上海市卫生学校基础上，组建了上海健康医学院附属卫生学校。

启动有关学校组建及更名工作。启动上海公安学院组建工作，拟在上海公安高等专科学校基础上，组建一所特色性应用技术型市属普通本科学校。启动组建上海立信金融学院（暂名），有效整合上海立信会计学院、上海金融学院两所市属普通本科学校办学资源。启动组建上海城建职业学院（暂名），有效整合上海城市管理职业技术学院、上海建峰职业技术学院两所市属普通高职学校办学资源。完成上海应用技术学院更名为上海应用技术大学的相关工作。

（二）有序推进教育基本建设项目

加快推进教育基本建设项目。协助项目建设主体单位积极推进上海音乐学院上音歌剧院、上海电力学院临港新校区一期、上海戏剧学院浦江新校区、上海体育学院国际乒联博物馆和中国乒乓球博物馆、上海大学宝山校区扩建三期项目等一批市级重大建设工程以及委属高中基本建设项目。

探索基建项目管理新模式。以上海大学宝山校区扩建三期项目为试点并启动项目代建工作。代建试点项目的实施，是市级教育基本建设项目管理新模式的有益探索，为“十三五”教育基本建设项目管理工作提供参考。

（三）进一步健全学生资助体系

建立资助政策监督落实体系。完成《国家中长期教育改革和发展规划纲要（2010—2020 年）》学生资助中期评估抽样调查工作，完成上海市高校资助工作的绩效评估工作，开展本市 10 所市属普通高校学生资助情况抽样调查与核查工作。通过充分的调研，科学的评估，建立一套合理的评价机制，加大监督检查，推进政策落实。

规范学生资助工作制度流程。修订《上海市高等学校家庭经济困难学生认定工作指导意见》，公平、公正、合理分配资助资源，切实保证国家各项资助政策和措施落实到位。进一步完善高校国家奖学金、国家励志奖学金、上海市奖学金评审制度，力求做到操作系统化、管理科学化、审查规范化。

（四）强化学校安全管理工作

着力提高校园安全隐患治理能力。为深刻吸取“12・31 外滩踩踏”事件教训，市教委成立督查小组，认真做好本市校园安全隐患排查专项整治工作。启动上海市中小学幼儿园校园安全管理中心建设。

强化特种设备和实验危化品管控。组织开展对全市学校实验室安全的地毯式检查，启动了新一轮以

学校科研实验室与危化品安全隐患排查为重点的专项整治行动，厘清了存有危化品学校数量，切实强化和落实安全生产主体责任，全面排查治理安全隐患，堵塞漏洞。

扎实推进中小学安全教育工作。与中国教育学会合作共建上海市安全教育实验区，开展基于信息化平台的学校安全教育和管理模式研究。联合开展疏散逃生演练、水上交通安全进校园安全教育活动及“小红帽”小学生交通安全教育活动，开展“安全步行抬头走”、正确使用儿童安全座椅等交通安全宣传教育活动。完成暑期中小学师生网上安全知识教育与竞赛活动。开展校车管理工作，修订上海市校车安全管理规定。

（五）加强教育信息化工作的整体统筹

完成上海教育综合管理决策平台的建设方案。召开上海教育信息化工作会议，部署十三五期间上海教育信息化工作。制定《上海市教育委员会信息化项目管理办法（试行）》，理顺财政资金建设的信息化项目的申报流程。

（六）加大教育对口支援工作力度

统筹推进上海与“七省十一地”的教育对口支援工作，按照年度工作目标，全面完成各项教育对口帮扶任务。与云南省、日喀则市和遵义市教育部门签订教育对口帮扶协议，提高工作精准性。依托区县和学校，精心组织，形成合力，圆满完成19项市级人力资源培训项目和5项计划外对口帮扶培训项目，加强工作实效性。

十四、加强有效监管，引领和规范教育改革发展工作有序推进

（一）加大教育经费监管力度

深化财政高等教育投入机制改革。完善高校经常性投入机制，健全生均综合定额标准体系，完善内涵建设经费分配，逐步扩大高校基本办学经费自主权，充分发挥高校办学活力。做好市属公办高校存量债务化解工作，市级财政通过安排化债专项资金，激励和引导市属公办高校积极化债。实施拓宽教育费附加使用和用途管理办法，经市教育综合改革领导小组第9次专题会议审议通过、市政府批准，联合市财政局印发《上海市教育费附加资金使用管理办法》。

完善教育经费综合监督机制。印发《进一步健全财政教育经费管理监督机制的若干意见》《关于推进所属预算单位预算绩效管理的实施意见》等文件，进一步明确监管责任，加强预算绩效评价工作。组织开展市属高校财务管理状况评价，健全教育财务廉政风险防控机制，提升高校财务风险管理的能力。

健全教育拨款咨询评估机制。为促进高等教育投入的决策民主化和科学化，经2015年市教育综合改革领导小组第六次专题会议审议通过，组建成立高等教育投入评估咨询委员会，不断提升财政高等教育投入的针对性、科学性和有效性。

严格规范本市教育收费行为。开展2015年规范教育收费治理教育乱收费专项检查。制定2015年本市规范教育收费工作意见，重点治理中小学有偿补课及师德领域突出问题、普通高中违规办学及收费行为、义务教育阶段择校乱收费、中小学教辅材料散滥等问题。

（二）不断创新审计工作新模式

加强内部审计制度建设。制订《中共上海市教育卫生工作委员会上海市教育委员会内部审计工作管理办法》，建立审计重大事项审议制度、审计报告签批制度、审计结果通报制度、审计整改制度、直属单位内部审计人员交叉审计制度等五项制度。审计中心与立信会计学院审计硕士教育中心合作共建内部审计实践基地正式启动，双方签订合作协议，实现教育事业单位业务开展、高校学科建设以及学生社会实践培养三方面的共赢。组建直属单位专兼职审计人员队伍。

（三）加大政府信息公开力度

在“上海教育”网新增主动公开政府信息446条，全文电子化率达100%，政府信息公开专栏访问量达

288.12 万人次。设立“2015 年教育实事项目”专栏，面向公众主动提供“新增 60 所学校少年宫”“扶持 50 所老年学校标准化建设”等 2 项实事项目的情况介绍，同时设立历年教育实事项目回顾等相关栏目，主动公开相关信息 44 条。围绕贯彻落实上海市中长期教育改革和发展规划纲要、上海市教育改革和发展“十二五”规划，主动发布非公文类政府信息 38 条。加强教育综合改革推进情况信息公开力度，主动公开本市在基础教育、高等教育、招生考试等方面教育综合改革的进展情况。向社会主动公开了 2015 年部门预算信息、2014 年部门决算信息和 2015 年部门“三公经费”预算信息、2014 年部门“三公经费”决算信息。规范处置政府信息依申请公开，共受理申请 13 件。市教委在做好自身信息公开工作的同时，注重对高校和区县教育局信息公开工作的指导和统筹，努力构建信息公开工作整体合力。

（四）积极妥善化解各类信访矛盾

信访工作形势总体平稳可控。信访总量 12610 件，其中来信 2726 件，来访 2139 批/3708 人次（其中集访 81 批/925 人次），来电 6418 件，电子邮件 1327 件。共完成教育部、市政府、市人大、市政协等部门转交办信访事项 1396 件；完成市党政领导批示的重要交办事项 26 件；撰写信访情况专报 57 期；上报信访矛盾处理情况报告 146 件；召开信访稳定例会 24 次，所涉信访问题均得到了及时有效处置。

（五）有序推进语言文字工作

上海是中国语言资源有声数据库建设首批试点省市之一，2015 年，中国语言资源有声数据库上海建库工作通过了教育部、国家语委的评审验收。继续推进幼儿园开展上海话教育体验活动的试点。紧扣“依法推广普通话，提升国家软实力”的主题，精心组织开展第十八届推普周活动。

（六）健全直属单位管理体制

进一步健全管理机制，明确委领导及各相关处室的管理职责，细化了工作流程。加强直属企业监管，不断完善上海沪教资产管理有限公司管理体制机制，确保直属企业工作有序推进。开展直属单位专项整治工作，检查内容主要包括超职数配备干部问题专题整治情况等 13 项内容，同时检查贯彻落实“八项规定”和“三公经费”使用情况。为了使检查工作常态化，两委建立了直属单位巡查制度，对 3 家直属单位开展巡查。

各级各类教育
Various Educations at Different Levels

综　合　类

【深化教育综合改革】 根据改革任务事权职责，全市建立分层推进落实体系，从市级、区县和高校三个层面同步推进落实。①建立基于战略规划的市级教育统筹机制，深化部市战略合作会商机制。教育部和上海市于2014年底签署为期7年的部市深化上海市教育综合改革战略合作协议，明确了5个方面共24个重大改革领域，建立部市共建年度会商制度及部市司局级层面定期工作磋商机制；强化市级教育综合改革组织领导，成立由市委副书记和分管副市长担任双组长的市教育综合改革领导小组，增加了成员单位，把市教育重大改革事项纳入议事决策范围；明确市级教育统筹的重点任务。转变政府教育管理职能，重点抓好规划、投入、评价三件事，构建起基于“三大战略规划”的市级教育统筹机制。②根据区县实际，推进实施综合改革。加强区县教育综合改革顶层设计，把区县教育综合改革划分为整体综合改革、特色综合改革两类，引导各区县自主选择其中一类编制实施教育综合改革方案；加强工作指导与推进，组建由离退休教育行政领导、离退休校长、知名专家组成的专家组，召开专题论证会对各区县方案进行逐一论证，提出意见并跟踪服务。③分类别和差异化推进高校综合改革。加强高校方案编制统筹指导，印发高校深化综合改革指导意见；实施分类别和差异化指导，分在沪部属高校、市属公办本科院校、市属公办专科高职院校、市属民办高校4个类别进行指导推进；各高校编制形成各具特色改革方案。截至年底，在沪部属高校均已向国家教育体制改革领导小组办公室报备了综合改革方案；各区县、各市属公办高校也都向市教育综合改革领导小组办公室进行了报备。上海教育综合改革分层推进落实体系初步建立。

（孙　勇）

【市教育综合改革专家咨询委员会成立】 为更好地承担起国家教育综合改革试点任务，市教育综合改革领导小组批准成立市教育综合改革专家咨询委员会，强化政府教育决策咨询、加强试点任务过程指导。市教育综合改革专家咨询委员会由全国各相关领域的知名专家学者组成，包括12位国家教育咨询委员会委员，以及教育部考试中心、国家教育发展研究中心、全国教师教育资源专家委员会、全国课程专业委员会、中国教育学会、中国职业教育学会、中国成人教育学会、中国特殊教育学会等管理研究机构负责人，全国和上海市人大、政协专门委员会和党派代表，大学和中小学离退休书记和校长代表，全市相关委办局离退休领导，教育战略和教育理论研究专家等。12月17日，上海市教育综合改革专家咨询委员会成立大会暨第一次全体会议召开。教育部原副部长、市教育综合改革专家咨询委员会主任吴启迪，市教育综合改革领导小组副组长、市政府副秘书长宗明，市教育综合改革领导小组副组长、市教卫工作党委书记陈克宏出席会议，并为与会的咨询委员颁发聘书。来自全国各地的31位咨询委员出席会议。吴启迪主持咨询委员会第一次全体会议，讨论并原则通过咨询委员会章程和工作规则。咨询委员围绕上海教育综合改革重点、热点和难点工作畅所欲言，发表建设性意见，共同为上海教育综合改革的重点任务、实施策略和具体路径建言献策。

（孙　勇）

【教育对口支援】 加大教育对口支援工作力度，推进上海与“七省十地”的教育对口支援工作。开展“十三五”教育对口支援的规划编制工作，基本完成《上海教育对口支援“十三五”规划》及相关专项规划的编制。加强工作对接，全面深化教育对口帮扶工作，分别与云南省教育厅签订《支持滇西集中连片特殊困难地区教育事业改革和发展合作协议》、与西藏自治区日喀则市教育局签订《2016—2020年教育对口支援工作协议》、与贵州省遵义市教育局签订《2015—2020年教育对口帮扶与合作协议》。实施对口地区教师培训工作，年内共接受新疆维吾尔自治区喀什市、青海省果洛等地校长、教育管理人员和教师688人来沪培训。加大人才培养力度，做好全市21所中学、8所中职校内地民族班的办班工作，全市24所中职学校继续与云南省红河州、文山州、普洱市，以及新疆维吾尔自治区喀什市、重庆市万州、湖北省夷陵、青海省果洛和贵州省遵义市等对口地区的中职学校开展中职合作办学。全年在上述地区招收学生2097人。（冯静波）

【督查督办工作】 按照市委、市政府有关督查工作的要求，2015年市教委围绕中心工作，不断健全督办工作机制，加大督办工作力度，确保各项教育改革发展工作有序推进。①优化督查督办机制和流程，确保工作决策有效落实。根据市领导提出的“加强、改进、完善、提高”要求，进一步突出督查重点，完善督查机制，确保督查督办工作有实效。加大市领导重点推进事项的督查督办，共参与市政府召集的专题会和组织的调研130余次，跟踪列督事项落实工作，全面掌握列督事项进展情况。全年新增列督事项22项，历年列督事项办结24项。完成市领导和市教委主要领导批示件以及基层请示件的督办落实工作，全年按时完成市领导批示件的落实办理工作252件，共办理落实委主要领导批示件51件。督促市教委相关处室抓紧办理基层请示件，全年共完成1031件基层请示件的督办工作。②做好市政府重点工作的分解落实和跟踪督办工作。根据市政府总体安排，全市共设立20项市政府重点工作。其中，“全面推进教育综合改革，创新教育发展体制机制”由市教委牵头承担。根据市政府督查室的要求，市教委办公室会同各相关处室对涉及的市政府重点工作进行细化，形成《市教委2015年市政府重点工作节点目标安排表》，有序推进各项工作，市政府重点工作的各项任务按照节点要求全面完成。（钟　智）

【教育信息报送】 根据教育重点、热点、难点问题，以及上海教育综合改革发展情况，年内，共编发《上海教育工作简报》45期，《每周教育信息》36期，《教育工作》3期，《教育工作情况专报》38期，《上海教育安全稳定专报》45期，《一周上报信息摘要》5期，《教育信息》100期。信息报送主要内容，一是各级各类教育发展改革的新经验新举措新成效，包括推进教育综合改革阶段性进展情况，高考制度改革、高校布局结构调整阶段性推进情况，高峰高原学科建设情况，加强和改进高校毕业生创业就业工作情况等。二是特定时间节点高校师生的思想动态、教育系统各类安全工作和维稳工作情况。信息报送主要工作举措，一是优化信息载体，提高使用效率。将《市教委简报》更名为《上海教育工作简报》，增加全市层面的教育综合改革简报。将《领导讲话》合并至《教育工作》，编发领导重要讲话和重点工作部署。增设《一周上报信息摘要》。二是梳理报送流程，规范紧急信息报送。要求教育系统各单位不断增强政治意识和责任意识，畅通紧急信息报送渠道。与各有关职能处室建立沟通协调机制，严格规范程序。与市委、市政府应急值守处保持紧密联系，确保信息及时报送。（沈蕴辉）

【政府信息公开】 做好文件类政府信息的主动公开工作，新增主动公开政府信息515条，全文电子化率达100%，政府信息公开专栏访问量达313.46万人次；做好非公文类政府信息公开工作，主动公开2项实事项目的相关信息44条，围绕中长期教育改革和发展规划纲要和“十二五”规划的落实，发布非公文类政府信息38条；稳步推进部门预算决算和财政性资金信息公开工作，公开2015年部门预算信息、2014年部门决算信息和2015年部门“三公经费”预算信息、2014年部门“三公经费”决算信息；加大公共服务类信息的公开力度和政策解读力度，配套提供相关的政策解读343条，开设“中考热线”“高考热线”等多个专题栏目。全年受理政府信息公开申请18件，其中“同意公开”的12件，未提供公开的6件中，另“信息不存在”的4件，“非本机关职责权限范围”的1件，“申请人主动撤销”的1件；推进网上政务大厅建设，完成7项行政审批事项办事指南编制、部门上网方案制定、系统建设、应用联调测试及确认等工作；推进数据资源共享和开放工作，以现已公开的数据资源为基础，开发8项数据服务产品，累计完成31个信息化项目43个数据资源的编目和注册；梳理、调整教育公共服务事项，整合直属机构网站12项服务资源，逐项公布办事须知并提供表格下载；完善民办教育机构办学许可证信息查询系统，向社会和公众公开20所民办高校、303所民办中小学、651所民办幼儿园（早教机构）和1222所民办非学历教育培训机构的各类办学信息；公开上海市中外合作办学（含内地与港澳台地区合作）机构和项目的各类信息；建立"上海市各区县学校体育场地向社区开放"信息查询系统和上海市青少年活动中心、少年宫、少科站查询系统。开展市教委领导参与的在线访谈工作。市教委领导先后做客上海人民广播电台《民生访谈》《政风行风热线》节目、做客"中国上海"门户网站，与听众和网友互动交流。加强"上海教育"门户网站、政务微博、政务微信互动工作。政务微信、微博粉丝数总计55万，政务微信全年共发布图文信息1100条，阅读总量超过233万，微信单篇阅读量最高达到10.6万人次。政务微博2015年全年共发布信息3895条，获评论4053条，转发24475条，点赞13303条，单篇阅读量最高达127万人次。全年通过网上公示、问卷调查、教育大家谈等网上交流互动形式开展交流互动共计66项，浏览和参与者达10.1万人次。推进高校信息公开工作，对高校信息公开工作开展评议，召开高校信息公开工作培训会，指导高校进一步做好信息公开工作。推进区县教育局信息公开工作，连续11年对区县教育局信息公开和网站建设工作进行评议，召开区县教育局信息公开和网站建设工作培训会，指导区县教育局进一步做好信息公开工作，推进中小学信息公开规范化建设。

（顾晴娜）

【编制《上海高等教育布局结构与发展规划（2015—2030年）》】 12月28日，市教委、市发展改革委、市人力资源社会保障局、市财政局和市规划国土资源局联合印发《上海高等教育布局结构与发展规划（2015—2030年）》（以下简称《高教规划》）。《高教规划》确定的总体目标是，到2030年初步建成与社会主义现代化国际大都市相匹配的高等教育，形成总体水平比肩国际大都市，人才培养、科学研究和社会服务适应中国经济发展"新常态"，适应上海"四个中心"和具有影响力的科技创新中心建设的国家战略，引领城市文化传承和创新，全面提升人民群众文化素质的世界一流的高等教育体系。人才培养规模目标是，到2020年达到105万人左右，其中普通高等教育规模70万人左右。到2030年预计达到140万人左右，其中普通高等教育规模90万人左右，上海高等教育全面进入普及化阶段。《高教规划》明确人才培养的层次目标和学科结构目标，同时建立规划目标动态调整机制，确保上海高等教育规模、结构、质量、效益的有机统一。《高教规划》重点实施3大战略举措：一是以人才培养需求为导向调整优化高校布局结构。统筹全市各类高等教育资源，围绕高等教育事业发展目标，通过合并组建、新设增设、调整撤并、中外合作办学、二级学院相对独立运行等多种形式，不断优化上海高校布局结构。根据上海高校学科发展现状和各学科发展成熟度及未来发展趋势，综合考虑未来行业人才需求结构及高校毕业生就业结构变化，统筹规划上海普通高等教育分学科在校生规模及结构。明确要多途径提高医学类高校的办学层次和人才培养能力，加快提升艺术类高校和艺术学科的整体水平，稳步提高经管类高校的办学层次和应用研究能力，优化法学类高校的人才培养层次和结构，引导不同类别高校的理工农学科特色发展，提升文史哲教类人才培养的层次和水平。二是以教育治理现代化为目标构建高校分类发展体系。从高校人才培养主体功能和主干学科专业集聚度两个维度，构建形成以"二维"分类为主的上海高等教育分类管理体系。按照人才培养主体功能和承担学科研究类型等差异性，将高校划分为"学术研究型、应用研究型、应用技术型和应用技能型"四种类型；按照主干学科门类（本科与研究生）或主干专业大类（专科）建设情况，将高校划分为"综合性、多科性和特色性"三个类别。按照"政府政策引导、高校自主选择、社会参与评估"的基本原则，科学确定各高校在"二维"分类体系中的目标定位。实行分类管理、分类评估、绩效拨款,引导高校凝练办学特色,聚焦发展重点,在各自领域内追求一流,实现上海高校从“一列纵队”向“多列纵队”发展。三是以重点领域为突破口深化高等教育体制机制改革。依据《高教规划》的重点内容在统筹、投入、评价等方面建立配套措施,通过健全高等教育资源的统筹协调机制,创新多元化的高等学校办学体制、多渠道提升上海高等教育国际水平,构建以信息化为支撑的多样化终身学习体系,建立完善分类发展的教师配置和评价制度,建立分类评估、绩效拨款的政府投入机制等举措,作为落实《高教规划》的重要抓手。

(秦晋一、黄海洋)

【共建上海研究院】 6月5日,上海市政府和中国社会科学院在沪签署合作协议,依托上海大学共建上海研究院。上海研究院围绕中国特色社会主义改革与发展的重大理论和现实问题,围绕上海作为全面深化改革前沿所承担的重要任务开展工作,努力建设成为高端思想库(智库)、高端人才培养基地、高端国际交流合作平台和高端国情调研基地,着力打造高水平、国际化的中国特色新型智库。上海研究院按照协同创新的体制机制高效运作,重点围绕国际金融贸易、城市可持续发展、社会治理创新和核心价值传播四大核心领域,开展前瞻性、战略性高层次决策咨询研究。上海研究院自成立以来,结合国家和上海发展战略,开展多项调查研究,在践行共享发展理念、长三角一体化发展、完善创新创业交流、上海自贸区等方面形成高质量决策咨询报告,受到市委、市政府主要领导的重要批示和各方面的关注与好评。2015年下半年,上海研究院成功组织承办“上海科技创新中心建设:实现路线与金融支持”“丝绸之路经济带国家社会变迁研究国际研讨会”“第二世界考古·上海论坛”等10多次重大会议,邀请国内专家700多人次,国外专家近200人次,提交论文近500篇,编印论文集15本,签署合作协议7份,在国内外学术界取得较大反响。

(秦晋一、黄海洋)

【组建上海健康医学院】 2月27日,市委、市政府决定整合上海医药高等专科学校、上海医疗器械高等专科学校、上海健康职业技术学院相关办学资源,用于组建上海健康医学院。4月1日,市编委批准组建上海健康医学院附属卫生学校。根据上海市高等教育布局结构与发展规划有关高校二维分类管理要求,上海健康医学院紧密对接国家和区域经济社会发展实际需求,将学校定位为医学类应用技术型特色性普通本科学校,以医学为主干学科,主要培养面向基层医疗机构的医护人员及相关辅助人员,包括老年服务与管理人员。上海健康医学院系全日制普通本科学校,隶属于市教委,全日制在校生规模暂定为12000人。先行开设生物医学工程、康复治疗学、护理学3个本科专业,于2015年正式招生。

(龚　晋)

【推进城乡义务教育一体化】 10月,市教委会同市发展改革委、市经济信息化委、市财政局、市人力资源社会保障局、市住房城乡建设管理委、市规划国土资源局、市体育局和市编办等部门,研究制定并印发《促进本市城乡义务教育一体化的实施意见(暂行)》(以下简称《实施意见》)。《实施意见》以本市城乡义务教育阶段学校在校舍、装备、师资、信息化和经费等方面存在的差异为切入口,结合本市教育综合改革,以推进义务教育资源配置标准化、均等化为主要目标,制定了《上海市普通中小学建设补充技术要求》《中小学创新实验室、图书馆、安全教育共享场所教育装备配备要求》《上海市城乡发展一体化中小学信息化环境设施建设基本规范(试行)》《义务教育学校教师配置及收入标准》等具体标准。《实施意见》规划到2020年,通过明确义务教育办学和管理的统一标准,加大公共资源和财政投入支持郊区农村义务教育发展的力度,促进城乡义务教育一体化发展,提升全市基本公共教育服务水平。为进一步贯彻落实《实施意见》,2016年1月组织召开城乡义务教育一体化工作推进大会,要求各区县教育局会同区县相关部门,成立工作小组,建立统筹协调、协同推进的工作机制;同步开展辖区内公办学校摸底调研工作,因地制宜制定实施方案,梳理形成区县城乡义务教育一体化规划项目。

(顾满锋、张玲燕)

【实施区县基础教育"十二五"基本建设规划】 截至12月31日，《上海市区县基础教育"十二五"基本建设规划》(以下简称《区级建设规划》)已竣工项目537个，占规划项目总数66.5%；在建项目108个，占规划项目总数13.4%，合计开工率约79.9%。未开工项目162个，占规划项目总数20.1%，其中约120个项目接转至"十三五"期间开工。已交付使用项目可提供幼儿园学位约7.3万个，小学学位约9.0万个，初中学位约7.3万个，高中学位约2.0万个，有效缓解上海市幼儿园和小学入学高峰。为推进上海市基本公共服务一体化，优化调整区县基础教育校舍资源布局，改善基础教育学校办学条件，加大郊区学校建设力度，2012年4月，市教委会同各区县教育局编制《区级建设规划》。规划项目由大型居住社区教育配套项目、普通商品房教育配套项目、郊区新城教育配套项目、校舍资源紧缺地区补建项目和教育局自建项目五部分组成，主要涉及学前教育、义务教育、高中教育，以及少数区县所属职业教育、成人培训和特殊教育建设项目。2013年11月，结合项目实施情况，市教委对《建设规划》开展中期评估，后经市教育体制改革领导小组第五次专题会议审议通过，对《建设规划》项目进行中期调整。经调整，规划项目数由1042个调整至807个，用地面积由1597.56万平方米调整至1087.84万平方米，项目总建筑面积由1142.61万平方米调整至826.45万平方米。 (顾满锋、张玲燕)

【推进实施市级教育建设项目】 全年市级教育"十二五"基本建设项目投资完成情况以及开工项目数，较前几年均有大幅增长。据统计，2015年全市市级教育基本建设当年累计完成市级建设财力投资39.8亿元，较年初投资计划36.4亿元超额完成近10%。同时，较2014年度市级建设财力完成的投资数23亿元增长73%。至2015年底，77个《市级教育"十二五"基本建设规划》项目中，24个项目已竣工并投入使用，总建筑面积约155.14万平方米，完成总投资约62.18亿元；23个项目实现开工建设，总建筑面积约135.9万平方米，项目批准总投资约110.31亿元；17个项目分别完成项目建议书、可研报告及初步设计等审批工作，总建筑面积为83.86万平方米，总投资估算约为53.51亿元；另有14个项目的项目建议书申报工作已完成，总建筑面积为54.31万平方米，总投资估算约为36.72亿元。同时，市发展改革委、市财政局等部门对项目建设资金予以托底保障。5年来，市级建设财力资金累计投入近100亿元用于支持上海地方委属公办高校的基本建设项目。在进一步改善学校基本办学条件的同时，极大减轻了上海地方委属高校进一步发展的经济负担。 (邱仲古)

【中小学(幼儿园)教师"研修一体"培训】 为加强教研、科研、培训的有机融合，提高教师培训在教育教学和教师专业发展中的实效性，提升教师教学专业素养、优化教师培训课程、整合课程开发队伍，市教委启动实施上海市中小学(幼儿园)"研修一体"网络课程建设，以基于标准的学科教材教法分析的教师培训课程建设为重点，探索"研修一体"的教师专业发展机制，将重心由教师培训转向培训与研修相结合，直接将教材教法研究成果转化为教师研修课程，通过教师对教学问题的自主研究、学习，有效促进教师教学素养的提升。①开发一批指向教材教法现实问题的网络研修课程，完成首批涵盖幼儿园(5门课程)、小学(15门课程)和初中(17门课程)各学段共37门教材教法网络研修课程，小学语文的6门课程已在全市教师市级培训中实施。②探索符合成人学习特点的研修方式，形成"现象思考—理论学习—案例分析—实践反思"四个紧密关联、层层深入的学习环节构成的研修方式。③建立合作共建、研修一体的课程开发模式，形成基于合作的课程开发机制，形成"主题式课程开发"和"教研活动课程化"两条课程开发路径，形成课程质量评价机制、专家团队定期指导和经费支持的三个保障机制。④初步建构教师教学专业素养结构，深化基于课程标准的教材教法研究，有助于教师加深学科理解，提升教师教学专业素养。⑤打造具有课程素养的课程开发骨干队伍，并在区域内发挥辐射作用，引领学校教师共同建设研修课程。 (杨 洁)

【市属高校本科教学教师激励计划扩大试点】 在2014年实施市属高校骨干教师教学激励计划

(2015年更名为“市属高校本科教学教师激励计划”)的基础上,市教委开展市属高校本科教学教师激励计划扩大试点,共有14所高校入选试点范围。其中,上海工程技术大学、上海大学、上海交通大学医学院、上海中医药大学、上海理工大学、上海海洋大学、上海师范大学、上海体育学院、上海海事大学、上海应用技术学院为试点高校;华东政法大学、上海音乐学院、上海第二工业大学、上海对外经贸大学为试点培育高校。各有关高校在试点工作中重点推进实施本科教育教学改革、激励教授副教授讲授本科生课程、建立健全教师坐班答疑和自习辅导制度、推动青年教师担任助教工作、完善教学激励配套人事制度等工作。 (朱晨光)

【实施高校特聘教授与青年东方学者岗位计划】 年内,共有27所高校推荐东方学者人选246人,其中:特聘教授申请者141人,讲座教授申请者78人,跟踪计划申请者27人。经专家评审、网上公示等环节,共确定83人入选2015年度东方学者岗位计划。从岗位类别看,特聘教授57人,讲座教授15人,跟踪计划11人。年内,首次实施青年东方学者岗位计划,支持市属高校引进和培养一批具有较大发展潜力的优秀青年人才。当年共有19所市属高校推荐114人申报,经专家评审、网上公示等环节,共确定52人入选2015年度青年东方学者岗位计划。 (朱晨光)

【高校青年教师培训培养】 继续构建和完善高校青年教师培养体系。实施师资博士后制度,建立健全高校青年教师人才储备制度,38人入选资助名单。完善新教师岗前培训工作,首次实施职业院校新教师岗前培训,共有440名本科高校新教师和82名高职院校新教师获岗前培训证书。实施高校青年教师培养资助计划,共有659人入选。深入实施教师专业发展工程,促进中青年教师提升专业能力,共有165名教师入选国内访问学者计划,385名教师入选国外访学进修计划,351名教师入选产学研践习计划,142名教师入选实验技术队伍建设计划。首次实施上海高校国际水平师资培养计划,首批4人赴美国康奈尔大学学习进修。 (朱晨光)

【实施《乡村教师支持计划》】 根据国务院办公厅《乡村教师支持计划(2015—2020年)》的精神和要求,印发《上海市〈乡村教师支持计划(2015—2020年)〉实施办法》(以下简称《实施办法》)。明确提出:必须把乡村教师队伍建设摆在优先发展的战略地位。《实施办法》从六方面明确政策要求。一是着力提升乡村教师思想政治素质和师德水平。二是加大乡村教师培训力度,提升乡村教师专业能力。三是加强区域教师资源统筹,拓展补充渠道,配齐配足乡村教师。四是完善乡村教师职务评聘机制,促进教师专业发展。五是进一步改善乡村教师生活条件。六是建立乡村教师荣誉制度。《实施办法》还明确了区县政府责任,要求加大支持乡村教师队伍建设的投入力度,并将乡村教师支持计划实施情况纳入综合督政工作中。 (李 捷)

【特级校长评审和流动工作】 年内,市教委开展第六批特级校长的评审认定工作。经校长个人申报,区县考核测评、专家评审和推荐公示,共有54人被认定为特级校长,平均年龄为50岁,其中义务教育阶段学校校长24人,高中校长(含完中)16人,幼儿园园长6人,中职校校长3人。为鼓励中心城区优秀校长流动到郊区工作,在完成上一轮特级校长流动工作的基础上,2015年继续深入推进特级校长流动工作。经校长本人自愿申请、所在区教育局审核,市级专家组评审,有11名中心城区新晋特级校长在2015学年全部进入郊区学校任职,流动时间3年,期间不再担任原学校的日常管理工作,全职在流入学校实职担任校长,承担学校管理主体工作,带领学校班子成员、全体师生着重在办学思想、课程建设、课堂教学、师资队伍建设、学校管理、培育学校文化等方面开展深入细致的工作。市教委对流动工作进行全程跟踪和评估。城、郊双方教育局明确工作项目和各方职责,加强过程管理,由流入区负责实施特级校长流动工作的考核和评估,考核评估结果作为校长评优奖励、业务进修、提拔任用的重要依据。 (沈 燕)

【完善基础教育资助政策】 根据2014年国务院颁布的《社会救助暂行办法》和上海市政府印发的《关

于本市贯彻〈社会救助暂行办法〉的实施意见》，市教委会同相关部门完善和修订基础教育资助政策。一是扩大资助对象的覆盖范围，将政策覆盖范围扩大到特困供养人员（指无劳动能力，无生活来源且无法定赡养、抚养、扶养义务人，或者其法定赡养、抚养、扶养义务人无赡养、抚养、扶养能力的老年人、残疾人以及未满16周岁的未成年人）和低收入困难家庭学生（指根据《上海市低收入困难家庭申请专项救助经济状况认定标准（试行）》，同时符合下列标准：上海市城镇居民家庭月人均可支配收入低于1420元，农村居民家庭月人均可支配收入低于1240元；人均货币财产低于5万元；家庭成员名下无生活用机动车辆；家庭成员名下无非居住类房屋；城镇居民家庭人均住房建筑面积低于统计部门公布的上年度上海市城镇居民人均建筑面积，农村居民家庭除宅基地住房、统一规划的农民新村住房外，家庭成员名下无其他商品住房；并由民政部门进行经济状况认定）。市教委分别印发了关于对上海市学前教育阶段、义务教育阶段、高中阶段、中职学校学生实施资助的通知，以及对基础教育阶段残疾学生实施免费教育的通知。二是形成梯度资助的政策体系。根据学生家庭困难程度，将资助对象分为两类，一类为最低生活保障家庭学生、特困供养人员、烈士子女、孤儿、残疾学生，给予较高标准资助；一类为低收入困难家庭学生，给予适当资助。三是保持资助政策的延续性。对各学段低收入困难家庭学生则按原低保家庭类学生资助内容予以资助；对各学段的低保家庭类学生，增加资助免代办服务性收费；普通高中和中等职业学校，则根据中央关于提高高中阶段国家助学金资助标准的精神，结合上海市实际，提高高中阶段国家助学金标准。四是明确资助对象以相关部门的认定为依凭。明确对低保家庭、特困供养人员、低收入困难家庭等以民政部门的认定为资助依凭，残疾学生以残联的认定为资助依凭。（方　涛）

【完善教育费附加资金使用管理办法】 为提高教育费附加资金使用效益，经教育部、财政部同意，上海将"试点拓宽教育费附加使用范围和用途，根据区域教育发展实际，制定地方性教育费附加管理办法"，纳入《上海市教育综合改革方案（2014—2020年）》，并获得国家教育体制改革领导小组同意。11月，经上海市政府批准，正式印发《上海市教育费附加资金使用管理办法》（以下简称《管理办法》）。《管理办法》适当拓宽了使用范围，教育费附加专项用于基础教育各学段的基本支出和项目支出；明晰市与区县支出责任，教育费附加资金由市与区县共同使用，其中市级使用部分主要用于市级所属基础教育相关支出，以及由市级统一实施的基础教育发展支出；区县使用部分通过市对区县转移支付下达各区县，由各区县统筹用于本辖区内基础教育相关支出。全市教育费附加中，用于中等职业教育的比例原则上略高于国家的有关要求，根据当年中等职业教育改革的实际需要和确需保障的内容统筹安排，从而在保证完成国家对中职教育的投入要求的前提下，逐步探索建立按需安排的动态调整机制。《管理办法》要求，市和区县教育部门分别建立基础教育支出项目库，对项目组织开展评审后纳入项目库，跨年度实施的项目应纳入中期预算管理，分年度安排预算，实施滚动管理。同时，明确教育费附加资金必须严格执行国库集中支付、政府采购等有关规定，结转结余资金按照国家和上海市有关规定管理，加强监督管理、绩效评价和信息公开。（方　涛）

【推行公办高校总会计师制度】 2015年，在上海大学、上海师范大学、上海理工大学试行地方公办高校总会计师制度。①市教卫工作党委、市教委成立"高校总会计师管理工作小组"，承担总会计师日常管理等具体事务工作。②强化高校内部控制建设，健全内部控制制度体系，做好重要经济活动和经济活动重大风险的控制。完善联签制度、报告制度等。③开展任职培训。根据地方公办高等学校总会计师管理办法要求，由财政部门组织总会计师参加任职前和任职期间的培训。④继续扩大试点，将地方公办高校总会计师制度在内的"深化财政教育投入机制改革"事项，列入全市教育综合改革重大事项之一，逐步扩大高校总会计师试点范围。

（宋懿琛）

【规范教育收费】 年内，在全市范围内开展了规范教育收费、治理教育乱收费工作，进一步规范教育收费行为。①制定全市规范教育收费工作意见。重点将中小学有偿补课、师德领域突出问题、普通高中违规办学及收费行为、义务教育阶段择校乱收费、中小学教辅材料散滥等群众关心的问题，以及新出台的中小学(幼儿园)代办服务性收费管理执行情况、民办高校学历教育收费执行情况和帮困助学政策落实情况，作为规范上海教育收费工作的主要内容。②开展2015年规范教育收费、治理教育乱收费专项检查。市教卫工作党委、市教委、市财政局等6部门联合召开专项检查动员会，组成市联合检查组，对全市12个区县、8所高校和4所直属学校进行实地检查。对检查中发现的问题，引导学校明确整改清单，落实整改责任，逐一整改到位。在各级政府部门之间建立协商联动分享机制，坚持常态监督与专项检查相结合，坚持问题导向与制度建设相结合，将规范教育收费管理进一步落实。③开展全市中小学幼儿园收费情况调查。印制《2015年本市中小学幼儿园收费情况调查问卷》，向全市10万名学生家长发放问卷，进行抽样调查。④将2015年国家和上海市出台的有关教育收费管理文件汇编成册，为规范教育收费、治理教育乱收费管理工作提供政策制度等依据。 (毕昇华)

【安排“十大工程”专项资金】 “十二五”期间市级财政计划安排140亿元专项资金用于“十大工程”建设，2015年安排专项资金30亿元。其中，地方高校内涵建设的部分资金，作为内涵建设经常性经费按额度“整体打包”下达，由高校自主安排用于安排学科专业、教师发展和教育国际化建设等方面，合计6.94亿元。市级统筹安排23.06亿元。主要用于支持城乡基础教育一体化建设工程、职业教育示范校和能力建设工程、教育信息化公共服务平台建设工程、市民终身学习促进工程、学生实践和创新基地建设工程、学生健康促进工程等“十大工程”项目实施，支持改革招生考试制度试验、促进民办教育规范特色发展试验、探索区域教育协作新机制试验等教育综合改革重点试验项目实施，支持改革义务教育教学质量综合评价办法、扩大并完善免费师范生教育、开展教师资格制度改革试验等27项国家教育体制改革试点项目实施，及包括购买高校学生伤害事故校方责任综合险等其他教育重大项目的实施。 (杨雁俊)

【重点教育项目支出绩效评价】 年内，市教委加强对项目绩效的常态管理，推进市属高校财务管理绩效评价，扩大财政教育支出绩效评价范围，开展绩效自评价，提高财政资金的使用效益。①健全预算绩效评价管理机制，明确预算绩效管理职责并制定了《关于推进所属预算单位预算绩效管理的实施意见》。②完善绩效评价指标体系。建立重点项目考核指标体系及高校财务管理状况评价指标体系。③组织编制预算绩效目标。在编制和布置2016年部门预算时，明确将专项资金绩效目标编制纳入专项资金预算申报管理流程。④开展绩效跟踪及评价工作。选取2015年高校内涵建设项目、2015年协同创新建设等项目开展绩效跟踪评价工作，对绩效跟踪发现的问题采取相应措施。委托第三方中介机构对7个项目开展绩效自评工作。 (艾乐旺)

【普通高校试行招收插班生、专升本新生】 ①招收插班生试点。年内，共批准复旦大学、上海交通大学、同济大学、华东师范大学、华东理工大学、东华大学、上海理工大学、上海海事大学、华东政法大学、上海海洋大学、上海大学、上海工程技术大学、上海政法学院等13所本科院校进行招收插班生工作的试点，并确定招收插班生总计划数为429人。报名人数4166人，与计划数之比为9.71∶1，实际录取373人。②专科毕业生选升本科试点。年内，共批准上海理工大学、上海海事大学、上海电力学院、上海应用技术学院、上海海洋大学、上海中医药大学、上海师范大学、上海对外经贸大学、华东政法大学、上海工程技术大学、上海立信会计学院、上海电机学院、上海金融学院、上海政法学院、上海第二工业大学、上海商学院、上海杉达学院、上海建桥学院等18所本科院校参加“专升本”招生试点，并确定“专升本”招生总计划数为2966人。报名总数为5316人，与计划数之比为1.79∶1，实际招收2768人。 (俞治论)

【普通高校春季考试招生改革】 年内，上海春季高考实施改革。改革拓展三项功能：一是通过增设学校面试或技能测试的环节，使之成为应用型本科专业招生的重要平台。二是为面上统一高考深化改革发挥“试验田”作用。三是在不增加学生学业负担的同时，减轻考生的心理压力。基于上述功能，改革后的春季高考有三大变化：一是招生院校数量和招生计划增加，有22所高校计划招生1640人，相比上年5所高校计划招生270人大幅增加。二是确定春考科目为“统一文化考试＋院校自主测试”。统一文化考试采用“高中学业水平考试＋附加题”的形式。院校自主测试则由高校结合专业要求，组织面试或技能测试，重点考察学生的敬业精神、职业潜能和动手技能。三是首次允许高中应届毕业生参加春考。2015年春季高考报考人数为26621人（其中社会考生1721人）；实际录取1578人，其中184人同时收到2所高校的录取通知。

（俞冶论）

【普通高校招生考试专项改革】 年内，共有647所高校在沪进行秋季招生录取，招生计划总数为41728人，48346名考生参加全市普通高校招生统一考试，实际录取考生45174人，完成对外公布招生计划的108.26％。录取的考生中，本科35830人，占总录取数的79.32％，高职（专科）9344人，占总录取数的20.68％。上海院校录取35472人，占总录取人数的78.52％，外省市院校录取9702人，占总录取人数的21.48％。共有14名肢体残疾考生参加高考，其中5人被第一批本科院校录取，4人被第二批本科院校录取，4人被录取到高职（专科）专业。年内，共有32所高校参加专科层次依法自主招生，招生计划10140人。报名考生约2万余人，其中高中生约5000人，三校生约15000人。实际录取考生10764人，其中录取高中生3189人（含退役士兵47人），录取三校生7575人（含1013名随迁子女）。年内，共有22所高校参加春季高考招生，招生计划1640人。经报名确认共有约2.66万名考生报名参加春考，共录取考生1578人。年内，共有32所高校参加“三校生”招生，招生计划4345人，报名考生6236人，总共录取新生4364人。年内，共有18所市属本科院校招收“专升本”，总计划数为2966人，实际录取新生2768人。年内，共有复旦大学、上海交通大学等13所高校招收“插班生”，招生计划429人，实际录取约373人。

（俞冶论）

【复旦大学和上海交通大学综合评价录取改革试点】 年内，复旦大学和上海交通大学在全市开展综合评价录取改革试点工作。按照教育部下达的招生计划，年内，两校综合评价改革试点安排招生计划数1500个（其中上海生源1190个，浙江310个），市教育考试院按照计划数的1.5倍的标准，严格依据高考分数高校排序，划定校测入围资格考生（共1838人）。经学校测试后，考生最终录取成绩由统一高考成绩（占60％）、面试成绩（占30％）、平时的普通高中学业水平考试成绩（占10％）构成，最终录取1201人（复旦大学542人，上海交大659人）。

（俞冶论）

【高校毕业生就业人数持续增加】 年内，上海高校实际毕业学生16.7万人，与上年基本持平，其中研究生3.70万人，本科生8.57万人，专科（高职）生4.45万人。在上海市高校毕业生就业工作联席会议成员单位支持下，通过推动高校协同举办招聘会，为毕业生推送岗位，鼓励高校毕业生到基层就业，完善就业援助帮扶机制，确保就业公平，整合资源，推进创新创业教育，优化创业服务，建立多层次职业生涯指导服务体系和夯实就业指导队伍建设，就业创业工作取得了较好成效。至9月1日，全市毕业生就业率为96.53％，比上年同期上升0.68个百分点，其中，研究生就业率为95.96％，本科生就业率为96.46％，专科（高职）就业率为97.14％，实际就业人数持续增加。

（李长治）

【助力高校学生创新创业】 年内，市教委深入实施青年大学生创业引领计划，助力大学生创新创业取得成效。①促进创新创业教育改革。出台关于《上海市深化高等学校创新创业教育改革实施方案》，对深化高校创新创业教育改革、全面提高人才培养质量进行总体安排。②完善创业教育体系。年内，上海高校开设109门创业类课程，其中必修课30门、选修课79门；全市高校现有校内创业导师225人，校外兼职创业导师358人，队伍规模正在迅速扩大和优化；22所学校建立了创业实验室和训练中心；涌现出37个创业类学生社团，成为学生创业精神自我教育和协同创业的重要平台。各高校结合办学实际，建立创业教育校本课程和师资队伍，形成一批特色创业教育模式。③完善创业孵化体系。2015年，上海市大学生科技创业基金会"天使基金"资助260家创业企业，金额4639万元。已形成70多个大学生身边的创新创业基地，可使用场地面积8.1万平方米，其中国家级创业孵化器10个。④夯实创业服务基础。设立上海交通大学"'互联网＋'创业孵化和教育基地"等3个辐射全市高校学生的创新创业实践基地以及上海立信会计学院"迎智CTC大学生创业实训基地"等3个服务校内为主的创新创业实践基地。年内，全市高校开展创业实践或商业计划竞赛83场次，1.7万余名学生参与；举办各类创业讲座391场，5.8万余人次参加。 （李长治）

【资助高校学生】 截至12月31日，65所上海普通高等学校在校生共有643357人，家庭经济困难学生人数101731人，占全日制普通高等学校在校学生人数的15.81%。家庭经济特别困难学生数（特困生）51510人，占全日制普通高等学校在校学生人数的8.01%。年内，上海普通高等学校共资助学生202.97万人次，资助总金额28.40亿元。主要举措有：①加强政策宣传，彰显资助成效。完成2015年高招指南、上海高校资助政策宣传手册和上海高校资助政策汇编的编写和发放。开展上海市励志成长成才优秀学生评选，汇编《国家资助助我飞翔　优秀学生典型宣传册》；开展上海高校优选优的评选推荐工作，编辑出版《2014—2015学年上海高校国家奖学金、上海市奖学金获奖学生风采录》。结合国家助学贷款工作，开展以"诚实守信"为主题的形式多样的诚信教育活动；开通"绿色通道"，开设资助热线，八大举措助家庭经济困难大学生顺利入学；开展2015年上海高校"助学·筑梦·铸人"主题宣传系列活动。②加大监督检查，推动政策落实。完成《国家中长期教育改革和发展规划纲要（2010—2020）》学生资助中期评估抽样调查工作；完成上海市高校资助工作的绩效评估的材料撰写、汇总、上报等工作；开展10所市属普通高校学生资助情况抽样调查与核查工作。③强化业务培训，加强队伍建设。举办高校国家资助各板块的系统培训4场。结合工作开展高校奖学金评审、大学生服义务兵役国家资助、国家助学贷款以及校园地贷款银校合作工作培训、服义务兵役国家资助工作交流学习会。④加强理论研究，提升工作水平。结集出版《资助　托起学生青春梦——上海高校学生资助工作典型案例集》《鱼渔兼授——上海高校学生资助工作特色项目选粹》。完成2014年资助工作状况分析（白皮书）以及《普通高校困难生认定有效性研究》《普通高校资助工作队伍建设研究》。⑤完善工作机制，规范工作流程。修订完善《上海市高等学校家庭经济困难学生认定工作指导意见》；完善高校国家奖学金、国家励志奖学金、上海市奖学金评审制度，改进工作模式，简化工作流程。⑥加快系统建设，确保精准资助。上海学生资助管理信息化建设初见成效，搭建资助工作管理平台及面向学生家长的资助服务平台。⑦加强银校合作，做好保障服务。上海市国家助学贷款采用以校园地贷款为主、生源地贷款为辅的贷款模式，上海高校与贷款承办银行银校合作签约率达100%。⑧创新资助手段，实现自我管理。推动各研究生培养单位，拓宽资助渠道，加大资助投入，形成全面的国家、省市、校、院相配套的多层次资助支持体系；准确挖掘研究生资助体系内涵，充实研究生资助工作内容。

（周红星）

【参展中国工博会】 11月3—7日，第十七届中国国际工业博览会在国家会展中心（上海）举办。工博会参展高校共70所，其中沪外高校44所，在沪高校17所，境（国）外高校9所。高校参展的652个项目中获得国家科技进步奖、国家技术发明奖和省部级科技进步奖、技术发明一等奖以上的重大技术成果项目60项。高校展区共有11个项目荣获工博会大会奖，其中，上海大学展示的创新金奖项目"'精海号'无人测量艇"是中国第一艘面向海洋测绘的智能无人艇;上海交通大学的创新奖获奖项目“折叠式微通道管辊弯成形制备工艺及装备”对于推动空调产业升级和节能减排具有重要意义。为推动大众创业、万众创新,高校展区为高校“创客”搭台,专门设立高校创新创业展位。会展期间,高校展区共组织18所高校1721名在校学生参加“学生走进工博会”活动;在现场举办大学生创新创业论坛,邀请政府管理者、创业孵化器负责人、创业导师和创业实践者等与大学生现场互动,从不同角度为当代大学生的创新创业“授业解惑”。工博会高校展区有30个项目先后签约,现场交易额达3.37亿元。其中上海应用技术学院的“生物纳膜磁化抑尘机”项目,在展会首日即成交3600万元;上海工程技术大学的“VOC FREE建筑DIY涂料”项目签订5000万元的合作协议。更多客商在现场与学校达成合作意向。(蒋 皓)

【高校高峰高原学科建设】 高校高峰高原学科建设计划从2014年11月正式开始启动,2015年主要开展了以下六方面工作:①组织申报。至1月30日,共有26所高校提交学校整体建设方案和96个Ⅰ、Ⅱ、Ⅲ类高峰学科和Ⅰ、Ⅱ类高原学科建设方案申报书并形成初步修改意见。②评估论证。3月初,市教委组织开展学校整体建设方案和学科建设实施方案的论证工作,至5月底,组织专家论证会49场,完成96个Ⅰ、Ⅱ、Ⅲ类高峰学科和高原学科的论证工作。市教委同步向学校反馈专家论证意见并要求学校修订学科建设方案。截至6月30日,26所学校完成并提交修改后的学科建设方案申报书。③经费分配。依据学科建设方案论证结果、学科个性化建设项目、学科引进人员的比例、学科规模及学科性质等原则研究制定各学科财政经费支持额度的测算方案以及人员经费的测算和使用原则。报请分管市领导同意后确定财政经费分配方案。④预算评审。组织学校编制和修订学科建设财政经费预算方案,并根据市财政专项资金评审中心的评审要求组织部分学科参加“上海市高峰学科建设计划经费”项目评审答辩,指导学校按经费评审专家的要求修改并重新上报预算申报文本,最终完成项目重点评审。⑤动态监测。委托第三方评价机构,设定一系列观测监控指标,通过对高校各高峰高原学科与标杆学校的横向比较和自身的纵向发展进行观测、比较和分析,实现对上海高校学科发展动态的有效监控。⑥强化管理。为重点明确建设责任体系、经费和人员管理要求、评估和评价方式等,研究制定《上海高校高峰高原学科建设管理办法》。高峰高原学科建设工作稳步推进并取得阶段性的成效。至9月,纳入Ⅰ类“高峰”学科建设计划的21个学科点2015年累计引进72名人员(从境外引进49人,从国内引进23人)。第三方机构评估已完成评估的44人中,达到“国际水平”的13人、“国内顶尖水平”的8人、“国内较高水平”的13人(达到“国内较高水平”以上人员占比接近80%)。(贺伟伟)

【教育信息化建设】 ①统筹协调推进教育信息化工作。召开上海市教育信息化工作会议,落实第二次全国教育信息化工作电视电话会议精神,部署十三五期间上海教育信息化工作。落实教育部各项工作要求,开展上海教育行业信息系统安全等级保护工作,明确工作内容和保障机制;以“三通工程”为主要内容,推进各级各类教育信息化工作。召开上海市“四新”领域互联网教育企业座谈会,听取互联网教育企业家的互联网教育产业发展的建议和意见。②统筹规范建设信息化项目。启动《上海教育信息化十三五规划》编制工作;研究制定《上海市城乡发展一体化中小学信息化环境建设基本规范(试行)》;印发《上海市教育委员会信息化项目管理办法(试行)》,理顺财政资金建设的信息化项目的申报流程。完成“上海教育信息化公共服务平台建设工程”重点项目2015年实施方案的论证。③优化完善教育信息化基础应用环境。落实教育综合改革方案,围绕上海教育信息化顶层设计方案,继续推进“一网、二平台、三中心”建设,上海教育城域网实现全覆盖,十万兆核心骨干网运行稳定,实现全市教育单位的高速互联互通;完成上海教育数据中心扩容升级,虚拟化云平台通过三级等保测评,全面支撑重要应用,建成上海教育统一音视频通信平台;完成上海教育资源中心平台设计和资源建设标准;完成上海教育认证中心的总体设计和部分标准规范；完成上海大规模智慧教育学习（上海微校）平台设计和部分模块开发；完成上海教育综合管理决策平台基础平台搭建。④促进信息技术与教育教学的融合。开展教育信息技术应用研究项目。启动并推进中小学教材数字化工作，完成1500多种中小学基础型教材数字化工作，开展数字化教材阅读器建设，在2个区县和部分中小学开展教材数字化试点工作。深入研究慕课平台建设方案，并启动建设，组织4所委属高中开展慕课课程建设。

（李　乐）

【高校智库建设】　①对接国家和地方重大战略需求，整合多学科资源开展问题导向式研究。首批18家上海高校智库和3家由知识服务平台转型的上海高校智库主要在国际关系与中国战略研究、政党理论与党的建设研究、国家宏观经济政策、基层社会治理、国际经济贸易、教育学等优势学科领域开展了专业化咨询研究。上报的专报成果多次受到中央和各级领导的批示和采纳。②立足改革创新，建立健全体制机制。召开上海高校智库建设的工作宣传会议，将上海高校智库同城协同的体制机制创新总结为“上海实践”，分为五个方面：高校智库进行实体化建设，逐渐形成一种新型科研组织形态；建立起以问题为导向的跨学科研究机制；形成一套需求对接机制；形成一套柔性人才评聘机制；探索成果认定机制，实施分类评价。市委办公厅综合处、市教卫工作党委、市教委进行专门调研，了解高校智库建设过程中遇到的主要问题和需要提供的政策，形成专报上报市委市府，得到市领导的批示。③中国大学智库论坛召开，建立全国高校智库协同机制。设在复旦大学的中国大学智库论坛秘书处12月组织第二届中国大学智库论坛年会，论坛以“2020：在‘四个全面’战略布局中谋划中国发展”为主题，来自党政部门的领导与党校、社科院、高校、科研院所的专家学者300余人参会。④加强部门合作，推动高校智库建设。市社科规划办、市政府发展研究中心、市教委多次召开联席会议，就协同推进基地、工作室、高校智库建设达成共识，建立协同推进上海高水平智库建设的机制，加强研究规划，统筹资源配置，优化布局管理。年内，市教委以专项研究课题的形式支持市哲学社会科学创新研究基地的建设。

（陈　悦）

【上海市协同创新中心建设】　①对接科创中心建设工作，推动高校服务上海发展战略。高校作为上海科创中心建设的重要主体和重要力量，积极担负起协同创新的时代重任，努力成为支撑“科创中心”的知识源头、工程和科学研究重镇、重大科技成果诞生地、创新创业人才汇聚地、创新驱动发展的智力资源宝库。至2015年底，已有4家协同创新中心通过国家认定，确认25家“上海市协同创新中心”，成为支撑上海创新驱动发展战略中产学研深度融合的示范基地。②开展调研工作，指导协同创新中心建设。组织召开上海市“2011协同创新中心”建设研讨会，排摸上海高校申报意向和筹备工作进展，分析前两年全国各高校申报并获得国家“2011协同创新中心”认定的情况。先后两次召开上海市“2011协同创新中心”建设工作座谈会，听取学校申报筹备工作进展情况汇报，并邀请教育部副部长等领导解读国家“2011协同创新中心”的相关政策并进行指导。③开展节点检查工作，推进协同创新中心建设。先后组织专家对第一、二批上海高校知识服务平台中没有通过中期检查的8家平台开展了中期复评，对第三批7家知识服务平台进行了中期验收（复旦大学上海市集成电路设计与制造协同创新中心已进入国家2011协同创新中心认定申报的第二轮，免检通过）。为对接国家2011计划，根据专家评审意见，通过中期复评的3家知识服务平台确认为“上海市协同创新中心”。中期复评结果为“不通过”的5家平台仍保留“上海市知识服务平台”名称，由学校自主建设。④探索体制机制改革，保障协同创新中心持续发展。各高校在体制机制改革方面进行了不断探索，理事会制度、柔性人才引进机制、人才考核激励机制和产学研合作机制等逐步建立，其实际效果也逐步显现。（陈　悦）

【学校体育课程改革】　年内，全面实施“小学兴趣化、初中多样化、高中专项化”的体育课程改革，致力构建循序渐进、科学衔接的符合学生身心发展特点的体育课程体系。①推进高中体育专项化课程改革工作。总结首批17所专项化试点高中的实践经验,参照《上海市中小学体育与健身课程标准(试行稿)》的要求,组织专家编写《上海市高中体育专项化课程大纲(试行)》,并在各试点学校试行。正式下发《上海市高中体育专项化课程改革指导意见(试行)》,对专项化课程改革给予全面指导。21所高中成为第二批专项化试点学校。为新增的21所试点高中配备体能教室,实现体能教学与技能教学的同步发展。委托上海师范大学对38所高中的232名体育教师按类别进行为期5天的培训。继续依托跨校的9个项目中心组,定期开展专项教师教研和教学督导活动。②启动小学体育兴趣化、初中体育多样化课程改革试点。下发《上海市教育委员会关于进一步推进学校体育课程改革试点工作的通知》,正式启动小学体育兴趣化、初中体育多样化体育课程改革试点工作。22所小学成为首批小学体育兴趣化课程改革试点学校,23所初中成为首批初中体育多样化课程改革试点学校。委托上海体育学院编制《上海市小学体育兴趣化、初中体育多样化课程指导意见(试行)》,供各试点学校参照使用。③推进区县体育课程改革整体试点。确定徐汇区、闵行区、宝山区为体育课程改革整体试点区,逐步在区范围内推进体育课程改革的整体试点。（柏　丹）

【校园足球改革和发展】 市教委会同市体育局等相关部门,探索贯穿大中小学的"一条龙"校园足球发展模式,推动青少年校园足球工作科学发展。①加强顶层设计,推进校园足球纵深发展。编制上海市教育委员会等7部门《关于进一步加快发展青少年校园足球发展的实施意见》,对全市青少年校园足球工作进行全面规划。会同市体育局、市发展改革委、市财政局、市文广局、市新闻出版局、团市委等部门成立上海市青少年校园足球领导小组,在全市范围统筹推进校园足球的改革和发展。申报全国青少年校园足球特色学校及全国校园足球试点县(区),90所中小学成为全国首批足球特色学校,崇明县成为首批全国足球试点县。②举办青少年校园足球系列赛事。梳理和完善校园足球赛事体系,引进升降级和主客场赛制,继续举办校园足球联赛、杯赛等传统赛事;举办2015中国(上海)国际青少年校园足球邀请赛,邀请来自8个国家的12支青少年足球队来沪交流;举办"新民晚报"杯中学生暑期足球比赛、首届"五星体育"杯暑期学生足球赛,丰富学生暑期生活;举办2015—2016中国大学生五人制足球(上海赛区)联赛,丰富比赛形式。全市300余支学校代表队和10000余名学生运动员参加联盟比赛,比赛场次超千场。③开展校园足球课余训练。在16个区县分别组建U11、U13、U15、U17四级校园足球精英训练营,各区县通过校级比赛,选拔足球苗子进入训练营参训,全市参营总人数达3000人以上,同时注重男女均衡,鼓励女足发展。④开展多渠道校园足球师资培训。依托上海师范大学、上海体育学院成立上海市校园足球培训中心,面向全市1500多所中小学开展全覆盖的校园足球活动指导员培训。开展外籍足球教练进校园试点工作,邀请外籍教练至35所中小学进行足球教学。成立上海市大学生足球裁判协会,在国内首推学生裁判上场执裁学生足球赛事。

（柏　丹）

【校园排球联盟建设】 年内,市教委会同市体育局依托复旦大学正式成立上海市校园排球联盟。①开创校园排球推进新机制。总结校园足球联盟的模式,市教委会同市体育局发起成立上海市校园排球联盟,联盟秘书处设在复旦大学,采取"教育部门主管、体育部门业务指导,高校引领、区县推进、学校加盟"的组织机制,构建大学、高中、初中、小学"1—2—4—8"的对接模式。联盟制订发展章程,组建了第一届理事会,由市教委、市体育局和复旦大学分管负责同志担任理事长和执行理事长,由区县教育局和有关高校担任理事;成立上海市校园排球联盟专家委员会,聘请23名排球界知名专家指导联盟发展;吸纳22所高校和127所中小学成为首批会员单位。②举办校园排球系列赛事。排球联盟成立后,于暑期举办2015首届上海市暑期青少年四人制排球邀请赛,共有来自15个区县的36支高中男女排球队报名参赛,展开88场比赛。10月,举办2015上海市校园排球联盟联赛,这是上海市校园排球联盟成立后组织的第一项覆盖小学、初中、高中、大学四个级别的校园排球赛事。历时两个多月的联赛共吸引到全市 47 支大学队伍、35 支高中队伍、47 支初中队伍、52 支小学队伍，共 181 支球队报名参赛，在 5 个赛区展开 323 场比赛。③加强校园排球氛围营造。开通上海市校园排球联盟官方公众微信号和官方微博，筹建上海市校园排球联盟官方网站，宣传校园排球赛事、活动、会议、典型人物和学校。（柏　丹）

【中国(上海)国际青少年校园足球邀请赛举行】 7 月 11—18 日，由教育部、中华全国归国华侨联合会、上海市人民政府主办，中国中学生体育协会、市教育委员会、市体育局、市归国华侨联合会、市华侨事业发展基金会承办的 2015 国际青少年校园足球邀请赛在上海举行。来自德国、澳大利亚、俄罗斯、泰国、斯洛伐克、喀麦隆、西班牙及中国等 8 个国家的 12 支高水平 U18 男子青少年校园足球队同场竞技，参赛运动员总计 246 人。①比赛成绩优异，赛风端正。比赛依托完备的报名系统和信息平台，信息化管理球队信息。赛事筹委会选派 24 名高水平裁判执裁，包括国际级裁判 1 名、国家级裁判 12 名。在五轮赛事 30 场比赛中共计进球 73 个。上海的两支球队均进入前八名。②文化交流项目形式多元，内涵丰富。赛事期间，举办“国际视野下的青少年校园足球”高峰论坛，邀请 8 支国外青少年足球队领队介绍各国校园足球的特点和经验，共同探讨国际视野下的校园足球新思路。组织“做一天上海人”文化体验日活动，举行中德校园足球文化交流活动。（柏　丹）

【举办全国第五届中小学生艺术展演上海市活动】 3—11 月，以“阳光下成长”为主题的全国第五届中小学生艺术展演上海市活动全面展开。本次活动由市教委主办，市科技艺术教育中心承办。活动期间，各区县、学校利用课堂与课外文化艺术活动时间，结合各类教育活动，开展形式多样的音乐节、艺术节、民间工艺作品展、绘画摄影书法作品展、论坛等活动。市级展演活动更是精彩纷呈。3 月 21 日，全市 22 支中小学校行进管乐队伍在复旦正大体育馆拉开了本届展演活动的帷幕；7 月 2—8 日，艺术表演类各专场分别在杨浦区少年宫、上海城市剧院、贺绿汀音乐厅、黄浦区青少年艺术活动中心、虹口区工人文体活动中心和徐汇区青少年活动中心进行了民乐、西乐、声乐、舞蹈、戏剧及朗诵等各大专场展演；7 月 31 日，“2015 年上海学生纪念中国人民抗日战争暨世界反法西斯战争胜利 70 周年歌会”在上海西岸艺术中心举行，近 3000 名学生用歌曲充分展现大中小学生热爱祖国、朝气蓬勃、勇于探索、敢于创新、健康向上的精神风貌。经过半年组织，全市各区县及各级各类学校在引导学生广泛参与，学校、班级全面开展特色艺术活动的基础上，通过层层选拔，推荐优秀节目和作品参加了市级专场比赛，近 15000 名学生直接参加了展演活动，参演人数之多、节目质量之高均超过了历届展演活动。9 月 19 日，全国第五届中小学生艺术展演上海市活动学生绘画书法摄影优秀作品展在中华艺术宫开幕。本次展览以“阳光下成长”为主题，展品从各区县征集的 2107 件作品中选拔出来，870 件作品获得等第奖并收入画册。展演期间，还组织开展了以“改进美育教学，提高学生的审美和人文素养”为主题的优秀教育科研论文及“阳光下成长”征文的评审。（蒋萍芳）

【首届中小学艺术教师基本功大赛】 年内，市教委举办首届中小学艺术教师基本功大赛。全市中小学艺术领域的教师分音乐、美术、艺术三个组，在各区县进行预赛。108 名中小学艺术教师入围市级比赛。6 月 19 日，音乐组比赛首先举行。36 名参赛教师吹拉弹唱各显其能。6 月 22 日，艺术组比赛在徐汇中学进行。比赛项目有器乐、美术、书法、戏曲、小品和沙画。6 月 23—24 日，美术组比赛在上大美院举行，比赛项目有国画、水彩画、素描。市级比赛结束后，代表沪上中小学艺术教育最高水平的 108 位教师，根据个人的比赛成绩排定名次。8 月 23 日晚，举行了名为“艺教之光　育人之梦”的颁奖典礼暨展示交流晚会。本次大赛参与面广，宣传力度大，推动了艺术类学科教师专业水平的提升。（蒋萍芳）

【高校学生公寓“六 T”实务现场管理达标评估】 12 月 11—25 日，上海高校学生公寓“六 T”实务现场管理达标评估活动启动。4个专家组,对27所高校申报的98栋高校学生公寓进行实地检查评估。经过实地走访、查看资料和听取汇报3个环节,对申报的98栋高校学生公寓进行公正、客观、全面的考察评分。通过专家组的多次评审,评出21幢示范公寓,77幢达标公寓。评估活动对全市高校学生公寓在新形势下提高管理服务创新起到了积极作用。（陈国良）

【高校食品安全专项督查】 5月,为进一步加强上海市高校食品安全工作,市教委组织开展为期五个月的食品安全专项督查工作。此次专项督查先后派出6个督查组,累计出动410人次,对全市66所公办和民办高校进行了实地检查,提出书面整改要求并督促学校进行整改。通过检查,进一步督促学校全面落实食品安全监管责任,大力推进食堂管理规范化、标准化机制建设,完善对食品安全运行情况的动态监测,确保高校食品安全工作不留死角。（陈国良）

【出版高校学生食堂创新食谱集锦】 11月18日,《上海高校学生食堂创新食谱集锦》正式出版。2014年上海市学校后勤协会餐饮管理专业委员会在上海全市高校举办创新菜肴比赛,共有38所高校,133位厨师,制作了153个创新菜肴。经过上海电视台及报刊媒体的宣传,产生了良好的社会影响,获奖菜肴也迅速在上海各高校传播,得到师生的广泛好评。《上海高校学生食堂创新食谱集锦》把创新菜肴比赛中90多个创新菜肴和点心汇编成册,将配方公之于众,这既体现了上海市学校后勤协会作为市级协会的平台作用和凝聚力,更反映了上海高校后勤部门在改革发展中的精神面貌、创造力和无私奉献的精神。（陈国良）

【推进现代大学制度建设】 年内,市教委根据教育部要求,全面开展了市属高校章程核准工作:一是成立上海市属高校章程核准委员会,发布《上海市属高校章程核准暂行办法》,规范核准组织机构和程序;二是召开系列章程推进会、培训会,为高校制定修订章程提供指导和帮助;三是研究制定高校章程核准指标体系,章程初审、评议、核准工作细则,进一步细化核准工作流程。上海市属高校已全部完成章程制定与核准工作。市教委按照上海市教育综合改革要求,继续深化现代大学制度建设研究与实践工作。研究方面,主要开展了推进上海高校现代大学制度建设指导意见、上海高校校务委员会制度建设等方面理论研究。实践方面,继续开展地方高校现代大学制度建设试点工作,推动上海大学、上海杉达学院、上海出版印刷高等专科学校等7所高校围绕学校综合改革方案,以学校章程为基础,细化、完善校内规章制度体系,同时结合学校发展目标、定位及办学特色,明确学校改革重点,完善学校内部治理结构,增强学校依法自主办学能力,提升学校治理水平。（沈　洋）

【依法行政工作】 年内,市教委各项依法行政工作顺利完成。①完成市教委行政权力和行政责任清理。共清理出行政权力事项345项:行政处罚88项、行政强制1项、行政确认9项、行政检查30项、行政备案11项、行政给付6项、行政奖励43项、行政指导47项、行政调解1项、行政规划10项、行政决策42项、行政复议1项、行政征收0项、行政征用0项、行政裁决0项、行政合同0项、其他权力38项;配套制作行政责任事项清单。②深化市和区县教育行政审批制度改革。开展市教委行政审批事项清理,拟定取消其中5项非许可审批;梳理3项教育行政审批事项实施"证照分离"改革;修订《教育行政审批事项业务手册》和《办事指南》;对取消下放的审批事项加强事中事后监管,协调有关处室制定具体监管措施,提升工作效能。③推进市教委行政规范性文件规范化管理。完成市教委行政规范性文件清理工作:保留22件、新制定13件、重发24件。制定《行政规范性文件制定管理办法》。探索建立市教委行政规范性文件信息化管理系统。开展市教委行政规范性文件评估制度研究。④顺利推进其他依法行政重要工作。完成全市教育行政执法人员的年度专题培训,制作培训"教学大纲""试题库""专家库"。二是完成《上海市教育系统信用体系建设年发展规划(2016—2020)》,多次举办信用研讨会、学生志愿者等宣传活动。三是制定

《上海教育行政处罚裁量基准》。四是建立市教委依法行政实务工作咨询专家团。（陆海佳）

【开展教育立法咨询与服务研究基地建设】 贯彻落实十八届四中全会《关于全面推进依法治国若干重大问题的决定》和上海教育综合改革的相关精神和要求，构建上海教育立法与重大决策咨询、服务研究平台，为上海教育立法与教育决策提供依据与支持，年内，经各相关单位自主申报，市教委组织专家评审，遴选出华东师范大学、复旦大学以及华东政法大学等 3 家高校，成为“首批上海市教育立法咨询与服务研究基地”，为上海教育决策与教育立法提供了咨询与依据。同时，以上海教育立法咨询与服务研究基地为依托，上海市教委推进相关立法工作的开展。为规范上海市政府、中小学校以及社会各方之间的权责界限，为上海市中小学校依法规范、自主办学提供法律依据与准则，依托华东政法大学基地，推进《上海市中小学校工作条例》前期研究论证。为贯彻落实十八届三中全会关于“深化教育领域综合改革”的工作部署和十八届四中全会提出的“重大改革于法有据”的法治要求，完善上海市现有高等教育法律体系，依托培育基地上海财经大学，推进《上海市高等教育促进条例》研制，形成《上海市高等教育促进条例》草案及相关说明。（蒋侯玲）

【教育行政复议和诉讼】 年内，市教委共处理教育行政复议案件 10 宗，其中作为复议机关审理行政复议案件 7 宗，作为被申请人参加上级行政复议机关审理行政复议案件 3 宗。与往年相比，教育行政复议呈现三个特点：一是政府信息公开类案件持续增加，申请政府信息公开逐渐成为行政管理相对人了解政策、表达诉求的“新渠道”。二是新型行政复议案件对教育行政部门及学校依法治校提出了更高要求。三是上级行政复议机关纠错力度逐渐加大，表明需加强教育行政机关工作人员依法行政意识。年内，市教委作为被告参加教育行政诉讼案件 6 宗。案件都因 2014 年非上海生源普通高校应届毕业生因申请办理上海市户籍不符合受理条件或者未获通过所致，以市教委、市人社局、市发改委为共同被告，向法院提起行政诉讼。该类案件反映出《行政诉讼法》修改施行后对教育行政部门的两大影响：一是法院受案范围扩大，直接将非上海生源普通高校应届毕业生进沪就业申请落户类案件纳入司法审查范围；二是法院对程序的要求更加严格，对于程序不当的行政行为，直接在判决书中确认程序违法。（沈　洋）

【推进长三角教育联动发展】 年内，上海市教委与江苏省教育厅、浙江省教育厅、安徽省教育厅加强协作，采取多种方式促进长三角教育联动，推进长三角教育协作发展进程。一是贯彻落实《教育部关于进一步推进长江三角洲地区教育改革与合作发展的指导意见》精神，三省一市教育行政部门在全面总结长三角教育联动协作发展工作成效和经验的基础上，联合研制出台《长三角教育联动发展协调领导小组贯彻落实教育部关于进一步推进长江三角洲地区教育改革与合作发展的指导意见的实施意见》。二是 7 月 6 日，第七届长三角教育协作发展会议在安徽省马鞍山市召开。会上，三省一市教育行政部门签署了“扶持长三角地区社会力量跨省市办学协议”等四份省际合作协议。三是完善长三角教育协作发展协作机制。通过自主申报、专家评审方式，2015 年遴选出 28 个项目入选 2015 年度探索区域教育协作新机制试验（长三角教育协作发展）项目，并按照课题研究类、活动论坛类、共享平台类及协作机制类等四大类别，进行分类管理和工作指导。此外，市教委对项目实施情况加强评估与监测。根据评估结果，各项目进展情况整体符合本年度长三角教育协作发展会议精神，取得良好成效，部分合作项目成果还受到教育部的高度认可。（蒋侯玲）

【组建直属单位专兼职审计人员队伍】 年内，市教卫工作党委、市教委启动直属单位专兼职审计人员队伍的组建工作。市教委召开直属单位审计工作暨审计培训会。会议印发《关于组建直属单位专兼职审计队伍的通知》及聘任的直属单位专兼职审计人员名单，组建直属单位专兼职审计队伍。邀请市审计局专家以“加强教育单位内部控制和审计监督”为题进行专题讲座。首期聘任的直属单位专兼职审计人员共47人，聘期两年。职责主要为：对内，作为本单位专职审计员，协助单位领导完善内部管理架构；负责本单位的审计监督工作；提供有关经济方面的法律、法规政策咨询；完成领导布置的其他审计任务等。对外，作为市教委审计处兼职审计员，接受市教委审计处和市教育审计中心的统筹安排，根据回避原则，对直属单位实施交叉审计。（周　琳）

【高校辅导员队伍建设工作督查】 10月至11月，市教委组织以市人大常务委员会委员、教科文卫委员会主任薛明扬等专家担任组长的8个检查工作组，对全市63所高校辅导员队伍建设情况进行实地检查。各个工作组通过材料查阅、听取汇报、交流提问、师生座谈等方式，重点检查和评议2012年1月1日至2014年12月31日期间，各高校在组织领导、选聘与配备、培养与发展、考核与激励、特色工作等5个方面的相关进展与举措。辅导员队伍建设工作业已得到各级各类高校的高度重视，经过8年的努力，辅导员队伍规模日趋壮大、职业发展渠道日益丰富、队伍结构不断优化、专业化素养稳步提升。（许　涛）

【推动高校思政课改革创新】 市教委以深化教育综合改革为契机，抓住教材、教学、教师三大关键要素，推进上海高校思政课改革创新。一是抓教材研究，提升教学内容针对性。对接人教版中学政治教材，组织专家编写《高校思想政治理论课教师学养读本》，覆盖四门本科生思想政治理论课程和研究生课程。引导和组织高校思想政治理论课教师走进中学课堂，实地观摩。二是抓教学方法改革，提升教学有效性。以"大国方略"课程为试点，打造高校形势与政策课示范课程。在上海外国语大学、上海中医药大学等四所高校试点课程思政。开展劳模精神进校园活动，成立劳模讲师团，让劳模走进学校、走进课堂。三是抓队伍建设，做实思政课教师队伍建设发展规划。重点办好高校思政课骨干教师高级研修班、拔尖人才培养班等。搭建思想政治理论课教师同城平台，连续五年举办"上海高校思想政治理论课教学活动月"。将思想政治理论课教学实践环节与大学生暑期社会实践、日常志愿者活动、实习挂职锻炼等内容相结合，建设与课堂教学相互促进的思想政治理论课第二课堂教学体系。（许　涛）

【推进高中生志愿服务工作】 市教委会同市文明办、团市委、市校外联等单位细化了普通高中学生综合素质评价实施的有关具体要求，出台《关于加强上海市普通高中学生志愿服务（公益劳动）管理工作的实施意见（试行）》。全市共推出1514个学生社会实践基地（项目）。其中，已认定146个市级学生社会实践基地（项目），1368个区县级学生社会实践基地（项目），提供19万余个学生实践岗位。同时组织开展20多次分层分类培训，加强政策解读，指导区县、学校和基地做好相关工作。在线开通3个QQ群，安排专人答疑解惑。组织50多名专家对143家市级学生社会实践基地进行实地调研。市教委还依托博雅网搭建学生社会实践信息记录电子平台，256所高中全部在电子平台注册。截至12月31日，全市参加志愿服务的高中学生有49352人，志愿服务累计320287人次。（许　涛）

【开展中华优秀传统文化教育活动】 4月至11月，市教委组织开展中华优秀传统文化系列主题教育活动，全市近万名大中小学生参加这次文化传承弘扬之旅，共有218条家训荣获"小眼睛看我家，好家训我来传"家庭家教家风征集活动一、二、三等奖，16所学校荣获"小眼睛看我校，好校训记我心"校训数字故事展评活动最佳奖，各区县、高校培育了46个中华优秀传统文化教育特色项目。活动旨在发挥实践育人、以家育人、以文化育人的功能，其中"话说东西——中外文化对对碰"活动探索将"口译"这一载体作为传播和弘扬中华优秀传统文化的新途径，引导学生在中西文化的比较中加深对中华优秀传统文化的深层次理解。（许　涛）

【出台教育督导条例及相关配套政策】 2月11日，市十四届人大常委会第十九次会议通过了《上海市教育督导条例》（以下简称《条例》）。《条例》呈现以下特点：一是将依法治教、推进教育治理体系与治理能力建设作为立法的根本宗旨。二是规定了教育督导机构对各级各类教育实施督导的总体要求。三是规定了教育督导机构对本级政府相关职能部门和下级人民政府的工作进行监督和指导的职责。四是完善了督政、督学、评估监测三位一体的督导体系，确定了教育督导机构可以组织或委托具有资质的专业机构实施教育评估和监测。五是强化了专职督学应有的地位以及晋升发展的空间。六是保障了社会公众对教育督导的参与权、知情权和监督权。七是明确了教育督导报告结果运用的法律效力。根据《条例》第十二条的规定，全市完成配套办法《关于对本市各级各类学校实施教育督导的意见》(以下简称《意见》)的制定。《意见》在以下方面予以明确：一是在教育督导目的上，明确了教育督导是教育管理的重要组成部分，实施各级各类教育督导的根本任务是监督、指导学校全面贯彻教育法律、法规和国家教育方针、政策，依法规范办学行为，深入实施素质教育，全面提高教育质量。二是在督导指导思想上，体现“贯彻推进管办评分离，完善教育治理体系”的总体要求。具体体现“坚持依法监督，注重分类指导，促进多方参与，保障自主办学”的督导原则。三是在督导内容上，尊重各级各类学校发展的规律性与差异性。依据办学体制，对各级各类学校实施教育督导的内容分别确定。四是在督导实施方法上，明确建立“分类指导，加强部门协同，支持社会参与，督导执法联动”的机制。五是在督导结果运用上，规定了教育督导、监测评估报告的社会发布制度，普通高等学校、职业院校的教学质量年度报告发布制度，督导意见涉及问题的限期整改制度，以及督导结果作为对政府相关部门、学校和主要负责人的考核与问责依据。

(张　慧)

【教育费附加使用情况专项督导】 市政府教育督导室、市教委、市财政局联合组成由市政府参事瞿钧、市政府原参事夏秀蓉为组长的19人督导组，对全市17个区县集中开展区县教育费附加使用情况专项督导。督导组分别听取了各区县的自查报告；当场与区县教育局、财政局主要领导及有关人员进行了互动交流，在督导前的准备阶段查看了区县有关资料，核查了相关账册和数据。督导组认为，全市17个区县政府均十分重视此次专项督导，认真做好前期自查工作，各区县教育局与财政局通力合作，既肯定本区县在教育费附加使用中的工作成绩，又能比较坦诚地指出工作中存在的困难和问题，并提出今后改进工作的措施和对策。此次督导结果显示，2012年至2014年各区县教育费附加实际支出189.48亿元(含动用历年)，有力推动了全市中小学教育事业发展。但是，随着教育费附加转移支付力度的加大，部分区县结存资金沉淀也加剧。督导组认为，尽管会计决算年度与学校学年度不同步会导致年底决算有项目结转的情形，但结余形成的主要原因可分析为：一是教育费附加在预算管理方面有待根据《中华人民共和国预算法》改进完善。二是教育费附加中对中职的投入有待改进规范。区县中职学校的实际规模和实际需求与教育费附加中职部分不匹配，导致结存资金沉淀加剧。三是转移支付分配与各区县教育改革发展现状不完全匹配。部分中心城区结构性矛盾突出，面临区外人口导入和旧城区改造的压力，存在新的发展需求。四是区县教育费附加专项资金管理制度有待完善。地方各级人民政府应当依照国家有关规定，不得因教育费附加纳入预算专项资金管理而抵顶教育事业费拨款。五是教育费附加在使用范围上不能满足教育内涵发展的实际需求。随着上海基础教育办学条件的日益改善，区县激增的教育费附加投入因使用范围受限而导致形成结余。3月中旬，市政府教育督导室、市教委、市财政局联合召开督导组会议，汇总各区县专项督导情况。在此基础上，市教委与市财政局通过协商，最终出台了《上海市教育费附加资金使用管理办法》以及市教委《关于进一步加强2015年市对区县财政教育转移支付资金使用管理的指导意见》。

(张　慧)

【校车安全管理】 ①全市351所义务教育阶段、学前教育阶段以及外籍人员子女学校共使用校车2258辆，其中315所中小幼儿园使用校车1148辆，36所外籍人员子女学校和招收外籍人员子女的学校国际部共使用校车1110辆。②9月，市政府办公厅转发市教委、市公安局、市交通委新修订的

《上海市校车安全管理规定》。重申校车准入要求、驾驶员条件、校车使用许可条件及程序、校车通行安全以及各部门管理职责等。新增校车标志灯、停车指示牌等设备配备及使用要求，新增自2016年9月1日起，新申请幼儿校车使用许可的车辆必须是按照专用校车国家标准设计和制造的幼儿专用校车等要求，进一步完善和细化校车安全管理各项要求。③市和区县两级教育、公安部门密切合作，通过层层落实管理责任、细化管理要求、创新管理机制、开展专项整治及联合检查，确保校车安全。（卢　惠）

【中小学生安全情况】 全市共有中小学生（含所有进城务工人员随迁子女）150.56万人，比上年增加11.84万人。据各区县教育行政部门上报统计，全年共发生中小学生各类安全事故2106起（比上年减少425起），共伤亡学生2107人。各类安全事故中，轻微伤和轻伤占96.1%，比上年下降1.2个百分点。校方责任事故占事故总数的1.7%，比上年上升0.4个百分点。非正常死亡学生62人，比上年减少6人。其中在学校非正常死亡4人，比上年减少5人；在社会和家庭中非正常死亡58人，比上年减少1人。2015年全市中小学未发生集体食物中毒、火灾、校车等公共安全事故和自然灾害事故，校园安全总体平稳可控。（卢　惠）

【中小学生公共安全教育】 ①加大投入，丰富和完善公共安全教育资源。市教委拨出专项资金分别在闵行区、虹口区、原闸北区和杨浦区建设中小学消防安全教育、交通安全教育、红十字生命健康教育等5个中小学公共安全体验基地。委托上海市电化教育馆制作小学、初中、高中三个年段共12个模块的中小学公共安全教育网络课程，供中小学生在网上自学，学习情况录入中小学生电子学籍卡。启动4册《中小学生公共安全行为指南》教材修订和更新改造中小学公共安全教育网。向全市高中生赠送公共安全行为指南教材。②开展培训，打造一支公共安全教育骨干教师队伍。委托上海市师资培训中心对全市136所中小学公共安全教育基地学校领导、骨干教师以及区县相关负责同志共401人开展培训，培训内容包括公共安全法律法规解读、学校危机处理、学生伤害事故预防等案例报告，以及红十字救护、应急救援实践体验、校际交流等。③合作共建，创新公共安全教育途径和方法。3月，市教委与中国教育学会合作共建“上海市安全教育实验区”，开展基于信息化平台的学校安全教育和管理模式研究，市教委选择黄浦和嘉定区先行先试。两区依托平台资源和教育学院专业力量，开展4次区域平台使用培训、8次区际安全教育课程研讨活动、10场家长会。共有369名教师利用网络平台授课，7817名学生参与学习，5000余名学生家长知晓这一网络平台，初步形成了一批安全教育优秀案例。④整合力量，拓展公共安全专题教育内涵。市教委、市公安局交警总队支持社会企业开展小学生交通安全教育，向全市1—3年级56万小学生赠送小红帽。通过在上下学路上佩戴小红帽，使学生们时刻遵守交通法规，也警示驾驶员们在道路环境中礼让“小红帽”。市教委联合消防、交警、气象、红十字会等单位开展第8届中小学生公共安全教育知识竞赛以及现场展示活动。整合交通、海洋、全球安全组织等先后开展水上交通安全进校园、水安全主题教育活动、安全步行抬头走、正确使用儿童安全座椅等主题教育活动。⑤提供公共安全教育专业指导。市教委通过购买服务，请公共安全专业社会组织为50所以招收进城务工人员子女为主的民办学校提供公共安全教育和逃生演练指导，帮助这些学校学生学习掌握公共安全知识和应急逃生技能。⑥开展公共安全教育课件征集评审活动。共评出涉及交通安全、火灾防范、食品安全、网络安全等各类优秀课件66件。会同市消防局联合开展第二届全国中小学消防安全示范课评选，获教育部基教一司和公安部消防局征集活动优秀组织奖。（卢　惠）

【学校及周边环境建设】 ①年内，全市有94所中小学、幼儿园（以下简称学校）周边治安、交通、市容环卫、文化环境存在问题，占全市学校总数的2.95%。其中，学校周边有乱设摊、乱堆物现象的学校占全市学校总数的1.35%，交通设施不完善的占0.19%，有乱停车现象、交通秩序差的占1.41%。

②开展护校安园平安志愿者服务。全市2435所小学、幼儿园共招募平安志愿者62527人，高峰时段在周边环境复杂的小学和幼儿园门口执勤，共同维护学校门口治安秩序。③开展涉校矛盾纠纷人民调解工作。1—9月，全市人民调解组织共受理涉校纠纷172件，调解成功145起，同比分别增长53.6%和42.2%；累计赔偿额260.06万元，同比下降71.8%。④集中开展校园及周边安全隐患排查整治行动。9月至10月，共排查学校3265所，排查整改各类安全隐患1974处。⑤加强校园周边环境秩序管理。全市共检查图书报刊经营场所7905家次，立案处罚91起，收缴非法图书报刊77912余册(张)；检查全市网吧12673家次，立案处罚96起，查处接纳未成年人的网吧14家；检查歌舞娱乐场所6475家次，立案处罚205起，其中违规接纳未成年人案件17起；取缔学校周边无证设摊350个、纠正跨门营业420余处。 (姜文娟)

【加强专门学校建设】 全市共有13所专门学校，在校学生1949人，其中非沪籍学生158人；校外预控生5832人，其中非沪籍学生1668人。现有教师425人，其中50岁以下的占80.47%，本科以上学历的占96.94%，中高级职称的占65.18%。2015年，毕业初中学生413人，其中非沪籍学生27人，1名学生升入普通高中就读。毕业中职学生245人，就业或升学率75%。普通高中毕业生59人，其中23名考取本科，36名考取专科。主要工作：①实施专门学校内涵提升项目。以建设区域未成年人保护中心、法制教育中心、心理健康指导中心、未成年学生问题研究中心、家庭教育指导中心等五大中心为目标，市教委拨出专项经费，同步推进硬件和软件建设。②实施工读教育系统名师培养计划。依托"高妙根名师教育基地"，继续加强专门学校骨干教师和学科带头人的培养，带动专门学校教育教学和学科研究水平的整体提高。11月27日，举行"高妙根名师教育基地"中期成果汇报会，向来自全国工读教育系统的专家展示基地学员培养成果。③促进专门学校学生综合发展。组织13所专门学校近200名师生赴东方绿舟开展以拔河、法治情景剧展演等为主要内容的第十二届"拥抱明天"系列活动，为学生提供展示自己、提升信心的平台，促进教育转化工作的开展。④开展"行为不良未成年学生教育矫治"对台湾地区交流项目。组织司法部门、研究机构代表和部分专门学校校长等赴台湾地区考察交流"行为不良未成年学生教育矫治"工作情况。

(张大飞)

基础教育

【2015年概况】 全市有独立幼儿园1510所，其中民办幼儿园562所；小学764所，其中民办小学173所；普通中学888所，其中民办中学117所；特殊教育学校29所。内地中学民族班办班学校21所。全市校外教育机构中，少年宫17所，少年科技站4所，少年之家1所。

落实综合改革任务，做好规划引领。推动区县落实《上海市教育综合改革方案(2014—2020年)》，明确市、区县共同推进实施课程、教材、教学、评价一体化改革等8大任务；组建专家组，对区县方案逐一论证，为区县提供过程指导。全面落实上海市高考综合改革，颁布普通高中学业水平考试实施办法，调整7门学科的拓展型课程内容和要求，制定地理、信息科技等学业水平合格性考试命题要求，组织首场配套高中学业水平考试，制定外语听说测试标准化考场建设标准；出台高中学生综合素质评价实施办法和操作细则，出台加强高中学生志愿服务(公益劳动)管理工作实施意见，制定高中学生社会实践(志愿服务)组织记录操作办法，建成综合素质评价信息管理系统建设，完成2014级高一近5.3万名学生第一学期数据记录；推进高中教育教学方式改革，组织开展高一学生学习状况全样本网络调研，启动高中生涯辅导、个性化学程和学分制管理试点项目，引领高中主动适应变革。起草编制本市基础教育改革与发展“十三五”规划，初步议定“十三五”上海基础教育发展的思路、目标和指标及工作举措。制定并启动第三轮学前教育三年行动计划(2015—2017年)，对幼儿园建设、师资配备、保教质量、早教指导等提出明确要求。开展《上海市特殊教育三年行动计划(2014—2016年)》落实情况专题调研，召开上海市特殊教育三年行动计划推进会，向区县反馈调研情况，提出整改意见；出台学前特教设备装备指南、随班就读资源教室配备指南，修订聋校和辅读学校装备标准，启动研制学前特殊教育课程指南和普通学校随班就读课程实施指南。

推动城乡一体发展，保障教育公平。联合印发《促进本市城乡义务教育一体化的实施意见(暂行)》，发布《普通中小学建设补充技术要求》等4个具体标准，开发“五项标准”信息报告系统，对区县落实“五项标准”进行跟踪指导。出台《关于促进优质均衡发展推进学区化集团化办学的实施意见》，各区县完成实施方案并有序推进，至2015年底，各区县报告的学区和集团83个，覆盖学校530所；大力宣传各区县的特色亮点和积极成效，浦东、杨浦、徐汇、闵行等区县的学区、集团取得良好社会反响。印发《新优质学校集群发展三年行动计划(2015—2017年)》，以“新优质教育”实践为着力点，市新优质学校研究所已汇聚93所学校参与协同创新行动研究，各区县推出新优质学校约120所，组织“家门口的好学校——走进新优质教育”系列宣传；市级层面通过针对性调研、开通微信公众号、举办现场展示研讨会等形式探索学校走向新优质之路，各区县也进行相应探索。实施对口办学和委托管理，新开办的81所学校中有44所中小学幼儿园采用办分校(分园)、合作办学或委托管理等形式开办；完成农村义务教育学校第四轮委托管理，启动第五轮50所委托管理。坚持免试就近入学，首次启用“上海市义务教育入学报名系统”，开展小学入学信息网上登记，为市民及时了解招生政策与招生计划，查询报名信息提供便利；全面推进上海户籍“人户分离”适龄儿童、少年居住地登记入学，完善来沪人员随迁子女入学政策，加大民办中小学招生监管力度，共有27.1万名新生入学，其中小学15.6万名，初中11.5万名，实现“100%的公办小学、初中划片(或对口)免试就近入学；每所小学的生源基本由就近入学方式确定，每所初中95%以上生源由就近入学方式确定”的目标。完成“新增60所学校少年宫”工程，实现每一个街镇都有一所学校少年宫的目标。

深化制度机制建设，提高教育质量。提升保教质量，开展学前医教结合工作试点、玩教具使用试点、早教指导工作规范建设，举办幼儿园优秀自制玩教具展示活动，修订幼儿园装备规范，研制0—3岁婴幼儿学习与发展指南，育儿周周看免费手机报订阅人数达到25万人；组织实施学前教育宣传月活动，支持育儿加油站、亲子嘉年华等大型公益活动；举办上海市学前教育年会，开展家门口好幼儿园宣传。推进小学“零起点”与“等第制”，对13个区开展飞行调研，举行系列主题展示交流活动，开展专项督导，选取172所样本小学进行第三方机构跟踪问卷调查，发布小学低年段语数外等第制评价指南，实施小学一、二年级新版《学生成长记录册》，组织编制小学中高年段“等第制”评价指南；印制16余万本《陪着孩子慢慢来——小学新生入学30问》免费赠送给小学新生家长，积极利用家校互动平台、新闻通气会等载体加大社会宣传力度，形成家校合力。推进特色普通高中建设，遴选25所学校，项目孵化，引领学校建设特色课程及运作机制；完成国家教育体制综合改革试点项目“探索建立拔尖创新人才培养基地”暨“上海市普通高中学生创新素养培育试验”项目验收，专家评议等级为优秀。高中名校慕课平台上线试运行，上海中学等4所直属高中先行探索高中慕课运行机制，面向所有初高中学生分享优质、特色拓展型和研究型课程资源。深化二期课改，以“学理—转化—应用”一体化思路，围绕“培育具有上海特质的学生”“深化课改需要系统设计、重点突破、继承创新”，通过网络问卷、访谈座谈，开展上海市两期课改调研，为深化课程提供科学的决策咨询意见和政策建议；依托华东师范大学专业力量，启动本市基础教育课程改革深化方案研制工作。

开展教育质量综合评价，完成2014年度“绿色指标”分析报告，指导区县和中小学校解读和应用评价结果，推动建立以校为本的教育质量综合分析和保障体系建设；组织实施2015年上海市初中学业质量绿色指标测试，召开“绿色指标综合评价的实践价值”现场会。提高内地民族班办班水平，召开上海内地民族班和高校少数民族学生教育管理服务工作会议，制定《关于切实加强有关内地民族班学生教育管理服务工作的实施意见》，开展第三届中小学（中职）民族教育先进评选表彰活动。推进民办教育特色发展调研，开展第二轮民办中小学特色学校（项目）、优质园创建工作和民办中小学专项调研，产生第二轮民办中小学特色学校和特色项目创建学校76所、民办优质园创建49所；开展民办学校（幼儿园）教师“萌芽奖”教学科研项目，组织开展对进城务工人员随迁子女学校规范办学评估。

（刘中正）

【印发城乡义务教育一体化实施意见】 10月9日，市教委等9家单位联合印发《促进本市城乡义务教育一体化的实施意见（暂行）》，提出到2020年实现全市义务教育阶段学校建设、学校配置、信息化建设、教师配置与收入标准、生均经费等标准统一，加大公共资源和财政投入支持郊区农村义务教育发展的力度，促进城乡义务教育一体化发展，提升全市基本公共教育服务水平。其中，完善学校建设标准重点是做好“一场一馆一池”（学生剧场、室内体育馆、室内游泳池）建设和改造，积极创造条件向社会开放共享；优化学校教育装备配置重点是加强中小学创新实验室、中小学图书馆、安全教育共享场所建设；加强学校信息化环境建设重点是优化中小学信息化基础设施环境、提升中小学普通教室信息化配置、建设中小学多功能数字学习中心、统一中小学信息化移动终端配置、深化信息化应用和教学资源共建共享、加强中小学网络和信息安全规范化管理；健全教师队伍配置、资质、培训和收入等相关政策重点是统一城乡教师基本配置标准、均衡配置优质教师（每所小学至少有1名高级职务教师，每所初中至少有5%的高级职务教师）、完善教师培训制度、保障教师工资逐步增长、绩效工资总量向农村学校教师倾斜。在以上四个基本统一基础上，建立全市统一的义务教育生均拨款基本标准，健全市级统筹与区县投入相结合的义务教育投入机制。

（朱　蕾）

【推进学区化集团化办学和新优质学校集群发展】 11月17日，市教委出台《关于促进优质均衡发展推进学区化集团化办学的实施意见》，在全市推行学区化集团化办学，提出奋斗目标：到2017年底，学区化、集团化办学覆盖全市50%的义务教育阶段学校，参加学区化、集团化办学的学校要成为达到上海市义务教育学校办学基本标准，学生、家长、社区的满意度平均在85%以上，办学特色基本形成的“家门口的好学校”。市教委要求各区县制订完成本区域学区化集团化办学实施方案，至2015年底，各区县报告的学区和集团83个，覆盖学校约530所，覆盖学生约42万人。同时，市教委出台《上海市新优质学校集群发展三年行动计划（2015—2017年）》，以“新优质教育”实践为着力点，扩大优质教育资源辐射面，让越来越多的义务教育阶段公办学校成为“家门口的好学校”，提出到2017年新优质学校集群发展的学校数量扩大至250所左右，覆盖全市义务教育阶段约25%的学校，这类学校要达到上海义务教育阶段学校办学基本标准，“绿色指标”综合评价结果处于全市优良水平，有鲜明的办学特色，家长及社区居民满意度达到90%以上，成为“家门口的好学校”。至年底，上海市新优质学校研究所汇聚93所学校参与协同创新的行动研究，各区县推出新优质学校集群式发展的学校约120所。上海市新优质学校研究所对部分市级新优质项目学校进行针对性调研和指导，印发《新优质学校通讯》，开出了新优质学校微信公众号。组织“家门口的好学校——走进新优质教育”系列宣传活动，举办主题为“探寻新优质学校的课程气质”的现场展示研讨会。

（刘中正）

【实施高中学业水平考试和综合素质评价制度】 4月24日，市教委印发《上海市普通高中学业水平考试实施办法(试行)》,从2014年入学的普通高中一年级学生起实施。高中学业水平考试科目包括语文、数学、外语、思想政治、历史、地理、物理、化学、生命科学、信息科技、体育与健身、劳动技术和艺术13门,其中语文、数学、外语、信息科技、体育与健身、劳动技术和艺术7门科目只设合格性考试,思想政治、历史、地理、物理、化学、生命科学6门科目分设合格性考试和等级性考试。4月30日,根据高中学业水平考试改革要求,市教委印发《本市中小学数学等7门学科课程标准调整意见》,对高中数学、思想政治、历史、地理、物理、化学和生命科学7门课程的拓展型课程进行调整。6月11日,公布2015年普通高中信息科技、地理两门科目合格性命题要求,明确考试难度、内容、题型等要求。6月底,完成与高考改革配套的首场高中学业水平考试——地理和信息科技合格性考试,全市56273人(含社会考生926人)报名参加地理合格性考试,全部在标准化考场内进行,设85个考点,2294个考场,采用网上评卷,合格率为97.7%;54158人(仅限在校生参加)报名参加信息科技合格性考试(采用上机考试方式),分批分场考试,设198个考点,354个考场,7场考试,采用机评和人工评卷相结合,合格率为96.6%。12月7日,颁布《本市外语听说测试标准化考场建设标准》,实现听说测试考场标准化和规范化。

4月24日,市教委印发《上海市普通高中学生综合素质评价实施办法(试行)》,从2014年入学的普通高中一年级学生起实施。记录和评价内容主要包括品德发展与公民素养、修习课程与学业成绩、身心健康与艺术素养、创新精神与实践能力四个方面,以高中学校为记录主体,采用客观数据导入、高中学校和社会机构统一录入,学生提交实证材料相结合的方式,客观记录学生的学习成长经历。制定《上海市普通高中学生综合素质评价管理办法》,明确市、区县、高中学校的组织管理要求和主要任务。市教委、市校外联办先后制订了《关于做好上海市普通高中学生社会实践(志愿服务)组织记录操作办法》等文件,对学生社会实践(志愿服务)的内容、学时数、开展过程、记录方式以及实践基地遴选标准都作出明确规定。上海市校外联办先后制订了《关于做好上海市普通高中学生社会实践(志愿服务)组织记录操作办法》《上海市普通高中学生综合素质评价社会实践录入工作管理办法》,对学生社会实践(志愿服务)的内容、学时数、开展过程、记录方式以及实践基地遴选标准作出明确规定。建设了“上海市普通高中学生综合素质评价信息管理系统”,完成2014级高一近5.3万名学生在高一第一学期的相关数据录入。学生参加志愿服务信息由“上海市学生社会实践信息记录电子平台”记录、公示后导入信息管理系统,至12月底,参加志愿服务学生49352人,占2014级高一学生数的91%。 (金莉莉)

【推行小学基于课程标准的教学与评价】 推行小学阶段基于课程标准的教学与评价工作。一是加强培训与指导。召开全市推进小学基于课程标准的教学与评价工作视频会议,开展小学一、二年级语文、数学、外语学科教研培训,并通过召开现场会、工作交流会、专题培训等方式指导区县落实。举行“零起点从这里开始”“让评价融入教学”主题展示交流活动。二是加强调研与督导。对13个区部分小学开展飞行调研。督导抽查290所小学,数据表明实施学习准备期、快乐活动日和家长开放日的学校比例达99%以上。委托第三方机构选取172所样本小学进行跟踪问卷调查,数据表明样本校政策执行情况有明显进步,家长反映的样本校学生学习状态与样本校第一期数据相比也有较大改善;政策执行情况、教师激励行为、学生睡眠时间与学生学习状态显著正相关。三是研制与发布评价指南。发布小学低年段语文、数学、英语学科基于课程标准评价指南,从学习兴趣、学习习惯和学业成果三个维度设计评价内容和观察点。实施小学一、二年级新版《学生成长记录册》,从学习兴趣、学习表现、学习成果维度用等第制综合评价学生学习情况,更注重学习习惯养成与学习兴趣培养,并对学习成果进行等第制分项评价。研制小学中高年段学科等第制评价指南。四是推动家校合作落实。充分利用新生家访、家长会、学校开放日等渠道,形成家校合力,做好幼小衔接。 (刘中正)

【推进区县教育综合改革】 6月26日，以推进区县教育综合改革为重点的上海市区县教育工作会议举行，市教育综合改革领导小组组长、副市长翁铁慧出席会议并讲话。为指导推进区县落实《上海市教育综合改革方案（2014—2020年）》，市教委从2014年年底开始，引导全市17个区县结合实际，编制区县教育综合改革方案。各区县系统梳理区情、校情和学情，遵循问题导向和需求导向，提出区县教育综合改革的目标与重点，编制区县教育综合改革方案。市级层面组建专家组和工作组，对各区县教育综合改革方案编制工作进行全过程的跟踪指导与互动沟通。17个区县均立足区域实际与需求，形成了各具特色、亮点鲜明、重点突出的教育综合改革方案。（刘中正）

【印发学前教育三年行动计划】 12月7日，市教委等9部门印发《上海市学前教育三年行动计划（2015—2017年）》，明确将新建和改扩建幼儿园90所，新增建筑面积30万平方米，确保全市户籍3—6岁儿童100%接受学前教育，逐步满足符合条件的上海常住3—6岁儿童的学前教育需求；净增教师1700人，保持保教人员100%持证上岗率、100%在职培训率；全市幼儿园总量的80%达二级一类及以上水平，总量的35%达一级及以上水平；将婴幼儿家庭平均每年接受科学育儿指导的频次，由4次增加到6次。采取的主要措施：一是强化政府职责，完善学前教育公共服务体系。二是加强资源整合，提升学前教育普及率与公益性。三是实施动态监管，提升学前教育保教质量。四是健全制度机制，提升保教人员专业能力。五是强化实践应用，提升信息技术在学前教育发展中的效能。（瞿佳杰）

【落实特殊教育三年行动计划】 11月27日，市教委印发《上海市学前特殊教育班（园）装备配备指南（试行）》，规定上海市学前特殊教育班（园）装备的基本要求，包括幼儿用房和专用活动室的基本设施设备的配置要求，以及玩教具和康复训练设备的配备要求。12月29日，市教委召开“深化特教改革，促进事业发展——上海市特殊教育三年行动计划推进会”，全面总结近年来特殊教育发展取得的成效、存在的困难与问题，提出下阶段的主要工作。会上，青浦区、虹口区、徐汇区教育局分别介绍开展学前特教设点布局与管理、推进医教结合工作、随班就读专职特教教师配备和管理等工作经验。12月31日，市教委印发《上海市普通学校特殊教育资源教室装备配备指南（试行）》，明确要求资源教室的资源应确保随班就读学生的教育、康复等多样化需求，既提供与课程内容相适应的丰富的教具、学具、图文资料、多媒体学习资料等资源，又针对残疾儿童的实际需要配备相应的康复器材、辅助器具等资源，尤其注重根据随班就读学生的学习特点开发自制教、学具，为随班就读学生的学习和生活提供支持。（陈东珍）

【推进义务教育阶段学校招生改革】 2月2日，市教委公布《2015年本市义务教育阶段学校招生入学工作的实施意见》，坚持“免试就近入学”原则，积极稳妥推进义务教育招生改革。一是首次启用上海市义务教育入学报名系统，将公安、人保与幼教系统数据进行统整，准确进行生源预测，提前配置教育资源。开展小学入学信息网上登记，为市民及时了解市、区县招生政策、学校招生范围与招生计划，查询入学报名信息提供便利服务，促进招生过程规范、公开。入学报名系统生成的学生基础信息自动导入学籍管理系统，加强学籍管理信息的维护和更新。二是全面推进“人户分离”子女居住地登记入学。按照上海实有人口综合服务要求，做好上海户籍“人户分离”适龄儿童、少年居住地入学工作，切实解决其实际困难，实施就近入学。各区县公布入学排序细则，先安排户籍地与居住地一致的适龄儿童、少年就近入学，再统筹安排“人户分离”适龄儿童、少年入学，保证入学机会的公正、公平。三是完善进城务工人员随迁子女入学政策。以“合法稳定就业、合法稳定居住”为基本条件，完善随迁子女入学条件。依法保障进城务工随迁子女接受义务教育的权益，使符合条件的进城务工随迁子女100%在义务教育阶段公办学校或政府委托的民办小学免费就读。四是加大民办中小学招生监管力度。在统一网上报名、面谈、录取时间基础上，实施“两个限定”（无寄宿条件的民办学校限定在区内招生，限报小学志愿2个、初中志愿3个）、“两个公开”（民办学校招生简章向社会公开，面谈过程向督导、家长代表、媒体公开）、“三个承诺”（不提前开展招生，不收取豪华简历及各类证书，不与社会举办的“小五班”挂钩），实施对民办学校招生工作专项督导，促进民办学校规范招生。（朱 蕾）

【深化基础教育质量评价改革】 2月21日，市教委印发《关于开展中小学以校为本的教育质量保障体系建设试点的通知》，开展中小学以校为本的教育质量保障体系建设试点，力争在2—3年内，在全市选择一定数量的中小学校，通过市、区县、学校的共同努力，改变过于偏重学业成绩的教育质量评价方式，形成可推广借鉴的校本教育质量保障体系建设的典型经验和样例，带动其他学校完善教育质量的综合评价和改进提高机制，促进面上学校全面、可持续发展。6月11日，市教委同意闵行区教育局等11家单位为上海市基础教育质量综合评价改革区县深化试点单位，同意上海师范大学附属卢湾实验小学等44所学校为上海市中小学以校为本的教育质量保障体系建设试点单位。9月23日，市教委印发《关于做好2015年度上海市中小学学业质量绿色指标综合评价工作的通知》，组织开展2015年度初中阶段“绿色指标”综合评价工作，在全市初中（民办学校自愿参加）实际就读的九年级学生抽样参加学科测试和网上问卷调查，相应的学科教师、校长、家长参加网上问卷调查。10月29日，566所初中的52692名九年级学生、8828位教师及1035位校长（含分管教学副校长）、50160位学生家长参加了本轮“绿色指标”综合评价活动，市教育督导部门组织督查队伍到样本校进行现场监督。

（刘中正）

职业教育

【2015年概况】 一、着眼改革之本，绘制中等职业教育发展蓝图。召开上海市职业教育工作会议，布局职业教育发展。颁布《上海市人民政府关于加快发展现代职业教育的决定》。加强顶层设计，制定《上海市现代职业教育体系建设规划（2015—2030）》。谋划上海市职业教育未来15年的改革和发展。推进依法治教，开展《上海市职业教育条例》修订调研工作。完善上海市职业教育相关法律法规。深化中等职业教育招录制度改革和课程改革。完成并颁布《上海市中等职业学校学生学业水平评价实施办法》和《上海市中等职业学校学生综合素质评价实施办法》。围绕上海市教育综合改革，深入推进职业教育综改任务。全力推进职业教育相关的10个综改项目。加强质量管理，完善中职质量评估体系。制定学校和专业诊断改进评估实施方案和指标体系。

二、促进教育教学改革创新，全面提高人才培养质量。继续推进贯通衔接培养，实施跟踪性评价。新增中高职贯通试点专业点15个，中职—本贯通试点专业点13个。已通过甄别的47个试点展跟踪检查工作。创新人才培养新模式，启动系列新举措。完成“学分银行”试点项目。开展现代学徒制项目。建成37个“双证融通”专业改革试点项目。优化服务产业发展的专业布局，实现动态发展。对接产业需求，完成2016年度新专业备案工作，共备案了13个专业点。强化示范引领作用，推进国家和上海示范校建设。开展了第3批6所国家级示范校立项学校评估验收和首批10所上海市特色示范校检查验收工作。做强做精专业建设。制定未来3年内创建在全国及上海具有示范引领作用的示范品牌专业和品牌专业工作方案。深入开展课程改革。完成校级精品课程申报市级精品课程的评审工作。组织专家开展第四批精品课程复评。深入实施国际水平专业教学标准。完成国际水平专业教学标准试点学校典型案例编撰。

三、加大师资培训力度，强化师资队伍建设。推进新进教师规划范化培训工作。组织两次集中评课活动。着力提高专业教师双师型素质。开展专业教师每5年下企业实践满1年项目。发挥名师效应，开展"名师工作室"培育工作。遴选出49个名师工作室培育项目，开展专题培训。开展中职教师出国培训。31名教师赴德国考取国际公认的资格证书。20名中职教学管理干部赴澳大利亚培训。以赛强教，加快提升教师信息化教学水平。组织参加上海及全国中等职业学校教师信息化教学大赛。创新教师聘任和管理工作。开展中职特聘兼职教师聘任与资助管理工作。开展行业所属中职学校教师学分认定工作。

四、推进信息化平台和基础能力建设，助力学校改革发展。开展"互联网＋"思维下的智慧教育。70所中职校全部完成注册。建设完成中职网络教研平台并启用。夯实中职学校的基础能力建设。配合相关部门研究并颁布了《上海市中等职业学校房屋、设施维修项目（市级教育费附加）管理办法（试行）》。推进实训中心建设。组织开展上海市职业教育开放实训中心建设十周年系列论坛和活动。推进职业教育集团化办学与人才需求发布预测。依托职教集团，初步形成人才需求发布与预测方案。

五、稳步做好学生工作，促进学生可持续发展。创新民族教育模式，发挥优质资源辐射作用。完成新疆喀什地区教师来沪专业培训工作。鼓励开展创新创业教育。探索建立18个符合产业需求及职业教育特点的中职校创新创业基地。加强学生传统文化教育与传承。继续开展"走进上图"等系列活动。优化实施"职业体验日"活动，加强普职渗透。组织开展第2届上海市学生职业体验日活动，活动中引入"真人图书馆"。参加各项各类技能大赛取得丰硕成果。参加全国职业院校技能大赛，获得26枚金牌，89.4%选手获取奖牌。　（马　骏）

【中等职业学校招生、资助及就业情况】　①招生工作。年内，全市应届初中毕业生为7.5万人。上海中等职业学校安排招生计划4.4万人（不包括成人中专），其中上海市生源计划2.86万人，外省市生源计划1.54万人。全市共有74所全日制中等职业学校参加招生工作，至10月，中职校共录取学生3.8万人：其中上海市生源2.25万人，外省市生源1.09万人，成人中专0.46万人。中等职业学校与普通高中录取数比例为58∶42。②资助工作。上海修订中职学生资助政策，将特困人员、全市低收入人员、孤儿等均纳入免费政策范围，享受免费教育的非毕业年级学生国家助学金由之前每年1500元提升到每年2000元。年内，全市13.1万人次享受免费教育政策，享受金额3.5亿元。中职免费政策覆盖面已达在籍在沪学生的66%。此外对非毕业年级学生每生每年给予1000元国家助学金。共有4.6万人次享有2300.7万元国家助学金；有5540人享受上海市奖学金471.3万元。做好上海内地民族中职班工作。西藏、新疆、青海果洛内地中职班学生2658人次纳入中职帮困助学体系，享受在沪培养经费约2261.298万元资助，其中，免学费510.58万元，免书簿费75.72万元，发放国家助学金163.1万元、生活费836.674万元、住宿费131.514万元、医疗费33.225万元、实习材料费79.74万元、活动费46.515万元、交通费31.05万元、其他生均经费353.18万元。③就业情况。2015年上海市中等职业学校毕业生总数为35688人，就业学生数为35021人，就业率为98.13%。由于受到中等职业教育学制调整的影响，毕业生人数较上年有大幅下降，但就业率仍有所上升。就业学生中到国家机关、企事业单位的有15656人，占全部就业学生的44.70%；合法从事个体经营的有2205人，占6.30%；参军和其他方式就业的有2184人，占6.24%；升入高一级学校就读的14976人，占42.76%。从事第一产业的毕业生数为28人，占直接就业学生的0.14%；从事第二产业的为6321人，占直接就业学生的31.53%；从事第三产业的为13696人，占直接就业学生的68.32%。与2014年相比，从事第二产业比例有所上升。本地直接就业的毕业生数为17307人，占直接就业学生的86.34%；异地就业的为2510人，占直接就业学生的12.52%；境外就业的为228人，占直接就业学生的1.14%。与2014年相比,本地就业占比有所下降,异地就业占比有所上升。通过学校推荐就业的毕业生数为13661人,占直接就业学生的68.15%;通过中介介绍就业的为59人,占直接就业学生的0.29%;通过其他渠道就业的为6325人,占直接就业学生的31.55%。 (黄 蕾)

【中等职业教育精品特色专业建设】 年内,基本完成从2013年开始分三批完成的156个重点建设专业的精品特色专业认定评估工作。已初步建成148个市级精品特色专业。其中一、二、三产类专业所占比例分别为2.03%、35.81%和62.16%,与全市产业结构分布基本相当。①优布局、调结构,形成专业建设新格局。打造一批精品特色专业旨在通过优化布局、调整结构、促进改革、打造品牌、完善机制等五个方面的重点工作,建立中等职业教育专业布局合理、结构优化、特色鲜明、品牌纷呈的专业体系,并逐步形成学校之间定位准确、错位竞争、优势互补、各有所长、有序发展的专业建设新格局,为中等职业学校专业建设和内涵发展提供示范。②分步骤,明流程,坚持专业评估高标准。精品特色专业建设有序推进,成熟一批认定一批,2013年第一批通过认定评估的专业40个,2014年第二批通过认定评估的专业47个,2015年第三批通过认定评估的专业61个。③抓内涵、显特色、精品特色专业出成效。校企合作不断深化,专业人才培养模式改革探索不断推进。紧扣内涵发展,推进课程教材改革,推进理论与实践一体化教学模式改革。涌现一批符合"双高"要求,在同行中有一定知名度和影响力的专业带头人,形成了数量充足,年龄、学历、职称和能力结构合理,专任和兼职教师比例恰当且合作紧密,教科研成果丰富的师资队伍。改善实训条件,保障实践教学实效,建立符合产业需求、职业特点、校内外结合的实习实训条件,满足学生实习实训需要的同时拓展了社会服务功能。 (马 骏)

【中等职业学校学生技能大赛】 ①上海市"星光计划"第六届职业院校技能大赛。大赛的比赛项目有16个专业大类、96个项目。全市百余所职业院校的72000名学生参与。高职院校首次参加大赛,38所高职院校16000多名学生加入比赛队伍。在西餐服务项目比赛场上,3名来自台湾地区开平饮食学校的参赛选手与上海中职学生同场竞技。"星光"大赛有19个项目与世界技能大赛相衔接,占项目总数20%。在上海科技馆举办的社会选手与星光选手打擂争夺"金手指"是本届比赛一大亮点。②2015年全国职业院校技能大赛,由教育部、天津市人民政府等主办。大赛共设比赛项目98项,涵盖15个专业大类,其中中职组有11个专业类,45个赛项。上海中职代表队历时一个多月,转战7个省市11个城市的大赛分赛场,参与38个项目的比拼,共获奖牌143枚,其中金牌26枚,银牌62枚,铜牌55枚,参赛选手获奖率为89.4%。在26枚金牌中,上海户籍学生10人,非沪籍学生16人,体现了上海职业教育的优质资源共享和辐射功能。大赛期间,教育部在天津举办2015年全国职业院校学生技能创新成果交流赛。由商贸旅游学校、工业技术学校、城市建设工程学校、群益职业技术学校、江南造船集团职业技术学校5所中职校及工艺美术职业学院、电影艺术职业学院2所高等职业院校组成上海代表团,经过3天交流赛,共获得6个一等奖、7个二等奖、13个三等奖,上海市教育委员会获优秀组织单位奖。 (黄 蕾)

【加快发展现代职业教育】 印发《上海市人民政府关于加快发展现代职业教育的决定》,部署未来上海职业教育改革发展的重点任务。①深化教育综合改革,构建现代职业教育体系。一是构建纵向衔接、职普沟通的学历教育系统。建立从中职到高职、应用本科、专业硕士的培养通道,鼓励一批本科院校向应用技术类型高等学校转型发展,完善中小学职业体验日制度。二是构建横向贯通、学校教育与职业培训并举的制度系统。打造职业教育与就业的"旋转门",完善"文化素质+职业技能"招生录取制度,逐步建立学分转换制度。三是构建面向全体劳动者的终身职业培训系统,使新进入劳动力市场的劳动者都有机会接受相应的职业培训。②加大体制机制创新力度,激发职业教育办学活力。一是加强行业部门对本行业职业教育与培训工作的指导。建立职业院校、教育主管部门以及行业的联动机制，支持行业组织履行好相应职责。二是推动企业深度参与职业教育。深化职教集团的办学模式，探索组建覆盖全产业链跨行业的职教集团。三是创新校企合作方式。开展现代学徒制等试点，完善支持引导政策。③聚焦人才培养模式改革，着力提高职业教育质量。一是积极参与制定职业教育国际标准，开发与国际先进标准对接的专业标准和课程体系；鼓励支持职校教师取得国际公认职业资格证书。二是扩大“双证融通”专业改革试点范围和规模，建立专业动态调整机制。三是加快“双师型”教师队伍建设。健全职业院校教师专业技术职务(职称)评聘制度，推进校企双向聘用机制；建立“双师型”教师每 5 年必须在企业实践 1 年的培训机制。④优化职业教育治理体系，切实提升发展保障水平。一是转变政府职能。完善职业教育经费稳定投入机制，扩大职业院校办学自主权，加快修订《上海市职业教育条例》。二是完善现代职业学校制度。推动院校依法制订章程，建立企业经营管理者与学校领导相互兼职制度，建立职业院校内部质量监控系统，形成体现职业院校特点的绩效考核和分配机制。三是改进办学评价机制。全面建立职业院校年度质量报告制度，探索第三方机构深度参与质量评价的机制。四是加大正面宣传力度，在全社会营造“崇尚一技之长，不唯学历凭能力”“行行出状元”的氛围。（马　骏）

【举办职业教育开放实训中心发展论坛】 12 月 23 日，上海市职业教育开放实训中心发展论坛召开，论坛以“成长、交融、超越”为主题。①凝心聚力谋划发展，十年砥砺收获硕果。对接产业需求，服务转型发展。十年来，调整建设重点，优化建设方向，紧贴产业、行业、企业需求，全市总共建成 94 个开放实训中心，涉及 16 个专业大类，覆盖 61 所学校。校企深度融合，创新合作模式。实训中心成为企业员工培训、行业技能大赛、学校参与企业新产品研发的平台，初步实现校企协同育人。促进学生就业，服务终身发展。实训中心紧贴岗位需求，明确学生培养目标，实现企业的真实生产环境与学校的教育环境逼真融合。加大开放力度，服务社会需求。不仅承担职业体验启蒙教育、社区教育、科普教育等功能，而且承担农民工培训、企业在职员工培训和职业技能培训，有效促进普职融通和职前职后一体化。服务上海，辐射示范全国。将建设运行的理念思路、运行机制、绩效评估等经验推广到对口援助的川、渝、藏、疆等地。②科学规划有序建设，优质创新特色彰显。一是先进理念指导。在区域布局上，覆盖上海市 16 个区县；在行业对接上，面向上海市所有 20 个主要行业；在功能目标上，建成融技能训练与职业资格鉴定于一体的、集中小学职业体验、职前职后并举和终身教育于一身的重要平台。二是构建合作机制，开放共享发展。通过“跨界合作、资源整合”的方式，由市人社局、市发改委、市财政局和市教委联合发文，形成了自主管理、开放共享的运作机制。三是政策引导激励，实现能级提升。开展运行绩效评估和等级认定工作，激励引导各开放实训中心的转型升级，形成“自驱动”的长效发展机制。③树立全新策略理念，展望未来超越发展。树立“创新、智能、绿色、开放、共享、升级”基本理念，创新发展思路，改革发展模式。包括引进智能化装备，提升现代化水平；提供标准化服务，便于个性化选择；开展数字化管理，实现全过程保障；进行一体化建设，提供复合型服务；聚焦绿色化升级，提高整体运作效能；面向国际化发展，搭建国际实训交流平台。（黄　蕾）

【携手新疆、青海共育技术技能型人才】 ①成立上海—喀什职教联盟，推进教育援疆工作迈上新台阶。一是加强对策机制顶层设计，服务当地产业发展。注重产教结合，积极搭建需求对接平台。联盟依托上海职教资源，筹建由行业、企业、高校、中职校组成的服装专业、燃气专业、机电专业三个专业分会，共同推进人才培养模式改革等；强化校企合作，培养市场急需的职业人才；建立联盟专家库，广泛凝聚智力资源。二是优化专业结构，打造精品专业，帮助新疆喀什职业技术学院在 2016 年将纺织和服装专业打造成新疆维吾尔自治区精品专业；推进教材开发，加强课程建设，重点开发民族团结教育课程、双语(维吾尔语、汉语)课程等。三是贴近民生民心，立足就业升学、促进学生更好地成长成才。全力促进学生充分就业，逐步实施学生毕业时取得“两证”，充分发挥就业部门、行业协会作用，共同建立高效的就业渠道，努力拓宽学生的升学途径。四是加强师资队伍建设，积极提供人才支撑。开展新疆喀什地区职校教师来沪挂职培训工作，量身定制培训内容，2014年至2015年已有40名喀什地区专业教师完成了来沪挂职培训。遴选上海优秀职教人才组建讲师团送教上门。年内，联盟专门组织20多名来自上海多所国家级重点职业院校名师组成的讲师团送教上门。②6月，成立上海—青海省果洛职教联盟。联盟实行理事会制，首批常务理事单位共有58家。联盟全力推进三个方面的工作：一是完善机制，二是加强合作，三是推动产教结合。（黄　蕾）

【中等职业学校教师培养培训工作】 为培养一批具有职业教育特色、世界水平的师资队伍，全年共开展44个市级培训项目，培训1154人次。①注重系统整体培养，全面提升整体师资水平。一是推进新进教师规范化培训工作。建立上海中高职院校新进教师规范化培训制度，对入职一年内且没有中高职院校专业教学经历的新进教师开展为期半年到一年的规范化培训。二是开展校长、专业主任等的培训。充分发挥名师效应，遴选出49个名师工作室培育项目，开展专题培训，引进联想集团、上汽集团等知名企业开展校长领导力、中层干部胜任力提升研修班。②丰富创新培训模式，突出加强师资重点能力。一是开展教师赴企业实践。开展中职教师参与企业实践，年内，新增14个上海市高技能人才培养基地，覆盖财经商贸、加工制造、信息技术、旅游服务等8个专业大类。28个企业实践基地开展42个培训项目。来自50所学校的190名中职教师参加培训活动，其中19名教师参加为期6个月(全脱产)的培训，还有22名新进教师参加了为期1个月的企业实践能力培训。二是开展教师赴国外培训。31名中高职教师赴德国培训，均通过考试获得了中德双方教育主管部门的写实证书和国际通用的德国工商行会(手工业行会)职业资格证书。27名中高职教师赴台湾地区培训。三是探索中外合作培训新模式。中德培训项目探索建立“2336”培训模式。“2”即分别在上海和德国的学校或企业进行培训；“3”即“市—校—基地”三级管理架构，具体包括市级层面的领导和支持，学校层面的管理和实施，职教师资培训基地层面的日常运行管理；第二个“3”是指培训内容包括教育教学、专业实践、企业实践三大模块；“6”是指培训坚持6项原则，包括技能培训与企业实践相结合、专业实践与教学能力相结合、国内培训与国外培训相结合、培训内容与职业标准相结合、培训考核与德国认证相结合、教育教学与人文素养相结合。（马　骏）

高等教育

【2015年概况】 全市高等教育在校生92.15万人(含研究生、普通本专科生、成人本专科生、网络本专科生)。全市共有普通高等学校67所。普通高校教职工7.36万人(其中市属高校4.12万人)，专任教师4.16万人(其中市属高校2.60万人)。全市研究生13.83万人，普通高校本专科在校生51.16万人。招收普通本专科学生14.07万人，招收研究生4.60万人。各普通高校有留学生近5.56万人。上海高校毕业生16.7万人。

印发《上海高等教育布局结构与发展规划(2015—2030年)》及《上海现代职业教育体系建设规划(2015—2030年)》。开展《上海市教育改革和发展“十三五”规划》编制工作，确定“1+15”(1个总规划、15个专项规划)的教育规划体系。

根据《上海市地方公办高等学校总会计师管理办法(试行)》,2015 年在上海大学、上海师范大学、上海理工大学委派首批高校总会计师。

开展市属高校专业技术人员兼职与离岗创业工作实施意见、市属高校教师分类考核评价、高校教师队伍配置标准、地方高水平大学长聘教职制度改革、高校合同制科研队伍建设改革、高校行政管理人员职员职级制改革、职业教育“双师型”教师队伍建设等调研工作,初步形成有关调研报告或草案。

中国社会科学院与上海市人民政府依托上海大学共建上海研究院。依托华东师范大学、市教科院等单位共建国家教育经济宏观政策研究院。推进上海交通大学上海高级金融学院二期建设。推动上海健康医学院、第二军医大学开展战略合作,探索创设相对独立的护理学院有关工作。支持同济大学与芬兰阿尔托大学合作设立“上海国际设计创新学院”项目。

发布《上海市属高校章程核准暂行办法》,开展市属高校章程核准工作。全面完成各级各类学校章程制定与核准工作,实现“一校一章程”。开展推进上海高校现代大学制度建设指导意见、上海高校校务委员会制度建设等方面理论研究。继续开展地方高校现代大学制度建设试点工作。

开展上海高校绩效评价相关工作,建立经费投入与绩效评价结果挂钩的机制。开展中央财政支持地方高校发展专项资金 2015 年项目申报工作,上海 23 所高校共获得 1.2 亿元中央财政资金,上海市给予 1.2 亿元地方财政资金支持。

上海市 6 委局共同制订《上海市关于深化高等学校创新创业教育改革的实施方案》。组织举办 12 项大学生学科竞赛,遴选、资助大学生创新创业项目或团队 3000 个。

首次开展示范级专业学位研究生实践基地评选和建设,深入推进临床医学博士专业学位教育与专科医师规范化培训结合。上海列入全国开展深化专业学位研究生教育综合改革试点三个省市之一。印发《上海市学位授权点动态调整实施方案(实行)》,在全国率先开展省级统筹下学位授权点动态调整。上海交通大学等 7 所高校撤销 6 个博士点、23 个硕士点,9 所高校增列 6 个博士点、11 个硕士点。完成 2015 年普通高校学士学位授权审核,华东师范大学等 16 所高校的 25 个专业申请增列为学士学位授权专业。开展上海研究生教育质量报告编制工作。推进专业学位教育指导委员会建设,推进研究生教育信息平台新功能模块建设。

评选和立项建设市级精品课程 102 门、市级全英语示范课程 44 门、市级优秀教材 286 本。立项建设 45 门在线课程。启动和推进市级重点教改项目 94 项。开展实验教学示范中心和虚拟仿真实验教学示范中心评选和建设,新增 4 个市级实验教学示范中心,申报 5 个国家级实验教学示范中心和 10 个国家级虚拟仿真实验教学示范中心。实施教育部卓越新闻千人计划和卓越法律双千计划。完善本科教学质量年度报告制度。建立 5 年一轮的本科专业自主评估机制。推进本科教学工作审核评估。制定关于推进本市部分本科高校向应用技术型高校转型工作实施方案。新增上海中医药大学附属第七人民医院和上海健康医学院附属第六人民医院东院两个临床教学基地。

市政府召开上海市职业教育工作会议,颁布《上海市人民政府关于加快发展现代职业教育的决定》,推进构建“中职—专科高职—应用型本科—专业学位研究生”贯通的现代职业教育体系。组织开展 2015 年上海高职院校重点专业(中高职贯通专业)建设教学设计比武。进一步完善上海高职院校专业建设诊断与改进指标体系,推进上海高职院校一流专业评价指标研制。

完成 26 所高校共计 96 个学科的专家咨询、论证工作。研究制定《上海高校高峰高原学科建设管理办法》,正式启动实施 IV 类高峰学科建设工作。挂牌 25 家“上海市协同创新中心”。启动 2015 年上海高校博物馆内涵建设计划、上海高校服务国家重大战略出版工程和上海高校学术期刊质量提升计划。39 个出版项目入选上海高校服务国家重大战略出版工程,20 家高校学术期刊入选 2015 年上海高校学术期刊质量提升计划。推进上海张江高校协同创新研究院建设,启动“上海市商用航空发动机领域联合创新计划”,研究高校产学研合作“后补贴”机制。启动上海市“四新”服务券试点工作,启动上海高校技术转移中心试点建设验收工作。

推荐第十二批国家千人计划77人，2015年度长江学者奖励计划97人，文化名家暨“四个一批”人才、万人计划哲学社会科学领军人才9人。7人入选2015年百千万人才工程国家级人选，33人入选第五批上海千人计划，23人入选第十批上海领军人才，11人入选2015年上海市青年拔尖人才开发计划。完成2015年东方学者和青年东方学者岗位计划实施工作，分别有83人、52人入选。对第七批上海领军人才培养对象进行中期考核。

实施上海高校国际水平师资培养计划，完成2015年度高校青年教师培养资助计划实施工作，开展2015年度新教师岗前培训工作并首次覆盖到高职高专院校新教师。开展新一轮激励计划试点工作，共确定14所高校入选试点范围。督促2015年纳入试点和试点培育的高校不断完善方案，落实教授为本科生上课、青年教师担任助教工作制度。

启动中高职院校教师赴国外培训、考取国际通行职业资格证书项目，开展“中高职”贯通专业能力提升培训。顺利完成上海高职院校第一期和第二期专业主任培训。组织推进高职高专专业教指委开展2015年全国高职院校专业骨干教师国家级培训项目，约300名教师参加培训，其中外地教师超过85名。完成2015年上海高职院校新教师规范化培训。 （朱俏道）

【跟踪评价高等教育内涵建设项目】 印发《2015年地方高校内涵建设经常性经费使用指导意见》，明确学校的内涵建设经费，由学校根据自身发展定位规划和内涵建设发展需求，自主统筹安排使用，报市教委备案。委托第三方评价机构，对2015年高等教育内涵建设项目进行跟踪评价。委托上海市教育评估院，开展上海高校绩效评价相关工作。完成绩效评价指标体系的研制工作，该指标体系含3大投入指标、21个投入观测点、6大产出指标、44个产出观测点；针对不同类型（学术研究、应用研究、应用技术、应用技能）高校的评价指标不同、指标权重不同、同一指标的观测点不同等。在此基础上，开展对市属高校2010—2014年的学校整体办学相关数据采集和绩效评价工作。 （朱俏道）

【学位授予信息报送】 组织上海48家学位授予单位开展2014/2015学年度第一、二学期（2014年9月1日至2015年8月31日）学位授予信息报送工作。全年授予学位人数合计153074人，专业学位授予人数22739人；博士学位授予人数4841人，其中学术学位4514人（含同等学力申请学位人数85人），专业学位327人；硕士学位授予人数42828人，其中学术学位20539人（含同等学力申请学位人数1282人）、专业学位22285人；学士学位授予人数105405人，其中普通高等教育学士学位授予人数87604人、成人高等教育学士学位授予人数16449人、来华留学生学士学位授予人数1225人、专业学士学位授予人数127人。 （杨 雪）

【研究生教育综合改革】 共批准开展195个研究生教育项目，其中，暑期学校29项、学术论坛36项、公共服务平台15项、专业学位研究生实践基地44项、示范级实践基地47项、国家级课程建设7项、临床医学硕士专业学位与住院医师规培结合（简称“5＋3”项目）5项，临床医学博士专业学位与专科医师规培结合（简称“5＋3＋x”项目）4项、教育硕士专业学位教育与中小学见习教师规范化培训结合改革试验2项、上海市专业学位教学指导委员会深化专业学位综合改革6项。完成2014年上海市硕士学位论文抽检，抽检结果报送国务院教育督导委员会办公室并反馈相关学校。完成2014年上海市研究生优秀成果（学位论文）评选，启动2015年硕士学位论文抽检和研究生优秀成果（学位论文）评选。完成上海2013—2014学年研究生教育质量报告编制工作，继续开展2014—2015年研究生教育质量报告编制工作。召开2015年上海研究生教育质量工作会议。成立专业学位教指委6个。 （杨 雪）

【高校本科教学质量年度报告】 年内，组织专家组对34所高校2013年度质量报告进行了分析评议。2013年度上海高校本科教学质量报告反映学校的办学理念、办学定位、人才培养目标明晰，本科教学管理和质量保障体系、机制建设有创新，专业及课程、教材、实验室等建设取得成效，学校持续推进教育教学改革，重视教师教学投入和业务培训，实践教学、创新创业教育有特色，学校对目前教学存在问题有深入思考，针对性地提出了改进措施，有对上年度质量报告提出的问题作出回应和整改评价。在此基础上，发布2014年度质量报告的编制要求：《报告》的受众应是社会大众，应当反映学校的质量目标及为达成这一目标的当年过程，有可读性、过程性、发展性、客观性等方面的特性；《报告》在内容上应围绕年度质量目标开展的工作和成绩，阐述过程与成效，在形式上应简明扼要，通俗易懂，在数据上要真实、准确，且要注重对数据的比较分析。

（赵丽霞）

【深化高校创新创业教育改革】 市教委等6委局共同研究制定《上海市关于深化高等学校创新创业教育改革实施方案》，并提请市政府办公厅统一印发。实施方案从树立先进的创新创业教育理念、修订人才培养方案、创新人才培养机制、强化创新创业实践、改革教学评价和管理制度、提升教师创新创业教育教学能力、改进学生创业指导服务、完善创新创业资金支持和政策保障体系等八个方面，推进高校创新创业教育改革。2015年批准上海市级大学生创新活动计划项目2890个，遴选推荐国家级大学生创新创业训练计划项目1647项（其中市属高校713项）。成功举办第四届上海大学生创新创业论坛。积极组织高校参加第八届全国大学生创新创业年会，上海高校入选学术论文13篇，项目展示11项，创业推介项目6项。成功主办了机械工程创新大赛、先进材料创新创意大赛等16项竞赛。

（赵丽霞、朱俏道）

【高校合作办学与教学资源共享】 参与西南片高校联合办学的本科高校共19所。2015年，在读辅修专业6399人，其中跨校修读2200人、授予辅修专业学士学位2114人、颁发辅修专业证书439人。督导组对2所高校的辅修专业进行听课检查，对3所高校辅修专业毕业论文进行抽查。借助“好大学在线”慕课平台，开设慕课课程40多门，修读慕课并获得学分的学生约400人。参与东北片高校联合办学的本科高校共12所。现设14个跨校辅修专业，辅修课程149门，在读学生2973人。2015年，招收辅修专业新生1555人。开设跨校选修课程11门，跨校选修268人次。多所高校图书馆合作推出“跨校辅修系统教参整合”项目。建立东北片跨校辅修优秀学员奖学金制度，3所高校参与，来自9个辅修专业的36名同学获评优秀学员。参与松江大学园区高校联合办学的本科高校共7所。2015年，在读辅修学士学位人数5801人，授予辅修专业学士学位1644人，开设跨校选修课程80门，修读学生4368人次。设立15门园区内在线课程。继续推进长三角交换生项目，47名交换生完成交换学业，另有47名交换生开展新一轮修读。

（朱俏道、赵丽霞）

【高校应用型本科专业转型试点】 开展“上海市属本科高校应用型本科专业转型试点”，制定《上海高校应用型本科试点专业建设管理意见》，明确指导思想、建设任务、项目管理制度、经费管理制度、考核与验收制度等，每年组织专家对试点专业年度建设目标、任务完成情况进行检查，对下一年度建设方案进行论证和指导。试点专业建设周期为4年。2015年已启动第一批16所学校26个专业试点转型建设。第二批14所学校27个专业申报。就目录外专业设置召开会议专题研讨，初步形成了“关于本科专业设置调整的政策建议”。全面开展上海市属高校本科专业转型规划以及目录外专业设置需求情况调研。（傅建勤）

【高等职业教育技术技能培训】 建立上海高职院校新进教师规范化培训制度，首批82名高职院校专业教师通过培训，取得新教师规范化培训合格证书。组织开展三种类型的专业骨干教师培训：一是专业能力培训。先后举办了7期国家级（面向全国高职院校招生）和9期市级（面向本市高职院校招生）专业能力培训班，本市高职院校共有284人次参加培训。二是教师企业实践。率先面向汽车类、软件类和物联网类专业骨干教师，开展为期6个月的教师赴企业实践，首批23名教师将赴上海汽车集团、上海市软件行业协会、物联网行业协会等市级高技能人才培养基地（企业）开展企业实践。三是境内外合作培训。组织12名教师赴德国培训，均获得了国际通用的德国工商行会（手工业行会）职业技术资格证书；组织12名教师赴台湾地区培训。此外，组织专业主任培训。2015年组织新闻类、艺术设计类、机械类等专业的146名专业主任参加培训。（赵　坚）

【高等职业教育专业内涵建设】 开展2015年上海高职院校重点专业（中高职贯通专业）建设教学设计比武，内容包括教学校长"说中高职贯通专业建设的顶层设计"、专业主任"说中高职贯通专业建设五年规划"、专业教师"说中高职贯通的核心课程设计"等三方面。参加比武的中高职贯通专业28个，涉及高职院校28所、中职学校31所。上海健康医学院、上海健康医学院附属卫生学校的护理专业和上海商学院、上海商业会计学校、上海市商业学校的会计专业获得一等奖。研制完善上海高职院校专业建设诊断与改进指标体系。支持20个专业开展一流专业建设，旨在形成一批在国内领先、具有国际竞争力的专业。启动高职专业学生实践教学标准开发工作。启动"专科高职—应用型本科"贯通人才培养试点方案研制，支持上海电子信息职业技术学院、上海城市管理职业技术学院与上海应用技术学院共同开展高本贯通人才培养模式改革。市教委会同市人力资源和社会保障局联合印发《上海市高等职业教育"双证融通"人才培养改革试点实施办法》。启动试点工作后，首批13个专业列入试点范围。（赵　坚）

民办教育

【民办高校收费政策改革】 为扩大民办高校办学自主权，逐步放开民办教育收费，市教委协同市物价局等部门经过深入调研，于2月正式发文，对民办高校收费政策进行了调整。根据相关规定，市教委取消对民办高校学历教育的收费审批，实行"自主定价、优质优价"的收费政策，允许民办高校统筹考虑学科专业、办学成本等，兼顾经济发展水平、社会需求等因素，自主确定学费和住宿费标准。要求民办高校通过多种形式向社会公开收费项目、收费标准、上一年度学费和住宿费收支情况、费用减免政策等内容，未经公示不得收费。在一个办学周期内，收费标准原则上应保持相对稳定。市教委鼓励民办高校建立教职工收入与学费收入同步增长的动态机制。市教委联合价格监管部门对民办高校的收费行为进行动态监督，并会同市财政局等部门修订民办教育专项资金管理办法，将收费规范作为核定拨付民办教育政府专项扶持资金的重要要素之一，引导民办高校加强收费规范。（段文婕）

【编制民办教育深化综合改革指导意见】 编制《上海市深化民办教育综合改革指导意见》（以下简称《指导意见》），为"十三五"期间上海市民办教育整体发展做好顶层设计，为民办教育新一轮改革发展创造良好的制度环境。按照《上海市教育综合改革方案（2014—2020年）》整体部署，涉及民办教育改革项目共11个。为更好地推动落实民办教育领域综合改革任务，2015年上半年，市教委开展调研，启动《指导意见》编制工作。经过多次专家座谈、广泛征求区县及相关单位意见，市教卫工作党委、市教委、市教育综合改革领导小组办公室经研究，于12月联合印发《指导意见》，指导各区县、各民办高等学校、行业协会、基金会、专业组织等深化民办教育综合改革，探索符合本市民办教育发展特点的改革举措，满足市民日益增长的多样化、选择性教育需求，为国家民办教育改革发展提供有益经验。市教委依照"扶持与规范并举"的发展思路，坚持整体促进与优先鼓励相结合，注重全面推进与重点突破相结合，注意推进改革与风险防范相结合的基本原则，通过梳理全面加强党的建设、推进现代学校制度建设、支持社会组织参与民办教育治理等18个改革重点方向，从而进一步创新政府扶持机制，进一步提高民办学校治理水平，进一步提升民办学校办学质量，进一步完善多元办学格局，大力扶持和引导社会力量兴办教育，到2020年初步建立适应上海城市发展定位要求，满足人民群众多样化、多层次、选择性教育需求的民办教育体系。在整体推进民办教育综合改革任务中，市区两级政府重点推进非营利民办学校建设、民办教育基金组织和融资制度建设、高水平有特色民办学校建设、民办学校治理结构建设、民办教育购买服务制度试点和民办教育第三方评价机制试点建设等六大重点推进项目，并分别在民办高校和各区县推进实施。市区两级政府将统筹协调教育行政管理部门和相关部门，解决本市民办教育改革发展中的突出问题，统筹谋划和推进综合改革工作。《指导意见》下发后，市教委将研究健全激励机制，进一步指导各区县、各民办高校结合实际细化落实各项改革任务，逐项制定实施方案，采取针对性措施破解瓶颈问题，推进全市民办教育综合改革向纵深发展。（段文婕）

【创新民办高校党政干部选拔机制】 结合民办高校办学实际情况与干部任用需求，市教卫工作党委、市教委修改完善公开选拔民办高校党政干部实施方案。2015年公开选拔工作在四个方面加强了改革力度：一是选择面广。申请人单位扩展至全市教育系统。二是机制灵活。申请人范围由教育系统现职处级以上干部延伸至公办高校退休处级以上干部。三是年龄放宽。在职申请人年龄在60周岁以下，退休申请人放宽至62周岁。四是此次公开选拔的党委书记兼任市教委派驻民办高校督导专员。8月至10月，市教卫工作党委、市民办高校党工委面向全市教育系统公开选拔上海工商职业技术学院、上海立达职业技术学院、上海外国语大学贤达经济人文学院党委书记人选。通过资格审核、差额面试等程序，由18名候选人中选拔出3位书记人选，经过组织考察，于11月正式任命上岗。（段文婕）

【民办中小学特色校（项目）和民办优质幼儿园第二轮创建】 7月，市教委启动民办中小学特色校（项目）和民办优质幼儿园第二轮创建工作。通过自愿申报、区县推荐、专家评审等程序，最终确定上海市民办立达中学等47所特色校、上海市民办永昌学校等29所特色项目校、上海黄浦区民办徐家汇路幼儿园等48所优质园，共124所学校纳入创建计划，创建周期为三年。市教委将创建学校纳入全市中长期教育规划纲要市级专项经费支持范围，给予经费资助。各区县教育局将本工作纳入区县基础教育工作整体规划，从政策和经费上给予支持和资助。市教委委托教育部中学校长培训中心组织开设创建学校校（园）长培训班，并于2016年1月举行开班仪式。通过集中研修、考察学习、专家指导、交流分享等多种形式，为后续创建工作顺利开展提供人员保障与智力支持。创建活动作为民办教育深化综合改革的重点项目之一，鼓励和支持有条件的民办中小学和幼儿园创造性地开展教育实验。本次创建工作坚持以创促建、重在过程、重在长效的原则，实行市区联动、新老联动、公民联动的工作机制，激发民办学校体制机制的活力和改革灵感，推动形成民办学校"凝练特色、提升质量"的良好发展环境。（段文婕）

【举办第二届民办高校教师教学技能大赛】 2015年上半年，市教委委托上海市民办高校教师专业发展中心组织第二届民办高校教师教学技能大赛，来自16所民办高校的81名骨干教师和青年教师参加了本次比赛。经校内预选、初赛选拔、集体培训及复赛等多项环节，26名骨干教师和青年教师分别获得特等奖，一、二、三等奖和优胜奖，上海杉达学院等9所民办高校获优秀组织奖。9月24日，由上海市教委主办、上海市民办高校教师专业发展中心承办、上海杉达学院协办的民办高校教师教学技能大赛颁奖典礼在杉达学院举行。市教卫工作党委、市教委相关领导出席仪式。教学技能大赛以推进民办高校教学改革、选拔与培育优秀民办高校教师为宗旨，着重关注民办高校教师课堂教学能力与实训教学技能的提升，提高本市民办高校"强师工程"教师培训项目实效。本届大赛更加突出"重实践、重教学”的原则，在划分骨干组、青年组两个参赛组别的基础上，将参赛课程分为纯理论类课程、理实结合类课程，首次增加了纯实践类课程，为实践教学指导教师提供机会，以更加贴合民办高校职业教育发展方向。对在大赛中获奖的教师，“强师工程”培训项目优先给予支持。（段文婕）

终身教育

【2015年概况】 年内，完成50所老年学校标准化建设目标，并全面完成全市街镇老年学校三年计划（2013—2015年）确定的目标任务。三年来支持197所街（镇）老年学校开展标准化建设，建设功能教室1500多个，招生总人数增加15万人。同时，完成编制全国首个基层老年教育机构建设标准——《上海市老年学校建设标准指导意见（试行）》，为今后社区老年学校功能设施建设和设备配置提供了相应的技术参考。

召开第四次上海市老年教育工作会议。会议总结“十二五”老年教育工作，明确下一阶段发展老年教育的思路和举措。会上表彰50个老年教育工作先进集体和111个先进个人。举办“上海市第十一届全民终身学习活动周”“老年教育歌唱类教学成果大赛及展演”等大型市民终身学习活动。

推进上海资格框架体系构建、“学分银行”建设和开放教育质量监控与保障体系建设。分别从行业企业培训、高校继续教育培训、委办局系统培训、社会培训机构培训、社区培训和国内外资格构建情况等六方面开展调研，形成6个分报告和1个总报告；制定“学分认可型双证融通”和“证书认可型双证融通”认定标准和操作办法，开展“学分认可型双证融通”和“证书认可型双证融通”试点；以上海开放大学为基础，面对上海开放教育的各种办学类型，以全面质量管理理论为依据，明确质量保障的关键环节，构建基于过程的质量监控与保障体系，并形成调研报告。

与市财政局、市人力资源和社会保障局、市总工会共同制定《关于区县使用地方教育附加专项资金开展职工职业培训工作的指导意见》，并研究信息平台的开发，开展应用项目的调研。会同市人力资源社会保障局、市工商局、中国人民银行上海分行等9部门，完成《上海市教育培训机构学杂费专用存款账户制度暂行规定》的修订，形成《上海市教育培训机构学杂费收缴和使用管理规定》。组织制定“本市高等教育自学考试专业设置审批管理办法”中报审批流程和工作手册。推进高校继续教育转型。开展上海高校继续教育现状的调研，研究制定《推进本市高校继续教育转型的调研报告》。

（田　田）

【完成老年学校标准化建设】 自2013年起，全市连续三年开展“扶持街镇老年学校开展标准化建设”市政府实事项目，截至2015年年底，完成全市街镇老年学校标准化建设项目的总数达到197所，占全市街镇老年学校总数的93%。其中，年内完工的实事项目建设单位51个，完成率102%。新建或改扩建老年教育功能教室1554个（原计划1000个），超额完成预期目标，超额率达到33%。（姚　岚）

【开展“常青树”中国银行老年教育战略合作项目】 市教委和中国银行上海分行联合打造“常青树”老年教育合作项目，丰富和创新老年教育的形式与内容，打造特色品牌。5月13日举行合作签约仪式。战略合作包括“绿色账户积分兑换社区教育学习课程项目”“老年教育艺术成果展示项目”“金融常识及防诈骗老年教育课程项目”，以及“金融知识服务社区学习团队建设项目”等四方面。（姚　岚）

语言文字工作

【首届上海高校语文教学比赛举行】 上海市首届高校语文教学比赛由上海市教委主办、上海高校语文教育联盟承办、华东政法大学协办。比赛共分初赛、决赛两个阶段。初赛在7月举行，共有29所高校51位教师报名参加比赛，专家根据参赛选手报送的视频录像、教案设计、教学大纲及教学反思等材料综合评审参赛选手在教学内容、教学组织、教学特色及语言教态等方面的情况，选出进入决赛的选手。9月19日，决赛暨总结展示活动在华东政法大学松江校区进行，经过初赛选拔的21名教师参加决赛。教育部语言文字应用管理司司长姚喜双、上海市教育委员会副主任陆靖、华东政法大学校长叶青、东华大学副校长邱高、华东政法大学副校长刘晓红，市教委高教处、语管处和市语测中心负责人，上海高校语文教育联盟常务理事单位代表，参赛选手所在高校有关部门负责人及学生代表等近200人参加决赛暨总结展示活动。活动由决赛和总结展示、两个环节组成。决赛分古代汉语、现代汉语、写作、朗诵与演讲四个组别，参赛选手按组别进行现场教学，评审专家根据选手教学设计、现场讲授、教姿教态、教学效果及现场答疑情况进行综合评审并评选出每组第一名选手。决赛结束后，还举行总结展示，总结研讨和教学展示活动。获得决赛4个组别一等奖的选手为大家开设了教学展示课，市教委副主任陆靖和教育部语用司司长姚喜双分别在研讨活动中讲话。 （姜冠成）

【开展语言文字工作执法调研】 9月29日，为纪念《国家通用语言文字法》颁布15周年、《上海市实施〈中华人民共和国国家通用语言文字法〉办法》颁布10周年，加强语言文字法律法规的贯彻实施，上海市语委联合市人大教科文卫委开展贯彻语言文字法律法规执法调研。市人大教科文卫委副主任委员张辰，市语委、市教委副主任袁雯，市人大教科文卫委委员陈保平，市委宣传部、市新闻出版局、市工商局和市城管执法局有关部门负责人，以及部分市人大代表参加对市文广影视局、黄浦区开展执法调研。参与执法调研的人员实地察看黄浦区新世界商厦、大丸百货以及南京东路沿街招牌、设施的用字情况，观摩上海市文化广播影视监测中心运行情况，并分别听取黄浦区、市文广影视管理局贯彻落实语言文字法律法规、加强用语用字管理的情况介绍。与会人员还就规范使用语言文字及其管理工作中尚存的问题进行研讨。上海市语委办有关负责人表示，黄浦区和文广系统在贯彻语言文字法律法规方面已经为全市作出榜样，希望全市各相关单位积极行动起来，贯彻语言文字法律法规，规范语言文字使用，为服务上海国际化大都市建设营造良好的语言文字环境。 （姜冠成）

【地方语言资源保护与语言文化传承】 上海推进地方语言资源保护和语言文化传承系列工作。上海地方语言资源有声数据库建设通过国家验收。上海作为“中国语言资源有声数据库”建设首批试点省市之一，市语委在完成全部12个调查点的声像数据采录记写和整理分析的基础上，于年初将所有数据上报教育部语信司进行预审。4月13日，教育部语信司组织专家对“中国语言资源有声数据库”上海库建设项目评审验收。评审认为数据库建设工作前期规划认真稳妥，组织细致有力，坚持各项规范要求，符合学术规范、符合语言事实、符合国家建库的有关规范，数据库的建设对于保存上海方言和文化具有特殊意义。专家组一致同意通过验收。上海地方语言文化进校园试点工作顺利开展。

市语委试点开展了“上海地方语言文化进校园活动”，组织沪剧院、滑稽剧团、人民滑稽剧团的专家进行地方曲艺展演、与师生交流互动，并开展地方语言文化系列讲座。浦东新区语委办开展了区中小学师生上海方言使用现状的调查，对部分教师进行了上海话培训，组织近600名学生参加童谣传唱比赛，汇集整理方言学习资料，并组织了区级展示活动。徐汇区语委办组织开展“我爱上海”徐汇区学生沪语能力比赛、上海地方语言文化特色活动项目评比等活动，指导全区近半数小学和幼儿园开设了方言类的拓展型课程或活动项目。上海师范大学加强上海文化与上海语言文化的课程建设，成立了大学生海派文化社团，举办了上海方言文化专题讲座和研讨活动。上海商学院开设30学时的“上海方言与文化”课程，邀请沪语专家参与授课；在上海商学院语言文字网建设了“上海方言文化”板块；组织2015级全体新生开展感知上海、热爱上海系列活动，领略上海海派文化风貌。推进幼儿园试点上海话体验活动。对24所试点幼儿园进行现场调研，总结各试点幼儿园开展上海话体验活动的有益经验，选编优秀活动方案结集出版，开展教师语言能力培训。市语测中心为中小幼教师在职进修开设《上海话与海派文化》《汉字应用能力》市级共享课程，培训教师248人，并为高校、区县的语委干部、一线教师、办公室文秘工作人员等开设语言能力提升与语言文化传承的系列培训班。（马晓华）

国际交流和港澳台交流

【教育国际交流与合作】 全年共接待来自美国、英国、德国、法国等24个国家和地区的54批来访团组，合计300余人次。其中，部长级代表团4批，其他各类各级政府、教育机构代表团组50批。与美国亚洲协会、德国巴伐利亚州文教、科学与艺术部新签署两份合作协议及备忘录。①重要团组接待工作。哥伦比亚教育部部长率团访沪，就基础教育领域教师评聘、师资培训以及高等教育领域评估、认定等进行讨论；约旦高教科研大臣率团访沪，就上海高校质量保障体系的情况进行交流；卡塔尔等有关国家常驻教科文组织大使代表团访问上海，交流高等教育国际化发展及上海参与联合国教科文组织的合作交流的情况；捷克驻法国大使兼常驻联合国教科文组织代表访沪，交换高等教育体系及“卓越中心”创新促进模式等经验与范式；联合国教科文组织社会人文科学助理总干事访沪，了解亚洲文明大会筹备情况；新西兰达尼丁市市长访问团来访，商谈进一步推动两地中小学结好，开展学生交流。②推进各类教育人文交流，提升服务国家外交战略能力。开展中英高级别人文交流之中英中小学数学教师交流项目（上海与英国互派147名英方教师、校长和专家及125名上海教师和专家）、“中英伙伴学校交流计划”（在科学、技术、工程、数学（STEM）等学科方面开展合作）；中美人文交流之“第三届中美省州教育厅长对话”活动举办、中美“千校携手”项目示范校评选活动以及“第四届中美省州教育厅长对话”筹备；中国与印尼人文交流之“上海-日惹友谊之家”项目筹建与规划；回应“一带一路”国家战略，支持上海政法学院“中国—上海合作组织国际司法交流合作培训基地”的建设及培训工作。③加强友城教育交流，助力城市外交。举办第七届上海国际友好城市青少年夏令营，来自22个国家、23个上海国际友好城市的160名国外师生参加活动。在上海与新西兰达尼丁签署的“全面合作伙伴关系协议”框架下，共选派4所大学、7所中学24名本市大中学生前往达尼丁市进行短期交流。完成上海—德国汉堡学生交流项目，双方互派15名学生开展为期3周的交流。启动与印尼日惹省"上海-日惹友谊之家"筹建合作。与芬兰埃斯波市就续签双方在基础教育、高等教育方面的合作协议进行协商。④指导中小学校开展国际交流活动，提升中小学生跨文化理解能力。与市政府外办联合举办第四届"上海中小学生走进外国驻沪总领事馆"系列活动，约200名中小学生参观波兰、印尼、新西兰、俄罗斯、芬兰、英国、爱尔兰、法国、越南等10个国家驻沪总领事馆，了解不同国家的教育、文化与风土人情；在上海相关区试点开展"上海市中小学非通用语种教育"项目，组建基地学校；与市政府外办、市文明办、市旅游局联合主办"做一个可爱的旅行家——2015年上海市中学生境外安全文明行英语大赛"，引导全市中学生关注境外安全文明知识，提升中学生跨文化交流能力和文化综合素养。（张剑锋）

【外籍人员子女学校】 全市36所外籍人员子女学校在校生总人数27339名（幼儿园4289人，小学10597人，初中6288人、高中6165人），学生数与上年基本持平。12所学校办学规模千人以上，其中上海美国学校、上海日本人学校、上海中学国际部等三所学校在校生在3000人左右。①加强学校管理，规范办学行为。严格执行《上海市教育委员会关于进一步加强本市外籍人员子女学校管理工作的通知》，在学校管理机制、教师和学生管理、课程和教学管理、财务与资产管理、日常管理、做好涉外民办非企业单位（法人）登记、年度注册备案及办学认证工作等方面，规范外籍人员子女学校的办学行为。开展集中财务审计工作。完成年度注册备案登记工作。严格规范校车管理，市教委会同市公安局交警总队、相关区交警支队对部分外籍人员子女学校校车安全运行情况进行抽查，保障乘坐校车学生的安全。②加强政策调研，规划未来发展。根据上海市公安局出入境管理局在沪外籍人士随行子女的动态统计数据，及对全市外籍人员子女学校在校生数、各学段生数、各校学位数、学校区域分布的数据分析，完成本市外籍人员随行子女就读需求的数据分析，为全市外籍人员子女学校的区域布局和发展规划提供政策依据。对本市外籍人员子女学校中文课程现状进行调查，了解外籍人员子女学校中文课程在课程标准、课程内容、课程实施、课程保障等方面的现状、问题及挑战，提出建议。③传播中国传统文化，丰富学生课余生活。举办2015中国文化进校园系列活动，组织上海外籍人员子女学校学生观看上海昆剧团的中国昆剧经典曲目，让更多国际友人亲身体验中国博大精深的传统文化，秉承"民族的即世界的"理念，举办"领略神州风情、品味中国昆曲"主题系列活动，充分展示中国传统文化的绚丽多彩，丰富外籍人员子女学校学生的课余文化生活，增进中国与世界各国人民之间的友谊。④推进新校开办，更多学校完成民非登记。推动并指导上海哈罗国际学校（筹）和上海杨浦德法学校（筹）的正式设立工作。指导新纳入外籍人员子女学校管理体系的复旦附中、宋庆龄学校、上海市实验学校国际部等学校的各项管理工作。⑤分享资源，开展项目研修。启动"上海市中学校长、教师赴外籍人员子女学校伙伴研修"项目，遴选出11所学校参加该项目，每校1名校长、2名教师共33人到上海美国学校、上海协和国际学校、上海长宁国际学校和上海德威英国国际学校开展交流。项目连续开展8周，每周3天，由校长和骨干教师组成一个学习共同体，赴外籍人员子女学校，在小学、初中和高中三个学段随班听课、交流学习，取得良好的效果。（栾雪莲）

【中外合作办学】 至2015年底，全市共有中外合作办学机构和项目191个，其中机构28个，项目163个。开展学历教育的机构和项目168个（研究生30个、本科67个、专科48个、中职（高中）23个），非学历教育23个（含学前教育2个）。2015年共受理20个项目及1家机构的申请。①依托重点项目，推进高水平中外合作办学。推进强强合作，支持上海市有条件的高校与国外高水平大学开展中外合作办学，促进"国内一流"向"国际一流"水平靠近。一是市教委领导率团访问美国康奈尔大学，启动与美国康奈尔大学农业与生命学院、酒店管理学院合作开展高水平师资培训项目，首批选拔教师已赴美国康奈尔大学学习。二是支持同济大学与芬兰阿尔托大学合作设立"上海国际设计创新学院”项目。围绕城市转型发展及产业结构调整的内在要求，引进国际设计学科先进办学资源，培养具有国际水平的创新设计人才。促进前期举办项目的良性运转，确保合作办学迈入正轨。至2015年底，上海纽约大学已招收三届学生，共有900名本科生在校学习，其中中国学生457人，在全球范围内招收的国际学生443人。首批学生开始进入纽约大学全球校园网络交流学习，学校新增开展非学历高等教育办学资质。上海大学与加拿大温哥华电影学院合作设立的上海温哥华电影学院（专修）迄今完成两届招生。2015年招收82人，为企业培训50余人。全市第一所具有独立法人资格的中外合作高中上海七宝德怀特高级中学2015年招收学生150人，其中上海市学生100人，外省市学生50人，国际学生2人（美国）。②做好到期评估及示范引领，加强中外合作办学质量保障。根据教育部下发的本科及以上层次中外合作办学机构和项目的到期评估结果，指导上海市高校进行整改。2015年，教育部委托中国教育国际交流协会，开展高职高专层次中外合作办学到期评估工作，市教委配合做好工作，切实保障中外合作办学质量。为加强示范引领，启动第二届示范性中外合作办学机构和项目评选工作。③完善信息平台建设，提升信息化管理水平。上海市中外合作办学管理信息平台建设经过第一阶段的工作，已经实现网上递交年度办学报告，这一经验得到教育部的肯定并在全国推广。在前期工作的基础上，市教委完善信息平台，开发网上新申请、网上示范性评估等功能，用于中外合作办学常态化管理，提升信息化管理水平。

（栾雪莲）

【召开第十届全球孔子学院大会】 12月5—7日，以“适应需求，融合发展”为主题的第十届全球孔子学院大会在上海世博中心召开。中共中央政治局委员、国务院副总理、孔子学院总部理事会主席刘延东出席开幕式并演讲。教育部部长、孔子学院总部理事会副主席袁贵仁主持开幕式。上海市市长杨雄出席开幕式并致辞。国务院副秘书长江小涓，教育部副部长郝平，国家汉办主任许琳，上海市副市长翁铁慧，市政府秘书长李逸平、副秘书长宗明出席开幕式。本次会议参会代表2300多人，市教委、市政府外办、团市委成立大会志愿者工作小组，从复旦大学、上海交大、华东师大、上海外国语大学、上海大学、上海海关学院六所高校中招募770名志愿者服务大会各项工作，受到与会代表的一致好评。大会举办文艺演出，以“和衷共济”为主题，着重表现“天地人和，和而不同，和衷共济”重要内涵。文艺演出创新融合经典艺术与现代技术、中华传统文化与世界多元文化，并通过微视频温暖、亲切的视角，艺术性地展现孔子学院为传播中华文化、搭建友谊桥梁所书写的绚丽篇章。上海10余所高校的近500名各国留学生和孔子学院学生，以及150余名中国学生参加演出。

（葛静怡）

【高校（科研院所）外国留学生教育和国际汉语推广工作】 ①共有来自185个国家和地区的55596名外国留学生在全市招收外国留学生的39所高校（科研机构）就读。学位生中，硕士生与博士生分别为4715人和1337人，分别比上年增长12.21%和12.15%，学位生总数17503人，占总数的31.5%，比上年提高3.5%。学习期限超过6个月的长期生41086人，占总数的73.9%，比上年增长4%；学习期限在6个月以下的短期生14510人，占总数的26.1%。上海市接受外国留学生超过1000人的高校有12所，其中前11所高校的外国留学生均超2000人，依次为复旦大学（6457人）、上海交通大学（6152人）、华东师范大学（5795人）、同济大学（4853人）、东华大学（4760人）、上海外国语大学（4368人）、上海大学（4087人）、上海财经大学（2892人）、上海中医药大学（2582人）、上海对外经贸大学（2111人）、上海师范大学（2108人）。按照学历生规模数统计：外国留学生最多的前10位学校依次为上海交通大学（2595人）、复旦大学（2389人）、同济大学（2205人）、华东师范大学（1167人）、上海外国语大学（1071人）、上海财经大学（1069人）、上海中医药大学（1068人）、东华大学（1031人）、上海大学（731人）、上海师范大学（457人）。按生源地统计：在沪外国留学生最多的前10位国家依次为韩国（10408人）、美国（5052人）、日本

(4273 人)、法国(3907 人)、德国(2941 人)、泰国(2315 人)、意大利(1608 人)、俄罗斯(1488 人)、印度尼西亚(1346 人)、哈萨克斯坦(1219 人)。按学科分类:外国留学生选读最多的 5 个学科依次为文学(31978 人)、管理学(7020 人)、经济学(5134 人)、工学(3714 人)、医学(3612 人)。年内新增上海国家会计学院、上海兴伟学院为接受外国留学生单位,上海商学院被列入上海市政府奖学金委托培养院校。②市教委与市财政局研究制定《进一步完善上海市外国留学生政府奖学金资助体系和提高资助标准的通知》修订奖学金申请管理办法,提高奖学金生均标准。同时,市教委修订印发《上海市外国留学生政府奖学金申请办法》。③加强课程建设与师资培养,提高留学生教育培养水平。开展上海市留学生全英语课程建设,开展外国留学生全英语课程申报方案研究,新增立项课程 153 门。完成 2013、2014 年两年立项课程结项评审,应结项数 164 门,延期率 28%,实际结项通过课程 118 门。签订 2015 年国家留学基金委项目地方合作协议,开展留学生教育师资培训。2015 年派出 39 名教师赴加拿大阿尔伯塔大学和澳大利亚昆士兰大学研修。新增 25 人赴加拿大参加高校教育教学法研修。④支持上海科创中心建设,完善在沪外国留学生创新创业和就业政策,优化在沪留学环境。具有在上海创新创业意愿的外国留学生,可以凭高等院校毕业证书等材料申请有效期 2 年以内的私人事务类居留许可,进行毕业实习及创业。其间,被有关单位聘雇的,可以按规定办理工作类居留许可。落实市公安局出入境管理局支持科创中心建设的出入境政策措施,完善外国留学生在我国高等院校应届毕业后直接在自贸试验区和张江示范区直接就业的举措。⑤加大对外宣传与推广,不断拓展新兴生源市场。组织实施 2015 上海暑期学校项目,共有 14 所高校 21 个项目 500 多名外国留学生参与。在英国、爱尔兰成功举办 2015 中国上海教育展。推进“留学上海”英文网站改版,以及法语、俄语、西班牙语和阿拉伯语网站开发建设,全面实现上海市政府外国留学生奖学金网上申请与录取。“留学上海”网站运行效果良好,已经成为外国留学生工作新闻发表、信息交流、工作支撑的重要平台。⑥加大汉语国际推广力度。上海市已有 12 所高校和 13 所中小学在 20 多个国家举办了孔子学院 47 所、孔子课堂 46 个。6 月,在国务院总理李克强和比利时首相米歇尔的共同见证下,华东师范大学新建比利时布鲁塞尔自由大学孔子学院。10 月,上海财经大学在伦敦玛丽女王大学新建了孔子学院。复旦大学的诺丁汉大学孔子学院等三所孔子学院是全国示范性孔子学院。3 月,华东师范大学的美国中阿肯色大学孔子学院 14 名中文教师获得州教育厅授予的“阿肯色文化大使”称号。同济大学由中日两国学者和翻译家共同编写的“樱美林大学孔子学院中国学丛书”正式出版。东华大学与中非纺织服装研究中心、纺织学院、服装·艺术设计学院合作举办了“第一届中非纺织服装国际论坛”。市教委还推出了独具特色的项目,每年组织学生艺术团到各孔子学院巡演,举办上海暑期学校项目,专门为上海市各个孔子学院提供支持。　　(葛静怡)

【与港澳台地区的交流】 ①在沪就读的港澳台地区学生总数为 12893 人。其中在高校就读的 2224 人(香港特区 687 人、澳门特区 189 人、台湾特区 1348 人);在中小学幼儿园就读的 6278 人(香港特区 3175 人、澳门特区 104 人、台湾特区 2999 人);在各外籍人员子女学校就读的 3145 人(香港特区 2075 人、澳门特区 38 人、台湾特区 1032 人);在上海台商子女学校就读的 1246 人。②因公赴台湾地区访问。2015 年市属高校赴台湾地区团组共 286 批次 1626 人次,其中参加学术会议 89 批次 227 人次,学术交流访问 104 批次 434 人次,学生交流 93 批次 774 人次,学生交流 93 批次 774 人次。市教委及直属单位组(参)团赴台湾地区 18 批次 191 人次。③出台支持高校港澳台地区学生在沪就读就业的规范性文件。做好高校港澳台地区学生培养工作,使他们尽快融入上海并顺利完成学业,鼓励他们毕业后在沪创业就业,市教委向全市可以接受港澳台地区学生就读的高校下发了《关于进一步做好本市高校港澳台地区学生在沪就业工作的通知》。④“2015 上海—台北学生体育节”成功举行。“2015 上海—台北学生体育节”于 8 月 3 日至 7 日在沪举行,台湾地区台北市派出 14 个运动项目 174

名运动员裁判员到沪，与上海市3所大学、7所高中的学生运动员开展交流比赛。⑤完成上海花莲“海峡两岸青年菁英领袖营”双向交流活动。应台湾地区花莲县政府邀请并经市政府批准，市教委和市台办率由复旦大学、上海交通大学、同济大学、东华大学和中医药大学177名师生组成的上海师生代表团参加了于7月10日至15日在花莲县举行的“海峡两岸青年菁英领袖营”。同时，市教委和市台办合作，接待60名花莲县师生在东华大学举行的上海领袖营活动。通过两地双向领袖营活动，上海高校学子与台湾地区大学生深入交流，加深了两地青年的了解。⑥组织参与“2015上海台北城市论坛”。“2015上海—台北城市论坛”于8月18日在上海举行，论坛的议题为“城市发展与青年自主创业”，下午分论坛主题为“青年创业”。市教委组织全市高校创业者与会并做交流发言。⑦根据国台办和教育部工作要求，市教委会同市台办、市出入境管理局、市人力资源社会保障局、市教科院举办2015上海市学生赴台湾地区交流行前教育会。全年台湾地区高校共录取上海市学生109人。行前会后，建立上海学生教育咨询服务站微信群，方便学生咨询联络。⑧9月，“2015百名台湾地区学生看上海”在复旦大学举行，全市相关高校150名来自台湾地区的高校新生参加。为在沪高校就读的台湾地区的学生了解上海，融入上海提供交流平台。⑨完成香港幼儿园园长上海培训项目。已连续开展10年的与香港教育局合作项目—香港幼儿园园长上海培训项目11月在华师大启动，30名香港幼儿园园长在沪接受为期一周的参访培训。⑩支持港澳台地区各项其他教育交流项目。香港基督教信义会社会服务部数幼儿园园长访问团一行24人访问上海市音乐幼儿园、科技幼儿园、芷江中路幼儿园，开展幼教理念教学实践交流访问；澳门明爱学校教师访问团一行25人访问浦东新区特殊教育学校、密云学校、启慧学校，明爱学校和密云学校更是商讨建立姊妹学校结对事宜；经推荐，徐汇区三位教师参加“华夏园丁大联欢——2015冰雪吉林之旅”。（陈莉莉）

区县教育
Education in Districts and County

黄 浦 区

【2015年概况】 全区教育系统有事业单位118个。其中中学32所，包括市实验性示范性高中7所、区实验性示范性高中4所(含2所完中)、完中6所、九年一贯制学校3所、初级中学14所，小学29所(瑞金二路小学于2015年7月并入海华小学)，幼儿园31所，特殊教育学校3所，职业教育学校4所，专门学校1所，教师进修学院1所，业余大学1所，公办早教机构2所，其他教育机构14个。另有民办九年一贯制学校1所、民办初级中学3所、民办中等职业学校1所。教职工8699人，其中专任教师6198人。离退休人员19099人。学生62415人，其中高中生9936人、职校生6808人、初中生13349人、小学生20274人、学前教育学生11678人，特殊教育与专门学校学生370人。区财政投入33.60亿元。

立足区域发展全局，规划教育改革重点。启动《黄浦区教育改革与发展“十三五”规划》编制工作，规划布局“十三五”期间的教育改革与发展的主要任务和保障措施，完成规划初稿及意见征求，召开相关专家、校长及委办局人员座谈会。深化教育综合改革，整体参与市深化教育综合改革工作，4月上旬《黄浦区推进教育综合改革实验整体方案(试行稿)(2015—2020年)》和《黄浦区推进教育综合改革实验实施计划(试行稿)(2015—2020年)》经市教育综合改革领导小组评审通过。

德育为先，提升学生思想道德素养。全面开展高中生志愿者服务基地申报遴选工作，15所学校和基地对接联动。至年底，有市级高中生社会实践基地17个，区级基地12个，校级基地47个；第二批30个基地和2个项目在市级评审过程中。继续探索中小学生社会实践基地资源的开放与利用，用好《黄浦区学生社会实践护照》。组织开展第三批“上海市中小学心理健康教育达标校”申报与评估，建设新的心理健康教育分中心。加强班主任队伍建设，开展骨干班主任培训、班主任沙龙活动和黄浦区第三届中(职)小学班主任基本功竞赛。

研究探索推进高中教育教学改革。改革高中教学组织形式，推进高中实施个性化学程和学分制管理，试点实施小班化和“走班制”教学，开展基于校情和学情的研究和实践。开展对高校专业科目要求等信息的分析研究，鼓励高中有针对性地开展学生学涯辅导。组织学习新的课程计划和课程标准。推进特色普通高中建设项目。引领部分高中建设特色课程体系及其运作机制。市八中学成为上海市推进特色普通高中建设项目首批项目学校。

促进义务教育优质均衡发展。在试点基础上，推进教育集团化建设，推进基础教育阶段创新素养一体化培育实践。试点组建格致教育集团，制定格致教育集团三年发展规划及各成员学校的三年行动计划。出台《黄浦区小学协作块办学的实施方案》，通过协作块联动探索课程资源、师资队伍、硬件设施等资源的协作与分享。上海师范大学附属

举行“美丽中华情 校园好声音
——优秀传统文化在我身边”系列主题活动

卢湾实验小学、上海市黄浦学校和上海市格致初级中学被任命为上海市中小学以校为本的教育质量保障体系建设试点单位。推荐市八初级中学、敬业初级中学为上海市“新优质学校”集群式发展项目学校。组织开展新一轮人文科技创新实验室建设项目申报与实施，7 所小学和 10 所中学提交创新实验室创建方案参加专家评审。继续做好新一轮郊区农村义务教育学校委托管理工作。与松江区签订合作协议，梅溪小学、曹光彪小学、卢湾三中心小学、上海市八初级中学、上海名师培训中心 5 家单位被委以托管任务。做好格致中学奉贤校区、向明中学浦江校区等支援郊区教育的工作。引导民办学校注重内涵建设和特色发展，3 所民办中学被列为市民办中小学特色学校第二轮创建学校，1 所民办学校被列为市民办中小学特色项目第二轮创建学校。

做精做优学前教育。编制学前教育新三年行动计划。继续推进“幼儿园保教质量评价体系”和“学前教育部门合作机制”研究。强化“医教结合、科学育儿”理念。召开区学前教育医教结合工作交流会，启动“幼儿健康监测与分析平台”研发；进一步梳理“医生进园服务岗”环境创设案例与长效服务机制。继续抓好“示范园携手二级园、公办园带教民办园”“青苹果工作坊”“青年园长助推项目”“空间环境创意设计”等工作。完成“区域幼儿园保教质量监控体系的构建与实施研究”开题工作。注重特殊教育内涵发展，完善特殊教育医教协同保障机制，做好特殊教育学生入学鉴定。

构建区域职业教育、终身教育体系。研究落实职业学校“十三五”发展方向，加强商贸旅游学校特色示范校建设，推进中华职业学校特色示范校创建。强化职业教育课程体系建设，加大职业教育师资培养力度。16 家院校参与以“发掘民非名特优课程，提升服务水平质量，了解民非真实需求”为目的的“一日调研”活动，继续开展民非院校评优表彰，27 家院校获得奖励。实施“推进终身教育体系建设三年行动计划”，发挥社区学校对场地、课程、师资资源的整合共享。扩大学校场地向社区开放面，充实向市民开放的课程内容，整合教师资源，提升教学水平。不断完善老年教育资源的均衡配置。基本完成 4 个街道老年学校标准化建设。组织参加上海老年大学教育联盟第二届艺术教育成果展示汇演。完成市老年人学习团队申报工作，申报一般团队 198 个，优秀团队 8 个。制定《2015 年黄浦区推进学习型社会建设工作要点》及《实施项目》。

稳步推进教育信息化，积极推进教育国际化。完善区教育信息化基础设施，总体完成教育信息平台建设。充分发挥信息技术在教育教学、教学管理中的应用。开展高水平国际交流，积极筹建中外合作的国际学校。继续实施国际课程班的试点工作。

全面加强队伍建设，提升校长教师专业化水平。做好 2015 年区教育系统岗位等级日常管理晋升工作，完成 500 位人员的岗位等级晋升审核。做好 2015 年教师中级职务评议工作、校长职级制的认定和评审等工作。完成新一轮名师、名校长工作室、学科带头人、区级骨干教师的评审工作。成立新一轮 23 个名师、名校长工作室，共有导师 30 名。接受市教委的教育行政管理信息化平台建设工作调研。顺利推进重点项目建设。做好年度文科教师出国培训计划。（严　奕）

【在科技创新大赛上取得好成绩】 3 月 21 日，第 30 届上海市青少年科技创新大赛举行。黄浦区在青少年科技创新成果竞赛板块中获 45 个一等奖、50 个二等奖、38 个三等奖和 45 个专项奖，一等奖总数和获奖比例均位居全市前列；同时，还获得 1 项青少年科技实践活动特等奖、2 项科技辅导员创新成果一等奖、2 项科幻画一等奖、2 项科技创意一等奖和若干项二、三等奖。（陈沪铭）

【与上海财大、复旦大学签约合作】 4 月 9 日，敬业中学与上海财经大学签约合办敬业中学财大商科实验班，商定由财大金融学院、国际工商管理学院和会计学院分段负责实验班专业课程，派出明星教师、博士生为学生开设商科拓展课程，内容涉及货币银行、金融理财、数理统计、市场营销等方面的实务知识。5 月 5 日，敬业中学与复旦大学历史学系签约合办敬业中学博雅人文实验班。实验班以中国古代史为切入口，强化经典阅读，开展人文课题研究，弘扬中华优秀传统文化，并不定期地开设文史哲类讲座，提供参观大学和旁听名家讲座机会。（戴　智）

【“大境链”外语特色发展研讨会举行】 5月6日，“大境链”外语特色发展研讨会举行。会上，上海外国语大学—黄浦外国语小学、上海外国语大学附属大境初级中学、启秀实验中学及上海外国语大学附属大境中学分别就外语特色课程、外语教育实践活动、中外国际交流项目和师资培训等方面的实践探索进行汇报交流。（沈珊红）

【获世界航海模型锦标赛冠军】 5月1—7日，第十八届世界航海模型锦标赛在乌克兰切尔卡瑟举行，大境中学学生高毅夫代表中国参赛，获F5-E级青少年组冠军和F5-10级青少年组亚军。高毅夫是大境中学船模队运动员，曾在全国及上海市、区各级比赛中获佳绩。（俞定智）

【出席以色列世界科学大会】 8月15—20日，世界科学大会在以色列希伯来大学举办。卢湾高级中学学生董佳怡作为上海地区2013—2014年度“中学生英才计划”学员代表，与来自全国的13名学员代表一起参加会议，并与多位诺贝尔奖得主及全球知名科学家进行对话和讨论。董佳怡与其他国家的9名青年共同设计的有关“新能源制造”课题，获大会颁发的“最佳海报奖”。以色列世界科学大会是由2006年诺贝尔化学奖得主、美国生物学家罗杰·科恩伯格发起，以色列希伯来大学、科技部、外交部联合主办的全球性科学会议。（阮瑾怡）

【推出小学新生家访“八个一”举措】 9月，区教育局推出小学新生家访与家长会“八个一”举措：①家访前开展一年级班主任和教师的全面培训。②实现一次全覆盖家访。③家访时作一次基于课程标准的教学与评价的全面宣传。④对学校办学特点及校园文化做一次全面介绍。⑤给新生写一封信，表达祝福又对所需学习用品、生活用品提出建议和要求。⑥家访后建一个班级微信群。⑦对有特殊需求学生、家庭给予一次深度指导。⑧完成新一届新生家委会的组建。（寿钰婷）

【开展青少年民族文化培训展示活动】 9月20日，“中国梦　民族魂”——黄浦区青少年民族文化培训展示活动举行。活动着重展示了“团花剪纸”和“面塑制作”等中华民族传统民间艺术，近50名学生的100余件作品参加展示。青少年民族文化培训自启动至今，历经10年，通过民乐、工艺、茶艺、武术等项目培训，促进了青少年学生素质全面发展。（郑　瑾）

“中国梦　民族魂”——黄浦区青少年民族文化培训展示活动

【获全国中学生足球挑战赛冠军】 11月27日，在2015年“卓尔杯”全国中学生足球挑战赛总决赛上，大同中学队获全国冠军。足球挑战赛分为片区赛、全国赛两个阶段。片区赛由来自全国31个省（区、市）选拔产生的100所中学的100支球队参赛。全国赛包括总决赛和友谊赛两部分，全国5大片区的冠、亚、季军共15支球队参与总决赛角逐。（陈雯华）

【举办格致教育集团第一届学术节】 12月4日，主题为“提升思维品质，提高课堂效能”的上海市格致教育集团首届学术节举行。集团成员校格致中学、格致初级中学、浦光中学、曹光彪小学、应昌期围棋学校的教师参加。人大附中党委书记、副校长、数学特级教师周建华教授应邀作《课堂教学改革与教师专业发展》主旨报告。12月8—10日，集团成员进行各学段课程展示。（张志敏）

【幼儿园青年园长助推工程汇报展示】 4月17日，区幼儿园青年园长助推工程汇报展示活动举行。汇报活动上，数字故事《感悟智者　点亮智慧　厚积薄发》展现黄浦区青年园长助推工程两年来的运行历程；“访谈沙龙”中，青年园长们围绕“我们眼中的师傅”“师傅的至理名言与经典策略”“学什么，怎么学”

"我们的期待与希望"4 个主题进行畅谈。（徐燕雯）

【交流学前教育医教结合工作】 6 月 9 日，"合作为幼儿健康护航　探究筑医教结合之路"——黄浦区学前教育医教结合工作交流会举行。会议以数字故事形式从"五个一路线图""医生进园服务岗""专兼互补组队伍"三方面呈现黄浦区自 2012 年以来学前教育"医教结合"探索的足迹。思南路幼儿园、外滩社区卫生中心等 6 家单位全方位展现了黄浦学前教育"医教结合"工作的经验与成效。市教委基教处负责人对"医教结合"工作给予肯定，区政府领导提出，要建成"政府主导设计，区域资源整合，卫生专业机构、托幼园所、家庭三位一体"的医教结合新格局。（徐燕雯）

【学前特教 20 年回顾】 11 月 5 日，黄浦区学前特教 20 周年回顾暨市级课题汇报活动举行。会议作了主题为"特别的爱给特别的你——梦想·前行·力量"的工作汇报，通过数字故事、专题汇报、组合发言等形式从多个维度展现了黄浦区学前特教 20 年的发展历程。会上还启动了"黄浦区学前特教数字化信息平台"。与会领导对黄浦区学前特教 20 年来发展给予了肯定，希望黄浦区能在全市发挥示范辐射作用，使上海的学前特殊教育成为一张"精品名片"。（徐燕雯）

【举行首场青苹果工作坊主持人论坛】 12 月 17 日，"做有思想的教育实践者——黄浦区幼儿教师青苹果工作坊主持人论坛"举行。区教育学院、南京东路幼儿园、城市花园幼儿园、瞿溪路幼儿园、蓬莱路幼儿园、星光幼儿园 6 位首批亮相的青苹果工作坊主持人分别作《幼儿语言教育的新思考》《生活教育中的行与思》《让幼儿园充满歌声》《从"有限"到"无限"——让幼儿在自主游戏中快乐成长》《让数活动变得有趣、有用》《让每个心灵在音乐中诞生精彩》主题发言，呈现 5 年来在教育素养、研究能力以及专业境界方面的提升。专家、领导对青苹果工作坊运行成效与主持人个人专业成长给予肯定并提出希望。（徐燕雯）

【成立国际烹饪技艺交流中心】 5 月 1 日，国际烹饪技艺交流中心成立暨挂牌仪式在中华职业学校举行。该中心系中华职业学校与世界厨师联合会、中国烹饪协会携手建立，核心内容是建立"大师工作室"，旨在利用校企合作资源优势，推动餐饮文化的国际交流与发展，促进学校烹饪专业建设和人才培养，并承办组织开展各类烹饪大赛。（林晨旭）

【在首届全国传统文化进社区微视频大赛中获奖】 11 月 15—17 日，首届全国传统文化进社区微视频大赛决赛在厦门举行。黄浦区社区学院微视频作品《京韵墨香　海派传承》以排名第一的优异成绩获一等奖。黄浦区社区学院获大赛优秀组织奖。打浦桥街道社区学校选送《传统文化进社区——甲骨文》获优秀作品奖。（涂丽敏）

【启用"学在黄浦"微信服务号】 6 月 23 日，在 2015 年终身教育品牌课程推介会上，"学在黄浦"微信服务号正式启用。推出"学在黄浦"微信公众号平台，用"互联网＋教育"的新方法展示民非院校的办学特色、亮点和优质课程，树立黄浦区民非教育优质品牌。该微信公众号开设"学习要闻""学习资源"和"我的学习"3 个大板块及 15 个小板块。（熊莉娜）

【在全国及全市职业技能竞赛获多个奖项】 4 月，上海市商贸旅游学校在市"星光计划"第六届中等职业学校职业技能大赛中获团体总分第一，并获优秀组织奖。6 月，在全国职业院校技能大赛中职组数字影音后期制作项目决赛中获一枚金牌一枚银牌佳绩。7 月，参加 2015 年全国职业院校学生技术技能创新成果交流赛，面塑作品《弄堂游戏》获 2015 年全国职业院校学生技术技能创新成果交流赛优秀项目一等奖，面塑作品《市井百态》获优秀项目三等奖。学生顾绣作品《雀踏红梅》获优秀项目二等奖，《雅竹清赏》获优秀项目三等奖。（熊莉娜）

【获全国、上海市先进工作者等称号】 4 月 28 日，上海市实验小学校长杨荣赴京参加庆祝"五一"国际劳动节暨表彰全国劳动模范和先进工作者大会，获"全国先进工作者"荣誉称号。4 月 29 日，上海市庆祝“五一”国际劳动节暨劳动模范、先进工作者表彰大会举行，格致中学吴照、向明中学芮仁杰、上海外国语大学附属大境中学姚晓红、尚文中学梅守真、黄浦早期教育第一指导中心茅红美5位教师获“上海市先进工作者”称号。大同中学语文教研组获“上海市模范集体”称号。　（陈　华、李　敏）

【出版《防恐教育进校园实践读本》】　9月29日，《黄浦区中小学生防恐教育进校园实践读本》首发仪式举行。首发仪式上介绍了《读本》编撰背景和创作历程，黄浦区卢湾一中心小学教师现场展示微课“如何应对校园恐怖事件”，特警战士进行擒拿格斗技术展示。与会领导向学生代表赠送《黄浦区中小学防恐教育进校园实践读本》。该读本由区青保办和区反恐办联合主持编写，区教育学院指导，敬业中学、大同初级中学、卢湾一中心小学教师具体撰写，区教育学院附属中山学校美术社团提供原创插图。这是全国第一本中小学防恐教育教材。

（黄永宝）

【开展网络管理员岗位技术培训】　10月8日，2015年度黄浦区网络管理员（小学组）岗位技术培训班开班典礼举行。近30名网络管理员参加培训。本次培训旨在通过系统培训，进一步加强学校网络管理业务能力，为学校教育信息化建设应用提供有效保障。培训班于学期内完成实务和考证培训。　（孙　庆）

【未成年人保护教育指导中心揭牌】　12月7日，黄浦区未成年人保护教育指导中心揭牌仪式举行。来自区文明办、妇联、团区委、公安分局、检察院、律师事务所、区教育学院德研室、区阳光社工站的代表出席。该中心充分整合区未保委的制度资源、部门资源，加强区域相关职能部门间信息共享和政策对接，针对未成年人监护人缺失等情况，提出合理的解决方案。　（徐群力）

【举办首届教育学术周】　12月15—22日，由区教育学会、区教育学院、上海市学习科学研究所主办，格致中学承办的首届“黄浦区教育学术周”举行。学术周期间举办包括“开启梦想之旅、展示新秀风采”学前教育青年教师课堂教学展示、“高中英语写作教学实践研究”专场、“互联网＋时代的学与教”主题论坛等11场专场活动，近千名教师参加。　（李金钊）

附：区教育局驻地及负责人

（2015年1—12月）

地址：延安东路300号
邮编：200001
电话：33134800

区委分管常委：李　鋆
区政府分管副区长：程霄玉

区教育局党工委书记：唐海宝
　　　　副书记：王伟鸣（兼）、王秀娟

区教育局局长：王伟鸣
　　　副局长：杨　燕、颜文生、徐辰超、余维永

徐　汇　区

【2015年概况】　全区有各类学校194所，其中中学39所（高级中学9所、完全中学9所、初级中学18所、九年一贯制学校3所）、小学44所、职业高中2所、中专学校9所、幼托园所88所、特殊教育学校2所、其他教育单位10所。在校学生115805人。3—6岁适龄儿童入园率100％，九年义务教育入学

率100%，高中阶段教育入学率98%。全区共有教职工12444人，比上年增长2.84%。其中专任教师9277人（中学3459人、小学2524人、幼儿园1850人、职校中专1150人、其他教育单位294人）。全区高级职称教师1293人（其中特级教师34人），占教师总数的13.94%；中级职称教师4554人，占教师总数的49.09%；初级职称教师2543人，占教师总数的27.41%；未定职称教师887人，占教师总数的9.56%。全区高中专任教师学历达标率为100%，本科及以上学历为100%；初中专任教师学历达标率为100%，本科及以上学历为99.19%；小学专任教师学历达标率为100%，大专及以上学历为99.21%；幼儿园专任教师学历达标率为100%，大专及以上学历为99.19%。业余大学(社区学院)1所、老年大学及学校18所、社区学校13所、居委学习点和养老机构学习点325个、专职教师89人、兼职教师2313人、班级数3544个、学员数111404人次、街镇学习团队404个、居村委学习团队1739个、大型学习活动282个、社区教育志愿者1854名。

教育经费继续稳步增长，教育经费决算总收入277097.44万元。基础教育各阶段生均公用经费显著增长，职校7668.97元，比上年增长5.69%；高中12073.64元，比上年增长2.69%；初中11271.56元，比上年增长4.27%；小学7627.57元，比上年增长3.41%；幼儿园7343.68元，比上年增长1.57%；特殊教育18680.37元，比上年增长2.70%。继续做好学生帮困工作，向区内238名品学兼优、家境困难学生发放“美罗奖学金”“顶胜—蒂伊奖学金”“云华奖学金”“康乐奖学金”和“第二届华育励志奖学金”，共计19.4万元。年内，区教育局完成《徐汇区深化教育综合改革方案》，申报成为上海市教育整体综合改革试验区。1所中学获全国文明单位，4所中学和2所小学获全国学校体育工作示范校。

一、推进实施教育综合改革重点项目。坚持“建高原、攀高峰”战略，落实10大实验项目，45项重点任务、100个改革子项目组成的区域教育综合改革框架，明确责任分工，加快系统推进。整合《徐汇区中长期教育改革和发展规范纲要》和《徐汇教育综合改革方案》，加强区域规划与市级规划的对接，研究形成“十三五规划”，指导相关部门和学校做好“十三五”规划的编制工作。重点攻关26个重点改革项目。推进学区化、集团化办学试点，召开学区化集团化办学推进会，学区化办学覆盖率达70%。启动南模教育集团试点工作，探索理事会领导下的跨体制、跨学段办学。完成区“新优质学校”创建学校的总结性评审，命名17所中小学为区新优质学校示范学校、6所中小学为区新优质学校项目学校。新优质学校项目建设和学区化集团化办学试点两个项目入选上海市教育综合改革典型项目。起草《徐汇区新优质学校集群发展实施方案》，推进区“新优质学校”集群发展。制定《徐汇区推进特色普通高中建设实施意见》，推进特色普通高中的创建工作。

二、加强未成年人思想道德建设。开展“基于社会主义核心价值观落实的微型德育课程建设与实施”项目研究，世界小学《不动的美丽洋房　生动的爱国课堂》获全国优秀教育案例。完成教育部哲学社会科学研究重大课题“大中小德育课程一体化建设研究”子项目“大中小学生思想道德现状调研”，“中小学生思想品德评价一体化实践研究”立项为上海市教育科学研究重点课题。弘扬中华传统文化，推进“非遗进校园”项目，扩大学区内名校的示范辐射，“德润田林”成为全区乃至全市精品项目。组织抗日战争胜利70周年主题纪念活动。深入开展未成年人思想道德建设工作，持续推进“中国梦”“我们的节日”“做一个有道德的人”等系列宣传教育，开展“院士进校园”“劳模进校园”“廉洁文化进校园”“徐汇学子展馆行”等主题德育活动，组织开展“学雷锋”等志愿服务社会实践活动。重视家庭、家教、家风的挖掘和宣传，在“小眼睛看我家，好校训记我心（好家风我来传）”2015年上海市中小学生家庭家教家风征集活动中获2个最佳奖、8个优秀奖。

三、坚持基础教育高位优质均衡。坚持学前教育品牌发展战略，继续深化幼儿园特色课程建设，市、区示范性幼儿园，市一级幼儿园和部分二级幼儿园建立多元、富有个性的园本特色课程。增强品牌影响力；支持幼儿园以特色创建为突破口，推进内涵发展。以幼儿园晋级为抓手，加强分层指导提高保教质量。推进小学课程建设三年行动计划。借助华东师范大学课程所力量，以组团发展模式，带动种子校设计课程规划方案。推进牵手校项目，组织3场牵手校语文、数学、英语教学专场展示活动。继续以世外中学、世外小学托管项目为载体，开展科学、艺术学科的国际融合课程试点研究，康外小学"4＋X"国际融合课程初见成效。推动学校实现从特色项目到学校特色到特色学校的阶段发展，提炼建设经验，发挥示范辐射作用，实现区域共享。在位育中学等16所中小学试点STEM＋课程，实现了徐汇区STEM＋国际科学教育研究项目从幼儿园到高中学段的全覆盖。完成上海市中小学创新实验室的申报工作，推进创新实验室建设。推进特色普通高中建设。

四、加快"四教"(即体教、文教、科教、医教)结合。推动市级试点区的课程改革，扩大高中体育专项化体育课程试点范围，正式启动小学体育兴趣化、初中体育多样化的体育课程改革试点。以校园足球为引领，推进三大球校园联盟建设，组建区级"校园排球联盟"。会同区文化局、市交响乐团等部门，启动"交响乐鉴赏系列课程"项目，试点开设"6＋1＋X"的交响乐系列课程。推进阿卡贝拉培训项目、"美育卡"美术普及与教育等文教结合项目。发挥机器人项目联盟体的示范效应，探索以项目联盟体为主体开展特色科技项目。依托中科院上海分院、上海图书馆、上海交通大学等，推进开展院士专家进学校活动。成立徐汇青少年创客联盟，为中小学生提供创新实践平台。加强食品安全监管，继续落实学校食堂远程监控，推进校园直饮水设备的建设和管理。完善学校公共卫生、食品安全联合督导机制，开展定期联合督导。开展2015年徐汇区中小学生食品安全主题教育活动。

五、提升教育国际化和信息化水平。推进"智慧教育"建设。完善徐汇教育城域网的建设整体规划，建设城域万兆网二期，形成教育骨干网环境。加强公共服务平台建设，扩大门户网站网上办事和服务项目，拓宽学校政务校务信息公开的重要渠道。启动徐汇教师网暨应用平台建设，完成项目一期，建设12个应用服务模块。推进"汇学课堂"建设，开发教与学资源，构建资源共享环境。推进教育国际化发展。完成滨江国际学校合作方的选择和选址工作，初步确定合作对象，形成上海及徐汇区国际课程开设情况的研究报告，为国际学校建设的硬件准备和项目申报做好准备。

六、推进学习型城区建设。组织开展"一街一品"项目调研，推进社区教育内涵发展，启动第三轮街镇社区教育"一街一品"项目申报。推进老年学校标准化建设，完成斜土街道和湖南街道老年学校能力提升工程，8所老年学校继续深入开展内涵建设，启动第三方开展办学绩效评估。成功创建全国老年远程教育示范区，17家敬老院参与上海市"养教结合"工作，6家敬老院创建成为2015年度上海市老年人标准化学习点。以研讨会、微课程建设、教材出版等方式，提升社区教育课程品质。举办第十届学习节，13个街镇开展各级各类教育学习活动250项。

七、加大人才培养力度。推进落实师德师风建设，贯彻落实教育部"六个严禁"通知精神，做好督导反馈工作。激励全体教师争做"四有教师"，支持优秀教育人才长期从教、终身从教。4人获评上海市特级校长、46人分别被评为区领军人才、拔尖人才、学科带头人和高技能人才。获评教育系统首届"荣昶贡献奖"14人；获第二届区教育系统"教书育人楷模(提名奖)"荣誉称号10人，上海市"教书育人楷模"提名奖1人。启动"徐汇区教育系统教师队伍建设'十三五'规划"的编制工作。实施"国家示范性网络研修与校本研修整合"培训项目，选择8所幼儿园、9所小学、6所初中试点实践，1500多名教师线上线下研修完成培训任务，实现区、校、个人培训的有机整合。对接已有的"一师一优课，一课一名师"等项目，实施"中小学(幼儿园)教师信息技术应用能力提升工程"项目。组织"十二五"优秀教师培训课程资源的征集与评选，72门课程入围优质课程。深化见习教师规范化培训，完善培训基地校、带教导师及带教团队的培训、考核、评估与奖励制度，开展第二批区级教师专业发展学校暨见习教师规范化培训基地校遴选评审。举办第四期优秀教师高级研修班，实施一人一案培养制度。继续实施"徐汇区中小学(幼儿园)中青年骨干教师团队发展计划"。加强幼儿园园长分层分类培训。着

力提升校本研修质量，开展校本研修星级学校创建工作，举办徐汇教育系统第八届学术节。（孙　慧）

【推进小学课程建设三年行动计划】 区小学学校课程建设三年行动计划(2013—2015年)的实施，进入第三阶段。各校启动制定拓展型课程和探究型课程实施方案，加强课程整体规划，正确处理基础型课程、拓展型课程与探究型课程的关系，优化课程结构，满足学生多样化发展需求。建立完善区小学优质课程资源库，开发、建设网络学习资源和社会教育资源；定期开展优秀校本课程评选，搭建优质课程共享机制。组建区小学课程建设专家指导团，建立区小学课程评审专家委员会，引入"绿色评价指标体系"，在学业质量评价同时，注重学生的内在需求、学习兴趣、身心健康状况、社会责任感，以及师生关系和社会满意度等方面的评价。

（梁　斌）

【推进学区化建设】 9月，徐汇区学区化集团化办学工作推进大会举行，市教委、徐汇区政府、区教育局、各相关委办局及街道领导参加。会上宣布，"徐家汇—枫林学区""天平—湖南学区"正式成立。作为上海首批学区化试点区，进一步扩大学区化办学试点。田林—虹梅学区以首席负责的课题化推进方式引领学区化办学实践，提升学区教育品质，举行"首席教师创新实践基地"授牌暨《实践与创新》杂志创刊发行仪式。华理学区以课程建设为抓手，重点打造大中衔接、中小衔接的特色课程体系，建设"多元发展，理工见长"的特色课程群，举办首届华理学区科技节。康健学区挖掘社区资源，打造"康健教育，教育康健"的特色品牌，成立少年科学院，开展中华武术大家练等展示活动。截至年底，区内义务教育阶段学区化覆盖率达到70%。（梁　斌）

【成立南模教育集团】 9月，南模教育集团成立。南模教育集团以南洋模范中学为核心，成员学校包括西南模范中学、南模初级中学和民办南模中学，初高中衔接、公民办共存、国际国内课程融合。四所学校，一脉相承。集团内部建立理事会管理模式，全面负责集团化办学工作的开展；南模教育集团在理念引领、日常管理、课程建设、教师发展和资源共享等五个方面进行探索实践。（浦正权）

【启动新优质学校集群发展】 12月，区教育局召开区新优质学校集群发展项目大会，启动第二轮区"新优质学校"创建工作。在第一轮创建基础上，13所中学和19所小学列入新优质学校集群发展项目学校名单。第二轮建立"新优质学校"集群发展的群：以项目分群，围绕徐汇教育综合改革项目，重点关注课程与教学、管理与文化、评价与改进等主题，组成不同项目的实践研究团队，开展行动研究；以地域分群，优势互补，资源共享，发挥辐射引领作用，推进学区建设；以集团分群，围绕集团化办学实践，整合资源，携手共建。集群既可以相对独立，也可以相互交叉，推进形成共生互融、协作共赢的发展格局。（梁　斌）

徐汇区新优质学校展示

【启动交响乐进课堂项目】 10月，徐汇区"交响乐鉴赏系列课程"启动仪式暨首场交响乐鉴赏会在上海交响乐团音乐厅举行，市政府副秘书长宗明和著名指挥家曹鹏共同启动该项目。交响乐进课堂项目是徐汇区深化教育综合改革，全面改进美育教学的创新举措，是政府、学校和社会力量共同参与教育的成果，是徐汇区文教结合的一次有益尝试。项目以课程建设为载体，围绕"一区一特"艺术特色，整合各类社会文化资源，发挥区域内专业乐团的场地、师资和教育资源优势，为徐汇学子"零距离"接触高雅艺术、丰富精神世界搭建优质平台。交响乐进课堂项目体现了"全覆盖、课程化、资源联动"的特点，全区初一年级先行试点开设"6+1+X"的交响乐系列课程，即 6 个教学课时，以视频教学、游戏互动、教师组织讲解等形式普及交响乐知识和掌握欣赏方法；一场专业音乐教育活动，在新落成的上海学生艺术实践基地——上海交响乐团音乐厅举办，上海交响乐团组织专业艺术家团队打造“演出课堂”活动；每年在校园里举办若干场面向学生和家长的高雅音乐会，由专业乐团和学生乐团联合演出并辅以专业的讲解，通过“进课堂、进乐团”的演奏式教学体验模式，打破传统观念里交响乐的“高大围墙”，让更多青少年有机会浸润其中，充分发挥艺术教育在潜移默化中激励精神、温润心灵、提升修养的作用。（吕　蔚）

【推进中小学创新实验室建设】 年内，全区共有 23 所中小学 28 个创新实验室建成并投入使用，有 16 所中小学校 39 个创新实验室在建或拟建。园南中学的创意图书馆、世界小学的 Mates 智能电子积木创客实验室获得市级专项经费支持。部分中小学校在推进课程改革实践中，自主建设一批不同于传统意义的“实验室”，涉及生命科学、物理、化学、工程技术、地理、音乐等众多学科和领域，呈现开放性、探究性特征，满足学生探究、体验、个性化学习和发展需求。（浦正权）

【开展基于课程标准教学的区域性转化与指导策略研究】 年内，区教师进修学院与 27 所实验校共同完成 26 门实验学科的区域性《学科教学指南》和校本实施的《学科教学手册》。总项目组深入各校调研，了解项目实施情况；各相关学科研修组参与项目实践研究，提炼交流课型范式。在徐汇区教育系统第八届学术节上，总项目组，中学物理和小学英语两个子项目组，市二初级中学、华理大附小两所实验学校，以“呈现初步经验，聚焦关键问题，探寻解决之道”为主题，对项目实验情况作专题介绍，教科院实验小学和教科院附属中学分别进行数学课和英语课教学展示。（李　红）

徐汇区第八届学术节“基于课程标准教学的区域性转化与指导策略研究”研讨会

【四所中小学举行校庆活动】 11 月 11 日，江南新村小学举行建校 60 周年庆祝活动。学校原为江南造船厂职工子弟学校，借助企业资源优势，形成以“船文化”为核心的科技教育特色。11 月 28 日，上海师范大学附属龙华中学举行建校 50 周年庆祝活动。学校坚持“办灵动教育、建绿色校园”发展思路，着力打造体育运动特色、科技教育社区化和“学雷锋”志愿服务等品牌项目。11 月 29 日，高安路第一小学举行建校 60 周年庆祝活动。作为一所优质公办小学，多年来坚持“七彩高一”办学理念，培养了一批批优秀人才，庆典上还为“未来课堂”学习中心揭幕。12 月 5 日，上海市第五十四中学举行建校 60 周年庆祝活动。60 年的播种耕耘，为社会培养了大批优秀人才。教育部体卫艺司，市教委、区委、区人大、区政府、区政协、区教育局的相关领导分别出席庆典活动。（孙　慧）

【推进职业学校转型发展】 年内，徐汇职业教育通过增设专业、调整专业内涵、优化专业设置等措施，形成更加符合实际和市场发展需求的专业结构。上海市信息管理学校图书情报和数字媒体 2 个专业被评为上海市精品特色专业，并以专业转型发展为抓手，完善徐汇职业高级中学与上海旅游高等专科学校，上海市信息管理学校与上海电机学院、上海民航职业技术学院的中高职贯通培养模式试点。上海市信息管理学校图书情报专业与上海应用技术大学的中本贯通合作项目进入筹备期。深化中等职业教育课程教材改革行动计划，6 所中等职业学校 11 个专业为上海市示范重点建设专业，10 所学校 19 门课程经专家评估认定为相关专业精品课程。（林　琛）

【校企合作新模式】 年内，区教育局结合职业教育特色示范学校创建工作，把企业引进中职校，实现校企联合教学。上海市信息管理学校建立数字媒体技术校企合作工作室，徐汇职业高级中学建立西点大师工作室，让企业兼职教师在生产、工作现场直接教学，创建真实的岗位训练、职场氛围和企业文化。通过开展现代学徒制试点，采取“三阶梯工学结合”“工作室师徒结对”“企业专家互动”等培养模式的试点，为现代学徒制构筑实施平台。成立数字媒体专业校企联合工作室，深度开展教学、课程改革、实习带教以及创新项目等校企合作新模式。

（林　琛）

【民办非学历教育公共服务平台建设】 5月，区民办非学历教育公共服务平台开通“光启 e 学团”微信公众账号，通过整合区域教育资源，对接区域市民需求，开发特色课程，通过微信微博形式，发送活动信息、教学资源，并以栏目化方式，形成话题推送。服务平台实现线上线下相结合，梳理推介一批优质特色课程，通过与区域重点扶持项目结合，7个民办非学历机构与16个企事业单位开展了16个校企合作项目。借助社区教育、行业企业教育、成人教育等培训平台，打造特色学习城区互联网＋新媒体平台。试点中职校教师培训平台建设，建立区级教师培训基地和企业实训基地。建立职校与企业双向聘用制度，打造“双师型”职业教育教师队伍。开放区域内实训中心，建立劳技课程资源库，开发职业生涯指导课程。完善区域中职校学生综合素养提升工程，建立健全3年一轮的区域开放展示平台。（林　琛）

【推进社区教育“一街一品”建设】 3—4月，区第十一届学习节通过展演展示、互动体验、电视片制作、课程讲座等形式，集中展现“一街一品”建设成果。11月，由区推进学习型社会建设指导委员会办公室、凌云街道办事处、上海终身教育研究院共同举办“互联网＋社区教育”市级研讨会，以“凌云生态家”品牌为个案，深入探讨社区教育发展方向。围绕“一街一品”，年末完成中国成人教育协会重点规划课题和市学习型社会建设服务指导中心重大课题，并先后召开各街道（镇）“一街一品”建设专题会议。（马丹宇）

【试点非通用语种教学进课堂】 年初，区教育局开展非通用语种教学进课堂试点，致力于在基础教育阶段加强国际理解教育，培养一批国际视野开阔、人文素养高、国际理解能力强的储备人才。非通用语种特指除英语、俄语、德语、法语、西班牙语、日语和阿拉伯语之外那些在国际交往中使用范围不很广泛的外国语种。整个学习计划由上海外国语大学提供专业师资，位育初级中学、日晖新村小学成为徐汇区首批试点学校，获批开设意大利语拓展课。

（刘　鹏）

【推进教育部中美“千校携手”项目】 1月，由全国28个省、市、自治区逐级评选推荐，经教育部、团中央、全国妇联三部门审核，南洋模范中学、位育中学、南洋中学、市四中学、中国中学、紫竹园中学、逸夫小学成为首批项目学校并参加由教育部国际司主办、中国教育国际交流协会在杭州承办的中美“千校携手”项目华东地区项目学校培训会。中美千校携手项目是第五轮中美人文交流高层磋商联合成果，于2014年7月在北京启动。该项目遴选中美1000所有意于继续开展中美人文交流活动的中小学共同参与，以“千校携手，热爱自然，绿色生活”为主题，鼓励双方学校发挥主动性，开展师生交流、学术交流、环境保护等相关活动，号召中美两国青年学生增进交流，增强环保意识。（刘　鹏）

【制定特殊教育三年行动计划】 3月，区教育局制定徐汇区特殊教育三年行动计划。推行以融合教育为主、特殊学校学前班为辅、互为转介的学前教育安置模式；发展以就业为导向的高中阶段职业教育；完善区域医教结合管理运行体系，建立教师、医生、家长共同参与的会商机制，制定并实施《个别化健康促进计划》；优化送教上门服务模式，整合特教指导中心、特教学校、普通学校、医疗机构、街道社区、公益组织等资源，逐步建立由教师、医生、康复训练师、社会工作者、志愿者组成的送教团队。

（梁　斌）

【推进高中生社会实践志愿服务项目】 4月，区教育局启动高中生志愿服务（公益劳动）工作，共建成

12家上海市学生社会实践基地和95家徐汇区学生社会实践基地。全区17所高中学校有8位校领导在市、区级会议中交流汇报。南洋中学在全市交流会中，汇报学校长期以来坚持志愿活动校本课程，将“馆校结合”、校内外志愿活动课程等经验作分享交流。市二中学利用微信平台，公开发布工作流程，便于学生了解清晰的工作过程。暑假期间，市教委领导到徐汇区第一中心小学调研高中生志愿服务者服务学校爱心暑托班和学校少年宫的情况。年内，2017届学生社会实践完成率达95%，2018届学生完成率达40%。 （郑 蓉）

【加强未成年人心理健康教育】 年内，南洋中学和区教师进修学院附属中学成为上海市中小学心理健康教育示范校，2015年前未达标的43所中小学积极创建第三批上海市中小学心理健康达标校，截至年底，全区中小学心理健康教育达标校通过率达98.8%。 （郑 蓉）

【建设教师网暨应用平台】 年内，区教育局、区教师进修学院启动徐汇区教师网暨应用平台建设。以标准制定为基础，教师培训管理、教育研修管理、项目学习管理、项目评审管理四大平台承载徐汇教师主体业务。9月9日，中国教师研修网首席专家、教育部“国培计划改革实施方案研究”课题组长、中国教师研修网研究院院长一行，就“国培计划(2015)——示范性网络研修与校本研修整合培训项目”赴徐汇区调研，区教师进修学院汇报实施研修项目思路，专家组给予充分肯定。 （陈晓冬）

【进一步规范义务教育阶段招生】 义务教育阶段招生实行3项调整：一是启用“上海市义务教育入学报名系统”，试行小学一年级新生入学信息登记办法，使区内招生情况受到全程监控。二是进一步规范民办学校招生入学政策，区内民办中小学招生统一在“上海市义务教育入学报名系统”内完成报名，作为参加面谈和录取的依据。三是提前开展小升初电脑派位，将小学五年级毕业生电脑派位的时间提前至5月初。学前教育中心调整招生方案，细化录取原则，召开区域招生工作会议，布置工作；明确政策。区教育局与幼儿园园长签订招生工作园长承诺书，逐一审核幼儿园招生方案，及时指导，解决困难，监管幼儿园招生规范性。 （梁 斌、宣 艳）

【加强安全生产工作】 印发《关于进一步加强本区教育系统安全生产工作的实施意见》，树立“主体责任、党政同责、一岗双责、属地监管、分工督查、齐抓共管”的基本原则，建立安全工作定期研究的季度例会制度，全年召开安全生产专题会议7次，全系统安全工作专题会议2次。履行安全生产承诺制度，与各学校签订年度安全生产工作责任书140份。通过专项检查与不定期检查相结合的方式，开展学校安全大检查，覆盖面达100%。推进区政府实事项目，推进全区中小学及幼儿园技防监管系统更新改造项目，对辖区211个教学点(其中含44所民办幼儿园)的主要出入口技防监控设备进行更新改造。全年投入安全生产设施设备改造资金3100万元。 （郑经礼）

附：区教育局驻地及负责人

（2015年1—12月）

地址：漕溪北路336号
邮编：200030
电话：64879460

区委分管常委：吕晓慧
区政府分管副区长：朱成钢

区教育局党工委书记：刘东昌
副书记：庄小凤、罗 晔

区教育局局长：庄小凤
副局长：李文萱、王 彤、徐 俭(2月离任)、于东航(8月到任)、钱佩红(8月到任)

静 安 区

【2015年概况】 全区教育机构50个，其中中学17所，小学12所，幼儿园12所，业余大学、教育学院、逸夫职校、青少年活动中心各1所，其他教育单位5个。在校学生29214人，其中中学11670人，小学10155人，幼儿园5947人，职校933人，业大509人。在职教职员工3865人，其中专任教师2703人。区学科带头人135人，在职上海市特级教师14人。离退休职工7077人。

谋划教育综合改革。①推动教育领域综合改革。静安区在部市合作深化上海教育综合改革项目中，被确定为首批上海市教育整体综合改革实验区。从多元选择的课程和差异发展的理念出发，确立六个方面改革。②推进国家重点课题研究。征集走向个性化——实践探索创意案例67篇，完成3期、约11万字的国家课题研究动态。在上海市第十一届教育科学研究成果奖评选中有10项课题获奖，获两项一等奖。有6项课题立项市教育科学研究市级项目。③推动区域基础教育信息化建设。加强教育信息技术应用研究，尝试突破传统课堂教学时空局限，促成教与学方式变革。④推进区域学生综合素养评价体系建设。建立有区域特质的中小学生个性化教育预约服务平台，实施电子学生证应用系统建设，初步尝试通过各校外教育场所采集信息，获得学生体质和校外实践情况。

促进各级各类教育发展。①推进学前教育发展。加强早教课程建设，完善市、区、园三级专家资源库，提供教育、保健、营养系列专家讲座。完成4所公办一级幼儿园、2家静工集团集办一级幼儿园的复验。②落实绿色指标体系。推进小学实施“学习准备期”“基于课程标准的教学与评价”等工作。组织学校自查，完成市教委抽查督导。完成初中九年级“绿色指标测试”。③提升初中办学水平。开展新优质学校、数字化教学技术、学习设计、学习共同体等项目，实施个别化和有针对性的教育策略。④推进高中多样化、特色化发展。深入研读高考改革方案，推进课程体系建设与管理机制、课程内容与实施、综合素质评价等方面实践和改革。加强高中创新实验室建设，完成华模通讯实验室、上戏附中美术实验楼建设。⑤支持特教发展。制定特教三年行动计划(2015—2017)和医教结合工作方案。召开特殊教育工作推进会，依托区特教中心，规范做好义务教育随班就读工作。⑥规范民办教育。围绕办学条件、财务管理等方面，对64所民办非学历教育机构专项督查。⑦加强职业教育。举办上海市第二届中小学生职业体验日活动，首度尝试开展专业联动设计体验项目。开展职业教育特色示范校创建工作，推进文化创意专业集群建设等项目。逸夫职校服装设计与工艺、美术绘画、美术设计与制作(视觉传达)3个专业被评为市级精品特色专业。⑧加强学习型城区建设。开展“阅读，让生活更美好”的全民阅读推广活动，举办静安学习节暨首届市民诗歌节。推进静安寺、石二街道老年学校标准化建设工作，优化充实乐龄讲坛版块内容，新增讲座主题109个。发挥市民数字化体验中心功能，充实近300门中国优秀传统文化课程，开展数字化学习培训，接待市民1850余人。

强化学校德育，提升学生综合素养。①加强学校德育工作指导。开展中华优秀传统文化主题教育、“少年向上　真善美伴我行”阅读征文演讲比赛等活动。建立区校德育工作双向述职机制，召开静安德育论坛。第一中心小学的“小公民教育”成功申报上海市社会主义核心价值观教育和中华优秀传统文化教育培育项目。②建立德育实践创新工作机制。以多项活动为抓手,尝试构建学生社会实践长效机制与评价机制。中共二大会址纪念馆、中福会少年宫等17个单位成功挂牌高中生社会实践综合素养评价机制暨高中生志愿服务社会公益劳动场。③规范和促进学校心理健康教育。举办中小学生家长心理大讲堂等,开展第二批、第三批上海市心理健康示范校评估工作,区域中小学心理健康教育达标校建设100%完成。市西中学被评为市心理健康教育示范校。④加强未成年人保护和校园周边安全工作。举行公共安全教育、实训、演练活动,组织参与上海市师生公共安全知识技能大赛,抓好"安全教育周""禁毒八个一"安全文明校创建等工作。⑤推进学生体质健康。启动中小学营养处方项目。制定营养处方初步干预措施。制订"静安区小学运动处方工作考核表",建立常态化工作机制。配合完成区政府实事项目初中学生脊柱侧弯筛查工作。开展"健康促进学校"创建,80%学校参与活动。组织实施小学生基础形体课训练项目,完成教材编写和师资培训,组织14所小学和活动中心共19名老师参加,在部分小学试点推广。⑥提升学生科学素养。组织举办青少年科技创新大赛、明日科技之星评选等活动。4名学生获"科技希望之星"称号。在市创新大赛中,获180个奖项。组织承办市第11届青少年科技节、市"人与自然3D打印创意大赛"等活动。静安区青少年活动中心成为市首批"上海创客教育联盟"15家单位之一。⑦推进区域艺术教育发展。组建学生行进管乐队,成功承办第32届上海之春国际音乐节青少年系列专场等活动。

重视队伍建设。①加强师德师风建设。征集"社会主义核心价值观落细落小落实"典型案例70余篇。举办人文素养体验活动、百位新教师宣誓仪式,开展"为人、为师、为学"师德建设主题教育等活动。②重视骨干教师培养。实施教育拔尖人才的培养,特聘教育专家为带教导师,注重学员的个性化培养。年内,3人被评为上海市特级校长,出版2本专著。加强区学科带头人的过程管理,设立绩效考核专项经费,完善激励机制;注重区学科带头人示范引领,三分之一区学科带头人开设教学展示课。③探索多途径教师培训方法。组织干训班3个,教师职务培训班22个,其中骨干教师培训班2个,国家级课题研究实证培训班1个。5年内培养骨干教师65名,超"十二五"规划目标;选送16门课程参与市级共享课程,4个为优秀校本研修区级共享课程。选派4位教师赴英国进行数学教学交流,20名中层以上管理干部赴美国马里兰大学进行教育管理培训;选送180名中小学、幼儿园骨干教师参加培训,提升信息技术应用能力。④加强培训项目开发管理。推进见习期教师规范化培训项目,依托6个见习期教师规范化基地,对95名新教师实施规范培训。召开实训基地主持人研讨会,启动新一轮招生并组织实施培训。启动青年教育菁英项目,确定20人为培养对象。推动校本研修提升项目,首批17个培训课程试运行。⑤推进"静安教师"队伍建设。出台《"静安教师"的招聘意见》和《"静安教师"的管理办法》,完成首批7名"静安教师"(3名应届毕业生、4名在职骨干教师)招聘。完成"教师资格注册"的试点工作。⑥加强对口支援和支教工作。扶持一师附小和南西幼儿园在崇明办分校。选派71名校长或教师赴对口地区支教,其中赴新疆地区6人,赴其他地区65人。向新疆、青海等地捐赠图书8488册,价值约5.2万元;向云南地区捐赠其他物品约1万元。接受青海、贵州等地到沪培训干部209人,对口支援地区到沪培训教师275人。

坚持依法行政。①完成教育事业"十三五"发展规划编制工作。成立专门工作组,制订新一轮教育事业五年发展规划。②完成学前和义务教育阶段学校招生入学工作。启用"上海市义务教育入学报名系统",做好新生信息登记工作。通过部分幼儿园分部改扩建、少量专用活动室改建、高年级并班等,调整布局,盘活存量,补充资源。③加强平安和谐校园建设。落实校园安全责任制,按时保质完成30所学校交换机房自动消防灭火装置安装工作。④推进依法治校。开展校长经济责任审计,提高教育经费使用效益。加强行风政风建设,规范教育收费和招生"阳光工程",重点加强对自主招生、体育和艺术类等特长生招生工作监察。⑤推进教育督导。完成教育情况公示公报、"基于课程标准的教学与评价"督导、义务教育阶段招生录取工作专项督导、2015年国家义务教育质量监测等。会同专家审定核准学校章程，推进一校一章程格局形成，逐步构建现代学校管理模式。

2015年，区教育局获“上海市关心下一代先进集体”“2015上海教育博览会风采展示奖”“上海市民文化节优秀组织奖”“上海市首届中小学艺术教师基本功大赛优秀组织奖”等。（沈　俭）

【召开特殊教育医教结合推进会】 1月23日，区特殊教育医教结合工作推进会召开。市教委、区教育局、区残联、华东师范大学、上海市儿童医院和静安区妇幼保健所的领导、专家等出席会议。会上，成立静安区医教结合工作小组、残疾儿童入学鉴定委员会和区医教结合指导医生小组专家组。同时，区特殊教育资源中心在市西小学成立，面向区域内随班就读生，为有特殊教育需要的学生提供服务帮助。（沈　俭）

【在世界头脑奥林匹克中国区决赛中获冠军】 3月7—8日，第36届世界头脑奥林匹克中国区决赛暨第28届中国上海头脑奥林匹克创新大赛举行。来自全国14个省、市、自治区的大中小学、幼儿园以及3个德国特邀参赛队，五百多支参赛队参赛。静安区一师附小队获“经历技术困境”项目小学组全国一等奖第一名，并获赴美国参加世界总决赛资格。（沈　俭）

【市西中学召开首批免修生导师聘任会】 3月12日，市西中学举行首届免修生导师聘任会，正式推出学生免修制。在学生主动申报并自主完成下一学期学习任务的基础上，学校通过综合测试，确定高一年级52人次作为首批免修生。经过师生双向选择，有22位教师被学校聘任为首批免修生导师。（沈　俭）

【在市青少年科技创新大赛上获好成绩】 3月21日，主题为“创新·体验·成长”的第30届上海市青少年科技创新大赛开幕。静安区在大赛中获青少年科技创新成果一等奖9项、二等奖60项、三等奖95项，少年儿童科学幻想画一等奖5项、二等奖3项、三等奖2项，科技辅导员科教创新成果科教方案类二等奖1项、科技实践活动特等奖1项、全国青少年科学调查体验活动上海地区优秀奖1项、区县示范奖2项，优秀组织奖1项，所获奖项再创历史新高。其中，1项青少年科技创新成果被推荐参加第30届全国青少年科技创新大赛。（沈　俭）

【教育部专家到一师附小调研】 3月30日，教育部教育咨询委员会专家一行10人到一师附小进行素质教育工作专项调研。专家们调研素质教育理念下的科技、艺术课程开展情况，参观智慧教室，科技体验室等，对学校开设的丰富多彩的艺术、科技类课程给予充分肯定。（沈　俭）

【学分银行区分部实践项目获市优秀项目称号】 4月2日，学分银行静安区分部的实践项目获“上海市终身教育学分银行文化休闲教育实践项目2014年度优秀项目”。市老年大学和17所学分银行区县分部参与本次项目申报和实践，最终评选出6个优秀项目。静安区获奖项目为《区域学分银行文化休闲教育管理体制和运行机制探索》，主要包括探索课程资源开发工作机制，完善项目激励机制等内容。（沈　俭）

【举行全国C20慕课联盟教学观摩研讨会】 4月11日，全国C20慕课联盟教学观摩研讨会在静安区举行。活动由华东师范大学慕课中心、中国教育报、静安区教育局联合主办，市西中学、育才初级中学、上海市第一师范附属小学承办。来自全国各省市的700多位教师围绕“慕课＋翻转课堂”的实践探索交流互动。（沈　俭）

【“人与自然”3D打印创意大赛作品展举行】 4月18—24日，2015上海国际自然保护周——“人与自然”3D打印创意大赛作品展，在静安区青少年活动中心举行，50件精选出的优秀作品向公众展出。该活动是市科委、市教委、市科普教育发展基金会等部门共同发起首届“上海国际自然保护周”的一项重要活动。大赛倡导全社会对自然资源、生态环境的保护，突出人与自然的和谐关系，同时宣传普

及3D创意设计技术。（沈　俭）

【开展大型心理咨询活动】 4月19日，面向全市学生的2015年静安区“心理调适”与“生涯发展”咨询辅导公益活动在上海市第一中学举行，来自全市的300余位学生和家长接受咨询服务。活动由静安区心理健康中心举办，上海市学生心理健康教育发展中心、静安区文明办和区妇联等多方共同参与。来自高校、医院、相关协会的心理咨询专家、教授等为活动提供支持指导。静安区心理咨询活动已连续开展3届，今年首次向全市范围辐射。（沈　俭）

【首届DI即时表演赛获好成绩】 4月25日，首届DI即时表演赛在虹口区青少年活动中心举行，来自全市近百支参赛队伍的创意精英参加比赛。比赛由青年报社和上海青年国际文化交流中心主办。DI是英文DESTINATION IMAGINATION缩写，意为“目的地想象”，是一项国际性的培养青少年创造力活动。比赛分小学组、初中组和高中组。静安区市西初级中学以初中组全市最高分获一等奖，上戏附中获高中组1个二等奖和1个三等奖，一师附小获得小学组三等奖。（沈　俭）

【举办老年教育艺术节展演活动】 4月30日，2015年静安区老年教育艺术节合唱展演活动举行。来自区内5所街道老年学校和区老年大学的11支代表队登台表演，500多人参与活动。区老年大学合唱队获得本次活动白玉兰奖。近年来，静安区以办“老年人满意的教育”为目标，以“培育特色，创建品牌”为切入点，结合市老年教育重点工作，改善学习条件，丰富学习资源，创新学习模式，完善服务体系，已形成广覆盖、多层次的老年艺术教育格局。（沈　俭）

【召开教育部重点课题中期汇报会】 4月30日，教育部重点课题“走向个性化：发达城区教育内涵提升的实证研究”中期汇报会在静安区英语实训中心举行，市教委、市教科院、市教研室相关领导与专家出席汇报会。会上，总课题组从研究背景、研究框架、研究工作、研究成果、研究成效、后续安排六个方面进行汇报和梳理，着重介绍已取得的阶段性研究成果。专家们对此汇报及静安区的实证研究给予充分肯定，并就深化课题提出建议。（沈　俭）

【上海之春少儿音乐精品专场在静安举行】 5月16日，由上海音乐家协会、上海市科技艺术教育中心、静安区教育局主办，静安区青少年活动中心与上海音协儿童音乐专业委员会协办，第32届上海之春国际音乐节少儿音乐精品专场在静安区青少年活动中心举行。活动组委会从全市小学、初中、普通高中报名的70个参赛作品中选取9个少儿精品节目参演，包括器乐、声乐等音乐形式，器乐类包括民乐、西乐，声乐类包括合唱、小组唱等。5月17日，举行第32届上海之春国际音乐节“上海小音乐家”独唱独奏音乐会，28位小音乐家表演了声乐演唱以及钢琴、大提琴、唢呐、古筝、柳琴、笛子等乐器演奏。（沈　俭）

【举办区青少年科技节】 5月17日，以“创意、分享、快乐”为主题的2015年静安区青少年科技节活动开幕。大会表彰4名获上海“科技希望之星”称号、10名获静安“科技创意之星”称号和在上海市青少年科技创新大赛中获180个奖项的静安区学生，中国科学院院士褚君浩作精彩点评。会上，“静安区少科院小研究员志愿者服务队”成立，区青少年活动中心“移动生化实践站”启动，时代中学“新益工坊”揭牌。静安区科技节先后举办欢乐科学园、科普大篷车、创新活动园、科技步行街等科普游艺活动。（沈　俭）

2015年静安区青少年科技节活动

【曾培炎设立专项发展基金】 5月18日，静安区五四中学56届校友、国务院原副总理曾培炎在五四中学设立"五四奖学奖教金"专项基金，关心和支持区内学校全面发展。该基金由静安教育基金会管理，用于五四中学教育事业发展，旨在鼓励学生努力学习、教师爱岗敬业，推动教风学风建设，促进学校教育发展。（沈 俭）

【在市微电影大赛中获好成绩】 7月3日，由市教委、市青少年学生校外活动联席会议办公室、上海电影集团指导，上海戏剧学院、上海市科技艺术教育中心、21博雅网、上海电影博物馆共同主办的"美丽的种子·我的梦"微电影大赛颁奖典礼在中福会少年宫小伙伴剧场举行。大赛中，静安区包揽22个剧本类大奖和23个视频类奖项，成为该赛事奖项最大获得者。（沈 俭）

【科罗拉多州立大学中国伙伴校长联谊会、中国校友会揭牌】 10月13日，美国科罗拉多州立大学中国伙伴校长联谊会、中国校友会成立揭牌仪式在市西中学举行。市教委、市科委、市侨办和静安区教育局、华东师范大学的相关领导、专家出席会议，美国科罗拉多州立大学代表团以及来自全国的中学校长代表、市西中学部分学生和教师约200人参加会议。会上，市教委副主任袁雯、市科委副主任马兴发以及美国科罗拉多州立大学执行副校长、分管外事的副校长分别为美国科罗拉多州立大学中国伙伴校长联谊会、中国校友会揭牌。（沈 俭）

【举办2015年静安学习节】 11月7日，主题为"乐学静安，创新发展"的2015年静安学习节开幕式暨首届市民诗歌节举行。开幕式上为"毕马威SEED读书会"等20支被评为"静安区优秀白领学习团队"、2015年被授予"静安阅读达人"的市民颁发荣誉证书。同时还举行了"乐学静安"微信启动仪式。学习节期间举办"静安诗歌书法展览"与"静安杯"优秀摄影作品展。11月29日，静安区社区教育成果展暨"终身学习 成就梦想"2015年静安学习节闭幕式在静安公园举行。活动分为三块同时进行：终身学习成果会演、社区教育摄影成果展览、社区学习资源咨询活动。（沈 俭）

【举办高中生英语创意戏剧表演赛】 11月22日，由以色列驻上海总领事馆和上海教育国际交流协会主办，区教育局协办，区教育交流中心承办，主题为"你好，以色列"的2015"银莲花杯"上海高中生英语创意戏剧表演赛在静安区青少年活动中心举行。静安区8所高中的24名学生在了解以色列悠久历史、先进科技和创新理念的基础上，围绕8个主题用原创戏剧表演形式表达对以色列创业国度的理解。500多名静安师生、家长、志愿者现场观摩，比赛评委由中外双方共同组成，分别从戏剧表演、创意剧本、英语表达等5个方面对参赛选手评比。（沈 俭）

【举行第二届"民立杯"游泳冠军赛】 11月21—22日，第二届"民立杯"2015年上海市中小学生游泳冠军赛举行。比赛分高中、初中、小学甲、乙4个年龄组别，共设18个项目，来自全市的123支代表队参赛，参赛运动员人数突破1000人。民立中学游泳队在比赛中获得男子初中组、女子初中组、男子高中组、女子高中组4项团体总分第一名的优异成绩。继2013年冠名"民立杯"上海市中小学游泳锦标赛，2014年升级为中小学生游泳冠军赛后，民立中学再次冠名协办上海市青少年游泳最高级别赛事。（沈 俭）

【召开市绿色指标综合评价实践价值现场会】 12月10日，由市教委主办，区教育局协办，区教育学院附属学校承办的"'绿色指标'综合评价的实践价值"现场会举行。现场会总结推广静安区教师进修学院附属学校应用"绿色指标"评价方面的有效经验。静安区教师进修学院附属学校开放10节体现后"茶馆式"教学方式的中小学课堂教学，涉及语文、数学、英语、物理、地理、美术、"做中学"等学科。全市各区县教育局领导、各区县教师进修院校的相关负责人、部分学校校长及26家媒体共计300多

人参会。（沈　俭）

【七一中学建校110周年】 12月12日，七一中学举行建校110周年纪念活动，来自全区的教育同仁、学校校友等参加活动。庆典活动分三大版块："忆往昔，崇德积淀""看今朝，进德修业""展未来，向善向上"。近130位七一中学的初高中学生奉献一台高水准的艺术演出。同济大学发来贺信："同舟共济，继往开来"。远在海外的校友们、与七一中学合作的德国汉堡尤利斯莱堡中学和歌德学院以视频形式表达祝贺。（沈　俭）

附：区教育局驻地及负责人

（2015年1—12月）

地址：南阳路215号
邮编：200040
电话：62790802

区委分管常委：杭春芳
区政府分管副区长：夏以群

区教育党工委书记：孙明丽
副书记：陈宇卿、朱娴华

区教育局局长：陈宇卿
副局长：戈一萍、徐　刚（11月离任）、周晓春

长　宁　区

【2015年概况】 全区教育系统机构：中学26所（包括高级中学4所、完全中学6所、初级中学14所、九年一贯制学校2所），小学23所，幼儿园37所，特殊教育学校4所，中等职业学校1所，业余大学（社区学院）1所。新增托幼管理中心，下属托儿所19所。社会力量办学院校92所。在校学生56212人，其中中学生17453人、小学生21796人、幼儿园（包括托儿所）幼儿13487人、特殊教育学生409人、中等职业学生957人、业余大学学生1708人。在编教职员工6158人，其中专任教师4518人；离退休教职员工7293人。全年教育经费总投入20.17亿元，比上年下降7.73%。区财政教育经费基数内拨款19.04亿元，比上年增长11.80%。生均事业费38538.98元，比上年下降11.65%；生均公用经费13202.01元，比上年下降12.03%。落实全学段帮困助学政策，投入帮困资金632万元，惠及困难学生5437人次。投入资金1042万元用于义务教育阶段免费教科书，资助学生67414人次。

编制长宁区教育"十三五"规划，推进教育综合改革。制定《长宁区教育改革和发展"十三五"规划》草案，明确长宁区教育发展目标。对接《上海市国家教育综合改革试验区建设方案》，编制"活力教育　成就梦想——长宁区教育综合改革试验区建设方案（2015—2020年）"。以16个特色实验项目为抓手，落实五个"更加注重"（更加注重"立德树人"根本任务的落实，更加注重课程教学改革的深化，更加注重人才队伍建设，更加注重区域教育影响力的提升，更加注重教育治理体系的优化）。经上海市教育综合改革领导小组同意，对《长宁区教育综合改革方案（2015—2020年）》予以备案，支持长宁区实施特色综合改革。

开展"教学年"系列活动，推动素质教育发展。制定并实施关于《长宁区中小学幼儿园第十二届教学工作研讨活动实施的意见》。学前阶段：深化"主题—运动"项目研究，通过"园际合作"平台，实现项目成果共享。仙霞路第二幼儿园、长宁区新实验幼儿园成功通过上海市一级幼儿园验收。小学阶段：承办"让评价融入教学"上海市小学基于课程标准的教学与评价工作推进会。出台《关于"小学快乐拓展日"家校共育计划的实施意见》，探索实施以阅

读、运动和劳动为重点的“家校共育”计划。民办东展小学进入上海市民办中小学特色学校第二轮创建名单。初中阶段:推进“阅读领航计划”,修订出版结合二维码网络技术应用的5门学科30册《分层作业》。搭建区域教研联动平台,全区联动教研和分片联合教研相结合,单科与多科联动,促进学校交流和合作。新世纪中学、新世纪小学和新虹桥中学成为上海市民办中小学特色项目学校。高中阶段:开展高考改革方案解读,编写《普通高中学生综合素质评价管理办法》和《高中学科教学基本要求》。华东政法大学附属中学成为全市第一批特色普通高中建设项目学校。

坚持将培育和践行社会主义核心价值观纳入校园文化建设。举办“校园国韵,共筑长城”——长宁区培育和践行社会主义核心价值观现场推进会暨校园文化总结展示会,原创京韵武术操和区域社会主义核心价值观读本首发。开展“雅言传承文明,经典浸润人生”中小学师生诵读、书写、描绘中华经典活动,纪念中国人民抗日战争胜利70周年等各类活动。完成第三批15所中小学心理健康教育达标校的评估工作。16所学校少年宫、24个区中小学生社会实践基地为全区学生提供了丰富的社会实践场所。扎实推进区政府实事项目“爱心晚托班”,依托学校、家委会和社区的整合工作格局,面向全区公办、民办小学做到全覆盖。做好学校体育、卫生、科学、艺术教育工作。接受由市教委、市体育局和市人民政府教育督导室组成的督导组对长宁区推进学生健康促进工程暨体教结合工作的专项督导并获肯定,开展中小学“青春杯”、“希望杯”计39项体育竞赛,获评2015年上海市学校体育场地向社区开放优秀单位。延安中学、第三女子中学、天山中学、姚连生中学、长宁实验小学和江苏路第五小学被命名为“十二五”期间市艺术教育特色学校,6名教师在市首届中小学艺术教师基本功大赛中获奖,在市学校艺术科研课题申报中,4个一般项目和1个青年项目获立项。在各级各类科技比赛中获奖,其中国际奖项22个、全国奖项71个、市一等奖250个,264个创新课题入围新一届市青少年科学社种子会员。建成青少年科学研究院长宁分院。

加强学习型城区建设,推动职业教育转型发展。丰富市民学习中心体验课程,年内接待4212名市民的参观和学习。10月,纪念巴金逝世10周年系列活动之一“我的家——图与文二重奏”摄影展、新书分享会在陆杰城市影像工作室开幕。确定华阳路街道“扇面画”、江苏路街道“陶艺”、天山路街道“龙凤书法”、虹桥街道“昆腔京韵”、程家桥街道“茶艺”和新泾镇“民俗文化”6个终身学习与教育体验基地。初步形成社区教育云视课堂建设格局。11月,举办“新视野、新探索”——全国社区教育数字化学习研究论坛。参加市第十一届全民终身学习活动周展示,获一等奖5项、二等奖4项,2人被评为首届上海摄影达人。区域内非经营性教育培训院校84家,其中,高等非学历进修院校10家,中等及以下学校74家;教育培训公司12家及25家分公司。完成教育服务业税收2.3亿元。开展市教育培训机构示范合同文本的课题研究。职业教育聚焦高星级饭店运营与管理、国际商务、计算机动漫与游戏制作、汽车运用与维修4个重点专业。与上海国际贵都大饭店、上海神州数码通信技术有限公司共同建立教师企业实践培训基地。区业余大学和现代职业技术学校合作举办首届物流管理专业双证融通班,毕业生可同时取得专科学历和物流师(三级)职业资格证书。参加市“星光计划”第六届职业院校技能大赛,获一等奖10项、二等奖12项、三等奖29项。现代职业技术学校获“神州视景杯”第七届全国旅游院校服务技能(饭店服务)大赛优秀组织奖。

加强干部、教师队伍建设,提升专业化水平。探索公办学校干部管理制度改革,区教育党工委《“去行政化”背景下中小学干部管理制度改革研究——建立适应中小学校长专业发展的管理制度》获市教育卫生系统党史研究会课题评选二等奖。开发基于“义务教育阶段校长专业标准”的《区域校长案例式培训的课程建设研究》。选派学校干部参加国家骨干校(园)长培训和长三角名校长培养,组织赴新加坡南洋大学和香港教育学院教育硕士班进修。实施“文化引领师德建设”项目,以“师·范”为主题举办庆祝第31个教师节主题活动。完成教育单位岗位设置调整,完善义务教育绩效工资,开展教师资格制度改革试点。新评定复旦中学、天山中学、娄山中学、江苏路第五小学、天山第一小学、长宁实验小学、愚园路第一幼儿园为市教师专业发展学校。在首届上海基础教育青年教师爱岗敬业教学技能竞赛活动中，3 名教师获一等奖。年内招录教师 228 人，其中硕士研究生及以上学历 58 人。长宁区被教育部确定为国家特殊教育改革实验区，《区域联动提升小学作业效能的实践探索》获国家级教学成果奖二等奖，接受国务院教育督导委员会办公室关于开展教育领域重要指标和任务完成情况专项督查并得到肯定。（戴　泓）

【复旦中学通过上海市实验性示范性高中评审】 1 月 7—8 日，复旦中学通过创建市实验性示范性高中的总结性评审。市教委、复旦大学、复旦大学校友会、区政府等领导及评审组专家和观察员、家长代表等 150 人出席。复旦中学汇报自 2013 年以来学校创建工作和取得的成效。专家组和观察员通过座谈访问、问卷调查、资料查阅、观摩课堂教学等全面考察评估。4 月，市教委正式发文，命名复旦中学为“上海市实验性示范性高中”，复旦中学以“人文见长”的特色成为区域内第 3 所市实验性示范性高中。（戴　泓）

【翁铁慧调研学校安全管理工作】 1 月 22 日，副市长翁铁慧调研长宁区学校安全管理工作。在区政府领导陪同下，查看延安中学的食堂及宿舍，民办东展幼儿园的幼儿活动室、校车管理及区教育局安全管理中心的校园安全视频监控系统，并分别听取市教委和区教育局的安全管理工作汇报。（戴　泓）

副市长翁铁慧到市三女中调研

【持续推动教育国际化进程】 1 月，举办以信息技术和课程整合为主题的海外培训汇报交流会，3 位在美国哥伦比亚大学学习的教师分别作“活动理论在课堂的应用”“教育信息技术的有效实施”和“哥大求学掠影”演讲。3 月，召开教育国际化研讨会，区教育局作《聚焦课程建设，推进基础教育国际化发展》主题发言，长宁区、浦东新区和徐汇区交流情况和经验。5 月，长宁教育国际联盟举办“中英教师教学能力比较与借鉴”论坛，中英双方英语教育专家点评 3 名英语老师的“微课”，围绕牛津科学课程校本化等主题开展研讨。11 月，举行“外教课堂教学展示与研讨”活动。江苏路第五小学和长宁实验小学的外教展示 2 堂英语课，市教委肯定长宁为 37 所中小学配备全职外教的做法。（戴　泓）

【与法属波利尼西亚师生开展友好交流】 3 月 25 日，法属波利尼西亚师生 18 人到长宁区开展为期 3 周的友好交流活动，华东政法大学附属中学、仙霞高级中学和娄山中学参加交流接待。到访师生参加由学校提供的书法、京剧和茶艺等中国文化课程学习、入住接待家庭。4 月 10 日，师生在娄山中学以太极拳、京昆剧和歌舞展示学习成果。（戴　泓）

【签约公益服务活动】 4 月 14 日，“快乐学习一小时，体验课程进校园”公益服务活动签约仪式举行，17 所学校和 8 家提供课程单位签署 51 个公益课程项目，并展示公益课程《空手道》。区教育团工委、教育系统志愿服务中心围绕“关爱他人、关爱社会、关爱自然”主题，组织此项活动。第一期公益课程得到区卫生计生委、长宁公安分局、华东政法大学和区科技进修学校等单位支持，内容涉及科普、文体、民俗传统文化和卫生保健等方面。（戴　泓）

【与海南省三亚市开展基础教育合作交流】 4 月 21 日，根据长宁区教育局和海南省三亚市教育局签订的基础教育合作交流框架协议，三亚市教育局派出第七批 118 人到长宁区进行为期 2 周的学习交流。复旦初级中学、天山初级中学、娄山中学、新泾中学、法华镇路第三小学、复旦小学、天山第二小学、适存小学、安顺路幼儿园和上海“儿童世界”基金会长宁幼儿园承担交流接待。双方在课堂教学、教育和行政管理方面开展交流。天山初级中学、法华镇路第三小学与三亚市第五中学、第七小学丹州分校结为友好学校并签订协议。长宁区已有4所学校与三亚市有关学校结为友好学校。（戴　泓）

【开展中小学校幼儿园章程建设工作】 4月，印发《关于进一步加强学校章程建设，健全完善学校制度体系建设的通知》。至6月，84家教育单位提交章程，区教育局予以核准，其中7所民办学校章程完成备案，全区完成“一校一章程”建设。6月26日，市教育督导（行政执法）事务中心专家团队对章程建设工作进行督查。督查组听取汇报，查阅资料，召开建青实验学校、娄山中学、新虹桥中学、适存小学、民办东展小学和基金会幼儿园6所学校的校（园）长座谈会和建青实验学校6名教师座谈会，并提出加大行政参与力度、完善核准程序、推进宣传力度等建议。（戴　泓）

【实施学区化集团化办学和新优质集群发展项目】 5月，虹桥中学、长宁中学、省吾中学成立3校校本教研共同体；天山初中、开元学校和绿苑小学共同举办新优质学校课堂教学展示活动；11月，古北路小学和姚连生中学成为市“新优质学校”集群式发展项目学校，扩大了学区化集团化办学、新优质学校集群发展的覆盖面。（戴　泓）

【持续推进青少年科技教育】 5月，举行“区青少年科技创新峰会暨长宁青少年科学研究院年会”，表彰优秀学员代表、指导教师和学校。举办“快乐科技我能行，携手共圆中国梦”学生科技节系列活动，设机器人竞技场、赛车总动员、光影达人等11个项目，全区千名学生参加。6月，举办以“低碳消费，绿色生活”为主题的中小学“六五环境日”活动，虹桥中学展示了“自然笔记”课程，由延安中学、第三女子中学、天山中学、仙霞高级中学学生组成的区高中环保志愿团队汇报了面向市民的环保宣传活动。7月，组织为期3周的“科技创新探索夏令营”，参加夏令营的30名学生先后访问华东师范大学动植物实践工作站和化学实践工作站、同济大学物理实践工作站、上海中医药大学百草园实践工作站和上海电信信息生活体验馆。（戴　泓）

【在各项科技创新大赛中获奖】 在市第三十届青少年科技创新大赛中，获青少年科技创新成果一等奖49项、科技创意一等奖11项、科学幻想画一等奖9项。在全国第三十届青少年科技创新大赛中，获一等奖4项、二等奖4项、三等奖3项。在第十八届世界航海模型动力艇项目锦标赛中，区少年科技指导站船模教师和延安中学、延安初级中学学生获2金1银2铜，其中区少年科技指导站获mono1项目（成人组）冠军、延安中学获F3-V项目（青少年组）冠军、延安初级中学在F1E<1kg项目中打破青少年组世界纪录。在2015 DI青少年创新思维中国区总决赛中，第三女子中学、建青实验学校、西延安中学和复旦初级中学获一等奖1项、二等奖3项、三等奖1项。（戴　泓）

长宁区学生在市青少年科技创新大赛获奖

【举办全国特殊教育学校信息技术大赛】 8月、11月，分别举行由中国教育学会特殊教育分会主办、上海市盲童学校承办的第四届特殊教育学校教师信息技术应用能力复赛和决赛活动。来自全国60余所盲校（特殊教育学校）的134个信息技术与课堂教学整合课例、134个课件和242个微课程参加8月复赛，市盲童学校13名教师分获课堂教学案例、多媒体教学课件和特殊教育微课案例的一、二、三等奖。11月决赛，评出3个特等奖和7个一等奖，其中上海市盲童学校教师以总分第一获特等

奖，上海市盲童学校获全国特殊教育信息化先进单位的荣誉。（戴　泓）

【做好“六五”普法工作】 9月7日，由区人大常委会、区委宣传部、区法宣办和区人大代表组成的“六五”普法暨“法律进学校”检查验收小组在华东政法大学附属中学开展检查。检查验收小组参观学生事务中心、模拟法庭及听证室和位于教学区内的法治文化走廊，分别听取区教育局和华东政法大学附属中学的工作汇报，对区教育系统“六五”普法工作给予肯定。在区司法局协助下已建立学校法律顾问制度，聘请具备良好资质的律师事务所担任31所幼儿园、21所小学、19所初中和9所高中（均为公办学校）的法律顾问。（戴　泓）

【盲童学校学生参加联合国成立70周年纪念活动】 9月27日，市盲童学校7名学生在联合国成立70周年峰会暨中国残疾人主题邮票小型版张首发式上演出，演唱了《乘着歌声的翅膀》。首发式由中国残疾人联合会主席张海迪主持，国家主席习近平夫人彭丽媛和联合国秘书长潘基文夫人柳淳则共同为邮票揭幕。市盲童学校作为第一批区艺术特色学校，扎实的课堂教学、严格的梯队建设使学校艺术教育走向全国并登上国际舞台。（戴　泓）

【开展秋季学校集体用餐专项检查】 10月16日，秋季学校集体用餐专项检查通报会召开，区市场监督管理局和区教育局领导出席，区教育局和局安全管理中心工作人员、各学校食堂工作负责人参加。会议通报“2015年秋季全区学校集体用餐专项检查”情况，解读10月1日起实施的《上海市食品安全信息追溯管理办法》，对新修订的《中华人民共和国食品安全法》作专题讲座。全区各学校和托幼机构将食品安全工作纳入学校整体安全工作中，落实“党政同责、一岗双责、齐抓共管”的责任制度，确保食品安全万无一失。（戴　泓）

【《中小学校长专业标准实践案例解读》丛书出版】 10月21日，由区教育党工委、区教育局、区教育学院组编的《中小学校长专业标准实践案例解读》系列丛书首发式举行。市教委、教育部校长培训中心领导等逾100人参加。系列丛书由区特级校（园）长等撰写案例，是区初级校长培训班教材。（戴　泓）

【通过国家中等职业教育改革发展示范学校省级验收】 11月，市教委、市财政局、市教育评估院组织专家，对上海市现代职业技术学校“国家中等职业教育改革发展示范学校”建设情况进行省级验收。专家查看学校“高星级饭店运营与管理”“国际商务”“计算机动漫与游戏制作”“汽车运用与维修”4个重点建设专业，“现代服务业综合职业素质养成”“校园信息服务云平台”2个特色项目，532个建设任务的材料和资金使用情况。经过校长答辩等环节，学校通过省级验收，并根据教育部国家级验收要求和专家建议，着手推进2016年示范校国家级验收的准备工作。（戴　泓）

【心理健康辅导活动进校园】 12月12日，由区文明办、区教育局和区教育学院主办，区未成年人心理健康辅导中心和适存小学共同承办，“滋养心灵，浸润人生——心理健康辅导系列活动”在适存小学举行。市心理协会心理健康教育专家及志愿者、社区学生和家长代表300余人参加。活动内容有专家讲座、团体辅导、个别咨询和心理仪器训练等。心理辅导专家和志愿者分析了家长提出学习习惯、学习压力和亲子沟通方面的困惑。在对活动满意度问卷调查中，92.6％的家长表示满意。（戴　泓）

【开展青年教师教学技能竞赛活动】 区教育工会组织青年教师参与市总工会和市教委开展的“青春在讲台”——市首届基础教育青年教师爱岗敬业教学技能竞赛活动。174名教师参赛，48名进入复赛。经过专家筛选，推选出每学科2名共6名区优秀教育能手参加市级竞赛活动，其中，3名教师获一等奖，区教育工会获优秀组织奖。（戴　泓）

【提高校园安全管理水平】 年内，加强校园安全工作指导，落实安全管理规定。完成“2014—2015年度市安全文明校园”区级评审验收，签订《区教育系统2015年度学校安全工作责任书》，健全学校周边综合治理常态、长效机制。全年校园安全检查项目总计59项，覆盖140个教学点。10所民办学校60辆校车完成审核。指导中小学贯彻市中小学安全教育实施意见，依托中小学安全教育网、中小学专题教育网和安全教育场馆开展安全教育。充分利用《中小学生公共安全行为指南》开展学生安全防范知识普及。组织参加中小学生公共安全知识技能网上知识竞赛和现场展示活动。

（戴　泓）

附：区教育局驻地及负责人

（2015年1—12月）

地址：长宁路599号
邮编：200050
电话：22050721

区委分管常委：章卫民
区政府分管副区长：赵丹丹

区教育党工委书记：陈设立（10月离任）、王小柳（10月到任）
副书记：姚　期（兼）、张　岚

区教育局局长：姚　期
副局长：张健华、邵春安、熊秋菊、宋晓岚（2月到任）

普　陀　区

【2015年概况】　全区有中学26所，小学25所，一贯制学校20所，在校中学生2.63万人，小学生3.62万人；幼儿园78所，在园儿童2.81万人；中等职业学校1所，在校学生0.16万人；特殊教育、工读学校3所，在校学生0.04万人；社区学校9所，社区学院1所，业余大学1所（职工中专1所），教育学院1所。教育中心12个，民办教育培训机构34个。

普陀教育以“公平、科学、质量”为主题，以调结构、强技术、重文化为路径，实施教育综合改革，全面提升教育质量，实现“十二五”规划确定的主要目标。实施教育综合改革和编制“十三五”规划。普陀区被确定为特色教育综合改革实验区。强化立德树人，提升学校德育工作实效。开展纪念抗日战争胜利暨世界反法西斯战争胜利70周年主题活动，区教育局获市教卫工作党委优秀组织奖。推进校内外育人共同体建设，建立“普陀大学堂”网上平台，推进中学生研学旅行，加强家庭教育指导，凝聚育人合力。开展区第四届班主任育德能力竞赛，2位教师获市班主任基本功大赛一等奖。推进心理健康教育达标校评估，全区市心理健康教育达标校达30所，3所学校被评为市示范校。

促进内涵发展，满足学生发展需求。全面推进小学实施基于课程标准的教学和评价工作。开展以“基于核心素养的单元教学设计”为主题的第十届有效教学理论与实践研究。曹杨二中等6所学校成为新一轮市课程领导力项目学校，区教育学院入选市基础教育质量综合评价改革区县深化试点单位，上师大附属二实验、北海中学入选市中小学以校为本教育质量保障体系建设试点单位。深化体教结合，持续推进体育教学改革，4所学校分别成为市“高中体育专项化”课程改革第二批试点校和“初中体育多样化”“小学体育兴趣化”课程改革试点校；组织好市、区阳光体育大联赛；加强校园足球联盟建设，曹杨二中等8所中小学被评为全国校园足球特色校，挂牌成立市青少年校园足球精英训练营普陀分营；朝春中心小学等16所中小学被评为新一轮市体育传统项目学校；认真实施《国家学生体质健康标准》，完成教育部委派的专家组对24所学校体质健康抽测复核工作。推进医教结合，修订学校应急预案；开展校园传染病防控应急演练和卫生保健人员培训等。提升学生科技、艺术素养，建立STEM课程基地，开展STEM课程培训，加强普陀少年科学院建设，大力推进学生科技创新活动；在第30届市青少年科技创新大赛中获奖125项，其中特等奖1项、一等奖17项，宜川中学教师谢春君获全国青少年创新大赛教师作品一等奖；深化学生创新素养培养，开展创新实验室建设专题调研和案例征集，建立跨学科教研中心组，提升创新课程质量。申报成为全国中小学生艺术素质测评实验区。全区市级艺术教育工作室增加到4个。组织学生艺术团队和作品参加全国第5届中小学生艺术展演、开展第30届美育节活动等，展示学校艺术教育成果。

加强学前教育精细化管理。编印《幼儿园保健工作目录》《健康与安全教育经验成果集》，完成对全区幼儿园健康保健室达标评估，深化“幼儿健康与安全管理平台”应用，完善基于平台的手机客户端。以“数”活动原创评比为抓手，提高教师设计和实施学习活动能力；汇编中、大班幼儿园《主题背景下学习活动设计精选集》，完善幼儿集体学习活动指导的评价标准。优化早教课程，出版《游戏总动员》系列4册图书，为家庭亲子游戏提供专业实用的指导手册；完善全区早教服务体系，完善“区0—3岁科学育儿指导服务网”。完成全年8次公益早教服务，覆盖率98%，服务108191人次。推进学前教育信息化，7件作品获市学前教育多媒体课件大赛一等奖，其中3件作品获全国一等奖，长风二幼成为首批市学前教育数字化实验园。完成22所幼儿园质量视导、1所市示范园和10所市一级园复验，指导3所二级园成功争创市一级园，全区优质园比例达70.5%。

推进“新优质学校”集群式发展和学区化集团化办学。引导16所市“新优质”项目学校，以项目研究促进自主发展，办好每一所家门口的学校。以曹杨二中教育园区、桃浦基础教育联合体为试点推进学区化集团化办学，在学校管理、师资配置、课程教学、学生培养等方面让优质资源共享。建立甘泉、真如街道教育联合体。推进普通高中特色多样优质发展。曹杨中学、同济二附中、甘泉外国语中学、上音安师4所中学成为市特色高中建设项目学校。推进高中综合素质评价，实施学生社会实践评价记录，加强区域教学资源建设，探索走班教学，开展学生生涯指导。

全面提升各级各类教育质量。优化学前特殊教育布局，建立区内第二个学前特教班。做好0—6岁特殊婴幼儿入园鉴定与安置。开展学前特教教师评优。下拨市、区民办中小学、幼儿园专项资金1670万元，补贴民办义务教育学校生均公用经费1036.07万元。金洲小学等4所学校被评为“第二轮上海市民办中小学特色学校创建学校”，玉华中学被评为“第二轮上海市民办中小学特色项目创建学校”，金豆豆幼儿园等3所幼儿园被评为“第二轮上海市民办优质幼儿园创建园”。以职教联盟为平台，开展“十佳班主任”争创、中职校教师培训、校企合作对话会等。在5家企业建立区职业教育创新实践基地。提升曹杨职校办学质量，酒店管理专业被批复试点中高职贯通培养模式；2个市重点专业通过评估，完成会展实训中心绩效评估；学生在市技能大赛中荣获团体和个人一等奖9个、二等奖10个、三等奖14个；在全国职业院校技能大赛中获得一枚金牌、三枚银牌、一枚铜牌。完成老年学校标准化建设；与华东师范大学合作，联合浦东新区、杨浦区进行实施《社区学校校长、教师专业化能力提升培养计划》的专题培训；4人被评为“上海市老年教育先进个人”，区老年大学、宜川街道老年学校获“上海市老年教育先进集体”。开通社区教育手机报。

教育国际化加快推进。全年有75人次干部、教师赴境外学习、培训。分别与美国明尼苏达州霍普金斯学区、加拿大卑诗省高贵林学区签署教育合作备忘录。上海国际学生服务中心、上海市教育考试院多语种考试评价中心落户普陀区。开展“英语教师能力提升的国际化探索”校长培训。曹杨二中等6所学校合作申请的中英伙伴学校交流计划STEM项目获批，曹杨中学入选教育部首批中美“千校携手”项目示范校。签约引进国际知名的科技特色高中美国托马斯·杰斐逊教育资源，建立上海托马斯实验学校。

教育信息化水平进一步提升。人力资源协同管理、财务管理等服务平台相继完成并投入使用。推进教育技术与课堂教学的深度融合，鼓励教师在课堂教学中寻找突破。由5所小学联合创建的普陀“E联盟”学生阅读平台开通。深化“J课堂微视频”研究，新增14所试点校。5所学校建立学生创课中心，20所学校开展“智慧教育”课题研究。

干部教师专业水平不断提高。完成“十二五”干部、教师培训。公开招聘549名教师。完成543名见习教师规范化培训，8名培训合格教师被华东师范大学和上海师范大学录取参加教育硕士学习。实施“教师信息技术应用能力提升工程”，申报成为“国培计划——示范性网络研修与校本研修整合培训项目区”。完成第三轮区骨干教师指导团队评估，对干部培养“工作坊”进行总结；组建特级教师培养“工作坊”，引进2名特级教师。分别选送14名、7名校级干部赴香港教育学院、新加坡南洋理工大学攻读教育硕士。10名校长被区政府授予“十佳”中青年校长，3名校长被评为市特级校长。推进优秀教师资源流动，给每个街道、镇教育联合体5个流动编制；14名教师分别在学区和集团内流动，4名新评高级教师向桃浦地区学校和薄弱学校流动。推进教育对口交流，完成市教委委托的2批共15人贵州省遵义市“金种子”校长培训；安排遵义市100名教师、西藏自治区亚东县25名教师、云南省景东县18名教师到沪培训；选派3名教师赴遵义市支教。

区域教育治理体系建设深入推进。深化政府职能转变，编制完成权力清单和责任清单，修订完成14个行政审批事项的办事指南和业务手册，编印《普陀区教育局机关工作手册》；全面完成学校章程建设，实现“一校一章程”，全区学校普遍建立法律顾问制度，促进依法办学。招生入学工作稳妥有序，全区幼儿园新招收幼儿9672人，其中进城务工人员随迁子女占20.5%；小学新招8050人，其中进城务工人员随迁子女占28.56%；初中新招4966人，其中进城务工人员随迁子女占31%。高一年级录取2678人。教育督导不断加强，完成区教育“十二五”规划专项督导；完善责任督学挂牌督导机制，加强对学校课程计划执行、每天校园活动一小时、入学招生等工作督导；对10所学校学生学业负担进行监测；完成28所学校发展性督导和25所学校督导回访。保障教育经费规范使用，加强预算执行、规范支出管理、推进绩效评价；修订学校零星维修、资产处置、教育审计等制度，加大专项资金使用监管，突出“三公经费”管理；完成各类审计项目545个，干部经济责任审计76个。优化教育资源布局，同济二附中高中部改扩建项目完工，公建配套的长风南块幼儿园投入使用。完成长征中学高中部、澄源中学、大渡河二幼等大修加固项目。规范教育收费，对25所学校教育收费工作重点检查；推进“阳光招生”，着力加强对特长生招收监管；重点督查“严禁中小学校和在职中小学教师有偿补课”情况，营造风清气正的教育发展环境。（包玉全）

【推进幼儿园健康教育行动研究】 由区教育局领衔，区科研室、学前教研室和区内26所幼儿园共同组建“身体素质与运动”“生活习惯与能力”“膳食与营养”“安全教育”“健康情绪情感”“管理与评价”6个子课题组。历时4年，组织6场全区性成果展示推广，正式出版专著5部，形成研究报告25篇、学术论文和经验总结36篇、各类活动方案49个、教育教学案例和研究体会95篇以及视频等其他类成果17项，建构体现课改要旨、具有区域特色并有推广价值的幼儿园健康教育运作范式。其中2所幼儿园的科研成果获市教育科研优秀成果一、二等奖。（包玉全、蔡　颖）

【深化幼儿健康与安全管理平台建设】 年内，开发基于平台的手机客户端“童童”，建立“幼儿信息、健康监测、疾病预防、营养膳食、保健管理、安全工作、医教结合、信息公告”8组功能模块，及时记录幼儿在园活动，向家长推送幼儿健康信息，为幼儿定制个性化电子健康档案，建立信息发布、疾病预警、安全监测等保障机制，为教育、卫生公共服务决策提供科学依据。截至年底，平台覆盖全区78个托幼机构、123个教学点，为28105名在园幼儿建立电子健康档案，形成对幼儿从进园到离园全过程跟踪与监控。（包玉全、蔡　颖）

【通过市残疾儿童家长学校规范化建设验收】 1月14日，由市残联、区残联、区教育局、区卫计委、区妇儿委等组成的评审小组，分别对区早教指导中心、启星学校的残疾儿童家长学校规范化建设进行验收。评审组通过听取汇报、现场问答、查阅资料、实地考察等方式对家长学校的组织管理、师资实力、硬件设施、制度规范、康复成果等进行综合评估，区

早教中心、启星学校顺利通过验收。（包玉全）

【举行学生健康知识读本授书仪式】 3—4月，区教育局先后举行《普陀区学生健康知识普及读本》《普陀区学生健康膳食读本》授书仪式。健康知识普及读本向学生传授"养成良好卫生习惯""预防常见疾病""掌握急救技能""保持身心平衡"等基础性健康知识，传播"健康食物好营养""健康营养好来源""健康饮食好习惯""健康膳食我做主"等健康膳食理念。至此，完成"十二五"期间编印视力保健、合理膳食、健康知识等领域健康教材的工作。

（高薇华、包玉全）

【区本教材《古诗吟诵》首发】 3月11日，"开展古诗吟诵弘扬民族文化——普陀区区本课程《古诗吟诵》研讨会暨教材首发式"在朝春中心小学举行。2009年起，学校编撰完成《古诗吟诵》校本教材并推广使用。2014年下半年，教材经修改，公开出版并在全区推广。教材主编、朝春中心小学校长虞宏逸介绍教材编撰、使用与修订情况，2位教师现场执教低年级吟诵和高年级课堂学习两个片段。与会领导和专家就教材实施、加强中华经典诗词诵读等提出建议。（包玉全）

【发送疾病防控工作手册】 3月11日，在区中小学卫生保健教师工作会议上发送《普陀区学校及托幼机构疾病防控工作手册》。该工作手册由区教育局、区卫计委联合编撰，包括传染性疾病、预防接种、学校卫生、消毒隔离、慢性病等多个板块，其针对性、实用性、指导性强，便于学校保健教师随时查阅，为学校开展健康教育、加强医教沟通提供实用资料。（高薇华、包玉全）

【素质教育先进校创建工作总结展示】 3月31日，"区素质教育先进校"创建工作总结展示暨普陀区"新优质学校"项目启动会举行。全区义务教育学校校长、部分学科教师及区教研员等参加会议。会议展示全区自2009年9月起开展的"素质教育先进校"创建工作成效，下发《办家门口的好学校——普陀区素质教育先进校巡礼》，19所学校被授予"普陀区素质教育先进校"。会议解读《普陀区"新优质学校"推进项目的实施意见》，市新优质学校研究所进行"新优质学校"项目推进专题辅导。

（徐　嵘、包玉全）

【市新优质学校研究所成立】 4月7日，上海市新优质学校研究所成立大会在华师大四附中召开，新优质学校研究所正式落户普陀。市教委及相关处室、区教育局、市新优质学校研究所领导出席。各区县教育局有关领导、新优质研究所成员以及第一批基地校和项目学校校长等参加会议。市新优质学校研究所的研究视角直指最基层学校，在研究中挖掘学校新鲜经验、分享实践智慧，为上海基础教育提供可辐射、可示范经验。（徐　嵘、包玉全）

【纪念抗战胜利70周年暨谢晋元将军诞辰110周年】 4月28日，晋元高级中学与上海百老讲师团联合举行"英名永继　浩气长存"纪念抗战胜利70周年暨谢晋元将军诞辰110周年主题活动。活动现场展示了学生们创作的诗歌、书画等缅怀谢晋元将军的作品。教师和管乐团分别献上诗朗诵《满江红》与管乐合奏《保卫黄河》。50多位百老讲师团团员与24个班级学生举行主题班会，激励青年学生高举爱国大旗，继承优良传统，立志成才报国。

（徐　嵘、包玉全）

晋元高级中学学生举行纪念抗战胜利70周年活动

【中英国际教育学术研讨会举行】 5月14日，主题为"英语教师能力提升的国际化探索"的"2015世纪普陀中英国际教育学术研讨会"在同济大学第二附属中学举行。研讨会由上海世纪出版集团、上海声势教育培训有限公司主办，普陀区教育局协办。来自英国的英语教材选编、师资培训等方面的3位专家和出席研讨会的校长，共同探讨促进英语教师执教能力提升的有效机制与途径。（徐　嵘、包玉全）

【在全国职业技能大赛上获奖】 6月，全国职业院校技能大赛中职校组汽车运用与维修技能大赛在山东德州举行。比赛设团体赛和4项个人赛共5个项目，来自全国的37个代表队、428名学生参与角逐。上海队派出12名中职学生首次参加，其中曹杨职校3名学生，分别参与车身修复（钣金）、车身涂装（涂漆）、汽车空调维修3个项目比赛，获一枚金牌、一枚银牌、一枚铜牌的优异成绩；获金牌的学生张露露还为学校获红色科鲁兹教学用车。6月初，在江苏吴江举行的全国职业院校技能大赛客房中式铺床项目中，曹杨职校学生获1枚银牌。

（徐　嵘、包玉全）

【在2015年全国射箭重点学校锦标赛获好成绩】 8月20—24日，2015年全国射箭重点学校锦标赛在内蒙古呼伦贝尔陈巴尔虎旗举行。区教育学院附属学校代表队运动员获得6枚金牌、4枚银牌、2枚铜牌的好成绩，位列奖牌榜首位。女子运动员吴佳雯包揽女子丙组个人双轮40米、个人双轮30米、个人双轮25米、个人双轮全能4项冠军。至此，学校共输送市二线运动队9人、一线运动队4人、国家队3人。（徐　嵘、包玉全）

【举行高级教师流动签约会】 8月31日，区教育局举行高级教师流动签约会。会议介绍《区教育系统高级教师流动工作管理办法》出台背景、具体做法及各方职责。高级教师流出校、流入校、流动教师和区教育人才中心四方签订《普陀区高级教师流动协议书》。新评选的高级教师经流出校同意自愿流动，在流入校工作两个学年，承担课堂教学、课题研究、带教指导等任务。（徐　嵘、包玉全）

【安师实验中学建校150周年教学成果展示】 10月23日，上海音乐学院附属安师实验中学建校150周年教学成果展示活动举行。来自上海音乐学院、上海师范大学音乐学院、上海戏剧学院、上海大学音乐学院、上海沪剧院等学校领导，历届校领导、退休教职工以及各届校友齐聚校园。学校通过舞蹈、原创校园剧、合唱等多种形式展示艺术教育成果，并邀请校友进行古筝、长笛、小提琴等独奏演出。上海音乐学院附属安师实验中学前身是成立于1865年的“龙门书院”。150年来，历经龙门师范学堂、江苏第二师范学校分校、上海中学乡村师范部、黄渡乡师、安亭师范等变迁，谱写了一曲“爱音乐、爱智慧”的办学乐章。学校于2014年11月成立“和乐团”管乐队，在2015年“中华杯”第九届非职业优秀管乐团队展演中荣获金奖。（徐　嵘、包玉全）

安师实验中学举行建校150周年教学展示活动

【建立STEM云中心STEM课程基地】 10月23日，上海STEM云中心STEM课程普陀区基地成立。区教育局与上海STEM云中心合作，开设直接面向中学的STEM课程班，课程内容包含生命科学、物质科学、技术与设计、地球与环境科学、社会及行为科学五大领域。来自华东师范大学四附中、兴陇中学、沙田学校等7所学校的40名同学作为第一批学员将开展为期1年的STEM课程学习。

（徐　嵘、包玉全）

【合作共建上海师范大学附属第二实验学校】 11月25日，区政府和上海师范大学合作共建上海师范大学附属第二实验学校签约仪式在普陀区政府举行，副区长钱雨晴、上海师范大学副校长柯勤飞等参加签约仪式。上海师范大学附属第二实验学校（筹）校长介绍学校筹备及建设推进情况。新校址位于南石二路50号，为九年一贯制公办学校，计划2016年9月交付使用。（徐　嵘、包玉全）

【获世界青少年机器人邀请赛总冠军】 11月23—25日，在北京国家会议中心举办的2015世界青少年机器人邀请赛中，梅陇中学队3位学生在指导教师周军带领下，获VEX机器人工程挑战赛总冠军。

（徐　嵘、包玉全）

【足球精英训练营普陀区分营揭牌】 11月29日，市教委在曹杨二中举行"上海市青少年校园足球精英训练营普陀分营"揭牌仪式。教育部体卫艺司司长王登峰、市教委主任苏明、副主任王平，普陀区委副书记、区长程向民，副区长钱雨晴等出席，并分别为"普陀分营"曹杨二中、晋元高级中学、甘泉外国语中学、梅陇中学"四大营地"揭牌，观摩100余名学生的户外足球训练。"普陀女足"历经20余年发展，为上海和全国输送后备人才；近年来普陀男足队伍发展壮大，全区中小学足球"一条龙"格局初步形成。

（徐　嵘、包玉全）

上海市青少年校园足球精英训练营普陀分营揭牌

【全国有效教学理论与实践研讨会举行】 12月2日，由华东师范大学课程与教学研究所、市教委教研室、区教育局联合主办，区教育学院承办，新黄浦实验学校协办，以"基于核心素养的单元教学设计"为主题的全国第十届有效教学理论与实践研讨会举行。有关领导与专家及来自江苏、浙江、山东等16个省、市、自治区的教科研工作者、校长、教师等800余人参加。论坛回顾三方牵手10年开展"有效教学"研究的历程，总结区、校两级开展基于核心素养的单元教学设计取得的经验。获首届上海青年教师"爱岗敬业"特等奖、一等奖的8位教师分享实践经验，新普陀小学、江宁学校、新黄浦实验学校、曹杨二中交流学校视角的思考与实践。市教委副主任贾炜肯定普陀教育10年研究"有效教学"，成为区域推进教学改革的品牌，并指出，要聚焦教学环节和评价环节两个关键点，抓住学习时代特征，在教育教学实践中落实核心素养要求。

（徐　嵘、包玉全）

附：区教育局驻地及负责人

（2015年1—12月）

地址：大渡河路1668号
邮编：200333
电话：52564588

区委分管领导：罗勇伟
区政府分管副区长：钱雨晴

区教育党工委书记：吴凌昱
　　副书记：范以纲（兼）、丁向荣

区教育局局长：范以纲
　　副局长：郑建国（9月离任）、周　飞、胡　俊、黄敏华

闸　北　区

【2015年概况】 全区学校及其他教育事业单位包括：全日制高职1所（区属），高中6所，完中9所，九年一贯制学校5所，初中17所，小学32所，中等职业学校1所，特殊教育学校4所，幼儿园62所

（含民办 14 所，托幼机构 3 所），教育学院 1 所，其他教育事业单位 10 所。共有在校学生 67779 人，其中全日制高职生 3879 人，中学生 22949 人，小学生 24377 人，中职生 980 人，幼儿园幼儿 15594 人。

全区教育立足区域经济社会发展大局，以推进区域教育综合改革为主线，坚持改革创新、攻坚克难，坚持依法治教、依法治校。各项工作按年初目标均取得令人满意的成绩。区教育局被评为区第二届“好班子”。上海市回民中学校长乐霆被评为区第二届“好班长”。推选共康中学书记李劲作为援藏干部赴日喀则任校长。开展“凝聚创城正能量，树立志愿锋向标——3.5 学雷锋活动”。举行教育系统庆祝建党 94 周年系列活动，组织纪念抗战胜利 70 周年主题教育活动。

实施素质教育。探索闸北区实验小学教育集团单法人均衡型管理机制。推进彭浦教育优质社区建设。深入开展与市教委教研室合作的“教育综合改革实验基地学校”试点工作。实施青少年校园足球项目。深化高中课程改革。推进新优质学校建设，和田中学创建成为市新优质项目学校，恒丰中学、育群中学、保德中学创建成为区新优质项目学校。加强教学评价研究，青云中学确定为市“以校为本的教育质量保障体系建设试点”项目学校。成立永兴、延长和大宁国际 3 个学前教育集团。上海市回民中学被市委宣传部、统战部和市民宗委联合授予“上海市首批民族团结进步教育基地”。芷江中路幼儿园的《让评价成为一种专业行为》获上海市第 11 届教育科学研究成果奖一等奖。大宁国际小学“释放玻璃球的结构”在第 36 届世界头脑奥林匹克（OM）决赛中获冠军。回民中学学生龙泽煌夺得 2015 世界青少年美式台球锦标赛青年组冠军。

加强队伍建设。举办区教育系统庆祝第三十一个教师节主题活动暨 2014—2015 学年度最有影响力事件揭晓大会。加强培训体系建设。市北初级中学教师郑文琴被评为 2014 年度闸北区精神文明十佳好人好事。新中高级中学校长刘爱国等 4 人被评为上海市特级校长（书记）。回民中学校长乐霆获“上海市教书育人楷模”称号。大宁国际小学校长徐晓唯、闸北区青少年活动中心教师胡文亮获“上海市先进工作者”称号。

协调发展各类教育。完成天目西路街道、彭浦镇社区老年学校功能提升工程。推进职教集团校企合作发展。（万翰杰）

【回民中学被授予民族团结进步教育基地】 3 月 20 日，上海市回民中学被市委宣传部、市委统战部和市民宗委联合授予“上海市首批民族团结进步教育基地”。在市教育系统中，被授予“上海市首批民族团结进步教育基地”的仅回民中学 1 家。（万翰杰）

【成立学前教育集团】 上半年，闸北区成立了 3 个学前教育集团：永兴幼儿园教育集团（童兴幼儿园＋永兴路幼儿园）、延长幼儿园教育集团（延长路幼儿园＋延长路西部幼儿园）、大宁国际幼儿园集团（大宁国际幼儿园＋大宁国际第二幼儿园＋大宁国际第三幼儿园）。这在一定程度上缓解闸北学前教育高峰，促进教育资源均衡。（万翰杰）

【大宁国际小学 OM 团队再度获冠军】 5 月 22—23 日，上海市大宁国际小学头脑 OM 队赴美国密歇根州立大学，参加第 36 届世界头脑奥林匹克大赛——“释放玻璃球的结构”项目决赛，并获得冠军。这是继 2011 年大宁国际小学在世界“OM”“戈德堡装置”决赛取得第一后的再次夺冠。（万翰杰）

【市教委调研区实验小学】 6 月 9 日，市教委“基于课程标准的教学与评价”调研活动在闸北区实验小学龙盛校区举行。市教委副主任贾炜等相关负责人与教研员来到学校，走进一年级课堂，听取汇报并与任教教师互动交流。闸北区教育局、闸北区教育学院领导与相关教师参与调研活动。（万翰杰）

【举办学习刘京海事迹主题教育活动】 6 月 23 日，《相信，成功之道》——学习宣传市闸北区第八中学刘京海校长先进事迹主题教育活动在武警政治学院礼堂举行。活动分为“让更多学生获得成功”“让更多教师获得成功”“让更多学校获得成功”3 个篇章。活动由市教卫工作党委、市教委主办，闸北区教育党工委、区教育局承办。区教育局领导、部分区县教育局相关负责人、闸北区教育局部分机关干

部、闸北区第八中学、成功教育研究所团队、闸北区教育系统各单位校级干部、党员、教师共计1000余人参加活动。（万翰杰）

学习宣传闸北第八中学刘京海校长先进事迹

【获第十一届市教育科学研究优秀成果奖一等奖】7月，芷江中路幼儿园郑惠萍领衔的《让评价成为一种专业行为》，获得上海市第十一届教育科学研究优秀成果奖一等奖。（万翰杰）

【获全国中学生排球联赛冠军】7月31日，市北中学排球队夺得第十二届全国中学生排球联赛男子组冠军。近18年来，市北中学在国际赛事、全国赛事和上海市赛事中共获冠军14个，先后培养了13名国家级运动员。（万翰杰）

【新增4位特级校长(书记)】8月，新中高级中学校长刘爱国、风华中学党支部书记吴思平、风华初级中学校长堵琳琳、闸北区第一中心小学校长徐静等4人被评为上海市特级校长(书记)。（万翰杰）

【举办全国青少年美式台球锦标赛】8月15日，由中国台球协会、上海市体育总会主办，上海市台球协会、闸北区教育局、闸北区体育局、上海东亚体育经纪有限公司、上海隆胜台球用品制造有限公司，以及上海市回民中学共同承办的2015第九届全国青少年美式台球锦标赛在上海市回民中学开幕。副区长鲍英菁、上海市台球协会会长等出席。全国青少年美式台球锦标赛分男子青年组、男子少年组和女子组3个组别。11月14—17日，2015世界青少年美式台球锦标赛在回民中学举行。作为学校70周年校庆系列活动之一，也是学校连续第二年承办此项赛事，有来自30个国家和地区的96名青少年台球高手参与男子青年组、男子少年组和女子组共三个项目的竞赛。回民中学学生龙泽煌获青年组冠军。（万翰杰）

【多名教师获市级荣誉称号】5月，大宁国际小学校长徐晓唯、闸北区青少年活动中心教师胡文亮获“上海市先进工作者”称号。闸北区安庆幼儿园园长温剑青获2014年“上海教育年度新闻人物(提名奖)”。8月，上海市回民中学校长乐霆获“上海市教书育人楷模”称号。（万翰杰）

【开展纪念抗日战争胜利70周年主题教育活动】9月1日，在上海市新中高级中学举行“四行第一课”活动，副区长鲍英菁出席活动并讲话，区暑期工作成员单位、各街道镇领导及全区中小学生代表700人参与活动。活动以“勿忘国耻　圆梦中华”为主题，由师生原创完成。课后，全区中小学生参观学生们自主创作的“四行孤军血战记”连环画展览，体验了“走进抗战烽火”“铭记抗战精神”“传递强国梦想”3大版块9个互动活动。（万翰杰）

【举行庆祝第三十一个教师节主题活动】9月9日，闸北区教育系统庆祝第三十一个教师节主题活动暨2014—2015学年度最有影响力事件揭晓大会举行。区委常委、统战部部长石宝珍，区人大常委会副主任金宝根、副区长鲍英菁等领导出席，2014—2015学年度区教育系统先进人物代表、各基层单位党政负责人、新教师代表，教育局机关全体干部等参加会议。教师节活动以“四有好老师　薪火接力人”为主题，揭晓2014—2015学年度闸北教育最有影响力事件，并由区领导为先进人物代表颁发证书。（万翰杰）

【成立优质教育社区学科研究中心】10月30日，在彭浦新村一小召开彭浦优质教育社区学科研究中心成立大会。区教育局相关领导、区教研室有关专家，以及彭浦地区全体小学校长与集团部分老师参加会议。闸北区教育局根据区域“南高中繁北产业”的发展战略，以深化教育领域综合改革为抓手，结合彭浦地区小学教育的优势与特点，开展彭浦优质教育社区办学实践，计划用3年左右时间，采用“大社区＋小片区”的工作模式，构建基于彭浦地区学校发展基础与特色的学区化办学模式，实现地区学校整体办学水平的提升。（万翰杰）

【举行“微笑足球”校本课程展示研讨会】 11月12日，“微笑足球”校本课程展示研讨暨长三角地区中小学体育特级教师研讨会开幕式在大宁国际小学举行。市教委副主任王平、副区长鲍英菁参加研讨活动。原国脚孙雯、刘军以及英超曼联足球俱乐部、阿森纳足球学校上海分校的青少年球员，到校与大宁国际小学小球员一起开展足球嘉年华互动活动。（万翰杰）

中小学微笑足球活动

附：区教育局驻地及负责人

（2015年1—12月）

地址：和田路195号
邮编：200070
电话：56630990

区委分管常委：石宝珍
区政府分管副区长：鲍英菁

区教育局党工委书记：顾筱璞
副书记：洪　波

区教育局局长：周　隽
副局长：刘新宇、徐剑宏、孙　忠

虹　口　区

【2015年概况】 全区有各级各类学校（单位）137所，其中中学37所（民办6所），小学33所（民办4所），幼儿园52所（民办9所、其他部门办4所），托儿所4所（集体部门办），职业学校1所，非学历教育2所，专门学校1所，特殊教育学校1所，其他学校6所。共有在校学生60585人，其中公办学校学生47353人。教职工6281人，其中专任教师5188人。

虹口教育按照“抓改革、促均衡、强队伍、提质量、重治理”的总体要求，一手抓“十二五”规划收尾工作，一手抓教育综合改革。

顶层规划编制完成。确定虹口教育未来五年的发展目标和主要方向。一是完成《虹口区教育综合改革总体方案》的制定，根据市教委工作要求和专家的意见建议，形成《虹口区教育综合改革实施方案》，被市教委确定为上海市首批教育特色综合改革实验区。二是根据区政府统一安排，编制形成《虹口教育事业改革与发展“十三五”规划（送审稿）》。

重点项目有序推进。落实区政府2015年实事项目，按节点完成15所幼儿园21个教学点的无线感烟报警器安装、五十二中学和虹口实验学校应急避难场所建设、5所学校5000平方米屋顶绿化的建设以及8所学校体育场地开放工作。继续推进北虹高级中学、复兴高级中学、澄衷高级中学、上海外国语大学附属外国语学校东校、指南针项目、船员评估中心和国际教育服务与创新园区等7个重点项目建设。启动南湖职业学校第二分校三门路校区及东余杭路幼儿园设计招标一体化程序，深化方案设计；开展民办四中心实验小学前期审批程序。

区校合作更加紧密。根据虹口区政府与复旦大学签署的战略合作协议，复兴高级中学与复旦大学复旦学院联合开办"苏步青班"，促进学生主动学习，推动学校课程建设创新及办学改革实践。推进复旦大学创新型学院——大数据学院及大数据研究院正式落户虹口，打造创新型人才培养及研发平台。与上海外国语大学共同筹建上海国际教育服务和创新园区，积极筹备签约工作和园区挂牌仪式，完成园区先期对外服务与办公场地装修施工。会同周边上海外国语大学、同济大学、上海财经大学等高校进一步完善园区建设和产业布局规划，编制完成《园区重点区域东体育会路沿线功能与空间更新》。拟定《上海国际教育服务与创新园区扶持政策》(草案)，加快相关国内外总部型教育服务企业和机构的引进和聚集，年内引进以新东方为代表的教育培训机构12家。

学习方式深度变革。举办主题为"改变学习方式　主动赢得未来"的上海第四届"白玉兰"国际教学论坛。参加第十二届上海教育博览会教育现代化展和全国教育信息化应用展览，介绍虹口教育在信息技术与学科整合方面所做的探索和国家教育体制改革试点项目"开展数字化课程环境建设与学习方式变革实验"的研究成果。区教育局与上海仪电电子股份有限公司签订教育信息化战略合作协议，全面提升教育信息化应用实践水平。主动参与《上海市中小学数字教材实验》项目区域推进实验，制定项目实施方案，开展专家论证会和市级数字教材应用展示活动。完成市教委对虹口区课程与教学专项调研准备工作，总结区域教育教学经验，展示课程教学改革成效，提升教学教研品质。

综合改革扎实推进。制定并完善《虹口区学区化集团化办学实施方案》，召开虹口区集团化学区化办学推进会暨小学"三新"教育联盟课程发布会，展示"三新"(即教育新理念、新课程、新技术)教育联盟学区化办学试点工作的思考和实践。成立基础教育课程管理指导中心，全面推动区域课程建设的结构优化与效能升级。指导运用"绿色指标"开展教学改进，引导建立基于实证的教学质量保障体系，区内3所学校和区教师进修学院参加市"基础教育质量综合评价改革试点"项目研究。召开全区体育工作推进会，启动中小学校园足球比赛。结合全国第五届中小学生艺术展演活动，组织"童心向党"虹口区第二十七届学生欢乐艺术节。虹口区政府与敦煌研究院签订共建"指南针计划"青少年基地战略合作框架协议，建设国家"指南针计划"青少年基地西藏日喀则体验分中心，开展意大利米兰世博会中国企业馆中华传统文化展览和体验活动，持续扩大"指南针计划"项目影响力。组织高中生参演大型原创舞台剧《东方之舟》，提高学生艺术鉴赏和创作能力。推动南湖职校创建为国家中等职业教育改革发展示范学校。围绕"创文"主题，继续组织开展区第二届终身教育成果展示活动，以街道承办方式，深度展示虹口文化的沉淀和创新发展风采。

全面推进依法治教。继续推进区域基础教育法治化建设进程。成立虹口区教育督导委员会，建立健全区域教育督导工作长效机制，推进教育治理体系和治理能力建设。承办上海市中小学校依法治校工作推进会暨虹口区现代学校制度建设现场会，举行分会场研讨、《中小学管理》杂志第二届局长沙龙以及中小学校长沙龙。召开中小学第四轮三年发展规划总结大会暨第五轮三年发展规划督导动员大会。

人才队伍专业发展。拟定《虹教系统干部人才队伍专项调研方案》。完成校(园)长实训基地项目中期评估，全面总结项目实施成效，选择5名培训学员充实到校级领导岗位。开办小幼教后备干部培训班，组织开展社区学校专职副校长工作总结展示开放活动。修改完善《虹口区教育系统教师专业人才梯队建设实施意见》及配套方案，组织开展七级人才梯队的申报、评审和选拔工作，及时调整完善各层级梯队的考核指标。做好年度特级校长候选人评选工作，申报特级校长5人并通过市教委评审。做好区级"研训一体"课程管理工作，开设3期区级"研训一体"培训课程及9门网络课程；加强对区级"研

训一体”课程的动态与弹性管理。（何　杰）

【承办市中小学校依法治校推进会】 3月25—26日，由教育部政策法规司指导，市教委和虹口区政府联合主办，区教育局承办的上海市中小学校依法治校工作推进会暨虹口区现代学校制度建设现场会召开。教育部政策法规司、市教委领导出席会议并讲话。市教委政策法规处负责人部署了上海市中小学依法治校年度工作。区教育局和相关学校负责人分别就学校章程与现代学校制度体系建设作主题发言。会议还举行分会场研讨、《中小学管理》杂志第二届局长沙龙以及中小学校长沙龙。

（何　杰）

【澄衷高级中学建校115周年】 10月17日，澄衷高级中学举行主题为“继承传统求发展，共话未来创特色”的115周年校庆活动。复旦大学党委、市教育学会、区委区政府相关领导出席活动。区委书记吴清发贺信。学校37届校友李达三在庆典上捐资2000万人民币成立“李达三叶耀珍澄衷教育发展基金”，并赠书《商道酬勤》。澄衷中学创始人叶澄衷曾孙叶惟洪遗孀、社会活动家叶邓稚凤勉励澄衷学生不怕困难，努力求学。副区长李国华对澄衷的发展和未来提出了要求和希望。（何　杰）

【市教委调研区基础教育信息化工作】 10月22日，市教委副主任贾炜带队调研虹口区教育信息化工作开展情况。在观摩了丽英小学的数字教材应用实践课《平均数的应用》后，丽英小学和区教育局负责人分别汇报实践情况与工作思考。贾炜肯定了丽英小学数字教材应用实践，希望虹口在试点“电子书包”经验基础上积极思考，主动承担起信息化教学应用推广任务，并对虹口区承担数字教材试验工作提出了要求。副区长李国华陪同调研。

（何　杰）

【在全国基础教育装备工作会议上交流】 11月30日，在全国基础教育装备工作会议上，区教育局作题为《强化学校装备建设，助力课程教学改革》交流发言，从推进创新实验室建设培育学生创新素养、开展“电子书包”项目试验转变学生学习方式、建设国家“指南针计划”基地丰富学生学习体验等三方面，介绍了加强教育装备建设和优化教育装备配置的做法与经验。（何　杰）

【华东师范大学第一附属中学建校90周年】 12月6日，华东师范大学第一附属中学举行建校90周年庆典活动。区委书记吴清发贺信。市教委副主任贾炜、华东师范大学副校长郭为禄、副区长李国华等参加庆典活动并分别致词，对学校90年来办学成绩给予充分肯定，对学校未来的发展寄予厚望。

（何　杰）

【第四届白玉兰国际教学论坛举行】 4月17日，民进虹口区委、市教委基教处、市教委教研室、区教育局主办的第四届白玉兰国际教学论坛举行，论坛主题为“改变学习方式主动赢得未来”，为期两天的论坛分为国际论坛、课例研究、主题演讲三个专场。美国“翻转课堂”创始人亚伦·萨姆斯以及加拿大温莎大学教育学院、上师大教育技术系、广东佛山市教育局教育发展研究中心的教育专家出席论坛活动并做主题报告。（何　杰）

第四届上海“白玉兰”国际教学论坛

【举行第九轮行为规范示范校表彰会】 5月20日，虹口区中小学第九轮行为规范教育示范校表彰会举行。表彰会采取师生汇报表演和数字故事展示等方式，展现了3年来虹口区各中小学师生在创建市级、区级示范校方面所做出的努力以及取得的成果。（何　杰）

【区课程管理指导中心成立】 5月20日，虹口区课程管理指导中心挂牌成立。中心旨在就国家课程、区本课程、校本课程、班本课程等的建设进行规范和指导，让学校和教师逐渐树立课程意识，通过编制年度课程报告，促使各级各类课程建设、实施和评价逐渐走向科学化、规范化。（何　杰）

【杨雄等市领导视察“指南针计划”援藏项目】 8月7日，上海市委副书记、市长杨雄，西藏自治区主席洛桑江村，上海市委常委、浦东新区区委书记沈晓明，上海市副市长时光辉一行前往西藏自治区日喀则市师资培训中心视察上海援藏项目。杨雄一行参观了位于该师资培训中心一楼的由虹口区教育局“国家指南针计划”项目援建的印刷体验教室和染织体验教室。虹口区青少年活动中心负责人汇报了“指南针计划”项目的建设发展情况及援建西藏项目。市领导对“指南针计划”援藏项目给予了高度评价。（何　杰）

市长杨雄视察“指南针计划”援藏项目

【与敦煌研究院合作推进“指南针计划”】 8月31日，虹口区政府与敦煌研究院就推进“指南针计划”青少年基地建设签署战略合作框架协议。根据协议，双方充分发挥中央和地方各自优势，以公益性为目的，以文教结合为手段，共同推进新一期“指南针基地”建设项目。市文物局、市教委领导对协议签订充分肯定。签约前，敦煌研究院、甘肃省驻沪办领导一行来到区青少年活动中心视察国家“指南针计划”青少年基地，参观中国古代造纸印刷、陶瓷、染织、青铜、建筑体验馆，与基地老师交流、互动。（何　杰）

【推进长三角地区“分层递进教学”研究】 9月24日，长三角地区初中学校分层递进教学推进会议举行，来自江苏、浙江、安徽、江西等省的19所初中学校参加会议，并被上海市分层递进教学研究所授予“分层递进教学研究基地学校”铜牌。12月9日，区教育局举办以“尊重差异，激发潜能，个性成长”为主题“分层递进教学”25周年研讨会暨第一届长三角分层递进教学研究基地学校年会，来自江苏、浙江、安徽、江西、山东等地的150位校长、教师与上海教育工作者逾300人参会。“分层递进教学”研究在虹口80%以上学生中开展，长三角地区19所初中学校和上海市虹口区13所初中学校已共同组建“分层递进教学研究基地学校”协作网。（何　杰）

【获“2014上海教育年度新闻人物”称号】 2月9日，“教育因你而更有价值——2014上海教育年度新闻人物颁奖主题活动”在上海教育电视台举行，10年来坚持课堂内精细化教学、不留书面回家作业、为学生赢得更多“时间”的曲阳第三小学教师叶丽雯获“2014上海教育年度新闻人物”称号。（何　杰）

【与英盛教育基金签约】 4月2日，区教育局与上海市教育发展基金会英盛教育基金就合作开展“戏剧进校园”——虹口区提升高一学生艺术素养实践活动的研究举行签约仪式，由上海戏剧学院、英盛教育基金、区教师进修学院、区青少年活动中心派出专业师资，对区内高中艺术学科教师开展培训，提高教师的专业能力，形成校内研究、实践团队，探索实施艺术教育的新途径，创新艺术教育教学方式，寻求有效的艺术教育方法。同时，将师生观摩、赏析、排演活动纳入区本课程体系。（何　杰）

【命名中小学校园足球示范区示范校】 5月13日，虹口区学生阳光体育大联赛开幕式、中小学校园足球比赛启动仪式暨人民教育出版社、课程教材研究所“中小学校园足球示范区、示范校”授牌赠书仪式举行。启动仪式上，人民教育出版社和课程教材研究所授予虹口区为“中小学校园足球示范区”，命名一批“校园足球示范校”，并赠送中小学足球教材。（何　杰）

【第四轮委托管理工作总结会举行】 7月10日，虹口区教育局与崇明县教育局第四轮委托管理工作总结会举行。上海市委托管理工作项目评估组对虹口区和崇明县的委托管理工作给予充分肯定，并对做好第五轮委托管理提出建议。2007年以来，委托管理工作已完成4轮，针对托管学校制定符合实际、有的放矢的工作计划，被托管学校的办学质量、学校面貌等都发生很大变化。（何　杰）

【大型原创舞台剧《东方之舟》首演】 9月1日，由虹口区高中生参演的大型原创舞台剧《东方之舟》隆重上演，这既是师生们为纪念中国人民抗日战争胜利暨世界反法西斯战争胜利70周年的献礼之作，也是虹口区“开学第一课”系列活动的重要组成部分。一千多位社会各界人士与师生一起观看演出。《东方之舟》讲述了抗战期间，在上海虹口避难的犹太难童与中国学童间的友谊故事，再现了犹太人在二战时期的苦难以及中国人民救助犹太难民的历史。（何　杰）

【获青少年科技创新市长奖提名奖】 12月16日，在“上海市青少年科技创新市长奖”颁奖典礼上，曲阳第四小学学生夏元昕作为19名获奖者中的2名小学生之一，获第六届“上海市青少年科技创新市长奖”提名奖。（何　杰）

【广中学校入选首批中美“千校携手”项目】 广中学校与美国芝加哥北极星学校开展一系列“上海芝加哥垃圾分类调查研究”，达到《中美“千校携手”项目示范学校评选参考指标》标准，成为全国首批入选中美“千校携手”项目的示范学校。“千校携手”项目于2014年7月在北京第五轮中美人文交流高层磋商会议上正式启动，以“千校携手，热爱自然，绿色生活”为主题，旨在遴选中美1000所具有一定交流基础的中小学共同参与中美人文交流，鼓励双方学校发挥主动性，开展师生交流、学术交流、环境保护等相关活动，号召中美两国中小学增进交流与合作，增强环保意识。（何　杰）

【海南中学获多项科技竞赛奖】 海南中学在“DI创新思维”项目中国区总决赛中，获得全国初中组一等奖第一名；在“VEX机器人亚洲锦标赛”上获得3项金奖，在“VEX机器人世锦赛”上获2个世界冠军、4个亚军、2个季军。（何　杰）

【青海省果洛党政代表团考察南湖职校】 6月24日，青海省果洛藏族自治州州委书记、州长、州人大常委会主任、州政协主席率领的党政代表团，在虹口区委区政府、市合作交流办相关领导陪同下到上海市南湖职校考察指导。代表团观看了学校为青海省果洛州民族班学生特制的《成长映像，雪域花开——我们在上海的成长足迹》视频短片，参观了学校邮轮实训中心。（何　杰）

【推进学习型社会建设与终身教育发展】 6月30日，召开2015年虹口区学习型社会建设与终身教育促进委员会工作会议。区委、区政府、区学促委领导出席，区学促办对2014年的工作进行总结，并提出2015年主要工作计划。区科协、川北街道和中文在线公司分别围绕建设科普大学、区域自治共治和校企合作培育人才等进行交流发言。会上还进行了虹口区终身教育网的启动仪式和国学微课秀的展演活动。区委书记、区学促委主任吴清要求全力创设文明虹口的人文环境，提升虹口社会经济发展的新动力。（何　杰）

附：区教育局驻地及负责人

（2015年1—12月）

地址：天宝路1058号
邮编：200092
电话：65756666

区委分管领导：刘　可
区政府分管领导：李国华

区教育局党工委书记：潘惠琴
　　　副书记：王　新

区教育局局长：常生龙
　　　副局长：杨　利、周海明、孙　磊

杨 浦 区

【2015年概况】 全区有各类学校(单位)184所,其中中学51所(民办12所),小学44所(民办2所),幼儿园84所(民办22所),成人教育2所,中职学校2所,特殊教育学校1所。在校学生90110人(其中,中学生30723人,小学生33049人,幼儿园幼儿24772人,特殊教育学生395人,中等职业学生1171人);托儿所幼儿243人;在编教职工7931人,其中,专任教师7600人。

一、完成第二轮基础教育创新试验区建设。召开杨浦"基础教育创新试验区工作会议"并确定47个建设成果。以"杨浦教育创智季"为平台,有序推进课程、课堂、教师和评价等方面的研究与展示。构架"创智云课堂"平台,65门优质课程简介推送上网。组建20所学校加盟的课程联盟体。编制完成小学"创智课堂"教学评价量表、两辑《创智课堂表现样例》、百节课堂资源包,开展16个展示活动。实施"学生创新素养发展评价"项目,形成"区中小学生创新素养发展性评价指标体系"。

二、启动教育综合改革试点及"十三五"规划编制。杨浦区被命名为整体教育综合改革实验区,制定主题是"为每一位学生的未来奠基,创新驱动,合力提升教育现代化能级"的综合改革方案,在九个方面,围绕13个核心项目、42个对接和8个试点项目推进。编制教育"十三五"规划,形成1个总规划和5个分项规划。

三、推进教育均衡与特色发展。制定新一轮学前教育三年行动计划。推进初中教研联合体建设,总结小班化教育实施情况。新增2所市新优质项目试点校。启动第二轮高中创新驱动特色发展试验项目,上海理工大学附中、上海财经大学附中和上海体育学院附中成功争创为上海市特色高中项目。开展13所高中实验教学及实验室建设专项调研,成立市、区级创新实验室39个。组织6个学科高地、2个教育联盟、3所特色高中共33项展示活动。组建职业教育集团。加强进城务工人员随迁子女"融入教育"基地建设,继续研发课程并扩大试点。制定新一轮特殊教育三年行动计划,开展随班就读工作专项督导,新建8个随班就读资源教室。提高教育国际化水平。德法学校落户杨浦取得实质性突破。加快中外合作国际高中(含K-9民办学校)引进。筹建上海现代音乐职业学校。

四、深化素质教育。建立"校外教育联席会议制度"。"中小学生'百年大学'主题探究活动的研究与实践"被确立为市重点课题,建设完成"百年大学"主题实践馆。启动教育部重点课题"区域推进大中小学衔接的'生命教育'的实践研究",建立首批学生生命教育实训基地和教师联合研训基地。开展体育教学改革,确定2所学校为首批体育专项化教改试点校,4所学校为首批体育兴趣化和多样化教改试点校。

五、提升学生综合素养。持续开展高中生"双进入"探究及"赛复创智杯"市青少年科技创意设计评选活动。持续开展第五届高中生"双进入"探究活动和第六届"赛复创智杯"市青少年科技创意设计评选活动。全国比赛4项获奖。世界头脑奥林匹克中国区决赛9项获奖。民乐团被推荐参加全国中小学生艺术展演。获"第43届世界技能大赛"车身修理项目银牌。学生绿色指标测试居全市前列。

六、深化师资队伍建设。完善各级各类教师培训。新增市教师专业发展学校3所。推行新任教师资格证和规范化培训合格证"双证"注册制度。实施"领军人才培养计划",举办语文、数学"杨浦名师”展示活动。新增4名特级校长。稳步推进人事制度改革，实施区学科带头人和骨干教师流动机制。

七、完善督导工作机制。全覆盖挂牌实施责任督学督导制度，选聘25位挂牌责任督学，高质量完成市教育督导室对杨浦学校章程建设和挂牌督导创新区工作评估督导，成为全市4个代表上海申报挂牌督导国家创新区之一。制定《杨浦区关于贯彻“中小学校责任督学挂牌督导办法”的实施意见》《杨浦区中小学校责任督学挂牌督导规程》等文件。

八、深化平安校园建设。召开平安校园建设大会，签订《安全工作目标管理责任书》，加强危化品管理，全覆盖检查校园安全。建立学校法律顾问团，聘用22名律师为学校提供法律服务。推进同济小学市公共安全教育基地建设。完成幼儿园中班5000名幼儿听力筛查、小学四年级紧急避险救护常识100%普及等区政府实事项目。创智天地311街坊幼儿园按时竣工。（汪瑞岭）

【两项课题被立项为教育部重点课题】 1月，《全国教育科学“十二五”规划2014年度课题立项名单》发布，区教育局主持的《区域推进“生命教育”大中小学衔接的实践研究》和区教师进修学院主持的《见习教师规范化培训支持体系建构研究》，被立项为教育部重点课题。（汪瑞岭）

【在市首届学生行进管乐队比赛中获奖】 3月21日，在复旦大学正大体育馆举行的上海市第一届学生行进管乐队比赛上，控江中学行进管乐队的作品《波斯之梦》获得第一名。（汪瑞岭）

【在青少年机器人竞赛上海选拔赛中获奖】 4月11日，第十五届中国青少年机器人竞赛上海赛区选拔赛举行，杨浦区共有18所学校35支队伍参与角逐，获得一等奖7项、二等奖12项、三等奖16项，其中，复旦实验中学获综合技能项目高中组全国赛资格。（汪瑞岭）

【市教委调研杨浦教育国际化工作】 5月14日，市教委副主任丁晓东与市教委发展规划处、国际交流处、基教处相关负责人一行到杨浦调研教育国际化工作及国际学校项目。丁晓东一行实地考察、调研后，希望杨浦区加快杨浦国际化教育进程，积极推进上海教育国际化发展。（汪瑞岭）

【两位教师获“市先进工作者”称号】 5月26日，在上海市教育系统全国及上海市劳模先进事迹宣传表彰典礼上，当选2015年“上海市先进工作者”的辛灵中学谢小双、杨浦小学分校赵学禹两位教师受到表彰。谢小双老师爱岗敬业、带领团队多年如一日坚守特殊教育岗位的事迹被《中国教育报》《文汇报》等多家媒体报道。赵学禹老师用10年时间自学8门乐器，让进城务工人员随迁子女平等享受优质教育资源，用民乐圆孩子的艺术梦想。（汪瑞岭）

【头脑OM社团赴美参加世界决赛】 控江中学头脑OM社团作为上海高中组别唯一代表中国参加表演题角逐的队伍，在美国密歇根州立大学参加第36届世界头脑奥林匹克（OM）决赛，并取得世界第14名的成绩。（汪瑞岭）

【召开集团化办学10周年工作推进会】 6月24日，杨浦区集团化办学10周年工作推进会暨新集团成立大会举行。市教委、区政府的相关领导出席。会议多角度呈现杨浦区集团化办学10年的成功经验，以及集团师资流动、管理和文化共育、课程共享等方面的事例。会上宣读了平凉路第三小学、上海音乐学院实验学校、复旦大学附属学校3个教育集团成立的决定。（汪瑞岭）

【获世界技能大赛车身修理项目第二名】 8月17日，杨浦职业技术学校汽车专业学生罗良参加在巴西圣保罗举行的第四十三届世界技能大赛，获车身修理项目第二名，成为中国参赛历史上第一个获得该项比赛奖牌的中职生。（汪瑞岭）

【举行纪录片《教师》试映式】 9月14日，“学两代楷模，做‘四有’教师”——大型系列纪录片《教师》

试映式在杨浦区少年宫举行，近500人观看。首部纪录片展示特级教师于漪60余年为教育事业呕心沥血的光辉历程和崇高风范。在现场访谈环节，于漪老师希望青年教师尽早接过接力棒，不辜负党和国家对教师的期望。（汪瑞岭）

【接受责任督学挂牌督导创新区创建评估】 10月14日，由市政府教育督导室、市教育督导事务中心组成的创新区(县)评估组对杨浦区中小学校责任督学挂牌督导创新区创建工作进行督导评估。督导组查阅相关资料，召集部分责任督学和校长座谈会，实地走访控江中学、上理工附属初级中学和控江二村小学，对杨浦区在责任督学队伍建设、政府经费投入、工作机制创新、指导学校发展等方面给予充分肯定。（汪瑞岭）

【举行青少年生物多样性限时寻活动】 10月24日，由上海市野生动植物保护协会、上海市科技艺术教育中心等单位主办，杨浦区青少年科技站和复旦科技园小学承办的“上海市青少年生物多样性限时寻活动”在新江湾城生态走廊开展。在来自上海中医药大学、华东师范大学、上海昆虫学会等单位的20位专家的指导下，学生们走进生态走廊类湿地，开展野外生物识别、自然笔记撰写等活动。杨浦区少科站与复旦科技园小学联合筹建的“新江湾城青少年生物多样性考察工作站”向学生开放。（汪瑞岭）

【重庆市巴南区政协考察团到访】 10月19日，重庆市巴南区政协考察团访问上海理工大学附属小学、控江二村小学，实地考察学校基础设施建设情况，并就义务教育阶段公平均衡发展、新优质学校、集团化办学等问题，从机制保障、骨干交流、教研共建、特色互补、文化互渗、考核评价等方面进行交流探讨。（汪瑞岭）

【市沪语文化教育联盟成立】 10月27日，上海市沪语文化教育联盟成立仪式在惠民中学举行。上海市曲艺家协会、上海滑稽剧团、杨浦区教育局等领导出席。联盟成员共同讨论《上海市沪语文化教育联盟章程》《上海市沪语文化教育联盟协议》，在此基础上，签订《上海市沪语文化教育联盟协议》。会上，为惠民中学沪语文化创新实验室揭牌。（汪瑞岭）

【特殊教育三年行动计划专题研究会召开】 11月3日，杨浦区特殊教育三年行动计划专题研究会召开。会上，区教育局介绍新一轮特教三年行动计划制定的背景、过程以及主要任务，以及从合理配置资源、深化医教结合、改革特教课程、加强专业化建设四方面组织实施的计划。区政府领导强调，要建立“一生一档”，落实量表和考核指标，继续加强资源整合，形成跨部门互动的合作机制。（汪瑞岭）

【“明天小小科学家”活动获奖】 10月21—26日，第十五届“明天小小科学家”奖励活动终评在北京举行。控江中学学生宗书澂代表上海地区参赛，与来自全国近百位青少年科技英才同场竞技后，获得二等奖。（汪瑞岭）

【教育部体卫艺司领导视察五角场小学校园足球】 11月15日，教育部体育卫生与艺术教育司领导在市教委、区政府、区教育局相关领导陪同下视察五角场小学校园足球，观看由德国法兰克福足球俱乐部青训队托马斯教练执教的足球课“趣味球性”，参观足球文化长廊，听取学校专题汇报，高度评价五角场小学校园足球工作。（汪瑞岭）

【韩国釜山教师代表团到访】 11月9—15日，韩国釜山教师代表团访问上海市二十五中学、上海体育学院附属中学、控江二村二小学和区教师进修学院，实地考察学校办学特色和课程建设等情况，并就教师研修培训、教师专业发展和教育均衡发展等内容进行交流讨论。代表团表达了与中方学校结为姊妹校的意愿。（汪瑞岭）

【基础教育创新试验区接受评估认定】 11月24日，由市教育评估协会组织的专家组对杨浦区建设第二轮上海市基础教育创新试验区工作进行全面评估。专家组听取自评报告，通过与各项目组、试点学校代表座谈以及亲临部分试点校调研、观课、问卷调查、教师访谈等，充分肯定杨浦区第二轮创新试验区建设过程中的成绩和经验，并对建设第三轮创新试验区提出具体建议。（汪瑞岭）

【承办市青少年科技创意设计大赛】 11月21日，由杨浦区教育局承办的第六届“赛复创智杯”上海市青少年科技创意设计终评展示和颁奖仪式举行。活动以“我创意、我快乐”为主题，来自全市各区县以及长三角地区的128位学生参加97个项目的终评展示。由同济大学校友、教授等共同发起并成立的第一个商业创业孵化器零到壹科技发展（上海）有限公司为优秀学生创意项目颁发孵化证，并对其开展为期一到半年的孵化过程，帮助项目成为创客作品。（汪瑞岭）

【获禁毒知识竞赛总冠军】 11月21日，上海市第十届禁毒知识总决赛举行。打虎山路第一小学学生潘思吟获禁毒知识竞赛总冠军，该校教师孙玲玲获优秀教师指导奖，区教育局获优秀组织奖。（汪瑞岭）

【建设小学浦江文化学习馆开馆】 12月，建设小学浦江文化学习馆开馆。学习馆由学生题写馆名、绘制背景墙和担任馆长。馆内陈列着学生搜集的杨树浦沿线工厂企业珍贵的历史图片、文字说明，以及学生在探寻过程中留下的足迹。（汪瑞岭）

【支教讲师团赴贵州省讲学】 12月7—10日，由市特级教师、区学科带头人、区骨干教师和教学名师组成的“杨浦区教育局支教讲师团”一行13人到贵州省遵义市和道真、正安、湄潭3县开展支教讲学活动。支教期间连续举办26场专题报告、公开示范课、专题教研，参与听课评课和讲座的教师逾2800人次，受到当地教育局及与会教师好评，新华社、人民网、文汇报等媒体跟踪采访，进行宣传报道。（汪瑞岭）

【红十字生命健康安全体验教室揭牌】 12月17日，“珍爱生命，保护健康”上海市学校红十字工作现场交流会暨同济小学红十字生命健康安全体验教室揭牌仪式举行。市红十字会、区政府、区红十字会领导为体验教室揭牌。同济小学青少年生命健康安全体验教室是一个由多元集合体共同创建的相对标准的生命健康安全教育示范基地，能为家庭、学校和社区提供全方位、立体式的公共安全教育平台。（汪瑞岭）

【获“上海市青少年科技创新市长奖”】 12月，在团市委、市教委、市科委、市科协、市学联联合举办的第六届“上海市青少年科技创新市长奖”评选中，复旦附中学生胡叶琛和交大附中学生张宇荣获“上海市青少年科技创新市长奖”。（汪瑞岭）

【在RoboCup青少年世界杯上海赛区机器人舞蹈赛获奖】 12月20日，2016 RoboCup青少年世界杯中国赛区上海地区选拔赛落幕。铁岭中学代表队获机器人舞蹈赛中学组冠军，并将于2016年4月代表上海参加2016年RoboCup机器人世界杯比赛。（汪瑞岭）

附：区教育局驻地及负责人

（2015年1—12月）

地址：长岭路91号
邮编：200093
电话：31157733

区委分管常委：唐海东
区政府分管副区长：黄　红

区教育局党工委书记：顾登妹
副书记：冯　芸

区教育局局长：邵志勇
副局长：朱伟峰、吴　巍

浦东新区

【2015年概况】 浦东新区基础教育规模稳步扩大。全区有各级各类基础教育阶段学校628所。其中普通中学160所，小学167所，幼儿园290所，特殊教育学校3所，专门学校1所，职业中学7所；公办学校454所，民办学校174所。有青少年活动中心和实习学校2个校外教育单位、教育学院1所，以及教育署等14个其他教育单位。另有上海开放大学分校3所，社区学院1所，上海老年大学分校1所，街镇社区(成人)学校37所、居(村)委居民学习点1201个、各类学习型团队2281个、民办非学历教育机构120所。基础教育占地面积1091.05万平方米，建筑面积653.49万平方米。

基础教育阶段学生总数47.15万人，其中中学生13.61万人，小学生20.15万人，幼儿园幼儿11.91万人，特殊教育学校学生732人，专门学校学生369人，职业中学学生1.37万人，全区教职工4.06万人，专任教师3.38万人。基础教育规模占全市近四分之一。

2015年学年度，幼儿园招收新生3.81万人，小学招收新生3.91万人，初中招收新生3.03万人，高中招收新生1.11万人。参加初中毕业升学体育考试考生2万人次。参加中考考生1.87万人，参加秋季高考考生1.06万人。

全区有139所学校招收外籍及港澳台学生，有外籍及港澳台学生1.30万人，其中在公办或民办学校就读学生4170人，在国际学校就读学生8846人。全区有外籍人员子女学校13所。有直接境外招收外籍学生资格学校16所。有5所普通高中学校引进优秀国外高中课程，有聘请外国专家单位资格认可证书学校31所，在新区执教外籍教师1494名。有“高中国际课程试点学校”6所。

一、推进教育整体综合改革。①明确权责，制定教育局、教育署职责清单，强化学校职能，形成依法自主办学新格局。②继续探索具有浦东特色的委托管理、与高校合作、局镇合作、集团化办学、学区化办学和城郊结对等6种合作办学模式。③以师资城郊均衡配置为目标，制订向郊区倾斜的系列师资政策，率先在临港新城试点“教育六条”。④推进高中教育教学改革，加强创新实验室建设，培养高中生创新素养。⑤推进民办学校非营利制度建设，建立行业自律、自主、自管的民办教育协会。⑥建立公办、民办和国际学校三类学校合作共建平台，实现三类学校最优资源的共享。⑦扩大和完善国际教育服务，推动浦东教育国家化。⑧实施中职人才订单式培养计划，适应自贸区、迪士尼、大飞机等对高技能职业人才的需求，开展新一轮职业学校专业转型和课程开发。⑨完善管理机制，推进特殊教育医教结合工作。⑩以浦东教师研修网络为基础，配合国家教育研修网建设，加强教师教育研修资源的共建共享。

二、推进教育基础建设。全年预算内教育经费拨款77.51亿元(含镇业教，不含市转移支付、医保、中央专项)，比上年增长7.17%。教育经费安排继续向义务教育倾斜，义务教育中的初中、小学生均教育事业费支出同比分别增长12.28%和6.84%。全年，教育基本建设项目投入资金7.23亿元，涉及项目39项(校安工程捆绑计算为1项)，其中教育项目34项，投入资金6.14亿元。惠南镇小学厕所加建、南汇少体校原址改建幼儿园、龚路中心小学改扩建、莲溪小学南校区新建等5个项目顺利竣工。新开办学校(含分校区)22所，其中初中5所、小学6所、幼儿园11所。

三、促进区域教育优质均衡发展。通过新建幼儿园、挖掘现有幼儿园办学资源、鼓励社会力量举办民办幼儿园等，扩大学前教育资源总量，优化规划布局。推进学区化集团化办学试点，实现集团（学区）内课程、教师、设施设备等优质资源共享。建立“新优质学校”集群式发展推广机制，努力办好家门口的每一所学校。深入做好高考改革准备工作，积极探索高中走班制、学分制、个性化管理，开展职业生涯、学涯指导，探索建立学生综合素质评价体系。进一步做好10所浦东新区创建特色高中实验校的创建工作，加强37个高中创新实验室的管理和指导，努力培养高中生的创新素质。深入开展市、区两级实验性示范性高中“智慧校园”项目建设，推进高中教育信息化。至年底，全区有市实验性示范性高中11所，区实验性示范性高中18所，市示范性幼儿园7所。

四、提高教师队伍整体素质。第一批“学科领军人才”培养项目，培养优秀教师33名，其中13名被评为新一批上海市特级教师。全区有37个区级名师基地（工作室），年内，培养新区优秀青年教师531名。推进市、区两级共9个“骨干教师团队发展”项目，支持教育教学特色创建、引领学科教学实践改革。开展2015学年区内支教与进修工作，涉及交流教师128名。完成2014学年见习教师规范化培训，培训见习教师1485名。有序开展专项教师培训，主要是教师师德与育德能力培训、英语教师的专项培训、教师教育技术中级能力培训与测试、与外籍人员子女学校伙伴研修、中英数学教师交流等。强化师德师风建设。各类先进不断涌现，全区有1名教师被评为“第三届上海市农村优秀教师标兵”，7名教师获评“第三届上海市农村优秀教师”，12名教师获“第三届上海市农村优秀教师评选”浦东新区提名奖，1名教师获2015年度“交通银行特教园丁奖”。6名校长被评为2015年上海市特级校长（其中中学2人，小学2人，幼儿园2人）。举办首届青年教师爱岗敬业教学技能竞赛，2名教师获上海市教学能手称号。

五、广泛开展主题实践活动。组织开展“梦想带我飞翔，歌声伴我成长”浦东新区108首原创校园歌曲优秀作品汇编、展演工作；组织浦东新区第11届学生艺术节。培养学生创新能力，发挥72所区级科技教育特色学校的示范辐射作用，开展各项科普教育特色活动。深入开展生态环保、国防民防教育。浦东新区青少年心理健康教育发展中心获评第四届全国未成年人思想道德建设工作先进单位。

六、继续深化“体教结合”。发挥新区体制优势，调整完善3所少体校、体教结合学校的竞训项目布局，整合优化乒乓球、击剑、体操、游泳等项目教练员队伍。组织浦东新区阳光体育集体跑、中学生足球、乒乓球比赛等近百场赛事，扎实推进“三年级学生学会游泳”普及工作，在11所学校试点推进“冰上运动进校园”，加强学校体育组织管理，开展中小学体育教师课堂教学“人人达标”试点，促进学校体育提质增效。10所中小学校成为区内首批“校园足球公益活动交流基地”。推进学校体育设施向社区开放，提高利用率受益面。

七、全面加强安全管理工作。落实《上海市中小学、幼儿园安全防范管理基本要求》，完善《浦东新区教育局安全管理办法》，层层签订安全岗位目标责任书，健全安全管理条线网络，全面落实“一岗双责”安全工作责任制。加强学校物业、保安的准入遴选和规范运营。编排全年中小幼安全工作预警提示，提高日常安全防范能力，积极稳妥有序应对突发事件。广泛开展安全教育和培训，增强广大师生安全意识和技能。抓好消防安检、校车管理、疾病防控、校园周边整治等重点工作，积极维护未成年人合法权益，努力营造安全、和谐的成长环境。

八、加快推进职业教育。积极支持学校开展市示范校立项建设单位中期评估，区属职业学校12个重点建设专业均被评为市精品特色专业，15门课程被评为市级精品课程。新申报成功3个中本贯通、3个中高职贯通试点，全区中本、中高职贯通试点达9个。参与组织第6届上海市“星光计划”技能大赛和全国职业技能大赛，新区142名学生、15个团队获奖，3个项目获全国职业技能大赛2金1铜。研究起草《浦东新区中职学校学生海外实习项目管理办法》。加强4个高技能人才培养工作站建设。与相关部门合作举办新区第5届创业设计大赛，完成近1.6万人次的职业技能培训、1.9万余人次的职业技能鉴定工作。协助迪士尼乐团在校园的招聘工作。

九、鼓励扶持民办教育。参与市级教育综合改革项目“制订非营利民办中小学试点实施办法”，持续加强对浦东新区5所试点民办学校的指导，在区域和学校层面分别进行实践、加以完善。加强民办非学历教育培训机构审批管理工作，持续推动教育培训机构学杂费专用账户管理制度落实，促进民办非学历教育健康发展。

十、开展社区教育品牌(特色)创建。举办浦东新区2015年全民终身学习活动周，研究推进数字化平台建设、街镇学习型社区发展指数评价指标、终身教育体系服务自贸区、高端化老年大学建设等4个终身教育重点综改项目。举办2015年老年教育艺术节4个专场展演(展示)。浦东新区获评全国老年远程教育示范区，区内6家单位、16位同志荣获2012—2015年度上海市老年教育工作先进集体、先进个人称号。连续3年参与实施市政府实事工程项目街镇老年学校标准化建设并实现新区全覆盖，区教育局荣获2013—2015年度上海市老年学校标准化建设最佳组织奖。

十一、加强教育合作交流。全区有21名干部、教师在新疆维吾尔自治区、西藏自治区、海南省开展对口支教、协作工作。14名干部和教师在新疆维吾尔自治区莎车县支教，接受两批共40名新疆维吾尔自治区莎车县校长和骨干教师来浦东新区培训3个月。1名校长在西藏自治区日喀则市支教。接受10名云南西双版纳州校长和骨干教师来浦东新区培训3个月，组织10名专家赴云南西双版纳州讲学，共计1000余人听讲。新选派6名校级干部和教师赴海南省支教，接受6名海南的校长和教师到浦东新区挂职培训3个月。新陆职校和东辉职校新招收青海省果洛州对口支援班学生50名，全区共有126名青海省果洛州对口地区学生。南汇中学和川沙中学新招收新疆地区高中学生257名，实行混合编班教学，全区共有850名新疆地区学生。内地新疆高中班161名毕业生参加高考全部被大学录取。加强与美、德、澳等10余个国家和港台等地区的交流合作，浦东新区与芬兰库奥皮奥姐妹城区签署第二期交流合作备忘录，5所中小学校与对方有关学校结对。成功申请2015中英校际连线项目，7所学校与英方学校建立联系。深入推进高中国际课程试点，现开设有AP、PGA、IB、VCE、CTC、IGCSE等多种国际课程。持续深入做好沪台青少年科技夏令营相关工作，北蔡高中、上南中学、建平实验小学沪台两地学生交流项目顺利开展，增进了台湾地区与浦东新区青少年之间的友谊。

十二、大力推进依法治理。深化行政审批制度改革，对有关事项核对确认、科学分类，提出取消、调整、优化等改革建议，明确职责规范，提高行政审批效率。依法依规加强行政执法监督，认真做好信息公开、行政复议、行政许可等。深化“一校一章程”工作，推动学校完善校务公开、教育听证、咨询和监督等制度。完善学校法律顾问制度，充分发挥其在纠纷调解、权益维护等方面的功能。（浦　教）

【学区化集团化办学】 启动学区化、集团化办学，推进区域品牌学校与农村学校或相对薄弱学校组建教育集团(学区)，先后建立高东、金杨、潍坊、上钢4个学区，以及建平、进才、洋泾3个教育集团。实现集团(学区)内课程、教师、设施设备等优质资源共享，扩大区域内学生享受优质教育资源的机会，促进区域义务教育高位均衡优质发展。

（浦　教）

【百年老校战略发展联盟成立】 年内，成立浦东新区百年老校战略发展联盟，立足浦东教育发展历史，挖掘新区31所百年历史老校的历史积淀和文化传承。以内涵项目为平台，实施“百年老校转型发展”项目，实现资源共享，优势互补，加强处于不同层次的百年老校的特色与品牌建设，在历史与现实中找到新时期学校新的发展方向和定位，形成百年老校集群式发展态势。（浦　教）

【开展实地专项督导】 3—5月，市教委督导办组织8个督导小组，对区内52所小学进行“小学阶段实施基于课程标准的教学与评价工作”实地督导。全面了解各小学关于“基于课程标准的教学与评价”工作的实施情况，总结有效做法，形成可借鉴可推广的经验，并对推进过程中存在问题，提出整改意见和政策建议。（浦　教）

【举办优秀童谣征集传唱比赛】 10月28日，区文明办和区教育局以“颂浦东　知礼节　承家风”为主题，举行2015年浦东新区优秀童谣征集传唱比赛。共有17支队伍参赛。作品内容凸显社会主义核心价值观主题，贴近未成年人生活，语言活泼富有童趣。2所学校获一等奖，5所学校获二等奖，10所学校获三等奖。有324篇作品获奖，43个单位获优秀组织奖。（浦　教）

【举办上海方言文化展示活动】 12月4日，区语委办联合上海滑稽团在浦东图书馆举办“魅力沪语——浦东新区传承上海方言文化展示活动”。活动中，试点学校东港小学的《东港人、浦东囡》、龚路中心小学的《童谣联唱》、北蔡中心小学的浦东说书《学会礼仪树新风》，展示了传承上海方言文化的成果。（浦　教）

【开展艺术特色校创建评审工作】 12月，区教育局组织开展了区艺术教育特色学校复评和创建评审工作。通过听取汇报、查看档案资料、现场提问等方式进行评估，共有126所学校被命名为2016—2018年浦东新区艺术教育特色学校（其中14所学校被评为上海市艺术教育特色学校）。（浦　教）

【加强学生艺术团建设】 4—11月，区教育局组织开展每三年一轮的浦东新区学生艺术团分团申报、评估工作。经评审工作小组对申报新一轮浦东新区学生艺术团分团的38家单位进行评估考核和实地核查，35个团队被命名为新一轮浦东新区学生艺术团分团。（浦　教）

【举办浦东新区第十一届学生艺术节】 6—12月，浦东新区第十一届学生艺术节在区青少年活动中心举行。活动以“阳光下成长”为主题，全区89所小学、69所初中、27所高中（含职校）分别参加声乐、戏剧、舞蹈、朗诵等6个专场展演项目。经选拔，48个优秀艺术类展演节目、32篇论文和征文报送市级参加评选，其中3所学校的朗诵节目被选送参加全国比赛。（浦　教）

【区青少年科技创新大赛举行】 12月5日，浦东新区第31届青少年科技创新大赛举行。活动由区教育局和区科学技术协会共同主办，区青少年活动中心和区青少年科普促进会共同承办。全区154所中小学和幼儿园的1000多名师生积极参加，经初评有632个项目入围大赛终评，有150个项目参加终评展示。（浦　教）

【获评市级学生科技创新社团】 12月，市教委公布首批102个市级学生科技创新社团名单。区内航头学校“寻迪创新社”、建平中学“机器人社”、华东师范大学第二附属中学“CIE创设社”、民办尚德实验学校“未来科学家社”、海洋大学附属大团高级中学“海洋之星”社团和上南中学“天文爱好者俱乐部”社团共6个学生社团被评为市级学生科技创新社团。（浦　教）

【举办中小学生阳光体育大联赛】 4—12月，区教育局举行中小学生阳光体育大联赛，联赛安排24个大项目48次比赛，全区参赛队伍950个，参赛学校490个，参赛学生达6万人次。联赛由区教育局主办，区青少年活动中心、区中小学体育协会承办。经选拔，参加上海市学生阳光体育大联赛16个项目比赛，获得一等奖99个、二等奖44个、三等奖45个，第一名4个、第二名4个、第三名45个。（浦　教）

浦东新区学生艺术团龚路小学舞蹈团汇报演出

举行学生阳光体育大联赛集体体育竞赛

【推进校园足球运动发展】 12月,《浦东新区推进校园足球普及工作实施方案(2015—2017)》发布,明确今后两年内浦东新区校园足球工作的指导思想、工作目标、工作举措、职责分工和具体工作安排。实施方案加速推进新区校园足球运动发展,逐步形成区内中小学生"爱足球,踢足球,会足球"的良好局面,促进学校体育工作发展。 (浦　教)

【特殊教育三年行动计划】 3月19日,区政府办公室转发《浦东新区特殊教育近三年行动计划(2014—2016年)》,明确近三年特殊教育事业发展的目标与任务。通过三年行动计划,建设与浦东新区经济、社会发展相适应的特殊教育事业,加强医教结合研究,促进特殊教育内涵发展,提升新区特殊教育发展水平。 (浦　教)

【参加世界夏季特奥比赛】 7月25日—8月2日,区内特殊教育学校参加第十四届世界夏季特殊奥林匹克运动会,获个人女子韵律操1级少年组4枚金牌、1枚银牌(球、圈、绳、全能金牌及银牌),个人获男子1级儿童组1枚金牌、2枚银牌、1枚铜牌(跳马金牌;双杠、全能银牌;鞍马、自由操铜牌)。17名学生参加特奥会篮球项目比赛,女篮获得队制赛B组冠军,男篮获得队制赛C组季军。

(浦　教)

【培养职业高技能人才】 上海海大职校、上海振华职校、上海临港科技学校、上海群星职校等4个中职学校高技能人才培养工作站培训学生130余人,90%的学生获得高级职业资格证书。上海振华职校高技能人才培养工作站对20名教师开展创业指导师(高级)师资培训,上海群星职校高技能人才培养工作站对39名教师开展信息化工程师(高级)的师资培训,取得良好成效。 (浦　教)

【参加职业技能大赛获奖】 5—6月,区内中职校组队参加上海市第六届"星光计划"职业技能大赛,209名学生参加比赛,获个人一等奖23人、二等奖42人、三等奖77人;19个团队获一等奖2个、二等奖5个、三等奖8个。6月,区内中职校组队参加全国职业院校技能大赛,142名学生、15个团队获奖,3个项目获全国职业技能大赛2枚金牌、1枚铜牌好成绩。 (浦　教)

【举办中职学校学生创业设计大赛】 6—11月,浦东新区举办第五届中职学校学生创业设计大赛。上海振华职校、上海第二轻工业职校等8所学校上报34件参赛作品。17个优秀项目入围决赛,最终评选出优秀组织奖2个、优秀指导教师奖17人,同时荣获一等奖2人、二等奖3人、三等奖4人及8个优胜奖。 (浦　教)

【举办区终身学习活动周】 11月15日,浦东新区第十一届全民终身学习活动周开幕式在周浦镇文化活动中心举行。活动以"终身学习、创新发展"为主题,推出6大区级层面活动以及156项街镇层面活动,全区参与活动约9.1万人次。 (浦　教)

【培育社区教育品牌(特色)项目】 区内36个街镇参加社区教育品牌(特色)项目建设活动,各街镇结合自身特点和优势,培育、形成具有社区特点的学习品牌(特色)项目,打造5个社区教育品牌项目、7个社区教育特色项目、10个社区教育亮点项目。

(浦　教)

附:区教育局驻地及负责人

(2015年1—12月)

地址:浦东大道141号5号楼
邮编:200120
电话:58876321

区委分管常委、宣传部部长:尤　存
区政府分管副区长:谢毓敏

区教育局党工委书记:王晓科
副书记:诸惠华(7月离任)、陈　英(9月到任)

区教育局局长:王晓科
副局长:陈　英(9月到任,兼)、周奇伟、郁时炼、王浩、张春花(1月到任)、诸惠华(7月离任)

闵 行 区

【2015年概况】 全区有各级各类学校教育机构340所，教师15650人，学生216217人。其中公办中小学104所（含特殊教育学校3所），民办中小学34所（含以招收进城务工人员随迁子女为主的民办小学16所），公办幼儿园71所，集体办幼托事业管理站1所，民办幼儿园103所，全日制中等职业学校3所，成教中心2所，社区学校14所，直属单位8家。有社会力量举办的非学历教育机构100所。有市实验性示范性高中2所，市示范性幼儿园2所。年内，新开办公、民办中小学6所，公、民办幼儿园12所，社区学校1所。

全年教育经费财政拨款361376万元，比上年增长11.25%。年生均教育事业费：高中43665.11元/生，比上年增长26.37%；初中29781.91元/生，比上年增长5.08%；小学20275.50元/生，比上年增长9.03%；幼儿园23220.94元/生，比上年增长15.63%；特殊教育103238.07元/生，比上年增长14.51%；职校24179.64元/生，比上年增长44.98%；中专24400.53元/生，比上年增长68.75%。年生均公用经费：高中8029.15元/生，比上年增长15.37%；初中7471.9元/生，比上年降低29.5%；小学4812.44元/生，比上年降低22.88%；幼儿园8213.29元/生，比上年降低7.61%；特殊教育21897.12元/生，比上年降低21.38%；职校9793.27元/生，比上年增加16.51%；中专8794.47元/生，比上年增加34.12%。教职工年人均总收入146517.03元，比上年增加40379.38元，增长38.04%。

闵行教育依照“优质化、信息化、国际化”发展思路，持续深入推进教育综合改革，稳步提升区域教育内涵品质，教育发展亮点纷呈。

一、教育教学质量稳中有升。对40所中小学校开展专项督导、调研。启动“中小学阅读课程实施”项目。教育部“一师一优课”项目推进顺利，完成168节课的摄制与平台晒课等工作，完成量居全市第二。开展并完成自然、物理、化学、生命科学、劳动技术、科学等学科区级中青年教师教学评选，50所学校派教师参加华东师范大学随班就读特教岗位培训。在全国中小学音乐教师基本功展示活动中获中学组、小学组全能一等奖，声乐、钢琴、自弹自唱、器乐单项一等奖。评选出第五届“希望之星”196名、第四届“闵教论坛之星”240名，区骨干教师培养基地19个。全年中考各科成绩高于全市平均，稳定在中心城区行列。高考成绩稳中有升。连续3个学期的初预、初一学生绿色指标调研数据纵向对比显示，学生学习动力指数、教师专业素养指数有明显提升，区内小学、初中的学业成绩均衡度较好。年内，上海市莘城学校祁建敏、闵行区蔷薇小学沈珺、闵行区田园外语实验小学赵瑛群、上海市群益职业学校陈金国获市特级校长称号。

二、信息化支撑架构评价系统。完善基于大数据平台的“三级四类”教育评价体系，完成2014学年学校办学绩效评价工作，数据评价比重近70%，95所学校获绩效评价综合奖，2所学校获创新创效奖。首次开展显著进步学校评选，11所中小学校获进步奖。创建“家门口好学校”成效明显。12所高中学校申报“上海市普通高中特色学校”建设，闵行二中被认定为市级创建学校，莘庄中学和闵行三中为市级培育学校。14所幼儿园进行市一级幼儿园的复验，9所幼儿园进行一级幼儿园争创。推进扶持薄弱学校的委托管理项目，接受市教委绩效评估为“优秀”。创新“智慧传递”运行模式，举行7场智慧传递，激励学校自主、多元发展。加快9所初中创建区级“新优质学校”，完成中期评估、学校管理团队培训和课程、队伍建设方案修订。9所初中呈现良好发展态势。

三、数字化体系建设成效显著。推进区域数字化研究成果对外转换，“学生成长电子档案”“教师专业发展档案”“教师研修网”“云录播课堂教学评价系统”“学业质量分析系统”等项目，吸引大量外区县及外省市教育同仁观摩、交流。与武汉市江汉区教育局签署合作协议，为其学生电子成长档案项目建设、应用推广提供技术支持和专业咨询。区教育数据中心汇聚数据元4.8亿个，学生成长电子档案全覆盖中小学，涉及学生15.3万人，积累连续3个学年学生成长完整数据。初步完成教育数据分析平台开发。“教师专业发展数字化支持系统”投入使用，实现教师数据贯通，访问量444023次、教研活动129个、研训资源1609个。全年完成“89校+10个点”录播教室建设，全面运行远程课堂评价系统。截至12月31日，积累1475节课例，完成评课任务749人次。10所学校开展学生电子学生证试点工作。20所学校进行学生个人门户、学生成长记录册、综合素质数字化评价三者整合试点工作。20所试点学校启动基于学生成长数据进行个性化干预与指导的案例研究。电子书包项目试点学校65所，覆盖全学段所有学科，建设12门学科数字化互动电子导学本、微课程，稳步推进BYOD实验。第八届新媒体新技术课例评比中有58个课例获奖，其中一等奖7个。开设市、区级研讨活动13场次，校际共同体活动62次。年内，到闵行区参访的教育考察团达50余个。

四、持续强化教育国际化。国际理解课程WAP项目扩大至16所实验校，国际课程“健康与幸福”试点校扩大至30所，参加教师328人、学生12608人。举办“健康与幸福”课程全国骨干教师培训班；在21所学校试点跨学科融合的科创课程STEM+项目（科学、技术、工程、艺术、数学）。继续推进外教进课堂项目，受益学校覆盖率为20%。进行职业教育国际化探索，推进中芬职业教育卓越中心建设，启动30名精英教师培训工作，举办“中芬职业教育发展高层论坛”。

五、“四个结合”机制常态运行。构建“体教结合”“医教结合”“科教结合”“艺教结合”机制，义务教育阶段学校艺术、体育、科技教育达到市先进水平。区青少年活动中心学生民乐团被评为市级艺术团。深入推进“体教结合”，组织22项区级阳光体育大联赛，参加市学生阳光体育大联赛14个项目比赛。与上港集团足球俱乐部签约，4所学校成为上港集团足球俱乐部青少年足球训练基地。有54所高水平市、区体育传统项目学校，市二线队5所，区阳光体育特色校15所，区阳光体育推广学校60所。重点推进“校园足球联盟（32所中小学校）”“校园排球联盟（11所中小学校）”。64所小学开展“人人学游泳”项目，惠及15902名三年级学生；14所中小学校开展“网球进校园”项目，惠及2195名学生；37所中小幼开展“围棋进课堂”项目，惠及8214名学生。优化“医教结合”模式，加强传染病防控，开展健康教育。开展高雅艺术进校园活动，举办区第四届学生合唱节和合唱指挥大师班，推广“舞向未来”艺术教育项目。承办上海市大中小学生中华优秀传统文化主题月系列活动。科技教育成果喜人，第十五届中国青少年机器人竞赛上海赛区选拔赛，4名学生获一等奖；第十五届中国青少年机器人竞赛，2名学生获金牌和铜牌；2015上海市青少年机器机械奥运赛，16名学生获一等奖；2015中国香港青少年机械奥运国际赛，15名学生获冠亚季军；上海市第七届模型节闵行区竞赛，21名学生获一等奖；第十一届上海未来工程师大赛，9名学生获一等奖；上海创客新星大赛，4名学生获一等奖；2015年全国未来工程师博览与竞赛，3名学生获一等奖。举办区青少年科技节、校园模型节、消防安全科普教育系列活动，建设市级创新实验室12个，区级创新实验室55个。

六、现代学校制度建设有序推进。开展“闵行区中小学幼儿园一校一章程建设项目”，完成全区166所学校（公办）章程制定工作。1所被评为市依法治校标兵示范校，8所学校被评为市依法治校示范校，34所学校被评为闵行区依法治校示范校。完善教育资金投入与管理机制。推进专项预算编制信息化、规范化和透明化，加强教育财务精细化系统应用。制订《关于规范和优化教育费附加使用的指导意见》《闵行区教育费附加区镇分配暂行办法》。加大社会教育资源统筹整合力度，区教育局协同各街镇、各委办局，建设闵行区高中学生社会实践（志愿服务）基地69家，提供志愿者服务岗位5000余个。（刘　辉、汪　炜）

【建立计划生育应急教师项目】 年底，区教育局与区相关部门协调建立计划生育应急教师项目。采用政府购买服务、学校增加编制外用人方式，解决各学校、幼儿园因育龄女教师请产假、保胎假等原因而造成的临时性人员缺口问题。项目实施后，各单位缺员问题得到较大程度缓解。国家计划生育相关政策调整后，由于女教师偏多和队伍年轻化等原因，生育人数明显增加。此项目保障了育龄教师合法生育权利，保证了学校教学持续性。（汪　炜）

【获评市爱国拥军模范单位】 区教育系统各单位以解决驻区部队实际问题为重点，以“智力拥军，智力优属”为主线，以开设文化课培训班、向部队赠送书籍、落实军属安置、解决部队子女读书等多种方式，开展拥军优属工作。年底，闵行区教育局、七宝中学、闵行中学、实验小学、莘松中学等五家单位被评为“上海市爱国拥军模范单位”。（汪　炜）

【接受市“基于课程标准的教学与评价”专项督导】 3月18—25日，市教委督导办组织督导组对24所学校（包括公办小学、民办小学、九年一贯制学校的小学阶段和随迁子女小学）“基于课程标准的教学与评价”工作进行专项督导，深入学校实地督查。通过听取自评汇报、观察课堂教学、查阅资料、访谈师生、组织问卷等方式，全方位总结闵行区学校“基于课程标准的教学与评价”工作推进具体做法、成功经验以及区教育行政管理与业务指导研究的有效措施，对各校工作推进策略及研究项目等给予高度评价。（陈惠红）

【国务院教育督导委员会对区职业教育进行专项督导】 6月16日，闵行区接受了以国家督学、湖南省教育厅正厅级主任督学陈湘生为组长的督导组的专项督导，市政府教育督导室和市教委职教处领导陪同参与了督导。区政府领导向督导组作区职业教育专题汇报。督导专家组召开座谈会，就区域职教集团运作情况、产教融合情况、区域职业教育财政投入和基础设施建设、中芬职业教育卓越中心建设及职业教师培训情况、现代学徒制推进情况等问题进行了沟通和交流。督导组还实地考察了区内中职学校，参观了上海市群益职业技术学校新疆内职班学生宿舍、清真食堂、汽车博览馆、实训中心、中芬职业教育卓越中心，视察了学校教学情况、学生实训过程。督导组对闵行的职业教育给予了充分肯定。通过督导，闵行区更加明晰了创新职业教育服务管理体制机制、进一步构建职教集团资源整合平台、鼓励企业行业成为办学主体、提升职业学校的办学活力、增强职业教育的吸引力的未来发展路径。（陈惠红）

【幼儿园责任督学挂牌督导工作启动】 9月28日，闵行区幼儿园责任督学挂牌督导启动会议暨责任督学挂牌授牌仪式举行。会上解读《闵行区幼儿园责任督学挂牌督导实施办法（试行）》。根据责任督学任职条件，组建由6名专职和兼职督学组成的幼儿园责任督学队伍，实行A、B角制，分工负责全区149所公、民办幼儿园挂牌督导工作，实现全区幼儿园责任督学挂牌督导全覆盖。（陈惠红）

【举办首届学前教育学术节】 4月13日，闵行区首届学前教育学术节开幕式暨园长论坛拉开帷幕。学术节持续一周，开展骨干教师优质教学活动、男教师教学展示、原创教学活动展示、主题教研活动、教师才艺展示等多个专场。（陈　妍）

【首届幼儿舞林大会举行】 5月，举行以“舞动快乐”为主题的首届“175”杯幼儿舞林大会。舞林大会有幼儿舞蹈“大秀场”“大讲堂”“大汇演”等系列活动。活动由区教育局联合区舞蹈家协会、上海师范大学舞蹈实践基地和上海175当代舞团共同举办。6月27日，闵行区首届“175”杯幼儿舞林大会在上海师范大学东部校区礼堂举行，获奖幼儿、教师和园所受到表彰。（陈　妍）

【《宝宝舌尖上的美食》获评上海好童书】 11月，在第二届“上海好童书”评选活动中，由区教育局主编的《宝宝舌尖上的美食》获“上海好童书”奖项。该书将区首届幼儿园营养员技能大赛中脱颖而出的88份幼儿园一日创意午餐、点心汇编成册，凝聚闵行区幼儿园营养员及保健老师的集体智慧和心血。（陈　妍）

【幼儿园试点美国PATHS课程】 12月9—10日，由闵行区教育学院引进的美国PATHS课程(促进选择性思维策略课程)启动暨培训仪式举行。12家试点幼儿园的园长和项目负责老师参加培训。此次试点课程为中国首次引进。（陈　妍）

【区“特色普通高中”建设项目启动】 闵行区建设“特色普通高中”项目启动，区内12所高中申报参与创建，教育学院附中等4所学校申报区级“特色项目”，古美高中等3所学校申报区级“学校特色”，闵行二中等5所学校申报区级“特色学校”。经推荐，闵行二中被市教委认定为市级创建学校，莘庄中学和闵行三中为市级培育学校。（彭美华）

【举行“中国梦·宝岛情”征文演讲比赛】 4月起，闵行区人民政府台湾事务办公室、闵行区教育局联合举办“中国梦·宝岛情”征文演讲活动。活动历时3个月，全区有41所中小学校参加征文演讲活动，收到来自中小学生及社会征文共计318篇，其中90余篇文章分获小学组、中学组、社会组一、二、三等奖及优秀奖。（陈　岑）

【举办首届中华优秀传统文化知识竞赛】 活动于4月启动，全区中小学生通过学习《当代学生——弘扬传统文化专辑》，从“语言文字”“传统美德”“传统民俗”“传统艺术”“中华文明优秀成果”等方面学习中华民族的历史传统、文化积淀。5月初，3万余名学生参加了由学校组织的知识竞赛预赛。5月30日，来自全区87所学校的687名中小学生参加了决赛。6月30日，由区教育局、上海教育报刊总社、《当代学生》杂志社、君莲学校共同主办的“君莲杯”首届闵行区中小学生传统文化知识竞赛团体演示暨大赛颁奖仪式举行。来自七宝明强小学、文绮中学、闵行二中、实验西校、文来中学、君莲学校的同学们，通过诗词吟诵、茶艺演示、相声表演、服装展示、居家端午、情景剧表演等进行现场演示。（陈　岑）

【开展“中国节　中国心　中国梦”主题系列活动】 区教育局以“中国节　中国心　中国梦”为主题，以传统节日教育为抓手，开展“红红火火迎新年”“欢欢喜喜闹元宵”“和风细雨话清明”“粽叶飘香话端午　古风流韵承传统”以及“秋日情怀，醉美佳节”系列展示活动。区教育学院组织编辑出版《校园里的中华传统“节”语》，系统梳理贯通中小学的传统文化节日教育。（陈　岑）

【建设高中学生社会实践场所】 6月，闵行区政府牵头成立闵行区青少年学生校外活动联席会议办公室。年内，该办公室挂牌143家高中学生社会实践场所，为高中学生社会实践(志愿服务)提供保障。（陈　岑）

【在市阳光体育评选活动中受表彰】 12月28日，“2015年上海市最佳阳光体育活力园丁、阳光体育达人系列评选主题活动”颁奖典礼在上海市儿童艺术中心举行。闵行区获单项奖2个、单项提名奖5个。莘庄中学健美操社团获“年度最佳社团奖”；实验小学教师侯晓梅获“年度最佳体育教师贡献奖”；康城学校教师段浩天、文来中学教师徐世澳、莘庄中学教师颜颖慧、吴泾中学体育教研组、启音学校健美操队分获单项提名奖。（王　琼）

【完成中小学生膳食与健康状况监测及伤害调查】 9—11月，上海市疾控中心全面开展上海市中小学生膳食与健康状况监测及伤害调查工作。在闵行区，进行了连续3天24小时膳食询问调查、入户入校调味品称重调查、学生体检等。闵行区疾病预防控制中心以及闵行区教育局组织的华坪小学、文来中学、七宝中学三所学校共计12个班级的学生参加伤害调查，216名学生参加膳食调查与健康状况监测。（韩　欢）

【举行性别教育进校园主题教育研讨活动】 12月23日，闵行区教育局、区教育学院、区妇儿工委办公室联合举办闵行区性别意识进校园主题研讨活动。研讨活动还进行了性别意识教育的主题方案评选颁奖和课堂教学展示。上海社科院社会学研究所专家作《性别意识及其学校教育思考》专题报告，有效增进师生对“男女平等基本国策”和“性别意识”内涵的理解。 （韩 欢）

【“舞向未来”艺术教育实验教学成果展示】 “舞向未来”项目已进入闵行区24所中小学课堂。历时4年的本土化实验，50余名教师参加系统培训，引领6000余名学生踏上快乐舞蹈之旅。6月25日，以“爱在地球村”为主题的“舞向未来”艺术教育实验成果展示活动在颛桥文体中心举行。来自交大实小、梅陇中学等“舞向未来”项目实验学校的400余名师生登上舞台，用充满童真童趣的舞蹈。诠释“爱在地球村”这一主题。 （黄 祎）

【参加第三十届市青少年科技创新大赛】 3月，在第三十届上海市青少年科技创新大赛中，闵行区共获得特等奖1项、一等奖76项、二等奖158项、三等奖144项、专项奖63项。在最具竞争力的青少年科技创新成果板块中，获得市一等奖70项。总成绩位列全市17个区县之首。 （黄 祎）

【在第三十六届世界头脑奥林匹克中国区决赛获奖】 3月7—8日，在第36届世界头脑奥林匹克中国区决赛暨第28届中国上海头脑奥林匹克创新大赛中，闵行区获得一等奖8项、二等奖7项、三等奖10项。申莘小学获富斯卡特别创造力奖，此为继2014年后第二次获此奖项。闭幕式上，申莘小学代表闵行区参加了OM花车巡游，被授予杰出团队称号。 （李全忠）

【开展“现代学徒制”试点】 闵行职教集团开展“十三五”区域产业发展对技能型人才需求的调研，出台《闵行区推进现代学徒制试点工作的实施意见》，开展“现代学徒制”试点工作，职前职后融通培养技能人才。 （隋 明、吴蓉蓉）

【社区教育获奖】 8个街镇被确定为“全国社区教育示范街镇”，12个街镇被确定为“上海市社区教育示范街镇”，9个街镇通过“上海市学习型社区”评估，2个镇被评为“全国创建学习型社区示范街镇”，10所成人学校被评为“上海市成人学校标准化建设”达标单位。闵行区获2014年全国全民终身学习活动周优秀组织奖。11件微课程获评全国社区教育微课程优秀奖。 （隋 明、李丽娟）

【开展全民终身学习活动】 8月—12月，2015年“问需于民，学在闵行”——“你读书，我买单”闵行区全民终身学习活动举行。本届活动以“问需于民，学在闵行”为活动主旨，以“五环联动，网上网下，爱心传递，共读共享”为活动主题，开展了“智慧传递，新书先赏”——闵行市民读书，闵行政府买单；“终身学习，实力增涨”——闵行职工读书，闵行企业买单；“爱心聚集，情深意长”——贫困学生读书，闵行市民买单3个子活动。共有716657位市民参与了本届活动，各街镇(单位)开展主题活动230次；共有554471位市民参与爱心众筹活动。12月18日，在颛桥镇文体活动中心(颛桥镇社区学校)举办闭幕式。为安徽省霍邱县潘集乡周岗村小学、云南省香格里拉市白水台小学、新疆阿克苏库车县玉奇吾斯塘乡库西吐尔村、内蒙古巴彦淖尔老年大学、贵州毕节市工业学校的贫困学生筹集资金730808.84元，捐赠图书87574册，评选出了168名终身学习积极分子，17个爱心大使，17家学习型企业，18家优秀组织单位。 （隋 明、李丽娟）

【老年教育工作持续推进】 闵行区老年大学开设10余个类别、115个班级，招收学员2800余人。13所街镇老年学校完成标准化建设。老年社会教育覆盖率52.33%，比上年增长2.33%。194个学习团队被评为“上海市老年人标准化学习团队”，8个团队被评为“上海市老年人优秀团队”。闵行区成功创建“全国老年远程教育示范区”。《重心下移 服务民生 满足需求——闵行区老年教育重心下移的理念和做法》获全国社区老年教育案例一等奖。区老年大学、颛桥镇老年学校获评2012—2015年度上海市老年教育工作先进集体。 （隋 明、李丽娟）

【完成教育科研课题立项与结题】 完成上海市2015年度教育科学研究项目立项申请。莘庄中学"构建DIY学园，提升高中生自主学习能力的实践研究"、闵行区教育学院附属中学"协同进化视域下，民办高中美术特色课程群建构的行动研究"、君莲学校"构建'尊重与关怀'德育体验活动系列的实践研究"、虹鹿幼儿园"多彩表演中促进幼儿创意表达表现能力的实践研究"、区教育学院"基于CLASS诊断性评价的职初教师课堂互动能力的研究"、区教育测评与研究中心"基于数字化的区域学校绩效评价的实践研究"等6个项目被批准为"2015年度上海市教育科学研究项目"。完成上海市2015年度教育信息应用技术项目立项申请。区教育学院"区域教师专业发展电子档案系统的开发与应用"等3个重点项目、罗阳小学"'数字校园'建设背景下'BYOD'的应用研究"等5个一般项目被批准为"2015年度上海市教育信息技术应用研究项目"。完成平阳小学"构建'阳光谷'主题活动系列，促进小学班级文化建设的研究"等8个上海市教育科学研究项目结题鉴定；完成蔷薇小学"行为养成管理系统在促进小学生成长进步教育中的教育技术"等7个上海市教育信息技术应用项目结题鉴定。完成七宝实验幼儿园"幼儿园开展'前阅读'主题活动的实践研究"相关市级项目中期论证。完成6项上海市青年课题结题鉴定。

（何永红）

【多项教科研成果获奖】 4项成果在"上海市第十一届教科研成果评选"中获奖。七宝中学"从感恩教育到情感体验德育体系建设"获一等奖；平南小学"为了'零缺陷'的教育——'零缺陷'服务理念下教师合作文化的创建"、华坪小学"幸福园中的'和乐'校本课程"获二等奖；闵行中学"基于网络交互的高中电子书包教学实践研究"获三等奖。13项成果在"上海市第五届学校教科研成果评选"活动中获奖。启音学校"构建聋校医教结合、综合康复模式的实践研究"获一等奖；依霖幼儿园"幼儿园混龄社会性实践课程"等5项成果获二等奖，华漕镇金色幼儿园"小积木，大乐慧"等7项成果获三等奖。

（何永红）

闵行区举办中小学生道德实践风尚人物奖评选活动

【编制《闵行区教育改革与发展"十三五"规划》】 作为规划编制责任单位，闵行区教育测评与研究中心开展工作方案制定、情报和文献资料的收集整理、前期基础性调研、7大重点专题研究、组织开展大讨论活动等工作。在听取各方意见、建议基础上，完成《闵行区教育改革与发展"十三五"规划》的编制。

（韩金环）

附：区教育局驻地及负责人

（2015年1—12月）

地址：七莘路400号
邮编：201199
电话：64881398　64983660

区委分管常委、宣传部长：沈　军
区政府分管副区长：杨德妹

区教育党工委书记：朱雪平
　　　　　副书记：李光华（3月到任）

区教育局局长：王　浩
　　　副局长：朱　越（8月离任）、李光华（4月离任）、何美龙（12月离任）、施云飞、马秀明（5月到任）、李啸瑜（8月到任）

嘉 定 区

【2015年概况】 全区有小学41所，其中公办小学27所，民办进城务工人员随迁子女小学14所；中学39所，其中高级中学7所，完全中学2所，初级中学17所，一贯制学校13所；特殊教育学校1所，专门学校1所，青少年业余体校1所。幼儿园（所）77所，其中公办园51所，民办园26所（含民办三级幼儿园15所）；看护点23所。全区3—6岁户籍幼儿入园率为99.9%，小学入学率、巩固率、毕业率均为100%，初中入学率为100%，高中阶段录取率为99.37%。春秋两季普通高校总计录取1743人，应届生高考录取率为93.81%。全区成人教育、社区教育培训总量达107万人次。

优化教育功能布局，促进城乡一体化发展。推进“十二五”规划建设项目和学校校园安全综合改造项目。加大优质教育资源建设力度，新开办或异地新建练川实验学校、民办桃李园实验学校、华师大附属双语学校、嘉定一中附属小学、中福会新城幼儿园、华师大附属双语幼儿园、华江幼儿园、新徐幼儿园、葛隆幼儿园9所幼儿园。与上海师范大学、同济大学签订教育战略合作协议，启动同济大学附属实验中小学筹办工作。贯彻落实《促进本市城乡义务教育一体化的实施意见（暂行）》，优化学校教育装备配置，启动“一场一馆一池”（学生剧场、室内体育馆、室内游泳池）建设规划、中小学创新实验室建设、图书馆现代化建设、安全教育共享场所建设4个重点推进项目。推进科技人文创新实验室建设和相关课程开发区域项目，13所学校获市专项经费资助。深入落实学前教育精细化管理，广泛应用“区域推进幼儿园精细化管理的实践与研究”课题成果。实施幼儿园学科改进计划，完善03优贝亲子课程，出版区本教材《欢乐童梦》《“优贝课程”亲子教案集（新版）》。深化“新优质学校”区域推进项目，迎园中学成为市“新优质学校”集群式发展项目基地学校，曹杨二中附属江桥实验中学、清水路小学、南翔小学、马陆小学等4所学校成为市“新优质学校”集群式发展项目学校，实施初中新优质联盟质量提升项目，完成小学新优质联盟的学校诊断和改进。第四轮委托管理项目9所学校接受市绩效评估，4所学校被评为先进单位；启动市级第五轮11所学校委托管理项目，完成初态评估；总结区级第二轮委托管理项目工作，举办“梦·启航”嘉定区第二轮委托管理校际合作项目汇报展示活动。探索集团化学区化办学模式，成立迎园教育集团。规范入学入园管理和服务，制定《2015年初中、小学、幼儿园招生入学（园）工作的实施意见》。科学统筹辖区内公办教育资源，开展街镇随迁子女入学（园）积分制试点工作，区内市级示范园首次启用网上报名，对接市教委“上海市义务教育入学报名系统”，完成辖区内学校、街镇、教委以及相关部门工作人员的培训近1500人次，确保招生平稳有序。

优化育人环境，提升德育工作实效。推进中小学课程德育一体化建设，举行区“幸福课程”推进研讨会，进一步完善课程方案。进行“学科德育”重点项目研讨展示及优秀项目评选。组织“品质德育”校长论坛，举办第六届班主任基本功大赛颁奖大会暨优秀班主任风采展示活动。承办上海市教育系统培育和践行社会主义核心价值观现场推进会暨嘉定区优秀作品发布会，全市首发歌曲《圆梦中国》《美好家园》《二十四字要记牢》。开展区“社会主义核心价值观落细落小落实典型案例”评比等活动，有效落实社会主义核心价值观“六进”工作。重点推进“爱嘉学子”志愿服务和珍爱生命两大行动，编印“爱赏嘉定·文化科技之旅”活动护照，遴选88个高中生社会实践(志愿服务)基地。完成49所区未成年人思想道德建设示范校评审,开展第三轮市心理健康教育达标(示范)校创建。成立区未成年人法治教育中心,加强未成年人思想道德建设。

深化教育综合改革,科学发展品质教育。启动新一轮教育综合改革,全市首家召开教育综合改革推进大会,下发《嘉定区教育综合改革方案(2015—2020年)》,成立区教育督导委员会,推选10所区教育综合改革示范创建校。推进"品质教育"内涵发展,深化与市教科院普教所"品质教育"合作项目,总结"引擎计划"市级项目学校经验,发布《嘉定区"品质教育"蓝皮书(2015年)》,举办长三角"品质教育"论坛。谋划"十三五"教育规划,设计11项发展任务、5大行动项目。实施基于品质提升的学校改进计划,完成中小学课程图谱重建工作,建设30个市、区两级创新实验室和相关课程开发,完成公办高中增值评价"一校一报告",落实小学阶段"零起点"教学,完成中小学学业质量"绿色指标"评价工作现状调研,形成《课堂转型的路径》和《课堂转型案例集》。完成《学科课堂评价表》设计。实施"信息化教学力提升计划",探索互联网+教学模式,评审10所学校为区信息化应用实验学校,完成各小学数字素养学校等级认定工作。成立中小学学业质量监测中心,建构嘉定教育云平台数据库和分析系统。组织区第一届市民运动会青少年组比赛,组建"三大球"校园体育运动项目联盟,开创体教结合新局面。举办"春之畅想"全国农村学校艺术教育实验区2015年嘉定区文艺嘉年华汇报演出,15所学校被评为第二批青少年民族文化传承项目示范校,开展17个学生艺术团年终考评。区青少年活动中心创建全区首座创客工场,提供优质实践平台。建立区级"科技名师工作室",发挥名师引领辐射作用。承办"2015—2016 DI上海市青少年创新思维竞赛""第十二届上海市未来工程师大赛"等6项市级科技活动。1名学生获第六届上海市青少年科技创新市长奖,参加市级明日科技之星活动获历史最好成绩。

推进职业教育发展,增强终身教育内涵。开展中高职贯通、"双证融通"教育改革。大众工业学校数控技术应用、机电技术应用、汽车运用与维修3个专业分别与3所高校开展"3+2"中高职贯通培养工作。在2015全国职业院校技能大赛上,嘉定区获二等奖8个,三等奖10个,参赛人数和获奖人数居全市第一。继续开展职业技能培训工作,年内累计培训职工3.9万人。召开区职业教育工作会议,举办第十届职业技能竞赛活动,嘉定区被评为首批全国农村职业教育和成人教育示范区创建单位。加强终身教育内涵建设,全区12个街镇均被列为市第五轮社区教育示范实验街镇。区老年大学正式注册,10月新校舍启用。落实2015年市政府实事项目街镇老年学校标准化建设,全市首创完成首批30个村居委老年人学习点标准化改造。举办区第十一届全民终身学习季活动,完善市民终身学习成果认定、积累和激励制度,加强与上海终身学习网及各区县学习网的互联互通,实现网上资源共建共享。规范民办教育办学,召开区规范教育培训市场工作会议。加强区内民办非学历教育院校和经营性教育培训机构的准入、审批、备案、变更、年检和日常监管。完成对办学许可和法人登记有效期届满的民办非学历教育机构清理工作。组织对民办教育培训机构学杂费专用存款账户制度专项检查和调研,基本实现专用账户制度全覆盖。

强化教师队伍建设,发挥人才保障作用。开展各类分层、拓展型培训和学历提升培养,落实学前人才建设项目,举办第一期党政干部思维训练营,2名校长参加长三角名校长培训项目,19名教师参加在加拿大举办的骨干教师培训,130名校园长、200名教师参加卡内基培训。完善师德师风建设长效机制,启动师德建设三年行动计划,召开教育系统依法治校暨师德师风建设工作推进大会,出台《嘉定区建立健全师德建设长效机制的实施意见》,建立师德档案,开展有偿补课专项督查,组织对46名名师工作室主持人、259名区骨干教师、56名区学科新星履职情况考核。充分发挥优秀教师在学科领域的引领和辐射作用,2名校长被评为市特级校长,举行区教书育人模范凤光宇老师先进事迹报告会、周卫倩园长办学特色研讨会、李娟校长办学特色研讨会。加快人事制度改革进度,完善师资管理和使用机制，新招录教师441名，开展岗位设置工作，学校岗位结构比例更加均衡。探索基于学校特色发展和区域师资均衡布局的教师流动模式，制定《嘉定区校长教师交流轮岗工作的实施意见(试行)》，71所学校启动人才柔性流动项目，投入经费406万元，组织165名教师系统流动。提升人才服务保障水平，为54名优秀人才落实租房补贴和住房配售待遇。

健全规范管理制度，完善督导监督体系。完善校园安全三级监管网格，初步形成“横向到边、纵向到底、全覆盖、无缝隙”的校园安全管理格局。在区教育安全管理中心设立远程监控系统，嘉定区被列为推进公共安全教育活动全国实验区。制定、印发《嘉定区教育系统行政事业单位会议费、培训费和差旅费管理的若干规定》《嘉定区教育系统行政事业单位财务报销的若干规定》等文件。开展财务专项检查，完成学联公司经济效益审计、9所学校市拨委托管理经费专项资金审计、30个单位领导任期经济责任审计、8个单位领导离任经济责任审计、3个单位财务收支审计、30个单位工会财务收支审计。加快教育治理体系建设，组建专职督学和责任督学队伍，实施督学责任区“四个一”(一月一次例会，一月一个主题，一月一次随访，一月一次反馈)工作推进机制。完成市政府教育督导室对嘉定区教育费附加、学生健康促进工程暨体教结合工作、基于课程标准的教学与评价、职业教育4项专项督导。接受市督导事务中心对嘉定区“中小学责任督学挂牌督导创新区(县)”专项评估，参加全国责任督学挂牌督导创新区评选。完成区内所有学校章程新建和修订工作，通过市政府教育督导室对学校章程建设专项督导，形成“一校一章程”格局。

(高校亚、梁晓峰)

【培育和践行社会主义核心价值观现场推进会举行】 1月12日，“凝魂聚气育芳菲　立德树人铸品质”——上海市教育系统培育和践行社会主义核心价值观现场推进会暨嘉定区优秀作品发布活动举行。副市长翁铁慧，市政府副秘书长宗明，市委宣传部副部长、市文明办主任燕爽，市教卫工作党委书记陈克宏，市教委主任苏明出席活动。会上，翁铁慧向师生代表赠送《中国唱诗班》等社会主义核心价值观优秀作品，宗明、苏明向《中国唱诗班—中华优秀传统诗词“诗乐启蒙”》选编者王威尔、《圆梦中国》曲作者易凤林颁发纪念奖章。区教育局组织原创团队，创作《圆梦中国》《美好家园》《二十四字要记牢》3首社会主义核心价值观歌曲，出版《中国唱诗班—中华优秀传统诗词“诗乐启蒙”16首》碟片，编辑《凝神聚气育芳菲——嘉定区培育和践行社会主义核心价值观优秀作品集》。

(王　琦、许海蓉)

市教育系统培育和践行社会主义核心价值观现场推进会在嘉定区举行

【翁铁慧调研嘉定教育】 1月12日，副市长翁铁慧到交大附中嘉定分校调研。翁铁慧察看了交大附中嘉定分校图书馆、实验室、体育馆等场所，听取学校“导师辅导制”工作汇报。在与来自嘉定区高中、初中、小学的5名教师代表、6名学生代表座谈交流后，翁铁慧要求认真总结迎园中学微信“三百字团”经验，推广利用新媒体提高学生读写能力的好做法，教师要及早指导学生的发展生涯。2月14日，翁铁慧看望全国教育系统先进工作者、迎园中学校长祝郁。

(高校亚)

【获评上海教育年度新闻人物】 2月9日，在“教育因你而更有价值”——2014上海教育年度新闻人物颁奖主题活动上，共同创作50余首校园文化歌曲、让中华诗乐文化重放光彩的词曲“搭档”——区教育发展研究中心主任王威尔和区教育局艺教办主任易凤林当选2014上海教育年度新闻人物，区教育党工委获组织推荐奖。

(高校亚)

【开展流动儿童早期发展项目】 3月16日，全国救助儿童会启动嘉定区开展流动儿童早期发展项目。这是全国救助儿童会近年来首次在上海市开展的儿童早期发展项目。项目为期一年，获美国Target公司资助，由救助儿童会与区教育局合作，以区域内3所民办三级幼儿园为基础，借助华东师范大学和南京师范大学学前教育系专家力量，提供优质资源及相关教师、家长和园长培训，促进3—6岁进城务工人员随迁子女儿童在身体、语言、认知等方面的发展，缩短进城务工人员随迁子女儿童与城市儿童早期发展差距，倡导相关部门与社会的共同支持。 （曹葆红）

【教育部专项督导嘉定区开学工作】 3月19日，以浙江省教育厅副巡视员、省政府教育督导室副主任叶向群为组长的教育部春季开学专项督导组一行对嘉定区开学工作进行督查，对迎园中学、中光高级中学、马陆育才联合中学、城中路小学、南翔小学、民办娄塘小学、南翔幼儿园、百合花幼儿园8所学校，围绕开学条件保障、学校安全工作、规范办学行为、教师队伍建设、自查抽查情况、专项工作部署落实情况等重点内容实地走访。督导组对嘉定区开学工作给予充分肯定。 （徐秋娟、管文洁、曹葆红）

【举行第八届上海—新加坡校长圆桌会议】 3月24日，第八届上海—新加坡校长圆桌会议举行，中新两国教育官员、中小学校长就“教师专业研究与教师文化建设”主题深入开展交流。会上，中光高级中学、新加坡林景中学、马陆育才联合中学、新加坡新民中学、城中路小学、新加坡义顺小学的6位校长分享了各自学校在建设教师文化方面的创新架构和举措，深度剖析教育管理中的困惑，就“教师社团建设”“教师心理健康建设”“如何界定教师对学校文化的满意度”“教师文化的延续”等热点互动研讨。 （管文洁、李　坚）

【与均瑶集团合作办学】 5月20日，嘉定区政府与上海均瑶（集团）有限公司举行合作办学框架协议签约仪式。根据框架协议，2017年，均瑶集团将在南翔地区开办上海市嘉定世界外国语学校，学校为九年一贯制民办学校，与集团旗下学校实施一体化办学。 （管文洁、高校亚）

【迎园教育集团成立】 5月21日，迎园教育集团成立暨揭牌仪式举行。集团将以丰富品质教育内涵为抓手，遵循学生成长和教育规律，尊重各校文化和发展特色，积极探索集团资源共享模式和配置机制，打造品牌，促进区域教育优质均衡发展。迎园教育集团以新优质学校迎园中学为龙头，成员包括迎园小学、新成路小学、练川实验学校。

（管文洁、高校亚）

【市民宗委调研民族学生教育工作】 6月3日，市民宗委主任花蓓一行到嘉定一中调研新疆班民族学生教育工作。花蓓希望嘉定一中在区委统战部、区教育局带领下，在教学实践过程中大胆探索，勇于创新，为国家培养更多优秀的民族人才。

（张春燕）

【举行NBA传奇明星篮球文化交流活动】 8月25日，“2015NBA传奇明星中国嘉定南翔行”之篮球文化交流活动在嘉定二中举行。NBA传球大师“白巧克力”贾森·威廉姆斯、“第一后卫”丹尼尔·吉布森等NBA篮球明星到场指导青少年篮球运动。活动展现了嘉定区全面贯彻落实阳光体育运动的成果，同时促进了青少年篮球运动发展，促进国际体育文化交流。 （许海蓉）

【召开教育综合改革专题咨询会】 8月31日，区教育咨询委员会召开专题会，就嘉定教育综合改革的重点工作、品质教育的内涵与定义进行深入探讨，形成共识。市教卫工作党委、市教委有关领导出席。《嘉定区教育综合改革方案（2015—2020年）》明确，要以“文化铸魂”和“科技提升”为主要特色，重点实施“完善全面育人机制、深化课程和教学改革、打造优秀教师队伍、推动现代教育融合发展、完善现代教育治理体系”等5大板块30项重点改革任务，科学发展、动态适应嘉定现代化新型城市功能定位和需求，为上海率先实现教育现代化提供可资借鉴、可以复制的区域改革经验。 （高校亚）

【第十届孙敏书法艺术奖颁奖】 9月21日，第十届“孙敏书法艺术奖”颁奖仪式暨青少年书法作品展举行，本届赛事收到全区中小学生书法作品近500件。2006年，书法家孙敏设立“孙敏书法艺术奖基金”，为上海市首个面向青少年的书法艺术奖项。10年来，共有4000余名学生参评该奖项。

（许海蓉）

【以仁幼儿园命名20周年】 10月17日，“二十载以仁尽风华”——庆祝以仁幼儿园命名20周年典礼举行。美国前劳工部长赵小兰，嘉定区委书记马春雷，市侨办主任徐力，美国福茂集团董事长赵锡成、副董事长赵安吉，副区长李原出席活动。活动中，赵小兰、马春雷、徐力、赵安吉为赵以仁父子塑像揭幕，赵小兰、李原为“以仁纪念馆”新匾揭幕，赵安吉代表父亲赵锡成捐资人民币100万元用于改善以仁幼儿园办学条件。 （曹葆红）

【获市青少年科技创新市长奖】 12月16日，市委副书记、市长杨雄在第六届“上海市青少年科技创新市长奖”颁奖活动中为10名“市长奖”获得者颁奖，大众工业学校2012级数控专业学生陆江是获奖者中唯一的中职学生。陆江发明了防伪印章及其防伪技术的制作方法，防盗版功能强大，具有前瞻性、创新性、实用性。他的发明还于2014年分获第五届世界创意节金奖、第六十六届纽伦堡iENA国际发明展银奖。 （张剑锋）

【教育经费总投入增长】 年内，全区经常性财政收入为2092538.8万元，比上年增长13.64%。全年教育经费一般预算财政拨款239202.17万元（不含中央专项），比上年增加9381.18万元，增长4.08%。教育经费财政拨款增长比例低于财政经常收入增长比例。年生均教育事业费高中38814元/生/年，比上年增长6.52%；初中27619元/生/年，增长6.43%；小学19909元/生/年，增长2.59%；幼儿园26307元/生/年，增长9.86%。特殊教育生均事业费138902元/生/年，比上年减少5.26%。年生均公用经费高中13851元/生/年，比上年增长0.27%；初中9177元/生/年，增长2.23%；小学7036元/生/年，增长0.53%；幼儿园8158元/生/年，增长0.02%；特殊教育42236元/生/年，比上年减少17.4%。全区教职工年人均总收入125722元，比上年增加11088元，增长9.67%。全年合计教育经费（全口径）总投入314438.86万元，比上年增长9.64%。

（孙丽萍）

附：区教育局驻地及负责人

（2015年1—12月）

地址：嘉行公路601号
邮编：201808
电话：39902000

区委分管书记：周金林
区政府分管区长：李　原

区教育党工委书记：王晓燕
副书记：姚　伟（兼）、金立新（11月离任）

区教育局局长：姚　伟
副局长：张德海（3月离任）、俞勇彪、朱　芳、赵国兴

宝　山　区

【2015年概况】 全区教育机构有310所，其中，高级中学8所（含民办1所），完全中学5所（含民办1

所),十二年一贯制学校1所(民办),九年一贯制学校16所(含民办2所),初级中学26所(含民办3所),小学71所(含民办12所),幼儿园159所(含民办29所、集体办10所、民办三级28所),特殊教育学校2所,职业学校3所(含民办2所),成人学校8所,校外教育培训机构3个,教育研究培训机构1个,其他单位7个。新增九年一贯制学校1所,小学3所,幼儿园3所。共有在校学生166399人,其中,中学43091人,小学65294人,幼儿园52784人,特殊教育133人,中等职业学校3758人,托班幼儿1339人。在职教职工15149人,其中,专任教师12076人。

宝山教育全面落实"十二五"教育规划及年度工作目标任务,不断提升区域教育发展水平。顺利通过国务院教育督导委员会对"十二五"以来宝山基础教育的专项督查,被评为"国家特殊教育改革医教结合实验区",学生获22项国际比赛冠亚军、48项国家比赛等第奖和393项市级比赛等第奖。

做好顶层设计,规划教育改革发展蓝图。一是以"学陶(行知)师陶(行知)"为引领,完成教育综合改革方案和"三年行动计划"的制定工作,深入开展项目前期调研,为教育综合改革全面实施打好基础。二是以教育现代化为目标,初步完成宝山区教育"十三五"总体规划和资源布局、特殊教育、教师队伍建设等多个规划的编制,明确了今后五年区域教育改革发展方向。

坚持立德树人,推进人才培养模式转型。一是以"生活德育"为特色,构建学校德育工作体系架构,完善美丽宝山、核心价值观教育、"四立"(立德、立身、立言、立行)教育三个德育教育平台,细化行知魂、乡土情、生活育德、心育辅导等12个德育教育项目。持续推进"四立"教育实践活动,开展纪念抗日战争胜利70周年系列活动,开展红色经典课本剧展演、"励志讲堂""创意小画家,和平大蓝图"少儿长卷绘画、祭扫英烈、宝山抗战遗址遗迹和抗日英烈寻访等活动。开展高中学生社会实践基地建设,全区推出52个社会实践基地,提供学生实践岗位17804个,已注册学生3468名,已参加志愿服务17009人次,强化了社会主义核心价值观教育。二是以课程教学改革为重点,实施"绿色指标"测试和小学阶段基于课程标准的教学评价改革,完成书法等区本艺术课程开发,举办"问题化学习"全国研讨会。三是以高考改革和高中学生综合素质评价平台建设为契机,深化高中课程教学改革,引导探索"走班"教学改革,强化创新人才培养,推进宝山区"未来创新人才培养工程"和"家庭创客行动",命名50家"家庭创客工作坊"。完善三级社团活动,进一步丰富学生学习体验。

注重均衡优质,提升整体教育发展水平。一是聚焦基础教育优质发展。启动学区化、集团化办学试点,12月召开工作推进会;基本完成"新优质学校"项目第一轮创建工作及第二轮6所创建学校的初态调研与方案论证,开展第五轮农村学校委托管理项目、鹿鸣学校等5所学校参与项目;成立了葫芦丝艺术教育共同体。二是聚焦"医教结合"改革实验,完善学前教育医教结合联络员三级网络,落实试点幼儿园"一校一医"和巡回指导教师,加快推进特教资源中心、特教资源教室建设。启动医教结合专家资源库建设,与复旦大学附属儿科医院签署医教结合合作协议,医院医生定期到宝山区开展脑瘫儿童矫治指导。三是拓展残疾学生职业学习机会,建立残疾学生各学段全程享有教育、健康与保健服务的机制。积极开展"国家特殊教育改革试验区"建设,完善特殊教育医教结合课程体系和管理机制。四是聚焦职业技能人才培养,拓展职教集团理事会成员单位,加快推进物流专业"双证融通"改革试点,举办"筑产教融合彩虹桥"职业教育资源巡展,在市"星光计划"第六届职业院校技能大赛上,宝山职校学生王其如获计算机文字录入最佳技能王"金手指"奖,为上海市中职学校唯一获此奖的学生,指导老师刘碧华被授予"三星星光"金牌指导老师称号。四是聚焦全民终身学习,完成4所老年学校标准化建设,成功承办第11届上海市全民终身学习周,探索建立了社区学习点1+N师资配送工作机制,切实推进学习型城区建设。

秉承学陶(行知)师陶(行知),推动师资队伍专业发展。一是评选出第二届"学陶(行知)师陶(行知)楷模""学陶(行知)师陶(行知)标兵",启动"教师直通车"项目,开展区第十一届中青年教师教学比赛和“一师一优课、一课一名师”网上晒课活动。二是扎实推进优质学校创建、优势学科打造、优秀团队建设和优秀教师培养四位一体工作，成功创建大华小学、红星幼儿园、行知实验幼儿园3个“市级教师专业化发展基地学校”，建立110个“万名教师提质工程学科基地”，选派10名优秀教师参加国内外高端教育培训项目。三是聚焦教育人力资源开发与管理机制建设，围绕教师招录、绩效工资、编制管理等方面开展专题研究，进一步提高农村教师津补贴，出台招录高校非上海生源优秀应届毕业生租房补助政策，努力提升人才吸引力。

立足服务民生，妥善应对招生入学矛盾。一是针对全市招生入学政策调整新情况，坚持“凭证入学”严把关口，强化合作、完善机制，有效应对入学矛盾。二是加快推进区教师进修学院迁建、宝山实验学校改造等“十二五”教育基建项目建设，全面完成18所学校大修项目和7所学校操场改造项目。三是通过委托管理、区内优质学校举办分校(园)方式，高起点开办顾村鹿鸣学校等7所新学校，满足群众对接受优质教育的需求。

严守安全底线，确保师生及学校财产安全。一是加强组织领导，落实岗位职责。下发《宝山区教育系统安全工作党政同责一岗双责齐抓共管实施意见》。二是成立宝山区教育局安全管理中心，做到学校安全工作检查、抽查常态化、制度化。三是制定应急值守和突发事件报告制度，把好突发事件应急处置关。四是制定大型活动和外出集体活动审批制度，强调进行安全教育，落实制定应急预案。（宝　教）

【翁铁慧视察行知中学】 1月16日，副市长翁铁慧视察上海市行知中学，区委书记汪泓、区长方世忠等随同前往。翁铁慧视察了校园文化长廊和新建成的游泳馆，在参观校史陈列室并听取学校历史沿革和办学情况介绍后，要求学校传承陶行知教育思想，坚持特色、多元发展。与部分高一学生交流，勉励学生认真学习，培养特长、全面发展。（宝　教）

【召开学区化集团化办学推进会】 年初，区教育局在吴淞学区、月浦学区和罗店教育集团进行“学区化集团化”办学试点。通过近一年的实践探索，12月28日，区教育局召开“学区化集团化”办学推进会，强调，“学区化集团化”办学要明确开展“学区化集团化”办学根本目的、与原有学区设置的异同和区域办学特色，要处理好学区与学校、学区与局机关职能科室、学区与教师的三个关系。要通过“学区化集团化”办学的实施，促进基础教育优质均衡发展，扩大优质教育资源。（宝　教）

【在中学生国际数学建模挑战赛中获奖】 4月17—22日，在首届中学生国际数学建模挑战赛(IMMC)大陆赛区比赛上，上海大学附属中学吴越、陈啸等8名学生组成的两支队伍参赛，分获一、二等奖。（宝　教）

【区教师进修学院接受评估】 5月28—29日，市教委、市教育评估院领导和专家一行到区教师进修学院，开展为期两天的上海市区(县)教师进修学院评估。区教师进修学院作“促进教师德业兼修　引领区域教育可持续发展”专题汇报。评估专家组成员通过听课观摩、查阅资料、个别访谈、教师座谈和问卷测试等形式对区教师进修学院的功能定位、职责等七个方面进行了评估，并向区教育局、区教师进修学院领导进行反馈。（宝　教）

【获英语教师教学才艺展评特等奖】 5月下旬，在上海市教育学会外语教育专业委员会主办的“2015年上海市中小学英语教师教学才艺展评活动”教师团体比赛中，月浦新村小学英语教师编排的英语小品《Another day in paradise》获特等奖。（宝　教）

【举行创客新星大赛】 7月4—5日，第一届上海创客新星大赛暨嘉年华活动在上海大学附属中学举行。市教委副主任王平、副区长陶夏芳和发明家包起帆等出席活动。本届大赛的宗旨是“动手中学习创造，创造中感受责任”。内容包括：创客新星嘉年华活动、上海创客教育论坛、创客马拉松即兴创造活动、大众创客体验等。活动获上海交通大学工程训练中心、同济大学设计创意学院等部门的支持，全市17个区(县)的100所中小学、800余名中小学

生和市民参加。（宝 教）

【在全国科技创新大赛中获奖】 8月，宝山区淞谊中学老师徐瑾在香港举办的第三十届全国青少年科技创新大赛中获教学方案类一等奖及《中国科技教育》杂志专项奖。全国青少年科技创新大赛是一项以激发青少年科技兴趣、培养创新精神和实践能力为宗旨的青少年科技竞赛活动，每年举办一次。（宝 教）

【开通宝山教育微信公众号】 9月8日，宝山教育微信公众号开通，取名"小陶子"，已有粉丝8万余人。宝山教育微信公众号的开通，有利于及时向社会和关心宝山教育的公众提供宝山教育动态，方便公众获取与教育有关的政策与信息。（宝 教）

【启动特色普通高中创建工作】 9月22日，区教育局召开推进特色普通高中建设启动会议，以解决普通高中教育在办学理念、培养模式、校园文化等方面普遍存在的"千校一面"现状。市创建特色高中项目组专家和宝山区14所高中的校长、书记参加会议，市教委基教处、宝山区教育局领导出席会议并讲话。启动仪式上，项目组专家就上海特色高中建设情况作专题报告，对宝山区普通高中形成或创建自身办学特色进行了指导。（宝 教）

【接受国务院教育督查组专项督查】 10月15日，国务院教育督查组一行5人对宝山区落实教育领域"重要指标和任务"完成情况进行专项督查。督查组通过听取宝山区落实教育领域"重要指标和任务"完成情况的报告、查阅资料、座谈交流、实地走访随机抽取的4所学校，对学生家长随机访谈等形式，对宝山区学校硬件配套、校园安全管理、学校办学情况、教师队伍建设等完成情况进行全面督查。（宝 教）

【启动"智慧校园"创建】 10月23日，宝山区教育局、市电教馆就"智慧校园"创建合作项目在吴淞中学举行签约仪式。吴淞中学等4所学校成为首批"智慧校园"创建学校。根据协议，学校在"智慧校园"项目咨询、教师信息化应用特殊培训、教育信息化科研项目的策划与立项、教育信息化科研成果的提炼与宣传推介等方面，将得到市电教馆的服务与指导；市电教馆将帮助学校成为上海市乃至全国教育信息化应用推进项目和国际协作项目的科研、实践应用单位。（宝 教）

【举行"问题化学习"全国研讨会】 11月20日，首届"问题化学习"全国教育研讨会在吴淞中学举行，研讨会由上海市教育学会和宝山区教育局联合主办。"问题化学习"是宝山区结合课堂教学改革实际而实施的教学实践形态研究项目。研讨会以"面向未来的问题化学习者"为主题，通过专题汇报、教学展示、交流互动、专家点评等形式，对"问题化学习"项目12年的研究进行汇报和展示。（宝 教）

【召开区少先队第九次代表大会】 12月8日，少年先锋队宝山区第九次代表大会召开。会议回顾了3年来宝山区少先队工作历程和取得的成绩，描绘了今后3年的发展蓝图。大会通过了新一届区少工委委员名单，并选举产生新一届区红领巾理事会理事。会议还表彰了宝山区"星星火炬奖章"获得者，以及"十佳少先队员"和"十佳少先队辅导员"。（宝 教）

【举办"新秀教师在课堂"教学展示与论坛】 12月23日，由上海市教师学研究会等主办的"新秀教师在课堂"教学展示与教学论坛系列活动数学学科专场在行知中学举行。行知中学新秀教师就高一数学教学内容"简单的对数方程"进行教学展示。市教委副主任王平和特级教师于漪等领导、专家出席活动。（宝 教）

【全面完成年度实事项目】 截至12月底，区教育局全面完成2015年列入区政府的教育工作实事项目：为70所学校食堂安装视频监控系统，实现公办学校食堂视频监控全覆盖；完成4所老年学校标准化建设，使宝山区12个街镇老年学校配置均达到市级标准；构建终身教育学习资源配送平台，完成宝山区远程教育网升级改造；完成学校心理辅导室、学校少年宫、郊区学校实验室、学校创新实验室

以及特殊教育资源教室建设。（宝　教）

【完成行政权责清单梳理工作】 年内，区教育局开展了行政权力清单和行政责任清单的梳理工作。梳理工作坚持“法无授权不可为，法定职责必须为”的工作原则，经过“三下三上”（领导小组下发梳理要求，科室梳理上报；领导小组下发梳理修改意见，科室再行梳理上报；聘请专家对梳理结果审核完善上报审改办，根据审改办反馈意见对“两份清单”进行三次修订）梳理修订，共梳理出区教育局行政权力83项，以及在行政权力行使过程中所应承担的行政责任4类。（宝　教）

附：区教育局驻地及负责人

（2015年1—12月）

地址：宝杨路158号
邮编：201999
电话：66592882

区委分管领导、区委组织部长：吴延风
区政府分管区长：陶夏芳

区教育党工委书记：王　岚
副书记：张晓静（兼）、沈　杰

区教育局局长：张晓静
副局长：陆荣林、刘　政、葛玉华

金　山　区

【2015年概况】 全区有各类学校（单位）126所，其中高中9所、初中22所、小学31所、特殊教育学校1所、幼儿园37所、中等职业学校2所、社区学院1所、社区学校11所。在校学生72240人，其中高中生6253人、初中生19302人、小学生26602人、幼儿园幼儿14801人、托儿所幼儿119人、中等职业生5163人。在职教职工6886人，其中专任教师6113人。

教育综合改革方案确定。立足金山区新型城镇化综合试点工作，制定《金山区教育综合改革方案（2015—2020年）》，以完善教育机制、激发教育活力为基本思路，主要改革任务包括六个方面16项内容。金山区是上海市整体教育综合改革实验区之一。

学前教育内涵发展不断提升。新城幼儿园通过市一级幼儿园评审，亭林幼儿园、阳光城幼儿园和罗星幼儿园分别通过市一级园、示范园验收，市一级以上幼儿园达13所。制定《金山区学前教育三年行动计划（2015—2017年）》。

义务教育优质均衡发展。启动第五轮委托管理工作。制定《金山区“新优质学校”集群发展实施方案》，举行“新优质学校”共同体工作推进会。开展第三轮创新实验室建设评选工作，7个项目被评为市级创新实验室建设项目。在小学试点学区化集团化办学，成立朱泾地区小学学区、第二实验小学集团、金山小学集团、海棠小学集团。金山区与均瑶集团合作共建“上海市金山世界外国语学校”，上海世外教育集团承办新建的同凯中学。新办的上海市民办永昌中学开始招生。

高中教育改革积极推进。每所高中均制定《基于高考新政背景下的课程教学改进方案》。成立北片、南片高中共同体，共同研究高中教育改革举措。枫泾中学、上师大二附中、亭林中学成为上海市首批特色普通高中创建项目学校。

职业教育加强合作办学。金山区与上海第二工业大学签订区校合作协议，共同建设二工大金山校区。食品科技学校与上海农林职业技术学院、上海中侨学院2个“3+2”专业启动招生，区域内中高贯通专业达到3个。石化工业学校与上海应用技术学院合作，在全市率先开展“中—本”衔接办学，招收第二届“3+4”中本贯通学生。

区域终身教育体系构建。开展第一轮新市民

素质培训试点工作。完成4所老年学校标准化建设。举行“15分钟学习圈”试点成果现场观摩会等主题活动。

体教结合工作成绩显著。承办华东地区第三十三届少年足球协作赛。承办2015年全国少儿毽球比赛，金山区代表队获1金3银2铜的历史最好成绩，华师大附属枫泾中学被列为全国毽球运动示范学校。亭林小学女子曲棍球队夺得全国青少年曲棍球锦标赛U12组冠军。朱泾小学获得上海市中小学生排球锦标赛小学女子组冠军，吕巷中学、西林中学分获初中男子组冠亚军，吕巷中学获得初中女子组季军。6所学校成为全国青少年校园足球特色学校。

校外教育创新发展。建立金山区青少年学生校外教育联席会议制度，确定3个市级、78个区级、39个校级学生社会实践基地。以金山区家庭教育促进会为平台，开展以四季为主题的“宝贝去哪儿”系列活动。成立“我们的孩子”家长志愿者服务队，策划组织“爱心暑托班”等大型区级活动。

教育信息化注重应用。完成金山教育公共服务平台管理模块建设并投入试用。推进教育部信息化应用试点学校工作，创新成果在全国中小学教学信息化应用成果展览会上进行展示。积极开展“一师一优课、一课一名师”活动。

依法治教工作全面推进。公办学校完成章程制定、核准、网站公布等程序。推行学校聘用法律顾问制度，公办学校聘用法律顾问实现全覆盖。开展依法治教示范校评选，1所学校成为“上海市依法治校标兵示范校”、5所学校成为“上海市依法治校示范校”。

高端人才培养成效明显。启动第二届“领军校长”和“拔尖教师”培养项目。成立上海市特级教师(校长)联谊会金山分会，成立王林琳工作室和袁晶晶工作室，启动“金山区名校长工作室”，发挥特级教师(校长)的示范、引领作用。2名校长被评为上海市特级校长。引进2名上海市特级校长。

教育基建项目加快推进。上海市青少年实践活动金山基地项目竣工，同凯中学新建项目竣工并投入使用，亭林大居幼儿园新建项目基本完成，华师大三附中迁建项目、亭林大居九年一贯制学校新建项目、第一实验小学(南校)新建项目、金卫中学迁建项目开工建设。同凯幼儿园、海丰幼儿园启用招生。制定“十三五”基础教育基本建设规划。 (刘丽英)

【时光辉调研农村教育综合帮扶工作】 1月5日，副市长时光辉在区委书记李跃旗等陪同下，莅临金山调研农村教育综合帮扶工作。时光辉视察了学府小学，听取区教育局关于徐汇、长宁与金山区教育综合帮扶的工作汇报，观看海棠小学网球训练活动，对金山教育综合帮扶给予很高评价，勉励金山区加大步伐，争取依托更大资源平台，提升教育发展品质。 (刘丽英)

【启动“一师一优课、一课一名师”活动】 1月20日，金山区“一师一优课、一课一名师”活动启动。活动包括网上“晒课”、评选“优课”、研制“优课”和“应用推广”四阶段，活动开展时间从2014学年至2016学年。此次活动提高了教师应用信息技术的能力和水平，有效推进了教育信息化应用，实现优质教育资源共建、共享、共赢。 (刘丽英)

【开展全员安全视频培训】 2月25日，2015年金山区教育系统全员安全视频培训会举行，120余家单位近7000人参会。会上强调了校车管理、防火安全、宿舍用电、特殊天气交通等30余个安全风险点，要求各单位负责人高度重视安全生产，强化责任落实，提升学校安全管理水平。 (刘丽英)

【启动“领军校长”和“拔尖教师”研修班】 3月17日，启动金山区第二届“领军校长”和“拔尖教师”研修班，共有13名领军校长和16名拔尖教师参加，为期两年。研修班通过不同研修内容，促进校长形成独特的办学思想，进一步优化教师的认知结构。 (刘丽英)

【签订区校合作共建协议】 4月9日，金山区政府与上海第二工业大学签订区校合作共建协议，双方合作在金山区建设上海第二工业大学金山校区，在金山区域内建设以上海第二工业大学为重要依托平台的现代职业教育体系。区委，区政府、上海第二工业大学、市教委领导出席签约仪式。(李松皓)

【承办全国中小学课堂教学创新成果博览会】 5月22—23日，由《中国教师报》主办、金山区教育局承办的第三届全国中小学课堂教学创新成果博览会举行。全国各地600余名代表参加。与会专家围绕“面向未来的学习”作主题演讲。区教育局领导以“践行课改理念　追寻教育本真”为题作专题报告。在分会场活动中，第二实验小学的“翻转课堂”、蒙山中学的“三行动三融合”课堂教学模式、海棠小学的体验课程得到展示和演绎。 （刘丽英）

第三届全国中小学课堂教学创新成果博览会举办

【召开区素质教育论坛】 5月22日，以“让校园笑起来”为主题的2015年金山区素质教育论坛召开。活动中，海棠共同体的7所学校，融合各校特色资源，打造19个体验场馆，为学生提供多种的社会模拟实践体验项目。论坛上成立“星天地”创意中心，7所学校通过课程引领、项目整合、空间交换，打破校际壁垒，促进教育的优质均衡发展。 （刘丽英）

【承办全国少儿毽球赛】 7月12—16日，由国家体育总局社会体育指导中心、中国毽球协会主办，金山区教育局、金山区体育局共同承办的2015年全国少儿毽球赛在华东师范大学附属枫泾中学举行，8个省市、31支队伍共279名少儿选手参赛，进行男女三人赛、男女双人赛、混合双人赛和计数赛4个项目的比赛。金山区代表队获1枚金牌3枚银牌2枚铜牌的历史最好成绩。 （刘丽英）

【举行暑期干部培训】 8月17—18日，区教育系统暑期干部培训举行。上海市教育科学研究院普教所、上海市建平中学的领导与专家受邀作专题报告。朱泾二小校长代表区教育局赴芬兰教育考察团组谈考察体会。朱行幼儿园、松隐小学、金卫中学、亭林中学、金山中学、石化社区学校、食品科技学校分别结合各校实际，交流学校课程建设工作及未来发展的思考。 （刘丽英）

【启动第五轮委托管理工作】 8月24日，徐汇区教育局、金山区教育局第五轮委托管理签约仪式举行。金山区的漕泾中学、漕泾小学、朱行小学分别委托给徐汇区的南洋模范初级中学、求知小学、上海小学管理，托管期限为2015年8月至2017年7月。此轮委托管理工作通过建立托管委员会、派驻管理人员和教师、开展教学研究等形式，着力提升受援学校的办学水平和质量。 （聂荣鑫）

【翁铁慧调研区教卫工作】 9月1日，副市长翁铁慧调研金山区教育和卫生工作。市政府副秘书长宗明，市教委主任苏明、市卫计委主任沈晓初，市教委副主任贾炜，区委书记李跃旗，区委副书记、区长胡卫国等参加调研会。调研会上，翁铁慧对金山教育的探索与实践表示肯定，并提出两点工作要求，一是推进基础教育高位优质均衡发展；二是各级各类教育要定位清晰、科学发展。翁铁慧还参加了朱泾小学新学期开学典礼，视察了学校雷锋家园文化环境。 （刘丽英）

副市长翁铁慧视察金山区朱泾小学

【举行海峡两岸青少儿版画交流活动】 10月27—28日，由上海市金山区教育局、台湾新北市教育局、江苏省南京市教育局主办的2015年第六届海峡两岸青少儿版画交流活动在金山区西林中学举行。活动中，台湾新北市集美小学作《依托传统文

化，建设特色校园》中华文化教育专题报告，还举行了青少儿版画表彰仪式，开展了教师版画教学沙龙活动。（丁卫平）

【启动“明天的导师”工程】 10月28日，金山区第六届“明天的导师”工程启动大会举行。评选出首席教师9名、学科主持人15名、学科导师58名、青年骨干教师250名。本届导师工程继续以“学科工作坊”形式开展项目研究，着重打造中青年骨干研究团队，发挥优秀教师示范辐射作用，带动师资队伍水平整体提升。（陈 艳）

【召开教育综合改革推进大会】 11月26日，金山区教育综合改革推进大会召开。区委、区政府，区人大、区政协领导出席大会。市教委副主任贾炜出席并作讲话。会议对《金山区教育综合改革方案（2015—2020年）》进行解读和说明，区人力资源社会保障局、朱泾镇政府作了交流发言，区体育局、区卫生计生委、廊下镇政府、区家庭教育促进会作书面交流。与会人员观看金山教育改革专题片《跨越》，14所学校就琴棋书画区域特色、校本课程和创新实验等进行现场互动展示。（刘丽英）

附：区教育局驻地及负责人

（2015年1—12月）

地址：金一东路2号
邮编：200540
电话：57944317

区委分管副书记：程 鹏（5月到任）
区政府分管副区长：吴瑞弟（10月到任）

区教育党工委书记：邱辉忠（7月离任）、黄翔洲（10月到任）
副书记：韩亚弟

区教育局局长：顾宏伟
副局长：黄 萍、郑 瑛、盛明秀、樊文军

松 江 区

【2015年概况】 全区有各级各类教育机构257所（个），其中托幼园所113所（公办47所、民办66所）、中小学72所（公办中小学47所、特殊教育学校1所、民办中小学24所）、职成类学校61所（教师进修学院1所、中职校2所、成校13所、社会力量办学45所）、其他公办教育机构11家（含开放大学、成师校及9个中心）。全区公办学校教职工8705人（其中专任教师7139人），民办中小学、幼儿园教职工4468人。全区全日制学校在校学生14.62万人，其中义务教育阶段8.84万人（公办6.33万人、民办2.51万人）、学前教育4.58万人（公办2.64万人、民办1.94万人）、高中7472人（公办6639人、民办833人）、中职校4477人。

加大投入，改善城乡办学条件。全年教育经费总投入370383.9万元，比上年增长9%。其中区级财政教育经费拨款209674.3万元，比上年增长10.74%；城市教育费附加133700万元，比上年增长17.44%。扩大学校财务管理集中核算覆盖面，95家公办单位和19家随迁子女小学纳入财务集中核算管理。年内新建6所学校（幼儿园），完成2所学校校安加固大修工程。提升教育装备水平，推进“扶持50所老年学校开展标准化建设”市政府实事项目，完成3所成校“科普保健、wifi体验、中国茶艺”等专用教室建设，完成“食堂食品质量视频系统”、15个高考外语听说测试标准化考场建设、29所中小学心理室专用设备配置及100余所学校信息化设备更新。推进教育信息化建设，完善“茸师e堂”教育资源库整体框架，建设“区校两级”学业质量分析系统。

创新机制，加强教师队伍建设。共招聘教师568人，其中在职引进56人、面向社会招聘幼儿园教师30人、应届本科以上毕业生482人(其中研究生占34.6%，1人为博士后)；学生党员37.8%，师范类毕业占76.6%。实施“树师德，强师能，铸师魂——党员教育工程”党建项目，举行第三十一届教师节庆祝活动，组织教育系统“劳模进校园”活动，开展“镜头下的师爱”主题摄像、摄影比赛，承办上海市中小幼教师读书交流现场推进会。启动实施第三轮“强师兴教”行动计划(2015—2017年)，完善四级骨干教师建设体系。分层实施见习教师规范化培训、2—5年教龄青年教师跟进式培养、6—10年教龄(教坛新秀)提升计划，助推青年教师成长。完成新一轮校长职级评审，举办幼儿园副园长研修班、校级后备干部培训班、党支部书记实务培训班、暑期校园长专题培训、教导主任培训班。开展2期16人幼儿园园长跟岗培训、12名骨干校园长个性化培养，建立2个区内校长实训基地。举办5场“走向教育家办学”系列论坛。22名校级中层以上干部攻读华东政法大学行政管理硕士，3名校长参加市教委长三角培训，王铁桦校长被评为区第二届领军人才，8人被评为区第四届拔尖人才。申伟英校长被评为上海市特级校长。年内新提任干部25名。

制定计划，推进学前教育发展。制定《松江区学前教育三年行动计划(2015—2017年)》，依托“雁翎发展共同体”，以8个市一级优质园为头雁，组建全区公民办全覆盖的结对联动体系。泗泾中心幼儿园等7家单位被评为上海市托幼机构保育工作先进集体。制定“减负增效、整合优效”的评价指标，实施全员评价，大学城幼儿园等10所幼儿园获A级管理绩效奖。

强化社会主义核心价值观教育，推进学校德育规范与特色建设。推进市、区两级8所新优质学校建设。推进学区化集团化办学试点工作，深化义务教育共同体建设，组织教师参与校际柔性流动，完成共同体区级展示。启动第五轮农村学校委托管理，推动学校内涵优质均衡发展。实施办学质量评价改革试点，深化学业质量评价“绿色指标”改革。开展《基于课程标准的教学促进小学生非智力发展的研究》总课题研究，促进课程教学改革。

开展高中教学工作专题调研，把脉全区高中教育教学现状。组建高中联盟，实施学科基地建设，助推市特色高中学校创建。试点高中优质教师跨校助教，加大高中创新实验课程建设。实施“实践育人共同体建设计划”，遴选市、区级普通高中学生社会实践基地，逐步完善学生综合素质培养及评价工作。

发展职业教育，加强终身教育。职业学校就业及升学率达99.1%，13名学生参加全国职业院校技能大赛获金牌2枚、银牌9枚、铜牌2枚。上海市城市科技学校中高、中本贯通项目通过市教委评审。职业技能年度培训总量达4.5万人次。终身教育继续加强以开放大学、社区学院、老年大学为龙头的三级办学网络建设，村居办学点达291个。松江区开放大学成人学历教育招生2369人。全区完成各类教育培训45万人次。实施老年教育“千千万”工程，推进老年学校标准化建设。区老年大学、九亭镇老年学校在上海市第四次老年教育工作会议上受表彰。

规范招生行为，实施教师专业培训。保障进城务工人员随迁子女教育权益，确保符合条件的51050名义务教育阶段进城务工人员随迁子女在校就读。推进招生改革，规范招生行为。启动进城务工人员随迁子女小学教师专业化培训三年行动计划，引入社会力量提供培训服务，组织1—3年教龄教师进行“双基”培训，提升教师专业素养。集中治理非法办学行为，依法取缔非法办园点。

文教结合全面展开，体教结合深入推进。成立区学生电声乐团，开展“周周演”活动，举办首届初中学生系列辩论赛。5家单位被命名为上海市艺术特色学校，仓桥学校被评为首批全国中小学心理健康教育特色学校，松江二中被评为上海市中小学心理健康教育示范校。以“阳光体育节”18项赛事为中心，完善阳光体育大联赛赛制，加大“校园足球联盟”“校园篮球联盟”“校园排球联盟”建设，优化课余训练体系，提高青少年身体素质。科教结合成果显著，组织道康宁青少年科技日，举办第三十届上海市青少年科技创新大赛、第二十九届上海OM

头脑奥林匹克大赛，举行上海市青少年科学社下属松江分社等活动，培育青少年科学素养。

推进教育综合改革，落实年度教育综合改革任务。编制“十三五”规划，推动教育事业可持续发展。严格执行“八项规定”，优化教育政风行风。加强“三严三实”专题教育，开展“两个责任制”常态化检查。认真接待和办理信访案件，及时查办各类违纪违规案件。拓展信息公开平台，开通“松江教育”官方微信，加大教育宣传力度。严格学校食堂、后勤中标企业质量监督评估。完善区资助中心管理职能，实现教育资助“全覆盖”。推进教育法治建设，规范机关依法行政、学校依法办学。发挥督政、督学指导和服务功能，提高区域教育公共服务能力。开展安全隐患排查整治工作，组织安全知识宣教，推进应急疏散演练常态化。完善突发事件预案及报送制度，提升应急处置能力。（马　强）

【第五期青年教师训练营结营】 1月26日，以“梦想·传承·使命”为主题的松江区第五期青年教师训练营结营仪式在东华大学附属实验学校举行。结营仪式由“共话训练营精神”主题论坛与汇报演出两部分组成，通过数字故事、情景剧、舞蹈、朗诵、大合唱等节目，充分展现营员们的青春热情与教育激情。训练营自2013年7月开班以来，围绕“素质拓展、课程领导力、教育科研、教育管理、党性锤炼”等五大板块，通过讲座、体验、实践、观摩、交流等方式，47位学员在师德修养、学校管理、专业能力等方面有了很大提高。（黄　蕾）

【开展基于课程标准的教学与评价专项督导】 3月23—25日，松江区16所小学（含九年一贯制学校小学部）接受市教委和市教育督导室实地督导。督导组通过阅看学校自评报告、听取校长自评汇报、查阅相关资料、观察课堂教学、师生访谈、教师问卷调查等，重点围绕区教育行政部门和教学研究部门对学校的管理和指导、学校推进基于课程标准的教学与评价工作情况以及家长对此项工作的了解和支持情况等方面进行深入了解。督导组肯定松江区推进工作目标清晰、职责明确、措施到位和路径清楚。（汤喜娟）

【召开区教育信息化工作推进会】 4月2日，区教育局召开教育信息化工作推进会，研讨教育信息化“六大工程”建设。推进领导小组成员、“六大工程”项目推进小组负责人参加会议。会议围绕学校管理、教师教学和学生学习，明确通过细化推进实施方案、制定推进时间表和路线图、找准项目支撑点、补充修改操作文本、完善设计操作模块、搭建专家支持团队等措施，确保项目稳步推进。（黄　辉）

【启动中华家文化和茶文化社区教育项目】 6月3日，中华家文化和茶文化社区教育项目启动仪式在九亭镇社区学校举行。全区终身教育系统学校负责人、事业办主任等30余人参加活动。启动仪式上，对项目实施方案进行解读。中华家文化项目围绕家之美、家之和、家之礼、家之安、家之学等五个主题开展丰富多彩的活动，普及家文化知识，引导市民提升礼仪素养、践行社会主义核心价值观。中华茶文化项目通过开展以弘扬中华茶文化，普及茶知识为重点的教育活动，满足市民健康养生、丰富生活的需求。（金明忠）

【举办民办优质幼儿园创建汇报展示活动】 6月19日、11月18日，由区托幼办组织的首轮上海市民办优质幼儿园创建汇报展示活动分别在上海西外外国语幼儿园和上海乐景运动幼儿园举行。展示活动以“课程建设促质量，特色发展强内涵”为主题，分两个专场，展现了首轮上海市民办优质幼儿园的创建风采。（温敬婵）

【开展职业小达人体验活动】 7月17日，松江区暑期职业小达人体验活动在上海市农业学校和上海

松江区暑期职业小达人体验活动

市城市科技学校开放实训中心举行。活动持续4天，全区约有600名中小学生参加体验活动。活动包括现代“小农夫”、DIY精致小盆栽、草坪“理发师”、小动物穿花衣、汽车模型艺术喷绘、创意木工等体验项目。通过实践活动，有效促进了区内青少年建立初步职业意识，培养其创新精神和实践能力。 （黄　辉）

【获全国十佳优秀科技辅导员称号】 8月23日，由中国科协、教育部、科技部以及香港特别行政区政府等共同主办的第三十届全国青少年科技创新大赛在香港落幕。三新学校叶笛老师经项目初评、终评答辩以及素质测评等环节，获“全国十佳优秀科技辅导员”称号，成为松江区首位获此荣誉称号的科技辅导员。 （黄　辉）

【启动第三轮“强师兴教”三年行动计划】 9月10日，召开区第三轮“强师兴教”三年行动计划启动大会。会上播放《强师资队伍之基，兴松江教育之本——松江区“强师兴教”行动计划专题宣传片》，总结第二轮“强师兴教”三年行动计划的成果，对第三轮行动计划进行展望。新一轮行动计划以提高师德素养和业务能力为核心，重点围绕“卓越校长”行动计划、骨干教师队伍建设、青年教师培养和师资队伍良性发展保障体系建设等，努力打造一支师德高尚、业务精湛、结构合理、充满活力的高素质专业化教师队伍。 （朱　永）

松江区第三轮“强师兴教”三年行动计划启动

【第五轮委托管理项目签约】 9月16日，“黄浦—松江”上海市第五轮农村义务教育学校委托管理项目签约仪式举行。松江区的九亭小学、九亭第三小学、新闵小学、小昆山学校、天马山学校分别与黄浦区的卢湾三中心小学、曹光彪小学、梅溪小学、上海市市八初级中学和上海名师培训中心签约委托管理。通过第五轮委托管理，加强两区间全方位沟通交流，依托黄浦区先进教学理念、精细化学校管理和多样的教学方式，促进松江区义务教育学校内涵发展。 （黄　辉）

【举行法律进校园工作推进大会】 9月16日，由区教育局和区司法局共同组织的“法律进校园”工作推进大会在上海城市科技学校召开。市、区相关领导及法制副校长、结对律师等300余人参加大会。大会旨在以推进“法律进校园”为契机，推动学校依法治校，加强校园法治教育，健全普法长效机制。通过选聘公安、检察院、法院、司法局等政法部门干警担任法制副校长，参与学校法治教育，开展学校周边综合治理；选聘优秀律师担任学校法律顾问，为学校教育教学管理提供法律咨询服务，提高学校依法治校、依法施教、依法决策水平和处理突发事件的应急能力。 （薛红梅）

【启动高三学生分层分类指导项目】 10月19日，区教育局和区教师进修学院联合召开2016届高三学生分层分类指导项目启动会。松江二中、松江一中、上师大附外中、华实高中4所学校教导主任和受聘4门学科优秀教师出席启动会。会上解读《松江区2016届高三学生分层分类指导项目实施方案》并对具体工作进行布置。开展高三学生分层分类指导项目，旨在更有效地整合优质教育资源，发挥名师名校辐射引领作用，提高高中教育教学质量。 （黄　辉）

【第一期青年教师教学研修班结业】 10月26日，主题为“教师梦·青春志”的区第一期青年教师教学研修班结业仪式举行。首期青年教师研修班由42位4—5年教龄优秀青年教师组成，历时一年半，通过理论学习、名师带教、岗位实践和交流分享4个阶段的研修活动，青年教师夯实了专业知识，拓宽了教育视野，提升了教育教学能力。 （朱　永）

【通过一级幼儿园评估复验】 11月12日，市教委委托市教育评估院，组织专家组对洞泾镇中心幼儿园开展创建上海市一级幼儿园评估；12月2—3日，组织9人专家组对荣乐幼儿园开展上海市示范园的复验评估。通过园长汇报、查阅资料、访问座谈、问卷调查等方式，从办园条件、园务管理、课程管理、队伍建设、家长社区、示范辐射等方面对幼儿园进行全方位评估。专家组对幼儿园园所风貌及工作成效给予肯定，并为园所的后续发展进行指导。2所幼儿园均成功晋级和通过复验，拓展了松江区优质幼儿园资源。（温敬婵）

【举办区青少年民族文化培训展示】 11月15日，“中华文化启智慧，民族精粹伴成长”——2015年松江区青少年民族文化培训暨学校少年宫成果展示活动举行。活动分为版面展示、展台展示、视频展示和舞台展示四类，吸引全区400余人参加。展示活动呈现松江区青少年民族文化培训和学校少年宫建设的成果，体现课内课外联合，教育资源与社会文化资源整合的常态化培训模式，促进全区青少年学生素质全面和谐发展。（黄　辉）

松江区青少年民族文化培训展示活动

【举办区第二轮义务教育学校发展共同体展示】 11月19日、12月18日，松江区第二轮义务教育学校发展共同体中期展示活动分别在民乐学校、泗泾小学举行。展示活动通过教学研究课、共同体活动微电影、主题报告和主题论坛等形式，呈现共同体发展成果，推广先进经验，扩大优质教育资源。松江区第二轮义务教育发展共同体建设自2013年启动以来，共组建8个共同体，围绕“促进教育公平，全面提高教育质量”的工作目标，整体推进区义务教育均衡、优质、公平、开放发展。（黄　辉）

【成立区首个社区教育社会学习点】 12月18日，区首个社区教育社会学习点挂牌建立。该学习点依托其场所、设备、师资、宣传、管理等资源优势，为社区教育提供古筝、艺术合唱等课程服务。区教育局将采取无偿支持、购买服务或项目合作的形式，建立一批社会学习点，作为松江区社区教育体系的重要补充，满足广大市民多元化学习需求。

（金明忠）

【举办“走向教育家办学”系列论坛】 年内，区教育局围绕“行走在‘理念与行动’之间”“肩负使命、践行教育梦”“为教育行万里”“研训有道”“教导有方”五大主题，举办5场“走向教育家办学”系列论坛。论坛是深入推进“卓越校长五年行动计划”的一项重要举措，旨在围绕松江区教育改革与发展中的热点问题，通过“论坛”平台，引导教育工作者更好地梳理与提炼工作经验与特色，对教育改革与发展中的问题有更深度思考与探索，不断助推教育者向着“教育家”的方向发展。（黄　蕾）

附：区教育局驻地及负责人

（2015年1—12月）

地址：中山中路38号
邮编：201600
电话：57820485

区委分管常委：黄　冲
区政府分管副区长：苏　平

区教育党工委书记：徐界生
副书记：陆娟娟

区教育局局长：陈小华
副局长：钱秋萍、杨桂龙、顾逸程、冯　雷

青　浦　区

【2015年概况】 全区有中小学、幼儿园和特殊教育学校161所，其中中学29所（含九年一贯制、少体校），小学46所（含民办农民工子女小学）、幼儿园84所（含民办二级、三级幼儿园）、特殊教育学校2所。共有学生87643人，义务教育阶段学龄少儿入学率达100%。有中等职业技术学校2所，学生3398人。有成人中等文化技术学校11所，社会力量非学历办学39所，各类进修及培训注册人数184141人。全区公共财政预算拨款276119.49万元，其中教育事业费拨款181255.21万元、教育费附加拨款85500万元、其他公共财政预算安排的经费拨款9364.28万元。

一、加强整体规划，深化教育综合改革。编制《青浦区教育综合改革方案（2015—2020）》，确立德智体美劳一体化"立德树人""活动—发展"课程格局基础上的课改深化、"行动教育"范式支持下的教师专业素养提升、区域教育城乡一体化发展的体系建设、现代教育治理能力建设等5大行动，以及"健全中小学德智体美劳一体化育人机制"等28项改革实验项目；成立区教育综合改革办公室，由专人负责推进工作统筹、协调、宣传、考核等事宜。制定青浦区教育改革发展"十三五"规划编制工作方案，在分析总结"青浦教育发展第十二个五年规划"经验与成果、梳理青浦教育发展现状以及存在问题的基础上，启动规划及14个专项计划编制，基本形成青浦区教育改革发展"十三五"规划指导思想、总体目标和重点任务的核心内容。

二、坚持建管并举，优化教育资源配置。按照《青浦区政府性社会事业设施建设三年行动计划（2013.7—2016.6）》，加快推进2015年学校建设项目实施进程，新建华新中学、御澜湾学校、复旦附中青浦分校、豫英游泳馆、忆华里幼儿园按时竣工并投入使用；认真做好御澜湾幼儿园、蒸淀小学新建教学楼、佳信学校新建教学楼、富力桃园学校、实验中学游泳馆项目前期工作；加强协调与沟通，做好大型居住社区配套学校建设和移交接管工作；举办上海青浦世界外国语学校，项目落户西虹桥商务区。

三、注重多方联动，促进学生全面发展。继续推进"中国梦"系列宣传教育、中华优秀传统文化主题教育、基础道德教育和公民意识教育，评选中小学生十佳和十优"道德实践风尚人物奖（美德少年）"；启动《区域推进未成年人教育社会化协同创新机制研究》项目研究，做好2015年未成年人暑期社会实践活动，推进高中生志愿服务实践基地建设和学校城市、乡村少年宫建设；构建由学校——城乡合作共同体——区学生心理发展辅导中心组成的心理咨询服务三级管理网络，和区检察院、区妇联等部门合作共建"心语工作室"，组织开展上海市中小学心理健康教育达标校、示范校创建工作；严格落实"三课两操两活动"要求，确保中小学生"每天校园锻炼一小时"，开展全区学生体质健康监测工作，推进"体教结合"和学校体育教学改革；举办各学段语言文字交流展示活动，完成中职校二年级学生普通话水平测试；举办第八届学生科技节，组织第三十届青少年科技创新大赛等近20项区级竞赛活动，选拔推荐优秀学生参加第十一届上海未来工程师大赛等市级竞赛，青浦高级中学的根与芽社团、实验中学的晨光摄影社团成功入选首批市级学生科技创新社团；强化艺术教育项目协作组功能，加强学校"三团一队"建设，实验中学等5所学校被命名为上海市艺术教育特色学校。

四、全面统筹协调，加强教育优质均衡发展。在学前教育领域，新增秀泉幼儿园、忆华里幼儿园（三原色幼儿园搬迁），编制《19—36个月亲子指导活动设计与组织》教师用书、《25—36个月家长指导手册》和《指导员培训课程手册》，完成6个协作项目研究成果集初稿，组织凤溪、实验幼儿园等课程特色展示活动，评选表彰第二届青浦区托幼机构保育工作先进集体与先进个人，完成幼儿园营养菜谱汇编。在小学教育领域，举办“成长 优质”为主题的“新优质”项目推进展示活动，在瀚文小学举办主题为“基于课程标准，加强学科整合，提升学生综合素养”课程教学改革现场专题研讨，在嵩华小学举行“不断改进教学管理 提升专业服务能力”小学分管教学副校长专题研讨活动。在中学教育领域，组织城乡共同体聚焦“新课堂实验”业务研讨和资源共建共享活动，初步形成中学阶段“绿色指标”改进意见，举办“关注学生学情，提升学生学力”教学研讨周，举行“关注学生立场，促进课堂转型”主题教学研讨活动，顺利完成中、高考组织工作。全区共有1903名考生参加高考，3034名考生参加中考。在职业教育领域，起草《青浦区职业教育集团组建方案》；遴选9家校企合作基地，建立区级校企合作基地评估指标体系；开展“旅游服务与管理”专业现代学徒制试点；开设航空发动机维修、数控技术应用和计算机应用技术3个中高职贯通专业，全年招生150人。在成人教育领域，指导9个街镇创建新一轮社区教育示范街镇，初步形成市民学习团队培育机制和管理办法；新增7个社区教育实验基地和24个社区教育实验基地项目，与区建交委、交运局等合作启动“新农村建设村村通车厢课堂建设”；完成“建智慧城市，做智慧市民”培训5万人次培训目标，启动“中华优秀传统文化进社区”等活动；实施徐泾镇、朱家角镇2所老年学校标准化建设工程，申报62家老年人学习团队、7家优秀学习团队。在特殊教育领域，增设学前特教康复点至6个，选派14位随班就读学校教师参加华东师范大学特殊教育资源教师培训，并建立资源教室使用与功能开发研究协作组；构建特教老师、普通老师、指导医生、助残员组成的“四位一体”送教上门服务模式，形成“医教结合工作干预、服务模式”；制定“特殊教育康复训练课程方案”，编写68册“学校医教结合康复系列教材”和8册“随班就读资源教室生本化课程”，并建立学生成长档案。在民办教育领域，54所单位到期换证，8所单位变更换证；通过工商登记(变更)前置审核，新设经营性民办培训机构4家，变更经营范围3家，变更股东(举办者)1家；制定《青浦区民办农民工子女小学关于签订、履行劳动合同的规定》，迎接市小学阶段实施“基于课程标准的教学与评价”工作专项督导，举办区民办农民工子女小学田径运动会，完成2014年度61家民办学校、幼儿园和41家民非机构网上年检审核，完成8所民办三级幼儿园深度年检。

五、深化内涵建设，努力实现“学有优教”。深入开展“立德以为师，志行以树人”师德教育系列活动，评选“2014年度师德建设优秀项目”，开展“夸夸我们的好老师——校长书记讲故事”“我心中的楷模”评比展示和媒体宣传，评选系统内优秀志愿者队伍、个人和项目；严格落实《党政干部选拔任用工作条例》，加强干部调整岗位、交流任职和提任，试行教育系统干部竞争上岗机制；全面实施《青浦区教育人才发展三年行动计划》，启动高端教育人才公开招聘，全年招聘新教师227人，其中985高校毕业生54名，高端教育人才4名；依托市区两级课改基地学校和先行学校，构建具有区域特色和校本特点的课程体系，梳理科目设计、课程建设、课程实施以及课程评价的典型范例，形成近200门课程供不同学生选择，成功承办上海市中小学乡土课程贯彻“两纲”现场会；深入推进“新课堂实验”，继续以“绿色指标”为导向，积极实践并总结推广“为学而教、少教多学、鼓励挑战性学习”新课堂教学的有效做法；发挥优质资源作用，制定并实施《区域推进学区化、集团化办学，形成新优质学校集群发展》方案；召开青浦区教育信息化工作大会暨第五届EDT大会，组织“一师一优课、一课一名师”活动，开展“北斗”导航课程化学习学生成长记录项目研究工作，推进“北斗”创新实验室及区本课程《圆梦北斗》建设。

六、落实安全措施，积极建设平安校园。配合公安等部门多次开展校园及周边安全隐患整治，加强对校车服务公司监管以及校园保安队伍管理，进一步规范校园重点部位人防、物防、技防措施；全面实施中小学公共安全教育，组织开展“安全教育周”、安全教育“最后一课”以及假期安全教育活动；重视学校卫生安全，建立“医教结合”工作网络，开展“一校一医”对接工作调研，启动“一生一档”健康档案建设。

七、强化依法治教，确保教育有序发展。认真执行有关政策及指标要求，规范使用教育经费；严格执行“八项规定”精神，落实《青浦区教育系统领导干部问责办法(试行)》，开展“三重一大”制度执行情况检查和“自行采购”项目推进情况检查；完成素质教育示范校评审1所、新优质学校评审3所、绿色指标达标学校评审22所，开展小学阶段实施“基于课程标准的教学与评价”工作、区政府教育经费使用(教育经费转移支付)情况专项督导，组织国家义务教育质量监测，积极争创“全国中小学主任督学挂牌督导创新区”，完成全区学校“一校一章程”建设工作；开展“帮困送温暖”，做好教职工补充医保等保障工作；联合区档案局组织“档案文化进校园”活动；继续做好教育系统信息公开，办理涉及教育内容的人大代表书面意见9件、政协委员提案26件，群众来信来访102件、“12345”市民热线216件。（姚为民、曹佳凤）

【召开区教育综合改革动员大会】 8月6—7日，举行区教育系统教育综合改革动员大会。会上，区教育局领导作主题报告，副区长蒋仁辉出席会议并就推进教育综合改革提出要求。会议邀请市教育综合改革专家组副组长顾泠沅教授作《深耕学校土壤，为区域“综改”奠定丰厚基础》专题辅导报告，邀请卢湾高级中学就高考改革在分层走班、教学定位、综合素质评价等方面介绍经验。分组讨论了《青浦教育综合改革方案》和《青浦教育事业“十三五”发展规划(讨论稿)》。（姚为民）

【创办上海青浦世界外国语学校】 7月13日，上海青浦世界外国语学校合作办学签约仪式举行。区委、区政府，均瑶集团，上海世外教育服务发展有限公司的领导，以及区内相关职能部门负责人出席。学校选址于西虹桥商务区，先期建设幼儿园、小学、初中，计划于2017年9月正式开学。（姚为民）

【复旦附中青浦分校正式启用】 8月28日，复旦大学附属中学青浦分校举行启用仪式。市教委、复旦大学与青浦区委、区政府、区人大、区政协的领导，相关单位及师生、家长代表600余人参加仪式。区委书记赵惠琴、市教委副主任贾炜、复旦大学副校长许征同时按下象征复旦附中青浦分校正式启用的激光球。该校占地约11万平方米，建筑面积7万余平方米。（曹佳凤）

复旦附中青浦分校校舍

【召开“北斗”导航课程化学习推进会】 1月14日，“北斗”导航课程化学习学生成长记录项目工作推进会召开。“北斗”项目组、上海交大电子信息与电气工程学院等单位，以及区内11所试点学校领导和相关负责人参加会议。会上，上海交大电子信息与电气工程学院介绍“北斗”项目，交流“北斗”大众位置服务在青浦试点学校的推进情况。区教师进修学院有关领导与负责人先后解读学生综合素质评价方案、介绍区本课程《圆梦北斗》、布置项目下阶段工作。区教育局对工作推进提出具体要求。会前，与会者参观“北斗”实验室，观摩NP缩微车、CyberTORCS教学平台、飞思卡尔比赛和小车平台的演示。（曹佳凤）

【召开教师专业发展工作推进大会】 6月25日，区教育局召开教师专业发展工作推进大会。会上，部分学校就教师专业发展示范校、学科教师研修基地、名优教师等方面的工作作交流发言。区教育局领导作《凝心聚力，全面促进教师专业发展》主题报告，并对教师专业发展工作提出要求。会议对第五届学科带头人、示范教师、教学能手进行命名颁证；对“十二五”首批教师专业发展示范校、第三轮特级教师工作室、首轮特级校长工作室、第四批学科教师研修基地进行命名授牌。（曹佳凤）

【市中小学乡土课程贯彻“两纲”现场会举行】 11月2日，“育人为本　以德为先：发挥课程育人功能”——上海市中小学乡土课程贯彻“两纲”现场会在青浦区举行。市教卫工作党委、市教委领导及相关处室负责人，市教研室、青浦区教育局及区教师进修学院有关领导与来自全市17个区县的300余位领导、专家和教师参加会议。会上，除主题报告外，还进行了现场展示。市教卫工作党委副书记、市教委副主任高德毅对中小学乡土课程建设提出要求。（姚为民）

上海市中小学乡土课程落实"两纲"现场会

【接受全国农村职成教育示范县创建复检评估】 11月24日，市教育评估专家组一行6人到青浦现代农业园区，对青浦区创建"国家级农村职业教育和成人教育示范县"工作进行复检评估。此次复检和实地评估是对青浦区近两年示范县创建工作的专项认定。（姚为民）

【区"心语工作室"揭牌】 3月26日，青浦区"心语工作室"在区学生心理发展辅导中心揭牌成立。工作室通过对心理支持档案的分析归纳，掌握未成年犯罪嫌疑人心理规律，研究减缓被害人心理压力对策。市检察院未检处负责人出席仪式并为工作室揭牌。仪式上，区检察院、区妇联和区教育局签署合作共建协议。（曹佳凤）

【区青少年科学研究院启用】 5月27日，"创新探索 成才 创新行动 科学圆梦"——2015年青浦区第八届学生科技节开幕式暨青浦区青少年科学研究院启用仪式举行。区教育局领导为区青少年科学研究院揭牌并宣布区第八届学生科技节开幕。区青少年科技教育工作以青少年科学研究院为载体，建立完善优秀人才发现、跟踪、培养机制，为青少年搭建一个开放多元、互动协作、自主创新和亲历科学的平台。（姚为民）

【在科技类竞赛中获奖】 在教育部、中央电教馆主办的全国第十六届中小学电脑制作活动中，青浦高级中学高二学生尤尧寅凭借3D益智玩具《百变迷宫魔方》获全国一等奖。庆华小学代表队在"2015—2016亚太区DI创新思维北京国际邀请赛"中获科技类挑战C组一等奖，获得参加2016年在美国田纳西州举行的DI全球总决赛资格。（曹佳凤）

附：区教育局驻地及负责人

（2015年1—12月）

地址：公园东路1155号
邮编：201700
电话：69713664

区委分管常委：韦 明
区政府分管副区长：蒋仁辉

区教育党委工书记：朱建忠（5月离任）、印国荣（5月到任）
副书记：印国荣（5月离任）、程卫国（5月到任）
朱良俊（2月离任）、黄海忠（2月到任）

区教育局局长：印国荣（5月离任）、程卫国（5月到任）
副局长：王海青、姚金生、庄惠元、江雪元

奉 贤 区

【2015年概况】 全区有各级各类教育机构234个。基础教育类学校161所，其中幼儿园80所（含民办

幼儿园和民办三级幼儿园36所)、小学35所(含民办随迁子女小学15所)、初中14所、高中8所、九年一贯制学校22所、十二年一贯制学校1所、特殊教育学校1所。全区基础教育类学生94949人,其中学前幼儿26487人(民办15569人)、小学生40728人(民办小学学生7751人)、初中生21685人(民办初中学生131人)、高中生5936人(民办高中学生467人)。专任教师6897人。全区早教受指导率98%。义务教育阶段随迁子女33750人,占义务教育学生总数的54%。中等职业教育学校3所,教育部门办职业培训机构10所,社会力量办职业培训机构49个,民办非学历高等学校6所,其他教育机构6个。明德外国语小学、南桥小学、青溪中学等3所学校成为第二批"新优质学校"建设校。把握高考改革机遇,推进高中分类分层教学,探索个性化学程和学分制管理,高中学校多样化发展,奉贤中学创新大楼建设加快,高中协作共同体项目初步彰显。

一、启动教育综合改革,优化教育资源布局。编制教育"十三五"规划并指导各单位研制新"三年发展规划"。抓住部市战略合作共同推进上海教育综合改革契机,编制《奉贤区教育综合改革方案(2015—2020年)》,凸显"贤文化"整体育人,重点实施改革区域教育治理体制实验、构建整体育人模式实验、促进城乡教育一体化发展实验和创新教育队伍建设实验四大重点项目20个小项目。完善学校设点布局规划,服务南桥新城建设、奉城四团东部地区和海湾南部地区发展,建成金水苑中学、育贤小学,迁建柘林幼儿园;完成江海一小思言校区建设,协调推进爱迪国际学校建设,引进帕丁顿双语学校。推进公办学校房地产权证确认,构建资源保障。

二、协调发展各类教育,持续提升区域教育品质。一是义务教育学区化集团化办学,促进区域教育优质均衡发展。围绕优质均衡目标,在"教育管理、教师队伍、教育教学、评估考核"四个一体化基础上建立实验小学(实验小学—育贤小学)、南桥小学(南桥小学—恒贤小学)、育秀实验学校(育秀实验学校—江山小学)、实验中学(实验中学—教院附中)和汇贤中学(汇贤中学—古华中学)五大学区集团,初步实现管理、教育教学、师资队伍和硬件设施等资源共建共享,建立有利于"学区集团"发展的扶持指导、评价考核和激励表彰机制。二是全面开展第三轮紧密型办学资源联盟建设,推进第五轮委托管理工作。在总结前两轮成绩和经验的基础上,进行适度调整,促使联盟内教师流动、教研驱动、管理互动、课程联动成为新常态。参与市教委推出的政府购买公共服务项目委托管理,利用托管平台强化支援方责任意识,做好第四轮委托管理学校总结评估,组织10所学校参与第五轮委托管理。三是推进各类教育协调发展,致力建设学习型社会。优化早教服务模式,全区流动早教指导每周增加到2次,实现户籍人口中3岁以下婴幼儿及家长每年接受6次免费早教指导服务。推进学前教育内涵建设,绿叶、金蔷薇两所幼儿园通过一级园复验,增设金蔷薇幼儿园学前特教班,完善学前教育服务体系,启动第三轮学前教育"三年行动计划"。加强职业教育内涵建设,有序推进奉贤中等专业学校创新人才培养和创建国家级示范校工作;加强开放大学奉贤分校活力建设,推动社区学院功能转型。实施特殊教育"三年行动计划",完善"特教学校—特教班—特教随班就读—送教上门"四级特教网络,建立"医教结合"特殊教育体系,最大限度满足各类残障儿童发展需求。实施"星光灿烂"计划,推进特色学校创建,促进教育的公益性和普惠性保障。四是优化进城务工人员随迁子女积分入学工作,促进民办教育发展。完善招生入学政策,规范有序推进进城务工人员随迁子女入学和转学工作。加强对民办三级幼儿园、民办进城务工人员随迁子女小学的一体化指导和管理。会同南桥镇等部门做好民办曙光小学动迁和学生分流工作。加大对非法办学、违法办学行为的处罚力度,维护教育良好秩序。推进基础教育学段引进优质民办学校。依法开展对民非院校日常监管,推进新一轮等级评估。

三、坚持全面发展导向,构建"奉贤育人"机制。一是坚持德育生活化课程化导向。围绕立德树人、奉贤育人,以深化"六进"(进教材、进课堂、进课外、进网络、进教师队伍建设、进评价体系)为抓手,构建并完善践行社会主义核心价值观、中华优秀传统文化和"贤文化"教育长效机制;以"纪念中国人民抗日战争暨世界反法西斯战争胜利70周年"为载体,开展爱国主义教育,思想政治、道德品质、法纪和心理健康教育与民族精神、理想前途、感恩奉献、文明礼仪、安全法制、意识责任等相融合。推进德育与体育、艺术、文化、科技、社会实践和创新活动的结合,家、校、社区合力打造"校内外育人共同体"。开展"名家进校园"和"思贤、敬贤、崇贤、育贤、践贤"等主题教育活动,出版《守望教育——上海市奉贤区优秀教师风采录》,推动"贤文化"读本进学校、进家庭、进社区。二是加强体卫艺科工作。推进小学体育兴趣化、初中体育多样化、高中体育专项化教学改革,完善区学生体质健康监测中心运行机制。开展"阳光体育"锻炼,逾20所学校在市"阳光体育"大赛中获团体奖项,数百名学生获个人奖项;推进校园足球联盟建设,奉贤中学、弘文学校、齐贤学校、平安学校等创建为全国校园足球特色学校。加强艺术和科技特色学校、特色项目、学生特色团队建设,搭建学生艺术和科技等活动成果展示交流的区级综合性平台。汇贤中学学生陈子希在上海交响乐厅举办钢琴专场演奏会;奉贤中学、曙光中学、育秀学校、教院附小、南桥小学被评为上海市艺术特色学校。学生在国家级和市级大赛中屡屡获奖,在2015年上海市学生艺术单项比赛中获6枚金牌14枚银牌16枚铜牌;汇贤中学DI团队参加在美国田纳西州立大学举行的2015年DI全球青少年创新思维总决赛,获初中组结构类团队全球第一名。

四、优化课程教学,促进教育内涵发展。一是推进"全面课程、校本特色",制定区域课程教学"三年行动计划",继续推进"一校一品"校本特色课程建设。深化"绿色学业"实施,围绕2014年小学阶段学业质量绿色指标测试结果开展教学研讨,切实减轻学生负担。引进和试验推广STEM课程(科学、技术、工程、数学融合课程),区第一批STEM课程实施试点学校推进顺利。二是课程教学改革不断深化。制定奉贤区《关于进一步落实小学全面推进实施"基于课程标准的教学与评价"工作实施意见》,学校课程领导力和教师课程执行力得到有效提高。举办以"立足校本,开放互动,有效教研"为主题的第二十届教学节,推进"人文课堂、有效教学"的落实。三是牢固树立质量效益意识。区域教育教学质量稳步提高,全区公办普通高中本科上线率提升,奉贤中学考入复旦大学、上海交通大学学生数创历史新高。中考成绩稳定,小学教学质量提高,学前教育形势喜人。

五、强化师德师风建设,全面抓好队伍建设。一是完善师德建设长效机制。出台《奉贤区教育局关于教师违反职业道德行为的处理办法》,开展师德建设先进集体及"五表率"先进集体(班组)评选。加大《奉贤区师德建设"五不准"》的贯彻、督查力度,深入开展"为人、为师、为学"师德建设暨"师德建设月"活动,15名教师分别被评为市农村优秀教师标兵、市农村优秀教师和区农村优秀教师。二是牢固树立以人为本意识。先后招聘2批近300名新教师,教师来源质量提高,专业结构更加合理。完善学校绩效管理和绩效考核办法,稳定农村教师队伍。坚持"双向选择"原则,选派南桥城区优秀校长赴边远农村学校任职,实行区内教师柔性流动和副职干部轮岗制度。完成第三轮评选工作,3名校长被评为上海市特级校长。继续开展"135"职初教师培养工程,"123"名优教师提升工程,"128"骨干教师培养工程,实施"双金字塔"教师培养模式;与上海交大合作举办暑期党政负责干部研修班,与华东师范大学合作举办青年后备干部培训班。成立奉贤区教育督导委员会。

六、拓展交流合作空间,提升教育开放发展水平。与国(境)外学校深入开展合作交流。奉贤中学、曙光中学、金汇学校、教院附小等校和国(境)外学校交流合作加深;大力实施优秀校长、教师海外培训,选送一批教师赴美国、新加坡等国家和香港地区学习,拓宽教育视野。主动拓展合作空间,辐射服务全国。继续推进与静安、黄浦、浦东等区结对交流工作,做好与贵州省遵义市对口支援工作。接受贵州省、广西壮族自治区等地校长、骨干教师到奉贤区挂职研修,服务辐射全国。做好奉贤中学、奉贤中专内地新疆班招生及教育教学等工作,推进民族融合教育。 (彭玉林)

【与多方签约合作办学】 12月17日,奉贤区政府与中国人民大学附属中学在北京签订合作办学协议，规划在海湾地区办一所高标准、现代化、寄宿制的中国人民大学附属中学上海分校。此外，奉贤区政府还与同济大学、上海外国语大学和冰厂田幼儿园先后签约，在南桥新城、临港奉贤园区、奉浦开发区建设高标准、现代化的学校及幼儿园。

（彭玉林）

奉贤区与人大附中签约开展合作办学

【中国教育创新“20＋”信息化专题论坛举行】 12月17—18日，主题为“聚焦课堂，聚力创新”的中国教育创新“20＋”教育信息化专题论坛在奉贤区举行。来自国内外教育、信息技术领域的600余人参加论坛，围绕“运用技术方案解决现实教育问题”“借力信息技术培育学生创新素养”等深入研讨。上海电信、上海教育软件等20余家国内优质教育信息技术公司参加现场产品展示。这是跨国界跨业界教育互联网高峰对话，也是年度最具影响力的教育创新论坛。（彭玉林）

【新增上海市特级校长】 年内，区教育学院院长蒋东标、实验中学校长陈琳、教院附小校长何哲慧被评为上海市特级校长。至此，奉贤区已有8位上海市特级校长。（彭玉林）

【加强教育科研工作】 全年，奉贤区立项的教育科研项目，共计226个，其中市级教育科研项目6个，区级教育科研重点项目18个、一般科研项目202个。市级课题有以下6项：区教育学院申报的“区域推动校本培训，促进教师‘优质学习’的实践研究”“社会主义核心价值观教育背景下培养少先队员道德思维的课程开发与研究”，奉贤中学申报的“高中化学教材实验设计的国际比较与应用研究”，青溪中学申报的“‘新城教育联盟体’学校新教师成长的实践与研究”，教育学院附属实验小学申报的“提升小学生非连续性文本阅读能力的实践研究”，奉城一小申报的“激活校史资源，推进小学生中华优秀传统文化教育的行动研究”。

（彭玉林）

【启动名家进校园主题活动】 11月4日，中小学生“人文蕴育”工程“名家进校园”主题活动启动。复旦大学历史系教授钱文忠为奉贤区学生作首场讲座——《读书完善人生》。区教育局推进“名家进校园”主题活动，让孩子们走近名家大师，聆听经典，启迪智慧，陶冶情操，养成博学雅趣、自信乐学的学习态度。（彭玉林）

【区学生民乐团举办专场音乐会】 12月26日，区学生民乐团在上海音乐厅举办专场音乐会，这是奉贤区学生民乐团首次举行的专场音乐会，演出受到嘉宾和观众的好评。奉贤区提出“自然、活力、和润”的“南上海品质教育区”发展目标，举办了奉贤区首届“七彩成长”学生活动节。区学生民乐团专场音乐会是学生活动节的一项重要活动。

（彭玉林）

【举办区第二十届教学节活动】 9—12月，区教育局开展以“立足校本　开放互动　有效教研”为主题的区第二十届教学节活动，围绕促进教学管理者素养、规范教研组建设、创新校本教研实践、助推青年教师成长等方面，开展系列主题活动。教学节期

区学生民乐团专场音乐会

间，28位中小幼、成职校分管教学副校长、教导主任、业务园长参加奉贤区"优秀教学管理者"论坛暨评选活动；对全区中小学6249位教师、642位教研组长发出网上调查问卷，推进教研组建设在评估中规范运行；在全区中小学校幼儿园共验收示范教研组6个、优秀教研组26个、合格教研组46个；举办2015年奉贤区团队特色教研活动方案评选活动，收到学校、资源联盟体、学区集团的团队特色教研活动138份申报，评选出62篇优秀方案；2015年奉贤区教学能手评选，全区中小幼共75位教师参加评选；参加2015年6门学科的上海市中小学中青年教师教学评选活动，3人获一等奖，4人获二等奖，5人获三等奖。 （彭玉林）

【实施星光灿烂计划】 年内，为落实《奉贤区推进教育综合改革实验区项目方案》，区教育局实施星光灿烂计划，设立学校自主发展专项，分为学校管理、党群工作、德育工作、课程教学改革、队伍建设、体卫艺科建设、教科研专项、信息化专项、安全工作专项、校舍配套与设施设备更新专项等10大类，已启动项目182个。 （彭玉林）

附：区教育局驻地及负责人

（2015年1—12月）

地址：南桥镇古华路758号
邮编：201499
电话：37597001

区委分管领导：徐　卫
区政府分管区长：倪闽景

区教育党工委书记：陆　琴
副书记：施文龙（兼）、张　杰

区教育局局长：施文龙
副局长：陆　琴（兼）、朱玉平、唐　瑛、万国良（11月到任）、周　英（11月到任）

崇　明　县

【2015年概况】 全县有中小学、幼儿园、职校和特殊教育学校105所。其中高中7所（含公办完中2所和民办完中1所），初中29所（含公办九年制学校3所和民办九年制学校1所），小学29所（含民办小学1所），幼儿园37所（含民办幼儿园2所），中专职校1所，特殊教育学校2所。另有直属单位9个，成人学校18所，上海开放大学崇明分校1所。在校中学生17096人，小学生17190人，在园幼儿10148人，中专职校生2802人，特殊教育学生274人。全县在编在职教职工7271人，其中专任教师5210人。在职教师中，中级以上职称2834人，其中中学高级508人，中学一级1070人，小学高级1047人，职校中级109人。高中、初中、小学、幼儿园专任教师学历达标率分别为99.84％、97.04％、98.19％、99.76％。

一、部署落实教育综合改革工作。研究制定"十三五规划"，从8个方面明确全面实现教育现代化的目标与任务。围绕教育综合改革要求，研究制订崇明县教育综合改革特色项目。确定"全面深化生态教育改革实践"的特色综改项目方案。确立26所"生态教育实验学校"，以工作坊的形式发挥学校资源优势，扩大生态教育的外延，做实生态教育成效，推进教育综合改革。

二、加大师资队伍建设力度。完成新一轮基层领导班子调整，加大干部交流力度，其中城乡交流11人，跨学段交流4人；完善青年干部岛外挂职、双向交流任职等机制，选派8名青年后备干部到黄浦区名校挂职锻炼；落实新的《干部任用条例》，完善“一报告两评议”、干部选拔任用工作全过程纪实等工作。加强师德师风建设，多媒体宣传崇明县的上海市教书育人楷模、崇明县道德模范等先进事迹；按需做好教师配置，引进新教师214人，缓解长兴地区师资矛盾和幼教师资缺口，做好新城地区两所新办学校2016年秋季开学前的师资储备；继续开展见习教师规范化培训，新增5所市级教师专业发展暨见习教师规范化培训学校；第三轮20个名师工作室按计划开展活动；新增上海师范大学定向培养小学教育专业师范生的委托培养项目；推进人事制度改革，加大对留职停薪人员的清理整治力度，完成6200余名教师资格首次注册工作，实现新教师入职“双证制”，全面实施并完善绩效工作制度。

三、深入开展未成年人思想道德建设。以6所中小学校为试点，实施推进“大中小德育课程一体化建设研究”，开发县本特色课程系列；以3所中小学校为试点，推进中小学专题教育的整合实施；深入推进区域学科德育实践建设，组织开展“学科德育精品课程”征集展示活动，加强区域整体推进学科德育机制建设的研究；进一步加强区域心理健康教育，开展“关爱心灵　携手成长”崇明县第四届心理健康教育活动月活动，实施“农村留守儿童心理关爱项目”，开发相关课程；县心理健康辅导中心接受市评估院的达标评估验收，被评为第二批上海市人文关怀和心理疏导示范点，42所中小学通过市中小学心理健康教育达标校评估验收，崇明中学被命名为全国心理健康教育特色校；持续推进学校——家庭——社区“三位一体”育人机制建设，建立上海市普通高中学生社会实践（志愿服务）市级基地3个、县级基地10个、校级基地19个；实施“农村留守儿童家庭教育指导项目”；继续做好一年一度的特殊家庭未成年人调查摸底工作，建立关爱服务平台，实施常规化的未成年人关心关爱工作。

四、实施新一轮“学前教育三年行动计划”。切实抓好早教指导工作，“亲子嘉年华”活动从每年一场增加到每年三场，服务家长数量从800余人增加到2000余人；推进育儿周周看项目，开展合格早教指导站和优秀早教指导站评比；多途径提高幼儿园保教质量，继续委托行健学院开展非专业教师的专业技能培训，新河幼儿园、港西幼儿园创建一级幼儿园；依托市级课题的实施，初步形成保教质量监控标准。

五、完善教育资源统筹管理机制，促进义务教育优质均衡发展。明确义务教育集团化和学区化推进目标与路线图，推进三岛整体布局、阶梯式推进的学区化、集团化办学策略；开展第四轮郊区农村义务教育学校委托管理工作终期评估并启动第五轮委托管理工作；建立“新优质学校”项目集群式发展推广机制，召开新优质学校推进系列现场会；推进中小学教育质量评价改革，开展“以校为本”的质量保障体系试点，县教师进修学校、实验小学、实验中学、三星中学成功申报市级研究项目；加强特殊教育内涵发展，印发《崇明特教新三年行动计划》，开展随班就读生融合教育活动。

六、深化教育教学改革，提升教育品质。推进高中教育改革试点实施走班制教学、个性化学程和学分制管理，推动高中特色多样发展，探索建立高中学校跨校选修和学生共育的联盟机制；继续推进第二轮“主动·有效”课堂工程，开展实验学校和部室研究项目的展示研讨活动，开展“一师一优课、一课一名师”与“主动·有效”课堂融合活动；加强小学基于课程标准的教学和评价工作，开展“让评价融入教学”的县级研讨推进活动；推进教育信息化工作，确立新一轮信息化实验基地学校，开展电子白板应用培训、网络教研和教师信息化应用论文评比；推进教育国际交流，崇明中学与澳大利亚哥伦比亚学院合作开展“高中英语特长班”项目，与日本朱鹮之翼团体开展第四轮“中日自然学校”交流活动，组织43名高中学生赴英国卡迪夫公学开展暑期课堂活动；开展生态教育和乡土课程建设，编制《中小学生低碳指导纲要》和县生态教育“十三五”行动计划，26所学校被认定为第二轮乡土课程实验研究学校。

七、做好体卫艺科及语言文字工作。推进学生健康促进工程，启动中小学生《国家学生体质健康标准》抽样监测工作，成立县中小学生体育协会，全面启动校园项目；做好艺术教育工作，以“全国农村学校艺术教育实验县”实验研究工作为契机，建立学校艺术教育评价体系，组织开展学生文化艺术节及艺术展演活动，推进民族文化培训工程和“乡土文化进校园”区域品牌项目，开展“校园文化进社区”“高雅艺术进校园”活动，全面推进“彩虹”乡村学校少年宫建设，完成30所少年宫的建设运作；做好科技教育工作，开展系列科普科技教育，组织参加6次全国科技竞赛活动，成立上海市青少年科学研究院崇明分院；做好学校卫生工作，完成全县31547名中小学生健康体检，在城桥地区14所学校食堂重点区域安装全球眼监控系统；做好语言文字工作，开展以“诵读中国经典，传承中华文化”为主题的经典诵读活动和第十八届推普周系列活动。

八、推进职业教育和成人教育发展。推进职业教育集团建设，完善集团网站建设，加大校企合作力度，建立专业教师培训机制，开展“订单式培养”；加强职业培训，加强中高职贯通与衔接，带动中西部职教共同发展；做好社区教育工作，市、县两级社区教育实验项目顺利实施；开展学习型组织建设，继续办好县老年大学和乡镇老年学校，全县接受教育的老年人占老年人总数40%以上，顺利实施老年学校标准化建设工作，9个街镇全部通过验收；6万余人次接受技能类教育培训，开展第十一届“全民终身教育学习周”系列活动，组织50余项乡镇级以上活动；促进民办教育健康发展，进一步规范民办学校办学，加强对转民学校的年检等检查管理工作。

九、继续推进实事项目和重点工程。加快校舍设施建设。陈家镇地区上海市东滩思南路幼儿园项目和上海实验学校附属东滩学校项目年内均已开工建设，基本完成二次装修方案设计。裕安社区初中项目完成结构封顶，裕安社区小学项目竣工；长兴地区长兴镇凤西路幼儿园项目开工建设；上海工程技术管理学校长兴校区项目、新城地区江帆小学项目进行室外总体施工。

十、加强依法治教力度。进一步落实中央八项规定和党风廉政建设责任制，继续开展廉洁文化进校园创建活动；做好内部审计工作，配合县审计局对县教育系统2013年度预算执行及其他财政收支情况进行审计，试行《崇明县教育系统领导干部经济责任审计轮审制度(试行)》，开展第四轮委托管理学校托管经费审计及乡镇老年学校标准化建设经费审计等专项审计，做好基建修缮项目的竣工决算审计；做好督导工作，完成对18所中小幼学校的办学水平综合督导评估工作，落实对中小学8个督导责任区学校挂牌督导，开展“招生入学”“绿色指标”“章程建设”等专项督导工作。 （梅湘瀛）

【实施老年学校能力提升工程】 年内，新村乡老年学校等9所学校参与2015年“扶持50所老年学校开展标准化建设”市政府实事项目。从3月份启动到11月份完成项目审计，历时8个月，共计建设完成烹饪、计算机、茶艺、科普、书画、乐器、多功能、影视欣赏、摄影、手工、益智等59个专用教室及学员报名处等辅助场所并投入使用。全县18个乡镇老年学校全部完成标准化建设项目。 （梅湘瀛）

【全面启动校园足球项目】 年内，县教育局制定《崇明县校园足球实施方案》，组建校园足球工作机构，设立校园足球专项资金；开展校园足球教练员、裁判员培训；开发县本足球教材，小学、初中、高中全面实施每周一节足球课程，部分幼儿园以足球情景游戏等形式开展足球活动；成立上海崇明根宝足球俱乐部，对根宝基地初中毕业的学生实施中职招生，招收人数为20名；举办校园足球片区赛、县级联赛；设立学校体育教学活动(校园足球)学生意外伤害保险；聘请5名西班牙足球教师；开展优秀足球运动员进校园活动；组建青少年校园足球精英训练营。 （梅湘瀛）

学生在绿茵场上享受足球的快乐

【特级教师赴云南省交流讲学】 3月底，县特级教师团队到云南省普洱市景东县交流讲学。9位特级教师开设专题讲座，景东县1000余名中小学教师参加了讲学活动。交流讲学活动是沪滇两地教育扶贫项目的重要内容之一。（梅湘瀛）

【承办中国教育学会专题研讨会】 4月15—18日，中国教育学会2015年班集体理论与实践专题研讨会在崇明县举行。会议主题是“教育转型背景下的班集体建设和班主任专业发展”。北京师范大学教授、中国陶行知研究会会长朱小蔓教授，华东师范大学终身教授、“新基础教育研究中心”名誉主任叶澜教授等作学术报告。大会分别在崇明中学、东门中学、实验小学、西门小学、长江小学设分会场。全国、上海10余家媒体代表，15个省市自治区的班集体建设和班主任专业化发展研究的专家、班主任代表等近1000人参加会议。（梅湘瀛）

【开展亲子嘉年华大型主题活动】 4月25—26日，第四届0—3亲子嘉年华大型主题活动举行，850个0—3岁婴幼儿和家长共2550余人参加了活动，300余名志愿者为活动提供服务。主题活动共设置粗大动作区、精细动作区、益智区、玩色区、美食区、建构区、健康加油站等7大区域40余个亲子游戏。（梅湘瀛）

【举行今天行动计划综合展示】 5月12日，崇明县举行今天行动计划暨快乐活动日小学综合展示活动。活动包括“六项兴趣技能”中的“人人争做小书画家”“人人争做小演奏家”“人人争做小健将”3个项目3个专场，每个专场由学校特色项目展示、课程教学观摩、项目经验交流与研讨等3部分组成。（梅湘瀛）

【开展幼儿园青年教师才艺展演】 6月24日，崇明县举行“我的青春·我的梦”幼儿园青年教师才艺展演活动。活动在全县各幼儿园青年教师教学技能比武的基础上，集中展示青年教师的才艺。各幼儿园的青年教师和助演人员、幼儿园园长与教师代表、县教育局、县教师进修学校的相关领导约300余人参加活动。（梅湘瀛）

【开展传统节日主题教育活动】 6月，崇明县教育局开展2015年崇明县学生传统节日主题教育系列活动。活动以端午节为主题，共设经典诵读、手工制作、美术设计、社会实践等4大类。在各校开展活动的基础上选送300余件手工制作、美术设计作品参加县级评比，评委组选出80余件获奖作品进行展览。6月27日，县教育局举行县级经典诵读专场比赛。（梅湘瀛）

【教育部调研校园足球推进工作】 7月31日，教育部体卫艺司对崇明县推进校园足球工作情况进行调研，对崇明县下阶段推进校园足球工作提出3点意见：一是在足球运动员招生、升学通道上要建立良性机制。二是建立学校运动安全风险的防控与学生意外伤害保险制度。三是在片区联赛基础上设立混合组队联赛机制。（梅湘瀛）

【庆祝第三十一届教师节】 9月7—9日，县领导分别走访慰问优秀教师。9月10日上午，召开优秀校长、教师座谈会，倾心交流，共庆教师节；下午，崇明县庆祝第31届教师节表彰大会举行。会议对2014年度崇明县优秀教师进行表彰。有114位教师获行政记大功奖，454位教师获行政记功奖，147位教师荣获“从事教育工作三十年”荣誉证书，10名班主任获第四届“十佳班主任”称号。表彰会后举行了“铸魂·圆梦”——崇明县教育系统庆祝第三十一届教师节主题活动。活动分“信仰的力量、践行的足音、蓬勃的朝阳”三个篇章，从“教育、教师、学生”三个维度，诠释、展现了教育对社会主义核心价值观的理解、践行与担当。（梅湘瀛）

【崇明中学百年校庆】 10月6日，崇明中学迎来百年华诞庆典日，5000余崇明中学学子重返母校。庆典大会以“传承·追梦”为主题，开通“百年崇中”微信平台，县委领导作县情通报。举办了“崇明中学校史馆”参观、“崇明中学百年华诞书画展”、学生文艺演出、学生社团展示等活动，并组织了历届校友联谊会。前期，学校举行“百年崇中走访百位校友”“校友诗书画作品征集”“百年华诞纪念宝鼎”揭幕、首任校长曹炳麟思想研讨等活动，出版了《崇明

近代教育家曹炳麟》《钝庐诗集·钝庐文集》《崇明中学学生十年佳作选》等。（梅湘瀛）

【启动第五轮委托管理项目】 10月13日，第五轮委托管理项目启动仪式举行。共有8所学校结对，其中7所与虹口区学校结对。虹口实验学校与三星中学结对，虹口区三知教育信息咨询中心与平安小学结对，虹口区中州路第一小学与横沙小学结对，虹口区华师大一附中实验小学与合兴小学结对，虹口区华师大一附中实验中学与合兴中学结对，虹口区长青学校与长兴中学结对，虹口区复兴实验中学与长明中学结对。长江小学与上海成功教育管理咨询中心结对。（梅湘瀛）

【举行瀛通教育奖学金颁奖仪式】 10月28日，瀛通慈善基金会举行“瀛通教育至爱专项基金”“瀛通·思南幼教实验专项基金”颁奖仪式。2015年，全县423名学生获“瀛通帮困奖学金”，38名学生获“瀛通优秀学生奖学金”，66名教师获“瀛通‘绿叶’奖”，100名青年教师获“青年教师新蕾奖”，20名幼教工作者获“瀛通·思南幼教实验专项基金”。（梅湘瀛）

【开展国际校园足球合作交流】 为纪念中国足球队留学匈牙利60周年，进一步促进两地青少年校园足球共同健康发展，11月3日，县教育局与匈牙利共和国费尔奇特普斯卡什足球学院在崇明签订合作交流意向书。合作交流的主要内容为校园足球普及、足球课程开发、学生足球业余训练体系建设、互派教练员和运动员、组织开展青少年校园足球夏令营和举办青少年足球友谊赛等。（梅湘瀛）

【举办第十一届全民终身学习活动周】 11月25日，崇明县第十一届全民终身学习活动周开幕式暨社区教育学习资源推介会举行，活动周主题是“学习·创新·圆梦”。开幕式播放了近5年来崇明县社区教育资源建设成果专题片，举行了人物访谈，赠书活动和市民手工艺作品展示等。（梅湘瀛）

【成立学校管乐联盟】 12月10日，崇明县学校管乐联盟成立。上海师范大学音乐学院分别与崇明县教育局、正大中学签署合作框架协议。上海师范大学音乐学院计划在正大中学建立教育实验基地，安排师生到基地及联盟学校进行指导、实践，县教育局则为上海师范大学音乐学院师生实践、研究等提供方便。（梅湘瀛）

附：县教育局驻地及负责人

（2015年1—12月）

地址：新崇北路308号
邮编：202150
电话：59621724

县委分管常委：郝炳权
县政府分管县长：王　菁

县教育局党委书记：姚李超
副书记：黄　强

县教育局局长：黄　强
副局长：陆惠星、黄乃华、黄宗逵

高等学校
Higher Educational Institutions

复旦大学

【2015年概况】 学校有直属院(系)32个(含继续教育学院)、附属医院16所(其中5所筹建),设有本科专业70个、一级学科博士学位授权点35个,一级学科硕士学位授权点6个、博士专业学位授权点2个、硕士专业学位授权点27个。设有博士后科研流动站35个、一级学科国家重点学科11个、二级学科国家重点学科19个。有在校普通本、专科生12881人,硕士研究生11150人,博士研究生5779人,留学生3049人(其中攻读学位的留学生1883人)。有专任教师2575人、专职科研人员425人。有中国科学院、中国工程院院士40人,中央千人计划94人,教育部长江学者奖励计划特聘教授74人、讲座教授33人,国家重点基础研究发展计划(含重大科学研究计划)项目首席科学家34人。共有邯郸、枫林、张江、江湾四个校区,占地总面积约244.99万平方米。

一、发展规划与学科建设。进入ESI全球前1%的学科新增2个,总量达17个,其中化学、材料科学、临床医学3个学科进入全球前1‰。新成立上海数学中心谷超豪研究所、大数据学院/研究院和高等学术研究院。政治学、中文、新闻学、基础医学、公共卫生与预防医学、数学和中西医结合等7个学科入选上海市Ⅰ、Ⅱ类高峰学科。启动复旦大学“十三五”规划纲要工作,形成提纲,建立核心指标体系。选举产生第七届校学术委员会委员、各学部组长及副组长、学术委员会主任。

二、人才培养。毕业本科生3067人(含留学生),毕业研究生总计4691名(其中硕士生3531人、博士生1160人)。共授予硕士学位4990人(其中专业学位3152人),授予博士学位1212人(其中专业学位146人)。录取本、专科新生3478人(含留学生220人),实际招录硕士研究生3909人(其中学术型1685人、专业型2224人)、博士生1354人。课程建设,形成通识教育、大类基础教育、专业教育相衔接的本科课程体系,全年共计开设各类本科课程6273门次。在国内高校通识教育领域继续发挥引领作用,发起成立的“大学通识教育联盟”“复旦大学通识教育的改革创新与探索”获得第四届全国教育改革创新典型案例特别奖。启动新一轮研究生课程建设项目,政治学一级学科研究生课程建设列入教育部课程建设项目。继续实施研究生“FIST课程”项目,共批准立项课程79门。完成首次综合评价录取改革试点工作。经教育部批准,2015年在全国高校中率先依托实施高考综合改革试点的上海市和浙江省,以统一高考成绩、高中学业水平考试成绩、综合素质评价与专家面试相结合的方式选拔录取符合复旦人才培养理念的优秀学生。通过试点,共录取新生722人(上海542人、浙江180人)。创新创业教育改革。制定《复旦大学“创新创业教育”改革实施方案》,成立复旦大学创新创业学院,承办首届高校创新创业联盟校长论坛。继续推动实施莙政、望道、曦源项目、登辉计划,全年立项课题近400项,资助本科生500多人,开展中期报告50余场,结题250多项课题;2015年参与各项目的本科生在国内外学术期刊发表文章25篇。提升教学能力。组织开展2期“教师教学发展研修班”,推出“复旦大学进修教师教学能力培养方案”,试点“研究生助教研修方案”。提供混合式教学课程、同伴式教学课程、书院新生研讨课等新的教学模式,全年开设94门次混合式课程,覆盖选课学生4100人次。推进书院导师制度建设。为本科生设有志德、腾飞、克卿、任重、希德5个四年制住宿书院。强化导师与学生的对应关系,实施各年级导师日常一对一辅导制度。加强师生思想政治教育工作。建立健全师德建设长效机制,完善师德和学术规范管理制度;开展学生主题教育和社会实践活动,以纪念抗日战争胜利70周年、复旦大学建校110周年为契机,开展国情教育、爱校荣校教育;发挥实践育人功能,加强社会实践基地建设;建设一批有内容、有思想、有影响的公众微信平台,初步建立起网络思政育人工作体系,形成健康向上的校园网络文化环境。

三、科学研究与社会服务。学校理、工、医科到款科研经费10.93亿元。获得国家自然科学基金立项575项,其中重大仪器研制专项立项4项,创新研究群体立项2项。获得市科委创新行动计划基础研究重大、重点项目6项,国家基金委创新群体立项2项,教育部创新团队滚动支持1个,国家杰出青年科学基金4项,优秀青年科学基金9项。获得国家科学技术奖4项,教育部科技奖10项,上海市科技奖6项。学校科研团队在实现光电介孔材料超组装、在新型纤维状人工肌肉材料、铁硒超导体的磁性和配对对称性、DNA甲基化动态过程等方面的研究取得重要进展。申请国内专利515项,授权专利数量333项;全年实现专利转让或许可14件,合同总金额1145.9万元。人文社科到账经费总计1.16亿元。获国家社科重大项目立项11项,教育部重大课题攻关项目立项5项,立项数均位居全国高校第一。获得省部级以上立项课题243项,其中国家社科基金项目45项,教育部人文社科立项39项,上海市哲学社科规划课题19项。获第七届高等学校科学研究优秀成果奖(人文社会科学)30项,上海市第十届决策咨询研究成果奖5项,第十一届教育科学优秀成果奖2项。推出首批"复旦百年经典文库",出版《杜威全集》中文版、《中华汉英大词典(上)》、新旧《五代史》(修订本)等重要学术成果。新增部委和省市级基地3个,校级科研机构5个,协同创新中心培育项目2个。加强智库建设,积聚智库领军专家20人。举办各类会议约300场,产出各类原创性咨政报告约600篇。复旦大学中国研究院入选首批国家高端智库试点。成立国家文化创新研究中心。举办第二届中国大学智库论坛。产学研合作。全年共签订技术合同490个,合同总金额2.42亿元,其中与上海企事业单位签订合同325个,合同总金额1亿元。获上海市产学研类项目立项48项,合同金额2746万元。新建复旦—碧水蓝天环境污染控制工程联合研究中心、复旦—浩力森水性表面处理新材料联合研究中心、复旦—北泰城市管网安全联合研究中心3个校企联合实验室。服务社会。山东复旦研究院项目正式启动运作,担任"一带一路"智库合作联盟共同理事长单位,与徐汇区、虹口区签署战略合作协议,推进对大理永平的定点扶贫和西部高校的对口支援工作。

四、师资队伍建设。新增工程院院士1人、国家千人计划(含青年千人计划)32人、长江学者特聘教授19人(2015年度长江学者评审中)、百千万人才工程国家级人选1人、上海市领军人才9人、上海市千人计划专家9人、上海市东方学者15人、求是杰出青年学者奖1人。全年共新进补充岗位教师41人,引进各类高层次人才121人。新增博士生导师147人。深化高级职务聘任改革,修订《复旦大学教师高级职务聘任实施办法》,制定《复旦大学青年杰出人才正高级专业技术职务评聘办法》。继续完善卓越人才计划;制定薪酬体系调整方案,改善教职工待遇。年招收博士后386人(含外籍12人、企业联合培养48人),出站279名。完成博士后流动站的全国综合评估,14个博士后科研流动站被评为"优秀",位列全国高校第二。

五、附属医院工作。医疗服务与支援工作。共有医院职工18127人,核定床位13762张。全年门急诊总量2617万人次,出院人数59万人次,住院病人手术人数36.9万人次。推进毕业后医学教育工作,共招收住院医师规范化培训学员639名,其中"四证合一"项目学员170名。展开对口支援和医疗救援工作,对新疆自治区喀什市、云南省永平县、云南省盈江县、贵州省兴义市、甘肃省张掖市等地区开展长期或短期的医疗帮扶及援建工作。组建新的援摩医疗队(来自4家附属医院的5名队员),赴摩洛哥塞达特开展为期两年的医疗援助工作。区域医疗合作。根据共建协议有关内容,继续落实与相关区政府共建浦东医院、闵行区精神卫生中心、青浦区中心医院、静安区中心医院、闵行区中心医院、上海市口腔医院等,继续推动与徐汇区、浦东新区、闵行区社区卫生服务中心的合作;落实厦门市与复旦大学附属中山医院、儿科医院的医疗合作和人才培养事宜;持续开展与闵行区政府全面医疗合作。成立复旦妇产科医疗联合体,推进复旦儿科医疗联合体和老年医学研究中心建设,重组脑科学研究院,上海市质子重离子医院正式运行。

六、国际合作及港澳台交流。全年派出交流学生 2728 人,接收各类外国留学生 6457 人次。与 33 所境外大学或机构新签校际协议。主办或承办国际及地区学术会议 91 个,各类到访长期专家 113 人,短期专家 1865 人。脑发育与重塑创新引智基地入选"高等学校学科创新引智计划",获批教育部中外合作办学项目 2 项。举办第十届"上海论坛"和首届"复旦科技创新论坛"等国际论坛。主动服务国家公共外交战略。全年合作参建孔子学院 6 所,派出教师共计 43 人;参建的诺丁汉大学孔子学院和爱丁堡大学苏格兰孔子学院被授予"全球示范性孔子学院"称号。全年校级层面共接待外事到访 4557 人次,包括国际货币基金组织主席拉加德、印度总理莫迪、拉脱维亚总理斯特劳尤马等国际政要 31 人。

七、校友、校董和筹资工作。新成立 4 家地方校友会:英国校友会、美国北得州校友会、法国校友会、(广东)佛山校友会。复旦大学校友会、上海复旦大学教育发展基金会、复旦大学教育发展基金会(海外)、复旦管理学奖励基金会及复旦大学董事会有序运作。举办管理学奖励基金会十周年总结会。推动校院二级筹款捐赠工作网络的构建,累计成立 18 个院系专项基金。把握 110 周年校庆契机,争取更多校友和社会支持。全年签署捐赠协议 153 份,协议总金额超过 15 亿元;学校海内外基金会总资产规模达 6.27 亿元。学校海内外基金会开创性地接受股权捐赠,拓宽捐赠渠道和捐赠形式。

八、后勤保障工作。提升信息管理和服务水平。网上办事服务大厅正式运行,实现全校教学科研区免费上网开放,并实施全网认证,确保网络信息安全;完成校园接入网升级改造,新增 1450 个信息点;持续建设并改造校园无线网络,无线接入点共计 6300 多个。加强应用系统建设。全年校园基本建设在建项目 21 项,总建筑面积 57 万平方米,其中新开工项目 5 个(上海数学中心、枫林校区图书馆、枫林校区二号学生书院、枫林校区地下车库、枫林校区游泳馆项目),总建筑面积达 15.10 万平方米。3 个项目(江湾校区化学楼、物理科研楼、环境科学楼及枫林校区一号医学科研楼)主体结构完成并全部验收合格。着力解决师生关心的民生问题,完成邯郸校区教工活动中心、教职工补充医疗保险、后勤一站式服务平台等关系师生切身利益的实事项目。

(甄炜旎)

【学生在多项赛事中获奖】 在 2015 年高教社杯全国大学生数学建模竞赛中,获一等奖 1 项,获二等奖 8 项。在第六届全国大学生数学竞赛决赛中,3 名学生获一等奖,2 名学生获二等奖。在 2015 年全国大学生电子设计竞赛(瑞萨杯)中,信息科学与工程学院参赛队获二等奖。在第 39 届 ACM 国际大学生程序设计竞赛全球总决赛中,计算机科学技术学院参赛队获得第 15 名。在第六届中国大学生物理学术竞赛(团队赛)中,物理系参赛队获二等奖。在第十届全国周培源大学生力学竞赛中,航空航天系 3 名学生获一等奖,3 名学生获二等奖,2 名学生获三等奖。在第三届学生实践创新论坛中,基础医学院获得最佳实验奖与优秀风采奖各 1 名。在第四届全国医药院校药学/中药学大学生实验技能竞赛中,药学院获得特等奖与二等奖各 1 名。在第八届全国大学生"药苑论坛"中,药学院获特等奖。在首届全国护理专业本科临床护理技能大赛中,护理学院获二等奖。在"新丝路杯"第一届中国研究生未来飞行器创新大赛中,研究生团队作品"灵魂出窍:基于意念—手势协同控制与虚拟现实技术的微型飞行器设计"获得一等奖。在"中关村青联杯"第十二届全国研究生数学建模竞赛中,学校 22 支研究生团队获得一等奖 2 项、二等奖 11 项、三等奖 9 项,研究生院获得"优秀组织奖"。在第十四届全国大学生课外学术科技作品竞赛"挑战杯"中,参赛团队获得特等奖 2 个、二等奖 3 个、三等奖 1 个,并获得高校优秀组织奖。2 月 6 日,获第十三届 Jessup(杰赛普)国际模拟法庭辩论赛中国赛区最佳辩手冠军。3 月 2 日,全国第四届大学生艺术展演,复旦剧社作品《海上花》和学生舞蹈团作品《我们的天空我们的梦》分别获得非专业组戏剧类节目一等奖和舞蹈类节目二等奖。8 月 28 日,复旦大学射击队运动员麦嘉杰获国际射联射击世界杯金牌。 (甄炜旎 乔玉巧)

【多篇论文在国际顶级学术刊物发表】 1月8日，《新英格兰医学杂志》(The New England Journal of Medicine)在线刊登题为《TBX6 Null Variants and a Common Hypomorphic Allele in Congenital Scoliosis》论文，此文由复旦大学遗传与发育协同创新中心张锋课题组与中国医学科学院北京协和医院牵头完成。1月22日，《免疫学年评》(Annual Review of Immunology)在线发表生命科学学院李继喜论文《Structural Biology of Innate Immunity》。5月8日，《科学进展》(Science Advances)刊载先进材料实验室赵东元课题组论文《Radially oriented mesoporous TiO_2 microspheres with single-crystal-like anatase walls for high-efficiency optoelectronic devices》。9月14日，《自然·纳米技术》(Nature Nanotechnology)在线刊登高分子科学系彭慧胜课题组论文《Hierarchically arranged helical fibre actuators driven by solvents and vapours》，10月29日，《自然》(Nature)在线发表生物医学研究院徐彦辉课题组论文《Structural insight into substrate preference for TET-mediated oxidation》。12月7日，《自然·材料》(Nature Materials)在线发表物理学系赵俊课题组论文《Strong Interplay between Stripe Spin Fluctuations, Nematicity and Superconductivity in FeSe》。 (甄炜旎)

【获国家科学技术奖4项】 生命科学学院金力、物理学系封东来分别获得2015年度国家科学技术奖自然科学二等奖；附属华山医院耿道颖、附属中山医院秦新裕分别获得国家科学技术进步二等奖。 (甄炜旎)

【获国家杰出青年科学基金项目4项】 信息科学与工程学院他得安、微电子学院曾晓洋、附属华山医院徐文东、经济学院陈诗一等4人获得国家杰出青年科学基金项目资助。 (甄炜旎)

【共享课程"人文与医学"首次全国直播】 4月11日，复旦大学共享课程"人文与医学"见面课首次向全国直播。闻玉梅院士、彭裕文教授、陈勤奋副教授与学生们围绕"医学与人文的实践与坚持"主题展开交流互动，30余所高校的近5000名学生同步收看与互动。 (甄炜旎)

【获得全国先进工作者称号】 4月28日，2015年庆祝"五一"国际劳动节暨表彰全国劳动模范和先进工作者大会在北京举行。复旦大学生命科学学院钟扬、附属肿瘤医院邵志敏、附属金山医院蔡蕴敏获得2010—2014年度全国先进工作者称号。 (甄炜旎)

【新增1名中国工程院院士】 12月7日，中国工程院公布2015年院士增选结果，化学系陈芬儿教授当选中国工程院院士。 (甄炜旎)

陈芬儿教授当选中国工程院院士

【开展110周年校庆系列活动】 5月27日，举行复旦大学110周年校庆升旗仪式、"加快建设中国特色世界一流大学"主题大会及校庆晚会。自5月6日起，连续举办复旦大学110周年校庆高端学术论坛，先后邀请德国马普学会固体物理研究所所长、1985年诺贝尔物理学奖获得者克劳斯·冯·克利青，北京大学国家发展研究院名誉院长、世界银行

举行庆祝建校110周年"加快建设中国特色世界一流大学"主题大会

前首席经济学家兼高级副行长林毅夫，香港城市大学比较文学与翻译讲座教授张隆溪，耶鲁大学医学院教授周志敏，美国加州大学伯克利分校教授、上海科技大学物质科学与技术学院院长、美国艺术与科学院院士杨培东，美国科学院院士、斯坦福大学物理系与应用物理系教授沈志勋等到校开设讲座。（甄炜旎）

【成立复旦—蒙特雷科技中国拉美研究中心】 5月18日，复旦—蒙特雷科技中国拉美研究中心（Fudan-Tec de Monterrey Research Center for Studies China and Latin America）在墨西哥蒙特雷科技大学正式揭牌成立。这是复旦大学在海外设立的第三家中国研究中心。（甄炜旎）

【举行《中华汉英大词典(上)》首发式】 8月19日，复旦大学教授陆谷孙团队编纂的《中华汉英大词典(上)》首发式在上海展览中心举办的“上海书展”举行。（甄炜旎）

【成立大数据学院】 10月8日，复旦大学大数据学院和大数据研究院成立。学院计划以计算机科学、数学和统计学为基础，与经济金融、生命科学、医疗卫生和社会管理等众多学科领域进行深度交叉，开展科学研究，进行人才培育，有效推动大数据学科和相关学科的发展。聘美国普林斯顿大学统计委员会主任范剑青任院长。（甄炜旎）

复旦大学大数据学院和大数据研究院成立

【成立大学通识教育联盟】 11月15日举行“大学通识教育联盟成立仪式暨复旦大学通识教育十周年学术研讨会”。来自70多所高校的230多名代表与会。会上，北京大学、清华大学、复旦大学、中山大学共同发起成立“大学通识教育联盟”，20所高校代表围绕“大学通识教育探索与反思”“通识教育与大学生创新创业意识与能力的培养”作主题发言。（刘丽华）

【举办首届“复旦科技创新论坛”】 12月17日，举行由复旦大学主办，复旦大学高等学术研究院承办，中植企业集团赞助的首届“复旦科技创新论坛”。该论坛围绕“信息安全”与“生物医学”两大领域的科技创新展开学科前沿的对话与交流。图灵奖获得者、美国麻省理工学院教授希尔维奥·米卡利(Silvio Micali)，诺贝尔生理学或医学奖获得者、美国麻省理工学院教授罗伯特·霍维茨，计算生物学的奠基人之一、美国南加州大学教授迈克尔·华特曼，美国耶鲁大学医学院教授、国际著名免疫学家陈列平分别在论坛上受邀作报告。（甄炜旎）

附：学校负责人及地址

（2015年1—12月）

校党委书记：朱之文
副　书　记：陈立民、袁正宏、刘承功、尹冬梅

校　　　长：许宁生
常务副校长：陈晓漫(7月离任)、包信和(8月到任)
副　校　长：蔡达峰(7月离任)、桂永浩、许　征、金　力、冯晓源(7月离任)、陆　昉(7月离任)、林尚立、张志勇(8月到任)

邯郸校区地址：邯郸路220号
邮　编：200433
电　话：65642222

枫林校区地址：医学院路138号
邮　编：200032
电　话：54237900

张江校区地址：张衡路825号
邮　编：201203
电　话：51355003

江湾校区地址：淞沪路2005号
邮　编：200438
电　话：51630011

上海交通大学

【2015年概况】 上海交通大学有院(系)28个、研究院22个、附属医院13所、医学研究所2个。设有本科专业62个、一级学科博士学位授权点38个、一级学科硕士学位授权点56个、博士专业学位授权点3个、硕士专业学位授权点23个、博士后科研流动站35个、国家一级重点学科9个、国家二级重点学科点11个。全日制在校普通本科生16188人,全日制研究生20347人(其中硕士生13841人,博士生6506人),留学生2508人(其中攻读学位的留学生2134人)。有专任教师2793人、专职科研人员966人。有中国科学院院士22人、中国工程院院士24人,中央千人计划98人,教育部长江学者奖励计划特聘教授98人、讲座教授37人,"973计划"项目首席科学家35人,重大科学研究计划项目首席科学家15人。共有徐汇、闵行、长宁、七宝、黄浦、浦东6个校区,占地总面积约332.76万平方米。学校总收入91.8亿元。

师资队伍。持续推进"引育并举""分类发展""并轨运行",对校内教师正式启动实施长聘教职制度,校内首批学术骨干并轨。"十二五"期间,拥有博士学位的教师比例达到78.12%,拥有海外博士学位的教师比例达到27.86%。两院院士总数增至46人;973首席/重大科学计划增至50人(含青年973首席2人);国家中组部千人计划增至99人;杰出青年基金获得者增至116人;长江学者特聘教授/讲座教授入选人数增至135人;基金委创新群体增至13个。累计入选青年千人计划110人(其中引进8人);入选上海千人计划135人;入选青年拔尖人才支持计划15人;优秀青年基金获得者53人。2015年,新增院士5名,新增10人次当选重要国际学术组织成员。

人才培养。坚持"三位一体"的育人理念,坚持以学生为中心、全员育人,初步建成校院两级人才培养质量控制体系,稳步拓展致远荣誉创新人才培养模式,不断深化工科大平台,新建生命与环境交叉平台,推进学位与研究生教育八项改革,人才培养质量总体呈上升趋势。获得全国教育改革创新特别奖,致远整合式创新教育模式试点办学经验开始辐射全校;通过整合校区、社区、科技园区的优势资源,打造"零号湾"全球创新创业集聚区;学生海外继续学习比例达61.38%。出国(境)交流学生中有67.69%被世界排名前100位高校录取,赴世界排名前30位大学继续学业的毕业生达393人;研究生核心公共课程和一级学科核心课程群建设质量全面提升,新增全英语专业16个,总数达到30个。博士生参加海外国际学术会议达到586人次。学生原创文化蓬勃发展,举办原创文化艺术表演195场,创作微电影作品400余部,网络总点击量约450万。学生在国际、国内竞争中表现突出,1000多人次参加国际级和国家级比赛并获得荣誉和奖励325项。

科学研究。坚持开展问题导向的科学研究,实施"好奇心驱动""使命驱动"双力驱动的科研体制改革,对接国家科技体制改革与"双一流"建设,学校的创新活力被充分激发,创新能力显著提升,科研学术创新若干关键指标居全国前列。学校教师获国家自然科学基金支持总项目数887项,面上项目数482项,青年基金331项,重点项目28项,优秀青年基金项目14项,基金委创新群体项目2个,总项目数、总经费数、面上项目数、青年基金数再次位列全国第一;学校教师获得国家哲社基金项目总数39项,其中重大、重点项目数10项;学校2015年度的竞争性科研经费总额25.93亿元。高水平论文5398篇,其中,SCI"表现不俗"论文数为2402

篇。高峰教授获得2015年度何梁何利科技奖(科学与技术进步奖)。学校教师获国家科学技术奖二等奖5项(其中,国家自然科学二等奖3项,国家科技进步奖2项);获教育部科技一等奖7项、二等奖9项、首届教育部青年科学家奖1项;获上海市科学技术奖一等奖10项、二等奖11项、三等奖10项,获科技功臣称号1人、国际合作奖2人。

学科建设。学科建设聚焦“提升学术品位”“提高师资质量”“激发内生动力”的核心内涵,调整优化学科布局结构,着力加强学科高峰建设,优化学科分类建设机制,落实交叉学科推进政策,使得学科整体协调发展,部分优势学科率先达到世界一流水平。参加上海市高峰高原学科建设计划的5个Ⅰ类学科获得支持。有序开展第二轮院系发展国际评估,按计划完成化学化工学院的国际评估。ESI全球排名前1%学科数达到16个,工科整体实力全球排名第50,工程学全球高校排名第6,理科整体实力跻身全球200强,生命医学整体实力位居全球300强,人文社科整体实力提升至全球500名左右。

国际化办学。创新留学生招生方式,提升规模,优化结构,学位留学生报到新生693人,全年接收常规学期交流交换生815人;上海交大—巴黎高科卓越工程师学院和上海交大上海高级金融学院分别通过国际权威认证,上海交大—南加州大学文创学院获教育部批复成立,紫竹中美网络视听传播管理联合研究中心签约成立。与密西根大学续签科研合作协议,与香港中文大学成立两校合作指导委员会,与华盛顿大学签署“智慧城市”领域全面合作备忘录,与沙特阿卜杜拉国王科技大学共建燃烧研究中心。新增“111”引智项目“先进轻金属材料创新引智基地”。

地方合作与社会服务。与上海市质量和技术监督局及其系统开展全面合作,建立与上海电气、通用汽车等多家重点企业的“1+1+X”多方战略合作关系。与上海市食品药品监督局、市新闻出版局、市环境保护局等部门开展战略合作;深化与云南省的省校战略合作,与云南省互联网信息办公室、云南省科技厅、云南省环境保护厅、云南省科学技术院分别签署合作框架协议。成立上海交大包头材料研究院。与江苏省淮安市共建上海交大苏北研究院;与浙江省舟山群岛新区共建上海交大舟山海洋科技园。在云南省洱源县成立“心”“行”“恒”“梦”四项基金,定点帮扶进入“专项基金+专项计划”新阶段。

现代大学制度。坚持系统化的制度设计,坚持依法治校,全面启动十三五规划编制,重构学术决策体系,完成学术委员会委员选举工作和学术委员会章程修改与完善工作。构建学术委员会“1+7”校级体系和校院二级运行体系。梳理1999年以来成立的领导小组和委员会,保留13个长期发挥重要作用的领导小组和委员会,阶段保留5个领导小组和委员会。全面推进“一门式”服务体系建设,初步构建“一门式”信息服务门户。举办“凝心聚力 再铸辉煌”上海交通大学与上海第二医科大学“强强合并”十周年座谈会。

大学文化与实事工程。获评全国文明单位光荣称号。获评“全国教育系统新媒体宣传综合力十强”,获2015年度十大“全国最具影响力教育官微”。推进交通大学渝校旧址纪念碑建设,并在重庆四川美院校园内落成。完成闵行第一、第四、第五餐厅的整体和局部改造,完成包玉刚健步道二期建设,规划三期及水系文化建设,完成宣怀大道试点工程建设和杨树林专项环境改造,完成闵行、徐汇13条黑色路面的改造。重启青年教师公寓建设,完成闵行学生宿舍改造、上中下院修缮及闵行校区和徐汇校区24栋楼宇的外立面整修,推进广元西路校门改造,以及饮水思源碑、教一楼、老体育馆和广元西路43号盛宅等的修缮。 (章玲苓)

【刘延东等领导调研访问】 2月16日,上海市教卫工作党委副书记、市教委副主任高德毅到闵行校区,参观上海交大绿色爱心屋和学生楼栋管理员会,了解学生团队寒假为留校同学服务情况。2月18日,上海市副市长翁铁慧、上海市卫生和计划生育委员会主任沈晓初一行到医学院附属第九人民医院看望并慰问医务人员。4月1日,上海市改革和发展委员会主任俞北华一行在闵行校区调研。4月24日,人力资源和社会保障部副部长、国家外国专家局局长张建国一行赴闵行校区调研学校外专引智及国际化示范学院建设工作。5月14日，民进中央副主席、民进上海市委主委、上海市人大副主任蔡达峰一行赴闵行校区，就民进上海交通大学委员会工作进行调研。5月27日，科技部党组书记、副部长王志刚一行赴锦屏山暗物质地下实验室调研，实地了解暗物质科学研究的进展及实验室二期建设的情况。6月4日，上海市常务副市长屠光绍，上海市政府副秘书长金兴明及市财政局、市政府办公厅、市新闻出版局有关负责人一行到校调研，参观钱学森图书馆并与校领导及部分专家学者座谈。6月18日，科学技术部副部长侯建国院士一行到闵行校区考察暗物质实验室，并参观新落成的李政道图书馆、调研李政道研究所的建设进展。7月23日，上海市委宣传部副部长燕爽到校调研。8月19日，上海市科学技术委员会主任寿子琪、副主任干频一行到校参观与调研“纳电极阵等离子体系统(NPMEMS)研究”的进展。9月24—25日，环境保护部部长陈吉宁在云南大理主持召开水质较好湖泊生态环境保护座谈会，并在洱海流域调研生态环境综合整治和保护情况。座谈会期间，陈吉宁考察了上海交通大学水专项洱海项目的两个示范工程。10月14日，上海市经济与信息化委员会主任李耀新一行到闵行校区调研，参观“智慧城市联合创新中心”展厅。11月7日，国务院副总理刘延东、上海市市长杨雄、副市长翁铁慧、国家卫生计生委副主任王国强等一行到附属第六人民医院进行调研。11月19日，四川省委常委、组织部长范锐平一行到访学校。12月24日，上海市委统战部副部长虞丽娟一行到校慰问新当选的中国科学院院士景益鹏教授。 （章玲苓）

【新增5名两院院士】 12月7日，中国工程院、中国科学院正式公布2015年院士增选结果。上海交通大学医学院附属瑞金医院宁光教授、上海交通大学医学院附属第九人民医院张志愿教授当选中国工程院院士。上海交通大学物理与天文系景益鹏教授、上海交通大学医学院陈国强教授当选中国科学院院士。上海交通大学“致远”讲席教授、电子信息与电气工程学院安德森·林奎斯特当选为中国科学院外籍院士。 （章玲苓）

5位教授当选两院院士

【构建学术委员会体系】 年内，学校修订《上海交通大学学术委员会章程》，明确学校学术委员会是学校学术事项的最高议事机构，统筹行使对学术事务的决策、审议、评定和咨询等职权。在“共同治理、教授治学、分级授权、程序规范”的原则指导下，构建由学校学术委员会和7个专门委员会组成的“1+7”校级学术委员会体系和校院二级学术委员会运行体系，并进一步完善和规范校学术委员会、专门委员会与院系学术委员会的职责及其关系、委员的选举和委员会的运行机制等。校学术委员会下设学位评定、教学、科学技术、人文社会科学、专业技术职务聘任、学风与学术道德、实验室建设等专门委员会。7—10月，学校根据《上海交通大学学术委员会章程》，制定《上海交通大学学术委员会委员换届工作方案》和《上海交通大学学术委员会选举办法》。开展学校学术委员会委员选举工作，选举产生45名校学术委员会委员，来自29个院(系)，学科背景涉及工学、理学、医学等10个学科门类，34个一级学科。 （章玲苓）

【长聘教职制度正式启动】 8月，《上海交通大学长聘教职制度实施办法(试行)》正式出台。学校以“学校统筹指导，院为主体实施，加强制度保障，分步有序推进”为原则，稳步推进长聘改革。2015年，机械与动力工程学院、电子信息与电气工程学院、材料科学与工程学院、物理与天文系、数学科学学院、生命科学技术学院作为首批试点的6个院系，完成长聘

体系建设方案设计与试点工作。（章玲苓）

【首批校内教师并轨】 9月17日，上海交通大学2015年度讲席教授、特聘教授聘任仪式暨SMC晨星青年学者颁奖典礼在闵行校区举行。这是学术荣誉体系面向校内教师的首次并轨，共有41人并轨晋升为讲席教授，34人并轨晋升为特聘教授。同时，医学院系统全面纳入学校学术荣誉体系建设，实现引进人才与已有师资的同台竞技，同轨运行。（章玲苓）

【海洋装备工程科技发展战略研究院成立】 6月25日，第一个海洋领域国家级战略研究机构——中国海洋装备工程科技发展战略研究院在上海交通大学揭牌成立。中国工程院院长周济、总装备部科技委主任刘国治、上海市副市长翁铁慧、国家发改委高技术产业司司长綦成元、工信部装备司司长张相木、教育部科技司副司长雷朝滋、中国船舶重工集团公司董事长胡问鸣、中国船舶工业集团公司总经理吴强、中国海洋石油总公司高级副总裁张国华、上海交通大学党委书记姜斯宪等参加会议。姜斯宪、林忠钦分别主持成立大会和第一次工作会议。周济、姜斯宪为中国海洋装备工程科技发展战略研究院揭牌。研究院由院士周济担任领导小组组长，中船重工第702研究所名誉所长、院士吴有生担任学术委员会主任，院士林忠钦担任院务委员会院长。研究院以“小实体、大联合”的运行机制，汇聚全国海洋科技领域的院士和专家，特别是战略科学家开展战略研究。（章玲苓）

中国海洋装备工程科技发展战略研究院揭牌仪式

【共建上海智能制造研究院】 上海交通大学与上海临港管委会、临港集团联合共建上海智能制造研究院，打造国际智能制造中心。12月18日，上海智能制造研究院成立仪式暨上海智能制造国际研讨会在临港新城举行。市发展改革委、市经济信息化委、市科委、临港管委会、交通大学、临港集团及其临港科技创新城公司有关部门负责人参加。会议由吴晓华主持。林忠钦被聘任为上海智能制造研究院首任院长。（章玲苓）

【数学科学学院成立】 12月22日，上海交通大学数学科学学院成立大会在数学楼大会议室举行。校长张杰，校党委常委、组织部部长顾锋出席大会。数学科学学院全体教职工和学生代表参加会议。顾锋主持大会并宣读校党委关于成立上海交通大学数学科学学院及其干部任免的决定。上海交通大学数学系成立于1928年，是国内最早创办的数学系之一。1930年，数、理、化三个系扩充为科学学院(1938年后改名为理学院)。1935年，中国数学会成立大会暨第一届年会在上海交大召开。1952年院系调整，数学系的大部分师生被调整到复旦大学和华东师范大学。1978年9月，恢复建系并更名为应用数学系。2001年冬恢复为数学系。2015年，组建数学科学学院，下设“三系一中心”(数学系、应用与计算数学系、统计系、数学教学研究中心)。（章玲苓）

【张杰被授予爱德华·泰勒奖】 9月24日，中国科学院院士、激光等离子体物理学家、上海交通大学校长张杰，在美国西雅图被美国核学会授予2015年度爱德华·泰勒奖，以表彰他及他所带领的团队在快点火激光聚变研究和在强激光实验室天体物理研究上的重要贡献。这是中国科学家首次在激光聚变领域获得的国际最高奖项。（章玲苓）

【获全国大学生课外学术科技作品竞赛第一名】 11月20日，第十四届“挑战杯”全国大学生课外学术科技作品竞赛决赛在广州落幕。上海交通大学以总分450分与清华大学、南京理工大学并列第一，共同捧得“挑战杯”。这是继1991年、2011年、2013年三届捧起“挑战杯”并获得“永久杯”之后，上海交通大学第四次夺冠。本届竞赛由共青团中央、中国科协、教育部、全国学联和广东省政府共同主

办，广东工业大学承办，香港科技大学联合承办。经过层层选拔，来自318所高校的783件作品进入终审决赛。（章玲苓）

参加全国大学生课外学术科技作品竞赛的交大团队

附：学校负责人及地址

（2015年1—12月）

校党委书记：姜斯宪

常务副书记：郭新立

副　书　记：孙大麟（9月离任）、朱　健、胡　近、范先群（9月到任）

校　　长：张　杰

常务副校长：林忠钦

副　校　长：陈国强、蔡　威、吴　旦、黄　震、张安胜、梅　宏、徐学敏

闵行校区地址：东川路800号

邮编：200240

总机：54740000

徐汇校区地址：华山路1954号

邮编：200030

黄浦校区地址：重庆南路227号

邮编：200025

长宁校区地址：法华镇路535号

邮编：200052

七宝校区地址：七莘路2678号

邮编：201101

上海交通大学医学院

【2015年概况】 学院有教职医护员工26397人，具有高级职称在职人员2768人。其中，中国科学院院士2人，中国工程院院士13人，中组部千人计划9人，中组部青年千人计划15人，中组部青年拔尖人才3人，长江学者特聘教授17人，长江学者讲座教授8人、青年学者2人，国家973项目首席科学家13人，国家杰出青年基金获得者28人，人社部百千万人才工程国家级人选27人，卫生部有突出贡献中青年专家16人，上海市千人计划34人，上海市领军人才67人，上海市东方学者特聘教授45人、讲座教授12人、团队1个。学院专任教师646人，专任教师中具有高级职称的292人，具有博士学位的420人。年内，1人入选中国科学院院士，2人入选中国工程院院士，5人入选中组部青年千人计划，10人入选上海市千人计划，10人入选上海市东方学者，12人入选上海市青年东方学者，2人入选国家特支计划，3人入选人社部百千万人才工程国家级人选，3人入选国家卫计委突出贡献中青年专家，1人入选长江学者特聘教授，2人入选长江学者青年学者，2人入选中组部青年拔尖人才，9人获上海市领军人才。全年共招收博士后50人，出站34人。

学院录取本科生614人（含港澳台学生21人），录取研究生1442人，其中博士生465人（含留学生4人）、硕士生977人（含港澳台学生17人，留学生14人，"临-住"项目研究生220人）。继续教育学院招生1731人，其中五年制本科248人，三年制专升本1483人。网络教育学院录取新生2013人。年内,学院共有毕业生1680人,其中本科毕业生537人、研究生1143人,总体就业率为96.6%。授予博士学位370人、硕士学位769人。继续教育共有本科、专升本2个层次及临床医学、口腔、检验和护理等9个专业毕业生1596人,其中有118人学生获学士学位。网络教育学院毕业学生2796人,其中本科生1416人、专科生1380人,获学士学位16人。

推进教育综合改革。《上海交通大学医学院深化综合改革方案(2015—2020)》获上海市教育综合改革领导小组办公室备案批准,确立办学模式和治理体系、人事管理制度、人才培养机制、科技创新能力、附属医院管理体系、资源配置模式等10个方面的具体改革措施62项,启动其中49项。制定《上海交通大学医学院"十三五"发展规划》,形成包括1个战略规划、17个专项规划的规划体系。召开原上海第二医科大学和原上海交通大学"强强合并"十周年座谈会,凝炼综合性大学医学院发展模式。获"上海市精品课程""上海高校示范性全英语课程"各3门,"上海普通高校优秀教材"12本,"上海市本科重点教学改革项目"3项,上海市教育科学研究重大项目、重点项目各1项。"护理管理学"成为中国医学教育慕课联盟规划课程。

学院有2个学科入选上海市高峰学科,6个学科入选高原学科。以高原高峰学科建设工作为契机,推进实施"人才特区""学术特区"项目。继续实施教学激励计划,推进教育教学改革。推进"本研计划",发挥朋辈教育功能。支持学生社会实践和志愿服务活动。获1项"上海市科技创新市长奖"提名奖,获2项上海市大学生社会实践优秀项目。附属上海儿童医学中心冯升获上海市"杰出青年岗位能手"称号,附属仁济医院许杰获"上海十大杰出青年"提名奖。

医学院系统各附属医院全年完成门急诊3255.56万人次,出院病人82.44万人次,住院手术56.29万人次,同比增长5.41.%、4.38%和7.92%。打造附属医院"双百人"队伍,年内选拔36人进入研究型医师队伍,31人进入临床专职科研人员队伍。启动多中心临床研究项目计划13项。加强对各附属医院"国家临床重点专科建设项目"及专病诊治中心的建设管理。落实对口援建云南地州市医院、援建新疆喀什二院等任务。完成各类突发事件应急医疗救治。开展"服务百姓健康行动"全国大型义诊周活动。年内,附属儿童医学中心张海波、六院张允平获"上海市仁心医师奖",仁济医院张喜荣获"上海市仁心护士奖"。

强化住院医师规范化培训。医学院各附属医院共招录住院医师945名。新增专科医师规范化培训基地8个。各附属医院专科培训基地共计200个(不包括联合培养基地),涵盖56个学科。各专科培训基地共招录专科医师439名,共计1308名。

学院共获各级各类科研项目(课题)1532项,总经费61206万元。其中立项纵向课题1308项,经费56830.814万元。在纵向课题中,国家级课题541项,经费38748.724万元;获科技部"863"支撑计划、国际科技合作专项、公益性行业基金等项目4项。获国家自然科学基金项目数537项,经费总额30463.72万元,继续名列全国医学院校第一。获各级科技成果奖58项,其中国家级奖3项,中华医学科技奖4项,高等学校科学研究优秀成果奖7项,上海市科学技术奖10项,宋庆龄儿科医学奖2项,妇幼健康科技奖3项,上海医学科技奖18项,上海中西医结合科技奖4项,上海市康复医学奖1项,中国医院协会医院科技创新奖1项,浦东新区科技进步奖1项。附属瑞金医院陈竺等获第六届"唐氏中医药发展奖"中药研究奖。附属瑞金医院沈柏用获"上海市科技精英"称号。

全年,医学院在SCIE被收录的论文共2576篇,1篇论文入选中国百篇最具影响国际学术论文。申请专利202项,其中中国发明专利91项,美国发明专利1项,中国实用新型专利104项,中国外观设计专利6项。授权专利119项,其中中国发明专利48项,美国发明专利2项,中国实用新型专利65项,中国外观设计专利4项。"石杉碱甲在青光眼治疗中的应用"项目实现专利转让。

进一步夯实科研基地和平台建设。与中科院神经所联合组建"脑疾病临床研究中心"。推进转化医学研究院科技创新平台和系统生物医学协同创新中心建设。

深化国际化办学。"上海-渥太华联合医学院"系统引入北美医学教学体系;建立国际家庭医生诊所，承担本科教学见习、临床实习以及全科（家庭）医师师资和继续教育培训；完成 E-learning 平台的系统环境建设和中加模拟实训中心基建建设。举办中法医学论坛。完成“十二五”国家重点图书《汉法医学大词典》（第二版）的编辑出版工作。新签和续签协议与备忘录 35 项。医学院及附属单位接待海外高层次专家、学者、官员到访 413 批次 1387 人次。申报教育部“海外名师”项目 1 项；获上海市“海外名师”项目 2 项，上海交大“引智计划”重点项目 6 项、普通项目 14 项。获“全国文明单位”和“上海市文明单位”称号。（高　哲）

【获第六届“唐氏中医药发展奖”】 12 月 22 日，第六届中国中医科学院“唐氏中医药发展奖”在中国中医科学院成立 60 周年纪念大会上揭晓。由于在砷制剂治疗白血病的临床和基础研究中的杰出贡献，医学院陈竺和哈尔滨医科大学张亭栋共同获第六届“唐氏中医药发展奖”中药研究奖。（张晓波）

【获 2014 年度上海科学技术奖多项奖励】 5 月 18 日上午，上海市科学技术奖励大会在上海展览中心友谊会堂举行。附属瑞金医院陈赛娟团队完成的“髓系白血病发病机制和新型靶向治疗研究”项目荣获自然科学奖特等奖。附属瑞金医院宁光、附属仁济医院房静远、附属第九人民医院范先群、附属新华医院吴皓和附属第六人民医院范存义领衔的团队获得上海市科技进步一等奖。另外还获二等奖 4 项，三等奖 2 项。（高　哲）

【当选英国皇家眼科学院成员】 10 月，在伦敦举行的英国皇家眼科学院年度大会上，医学院附属第九人民医院院长、教育部“长江学者”特聘教授、九院眼科学科带头人范先群当选英国皇家眼科学院成员。皇家眼科学院现任院长、英国敦提大学医学院教授 Carrie MacEwen 为范先群颁发证书并合影留念。（徐　英）

范先群教授当选英国皇家眼科学院成员

附：学院负责人及地址

（2015 年 1—12 月）

院党委书记：孙大麟（9 月离任）、范先群（9 月到任）
副　书　记：唐国瑶（11 月离任）

院　长：陈国强
副院长：陈红专、黄　钢（4 月离任）、郭　莲（8 月离任）
　　　　陈　睦（1 月到任）、胡翊群（6 月到任）

地址：重庆南路 227 号
邮编：200025
电话：63846590

同 济 大 学

【2015 年概况】 学校有 38 个学院（系）和二级办学机构、7 家附属医院、6 所附属中小学。有四平路、嘉定、沪西、沪北等 4 个校区，占地面积 2.56 平方千米，校舍总建筑面积 1717235 平方米，图书馆总藏

书量446.7万余册。学校全日制本科生17474人，硕士研究生13812人，博士研究生4524人。另有外国留学生3814人。拥有专任教师2770人，其中，专业技术职务正高级930人，中国科学院院士9人，中国工程院院士8人（含中国工程院外籍院士1人），第三世界科学院院士2人，美国工程院外籍院士1人，瑞典皇家工程科学院外籍院士1人。中组部千人计划学者39人，教育部长江计划特聘（讲座）教授33人，973项目首席科学家（含国家重大基础研究计划）23人，国家杰出青年科学基金获得者38人，国家级教学名师5人。国家自然科学基金创新群体5个、教育部创新团队7个，国家级教学团队6个。

学科设置涵盖工学、理学、医学、管理学、经济学、哲学、文学、法学、教育学、艺术学等10个门类。本科招生专业76个（其中50个专业按17个专业大类招生），硕士学位授权学科点涵盖一级学科54个，专业硕士学位授权点17个，工程硕士授权领域26个，博士学位授权学科点涵盖一级学科31个，专业博士学位授权点3个，博士后流动站25个。其中国家一级重点学科3个，国家二级重点学科7个，国家二级重点学科（培育）3个，上海高校一流学科17个。拥有3个国家重点实验室、1个国家工程实验室、1个国家协同创新中心、5个国家工程（技术）研究中心以及28个省部级重点实验室和工程（技术）研究中心。

各学历层次毕业生共计9182人，就业率达到98.1%。29门课程入选国家级精品资源共享课、6门课程入选国家级精品视频公开课。获批2015年来华留学英语授课示范课程建设项目17项。招生规模、结构比例持续调整。全年，学校本科招生3923名，录取硕士生4210名，招收博士生909名，达到“十二五”规划目标。

入选中国科学院院士2人、中国工程院外籍院士1人。入选中组部千人计划20人，其中青年千人计划18人、新进青年千人计划答辩9人。青年拔尖人才支持计划2人。获杰出青年科学基金1人、优秀青年科学基金4人；入选国家百千万人才工程1人。引进中组部千人计划学者3人、杰出青年科学基金3人。

获批国家自然科学基金项目427项，经费2.4亿元。获批国家、上海市各类科研人才计划37项。获批科技部创新人才培养示范基地，13个科研基地平台接受验收或评估，新增省部级科研基地1个。学校主持和参与国家奖4项，其中1项获得国家科学技术发明二等奖。年内，“国家海底长期科学观测系统”重大科技基础设施建设项目通过国家发展改革委的评审答辩，将由学校牵头立项，联合国内十几个高校院所建设，国家和地方投资建议经费近20亿元。启动培育7个学科的国际合作联合实验室，其中“地震工程国际合作联合实验室”获得教育部立项认定，“未来城市与建筑创新引智基地”获批。学校教师在国际高水平学术期刊发表论文数十篇，获得孙冶方经济科学奖论文奖、德国洪堡基金会“索菲亚·科瓦雷夫斯卡亚奖”等国内外大奖。学校和施普林格—自然出版集团（NPG）签约合作出版《npj-Pollution Control》。学校主办的《建筑钢结构进展》被Scopus数据库收录；创办的新刊《Underground Space》入选“中国科技期刊国际影响力提升计划”。

“同济大学上海国际设计创新学院”获批为国际化办学示范学院。国外引智工作继续保持规模大、层次高、结构合理的特色，共聘请长期专家125人、短期专家2055人次，包括国外院士20余人，“国家外专千人计划”3人。其中，参与高端外国专家项目的有54人，执行率达98%以上，位居全国高校前列。

发挥知识溢出效应，服务经济社会发展能力进一步增强。杨浦“环同济知识经济圈”产值已达到305亿元。学校先后与虹口区合作成立“同济虹口绿色科技产业园”；与普陀区成立校区合作理事会，共建“同济大学（沪西校区）桃浦创新创业园”。近30项科技新成果亮相工博会，获中国高校展区特等奖和优秀组织奖。学校先后与河南省、四川省、福建省签署战略合作协议，重点加强战略决策咨询、科技创新、成果转移转化、干部人才交流和教育培训等方面的深度合作。

校基金会共签署各类捐赠协议130份，协议金额约10691万元。新增配置公用房3.4万平方米，购置72套人才公寓。与嘉定区政府合作举办同济

大学附属嘉定实验学校，解决嘉定校区教职工子女就学问题。（虞　兰）

【再获“全国文明单位”称号】 2012—2014年度，学校开展培育和践行社会主义核心价值观活动，着力增强师生传承弘扬中华优秀传统文化的自信与自觉；强化师德师风建设，优化学风教风；以《同济大学章程》建设为契机，推进教育治理体系和治理能力现代化；凝练“以可持续发展为导向”的办学特色；坚持“与祖国同行，以科教济世”的情怀。3月中旬，同济大学获“全国文明单位”称号，这是学校继2011年获评后再获此项荣誉。（虞　兰）

【与阿尔托大学签约共建上海国际设计创新学院】 4月23日，学校与芬兰阿尔托大学共同签署合作协议，共建“同济大学上海国际设计创新学院”，共同致力于建设一所有中国特色的国际化顶尖设计学院，为国家和上海经济与产业转型发展培养“可持续设计创新领军人才”。9月10日，副市长翁铁慧，以及市教委、杨浦区委区政府负责人来校专题调研该学院建设，推动该项目落地。（虞　兰）

【获2015世界头脑奥林匹克决赛大学组冠军】 凭借“18克轻木条撑起616千克杠铃”项目，5月21日，同济大学学生代表队获第三十六届世界头脑奥林匹克决赛大学组冠军。6月19日上午，中共中央政治局委员、上海市委书记韩正会见了包括同济大学学生代表队在内的上海参赛获奖队，并表示祝贺。（虞　兰）

同济大学代表队获2015世界头脑奥林匹克决赛大学组冠军

【持续推进创新创业教育】 5月26日上午，30多家中央及上海新闻媒体机构到校，对学校创新创业教育和人才培养进行集体采访。6月18日，中央电视台新闻频道报道了学校创新创业教育的成功实践。年初，“同济创业谷”获“上海百万青年成长计划”最佳青年人才工作项目。经国家工商行政管理总局审核，“创业谷”“同济创业谷”以及“同济大学创业谷”正式注册成为商标。学校继续大力推进创新创业教育，推进“学时、学分、学程、学位”和“教师工作量认定”，成立“同济创客联盟”，在四平路校区“创业谷”基础上，完成嘉定校区“同济创业谷”建设并启动运行。（虞　兰）

【推出“同济—中华环岛创新专列”移动教学活动】 暑期，学校和台湾地区中华大学合作，推出“同舟共济，创新中华”2015同济—中华环岛创新专列之智慧旅游微型创业活动。7月13日，在台湾地区嘉义火车站举行发车仪式。“双铁环岛创新专门列车”为同济大学与中华大学向台湾地区铁路当局包租六节铁路列车作为“移动学校”专属列车，进行环岛创新教学活动，由来自台湾地区中华大学与同济大学的教师联合授课，编组进行课堂教学与交流。

（虞　兰）

【承办第十三届国际日耳曼学会世界大会】 8月24日，首次在中国举办的为期七天的第十三届国际日耳曼学会（IVG）世界大会在学校开幕。来自全球69个国家和地区的1200多名从事日耳曼语言文学研究的专家学者与会，交流研讨日耳曼学。2010年，著名日耳曼学者、学校朱建华教授在波兰华沙当选为国际日耳曼学会主席，这是中国人首次出任这一重要国际性学会组织的主席一职。（虞　兰）

【举办纪念抗战胜利70周年系列活动】 7月20日，“抗日战争中的同济大学”档案图片展揭幕，展示同济人的文化抗战历程。9月3日，同济大学纪念中国人民抗日战争胜利暨世界反法西斯战争胜利70周年升旗仪式举行。全校师生以多种方式收看了在北京举行的胜利日阅兵式。9月7日，同济大学纪念抗战胜利70周年纪念章颁发仪式举行，

29名老战士、老同志获颁纪念章。学校推出“抗战烽火中的同济大学”系列报道，受到社会媒体关注，近30家中央和上海主要媒体对同济抗战文化史和纪念活动进行报道。（虞 兰）

【30余项科技新成果参展第十七届工博会】 11月上旬，在第十七届中国国际工业博览会上，学校30余项科技新成果参展，创下同济历年参展工博会项目数量之最。其中“无人驾驶智能清扫车”，污泥“热水解”预处理系统成套装备，以及“智慧城镇数据平台系统”“信息防伪与商品追溯系统”“智慧公共交通管理与服务平台”“快速移动式地铁隧道结构病害检测设备及分析系统”等成为展会亮点。（虞 兰）

【对口支援高校工作10周年总结座谈会举行】 11月13日，同济大学对口支援高校工作10周年总结座谈会举行。从2005年开始，学校响应党中央国务院关于实施西部大开发的号召，按照教育部统一部署，全面开展对口支援井冈山大学、新疆大学、大理大学、宜宾学院和九江学院的工作。10年来，受援高校的学科建设、师资队伍建设、学生培养、管理工作及社会服务水平得到很大提升。（虞 兰）

【新增3名两院院士】 12月7日，学校陈义汉、常青两位教授当选中科院院士。学校千人计划教授赫尔伯特·芒（Herbert A. Mang）当选中国工程院外籍院士。（虞 兰）

陈义汉、常青教授当选中国科学院院士

【编制《同济大学深化综合改革方案》】 年内，编制《同济大学深化综合改革方案》并获得教育部备案。深改方案涉及法人治理结构与现代大学制度、师资人事制度与人才队伍、教学管理体制与人才培养模式、学科建设机制与科学研究管理体系、资源管理模式与支撑保障能力、行政后勤服务体系与建设可持续发展校园等六个方面、32个子项共107个改革任务，力争到2020年，将同济大学全面建成综合性、研究型、国际化的世界知名高水平大学，为建设以可持续发展为导向的世界一流大学奠定坚实基础。（虞 兰）

附：学校负责人及地址

（2015年1—12月）

校党委书记：杨贤金
副 书 记：马锦明、姜富明、方守恩、徐建平

校 长：裴 钢
常务副校长：陈以一
副 校 长：江 波、伍 江、蒋昌俊（3月离任）、吴志强、葛均波、吕培明

四平路校区地址：四平路1239号
邮编：200092
电话：65982200

嘉定校区地址：曹安公路4800号
邮编：201804
电话：69589255

沪西校区地址：真南路500号
邮编：200331
电话：51030050

沪北校区地址：共和新路1238号
邮编：200072
电话：66052500

华东理工大学

【2015 年概况】 学校锐意改革，强化落实，真抓实干，提升内涵，在综合改革、人才培养、师资队伍建设、科研创新、国际交流与合作等方面取得明显进步；进入世界三大有影响力的大学排行榜前 500 强，学术影响力和国际竞争力不断增强；获评“第十七届(2013—2014 年度)上海市文明单位”。

一、落实学校综改方案，科学谋划“十三五”。审议通过学校综合改革方案，经国家教育体制改革领导小组办公室同意备案。印发《华东理工大学综合改革方案》，推进各单位组织实施。印发《华东理工大学关于组织机构调整的实施意见》，推动学校组织机构和内部管理体制改革。推进依法按章办学，审议通过《华东理工大学章程》，已报教育部核准。

总结“十二五”，研讨“十三五”。编制完成《华东理工大学“十三五”规划纲要》(征求意见稿)，听取并征求院系职能部门、民主党派、青年教师、教职工代表和学生的意见后，经校第八届一次教代会审议通过。

二、坚持立德树人，提高人才培养质量。组织开展创新创业教育改革专题研讨，制定《深化创新创业教育改革实施方案》。组织和指导学生参加多项大赛并获奖。获得第八届全国大学生创新创业年会“最具眼光奖”、首届中国“互联网+”大学生创新创业大赛银奖，获得第十四届“挑战杯”上海市大学生课外学术科技作品竞赛 2 项一等奖、4 项二等奖、4 项三等奖，捧得“优胜杯”。在第十四届“挑战杯”全国大学生课外学术科技作品竞赛中，获得 3 项二等奖、2 项三等奖。指导成立研究生创业俱乐部、华理创客空间等多个学生社团，强化创新创业人才的培养平台建设。

强化工科学生工程设计能力的培养。首推工程设计指导教师培训计划，组织开设《工程设计培训班》，邀请来自设计院和企业的设计大师对所有毕业设计指导教师进行为期 3 周的专题培训。首次面向全校工科专业开设“环境、健康、安全”(EHS)课程。聘请近 40 位优秀校友为全体工科专业的毕业生开设《EHS 企业风险管理体系》的系列讲座，覆盖工科学生近 3500 名。继续推进工程教育专业认证工作，“过程装备与控制工程”“计算机科学与技术”两个工科专业接受教育部工程教育专业认证，通过了认证专家组的现场考查。

优化教育资源，继续推动教育教学改革。完成学校《本科教学质量状态数据库》建设，建立学校、院系和专业三个层次的本科教学质量状态数据的收集、分析和监测机制，推进基于数据的教学质量评价工作。按照“转出无限制，转入有门槛”的原则，组织完成本科生转专业工作，共有 93 位本科生转专业。

着力推进国家级实验教学示范中心的建设，新增化学化工虚拟仿真实验教学中心为国家级虚拟仿真实验教学示范中心。持续建设国家级材料实验教学示范中心和国家级石油和化工过程控制工程虚拟仿真实验中心，达到国家级实验示范中心标准，扩大学生受益面。数字媒体中心建设初具规模，课程中心已建成课程数 241 门，点击量超过 873 万次。完成 MOOC 教学系统的平台建设并投入运行，年度新建 MOOC 课程 4 门，有 11 位教师参与课程建设。

继续实施研究生论文全盲审，提升研究生培养质量。完成专业学位研究生培养方案的修订和调研工作。完成了化学一级学科全英文培养方案的制订工作。实行博士生招生“申请-考核”制。持续进行实践教学基地的建设，有3家基地获得“上海市示范级专业学位实践教学基地”，1家基地获得国家级示范基地称号。

学校2015届各学历层次的毕业生共计6015人，截至12月底，毕业生总体就业率为99.04%，其中本科毕业生就业率达到98.66%，毕业研究生就业率达到99.68%。

三、深化人事制度改革，建设高水平师资队伍。年内，学校引进、录用专任教师52人，全部具有博士学位，32人具有海外留学经历，其中国家“千人计划”学者1人、教授4人、副教授6人。制定《名誉教授、兼职教授和客座教授管理办法(试行)》，全年共聘请海内外知名学者担任名誉教授4人，客座教授4人、兼职教授8人。通过短期讲学、合作科研等形式，受聘人员在促进学科建设与发展、加强对外交流与合作等方面发挥了重要作用。推进高校优秀中青年教师境外研修工作。4位教师入选上海市高校国际课程师资海外研修项目。2位博士后入选博士后国际交流计划派出项目。1位博士后获得“香江学者计划”资助。

加大高层次创新人才培养力度，人才队伍建设取得新进展。钱锋教授当选中国工程院院士。1人入选国家“万人计划”科技创新领军人才，1人入选国家“百千万人才工程”，1人入选国家“万人计划”青年拔尖人才，3名青年学者入选中组部“青年千人计划”，3人入选上海领军人才，2人入选上海市“东方学者”，2人入选“东方学者”跟踪计划，11名教师入选上海市浦江人才(CD类)；1人入选2015年首届上海青年拔尖人才；2人入选上海人才

钱锋教授当选中国工程院院士

发展资金资助计划。

四、聚焦国际领先和国家重大需求，提升学科和科研水平。新增“材料成型与装备”和“光信息物理与量子材料”两个自设二级学科博士点。新增“通信与网络化控制”自设二级学科硕士点。“化学工程与技术”学科获批上海市Ⅰ类高峰学科。

煤基能源化工协同创新中心SE粉煤气化技术示范成功，达到国际领先水平。世界单炉投煤量最大水煤浆气化技术示范成功。盐湖资源化学与过程工程协同创新中心完成年产13万吨高纯氢氧化镁工业示范装置。上海生物制造产业协同创新中心共建多个产学研平台，包括苏州工业技术研究院食品(健康糖)研究中心、张江现代生物技术研究院、上海海洋动物疫苗工程技术研究中心、恒天生物基材料联合研究院。

承担各类科研课题1300余项，科研项目经费到款总额达48459万元。新签订科研项目合同1281项，合同金额43567万元。SCI收录论文(Web SCI)2025篇，EI收录论文(Web EI)1111篇，CSSCI收录论文104篇，SSCI收录论文26篇。至12月底，共申请专利403件，公开专利603件，授权专利349件。获得各类科技奖项16项，其中魏东芝担任负责人的“定向转化多元醇的生物催化剂创制及其应用关键技术”项目获国家技术发明二等奖，于建国团队与青海盐湖工业股份有限公司合作完成的“青海盐湖低品位难开发钾盐高效利用技术项目”获国家科技进步二等奖，刘海峰领衔的“单喷嘴冷壁式粉煤加压气化技术关键装备开发及应用”项目获上海市技术发明特等奖(特等奖只设一名。学校历史上获得的第一个特等奖)。

国家环境保护化工过程环境风险评价与控制重点实验室评估获“优秀”，上海市先进聚合物材料重点实验室及上海市功能性材料化学重点实验室评估获得“良好”。结构可控分子工程创新引智基地获准立项建设。加强人文社科类科研工作，人文社科基地建设管理有所突破，首个上海市哲学社会科学创新研究基地“中国特色可持续城市化研究”获准建设。

五、加强交流合作，提升国际化水平。推进与世界知名高校及科研机构间的实质性合作。举办

11次国际(地区)会议,包括中美化学工程会议、第十四届国际压力容器技术大会等。

“华东理工大学与德国TU9高水平理工大学联盟创新型工程科技人才国际合作培养项目”首次获批创新型人才国际合作培养项目。年内,来自87个国家的1197名各类外国留学生在校学习,其中学位生417名。共有488名学生出国(境)学习,其中本科生378人(含中外合作办学),研究生5人,国家公派留学研究生61人(联合培养41人,攻读博士学位20人),优秀本科生国际交流项目44人。

(杜龙兵)

【进入世界三大最具影响力的大学排行榜前500强】 10月1日,泰晤士高等教育(THE)发布了2015—2016世界大学排行榜TOP800榜单。学校首次进入THE世界前500强。 (杜龙兵)

【应勇等到校视察调研】 1月4日,市委副书记应勇、副市长翁铁慧等到校视察工作。8月28日,副市长翁铁慧到校调研考察。10月14日,市人大常委会副主任钟燕群围绕上海建设具有全球影响力的科技创新中心工作到校开展专题调研。 (杜龙兵)

【“华东理工大学校友会”成立】 1月12日,民政部《关于华东理工大学校友会成立登记的批复》(民函〔2015〕6号),准予华东理工大学校友会成立登记,校友会业务主管单位为教育部。“华东理工大学校友会”正式注册成为全国性社团组织。 (杜龙兵)

【首个海洋微生物农药实现产业化】 由学校生物反应器工程国家重点实验室海洋生化工程研究室、国家海洋局第一海洋研究所等单位创制的海洋微生物农药,于2014年10月获得防治番茄青枯病、黄瓜灰霉病的农药正式登记证,并于2015年5月获得生产批准证。这是国内外第一个利用海洋微生物为生防菌的海洋微生物农药。

(杜龙兵)

【举办第八届中美化学工程学术会议】 10月13日,学校举办第八届中美化学工程学术会议,11位美国工程院院士、10位中国两院院士参会。会议设14个分会场,共有500人参会,其中美国学者100人。中美化学工程学术会议由中国化工学会和美国化学工程师协会共同发起,自1982年以来,已连续举办七届。会议首次在上海举行,并由华东理工大学承办。 (杜龙兵)

第八届中美化学工程学术会议嘉宾合影

【举办第十二届中国(上海)模拟联合国大会】 11月27—29日,第十二届中国模拟联合国大会在校举办。中国联合国协会副会长兼总干事刘志贤,中国联合国协会副会长王学贤以及社会各界媒体和170多所海内外高校师生代表出席开幕式。联合国秘书长潘基文发来贺信。大会以“2015年后发展议程”为主题,下设6个分议题委员会。170余所海内外高校的500余名师生代表参会。

(杜龙兵)

第十二届中国(上海)模拟联合国大会

【多名学生在各项赛事中获奖】 7月3—14日,在韩国举行的第二十八届光州世界大学生夏季运动会中,由郑诗畅、马越斐、郭奕宸、车晓曦和江越等5位学生组成的中国女子乒乓球队,获得女团、女双冠军及女单冠亚军，包揽2015世界大运会女乒项目冠军。8月24日，以学生王祎为队长的E-action参赛团队获得了第九届全国大学生化工设计大赛特等奖。9月25日，艺术设计与传媒学院名为“Infusion Reminder”的参赛作品，获德国红点奖最高荣誉的“红点至尊大奖”。12月5日，外国语学院学生闻菁获得全国英语演讲比赛上海赛区总决赛冠军。12月16日，材料科学与工程学院博士生侯宇获得第六届“上海市青少年科技创新市长奖”，市委副书记、市长杨雄为获奖者颁奖。12月，傅忠旺、吴一墨、黄昊小组获2015年全国大学生数学建模竞赛一等奖，另有6支队伍获二等奖。（杜龙兵）

附：学校负责人及地址

（2015年1—12月）

校党委书记：杨贤金（3月离任）、杜慧芳（3月到任）

副　书　记：沈　炜（7月离任）、马玉录、宋　来（7月到任）

校　长：钱旭红（3月离任）、曲景平（3月到任）

副校长：陈英南（7月离任）、于建国（7月离任）、涂善东（7月离任）、杨存忠（7月离任）、马玉录（7月离任）、钱锋、吴柏钧（7月到任）、刘昌胜（7月到任）、辛　忠（7月到任）

地址：梅陇路130号
邮编：200237
电话：64252500

东 华 大 学

【2015年概况】 学校全面深化综合改革，推进依法治校，以编制“十三五”规划为契机，聚焦内涵发展。全校各类学生30377人，其中本科生14965人，硕士生5308人，博士生970人，留学生4760人（其中学历留学生1031名）。截至8月31日，毕业生总体就业率为97.88%。

综合改革与“十三五”规划。制定《东华大学深化综合改革方案》，抓住重点领域和关键环节，凝聚改革与发展共识。启动“十三五”规划及专项规划编制，形成征求意见稿。完成中长期教育改革和发展规划纲要、国家教育体制改革试点项目中期总结评估报告。

学科内涵建设。实施纺织科学与工程、材料科学与工程、设计学“优势学科提升计划”。推进上海高校一流学科和校级重点学科建设。推进上海高校高峰高原学科建设，完成《上海高校高峰高原学科建设东华大学实施方案》，纺织科学与工程获批上海Ⅰ类高峰学科，首批下达建设经费1202万元，3年共计6000万元。制定2015—2017年学科建设总体方案，凝练学科重点发展方向，强化学科公共平台建设。制定《东华大学学位授权点自我评估工作方案》，分类制定学位授权点的自评指标体系。完成翻译硕士、国际商务硕士、工程管理硕士、生物医学工程一级硕士点、光学工程一级硕士点国家专项评估的校内自评。

人才培养。①本科教育。推进公共英语课程改革，制定本硕博公共英语课程体系。实施本科经费分配申报核算制，调整教学经费结构，落实学生实践环节。实施“卓越工程师”计划，成为上海市“卓越新闻传播人才教育培养基地”。优化本科生转专业办法，学生转专业数增加19.7%。实施校内部分专业评估及工程专业论证。新增上海市级教学成果奖30余项。立项本科教育改革工程项目12项，获批经费500万元。②研究生教育。实施纺织科学与工程、材料科学与工程“硕博一体化”长学制研究生培养模式改革试点，推进“122”“三全程”专业学位研究生培养模式改革，获批全国示范性工程专业学位研究生联合培养基地、工程硕士实习实践优秀成果获得者1人、上海市专业学位示范级实践基地3个、上海市专业学位实践基地2个；获首届中国学位与研究生教育学会研究生教育成果奖2项，首次入选“全国百篇优秀管理案例”。3位教授当选国务院第七届学科评议专家组成员。③招生改革。改革自主招生选拔方式；制定《东华大学博士生申请—考核招生办法》。提高长学制硕博连读比例，录取人数占当年博士生招生总数的48.1%。硕士统考一志愿录取率达97.5%。④创新创业教育。获国家及上海市级大学生创新创业计划项目256项。实施研究生教育创新计划7项，获上海市研究生创新创业培养专项19项。建立上海市文化创意创业孵化基地，成立上海市首家“高校众创空间”和“上海市大学生创客联盟”。获上海市慈善基金会觉群大学生创业基金优秀组织奖。学生参与各类学科竞赛，获国际奖项6项、国家奖项88项，市级81项。⑤继续教育。推进“学院+”订单式培养模式改革，加强终身教育研究所智库建设，成立中国丝网花艺术研究创作中心。完成“美在东华乐在微课”系列百余讲建设，《百变丝巾》获第三届全国微课程大赛一等奖。

科学研究。获省部级科技一等奖10项，申报上海市国际科技合作奖，实现该领域奖项零的突破。继续推进纺织产业关键技术协同创新中心和民用航空复合材料协同创新中心的建设，海派时尚设计及价值创造知识服务中心通过上海高校知识服务平台中期验收。成立先进低维材料中心。加强军工三证体系建设，通过国军标质量体系综合评议现场认证。加大特种玻璃基础设施与项目研究的投入，低熔点玻璃粉/环氧树脂复合胶粘剂获航天33所立项。成立上海市人民政府发展研究中心决策咨询研究基地——城市创意经济与创新服务研究基地。申请专利795项，其中发明专利748项；获授权专利616项，其中发明专利496项。“石墨烯智能折纸”“半导体异质结光催化剂”发表在Science Advances、Chemical Society Reviews上。新增“东华—吉德服装洗涤技术研发中心”等3个技术研发中心。“高品质纳米纤维素纤维高效制备及应用关键技术”获第17届中国国际工业博览会中国高校展区优秀展品特等奖。

队伍建设。创办校内首份人才队伍建设期刊《成长》。1人入选上海千人计划、3人入选东方学者(1人为跟踪计划)、1人入选上海市科技启明星、1人入选上海市曙光计划、1人入选上海市教委晨光计划、4人入选上海市浦江人才计划、1人入选上海市青年拔尖人才支持计划、1人入选上海市人才发展资金资助。阎克路教授获“全国先进工作者”称号。修订《东华大学新进人员选拔实施办法》，加强师资博士后管理，试行建立新进教师准聘和长聘制度，1人获中国博士后基金一等资助。全校专任教师中具有博士学位的占58%，具有半年以上海外经历的教师占38.5%。

合作交流。开拓中外合作联培项目，新签订18份国际教育合作协议。获批6个高端外国专家项目，2个学科创新引智基地、1个海外名师项目、1个引进海外高层次文教专家重点支持计划、3个学校特色项目和一批学校重点聘专项目。开展学生交换和联合培养，公派留学资助研究生数比上年增长40.9%，实现博士生国际交流年度“百人计划”目标。设立雅思东华大学考点。举办“先进纤维与聚合物材料”等7个大型国际会议。推进“中非高校20+20合作”教育援非项目，召开首届中非纺织服装国际论坛。完善校际接收交换生全英语授课平台建设，开设5个模块、20余门全英语授课课程，4门课程成为上海高校外国留学生英语授课示范性课程。接受60多家企业和个人捐赠516.54万元，新增协议捐赠228.7万元，筹建东华大学校友企业家联谊会。推进环东华时尚创意产业集聚区建设，筹建上海时尚之都促进中心。开展云南省盐津县对口扶贫，对口新疆大学、塔里木大学、喀什职业技术学院等的援疆工作。

学生工作。新增8项社会助学金，实施砺志成才育人工程，7725人次学生获各类奖助学金7409余万元。获上海市大学生足球联盟超级杯、全国大学生田径比赛男子撑竿跳高、全国大学生攀岩锦标赛甲组难度赛、全国大学生体育舞蹈锦标赛普通院校组冠军；获全国大学生射击锦标赛及上海市大学生射击锦标赛团体总分第一名。

条件改善与管理改革。①复合材料协同创新中心大楼可行性研究报告获批，完成二号学院楼二期项目建设和延安路校区第二食堂以及松江校区中央空调系统等的改造。②建设智慧图书馆，启动"图书馆学习空间移动化和智能化改造项目"，移动图书馆"书香东华"上线。③成立纺织服饰博物馆时装艺术委员会。纺织服饰博物馆被上海市人民政府命名为"上海市爱国主义教育基地"。④成立法务办，加快办学法制化进程。⑤创新采购方式，开展以电子产品为试点的网上竞价；规范资产报废处置，核定和调整各级行政管理人员的办公用房，被抽查的办公用房全部达标；加强危险化学品仓库的管理，严控化学品的购买渠道，严把化学品供应质量。（高兰兰）

【设立孔子学院】 3月30日，学校首所孔子学院在肯尼亚莫伊大学揭牌成立，这是全球首所以纺织服装为特色的孔子学院，也是肯尼亚第四所孔子学院。东华大学校友会肯尼亚分会同时成立。莫伊大学是肯尼亚排名第二的综合性国立大学，也是东华大学"中非20+20合作计划"的非方合作伙伴。孔子学院主要面向肯尼亚西部地区开设各类汉语课程和文化讲座，结合中国现代纺织服装工业和设计技术，为肯尼亚培养具有汉语能力、纺织服装设计和贸易能力的专业人士，已有200余名学生报名参加该院的语言学习。（高兰兰）

孔子学院在肯尼亚莫伊大学揭牌

【成立东华大学先进低维材料中心】 10月23日，东华大学先进低维材料中心在松江校区成立。美国工程院院士、阿克隆大学教授程正迪受聘担任中心主任、首席科学家。中心以"人才汇聚、学科交叉、原始创新、技术集成、高效运行、国际一流"为建设定位，拓展学校以纤维材料为代表的低维材料基础与应用基础研究，促进材料、纺织及相关学科跨越式发展，建设多学科高端人才的孵化器。（高兰兰）

东华大学先进低维材料中心揭牌

【校园原创话剧《钱宝钧》公演】 9月7日，上海高校"大师剧"重点建设项目——东华大学原创话剧《钱宝钧》在松江校区首演。9月8日，在上海戏剧学院全市公演，向第31个教师节献礼。该剧本由上海戏剧学院创作中心主任陆军教授团队创作。钱宝钧是中国化学纤维学科奠基人，高分子纤维科学家、教育家，曾任华东纺织工学院院长、中国纺织大学名誉校长，一生专注纺织事业发展，关心学校建设，关爱师生成长，设立"五爱"奖学金（爱祖国、爱人民、爱科学、爱劳动、爱社会主义），并将毕生积蓄捐作学校科研教学奖励基金。徐匡迪院士曾题词："一代良师，桃李天下。五爱精神，光照千秋"。（高兰兰）

【设立城市创意经济与创新服务研究基地】 12月28日，学校与上海市人民政府发展研究中心共建的城市创意经济与创新服务研究基地成立。校长蒋昌俊，上海市人民政府发展研究中心主任、东华大学顾问教授肖林出席成立仪式。东华大学管理学院高长春教授任基地主任。（高兰兰）

【东华大学众创空间揭牌】 5月14日，东华大学众创空间揭牌成立，成为上海首个高校众创空间。校长蒋昌俊，市科委、市教委、市大学生科创基金等相关负责人参加。空间聚合创新创业教育与实

践资源，以志趣为导引，以创新实践活动为手段，为有志于创新创业的大学生提供创新创业交互平台。（高兰兰）

【举办首届中非纺织服装国际论坛】 5月30日，学校主办的首届中非纺织服装国际论坛举行。来自肯尼亚、津巴布韦、苏丹等6个国家和地区的230余人参会。校领导、肯尼亚莫伊大学校长出席开幕式并致辞。（高兰兰）

中非纺织服装国际论坛开幕

【翁铁慧到校调研】 9月2日，副市长翁铁慧到校调研。随同参加调研的有市政府副秘书长宗明、市教委主任苏明、市教委秘书长王从春等。翁铁慧对学校的建设发展给予肯定，勉励学校继续坚持艰苦奋斗和实干进取的优秀传统，不断提升办学质量和教育水平。（高兰兰）

【举办2015中国纺织学术年会】 10月15日，中国纺织工程学会主办、学校承办的2015中国纺织学术年会召开。来自国内外500余名专家、学者、企业代表以及高校师生参会。中国纺织工业联合会会长王天凯，副会长、中国纺织工程学会理事长孙瑞哲，中国工程院院士李培根、郁铭芳、周翔、孙晋良、蒋士成、姚穆、俞建勇等出席。校长蒋昌俊教授作《"互联网+"推动纺织服装产业升级》的主题报告。学校蔡再生、陈南梁、孟婞、王朝生教授在会上获2015中国纺织学术带头人奖。（高兰兰）

【举行《敦煌丝绸艺术全集·俄藏卷》首发式】 10月15日，经过中、俄双方专家近8年的研究和整理，《敦煌丝绸艺术全集(俄藏卷)》首发式举行。这是继2007年、2011年发行英藏卷和法藏卷后问世的该系列第三部图书。全书收录俄罗斯艾尔米塔什博物馆收藏的百余件敦煌纺织品文物，包括以织、染、刺绣三种基本技法制成的佛幡、经帙、残片等各种以纺织纤维为材质的文物，具有重要的政治、文化意义。（高兰兰）

【举办2015上海国际服装文化节国际时尚论坛暨万隆·环东华时尚周】 4月21—25日，学校在延安路校区举办2015上海国际服装文化节国际时尚论坛暨万隆·环东华时尚周。"2015上海国际时尚论坛"从"时尚文化""时尚教育""时尚媒体"三大版块探讨时尚发展对城市经济及文化教育的影响。历时5天的时尚周，通过学术论坛、专题研讨会、创意市集、学生服装设计作品展演及大赛、海派设计师作品发布、艺术创意设计作品展、海派剧场、艺术沙龙等活动，探讨时尚流行趋势、设计理念、海派时尚。（高兰兰）

【召开第五届绿色复合材料国际研讨会】 4月16—17日，由国际先进材料与工艺技术学会(SAMPE)北京、上海分会，中航复合材料有限责任公司，北京航空材料研究院，中国科学院宁波材料技术与工程研究所和学校联合主办的第五届绿色复合材料国际研讨会在学校松江校区举行。来自中国、加拿大、巴基斯坦、印度、法国等国家的近100名代表与会，就"天然纤维研发与稳定制备、生物基体材料设计与开发、绿色复合材料的加工与应用以及新型绿色材料"展开研讨。（高兰兰）

【获首届中国"互联网+"大学生创新创业大赛银奖】 10月18—21日，首届中国"互联网+"大学生创新创业大赛总决赛在吉林大学落幕。学校计算机学院2010届毕业生罗清篮创业团队的参赛项目"首创网络安全云SAAS服务"获得银奖。本届大赛有来自全国31个省份及新疆生产建设兵团的1878所高校、57253支团队报名参赛，提交项目作品36508个，参与学生20余万人。学校共有39个创业项目参加大赛。（高兰兰）

【召开首届欧亚城市家具国际论坛】 12月6日，由中国建筑工业出版社和学校联合主办的首届欧亚城市家具国际论坛暨第四届中国环境设计国际学术研讨会召开。学校和中国建筑工业出版社领导出席并致辞。来自日本、伊朗、土耳其等相关行业企业、研究机构的专家学者近300人与会。

（高兰兰）

【举办中国高等教育学会师资管理研究分会2015年学术年会】 12月14日，中国高等教育学会师资管理研究分会2015年学术年会暨成立30周年纪念大会在学校松江校区召开。中国高等教育学会师资管理研究分会理事长、武汉大学校长李晓红院士，上海市教委副主任王平、校党政领导以及来自国内140多所高校的350余名代表与会。会议以“高校综合改革与引才聚才环境建设”为主题，围绕“高校综合改革与人事制度改革”“引才聚才环境建设与社会养老保险并轨”“教师评价、发展与管理信息化建设”和“职员制改革的发展现状、趋势与对策”等展开研讨。新加坡南洋理工大学终身荣誉校长、前校长徐冠林教授，上海交通大学校长张杰院士作主题报告。（高兰兰）

【召开先进纤维和聚合物材料国际会议】 5月25—27日，由美国纤维学会和学校主办的纤维学会2015年春季会议暨2015年先进纤维和聚合物材料国际会议召开。中国工程院院士俞建勇、郁铭芳，美国纤维学会现任主席，日本纤维学会主席，亚洲高分子学会主席等出席。会议涉及绿色纺织制造、纳米纤维材料、纤维与聚合物先进加工技术、功能与智能纤维等主题，期间共举行9场大会报告、18个主题报告、95个口头报告。来自美、英、法、德、日、澳、印等19个国家和地区的190余名代表参会。（高兰兰）

【获“世界可穿着艺术大赛”8项大奖】 10月，第27届“世界可穿着艺术大赛”在新西兰首都惠灵顿揭晓，学校参赛团队获至尊奖亚军，前卫组冠军、科技组冠军等5个组别2个冠军、5个亚军、1个季军共8项大奖。服装学院2015届本科生张曦、洪倩雯分别凭作品《外来物》《致命的美丽》获至尊奖亚军、前卫组冠军和科技组冠军。（高兰兰）

附：学校负责人及地址

（2015年1—12月）

校党委书记：朱　民
副　书　记：殷　耀、刘淑慧、罗仪华

校　长：蒋昌俊（3月到任）、徐明稚（3月离任）
副校长：宋立群、俞建勇、陈招应、刘春红、邱　高、李永智

松江校区地址：人民北路2999号
邮编：201620

延安路校区地址：延安西路1882号
邮编：200051
电话：67792000、62373678

华东师范大学

【2015年概况】 学校设有3个学部、25个全日制学院、2个书院、11个实体研究院（所、实验室）、1个管理型学院，含79个本科专业，其中中文、历史、数学、地理、心理和物理6个专业是国家文理科基础科学人才培养和科学研究基地。学校现有博士学位授权一级学科28个、硕士学位授权一级学科38

个，可授予19种硕士专业学位，以及教育博士专业学位，有25个博士后科研流动站。拥有教育学、地理学2个一级学科国家重点学科（涵盖教育学原理、自然地理学等13个二级学科），5个二级学科国家重点学科，5个国家重点培育学科，1个上海高峰Ⅰ类学科，1个上海高峰Ⅱ类学科，12个上海市重点学科和17个上海市一流学科（A类4个，B类13个）。在学校理科范畴拥有2个国家重点实验室、1个国家工程技术研究中心、1个国家野外科学观测研究站、1个国家级国际联合研究中心、7个教育部重点实验室和工程中心、1个教育部国际合作联合实验室、10个上海市重点实验室和工程中心、1个教育部高等学校软科学研究基地和1个上海市软科学研究基地、1个上海市协同创新中心；在学校文科范畴拥有6个教育部人文社会科学重点研究基地、10个上海市哲学社会科学创新研究基地和上海市人民政府决策咨询研究基地工作室、2个上海市高校智库。学校主办和承办近30种学术期刊，图书馆馆藏印刷本图书资料约462万册。学校有教职工3982人，其中专任教师2215人。教授及其他高级职称教师1708人，其中含中国科学院和中国工程院院士（含双聘院士）11人、中组部千人计划（含“青年千人”）入选者34人、教育部长江学者奖励计划特聘教授及讲座教授32人、国家杰出青年科学基金获得者24人、国家万人计划领军人才及国家教学名师入选者3人、人社部新世纪百千万人才工程国家级人选11人、国家优秀青年基金获得者9人、中组部青年拔尖人才入选者6人、教育部青年长江学者1人、上海市东方学者入选者15人、上海市领军人才及后备入选者24人、上海市千人计划入选者15人、紫江学者计划入选者75人、双百人才计划入选者（含紫江优秀青年学者、紫江青年学者）59人。在校全日制本专科生14079人，其中本科生13878人、专科生201人；在校研究生15004人，其中博士研究生2921人、硕士研究生8875人、免费师范生教育硕士3208人；留学生6000余人。学校现有闵行校区和中山北路校区，校园占地总面积约207公顷。

一、学校规划编制与全面深化综合改革。编制学校“十三五”发展规划纲要和“十三五”学科建设与发展规划，教育学、地理学两个一级学科分别入选上海市高峰Ⅰ类、Ⅱ类计划，获批高峰学科建设经费7300万元。优化学术组织功能，完成学校学术委员会所属五个专门委员会换届选举，优化了专门委员会功能定位。健全教代会工作机制，督办、落实七届三次教代会39件提案，完成教代会代表增补，建立健全二级教代会，发挥教代会代表参与学校民主管理、民主监督作用。完善现代大学制度体系，《华东师范大学深化综合改革方案》获批备案，标志学校深化综合改革工作进入全面实施阶段。制订《华东师范大学理事会章程》并筹备成立理事会，修订完善系列制度文件，继续完善以章程为核心的现代大学制度体系建设。首次开展教学科研实体单位年度考核工作。推进学部制改革和院系结构调整，组建经济与管理学部、化学与分子工程学院、计算机科学与软件工程学院，成立教师教育学院。推广书院制改革，在总结孟宪承书院经验基础上，筹建经管书院（暂名）。完善学生工作架构，成立学生工作部，下设就业创业指导与服务中心、学生资助管理中心、心理健康教育与咨询中心等机构，提高学生工作的统筹协调能力。

二、人才培养。本科生深入实施“大类招生、分层培养、多元发展”人才培养模式，促进“招生—培养—就业”联动机制改革。加强拔尖创新人才培养，实施“理科精英人才培养计划”，与中科院上海生科院等研究机构开展本科生联合培养。启动研究生评教、博士生年度考核和学术学位授权点合格评估工作；启动学位授权点动态调整工作，增列海洋科学、工商管理两个一级学科博士学位授权点。设立教学贡献奖，此奖是学校迄今为止设立的最高层次的教学奖励项目。探索招生工作新模式，本科生招生继续推进按学院或学科大类招生，15个院系按照大类招生；加大本科招生宣传力度，全面实行学部院系分省负责招生咨询；继续优化研究生招生指标分配办法，共接收了1260名推免生，比上年增加100名；博士生招生继续试行“申请—考核”制，录取46名博士生。推进优质课程资源建设，全年本科生开课总量6560门次，11门国家精品课程转型升级，通过网络向公众开放共享；6门课程新入选上海市级精品课程，2门课程获“上海高校示范性全英语课程”称号。建立涉及多学科、覆盖不同课程类别的研究生品牌课程群，开展研究生教学督导工作。以分批立项资助方式推进“慕课”课程建设；23本教材获上海普通高校优秀教材奖，4个项目入选上海市高校本科重点教学改革项目。教师教育构建师范生课程体系，邀请基础教育一线导师开设12门教师教育拓展课程，搭建“教育实习远程管理系统”，继续实施“卓越教师培养计划”，举办各项教师技能活动，继续承担发展中国家教育硕士项目，成功获批成立“中国—东盟教育培训中心”。完善大学生创新创业训练体系，国家、上海和学校通过各类创新创业类项目资助2323人次，资助金额超过400万元。成立华东师范大学创新创业实践基地，10个项目获批上海市研究生创新创业能力培养专项。获十四届“挑战杯”全国大学生课外学术科技作品竞赛一等奖1项、二等奖2项、三等奖2项。丰富跨国跨校交流学习渠道，全年参加国（境）外交流的本科生数量首次超过700人，出国（境）本科生在全体本科生中占比达23%。111名研究生获得国家留学基金委资助出国深造，超过240名研究生赴国（境）外交换学习、短期研修、参加国际会议；完成中法联合培养研究生项目硕士生招生工作。17篇博士学位论文和12篇硕士学位论文入选2014年上海市研究生优秀成果（学位论文）。学校成为全国推进“深化专业学位研究生教育综合改革”的12所高校之一。加强学生工作顶层设计和统筹协调，在毕业季、迎新等关键节点，组织特色学生活动；倡导资助育人，全年奖、助、勤、贷、补累计发放额达2.1亿元；强化实践育人，获全国大中专学生“三下乡”社会实践活动优秀单位称号，1位指导教师获全国优秀个人称号，29个项目和个人获上海市级奖项；拓展学生志愿服务平台，组织近500名学生参与第十届全球孔子大会等大型赛会志愿服务；重视少数民族学生工作，“‘岗拉梅朵’藏文化社团校园文化及支教活动”获第八届高校校园文化建设优秀成果二等奖。提升毕业生就业工作质量，截至9月30日，应届毕业生总体一次就业率达92.36%，其中研究生就业率为92.19%，本科生为92.62%，免费师范生就业率为100%。

三、科研创新。理科科研经费总额稳步增长，到校经费首次突破3亿元，达30652万元；获批国家自然科学基金项目138项，其中重点项目3项、优秀青年基金项目3项、重大研究计划类项目4项等，资助率为33.57%，位居全国高校前列；牵头主持上海市科委重大项目和重点项目9项。文科到校经费10825万元，首次突破1亿元大关，获国家社科基金重大项目6项、教育部重大攻关项目4项，2项国家社科基金重大项目获得滚动资助，重大项目立项数为学校历史最高水平。在省部级以上年度项目方面，获国家社科基金项目28项、教育部社科项目21项、上海市社科项目24项、全国教科项目9项，总立项数位居上海第一。科研创新影响力持续提升，共发表自然指数数据库论文148篇，加权分数式计量（WFC）增长26.9%，在全国高校中名列第17位，较去年提升1位。学校国内专利申请255项，其中发明专利215项；专利授权185项，其中发明专利授权149项。学校作为第一单位获得上海市科技进步一等奖1项，实现学校近年来在该类成果奖项上的突破，获得上海市自然科学、技术发明、科技进步二等奖各1项，上海市自然科学三等奖1项，教育部技术发明二等奖1项，中国石油和化学工业联合会技术发明一等奖1项，2个项目获得“43届日内瓦国际发明展”金奖，2个项目获得“第十七届中国国际工业博览会”创新金奖和高校展区优秀展品奖一等奖。文科方面，19项成果获第七届高等学校科学研究优秀成果奖（人文社会科学），其中一等奖1项；8项成果获第十届上海市决策咨询研究成果奖，其中一等奖2项，获奖总数和一等奖数均位于上海高校第二位，为历届最好成绩。圆满完成第三届思勉原创奖评奖活动。科研创新平台建设不断深化，可信软件国际联合研究中心通过认定正式成为国家级国际联合研究中心，成为学校首个国家级国际科技合作基地；可信软件国际合作联合实验室通过论证正式进入建设行列；新增“脑计算和认知科学”高等学校学科创新引智基地，创新引智基地数量达到6个，是全国引智基地数最多的高校之一。上海市“核心数学与实践”重点实验室通过验收正式进入上海市重点实验室行列，完成多个国家级和省部级实验室评估。继续推进教育经济宏观政策研究院、城市发展研究院、周边合作与发展协同创新中心等跨学科研究平台建设，形成人文社会科学跨学科研究机构框架。提升科研的社会服务能力，与国家气象局签订战略合作协议，推进上海城市边界层气象联合观测基地以及城市气象与城市大气环境合作研究—培训基地共建工作，长江经济支撑带协同创新中心与上海市政府发展研究中心联合面向全国设立长江经济带专题项目，城市发展研究院团队正式发布“长江经济带城市协同发展能力指数(2015)”。与上海市人民政府发展研究中心合作共建中国金融研究院，服务上海国际金融中心、自由贸易试验区和科创中心的建设。启动智库成果培育项目，拓展成果上报渠道，全年有10篇决策咨询报告被省部级以上领导批示，22篇报告被相关内参录用，数量上为历年最高。主动对接区域发展需求，与普陀区签订区校战略合作补充协议，开展网络空间安全研究院、并购金融研究院等科研平台的建设与合作；继续深化与闵行区、普陀区、紫竹高新园区、大学科技园区的联动发展。

四、师资队伍建设。加强高水平人才队伍建设，新增国家“千人计划”(含“青年千人”)海外高水平专家、国家“万人计划”、百千万人才工程国家级人选、长江特聘教授、国家“万人计划”青年拔尖人才以及“国家优青”等国家级人才共计25人，创历年新高；新增上海市“千人计划”、上海市“东方学者”、上海市“领军人才及后备”以及上海市“青年拔尖人才”等市级人才计划入选者共计29人。推进青年教师队伍建设，引进和培育学校“双百计划”23人，其中“紫江优秀青年学者”11人、“紫江青年学者”12人；“紫江优秀青年学者”中，已有13人获得国家高水平青年人才项目支持。引进“晨晖学者”19人。持续开展青年教师海外研修工作，83人申报国家留学基金委及其他资助项目。深化学校人事制度改革，进一步完善“全员聘任、分类管理、能进能出、有动力有活力”的人事制度；制定《华东师范大学教师编制管理暂行办法》及《专职科研人员聘用与管理暂行办法》等，完善相关配套政策，逐步建立激励与约束相统一的队伍规模调控机制；完善教职工分类管理体系和考核评价制度，修订《2015年专业技术职务评聘工作实施办法》；以岗位任务及聘期考核为抓手，推动实施教职工的分类管理，进一步完善不同类型的教师岗位设置，引导教师确立最适合自己的发展通道，促进教师更好的职业发展。

五、国际化办学。学校留学生教育水平持续提升，全年实际报到留学生2243人，较上年增长18.4%，其中奖学金生292人、短期生1580人。国际教育园区建设取得新进展，学校合作伙伴以色列海法大学顺利入驻；新增中外合作办学项目，签署华东师大、法国里昂商学院、闵行区和紫竹工业园共建亚欧商学院四方合作协议，开展“2+2”工商管理本科双学位项目、“1+1”创新设计创业艺术(IDEA)硕士双学位项目、“1+1”定量金融与保险硕士双学位项目相关工作；举办与新加坡南洋理工大学国立教育学院合作培养教育管理硕士项目。推进中外高校在学生培养、教师交流、科学研究等方面合作交流，签署年度相关协议及合作备忘录等70余份。推进高端外国专家项目建设，获批高端外国专家项目21个；推进学科引智项目，争取学科创新引智计划，引智资助资金总计450万元。首次实施比利时鲁汶大学学者交流项目，与智利圣托马斯大学共建联合科研中心，与以色列海法大学共建上海—海法国际研究中心。加强孔子学院建设，成立孔子学院工作委员会，成立国际汉语教师学院，为国家汉办实施国际汉语教师职业化建设目标提供有力支持；落实国家汉办“新汉学计划”，累计招收孔子学院奖学金学生近600人，目前在校奖学金生130余人；承办第十届孔子学院大会和第十二届国际汉语教学大会，服务汉语和中国文化传播推广。

六、学校管理与文化建设。接受教育部巡视组巡视、校长任中经济责任审计、教育部直属高校基本建设规范化管理专项检查等系列专项检查和审计工作，做好巡视、专项检查和审计中发现问题的整改工作。扩大校内审计范围，加大专项审计、财务收支审计力度，开展对学校处级领导干部经济责任审计工作，加强对学校科研经费、基本建设投资的审计工作。做好学校经营性房屋出租出借专项清查,加大校办企业关停并转工作力度,组织开展国有资产管理及产业规范化培训。加强大学文化建设,举办纪念抗战胜利70周年、光华大学建校90周年、冯契先生百年诞辰等纪念活动,打造高水平文化论坛"杏坛高议"和"大夏舞台"系列文化艺术演出两大文化建设品牌项目。学校中文主页全年发布工作动态2726条,微信公众平台总阅读量达到243万次。学校海外传播影响力排名全国高校第15位。丰富文化资源,学校档案馆征集、收藏各类手稿、档案材料共计200余卷;出版《光华大学编年事辑》《光华文萃》《光华大学:90年90人》,完成"丽娃档案"的第二批成果编研出版;联合普陀区档案局举办"纪念中国人民抗日战争胜利70周年暨沪西抗战史料展"。图书馆采购采集图书82114种共计110995册,涉及使用金额文献资源建设经费3000余万元;加强古籍和民国文献的管理、保护和利用工作;做好中北图书馆大修开放后续事宜,改造并提升图书馆内部软环境。做好管理服务,落实一站式服务理念,新版师生综合服务网上平台正式上线。利用高级研修学院平台,面向管理骨干、纪检干部、后勤与产业管理干部、学校委派董事监事开展针对性培训,提升其业务管理能力。探索机关党支部与学部院系师生党支部结对活动,共计开展"牵手"活动39次,建立了机关和学部院系党员联系制度,努力使机关服务更贴近师生需求。加强校友联系,争取外部支持,召开第二届全球校友联谊会联席会议,成立中学校长校友会、浙江校友会、新加坡校友会等多家校友会,组织首届校友单位招聘会,圣约翰大学北京、上海和南京校友会相继并入华东师范大学校友会。发动与支持学部院系做好争取捐赠工作,全年收到捐赠6000余万元人民币;资助项目50个,资助师生2507人。深化对外合作,与普陀区签署合作协议,与甘肃省教育厅、民航华东管理局、中航工业商发集团等单位签署或续签战略合作协议。 (汪　海)

【承办上海教育"十三五"规划战略研讨会】 3月5日,受上海市教委委托、由华东师范大学承办的上海教育"十三五"规划第一场、第二场战略研讨会在校举行。校党委书记、国家教育宏观政策研究院院长童世骏出席并致辞。校党委副书记兼副校长任友群、上海市教育科学研究院副院长张珏等出席并介绍相关情况。市教委副主任丁晓东、王平分别主持会议。 (汪　海)

【与国家和上海气象局签署合作协议】 3月8日,华东师范大学与中国气象局战略合作协议签署仪式在北京举行。校领导与中国气象局领导出席签署仪式并代表双方签署《合作协议》。11月27日,华东师范大学领导与上海市气象局领导在校签署战略合作协议。 (汪　海)

【5位教师入选上海市"曙光计划"项目】 3月11日,华东师范大学人文社科类5位教师入选2014年度上海市"曙光计划"项目,分别为:中文系李丹梦《当文化遭遇政治:闻一多的"格律"化生存》,商学院董直庆《碳排放约束下我国适宜性技术进步方向和环境质量优化对策研究》,哲学系葛四友《有限同情心与分配正义》,音乐学系姜蕾《音乐本体、聆听与脑神经科学的跨学科研究》,历史学系孟钟捷《20世纪90年代以来德国的公共历史争议研究:以纳粹历史争议为中心的考察》。入选人数位居上海高校首位。 (汪　海)

【"十三五"期间大力促进教育公平高峰论坛】 4月1—2日,由中国教育三十人论坛、教育公平协同创新中心、华东师范大学国家教育宏观政策研究院联合主办的"十三五"期间大力促进教育公平高峰论坛在校举行。校党委书记童世骏、校长陈群出席并致辞。中央编译局副局长俞可平,全国政协常委、

"十三五"期间大力促进教育公平高峰论坛举行

副秘书长、民进中央副主席、中国教育学会副会长朱永新，全国政协常委、副秘书长、民盟中央副主席、国家教育咨询委员会委员徐辉等 22 位嘉宾发表主题演讲。来自全国各地教育行政部门负责人、教育领域相关专家 300 余人与会。（汪　海）

【在日内瓦国际发明展获奖】 4 月 17 日，在第 43 届日内瓦国际发明展上，华东师范大学国际航运物流研究院包起帆团队研发的基于星地交互的物流跟踪与监控系统、基于移动互联网的 NFC 封条系统获得两枚金奖，并获俄罗斯为展会所设的特别大奖。

（汪　海）

【“上海—海法国际研究中心”揭牌】 4 月 28 日，以色列海法大学校长一行访问华东师范大学。其间双方进行工作会谈并签署华东师范大学与海法大学学生交换协议，为两校合作共建的“上海—海法国际研究中心”揭牌。来宾还参观了上海—海法国际研究中心，以及学校的闵行校区和紫竹高新区。

（汪　海）

“上海——海法国际研究中心”揭牌

【获上海市自然科学一等奖】 5 月 18 日，由华东师范大学河口海岸学国家重点实验室杨世伦等五位教授共同完成的《近期长江流域变化对河口环境的影响》项目获 2014 年度上海市自然科学一等奖。

（汪　海）

【举办纪念《中共中央关于教育体制改革的决定》颁布 30 周年大型论坛】 5 月 25—26 日在华东师范大学举办纪念《中共中央关于教育体制改革的决定》颁布 30 周年大型论坛。论坛由华东师范大学、中国教育学会、中国高等教育学会、光明日报联合举办，主题为“全面深化教育体制改革，办更好的教育”。中国教育学会会长钟秉林，中国高等教育学会、光明日报社和学校领导分别出席开、闭幕式并致辞。教育部政策法规司、上海交通大学、浙江省教育厅领导在论坛作主题发言。来自全国各地的专家学者与会。

（汪　海）

纪念《中共中央关于教育体制改革的决定》颁布 30 周年论坛举行

【上海市大学生计算机应用能力大赛颁奖大会举行】 6 月 14 日，2015 年（第七届）上海市大学生计算机应用能力大赛颁奖大会在华东师范大学举行。来自多所高校的相关负责人，获奖学生及指导老师等 300 余人与会。信息科学技术学院学生王顾封、钱臻易的作品《运维服务管理系统移动客户端的设计与实现》，中文系学生陈雪瑶、孟宪承书院学生顾妍婷和张诗雨的作品《空气回忆站》获一等奖。华东师范大学获优秀组织奖。（汪　海）

【8 项成果获市教育科学研究成果奖】 7 月 9 日，华东师范大学 8 项成果获上海市第十一届教育科学研究成果奖。其中一等奖 5 项，位居上海第一，分别是阎光才的《美国的学术体制：历史、结构与运行特征》、周欣的《幼儿园综合课程中的数学教育》、左志宏的《大众传媒与幼儿认知发展》、杨向东的《基础教育学业质量标准研制的国际比较》、丁钢的《中国中小学教师专业发展状况调查与政策分析报告》；二等奖 2 项，分别是李政涛的《中国社会转型发展的“教育尺度”与教育基础》、黄书光的《重审教育现代化进程中的人文向度》；三等奖 1 项，李锋的《基于标

准的教学设计:理论、实践与案例》。 （汪 海）

【6 项课题获批 2015 年度市教育科学研究项目】 8 月 11 日,华东师范大学 6 项课题被批准为 2015 年度上海市教育科学研究项目,数量位居上海第一。其中重大课题 2 项,分别是教育学部朱益明的“高考改革新形势下高中整体改革研究”、数学系王建磐的“中小学数学教材的有效设计”;重点课题 3 项,分别是体育与健康学院熊文的“中小学体育渗透和落实‘立德树人’的理论和实践问题研究”、教育学部刘莉莉的“上海集团化办学的政策设计与路径研究”、王小明的“上海市中小学教学关键要素研究”;决策咨询项目 1 项,即公共管理学院高向东的“外来随迁子女的学校教育问题及对策研究”。

（汪 海）

【第十九届国际磁共振大会召开】 第十九届国际磁共振大会于 8 月 16—21 日在上海举行。大会由国际磁共振学会(ISMAR)主办。这是国际磁共振大会首次在中国召开。校长陈群、国际磁共振学会执行委员会主席 Daniella Goldfarb 出席并致辞。围绕大会主题“磁共振技术发展与生命科学”,来自 30 多个国家的近 700 名科学家深入交流了在生物大分子核磁共振、固体核磁共振方法、液体核磁共振方法等国际热点研究领域的最新科研成果。

（汪 海）

【韩正到校调研】 9 月 9 日,教师节前夕,上海市委书记韩正到校看望师生并向广大教师和教育工作者致以节日祝贺和问候。韩正一行参加了“传承师大精神,加强教风学风建设”师生讨论会,并与师生互动交流。在“科技创新中心建设及创新型人才培养”座谈会上,韩正作重要讲话。韩正一行还考察了学校河口海岸学国家重点实验室、精密光谱科学与技术国家重点实验室、上海市磁共振重点实验室和国家可信嵌入式软件工程技术研究中心。市委常委、市委秘书长尹弘,市委副秘书长、市委研究室主任张道根,市府副秘书长宗明,市教卫工作党委书记陈克宏,市教委主任苏明,市科委主任寿子琪等陪同调研。 （汪 海）

【出席中欧高级别人文交流对话机制第三次会议】 9 月 14—21 日,校长陈群应邀出席中欧高级别人文交流对话机制第三次会议,并访问欧洲高校。与比利时布鲁塞尔自由大学(法语)签署共建孔子学院执行协议,并看望在该校交流学习的学生。与法国里昂商学院就亚欧商学院相关合作细节进行会谈,并参加里昂商学院创新学习中心揭幕仪式。与里昂高师就联合培养博士生等项目进行会谈。与瑞士洛桑酒店管理学院就合作办学项目事宜进行磋商。

（汪 海）

【与香港教育学院签署合作备忘录】 10 月 11 日,华东师范大学与香港教育学院《战略伙伴合作及硕士联合培养谅解备忘录》签署仪式在校举行。中共上海市委统战部部长、上海海外联谊会会长沙海林出席签约仪式。 （汪 海）

【在第十六届工博会空间信息产业展获奖】 11 月 4 日,华东师范大学信息科学技术学院董大南团队“面向时钟同步多天线 GNSS 接收机的定向测姿系统”获创新金奖,国际航运物流研究院包起帆团队“基于移动互联网的物流跟踪与监控系统”获高校展区优秀展品奖一等奖。 （汪 海）

【举行纪念“胡焕庸线”发现 80 周年学术研讨会】 “中国人口地理格局与城市化未来——纪念‘胡焕庸线’发现 80 周年学术研讨会”于 11 月 7—8 日举行,研讨会由华东师范大学、中国地理学会和中国人口学会联合举办。150 多位海内外专家学者围绕中国的人口地理格局和“胡焕庸线”的经济、社会、文化、生态意义等问题展开研讨。 （汪 海）

【4 名教师获“宝钢优秀教师奖”】 11 月 15 日,华东师范大学生态与环境科学学院达良俊、历史学系孟钟捷、美术学系钱初熹、经济与管理学部蓝发钦获 2015 年度“宝钢优秀教师奖”。 （汪 海）

【举行第五届世界华人美术教育大会】 第五届世界华人美术教育大会于 11 月 15—18 日在校举行。大会由国际美术教育学会、世界华人美术教育协会与华东师范大学联合主办。上海市教卫工作党委书记陈克宏出席并与校党委副书记兼副校长任友群一起为组委会委员颁发证书。校领导、国际美术教育学会主席，以及校有关职能部门负责人，来自世界各地的专家学者等与会。（汪　海）

【第十五届中国经济学年会举行】 第十五届中国经济学年会于11月21—22日在华东师范大学举行。北京大学、复旦大学、华东师大等19家中国经济学年会理事单位的代表、60余所大学经济学院院长（系主任）、高校及相关机构的专家学者和特邀嘉宾等600余位专家与会，共同探讨中国未来经济发展的新思路、新办法和新举措。（汪　海）

【19项成果获第七届高等学校科学研究优秀成果奖】 12月1日，华东师范大学19项成果获第七届高等学校科学研究优秀成果奖，获奖数位全国高校前列。其中体育与健康学院季浏的《论面向学生的中国体育与健康新课程》获一等奖，哲学系潘德荣的《西方诠释学史》等6项成果获二等奖，哲学系陈卫平的《破除“两军对垒”教条主义的思想前驱——论1957年“中国哲学史座谈会”》等12项成果获三等奖。（汪　海）

【承办第十届孔子学院大会】 12月5—6日，第十届孔子学院大会在上海世博中心举行。大会由孔子学院总部、国家汉办、上海市政府联合主办，上海市教委、华东师范大学承办，复旦大学、上海外国语大学、上海大学协办。中共中央政治局委员、国务院副总理、孔子学院总部理事会主席刘延东出席开幕式并做主旨演讲。教育部部长、孔子学院总部理事会副主席袁贵仁主持开幕式。上海市市长杨雄，全国政协委员、国务院参事、孔子学院总部理事会常务理事、孔子学院总部总干事、国家汉办主任许琳出席。来自130多个国家和地区的大学校长、孔子学院代表等2300余人与会。（汪　海）

【与普陀区签署深化战略合作协议】 12月18日，华东师范大学与普陀区人民政府深化战略合作协议签约暨网络空间安全研究院揭牌仪式举行。校党委书记童世骏、普陀区区委书记施小琳出席并讲话，共同为研究院揭牌。双方还签署深化战略合作协议。（汪　海）

附：学校负责人及地址

（2015年1—12月）

校党委书记：童世骏
常务副书记：曹文泽（12月离任）
副　书　记：任友群、杨昌利

校　长：陈　群
副校长：任友群（兼）、郭为禄、孙真荣、梅　兵、李志斌、汪荣明

中山北路校区地址：中山北路3663号
邮编：200062
电话：62232214

闵行校区地址：东川路500号
邮编：200241
电话：54344633

上海外国语大学

【2015年概况】 学校有教学院（系）19个、直属教学部3个。设有本科专业38个，包括语言类专业

25个和非语言类专业13个。一级学科硕士学位授权点7个(下设二级学科硕士学位授权点36个)、专业硕士学位授权点3个、一级学科博士学位授权点2个(下设二级学科博士学位授权点17个)、博士后科研流动站2个。全校在职教职工1322人,其中专任教师753人,具有正高职称121人,具有副高职称249人,具有博士学位的教师465人,具有硕士学位的教师240人。全校各类学生总数14894人,其中本科生5990人、硕士研究生2678人、博士研究生445人、留学生2007人(学历生844人)、成人教育学生3491人、网络教育学生283人。当年招收本科生1471人、研究生1033人,其中硕士研究生926人、博士研究生107人。当年毕业本科生1453人,就业率约为97.02%;毕业研究生984人,其中硕士生901人、博士生83人,就业率达96.44%。当年招收来自108个国家和地区留学生4368人次,其中长期生共计2952人次。

一、综合改革与学科规划。①聚焦改革重点难点,立足顶层设计,注重调查研究,坚持问计于民,制定《上海外国语大学综合改革方案(2015—2020年)》。着力解决改革的系统性、整体性和协同性问题,落实改革任务,推动改革前行。②启动学校“十三五”规划编制。依托多语种、多学科优势,凝练学科发展方向,推进高峰高原学科发展,重点加强外国语言文学和其他学科交叉融合。③外国语言文学学科成功入选上海市Ⅰ类高峰学科,进入上海市21个Ⅰ类高峰学科建设计划。④完善学科建设与管理体制机制,形成学科自我发展、学校动态评估的制度体系。⑤修订《学术委员会章程》,完成校学术委员会换届。成立外国语言文学一级学科学术委员会,启动院系学术委员会换届工作。⑥不断完善学科建设成果数据库。

二、人才培养与教育教学。①探索完善有外语院校特色的大学生思想政治教育体系。成立马克思主义学院,进一步推进思想政治理论课与外语教学相结合。②创新本科生人才培养模式改革,构建“多语种+”人才培养体系。建立卓越学院,以国家战略与社会发展需求为导向,开展荣誉教育,培养拔尖人才。③稳步推进院系专业综合改革试点,做好专业达标评估。④完善课程体系建设,组织首届教学微视频大赛。“基础西班牙语Ⅰ”和“广告创意与表现”两门课程获2015年市级精品课程;“当代新闻事业”和“组织行为学”被授予“上海高校示范性全英语课程”;“公司理财”入选2015年度上海高校示范性全英语教学课程建设项目。⑤注重实践教学,100个国家级和60个市级大学生创新创业训练计划项目获立项。⑥推动实验教学示范中心和MOOC课程建设。首门全英文慕课“跨文化交际”在英国FutureLearn平台上线,成为中国第一门、亚洲第三门在该平台上线的课程。来自全球175个国家逾15000名学员选修了该课程。⑦加强学科交叉、融合与渗透,推动研究生课程教学内容、教学模式和教学方式改革。推进70余门研究生全英语教学课程建设,其中10门获上海市面向留学生全英语授课示范课程立项。与复旦大学建立跨校互选课程机制。⑧探索本科生优秀人才招生机制,完善和规范自主招生试点,优化自主招生程序。定制个性化研究生招生方案,完善多语种国际新闻硕士生实验班、多语种法律硕士生实验班、金融硕士项目。⑨启动大学生就业行业研究、项目指导、创业支持、生涯设计与毕业生群体分析。

三、科研规划与管理。①推动“2011协同创新中心”建设。凝练方向,拟订任务,将中心建设与高校智库建设有机结合。推进区域国别研究成果修订、出版,形成区域国别研究联席会议制度。②围绕国家战略和社会问题,依托学科特长,全面加强特色智库群建设。对接国家“一带一路”战略,成立丝路战略研究所。加强中东智库建设,入选中国“一带一路沿线国家研究智库联盟”,成为首批理事单位。欧盟研究中心被列入《中国智库名录(2015年)》。③新建教育信息化国际比较研究中心、中日韩合作研究中心、语言文化视角下的区域国别研究基地、中国海外利益保护研究中心等4个科研平台,推出研究成果《欧美文化政策研究》《亚非文化政策研究》《区域国别教育信息动态》。④获国家社科重大招标项目1项、教育部重大课题攻关项目1项。共发表学术论文1059篇、期刊论文619篇、论文集论文195篇、报刊文章245篇,其中,CSSCI核心期刊论文259篇、EI期刊论文6篇、EI会议论文6篇、SCI期刊论文8篇、SSCI期刊论文15篇、

A&HCI期刊论文5篇；出版著作276部，其中专著86部、译著64本、教材28本、工具书20本、学术丛书15本、学术论文集21本；被采纳研究报告112篇，其中被中央国务院采纳27篇、被国家级政府部门采纳17篇。⑤举办学术会议42场，其中国际会议17场、国内会议25场，参加校外学术会议共计556人次。⑥加强国际合作，培育国际化科研团队。《外语界》入选《2014年中国学术期刊国际影响力引证报告》中国最具国际影响力学术期刊前50名。⑦坚持质量导向，科学制定各类学术评价标准。健全学风建设和学术道德监督机制，严格处理学术不端现象。⑧加强科研经费管理，严格执行科研经费预算编制和预算调整制度。

四、师资队伍建设。①以高层次人才引进与管理为核心，根据学校发展重点，细化人才引进计划，做好顶层设计。年内，共引进7名高层次人才。2人入选2013、2014年度长江学者奖励计划，1人获聘中组部青年拔尖人才，1人获聘上海千人计划（创新短期）人才，1人获聘上海高校特聘教授（东方学者），1人获聘讲座教授。②15位博士后获得中国博士后科学基金资助，其中特别资助3人，面上资助一等资助3人、二等资助9人。外国语言文学博士后流动站获得2015年度全国博士后综合评估优秀设站单位。③认定初级职称19人，评审及认定中级职称35人、高级职称26人。④制定“上海外国语大学教师职业发展支持计划”，继续开展教育部“教师队伍建设”示范项目——青年教师教学科研团队培育计划和教育部“高校青年教师专业发展能力提升”示范项目——青年英才海外研修计划，搭建教师交流平台。

五、国际化办学与对外合作交流。①引进高水平外国专家，提升外国专家层次。②沙特阿拉伯亲王、德国前教育与科研部部长等国际政要、知名人士（学者）访校。学校境外合作伙伴达到56个国家和地区的331个机构。③拓展国际合作办学，与德国拜罗伊特大学合作举办德语（经济学）专业本科教育项目通过教育部审核。④由专业教师带队的“全球重大事件多语种学生报道团”赴法国用中、英、法三语开展“中法五十年：跨世纪的大国友谊”报道活动。⑤加大对外交流，扩大学生海外交流规模。2015届本科毕业生中，在学期间有出境学习经历者占37.8%。年内，共有719名本科生参加各类海外交流项目，同比增长23.12%；171名研究生获各级各类出国留学项目资助；获批国家留基委优秀本科生项目45个，共188个名额，名列全国第三。⑥加大国际学生培养力度，推动中国学、跨文化交际、中国媒体与全球企业传播、国际关系、MBA等五个全英语硕士项目。促进国际学生趋同化管理，增强国际学生与国内学生融合度。⑦学校入选国家汉办“新汉学计划”试点院校，启动联合培养博士生及攻读博士学位项目的招生宣传工作。⑧围绕“一带一路”战略，优化孔子学院布局，丰富办学形式，与加拿大滑铁卢大学瑞纳森学院合建学校第8所孔子学院。成立孔子学院工作处，加强孔子学院管理工作。学校荣获“孔子学院先进中方合作机构奖”。

六、校园文化建设。①推进多语种外文门户网站建设，探索外文网站建设与专业教学研究相结合。年内，中文新闻网共刊发学校新闻超过2000条。在Alexa全球网站排名中，位居中国高校前列。在《中国教育信息化》杂志刊发的教育部直属高校门户网站排行榜中，居全国前15位。②全面使用视觉形象识别系统，加强校园文化宣传推介素材库。学校入选教育部第二批网络文化建设试点高校。俄文、德文等30篇外文网站原创文章被乌兹别克斯坦外交部官方网站、新华网、人民网等转载。③加强大学文化建设统筹规划与设计，探索成立艺术教研室。坚持高雅艺术进校园项目，开设艺术类公共选修课，提升校园文化活动内涵。“融国际视野弘中华文脉——用多语种讲述中国故事，借互联网传播中华文化”项目入选“礼敬中华优秀传统文化”系列活动全国十佳示范项目。④参加第四届全国大学生艺术展演，获得全国奖项4个，上海市奖项12个。校艺术团第四次参加国家汉办组织的大学生艺术巡演团活动，赴西班牙6所孔子学院进行12天艺术巡演。艺术团微信账号开辟《为你读诗》栏目，邀请各语种深受学生喜爱的老师朗诵中外文著名诗歌，给学生启迪。

七、管理保障与社会服务。①落实依法治校要求，设立校法律事务室。启动全校规章制度梳理工作，推进章程落实，探索章程监督机制。探索推进校、院两级管理体制改革试点。②加强公务接待、办公用房、公务用车的管理整改和制度规范。加强松江校区管理保障和服务水平，促进两校区深度联动与资源共享。整合办公用房资源，推进青年教工周转房管理工作。设立松江公共服务中心，为广大师生提供便利。③建设数字化校园，加强图书馆学术研究信息资料建设，升级办公自动化系统、财务管理系统、科研管理系统等，提升办公效率。加强校园互联网通信基础设施建设，加强数字化教学辅助平台建设与推广，提升信息化安全保障。④加强资产管理，保障国有资产保值升值。严格财经纪律，健全监管体系，推动预算制改革。加强产业单位管理，优化产业集群。⑤扩大社会资金参与学校办学，新增捐赠项目10个，新增捐赠签约金额2165万元。修订基金会章程，制订《上海外国语大学募资专项预算管理办法(试行)》《上海外国语大学教育发展基金会捐赠项目管理办法(试行)》。⑥健全民主管理体制机制，信息公开更加透明、全面。加强教代会、工代会建言议事能力，推动民主党派参政议政、服务社会。⑦推动校友工作二级网络体系建设，做好海内外校友会工作。（潘　旻）

【获阿卜杜拉国王世界翻译奖】 1月15日，上海外国语大学中东研究所朱威烈教授出席第七届阿卜杜拉国王世界翻译奖颁奖典礼，接受沙特外交副大臣、阿卜杜拉国王世界翻译奖董事会主席颁发的个人贡献奖。阿卜杜拉国王世界翻译奖设立于2006年，致力于推动阿拉伯语与其他语种在人文、科技等领域的互译，表彰和鼓励在该领域有突出贡献的个人和机构。（潘　旻）

【学生在多项赛事中获奖】 2月，1名学生代表中国获得第十三届世界学生围棋王座赛冠军。3月，1名学生荣获第二十届中国日报社全国英语演讲比赛一等奖。5月，1名学生获得全国口译大赛华东赛区一等奖。8月，3个项目入围第八届全国大学生创新创业年会。9月，校棒球队获第十一届全国大学生棒球联赛冠军。（潘　旻）

【4位教授分获法国、葡萄牙荣誉勋章】 3月30日，法国驻沪总领事代表法国政府为上海外国语大学曹德明、肖云上、陈伟三位教授颁发法国“棕榈教育勋章”，以表彰他们多年来在高等教育领域为法国语言文化的教学与传播以及中法两国科研合作所作出的突出贡献。5月5日，葡萄牙驻华大使代表葡萄牙总统向学校西方语系副主任兼葡语教研室主任徐亦行授予葡萄牙国家高级荣誉勋章。

（潘　旻）

三位教授获法国“棕榈教育勋章”

【在上海高校信息公开评议中获第一】 4月10日，上海市教育委员会公布了2013—2014年上海高校信息公开评议工作结果。上海外国语大学在此次评议中再获第一。根据中国社会科学院法学研究所等社会第三方评价机构测评显示，上海外国语大学是上海唯一进入全国信息公开程度最佳前十名的高校。（潘　旻）

【与教育部共建教育信息化国际比较研究中心】 4月15日，由教育部教育管理信息中心与上海外国语大学共建的教育信息化国际比较研究中心揭牌成立。中心将依托上外多语种人才储备和区域国别研究实力，重点研究世界各国尤其是先进国家教育信息化建设发展动态与战略部署，跟踪各国教育信息化的新机制、新技术与新趋势，为国家制定教育信息化战略提供决策参考。（潘　旻）

【沙特阿拉伯王国图尔基亲王到访】 4月23日，沙特阿拉伯王国图尔基·费萨尔亲王(Prince Turki al-Faisal)一行到访，并向学校捐赠6000册图书。校长曹德明、副校长杨力和中东研究所名誉所长朱

威烈教授等接待贵宾，并授予图尔基·费萨尔亲王名誉博士学位。（潘　旻）

沙特阿拉伯王国图尔基·费萨尔亲王一行到访

【入选国家语言文字智库首批试点单位】 教育部依托上海外国语大学中国外语战略研究中心、上海市教科院国家语言文字政策研究中心和武汉大学中国语情与社会发展研究中心，开展语言文字智库试点工作。学校中国外语战略研究中心成立于2007年，2011年成为国家语委的首个科研基地，设立全国首个语言战略与语言政策学学科，建设全国首个语言政策研究的课程体系，发起创办国际语言教育政策研究工作网，直接参与国家语委的多项课题、工作规划与法规标准的研制，多次代表中国语言文字研究者与工作者参与国际交流、传递中国声音。（潘　旻）

【成立外语非通用语种卓越人才培养基地】 为响应国家"一带一路"战略，8月21日，上海外国语大学外语非通用语种卓越人才基地成立。学校目前开设了19个非通用外语专业与课程。2001年经教育部批准，设立高等学校外语非通用语种本科人才培养基地（欧洲语群），2008年设立欧洲语群和亚非语群两个特色专业建设点。此次成立外语非通用语种卓越人才基地，是希望整合校内外各方资源，探索适应新形势下国家经济社会发展的外语人才培养机制。（潘　旻）

【首次开设乌尔都语和乌兹别克语课程】 新学期伊始，上海外国语大学东方语学院首次开设的乌尔都语课程正式授课。根据学校外语非通用语种卓越人才培养基地的建设规划，将选择"一带一路"重点国家的十门官方语言和重要方言作为开设课程和专业，今后三年学校的外语语种数将增加到30种。10月，乌兹别克语开设学习班。乌兹别克语课程将作为公共选修课向全校学生开放。（潘　旻）

【启动多语种高级翻译专业硕士项目】 上海外国语大学基于自身多语种优势和高级英语同传翻译的培养经验，对接国家"一带一路"战略需求，从2015年开始招收阿英汉三语组合翻译专业硕士。第一批硕士研究生于9月入学。根据学校发展规划，2016年还将新增朝汉英三语组合招生项目。

（潘　旻）

【墨西哥教育中心成立】 11月11日，上海外国语大学墨西哥教育中心在墨西哥成立，该中心由上海外国语大学和墨西哥中国文化商务协会共同创办。会上，学校与墨西哥中国文化商务协会、安纳瓦克大学分别签署了合作协议。中心致力于开展两国语言文化教学与商务培训，推动墨西哥汉语教师本地化培养，合作开展墨西哥及拉美国家和地区研究，推动中墨两国学生文化及商务跨国研习。

（潘　旻）

【哈萨克斯坦中心成立】 11月16日，上海外国语大学哈萨克斯坦中心揭牌成立，这是国内首家致力于哈萨克斯坦社会与文化研究和中哈教育交流合作的学术机构。中心由上海外国语大学、哈萨克斯坦驻沪总领事馆和哈萨克斯坦教育科学部国际计划中心共同成立，中哈双方将全面开展学术研究和教育合作。（潘　旻）

【中外师生逾百人参与第十届孔子学院大会服务】 第十届孔子学院大会于12月6—7日在上海世博中心召开。作为协办单位之一，上海外国语大学共派出逾百名中外志愿者参与大会。除近20名师生参与高级翻译工作外，另有包括英、法、西、德、俄、荷、葡、韩、日等9个语种在内的共75名学生志愿者参与会务工作。此外，学校还派出来自泰国、吉尔吉斯斯坦、土耳其、喀麦隆等国家的30多名留学

生参与开幕式文艺演出。（潘　旻）

【卓越学院揭牌】 12月19日，上海外国语大学教学研讨会召开。会上，校党委书记姜锋与校长曹德明共同为“上海外国语大学卓越学院”揭牌，这是学校探索和实践国际化创新型拔尖外语人才培养新模式举措。卓越学院采用荣誉培养制度，实施荣誉学籍、荣誉证书和荣誉课程三个方面的拔尖创新人才培养机制。2016年首批开设“多语种高级翻译实验班”和“多语种国别区域实验班”，2017年起逐步开设“多语种外交外事人才培养平台”和“多语种国际组织人才培养平台”。

（潘　旻）

附：学校负责人及地址

（2015年1—12月）

校党委书记：姜　锋
副　书　记：李月松、王　静

校　　长：曹德明
副 校 长：冯庆华、张　峰、杨　力、周　承
总会计师：林学雷

虹口校区地址：大连西路550号
邮编：200083
电话：35372000

松江校区地址：文翔路1550号
邮编：201620
电话：67701068

上海财经大学

【2015年概况】 上海财经大学是教育部直属的全国重点大学、国家首批“211工程”、“985工程优势学科创新平台”重点建设高校，入选中组部“国家海外高层次人才创新创业基地”，由教育部、财政部和上海市人民政府三方共建。

学校有会计学、财政学、经济思想史、金融学（培育）4个国家级重点学科；有财政部重点学科4个、上海市重点学科6个和上海市一流学科A类2个、B类4个；上海高校Ⅱ类高峰学科1个（理论经济学）。学校现有博士后科研流动站7个、一级学科博士授权点6个、一级学科硕士授权点12个、专业学位硕士点12个、本科专业38个以及国家经济学基础人才培养基地、国家大学生文化素质教育基地、教育部人文社会科学重点研究基地——会计与财务研究院、国际商务汉语教学与资源开发基地（上海）等4个国家级基地，数理经济学教育部重点实验室。学校有全日制在校生14150人，其中本科生8025人、学术型硕士生1298人、专业学位型硕士生4533人、博士研究生1080人、留学生1324人。截至2015年12月，学校有专任教师1047名，其中教授、副教授589人。学校拥有中央“千人计划”10人、国家特支计划（万人计划）“教学名师奖”1人、长江学者11人、教育部创新团队发展计划1项、新世纪百千万国家级人选6人、国家杰出青年基金获得者2人、国家优秀青年基金获得者2人、国家特支计划（万人计划）青年拔尖人才3人、上海千人计划10人、上海领军人才（含后备队）8人、上海东方学者6人和新世纪优秀人才支持计划入选者36人。

一、人才培养。①打造全方位育人体系。依托“科学·人文”大讲堂、甲申论坛等品牌项目，邀请知名专家学者到校开讲，形成学生科学人文素养培养的长效机制。继续开展2015年度千村调查，共有840支队伍、1418名学生参加。创新和完善课堂内外结合的体育俱乐部教学模式，学生在棋类、游泳等特色体育项目上屡屡为国争光。系统规划艺术课程体系，积极打造艺术精品项目，校学生民乐团连续三届获全国大学生艺术展演一等奖。②全面实施以“立体课程、多元路径、个性体验”为

特征的创新人才培养模式改革。加强以高质量通识课程为核心的立体化课程建设，开设新生研讨课。2015 年，学校共开设各类通识课程 263 门次。实验中心正式揭牌成立，并获批牵头组建“经管实验发展研究协作中心”。持续推进学科优化计划、导师岗聘计划、教学提升计划、学术之星计划、行业菁英计划以及支持与保障计划等“六大计划”，全面提升研究生培养质量。2015 年，学校加大国际组织人才培养力度，开设国际组织人才培养基地班。③构建创新创业教育举校体制。成立创业学院，打造全覆盖、分层次的创业教育体系，每年开办一期“匡时班”。目前，首期匡时班 37 个学员创业项目中，6 个已在孵化中，1 个已获得融资，16 个已注册公司。推出“创课堂”和创业导师制度，创业导师占比达 46%，商学院学生和校友创业企业已达 40 余家。上财学子在第十四届“挑战杯”全国大学生课外学术科技作品竞赛主体赛事中获一等奖 1 项、三等奖 1 项；在德勤税务精英挑战赛、首届 Discover 杯数据建模大赛、“汇丰杯”2015 中国高校 SAS 数据分析大赛、第七届全国大学生数学竞赛等赛事中再创好成绩。

二、学科建设。推进上海高校高峰高原学科建设，理论经济学入选上海市Ⅱ类高峰学科，并与复旦大学、上海交通大学、华东师范大学等高校同城协同、联合做好Ⅳ类高峰学科申报工作。启动政治学、计算机科学与技术和社会学建设，调整和整合马克思主义理论学科，成立马克思主义学院。健全学科发展评估机制，持续实施学科发展内部评估，发布学科发展年度评估报告。根据上海交通大学世界大学学术排名(2015)，学校经济学/商学学科位列全球前 200 强，居中国高校第四；根据 QS 世界大学学科排名(2015)，学校会计与金融学科位列全球前 200 名，居中国高校第五；根据荷兰蒂尔堡大学经济学排名(2013)，学校经济学学科在经济学国际顶级期刊发文量位居中国高校(含港澳台)第一，亚洲第六，全球第六十一；根据美国德克萨斯大学达拉斯分校商学院科研排行榜(2015.1—10)，学校国际顶尖商学期刊发文量位居全球第八十二，中国高校第三；根据美国亚利桑那州立大学金融学排名(2010—2014)，学校金融学位居全球 101，中国高校第二。

三、学术创新与社会服务。召开科研工作会议，聚焦科研体制机制改革。2015 年，学校获得国家级项目立项 63 项，其中国家自然科学项目 42 项、国家社会科学项目 21 项；国家级重点项目立项 7 项。教师共发表各类学术论文 806 篇，其中发表在《中国社会科学》《经济研究》等国内顶级期刊上论文共 19 篇。学校 2 部专著获国内经济学界最高奖孙冶方经济科学奖，8 项成果获得 2015 年高等学校科学研究优秀成果奖(人文社会科学)。

持续推进自贸区协同创新中心建设，积极争取津闽粤三地高校、研究机构和国家有关部门的合作与支持，参与完成 2015 版“负面清单”编制。中心还大力加强数据库和政策仿真模拟实验室建设，“自由贸易区经济开放与全球化数据中心”“自由贸易区政策模拟仿真与人才培养实验平台”建设初具成效。制定实施“两个服务行动计划”(2015 版)，着力建设中国公共财政研究院。学校先后向政府机关、行业协会、研究机构递交专家建议 105 份，其中 30 份获党和国家领导人、上海市主要领导批示，部分入选国家社科规划办《成果要报》等重要内参，或被有关部门采用。在上海市第十届决策咨询研究成果奖中，学校 9 项成果获奖，获奖数量位列上海高校第一。

四、师资队伍建设。启动第二批“1351 人才工程”评审及认定工作，初步选出讲席教授 11 名、讲席副教授 20 名、创新团队 10 支、资深教授候选人 4 名。制定《上海财经大学教师岗位核定工作方案》、修订《上海财经大学教师职务聘任管理办法》等制度。加强博士后队伍建设，首次策划开展“博士后学术之星”评选活动。新增万人计划青年拔尖人才 3 人，国家百千万人才工程人选 1 人、长江学者 2 人、上海千人计划 1 人、上海领军人才 1 人、东方学者 1 人、上海青年拔尖人才 1 人。

五、交流与合作。召开人才培养国际化工作会议。2015 年学校与美国俄亥俄大学、加拿大约克大学等 31 所大学/机构签署协议。2015 年共有 59 名学生参加一流大学海外学习项目，增长率约 44%；181 名研究生赴海外学习，较去年增加 61 人。开设本科生和研究生暑期国际课程共计 47 门。爱沙尼亚塔林大学孔子学院和英国伦敦玛丽女王大学孔子学院正式揭牌。学校作为唯一的人文社科类院校，也是第一所财经大学入选国家外国专家局和教育部国际化示范学院“推进计划”试点院校。校友总会正式完成注册工作，校院两级校友工作机制基本健全，新成立11个地方/学院/专业校友会、2个校友联络处。截至2015年底，地方校友会覆盖率已达到88%，亚、欧、美、澳四大洲均已成立校友会或联络处。校董会换届工作顺利完成，第二届校董会邀请并聘任校董51人，较第一届校董会人数规模增长46%。

六、服务保障。按期完成2015年服务师生10项实事，并提前启动2016年实事征集和立项工作。校园软硬件设施建设日新月异，主校区新学生公寓20号楼、武东校区大学生创新实训中心和图书馆共享空间交付使用，主校区综合体育馆、科研实验中心和大礼堂改造项目启动建设。学校获得全国第二届平安校园建设优秀成果一等奖。把握百年校庆这一重要契机，大力加强校园文化建设。成立学校文化建设委员会，加强对文化建设的组织领导。抓好精神文明建设，学校连续22年、11次获得上海市“文明单位”称号。（吴怀莉）

【启动实施服务师生10项实事项目】 2月，学校正式启动“增加通识教育课程门数和选修人次”“增加国际暑期课程”“减轻学生上网资费负担”“实现国权北路校区学生宿舍无线覆盖”“实施部分学生公寓公共空间改造和部分学生宿舍钢窗改造工程”“增加医疗服务项目，开设中医针灸、火罐、理疗专家门诊”“建成心理宣泄室、沙盘室、心理学图书馆等，完善心理健康教育服务设施”“推出新版校园服务门户，整合校内外服务资源，为师生提供统一的应用、消息、资讯等服务”“完成教工食堂和清真食堂改扩建，教工食堂增开晚餐”“实施武东路校区绿化工程，改善校园环境”等10项实事项目。截至年底，学校2015年服务师生10项实事全部完成，有效改善了师生员工工作、学习和生活条件。（吴怀莉）

【成立大数据统计科学中心】 3月28日，国家统计局和上海财经大学共同联合成立的“大数据统计科学中心”揭牌仪式举行。中心的核心功能是：满足国家需求、社会发展的需要，帮助企业创造价值，并在学界中加强学科建设，提升科学研究、提高人才培养质量，以及打造一流师资队伍等。中心的目标是：①研究大数据统计科学的理论方法和计算，并将研究成果运用到其他相关领域，探索交叉学科研究的新模式。努力把中心建设成国际上有影响的大数据科学研究和学术交流的重要基地。②为国家统计局和上海市统计局服务，为国家和地区的经济建设与社会发展提供政策咨询与科学决策依据。③发挥上海财经大学的学科优势和上海作为经济金融中心的地区特色优势，与政府部门，与企业，与国内外相关机构紧密结合开展合作研究。（吴怀莉）

成立大数据统计科学中心

【编制《上海财经大学综合改革方案》】 4月，《上海财经大学综合改革方案》通过教育部审核程序并获正式备案，方案确定2014—2020年的重点改革任务20项，并逐一明确主要措施、进度安排、主要责任、协调部门以及支持保障。（吴怀莉）

【通识教育中心成立】 4月14日，学校“通识教育中心”揭牌。上海市教育委员会副主任陆靖、校长樊丽明等领导出席揭牌仪式，并向通识教育中心主任及通识教育指导委员会委员颁发聘书。（吴怀莉）

【成立上海财经大学创业学院】 7月15日，上海财经大学创业学院揭牌仪式暨全国创新创业教育论坛举行。教育部高教司副司长刘贵芹、校长樊丽明、市教委副主任陆靖、共青团上海市委副书记王力共同为创业学院揭牌。创业学院的成立，连同新成立的通识教育中心，标志着学校通识教育、专业教育和创

业教育一体两翼培养模式的初步形成。　（吴怀莉）

【校实验中心揭牌】 11月30日上午，上海财经大学实验室建设研讨会暨实验中心揭牌。中国高教学会高等财经教育分会、国家级实验教学示范中心经管学科组、国家级实验教学示范中心联席会经管学科组专家顾问组，上海市教委和学校领导，以及来自各兄弟高校、合作企业以及学校各院所、相关职能部门的来宾、教师代表出席揭牌仪式。　（吴怀莉）

附：学校负责人及地址

（2015年1—12月）

校党委书记：丛树海
副　书　记：刘永章、陈　宏

校　长：樊丽明
副校长：刘兰娟、方　华、黄　颖、蒋传海、陈信元、姚玲珍

地址：国定路777号
邮编：200433
电话：65904466

上海海关学院

【2015年概况】 2015年，学院全日制在校生2066人，其中本科生1996人、硕士研究生70人。本科毕业生433人，就业率达92.15%，首届29名硕士研究生顺利毕业，就业率达100%。有教职工283人，专任教师146人，其中教授15人、副教授47人，具有高级职务教师占专任教师的比例为42.5%，具有硕士研究生以上学位教师占专任教师的比例为88.4%。

学院把落实教育部本科教学合格评估整改方案作为推进内涵建设、提高人才培养质量和办学水平的重要契机和动力，强化教学管理和教学基本建设，完善教学质量保障体系，全面提高人才培养质量和办学水平。深入开展专业内涵建设，建立海关和行业专家教学指导委员会，全面修订本科人才培养方案，推进通识教育改革，英语专业获得本科学士学位授予权。推进"本科质量工程"项目实施，新获批市级教改项目2项、重点课程2门，2本教材获评市级优秀教材奖；新建院级教学团队1项，新立项院级重点课程4门、院级教改项目14项、院级试题库建设1门，规划教材编写项目10本，评选院级教学成果5项。加强实践教学、规范实验教学管理，新建院级示范性实习基地建设项目1项，本科实验基础建设项目立项8项，新获批国家级大学生创新创业训练计划26项，1篇学术论文成果入围第八届全国大学生创新创业年会，在全国大学生英语竞赛、计算机应用与设计竞赛、数学建模竞赛和上海市高等数学竞赛、决策大赛等学科竞赛中，学生获多个奖项。

学院强调科研为教学服务，为海关和国家经济社会建设服务，不断探索建立科研工作新机制。学院修订了《上海海关学院科研经费管理办法》《上海海关学院科研工作量管理办法》和《上海海关学院科研项目经费配套办法》，编印了《上海海关学院科学研究服务指南》，实现科学化、规范化的科研管理工作机制。2015年学院获准校外各级各类科研项目立项共54项，其中国家级1项，省部级6项，委办级3项，横向课题1项，第三类课题44项；2015年共计发表论文126篇，其中，核心期刊论文（CSSCI和北大版）23篇；2015年论文被转载5篇，三大检索收录3篇。学院教师参与出版、编写著作24部，其中专著9部，教材6部，科研项目类著作成果3部，出版译著1部，参与编写的著作6部。学院举办了"2015海峡两岸关务学术研讨会""'一带一路'战略下中国对外开放新格局专题研讨会"等大型学术会议5场次，加强了学院与海关、企业、政府部门的联系。《海关与经贸研究》入选2015《中国

学术期刊影响因子年报》统计源期刊，并在第六届上海市高等学校学报评优活动中获评“上海市优秀学报”，编辑人员获评“优秀编辑部主任”“优秀编辑”称号。2015年《海关与经贸研究》出版正刊6期、增刊2期，订阅数量超过1800份。

学院共举办国内外各级各类培训班133期，培训各类学员6594人次。其中，海关计划内培训38期，1898人次；系统内委托培训51期，2496人次；涉外培训20期，388人次；面向社会培训13期，1402人次。与2014年相比，培训班次、总人次数、总天数分别比上年增长了3.9%、3.4%、27.8%。在培训规模不断扩大的同时，学院坚持“特色办学，服务海关”的宗旨，开设与海关总署党组重点改革、决策高度相关课程，切实推动领导干部上讲台工作，并以海关改革发展过程中的热点和难点问题为主题组织研讨，形成具有较高参考价值的研讨成果，为海关总署决策提供咨询和参考，切实提高了培训的针对性和实效性。

全年有16人获国家奖学金，4人获上海市奖学金，53人获国家励志奖学金，45人获社会奖学金，70人获社会助学金，1263人次在校外各级各类竞赛中获得奖项。获上海市大学生暑期社会实践最佳组织奖，社会实践团队首次获得由共青团中央评选颁发的“全国优秀团队”称号，在上海市知行杯大学生暑期社会实践大赛中荣获特等奖、一等奖及优秀奖。（金舒莺）

【世界海关组织秘书长到访】 3月10日，世界海关组织（WCO）秘书长一行访问上海海关学院。双方就上海海关学院与世界海关组织在能力建设领域的合作情况、学院自成为世界海关组织亚太地区培训中心（RTC）以来取得的优异成绩以及未来规划等议题交换意见。（金舒莺）

【举办关于欧盟海关法和国际海关工具的中国—欧盟研讨会】 3月25—27日，中国—欧盟世贸项目（二期）项下的“关于欧盟海关法和国际海关工具的中国—欧盟研讨会”在上海海关学院举行。海关总署国际司相关领导、总署相关司局代表、中国—欧盟世贸项目（二期）办公室及有关海关专家、部分学院师生参会。此次研讨会旨在深入交流欧盟海关联盟的法律框架和政策框架以及欧盟贸易协定，了解掌握欧盟海关法对中国海关的借鉴意义，以便在全球贸易复杂多变的背景下更好地探索海关的未来发展方向和重点。（郭向楠）

关于欧盟海关法和国际海关工具的中国—欧盟研讨会在校举行

【首次开设单一窗口及协调边境管理国际课程】 5月12日—6月12日，上海海关学院首次开设单一窗口及协调边境管理国际课程。主讲教师为荷兰海关局高级顾问。本次国际课程采用全英文、小班化、专业理论、案例教学与现场教学相结合的教学模式，让学生们不出国门就能学习荷兰海关的专业知识。该国际课程受到了荷兰王国驻上海总领事馆总领事、荷兰王国驻华大使馆海关专员等人的高度关注和赞赏。（郭向楠）

【创新涉外培训模式】 10月8日，第67届世界海关组织（WCO）跟班作业项目在上海海关学院开班。此次跟班作业项目作为中国海关CCF基金承办的首个WCO跟班作业项目，实行“学院研修＋现场教学＋总署走访”的“三合一”培训模式。上海海关学院以此项目为契机，创新涉外培训模式，在该项目执行过程中更深层次地向国际海关推介中国海关的经验与做法，积极扩大“知中国海关、爱中国海关”的“国际朋友圈”。（姜　越）

【举办单一窗口及口岸通关贸易便利化研讨会】 10月23日，在上海海关学院举行单一窗口及口岸通关贸易便利化研讨会。此次研讨会是由海关总署、联合国欧洲经济委员会(UNECE)、联合国亚太经济与社会委员会(UNESCAP)联合举办,由上海海关学院承办。来自UNECE、UNESCAP、中国海关总署、公安部、商务部、交通运输部、质检总局、10省市地方口岸办的55人参会。此次研讨会邀请了来自UNECE、UNESCAP以及"联合国贸易与交通无纸化专家网络"(UNNEXT)的14位专家,介绍国际上"单一窗口"的规划发展和环境建设的情况,以及跨境"单一窗口"和跨境数据协调等方面的内容,供中国海关开展"单一窗口"建设工作参考。

(郭向楠)

【与福州海关签订产学研合作备忘录】 11月27日,上海海关学院与福州海关举行产学研合作备忘录签订仪式。根据合作备忘录,双方将就课题研究、展示平台、教学研发、干部培训、送教上门等方面开展深入合作。此次签约对于进一步发挥和加强海关理论研究对海关事务的引领、推动作用,促进海关改革和发展实践走向深入并不断取得新的突破,提高海关高等教育发展水平具有重要意义。

(金舒莺)

【承办第一期"一带一路"沿线国家海关研讨班】 11月9—13日,中国海关第一期"一带一路"海关贸易便利化研讨班在学院举办。研讨班由学院承办。此次研讨以"贸易便利化"为主题,是落实"中国海关关于'一带一路'沿线国家和地区海关能力建设合作安排"的首期能力建设合作项目。来自中国、俄罗斯、哈萨克斯坦、吉尔吉斯斯坦、塔吉克斯坦、

与福州海关签订产学研合作备忘录

乌兹别克斯坦、蒙古、白俄罗斯等8个国家和世界贸易组织的共计45名中高层海关关员、专家参会。与会者围绕通关便利化措施、海关AEO制度、单一窗口和海关信息技术的应用等方面分享经验做法,探讨推动双边、多边互联互通与贸易便利化海关合作的措施进行研讨。

(郭向楠)

附:学院负责人及地址

(2015年1—12月)

院党委书记:郑建民(2月离任)、张金城(2月到任)
副　书　记:肖建国(兼)

院　长:肖建国
副院长:丁海蒙、陈　晖、干春晖

地址:华夏西路5677号
邮编:201204
电话:28992899

上海民航职业技术学院

【2015年概况】 学院下设基础学科部、民航经济管理系和民航工程系,设12个专业,分别是民航商务、航空物流、空中乘务、空中安全保卫、航空旅游管理、民航电子商务、飞机机电设备维修、飞机电子设备维修、民航安全技术管理、飞行器制造技术、飞机结构修理、特种车辆维修专业等。全年,学院实

际招生人数2345人，报到率93.8%，就业率95.3%。共有在校生5800余人，教职工307名，其中在编人员289人，专任教师159人，具高级职称36人，具中级职称76人，研究生学历109人。学院是上海中高职贯通培养的试点院校，与上海5所中职校合作开设4个中高贯通专业。

综合改革举措。学院编制完成高等职业教育人才培养质量年度报告、综合改革方案，以及“十三五”发展规划调研材料等。修订和制定各类规章制度25个。报民航局批准，完成新的机构设置方案、岗位设置方案。调整后学院二级机构增至15个，其中内设二级机构8个，下设二级机构7个，4个为下设教学部门，岗位数从271个增至380个。第二次全员聘用工作继续推进。完成事业单位薪资调整及养老保险全面并轨工作，增资与并轨同步。探索试行非事业编制引进师资，以解决编制受限与规模扩大引发的师资与管理人员缺口。加强预算管理，完善内控制度体系，创建教育收费规范化学院。

教育教学改革。重新制定学籍管理规定和各专业学分制人才培养方案，从2015级开始进行学分制试点改革。坚持“聚焦课堂，质量立校”，以课程标准、随堂听课和教学竞赛为抓手提高课堂教学质量。加强督学力度，组织对40位教师听课与教学督导，坚持领导干部深入教学一线随堂听课，坚持每学期一次听课周活动，院系两级领导干部总听课次数超400人次。开展与专业相关的“职业资格证书”取证工作，学生“双证率”达95%以上。创新人才培养模式，积极推进校企合作，与春秋、吉祥等航空公司共建实训基地，与东航、春秋等公司开展订单式培养。经教育部批准，与美国莱托诺大学合作举办“航空机电设备维修”专业大专学历＋FAA证书项目。

科研与教材建设。推进市教委空乘、机电二个重点专业建设；民航局创新引导资金2016—2018年“教学资源库”项目申报，获得每年100万元专项经费支持；获批1项上海市级科研课题，得到10万元科研经费；公开出版6本民航专业教材。

师资队伍建设。以“内培外引、专兼结合”为原则，全年，引进人才32名，其中正高级3名，副高级2名，博士毕业生3名。师资培训项目111个、454人次。选派了两支团队赴境外参加民航业务培训。加强辅导员队伍专业化建设，安排28名辅导员先后参加校外专业培训。

学生教育管理。实施大学生思想政治教育质量提升工程，以社会主义核心价值观引领德育工作。以丰富多彩的校园文化活动为载体，举办首届校园文化艺术节等活动。扩大青年志愿服务组织体系，已有注册志愿者3000人。在大学生义务献血活动中，全院1159名同学报名，478人参加献血。加强共青团网络媒介建设。院团委微信公众平台引起校内外师生近7000人关注度，创建“i民航”APP网上平台，促进共青团工作网上、网下“两线作战、联动并进”。

后勤保障。有序推进基本建设项目及浦东校区购置工作。浦东校区购置项目通过国家民航局党组会审批，列入民航局2015年固定资产投资编报计划。提升校园管理服务水平，重视节能减排，创建绿色校园，校园照明改造工程已列入民航局2016年节能减排投资项目。持续加大专业实训设施建设和装备建设。投资1800多万元的空乘动态训练舱项目已进入安装阶段。

社会服务。优化资源，服务民航和社会，培训并考核中国民航空中警察总队航空安全员9期共计1726人；培训并考核民航各中小机场电信人员、气象人员等600余人次；培训西藏各地机场安检及地服人员的业务骨干25人次；培训并考核华东地区航空客货运销售人员近600人次。针对非民航类运输企业开办7期安检知识培训班，共计335人次。顺利完成全国民航“2015民航客舱机组机上处突岗位技能大比武”承办工作。　（熊晟钰）

【举办“星光计划”航空地面服务赛事】 3月29日，上海市第六届“星光计划”职业技能大赛中职组航空服务类(航空地面服务)项目比赛在学院举行。学院作为第三方承办本届赛事。来自上海市信息管理学校、上海市商贸旅游学校、上海市航空服务学校、中华职业学校和上海市南湖职业学校的25名选手参加了客运项目和货运项目两个模块的考试。在(高职组)空中乘务项目决赛中，学院获得一等奖1个、二等奖2个、三等奖2个，并获空乘服务

项目团体奖第一名。（熊晟钰）

【获全国职业院校技能大赛二等奖】 6月24—26日，2015年全国职业院校技能大赛在广州民航职业技术学院举行，学院由2012级航空机电专业廖毅超、袁洋、王慧奇三位学生组成代表队，参加高职组飞机发动机拆装调试与维修赛项，获团体二等奖。（熊晟钰）

获全国职业院校技能大赛二等奖

【中国民航报社出版社领导到院调研】 6月29—30日，国家民航局直属的中国民航报社出版社领导到院调研，双方就建立以提高民航高职教育质量为核心的教材建设长效机制，发挥教材在提高民航专业人才培养质量中的作用进行讨论和交流，并就"携手合作共谋发展"达成共识。（熊晟钰）

【入选全国民航职业教育教学指导委员会】 7月20日，根据《关于公布全国民航职业教育教学指导委员会组成人员的通知》精神，学院5位教师入选新一届全国民航职业教育教学指导委员会成员名单。（熊晟钰）

举行首届校园文化艺术节

【举行首届校园文化艺术节】 10月23日，学院首届校园文化艺术节开幕。艺术节以"艺动校园、筑梦起航"为主题，历时两个月。期间，举行了上海交响乐团"东方铜管五重奏"专场音乐会、"影视赏析会""唱响青春·歌声嘹亮"歌咏比赛等系列活动。首届艺术节全方位、立体式地展示学院师生的综合素质。（熊晟钰）

附：学院负责人及地址

（2015年1—12月）

院党委书记：孙　莹
副　书　记：孙　群

院　长：于　再
副院长：章恒龙、杨　征、孙　暄

地址：龙华西路1号
邮编：200232
电话：34693221

上海理工大学

【2015年概况】 学校有18个学院、2个教学部（系）、44个研究院（所）、26个研究中心。设有本科专业54个、一级学科博士学位授权点5个、二级学科博士学位授权点32个、博士后科研工作流动站4

个、一级学科硕士学位授权点22个、二级学科硕士学位授权点91个、硕士专业学位类别8个、工程硕士专业学位领域18个。全日制在校生24600余人，其中本科生17400余人、硕士研究生6677人、博士研究生428人。在校国际生1015名。全校教职工总数2311人，其中专任教师1634人。年内，本科毕业生4263人，就业率97.28%；当年研究生毕业1837名，就业率96.46%。

一、坚持立德树人使命，深化精品本科建设内涵，提高研究生培养质量。①实施本科教学教师激励计划，强化本科教学中心地位。成功入选市属高校本科教学教师激励计划试点高校。实施教授上课、答疑制度，任课教师100%参与坐班答疑和自习辅导。22门课程获批上海市重点课程，5门课程获批上海市精品课程，2门课程获上海高校示范性全英语课程，2个教学项目获上海高校本科重点教学改革项目，3本教材获上海普通高校优秀教材奖。“现代企业运营虚拟仿真实验教学中心”获批国家级仿真实验教学中心。②启动高峰高原学科建设项目全日制博士研究生资助计划，设立专项资金鼓励和资助优秀博士生出境参加国际学术会议，设立推免硕士研究生优秀奖学金，不断优化研究生结构。动力工程和车辆工程2个专业学位实践基地获批上海市示范性基地。积极推进上海市专业学位实践基地建设工作，加强学校与科研院所和行业企业的战略合作，通过产学研联合培养等多种方式，探索应用型人才培养的有效途径。发布《上海理工大学学位与研究生教育质量年度报告(2014—2015学年)》。③推进创新创业教育。分别与中科创大、沪江网联合成立“上海理工大学—中科创大创业学院”“上海理工大学沪江创业学院(网络)”，组建工商管理专业第三期创业班，组织成立“尚理创客联盟”。承办上海市大学生机械工程创新大赛等5项上海市级学科竞赛，大学生获各类学科竞赛奖409余项，其中全国一等奖28项，全国二等奖24项，上海及区域一等奖77项。举办“高校创新创业典型”专题新闻通气会，众多媒体报道学校创新创业教育举措。教育部网站3次专题报道上海理工大学创新创业教育、精品本科建设相关成果。④全面深化教育国际化。“机械设计及其自动化”“能源与动力工程”两个专业通过ASIIN认证，与德国权威工科认证机构ASIIN认证共建中德“中欧高等工程教育研究中心”。与亚琛工业大学共建“中德环境岩土与地质工程研究中心”，与斯图加特大学等共建“中德合作智能制造研究院”。举办“上海理工大学和汉堡应用科技大学合作30周年活动暨中德工程教育主题论坛”，与德国ASIIN认证机构联合举办“中国高等教育理工类专业国际认证中德研讨会”。引进澳大利亚两院院士、IEEE院士等多位国际顶尖人才，集聚起了一支由国内外高水平学者和工程师组成的科技创新团队。⑤工程教育示范效应初显。与南京工业大学、浙江工业大学共建“长三角高等工程教育联盟”，致力于加强区域高校资源共享和优势互补；与上海工业自动化仪表研究院共建“上海智能制造工程师学院”，进一步探索“校企联合招生、联合培养”模式。教育部网站3次专题报道学校高等工程教育改革发展、创新创业教育等方面的典型做法。

二、人才强校主战略成效初显，夯实一流学科建设基础，提升学校核心竞争力。①积极推进人才强校主战略。全力推进和实施“沪江人才”计划，全年共引进沪江领军人才9人，其中长江学者特聘教授1人、中组部“创新千人”3人、“创业千人”1人，获批国家百千万人才工程1人。教师队伍结构不断优化，共引进教师114人。②关心教师发展，激发师资队伍活力。实施分类评价、绿色通道等政策，打通各类人员发展通道。制定正高级专家延退规定，开辟校内沪江学者评聘渠道，探索破解学校正高比例受限的解决方法。开展了事业单位养老保险制度改革，调整和提高了教师基本工资标准和离退休人员离退休费标准，启动建立职业年金制度。③高峰高原学科获突破。光学工程、系统科学两个学科获上海市高峰学科建设计划支持，动力工程及工程热物理、管理科学与工程、机械工程、生物医学工程四个学科获上海市高原学科建设计划支持。汤森路透的ESI数据表明，学校工程学学科近11年被ESI系统收入论文506篇，累计被引用1703次，正式进入全球工程学学科前1%的行列。机械工程、生物医学工程2个一级博士点和国际商务硕士、翻译硕士、公共管理硕士、工程管理硕士4个专业学位授权点在教育部专项评估中全部“合格”。撤销生物工程领域工程硕士专业学位授权点，增列化学工程领域工程硕士专业学位授权点。④科研成果新突破，基金立项量质齐升。获得包括教育部科技进步二等奖在内的省部级科技二等奖4项。与中国人民解放军空军济南航空四站装备修理厂的合作项目，获得军队科技进步二等奖。全年学校共申报国家自然科学基金295项，58项获得立项资助。近五年来首次获批重点项目。共有7项国家社科基金项目获得立项资助，立项数创历年新高，首次在国家社科重点项目上取得突破。全年共获省部级科技奖项13项(合作3项)。其中省部级科技一等奖1项(合作1项)、二等奖5项(合作1项)、三等奖7项(合作1项)。人文社科奖项获得突破，获得第十届上海市决策咨询研究成果奖二等奖1项。全年SCIE收录论文425篇。⑤对接区域发展战略，深化协同创新工作。成立太赫兹技术研究院，实行公司实体化运作，实施股权激励，72%获利归科研团队。国务院副总理刘延东、上海市委书记韩正、教育部部长袁贵仁等领导视察上海太赫兹波谱与影像技术协同创新中心建设情况，给予高度评价与肯定。与企业联合建设了三个上海张江国家自主创新示范区人才培养产学研联合实验室，与“一校八(院)所”成员共同承担国家工信部“信息化和工业化融合管理体系贯标”重大课题，发起成立“上海智能制造产业技术创新战略联盟”“上海医学影像诊疗设备产业技术创新联盟”等，不断提升行业影响力。⑥社会服务成效显著。积极参与中国国际工业博览会，获中国高校展区优秀展品特等奖、优秀组织奖和先进个人奖。在绵阳、永康新增两家上海理工大学技术转移工作站，建立了上海高校知识服务平台和知识服务团队，科技服务活动辐射到全国各地。横向科研到款经费9146万元，保持持续增长。

三、深化综合改革，提升管理与服务效能，有序推进现代大学制度建设。①《上海理工大学章程》获市教委核准。编制完成《上海理工大学“十三五”事业发展规划》及其他八个专项规划，《上海理工大学深化综合改革方案》获上海市教育综合改革领导小组同意备案。制订《上海理工大学法律顾问工作实施办法(试行)》。印发《上海理工大学印章管理和使用规定(试行)》。逐步修订完善学生管理、教师发展、教学与科研管理、财经资产管理与审计、法律顾问工作等相关规定与规章制度体系。②大力推进思想政治课程教学改革，校领导参与“形势与政策”课程教学，成功入选“上海教育系统社会主义核心价值观落细落小落实典型案例”；获全国高校践行社会主义核心价值观“示范团支部”。积极开展国防教育和爱国主义教育。重视辅导员队伍建设，积极构建“五个一”体系，提升队伍专业化能力。③重视意识形态领域工作，加强对课堂、讲座、论坛、报告会、对外文化交流活动、新媒体等阵地的管理，建立了相关报备和审核把关制度。重视大学文化建设，编制了《上海理工大学视觉形象识别系统手册》。“校训涵养社会主义核心价值观”主题教育活动获教育部校园文化建设优秀成果奖，学校获2013—2014年度上海市文明单位称号。④凝聚校友力量，弘扬上理精神。召开109周年校庆报告会。编辑出版《复兴路校园与校友》《夏志清与沪江大学》和《葛德石与沪江大学》，组织编写110位上海理工大学创客校友故事，不断推进校史研究与文化弘扬。校友捐赠额度不断增长，在中国大学校友捐赠排行榜中排名第59位。⑤校园“互联网+”服务逐步强化。启动本科教学状态数据库服务系统、本科生毕业论文管理与指导平台、国际交流与合作管理系统等项目建设。⑥办学空间稳步拓展，基本建设快速推进。31443平方米的六期学生公寓正式投入使用，29983平方米的分析测试中心顺利竣工，先进制造大楼与上海市动力工程多相流动与传热重点实验室省部级平台建设有序推进。总计34748平方米基本建设修缮工作完成。⑦牢守校园安全底线，筑实稳定发展基础。调整保密委员会军工保密专门委员会成员组成，修订了多项军工保密制度，不断规范保密管理工作，通过了军工保密二级资质现场复查。大力推进“保密法制教育进课堂”工作。校长与各部门(学院)负责人签订《安全防范工作责任书》，构建三级安全防范体系。积极与市文保分局等单位开展区校联防联建工作，开展安全教育课题研究，获上海市法治教育精品特色项目1项。体育活动中心荣获“上海市高校治安安全示范点”称号，学校获“上海市安全文明校园”

荣誉称号。⑧财经资产及产业管理不断规范。积极争取各类办学经费,年度收入同比大幅度增长,财经管理不断规范。实施网上报销预约系统,不断规范会计基础工作。开展全校资产安全大盘查,建立了一万元以上设备现场验收制度,确保资产(设备)的安全入库。按照现代企业制度要求对资产经营公司章程进行修改,明确产业处和资产经营公司职责。加强对公司下属企业的管理与监督并对负责人离任开展审计。⑨完成校园会议会场导引系统项目一期建设,添置配套设施,完善教师休息室功能,提升教师教学后勤保障质量。改造学生公寓公共活动用房为党团活动室、报刊阅览室、宿区文化建设展览室等,推进公寓文化建设。推进上海高校学生公寓"六T"管理达标创建活动,复兴路食堂获得2015年度"六T"务实管理达标食堂。改造湛恩大道旁水杉林景观,不断优化生态校园景观。启动节能监管平台项目,推进绿色校园建设。 (杨 阳)

【爱沙尼亚总理到访】 11月23日,爱沙尼亚总理罗伊瓦斯来校作题为《爱沙尼亚——一个数字化国家的探路者》的演讲。爱沙尼亚驻华大使、总理办公室主任、总理外交政策顾问、总理顾问、外交部对外经济发展合作司司长、爱沙尼亚驻沪总领事、政府办公室礼宾司司长等陪同访问。市外办副主任祝伟敏、市教委国际交流处领导、学校党委书记吴松、校长胡寿根等校领导出席相关活动。(杨 阳)

爱沙尼亚总理到访学校

【成立长三角高等工程教育联盟】 9月15日,"长三角高等工程教育联盟"签约暨揭牌仪式举行。该联盟由南京工业大学、浙江工业大学和上海理工大学共同发起组建。教育部高等教育司、上海市教育委员会领导,以及南京工业大学、浙江工业大学和学校领导出席了签约和揭牌仪式。 (杨 阳)

成立长三角高等工程教育联盟

【举办中德合作30周年活动】 10月16日,上海理工大学109周年校庆系列活动——"USST & HAW两校合作30周年活动暨'中德工程教育'主题论坛"举行。教育部国际司、上海市教委和学校领导,以及汉堡应用技术大学校长代表、德国驻沪总领馆文化参赞、汉堡驻沪联络处代表、德国商会首席代表出席活动。 (杨 阳)

举办中德合作30周年活动

【获批国家级虚拟仿真实验教学中心】 1月8日,教育部下发《教育部办公厅关于批准清华大学数字化制造系统虚拟仿真实验教学中心等100个国家级虚拟仿真实验教学中心的通知》,上海理工大学装备制造虚拟仿真实验教学中心入选,获批国家级虚拟仿真实验教学中心。 (杨 阳)

【获上海市科技进步一等奖】 5月18日,学校医疗器械与食品学院艾连中教授团队研究的"益生乳酸菌选育、功能解析及应用关键技术"科研成果荣获

上海市科技进步奖一等奖。（杨　阳）

【“2011协同创新中心”建设工作座谈会召开】 4月2日，上海高校“2011协同创新中心”建设工作座谈会在校举行。教育部副部长杜占元、上海市副市长翁铁慧、上海市教委主任苏明、教育部科技司副司长雷朝滋等出席会议。庄松林院士代表学校汇报了协同创新中心建设工作。会前，杜占元和翁铁慧视察了学校太赫兹技术研发，了解中心人才队伍的情况。（杨　阳）

【学生在多项竞赛中获好成绩】 4月14日，由管理学院刘建国教授指导，学生王舒舒、苏捷、郑佳健组成的参赛队获2015年美国大学生数学建模竞赛(MCM/ICM)一等奖。5月11日，学校在第六届“蓝桥杯”全国软件专业人才设计与创业大赛中获得个人赛上海赛区4个一等奖，5个二等奖。8月24日，在2015年全国大学生电子设计竞赛(上海赛区)中，学校共取得上海市一等奖2项、二等奖11项、三等奖15项，来自光电学院的学生陈昂辉、陈壕英和刘桐桐获一等奖并获赛事唯一的最高奖项TI杯。（杨　阳）

附：学校负责人及地址

（2015年1—12月）

校党委书记：沈　炜（8月离任）、吴　松（8月到任）
副　书　记：孙培雷（7月到任）、张仁杰、刘道平、于　莹（3月离任）、王凌宇

校　长：胡寿根
副校长：陈　斌、刘　平、田蔚风、王凌宇、吴　忠、孙跃东、张道方（4月离任）

军工路516号校区地址：军工路516号
邮编：200093
电话：55277040

军工路334号校区地址：军工路334号
邮编：200090

军工路1100号校区地址：军工路1100号
邮编：200093

复兴路校区地址：复兴中路1195号
邮编：200031
电话：64725420

水丰路校区地址：水丰路100号
邮编：200093
电话：65673587

上 海 大 学

【2015年概况】 学校抢抓机遇，开拓创新，各项工作进展总体顺利，保持较好的发展态势：校区功能布局进一步清晰，学科和平台建设取得新成绩，上海大学上海电影学院、美术学院建设有所突破，上海研究院高端智库建设取得新进展，学校综合教育改革方案完成备案，“十三五规划”制定基本完成，为学校“十三五”持续发展奠定基础。

人才培养。全面推进本科教学教师激励计划，试点工作通过市教委验收。正教授为本科生开课比例达79.8%，增幅为10%。实施以跨学科为主要特征的校级本科生联合大作业项目28项，新立大学生创新创业训练计划项目447个，全部入选为市级项目，其中76项被认定为国家级项目。完成招生与分流工作，2014级学生分流第一志愿满足率55.6%。前三志愿满足率85.5%。就业工作再上新台阶，截至8月25日，全校签约率达84.4%，同比提高2.2个百分点。深化教育综合改革，研究生培养质量稳步提升。推荐免试硕士研究生工作成绩突出，录取推免生741人，同比增长68.4%；完善科研创新成果培育和奖励办法，研究生人均发表高水平论文数增长。精选通识课程，重点建设“大国方略”“创新中国”两门通识选修课程，其中“大国方

略”获评“上海市群众喜爱的培育和践行社会主义核心价值观项目”。建立与课内相衔接互补的课外培养发展体系，协同推进“创新创意创业”系列活动，学生创业团队获全国、全市各类创业类奖项13项。继续推进一站式服务中心工作，优化学生工作流程，全面完成11个部门线上业务流程再造。开发手机版学生事务平台，引入在线问答、办事指南等功能。

学科建设和科学研究。社会学、材料科学与工程、戏剧与影视学、美术学4个学科入选上海市高峰学科，马克思主义理论、新闻传播学等17个学科入选上海市高原学科。学校牵头的上海材料基因组工程研究院进展顺利，组织材料基因研究院团队和材料科学与工程学院团队联合申报“材料基因组与高端制造业协同创新中心”；上海材料基因研究院功能平台获上海市科委连续三期项目立项支持，材料基因功能平台建设经费突破5000万元。增设重大项目办公室和国际科技合作科，对接国家重大专项计划和科技平台，推进与国际优质科技资源的实质性合作；加强科研信息系统建设，初步建立基于大数据平台导入与认领特点的全校科研信息数据库。到校理工类科研经费3.64亿元，同比增长16.4%；到校文科纵向科研经费0.31亿元，同比增长24.9%。获国家社会科学基金项目32项。获国家自然科学基金项目157项，同比增长27.6%，总经费10378万元，首次突破亿元大关。获上海市科学技术奖11项，其中一等奖3项；获教育部科学技术奖励二等奖2项；获教育部第七届高等学校科学研究（人文社会科学）优秀成果奖5项，获第十届上海市决策咨询研究成果奖3项，入选“国家哲学社会科学成果文库”1部。机电工程与自动化学院罗均教授团队获科研经费3051万元，成果获中国国际工业博览会创新金奖，团队研发的精海系列无人艇在南极罗斯海、东海岛礁、南海公安巡逻、长江口沉船探测等领域得到实战验证。《社会》入选国家新闻出版广电总局评选的“全国百强社科期刊”；《自然杂志》和 *Applied Mathematics and Mechanics*（*English Edition*）获“中国最美期刊”称号；《先进制造进展》等6刊获上海市文教结合基金资助，共获资助经费82.75万元。作为第一作者单位被科学引文索引扩展版（SCIE）收录论文1195篇，位居全国高校第五十位；被工程索引（EI）收录论文1273篇，位居全国高校第四十三位；被科技会议录索引（CPCI-S）收录论文226篇，位居全国高校第四十三位。申请专利984件，同比增长4%；发明专利授权量216件，同比增长32%。军工项目取得新进展，到校总经费为2259万元，同比增长49%。

师资队伍建设。高层次人才培养引进实现重要突破，全年引进培养院士、长江学者奖励计划获得者、国家杰出青年科学基金获得者、国家千人计划入选者等国家级人才13人；引进培养上海千人计划入选者、上海东方学者、上海市领军人才等省市级人才40人；引进国外高端专家、特聘教授、人文社科学术带头人等高层次人才17人；引进培养青年千人、优秀青年科学基金、青年东方等青年人才23人；21人入选上海高校中青年教师国外访学进修计划，22位青年教师入选国家留学基金委各类留学项目，68人获上海高校青年教师培养资助计划资助。根据本科教学教师激励计划，制定院系考核指标，构建有利于教师可持续发展的激励机制；实施青年教师助教制度，110多名青年教师已承担助教助课任务，通过校内岗前培训、教学名师示范课观摩、青年教师沙龙等教学交流培训，形成比较完善的青年教师培训体系。制定外聘院长、学术干部、挂实职干部的聘任管理办法；发布《上海大学机构编制管理暂行办法》，进一步优化专技岗位、管理岗位和工勤技能岗位结构；落实《上海大学教职工进阶聘用制度实施办法》，强化合同管理和绩效考核进一步完善收入分配体系；围绕学校战略目标，优化绩效拨款模型。

国际化与开放合作。制定出台《上海大学及二级学院的国际化指标体系》，并发布《上海大学2014年国际化白皮书》。全年举办国际会议32个，同比增长31%；新签署校际合作协议31份；接待到访团组155批次，计580人次；因公出国（境）团组490个，出访人员达1461名；先后在日本、荷兰、美国举办专场人才招聘会。获12个国家高端外国专家项目，首次申报并获批国家教科文卫重点引智项目1项，6个项目列入上海市教科文卫重点引智项目。联合深圳先进石墨烯应用技术研究院与瑞典查尔默斯理工大学签订三方合作备忘录，合作建设国际石墨烯应用技术创新中心。45岁以下青年教师具有一年以上海外经历人员642人，比例达40.3%。学生海外学习项目29个，获资助学生509人次；国家公派出国留学研究生67人，学生出国(境)交流总人数达1612人次。留学生招生规模继续扩大，留学生总人数达731人，同比增长18%；留学生总人数达4087人，同比增长5%。国内交流合作进一步拓展，修改完善《上海大学科技成果转化管理办法》(试行稿)，建成"苏州技术转移工作站""泰兴上海育成中心""东台技术转移工作站"等上海大学技术转移分中心。与航天科技集团公司第五研究院实现全面对接，与中船工业系统工程研究院签订无人艇研究院共建及全面合作协议。召开第一届校董会第四次会议暨第二届校友理事会第四次常务理事会议，为学校新一轮规划编制提供支持。教育发展基金会累计募集资金实际到账金额465.6万元人民币。

管理改革创新工作。继续完善校长办公会议决策程序，共召开17次校长办公会议，作出112项决议。继续推进以大学章程为核心的现代大学制度建设，市教委下发《上海市教育委员会市属高校章程核准书第一号》文，《上海大学章程》获核准。完成《上海大学综合改革方案》并经上海市教育综合改革领导小组核准，进入全面实施阶段；完成《上海大学"十三五"发展规划(征求意见稿)》，并向国家和上海教育行政主管部门征询意见。深入推进全系统管理工作，开展76家单位的核心任务书签约工作，形成《2015年上海大学全系统管理中期检查报告》《上海大学管理保障部门关键核心任务指标体系(KPI)》。进一步完善考核方案，逐步实现年终考核结果和拨款模型、奖励幅度的有效结合。加快环上大国际影视园区建设，举行上海大学上海电影学院揭牌仪式，聘请知名导演陈凯歌担任院长；上海大学上海美术学院筹建列入市级文教结合项目，建设方案获市政府原则同意；上海温哥华电影学院首届毕业生受到用人单位青睐，3件毕业生作品获2014—2015年度中国国际微电影盛典优秀微电影奖；延长校区总体功能布局和深化设计研究工作取得阶段性进展。学校获"全国文明单位"荣誉称号。

办学支撑体系建设。基建与节能工作取得新的进展，校本部扩建三期工程已开工建设，政府全额投资7.7亿元。延长校区建设改造工程取得实质性进展，项目建议书获上海市发改委批复，项目投资4.61亿元，新建建筑面积73006平方米。延长校区西部食堂建设项目完工，延长校区3.5万伏变电站项目、校本部青年教师公寓投入使用。学校获2018年第五届全国大学生艺术展演承办权，市财政投资对校本部伟长楼礼堂进行功能改造，项目已通过市教委审核。完成能源监管平台项目一期建设，实现对校本部公共教学区域楼宇的用能实时监控；完成嘉定校区燃煤锅炉改造项目，校本部锅炉改造和图书馆建筑节能改造项目被上海市城乡建设和管理委员会授予"上海市公共建筑节能改造重点城市示范项目"，学校成为上海市"全国节约型示范单位"八所高校之一。优化教学科研和办公区有线网络，网速同比提升50%，人均出口带宽达到30 Mbps。重点建设无线校园网络，学生宿舍覆盖率达到100%，教学办公区域覆盖率达到90%，室外区域覆盖率达到60%，新增了7000个无线接入点，实现30000用户并发。持续完善和推进PIM流程与智能管理系统的建设，上线流程数达105个。开通"上大发布"微信公众号。成立大数据分析中心，集中存储、管理、分析和使用海量数据，建成反映学校发展状况的"管理驾驶舱"。全校在账仪器设备达90071台，其中在账贵重仪器设备1308台，全部进入上海大学贵重仪器设备共享平台，对全社会开放共享584台。提升图书馆服务学科能力，实现对师生的学术成果自动收割功能和校园一卡通认证功能，达成成果与产出人、产出部门之间的初次关联。继续推进实事工程，完成校本部93块远程计量电表的安装，实现校本部各大楼用电数据的远程监控，水电能源管理系统基本完成。完成4个充电桩点共计16个桩的安装，满足校内教职工对电动汽车充电的需求。进一步推进资助育人整体水平提升，优化满足学生成长需求的帮困机制。

学校设有学院27个和校管系2个。设有本科专业67个,一级学科硕士学位授权点42个、二级学科硕士学位授权点174个、硕士专业学位(其中工程硕士含19个工程领域)13种,一级学科博士学位授权点20个、二级学科博士学位授权点79个、自主增设二级学科博士学位授权点(含3个交叉学科博士点)12个,博士后科研流动站19个。拥有国家重点学科4个、上海市一流学科11个,6个学科进入ESI国际学科排名全球前1%。拥有省部共建国家重点实验室1个、省部共建国家重点实验室培育基地1个、科技部国际科技合作基地1个、国家体育总局体育社会科学重点研究基地1个、省部共建教育部重点实验室2个、教育部工程研究中心1个、国家级实验教学示范中心3个、国家级工程实践教育中心4个、教育部特色专业建设点4个,上海高等教育内涵建设"085工程"项目2个上海市协同创新中心2个、上海市重点实验室8个、上海工程技术研究中心2个、上海市专业技术服务平台2个、上海市人民政府决策咨询研究基地1个、上海市社会科学创新研究基地2个、上海市高校E一研究院2个、上海高校智库建设项目1个、上海高校人文艺术创新工作室1个、上海高校人文社会科学研究基地2个、上海高校重点实验室3个、上海高校工程研究中心1个。有专任教师2839人,其中教授596人、副教授934人、博士生导师464人、具有博士学位的教师1763人。有全职中国科学院院士、中国工程院院士6人、外籍院士3人,享受国务院特殊津贴人员42人,国家"千人计划"入选者5人,"青年千人计划"入选者1人,"万人计划"入选者2人。教育部"长江学者奖励计划"特聘教授6人、讲座教授1人。国家级"百千万人才工程"入选5人。国家杰出青年科学基金获得者17人,国家优秀青年科学基金获得者7人,上海市领军人才16人,"上海千人计划"入选者19人,上海市"东方学者"67人,上海市"青年东方学者"16人。有研究生12181人,全日制本科生23036人,高职生1006人,成人教育学生16034人。图书馆建筑面积5.4万平方米,馆藏图书386万余册、报刊3100余种;订购数据库58种,含电子刊6.6万种、电子书176万种。

(郭　秀)

【高品质特殊钢冶金与制备国家重点实验室揭牌】 5月4日,省部共建高品质特殊钢冶金与制备国家重点实验室揭牌仪式举行。第十届全国政协副主席、中国工程院原院长徐匡迪院士和中国工程院原副院长、国家钢铁研究总院院长、中国金属学会理事长干勇院士共同为重点实验室揭牌。重点实验室于3月4日获科技部批准建设,是上海大学首个国家级重点实验室,也是上海市地方高校中唯一的省部共建国家重点实验室。 (郭　秀)

【杜占元到校调研】 4月2日,教育部副部长杜占元到校对2011协同创新工作进展进行现场调研和工作指导,副市长翁铁慧及市教委主任苏明陪同调研指导,上海大学党委书记、校长罗宏杰及副校长汪敏陪同调研。杜占元先后参观学校上海市高温超导重点实验室、高温合金叶片中心,听取相关工作汇报,并就材料基因组及其在先进材料研发中的作用与学校领导进行交流讨论。 (郭　秀)

【上海材料基因组工程研究院揭牌】 4月23日,上海材料基因组工程研究院揭牌仪式暨学术委员会第一次会议举行。中国工程院原副院长、国家钢铁研究总院院长、中国金属学会理事长干勇,国家自然科学基金委副主任高瑞平等共同为研究院揭牌。仪式上,先后进行研究院学术委员会成员聘任、共建单位签约和"材料基因组与高端制造协同创新中心"签约。上海材料基因组工程研究院学术委员会第一次会议由学术委员会主任干勇主持。会议审议学术委员会章程,并通过学术委员会第一次会议决议。 (郭　秀)

【获"全国先进工作者"称号】 4月28日,2015年庆祝"五一"国际劳动节暨表彰全国劳动模范和先进工作者大会在北京人民大会堂举行,中国工程院院士、上海大学复合材料研究中心主任、纳米科学与技术研究中心主任孙晋良获2015年"全国先进

工作者”称号，成为上海大学首位获此荣誉的教师。（郭　秀）

【在 ACM 国际大学生程序设计联赛全球总决赛中获好成绩】 5 月 21 日，第三十九届 ACM 国际大学生程序设计联赛全球总决赛在摩洛哥落幕，共有来自全球 128 所高校参赛。上海大学获全球第三十一名，在中国参赛高校的 21 支团队中位列第七。参赛队员由计算机工程与科学学院本科生梅俊、张建豪、通信与信息工程学院研究生邝斌 3 人组成。（郭　秀）

【上海研究院成立】 6 月 5 日，中国社会科学院和上海市人民政府签署共建上海研究院合作协议，中国社会科学院—上海市人民政府上海研究院正式成立。上海研究院挂靠上海大学。市委副书记、市长杨雄，中国社会科学院院长王伟光出席仪式并讲话，副市长翁铁慧与中国社会科学院副院长李培林分别代表双方签约。李培林任上海研究院院长，中国社会科学院原副院长李扬、上海大学校长罗宏杰任院务委员会主任，上海大学党委副书记、副校长李友梅任第一副院长。上海研究院首批聚焦的核心研究议题涵盖国际金融贸易、城市可持续发展、社会治理创新和核心价值观传播等领域。（郭　秀）

【“中国非物质文化遗产传承人群研修培训计划”协调会召开】 6 月 16 日，文化部“中国非物质文化遗产传承人群研修培训计划”试点工作现场协调会议在上海大学召开。文化部领导及相关省级、市级文化主管部门和试点院校的 90 余位领导、嘉宾出席会议。中央美术学院、中国美术学院、上海大学等 23 所院校被文化部确定为“中国非物质文化遗产传承人群研修培训计划”培训试点院校。（郭　秀）

【上海大学上海电影学院成立】 7 月 5 日，上海大学上海电影学院成立暨院长聘任仪式在上海大学举行，知名导演陈凯歌受聘担任院长。仪式上，市教卫工作党委书记陈克宏，市文化广播影视管理局

上海大学上海电影学院成立暨院长聘任仪式举行

局长胡劲军，上海大学党委书记、校长罗宏杰和陈凯歌共同为上海大学上海电影学院揭牌。罗宏杰校长为陈凯歌颁发院长聘书和工作证，并为其佩戴校徽。陈凯歌执导影片《道士下山》首映式同日在上海大学举行，到场嘉宾与社会各界 1500 多名观众观摩影片。（郭　秀）

【“全球化与拉丁美洲社会”国际研讨会举行】 7 月 7—8 日，“全球化与拉丁美洲社会”国际研讨会在上海大学举行。会议由上海大学全球学研究中心、阿根廷国家科学技术调查咨询委员会和《拉丁美洲研究》杂志社主办。来自阿根廷、墨西哥、巴西、智利、乌拉圭、秘鲁等国家的学者与中国的专家、学者一起，对全球化背景下拉丁美洲社会以及全球化视角中的中拉关系未来发展方向等相关议题进行探讨。（郭　秀）

【习近平接见学校计算机工程与科学学院院长郭毅可】 10 月 21 日（英国当地时间），国家主席习近平在英国帝国理工学院访问期间，接见帝国理工学院数据科学研究所所长、上海大学计算机工程与科学学院院长郭毅可教授并听取其大数据研究工作成果汇报。郭毅可陪同习近平主席首先参观数据科学研究所，并汇报包括运用大数据的方法分析国内人口迁移情况、“一带一路”政策的国际影响力等。（郭　秀）

【获第十五届“挑战杯”承办权】 11 月 17 日，经第十四届“挑战杯”中航工业全国大学生课外学术科技作品竞赛组委会第二次全体会议表决，一致同意

获第十五届"挑战杯"全国大学生课外学术科技作品竞赛承办权

由上海大学承办第十五届"挑战杯"。11月20日，第十四届"挑战杯"中航工业全国大学生课外学术科技作品竞赛在广东工业大学体育馆落幕，上海大学获一等奖2项、二等奖3项、三等奖1项、"智慧城市"专项赛三等奖1项，力捧"优胜杯"；闭幕式上，上海大学领导作为下一届"挑战杯"竞赛承办单位代表从团中央学校部部长手中接过"挑战杯"会旗，完成赛事的承办交接工作。（郭　秀）

【第二届"世界考古论坛·上海"举行】 12月14日，由中国社会科学院、上海市人民政府联合主办的第二届"世界考古论坛·上海"在上海大学开幕，此次论坛主题为"文化交流与文化多样性的考古学探索"。市委副书记、市长杨雄、中国社会科学院院长王伟光、中国社会科学院副院长李培林、国家文物局局长刘玉珠等出席开幕式并致辞。开幕式上，颁发重大田野考古发现奖和11项重大考古研究成果奖，英国剑桥大学考古学教授伦福儒被授予"世界考古论坛终身成就奖"。论坛举办学术演讲和公众考古讲座。"世界考古论坛·上海"创建于2013年，每两年召开一次，旨在推动世界范围内考古资源和文化遗产的调查、研究、保护与利用。（郭　秀）

附：学校负责人及地址

（2015年1—12月）

校党委书记：罗宏杰
副　书　记：李友梅、夏小和、徐　旭

校　长：罗宏杰（6月离任），金东寒（6月到任）
副校长：李友梅、徐　旭、汪　敏、丛玉豪、吴明红、唐　豪

校本部地址：宝山区上大路99号
邮编：200444
电话：96928188

延长校区地址：闸北区延长路149号
邮编：200072

嘉定校区地址：嘉定区塔城路453号
邮编：201800

上海工程技术大学

【2015年概况】 学校紧扣"改革创新"主线，有序推进各项工作。深入推进现代大学制度建设试点，《上海工程技术大学章程》获上海市教育委员会核准并向社会公布。整合集聚校内外资源，研究高等教育办学及发展规律，制定了体现工程大特色的综合改革方案。以综改方案为抓手，总结"十二五"发展经验、谋划设计学校发展格局，完成上海工程技术大学十三五规划纲要的编制，持续推动学校的可持续、特色发展。

学校有院、部22个，教育部和上海市实验教学示范中心1个，国家大学科技园1个。一级学科硕士点4个、专业硕士学位授权点（工程硕士、艺术硕

士)2个、二级学科硕士点22个、本专科专业(含专业方向)88个。普通本专业科生逾18600人,硕士研究生1556名。年内招生统计显示,部分专业在10个省(市)以一本批次招录,生源质量持续优化。专任教师1140余人。毕业生就业率达到98.87%,签约率达到89.03%,名列上海市同类高校前茅。

教育教学。根据学校教学改革的实际需要,配合教学管理模式改革目标,制定《上海工程技术大学创新创业改革实施方案》和《上海工程技术大学迎接本科教学审核评估工作方案》,修订《教学质量监控体系》。获批2项上海市本科重点教改项目,1项上海市示范性全英语课程建设项目,《航空漫步》课程获批为国家级精品视频公开课,"民航飞行与运营管理虚拟仿真实验教学中心"获批为教育部国家级虚拟仿真实验教学中心。

科学研究。聚焦与凝练学科发展方向,增强学科优势与特色,完善面向任务的科研团队体系,通过创新科研管理体制,推动学科创新,科研成果显著。年内,学校国家自然科学基金项目立项19项、国家社科基金项目立项8项、教育部人文社科项目立项9项并首次获得教育部哲学社会科学研究重大课题攻关项目。

国际交流与合作。新增签约合作交流院校8所,新签合作交流协议16项,首次与西班牙、以色列、秘鲁、匈牙利、捷克等国家的高校或企业建立合作与交流关系。新增德国卡尔斯鲁厄应用科技大学"2+0.5+1.5"本科学分互认项目、德国埃斯林根应用技术大学"2+0.5+1.5"本科学分互认项目等6项学生海外学习交流项目。4个中美合作办学本科教育项目通过上海市教育评估协会中外合作办学项目认证,瑞士库尔技术与经济学院合作举办的商务管理(旅游与商务管理)高职项目正式启动。

学生竞赛。积极引导并组织学生参加各类学生竞赛,获得良好成绩。本科生获得各类竞赛奖项486项,其中获全国特等奖1项、一等奖4项,全国二等奖23项、三等奖18项,上海市特等奖9项、一等奖48项、二等奖117项、三等奖149项。研究生首次参加全国研究生智慧城市创意设计大赛、中国研究生电子设计大赛、全国研究生移动终端应用设计大赛等全国型大赛,获全国奖项7项。在第十二届全国研究生数学建模竞赛中,获全国一等奖1项、全国二等奖16项、全国三等奖29项,总成绩居全国第七名。校舞蹈团获全国大学生艺术展演二等奖。

校园文化。年内,获评上海市文明单位,获得教育部"高校校园文化建设项目优秀成果"2项,依托博雅讲堂、博学论坛、程曦讲坛、"稷下"研究生学术节等文化平台,大学文化建设富有成果。承办上海市大学生公益广告大赛和上海市大学生诗歌大赛等活动,使学校影响力持续提升。

(冯　洁、宋　娟)

【首次获批教育部哲学社会科学研究重大课题攻关项目】 教育部公布《关于2015年度教育部哲学社会科学研究重大课题攻关项目立项的通知》,汪泓教授团队申报的《中国健康人力资本的测量与预测研究》项目获准立项,这是学校首次获批教育部重大课题攻关项目。课题组建立了包括北京大学、浙江大学及上海理工大学等知名高校教授在内的开放式研究团队,学科基础扎实,特色鲜明。

(宋　娟)

【航空飞行实验实训基地项目验收】 6月26日,学校"十二五"重大工程项目"航空飞行实验实训基地项目"通过竣工验收。该项目获得2014年度上海市重大工程示范文明工地奖、上海市优质结构奖、2014年度上海市绿色施工达标工程、上海市建筑质量优质工程"白玉兰"奖等建筑行业奖项。　(宋　娟)

【承办高校卓越工程师教育培养研讨会】 12月26至27日,由教育部高等教育司主办,学校承办的2015年全国地方高校卓越工程师教育培养计划工作交流研讨会举行。来自全国95所卓越工程师教育培养计划试点高校相关负责人、专业老师和企业代表共计270人参加了研讨会。参会代表就"卓越计划"在开展过程中的问题、工作评价、专业认证等内容进行了交流。　(宋　娟)

【承办应用技术人才培养会议】 12月5日,由全国机械职业教育教学指导委员会、应用技术人才培养促进与指导委员会主办,学校承办的应用技术人才培养促进与指导委员会第一次会议在松江校区举行。教育部学校规划建设发展中心,机械工业教育发展中心,机械行业指导委员会,全国机械行业兄弟院校及行业、企业的相关负责人共50余人参加会议。会议以机械工程类应用技术人才培养为主题,交流应用技术人才培养经验,对国家全面深化改革趋势下应用技术人才培养问题展开深入研讨。(宋 娟)

【主持轨道交通试运营评审会】 10月13日,受上海市交通委员会委托,学校轨道交通运营安全检测与评估协同创新中心主持召开了上海市轨道交通11号线北段(罗山路站—迪士尼站)工程试运营基本条件认定专家评审会。学校参与起草的《城市轨道交通试运营标准》和《城市轨道交通安全运营标准》及自主开发的基于云平台的评审信息系统为评审工作提供了保障。12月25—26日,受昆山市轨道交通投资发展有限公司和上海地铁第二运营有限公司的委托,中心再次组织召开的《轨道交通11号线花桥段(兆丰路站—花桥站)运营接管》专家评审会,是国内城市轨道交通运营管理实现跨省移交接管的首例。(宋 娟)

轨道交通试运营条件认定及运营接管评审会现场

【科技园创业孵化基地培育创新人才】 学校科技园创业孵化基地实施积极、特色的政策支持和资源配套措施,带动区域就业效果良好,创新创业人才培育成效凸显。截至年底,累计孵化大学生创业企业230余家,先后被长宁区认定为首家"创业园区",教育部、科技部认定为"高校学生科技创业实习基地",上海市认定为首批"上海市创业孵化示范基地"。4月7日,副市长时光辉对学校科技园大学生创业工作进行专项调研,鼓励创业者借助大众创业、万众创新和"互联网+",在区校合作的机遇下,实现产业能力、本地资源与创业行动的良好结合,服务区域经济转型升级。(宋 娟)

【举办第一届创业教育国际研讨会】 11月5—6日,由学校主办、学校科技园承办的"第一届创业教育国际研讨会"举行。研讨会以"高校的创业教育实践:课堂、众创空间和孵化器"为主题,与来自美国、瑞典、比利时等国的知名创业导师,与南京大学、北京工业大学、同济大学等国内28所高校的创业导师,复旦大学国家大学科技园、华东师范大学国家大学科技园、华东理工大学国家大学科技园等相关负责人,分享创业教育的经验,交流遇到的问题,探讨创业教育的未来与发展。(宋 娟)

【获国家级奖项】 8月25日,在2015"西门子杯"全国大学生工业自动化挑战赛中,电子电气工程学院学生组,获逻辑控制组全国特等奖,刷新学校在该项赛事上的记录。12月7日,在教育部所属的全国机械行业指导委员会举办的全国职业院校模具技能大赛中,学校高职学院获得3个全国一等奖,其中"冷冲拉延模CAD/CAE/CAM赛项"获团体一等奖。(宋 娟)

【签订多项产学合作协议】 年内,学校以合作共建多种模式的创新平台或载体、人才合作与交流、开展经济建设和社会发展方面的合作为内容,与松江区人民政府签署宏观层面的全面战略合作协议。在此框架协议下,与上海城市科技学校签署《汽车服务工程专业中本贯通合作协议书》项目,获上海市教委批准实施。与上海纺织(集团)有限公司签署全面战略合作框架协议和2015行动计划,按照协议双方落实了"构建一体化中心,建设时尚云平台,结合产业链与创新链、发展技术转移和市场创意的整合器,构建纺织研发功能平台、面向大学生创业,孵化推动人才培养"的合作项目。与上海市激光技术研究所签订宏观层面的"上海工程技术大学—上海市激光技术研究所产学研战略框架协

议”，并签署“激光行业与材料分析联合检测中心共建协议”及“激光智能制造联合实验室共建协议”。（宋　娟）

【获上海市先进工作者称号】 5月4日，上海市政府表彰2010—2014年度上海市劳动模范、先进工作者和模范集体。学校张健明教授由于其在教书育人、教学改革、教科研究方面取得的卓著成就，获“上海市先进工作者”荣誉称号。（宋　娟）

【获中国大学生五人制足球联赛亚军】 6月24日，由中国大学生体育协会、中国足球协会共同主办的2014—2015特步中国大学生五人制足球联赛全国总决赛在北京举行。学校足球队作为上海赛区冠军，代表上海高校参加南大赛区比赛，晋级全国总决赛并获得亚军，创造了学校足球运动队历史最好成绩。（宋　娟）

参加中国大学生五人制足球联赛

【获上海大学生年度人物提名奖】 4月27日，由市委宣传部、市教卫工作党委、市教委、团市委指导，上海教育报刊总社承办的“2014上海大学生年度人物”表彰暨社会主义核心价值观微视频竞赛颁奖会上，学生丁凡因远赴河南支教、关爱自闭症儿童、为身患绝症的同学募集善款等志愿和爱心行动，身体力行地践行社会主义核心价值观，得到广大师生及社会公众的认可，获2014上海大学生年度人物提名奖。（宋　娟）

【苹果ios课堂开发项目落户】 11月3日，苹果公司“ios开发课堂”项目落户上海工程技术大学，通过对企业软件平台资源与学校教育、学科资源的融合，提升学生的创新意识，提高人才的培养质量。此项合作将成为学校创新创业教育体系的组成部分。（宋　娟）

附：学校负责人及地址

（2015年1—12月）

校党委书记：李　江（5月到任）
副　书　记：夏斯云、裴小倩

校　长：夏建国
副校长：裴小倩（7月到任）、孙培雷（6月离任）、程维明（7月离任）、姚秀平（7月到任）、史健勇、鲁嘉华

松江校区地址：龙腾路333号
邮编：201620
电话：67791000

长宁校区地址：仙霞路350号
邮编：200336

虹口校区地址：逸仙路88号
邮编：200437

上海中医药大学

【2015年概况】 学校有全日制在校生8018人，其中研究生2389人、本科及高职高专生4497人、留学生1132人。继续教育学生3400人。本专科（含七年制）总体就业率96.75%，研究生总体就业率

97.29%。聘请桑国卫院士担任学校名誉校长，新增名誉教授2人，新增客座教授5人，新增兼职教授2人。

师资队伍。学校入选新世纪百千万人才工程国家级人选1人、国家人力资源社会保障部万名专家服务基层行动计划1人、上海千人计划1人、上海市领军人才1人、上海市海外名师3人、上海市东方学者跟踪计划1人、上海青年东方学者1人、上海市人才发展资金资助项目1人、上海科技人才计划12人。

教育教学。完成中药学专业学位点的自评工作。"中药现代分析技术与中药质量综合评价"专业学位实践基地和"临床医学专业学位光华中西医结合医院实践基地"成为上海市示范级专业实践基地，专业学位实践基地两次获得上海市示范级专业学位研究生实践基地优秀基地称号。率先在全国中医药院校中试点"5+3+X"卓越中医药教育计划，推行八年一贯制卓越中医学教育。护理学院中英合作项目、中药学院药学中外合作项目完成市教委中外合作项目论证；康复学院完成专业分化国际论证申请。主编人民卫生出版社"十三五"规划教材17本，主编中国中医药出版社教材17本。牵头成立全国中医药慕课联盟。中青年教师连续两届获得全国竞赛一等奖。举办首届中医创客训练营和第二届创业学堂，"云中医APP"项目获第十四届"挑战杯"全国大学生课外学术科技作品竞赛二等奖，一名学生获第六届上海市青少年科技创新市长奖"提名奖"，学校荣获上海市第四届大学生创新创业论坛最佳汇报奖2项。1篇博士学位论文、2篇硕士学位论文获上海市研究生优秀成果。国际教育学院通过上海ISO质量体系审核中心2014年的再认证审核。留学生获2015年全国中医教指委主办的全国《黄帝内经》知识大赛全国留学生选拔赛二等奖，获市教委主办、上海高校外国留学生教育研究会和东华大学协办的第二届"寻找中国印象——上海市外国留学生中国元素创意设计大赛"三等奖，获第二军医大学承办的全国"医学人文英语论坛"征文和演讲二等奖。

科学研究。共获得各类科技项目338项，合同经费1.62亿元。其中获得国家自然科学基金资助115项(包括2项重点项目的资助和1项国际合作项目)，合同经费5995万元，资助数量连续5年保持全行业第一名。学校申报的中药学、中医学、中西医结合和科学技术史进入上海市高峰高原学科建设计划，第一阶段获批建设经费1.44亿元。

学科国际影响力提升，临床医学、药理学与毒物学ESI学科排名名次呈现快速上升趋势。获得各级各类科技奖项28项，在教育部高等学校科学研究优秀成果奖、中华医学科技奖、中华中医药学会科技奖的获奖数量排名上居高等中医院校首位。科研人员发表SCI收录论文488篇，CSSCI收录论文9篇；共申请专利130项，授权专利82项。

医院建设。新增上海市第七人民医院为学校附属医院，龙华医院获评第四届全国文明单位，学校附属普陀区中心医院实现全国文明单位"三连冠"。开展住院医师规范化培训工作，《中医住院医师规范化培训政策研究》获得中华中医药学会政策研究奖。组织编写《中医住院医师规范化培训临床操作手册》，明确临床各学科77个基本操作的流程和评分标准。

国际交流。发挥ISO/TC249秘书处的作用与优势，做好中医药国际标准制定工作："红外仿真灸疗仪"成为学校首个ISO/TC249立项的国际标准项目。附属曙光医院和捷克赫拉德茨—克拉洛韦市大学医院共建的中捷中医中心合作项目，成为中东欧国家第一所由政府支持的中医中心，国务院副总理刘延东于6月17日为中捷中医中心揭牌，9月21日中捷中医中心门诊部正式开张。5月，学校与马耳他大学签署合作协议，开展"针灸和中国文化硕士项目"，由学校附属龙华医院与马耳他大学合作在马耳他建立中医诊疗中心。学校"中医健康服务论坛暨中医健康文化推广"活动亮相米兰世博会。学校脾胃病研究所与加拿大渥太华大学生化免疫和微生物学系、广州中医药大学脾胃病研究所合作建立中国—加拿大脾胃病联合研究中心。10月，国家中医药管理局正式发文批准同意学校成立中医药国际化发展研究中心。

校园文化。学校获评第十七届上海市文明单位(2013—2014年度)。"四季养生系列""中医文化系列""科普大讲堂"品牌成为学校中医文化宣传项目。上海中医药博物馆获评2015年全国优秀社科普及教育基地。年内，媒体采访百余次，社会媒体正面报道学校达500余篇/次。学校英文网正式上线，官方微信累计阅读量超过360万次。

现代大学制度。完成《上海中医药大学深化综合改革方案(2015—2020年)》编制工作，开展《上海中医药大学、上海市中医药研究院"十三五"事业发展规划》编制工作。完成《上海中医药大学章程》修订，经市教委核准，于11月18日起生效。

7月，上海中医药大学董事会正式成立，标志着由多元主体参与的校务治理新机制的初步建立。

(刘红菊)

【签署《中捷传统中医药领域合作谅解备忘录》】 4月22日，学校附属曙光医院和捷克赫拉德茨·克拉洛韦大学医院合作签约仪式在市政府举行。双方签署了《中捷传统中医药领域合作谅解备忘录》。该备忘录以中华人民共和国国家卫生和计划生育委员会与捷克共和国卫生部《关于两国医疗卫生战略合作的谅解备忘录》为基础，确认了双方医院将在捷克共和国开展健康和医学领域的务实合作，旨在促进中医药在捷克的传播。同日，应上海市卫生和计划生育委员会邀请，捷克卫生部代表团一行到学校附属曙光医院参观访问。 (刘红菊)

曙光医院与捷克赫拉德茨·克拉洛韦大学医院签署合作谅解备忘录

【连续8年获市科技进步一等奖】 5月18日，2014年度上海市科学技术奖励大会隆重举行。学校共有9项科技成果获上海市科技进步奖，其中一等奖2项、二等奖1项、三等奖6项，获得一等奖的项目分别是学校附属岳阳中西医结合医院房敏教授领衔完成的"中医特色疗法诊疗体系构建与临床应用"和学校附属龙华医院王拥军教授领衔完成的"补肾益精法防治原发性骨质疏松症的疗效机制和推广应用"。学校附属曙光医院李琦教授领衔完成的成果"大肠癌术后转移的病证结合防治理论与应用"获二等奖。学校基础医学院朱邦贤教授、何裕民教授，曙光医院徐列明教授、高月求教授、詹红生教授，学校附属龙华医院胡兵教授等领衔完成的6项成果分获三等奖。学校获市科技进步一等奖2项。

(刘红菊)

【上海中医药大学董事会成立】 7月28日，上海中医药大学董事会成立大会暨第一届第一次会议召开。校党委书记张智强、校长徐建光等校领导，终身教授陆德铭、施杞、严世芸，部分职能部门、附属医院负责人，校友代表，十多家合作企业负责人及代表等出席会议。会上，公布了上海中医药大学第一届董事会董事、董事会名誉主席、名誉董事成员名单。董事会聘请胡之璧院士、颜德馨国医大师和石仰山国医大师任名誉主席，聘请关心支持学校教育事业的十多家企业代表及个人为董事。学校与企业负责人及个人捐赠代表签署合作、捐赠协议，并向名誉董事及董事颁发聘书和铭牌。董事会第一届第一次会议审议并通过了《上海中医药大学董事会章程》。

(刘红菊)

【入选第五批上海市非物质文化遗产代表性项目】 7月，第五批上海市非物质文化遗产代表性项目授牌仪式在上海金山区吕巷镇文化中心举行。岳阳中西医结合医院朱氏妇科疗法、丁氏推拿疗法入选，传承人代表参加了授牌仪式。 (刘红菊)

【获第十五届"银蛇奖"】 7月8日，上海市卫生系统第十五届"银蛇奖"颁奖典礼举行。学校附属岳阳医院刘慧荣研究员获一等奖，其导师吴焕淦教授获特别荣誉奖。学校附属龙华医院张莉、学校附属普陀区中心医院殷佩浩获三等奖，学校附属曙光医院李曼荣获提名奖。"银蛇奖"是上海市卫生系统青年人才的最高荣誉奖，被誉为上海卫生系统优秀青年医学人才孵化器。 (刘红菊)

【桑国卫受聘名誉校长】 9月10日，学校举行

2015年教师节表彰大会暨桑国卫名誉校长聘任仪式。陈凯先院士、胡之璧院士，校领导、学校各部门、各附属单位的近400名教师职工和学生代表参会。校领导为桑国卫院士颁发名誉校长聘书、聘牌，佩戴校徽。桑国卫院士为师生作了《中药现代化与十三五创新战略》的主题报告。（刘红菊）

【龙华医院入选首批“住院医师规范化培训示范基地”】 10月16日，国家卫生计生委公布了首批“住院医师规范化培训示范基地”名单，全国共有24家医院榜上有名，其中3家为中医住院医师规范化培训基地，学校附属龙华医院成为上海地区唯一入选的中医医院。作为全国最早建立的四大中医临床基地之一，龙华医院在全国率先开展了中医住院医师规范化培训，是上海市住院医师规范化培训中医内科、中医外科、中医全科组长单位和学校住院医师规范化培训管理学组组长单位。（刘红菊）

【获高等学校科学研究优秀成果奖】 12月，教育部科技发展中心发布《关于2015年度高等学校科学研究优秀成果奖(科学技术)授奖项目公告的通知》，学校中药研究所王峥涛教授领衔的“几种常用清热类中药的药效物质基础与作用机理研究”获自然科学奖一等奖，学校附属龙华医院安红梅教授领衔的“肾虚衰老理论指导下的老年性痴呆防治研究”获科技进步奖二等奖。（刘红菊）

附：学校负责人及地址

（2015年1—12月）

校党委书记：张智强
副　书　记：何星海、朱惠蓉

校　长：徐建光
副校长：施建蓉、胡鸿毅、张　瑾、季　光

地址：蔡伦路1200号
邮编：201203
电话：51322001

上海师范大学

【2015年概况】 学校已进入上海市教育综合改革部市共同支持的高校行列。下设二级学院17个、研究机构134个。另设的上海师范大学青年学院是学校与团市委共建的、旨在培养高层次青少年教育与研究人才的二级学院。《高等学校文科学术文摘》编辑部等机构也设在学校。有老年大学1所。

学校有全日制本、专科学生20725人，研究生6785人，夜大学学生12570人。学校被列为来华留学生中国政府奖学金院校以及上海市外国留学生预科基地，与39个国家和地区的338个高校和组织建立交流合作关系。与美国、英国、德国、荷兰、俄罗斯、法国等六个国家7所高校合作举办10个中外合作办学项目。一年期以上在校留学生1192人。先后在日本广岛福山大学、非洲博茨瓦纳大学和美国密苏里大学各建有一所孔子学院。

有本科专业86个，覆盖哲学、经济学、法学、教育学、文学、历史学、理学、工学、管理学、农学、艺术学等11个学科门类。汉语言文学专业拥有教育部批准设立的国家文科基础学科人才培养和科学研究基地，古典文献学专业为全国重点培养古典文献人才的四个基地之一。小学教育、汉语言文学、广告学和旅游管理4个专业入选教育部高等学校特色专业建设点，学前教育专业入选教育部和上海市本科专业综合改革试点专业，汉语言文学（师范）和小学教育2个专业入选教育部卓越教师培养计划改革项目，广告学专业入选上海市卓越新闻传播人才培养基地依托专业。旅游会展经济与管理、教师教育、汉语言文学、影视传播、英语、应用化学和生物技术（实验室建设）、广告学、旅游管理、小学教育、音乐学、历史学、对外汉语创新人才培养模式、心理学应用人才培养模式、数学与应用数学、金融保险、广播影视新传媒等是上海市本科教育高地建设项目。

学校有一级学科博士点6个、二级学科博士点46个、博士后流动站9个，共有一级学科硕士点29个、二级学科硕士点161个，另外还有专业学位硕士点13个。已建立一批具有优势和特色的学科：比较文学与世界文学是国家重点学科，都市文化研究中心是上海地方高校中唯一的教育部人文社会科学重点研究基地，国际教育研究中心是教育部国际教育研究培育基地，非洲研究中心是教育部区域与国别研究培育基地，资源化学国际合作联合实验室是教育部重点实验室。都市文化、计算科学、比较语言学和国际与比较教育是4个设在学校的上海市高校E-研究院。学校还拥有6个上海高校一流学科、14个上海市重点学科、16个上海市教委重点学科、5个上海市普通高校人文社会科学重点研究基地、2个上海市重点实验室和2个上海高校重点实验室、1个上海高校智库、1个上海市协同创新中心。

学校有教职员工2877人，其中专任教师1784人。专任教师中具有正高级专业技术职务者278人、具有副高级专业技术职务者616人；具有博士、硕士学位的教师1520人，占专任教师的85.2%，其中具有博士学位的教师861人。组建了一支595人的兼职教师队伍，其中包括5位院士级的特聘教授、100多位外籍教师。

学校有徐汇和奉贤两个校区，占地面积153万多平方米。校舍建筑面积77万多平方米，其中教室面积9.3万平方米、学生宿舍面积27.2万平方米、校内实验室和实习场所7.1万平方米。两个中心图书馆藏书近309万册、有100多个电子文献数据库和具有馆藏特色的自建数据库8个；因馆藏古籍约18万册，善本古籍1350多种，经国务院专家组审批通过被授予“全国古籍重点保护单位”。建在学校的上海高校瓷器艺术博物馆是上海市十大高校民族文化博物馆。全校固定资产总值23.6亿元，其中教学科研仪器设备资产7.14亿元。

综合改革方案和“十三五”规划的编制工作。成立综合改革方案和“十三五”规划编制工作领导小组，明确了综合改革的六大领域，提出要紧紧围绕“卓越教师”和“一流专业人才”培养目标，全面推进人事、教学、科研三个关键领域改革。经过多次研讨、听取意见，学校确定了“十三五”规划“1＋X＋16”的基本内容，明确了今后五年的发展路径。

内部治理结构改革。《上海师范大学章程》获批。学校是上海首批章程获批的三所市属高校之一。根据《章程》要求，学校“1＋18”为主要内容的制度规范体系基本形成。完善校长办公会议议事决策规则，确立了自上而下、自下而上的决策途径。修订了财务、审计、教代会、科研奖励、外事、人才引进等各类制度。成立法律事务办公室，推进依法治校工作。以学术委员会为核心的学术管理体系得到进一步完善。推进以绩效考核为核心的校院两级管理体制改革。民主管理、信息公开工作得到加强。

精神文明与文化建设。率先出台《上海师范大学培育和践行社会主义核心价值观的实施意见》。制定并实施校师德师风建设年度方案，加大全国“师德楷模”“上海市教书育人楷模”等一批师德师风典范的挖掘和宣传力度。积极推动学校思政理论课改革，不断加强意识形态管理和建设。开展优秀传统文化传承教育活动以及一系列校园文化活动，加强新媒体工作力度，学校社会影响力进一步扩大。推进档案、文博的数字化进程，提升资政育人水平。完成面向师生的微信企业号“上海师大智慧校园”系统建设。学校获2013—2014年度上海市精神文明单位称号。

学生培养。筹建大学生创新创业园，建立创业实践基地，孵化指导学生创业项目。获国家级大学生创新创业训练计划55项，获市级大学生创新创业计划164项。获全国“挑战杯”一等奖1项，总分位居上海第六，创历史新高。市"挑战杯"总分位列全市第四。教育硕士实践基地入选全国首批"示范基地"。博、硕士学位论文参加市盲审优秀率达16.78%，创历年之最；15篇论文入选上海市研究生优秀成果（学位论文），博士学位论文获奖数居市属高校之首。学校生源质量普遍提高，上海本科招生一本率保持较好水平，外省市本科招生一本率近90%，增加10%；专业学位研究生的招生数大幅增加，985、211高校生源比例持续提高。

教学改革。调整优化本科专业结构，在86个本科专业的基础上，根据就业指标、专业预警情况和专业评估情况进行调整优化，一些专业已进入大类招生。教师激励计划从培育进入正式试点，教学质量得到有效提升。对2015级本科专业培养方案进行修订，推进全校公共必修课改革与优化。教学成果凸显，获得上海高校市级精品课程5门、上海高校示范性全英语课程建设项目2门、上海高校本科重点教学改革项目3项、上海市教委重点课程建设项目27门，15本教材获得上海普通高校优秀教材奖。继续教育初步形成了学历教育和非学历培训两翼并重、齐头发展的结构转型。

教师教育。改革完善卓越教师培养方案，创新卓越教师培养模式，建立"三位一体"协同培养新机制，建立"世承班"退出机制。首届"世承班"毕业生全部进入上海市名校任教。获批教育部卓越教师培养计划的2项改革项目进展顺利。依托教师教育特色服务教育改革事业，承办教育部"国培计划"、教育部"农村校长助力工程"、上海市高校新教师培训、上海市民办高校教师培训等项目；加强区域交流合作，与嘉定、长宁、浦东等区县和华夏幸福集团等签订合作协议，教师教育影响进一步扩大。

学科建设。优化学科布局、凝练学科方向，获批高峰高原学科11个，三年建设额度1.77亿元，其中Ⅲ类高峰3个、Ⅰ类高原3个、Ⅱ类高原5个，为增强学校学科整体实力、冲击国内一流学科提供了经费保障。教育部资源化学国际实验室建设方案获教育部批准。建立"上海师范大学联合科创中心"，与科学院四个国家重点实验室共同开展人才培养、科研合作。光启国际学者中心已实质运行。智库建设方面，新获上海市政府政策研究中心两个决策咨询研究基地。推进非洲研究中心与国家战略研究机构的合作。逐步建立健全决策咨询报告的提交、报送以及评价机制，加强中国公共文化服务发展与研究中心、国际与比较教育研究院两个新型智库的建设。《公共文化服务指数蓝皮书》《非洲经济发展报告》《中国都市青少年发展报告》等11项发展报告取得了良好的社会影响。

师资队伍。引进、录用135人，其中教学科研人员115人，学校专任教师比、海归比、博士学位比有明显提高。推进教师分类评价体系建设。对教学考核条款做重要修订，启动教学型副教授的评聘。基本确立了教学型、科研型、教学科研型三类高级专技职务聘任通道，为进一步推进教师分类评价奠定基础。加大高端人才建设力度，新增上海千人计划1人、上海东方学者3人、青年长江学者入围终评2人。

学术科研。理工科立项方面，市级以上课题新批准立项73项，到位经费2400万元（较上年增长10%），其中获国家自然科学基金43项，比上年增长79%，受资助项数和经费数创历史新高。文科立项方面，省部级以上课题批准立项67项，到位经费1187万元，其中国家社科各类项目27项（较上年增长17%），教育部人文社科12项，国家社科基金重大招标、后期资助项目和教育部重大攻关项目数位居全国高校前列。科研成果方面，获得省部级理工科科研成果奖4项，包括1项上海市自然科学一等奖；获省部级人文社会科学优秀成果奖15项，包括1项上海市决策咨询研究优秀成果一等奖。数学、化学、材料入选ESI顶尖学科，排名较去年有大幅提升。

交流合作。全年公派出国（境）教师254个团组、404人次；有391名学生赴国（境）外进行获得学分或学位的专业学习和实习，另有600余人次赴海外参加各类短期项目。全年共接受留学生2108人。与俄罗斯、美国、英国、葡萄牙等11个国家或地区的23所高校和机构签署或续签各类校级合作交流协议28份。组织申报"中非20+20合作计划"项目4项，均获教育部批准。分别与美国加州大学圣克鲁兹分校、科罗拉多州立大学等国际知名高校签署合作科研协议，开展教学和科研的全面合作。成功承办教育部中英数学教师交流项目、中美省州教育厅长对话会议，推进联合国Ⅱ类机构国际教师教育中心申办工作，提升学校基础教育研究和教师教育的国际影响力。因公出访申报网络平台投入运行。

资源配置。启用徐汇校区教师教育实验实训基地文科实验楼、艺术教育中心，完成两栋新楼的行政办公、教学科研等用房调配工作；完成对东部校区的整体规划，核定各学院用房面积，完善公用房管理信息系统；在全面梳理徐汇校区公用房屋资源的基础上，制定部分学院办公用房优化调整方案。推出新版OA办公自动化系统，完成办公自动化系统升级改造工作。高效投入实验设备、家具等固定资产，改善学校教学科研条件。推进景观改造和生态校园建设，完成奉贤校区部分学生宿舍空调安装工作，打造优美校园、舒适校园。推动后勤事务改革，进一步落实管办分离，提升后勤服务质量和服务水平。大力推进节约型校园建设，不断加强以平台为技术支撑的校园节能工作。图书馆工作向数字化、专业化、国际化方向发展，为本科教学和学科建设服务的能力不断加强。

民生工程。积极推进“改善教职工在奉贤校区临时住宿条件”等实事工程。全年共看望慰问在职的大病及困难教职工、教授60多人次；看望慰问退休的大病、孤老、特困、高龄教职工1200多人次，并加大对失独老人、独居老人、空巢老人的关注和关爱。校爱心基金资助教工200人次，资助金额21.65万元。学生资助方面，发放各类奖助学金、困难补助、学费减免等7812人次，发放总额1406.735万元；提供校内外勤工助学岗位3540个，发放勤助金945.36万元。全年共完成教职工体检约4500人、学生体检12000余人。举办第七届“名医师大行”活动，邀请多家三甲医院50余位专家教授为师生提供医疗咨询服务。继续为全体教职工做好住院医疗保险等投保和理赔服务工作。对两校区教师周转房进行全面清理，并通过租借公租房等举措进一步开拓新房源，有序解决引进人才和青年教师短期住房的困难。积极应对处置突发事件，强化校园治安防控，维护校园安全稳定。（潘　同）

【联合科技创新中心揭牌】 3月10日，“上海师范大学联合科技创新中心”签约共建暨揭牌仪式在上海师大会议中心举行。会上，上海师大与中科院上海微系统与信息技术研究所、中科院上海技术物理研究所、中科院上海硅酸盐研究所和中科院上海有机化学研究所签署“上海师范大学联合科技创新中心”合作共建协议，协议单位代表共同为中心揭牌。共建“上海师范大学联合科技创新中心”是上海师大与国内知名高水平科研院所开展合作的创新举措。（潘　同）

【承办第三届中美省州教育厅长对话】 5月13日，由中国教育部和美国教育部共同主办、上海师范大学承办的“第三届中美省州教育厅长对话”开幕。中美两国教育部、美国8个州教育厅长、中国17个省（市）教育厅（委）的厅级领导及中国教育国际交流协会、美国亚洲协会、美国州首席中小学教育官员理事会等机构的代表出席会议。（潘　同）

【获团中央“践行社会主义核心价值观先进个人”称号】 5月11日，在由共青团中央、中国电信集团公司、全国学联共同主办的2014年度“中国电信奖学金”评选暨“践行社会主义核心价值观先进个人”寻访活动中，上海师范大学商学院2013级研究生黄雨艳和人文与传播学院2010级摄影专业本科生赵雪舟获“践行社会主义核心价值观先进个人”。（潘　同）

【《2014年中国都市青少年发展报告》发布】 6月3日，《2014年中国都市青少年发展报告》成果发布会在上海师范大学举行。《报告》是国内首部聚焦都市青少年生存与发展状况的研究报告，也是上海师大首个教育部哲学社会科学发展报告项目“中国都市青少年发展报告”的第一批调研成果。《报告》由青年学院上海青年研究中心牵头承担，是学校、上海乃至全国青少年研究机构数十位专家学者跨界合作、协同创新的成果。（潘　同）

【在上海市、全国“挑战杯”赛上获奖】 6月13—14

日，在由团市委、市教委、市科协等单位联合主办的第十四届“挑战杯”上海市大学生课外学术科技作品竞赛中，学校推选的《三元共聚羧酸盐分散剂的制备及在农药剂型上的应用》获特等奖，《一种同时提高丹参酮和丹酚酸含量的方法》与《还权于民的上海实验：进展与挑战——基于上海农村经济产权制度改革试点地区的调查分析》获一等奖。11月20日，在第十四届“挑战杯”全国大学生课外学术科技作品竞赛终审决赛中，学校选送的六个项目获七个奖项，其中旅游学院施维等的作品《还权于民的上海实验：基于上海闵行、松江农村集体产权制度改革试点区的调查》获一等奖；生命与环境科学学院关策等的作品《三元共聚羧酸盐分散剂的制备及在农药剂型上的应用》等获二等奖，生命与环境科学学院李磊磊等的作品《一种同时提高丹参酮和丹酚酸含量的方法》等获三等奖。生命与环境科学学院李磊磊等的作品《一种同时提高丹参酮和丹酚酸含量的方法》同时还获得累进创新铜奖，总分位居上海第六。

（潘　同）

【应邀参加中国人民抗日战争胜利70周年阅兵式】 9月3日，举世瞩目的纪念中国人民抗日战争暨世界反法西斯战争胜利70周年阅兵式在天安门广场举行，上海师范大学抗战历史研究专家苏智良教授应邀出席。此次全国共有六位抗战历史研究专家受邀，苏智良教授因其常年从事抗战历史研究所取得的卓越成果，以及为申报“慰安妇”历史档案和文献成为世界记忆名录所做出的不懈努力，成为上海唯一一位被邀请的抗战历史研究专家。9月2日，他还参加了在北京举行的关于纪念抗日战争胜利暨世界反法西斯战争胜利70周年的国际学术研讨会。（潘　同）

【举行校学术委员会委员聘任仪式】 9月23日，上海师范大学举行校学术委员会委员聘任仪式。会上，学校领导为各位委员颁发了聘书及铭牌。为进一步健全学校学术委员会制度，完善学校学术治理体系，深入落实教育部《高等学校学术委员会规程》的要求，成立了校学术委员会、校学位评定委员会、校教学指导委员会、校师资队伍建设委员会、校学科建设与科学研究委员会、校学术伦理与道德委员会等6个委员会，并制定了各自的章程。（潘　同）

举行上海师范大学校学术委员会聘任仪式

【国际大都市高等教育发展报告发布】 11月20日，由上海师范大学国际与比较教育研究院主办的《2015年国际大都市高等教育发展报告》项目成果发布会举行。本研究成果由1份总报告和7份分报告组成，以七大都市城市和城市高教基本情况和数据事实为依据，深入探讨其中的规律、特征和经验，为上海城市与教育发展规划的科学研制提供借鉴，为促进城市教育研究增加基础支撑。

（潘　同）

【秋石印社获评2015全国优秀大学生国学社团】 由团中央学校部、全国学联秘书处、全国少工委办公室发起的“中华学子青春国学荟”优秀国学项目评审结果公布，上海师范大学秋石印社获“2015年度全国优秀大学生国学社团”。（潘　同）

附：学校负责人及地址

（2015年1—12月）

校党委书记：滕建勇
副　书　记：杨卫武、秦莉萍、葛卫华

校　长：朱自强
副校长：葛卫华（7月到任）、康　年、高建华、柯勤飞、刘晓敏、张峥嵘（7月到任）

徐汇校区地址:桂林路100号
邮编:200234
电话:64322881

奉贤校区地址:海思路100号
邮编:201418
电话:57122472

上海对外经贸大学

【2015年概况】 “十二五”规划的收官之年,学校各项事业发展取得了新进步。

综改方案与十三五规划编制顺利完成。年内,学校成立综合改革领导小组和工作组,启动深化综合改革方案的制定工作,最终形成包含内部治理、人事制度、学科布局、人才培养、教学科研、资源配置共六大板块的综合改革方案,为学校改革的顺利推进和“十三五”规划的有效编制奠定坚实基础。学校启动《“十三五”改革和发展规划(2016—2020)》方案编制工作,成立由书记校长任双组长的“十三五”规划编制领导小组和工作组。“十三五”规划方案包括10个专项分规划和13个学院规划,确立了到2020年“全面完成多科性、应用研究型大学战略转型”的发展目标。

章程与现代大学制度建设稳步推进。学校修订完成了《上海对外经贸大学章程》。章程继承了学校优良办学传统,明确了学校办学定位、人才培养目标、学科建设和科研发展战略,明晰了党委和校长的职权,学校和二级单位、学术和行政、学校和社会的关系,突出了学术委员会、学位评定委员会等学术组织在办学中的地位。12月4日,章程得到上海市教育委员会核准;12月10日,章程80条8000余字正式对外发布。学校完成《上海对外经贸大学校院两级管理体制实施办法》的起草,对学校与学院的定位、学院及其内部机构的设置、学校与学院的权责利关系等重要方面做了明确表述,凸显了从学校办学向学院办学的改革目标转变;学校重新修订《上海对外经贸大学学术委员会章程》《学术委员会议事规则》《学科建设与科学研究委员会规程》《学术道德委员会规程》等规章制度和管理文件,学术委员会体系建设得到加强。

师资队伍建设成效进一步显现。学校专任教师共703人,其中教授109人,占专任教师总数的15.5%;副教授294人,占专任教师总数的41.8%。专任教师中具有博士学位的教师363人,占专任教师总数的51.6%。学校试行“人才特区”制度,对接高峰高原学科建设,引进特聘教授1人、副教授2人、海外博士8人。年内,1人入选上海领军人才,实现零的突破;新入围国家外专千人计划1名,教育部新世纪优秀人才1名,上海东方学者5名,学校“千人计划”学者达到4名。学校先后修订或制定了《岗位设置方案》《岗位设置与聘任办法》《高级专家延龄聘任管理办法》《专业技术职务岗位聘任委员会规程》“骨干教师教学激励计划”及相应配套制度、《高峰高原学科建设特殊人才暂行管理办法》《高层次人才引进管理办法》《海外博士引进待遇暂行规定》等人事管理规章;探索派遣人员转编制度。进一步健全专业化培养体系,完成各类培训、海内外访学、产学研践习、国外课程进修计划。

学科与科研建设取得喜人成绩。年内,学校进一步加强高峰高原学科建设和科研水平提升的力度,成功申报应用经济学为一类高原学科,工商管理学科为二类高原学科,制定了《高峰高原学科经费使用管理办法》《高原学科建设管理办法》等政策文件;学校《全球大宗商品定价机制演进与国际经贸格局变迁研究》获得2015年度国家社科重大项目立项资助,实现学校在国家社科重大招标项目上零的突破；学校成立“博士点建设工程领导小组”，开展博士点申报准备工作。获得国家级科研项目立项19项，再创新高。国家级项目中，国家社科重大项目1项，国家社科基金年度项目8项，国家社科后期资助项目1项，国家自然基金项目8项、数学天元基金1项。省部级项目稳定增长，共立项45项，获得省部级科研成果奖2项。全校在SSCI、SCI、EI发表国际论文30篇；推出著作类成果50部，其中专著20部、译著9部。学校新立横向科研项目60余项。

学术影响与社会服务能力进一步提升。主动聚焦国家和上海发展战略，发挥自身学科和科研比较优势，先后成立数据科学与管理决策重点实验室、商务大数据研究中心、南亚与印度洋研究中心、绿色经贸中心、终身教育研究所，进一步扩大服务国家和社会发展的影响力。学校自贸区协同创新中心完成2014年与市政府发展研究中心合作发布的18项各类自贸区专题研究项目的终期验收。WTO研究教育学院成为中国首家全球标杆WTO学院，“世贸组织教席计划—中国”进入第二期建设。贸易政策审议数据库启动建设。17篇决策咨询内参被录用，其中有两篇分别直报中央办公厅。取得中宣部“重大实践经验总结”项目子课题1项，外交部、农业部、教育部课题各1项，上海市省部级课题7项。社会服务课题中，浦东2项，山东2项，福建1项，协同创新课题1项。

人才培养模式改革继续推进和深化。本科人才培养继续围绕“高层次、国际化、应用型”目标，通过实验班、大平台、通识教育等手段，使学生在知识、能力、素质上协调发展。组织实施骨干教师激励计划，着力提升教育教学质量。推动创新创业教育，让创新创业成为人才培养新动力。引入射箭、龙舟、极限飞盘等新型体育项目，促进学生身心全面发展。德育工作积极拓展新载体、新媒体，工作针对性、科学性和实效性不断提升。学校学位点建设和研究生培养体制改革着力推进，制定了专业硕士与学术硕士分类管理的制度设计方案，完成了4个一级学科学位点和3个专业硕士学位点的评估。专业硕士与学术硕士的分类培养取得积极推进，专业硕士实践基地建设初见成效。“宏观经济学”和“经济法”2门课程被评为年度市级精品课程，“国际商务环境分析”等10门课程被立项为年度市教委重点课程，“国际贸易实务”等3门课程被批准为年度上海高校示范性全英语教学课程建设项目，“经贸人才国际化能力培养实践探索”等3个项目被批准为年度上海高校本科重点教学改革项目，“宏观经济学”和“财务报表分析”2门课程获得上海高校在线课程立项资助，“财务管理”“国际技术贸易”等5本教材获年度上海普通高校优秀教材奖。3门2015年度市级示范性全英语课程、2门2015年度上海高校市级精品课程和9门精品开放课程启动网站建设。此外，学校马克思主义学院揭牌成立，经济统计学和文化产业管理2个本科新专业正式面向全国招生，6个专业完成专业评估，《本科教学质量保证体系》等管理文件修订出版。学校被评为“2015年度ACCA优秀高校”，ACCA项目连续三年顺利通过白金资格年度审核。

对外交流和国际化办学水平持续加强。学校加入中俄经济类大学联盟，首次成为全国外国留学生教育研究会的常务理事单位。与西班牙阿尔卡拉大学、乌拉圭奥特大学、日本大阪经济大学等5家院校达成互免学费的交换生合作。推出世界排名前100位的自费单项交换生项目。与比利时外交学院等开展联合培养硕士研究生的合作。举办或承办了“TPP与中国加速融入国际经贸规则”研讨会、“世贸组织20周年暨主题报告发布仪式”国际研讨会、“21世纪中日经贸合作研讨会”，及“法律与社会：上海的犹太人——纪念犹太人在上海幸存70周年”国际会议等7次重要会议。学校在斯洛文尼亚、克罗地亚、斯洛伐克合作设立的三所孔子学院，影响力日益增强。学校各类留学生人数达到2111人，在校留学生学历生205人，其中本科生175名，硕士生30名。学校继续成为上海高校留学生人数超2000人的第一梯队院校。

办学质量和声誉继续赢得社会广泛认同。年内，学校招生就业工作继续保持良好势头。学校高招上海一本投档线文科459分，理科457分、二本投档线文科438分、理科432分。学校本科毕业生的就业率为98.71%；硕士毕业生的就业率为97.41%。学生在各类比赛活动中屡获佳绩，获第三届华东区激扬杯大学生辩论赛冠军，第十二届

“中关村青联杯”全国研究生数学建模竞赛一等奖，第十三届“21世纪澳新银行·华澳杯”中澳友好全国大学生英语大赛一等奖，第二届上海市高校法国文化知识竞赛一等奖，2015年美国大学生数学建模竞赛二、三等奖，2015年中东欧国家知识竞赛一等奖，2015—2016年全国冰壶锦标赛季军，第四届全国大学生艺术展演上海市活动舞蹈组一等奖等。

规范性制度建设取得成效。学校进一步加强内控制度建设，编写并实施《行政事业单位内部控制规范》《财务人员工作手册》《财务管理制度汇编》等规范性文件，促进和加强对重要经济活动和重大风险的预防和控制，着力构建更为完备的财务制度体系。从职责分工与授权、业务流程、业务控制、风险点与防控措施等四个方面，对招投标和政府采购业务进行了全面梳理，确立了从项目采购、使用管理、过程监督相对分离又有机统一的工作机制，确立了学校招投标行为“公开、公平、公正、诚实守信”的原则和以效率、质量、价格取胜的竞争机制。学校成立资产管理处，制定并实施了多部规范资产管理的文件，资产管理信息系统正式投入使用，进一步提高了资产管理的信息化和规范化水平。

办学条件和环境进一步改善。古北校区新建综合楼于12月18日实现结构封顶。松江校区标准化教室完成改造，新图书馆项目完成方案设计并获批复。学校新信息门户正式上线，集成了迎新系统、人事管理系统、科研管理系统等15套应用系统，为师生提供一站式服务。完成松江校区乐群楼、学生餐厅、图文信息中心、德政楼、湖滨楼、校史馆、电梯轿厢等部位高清摄像机数字化改造。在松江校区种植樱花，修补草坪，美化校园环境。学生宿舍空调安装及配套工程顺利完成，共安装空调2379台；学生事务中心、图书馆北馆书库、“行知学习空间”“文汇141”咖啡馆建成开放。 （陈　成）

【举行第一届教代会暨工代会第一次会议】 5月16日，学校举行更名后第一届教代会暨工代会第一次会议。校长孙海鸣向大会作学校行政工作报告。工会主席作工会工作报告。会议选举产生学校第一届工会委员会委员和工费经费审查委员会委员。 （王胤卿）

【举办纪念犹太人在上海幸存70周年国际会议】 6月1—3日，为纪念遭受战争与反犹主义迫害的犹太难民在上海避难幸存70周年，学校与美国图伦法律中心（Touro Law Center）、上海犹太研究中心、上海国际友人研究会、上海犹太难民纪念馆联合主办“法律与社会：上海的犹太人——纪念犹太人在上海幸存70周年”国际会议，会议分别在上海犹太难民纪念馆和学校古北校区举行。 （王胤卿）

【翁铁慧到校调研】 9月16日，副市长翁铁慧一行到校对上海市属高校深化综合改革与十三五规划开展专题调研。学校领导就学校更名后各项事业的发展情况和深化综合改革需要推进的重要任务以及制约学校发展的瓶颈问题作了汇报。

（王胤卿）

【考门斯基大学孔子学院揭牌】 10月12日，学校与斯洛伐克共和国考门斯基大学合作建立的布拉迪斯拉发考门斯基大学孔子学院揭牌仪式举行。上海市人大主任殷一璀率领的上海市代表团成员、校长孙海鸣率领的中方合作院校代表团成员、中国驻斯洛伐克大使、考门斯基大学师生以及中斯社会各界友好人士共200余人出席揭牌仪式。

（王胤卿）

斯洛伐克共和国考门斯基大学孔子学院揭牌成立

【成立商务大数据研究中心】 11月14日，学校商务大数据研究中心揭牌仪式在松江校区举行。中国科学院院士石钟慈、校党委书记殷耀、副校长聂清、徐永林出席揭牌仪式。殷耀与石钟慈共同为商务大数据研究中心揭牌。（王胤卿）

附：学校负责人及地址

（2015 年 1—12 月）

校党委书记：张小松（3 月离任）、殷　耀（6 月到任）

副　书　记：楼军江、祁　明

校　长：孙海鸣

副校长：祁　明、陈　洁、聂　清、徐永林

松江校区地址：文翔路 1900 号

邮编：201620

电话：67703000

古北校区地址：古北路 620 号

邮编：200336

电话：52067202

上海应用技术学院

【2015 年概况】 学校有二级学院 17 个、教学部 2 个。设有本科专业 48 个、一级学科硕士点 4 个、二级学科硕士点 19 个、专业学位授权领域 2 个。本科在校生 13753 人，研究生 1005 人。专任教师 1140 人，教授 120 名，副教授 407 名，具有博士学位的教师 511 名，硕士学位的教师 448 名。学校有工程院士 1 名（双聘）、博导 20 名、上海“千人计划”4 名、“东方学者”14 名。

一、人才培养质量不断上升。入围“市属本科高校骨干教师教学激励计划”正式试点高校。学校深入推进教育教学改革。继续深化本科教学改革，以行业和岗位需求为导向，启动电气工程及其自动化、化学工程与工艺两个上海市属高校应用型本科试点专业建设。推进“中—本”通培养模式，修订完善以“双证融通”为核心的应用型人才培养方案。加强“通识教育中心”和“三创教育中心”建设，开设“应用前沿”教授研讨课 44 门，搭建并不断完善素质教育平台。深入推进校企联合运行机制，稳步实施“卓越工程师计划”，继续推广“课程过程考核”，深化教学工作两级管理，通过二级学院内涵建设特色亮点项目，落实分类指导、特色考核。研究生教育在发展中调整，在调整中提高。全年，招收研究生 310 名。新增导师 60 余名，其中兼职导师 30 余名。完成机械工程一级学科硕士点、化学工程专业学位硕士点的专项评估，启动学位点合格自检工作。获批管理科学与工程、生态学两个一级学科硕士授权点。新增专业学位研究生实践基地 2 个。积极拓展新的合作领域和新的合作院校，与 20 所高校签订 24 份合作协议。获批上海市“海外名师”项目 2 项。新增美国密苏里大学、德国特里尔应用技术大学等学生项目 6 个。

年内，获批市教委重点教学改革项目 2 项，获批上海市级精品课程 2 门，获批上海市级重点课程建设 22 门，获批上海高校示范性全英语课程建设项目 1 门，获上海普通高校优秀本科教材奖 5 项。获批校企合作课程建设项目 30 门，开设校企合作课程 21 门。

二、师资队伍结构进一步优化。引进专任教师 52 人，其中，教授 3 人，副教授 12 人，48 人具有博士学历，24 人具有应用背景。继续实施师资队伍建设“六大工程”，16 名教师获出国进修项目资助，38 名青年教师入选“2015 年上海市高校青年教师培养资助计划”。成功申报上海高校特聘教授(东方学者)1名、“青年东方学者”2名。3名教师获“2015全国冶金教育系统年度杰出人物”称号。

三、学科建设和科研实力不断提升。“化学工程与技术”学科成功入选上海市Ⅱ类高原学科建设计划。“上海香料香精工程技术研究中心”通过市科委评估,获得“优秀”结果。“上海市香料香精及化妆品知识服务平台”通过市教委验收,被列为上海市“2011协同创新中心”。与市科委、市教委科发中心、奉贤区人民政府及多个行业协会开展了各类交流,举办研讨会和沙龙15次,签约政产学研合作协议20项,成立“长江经济带区域转移转化联盟”“金华市科技局技术转移中心”等。获批上海市联盟计划37项,占全市立项总数的55.22%,位列全市第一,获2015年“上海产学研合作优秀奖”2项。全年科研经费到款8200万元。获批国家级自然科学项目26项,获批国家哲学社会科学规划面上项目3项,省部级(含)以上人文社科项目15项,创历史新高。

四、学生工作特色进一步突出。继续建设打造社区大家庭和社区学生发展共同体。开展微讲堂60余场,惠及学生2000余人;开展学风建设进社区、文明礼仪进社区、中华优秀传统文化进社区等10个社区特色活动,参与人数达20000余人次。开展“校长奖”“学习标兵”“学习型寝室”等评选与巡展,开展“优秀学子进社区”“筑梦计划”等活动,提升朋辈自助与互助能力。帮困资助体系进一步完善。全年,共发放各级各类奖助学金和困难补助59111人次,266名学生申请学费补偿贷款代偿及学费减免。为家庭经济困难学生提供近1000个校内勤工助学岗位,校内外勤工助学参与学生达4978人次。强化创新创业创意教育,挂牌成立了大学生“三创”教育工作室。

五、内部管理机制进一步完善。规范财务管理制度。出台并实施了关于报销制度的系列文件,进一步规范了财务报销制度,完善了学校“网上报销”系统。完善后勤保障服务。完成徐汇校区图书馆消防改造、奉贤校区1—10号学生宿舍电扩容改造项目建设、轨道交通实习基地环境建设等,改善师生住宿条件。完成了办公自动化系统二期建设。初步完成校园移动系统的研制,完成校园无线网络i-SIT的扩建工作,并成功实现手机无感知认证上网。 (秦　凤)

【《上海应用技术学院章程》核准】 11月18日,学校建校以来的第一部章程《上海应用技术学院章程》获市教委核准。大学章程为学校依法办学和管理,为依法建校提供了依据。学校围绕章程建设,对各项规章制度进行了系统梳理,有效推进了制度建设和创新。 (秦　凤)

【获批市“2011协同创新中心”】 香料香精及化妆品知识服务平台历经三年的筹备建设顺利通过市教委验收,被认定为上海市“2011协同创新中心”。该平台以国家“2011协同创新中心”为目标,以香料香精及化妆品领域的重大共性问题为导向,与科研机构、行业企业开展深度合作,建立战略联盟,促进资源共享,充分发挥优势学科在区域创新体系中的基础和生力军作用。 (秦　凤)

【“化学工程与技术”学科入选Ⅱ类高原学科建设计划】 经过市教委组织专家评审,学院化学工程与技术(香料香精技术与工程)学科入选Ⅱ类高原学科建设计划,建设投入专项经费2000万元。该学科设香气协同与缓释控制、新型香料合成与功能性评价、香料绿色合成技术三个研究方向。

(秦　凤)

【13项成果亮相工博会】 11月7日,第十七届中国国际工业博览会闭幕,学校共展出项目13项,其中“生物纳膜磁化抑尘机”获高校展区优秀展品一等奖,现场签约3600万元。学校获2015年中国国际工业博览会高校展区优秀组织奖。 (秦　凤)

【举办中小企业活力区产学研沙龙】 11月11日,学校联合114产学研协同创新服务平台等单位共同承办了“慧集贤城·聚力创新——中小企业活力区产学研沙龙”,上海光明村科技创业有限公司等27家奉贤中小企业的领导专家代表,高校专业教师代表、奉贤区科技创新服务中心、114产学研协同创新服务平台参加活动。主要建立了技术信息互换、技术成果介绍、企业申报产学研科技项目问题诊断、合作项目洽谈与对接等交流平台。（秦　凤）

【举办大学生 KAB 创业俱乐部主席暑期训练营】 7月19日，2015年大学生KAB创业俱乐部主席暑期训练营在学校开营。本次训练营以"寻找互联网梦想＋"为主题，通过知名专家的创业教育专题培训和社团领导力培训、参观访问知名企业，与企业高管交流，激发学生的学习热情和创业激情。

（秦　凤）

附：学院负责人及地址

（2015年1—12月）

院党委书记：吴　松（7月离任）、刘宇陆（9月到任）
副　书　记：宋敏娟

院　长：刘宇陆（10月离任）、陆　靖（10月到任）
副院长：陈东辉、叶银忠、张锁怀、张艳萍

奉贤校区地址：海泉路100号
邮编：201418
电话：60873530

徐汇校区地址：漕宝路120号
邮编：200235

上海海事大学

【2015年概况】 学校有二级办学部门14个。设有博士后科研流动站2个、一级学科博士点2个、二级学科博士点19个、一级学科硕士学位授权点13个、二级学科硕士学位授权点59个、专业学位硕士授权点6个、本科专业45个。在校生21000余名，其中本科生17000余名、研究生3000余名、留学生600余名。学校专任教师1062名。

一、学校规划与现代大学制度建设。初步形成学校"十三五"规划体系。制定了深化教育综合改革方案，各部门按年度试点工作清单及任务计划书逐步实施。现代大学制度试点工作深入推进。《上海海事大学章程》核准发布，开展章程配套制度、规定的梳理与完善，二级学院主体地位进一步落实，师生民主管理意识增强。

二、人才培养。两个"085工程"项目稳步推进。5个国家级工程实践教育中心建设一期建设完成。第二轮专业评估启动，完成5个本科专业达标评估。智慧港口课程被教育部列为第八批"精品视频公开课"，新增2门上海市精品课程、1门上海高校示范性全英语教学课程。《航海仪器》等9本教材被评为上海普通高校优秀教材奖。开展本科生毕业论文"查重"和"盲审"工作，一次查重通过率为87.22%，抽检"盲审"通过率为97.06%。入选国家级大学生创新创业训练计划项目56项；160个大学生创新创业项目获得市教委立项资助，资助经费148万元。600余名学生在各级各类竞赛中获得市级以上奖项，获得第五届全国大学生电子商务"创新、创意及创业"挑战赛全国总决赛一等奖1项，全国大学生英语竞赛全国一等奖4项，全国大学生数学建模竞赛全国二等奖4项、全国大学生电子设计竞赛全国二等奖2项等。进一步落实大类培养、教考分离、小班化教学等措施。2015级大类类别增加至12个，涵盖本科专业27个，占全校所有本科专业数的60%。在全日制本科学生中实行第二专业学位教育，开设法学、会计、英语3个第二专业，共招收学生303名。骨干教师教学激励计划全面推进。推行教师坐班答疑制度，教授、副教授为本科生授课的激励制度，青年教师助教制度。启动本科生导师制，教学激励计划教学示范岗名额增加至60名。现代港口物流实验教学中心获批国家级实验教学示范中心。港口、航道与海洋工程实验教学中心获评上海市实验教学示范中心。全年累计开出实验课程338门，其中含综合性、设计性实验项目的实验课程198门。2篇硕士论文获评上海市研究生优秀论文。获批上海市研究生专项项目孵化类4项，上海市研究生创业培养类1人；113个小组参加2015年全国研究生数学建模大赛，29个参赛小组分获一、二、三等奖。研究生发表高水平学术论文获检索60篇以上。

三、科研工作。管理科学与工程(物流工程与管理)学科获批为上海高校Ⅲ类高峰学科，交通运输工程学科、船舶与海洋工程学科获批为上海高校Ⅰ类高原学科。科技经费总量2.8亿元。国家级项目44项，省部级项目89项。获各类科技奖励20项，其中省部级6项，首次获得第七届高等学校科学研究优秀成果奖(人文社会科学)外国文学类二等奖一项。“中国(上海)自由贸易试验区航运制度体系设计及实施效果跟踪研究”获得上海市第十届上海市决策咨询研究成果奖一等奖。发表SCI期刊论文182篇，SSCI期刊论文8篇；ESI高被引与热点论文共9篇。申请专利156件，其中发明专利116件。授权专利91件，其中发明专利61件。学术期刊的质量和影响力继续提高。4份期刊分别获中国高校技术类科技期刊“优秀期刊”奖、“优秀栏目”奖和“特色栏目”奖。有5份期刊在市新闻出版局期刊编校质量检查中获优秀。主持召开2015年中国高校技术类期刊研讨会和全国高校技术类科技期刊评比工作。出版图书47种，获中国大学出版社协会优秀学术著作一等奖1项。申报“十三五”重点图书6部(套)。

四、师资队伍建设。新增上海千人计划4人、上海高校东方学者特聘教授3人、上海高校青年东方学者3人，入选上海市人才发展资金资助计划1人、上海青年拔尖人才1人、浦江人才计划5人、晨光计划1人、扬帆计划1人、交通部中青年科技创新领军人才1人。新增客座教授19人。延聘13名高级专家(教授)。新增入站从事师资博士后研究人员6人，在站人员共8人。学校成为教学激励计划试点单位，资助经费约3000万元。出台新进教师3+X的考核退出办法。对副高以上专任教师，开展一年一度的教学、科研成果汇总公示环节。分步完成了事业单位养老金改革、职业年金实施，及配套的国家工资结构调整和清算工作。绩效工资全面实施。

五、招生就业和学生管理。在全国29个省(市)招生，录取本科新生4027人。2015届毕业生6162人。其中，硕士毕业生1292人，本科毕业生4250人，专科毕业生620人。建立起集“教育、实践、孵化、服务”的“四位一体”创新创业教育模式，已有27个创业项目进入创业苗圃，9个团队成功注册公司。开展了学风建设月活动。年内共计5000余名学生获得各类奖学金资助，奖金总金额达1040.275万元。心理咨询中心和学院联动开展常规心理咨询心理健康教育活动月活动。年内获得上海学校德育决策咨文课题1项、2015年度上海学校德育实践课题3项、上海市辅导员队伍建设特色项目1项和2015年度上海高校“辅导员工作培育项目”1项。认定家庭经济困难学生3176名。通过国家助学贷款、“绿色通道”、学费减免、临时性困难补助、冬季补贴、节日慰问等方式为3123名困难学生解决了学费和生活费问题，发放各类助学金共计2784.02万元。

六、国际交流。学校与美国加州大学河滨分校等6所高校签订了校际交流与合作协议。新增6个本科生或研究生联合培养项目，在校生海外学习实习项目数达到58个。与比利时安特卫普港签订研究生优秀论文奖合作协议。美国海运协会支持的大学生美国航运企业实习项目启动。与丹麦诺登航运公司合作举办第10期上海海事大学-诺登研讨会，与丹麦劳瑞森航运公司合作举办首届航运研讨会，与国际海事救助联盟亚太中心合作举办“亚太地区大规模海上人命救助培训及桌面演习”。与英国C-MAR集团合作的动力定位中心揭牌并对外招生。进一步深化与波罗的海国际航运公会等境外航运组织或机构的交流与合作关系。聘请长期海外专家7人，短期海外专家83人次来校开设40门专业课程，讲座40场。1人获得国家外国专家局文教类高端外国专家项目资助，1人入选上海海外名师项目专家，3人获得国家外国专家局2015年度教科文卫重点引智项目资助，20人获得上海市外国专家局2015年度引进国外技术、管理人才项目资助。举办“国际海事教育与培训国际研讨会”等国际学术交流活动。学校与美国麻省海事学院等40多所院校或机构开展交换学生项目、访问学生项目或短期课程进修项目，共有438名同学参加了不同类别的海外学习或实习项目。学校通过IMLA上海中心平台，派出3批青年教师与国外代表组团参加国际海事组织相关会议并提交了提案或信息类文件。主要由学校教师负责修订的“航海英语示范课程”由国际海事组织正式出版。年内，共有来自77个国家的各类长、短期境外学生633人，其中学历生207人、各类短期生183人、语言生243人。

七、社会服务。不断加强并推进与地方政府和大型企业的实质性合作，共建合作平台。21世纪丝绸之路研究院等智库平台相继成立。由全国4个自贸区7个国检局成立的中国自贸区检验检疫制度创新合作联动机制领导小组办公室在校落户。与上海自贸区联合发展有限公司签订战略合作备忘录，共同打造自贸区“科创1号”项目。承办上海市纪念世界海洋日暨全国海洋宣传日活动·上海临港海洋节开幕式、2015上海海洋论坛活动和2015年中国航海学会学术年会。上海海事大学南通基地“两中心”正式开工建设。上海国际航运研究协同创新中心与中远集装箱运输有限公司和交通运输部科学研究院两家副理事长单位正式签约。上海国际航运研究中心与广州航交所合作正式签署成立了广州分中心。同时，与广州航海学院、广州航交所一起成立了泛珠国际航运创新研究院。

八、教育保障工作。校内预算体制改革与财务绩效评价工作继续深化，进一步增强二级学院的财力，学校二级实体化管理体制改革得到落实。不断完善质量管理体系文件，顺利通过国家海事局对学校“船员教育和培训质量管理体系证书”换证审核、挪威船级社(DNV) ISO9001:2008质量管理体系和DNV三个认证规则证书的年度审核。大数据综合服务平台和学生综合服务平台建设启动，建设并启用上海海事大学一卡通自助服务中心。2015年度中央财政支持地方高校发展专项“深海工程材料失效评价与检测平台”等7个项目，交通运输部专项“船舶节能减排实验教学平台设备购置项目”启动建设。有序推进校办产业企业改制和改革，成立上海海大资产经营有限公司财务结算中心。物资采购和资产管理日益规范，资源配置和能源控制取得较好成效。临港校区水电气能耗净支出同比下降3.02%，各校区(办学点)单位建筑面积能耗水平低于全市同类高校平均水平。

九、精神文明建设。学校图片库建成上线。成功参展上海市教育博览会。校工会获全国“模范职工之家”称号，商船学院航海系获“上海市模范集体”荣誉，许乐平教授获“全国师德标兵”称号。四家二级单位民主评议二级部门领导试点工作顺利推进。学校官方微博、官方微信，活跃度和影响力长期位居上海高校前列，在“长江沉船”等重大事件中，发布学校相关专家、教授对事件的研判、解读。制定培育和践行社会主义核心价值观“全员育人工程”、校园景观“母港工程”、宣传队伍建设“百千万工程”计划。荣获全国第四届大学生艺术展演全国一等奖、“全国最佳暑期实践大学”称号，获得2015年全国大学生社会实践优秀项目奖7项。学生年内参加各类志愿者活动2000多人次。上海海事大学足球队获上海市大学生足球联盟杯赛冠军。

十、为师生办实事。改造财务报销大厅，推出财务服务叫号系统，方便教职工报销。开展第二批转编工作，22位优秀人事代理、人才派遣人员转入事业编制。为教职工积极争取临港地区第二批双限房82套。组织各种类型的教职工疗休养共9批300余人次，休养补贴从1500元提高到1800元。组织办学骨干健康检查近100人次。组织教工运动会、环临港高校徒步健身走、龙舟比赛、篮球赛、瑜伽等活动，推动学校教工群众体育的发展。

十一、其他重要工作。校友工作实现跨越式发展。上海海事大学校友会获市民政局和社团管理局批准筹备成立。校友会成立大会顺利召开，约4000名校友及家属自发参加首届“校友返校日”活动；校友工作系统化、制度化、规范化建设全面展开，校院两级校友工作网络构建完成。在中国航海学会第八次全国代表大会和八届一次理事会上，黄有方校长当选中国航海学会理事长，杨万枫、肖英杰、袁林新当选常务理事，施朝健当选副秘书长。商船学院高级船长涂兴华老师，以交通运输部驻护

航编队联络员身份参加了中国海军第18批护航编队，历时7个多月、航行11万余海里，圆满完成护航任务。（秦立卿）

【首个获得国际权威认证的动力定位中心落成】 4月25日，由学校与英国C-MAR集团联合举办的上海海事大学—动力定位中心揭牌仪式举行。这是国内高校首个通过英国航海学会的认证，获得授权培训机构资质的动力定位中心。中华人民共和国上海海事局、交通运输部上海打捞局领导，C-MAR集团主席和总裁，校领导，中外海工、航运以及相关企业负责人70多人出席。（程　菲）

【翁孟勇到校调研】 5月11日，交通运输部党组副书记、副部长翁孟勇到学校调研。上海海事局，上海市交通委员会，及上海市教育委员会科技处、上海市虹口区人民政府航运服务办公室有关领导，上海国际航运研究中心领导参加调研，校领导陪同调研。翁孟勇一行参观了上海国际航运研究中心中国航运数据库和大数据实验室，并观看了上海国际航运研究中心在决策咨询、对外合作等方面的成果展示。（程　菲）

【举办国际海事教育与培训研讨会】 学校与国际海事教师联合会(IMLA)于5月26日至27日在沪举行"新常态下的海事教育与培训"国际研讨会。中外与会代表及学校师生共计200余人参加了研讨会。来自国际海事大学联合会、中海国际船舶管理有限公司、上海远洋运输有限公司、安特卫普港口局、波兰格丁尼亚海事大学的嘉宾分别进行了主题演讲。期间还举行了"海员进课堂"活动。（程　菲）

【参与组建天津物产研究院】 6月30日，上海海事大学与天津物产集团、南开大学、天津财经大学签订校企合作框架协议，共同组建天津物产研究院。天津物产集团与三所大学负责人共同签署了四方战略合作协议，聘任30位教授、学者为首批研究院的专家团队。仪式后，天津物产研究院举行了首届高峰论坛。（程　菲）

【签署集装箱物联网合作协议】 7月15日，上海海事大学、中远集装箱运输有限公司、中国联通上海公司在上海国际会议中心举行"互联网＋航运"行动计划三方合作协议签约仪式。学校领导、中远集装箱运输有限公司、中国联通集团有限公司领导，及相关职能部门负责人等出席仪式。（程　菲）

【"智能港口硕士创新班"项目签约仪式举行】 7月17日，上海振华重工—上海海事大学"智能港口硕士创新班"项目合作协议签约仪式举行。根据协议，双方联合开办"智能港口硕士创新班"，为振华重工定向培养在其公司就业的硕士研究生。创新班有装卸机器视觉与智能控制、智能港口信息管理与信息系统等两个研究方向。（程　菲）

【中国航海学会学术年会举行】 10月14—15日，2015年中国航海学会学术年会在校举行。中国航海学会等相关单位领导、校领导，以及上海、广东、辽宁、黑龙江、江苏、浙江等省市航海学会和中国航海学会各专业委员会代表等200余人出席年会。本届年会上，76篇论文获评优秀论文，其中一等奖1篇、二等奖2篇、三等奖6篇。35篇论文分别在3个分会场进行了交流。（程　菲）

2015年中国航海学会学术年会在校举行

【首届全国海事语言及应用学科建设与人才培养高层论坛召开】 10月9—11日，由学校外国语学院主办的首届全国海事语言及应用学科建设与人才培养高层论坛举行。论坛主题为"海事大国视阈下的海事语言及应用学科建设与人才培养"。国际海事教师联合会(IMLA)主席、校党委书记金永兴，上海航

运交易所领导等50余位专家、学者出席。（程　菲）

【SISI国际港航发展论坛(2015)——“一带一路”与港航发展研讨会召开】 10月23日，由学校主办、上海国际航运研究中心承办的“SISI国际港航发展论坛(2015)——一带一路与港航发展研讨会”在上海召开。论坛上，交通运输部科学研究院、中远集装箱运输有限公司和上海国际航运研究中心共同签署了“上海国际航运研究协同创新中心”合作协议。上海国际航运研究中心还举行了“中国沿海集装箱港口综合服务评价指数”发布仪式。

（程　菲）

【与浙江海事局签订战略合作框架协议】 12月22日，学校与浙江海事局战略合作框架协议签约仪式举行。校长黄有方和浙江海事局局长高军代表双方签署了战略合作框架协议。根据协议，双方将在资源共享、战略研究、科学研究、成果应用、学术交流、人才培养等方面开展全方位合作。（程　菲）

附：学校负责人及地址

（2015年1—12月）

校党委书记：於世成(1月离任)、金永兴(1月到任)
副　书　记：孔凡邨(10月离任)、门妍萍、王海威(10月到任)

校　长：黄有方
副校长：金永兴(1月离任)、肖宝家(12月离任)、孔凡邨(兼)(12月离任)、杨万枫、王海威(兼)、施　欣(12月到任)、严　伟(12月到任)

临港校区地址：海港大道1550号
邮编：201306
电话：38282000

东明路校区地址：东明路1336号
邮编：200126
电话：68702503

港湾校区地址：浦东大道2600号
邮编：200129
电话：58711692
海华学院校区地址：金桥路555号
邮编：200136
电话：50389119

上海科技大学

【2015年概况】 学校有物质科学与技术学院、生命科学与技术学院、信息科学与技术学院、创业与管理学院4个学院，以及免疫化学研究所、iHuman研究所2个研究所。学校共有各类学生1559人，其中本科生504人，与中科院上海分院联合培养研究生1055人。教职员工总数641人，其中教学科研人员551人、行政管理人员90人。专任教师365人，其中常任教授75人、中科院特聘教授271人、外籍特聘教授19人。

上海科创中心建设。学校服务上海建设成为具有全球影响力的科技创新中心这一国家战略，参与筹建张江综合性国家科学中心(其管理中心依托于上海科技大学)。在国家科学中心计划建设的第一批4个大科学装置项目中，学校主导或参与建设活细胞成像、超强超短激光、自由电子激光3项。

治理架构。校务委员会召开第一届第四次会议，审议通过学校2014年度财务决算及2016年度财务预算报告、《上海科技大学教授委员会章程》及首届委员会人员组成、《上海科技大学常任教授任职资格评审暂行办法》以及《上海科技大学“十三五”发展规划纲要》。学校教授委员会成立，11月30日召开第一届第一次会议。学校安全与保密工作委员会成立，5月28日召开第一次全体会议。

校园建设。上科大新校园位于上海浦东新区

张江高科技园中区——中科院上海浦东科技园内，占地59.9万平方米，总建筑面积70.25万平方米(其中地下建筑15万平方米)，建筑单体52幢。校园基建工程于2013年6月下旬正式开工，2015年底已基本建成，本科生宿舍、研究生宿舍、体育馆、体育场、教学区H2楼已投入使用，其他建筑在2016年陆续投入使用。

师资队伍。年内新到位常任教授35位，增聘中科院特聘教授62位、非中科院特聘教授2位。教师队伍中包括诺贝尔奖获得者3位、美国国家科学院院士4位、英国皇家学会会士1位、中国科学院院士26位、中国工程院院士3位、国家千人计划24位、外专千人计划2位、上海千人计划14位、青年千人计划32位、杰出青年科学基金95位。

招生培养。继续采取以“校园开放日”为特色的创新模式，面向上海、北京、山东、江苏、浙江、河南、云南、四川、福建、江西、辽宁、贵州12省市在提前批次招收了2015级302名本科生。完成2014—2015学年第二(春)学期、第三(暑)学期以及2015—2016学年第一(秋)学期的两级本科生课程教学，开设公共通识课62门、专业基础课/专业课36门。全体2014级本科生组成11支小分队前往全国8省/自治区开展以“了解国情、体验艰苦”为主题的首次暑期社会实践活动。首批32名本科生暑期前往加州大学伯克利分校、芝加哥大学进行课程学习。

继续依托中科院上海分院联合招收了第三届386名研究生。继续依托中科院上海分院开展研究生培养工作，2015年三个学期共开设公共课程34门、专业课程106门。100名2013级研究生通过严格的博士资格考试，在秋学期转入博士阶段的学习。

继续探索书院制、导师制。针对2015级本科生共建立了52个导师组，156位导师，导师与学生定期见面，组织开展小组活动，常任教授导师轮流驻楼一周，驻楼期间开设导师研讨课。书院举办“文明之光”等系列讲座、“走进科学”等体验计划，支持成立了44个学生社团，组织开展学生活动。

构建以上海科技大学为核心的产业联盟，已有50家企业加盟，开展企业进校园等活动；聘任了21位企业高管担任企业导师，开展“产业之光”讲座等活动，助推学生职业生涯发展。

科研学术。各学院/研究所已建立共计84个研究组，包括物质学院18个组、生命学院20个研究组、信息学院23个研究组、创管学院6个组、免疫所10个组、iHuman所7个组。年内，学校科研人员共获得国家自然科学基金各类项目24项、上海市各类项目8项、横向项目2项，经费总额1775万元；共参与发表学术论文357篇，其中上科大作为第一单位的论文98篇。举办了2015数据科学国际学术会议等5场大型学术会议，以及180场学术讲座。

对外合作。学校与美国麻省理工学院签署学生培养合作协议，与意大利帕多瓦大学签署校际合作协议，与西班牙桑坦德银行签署合作协议。与南加州大学电影学院合作举办首期编剧培训班，主推好莱坞商业类型片编剧教育，为中国电影工业培养编剧人才。加州大学伯克利分校—上海科技大学交换计划启动，信息学院4名助理教授、2名研究生前往伯克利围绕课程教学开展学习交流。诺和诺德等6家国际制药企业加入由iHuman牵头成立的GPCR研究联盟。

条件支撑。全年，学校采购了总价值2.3亿元的教学科研设备，其中单价100万以上的大型科研设备35台(件)。截至年底，已入库总价值1.62亿元的教学科研设备，其中单价100万以上的大型科研设备19台(件)。校园智能化信息系统建设项目由市发改委立项，各项业务管理系统已启动建设。张江校区与岳阳路校区阅览室扩容运营，正式开通94个中外文科技文献资源库。 (刘　勋)

【成立教授委员会】 教授委员会是上海科技大学发扬学术民主、发挥教授在学术相关事务中作用的重要机构，由不同学科的在任教授和特聘教授组成，下设学术委员会、学位评定委员会、教学委员会等专业委员会。11月8日，校务委员会第一届第四次会议审议通过教授委员会章程及第一届委员会

人员组成。11月30日，学校召开教授委员会第一届第一次会议。（刘 勋）

【开展首次本科生暑期社会实践】 暑期，全体2014级本科生组成11支小分队，在指导老师带领下，奔赴河南、陕西、江西、云南、贵州、宁喜、浙江、四川等8省开展首次暑期社会实践活动，实践内容包括文化传统、能源环境、城乡建设、科技创新、教育发展等各个领域，切实了解国情、体验艰苦。（刘 勋）

学生参加暑期社会实践活动

【与麻省理工学院签署学生培养合作协议】 9月23日，上海科技大学与麻省理工学院(MIT)在美国签署了学生培养合作协议。根据协议，上科大每年可派出若干名本科生去MIT学习一学期或一年。学生将被MIT相应院系录取，完成相应课程并取得上海科技大学认可的学分。（刘 勋）

与南加州大学电影学院合作举办编剧培训班

【与南加州大学电影学院合作举办编剧培训班】 6月18日至9月21日，上海科技大学与南加州大学电影学院合作举办了首期编剧培训班，主推好莱坞商业类型片编剧教育，为中国电影工业培养编剧人才。培训班社会招生20人，南加大编剧系5名教师、国内外知名导演和制片人授课，结业时学员每人完成一部长片剧本。截至年底，12名学员已参与影视项目开发，1名成为知名影视公司策划，3名创立影视工作室。（刘 勋）

附:学校负责人及地址

（2015年1—12月）

校党委书记:朱志远
副 书 记:鲁雄刚

校 长:江绵恒
副校长:印 杰、华仁长、龚晋慷、鲁雄刚(兼)

岳阳路校区地址:岳阳路319号
邮编:200031
电话:54201357

张江校区地址:海科路100号
邮编:201210
电话:20685159

上海纽约大学

【2015年概况】 截至2015年底，上海纽约大学本科生总数为844人，其中中国学生450人，来自国

内32个省、市、自治区，国际学生394人，来自世界64个国家，另有来自纽约大学其他校区的交换生94人。教师人数达205人，其中，常任教授93人，双聘教授30人，访问教授43人。员工及教学辅助人员317人。

上海纽约大学现开设的11个专业与主修方向包括：金融学、经济学、综合人文、数学与应用数学（数学）、物理学、化学、生物学、神经科学、计算机科学与技术（计算机科学、计算机工程）、电子信息工程（电子工程）和数字媒体（互动创意与技术）。

6月，位于浦东新区的学生宿舍竣工。8月，学生正式入住宿舍。为了方便学生往返宿舍和校园，学校安排接驳班车。

2015年，学校继续积极推进招生评价、人才培养，以及在学术科研中探索、改革和创新。

继续深化招生评价方法的改革。2015年，招收本科生290名，其中，中国学生151名，国际学生139名。上海纽约大学第一次面向港澳台地区招生，首次有来自广西、海南、甘肃和台湾地区的学生被录取，除西藏、青海、宁夏，及香港特区和澳门特区外，本届生源覆盖了全国29个省市自治区。

招生分为国际和国内两个部分。国内招生采取"申请—校园日—学业水平—高考"四位一体的综合考评模式。2015年收到国内学生申请材料2000多份，经上海纽约大学招生委员审核后选拔了485名优秀学生，邀请他们参加历时24小时的"校园日活动"。在总结往年"校园日活动"的基础上，对考察内容和方式作了微调，使每个学生都有更多机会展示自己，对学生评价也因此更加客观全面。学生在参加校园日活动过程中，对学校有了全面和深入的了解，对是否适合这所学校有了切身体验；学校通过校园日活动选拔出了真正适合上海纽约大学教育理念和人才培养模式的优秀学生。

强化国际化人才培养模式。①推出"本科生科研基金"资助项目。鼓励学生在暑假期间就感兴趣的问题积极申报研究课题。共有18项课题获得批准，内容涉及计算机科学、互动媒体技术、生物学、经济学、金融学、人类学、社会学等诸多学科领域。参加研究项目的学生可以独立研究，也可以组成课题小组，并获得教授的全程指导，以及学校提供的食宿、科研经费。②提供广泛的就业指导服务。职业发展中心向学生全年提供面向个人的职业发展资源预约项目和研究所咨询项目，包括简历核查、职业探究、模拟面试、研究所相关答疑等。2015年，职业发展中心提供了约60个与职业发展相关的活动，参与活动的学生达1700人次。60多家公司参与了2015年夏季实习展会，约250位学生参与求职活动。除此之外，还为学生提供了302个校外实习机会。PwC（普华永道）与上海纽约大学合作的夏季实习项目中，有8名学生被录用进入咨询部门。兴业证券暑期精英计划中，有13名学生被录用进入3个研究项目。③增强与浦东图书馆的资源共享。浦东图书馆赠予上海纽约大学师生免费的图书馆借阅卡，此卡可以在上海的任何一家公共图书馆里使用。借阅书籍后，可在上海纽约大学图书馆进行归还。在由浦东图书馆、上海纽约大学以及培训机构VOT三方联合举办的"三人行英语角"中，每周六上午，图书馆附近的读者和居民可以前去学习英语，现场有上海纽约大学学生进行主题讲座。④学术活动部共邀请了海内外80多位著名学者及行业领袖，举办了80余场学术讲座、研讨会及演出等，内容涉及金融经济管理、文学艺术、科技创新等各类人文科学、社会科学及自然科学领域。

纽约大学商学院教授、诺贝尔经济学奖得主Michael Spence向学校师生分享了他对发展中国家经济现状的看法，并讨论了发展中国家与发达国家逐步实现经济一体化的前景。美国史密森尼博物院国家航空航天博物馆副主任Roger Launius向大家介绍了人类的航天飞行史，展示了"机械人"作为兼具人类与机器人优点的"星际物种"来实现太空探索的蓝图。哥伦比亚大学艺术史教授Anne Higonnet为学生揭开艺术市场的"神秘"面纱，以丰富的案例证实了中国收藏者在国际市场中举足轻重的地位。举办了特别讲座纪念中国人民抗日战争暨世界反法西斯战争胜利70周年。当年南京"安全区国际委员会"行政主任兼总干事George Fitch之孙，校文理学部主任David Fitch讲述了他祖父作为南京大屠杀见证者的经历，并总结了这段历史对当今世界和平发展的启示。

稳步推进科研工作。①学校致力于建设世界一流的综合性研究型大学，从建校起就积极搭建科研平台，组建科研队伍，建立“人才生态链”，并推进学术研究。学校研究队伍建设秉持“高素质、少而精”的原则。现已经形成包括资深教授(由诺贝尔奖得主、美国两院院士、各领域学术带头人等组成)、中青年学者(各个领域的中青年拔尖人才)、博士后、博士生、本科生在内的人才聚集高地。同时学校以一系列的高端项目与创新平台为纽带，让人才在上海纽约大学这一创新环境中竞争与协作，以合作项目、教学实践为媒介，为各层次人才之间的相互交流和融通搭建平台，推动整个人才体系的发展。科研成果产出数量稳步增加，并有多篇高水平论文在国际顶级学术期刊发表。积极参与上海科委及国家的各类科研项目，并积极申请上海科委的重大基础研究项目和重点研究基地，参与并服务于国家战略性科学研究。新建一批交叉学科、前沿领域的研究中心，有效推动跨学科、多学科的研究。新成立的中心包括纽约大学—华东师范大学数据科学联合研究中心(上海纽约大学)、上海纽约大学环球亚洲研究中心以及上海纽约大学数据科学及分析学中心。进一步建设国际化的合作研究和访问学者机制，学术交流活动丰富多彩，当年到访的世界知名专家学者约180人次。继续通过博士生暑期高端培训班、优秀本科生暑期赴美科研实践活动、上海—纽约两地培养博士生项目、系列专题讲座等方式将人才培养与科学研究有机结合，开拓高水平储备人才培养渠道。通过高水平联合科学研究来指导社会实践，并回馈于社会。②8月，成立创意与创新力研究所。该研究所通过开设创意课程、创新工作坊、邀请嘉宾演讲等形式，为上海纽约大学在校本科生提供创意与创新的解决方案。开设课程和讲座涉及数据可视化工作坊、大视野：财经与投资银行、表演教练工作、虚拟现实，以及一系列的企业家演讲。③9月，成立环球亚洲研究中心。以推动关于古今亚洲内各地区间交往的研究为其核心使命，中心力求通过科研以及教学活动，为国际社会揭示并厘清亚洲各国家及地区间近年来逐渐恢复密切交往的历史背景及现实意义。通过与纽约大学的各门户校园、海外学习中心，以及全世界许多其他研究组织的合作，上海纽约大学环球亚洲研究中心为长期以来处于相互分离与隔绝状态的不同亚洲研究知识体系间架设纽带与桥梁。中心自成立以来，已与复旦大学、上海社科院、International Institute for Asian Studies(国际亚洲研究所)、纽约大学阿布扎比分校及纽约校园等展开广泛合作。中心每月举办学术讲座，每年举办大型学术会议论坛，整合亚洲研究信息，发布亚洲研究动态。受邀演讲者来自世界各国亚洲研究领域的著名专家学者。④金融波动研究所活跃在上海浦东陆家嘴金融区。2月，参与在上海证券交易所上市的国内第一支股票期权产品——上证50ETF期权的波动率预测工作。3月，与浦东国际金融研究交流中心共同举办主题为“金融创新：机遇和挑战”首期浦东金融大讲坛。11月，与复旦大学和浦东国际金融研究交流中心共同主办主题为“新兴市场的自由化”的第一届上海纽约大学金融波动研究所年会。

春季，首次开展学生研究助理项目，该项目通过定期讨论和参与研究项目的方式，让学生在课程之外掌握更多经济学和金融学知识，学习使用金融分析工具，提高数据分析等相关领域的研究能力。

(吕颜婉倩)

上海纽约大学校园活动中的“迎新大使”

【DSS项目开启柬埔寨及印度志愿者服务学习之旅】 1月中旬，上海纽约大学的Deans' Service Scholar项目开启了柬埔寨及印度志愿者服务学习之旅。作为一个集学习、调研与服务为一体的独特创新学者培养项目，DSS为学生们提供了既能体验新文化，又能从学术角度探索讨论社会问题，并身体力行主动参与社会服务实践的综合机会。

(吕颜婉倩)

【举办上海神经经济学系列讲座首场学术报告会】 1月29日，2015上海神经经济学系列讲座首场学术报告会邀请到神经经济学领域的创始人，美国科学促进会会士，纽约大学神经科学、经济学及心理学终身教授，纽约大学跨学科决策研究所主任，神经科学Julius Sliver教授保罗·格莱姆齐(Paul Glimcher)做开幕演说。该系列学术报告会由华东师范大学—纽约大学脑与认知科学联合研究中心(上海纽约大学)、纽约大学跨学科决策研究所、杜克大学脑科学研究所以及昆山杜克大学联合主办，旨在通过邀请国际公认的知名学者做演讲，来促进决策神经领域的跨学科讨论。

(吕颜婉倩)

【在首届上海市大学生决策仿真实践大赛中获好成绩】 2月，上海纽约大学学生团队在由东华大学承办的首届上海市大学生决策仿真实践大赛中获一个一等奖、两个三等奖。该比赛在东华大学大型“决策仿真平台”进行，参赛队员通过网络接入服务和上网设备参加比赛。比赛中各个团队需要扮演企业的领导者在一个模拟的市场中与其余的队伍进行“公司”间的博弈。 (吕颜婉倩)

【教授蒂姆·伯恩斯发现瞬移物体新方法】 2月，由上海纽约大学教授蒂姆·伯恩斯主持的研究发现了一种宏观物质耐受“纠缠”的新状态。运用这一纠缠新状态，使得瞬间移动成千上万的原子或更大的物体成为可能。 (吕颜婉倩)

【汪小京开发出计算机模型解释大脑如何学会归类】 3月，上海纽约大学教授、华东师范大学—纽约大学脑与认知科学联合研究中心(上海纽约大学)主任汪小京教授携团队设计出一种计算机模型，用来解释人脑的神经网络如何学会将看到的物体进行不同的归类，例如归类为“汽车还是摩托车”。他们的最新研究成果发表在科学期刊《自然—通讯》(Nature Communications)上，这为理解人脑的日常判断能力带来了新的脑科学见解。

(吕颜婉倩)

【学生自创App获纽约大学首届全球创客大赛总冠军】 4月10—12日，首届纽约大学全球创客大赛在纽约、上海、阿布扎比三大校区同步进行。上海纽约大学学生项目“Discuss”获得总冠军。“Discuss”给学生们提供了一个小组讨论的媒介，大家可以在此平台上一起阅读课程材料、写注释、突出重点内容并实时交换笔记，它还具有嵌入式论坛的功能，学生和教授之间可以相互评价和提问。

(吕颜婉倩)

【召开非线性数学在物理及神经科学中的应用国际研讨会】 6月8—10日，首届“非线性数学在物理及神经科学中的应用国际研讨会”(http://icmnnps.org/)在上海纽约大学召开，全球多所知名学府和研究机构的学者云集上海，多学科交叉成为本次会议的一大亮点。应用数学领域的诸多世界顶级学者共同探讨如何将数学应用于神经、物理科学，以及更多前沿的学科领域。 (吕颜婉倩)

【国际遗传工程机器设计竞赛获银奖】 9月，上海纽约大学的10人团队SYNTH在波士顿举行的国际遗传工程机器设计竞赛中，以“探索荧光细菌的造声系统”获银牌。学生将培养皿上菌落的颜色和位置信息转化为声音系统，将生物的不可预测性与科技相结合，把新模式的生物数据转换至声音领域。这个研究项目融合了生物学、互动媒体、计算机科学等多个学科。 (吕颜婉倩)

【获上海市“白玉兰荣誉奖”】 9月30日，上海纽约大学常务副校长杰弗里·雷蒙获上海市政府颁发的“白玉兰荣誉奖”。雷蒙在2013年曾获上海市政府颁发的“白玉兰纪念奖”。 (吕颜婉倩)

【举办第262期东方科技论坛】 10月12—13日，由上海纽约大学承办的第262期东方科技论坛“从计算神经科学到类脑智能”在沪杏科技图书馆举行。本次研讨会由上海纽约大学副校长汪小京教授、浙江大学校长吴朝晖教授和北京师范大学吴思教授共同担任会议执行主席。包括杨雄里院士、郭爱克院士等资深学者在内的来自国内10多家研究单位的近60位从事计算神经科学、机器学习、脑机接口等领域研究的专家参加了本次研讨会。

（吕颜婉倩）

【举办第二届“创客上海”】 11月7—8日，上海纽约大学学生自主举办了第二届“创客上海”，吸引了来自哈佛、麻省理工、清华大学等国内外名校的250名学生，参加这场24小时马拉松式的编程大赛。

（吕颜婉倩）

附：学校负责人及地址

（2015年1—12月）

校　　长：俞立中
常务副校长：杰夫·雷蒙
教 务 长：卫周安
副 校 长：郑恩坦、汪小京、刘虹霞

浦东校区地址：世纪大道1555号
邮编：200122
电话：20595500

上海电力学院

【2015年概况】 学校设有能源与机械工程学院、环境与化学工程学院、电气工程学院、自动化工程学院、计算机科学与技术学院、电子与信息工程学院、经济与管理学院、数理学院、外国语学院、国际交流学院、高等职业技术学院、成人教育学院（含华东电力继续教育中心）共12个二级学院，以及社会科学部、体育部两个直属学部。

建章立制。2015年，学校全面启动“十三五”规划编制工作，组织撰写初稿，推进二级学院及部门的规划编制工作。根据市教委章程核准的相关要求，学校修改完善《上海电力学院章程》。结合落实群众路线教育实践活动、党风廉政专项督查整改的要求，对校内各类规章制度进行梳理，对既有的规章制度进行废改立。《上海电力学院深化教育综合改革方案》获得市教委核准。2015年是“085工程”收官之年，学校完成当年经费预算调整，组织各项目内涵建设资金的绩效评价，开展“085工程”终期考评。

人才培养。①本科教育。学校规范完成春秋季高考招生，及体育特长生、三校生、专升本的招生。在全国31个省招生共计2597人。招收本科专业数30个，涵盖本科一批、本科二批、内地新疆班、内地西藏班、高水平运动员本科生以及2014年少数民族预科转入等多种招生类型。其中，上海地区录取人数为932人，占招生总人数的35.9%。增加近80门创新创业、人文素养方面的选修课程。组织完成第二批8个专业本科达标评估工作，所有专业满足达标要求。实施“国电西部计划”和“电气工程与自动化”的专业辅修，推出外校慕课课程5门。推进卓越计划、应用型本科、中本贯通的教学模式，制定并实施“专业论证对标建设计划”“产学合作校企联盟计划”“实践教学质量提升计划”“大学生职业能力提升计划”。建设使用“教师教学电子档案系统”和“‘五维一体’发展性教师教学评价系统”。编撰并对外发布教学质量年报，向社会公开教学质量，鼓励学生参与科创竞赛，在“美国大学生数学建模竞赛”“飞思卡尔车模竞赛”“西门子杯自动化大赛”等项目中获得多个奖项。制定并实施《上海电力学院本科生学业导航工作实施办法》，成立大学生学业导航中心。持续推进本科生就业信息网、就业指导中心公众微信号等信息化服务建设，完成《上海电力学院毕业生就业质量报告》的编写上报工作。截至2015年9月1日，学校2015届本科生就业率达97.27%。②研究生教育。学校共录取硕士研究生430名，新聘硕导66人，其中校外导师34人；评审立项研究生课程建设、教改教研项目26项。毕业生就业率为100%，其中56.83%进入电力行业工作。学校组织举办“2015年上海‘绿色电力—新能源与主动配电网’研究生暑期学校”，进一步贯彻落实教育部有关大力推进研究生教育创新计划的精神，组织撰写研究生教育质量年度报告。③学生工作。入选“2015年上海高校辅导员队伍建设特色项目”，探索构建“螺旋型迭代式辅导员培育模型”，为辅导员搭建个人成长和专业化团队建设的实践平台。开展“强化社会责任感，践行核心价值观”“勿忘国耻 圆梦中华”等主题教育活动，通过易班开展网络思政教育活动，学校易班协助承办“全国易班共建高校学生骨干冬令营”开营仪式及首日团训活动。学校发放的本科、研究生“奖、助、贷、勤、补、减”等款项受益3万多人次。④艺体工作。艺术教育中心全年共开设124门次第二课堂人文艺术类选修课程，其中人文类44门次，艺术实践类80门次，选课人数达2000人次。学生艺术团体、微电影等文艺作品屡获奖项。组队参加“上海市阳光体育大联赛”等各类比赛，在全国大学生击剑锦标赛中，获1金4银1铜，在全国大学生手球锦标赛中获亚军。

科研和学科建设。学校获批国家自然科学基金24项、国家社科基金1项，项目申报数量和立项数量均创历史新高；获批部市级纵向课题28项。

获批教育部留学归国人员科研启动基金2项、上海市浦江计划2项、上海市启明星计划1项、扬帆计划3项、上海市2014年度曙光计划1项、上海市2014年度晨光计划3项。获上海市科学技术奖6项，中国机械工业科学技术奖三等奖1项。教师发表的论文被SCIE、EI、CPCI-S、PCI-SSH、SSCI、CSSCI等共收录586篇，同比增长80%以上。正式出版学术专著6本、编著3本。获授权发明专利54项、授权实用新型专利20项、外观设计1项、软件著作权5项。搭建产学研合作平台，组织教师参加各类技术交流会，与国家电网智能电网研究院等多个国内能源电力领域高水平研究院所开展实质性科研合作，对接国家能源战略，为能源局、上海市政府提供相关政策的技术咨询。学校共签订横向项目近160项，合同总经费较去年增长近10%。学校学报增加1期增刊，专为电力企业服务，召开首届文科学科建设与科研工作大会。学校电气工程学科进入上海市第一批高原学科建设。国家能源局批准在校建设“上海新能源人才技术教育交流中心”。“智能电网技术研究院”“上海绿色能源并网工程技术研究中心”通过验收，成立“上海智能电网技术研究协同创新中心”。启动“上海电力安全技术研究中心”的筹建工作。

师资队伍建设。引进上海市千人计划1人、东方学者3人、青年东方学者2人；共获批国外访学13人、国内访学5人、产学研践习34人、实验室队伍建设5人，资助经费比去年增长34%。开展中青年骨干教师培养计划，27人入选“双师计划”，10人入选“培英计划”，2人入选“电院之星”计划。1人获“宝钢优秀教师”，1人获上海市“人才发展资金资助”。

交流与合作。组团出访美国克拉克森大学、纽约大学石溪分校、加拿大维多利亚大学等8所高校。佛罗里达理工大学、落基山研究所、新西兰林肯大学、英国驻沪总领事、南非驻沪总领事等国外高校、科研机构等到访。与7所国外高校新签署了9份合作协议和备忘录。共聘上海市海外名师2人、校内海外名师12人，获得上海市外专局资助的“上海市引进国(境)外技术、管理人才”项目1项，首获国家外专局资助的“高端外专”项目1项和“教科文卫重点引智”项目1项。有103名学生赴英国、德国、美国、加拿大、日本等国家及台湾地区进行长短期海外学习。学校留学生数量稳定，学历教育和非学历教育相结合，长短期项目相结合，共有来自津巴布韦、蒙古等5个国家的77名留学生在校进行长期学习。学校举办“国际电力高校联盟ADEPT暑期学校”。

成人教育和继续教育。拥有8个函授站(含32个教学点)，共招生610人，在籍学生3800人，新增加“电气工程及其自动化(节能工程方向)”“热能动力工程(节能工程方向)”两个专业。进行学历教育网络化教学改革试点，共有“电力系统”“继电保护”等4门课程以线上线下相结合的形式进行教学。推行成人学历教育学分制改革，加入上海市学分银行。继续教育全年非学历办班近80个，规模达7500余人，其中网上远程学习平台学员近1500名。通过全国性竞争后，学校获“国家人保部高级研修班”的办班许可，举办《能源四大革命下能源及电力行业转型发展高级研修班》,同时在管理、技术、资质等领域进行不同级别的项目开发。远程项目聘请40多位企业内训师参与实际企业案例专题课件的制作,共更新课件1200课时,从传统的纯视频、三分屏开始向现场实操、虚拟交互式、FLASH动画、3D可视化、SCORM等丰富形式进行扩展,新增正式、意向入网企业有11家。经调查,2015年培训班学员满意度超过90%。

图书馆与数字化校园工作。图书馆新进图书种类1.9万余种4.3万余册,装订期刊2508册,纸质文献增长4.61万余册,馆藏纸质文献历年累计约119.6万余册。中文期刊订阅1175份,外文期刊84份,报纸149份。图书馆数字文献资源共有44个数据库。杨浦南校区校园网升级,校园网总出口带宽扩展到830 M。开展校内多项系统的升级工作、16个二级网站的开发工作,建设上海电力学院移动校园平台。继续完善高清实时教学演播教室,更新教学计算机及投影等。

校友与对外联络工作。运行"电院校友"官方微信平台,举办"2015爱·回家"第四届校友返校日系列活动,开展"2015毕业季"系列活动,全年共接待48个班级返校,接待校友返校1600余人次,编辑制作两期《电院校友》,签订校企合作协议3项。学校基金会共获得110笔捐款,做好学校困难学生补助工作,援建云南省泸西法衣小学"尚电阅览室",捐赠图书3000余册,向云南、西藏等地捐赠衣物1932件,设立企业奖教金3项,企业奖助学金7项。

产业与大学科技园。科技园与上海电科院合作,取得技术服务合同29项。科技园屋顶太阳能电站运行正常,年发电量17198 kWh,"光伏发电应用推广展示厅"对外开放,接待600余人次参观,成为第二十五中学的认知实习基地。"新能源接入电网测试公共服务平台服务能力提升"项目通过验收。科技园改建大学生创业空间,共受理大学生创业项目11个,完成资助项目2个,园区内上海弗拉瑞信息科技有限公司获上海2015年度雏鹰奖。经营性国有资产保值增值率超过110%,达到市教委优秀的考核标准。学校完成3项上海电院资产经营有限责任公司注册商标,有13个项目参展"第十七届中国国际工业博览会",其中《变电站智能巡检机器人》项目获高校展区"优秀展品奖二等奖"。

临港新校区建设。临港新校区一期工程开工,并列入2015年市重大建设项目。一期项目的可研和扩初、一期项目的土地证、二期工程项目建议书已获批。调整临港新校区建设与监督机构,制定《关于在上海电力学院临港新校区建设中加强党风廉政建设的意见》,保障新校区建设顺利进行。

关注教职员工切身利益。学校完成2015年度10件实事项目,内容涉及师生员工与离退休人员工作、学习、生活等多方面。推进校后勤接报平台建设,"65180000"接报平台全年365天、每天24小时无休,平台接报受理回复率达到100%。杨浦校区二楼食堂就餐环境及相关食堂厨房设备设施更新改造,学生宿舍卫生间、门窗、智能水电系统改建升级,改善了师生的在校环境。两校区共安装电动汽车充电桩17个,提供电动汽车租赁增值服务,方便教职员工用车。开展校园安全防范工作,通过多种形式进行安全防范知识宣传,年内开展安全防范讲座8次,参与各类活动师生达6000人次。加强技防系统的维护保养,切实提高安全保卫工作水平。学校有72名同学光荣入伍。（曹婷婷）

【获美国大学生数学建模竞赛国际一等奖】 4月,学校组队参加2015年美国大学生数学建模竞赛,获国际一等奖(Meritorious Winner)。（曹婷婷）

【在"中国机器人大赛暨Robocup公开赛"中获奖】 7月,学校组队参加"中国机器人大赛暨Robocup公开赛",获机器人搬运工程项目摄像头车型赛一等奖、物联机器人创新创意项目一等奖、机器人搬运工程项目光电车型赛三等奖。（曹婷婷）

在"中国机器人大赛暨Robocup公开赛"中获奖

【举办全国智能电网用户端能源管理学术年会】 7月，全国智能电网用户端能源管理学术年会召开，会议旨在激发和交流智能电网用户端能源管理创意，推进技术创新和产品研发，促进智慧用电技术的发展和实际应用。（曹婷婷）

【获中国太阳能光伏荣誉奖】 10月，第十五届中国光伏大会在北京举行，学校杨金焕教授在会上获中国太阳能光伏荣誉奖。（曹婷婷）

【公布实施学校章程】 11月，《上海电力学院章程》得到核准并公布实施，章程成为依法自主办学、实施管理和履行公共职能的基本准则和依据。（曹婷婷）

【当选中国电力企业联合会新一届理事单位】 12月，学校当选中国电力企业联合会第六届理事会理事单位，校长李和兴教授当选为理事。（曹婷婷）

当选中国电力企业联合会新一届理事单位

【承办"高教社"杯全国大学生数学建模竞赛上海赛区颁奖典礼】 12月，学校承办2015"高教社"杯全国大学生数学建模竞赛上海赛区颁奖典礼。此项竞赛创办于1992年，目前已成为全国高校规模最大的基础性学科竞赛，是世界上规模最大的数学建模竞赛，也是全国高校规模最大的课外科技活动之一。学校获全国一等奖3项，全国二等奖2项。（曹婷婷）

举办"高教社"杯全国大学生数学建模竞赛上海赛区颁奖典礼

附：学院负责人及地址

（2015年1—12月）

院党委书记：成旦红（9月离任）
副　书　记：李国荣（7月离任）、顾春华、李艳玲（8月到任）

院　长：李和兴
副院长：顾春华（兼）（8月到任）、姚秀平（7月离任）、张　浩（7月离任）、封金章、翁培奋（8月到任）

杨浦校区地址：长阳路2588号
邮编：200090
电话：35304231

浦东校区地址：学海路28号
邮编：201300
电话：68029912

上海海洋大学

【2015年概况】 学校有14个二级院系、3个一级学科博士学位授权点、10个一级学科硕士学位授

权点、42 个二级学科硕士学位授权点、3 个研究生专业学位授权点、2 个博士后科研流动站、42 个本科专业及方向、10 个高职专业。有 1 个国家重点学科、12 个省部级重点学科、5 个国家特色专业、3 门国家精品课程、1 个国家教学团队、2 个国家级实验教学示范中心。年内，招收普通本科生 3040 人。招收研究生 756 人，其中硕士 717 人、博士 39 人。学校共有普通本专科生 12000 人、研究生 2400 人。学校拥有双聘院士 2 名、国家“千人计划”3 名、“长江学者”特聘教授 1 名、国家“杰出青年基金获得者”2 名、国家百千万人才工程国家级人选 6 名、上海“千人计划”5 名、上海市东方学者 20 名、上海领军人才 6 名，拥有以国家科技进步奖获得者、国务院学位委员会学科评议组成员、国家级有突出贡献中青年专家、上海市优秀学科带头人、上海市教学名师以及中青年教授等为骨干的师资队伍。

加强顶层设计，把握正确的办学方向。①开展“十三五”规划编制工作。自 3 月起，共组织 20 余场校内外的研讨会和系列辅导报告，先后邀请国家部委、上海市委办局、兄弟院校等专家对“十三五”规划的编制予以指导；广泛征询校内各层面意见和建议，开展 20 余次学院规划和专项规划专场汇报会。②编制学校深化综合改革方案。按照市教委的部署，学校于 3 月份启动《上海海洋大学深化综合改革方案(2015—2020)》编制工作，聚焦“深化”和“综合”两个要素，坚持“自下而上和自上而下相结合”的工作方法和“突出创新点、理顺交叉线、夯实基本面”的工作原则，立足校情编制学校综合改革方案，并报上海市教育综合改革领导小组办公室核批。③组织开展《上海海洋大学章程》新一轮修订工作。根据教育部及市教委部署，学校于 3 月份启动学校章程的修订工作，制定《上海海洋大学章程落实审定工作方案》，广泛征询校内各层面意见。根据上海市属高校章程核准委员会委员评议意见，先后对《章程》提交文本进行三次修改，并最终获核准。

深化教育教学改革，提高人才培养质量。体系化推进本科教学改革。召开第十一次本科教学工作会议，扎实推进激励计划有效实施。组织完成市教委组织的 2015 年度激励计划遴选，积极推进激励计划各项工作的落实。探索支撑高水平特色大学建设的人才培养质量保障体系，形成《上海海洋大学本科教学质量保障体系工作手册》，完善 2014 版本科人才培养方案，全面梳理人才培养方案课程建设。加强本科专业、教材和教学改革项目等质量工程体系建设，完成《上海海洋大学本科专业结构布局分析报告》，新增 2 门市级精品课程、5 本市优秀教材、3 项市重点教改项目。参加全国和上海市高校微课教学比赛，获得 5 个奖项。完成校内本科专业自我评估，推进评估整改工作，制定新一轮《上海海洋大学本科专业自主评估工作计划时间表(2015—2019 年)》，开展相关专业国际认证工作。推进卓越农林人才培养计划项目，制定“十三五”本科人才教育发展规划。加强实验条件的保障与支撑度，完成 11 个项目、经费投入 485 万元的本科教学实验室建设。加强海洋特色体育教育，水上运动项目取得新成绩，在首届亚洲大学生龙舟锦标赛等国内外大赛上共获得 20 个奖项。在“上海市青年五四奖章”评选中，4 个集体被评为上海市先进集体、3 人获得上海市先进个人荣誉称号。召开共青团上海海洋大学第一次代表大会、上海海洋大学第一次学生代表大会。以赛事为抓手，全面推进学生创新创业能力培养，共获得国家级创新项目 55 项、市级创新项目 170 项，获各级各类科技创新创业、科技作品等赛事奖项 26 个。依托品牌项目，加强校园文化建设，推进学生素质教育，在各类艺术类比赛中获得奖项 13 个，获全国第四届大学生艺术展演二等奖。加强大学生社会实践，组织校级团队 396 支、参与项目学生 3600 余名、指导教师接近 200 名，服务全国近 30 个省、市、自治区和特别行政区，获各类社会实践赛事奖项 18 个。加强学生成长激励，营造良好的学习氛围，年内共评审各级各类奖学金 30 余项、获奖学生 9731 人次。修订研究生培养方案，加强研究生教育教学改革。制定《上海海洋大学硕博学位点评估方案》，完成学位点动态调整，推进校内试点单位的学位点自评工作。重视研究生创新创业能力的培养和实践能力的提高，4 个项目获上海市研究生创新创业能力培养“孵化类”专项、1 个项目获第十二届全国研究生数学建模竞赛二等奖；远洋渔业专业学位研究生实践基地入选首届农业硕士专业学位研究生教育实践示范基地。

提高学科建设水平，推动学校内涵发展。持续开展学科—专业—学位点—平台战略布局优化，推进高原高峰背景下学科建设发展规划再确认、再布局。加强学科制度管理建设，出台《上海海洋大学高峰高原学科建设管理暂行办法》《校内人员参与上海高校高峰高原学科建设管理暂行办法》。年内，获得各类重要科研项目 81 项，其中国家自然科学基金 33 项、国家社科基金 5 项、教育部课题 5 项、科技部星火计划 1 项、农业部课题 4 项。获得上海市科技进步奖一等奖 1 项、上海市科技进步奖三等奖 1 项、海洋科学技术奖二等奖 2 项、海洋科学工程奖二等奖 2 项、上海海洋科学技术奖一等奖 3 项和二等奖 2 项等。发表高水平论文数量显著提升，其中 SCI 论文 164 篇、EI 论文 23 篇，水产动植物论文进入 ESI 世界 1%行列。学校研制的我国首台万米级无人潜水器和着陆器“彩虹鱼”号 4000 米海试取得成功。《水产学报》英文刊（Aquaculture and Fisheries）获批创刊，成为中国第一本水产类英文期刊。加强和规范现有省部级科研平台的建设，出台《上海海洋大学省部级基地平台建设与管理暂行办法》。整合资源和力量，做好国家远洋渔业工程技术研究中心验收工作。获批 2 个省部级平台，新增 2 个校级科研平台基地。学校依托特色优势学科，举办 2015 年世界海洋日暨全国海洋宣传日活动，积极筹备中国渔业博物馆建设，组织“教授博士科技服务团”赴全国各省市开展科技服务，持续开展食品安全进社区宣传活动。举办第九届蟹文化节暨 2015 年“王宝和杯”全国河蟹大赛，继续加强对台湾苗栗大闸蟹养殖的支持力度。校领导及教师代表参加中国远洋渔业 30 周年座谈会，学校作为唯一高校代表作大会交流。

坚持人才强校战略，加强师资队伍建设。修订《上海海洋大学专业技术职务晋升聘任实施办法》，召开“校院二级拨款机制改革”工作研讨会，制定二级拨款改革方案，深化校院二级管理。年内新进教职工 92 人。聘用来自多个学科 23 名兼职教授、客座教授，引进海洋学科“杰青”获得者陈多福团队。召开 2015 年度高层次人才学术研讨会。申报各类人才计划 19 项 48 人次，共获得 7 项 11 人次，其中国家百千万人才工程 1 人、海洋领域优秀科技青年 1 人、上海领军人才 1 人、东方学者 1 人、青年东方学者 2 人、扬帆计划人才 2 人、浦江人才计划 3 人。开展第二批“三海人才”计划入选者的后续培养，做好动态管理跟踪工作。55 名教师入选 2015 年市教委“教师发展工程”三大进修培养计划，获得 301.45 万元资助。2 人入选上海市高校国际水平师资培养计划。举办第十二期 FD 研修班、第一期 SD 培训班，培训教职工 189 人；组织 11 名新进教师参加“上海市属本科高校新教师岗前培训班”，深入系统开展校院两级 FD 活动。

积极开展国际交流与港澳台合作，国际化办学程度不断提高。年内，学校与韩国釜庆大学、美国苏比尔湖州立大学、东京海洋大学、台湾大叶大学等签署学术交流合作协议，累计共与 24 个国家、地区的 83 所学校或科研机构签署合作协议。共举办 13 个国（境）外专家专题讲座、5 个国际学术会议，聘请来自美国、澳大利亚等国专家为研究生讲授“前沿课程”。共开展 24 个暑期海外社会实践、实习活动项目，派送 341 名本科生和研究生赴 12 个国家（地区）的大学、知名企业进行暑期学习和实习等游学活动。派往国（境）外院校作为交换留学生的本科生和研究生 173 人。学校积极做好留学生招生、教育、管理和服务工作，年内，共有来自 24 个国家的 170 名外国留学生在校学习。　（刘　丰）

【中国首台万米级无人潜水器和着陆器南海 4000 米海试成功】 9 月 26 日—10 月 25 日，上海海洋大学深渊科学技术研究中心研制的我国首台万米级无人潜水器和着陆器“彩虹鱼”号在南海成功完成 4000 米级海试，这标志着中国人探秘“万米深渊”迈出了实质性的第一步。10 月 29 日上午，学校在大学生活动中心召开新闻发布会介绍了此次海试取得的成果。市科委、市教委领导，上海彩虹鱼海洋科技股份有限公司董事长、上海彩虹鱼科考船科技服务有限公司董事长，校党委书记吴嘉敏、校长程裕东以及相关学院、职能部门负责人出席了发布会。

（刘　丰）

【当选“上海十大杰出青年”】 在 2015 年 12 月举行的第 18 届“上海十大杰出青年”评选中，学校

2012届校友王海滨入选。今年6月16日凌晨，王海滨家所在的住宅楼内突发大火。他不顾家人的苦苦劝阻，毅然冲出家门，将火情一一告知楼下的所有11户邻居，并用手拧开滚烫的电子防盗门让保安进入灭火，火情解除、邻居得救，王海滨全身却被烧伤88%，直到7月2日，才彻底恢复意识。7月29日，上海市见义勇为基金会授予王海滨"上海市见义勇为楷模"荣誉称号；9月18日，王海滨当选感动上海年度人物，并于11月17日入围第18届"上海十大杰出青年"正式候选人，12月5日正式当选为第18届"上海十大杰出青年"。（刘　丰）

【出席中国远洋渔业30年座谈会】 3月30日，由中华人民共和国农业部主办的中国远洋渔业30周年座谈会在北京举行。中央、国务院有关部门领导、老同志代表，农业部有关司局和事业单位领导，有关省、自治区、直辖市及计划单列市渔业主管，水产科研教学单位和行业协会代表，企业代表及特邀列席代表参加了本次座谈会，学校领导及部分从事远洋渔业工作的教授参加了会议；国务院副总理汪洋出席会议并作重要讲话，会议由农业部部长韩长赋主持。（刘　丰）

"淞航"号远洋渔业资源调查船开建仪式隆重举行

【学校远洋渔业资源调查船"淞航"号开建】 10月28日上午，来自农业部和上海市的领导嘉宾齐聚天津新港船舶重工有限责任公司联合厂区，共同参加了学校的远洋渔业资源调查船"淞航"号开建仪式。"淞航"号也是中国第一艘远洋渔业资源调查船。农业部渔业渔政管理局、农业部渔业船舶检验局、天津市渔业船舶检验局、上海海洋大学校领导，以及上海海洋大学部分职能部门和学院代表、中船重工第701所、天津新港船舶重工有限责任公司、上海双希海事发展有限公司的领导和嘉宾共同见证了"淞航"号裁板建造的时刻。（刘　丰）

【第二届亚洲渔业与水产养殖高等教育研讨会召开】 4月23—24日，以"更好的教育，更好的专业，更好的产业"为主题的第二届亚洲渔业与水产养殖高等教育研讨会在学校召开。来自亚太地区的百余位专家学者共同研讨亚太地区渔业与水产养殖高等教育工作，促进亚洲渔业与水产养殖事业的可持续发展。（刘　丰）

【《水产学报》入选"中国国际影响力优秀学术期刊"】 12月18—19日，由中国学术期刊(光盘版)电子杂志社、中国科学技术文献评价研究中心与清华大学图书馆研制的《中国学术期刊影响因子年报&国际引证年报(2015版)》发布会在北京举行。学校《水产学报》再次入选"中国国际影响力优秀学术期刊"，也是唯一入选的水产类期刊。（刘　丰）

【入选2015年国家百千万人才工程】 12月，接上海市人力资源和社会保障局通知，学校食品学院谢晶教授入选2015年国家百千万人才工程，并由人力资源社会保障部授予"有突出贡献中青年专家"荣誉称号。（刘　丰）

【召开学校第一次团代会、学代会】 12月20日，共青团上海海洋大学第一次代表大会、上海海洋大学第一次学生代表大会在图文信息中心报告厅召开。校党委书记吴嘉敏，共青团上海市委副书记刘刚，市学联驻会执行主席李嘉琪，校党委副书记、副校长汪歙萍，校党委副书记、纪委书记何雅出席会议，部分上海市区县、兄弟高校团委，学校有关职能部门、各学院负责人和全校各基层共青团和学生组织的360余名代表参加了会议。（刘　丰）

【2015中国大学生领导力教育发展论坛举行】 2015年12月6日，以"引领、创新、发展"为主题的2015中国大学生领导力教育发展论坛在学校举

行。市教委副主任高德毅，中国领导科学研究会副会长、上海市领导科学学会会长奚洁人，以及来自上海领导科学学会、中国大学生领导力发展研究中心会员单位及上海各高校的近150位专家学者出席论坛。 （刘 丰）

中国大学生领导力教育发展论坛举行

【参展第十七届中国国际工业博览会】 11月3—7日，以"创新、智能、绿色"为主题的第十七届中国国际工业博览会在国家会展中心（上海）举行。本届展会吸引了来自全球28个国家的2270家企业和70所高校参加，约13.6万人次观众前往参观。在工博会上，学校共展出八个项目，涉及深渊科学、海洋工程装备、海洋信息、食品安全和水产养殖等多个方面，充分展示了学校研究领域的特色和实力。展示期间，教育部科技发展中心副主任李建聪、市教委副主任高德毅、袁雯等领导参观了学校展台，认真听取了学校参展项目汇报，对学校取得的成绩尤其是在海洋领域取得的成绩给予了充分肯定，并希望学校再接再厉，继续发挥学校科研特色，为海洋事业贡献力量。 （刘 丰）

附：学校负责人及地址

（2015年1—12月）

校党委书记：吴嘉敏
副 书 记：汪歙萍、何 雅

校 长：程裕东
副校长：汪歙萍（兼）、李延臣、吴建农、李家乐（6月到任）

临港新城校区地址：沪城环路999号
邮编：201306
军工路校区地址：军工路318号
邮编：200090

民星路校区地址：民星路435号
邮编：200433
电话：61900296

华东政法大学

【2015年概况】 学校设有18个学院（部）、160多个科研机构。有24个本科专业，1个一级学科博士点、14个二级学科博士点，5个一级学科硕士点、35个二级学科硕士点，5个专业学位硕士点，1个法学博士后流动站。有1个国家级重点学科、2个国家级本科教学团队、1个国家级实验教学示范中心、4门国家级精品课程、5个省（部）级重点学科、2个教育部高等学校特色专业建设点。学校是教育部首批卓越法律人才教育培养基地，是上海市卓越法律人才、新闻传播人才教育培养基地。出版《法学》《华东政法大学学报》《青少年犯罪问题》法学类核心期刊。图书馆藏书223余万册，中外文法学类数据库规模位列全国法律院校第一。

在校生21000余人，其中全日制本科生11704人、硕士研究生3398人、博士研究生311人、留学生838人。年内，招收全日制本科生2805人、研究生1710人。本科毕业生就业率95.4%，研究生就业率96.7%。教职工1200余人，其中专任教师759人；具有高级专业技术职务教师366人，其中教授120人、副教授246人。享受政府特殊津贴12人，国家百千万人才3人，全国先进工作者、全国五一劳动奖章获得者、全国杰出专业技术人才和文化名家暨“四个一批”人才各1人，全国优秀教师4人，国家教学名师2人，全国十大杰出青年法学家2人，入选教育部新世纪优秀人才支持计划7人，宝钢教育基金优秀教师奖14人，上海市教育功臣1人，上海市育才奖25人，上海市高等学校教学名师6人，曙光学者17人，上海领军人才9人，上海市优秀中青年法学家10人，东方学者9人，上海青年东方学者1人，获上海市人才发展资金资助2人。

人才培养。获全国微课大赛二等奖1项、上海高校本科重点教学改革项目3项。14部教材获上海普通高校优秀教材奖。新增市级精品课程2门、全英语示范课程1门，新增创新创业通识类课程，学校课程共计2000余门，其中必修课775门、限选课462门、通识类专业方向限选课146门。心理健康教育与咨询中心获2010—2015全国大学生心理健康教育优秀机构称号。获国家级大学生创新创业训练计划项目50项。在第十四届“挑战杯”全国大学生课外学术科技作品竞赛中，获二等奖1项、三等奖2项，创历史最好成绩。获得首届全国大学生网络创新创业大赛优秀项目奖。

入选教育部学术学位研究生课程建设试点工作单位。新增博士点1个、硕士点3个。修订50个学科博士、硕士研究生培养方案，新制定4个学科、专业的研究生培养方案。首次全面推行硕士学位论文预答辩制度，在2015级法律(法学)硕士中全面推行校内外导师联合指导的“双导师制”培养模式。开展博士资格申请制工作，将科研创新能力作为选拔博士生的重要评价指标。立项研究生教育创新计划项目203项，资助金额170余万元。4篇论文获评上海市研究生优秀成果(学位论文)，1篇论文入选上海市马克思主义理论学科研究生人才培养“登峰计划”。继续实施研究生法律助理项目，法律助理项目参与单位由2005年的6家增至29家。举办第二届研究生高端法律创新人才夏令营，承办2015年上海“司法改革与国家治理法治化”研究生暑期学校。主办的MOOT上海国际模拟仲裁庭邀请赛，获中国首届“仲裁公信力奖”特别贡献奖。

队伍建设。首次实施讲席教授聘任制度，3人获聘讲席教授。新聘博士生、硕士生导师82人，校聘教授(研究员)12人，兼职教授61人，客座教授2人，荣誉教授1人，兼职教师243人。引进高层次人才4人，聘用各类人员66人，人事派遣人员转聘为事业编制聘用合同制人员14人，退休29人，辞职调动14人。获批国家百千万人才工程1人，入选文化名家暨“四个一批”人才1人，入选2015年度中国人文社科最具影响力青年学者1人，1人获全国大学生心理健康教育工作奉献奖，1人获全国辅导员职业能力大赛二等奖。4人分别入选上海领军人才、东方学者、青年东方学者、上海千人计划，3人入选浦江人才计划，1人入选上海市人才发展资金资助计划，5人入选上海高校青年教师培养资助计划，15人入选上海高校中青年教师国外访学进修计划，2人入选上海高校青年骨干教师国内访问学者计划，安排16名教师到国外访学进修。5人分别获宝钢优秀教师奖，及上海市教书育人楷模、上海市重大工程优秀建设者、上海市档案系统先进个人、上海高校网络工作先进个人称号。2人分别获上海市大学语文教学比赛二等奖、上海市第五届市属高校青年教师教学技能大赛三等奖。新招师资博士后23人，在站博士后达142人，其中师资博士后61人、学科博士后81人。29人获中国博士后科学基金资助216万元，获资助人数和金额名列全国法学博士后流动站第一。法学博士后流动站获评全国优秀博士后流动站。1个辅导员工作室获评上海高校辅导员名师工作室。

学科建设与科学研究。法学和公共管理2个学科分别入选上海市Ⅱ类高峰学科建设计划、Ⅰ类高原学科建设计划。8个项目获中央财政支持地方高校发展专项资金支持，经费达1200万元。“中国(上海)自贸区法治创新研究基地”获批上海市哲社创新研究基地。297项课题获得立项，其中国家社科基金项目27项(含重大项目2项、重点项目2项)、国家自然科学基金项目1项、教育部人文社科课题4项、中国法学会课题17项、上海市哲学社会科学规划课题17项、上海市决策咨询项目7项。12人入选2014年中国法学高产作者行列，人数位居全国第一。3人获第七届高等学校科学研究优秀成果奖，1 人获第十一届教育科学研究优秀成果奖。

社会协同与合作交流。与国内 8 家政府单位、法律服务机构签署合作协议。成立华政青年（上海）成长导师团，借助校友资源助力华政青年成长成才。成人非学历教育培训单位近 150 个，学员过万人，辐射 17 个省（市、自治区）。学校被授予最高人民法院自贸区司法研究基地和上海教育立法咨询与服务研究基地。与最高人民检察院检察理论研究所、华东地区检察机关共建，成立华东检察研究院。国家工商总局反垄断与反不正当竞争执法局在学校设立知识产权保护与竞争执法理论研究基地。学校筹建“法治战略研究中心”“互联网＋法律”大数据平台。新增 17 所境外合作院校、13 个海外学习项目，新签交流协议、谅解备忘录 28 份。284 名本科生获海外实习、学习资助项目资助。接受中国政府奖学金留学生 66 人、中外合作办学项目学生 131 人，接受教育部来华留学高端硕士学位奖学金项目留学生 15 人。承办第二届金砖国家法律论坛、世界知识产权组织（中国）暑期学校。

校园文化。华政青年微信平台阅读量 1500 余万人次，获 2015 年度上海共青团新媒体工作优秀集体奖。邀请敬一丹、黄豆豆等 14 位文化名家来校讲座，承办两场高雅艺术进校园演出，举办校际文化交流月话剧和舞蹈专场，举办首届网络春晚、毕业音乐节和摇滚音乐节。《华政报》获 3 项中国高校校报好新闻奖，短剧《丰碑》获全国大学生艺术展演戏剧类银奖、上海市一等奖，“法律学校 1＋1 计划”获第二届中国青年志愿服务项目大赛全国金奖。学校获评全国大中专学生“三下乡”社会实践活动优秀组织单位，被共青团中央确立为全国 100 所“青年之声”平台试点高校之一，作为唯一高校代表出席共青团中央“首届全国基层团建创新典型案例征集活动”总结座谈会。学生社团获省部级以上奖项 50 项。原创话剧《雷经天》获上海市教委立项资助；反战歌曲《让全世界的人都爱起来》在上海教育电视台连续数十天滚动播出，被团中央官方微信微博、中国青年网、上海东方广播电台、新民晚报等媒体报道。“百部微电影”“法律公益服务车站”2 个项目入选上海教育系统“社会主义核心价值观落细落小落实”典型案例，学校获评 2015 年度上海市教育信息工作先进单位，1 名本科生获评“2014 上海大学生年度人物”。在全国和上海市各类学科、辩论竞赛中获奖百余次，体育比赛获奖 73 次，其中冠军 21 个。

综合管理。学校《章程》获得核准。编制并实施《深化综合改革方案》，启动《“十三五”发展规划》编制工作。实训大楼基本完工，完成长宁校区基础设施改造、历史建筑保护性修缮计划和松江校区五期生公寓区修缮工程项目评审，争取财政专项资金近 1.95 亿元。完成新一轮物业、绿化招投标，两校区学生公寓空调安装，松江校区五期学生公寓直饮水设备安装工作。完成一卡通项目、学校主网站改版等工程。启动民国图书修复工作，图书馆获中国高等教育文献保障系统（calis）联合目录项目建设突出贡献奖。加入中国高等教育学会校友工作研究分会，加强校友联络工作，建有各类校友组织 78 个。按计划落实市教委化债工作，完成松江学生公寓 3.2 亿元回购资金的筹集与支付。完成各类审计 629 项，取得直接经济效益 436.4 万元。规范教育发展基金会管理，新筹教育发展基金 504 万元。

（付　晓）

【与中国法学会对外联络部签署合作协议】 2 月 6 日，学校与中国法学会对外联络部签署协同创新战略合作框架协议。中国法学会副会长张鸣起、对外联络部主任谷昭民，学校党委书记杜志淳，副校长、金砖国家法律研究院院长刘晓红等出席签约仪式。根据协议，双方将共同创设金砖国家法律研究与服务机制、开展法律咨询服务、建立实践和实习基地等。

（付　晓）

【首届世界知识产权组织中国暑期学校举办】 5 月 4 日，首届世界知识产权组织中国暑期学校（WSSCN）在校开班。来自 10 个国家和地区的 64 名学员参加为期两周的学习，世界知识产权组织官员和国内外著名学者、专业人士以英文讲授版权、专利与商标等领域的前沿问题。暑期学校还通过模拟实践、参观访问、分组讨论、案例研习等方式，帮助学员拓宽视野，扎实掌握知识产权知识。

（付　晓）

【翁铁慧到校调研】 9月9日，副市长翁铁慧，以及市政府副秘书长宗明，市教委主任苏明、副主任丁晓东到校考察、调研。翁铁慧对学校事业发展提出希望，强调指出，学校应充分认识学科建设的重要性，进一步发挥学科优势，为全面推进依法治国、上海建设科创中心提供学理支撑和智力支持。

（付　晓）

【第二届金砖国家法律论坛举行】 10月14—15日，第二届金砖国家法律论坛在校举行。论坛举办期间，还举办了金砖国家法律培训基地首期研修班，成立了论坛指导委员会、金砖国家法律研究院、金砖国家争议解决上海中心。7家发起单位、20个机构和高校共同签署《上海宣言》。（付　晓）

第二届金砖国家法律论坛举行

【华东检察研究院揭牌】 11月26日，华东检察研究院揭牌仪式在校举行。最高人民检察院副检察长李如林、上海市人大常委会副主任薛潮，以及上海市、江苏省、山东省、安徽省人民检察院检察长出席会议。研究院以学校诉讼法学科和最高人民检察院理论研究所为主体，与华东地区各省市检察机关共建，开展检察学及相关领域理论与决策咨询研究，为华东地区乃至全国检察工作提供决策咨询服务。（付　晓）

【"法律学校1+1计划"获全国金奖】 12月3日，校团委推荐的"法律学校1+1计划"青年志愿项目获第二届中国青年志愿服务项目大赛决赛金奖。该项目自2009年启动，是由大学生法律援助中心、青年志愿者协会的学生结合所学的法律知识，针对青少年和弱势群体开展的志愿服务活动，6年来的足迹遍布全国13个省、28个街道、46所学校，服务人群数量累计50000余人次。（付　晓）

【发布《全球治理指数2015年度报告》】 12月17日，学校举行《全球治理指数2015报告》发布会。该报告由学校政治学研究院编制，研究对象包括25个国家，主要是G20（除欧盟）和各个大洲有代表性的国家。报告中的数据显示，全球治理指数前5位由联合国五个常任理事国包揽，中国排名第四。

（付　晓）

【入选2015年国家百千万人才工程人选】 根据国家人力资源和社会保障部下发的《关于印发2015年国家百千万人才工程入选人员名单的通知》（人社部发〔2015〕91号），王迁教授入选2015年国家百千万人才工程，并同时被授予"有突出贡献中青年专家"荣誉称号。（付　晓）

附：学校负责人及地址

（2015年1—12月）

校党委书记：杜志淳（7月离任）、曹文泽（7月到任）
副　书　记：应培礼

校　长：何勤华（7月离任）、叶　青（7月到任）
副校长：顾功耘、刘晓红、林燕萍

长宁校区地址：万航渡路1575号
邮编：200042
电话：62071666

松江校区地址：龙源路555号
邮编：201620
电话：67790256

上海体育学院

【2015 年概况】 2015 年，上海体育学院以建设世界一流体育大学为目标，围绕“十三五”规划的编制，聚焦深化综合改革和以大学章程为核心的内部治理，坚持改革创新、攻坚克难、高位发展，办学稳步推进。

学校现有二级学院 6 个，另设有中国乒乓球学院和附属竞技体育学校。设本科专业 18 个、一级学科博士点 1 个、二级学科博士点 6 个、硕士点 12 个、博士后流动站 1 个。有专任教师 396 人，其中正高级职称 72 人，副高级职称 165 人。在校全日制本科生 4307 人、硕士研究生 812 人、博士研究生 280 人，成人本专科生 732 人。65 个国家的长短期留学生合计 1518 人。

师资队伍。学校入选市属高校本科教学教师激励计划试点范围。制定《上海体育学院“本科教学教师激励计划”实施意见(试行)》等系列文件，组建本科教学团队，拟定课程学习标准，完善课堂教学、坐班答疑和自习辅导制度。接受市教委组织的专家检查，获高度评价。1 人被授予美国国家体育科学学院国际院士荣誉称号，2 人分别入选国务院学位委员会学科评议组成员和国家社会科学基金项目学科规划评议组专家，1 人获评上海高校特聘教授(东方学者)。2015 年招聘新员工 24 人，学历学缘结构进一步优化。

学科建设。成功入选上海市Ⅰ类高峰学科(体育学)和Ⅰ类高原学科(应用心理学)建设计划，紧密对接高峰高原学科发展战略，制定《上海体育学院高层次人才引进管理办法(试行)》和《上海体育学院高峰高原学科柔性引进人才管理办法(试行)》，聘任柔性引进人才 38 名。制订《上海体育学院体育科学研究院特聘教师实施办法》，完成 34 名特聘教师遴选工作。加快推进研究平台建设和高水平研究成果产出，完成 2014 年上海市“人类运动能力开发与保障”重点实验室年报，“运动健身科技”省部共建教育部重点实验室验收工作，完成第三批知识服务平台—体育产业研究院的中期验收工作，完成设立国家体育总局反兴奋剂研究中心的论证、上报请示工作，筹备成立“全民健身公共服务研究中心”和“国家体育总局体育产业智库”。

科学研究。获批国家自然科学基金 10 项、国家社会科学基金重大项目 1 项、一般项目 5 项、省部级课题 42 项、横向课题 113 项。上海市科技进步奖一等奖 1 项、中国体育科学学会科学技术奖二等奖 2 项、第七届高等学校科学研究优秀成果奖(人文社会科学)论文三等奖 2 项、上海市政府决策咨询三等奖 1 项。《运动与健康科学》(英文)跨越式发展，影响因子跃居 SCI“Q2”与 SSCI“Q1”区域，获“2015 中国最具国际影响力学术期刊”称号，在中国人文社科期刊中排名第一，并入选 2015 年中国“百强科技期刊”，实现中国体育学术期刊全国百强期刊零的突破。

人才培养。获上海普通高校优秀教材奖 4 项、上海市级精品课程 2 门、上海高校示范性全英语课程 1 门、本科重点教学改革项目 2 项等一系列奖项。修订本科培养方案，完善人才培养顶层设计，明确了课程体系结构由通识教育课程(大平台)、学科基础课程(中平台)、专业素养课程(小平台)、综合实践课程、自主创新学习五类构成。

进一步完善研究生招生制度，修订《上海体育学院博士研究生招生“申请—审核”制试行办法》，提高生源质量，新遴选博士研究生导师 17 人，科学学位硕士研究生导师 16 人，专业学位硕士研究生导师 10 人。发布《2014—2015 学年度上海体育学院学位与研究生教育质量报告》，3 篇博士学位论文、4篇硕士学位论文获上海市研究生优秀成果奖。新增医学技术学(康复治疗学方向)一级学科硕士点,与澳门理工学院在澳门合作培养体育专业硕士学位项目正式启动。

制定《上海体育学院深化创新创业教育改革实施方案》,对学校深化创新创业教育做出战略规划。2015年第十四届"挑战杯"大学生课外学术科技作品竞赛中获全国三等奖2项,获上海市奖项1枚金牌2枚银牌2枚铜牌。

体育竞赛。2015年上海体育学院获世锦赛金牌1枚、铜牌1枚,亚锦赛银牌1枚、铜牌1枚,青运会金牌2枚、银牌1枚、铜牌4枚,全国锦标赛、冠军赛金牌20枚、银牌20枚、铜牌33枚,全国体育院校、大学生锦标赛比赛金牌33枚、银牌34枚、铜牌51枚。学校获2012—2015年度全国体育院校竞赛工作突出贡献奖。

对外交流与合作。继续推进与科隆体育大学的合作办学项目,与国际手球联合会合作共建手球发展学院,与国际田联合作,共建国际田联(特许)训练中心。美国TPI高尔夫职业教练培训在学校成功举办。学校长短期留学生招生态势较为平稳,人数继续保持在1000人左右。启动留学生体育汉语课程建设,开展留学生全英语专业建设,预科生汉语水平考试(HSK)4级通过率达到90%以上。2015年共接待境外来访团组64批次共322人次,完成学校399名教师和学生的出境访学、进修任务,积极申报海外名师项目,与境外12所大学和体育机构签订合作交流协议书。　(蒋啸天)

【《运动与健康科学(英文)》在中国人文社科期刊中排名第一】 12月18日,由中国期刊协会、中国科技期刊编辑学会、中国高校科技期刊研究会、全国高等学校文科学报研究会、《中国学术期刊(光盘版)》电子杂志社有限公司等单位主办"中国学术期刊未来发展论坛"在北京举行。论坛发布了《中国学术期刊国际引证年报》(2015版),公布了"2015中国最具国际影响力学术期刊"名单,上海体育学院主办的《Journal of Sport and Health Science》(《运动与健康科学(英文)》)在2254种中国人文社科期刊中排名第一,同时获得"2015中国最具国际影响力学术期刊",并入选全国"百强报刊"。　(蒋啸天)

【市高校"校长杯"乒乓球、网球比赛举行】 12月12日,由市教委主办,中国银行上海市分行、中国教育工会上海市委员会、上海市大学生体育协会协办,上海体育学院、上海市大学生体育协会乒乓球分会承办的"中国银行2015年上海市高校'校长杯'乒乓球比赛"在中国乒乓球学院训练馆举行。全市的21支代表队参赛,最终上海师范大学代表队获得冠军。11月22日,"2015年中国银行上海市高校'校长杯'网球比赛"在上海体育学院举行。本次比赛以网球双打为比赛项目,上海海关学院的双打组合获得冠军。　(蒋啸天)

上海市高校"校长杯"乒乓球比赛在上海体育学院举行

【学院文化艺术节专场演出举行】 11月28日,上海体育学院第二十六届文化艺术节专场演出举行。本次演出以全国体育院校德育工作研究会10周年、新中国体育新闻教育创办30周年为契机,展现我校在体育教育事业中的突出贡献,将理想信念、民族精神、时代精神融入到校园文化建设中,繁荣校园文化生活、提高大学生艺术素养。国家体育总局科教司司长和全国10余所体育院校党政领导观看演出。　(蒋啸天)

【全国体育科技成果展示会举行】 11月28日,由国家体育总局科教司主办,上海体育学院、上海体育国家大学科技园承办的2015年全国体育科技成果展示会在上海体育学院举行。开幕式上,上海体育国家大学科技园与上海联合产权交易所、上海知识产权交易中心签订战略合作协议。这是国内签订的首个体育知识产权交易协议。　(蒋啸天)

【召开全国体育院校德育工作研究会2015年年会】 11月28—29日，由国家体育总局科教司、全国体育院校德育工作研究会主办，上海体育学院承办的全国体育院校德育工作研究会2015年年会在上海体育学院召开。研究会以"立德树人　兴体报国——新形势下体育院校德育工作的新发展暨全国体育院校德育工作研究会成立十周年"为主题，回顾、总结、展示了研究会成立10年来所取得主要成绩，集中展示各高校在大学生德育工作中的探索和实践。在本次年会上，还对10年来体育院校德育工作先进个人进行了表彰。　（蒋啸天）

【发布"上海市儿童青少年体育健身指数"】 11月28日，上海市儿童青少年体育健身指数研究工作专家座谈会在上海体育学院举行。会上，上海市青少年体育健身指数研究团队首席专家、上海体育学院院长陈佩杰教授代表"学校体育与学生体质健康研究团队"面向社会发布了"上海市儿童青少年体育健身指数"。"上海市学生体质健康研究中心"在会上揭牌成立。　（蒋啸天）

【被命名为国际乒联最高学院级附属培训基地】 11月13日，国际乒联发展与培训部正式来函通知，经审核，中国乒乓球学院为国际乒联最高学院级附属培训基地（ITTF International Training Center Network—Academy），可以国际乒联的名义承办一系列国际培训活动。　（蒋啸天）

【2015上海阳光体育·学校体育学术论坛举行】 11月15日，作为2015年度上海市教委阳光体育推进项目之一，由上海体育学院主办的2015上海阳光体育学校体育学术论坛在学校举行。与会的众多国内外学校体育界专家学者和同行，就开展校园阳光体育运动、提高学生体质健康的理论、方法、体制和机制进行了深入的探讨和交流。　（蒋啸天）

【中国武术博物馆获"全国科普教育基地"称号】 在2015—2019年"全国科普教育基地"评选中，上海体育学院的中国武术博物馆，通过审核、筛选、答辩、考察等环节最终获评2015—2019年"全国科普教育基地"称号。中国武术博物馆（二期）2007年建成，于2008年申请成为上海市科普教育基地，2010年晋升为上海市科普专题性场馆，连续5年获评为"上海市科普教育先进集体"。　（蒋啸天）

【中俄体育科学研讨会举行】 由国家体育总局主办，上海体育学院承办的第三届"中俄体育科学研讨会"，5月15—16日在上海体育学院隆重举行。研讨会以"体能训练在科学训练中发挥的作用"为主题，共同探讨竞技体育、运动训练等方面的议题。国家体育总局科教司、国家体育总局科教司科技处，俄罗斯国家队训练中心的领导、专家参会。

（蒋啸天）

【职业足球（上海）国际论坛举行】 以"改革创新与足球梦"为主题的"职业足球（上海）国际论坛"于5月6日在学院举行。论坛紧紧围绕"职业足球的发展特点与趋势、职业足球俱乐部的经营与管理、中国职业足球的发展与改革"三个主要议题进行主题演讲和互动。来自英国利物浦、阿斯顿维拉足球俱乐部，西班牙皇家马德里、巴塞罗那足球俱乐部，上海绿地申花、广州恒大足球学校的相关负责人，英国布莱顿大学、法国里昂克罗德·贝尔那大学、瑞典斯德哥尔摩大学、国家体育总局体育科研所的专家学者，以及政府体育部门、高校、企业、金融、媒体等机构的专家学者300余人出席。　（蒋啸天）

【国际乒联博物馆（筹）参加第五十三届世乒赛巡展】 4月26日，第五十三届世乒赛国际乒联博物馆巡展启动、中国乒乓球博物馆藏品征集启动暨世乒赛纪念邮资明信片首发仪式在苏州博览中心举行。自2005年以来，逢重大赛事，国际乒联博物馆都将在举办地举行乒乓球文化巡展，至今已举办9次。苏州世乒赛展览是国际乒联博物馆历届世乒赛展览中面积最大的一次，同时也是国际乒联博物馆落户上海后举行的首次巡展。展览展出200余件乒乓球文物和藏品，一些属于国际乒联、国际乒联博物馆珍藏文物，如最早的乒乓球拍、羊皮制作的早期球拍等，都具有很高的历史价值、艺术价值。

（蒋啸天）

附:学院负责人及地址

(2015 年 1—12 月)

院党委书记:戴　健
副　书　记:陈晓峰、詹　萌、王玉林

院　长:陈佩杰

副院长:平　杰、施之皓、毛丽娟、王兴放(7 月到任)

长海路校区地址:长海路 399 号
邮编:200438
电话:51253000

上海戏剧学院

【2015 年概况】 年内招收本科生 462 人,硕士生 61 人,博士生 16 人,留学生 88 人,成人本、专科生 256 人。全日制在校本科生人数为 1838 人,硕士生 204 人,博士生 88 人,留学生 85 人,成人本、专科生 941 人。2015 届毕业生本科人数为 473 人,硕士生 61 人,博士生 11 人,成人本、专科生 215 人,留学生 45 人。全校教职工共 506 人,其中专任教师 273 人、外聘教师 221 人。

教学工作。围绕“规范、体系、品质、引领”,扎实抓好教育教学重大改革工作,保障教学秩序和提升教学质量。学分制改革试点及新培养方案的修订,围绕“三选、三跨、互选”展开(三选即选课程、教师、时间,三跨即跨年级、专业、院系,互选即师生双向互选)。学生素养培养系统构建。实现“社会和艺术实践”第二课堂自设课程、双语课程和旁听生制度,推进“上戏特色”的思想政治理论课改革,推出校级“必读书目”20 本。启动教学示范课、公开课活动。举办“一月一示范”活动,每月由一名资深教师主讲示范课,青年助教结项和教学成果奖评选均采用公开课形式。教学成果奖评选,共评出“学院奖”4 个、教学奖 5 个、新秀奖 3 个。建设教师教学发展中心。继续举办研修班,组织 2014 年的 26 个教研课题的中期检查、结项,2015 年 10 个申报项目立项。教学质量项目评选。年内共有 4 门上海市级重点课程立项、8 门校级双语课程立项、11 门校级奠基性课程立项,启动十三五课程和教材规划工作。大学生创新项目。完成 2015 年度上海市创新创业活动项目立项 56 个、2014 年 93 个项目的中期检查、52 个项目的结项答辩。13 项获国家级大学生创新项目。教学演出方面,年内共计上演了《阿尔克斯提斯》《仲夏夜之梦》《邮差》《不羁青春》等 4 台本科实习剧目,《大面》《虚假秘密》《万妮亚舅舅》《大饭店》《教父》等 5 台本科毕业剧目。

科研成果。年内,学校共获得国家级和省部级科研项目共计立项 8 项。其中,国家社科基金项目 2 项,国家社会科学基金艺术学项目 2 项,教育部人文社会科学研究项目 3 项,文化部国家文化科技提升计划项目 1 项。全年共有市教委级及以上级别的科研项目 17 项结项。继续设立“中青年科研项目”,共有 38 个科研项目获得了资助。

人事工作。高层次人才工作。完成 7 名客座教授的聘任工作及 10 名外聘教授的续聘工作。2 人成功申报“东方学者”。教师培养。3 名教师入选“上海高校中青年教师国外访学进修计划”,其中 2 人入选高级研究学者进修计划,8 人入选“教师产学研践习计划”。5 人获 2015 年“上海高校教师培养资助计划”资助。组织 6 名新进教师参加上海市属高校新教师岗前培训 2 人成绩优秀,4 人成绩合格,1 人在教学技能大赛中获二等奖。人才类奖项推选申报工作。1 人获评 2015 年上海市宝钢优秀教师奖。1 人获评 2015 年第一期上海文艺人才奖教金。博士后工作。年内共完成 4 名博士后进站,2 名进站落户,1 名出站。组织在站博士后申报 2015 中国博士后科学基金第 57、58 批面上资助项目,1 人获批中国博士后科学基金第 58 批面上资助。

2014—2015 学年,共有 686 人次学生获各类奖项,其中 8 人获国家级、市级奖学金,429 人获校综合奖学金,196 人次学生获得校专业奖学金,42 人获得新生奖学金,11 人获得京昆专项奖学金。年内,共有 169 名家庭困难学生获得助学金。

毕业生工作。年内毕业生总体就业率为 97.55%。共举办大型校园招聘会 4 场,专业招聘会 2 场,邀请超过 160 家用人单位来校招聘,此外,还对就业网站、微信平台建设、毕业生 QQ 群管理进行升级更新和常态化服务,通过就业网站发布就业岗位超过 2000 个。

国际交流和港澳台合作。年内共计审核审批 76 批出访团组的 639 人次师生出访,出访涉及 20 多个国家和地区。其中有 11 个为大型出访交流演出。依托大型活动和品牌项目提升国际形象,举办第八届国际小剧场戏剧展演、联合国教科文组织国际戏剧协国际舞蹈日、2015 世界城市(上海)文化论坛、国际导演大师班(北欧)等等大型活动。同时注重建立长期可持续发展的品牌项目,如"冬季学院",迄今已成功举办了四届。加强与国外著名院系的联系,开拓与外国专家的新型合作模式,全年各院系聘请了百余位外国专家到校授课、举行讲座和工作坊等。接受国家汉办和教育部项目,赴英国、罗马尼亚、克罗地亚等作文化巡演。上海暑期学校(中国戏曲项目)连续举办四年。继续开拓与香港和台湾交换生项目。 (李　莉)

【大学生校外实践教育基地授牌】 1 月 6 日,上海戏剧学院大学生校外实践教育基地授牌仪式举行,上海市教委、上海市委宣传部文教处、上海话剧艺术中心及学校相关领导出席授牌仪式。仪式上,上海戏剧学院与上海话剧艺术中心签署了合作协议,双方将在戏剧人才培养与输送方面展开深度交流和合作。 (李　莉)

【招生考试首次实行电子化打分】 2 月 28 日,上海戏剧学院 2015 年招生考试启动。学校严格按照教育部和上海市教委的政策精神,坚持"公开、公正、公平"的阳光政策,首次不再前往外地设考点,所有考生都在上海戏剧学院参加考试。进一步严格规范考试流程。表演类、美术类等专业首次采用电子打分器进行评分,考官直接使用电子打分器,考试评分更加严谨和精确。首次将所有艺术类专业考试都安排在标准化考场中进行,对现场评分的专业考试实行全程录像和录音。 (李　莉)

【附属舞蹈学校庆祝建校 55 周年】 3 月 18 日,附属舞蹈学校师生在上海大剧院举行"缤纷舞梦——建校 55 周年汇报演出",庆祝建校 55 周年。校党委书记楼巍致辞,院长韩生为林美芳、叶燕萍舞蹈工作室揭牌,辛丽丽、黄豆豆、朱洁静、吴虎生、王佳俊、李丹等著名校友到场演出祝贺。 (李　莉)

【入选文化部首批重点实验室】 4 月 21 日,文化部重点实验室工作会议在上海戏剧学院举行。文化部文化科技司领导在会上为首批文化部重点实验室颁牌。文化部重点实验室建设首批评审认定了 6 家首批重点实验室,依托上海戏剧学院建设的数字演艺集成创新实验室是上海唯一入选的首批重点实验室。 (李　莉)

【举办"国际舞蹈日庆典活动"】 4 月 29 日,国际戏剧协会与上海戏剧学院在上海喜马拉雅中心联合举办"国际舞蹈日庆典活动"。这是自 1982 年国际剧协创立以来首次把国际舞蹈日主会场落户上海。来自西班牙的著名编舞、舞蹈家 Israel Galvan 当选为 2015 年国际舞蹈日献辞人,来自法国、西班牙和中国的多位著名舞蹈家献上精彩纷呈的表演。联合国教科文组织的文化部助理总干事向庆典日致辞。4 月 30 日,举行"舞蹈专业及舞蹈教育的跨国界合作——探索政府和专业舞者的角色定位"的专题研讨会。 (李　莉)

【举办"全国青年舞台美术家研修班"】 5 月 4 日,上海戏剧学院联合中国戏剧家协会、上海文学艺术界联合会举办的"全国青年舞台美术家研修班"(简称"青美班")开班。中国剧协主席尚长荣,上海市委宣传部副部长陈东,上海文联党组书记宋妍,中国剧协副主席罗怀臻，中国舞台美术学会会长曹林及上海戏剧学院党政领导出席开班仪式。此次“青美班”录取研修生64名，平均年龄38岁，他们是分别来自全国30个省市自治区的舞台美术专业的从业者，其中来自台湾和澳门地区各1名，16人具有硕士以上学历，8人有副高及以上职称。“青美班”除邀请季国平、曾来德、刘杏林、章抗美、代旭等国内知名教授为研修生进行专业讲座交流外，还邀请了俄罗斯、加拿大、德国、英国、美国等若干外籍专家以工作坊形式与研修生交流。（李　莉）

【“华山创意园”项目启动】 根据静安区人民政府与上海戏剧学院战略合作框架协议，双方共同创建“环上戏文化创意产业集聚区”，“华山创意园”项目揭牌仪式暨创意产业论坛在上海戏剧学院华山路校区举行。“华山创意园”主要依托上戏华山路校区及周边的创作空间，对建筑外观和内部环境进行设计改造，集聚社会和高校的文创资源，打造以“戏剧、艺术、时尚、文化”为主题的创意园区。这一文创基地采用市场化方式运作，由上海上戏资产经营有限公司、上海科技创业投资有限公司和上海静工（集团）有限公司共同出资，成立园区管理公司“上海上戏华山创意发展有限公司”，负责园区经管及产学研协作。揭牌仪式后还举行了“上戏创意产业论坛”。（李　莉）

【获批“中国文艺评论基地”】 中国文艺评论家协会面向全国启动“中国文艺评论基地”申报工作。上海戏剧学院获批成为全国首批，也是上海唯一的中国文艺评论研修基地。9月23日，中国文联文艺评论中心和中国文艺评论家协会在北京举行隆重的授牌仪式，中国文联党组书记、副主席赵实等领导同志向包括上戏在内的全国首批评论基地授牌，上戏副院长黄昌勇参加了授牌仪式，并接受了基地标牌。（李　莉）

【第一届校友代表大会召开】 9月30日，校第一届校友代表大会在端均剧场举行。校领导和来自各地的校友代表、部分在校教职员工出席了本次大会。代表们以现场投票的方式通过了《上海戏剧学院校友会章程》，选举产生了上戏校友会会长楼巍，副会长韩生、胡敏，秘书长张军，及23位理事和11名秘书。校友代表、表演艺术家焦晃代表校友上台致辞。（李　莉）

上海戏剧学院第一届校友代表大会

【主办“2015世界城市（上海）文化论坛”】 10月19日，“2015世界城市（上海）文化论坛”召开，此次论坛由上海市静安区人民政府、上海戏剧学院主办，上海戏剧学院世界城市文化协同创新中心、英国BOP文化创意产业咨询公司、上海市静安区商务委员会联合承办。论坛的主题为“世界城市的公共文化”。论坛荟集来自伦敦、柏林、纽约、芝加哥、多伦多、上海、香港、台北、深圳等城市的知名学者和业界专家，以“世界城市的公共文化”为题，探讨公共文化对于推动世界城市的可持续发展和提升人民生活品质的重要影响。（李　莉）

【颁布《上海戏剧学院章程》】 11月18日，市教委下发《上海市教育委员会市属高校章程核准书第7号》文，正式核准了《上海戏剧学院章程》。学校章程制定工作自2014年11月正式启动，经历了动员和培训、文本起草与反复修改、广泛征求意见、提交校“教代会”讨论、校长办公会议审议、校党委审定等法定程序，前后数易其稿，于2015年10月28日提交市教委审核。（李　莉）

【成立“中华戏剧学刊联盟”】 11月21日，为了进一步推进戏剧学术研究，倡导学术伦理与学术规范，促进戏剧学术期刊的交流合作与专业化集约化发展，六家重要戏剧学术刊物在上海戏剧学院宣告成立"中华戏剧学刊联盟"。来自上海戏剧学院《戏剧艺术》、中央戏剧学院《戏剧》、南京大学文学院《南大戏剧论丛》、山西师范大学戏曲文物研究所《中华戏曲》、中国戏剧出版社《戏剧与影视评论》、中国戏曲学院《戏曲艺术》等戏剧学术刊物的12位代表出席了成立会议。代表们审议通过了联盟章程，选举产生了联盟理事会及秘书处，并就今后联盟刊物之间的合作、交流事项深入地交换了意见。 （李　莉）

庆祝建校70周年

【庆祝建校70周年】 12月1日，上海戏剧学院迎来了70周年华诞。来自全国各地的校友约4000人返校与上戏师生共庆建校70周年。学校举行了庆祝建校70周年的校庆主题大会，院长韩生主持会议，学院党委书记楼巍讲话。校友代表、中央戏剧学院院长徐翔致辞。学校为每位校友准备了用五大校区泥土烧制的"上戏宏砖"。下午，由历届校友共同演绎的两场大戏《年青的一代》和《一片爱国心》在上戏剧院和端钧剧场上演。晚上名为"希望的沃土"校庆特别节目在上戏剧院启动。

（李　莉）

附：学院负责人及地址

（2015年1—12月）

院党委书记：楼　巍
副书记：胡　敏

院　长：韩　生
副院长：黄昌勇、宫宝荣、张伟令、郭　宇

院本部地址：华山路630号
邮编：200040
电话：62481866

莲花路校区地址：莲花路211号
邮编：201102
电话：64800099

漕宝路校区地址：桂林路201号
邮编：200235
电话：62757585

上海音乐学院

【2015年概况】 学院有15个教学单位。全日制在校本科生1655人，硕士生520人，博士生106人。全校教职工512人，其中专任教师295人。

深化改革。在市教育综改领导小组和市教委的指导下，学校讨论、制定并通过了《上海音乐学院综合改革方案》，以问题为导向，以体制机制改革为突破，以人才培养模式改革为核心，以深化人事制度改革为关键，着力推进方案的组织实施，部分项目业已取得积极成效。学校对照国际顶尖音乐艺术院校，结合学校当前实际，明确提出了"三步走"发展战略和目标。11月18日，市教委发布市属高校章程核准书第六号文件，核准《上海音乐学院章程》，为学院依法自主办学、实施管理、科学发展和履行公共职能提供了明确依据。学校同步启动规章制度建设工作，通过14个部门制定共计92项规章制度，其中新建12项、修订54项、沿用25项、废止1项，规章制度建设成果显著。学校启动“十三五”发展规划的调研、论证和编制等相关工作，在全面总结和评估“十二五”期间学校改革发展成就和经验的基础上，成立领导小组与编制工作小组，以问题为导向，集思广益，科学论证，完成纲目性初稿，经院党委会、院长办公会议审议通过；组织制订完成并向市教委上报学院“十三五基建项目计划”。

学科建设。学校被整体纳入全市高峰高原学科范畴：音乐与舞蹈学入选为Ⅰ类高峰学科，艺术学理论、戏剧影视学入选为Ⅰ类高原学科。同时，学院积极推行项目答辩与遴选评议机制，对预算执行情况进行跟踪检查与过程管理，开展结项验收与绩效评价，保证学科建设有效推进。为进一步落实教授治学，发挥教授创造创新活力的新机制，学院研究新型学科专业（课程）团队建设，发挥团队凝聚效应，提升学科建设绩效。为努力探索学科建设的新增长点，学院组织筹备硕士学位“艺术指导”方向。学科专业建设成果有：“视唱练耳”获批上海高校市级精品课程；“手风琴演奏”获批上海市教委本科重点课程；《古琴重奏曲集》《全国高等院校音乐教育专业系列教材》《文献研读与研习》《中提琴中国作品集》《视唱高级练习曲》等教材获上海普通高校优秀教材奖。

人才培养。通过本科生招生制度改革、本科教学计划调整修订、研究生艺术硕士培养改革创新、本科生与研究生艺术实践学分制改革等措施，进一步夯实人才培养基础，切实提高本科生与研究生教育教学质量；通过“大中小一贯制”特色培养模式的努力实践，不断优化生源基准。2015年，学校共有73人次在国际、国内音乐赛事中斩获77个奖项，其中，在第十届中国音乐金钟奖比赛的全部六类项目中，共获得三枚金牌、两枚银牌的优异成绩，奠定了在全国同类院校中的人才资源优势，学院亦借势研究制订青年人才“登峰计划”。学院承办全国音乐与舞蹈领域艺术硕士专业学位研究生教育研讨会暨全国高等音乐艺术院校研究生教育教学工作研讨会，促进艺术类研究生教育的改革与创新。

师资队伍。入选第二轮“上海市属高校本科教学教师激励计划”培育单位，颁布了《上海音乐学院本科教学教师激励计划实施方案（试行）》，推进实施教师激励工作，颁布实施青年教师“音才辈出”计划、中青年教师“双馨双成”计划，制定高层次人才引进办法，建设优秀青年音乐人才的“蓄水池”，分类分层次实施优秀音乐人才培养计划。廖昌永教授入选百千万人才工程国家级人选，并获有突出贡献中青年专家称号。陈应时教授获得第二十六届小泉文夫民族音乐学奖。申报纽约爱乐乐团双簧管演奏家王亮入选中央千人计划，4人入选上海青年文艺家培养计划，1人入选上海市青年拔尖人才开发计划，19名教师入选上海市浦江人才计划、上海高校青年教师培养资助计划、上海市文教结合项目海漂计划、国家留学基金委艺术类人才培养特别项目、上海高校中青年教师国外访学进修计划等。

科学研究。组织编撰《2015中国新音乐年鉴》，传播当代音乐，弘扬中国精神。举办抗战时期音乐系列专题讲座，与江苏省盐城市政府共建“新四军音乐文化研究与发展中心”，编撰出版《新四军音乐文化图谱》。响应“一带一路”国家战略，致力于打造文化高地。举办“大音讲堂”系列活动，关注音乐、民族、人类的共同发展主题。在国家大剧院、国家图书馆举办“民族器乐与音乐”大型展览。启动2016年以“文明之路，音乐之河”为主题的系列演出邀约，策划组织上合组织音乐学院校长论坛等活动，以“音像中国”“声音上海”为主线，努力实施“音乐丝路计划”。创作并申报的《大型多媒体交响剧场“丝路追梦”——中国多民族民间音乐与管弦乐队》获批2015年中国民族音乐舞蹈扶持发展工程“一带一路”采风创作项目。

艺术实践。以“中国梦”为主题举办两场“深入生活、扎根人民”——中国梦主题歌曲传唱会。在以纪念中国人民抗日战争暨世界反法西斯战争胜利70周年系列主题活动中，举办“我们是铁的新四军”主题歌会。创作并首演上海市文艺创作选题作品交响乐《和平颂》。创排原创音乐剧《海上音》，双季共10场次公演。排演《野火春风斗古城》《一江春水》等抗战题材的中国歌剧。承办“上海之春”国际音乐节，参与中国上海国际艺术节、“春华秋实”国家大剧院全国艺术院校展演。共举办23场次重大音乐会演出项目，与徐汇区、长宁区、普陀区等合作演出36场，院内艺术实践65场，与大剧院艺术中心实践基地合作项目110场等艺术实践演出活动，提升学生实践能力，吸引市民群众参与。学院秉承“开门办学”的宗旨，集中展示教育教学的成果及培养过程，举办首届“音乐开放周”。发起成立“中国音乐院校艺术实践联盟”。与美国芝加哥广播网深度合作，将“上海之春”品牌推向世界。学校通过上海音乐艺术发展中心的经营，拓展学院产学研一体的艺术实践成果渠道，提升社会服务的品质与功能。

交流与合作。接待来自16个国家和港澳台地区的近400余位音乐家、学者、师生代表团、音乐院校长、机构负责人以及使领馆专员的交流访问，聘请29名长期外籍专家到校授课。共有50批128人次与港澳地区进行各类文化交流、访问、访学及演出，参加“2015年意大利米兰世博会中国馆日、上海周文艺演出系列活动”，赴美国参加纪念中国人民抗日战争及世界反法西斯战争胜利70周年音乐活动，与日本昭和音乐大学联合演出莫扎特歌剧《费加罗的婚礼》及交流活动，参加丹麦皇家音乐学院承办的2015两校联合音乐节和2015年欧洲音乐学院协会年会等，与旧金山音乐学院、丹麦皇家音乐学院共同举办国际室内乐音乐节，还组织留学生参与第十届全球孔子学院大会文艺演出等。学校与6所音乐院校签订与续签了合作备忘录。完成上海市教委资助的海外名师项目第四期，成功续聘法国知名音乐理论阿纳尔，埃里克·让—米歇尔以及巴黎索邦大学艺术管理教授季里·德莫奈到院教学。学院与日本多莱坞大学合作举办的录音艺术专业本科教育的中外合作办学项目获批。

校园建设。11月，上海市政府常务工作会议通过了学校“上音歌剧院”项目，获批的可研评审报告认定建筑面积为32 451平方米，地上建筑面积14 998平方米，核定的投资额为7.56亿元。零陵路校区学生公寓及校园配套设施项目的建设施工进程按预定目标稳步推进，年内完成地下结构施工。新建教学区和音乐创作、实践基地项目建筑方案，经市规土局专家评审及依法公示后获得批复。（王金晶）

【韩正到校调研】 4月16日，市委书记韩正到校调研。市委常委、秘书长尹弘，副市长翁铁慧，副秘书长宗明等领导参加调研。韩正要求上音树立清晰目标，创新体制机制，打造一流人才队伍，大力推进校园基础设施建设，硬件软件两翼齐飞，加快建设世界一流音乐院校。（王金晶）

【中国专业音乐院校艺术实践联盟成立】 5月7日，“中国专业音乐院校艺术实践联盟”在学院正式成立。院党委书记、院长林在勇，副院长廖昌永，及中央音乐学院、中国音乐学院、天津音乐学院、四川音乐学院、西安音乐学院、沈阳音乐学院、武汉音乐学院、星海音乐学院的领导出席成立大会，并共同签署中国专业音乐院校艺术实践联盟倡议书暨《中国专业音乐院校艺术实践联盟实施章程》(试行)。经中国专业音乐院校艺术实践联盟第一次主席团会议投票，上海音乐学院当选为“第一届中国专业音乐院校艺术实践联盟主席团主席单位”，副院长廖昌永当选联盟主席团主席。（王金晶）

中国专业音乐院校艺术实践联盟成立

【举行纪念中国人民抗日战争胜利70周年音乐会】 5月27日，“我们是铁的新四军——上海音乐学院纪念中国人民抗日战争暨世界反法西斯战争胜利70周年音乐会”在学院贺绿汀音乐厅举行。市委宣传部，市教卫工作党委，上海市警备区，市教委，江苏省盐城市委、市政府的领导，以及朱践耳、吕其明等新四军、八路军、地下党在沪老同志，市老领导陈铁迪、蒋以任、胡炜等出席音乐会。音乐会上，黄英、方琼、王凯蔚、赵勇等著名歌唱家领衔优秀学生，激情献唱《游击队歌》《长城谣》《嘉陵江上》《保

卫黄河》等抗战歌曲。（王金晶）

【举行首届上海音乐学院音乐开放周活动】 5月10—16日，上海之春首届上海音乐学院音乐开放周活动在学校举行。开放周活动包括各类音乐会排练、专家讲座、名家授课、硕博论文答辩等内容。学校校史馆于5月11—15日期间全天对外开放。（王金晶）

【成立华人作曲家手稿保护与研究中心】 6月24日，"华人作曲家手稿保护与研究中心"在学校成立。院党委书记、院长林在勇，副院长张显平，中国音乐史学会会长戴嘉枋等为中心揭牌。"华人作曲家手稿保护与研究中心"将务实、全面、持续地为上海音乐学院的艺术科学研究、国际文化交流、专业教育教学等做出贡献。揭牌仪式后，《华人作曲家手稿数字化典藏与音乐文本分析》课题后期评议暨与台湾汉学中心学术交流会举行。（王金晶）

【大型原创音乐剧《海上音》首演】 9月1—3日，由上海音乐学院出品的大型原创音乐剧《海上音》在兰心大剧院首演。该剧以20世纪世界反法西斯战争和抗日战争为时代背景，以避难于上海的犹太音乐家与上海音乐学院的渊源和中西方音乐艺术文化交流为故事缘起进行创作。音乐剧展现了中国人民和犹太民族的真善美，共同对音乐的热爱和虔诚，面对侵凌和暴政的相似境遇和情感，讴歌双方深厚的国际民族友谊和人间真情，抒写了一曲曲超越时空来自海上的音符。该剧由上海音乐学院党委书记、院长林在勇任出品人，赵光作曲，周小倩导演，马达编剧，李琦编舞，方琼声乐指导。剧中角色的扮演者均为上海音乐学院音乐戏剧系在校学生。（王金晶）

【召开第十届交叉音乐学大会】 11月27日，2015年第十届交叉音乐学大会在上海音乐学院开幕。交叉音乐学会执行委员会主席主持大会。这是第十届交叉音乐学大会首次在亚洲地区召开，由交叉音乐学会与上海音乐学院联合主办，为期3天。会议议题为"音乐中的想象"。开幕式后，英国剑桥大学著名教授尼古拉斯·库克(Nicholas Cook)做主题为"想象音乐"的专家讲座。此外，大会还有2场专家讲座，以及8场会议发言。（王金晶）

【上海音乐学院民族管弦乐团亮相国家大剧院】 11月4日，作为2015国家大剧院"春华秋实"艺术院校舞台艺术精品展演周系列项目，"大音之韵之三——上海音乐学院民族管弦乐作品专场音乐会"亮相国家大剧院。音乐会由学院民族音乐系教授、重合奏教研室主任、民族管弦乐团团长吴强执棒上海音乐学院民族管弦乐团，竹笛演奏家唐俊乔教授担任独奏。（王金晶）

上海音乐院民族管弦乐团精彩亮相国家大剧院

附:学院负责人及地址

（2015年1—12月）

院党委书记:林在勇
副　书　记:刘　艳

院　长:林在勇(4月到任)
副院长:杨燕迪、张显平、廖昌永、唐立兔

汾阳路校区地址:汾阳路20号
邮编:200031
电话:64312000

零陵路校区地址:零陵路530号
邮编:200032
电话:64312000

上海杉达学院

【2015 年概况】 学校深化非营利民办高校示范校建设，推进规范管理，提升应用型内涵质量，全面完成学校年度工作计划和“十二五”发展规划确定的重点任务。全年招生 3582 人（本科 3196 人，专科 386 人），计划完成率 108.5%（本科计划完成率 106.5%，专科 128.7%）。在校生 12633 人，其中本科生 11777 人、专科生 856 人。毕业生 2893 人，就业率为 98.4%，签约率为 85%。

谋划学校事业发展。①编制学校改革和发展规划。研制并基本完成《上海杉达学院改革和发展“十三五”规划》。核心理念是：与众不同，追求品质，形成未来。发展定位：多科性、国际化、高水平的民办应用技术大学。规模和层次目标是：普通高等教育 1.5 万人。专业数量和学科门类：本科专业数 37—39 个，专业硕士学位点 1—2 个；学科门类 9 个（包括经、管、文、医、工、艺术、法、教育、理）。师资规模：教师总数 840 人，其中专任教师 650 人，副高以上占比约 35%—40%，硕士以上占比约 90%。②落实市级政府专项扶持资金项目。酒店管理专业教学实训中心（一期）、基于 BPO 的商科类专业综合实训平台（二期）、网络与新媒体实验中心（二期）、ITO 软件服务外包实训平台（二期）、跨境电子商务运营实训实验中心、大学生素质教育中心（本部）等 14 个项目获得 2015 年度专项建设资金 6456 万元。完成 2013 年度市级民办高校政府专项扶持资金绩效自查自评工作，并接受第三方评估。启动 2016 年度专项资金项目申报。③深化现代大学制度建设试点。推进《上海杉达学院章程》规范工作，凝练内部决策和监督机制建设特点。成立旅游与酒店管理学院、国际教育学院等二级学院。设置教学质量管理处、校企合作处、高等教育研究所等机构。学校成为上海市民办教育协会高专委秘书处单位。

教学工作。①通过本科教学工作合格评估。学校稳固教学中心地位，不断改善办学条件、规范教学管理、提高教学质量，体现新建本科院校教学改革的方向，整改落实成效明显，通过普通高等学校本科教学工作合格评估。②深化专业与课程建设。研制本科专业评估实施方案，启动并推进参评专业的前期准备工作，提升专业教学水平。获批增设翻译本科专业。“构建‘融合—交叉—开放’的应用型本科环境设计专业实践教学体系研究”获批上海高校本科重点教学改革项目。“扬帆法律协会”和“8338 法律咨询室”分获上海市学校法治教育精品和特色项目。组织市级重点课程、优秀教材申报工作，“宏观经济学”“财务会计”获批 2015 年上海高校示范性全英语课程建设项目。“西班牙语口译”“会计实务”“居住建筑室内设计”“国际经济学”“旅游服务质量管理”“数据库原理及技术”“销售管理”获批 2015 年度市教委本科重点课程立项。《国际贸易实务》《现代酒店管理概论》获评 2015 年上海普通高校优秀教材奖。组织开展校级重点课程、教材建设评选工作，18 门课程、4 本教材立项。课程中心建立 400 余个课程网站，开展“形势与政策”进阶式课程学习和 12 门次公共基础课程网上学习。开设公共选修课 83 门次，选课 8058 人次；参加东北片跨校辅修 328 人次。③强化教学质量管理。依托教学督导制度、领导干部听课制度和期中教学检查、论文查重、聘任学生信息员、学生网上评教等举措，不断完善教学质量监控。网上评教教师数为 1200 余人次，优良率为 98.4%；文字复制比在 30%以内的 2015 届本科生论文占比为 99.6%。开展 2015 年度教学基本状态数据采集工作；发布本科教学质量报告；委托第三方研制应届毕业生社会需求与培养质量跟踪评价报告。④加强自主学习平台内涵建设。校基础部三大自主学习平台建设由形态向内涵不断深入。外语自主学习平台学生注册率为100%、英语作业完成率为99%。选聘学生助教199人，利用计算机自主学习平台组织辅导974场，收到作业2.8万份，全国计算机考试通过率为93.3%。3124名新生登录演讲平台完成视频教学课程(完成率为99.08%)、1960人进行“最佳三分钟”演讲。⑤校企合作机制日趋成熟。围绕行业资格框架，完善产学合作教育格局，校企合作共同实施专业教学改革。信息科学与技术学院与中国软件测试认证委员会合作，引入软件测试认证体系；与上海华钦信息科技股份有限公司合作共同培养金融IT人才；仁济医院、第一人民医院、上海儿童医学中心成为国际医学技术学院教学医院；传媒学院与北大方正电子有限公司开展合作。⑥加强创新创业教育实践。2015年起学校探索实践创新创业教育改革，增强学生的创新精神、创业意识和创新创业能力。开设“创新创业教育”课程；举办和承办“杉达之秋”2015年创新创业成果展示活动周、大学生创新与创业论坛暨第四届上海青年“双创”论坛、2015浦东新区“大城众创”嘉年华系列活动之大学生创业大赛等。2015年，学生获全国和省市级学科专业、创新类奖项43个。

师资队伍建设。引进副教授及以上专任教师12人、博士后2人；新进教职工77人，其中副高级及以上职务17人、硕士及以上46人；聘用外籍教师55人，其中专职语言外教45人。加强教师培训，入选市教委“海外名师”项目2人、上海高校教师产学研践习计划10人；参加民办高校“强师工程”海外研修项目6人、国外访学进修5人；参加新教师岗前培训和“强师工程”培训64人、辅导员专业化职业化培训82人次；晋升副教授及以上职务13人，认定双语教师师资资格17人，评选优秀教职员工39人。教师在各级各类专业比赛中获奖，在第二届上海市民办高校教师教学技能大赛中，国际医学技术学院教师李斌获青年组特等奖，另有三等奖2项；获上海市应用型本科高校第二届教师教学能力大赛三等奖3项；获上海市首届语文教学比赛二等奖1项。学校设立“储文奖教金”，表彰奖励在教育教学工作中取得突出业绩的教师，树立“四有”教师楷模。开展辅导员队伍建设工作自查并接受督查组实地检查。国际医学技术学院成立“卫生教育名师工作室”。

对外合作交流。新签和续签协议19项，接待来访团组54个约243人，出访泰国、柬埔寨、越南，拓展新兴生源市场；学校已与13个国家和中国台湾、澳门地区的59所学校签署校际合作交流协议，其中开展师生交流等实质性项目的学校42所。招收长期来华留学生24人、短期来华留学生80人、港澳台学生4人。赴海外进修、访学等教师63人次、学生257人，其中教学管理骨干14人赴德国学习考察。获芬兰中腾应用科技大学学生交流双学位项目资助1.4万欧元、获波兰社会与人文大学学生交流项目资助约0.5万欧元、“上海市高校大学生海外学习实习项目”奖学金75万元，80多名学生获得资助。召开教育国际化论坛。举办第二届国际文化节暨第五届游学周、欧美同学会上海杉达学院分会摄影展等活动。

科研工作。申报科研项目146项，批准立项87项，新增科研经费238万元，其中教育部青年项目1项、上海市“晨光计划”2项、上海市德育实践研究项目2项、上海市体育科研青年项目1项。获上海市民办教育协会科研项目二等奖1项。教师发表论文180篇，其中国际三大检索3篇、CSSCI期刊7篇、国内核心期刊28篇。出版专著2部、译著5部、编著8部、教材17本。以科研项目带动学科专业建设、促进创新团队建设，5项民办高校重大内涵建设项目结题，专家评审均给予“优良”评价。制定校内科研机构管理办法、科研成果奖励试行办法、科研绩效考核试行办法等，保障科研管理和服务工作。

学生工作。①持续加大学生资助力度。践行公益办学理念，认真做好“奖贷助、勤补免”资助育人工作，429人获得国家、上海奖学金228.3万元。1251人次获“谢希德奖学金”58.72万元。69名新生获学校奖学金28.1万元。完成2500名学生的家庭经济困难认定工作，发放国家助学金368.22万元。24人成功申请国家助学贷款14.8万元，488人获得生源地助学贷款375.15万元，共贴息3.68万元。292名新生获学校助学金34.4万元。898人次获勤工助学金45.5万元。83名参军士兵获学费补偿219.8万元。为534名家庭经济困难学生办理学费无息缓交(430.41万元)。积极争取社会资源，39人分别获得“智瑾奖助学金”“徐国炯奖助学金”等资助29.65万元。开展“夏季送清凉”“冬季帮困送温暖”“走近高雅艺术”“大学生自强之星”评选、主题征文比赛等活动。

促进学生身心健康成长。开展大学生体质健康测试工作，参测4863人，合格率为93%；在上海市高校学生阳光体育大联赛有关项目比赛中获团体二等奖1项，个人第三名2项。完成《大学生心理健康教育》课程教学任务。举办心理健康专题讲座10余场，开展团体心理辅导20余场次，接待个体心理咨询256人次，并进行6次心理健康排查，建立新生心理健康档案。

校园文化建设。①发挥文化育人作用。以“杉达大讲堂”为载体，开展习近平总书记系列重要讲话精神宣讲活动。开展纪念中国人民抗日战争暨世界反法西斯战争胜利70周年图片展等主题教育活动。开展中国最长丙烯画《画梦》献礼23周年校庆、教师节庆祝大会、“学生喜爱的大学校长”推选、高雅艺术进校园、“希德讲坛”、学生骨干训练营、首届“杉达之声”大学生辩论大赛、上海市“阳光校园”心理健康大讲堂启动仪式暨青少年心理健康教育专题讲座、上海浦东曹路镇禁毒嘉年华等各类校园文化活动、讲座报告200余项。做好学校网站、微信公众平台、校报学刊等信息发布和网络舆情管理工作，充分发挥宣传媒体教育功能。图书馆代表队获“知网杯”上海高校文献信息资源检索大赛二等奖。校党委宣传部承办“跨越时空·恋上经典”上海民办高校大学生弘扬中华优秀传统文化短剧展演活动获得立项。校工会获“教苑群芳——上海女教师服饰展示活动”最佳表演奖。校党委学工部荣获“第四届上海高校辅导员团队拓展活动”团体三等奖、最佳风尚奖。艺术与设计学院荣获第七届全国美育展评“全国高校美育工作先进单位”等。

② 大力推进精神文明创建工作。学校获上海市五一劳动奖状，连续六届获上海市文明单位称号。开展志愿服务活动。29支常规志愿者队伍6000余人次开展社区、教育、医疗、慈善、环保等五大类志愿服务，其中包括为世界花样滑冰锦标赛、意大利超级杯、全球CEO发展大会、浦东半程国际女子马拉松、上海科技馆、铁路上海南站等提供志愿者服务。（俞　刚）

【共建产学合作教育基地】 1月29日，学校与28家企事业单位签约，共建校级产学合作教育基地，45名行业专家被聘任产学合作教育专业兼职教授。依托行业的业务场所、生产装备和产业项目等资源，实现学校与企业、专业与产业相互促进、共同发展。（俞　刚）

【参加老弄堂公益改造活动】 2月下旬至3月初，主题为“魔都、自然、时尚、梦想”的老弄堂公益改造活动，在徐汇区新乐路134弄举行。服装设计专业学生经过40天创作的涂鸦艺术墙，让原本斑驳发黑、小广告随处粘贴的老弄堂的墙体焕发艺术光彩。新闻综合频道、解放日报、上海教育新闻网等媒体进行报道，受到社会关注。

（俞　刚）

在老弄堂墙体上创作的壁画

【完成2015年花样滑冰世锦赛志愿服务工作】 3月23—29日，55名学生志愿者完成2015年花样滑冰世锦赛志愿服务工作。（俞　刚）

【获上海市五一劳动奖状】 5月7日,上海市总工会给学校颁奖,校长李进代表学校受领"上海市五一劳动奖状"。杉达学院荣膺"劳模集体"。（俞 刚）

学院获上海市五一劳动奖状

【与CSTQB(中国软件测试认证委员会)签订战略合作协议】 5月19日,学校与CSTQB(中国软件测试认证委员会)签订战略合作协议,将行业和企业的经营原则与教育的本质结合起来,共同开展"跨界"合作。（俞 刚）

【仁济医院等签约成为教学医院】 6月10日,仁济医院、第一人民医院、上海儿童医学中心与学校签约成为教学医院,双方将建立更加紧密的产学合作关系,培养适应社会需求的医学技术人才。（俞 刚）

仁济医院等签约成为学院教学医院

【卫生教育名师工作室正式启动】 6月12日,学校国际医学技术学院卫生教育名师工作室正式启动。来自台湾师范大学健康促进与卫生教育学系资深教授陈政友成为工作室首任主持人。（俞 刚）

【举办上海民办高校"强师工程"教师培训成果展】 9月24日,上海民办高校"强师工程"教师培训成果展暨第二届上海市民办高校教师教学技能大赛颁奖典礼在学校谢希德堂举行。学校4名教师获奖,其中李斌获特等奖,安全、费雯俪获三等奖,胡菁获优胜奖。（俞 刚）

【举办大学生创新与创业论坛暨第四届上海青年"双创"论坛】 12月3日,大学生创新与创业论坛暨第四届上海青年"双创"论坛在学校举行。论坛以"助力导航 成就梦想"为主题,来自政府、企业、高校的专家、学者及创业指导教师等共话大学生创新创业。（俞 刚）

【签约教育学(卫生教育方向)教学实习基地】 12月7日,国际医学与技术学院举行教育学(卫生教育方向)第二批教学实习基地签约仪式。会上,学校与杨浦区民星中学、上海师范大学附属中学等22所中小学签约成为教育学(卫生教育方向)教学实习基地。（俞 刚）

附:学院负责人及地址

(2015年1—12月)

院党委书记:朱绍中
副 书 记:李 进、王馥明、陈 暐

院 长:李 进
副院长:张增泰、王馥明、冯伟国、贾巧萍、朱绍中

地址:金海路2727号
邮编:201209
电话:50210894

上海立信会计学院

【2015 年概况】 2015 届共有毕业生 2745 人，其中研究生 42 人、本科生 2153 人、专科生 550 人，截至 8 月 25 日，毕业生签约率为 86.92%，就业率为 97.16%。2015 年，学院共招收研究生 60 人、本科生 2399 人(含春季录取 40 名)、预科生 50 人、专升本学生 154 人、高职(专科)学生 449 人。

综合改革。聚焦服务国家和上海市发展需求，立足学院特色，制定《上海立信会计学院深化综合改革(2015—2020 年)方案》，围绕现阶段在人才培养模式、师资队伍建设、学科科研体制、校内管理体制、对外交流与合作等五大关键领域的 13 个瓶颈问题，部署 23 项主要改革项目。

学科和专业建设。工商管理入选 2015 年上海市Ⅰ类高原学科建设计划。会计学、金融学专业入选第一批上海市属高校应用型本科试点专业建设名单。成立工商管理研究中心，推进高原学科建设。学报《会计与经济研究》再次入选中国人民大学发布的重要转载来源期刊，并被评为"上海市最佳学报"。

人才培养。探索、推动人才培养模式改革，完成 2015 级学生各专业培养方案(课程体系)制定工作。制定《上海立信会计学院学期学段制改革实施方案(试行)》，形成"一学年两学期四学段"的学期模式并在 2015 级实行。实行 30%的优秀生、学科特长生和学习困难生转专业制度。推行本科生导师制，构建全员育人、全过程育人、全方位育人的培养体系。通过调整课程结构，显著提高实践教学比重，依托短学段，集中进行业界实务人员的案例分析教学和短期的校内外综合性实践教学活动。"上海立信会计学院审计硕士立信会计产学研基地"项目，获批进入示范级专业学位研究生实践基地建设行列。稳步开展联合培养研究生工作，2015 年，共有 10 个专业 8 位联合培养研究生获得硕士学位。共立项市级精品课程 2 门、市级重点课程 9 门、市级在线课程 2 门，三本教材被评选为市级优秀教材。计算机科学与技术专业新增 IT 财经应用方向。开展"教学开放月"活动，有 46 名校内教师和 41 名业界精英登上讲台。学生获第五届全国市场调查与分析大赛暨第四届海峡两岸市场调查与分析大赛全国一等奖 1 项、上海市二等奖 2 项，实现了学院学科竞赛全国一等奖零的突破。

科研工作。成立"一带一路"会计文化研究中心，对接和服务国家重大发展战略。2015 年，学院共立项国家自然科学基金项目 4 项，国家社会科学基金项目 4 项。获教育部人文社会科学研究项目 4 项，上海哲社规划课题 1 项，上海市政府发展研究中心课题 6 项，上海市教育科学研究市级项目 1 项，其他省部级项目 3 项，上海市学校体育科研课题 3 项，横向课题 24 项。入选晨光计划 1 人，阳光计划 3 人。

师资队伍建设。积极探索实务类人才引进、高层次人才引进的工作机制，2015 年共柔性引进高层次特聘教授 11 位，其中上海市"东方学者"1 人，上海市海外名师 3 人，落实"双轨特聘岗"3 人。实施教师专业发展工程的四项计划，即教师国外访学计划、产学研践习计划、国内访学计划、实验技术队伍建设计划，2015 年共有 50 位教师入选。实施青年教师助教工作制度，加强青年教师岗前培训，有 12 位教师入选上海市高校青年教师培养资助计划。成立名师工作室，2015 年已选聘 4 位名师进驻工作室，切实发挥教学名师在教学科研中的示范、指导、辐射作用。组建核心课程教学团队，以核心课程为单位明确建设目标，提高教学团队的凝聚力和创造力。

学生工作。多渠道加强大学生思想政治教育，构建育人为先、德育为本的良好氛围。学院思政教师在长三角高校思想政治理论课教学比赛中获三等奖。开设辅导员论坛、辅导员沙龙，进一步推进辅导员队伍建设。校本课程“大学生诚信教育”获批2015年上海高校“辅导员工作培育项目”。“‘增益其能’实训营”获批2015年度上海高校辅导员名师工作室，“‘相约星期二’立信辅导员心理健康督导培训工程”获批2015年度上海高校辅导员队伍建设特色项目。积极组织学生参与“挑战杯”“大学生艺术展演”等各类赛事，2015年共获国家级奖项2项，市级奖项31项。体育赛事成绩喜人，2015年共获得国家级奖项12项，其中在中国大学生跆拳道锦标赛中获得女子竞技团体总分第一和2个单项第一、1个单项第二、2个单项第三，实现历史突破。学院荣获2015年上海市大学生暑期社会实践活动“优秀组织奖”、2015年度上海市体育先进学校。

国际交流与合作。建立国际财经学院，创新体制机制，进一步拓展国际化培训空间。2015年，共招收注册留学生488人。与10所海外院校或机构新签或续签合作备忘录、合作协议。学生海外学习项目总人数达428人。有50批次国(境)外院校、机构代表到学院访问会谈。

文化传承。以顾准诞辰100周年为契机，制作“师生情”主题雕塑。开展“高雅艺术进校园”活动，邀请中国爱乐乐团、上海歌剧院等单位到校演出，丰富校园文化生活。组织“峥嵘岁月稠——抗日战争中的立信人与事”专题展、革命先烈遗作朗诵会等纪念抗战胜利70周年系列主题活动，获得上海市教委颁发的“优秀组织奖”。积极挖掘资源，举办“‘会苑奇珍’西南少数民族地区会计文化展”“‘思路遗珍’敦煌会计文献专题展”等多场专题展览，不断提升中国会计博物馆的文化育人功能和社会影响力。积极开展校园文化建设，传承诚信办学文化，构建“六环节—六目标”的诚信教育体系，形成具有“立信”特色的大学生诚信教育模式。《新闻晨报》以《凝练诚信精神　传承创新立信文化》为题，专版报道学院诚信文化建设；上海教育电视台也以《诚以“立信”浸润人心》为题，报道学院诚信育人特色做法。

群团工作。充分发挥群众工作优势，提升群众工作能力。2015年，工会获“全国科教文卫体工会模范小家”“上海市教育系统先进教工之家”。启动教代会提案工作系统电子平台，进一步拓展教职工参与学院民主管理的渠道和途径。积极参加市教育工会的创新案例评选交流活动，学院三个案例分获创新案例二等奖、三等奖和优秀奖。召开第一次妇女代表大会，进一步提升妇女工作规范化水平。成立第一届学生委员会，召开首届研究生代表大会，进一步激发学生参与学院事务的积极性和主动性。选拔优秀学生干部担任职能部门部(处)长助理，为学生提供锻炼、提高和实践的良好机会。

社会服务。依托经济运行风险管理与预警研究中心和上海市政府“服务经济与制度创新”决策咨询基地等研究平台，积极开展对外合作和社会服务。加强培训基地建设，提升培训服务能力。2015年，学院完成乡镇财政干部培训四期、财政局干部人事档案管理工作业务培训、上海市财政局绩效评价第三方机构政策业务和质量控制培训、2015年“上海财政干教”微信公众平台电子简报现场评比暨专家研讨会等基地项目，共计培训1926人次。承办中国信托业协会培训三期，浦东新区民政局财务人员培训班，湖州市德清县，安吉县中小学校财务人员培训；水务局、劳改局等单位定向培训，共计培训1017人次；组织实施会计人员继续教育工作，共计培训3972人次。

民生工程。实施“十件实事”项目，切实解决师生学习、工作和生活中的实际问题，确保学校发展成果惠及更多师生。建设学生事务中心、社团活动中心、创业中心、艺术中心、学生之家，服务学生发展，促进学生综合素质提升；每周放映电影，建立教职工体育协会及各专业分会，全面带动全校教工参与体育活动的积极性，丰富师生校园文化生活；推进教师办公室标准配置，设置教师休息室和直饮水机，提高餐饮、通勤费标准和教职工疗休养规格，加大困难教师救助力度，完成校园卡更新升级，进一步优化了师生员工的学习、工作和生活条件，提升了师生的幸福感。

管理工作。①建章立制。系统开展建章立制工作，充分发挥制度的规范引领作用，建立健全长效机制。2015年，共制定和修改完善相关制度文件38项。编纂《管理制度汇编》，不断推进管理工作的制度化、规范化。②工作作风建设。开展"机关作风建设年"活动，出台《上海立信会计学院关于加强机关工作作风建设的意见》等文件，推行"午间轮休制""首问负责制"等工作制度，以机关工作作风建设为抓手，提升管理规范化水平。坚持正确用人导向，积极搭建平台，遴选5位专业教师到校党政职能部门、直属（教辅）单位挂职锻炼。③财务工作。完善预算管理制度，优化预算申报平台，推行网上财务报销系统，提升财务管理效率。④文献资源建设工作。2015年新入库中文图书5.56万余册，图书总量达到140.12万册，数据库17个，入馆人次61.033万人次，图书馆服务质量进一步提升。⑤资产管理和后勤保障工作。做好基础设施及配套服务设施的维护、改装和修缮工作，改善基本办学条件。稳步开展设备采购、学生公寓回购、资产清查等各项资产管理与后勤保障工作。⑥出版工作。学校出版社立足教材和原创，着力打造精品图书，《中国会计准则的国际趋同效果研究》获教育部优秀科研成果三等奖。学校出版社连续两届获许上海市新闻出版系统文明单位。（田　原）

【台北大学校长到校访问】 4月15日，台北大学校长到校访问，双方就两校间的交流合作事宜举行了会谈。双方一致认为，应当在现有交流项目的基础上进一步开展教师和学术方面的交流合作，通过合作与交流切实让双方的教育教学发展受益。（田　原）

【举办顾准诞生100周年系列纪念活动】 为纪念思想家、经济学家、会计学家，立信校友会创始人之一顾准先生诞生100周年，学校举办系列纪念活动。4月19日，校领导赴京看望顾准子女。5月18日，中国社会科学院经济研究所研究员，中国社会科学院研究生院教授、博士生导师，北京天则经济研究所学术委员会主席张曙光到学校为师生作题为《顾准的贡献与探索》的讲座。6月26日，在图书馆报告厅举办纪念顾准诞生100周年纪念大会。立信会计学院全体师生参加纪念活动。纪念大会回顾了顾准的生平，观看了《大师——顾准》纪录片。青年学生代表、青年教师代表在纪念大会上发言，追思前辈，发扬"信以立志，信以守身，信以处事，信以待人"的立信精神。（田　原）

【会计学、金融学专业入选首批市属高校应用型本科试点专业】 4月23日，上海市教委公布了第一批上海市属高校应用型本科试点专业建设名单，学院会计学、金融学专业入选。（田　原）

【举办中国人民解放军军乐团走进高校专场音乐会】 5月5日，学院举办中国人民解放军军乐团走进高校专场音乐会。市教委副主任王平、中国人民解放军军乐团领导，及杨浦区委、徐汇区人武部、松江区人武部领导出席音乐会。军乐团副团长、国家一级指挥张海峰担任音乐会指挥。（田　原）

【"会苑奇珍"西南少数民族地区会计文化展开幕】 5月17日，学院举行中国会计博物馆2015年国际博物馆日专题展——"'会苑奇珍'西南少数民族地区会计文化展"开幕式。上海市审计局、市审计学会、市会计学会、市科普教育联合会、松江区宣传部、区审计局、区国资委、区科委、区博物馆等单位代表出席开幕式。此次专题展契合国家"一带一路"建设战略构想，是全面展示祖国西南边陲别样民族风情和特色会计文化的一次尝试。（田　原）

【与浙江工商大学签订校际合作框架协议】 5月20日，学院与浙江工商大学校际合作框架协议签约仪式举行。院党委书记李世平，浙江工商大学校长张仁寿出席签约仪式。双方共同签订了校际合作框架协议，在人才培养、师资共享、科学研究、资源共享、校园文化、学校改革发展重大举措等方面开展合作交流。双方还签署了《关于开展校际交换

生的备忘录》。（田 原）

【召开首届研究生代表大会】 6月3日，学院召开首届研究生代表大会。上海外国语大学、东华大学、上海对外经贸大学、上海应用技术学院等兄弟院校研究生会主席及主席团成员到会祝贺，上海市学生联合会、华东师范大学、华东政法大学等兄弟院校研究生会先后发来贺信、贺电。研究生代表大会的召开是学院研究生教育事业进一步发展的必然要求，也标志着学院研究生工作进入了一个新的阶段。（田 原）

【"一带一路"会计文化研究中心成立】 12月26日，学院举行"一带一路"会计文化研究中心成立仪式。市教委副主任王平为研究中心揭牌。"一带一路"会计文化研究中心以积极对接和服务于国家"一带一路"战略为宗旨，面向政府部门、企业和社会需求，开展"一带一路"沿线国家会计制度与会计文化、国际贸易、国际税收、法律和金融信用等方面的研究，提供相关的决策咨询和数据库服务。

（田 原）

附：学院负责人及地址

（2015年1—12月）

院党委书记：李世平
副 书 记：朱坚强

院 长：唐海燕（6月离任）
副院长：万 峰、许 玫、周国明、邵瑞庆（1月30日离任）

松江校区地址：文翔路2800号
邮编：201620
电话：67705200

徐汇校区地址：中山西路2230号
邮编：200235
电话：64390390

上海电机学院

【2015年概况】 2015年，学校领导班子进行调整充实，胡晟校长到任履新。学校"十二五"规划收官，各项目标任务基本达成。学校发布《深化综合改革方案》和《"十三五"规划》，明确了今后五年的发展道路。《上海电机学院章程》核准发布，学校自主、规范、特色办学有了依据。学校成立"德泰学苑"，筹备成立中德合作智能制造学院，试验高技能人才培养新路。学校临港二期建设项目竣工，闵行校区二级学院主体搬迁至临港校区，校区功能布局进行了调整。学校首届39名专业学位研究生顺利毕业，人才培养层次提高。学校作为参与单位获上海市科技进步一等奖。学生陆江获上海市青少年科技创新市长奖。学校获第十七届上海市文明单位称号。在院党委的领导下，学校紧紧围绕"育人"中心任务，从合格本科向成熟本科院校不断迈进。

专业建设。依托市属高校应用型本科试点专业，挂牌成立"德泰学苑"，对标国际同类一流学校，实施产教融合、双证融通的教学改革，探索可复制、可推广的专业、课程建设标准、教学方法和教师考核方法，引领学校人才培养模式的改革与创新。"焊接技术与工程"获批本科新专业，学校本科专业总数达到28个。"电气自动化"专业获批上海市一流建设专业。"市场营销""软件工程"2个专业列入市属高校应用型本科试点培育名单。

教学质量建设。实施"本科教学教师激励计划"，鼓励教师将精力和时间聚焦于学生培养。发布并运行"教学质量保障体系"，调整教学综合评价指标体系和评价方式，建立"诊断—反馈—整改—

回访”的教学质量保障长效机制。

学科建设。学校始终坚持应用型学科发展方向，依托上海市协同创新中心“大型铸锻件制造技术产学研合作中心”平台，举办全国大锻件学术会议和大锻件制造产业发展峰会。“工程硕士风力发电技术实践基地”被评为上海市示范级专业学位研究生优秀实践基地。科研工作。组织开展“走入长三角”系列科技服务活动和“长三角企业进上海”活动。新设江苏如东技术转移中心。作为主要研究单位首次获上海市科技进步奖一等奖。首次获得职业技术教育科学研究成果特等奖。发表三大检索论文133篇，其中SCI论文41篇，EI论文84篇，ISTP论文8篇，高水平论文数同比增长21.5%。

推进教师专业发展工程。7名教师获得国外访学进修项目，15名教师获得骨干教师国内访问学者项目，15名教师获得产学研践习项目，24名教师获得上海市优青培养项目，12名教师获得实验队伍建设项目。学校对岗位设置方案进行了修订，提高了高级职称占比，正高岗位比例从7%提升至8%，副高岗位比例从29%提升至32%，为优秀教师职称晋升开拓了空间。此外，学校还制定了《重点突出工作奖励及绩效工资余额结算奖励的发放办法》，从绩效方面对重点工作给予支持。

国际化是学校发展的重要方向，学校积极拓展国际合作办学。新增与美国等8所院校项目合作，国际合作院校数已达65所。选派373名学生赴境外合作大学学习，资助212名优秀学生赴海外长期学习，161名学生参与短期交流项目。留学生规模达370人，其中本科学历留学生156人。学校积极推进合作专业建设，中美本科和中澳专科的合作办学项目通过教育部和市教委合格评估。此外，学校还与临港管委会共同筹备建立中德合作智能制造学院，引进德国高技能人才培养模式，服务临港智能制造中心建设。

学校全年招生3448名，其中研究生75名，本科生2530名，专升本学生121名，专科生722名。2015届毕业生3321人，总体签约率为91.06%，就业率为98.49%。学校鼓励学生创新创业，依托大学生科技文化节、科学商店等校内创新活动平台和市级大学生创新科创竞赛等校外平台，设立学科竞赛基金50万元，鼓励学生提升创新能力素质，获上海市青少年科技创新市长奖1项，获得第十四届“挑战杯”全国大学生课外学术科技作品竞赛上海市二等奖2项、三等奖4项，获得第七届“知行杯”上海市大学生社会实践大赛特等奖1项。学校建立临港科技创业苗圃，培育学生创业项目50项，孵化学生创业公司14家。

建设现代大学制度，学校颁布实施《上海电机学院章程》，梳理并修订各项规章制度，初步形成以大学章程为核心的现代大学制度体系。科学编制《综合改革方案》和《“十三五”规划》，明确学校未来五年发展的核心指标和重点建设任务。规范校友工作，注册成立上海电机学院校友会和教育发展基金会。

（电　机）

【上海电机学院校友会、教育发展基金会注册成立】 1月27日，上海电机学院校友会、上海电机学院教育发展基金会成立大会在上海电气集团教育中心召开。上海市社团局副局长贾勇宣读了准予设立登记的文件。校党委书记兼校友会会长曹锡康、校友王祖康和童天雄分别为校友会和教育发展基金会揭牌。校友会和基金会的成立，架构了学校与广大校友沟通和联系的平台，对拓宽办学资金来源渠道，推进学校教育事业发展具有积极作用。

（周太军）

【校企合作定制培养电机工艺人才】 1月27日，上海电机学院——上海电机厂举行联合定制培养电机工艺人才签约仪式。“技术立校、应用为本”是学校发展坚定不移的办学方略。学校在企业走访调研中得知电机厂电机工艺人才存在断层和缺失，企业的转型发展急需大量的现场工艺、试验、服务与管理人员，而高校由于专业目录调整，培养的机电类人才已不能满足企业实际需求。为服务企业需求，学校主动对接企业，双方合作制定了培养方案，并遴选学生组建了试点班，为企业定制培养人才。

（周太军）

【首届专业学位研究生毕业】 4月16日，上海电机学院专业学位研究生毕业典礼暨学位授予仪式在

临港校区举行，授予首届39名全日制专业学位研究生工程硕士学位。（周太军）

上海电机学院首届39名专业学位研究生毕业

【获上海市科技进步奖一等奖】 5月20日，2014年度上海市科学技术奖励大会在上海友谊会堂召开。学校于忠海、任运来教授参与的《大型先进压水堆核电核岛主设备超大型锻件研制及工程应用》项目获得上海市科技进步奖一等奖。近年来，学校依托上海市2011协同创新——大型铸锻件制造技术中心不断提升服务企业的能力，与上海重型机器厂有限公司等企业开展技术合作，通过校企产学研合作实现共赢。（周太军）

【获职业技术教育科学研究成果特等奖】 10月16日，中国职业技术教育学会第三届职业技术教育科学研究成果奖揭晓，学校报送的职业技术教育科研成果："《严雪怡文集》——严雪怡先生职业技术教育思想"获特等奖。（周太军）

【"德泰学苑"揭牌】 11月6日，学校"德泰学苑"揭牌。学苑采用虚拟学院的模式开展教学改革与试点，专业主要由上海市应用型本科试点专业组成，人才培养方案凸显了职业性，选派优秀教师全程指导，开展小班化、个性化、国际化教学，实现毕业证书与职业资格证书双证融通。德泰学苑是对标国际同类一流专业、实施产教融合、深化教学改革的特区，也是学校探索现代大学治理制度的有益尝试。（周太军）

上海电机学院"德泰学苑"揭牌

【《上海电机学院章程》获核准生效】 12月10日，《上海电机学院章程》获上海市教育委员会核准。《章程》共九章75条，明确了"坚持技术立校、应用为本，致力于培养和造就卓越的高等应用技术型人才，努力建成特色鲜明的高水平应用技术大学"的办学目标，是指导学校依法自主办学的纲领。（周太军）

【获上海市青少年科技创新市长奖】 12月16日，第六届上海市青少年科技创新市长奖颁奖典礼在上海科学会堂国际厅举行。上海市委副书记、市长杨雄，市政府秘书长李逸平等领导出席颁奖典礼，并为获奖者颁奖。学校学生陆江获第六届"上海市青少年科技创新市长奖"。这是学校第一位获此荣誉的学生。（周太军）

附：学院负责人及地址

（2015年1—12月）

院党委书记：曹锡康
副　书　记：宦秀芳

院　长：胡　晟（4月到任）
副院长：陈　信、黄兴华、焦　斌、杨若凡

临港新城校区地址：橄榄路1350号
邮编：201306
电话：38223822

闵行校区地址：江川路690号
邮编：200240
电话：64300980

上海金融学院

【2015 年概况】 2015 年，全校师生深入学习贯彻党的十八大和十八届三中、四中、五中全会精神，及习近平总书记系列重要讲话精神，扎实开展党的“三严三实”专题教育活动，主动适应国家和地方经济社会发展新常态，优化人才培养模式，创新管理体制机制，促进教学和科研水平不断攀升，基本建设不断推进，办学资源不断拓展，办学实力持续增强。

教育教学改革与人才培养。学校与人民银行上海总部、农行上海市分行合作推进“项目制”“订单式”校企协同育人模式。启动 AACSB 国际权威商科认证工作。自主知识产权课程建设和国际高端课程引进力度加大。大类招生试点、应用型本科试点专业建设和中本贯通培养试点等稳步推进。实施《上海金融学院高峰高原学科建设规划(2014—2020)》，开展上海高校高原学科建设计划申报工作。启动实施五年一轮的本科专业自主评估制度，完成 6 个专业校级自主评估。新增税收学专业为学士学位授予专业。本科教学质量工程建设与教改工作取得新成果。本年度新增上海市级精品课程 1 门，市教委本科重点课程 6 门。获上海普通高校优秀本科教材奖 3 项。新增 2015 年上海高校本科重点教学改革项目 3 项。全年共开设 59 门全英文课程和 38 门双语课程。进一步加强教学质量监管，全面建立二级院系督导机制。创新创业教育成效明显。全年获大学生创新创业训练计划立项国家级 26 个、上海市 70 个。有 19 个学生创业实践项目入驻学校创业园区，新增注册公司 4 家。学生在《商业会计》等杂志发表论文 113 篇。《低碳经济下我国碳排放权会计处理的创新研究》项目获第十四届“挑战杯”大学生课外学术科技作品竞赛上海市一等奖、全国决赛二等奖。学生还获得第七届上海市大学生社会实践大赛一等奖、第四届上海市大学生理财规划大赛特等奖等多项奖励。招生就业形势良好。实施春季高考改革试点工作和中本贯通三校生招生改革试点工作，年内录取新生 2785 名。与上海财经大学联合招收卓越金融硕士生 29 名。加强大学生职业(生涯)发展教育和就业指导，年内毕业学生 2120 人，就业人数 2089 人，就业率达到 98.54%。

科学研究。科研管理与服务进一步加强。制定《关于促进职务科技成果转化的规定(试行)》《科技发展基金管理办法(试行)》，修订《横向项目管理办法》，进一步加强科研管理。建立完善学习调研机制，高端科研人才、高层次科研项目、高水平科研论文和决策咨询内参的培育机制和校内外协同创新机制，提升科研服务水平。科研机构建设力度加大。现代支付与互联网金融研究中心正式成立，国购(自贸区金融)研究院、浦东研究院工作有序推进。上海科技金融研究院加大科技金融数据库建设，整合纳入全市 18 个园区的企业基本经营信息，与交通银行苏州分行、建设银行上海分行等多家银行开展科技金融模式创新试点。开发金融客户服务 APP 技术，申请三项知识产权，在 6 家银行推广应用。科研成果不断涌现。2015 年学校 SSCI 论文数量继续增加。获国家社科规划项目、国家自然基金项目、教育部社科项目、上海市政府决策重点项目等高层次科研项目 23 项。获上海市决策咨询研究成果二等奖 1 项、三等奖 1 项。承担横向课题任务 20 项，多项研究成果受到国家和地方政府有关领导批示。

产学研合作。学校与中国人民银行支付清算中心、中国金融信息中心、中国社会科学院达成合作意向。与上海信用服务行业协会、中国服务贸易协会商业保理专业委员会等多家单位建立合作关系。与联合国环境规划署金融行动机构、波兰罗兹大学和华沙生命科学大学开展项目合作和学术交流。

国际交流与合作。学校与12所境外高校或机构新建合作关系。与丹麦国际商学院合作开办的孔子课堂正式揭牌。与波兰克拉科夫经济大学申请成为欧盟“伊拉斯谟+”计划合作学校。选派优秀教师10名赴国外学习。聘请外教外专46人次,聘请“海外名师”2名。年内,开展学生出国交流项目40个,参加各类出国境学习和文化交流的学生数达386人。招收留学生260名和首届留学预科新生168名。

学生教育管理与服务。思政工作和学风建设稳步推进。继续落实《关于培育和践行社会主义核心价值观的实施方案》,通过各类学习教育活动,不断提升师生的思想政治素质。加强上海市高校思想政治理论课教学改革试点工作,推动思政课实践与学生社会实践融合。顺利通过上海市高校辅导员队伍建设专项督查。1人获上海市辅导员工作室培养项目,上海市“阳光计划”立项1人。以党风政风带学风,以师德师风教风促学风,狠抓考勤等关键环节,营造良好的学习风气。学生事务中心、学业发展中心建设初见成效。坚持“以学生为本”的服务理念,推进学生事务中心建设,获得30项业务授权,学生事务办理流程进一步简化。学生学业发展中心为学生提供考研、学业辅导、科创等咨询,促进学生自主和互助学习。社团、社会实践和共青团工作取得新成效。继续开办明德讲堂、经世讲坛,助力大学生成长成才。学生社团发展到85家,会员总人数达3762人次,自筹活动经费21180元。累计5645人次参加156个志愿服务项目。国际经贸学院2011级经济学2班团支部获2014年度“上海市五四红旗团支部”称号。信息管理学院团委被授予2014年度“上海市五四特色团委”称号。心理健康、国防和体育教育加强。做好2015级学生心理健康普测工作,举办第三届心理运动会和第十一届心理健康教育宣传月活动,成立上海首家留学生心理咨询室。加强国防与安全教育,年内有42名学生应征入伍。成功举办学校第十一届体育文化节和第十二届运动会。击剑队在全国击剑冠军赛、世界大学生夏季运动会等国内外赛事中取得优异成绩。在教育部开展的《国家学生体质健康标准》测试上报数据抽查复核中,学校被评为“优秀”。

管理改革。完成学校章程制定,已报市教委备案核准。基本完成“十二五”规划任务,启动“十三五”规划编制工作。实施《上海金融学院深化综合改革方案(2015—2020年)》,加大各项改革力度。梳理和规范内设机构分类,对部分内设机构进行设置调整。推进两级管理,逐步下放各条线管理权限。人事制度改革与创新有序进行。依据学校绩效工资实施办法和各学院(部)绩效工资二级分配实施细则,实现绩效工资的二级管理。全年引进“常任轨”教职人员3名、“师资研究员”5名,聘任5名海内外知名学者为特聘教授。实施“教师专业发展工程”,9名教师赴国外访学,1名教师国内访学,6名教师获产学研践习计划资助。教师教学发展中心功能不断拓展。

加强干部选拔任用制度建设,制订《上海金融学院干部选拔任用工作实施办法(试行)》,修订完善《上海金融学院特定身份人员因私出国(境)管理办法》。年内提拔任用中层干部7人。

校园建设与精神文明。新苑三号学生公寓于9月初正式投入使用。与斯米克集团正式签署土地购置协议,并推进新建学生公寓工作立项报批。校内房产资源的调整利用和维修改造工作有序进行。继续做好文明单位常态化建设。全年引入6场次高雅艺术进校园演出,荣获“第十七届中国上海国际艺术节校园行优秀组织奖”。通过安全宣传、教育和演练,进一步规范校园安全管理。校友会建设和基金会工作不断推进,办学资源和合作渠道进一步拓展。(高希杰)

【召开第三届教职工代表大会第四次会议】 4月3日,学校召开第三届教职工代表大会第四次会议。校党委书记郑沈芳致贺词,校长王洪卫代表学校向大会作题为《抢抓机遇　重点突破　为加快学校改革发展而不懈奋斗》的工作报告。会议听取和审议了学校2014年财务决算和2015年财务预算报告,讨论了《上海金融学院章程(讨论稿)》,听取并审议了《上海金融学院教代会管理办法(暂行)》《上海金融学院二级院系教代会管理办法(修订)》。(徐丽娟)

【举行纪念建党94周年暨先进表彰大会】 6月30

日，学校举行纪念建党 94 周年暨先进表彰大会。全体教工党员、科以上干部、学生党员代表 400 余人参加会议。校党委书记唐海燕代表党委在庆祝大会上发表讲话。会议由党委副书记鲁海波主持。

（徐丽娟）

【在全国击剑冠军赛总决赛上获奖】 12 月 17—21 日，2015 年全国击剑冠军赛总决赛在广东佛山举行，学校击剑队总共获 1 枚金牌、4 枚银牌，两枚铜牌，为学校和上海争得了荣誉。（徐丽娟）

附：学院负责人及地址

（2015 年 1—12 月）

院党委书记：郑沈芳（5 月离任）、唐海燕（6 月到任）

副　书　记：鲁海波

院　长：王洪卫

副院长：陈小冰、陈晶莹

地址：上川路 995 号

邮编：201209

电话：50218899

上海政法学院

【2015 年概况】 上海政法学院共有二级学院 11 个，22 个本科专业，30 个本科专业及方向，覆盖了本科专业目录 13 个学科门类中的法学、管理学、文学、经济学、教育学等 5 大门类，其中，法学类专业 8 个，管理类专业 5 个，文学类专业 5 个，经济学类专业 3 个，教育学类专业 1 个。2015 年新申报了广播电视编导和税收学 2 个本科新专业。在校普通本、专科生 9706 人，硕士研究生 333 人，留学生 120 余人（其中攻读学位的 55 人）。在编教职工 614 人，专任教师 457 人，全年招录海内外优秀人才 12 人，获批东方学者特聘教授 1 名、海外名师 2 名、青年东方学者 2 名、浦江学者 2 名。

一、完善顶层设计。①初步形成了《上海政法学院“十三五”发展规划》（征求意见稿），各二级学院也完成了本学院的“十三五”发展规划，校园基本建设、信息化建设、图书资料建设等专项规划也已初步完成。②根据上海市教育综合改革领导小组办公室的通知要求，结合改革发展实际，编制《〈上海政法学院综合改革方案〉（2015—2020）》，确定了 30 项改革任务。③在 2014 年制定的《上海政法学院章程》（拟核准稿）基础上，2015 年对《章程》进行了反复论证修改，12 月通过主管部门核准，并正式向社会发布。

二、优化人才培养体系。①深化教学改革。出台本科教学团队改革、“分类分级”本科生导师制改革、课堂教学方式方法改革和法学本科专业方向整合等 4 项改革方案。优化本科专业课程体系，调整本科教学计划总体框架结构，构建起通识课程、专业学位课程、开放选修课程和实践教学环节四大课程模块。②市级教学改革项目实现突破。年内，学校共获得各类教学类项目 20 项，其中上海高校示范性全英语课程 3 门，上海高校市级精品课程 2 门，上海市重点课程 8 门，上海普通高校优秀教材奖 5 项，上海高校本科重点教学改革项目 2 项。③研究生教育教学坚持规模与质量并重。2015 年硕士研究生招生 144 人，首届毕业生全部顺利完成学业，就业率达到 96.30%。获批市教委、市学位办“专业学位研究生实践基地”项目 2 项，获批建设经费达 100 万元。联合培养博士生工作稳步推进，9 月学校在浙江大学招收留学生博士研究生 6 人。④国际化人才培养扎实推进。留学生规模不断扩大，在校留学生超过 120 名，来自俄罗斯、哈萨克斯坦、韩国等 25 个国家。学生赴海外学习、实习项目和人数大幅增长。2015 年，学校共发布 12 个海外学习、实习项目，包括英国伯明翰大学等校的长期交流项目；学生在校期间进行海外学习、实习的人数超过 200 名，达到在校学生人数的 2%左右。国际合作层次提升。与美国圣路易斯华盛顿大学法学院开展了硕士 1+1 法学硕士项目。与英国利兹大学合作的高级访问学生项目，开放了社会学、政治学两个专业。

三、坚持强化特色办学。①成功获批上海市高原学科。确定以行政法学、监狱学、金融法学、环境资源法学、国际法和国际政治 5 个二级学科为特色的法学学科申报上海市高原学科。9 月，法学高原学科正式获批，首批建设经费 3000 万元。②创新性学科团队形成合力。出台《上海政法学院“创新性学科团队支持计划”实施办法(试行)》。2015 年，共立项创新性学科团队建设项目 10 项，每个项目每年资助 20 万元，连续资助 5 年。③各类科研成果再创佳绩。全年获批国家级项目 9 项、省部级项目 29 项。发表科研论文 487 篇，其中，权威期刊 1 篇，重点期刊 15 篇，CSSCI 核心期刊 151 篇(扩展版 34 篇)，出版各类专著 40 部，教材 37 部，译著 2 部，与上年度科研成绩相比，均具有一定幅度的增长。

四、坚持人才优先原则。①加大人才引进力度，全年共招录海内外优秀人才 12 人。积极组织申报各类人才项目，共获批东方学者特聘教授 1 名、海外名师 2 名、青年东方学者 2 名、浦江学者 2 名；学校教师获得上海市十大杰出青年、上海市优秀中青年法学家等荣誉。加强教师培训工作，共有 15 名教师获得上海市高校教师专业发展计划资助，13 名青年教师攻读博士或进入博士后流动站研修。②深化人事制度改革。修订《上海政法学院专业技术职务聘任暂行办法》和《上海政法学院学生思想政治教育教师职务聘任暂行办法》，配套制定《上海政法学院教师岗位分类管理办法》，起草《上海政法学院深化考核激励机制方案》。召开全校师资会议，并广泛征求教师意见建议，凝聚改革发展共识，激发学校内生办学活力。③不断改善各类人员工资待遇。按照上级文件要求，及时调整事业单位工作人员基本工资标准，为教职工缴纳职业年金，切实保障教职工的利益。鼓励青年教师出国访学进修，增加差旅费补贴，并向青年教师倾斜，总体上派出教师的收入保持在岗完成基本教学科研工作量的收入水平。提高非在编人员薪酬标准，非在编人员薪酬平均增幅达 20%。

五、积极服务国家战略。①加强校内外资源整合，不断拓展“中国—上海合作组织国际司法交流合作培训基地”(以下简称“培训基地”)功能，培训工作取得实质进展。一年来，培训基地圆满完成塔吉克斯坦内务部高级干部研修班、吉尔吉斯斯坦国安委高级干部研修班等 7 批次培训任务，得到了公安部、司法部等中央部委的充分肯定，也获得了受训学员的好评。②智库建设实现突破。7 月，学校获批最高人民法院“一带一路”司法研究基地。8 月，在外交部、教育部和上海市政府的支持和指导下，学校协同同济大学、上海国际问题研究院等单位，成立全国首个“一带一路”安全问题协同创新中心。学校上海合作组织研究院和“一带一路”安全研究院双双入选上海高校人文社会科学重点研究基地，实现了智库建设的新突破。③上海合作组织秘书长梅津采夫先生、副秘书长哈克多多夫先后到校考察，对培训基地所做的工作给予赞赏和肯定。培训基地与其他单位合作，先后举办“国际投资仲裁理论与实践研讨会”“外国法查明原则理论与实务研讨会”等国际学术会议。

塔吉克斯坦内务部高级干部研修班开班

六、打造育人平台。①网络育人取得新进展。学校易班 2015 级新生注册率达到 100%。微信公众号关注人数从 2014 年底的 3847 人上升至 9237 人。共推送 389 次，分享 12078 次。一年来，上合组织秘书长梅津采夫、上海市副市长翁铁慧、教育部思政司司长冯刚等十几位领导和中国矿业大学、中国农业大学等数十位团队到校参观视察易班工作。②实践育人取得新成绩。在2015年上海市“挑战杯”大学生课外学术科技作品大赛中，6件作品分获上海市级竞赛一、二、三等奖，其中1件获全国二等奖，实现“挑战杯”获奖数量和等级的新突破。学校获得2015年上海市高校大学生法治辩论赛冠军；学校男、女板球队再次夺得全国板球锦标赛大学男子推广组和女子推广组双冠军。③招生就业取得新成效。2015年，一本招生扩大到15个省份，生源质量进一步提升。2015年学校就业人数为2518人，全校就业率达到97.14%，签约率达到63.19%，就业质量和满意度不断提升。通过大学生创新创业训练计划的开展，营造了大学生创新创业氛围，依托大学生创业实践园区，提升了学校大学生创新创业能力，探索形成了适合学校实际的大学生创新创业工作模式。

七、全面强化保障能力。①学校扩建工程(四期)二标段项目获得上海市建设工程“白玉兰”奖，扩建四期项目被松江区建交委评为“文明标化”工地和“节约型”工地。普陀校区改扩建工程被评为普陀区“文明示范工地”，并获“优质结构奖”。②信息基础平台初步整合。已实现除学生宿舍区以外所有办公和教学区无线网校园覆盖。移动校园、资产管理及招标管理平台、科研管理系统、财务管理系统、教务管理系统升级、学科与科研考核信息化平台、学工综合管理系统二期、无线网升级改造、无线校园网设备增补等项目已建设完成。③进一步完善财务管理制度，修订《上海政法学院财务管理办法》《上海政法学院经费管理实施办法》等制度，成立预决算管理咨询委员会，制订了委员会章程，推进财务管理和预决算工作的科学化和规范化。推进学校食堂规范建设，“六T”达标食堂增至5家。全年共完成维修任务9286起，保障大小活动1286场，提供搬场服务721人次。④平安校园建设持续加强。关心教职工身心健康，组织教职工免费暑期疗休养活动，开展中医健康咨询和会诊活动，慰问帮扶困难教职工。以“教工小家”“妇女小家”为创建平台，开办多种多样兴趣班，丰富校园文化建设。⑤加强技术防范建设，及时安装、更新安全防范设施。成立校园警务室，进一步提升校园安全管控和处置突发事件的能力。成立“大学生退役军人之家”，搭建大学生退役军人管理新平台。圆满完成2015年大学生征兵工作。

八、全力配强高素质干部队伍。①完善选拔任用机制，配强配优干部队伍。制定《上海政法学院2015年中层领导干部选任工作实施方案》，共完成了18名正职、33名副职领导干部的选任工作，获得了较高的群众满意度。面向校内外公开招聘二级学院院长，经过面试答辩，完成了9名二级学院院长的聘任工作。完成16名科级干部的选任工作，进一步充实了干部队伍。②主动接受巡视监督。按照市委的统一部署，市委第十巡视组对学校开展了为期两个多月的巡视。在接受巡视过程中，学校统一思想认识，坚决贯彻市委巡视工作部署，积极配合巡视组开展工作。同时，坚持聚焦突出问题，即知即改，根据反馈意见，认真研究制定整改方案，明确整改要求和责任分工，从严从快推动落实整改。精神文明建设再创佳绩。再次获“全国文明单位”称号，第七次获“上海市文明单位”称号。开展精神文明好项目建设，培育平台，评选7个校级文明先进单位。　　(方乐莺)

【与浙江大学联合培养博士研究生】 1月14日，上海政法学院与浙江大学在上海签署针对来华留学生的博士研究生联合培养合作协议，依托设立在学校的“中国—上海合作组织国际司法交流合作培训基地”，在法学、非传统安全学科领域开展联合培养项目，携手致力于落实习近平主席的重大倡议，服务于国家外交战略和安全战略。9月，上海政法学院在浙江大学招收留学生博士研究生6人。　(方乐莺)

【外交部副部长到校考察】 4月29日，外交部副部长程国平在上海合作组织睦邻友好合作委员会人文合作分委员会主席和外交部相关人员的陪同下，到校考察指导培训基地建设工作。校长周仲飞就培训基地建设的工作相关情况进行了汇报。　(方乐莺)

【承办首个外警培训班】 5月11日，由中国公安部主办、上海市公安局协办、中国—上海合作组织国际司法交流合作培训基地承办的“塔吉克斯坦内务部高级干部研修班”开班典礼在上海政法学院举行，标志着培训基地自上年5月20日正式奠基揭牌以来承办的首个外警培训班正式开班。5月19日，国务委员、公安部部长郭声琨会见了由副部长纳伍朱万诺夫率领的塔吉克斯坦内务部高级干部研修班学员。5月19日，研修班结业典礼在公安部举行。公安部、中央政法委、外交部，以及上海政法学院领导共同为塔吉克斯坦内务部学员颁发结业证书。（方乐莺）

【承办上海论坛2015政治分论坛】 5月24日，学校及中国—上海合作组织国际司法交流合作培训基地承办的上海论坛2015政治分论坛“欧亚安全：挑战与应对”在复旦大学圆满落幕。与会专家就欧亚安全方面的问题进行了深入探讨。上海政法学院是上海论坛举办10年来首次跨校合作对象。（方乐莺）

【获7项国家社科基金项目立项】 6月，全国哲学社会科学规划办公室下发通知，公布了2015年国家社科基金年度项目、青年项目立项结果，学校有7个项目获批立项。今年立项课题为3777项，立项率13.5％，学校共组织申报44项，立项率为15.9％。

（方乐莺）

【上合组织秘书长等到校考察】 11月12日，上海合作组织秘书长梅津采夫到校考察。校长周仲飞为弗罗洛娃教授颁发了名誉教授聘书。12月5日，上海合作组织副秘书长哈克多多夫到学校考察指导上合培训基地工作，听取学校工作汇报并实地考察了学校易班线下体验馆、图书馆和中国—上海合作组织国际司法交流合作培训基地建设用地。

（方乐莺）

附：学院负责人及地址

（2015年1—12月）

院党委书记：杨俊一
副　书　记：霍　光（6月离任）、周银娥（6月到任）

院　长：周仲飞
副院长：周银娥（兼，7月到任）、潘牧天（7月到任）、关保英、胡继灵

地址：外青松公路7989号
邮编：201701
电话：39225129

上海第二工业大学

【2015年概况】 全日制在校学生共计12276人（其中普通本科9509人、专科2598人、研究生113人、留学生56人），成人学历教育在校生5020人，毕业生1868名，学生就业率达到近97％。共有教职工1045名，其中专任教师647名，副高级以上专业技术职务的教师304人，具有博士学位教师198人。全年共有2个应用本科试点专业已基本通过市教委评审，积极开展本科专业自评估工作，1门课程获批上海市精品课程，2本教材获上海市普通高校优秀教材奖，16门课程被列为市级重点建设课程。共有490名学生在各级各类科技创新竞赛活动中获省部级以上奖项236个，其中全国一等奖15个，省部级一等奖27个；到校纵向科研项目经费412.60万元，横向科研项目经费820.77万元。获得专利授权35项，其中发明专利授权19项。全年共发表核心期刊论文390篇，其中SCI收录29篇。首次获得上海市自然科学奖二等奖1项。全年参与海外学习、实习项目学生共计333名。共有在校留学生67人，生源覆盖17个国家。首届8名留学生（本科）顺利毕业，其中3人分别被上海、美国、蒙

古国高校录取为研究生。

一、顶层规划。基本完成学校“十三五”规划和综合改革方案的编制。这两份文件围绕职业导向的高等教育办学定位，以问题为导向，全面梳理和分析了办学中存在的各类不足和瓶颈，以改革为动力，以建立和完善管理体制和运行机制为重点，明确了学校的未来办学目标、建设思路和主要任务，构建基于社会需求和教育规律的应用型高技术高技能人才培养软硬环境；建立满足应用型人才培养需要的教师激励发展机制，使学校办学自主性、毕业生满意度、教师凝聚力和社会贡献度显著提升，在地方本科院校转型发展中脱颖而出，成为上海一所不可或缺、不可替代的现代应用技术大学。受教育部和市教委委托，11月，学校成功承办国家第二期地方高校转型发展专题研讨班。

二、治理运行。《上海第二工业大学章程》经市教委核准并正式生效。全面贯彻“一岗双责”，37个二级单位或职能部门就数十项工作进行了廉政风险点的排查，分析原因，完善机制，落实整改。修订完善《学校内部审计工作规定实施办法》《领导干部任期经济责任审计实施办法》等文件，对13位处级干部进行了经济责任审计，提出审计建议32条，完成基建修缮项目审计85项。

三、教育教学。从2015级全日制普通本科、高职学生开始，学校全面启动实施完全学分制。通过完全学分制的实施，构建以学生为中心，有利于学生自主学习和个性发展的教学条件，为学生提供多样化丰富的选择，拓宽学生成才道路。确立新专业人才培养方案、教学计划，基本形成适合应用型人才培养的完全学分制和选课制、导师制、教师答疑制度、学籍管理办法等相关配套文件的教学管理制度体系，并在2015级新生中实施。多所中职校作为新的合作伙伴加入以中高、中本贯通为主要载体的应用型人才培养模式试点。CDIO、卓越工程师计划、应用本科试点等人才培养模式覆盖面、受益面持续扩大，与欧洲等地区的应用科技大学在工程教育领域的合作进一步密切。组织“投资学”“车辆工程”2个本科新专业的申报。与斐讯、欧博、市信用行业协会等行业、企业新签署校企合作协议。完成服务国家特殊需求人才培养项目试点单位的中期评估工作。首届研究生顺利毕业，就业率100%，签约率90%，97%的毕业生从事与环境保护相关工作。成人与继续教育学历教育今年招生2643人，完成各类职业技能、资格证书培训1万人次，提供考试服务1.6万人次。学校首部形象宣传片《家园》制作、发布。成立上海市劳模文化研究中心。7月，召开2015教育教学工作会议。

四、科技产业。投入学科建设经费910万元，对24个学科团队进行有效的建设，学科水平有进一步提高。聘请行业内知名专家参与学校科学研究，着力强化学科队伍的年轻化和知识化，学历结构和年龄结构有较大的改善。12月，学校按计划启动对第四期重点学科的评估验收工作。年中，“上海电子废弃物资源化产学研合作开发中心”建设项目顺利通过中期复评，正式挂牌为“上海电子废弃物资源化协同创新中心”，同步成立了电子废弃物研究中心。实现七立方大学科技园的开园，成立上海张江高校协同创新研究院宝山分院，1000平方米“众创空间”已在宝山园区完成建设。先后组织40余次校企对接活动，40余位教师走访了50余家企业，与20余家企业建立了合作关系，与相关企业签署了10余项涉及技术转让项目，项目经费近430万元。机电一体化、电子废弃物与环境功能材料和测控与信息技术3个知识服务团队为行业企业提供知识服务、技术支撑，并积极参加了第二届中国(上海)国际技术进出口交易会和第17届中国国际工业博览会，其中，“新型聚光太阳能热电联供电源装置”获工博会高校展区优秀展品奖一等奖。11月，召开2015年科技与产业工作会议。

五、人事制度。引进与录用60名教师及专业技术人员到学校工作，其中具有博士、硕士学位的教师有57人，具有高级专业技术职务的教师有5人。近230人受聘担任学校兼职教师，其中29人为兼职教授。派出20多位教师参加国内外访学，10多位教师参加产学研践习。青年教师在研课题数达到120余项，100余人次参加学历提升、课程进修及岗位培训。29位教师晋升高级职称，62位教师岗位定级，1人获得上海市青年东方学者称号。制定学校“骨干教师带头人计划”，对“骨干教师教学激励计划团队”2014—2015学年的执行情况进行考核验收，2015—2016学年共组建17个校级团队和42个二级团队。进行首次学年度考核工作，制定2015—2016学年度二级教学科研单位目标责任书。

六、国际交流与港澳台合作。与境外40余所高校、机构建立了稳定的合作关系。与海外高校、企业新缔结协议22个。美国蒙莫斯大学、美国加州州立大学蒙特利湾分校、澳大利亚詹姆斯库克大学、保加利亚鲁塞大学、法国国际研究院、法国佩皮尼昂大学等海外高校成为学校新的合作伙伴。中外合作办学机构——昆士兰学院第四期合作协议洽谈取得充分共识并进入协议签署程序。启动沪港合作办学项目——蒙妮坦学院的新一期合作协议。与美国布劳沃德社区学院联合举办的物流管理和计算机网络技术两个中外合作办学项目获批，并于2015年实现招生。举办第二届全球合作伙伴周、第十七届海峡两岸高等教育学术研讨会和先进制造业与自动化技术学术研讨会。成立中德职业教育中心。招收留学生53人，其中学历生10人（包括研究生1人）、交换生17人、语言生14人、进修生10人、预科2人。

七、学生管理。共录取新生3599人，完成计划101.52%，报到率97.47%。参加上海市招生制度改革形势下的首次春季招生。与洲际酒店集团合作设置“洲际酒店人才班”，企业提前介入专业人才的培养。首次尝试以“智能制造与控制工程”专业群招生。完成6个学生工作团队的组建。通过立体的助学方案帮助家庭经济困难学生，安排校内勤工助学岗位500余个。易班线下体验中心试运行。全年向部队输送93名（男85人，女8人）大学生士兵，连续获评“上海市征兵工作先进单位”称号，并荣获“上海陆军预备役工作先进单位”称号。

八、办学保障。新增固定资产约2878万元，报废资产约1358万元，全校固定资产总值约12.3亿元，其中教学科研仪器设备约4.3亿元。教职工体检参加率超过90%，新生入学体检率100%。学校被授予“2014年度上海市高校无偿献血组织奖”。学校获评“上海市浦东新区治安保卫工作先进集体”称号。（宋偲蕾）

【第十七届海峡两岸应用性（技术与职业）高等教育学术研讨会举行】 11月5—6日，第十七届海峡两岸应用性（技术与职业）高等教育学术研讨会在学校学术交流中心举行，会议的主题为“变革与创新：两岸应用性（技术与职业）高等教育的协同发展”。来自海峡两岸的近百名校长、专家学者围绕这一主题展开了广泛而深入的研讨，共同分享和交流了海峡两岸应用性高等教育最新的研究成果和实践经验。论坛围绕“学分制、课程建设与学生管理”“应用性高校师资队伍建设”“应用型人才培养实践基地建设与实践教学改革”“创新创业与应用型人才培养”等主题进行论文交流与研讨，以“互联网时代的创新与创业”为主题安排海峡两岸校（院）长与学生互动。参加论坛的海峡两岸青年学生代表还应邀参加学子讲坛、文艺汇演等多项学生活动。（宋偲蕾）

第十七届海峡两岸应用性（技术与职业）高等教育学术研讨会召开

【举办2015全球合作伙伴周】 11月3—6日，上海第二工业大学2015年全球合作伙伴周举行。来自16个国家和地区的23家单位代表参加伙伴周活动。市教卫工作党委巡视员李瑞阳出席开幕式并致辞。伙伴周期间还举行了校长论坛、校际项目合作交流、学生海外学习实习项目推介等多项活动。

（宋偲蕾）

【杨雄参观学生创业项目】 10月，在2015年全国“大众创业、万众创新”活动周中，学校大学生创业团队的“狒狒科技”和“萌马智能家居”两个项目成果参加展示。上海市委副书记、市长杨雄参观了二工大在上海会场展出的学生创新项目，并与二工大年轻的创业者们进行了亲切交谈。参展期间，各创业团队项目代表还参加了由市教委主办的“2015

年上海大学生创业论坛”。（宋偲蕾）

市长杨雄到校参观学生创新项目

【举办第五届先进制造与自动化技术国际会议】 10 月 22 日，第五届先进制造与自动化技术国际会议（5th International workshop of Advanced Manufacturing and Automation，简称：IWAMA 2015）在学校召开。来自英国、意大利、瑞典、澳大利亚、挪威等 6 个国家的 24 位外国学者及 28 位国内学者齐聚一堂，进行为期 2 天的学术交流、研讨和参观等活动。会议共收录论文 60 篇，主会场举办业界高水平主题报告 8 场。（宋偲蕾）

【庆祝建校 55 周年】 9 月 28 日，学校庆祝建校 55 周年大会暨“时光胶囊”奠基仪式在图文信息中心举行。大会发布了学校首部形象宣传片《家园》，公布 2014 年度校长奖获奖名单，与会领导与师生代表举行了“时光胶囊”封囊奠基仪式。本次“时光胶囊”学校发展愿景征集活动共收到来自师生群体的 900 余件作品，封存的愿景胶囊将在 2030 年启封。（宋偲蕾）

【举行中美合作办学项目开学典礼】 9 月 24 日，学校举行了中美合作办学项目开学典礼。校长俞涛博士和美国布劳沃德学院助理副校长出席并致辞，合作双方相关部门负责人、部分受邀嘉宾和中外教师参加典礼。高等职业技术（国际）学院院长王增豪教授主持开学典礼。（宋偲蕾）

【学校科学技术协会成立】 6 月 30 日下午，上海第二工业大学科学技术协会成立大会暨第一次科协会员代表大会举行。上海市科协，以及市教委科技发展中心、静安区科协、浦东新区科协和金桥出口加工区科协等单位领导到会。会上，宣读了上海市科协《关于同意上海第二工业大学成立科学技术协会的批复》，审议并通过了《上海第二工业大学科协实施〈中国科学技术协会章程〉细则》和校科协第一届委员会委员 26 人名单，宣布校科协第一届委员会领导班子的选举结果。二工大科协将为科技工作者服务，反映科技工作者的呼声，维护科技工作者的权益。（宋偲蕾）

【承办市“劳模精神进校园”活动启动仪式】 6 月 19 日，由市教卫工作党委、市教委、市总工会联合举办，二工大承办的“上海市劳模精神进校园系列活动”举行启动仪式。市教委、市总工会领导，以及首批上海市劳模讲师团的成员、上海市劳模实践育人基地的代表、全市各高校分管校领导、各区（县）总工会分管领导、各高校学工部部长、各区（县）教育局德育科负责人、市劳模协会领导，各级各类学校的学生代表等参加启动仪式。（宋偲蕾）

市“劳模精神进校园”系列活动启动仪式在校举行

【与江苏省泰兴市签署战略合作框架协议】 5 月 6 日，学校与江苏省泰兴市就双方战略合作签约。学校将充分发挥学科综合实力，加快培育战略性新兴产业，推进地方产业经济转型升级，助力泰兴市经济和社会持续发展。双方一致同意在科技创新、技术转移、产业孵化、人才引进、教育教学、人才培养等领域建立长期、全面、深度的战略合作关系，积极探索市校合作发展新模式。（宋偲蕾）

附:学校负责人及地址

(2015年1—12月)

校党委书记:宋宝儒

副　书　记:胡　晟(3月离任)、邹龙飞(3月到任)、吴沛东

校　长:俞　涛

副校长:吴沛东(兼)、瞿志豪(4月离任)、邹龙飞(4月离任)、徐余法(4月到任)、谢华清、徐玉芳(4月到任)

地址:金海路2360号
邮编:201209
电话:50215021(总机)

上海商学院

【2015年概况】　上海商学院共有管理学、经济学、农学、工学、艺术学、文学、法学等7个学科门类,26个本科专业和13个高职专业。教职工512人,其中专技人员378人,具有副高以上职称的151人,具有博士学位的122人。全日制在校学生9916人,其中本科生7666人。学校围绕合格评估整改和深化综合改革工作,以学科专业建设为引领,完善学校内部治理体系,推动各项工作科学发展。

深化综合改革,推进转型发展。编制《上海商学院综合改革方案》,形成《推进综合改革实施意见》和《深化综合改革任务分解表》,有序推进学校综合改革工作。完成《上海商学院章程》修订、呈报核准工作。基本完成学校"十三五"期间事业发展规划编制工作,其中,学科、专业规划已启动实施。加入全国应用技术大学(学院)联盟,开展以应用型本科高校建设和应用型本科人才培养为主题的教育思想大讨论,实现办学定位与办学实践的高度契合。此外,扎实推进内涵建设,制定专项资金建设规划,形成"上海商学院'十三五'专项项目库"。修订《党委会议事决策规则》和《校长办公会议议事规则》,出台《法律顾问工作暂行规定》《大额资金管理办法》等制度。审议通过学校改革和发展的重大事项260项,监督重大决议的执行,为学校完成既定任务、全面推动依法治校,加快建立现代大学制度提供保障。

实施教学改革,推进交流合作。围绕本科教学合格评估专家提出的整改意见,全面修订所有本科专业人才培养方案,初步构建了"平台+模块"的课程体系。成立学校创新创业教育工作领导小组,制定学校深化创新创业教育改革实施方案。在本科教学改革与教学质量工程建设方面,组织申报3个新专业,推荐申报2个上海市应用型本科试点专业及3个中本教育贯通培养试点专业,获2015年上海高校本科重点教学改革项目3项、市级精品课程2门、市级全英语课程1门,3本教材荣获2015年上海市本科优秀教材奖。积极创建市级示范教师教学发展中心。拓展师生国际交流路径。与英国金斯顿大学、匈牙利布达佩斯经济学院、美国圣达菲艺术设计大学等签署战略合作协议,海外交流院校达到40余个。全年共88名教师出访学习。全校有296名学生前往14个国家和地区进行了长期或短期的学习或实习,同比增加20%。积极吸引外国留学生,首次被列入外国留学生上海市政府奖学金高校名录,有2名留学生获得政府奖学金,留学生总数达到201名。

提升科研水平,延伸服务能力。在智库建设方面,撰写商务决策咨询研究专报30余篇,其中《上海社区》《上海自贸区》等9篇专报,得到了相关部委及上海市政府领导的重视并批示。加强基于大数据的消费者特征分析平台建设,具有知识产权的"基于大数据的消费者特征分析平台"已经开发完成,翻译出版了《大数据与商业分析》。在社会服务方面,承担了商务部流通业发展司"城市共同配送标准体系研究""智慧物流配送建设指引"等政策研

究和起草工作。承担上海商务委委托的“上海物流标准化试点发展报告”和云南省遵义市商务局委托的《遵义市专业市场规划》等应用研究。在科研基地建设方面，牵头成立上海物流标准化企业创新联盟，申请并获批“上海市物流标准专业技术委员会”。设立特华博士后科研工作站上海分站。

加强队伍建设，提升育人能力。开辟人才特区，实施“人才旋转门”制度（入选《上海教育综合改革典型案例》），加大力度引进海外高层次人才。研究实施教师分类型管理模式，完善聘期考核、年度考核、晋升考核制度，34名专业技术及管理人员岗位等级得到晋升。17名教师参与“教师专业发展工程”。5名青年教师入选2015年“上海高校青年教师培养资助计划”。1名教师作为访问学者参与美国康奈尔大学酒店管理学院教学研究合作项目。2名教师获首届“上海商学院校长奖”。继续实施“骨干教师教学激励计划”，通过“师生互伴计划”“新生导航计划”“创新创业教育”等三大计划，提升教师的积极性，提高教学质量和教学水平。

推进自主管理，拓展发展空间。推进学生自主管理，鼓励学生成立各种社团并开展活动，共有7000余名学生参与170余项社团活动，其中大型活动51项。全力支持学生参与各类竞赛，共有140余名教师指导457名学生，获441项省市级及以上竞赛奖项。进一步优化志愿服务网络平台建设，累计开展校内外志愿服务活动836项，20000人次参与。“爱心贵州，爱在路上”助学帮扶项目获得第二届中国青年志愿服务大赛银奖。完善上商青年微信、网站、报纸、团刊“四位一体”平台。共有23468人进行了易班注册与使用，建设校级易班思想政治教育平台，取得了良好的互动效果。初步实现学生自主管理和智慧校园建设衔接，便捷便利学生学习生活。

建设温馨校园，实现规范管理。加强基建修缮项目的制度建设和流程管理，按时按质完成奉浦校区三楼餐厅改造、运动场塑胶跑道翻新等近40个主要基建修缮项目（含市财政项目8个）。不断提升后勤信息化建设水平，形成“客户—服务方—管理方”三位一体的服务监管体系。先后上线“能源监管平台”和“后勤管理系统”两个信息化平台，继续搭载智慧校园平台，推进手机客户端有关后勤应用软件的研发。

开展春季招生改革试点，整体开展“0.5年（弹性）+4年”人才培养，弥补预录取学生半年“空窗期”。2015年，在上海二本招生录取中，学校最低录取分数线在22所二本院校中的排名情况为文科第九、理科第七；在外省市本科招生中，录取新生的高考成绩超当地一本分数线的比率达48.3%。2015届毕业生总体就业率为97.86%，总体签约率为87.30%。

2015年，学校先后被授予“全国高校后勤信息化建设优秀示范单位”“上海市语言文字工作先进集体”等荣誉称号。（张仲礼）

【翁铁慧到校调研】 3月18日，副市长翁铁慧到校调研。市政府副秘书长宗明，市教委主任苏明参加调研。翁铁慧对学校进一步聚焦商贸流通新业态和新领域提升核心竞争力，提升教学水平，加强队伍建设，开展综合改革等方面提出希望。（张仲礼）

副市长翁铁慧到上海商学院调研

【当选地方（财经）高校金融教育联盟副理事长单位】 5月26日，学校领导参加由中国金融教育发展基金会和中国银行业协会主办的地方（财经）高校应用型人才培养研讨会暨金融教育联盟成立大会。会上，学校当选为该联盟副理事长单位。金融教育联盟创始成员由中国金融教育发展基金会、中国银行业协会及国内65所高校组成，16家单位成为盟主单位，中国金融教育发展基金会为联盟理事长单位。（张仲礼）

【在全国高校外语教学大赛获奖】 6月5—6日，学校外语学院教师吴慧珍在第六届“外教社杯”全国高校外语教学大赛上海赛区获商务英语专业组一等奖。11月份，吴慧珍老师参加全国总决赛，获二等奖。 （张仲礼）

【参加第四届大学生艺术展演获多个奖项】 6月9日，在全国第四届大学生艺术展演上海市活动颁奖典礼上，学校获艺术表演类节目二等奖3个、三等奖2个，获艺术作品类一等奖1件、二等奖5件、三等奖3件，获艺术教育科研论文二等奖4篇、三等奖1篇，“我和大艺展”征文三等奖3篇。学校获优秀组织奖。 （张仲礼）

【英国City & Guilds中国授权认证中心在学校揭牌】 7月13日，学校举行英国City & Guilds中国授权认证中心揭牌仪式。英国伦敦城市行业协会(City & Guilds of London Institute)是英国顶尖的职业资格颁授机构，在1878年正式创立。全世界共有1400多万人持有City & Guilds的证书，City & Guilds也是中国政府法定的国际认证合作机构。 （张仲礼）

【上海商业博物馆商标分馆揭牌】 7月20日，上海商业博物馆商标分馆揭牌仪式在徐汇校区举行。上海商业博物馆是学校新建的高校博物馆，其前身为“中国商业文化展示馆”。它作为校园文化的重要组成部分，具有弘扬历史、文化育人的重要作用。 （张仲礼）

【承办全国高校商务管理研究会第三十次年会】 7月24—26日，学校承办的全国高校商务管理研究会第三十次年会在奉浦校区召开。来自北京工商大学等25所高校的70余名专家学者出席会议。会上，上海商学院校长朱国宏教授当选为研究会副会长。 （张仲礼）

【获2015年上海市大学生暑期社会实践活动“优秀组织奖”】 11月28日，学校在2015年上海市大中学生暑期社会实践活动成果展示会上，获2015年上海市大学生暑期社会实践活动“优秀组织奖”。学校教师尹淑平、卢宁获“优秀指导老师”称号；5名学生获“先进个人”称号。 （张仲礼）

【“爱心贵州，爱在路上”助学项目获奖】 12月1—3日，第二届中国青年志愿服务项目全国总决赛在重庆举行，上海商学院爱心贵州社团“爱心贵州，爱在路上”助学帮扶项目首次进入全国总决赛并获得银奖。 （张仲礼）

“爱心贵州、爱在路上”项目荣获全国志愿者服务大赛银奖

【获“全国高校后勤信息化建设工作优秀示范单位”称号】 12月11日，学校在“2015年中国教育后勤互联网大会暨中国教育后勤协会信息化建设专业委员会年会”上获“全国高校后勤信息化建设工作优秀示范单位”称号。获此称号的，还有浙江大学等10所高校。 （张仲礼）

附：学院负责人及地址

（2015年1—12月）

院党委书记：李明福
副　书　记：楼文高、翁德伟

院　长：朱国宏
副院长：翁德伟(兼)、贺　瑛、钟幼伟、陈剑峰(10月到任)

徐汇校区地址：中山西路2271号
邮编：200235
电话：64870020

奉浦校区地址：奉浦大道123号
邮编：201400
电话：67102976

上海健康医学院

【2015年概况】 上海健康医学院是一所新建市属本科医学院校，由原上海医药高等专科学校、原上海医疗器械高等专科学校和原上海健康职业技术学院组建而成，5月正式成立，同时原三校建制撤销。学校深入贯彻上海市教育综合改革精神，定位于医学及医学相关类的应用型特色性国际化医学院，构建全新的应用技术型人才培养体系，突出医保结合（医疗与保健结合）、医养结合（医疗与养老结合）、医工结合（医疗与器械结合），切实服务区域社会经济发展需求，为上海建设数量充足、结构优化的多层次医学人才梯队。

学校现有13个二级学院（教学部门），拥有上海市第六人民医院东院、上海市第六人民医院南院、嘉定区中心医院、周浦医院、浦东新区人民医院等5所附属医院及多所教学医院，拥有1所附属卫生学校。开设的临床医学、护理学、康复治疗学、药学、医学影像、医疗器械与检验等本、专科专业，均具有鲜明行业特色，形成本科、高职、中职3个层次41个专业的布局结构，其中中高职贯通、中本贯通专业11个，重点建设（方向）26个，丰富和完善了现代职教体系构建。截至12月底，学校有学生16968人，其中本科生221人，专科生12448人，中职生4299人，与第二军医大学联合培养护理专业本科生40人。教职员工980人，其中专任教师579人，具高级职称的有173人。

建章立制。完成机构设置，明确24个职能部门职责，制定相关工作制度。确定校级制度168个，涵盖教学科研、学生管理、组织人事、财务资产、合作交流、党风廉政等重要领域。积极开展教育思想大讨论活动，明确办学定位、思想与办学模式。编制符合学校发展定位、富有应用型医学院特色的《上海健康医学院章程》，推进现代大学制度建设。完成学校《“十三五”事业发展规划（讨论稿）》，相关部门、二级学院、附属单位编制完成专项规划和各二级学院规划（初稿），制定《上海健康医学院校区功能规划》，明确学校发展目标。

师资队伍。建立校院两级人才工作领导小组，创新人才引进机制，完善激励配套措施，制定《高层次人才引进管理暂行办法》等2项制度，2015年度招聘16人，其中副高以上职称5人。组织了496人次参加了各类技能培训、岗前培训。开展教师专业发展工程，制定本科学校骨干教师激励计划方案，按照本科办学要求，结合应用型人才培养师资需求，推进职称评审工作。

内涵建设。对接本科教学要求，进行教育教学改革，学校成立教学委员会及5个工作组，按照院校两级管理的原则，制定医学院教学管理制度45项、卫校32项。建立教学工作例会制度及校、院二级联合教学巡视机制，修订专业人才培养方案，深化内涵建设，确保教学与人才培养质量。学校制定出台《上海健康医学院关于加强本科教学的若干意见》《上海健康医学院专业建设规划》（2016—2020）。开展专业布局结构调整，完成7个本科新专业申报，组建18个本科教学团队。举办2015年教学改革成果展示汇报会，开展2016年学校课程建设项目申报，与国家医学电子书包合作，推进课堂教学改革。教育部及上海市教委立项的专业建设与改革专项项目共计7大类90项。组织护理学院参加2015年上海市高职高专院校中高职贯通专业建设教学设计比武（决赛），获团队一等奖。

科研学术。完成学校“十三五”科技工作规划，建立健全科技管理体系和运行机制，制定19项科技管理制度，涵盖“学术学风建设、项目管理、成果管理及机构管理”等方面，同时制定了2项加强科研廉政风险防控内控文件。重点建设临床医学、护理学、康复治疗学、医学技术、医学影像工程及生物医学工程学科，申报上海市高峰高原学科建设项目。组织老年康复、社区老年健康护理、分子影像学、核磁共振医学应用重点实验室及手术急救医疗器械工程研究中心，申报上海市级重点实验室和工程研究中心项目。开展校级创新基金培育项目、校级种子基金项目申报、立项工作。在签约的科研项目、引入资金、发表论文、出版著作、取得专利及科技奖项等科研工作的指标上都取得了一定的成绩。成功注册为国家自然科学基金项目依托单位。举办博士论坛、学术讲座及沙龙，推动落实学校各项科研工作。

学生工作。加强辅导员队伍建设，出台《关于进一步加强学校辅导员队伍建设若干规定》。组织开展"上海高校辅导员队伍建设月"系列活动，获得第四届上海高校辅导员团队拓展活动团体一等奖，1名辅导员获评"2015上海高校辅导员年度人物"。在本科生中实施辅导员和班导师双重管理，每班配备一个导师团，由本专业教师、校内专家、校外专家、行业劳模、大师级专家组成，定期与学生见面，在学业定位、职业生涯、思想道德等各方面提供指导和帮助。形成面上开展创业普及教育、线上组建创业骨干团队、点上取得创业奖项的创业教育模式。与企业合作组建创业培训班，开展创业项目落地孵化，对学生进行创业教育培训，有8支队伍获得上海市级以上创业大赛奖项。截至12月31日，2015届毕业生总体就业率为97.55%，签约率为69.68%。组织开展与学科紧密相关的学生技能竞赛，获得全国职业院校技能大赛1等奖4项、全国大学生数学建模竞赛2等奖2项。获上海国际护理技能大赛国际组三等奖，获护生组一等奖2名、二等奖4名。获其他各项国家级技能竞赛奖项45项，省市级技能竞赛奖项87项。鼓励学生投身社会实践，获2015年上海市大学生暑期社会实践活动"优秀组织奖"，5个志愿者团队分获"最佳项目奖""优秀项目奖"。护理学院T130102班获第十一届上海市"金爱心集体"荣誉称号，学生1人获得"金爱心学生"提名奖。跆拳道社团在上海市大学生跆拳道锦标赛中夺5块金牌，在上海市大学生体育联赛(武术)暨大学生武术锦标赛中获得男子甲组太极剑项目第二名。学校与国家体育总局小球管理中心达成战略合作意向，合作共建"中国板球训练基地"。

合作交流。完成与农银人寿保险股份有限公司、中国医药工业研究总院、上海斯米克控股股份有限公司等17家单位战略合作框架协议的签署，开展与台湾禾新医院、安百达公司等50余家企事业单位的拓展合作。与日本大阪市滋庆学园、美国BOB JONES大学、芬兰Centria应用技术大学、荷兰泰尔讷曾市(Terneuzen)以及斯高达(Scalda)职业教育学院、芬兰JEDU职业教育集团、澳大利亚纽卡斯尔大学等海外地区及院校签署新一轮合作协议。专任教学人员出访15个国家和地区，到32个海外院校进行合作洽谈及海外访学、研修，共计34批次98人次。赴12个国家和地区22个海外院校游学的学生23批次304人次，接收短期国际交流学生11批次112人。接待海外教育代表团到访55批次200人次。

附属医院建设。制定《附属医院建设总体方案》《附属医院校院长书记例会制度》，召开附属医院校院长书记例会，建立了附属医院评审相关制度，完成附属医院学校评审工作，5所医院均达到学校附属医院评审标准。完成5家附属医院共建协议的签署和附属医院的批复，完成附属市六东院的挂牌，启动了临床医学各专业系部组建工作。

保障支撑。完成原三校各项内涵建设、飞跃计划等项目，及校区各项装饰和修缮项目。开通8条班车路线。制定信息化计划、开办计划及应急实施计划，申请学校域名，统一学号、工号，完成浦东校区南苑的信息化基础建设和运行。启动智慧校园建设工作。制定校图书馆设计建设方案。浦东校区南苑临时图书馆及阅览室启用，为师生提供8个数字文献资源库及各类图书。认真落实校院部处二级安全稳定工作责任制，签订《安全生产防范责任书》39份，开展法制宣传讲座20次，发放宣传资料5600余份。完善技防设施，建设校园监控系统，全力打造平安校园。

社会服务。学校每年接受对口支援西藏自治区、云南省、青海省和浙江省舟山市等地的教学任务。学校作为国家食品药品监督管理总局的培训基地，举办全国医疗器械监管系统专业技术研修班，覆盖多省市药监系统管理人员。为徐汇区四社区培训800名失能老人照护者，组织编撰出版《失能老人家庭照护必读》。承担了全市中学及部分高校教师“AED设备使用和基本生命支持”专项培训任务。

（于　杨）

【上海健康医学院成立】 5月22日，市委组织部、市教卫工作党委、市教委组织召开上海健康医学院成立暨领导班子干部任命宣布大会。市委组织部副部长陈皓宣布了市委、市政府有关上海健康医学院干部任命的决定，金融学院原党委书记郑沈芳、上海交通大学医学院原副院长黄钢分别担任上海健康医学院的首任党委书记和校长，上海市红十字会原副会长李明磊任医学院党委副书记、纪委书记，原上海健康职业技术学院党委书记曹蓉蓉、原上海医药高等专科学校校长唐红梅、原上海医疗器械高等专科学校党委书记于莹、校长张道方任医学院副校长。（于　杨）

【翁铁慧到校调研】 6月17日，副市长翁铁慧到上海健康医学院，就办学定位、学科建设、人才培养、师资队伍及附属医院建设等工作，进行调研并给予指导。市政府副秘书长宗明、市卫生计生委党委书记黄红等陪同。调研期间，翁铁慧参加了学校多个共建、合作协议签约仪式。（于　杨）

【获全国职业院校技能大赛多项金牌】 7月4日，2015年全国职业院校技能大赛在天津落幕。上海健康医学院4名参赛学生选手在高职组护理比赛中均获金牌，3名教师获全国优秀指导老师奖。在2015年全国职业院校技能大赛——中华职业教育社首届“黄炎培杯”职业技能（口腔技能）大赛中，1名学生获全口排牙＋牙体雕刻一等奖，1名教师获优秀指导老师奖。（于　杨）

【首届本科新生报到】 9月12日，首届221名本科新生到校报到。康复治疗学、护理学和生物医学工程是学校首开的三个本科专业，分别培养物理治疗师、本科护士、临床工程师这3类上海健康服务业的紧缺人才，以满足区域社会经济发展的实际需要。

（于　杨）

【开展教育思想大讨论】 自9月起，学校部署开展了为期五个月的教育思想大讨论活动。该活动以“培养特色鲜明、实用性强、服务于临床医学和人类健康的专业人才”为主题，分为动员学习、调研讨论、交流总结三个阶段，期间邀请多位医学和教育界著名专家、学者围绕教育综合改革、医疗体制改革、依法办学、专业建设等方面进行专题报告，统一思想，提高认识，转变观念，理清思路，切实提高学校的教学质量和办学效益。（于　杨）

【学院首家直属附属医院挂牌】 10月15日，上海市第六人民医院东院成为上海健康医学院首家直属附属医院。市教卫工作党委副书记沈炜宣读市教委、市卫生计生委关于上海市第六人民医院东院成为上海健康医学院附属医院的批复。市科技党委、上海市卫计委、申康医院发展中心、浦东新区的领导共同为附属医院揭牌。（于　杨）

【农银人寿上海健康管理研究中心揭牌】 10月30日，学校与农银人寿保险股份有限公司合作共建农银人寿上海健康管理研究中心签约揭牌。“农银人寿上海健康管理研究中心”是中国保险行业第一家健康管理研究中心，侧重于健康管理与保险相结合的交叉学科研究，探索医保结合教育新模式，着力促进健康管理人才培养，提升中国健康保险服务水平。（于　杨）

【主办2015上海国际护理技能大赛】 11月7日，2015上海国际护理技能大赛在上海健康医学院举行。来自美国、加拿大、挪威、芬兰、荷兰等8个国家和地区，以及沪上20所医院、12所学校的40支参赛队和80名选手参加比赛，比赛分“护士组”“护生组”和“国际组”进行。上海健康医学院、复旦大学附属中山医院以及芬兰上维耶斯卡职业学院代表队，分别获护生组、护士组和国际组三个组别的桂冠。上海健康医学院选手包揽了护生组一等、二等全部奖项。上海国际护理技能大赛是国内护理行业规模最大的国际性全英语专业技能竞赛。

（于　杨）

【2015 年中国男子板球(集训)队到校开营】 11 月 19 日，2015 年中国男子板球(集训)队开营仪式在上海健康医学院举行。中国板球协会、上海市板球协会等单位领导，及学校主要领导出席开营仪式。集训队为备战“东亚 T20 男子板球锦标赛”，在学校开展为期一个月的集中训练。学校已与国家体育总局小球管理中心达成战略合作意向，合作建设国内一流的板球场地，共建“中国板球训练基地”。

（于　杨）

中国板球队在上海健康医学院开营集训

【举行首届一次教代会暨工代会】 12 月 26 日，上海健康医学院暨附属卫生学校第一届第一次教代会暨工代会召开。大会通过了工会工作报告；听取了审议原上海医药高等专科学校、原上海医疗器械高等专科学校及原上海健康职业技术学院三校工委会财务情况通报，选举产生了学校第一届工会委员会委员，经费审查委员会委员。会上，表决通过了《绩效工资分配实施办法总则(试行)》《教职工帮困救急互助基金会章程(试行)、实施办法(试行)》、教职工帮困救急互助基金理事会人员名单以及大会的决议。

（于　杨）

附：学校负责人及地址

（2015 年 5—12 月）

校党委书记：郑沈芳
副　书　记：李明磊

校　长：黄　钢
副校长：曹蓉蓉、唐红梅、于　莹、张道方

浦东校区地址：周祝公路 279 号
邮编：201318
电话：65881109

徐汇校区地址：梅陇路 21 号
邮编：200237
电话：65887252

杨浦校区地址：营口路 101 号
邮编：200093
电话：65885609

上海建桥学院

【2015 年概况】 学校坚持科学布局、内涵发展，顺利完成新校区的搬迁工作，举办建校 15 周年校庆，全面实施“卓越建桥计划”。学校在连续 12 年获得“上海文明单位”称号后，首次获“全国文明单位”称号，文明校园建设深入推进。学校启动编制《上海建桥学院“十三五”建设发展规划纲要》，为学校未来五年发展描绘蓝图。秋季招收新生 4026 人，其中本科生 3027 人、专科生 999 人。另录取专升本学生 271 人。全日制在校生 14308 人。2015 届毕业生就业率 99%，签约率 90%。首次与东华大学

联合培养专业硕士毕业 2 人。全校教职工 763 人，专任教师 512 人，外籍教师 9 人，其中具高级职称的占 40%，具研究生学位的占 55%。

完成迁校工作。学校临港新校区占地约 53 万平方米，经过两年建设，一期建成校舍建筑面积 35 万平方米，投资超过 25 亿元，是上海最大的民办高校。7 至 8 月，学校由康桥校区集中整体搬迁临港新校区。9 月，临港校区正式投入使用。新校区包括 2 个学生食堂、4 栋公共教学楼、9 栋学院楼、16 栋学生宿舍、1 栋留学生宿舍、2 栋教师公寓、图书馆、大礼堂、工程训练中心等 43 个单体建筑。

临港新校区落成启用仪式举行

开始全面实施卓越建桥计划。卓越建桥计划包括课程面、教师面、学生面、全校面 4 个面共计 19 个子计划、65 个具体项目，是学校内涵建设的主要内容。深入推进专业学科建设，启动计算机科学与技术专业群、工程管理、汽车服务工程、新闻学、日语等 5 个专业和专业群的转型试点，构建以八项能力(表达沟通、自主学习、专业能力、尽责抗压、协同创新、信息应用、服务关爱、国际视野)为导向的课程体系。制定《上海建桥学院课程审核委员会章程》《上海建桥学院专业培养质量追踪改进制度》，探索以课堂教学持续改进为目标的课程评估机制。制定《上海建桥学院校企教师协同教学实施办法》，规范企业教师进校开展讲座、授课、指导毕业设计等。与上海海洋大学签订专业硕士联合培养协议，7 位教师获硕导资格。获市级重点课程 6 门、市重点教学改革项目 2 项、市级优秀教材 2 本，汽车服务工程专业列入首批上海市属高校应用型本科试点专业。

创新人才培养管理模式。完善“三位一体”育人体系。制定学生助教工作方案与《上海建桥学院学生助教制度暂行办法》。成立菁英学院，开办班长、团支书、社团骨干、辅导员助理、文明修身学导五个班级，培训学生骨干 527 名。打造文明修身新课程平台，实现范围区域校园、教学楼、学院楼、宿舍楼全覆盖。成立四个辅导员专业化工作坊，打造辅导员职业化、专业化发展平台。5 个项目获得上海市教委大学生职业生涯指导和服务体系建设项目立项：腾飞生涯工作室获生涯工作室建设点立项，云程职业生涯规划教育工作室获生涯工作室培育点立项，机械制造及自动化职业生涯规划教育工作室、汉堡王联合培养校外实践基地获基地建设点立项，联创公社获创新创业实践基地立项。评选国家奖学金 21 人、国家励志奖学金 446 人、国家助学金 1717 人、上海市奖学金 28 人，发放奖助学金类政府专项资金 522.47 万元。学校击剑队在第二十一届全国大学生击剑锦标赛中获一枚金牌一枚银牌五枚铜牌。机电学院学生作品“DELTA 结构 3D 打印机制作”获第十四届挑战杯决赛二等奖。“关于创立建桥快递服务公司的企划”获挑战杯上海赛区三等奖。组织 52 个“三下乡”和“知行杯”团队。在上海科技馆、世博展览馆、周浦敬老院、浦东世纪公园等 34 个服务基地完成志愿任务超过 4000 人次。完成无偿献血 1490 人次。81 位学生参军入伍。

大力开展创新创业工作。学校联合临港集团、临港科创中心、上海电机学院、上海工商职业技术学院设立“联创公社—上海高校创新创业实践基地”，并获上海市教委支持资金 40 万元。学校毕业生就业指导办公室组织成立面向全校创新创业型社团、工作室、初创团队的学习平台——创新创业团队联盟，制定《上海建桥学院创新创业团队联盟章程》。联盟现有团队 25 个，其中创新创业型社团 9 个、工作室 7 个、初创团队 7 个、淘宝店 1 个。线上联盟依托 QQ 群和微信订阅号两个平台交流和发布信息，线下大学生创业基地定期举办创新创业交流会和培训营。

扎实推进科学研究工作。2015 年新增立项科研项目 38 项，其中教育部人文社科青年项目 1 项。到账经费 164.8 万元，其中纵向项目 32 个共到账经费 120.4 万元。发表核心论文 64 篇，SCI、EI、SSCI 论文 44 篇，出版学术专著 3 部。出台《上海建桥学院专利管理办法》《上海建桥学院横向科研项目管理暂行办法》。

优化调整师资队伍结构。学校新进教职工110人。留学基金项目3人,派遣国内访学4人、国外访学5人、海外研修3人、产学研践习6人。选送8名年轻干部到上海市委党校学习培训。参加上海市教委强师工程培训结业59人,其中6人被评为优秀学员。

拓展境外交流项目。建桥—丹麦班第二期开班,丹麦奥胡斯商学院24人到校学习3个月。与28所境外高校签订合作协议。组团赴境外出访、考察、学习共22批186人次,赴境外进修学习三个月以上及攻读硕博士学位教师23人。2015年,学校国际合作相关专业招生规模已达490人,其中,会计学(ACA班)75名,机械设计制造及其自动化(中原合作班)30人,机械设计制造及其自动化(航空机械维修中美合作)41人,宝石材料及工艺学82人,日语(中日合作)262人。国际设计学院外国学生总数达28人。学校中国围棋列入上海市暑期学校项目获上海市政府20万元专项经费。此外,首期两周的暑期台湾学生中国文化学习班共有来自台湾中原大学、朝阳科技大学和南台科技大学的14名学生参加。 (康　桥)

【与美国沃恩航空科技大学合作办学】 1月27日,学校与美国沃恩航空科技大学合作项目获教育部批准。两校合作举办机械设计制造及自动化专业本科教育,每年招生100人,纳入国家普通高等学校教育招生计划,毕业生授予上海建桥学院毕业证、学士学位证和美方理学学士学位证。2015秋季学期已招生41人。 (康　桥)

【成立非物质文化遗产保护与产业发展研究中心】 3月27日,学校成立非物质文化遗产保护与产业发展研究中心。中心围绕历史维度还原性、非遗资源或项目、社会文化生态在地化、非遗资源或项目产业化四个方向,以跨学科、交叉学科、学科融合为基础,促进校企合作,推动产学研融合,服务上海本土非物质文化遗产保护。 (康　桥)

【翁铁慧到校调研】 3月31日,副市长翁铁慧到校调研。市政府副秘书长宗明、市教卫工作党委书记陈克宏、市教卫工作党委巡视员李瑞阳和市政府及市教委职能处室、民办高校党工委相关人员陪同。翁铁慧视察了学校的国际设计学院、艺术设计学院、建桥版画社、实验实训中心等部门。 (康　桥)

【加入全国非营利性民办高校联盟】 4月,学校加入全国非营利性民办高校联盟。非营利性民办高校联盟是教育部2012年倡导发起成立的民办高校联盟机构,联盟成员坚持非营利性办学。(康　桥)

【举办2015上海暑期学校国际围棋班】 7月1日,学校2015上海暑期学校国际围棋班开班。围棋班学员来自美国华盛本大学、英国南安普顿索伦特大学、德国欧洲管理学院、德国缅因州JG大学,共18名。 (康　桥)

【《上海建桥学院志》出版】 11月12日,学校举行《上海建桥学院志(1999—2014·康桥校区)》首发式,该书10月公开出版,是学校首部校志。全书十三编七十章三百余节,共156万字。 (康　桥)

【成立珠宝学院】 11月25日,学校举办珠宝学院挂牌仪式。珠宝学院由学校艺术设计学院下设的宝石工艺系升格而成,是华东地区首家以本科学历教育为主的珠宝学院。学院设宝石及材料工艺、产品设计(珠宝首饰设计)两个专业,现有本科学生600余名,专任教职工23人。 (康　桥)

【承办第五届上海当代学院版画展】 11月27日,由学校承办的第五届上海当代学院版画展在学校艺术设计学院展厅开幕,共展出上海11所高校师生获奖作品、优秀作品160幅。 (康　桥)

【建校15周年校庆】 11月29日,举办建校15周年庆典。同日,举行上海建桥学院教育发展基金会成立揭牌仪式,学校为基金会注入启动资金200万元,募集上海建桥集团董事以及企业、校友捐赠400

多万元。庆典举行校友系列活动，如亲子嘉年华、寝室开放日等，并举办国内外教育专家、大学校长等20余人参加的第一届建桥论坛。在大礼堂举办“扬帆临港，再创辉煌”15周年校庆文艺晚会。

（康　桥）

【获“全国高校后勤信息化建设工作优秀示范单位”称号】 12月12日，在2015年中国教育后勤互联网大会上，学校首次获“全国高校后勤信息化建设工作优秀示范单位”称号。（康　桥）

【举办2015新媒体论坛】 12月26—27日，由解放日报、文汇报、新民晚报、东方网、上海社会科学院新闻传播研究所、上海建桥学院联合主办的“学界与业界的对话——2015新媒体论坛”在学校举行。论坛研讨当前传统主流媒体与新媒体融合发展之路。（康　桥）

附：学院负责人及地址

（2015年1—12月）

董事长：周星增

院　长：潘迎捷

副院长：张家钰、郑祥展、朱瑞庭、夏　雨（兼）、周健儿（9月到任）

院党委书记：蒋威宜（6月离任）、江彦桥（6月到任）

副　书　记：夏　雨

地址：沪城环路1111号

邮编：201306

电话：58137788

上海视觉艺术学院

【2015年概况】 2015年是学校建校第十年，也是学校继续实现快速发展，并取得许多新突破的一年。学校现有设计学院、新媒体艺术学院、时尚设计学院、美术学院、表演艺术学院、文化创意产业管理学院、基础教育学院七个专业学院，有院务部、教务部、科研部、产业发展部四个管理部门，有实训管理中心、图文信息中心、国际艺术交流中心三个业务中心。共有教职工338人（不含兼职教师），在校学生4004余人。

一、开展十周年校庆活动。学校举办的校庆十周年系列活动始终坚持“学术为魂，活动为体”的指导思想和“感恩、感谢和感悟”的主题。十周年校庆期间，学校先后举办了校庆纪念大会、国际艺术教育发展高峰论坛、十年师生作品展、校史展、建校十周年文艺晚会、校友会成立、第一届“上海国际陶瓷柴烧艺术节”暨学术论坛、全国设计教育学术研讨会，出版文化产业案例丛书和十周年画册、十年大事记，制作校庆十周年纪录片，创作校庆主题歌等活动。这些形式不一，各具特色的活动既有亮点和气势，又具内涵和创新，得到方方面面的关注与好评及媒体的广泛报道。

二、坚持规范办学，积极推进民主办校。按照上海市委、市政府的有关要求，学校结合实际情况，积极推进规范办学和民主办校。学校先后举行二级学院院长、骨干教师代表、管理干部、学生代表等一系列座谈会，与广大师生进行有效沟通，广泛听取他们对学校目前形势、存在问题的意见和对学校今后发展的建议，并召开2015年度工作务虚会，根据上海市综合教育改革方案的试点精神和民办示范校建设的要求，围绕学校2015年的工作要点和今后几年的发展目标进行深入讨论，进一步明确学校今后的办学方向。3月，学校召开了第一届教代会暨第二届工代会，广泛听取教职工代表对学校办学及民生等方面的意见和建议，把教代会作为建立现代大学制度、规范发展的重要举措，进一步建立和完善民主办校的制度。大会分别听取了"上海视觉艺术学院教职工代表大会规定""学校工作报告""学校财务工作报告""工会工作报告""提案工作报告"。教代会共收到关于师资队伍建设，加快青年教师培养等正式提案5件，以及建议35条。有关职能部门对这些提案和建议进行梳理，并据此制定出台了有关师资队伍建设和管理的办法。从4月底开始，为听取基层对学校办学方向和学科建设、师资队伍建设等工作的意见和建议，学校领导班子和有关职能部门领导又深入七个二级学院及两个中心等办学和实践的第一线开展调研，及时查找和发现学校办学中存在的一些问题，并即时予以研究和整改，积极破解难题。

三、继续推进各项改革工作。①做好教改试点工作。在上海市教育综合改革方案中，学校被列为"探索混合所有制的社会力量办学体制，鼓励举办混合所有制学校的试点"，这是学校综合教育改革的一个重大任务。②积极推进薪酬制度改革。2015年，根据学校董事会的要求，学校积极进行薪酬制度的改革，建立有效的激励机制，以进一步发挥学校教职员工的积极性和创造性。经校董事会批准，《薪酬制度改革试行方案》已于2015年9月开始试行。③编制《十三五发展规划纲要》。根据上海市教育综合改革方案和上海市教委关于《上海市民办教育深化综合改革指导意见》(讨论稿)要求，学校在充分开展调研和征求教职工意见及建议的基础上，根据学校的实际情况和优势特点，以及新十年发展的要求和学校的发展目标，紧跟上海深化改革创新和建设全球具有影响力科创中心及加快上海综合教育改革的步伐，认真编制学校的十三五发展规划，进一步明确学校五年乃至十年的发展目标，突出重点，明确举措。④推进德稻实验班改革。学校与北京德稻教育集团就如何进一步推进实验班的建设，打造国际化艺术设计人才培养的特色品牌，确保实验班教学模式和人才培养模式的可持续健康发展，开展相关的研讨，并签订双方合作办学的有关协议，确保学校开放合作办学等各项工作依法依规，切实维护合作双方的权益，真正实现互利共赢。

四、教学建设与改革取得新突破。2015年，学校继续按照既定的办学定位和办学方针，紧紧围绕人才培养这一核心，充分发挥新体制、新机制办学的优势，不断推进教学改革和创新，在做好日常教学管理工作，维护正常教学秩序的基础上，重点加强全校的教学建设与改革。①学科排名取得突破。6月，在国际权威教育评估机构QS发布的2015年最新全球大学学科排名中，上海视觉艺术学院在"艺术与设计"学科排名中跻身全球前100强。②教学建设取得新成果。中本贯通试点。学校联合上海市逸夫职业技术学校申报环境设计(室内设计)专业成功。9月，第一届中本贯通30名学生已进入逸夫职校学习，学生中考成绩均值达区重点分数线。应用本科专业拓展。在继新媒体艺术学院动画专业和时尚设计学院工艺美术专业获得应用本科试点专业立项后，设计学院视觉传达设计和美术学院数字媒体艺术两个专业又申报2015年试点专业建设。上海市重点教改、精品课程、优秀教材建设。2015年学校共获得市重点教改立项3项、市级精品课程称号2门、优秀教材1本、市重点课程建设资助9门、在线课程建设资助2门。另外，2013年立项的5门市重点课程、3门校重点课程和2014年市重点教改项目全部结题通过。

五、科研工作进入新发展时期。12月，学校召开科研工作专题会，并推出《上海视觉艺术学院教学科研奖励办法》和专门对中青年教师科研工作进行培育和扶持的"培英计划"及"学科高地行动计划"，以提升学科专业学术研究、创作水平为核心，在学校形成良好的学术氛围，充分调动师生员工开展教学、科研、创作的积极性。2015年学校出版第一期学报《上海视觉》(试刊)，为学校教师提供学术基地和平台。2015年，学校获得纵向项目立项33项，项目经费259.2万元；横向项目立项12项，项目经费72.45万元。出版专著10部，发表论文44篇，获得国家专利9项，其中实用新型专利2项、外观专利7项。

六、师资队伍建设进一步加强。6月，上海市政府领导到学校调研时，要求学校加强教师和管理两支队伍建设。为此，学校在分析师资队伍建设现状的基础上，召开2015年教师建设工作专题工作会，推出进一步加强师资队伍建设的意见，特别强调要从师德师风和能力这两个方面加强学校的师资队伍建设，并针对专职教师、兼职教师和青年教师分别出台《上海视觉艺术学院关于实施市教委中青年教师赴国外高级研究学者的规定》《上海视觉艺术学院教职工国内学习、进修实施办法》《上海视觉艺术学院教师学术假实施办法》《上海视觉艺术学院关于选派青年骨干教师赴海外短期进修访学的实施办法》等激励政策，为教师特别是青年教师提供更多发展和提高的机会，引导青年教师健康成长。在加强内部师资队伍建设的同时，学校还大力引进高端人才，制定和出台关于学科带头人(领军人才)的引进方案。年末，学校派出两个考察团，赴美国和欧洲等海外知名艺术院校开展合作交流，并物色和引进促进学科发展的高端人才。2015年，经学院推荐、学术委员会审议，学校聘任了新一轮学科带头人16人、专业负责人29人，并组织实施了市教委有关队伍建设及其强师工程计划。年内，有2名骨干教师被批准参加高级访问学者国外访学，1名教师获得青年教师资助计划，2名外籍教师获得“海外名师”资助，1名教师获得市民办高校骨干教师教学技能大赛一等奖。

七、加强师生思想政治工作。充分发挥党组织在学校中的政治核心作用，以党建、团建促进校风、教风和学风建设。开展“今天我们怎么当老师”主题教育活动，邀请全国德育楷模于漪老师作“今天我们怎么当老师”的主题辅导报告，举办了第八届上海大学生电视节、周末计划、大学生创新创业论坛等大型活动。7月9日，学校首次召开学生思想政治工作研讨会，提出要与时俱进，积极创新，以全新的工作方法适应现代学生个性化现状和发展趋势，做到全员育人、全程育人、全方位育人，建立良好的学风。同时加强规章制度建设和辅导员队伍建设，关注学生心理健康，加强学生心理疏导。

八、开放办学和交流合作继续推进。在原来开展的校企合作的基础上，坚持走开放办学、需学研产一体化的办学道路，进一步加强与行业和企业的深度合作，切实落实项目制教学模式，推动学科建设和人才培养。学校与上海科学技术文献出版社签订战略合作协议，为学校毕业生优秀作品提供更为广阔的展示平台；新媒体艺术学院与索尼中国专业系统集团索尼高清影视技术学院共同建设的“4K影视节目内容制作实验室”成为索尼中国专业系统集团·索尼高清影视技术学院在上海和华东地区的第一家校企合作项目；表演艺术学院与上海开心麻花文化传媒有限公司签约合作建设实训基地。为拓宽师生的国际视野，提升学校的国际办学水平，坚持通过引进来、走出去等方式，致力于搭建合作交流平台。学校先后与国外院校缔结16个国际交流合作协议，签订协议的学校包括美国爱默生学院、法国阿尔勒国立摄影学院、法国南锡国立高等艺术学院、加拿大魁北克大学蒙特利尔分校、俄罗斯圣彼得堡国立戏剧学院、美国弗吉尼亚联邦大学、英国伯明翰城市大学、英国赫特福德大学、德国奥芬巴赫设计学院等多所国外知名大学。学校现有40个国际合作院校，较2014年增加了21所。2015年，学校还向教育部备案港澳台地区本科生招收文件。

九、人才培养质量持续攀升。2015年学校学生在学科竞赛类获奖52项，其中全国性9项；科技文化、文艺体育类获奖204项，其中国际性1项、全国性79项。时尚设计学院夏晓云等三位学生在2015中国国际面料创意大赛中获得单项奖，王辉娟等三位学生获优胜奖，王艺锦等16位学生获优秀奖；设计学院学生费欣桐在“中国大学生好创意”第七届全国大学生广告艺术大赛获平面类二等奖，学生杨茹帆、杨晨获得平面类优秀奖；时尚设计学院学生何宇琳在2015年第三届全国高校建筑与环境设计专业学生美术作品大奖赛中获优秀奖；设计学院学生龚泽希在“微公益·我乐行——2015上海市大学生公益广告大赛”中获银奖；时尚设计学院学生唐如婷在“2015(春)全国院校家居软装饰设计大赛”中获家用纺织品面料图案类设计银奖，胡承志、谷明等16位学生获优秀奖；文化创意产业管理学院学生李金儒在2015年第五届大学生创业大赛中获一等奖，学生章森艺获三等奖；新媒体艺术学院学生于天池在第十届华东六省一市暨全国部分省市主持新人大赛中获全国亚军。

十、招生和就业质量不断提高。学校共有16个专业(含34个专业方向)面向全国28省市计划招生1040人。实际招生1030人，实际录取率为98.1%。截至9月14日，总计报到人数1004人，报到率约为97.5%。SIVA-德稻实验班2015年共设10个班，报名人数超过1600人，实际招生199人。与此同时，毕业生就业率和就业质量稳中有升，毕业生行业分布、地区分布更趋多元化。截至2015年12月底，毕业生就业率为95.86%，据毕业生就业跟踪调查反映，毕业生对就业质量总体比较满意。

(黄　华)

【应勇到校视察】 11月5日，上海市委副书记应勇到校视察。市委副秘书长陈寅、市教卫工作党委书记陈克宏、市教委副主任袁雯及市教委有关处室领导等陪同视察。应勇对学校新领导班子近一年的工作给予充分肯定，并要求学校今后一定要向着“建设国内一流、国际知名，高水准、高品位现代视觉艺术学校”的目标不断奋进，“认定目标找准定位，办出特色深化改革，体现特点办出活力，尊重规律办出水平”，继承学校好的传统，传承学校好的文化基因，尊重办学规律，体现社会力量混合办学的体制优势和特点，走出一条符合学校特点的办学道路，并要求学校要继续做好民主管理、规范办学和依法治校方面的工作。 (黄　华)

上海市委副书记应勇到校视察

【翁铁慧到校调研】 6月3日，副市长翁铁慧到校调研。市教委主任苏明，副主任丁晓东、李瑞阳及市教委各有关处室领导参加调研。翁铁慧对学校始终坚持“把学生培养为社会所需求的高水平应用型人才作为学校中心工作”的办学理念和校企合作、开放办学的办学模式，以及由此所取得的显著成效表示充分肯定，希望学校今后的办学坚持社会主义教育方针的办学方向不能变，为社会培养高水平应用型人才的办学定位不能变，把立足办学质量的提升作为学校立校之本的办学思想不能变，把“为学生发展”作为学校中心工作的办学理念不能变，改革创新的精神不能变。加强学校师资队伍与管理队伍的建设，继续坚持开放与合作办学之路。 (黄　华)

【艺术与设计实验教学中心获评“国家级实验教学示范中心”】 1月8日，教育部批准学校艺术与设计实验教学中心(实训中心)为“国家级实验教学示范中心”。学校坚持理论教学与实践教学相结合，先后建设“实训中心”“德稻大师楼”和“上海市高端艺术人才培训中心”三个教学实践中心，总面积近7万平方米，为全校师生提供一流的教学软硬件设施和服务。 (黄　华)

【“数字媒体内容创新知识服务平台”理事会召开】 5月29日，学校“数字媒体内容创新知识服务平台”第一届理事会暨“数字媒体内容创新知识服务平台”项目咨询会召开。“数字媒体内容创新知识服务平台”是在科技创新、知识创新的大环境下，学校发挥与行业、企业联动发展的优势，突出需、学、研、产相结合的一项新成果，也是努力打造辐射上海及整个长江三角洲地区的知识服务平台。

(黄　华)

【学校“创友会”成立】 1月16日，旨在为本校创业团队搭建交流互动、信息共享平台的“上海视觉艺术学院创友会”成立大会召开，学校历届创业团队代表70余人到会。“创友会”作为学校学生创业团队之友，是由校就业办牵头推动，各创业团队自发自愿组织的学生创业自助组织，主要吸纳学校的创

业团队加入。目前“创友会”已有76家会员单位，并且将不断接纳新的创业团队会员。（黄　华）

【第一届“上海国际陶瓷柴烧艺术节”举行】 10月15日，第一届“上海国际陶瓷柴烧艺术节”在学校揭幕。本届艺术节以“柴烧·生活”为主题，由上海市文化广播影视管理局、上海国际艺术节组委会、上海创意产业协会指导，上海视觉艺术学院、中国陶瓷艺术家协会（上海）主办。作为国际上首个大规模展现不同国家陶瓷柴烧传统艺术及创新理念的交流盛会，第一届“上海国际陶瓷柴烧艺术节”旨在以现代教育为出发点，促进东西方文明交融，推动中国陶瓷柴烧艺术的传承与发展，吸引了近20个国家和地区的百余位国际知名柴烧艺术专家携其作品与会，成为在上海乃至世界的首场集文化、学术、艺术、社交等内容为一体的陶瓷柴烧艺术嘉年华活动，并得到了20多所海内外高校及行业协会的大力支持。（黄　华）

首届上海国际陶瓷柴烧艺术节在学校举办

【全国设计教育学术研讨会举行】 10月31日，作为学校建校10周年庆的系列活动之一，“溯源”——全国设计教育学术研讨会暨2015年中国高等教育学会设计教育专业委员会年会在学校召开。本次会议由中国高等教育学会设计教育专业委员会、教育部高等学校艺术设计类专业教学指导分委员会、上海视觉艺术学院联合主办，来自国内90多所艺术院校近300位代表出席本次会议。中国高等教育学会设计教育专业委员会学术年会作为中国高等设计教育专业委员会长期举办的年度学术盛会，自创办之日起，已成为国内最具规模、最有影响、最为权威的高等设计教育公共交流平台之一。年会立足中国高等设计教育发展的历史与现实，面向社会转型与产业升级过程中呈现的各种新问题，积极探索高等设计教育的可持续发展之道。

（黄　华）

【中国非物质文化遗产传承人群研修班开办】 11月20日，由文化部非物质文化遗产司主办、上海市文化广播影视管理局指导、上海视觉艺术学院承办的“中国非物质文化遗产传承人群研修培训”在学校新落成的美术馆开班。根据计划，首先举办“工艺美术”与“服饰”两个研修班。（黄　华）

【“水墨京韵”新闻发布暨研讨会举行】 12月11日，“水墨京韵”项目新闻发布暨学术研讨会在学校举行。全国政协委员、中国文联副主席、陈晓光，院长王荣华，全国人大代表、长安动漫产业集团董事长李扬，全国政协委员、著名京剧表演艺术家孙萍等出席。由长安动漫产业集团出品，上海视觉艺术学院、上海文化广播影视集团有限公司联合制作的百集京剧名家名段水墨动画片“水墨京韵”项目，经过两年多打磨，目前已完成第一阶段25集动画片的制作工作。项目运用创新思维将传统水墨和京剧两大“国粹”巧妙融合，成就一部弘扬民族文化的经典力作。（黄　华）

附:学院负责人及地址

（2015年1—12月）

院　长:王荣华

副院长:穆端正、张　同、周　斌、俞振伟、毛　方

院党委副书记:俞振伟

地址:文翔路2200号

邮编:201620

电话:67822500

上海兴伟学院

【2015年概况】 学院现有普通本专科生共61人，有英语(博雅方向)1个专业。学院现有教职工36人、专职教师14人，其中外籍教师3人。

学校的任职教授全部来自亚利桑那大学、波士顿大学等欧美知名大学，且均拥有博士学位。除此之外，学院还聘请具有多年社会和企业工作经验的人士任教。学院注重外籍教师的管理和相关资质的申请，现已取得聘请外国专家单位资格认可等资质。

学院采取学生管理学院的模式，并且成立了各个委员会，委员会主任均由学生担任。委员会通过讨论，决定学院的相关政策与制度。每个委员会的主任在教练指导和协助下，共同完成各项任务。为了高效解决学生中的相关问题，学院每月举行一次委员会主任会议，共同讨论并决定最佳的解决方案。采取学生管理学院的模式目的是培养学生的管理能力及创造能力，培养学生的社会责任感。

学院是一所以“博雅教育”为办学特色的普通本科学院。学院培养能更好地适应全球一体化进程下瞬息万变的社会需求、具有创新思维和广博知识的国际化人才。“博雅教育”追求人的全面发展，努力发现和发掘每一个学生的天赋和潜能，激发学生的学习兴趣和热情。学院按照“博雅教育”的理念，不为学生预设任何专业，注重为学生提供涵盖文理各个学科的通识课程。鼓励学生探索尽可能多的学科方向，并在这个过程中找到自己的兴趣和爱好所在，明确自己想要继续深造的专业领域。学生参与学院的管理，激发每一个学生的内在动力，从知识教授到自我学习，形成教授、教练与学生们一起学习、生活，共同实践的良好环境。学院开设小班化的采取讨论参与式教学的人文课程。人文课程涵盖文学、哲学、心理学等。学院以英语为教学语言，力求培养学生独立思考和思辨能力。

(沈歆瑶)

【开展向学校图书馆捐书活动】 学院图书馆还开展了全校师生和社会团体捐书活动。3月，学校名誉院长，华东师范大学终身教授、博士生导师，中国社会科学院兼职研究员，著名国际冷战史专家沈志华向学校图书馆捐赠了近3000册图书。其中不乏十分珍贵的史学资料，深受学校师生欢迎。10月，兴平基金会向学校图书馆捐赠了737册新书供学生借阅。

(张　洋)

【实施海外硕士研修项目】 根据上海市民办高校强师工程教师培训项目“第四期海外硕士研修项目”的实施计划，经过学院选拔推荐，学校委派教师1人于2015年8月—2016年2月在美国加州州立大学富勒顿分校参加硕士课程学习。该校开设的领导力和高等教育哲学等专业课程与参加培训的教师在国内实际工作内容契合，为回校工作提供了坚实的理论基础。

(沈歆瑶)

学校教师赴海外交流研修

附:学院负责人及地址

（2015 年 1—12 月）

董事长:陈公白

院党总支副书记:陈晓群

院　长:俞光虹

地址:勤奋路 1 号

邮编:201399

电话:68020823

上海外国语大学贤达经济人文学院

【2015 年概况】 学校秋季招收本科生 1595 人,在校生总数 6769 人。毕业生总数 1644 人,就业率 98.56%,其中出国续读研究生 164 人,国内续读研究生 21 人。

学科建设。①完善教学、科研管理制度。为进一步规范教学管理,加强教学管理制度建设,制定和修订了教学管理文件。制定《深化创新创业教育改革实施方案的报告》《上外贤达学院实验(实训)教学管理办法(试行)》《上外贤达学院实验(实训)室工作规程(试行)》《上外贤达学院校外实习实训基地建设与管理办法(试行)》等一系列制度。②撰写教学质量报告:《上外贤达学院 2014—2015 学年本科教学质量报告》。③推进课程改革。完善专业组织架构,调整优化专业结构,2015 年开设全英语课程 40 门,双语课程 65 门。任意选修课 78 门,学生选课 7358 人次。④拓展校外见习基地。通过资源整合,拓展校外见习基地,共签署 79 个。⑤课程建设立项。市教委重点课程建设 6 项、市教委重点教改 1 项、市教委示范性全英语课程建设项目 1 项。建设校级重点科研项目 18 项,一般科研项目 36 项。承接市重点教改项目 1 项、市民办教育协会课题 1 项、市高校青年教师培养资助计划课题 9 项。⑥2015 年,本科专业 21 个。

国际交流。①拓展海外名校合作渠道,加快教育国际化进程。新增美国天普大学、美国强生威尔士大学、英国普利茅斯大学、英国德蒙福特大学、英国卡迪夫城市大学、西班牙巴塞罗那自治大学等 16 个合作交流院校。②新建 3 个境外教师培训基地:法国雷恩高等商学院、美国加州州立大学福乐顿分校、英国赫特福特大学。③2015 年,学校有近 150 名在读学生前往国(境)外合作院校学习;预计有 12%左右的毕业生前往英国、美国、德国、西班牙、法国、日本、韩国等国外知名大学就读研究生。④聘请外籍教师和专家 18 人。

师资建设。教职工总数 513 人。其中,专任教师 337 人,行政人员 106 人,教辅、工勤人员 70 人。学校加强师资队伍建设,积极组织教师自荐申报市"教师专业发展工程"项目,6 人入选"上海高校教师国内访问学者计划",9 人入选 2015 年"上海高校青年教师培养资助计划",1 人入选"上海市教育科学研究项目"。1 人被聘为教授职务,3 人被聘为副教授职务。选派 10 名骨干教师于 6 月 21 日启程前往美国伊利诺伊大学香槟分校(UIUC)进行为期 8 周的培训。

教学成果。学校外语学院朝鲜语专业教师常馨获"第二届上海市民办高校教师教学技能大赛颁奖大会"青年教师组二等奖。学校获"优秀组织奖"。文化产业与管理学院管理系教师肖晶在 2015 年上海市民办高校新教师入职培训的教学展示竞赛中,获"最佳教学奖",参加"第十一届辉煌中国全国艺术精英电视盛典"上海赛区比赛,获特等奖。学校获"2013—2014 年度上海市语言文字水平测试工作先进集体"称号。第二届"上海市大学生决策仿真实践大赛”，13级工商管理专业参赛队员获2组二等奖、3组三等奖，教师易莉华获“优秀指导教师”荣誉称号。文管学院教师姜天予的作品UNUN Brick获德国红点设计大奖（2015 Red Dot Winner），获奖作品在红点设计年鉴（Red Dot Design Concept Yearbook 2016）上发表。

学生工作。修订完善《上海外国语大学贤达经济人文学院团务工作手册》《上海外国语大学贤达经济人文学院学生干部管理条例》。组织校级团学干部培训，受训592人次。开展奖、贷、勤、补、免等各项学生资助工作，11人获国家奖学金，15人获上海市奖学金，228人获国家励志奖学金，145名贫困学生减免学费。731名师生参加了献血。在上海市高校大学生法治辩论赛等学生普法活动中，商学院法学系学生凤元龙、刘睿、缪一瑞获优秀辩手称号，学校获优秀组织奖。文化产业与管理学院数字媒体艺术专业13级学生杨换美、张埕及14级学生莫龙兴在“第十一届辉煌中国全国艺术精英电视盛典”大学语言类节目中，分别获得上海赛区一等奖、全国总决赛一等奖。2015年上海市大中学生暑期社会实践活动中，学校实践团项目活动获“普法下乡”最佳项目奖。学校合唱团与复旦大学、交通大学、同济大学等知名学府合唱团联手，参加由市教卫工作党委、市教委联合主办的“青春放歌”2015上海学生新年音乐会。学校棒球队获得上海市高校棒球锦标赛第四名，队员李涛获本年度高校组个人最高荣誉奖——最佳投手奖。第七届“知行杯”上海市大学生社会实践大赛中，学校商学院法学系课题组获三等奖，教师季萍获“优秀指导教师”奖。在第三届华东师范大学海上风“都市民俗学论坛”暨首届创意作品大赛上，学校2012级文化产业管理专业学生周潇的作品《香合五毒——壁虎》获一等奖，并将其赠予华东师范大学民俗学博物馆。

（袁　源）

获市大中学生暑期社会实践最佳项目奖

【全面深化校院两级管理体制改革】 1月18日，召开全面深化校院两级管理体制改革会议。会上从校院两级职能界定、“四权”（人事管理权、教学管理权、财务管理权、学术管理权）下放、配套政策措施、监督考核等方面对《校院两级管理体制改革实施办法（试行）》进行详细的解读，要求按照“教学评估合格，办学特色鲜明”的目标，建立健全二级学院院长和行政职能部门负责人的工作目标责任制，把内涵建设落到实处。（袁　源）

【首次进行春季高考招生】 2015年学校首次进行春季高考招生工作，招生前准备充分、招生期间有序规范、结束统计细致。春季招生计划数120人，报名人数为1683人，文化上线人数1469人。根据招生计划的三倍划定面试人数362人，两天面试，23人缺考，实际面试人数339人。学前教育、法语、金融学三个专业最终录取120人。（袁　源）

【崇明校区学生事务中心启用】 崇明校区学生事务中心于2015年12月正式启用。中心设有接待大厅、服务窗口及办公区等多个功能区域，学生工作处、教务处、财务处、后勤处等与学生关系密切的7个部门入驻。中心为学生提供一站式、零距离服务，方便全体师生。（袁　源）

附：学院负责人及地址

（2015年1—12月）

董 事 长：鲍贤嗣
副董事长：冯庆华

院　长：陈传兴
副院长：陆朴鸣、黄学壬、丁智勇、陈　力、马艳红、张祖忻

院党委书记:夏骄雄
副　书　记:郑　虹

虹口校区地址:东体育会路390号
邮编:200083
电话:51278000

崇明校区地址:东滩大道999号
邮编:202162
电话:39665000

上海师范大学天华学院

【2015年概况】 2015年招生录取总人数2487名,实际报到2298名(统计截止日期为9月15日),报到率92.40%。在校生总计8121人,分布在7个二级学院,236个行政班,25个专业。2015届毕业生总数为1812人,毕业生就业率98.01%,签约率86.37%(截至2015年8月25日)。学校共有专职教职工479人,其中干部78人,教师214人,正辅导员36人,副辅导员33人,行政教辅118人,另有兼职教师139人。

一、师资队伍建设。学校正式启动博士沙龙、名师工作坊,组织举办骨干教师教学科研能力培训系列讲座,为在职教师开设"科研素养和方法""科研方法务实""职称申报事务"三大系列18个讲座,为"老讲师"量身定做关于科研选题、论文投稿、项目申报、职称申报以及统计方法等方面的实务培训。推进第一批11名双语教师培训项目,加速教学团队成长,全面提高师资队伍的教学科研能力。有45名教师参与"强师工程"的新教师培训及各类专业培训,获批国内访学7人、产学研15人、优青3人、晨光计划2人,合计经费143万元。

二、科研工作。随着上海市教委民办高校政府专项资金的逐步投入与对高校骨干师资的科研扶持和培养力度的不断加强,学校实施相应配套的制度,调动了教师从事科研工作的积极性。2015年学校在研项目68项,科研经费1097.5万元。其中,教育部人文社科基金项目2项,"上海市重点教学改革"项目2项,"上海市教委重点课程"项目10项,"上海高校青年教师培养资助计划"项目16项,"上海市晨光计划"项目3项,"上海民教协会课题"4项,"国内外访问学者"项目7项,产学研践习计划项目15项,高教学会项目2项。据2014—2015学年科研成果统计中,出版各类著作16本,在各类期刊中发表论文120余篇,其中高水平论文(SCI、EI)7篇。

三、交流合作。中美合作学前教育、小学教育两个项目,正式获得了国家教育部的办学资格证书。学前教育首批95名学生已正式入学,学习情况良好。2015年5月有14名学生被录取赴美攻读教育学硕士项目,并实施暑期学分课程。学校领导出访美国10所大学洽谈合作项目。学校先后接待了美国约拉马利蒙特大学、英国曼彻斯特大学、日本创价大学、新西兰林肯大学、美国威斯康星协和大学等多所国外大学代表团到校访问,积极拓展康复治疗学、应用心理学、通信工程等专业中外合作领域。实施百名双语教师培训计划,首批11名骨干教师已分赴美国阿拉巴马大学、西弗吉尼亚大学进行为期四个月的集中培训。

四、学生工作。①完善德育学分制运行。修订《天华学院德育学分制实施办法》。"德育学分"作为德育实践学分嵌入2015级本科教学培养计划,学生完成规定课程获得2个教学学分。进一步完善全校德育学分行为自律模块的运行机制,建立了全面的德育学分考核清算体系,实行每月一结算,每学年一清算,毕业前汇总审核。②深入开展经典阅读活动。开展了新生班级“品读经典”教室长廊文化布置评比活动，举行了“赏经典荟萃、品华章十载”戏剧大赛和班级经典演讲等多种形式的活动，推进学生经典阅读工作。③推进学生自治管理。对学校学生会社团进行整合，着重打造学习型社团、研究性社团、服务性社团50个，有3160名学生参与社团活动。④党员工作站进入学生宿舍。六个二级学院的党员工作站入驻每栋寝室楼，分别建立网格化对接管理体系。把日常卫生安全纪律管理和生活区大学生思想政治工作有机结合，探索学生宿舍的网格化管理制度，确保党员、学生干部发挥积极有效的作用。 （邓 宇）

【学校新图书馆正式开馆】 3月27日，学校新图书馆开馆仪式在昇华楼举行。新图书馆面积达12500平方米，环境舒适典雅，可容纳90万册藏书，设有阅览区、研讨区、咨询区、休闲区和报告区，有6个研讨室，一个专题学习空间。各个楼面分布100台上网电脑，全馆实现无线网络覆盖。同时，新图书馆采用无线射频技术，每本书可定位可视化检索，并实现自助借还服务。新图书馆的投入使用为广大师生的学习和科研提供了良好的场地和高效的服务，也是学校科研发展的资源保障。 （邓 宇）

学校新图书馆启用

【学生宿舍通过市高校后勤协会“六T”检查】 12月15日，上海高校学生公寓“六T”实务现场管理评估小组专家组到校对学生公寓“六T”实务现场管理达标创建活动情况进行检查。专家组对学生公寓的环境、服务设施、安全管理、宿舍卫生等几个方面进行了实地勘察，走访了学生宿舍、党员工作站、学生活动中心、综合治理办公室，并对相关材料进行了检查、评估。经过现场检查、专家评估、组织评审等程序，学生宿舍通过上海市高校后勤协会“六T”检查。 （邓 宇）

【在头脑奥林匹克创新大赛中获好成绩】 3月7—8日，第36届世界头脑奥林匹克中国区决赛暨第28届中国上海头脑奥林匹克创新大赛举行。学校学生在大赛中获两个一等奖和一个三等奖。学校工学院参赛队与德国的3个特邀参赛队结为友好队，交流比赛经验，学校德语专业师生协助进行了翻译。中国工程院院士、上海头脑奥林匹克协会会长翁史烈，市政府副秘书长宗明，市教委主任苏明，市教卫工作党委副书记高德毅等领导出席颁奖典礼，并为获奖选手颁奖。中国头脑奥林匹克协会执行主席陈伟新对于学校师生在本次比赛期间的志愿服务工作给予高度评价。 （邓 宇）

学校学生获第36届世界头脑奥林匹克中国区决赛一等奖

【论文获“第三届全国民办高校党建工作论坛”特等奖】 由教育部思想政治工作司指导，全国民办高校党建研究分会主办的“第三届全国民办高校党建工作论坛”在福建省厦门市举行。来自全国30个省市、150多所民办高校的200多名学校党务工作者和专家学者，围绕“坚持立德树人思想引领、加强改进民办高校党建工作”的主题进行了学习、交流和研讨。论坛对2015年全国民办高校党建工作优秀论文进行了表彰。论坛共收到200篇参评论文。学校与上海市民办高校党工委联合提交的论文《创新民办高校基层服务型党组织建设的路径探析》获特等奖。（邓　宇）

【推进《天华学院章程（草案）》的编写】　6月1日，学校召开由上海市教委民办教育处、法规处、上海市社团局、上海教科院的领导和专家参加的《天华学院章程（草案）》咨询论证会，在认真听取上级行业主管部门和专家的意见、建议基础上，形成了《章程（草案）》教代会审议稿。《章程（草案）》经学校教职工代表大会讨论、审议通过。经学校校务委员会审议、表决通过，已经开始试行，并在试行过程中不断加以修订、完善。（邓　宇）

附：学院负责人及地址

（2015年1—12月）

院党委书记：韩晓玉
副　书　记：曹云林、许　岳

院　长：叶才福
副院长：龚春蕾、陈新斌、朱国权、王友根、吴国兴

地址：胜辛北路1661号
邮编：201815
电话：39966266

上海出版印刷高等专科学校

【2015年概况】　2015年学校计划招生2200人（含自主招生280人、秋季招生1920人），总体招生计划比2014年增加300人，比2013年增加392人。实际录取新生2305人（包括自主招生281人、内地西藏班2人、新疆地区民族预科班15人、新疆地区民族预科班转入9人），超计划招105名，新生报到率达到92.05%。毕业生总人数为1410人，截至9月1日，全校就业率为99.29%，签约率为91.06%，其中专升本175人，占毕业生总人数的比例为12.41%，出国2人。

一、骨干高职院校验收工作。为全面完成国家骨干高职院校项目总结验收工作，保证项目建设任务完成和建设目标实现，学校组织召开项目建设推进及总结会35次，发布《国家骨干高职院校建设工作简报》16期，简报包括183项内容。撰写骨干高职院校《项目总结报告》。编制骨干高职院校建设《地方政府支持举措佐证材料》汇编。完成骨干高职院校建设《审计报告》的校对和修改，对骨干高职院校建设任务书中的118个子项目，538个建设指标，1020个验收要点进行了7轮的梳理、核对和修正。组织校内外专家对建设分项目、上海市重点建设专业（085工程）等全校27个项目的建设进行反复检查，完成了3轮全面检查与验收工作。为充分发挥区位优势，紧贴文化产业转型升级和技术发展需求，学校创新打造"三站九室"、海外工作站等合作平台，不断探索"名企引领、工学结合、能力递进"等人才培养模式。打造现代职教体系，把国际大赛标准作为教学标准的重要参照，学校被确定为世界技能大赛"印刷媒体技术"项目中国集训基地、国家级专业技术人员继续教育基地、上海市第七五职业技能鉴定所，并成为上海市唯一实施现代大学制度建设试点高职高专院校。10月8—9日，学校骨干高职院校建设项目顺利通过教育部和财政部验收，获优秀等级。

二、教学工作。结合国家骨干高职院校、年度

学校通过国家骨干高职院校建设项目省级验收

内涵建设项目及学校教学资源库等重大项目建设工作，学校完成29个实验（实训）室建设项目申报与评审工作，其中申报2016年度建设项目25个。6个专业、20门课程被列为2016专业内涵建设项目，17门课程被列为第三批专业教学资源库课程建设项目。为加强教学管理信息化建设，学校在初步建成的“实验（实训）室建设与教学信息管理系统”上，开展包括“实验室管理”“教学计划管理”等功能的使用。开展“上海高等职业教育质量提升计划项目”申报工作，其中“基于国际包装职业标准的包装技术与设计专业建设”等7个项目获批立项。为开展中高职贯通培养试点工作，学校制定《中高职教育贯通培养试点专业学生学籍管理制度（试行）》等规章制度，进行数字出版、影视动画、图文信息处理3个专业上海市中高职教育贯通培养模式试点项目的申报工作，推进教育领域综合改革。

三、科研工作。全校教师共申报各类纵向项目52人次，立项28项。其中校外项目14项、重点科研项目8项。本年度科研经费总到账290万元，其中纵向经费165.7万元、横向经费124.3万元。学校全年组织申报各类科研项目13类，其中“大学生社会化内容生产创筹平台”项目获批上海市2015年促进文化创意产业发展财政扶持资金支持项目，获批建设资金120万元，实现学校产业项目立项申报的突破；2项获批上海市“晨光计划”项目，连续四年实现该类项目申报的全部立项；1项获批上海市“教育法学人才”项目；还获批1项上海市艺术科学规划项目、1项上海市学校艺术科研项目、1项上海市体育社会科学决策咨询研究项目和2项上海市学校体育科研青年项目。此外，还申报获批长三角教育协作计划项目、上海高校服务国家重大战略出版工程项目各1项。全校教师共发表各类学术性论文（含报刊）216篇，同比增长6.93%，其中在核心期刊发表论文121篇，同比增长18.6%，学校教师科研论文质量有了较大幅度提升。出版教材和著作（含参编）28部，同比增长27.3%。获批专利17项，与2014年相比实现较大幅度增长，发明专利申报工作取得重要突破，年度共获批4项发明专利。另有其他类型科研成果（含艺术作品）及获奖18项。

四、师资队伍建设。组织人才引进工作，共收到应聘材料578份，组织了6场校级面试，参加面试60人，实际录用进编27人，人才租赁2人。其中具有高级职称1人、博士学历3人，来自行业高级技能型人才1人。学校继续推行首聘期满考核续聘制度，推行部门和校级二级考核评分制。其中21人首聘期满，综合部门考核和校级考核合计总分在90分以上的11人，90分以下80分以上的10人，考核全部合格，得以续聘。学校获市教委出国进修计划项目资助2人，4人获教师产学研践习计划项目资助，获国内访学资助计划1人。青年教师培养资助计划，2人获得教委资助。学校制定《上海出版印刷高等专科学校骨干教师教学激励计划》，结合高职高专院校特点，以教学团队建设为抓手，实施促进教师专业成长、强化教师教学投入、全面提高教育教学质量的激励举措。

五、学生工作。建立健全“以国家助学贷款为主要手段，以奖、助学金为激励方式，以勤工助学、绿色通道和困难补助为辅助措施，以生活补贴为基本保障”的家庭经济困难学生立体式资助体系和长效服务机制。通过建设辅导员发展中心、固化辅导员专项职业能力培养计划等方式，进一步推进辅导员专业化建设与个人综合能力发展，做好在校大学生的思想政治辅导工作。全年共举办三场大型招聘会，邀请近400家企（事）业单位参会，为学校3000余名毕业生提供6000余个就业岗位。学校安排企业进校园召开宣讲会，全年共接待20家企业，主要是从事印刷复制及文化传播的企（事）业单位。150余家企业参与就业信息服务网的线上招聘，建立线上市场准入制度和市场信息反馈机制，切实维护用人单位和毕业生的合法权益。

六、对外交流与合作工作。学校进一步加强与英国博尔顿大学、美国奥特本大学、俄罗斯莫斯科印刷大学、爱尔兰格里菲斯大学、美国弗里斯州立大学等学校的交流合作。与法国国际音像学院、加拿大温哥华岛大学、孟加拉印刷行业协会正式确立合作伙伴关系，与莫斯科国立印刷大学共建印刷传媒与信息科技联合教研室，与英国索尔福德大学合作举办多媒体设计与制作专业高等专科教育项目，与美国奥特本大学合作举办的广告设计与制作专业高等专科教育项目，与美国罗切斯特理工大学合作举办中美图文信息处理专业专科教育项目接受了教育部关于高职高专中外合作办学项目教育教学试点评估。此外，为庆祝莫斯科国立印刷大学建校85周年，学校组织大学生艺术团一行26人前往莫斯科开展中俄大学生文化交流活动——“胜利·友谊礼赞”中俄大学生文艺纪念联演活动。

接待海外合作院校访问团组23批60余人次，签署合作协议17份。共有15个出访团，52名领导及教师赴12个国家和地区进行访问和参加培训，224名学生参加12个海外学习实习交流项目。

七、文化和制度建设。学校四届八次教代会审议了《学校教育综合改革方案》及《学校章程》，落实民主监督，定期开展教工活动，成立教职工文体协会。组织开展“三严三实”专题研讨会，制定《关于进一步完善中层干部外出管理制度的通知》《关于实施中层干部听课学习制度的通知》《中层干部考核方案》等制度，完善和健全干部管理工作制度和机制。修订《差旅费管理实施细则》，制定《接受捐赠资产管理办法》，规范和完善经费管理相关规章制度。加强出版印刷类特色资源建设，继续推进图书馆数字化阅读，积极构建资源合理、特色鲜明，能满足国家骨干高职高专院校教学科研需求的文献资源体系，将图书信息平台建设与服务融入校园文化建设。全年接待进馆观众10524余人次，外出巡展、举办专题讲座9次，组织印刷文化宣讲团到小学进行“先导课”讲座4次，校外活动约10万人次参加。学校对安全生产工作高度重视，改进与建立各项消防安全规章制度10余部，加强大学生消防安全教育，明确治安、防火责任人职责，消除各类安全隐患。完成信息资源共享交换平台升级建设，推进办公自动化建设，提升信息化管理水平，加强学校信息基础设施建设。（版　专）

【举行高职高专院校现代大学制度建设理论与实践研讨会】 1月27日，在学校召开上海市高职高专院校现代大学制度建设理论与实践研讨会，上海12所公办高职高专院校的分管校领导、相关部门负责人，以及上海市教委政策法规处领导出席会议。研讨会围绕高职高专院校现代大学制度建设展开，相关高校负责人分别介绍了各自的章程编制以及现代大学制度建设实施情况。（版　专）

【新增中外合作办学项目】 3月25日，法国IPAG高等商学院副校长、国际关系发展总监，中国发展经理，以及中国教育国际交流协会、中教国际教育交流中心法国项目部总监等到校访问。双方签订联合教育项目协议。（版　专）

【“启盈创新班”开班】 5月12日，学校首届“启盈创新班”开班仪式在学生活动中心举行，校领导，及印刷系、出版系、学生处及教务处等相关系和部门领导出席开班仪式。“启盈创新班”的目标是培养具有国际视野、人文素养、创新精神和艺术眼光的出版印刷传媒类的技术技能人才。（版　专）

【获第四十三届世界技能大赛银牌】 8月17日，学生张淑萍代表中国参加在巴西圣保罗举行的第四十三届世界技能大赛，并获得印刷媒体技术项目银牌。（版　专）

学生获得印刷媒体技术项目银牌

【获批市促进文化创意产业财政扶持资金项目】

11月2日，上海市2015年促进文化创意产业发展财政扶持资金支持项目正式公布，学校组织申报的“大学生社会化内容生产创筹平台”获得批准，实现学校在产业项目申报上的重要突破。学校是上海市获批该类项目的唯一一所高职高专院校。（版　专）

【教改成果入选中国高等职业教育质量年度报告案例】 11月3日，《2015年中国高等职业教育质量年度报告》正式公开发行，学校“课中课”育人模式作为典型案例被收录其中，成为报告收录的16个案例之一。（版　专）

【奥特本大学文理学院院长到访】 12月10日，美国奥特本大学文理学院院长一行来访学校，学校领导会见来访客人，双方就两校合作办学项目的办学内容、师资设置及质量保障等涉及项目开展的具体问题进行交流，并在互派学生交流方面达成一致意见。（版　专）

附：学校负责人及地址

（2015年1—12月）

校党委书记：刘道平
副　书　记：陈　斌、顾　凯

校　长：陈　斌
副校长：滕跃民、曾　忠、黎　卫

地址：水丰路100号
邮编：200093
电话：55530024

上海旅游高等专科学校

【2015年概况】 学校在校专科生3554名，本科生1508名，研究生251名（硕士研究生203名，博士研究生25名），学历教育夜大学生104人。接受各类留学生19名，其中，在读学历生6名（全日制专科学历生1名，本科学历生3名，硕士研究生2名），短期非学历交换生13名。

2015年共录用新教工10人，包括应届博士生2人、应届硕士生4人。完成人才派遣人员（管理岗）5人（硕士）转入正式编制。新增36名兼职教师，新增1名客座教授。

截至8月底，研究生就业率为92.8%，本科生就业率为95.3%，专科生就业率为93.43%，学生就业状况整体稳定。

推进教学工程建设。完成本、专科人才培养方案修订工作，完成“旅游概论”“旅游职业素养”两门校本课程的建设。进一步完善旅游大类（本科）平台课程“经济学”和“管理学”两门课程的建设工作。继续推动多功能语言学习中心、酒店管理专业人才培养和创新团队建设等中央财政项目建设工作。完成年度中央财政建设项目（中西餐烹饪创新实践基地）的申报并获得立项600万元。完成教育部现代学徒制的申报并立项。2015年获市教委本科重点课程立项2项、优秀教材1项、本科教改项目1项。开展新一级中高职贯通班的学业甄别与跟踪检查工作。强化实习管理，拓展实训实习基地。开展第三届“实践教学活动周”系列活动，推动休闲游憩实训基地，启动咖啡小屋、啤酒屋等实训基地。组织开展中国旅游协会旅游教育分会和教育部组织的导游服务技能大赛、西式宴会服务和烹饪类技能大赛参赛工作、上海市星光技能大赛及其他各类型专业大赛等，在以上赛事中，学校获一等奖3项。

整合有效资源，提升科研创新能力。校级科学研究项目下达81万元经费资助25个项目，包括重点团队项目3项、职业教育项目11项、管理类项目5项、党建专题项目6项。教育部全国旅游行业指导委员会项目1项。获上海市人民政府决策咨询研究项目资助2项，获上海市自然科学基金项目资助1项。获国家自然基金项目资助2项。获2015年国家旅游局优秀学术成果奖专著类一等奖1项、研究报告类一等奖1项。学校教师全年发表论文87篇、著作5部，在研项目50项，含基础研究类项目14项、行业服务项目36项，核定经费381.26万元。其中，SCI论文发表3篇，SSCI论文发表1篇，CSSCI论文发表12篇，核心期刊发表论文23篇。推进学科建设。成功申报上海市高峰高原学科资助计划工商管理高原学科1项，参与环境科学与工程高原学科1项。完成地理学重点学科年度检查工作。完成地理学一级学科体系建设项目申报与结项工作。加强科研平台建设。获得上海市人民政府研究中心"城市群与区域旅游"决策咨询研究基地1项，完成九寨沟风景管理局实习基地总结工作，与黄山风景名胜区管委会初步达成建设校企合作战略的共识。加强国内外学术交流。举办"国家公园与环境解说国际学术研讨会""中日旅游目的地与旅游市场营销国际研讨会"。参加中国旅游研究院"旅游科学年会"和"外设基地年会"，参加中国自然资源学会2015年年会，并组织安排旅游资源研究专业委员会分会场的学术报告。组织并参与旅游资源研究专业委员会2015年学术年会。邀请国内外知名学者，先后为研究生作了30场高质量学术报告。与上海市旅游局合作承办"东方讲坛"6期。顺利完成中国旅游研究院都市旅游研究基地的验收工作。

强化人才梯队建设，提升师资队伍整体水平。修订、完善、新拟定包括学校《高等学校教师资格认定的实施办法》《教师赴行业企业参加践习的实施办法》《内聘教师系列高级职务管理办法》《编制管理办法》《专业技术职务聘任办法》《新录用博士科研启动基金管理办法》《兼课教师聘用和管理办法(试行)》等。推出各项教师资助培养计划，包括国家旅游局"万名旅游英才计划"项目中的"研究型英才培养项目"2项、"创新创业型英才培养项目"4项、"实践服务型英才培养项目"10项、"双师型教师培养项目"7项，以及上海市青年拔尖人才、上海市高校国际水平师资培养计划、市教委教师专业发展工程等项目的国外访学项目7项、国内访学项目1项、产学研践习计划3项。获上海师范大学"王乐三"奖教金1项，学校人才队伍建设工程"五大计划"项目共28项，其中，"雏鹰计划"项目7项、"攀登计划"项目6项、"灯塔计划"9项、"星光计划"项目2项、"腾飞计划"4项。鼓励教师赴国(境)外进修学习，包括教师专业发展工程的国外访学计划11项、学校资助教师赴国外进行半年以上的访学项目1项、上海师范大学资助教师赴国外为期一个月的短期交流项目1项。推进本科骨干教师教学激励计划，获2015年度校级教研团队项目2项。落实青年教师导师制和助教制，获2015年度校级青年教研基金项目1项。开展教师各类业务培训工作，全年共有130人次参加的各类校外业务培训。开展教职工校内专题培训6场，共计651人次参与培训。新增3名教职工进行硕博、博士后学历学位进修。完成2014—2015学年度锦江"教书育人、管理育人、服务育人"先进个人的评选工作，共评选先进个人21名。

重视学生工作。获市级教卫党建课题立项1项。强化大学生理想信念教育，开展诚信教育、爱国教育、师德教育等主题教育活动500余次。充分运用学生处、团委微信官方平台对学生开展思政教育工作。开展各类校园文化活动96场，获第十四届"挑战杯"上海市大学生创新创业大赛市级三等奖1项。组织学生参加校内外开展各类志愿和公益活动50多场。组织开展寒暑假社会实践活动，获上海市"知行杯"大赛三等奖1项、市级优秀项目2项、先进个人2名。赴新疆进行志愿服务大学生志愿者1名。举办企业走访宣讲会、行业专家讲座50余场、中大型就业招聘会2场邀请144家企业，辅导员走访企业120余家。完成2015年学校就业质量报告、2014届毕业生社会需求与人才质量跟踪报告等。完成2015"心驻青春·梦铸未来"心理健康教育活动月与校内心理剧选拔赛活动。完成本专科近1700余名新生心理普测，普测率100%，完成学校"大学生心理教育"课程建设。19名学生入伍。

促进国际交流与港澳台合作。共接待16个国家和地区的32个境外团组，并与美国、加拿大、西班牙等8家境外高校和企业签订合作协议，建立多层次的国际合作关系。注重对学生国际化视野和跨文化沟通能力的培养，通过交换生、联合培养、海外实习三种主要方式，建立全覆盖的学生交流项目体系。全年度境外项目35个，选派84名学生赴海外游学和实习。选派30名学生赴美国、西班牙、墨西哥、芬兰、韩国、日本等国家参加交换项目；选派49名学生赴美国、阿联酋、日本等国和香港特区的旅游企业和组织实习，建立6个境外实习基地。开设全英文的“中国文化和旅游专业课程项目”和“酒店课程和实习项目”。中日人文与地理观光研究所举办“旅游经济国际比较研讨会”。完成TEDQUAL旅游教育质量认证前期工作，翻译完成《TEDQUAL旅游教育质量认证工作手册》。全年共有44人次的教职员工访问考察、参加国际会议以及讲学与进修。聘请来自日本、韩国、美国、西班牙的外教10人，主要从事公共外语的教学。聘请来自美国佛罗里达国际大学的“海外名师”来校工作。先后聘请美国、加拿大、爱尔兰专业学者7人来学校系科访学一个月。先后邀请澳大利亚格里菲斯大学、荷兰鹿特丹大学、美国佛罗里达国际大学日本立命馆大学等名校学者举办学术讲座。

共举办36个培训班次，培训人员1656人次。包括与国家旅游局合作举办的全国旅行社总经理培训班、全国旅游饭店总经理岗位职务培训班、全国旅游饭店部门经理岗位职务培训班、全国职业院校专业骨干教师培训项目等。会同昆山旅游局、泰安市旅游局、烟台旅游局、南京金陵饭店集团、常熟市旅游局、赣州市旅游局、阳光国际黄山饭店集团、衡山集团、中维酒店管理集团、西宁市旅游局、上海市旅游局等政府部门、协会联盟、集团公司等进行合作，举办多期行业专题培训班。举办西宁市旅游行业从业人员培训班。承担全国职业院校专业师资的培训工作。承担《中维酒店管理集团品牌与运营管理培训纲要》、中国旅游教育行业指导委员会《中国旅游职业教育年度报告(2014)》的撰写等。促进“全国旅游职业教育师资培训基地暨旅游职业教育研究中心”的组建，推动和加强职业院校教师队伍建设。

完成《上海旅游高等专科学校章程》《上海旅游高等专科学校教育综合改革工作方案》《上海旅游高等专科学校“十三五”教育改革与发展规划纲要》等重要文件的制定和编制工作。做好综合教学楼建设的筹备工作，启动海思公寓修缮项目、风雨操场配套用房建设项目，做好各项设施设备的维护保养工作，做好能源控制使用工作。完善学校网站建设，开通校友会、纪委专门网站，升级校园网认证系统、更换校园网核心，新建校园网微门户。推进旅游特色资源库建设。编辑出版《旅游情报研究》4期，维护运行“上海旅游公共书吧”，定期开展“旅游公共书吧”业务调研与用户回访，举办“走进图书，沐浴书香”专题系列活动，推出新生专题荐读活动“营养书吧”。获首届全国高校图书馆阅读推广案例大赛二等奖1项、优秀奖1项，获2015“知网杯”上海高校资源发展系列大赛三等奖1项。完善教代会制度，提高广大教职工参与民主管理的积极性。完善各项保障措施，开展教职工各项文体活动，构建和谐校园生活。（刘利艾）

【入选第二批“十二五”职业教育国家规划教材】 5月，教育部公布第二批“十二五”职业教育国家规划教材书目名单，学校教师主编的6部教材入选，分别是《西式烹调工艺与实训》《酒店财务管理实务》《酒店经营管理原理与实务》《酒店前厅运行与管理》《客房部的运行与管理》《酒店工程原理与实务》等。第二批“十二五”职业规划教材根据《教育部关于“十二五”职业教育教材建设的若干意见》，经组织出版单位申报、专家评审立项、出版单位编写(修订)和全国职业教育教材审定委员会审定等环节才能入选。学校先后二批共有12部教材入选“十二五”职业教育国家规划教材。（刘利艾）

【与加拿大和美国的大学合作办学】 11月上旬，学校组团访问加拿大、美国的合作院校。访问加拿大乔治布朗学院期间，双方确立联合举办中外合作办学项目。访问美国肯特州立大学期间续签合作备忘录，双方决定将“3+2”本硕连读项目拓展到酒店、旅游、会展等三个本科专业。（刘利艾）

学校与美国肯特州立大学续签合作协议

【“烹饪高职教育学徒制人才培养模式实践”获立项】 9月，教育部公布首批现代学徒制试点项目及试点单位，学校申报的“烹饪高职教育学徒制人才培养模式实践”项目获立项。学校被列为首批职业教育现代学徒制试点单位。 （刘利艾）

【启动新一轮课程建设与改革】 着眼于现代旅游教育，学校启动新一轮课程建设与改革。9月，学校校本课程“旅游概论”和“旅游职业素养”列入2015级学生课程设置。这两门课程在继承传统课堂理论教学和课堂互动的基础上，加入内容丰富、形式多样的实践教学环节，以期提升学生的职业素养和技能。如“旅游职业素养”课程采用“讲授—示范—训练—指导”立体式教学模式，营造轻松活跃的课堂氛围，探索课程改革的良性机制。

（刘利艾）

【酒店研究院成立】 10月，学校宣布成立酒店研究院，聘请国家级教学名师奖获得者朱承强担任酒店研究院院长。12月，酒店研究院成立仪式暨主题论坛在上海举行，国家旅游局和学校领导为酒店研究院揭牌，上百名来自全国旅游院校和业界的代表出席了成立仪式暨主题论坛。酒店研究院下设酒店信息科技发展、酒店战略与服务和食文化与餐饮发展三个研究中心，将集聚学校住宿业和餐饮业研究领域的学术骨干和产业精英，聚焦酒店与餐饮业和旅游教育的前沿、热点开展科研。

（刘利艾）

酒店研究院成立仪式

【推进二级管理运行机制】 学校正式启动二级管理运行机制。11月，学校新组建地理系、旅游与休闲管理学院、酒店与烹饪学院、会展与经济管理学院、旅游外语学院、公共教学部等6个二级教学机构，并明确二级教学机构以教学为中心任务，以专业建设为核心、学科建设为依托、课程建设为重点、师资队伍建设为保障，优化整合有效资源，积极打造彰显旅游特色的人才培养新模式。

（刘利艾）

附：学校负责人及地址

（2015年1—12月）

校党委书记：杨卫武
副　书　记：杨荫稚

校　长：康　年
副校长：高　峻、朱承强（9月离任）、张建业、贾铁飞

地址：海思路500号
邮编：201418
电话：57126268

上海公安高等专科学校

【2015年概况】 2015年，招收第二专科、本科学生804名，毕业学生712人。举办各类培训班216期，培训学员1.19万余人次。其中举办处级领导干部培训班2期、培训90人，各警种专业岗位警衔晋升培训班71期、培训2878人，各警种专业岗位“轮训轮值”培训班39期、培训1730人，其他各警种专业岗位培训班85期、培训6197人。受公安部委托，为境外警方举办高级外警培训班7期、培训129人，举办全国公安机关、公安院校业务骨干和骨干师资培训班12期、培训840人。

推进学校升本工作。在市教委、市公安局等上级部门的大力支持下，学校抢抓上海教育综合改革契机，全力推进升本工作。市公安局成立升本工作专职机构，市公安局党委副书记、副局长陈臻担任组长、市公安局党委委员、政治部主任韩勇担任副组长。学校成立升本工作领导小组和办公室，下设8个项目组，抽调80余名骨干，分别负责材料编制、师资建设、专业建设、台账数据、宣传教育、房地产手续及后勤保障、信息化保障、指挥协调等。学校编制完成《学校升格为本科院校的论证报告》《学校章程（草案）》《学校发展规划（2016—2020年）（草案）》等20余万字的申报材料和10大类共146册基础台账。8月2日，通过市教委组织的专家评审。

加强师资队伍建设。学校聘任长聘制专职教官3名，新聘校内专职专业带头人1名、行业兼职专业带头人3名、教学骨干12名，培训121名教学部门负责人、专业带头人、教学骨干和辅导员，组织209名教官教师参加公安行业及教育条线组织开展的岗位练兵，选拔4批次7名教官教师赴澳大利亚、阿联酋、新加坡等国家以及中国台湾等地区参加培训。学校1个集体获“上海市巾帼文明岗”称号，1名教官获“上海市教学名师”称号，1个集体和1名个人被授予市公安局“三八红旗集体”和“三八红旗手”称号，2名教官获“市公安局优秀共产党员”称号，1名教官获“市公安局优秀党务干部”称号，3名外籍教官入选上海市“海外名师”，9名教官教师获“市局优秀教官教师”称号。

加快教学特色建设。学校深化校队合作，建立信息实时共享、人员互派、重大任务协作等长效联动工作机制，建成公安基本法律知识专项学习题库，创新翻转课堂模式，引入国际刑警组织知识产权保护在线课程，会同市公安局相关单位编制特种机动队工作规范，组建警训类外聘师资库，打造“警务驾驶第二能级”“刑事侦查警务英语”“治安行政案件办理实训”“道路交通组织”等品牌教材和课程。

教育部副部长鲁昕，市委常委、市委政法委书记姜平，副市长翁铁慧，副市长、市公安局党委书记、局长、学校校长白少康先后到校视察调研，充分肯定了学校改革发展成效，对学校打造高端警察院校，加快升级发展提出了殷切希望。

（丁晓丹）

【加强学生德育】 学校以做实德育工作、做强警务化管理为抓手，加强德育工作顶层设计，切实加强学生思想政治教育和日常养成教育。通过加强制度建设、开展主题教育活动、建立德育工作评价体系、加大学生警务化管理和日常养成教育力度等，进一步强化学生的政治意识、政权意识和警察意识。

（丁晓丹）

【取得多项教学成果】 学校坚持一流标准，深化教学内涵建设，强化人才培养模式改革，加快教学特色建设，进一步提升教学质量和实力。学校组织训练的上海公安参赛队在全国公安机关第二届警务实战教官技能比武中获得团体一等奖。“警察指挥与战术”专业获评“2015 年全国公安高等教育重点专业建设点”。“建筑物搜索”“刑事办案程序”2 门课程被评为“市级精品课程”。

（丁晓丹）

【推进微课程建设】 公安部在学校设立全国微课程研发中心。学校会同市公安局相关单位重点打造“实有人口管理”“治安行政案件办理”等 20 余门课程，并选取部分重点课程申报市级精品课程。积极参与市公安局 2015 年度星级课程评选等活动，加强上海公安星级课程库建设，进一步提升服务公安实战的效能。（丁晓丹）

【提升机动部队实战效能】 学校强化“轮训轮值”机动部队战斗精神培育和实战演练，推进防暴处突专业能级建设，优化专业内容和标准，加强与实战单位的沟通协作和校外实训基地建设，制定岗位工作规范，提升应急指挥和实战处置效能。根据市公安局工作部署和指令，全年组织“轮训轮值”和第二专、本科学员 88900 余人次，圆满完成“两会”“春节”“国庆”“花滑世锦赛”“劳伦斯颁奖”“抗战 70 周年”等各类处警备勤任务 600 天次。

（丁晓丹）

【加强信息化教学】 学校建成教务管理平台课程库，深入推进第二专科、本科学生互联网选修课工作，组织 800 名学生参加选学，累计 1600 余人次，参考率达 100%。“警察现场急救”“机动车违法停车行为现场查处”“交通台指挥员对偶发性交通拥堵的协同人工干预”3 门课程在全国职业院校信息化教学大赛中获三等奖。（丁晓丹）

【通过语言文字工作评估】 学校成立语言文字规范化工作领导小组，制定语言文字规范化建设标准和实施细则，完善语言文字迎评工作体系，构建三级语言文字迎评工作网络，明确工作职责任务，并邀请专家到校指导，推进迎评工作。6 月 16 日，上海市语委对学校语言文字在使用、宣传、推广、规范等方面进行评估，经过听取汇报、座谈交流、问卷调查、实地检查等环节，学校通过上海市语言文字工作委员会的评估检查。（丁晓丹）

【提升警察教育学术研究水平】 学校举办第四届“上海国际警察教育学术研讨会”，来自海内外的 100 余名专家、学者围绕“大数据时代的警务变革”这一主题进行深入研讨。组织师生投入科研活动，举办上海公安论坛 17 场，完成 13 个科研项目研究，编印 2 本论文集，并与实战单位合作，在自贸区、闵行、青浦分局建立科研基地。“伸缩式 T 型警棍”科研项目获 2015 年市公安局基层技术革新一等奖，“战术多功能毯研究”获 2015 年市公安局科技项目三等奖。（丁晓丹）

学员执行国庆上海安保任务

【加快智慧校园建设】 学校加强智慧校园的顶层设计和软硬件建设，进一步提升学校信息化、科学化管理水平。建成警察职业心理能力评价等 8 个信息系统，更新上海公安远程教育网等 7 个项目，安装智慧教室和上海教育统一通信音视频平台设备。优化完善公安实务案例数据库，为广大民警开展电子图书库深度搜索平台、中国知网、EBSCO 外文数据库等专题培训和“送书上门”活动，数字图书馆资源总量已达 46T，数字图书馆访问总量突破 660 万人次。（丁晓丹）

【深化“公民警校”办学活动】 学校进一步加强“公民警校”规范化建设，顺利通过“市级民办非企业单位规范化建设”评审，获得国家 AAAAA 级单位资质。多层面开展"公民警校"办学活动、着力推进"三级办学体系"建设，累计建立了337家基层派出所办学点，覆盖率达100%。围绕"公民反恐防暴""青少年安全教育"等主题举办各类培训班847期，培训学员5.2万余人，组织开展各类校友活动530余次，服务市民群众5万余人次。

（丁晓丹）

附：学校负责人及地址

（2015年1—12月）

校　　长：白少康

副 校 长：于海生、许　敏、邰根祖、刘　民、范立华

地址：崇景路100号

邮编：200137

电话：28957114

上海行健职业技术学院

【2015年概况】 学院根据"坚定办学定位、有序推进改革、坚持统筹兼顾"的总要求，不断提升服务区域发展的能力和水平。加强服务型组织建设，坚持处理好"三个关系"。在部门的功能定位上，处理好主业和副业的关系；在运作过程中，处理好全局和局部的关系；在部门人员任务安排上，处理好数量与质量的关系。

抓好制度建设。学院根据上海市教育委员会的统一安排开始制定学校章程。在制定过程中进一步明确了党委领导下的校长负责制的工作要求，把"立德树人，强化思想教育"作为首要工作。高度重视教师特别是青年教师政治思想教育和管理，提出"职业道德、责任意识、树立理想"三个层次要求，提出要不断完善高校育人工作体制机制，着力加强社会主义核心价值观和中华优秀传统文化教育，不断适应新时期要求。在办学中，学院严格遵守国家职业教育有关法规、制度及标准，努力将这些政策法规落实到位，不断增加质量意识、规范办学行为，有效加强学院常规管理，在学生管理、课程教学、招生工作，以及实习和安全等学院工作中不断激发活力，切实提高学院依法办学的能力和水平。

加强干部队伍建设。截至2015年底，学院干部队伍精简至34名。要求全院干部在工作中处理好"三个关系"。一是要正确看待权力，处理好公与私的关系。二是要致力于建章立制，处理好知与行的关系。规矩面前人人平等，有制度，严格执行制度，努力达到知与行的统一。三是要强调务实用权，处理好本与末的关系。明确学院的重点工作。一是改革管理机制，加快推进制度建设；二是坚持立德树人，提升德育工作水平。三是稳定发展规模，保持各类教育适度均衡。四是创新培养模式，深化人才培养内涵建设。五是加强科研创新，提高社会服务水平。六是促进合作交流，提升国际化、信息化水平。七是立足终身发展，坚持"以学生为本"。八是增强服务意识，全面提高管理和服务水平。

抓好毕业生工作。①切实发挥大学生创新创业孵化园实战平台、服务平台和圆梦平台的作用，提高就业工作的针对性和有效性。②鼓励教师帮助中小微企业解决发展的技术难题，为企业技术革新、流程再造、管理创新提供支持。③促进校企文化对接。充分发挥文化在推进人才培养方面的作用，以校园文化建设为切入点，将优秀企业价值理念融入其中。学院申请获批市教委2015高等教育质量提升计划，项目极大支持学院教育教学工作。学院参与了职业教育"质量教育活动周"活动和上海市教委包括"星光大赛"在内的多项教育教学比

赛,频频获奖。

深入开展精神文明创建活动。2015年下半学期,学院面向师生开展校园文化问卷调研,制订了校园文化建设初步规划,制作了视觉系统方案,同时开展校风、学风、教风建设工作。坚持开展法治宣传教育工作,组织开展微型党课征文演讲比赛、纪念抗战胜利70周年诗文诵读比赛等活动,引导师生自觉践行社会主义核心价值观。组织开展了庆祝第三十一届教师节系列活动和第六届“我心目中的好老师”评选表彰、精神文明好人好事推选等活动,树立师德典型,营造敬业爱生,尊师重道的良好氛围。围绕大学生创新创业教育,开展专题中心组学习,学习成果形成论文获第二十六届闸北区教育系统思研成果评比二等奖。 (王 叙)

【赴新疆开展对口帮扶工作】 3月16—20日,学院在市教委组织下,组团赴新疆喀什师范学校开展对口帮扶工作。此次工作是根据教育部和上海市委、市政府的要求,为全面推进落实新疆职业教育对口支援全覆盖工作而开展的。市教委共组织14所中高职学校赴新疆喀什市,对口帮扶喀什市的7所职业学校。 (王 叙)

【获市励志成长成才优秀学生称号】 11月27日,第二届上海市“国家资助助我飞翔”励志成长成才优秀学生典型评选结果揭晓,学院商务外语系毕业生吴淑青凭借勤奋与智慧叩开国际品牌广告营销代理大门等创业事迹,获市励志成长成才优秀学生称号。其毕业即创立了郦扬广告营销公司,合作客户有百事可乐、康师傅、腾讯等中外知名品牌。目前公司员工已发展到20余名,销售收入近千万元。正是凭借出色的创业事迹,在全市62所高校数百名候选人中脱颖而出,以高票当选。 (王 叙)

学院毕业生吴淑青获市励志成长成才优秀学生称号

【创业孵化园被列为首批众创空间暨新型孵化器】 学院创业孵化园区自3月开办至今,共开展创业讲座、创业指导专家主题咨询服务、创业推广、创业培训、项目路演、创业沙龙等主题活动共计60余场次,培训校内外人员达3000人次,征集到100多个创业项目,顺利孵化50个项目,其中12个项目已经成功注册为企业投入市场运营。6月,被列为上海首批众创空间和首批新型孵化器之一,并被批准成为上海市首批众创空间暨24家新型孵化器之一。 (王 叙)

附:学院负责人及地址

(2015年1—12月)

院党委书记兼院长:黄 群

副书记:马毅鑫

副院长:蔡 红、方 明

地址:原平路55号

邮编:200072

电话:56075555

上海城市管理职业技术学院

【2015年概况】 学院是经上海市人民政府批准，教育部备案的全日制普通高校，隶属于上海市教育委员会。学院主要承担普通高职教育、成人高等学历教育、继续教育和岗位培训等任务。学院占地面积约19万平方米。在校高职学生3479人。现有专任教师171人，副高级以上职称52人，博士、硕士学位以上56名，另建有一支260余人的兼职教师队伍。

学院以城市建设和管理类专业为特色，设立了建筑经济与管理学院、土木工程与交通学院、园林与环境学院、人文与信息技术学院、旅游管理学院和国际交流学院、成人教育学院等7个二级学院。学院与美国纽约州立大学Cobleskill农业技术学院合作开办城市园林专业，与加拿大乔治布朗应用艺术与技术学院合作开办建筑工程项目管理专业。2015年学院获"第十七届上海市文明单位"称号，至今已是连续八届获此荣誉。

一、加强顶层设计，深化教育体制综合改革。制定综合改革方案。制订完成了《学院深化综合改革方案(2015—2020年)》。完成大学章程制定工作。学院《章程》经教职工代表大会讨论、院长办公会审议、党委会审定、社会公示等重要程序后，报市教委核准，市教委已正式批复。制订"十三五"规划。依据国家和上海市相关文件精神，学院《"十三五"教育改革和发展规划》的制订工作已基本完成。不断完善考评和考核工作。学院进一步完善了基层党建责任制、党风廉政责任制、学院综合治理责任制、目标管理责任制，年初与各个部门签订责任书，并做好相关年度考评工作。

二、提高人才培养质量。学院19个专业(含方向)面向19个省市自治区招生，计划招1300名，录取1242名新生。毕业1076人。就业率和签约率为98.61%和74.81%。技能大赛获突破。在第六届上海市星光计划比赛中，学院获一等奖4项、二等奖5项、三等奖13项，有三个项目获团体第一名，一个项目获团体第二名。首届全国工程造价技能及创新大赛获软件水电算量一等奖、团体二等奖。第六届BIM施工管理沙盘及软件应用比赛获三维场地布置一等奖和团体二等奖。获第十一届上海酒节第一届调酒大赛季军。学生参赛作品《月烛》获上海市绿化行业职业技能比武三等奖。在第六届全国高职高专实用英语写作大赛(上海赛区)获一等奖、三等奖各一项。

三、全面提升教育教学质量。质量提升项目持续推进。现代物业服务产教研协同基地、"建筑安全"专本贯通试点、园林工程技术专业与绿化工(三级)双证融通和现代物业服务技术技能竞赛四个项目获得上海市教委立项。中高职贯通专业工作有序推进。9月，学院与上海市城市建设学校开展"城市园林"中高职教育贯通培养模式试点。学院与5个学校合作建设6个中高职贯通专业。实践教学环境不断改善。2015年度，新增电力电子实训系统12套，BIM管理软件网络版(9节点)。改造完成园林温室，沙生植物栽植应用、园林植物种植设计实训基地。新建BIM实验室。至此，学院实训基地面积达34581平方米。服务社会功能得到拓展。2015年，在校成人学历生3327人，共招收新生1039人。举办各类培训班总数达到122个，总培训人数13000人次以上，同比增长20%。全国注册一级建造师、二级建造师、造价工程师等培训人数现场确认19000余人次。成人教育学院获教育部颁发的"2014—2015年度全国优秀现代远程校外学习中心"和中国建筑业协会授予"全国建筑工程专业一级建造师继续教育培训先进单位"等荣誉。

四、稳步推进学生管理工作。推进易班网络

平台建设。以易班建设为契机，发挥学生网络互动社区在大学生思想政治教育中的作用，积极探索线上教育与线下服务、网络思政与校园文化相结合，大力建设校园新媒体。加强校园文化建设。确定了学院新版校徽、校训。举办大学生“诚信教育月”“心理健康教育月”等活动。举办第七届校运会，共有9人次和2个团队打破6项校运会记录。

五、切实加强保障能力建设。完善内控制度。全年修订、制定各种制度19项，成立、调整内设工作小组9个。健全学院内部财务制度，绩效工资执行平稳。强化预算管理作用，提高资金使用效率。落实国资管理各项规定，规范固定资产购置流程。提升科研综合水平。学院3位教师的上海市晨光计划课题项目顺利结题。《上海城市管理》在第六届上海高校学报评优过程中，再次被评为“上海市优秀学报”。推进校园GIS库的建设。年内，完成了校园房屋测量和建立GIS库的项目二期建设，将学院所有校舍的平面图、立面图和建筑数据图统一整合，并建立对应数据库。提升后勤保卫服务水平。重点围绕交通安全、消防安全、食品安全、电力安全以及校园安全综合治理等专项工作，大力推进烟感警报、安防监控、卫生防疫、车辆管理等配套维修和升级工作。（沈萌耀、李　静）

【开展高本贯通工作】 为搭建高职与应用型本科人才培养的立交桥，学院与上海应用技术学院、上海建峰学院、上海建工集团联合开展“土木工程”专业高本贯通试点工作。该项工作于2015年8月正式启动。为进一步保障高本贯通工作的高质、有序开展，先后6次召开了高本贯通工作研讨会。通过多次研讨交流，高本贯通各参与方进一步深化了构建高本贯通培养立交桥的办学思路，初步确立以岗位需求为导向的能力贯通人才培养模式与机制，明确了高本贯通培养的一体化设计路径，拓宽应用型人才培养路径。（朱剑萍）

【举办新型城镇化建设与管理培训班】 根据国家发展改革委办公厅文件要求及2015年上海市为对口支援地区和西部地区开展人力资源培训工作计划，受上海市政府合作交流办、上海市住房和城乡建设管理委员会委托，6月1—15日，学院举办新型城镇化建设与管理培训班。来自内蒙古自治区（赤峰）、青海省、云南省、贵州省、四川省、甘肃省、广西壮族自治区的50位学员参加了培训。

（陈志娟）

附：学院负责人及地址

（2015年1—12月）

院党委书记：杨培春
副　书　记：陈锡宝（兼）、何　光

院　长：陈锡宝
副院长：钱啸寅、李　进

军工路校区地址：军工路2360号
邮编：200438
电话：31118788

河南北路校区地址：河南北路301号
邮编：200085
电话：63250475

上海交通职业技术学院

【2015年概况】 学院分设宝山校院和浦东校院两个办学场所，另设港口学院、轨道学院和航空学院

以及 11 个教学系部。专任教师 276 人。学院设有 32 个专业(含专门化方向),其中"汽车运用技术""集装箱运输管理"2 个专业为国家级教改示范专业。2015 年全日制在校生 4385 人,其中外省市生源占 51.54%。全日制毕业生数 1143 人,就业率 91.94%。

一、构建多元培养体系。编制完成《专业建设 2015—2017 三年创新行动计划》。城市交通运输、广告设计与制作 2 个专业实现首届招生。成功申报展示艺术设计、城市轨道交通供配电技术、道路运输与路政管理等 3 个新专业。制定上报市教委 2015 年市级重点专业建设实施方案。完成第三批中高职教育贯通培养模式 74 名学生转段,及第一批"点对面"中高职衔接模式(物流管理专业)70 名新生录取工作。完成航海技术、汽车车身维修技术、汽车运用与维修技术、物流管理(电商物流方向与南湖职业学校、化工物流方向与石化工业学校)等 4 个中高职贯通培养专业,以及物流管理专业(国际物流方向与第二工业大学)中本贯通申报。牵头完成"双证融通"教学标准编制,开展相关试点。学生"双证书"获得率稳定在 85%以上。编制《精品课程建设工作指导手册》,完成集装箱运输实务、仓储与配送实务、城市轨道交通电动列车驾驶、汽车空调、城市轨道交通车辆电气检修、汽车服务企业管理、城市轨道交通车辆机械检修等 7 门课程市级精品课程申报工作。全年公开出版教材 18 本。其中主编中高职贯通《数学》教材共 3 册,7 月正式出版;参与交通安全与智能控制专业新教材编审;完成《德者通达》校本教材编写;校企合作开发《职业道德与法律》微课资源包。

二、提升师资队伍教科研能力。招聘 18 人。147 人次参加各级各类岗位培训。10 人在读研究生(其中 4 人参加博士学位进修)。完成 1 人教授论文申报评议。暑期派遣 4 名汽车专业教师赴英国诺丁汉中央学院参加为期 28 天的"考评师技能提升 ATP275"和"混动车维护修理"项目学习考评(理论及实操),获 IMI 颁发的考评师第二阶段技能提升证书。9 月初,分别邀请荷兰 STC 职教集团及英国诺丁汉中央学院学者到校讲学,15 人获"培训师培训"课程证书,8 人获"运输、物流和供应链管理"课程证书。培养骨干教师 14 名,1 名企业专业带头人。各类立项在研课题 60 余项。课题结项 33 项,其中市级以上 15 项、院级 18 项。共 60 余项,其中市级以上课题 10 余项、院级 20 项。成功申报"汽车运用技术——车辆工程(交通安全方向)专业高职—本科—硕士人才培养试点"等 5 个项目。上海高等职业教育质量提升计划项目"上海交通物流类人才培养产教研协同基地(技术工艺和产品开发平台)"进入实施阶段。上海市教育科学研究项目"现代职教体系构建背景下集团化办学内涵建设创新研究"结题,文稿已出版。完成上海高职教育质量提升决策服务平台建设项目"上海高职汽车类技术技能人才需求发布制度研究报告"。教师在专业核心期刊发表文章 5 篇,获奖论文及课题 10 余项。编辑出刊《上海交通职业技术学院学报》第 13 卷第 1、2 期。

三、创新德育工作载体。举办"从让学生满意做起"2015 德育工作年会。完成 1530 名新生军训组织工作。50 名学生(其中女 4 名)入伍。设计《追梦交通人》(专辑)"知情意行"德育空间 19 项品牌活动。全年组织 16 项主题系列活动。易班新生注册率 100%,易班记者团累计报道各类校园活动近 70 次。"易班好声音"网络投票以 51089 票位居上海市高校排行榜第二名。学生社团组织 22 个,注册人数 463 人。开展思政教师、辅导员、学生干部培训,共约 170 人次参加。

四、加强招生就业及社会服务工作力度。完成依法自主招生及"三校生"、高中生招生工作,合计计划招生 2000 人,录取 1948 人,实际报到为 1720 人。其中,依法自主招生计划招生 246 人,实际报到 242 人。"三校生"高考计划招生 170 人,实际报到 150 人。秋季高考计划招生 1444 人,实际报到 1191 人。总报到率 88.30%。举办第八届"上海交通物流职教集团 2015 年人才供需招聘会",共 180 多家企业提供岗位 2000 余个,1820 名毕业生应聘。成人大专在校生 296 人,毕业生 80 人,录取"汽车技术服务与营销"专业新生 52 人。北京交大远程教育在校生 509 人,其中专科 414 人,专升本

95人。毕业生213人；招生注册新生136人，其中专科115人，专升本21人。职业技能培训全年完成13225人次。

五、推进教育事业改革发展。完成《上海交通职业技术学院章程》编制，经上海市属高校章程核准委员会评议，获上海市教委核准。完成《上海交通职业技术学院深化综合改革方案（2015—2020年）》编制，经上海市教育综合改革领导小组批准备案。上海交通物流职教集团开展集团科研规划课题申报39项，立项32项，其中重点项目17项，横向课题2项，一般项目13项。承办"交通运输管理类专业职业资历架构及理实一体化课程设计培训班"，来自全国交通类专业院校共37名物流专业骨干教师参加培训。完成"现代物流综合技能训练平台二期"开发项目，为上海中高等职业教育试点"双证融通"提供职业技能考核鉴定平台。

六、加强基础保障建设。开展新一轮基础设施改造，全年完成基础建设工程30余项。提升专业实训中心能级，完成浦东校院实训中心结构调整。汽车类专业实训基地租赁浦东校院附近3600平方米场地，完成汽车类专业实训基地（一期）建设。建成新能源实训室、报关实训室、国际商务实训室、物流师鉴定上机操作实训室、港口实训室等项目并投入使用。宝山校院完成汽车创新实验实训中心（二期、三期）建设及其一套相关的系统管理软件开发并投入运行，多功能立体车库建设。水运专业与上海海事大学合作开发2个水域模拟软件并扩充2个新船型模拟软件。信息化方面，完成学院网站更新改版。浦东校院完成校园主干网络更新，校园一卡通二期建设。宝山校院完成学校资源库、子系统整合平台项目开发，中高职贯通信息管理平台一期建设及数据试运行，配置交通智能控制教学模型，完成2号教学楼五楼智能多媒体教室、图书馆智能管理系统建设。

七、完善教育规范管理。履行教代会等民主管理职责，全年先后召开3次教职工代表大会，讨论审议通过学院行政工作总结计划报告、学院章程、专业建设三年行动计划、绩效工资实施方案等。一楼食堂成为高校"6T"达标食堂。2015年度，450人参加献血。推进特色院建设各项工作，一月中旬接受上海市教育评估院对特色院建设项目的中期检查评估。

（陈一鸣、王晓红）

【承办校企合作论坛】 6月，学院承办主题为"'互联网＋'思维推动下的行业新机遇与职教新发展"的校企合作论坛，来自北京、天津、河北、上海的交通行业企业代表、教育部门主管领导、知名职教专家、职业院校校长等200余人参加。

（陈一鸣、王晓红）

【持续开展帮困助学】 全年发放国家励志奖学金41万元，82名学生获得资助；国家助学金133.38万元，590人次获得资助；学院助学金3.06万元，17名学生获得资助。办理国家助学贷款116.47万元，157人获得资助。多渠道开辟勤工助学岗位，设立12个勤工助学服务点，全年共发放勤工助学工资353563元，近300名学生得到资助。开展各类慈善资助活动，发放冬令送温暖物资13万元，200人获得资助。通过"慈善义卖""爱心年夜饭"等形式，受益学生近千人次。

（陈一鸣、王晓红）

学校师生开展跨年迎新活动

【举行纪念中国人民抗日战争胜利70周年主题活动】 9月3日，学院举行"铭记历史，缅怀先烈，珍爱和平，开创未来——纪念中国人民抗日战争暨世界反法西斯战争胜利70周年"主题活动，邀请天安门国旗班原班长为学生作"国旗在我心中"的主题演讲，1600余名新生参加活动。上海教育新闻网、青年报、解放日报、新民晚报等9家媒体采访报道。

（陈一鸣、王晓红）

附:学院负责人及地址

(2015年1—12月)

院党委书记:董晓峰(5月到任)
副　书　记:鲍贤俊

院　长:鲍贤俊

副院长:张佳敏、朱建柳(7月到任)

地址:呼兰路883号
邮编:200431
电话:56993234

上海海事职业技术学院

【2015年概况】 学院设有航海技术系、机电工程系、航运管理系、公共教学部、管理系(宝山校区)5个二级教学系部,1个船员职业教育培训中心和16个职业技能鉴定站,涉及工种/证书18项。全日制高职在校生2392人,招生专业4个,全年招生487人,毕业生就业率95.14%。现有专任教师102人,其中具有中高级专业技术职务的比例达78.43%,船长、轮机长等各类"双师"素质教师达90%以上。

推进应用技能型人才培养和现代职业教育体系构建。围绕人才培养、特色发展、合作联动三大任务,开展中高职贯通培养试点申报。航海技术专业获批一流专业建设,物流管理专业开展"双证融通"试点。通过市教委特色院校建设中期检查,完成轮机工程技术、船舶电子电气两个中高职贯通专业人才培养质量的跟踪评估。国际航运管理、报关与国际货运专业与泛亚班拿国际货运公司、上海市欣海报关行开展"订单式"培养,同步出台《"订单式"人才培养班级管理办法(试行)》。目前学院产学研合作企业已达到20余家,订单培养103人,共同开发课程18门、教材10套;对16个专业的人才培养方案进行全面修订,完成"高等职业院校人才培养工作状态数据采集平台"填报、教育部专业设置平台报备和2015年度教育质量年度报告。

完善"校企一体"专业建设管理机制。依托"院校管理委员会"和"首席培训官"的平台,发挥主管企业丰富的资源优势,初步建立起企业专家(一线船舶技术人员)、系(部)专业负责人、专任教师参与的"三位一体"的专业建设指导委员会,负责人才培养方案和课程教学标准的设计、制订及评审,逐步构建了理论教学、实践教学、职业证书融通的课程体系。实践教学课时数占总学时的比例超过50%,双证融通课程全年不少于500课时数,保证了"实践技能强"的人才培养特色,使人才培养具有较强的职业性和应用性。

创新师资培养培训机制,重视教师实践能力与职业竞争力提升。通过与集团内船公司、船员公司人事部门对接,为专任教师上船顶岗、跟船践习、船管公司挂职创造条件,选派1位高级船长远洋跟船实践,2位船长及1位轮机长参加适任证书换证,2位教师参加海船船员合格证书培训。实施《培训师(船员培训)管理办法》、培训师资格评定及岗位聘用等举措,引导具有船舶生产资历、持有有效适任证书的教师朝着培训师方向发展。9位教师经过评聘获得培训师资格,6位教师参加国家培训师(二级)培训;安排2名专业负责人参加专业建设培训,9名教师参加信息化教学能力、创业能力及机电类专业知识培训。目前,学院专任教师中"双师素质"比例超过90%。

教育教学研究取得积极进展。主持国家高等职业教育轮机工程技术专业教学资源库轮机自动化网络课程、轮机自动控制岗位能力模块教学片的建设与更新。《船舶操纵》及《船舶结构》两本教材入选国家级规划教材。16位教师的15篇论文相继发表和获奖,其中5位教师分获第十六届交通职业教育科研优秀论文评选二、三等奖，2 位教师获全国航海模拟器教学研究专业委员会第二十六届学术年会论文二等奖和第三届全国微课程优质资源展示大会全国大赛二等奖，1 位教师获评航海心理学专业委员会 2015 年学术年会优秀学术论文二等奖。学院《章程》经市属高校章程核准委员会评议核准。制订完成学院《深化教育综合改革方案》，着手编制学院《“十三五”教育改革和发展规划》。

深化企业员工职业教育培训改革，不断增强社会服务能力。2015 年举办各类企业员工（船岸人员）培训班 406 期 9630 人次，职业技能鉴定站（所）社会鉴定 740 人次，其中为商船三井公司举办了 LNG 船员安全培训、LNG 船员基本技能专项培训。受中海国际船舶管理有限公司、中海集运、中联理货等单位委托，设计开发船岸企业员工培训项目 33 项，船长、轮机长等船员适任考证累计合格率分别达到 92.86％、90.09％，客户满意度 93.63％，职业教育培训质量明显提升，成为学院履行社会责任，服务上海国际航运中心建设的一大亮点。

重视职业教育培训软硬件建设。杨林消防实训基地、“海英轮”液货实习船如期投入使用。航海模拟器、电工考核站、焊工实训室、电子阅览室及车床设施设备、电子海图室等一批新建、改建项目按计划竣工验收，提升了学院办学实力。

营造和谐、健康校园文化环境。专兼职辅导员管理队伍初步形成，通过上海市教委高校辅导员建设工作现场督查。以学生为本，全年组织学术和专业知识讲座 23 场，举办五月歌会、体育节、“心理健康月”等系列活动，组队参加上海市、陆家嘴社区及市教委的各类文教比赛与志愿者活动。做好 2015 年征兵和助学帮困工作，47 名学生光荣入伍，110 名学生荣获国家励志奖学金，556 名学生享受国家助学金，多渠道帮助学生全面发展。学生代表队荣获 2015 年上海学生阳光大联赛三对三篮球比赛高职女子组冠军。2015 年学院获评“上海市高校无偿献血推进奖”“上海市高校大学生法治辩论赛优秀组织奖”，继续保持上海市“文明单位”“安全文明校园”“征兵工作先进单位”荣誉称号。 （李惠君）

【在上海市职业技能竞赛中获奖】 3 月 28 日，学院机电工程系选派 5 名选手参加上海市第六届职业院校“星光计划”技能大赛《工业控制》项目比赛。学院在自己动手设计、制作比赛场景的同时，联系沪东培训中心实训室安排模拟环境适应性训练。参赛的机电系船电 131 班学生武启圣获“工业控制”比赛项目二等奖，并取得“维修电工”三级证书。

（李惠君）

【参加第三届中国海员大比武获好成绩】 4 月 20 日至 6 月 29 日，学院参加第三届中国海员大比武工作团队在队员选拔、赛前集训、心理辅导、学员管理、舟山比武等各项活动中，凝心聚力，尽心尽责。参赛的 2 支队伍 24 名选手共获得驾驶台资源管理、航线设计、铁人三项和动力管系故障排除 4 个单项第一名，赢得团体总分第二名和第三名。 （李惠君）

【完成首届“全国职业教育活动周”活动】 5 月 31 日，学院完成首届“全国职业教育活动周”上海高职院校“职业体验日”活动。围绕“发展职业教育，成就出彩人生”的主题，学院调试设施设备，制作介绍视频，设计体验方案，推出“船舶海上航行体验”“走近神秘的船舶心脏”两个体验活动项目，共接待 21 批次 400 多名中小学生参观体验，社会反响良好。

（李惠君）

【学生创业团队在上海高职高专大学生创业大赛中获奖】 9 月 25 日，以“创业领航人生”为主题的第三届上海高职高专大学生创业计划大赛正式启动，学院选送三个参赛项目。其中，集箱 131 班学生李永权领衔的创业团队，凭借“劲动”私人健身工作室的参赛项目在决赛中获优秀奖，学院获第三届上海高职高专大学生创业计划大赛优秀组织奖。 （李惠君）

【举办第七届体育节暨田径运动会】 11 月 10 日，学院第七届体育节暨田径运动会在源深体育中心举办。学院第七届体育节的举办充分展现了学院开展阳光体育运动和全民健身活动的成果，对于营造和谐、健康的校园文化氛围，促进社会主义核心价值观进校园，提升校园文化品位具有重要意义。

（李惠君）

学院举办第七届体育节

附:学院负责人及地址

(2015年1—12月)

院党委书记:孙欣欣

院　长:孙　琦

副院长:姚张平(常务)、张卫亮(3月离任)、林　海、凌　整(3月到任)

地址:源深路158号

邮编:200120

电话:58311677

上海电子信息职业技术学院

【2015年概况】 学院设有8个教学系、部和3个二级学院,共设29个专业,其中国家级重点专业4个,上海市重点专业6个。招收全日制新生3045名,现有全日制在校生8000余人,毕业生就业率达98%以上。

制定章程编制规划。学院加强组织领导,对全体教职员工开展系列章程建设学习,通过查阅资料,各类访谈,认真听取各方意见,对章程进行修改完善,形成了与学院办学特色相适应的《上海电子信息职业技术学院章程》。学院深入分析办学现状、同类院校办学经验以及发展中面临的内外机遇和挑战,明确了学院的发展方向、发展目标,制定了《上海电子信息职业技术学院"十三五"事业发展规划》。加强综合改革,推进治理体系和治理能力现代化,聚焦创新创业能力与办学活力,学院编制了《上海电子信息职业技术学院深化综合改革方案(2015—2020年)》。

加强教育教学改革。2015年度,停招1个专业、新增2个招生专业、成功申报2个新专业;做好应用电子技术专业"双证融通"以及通信技术"一流专业"试点工作;继续实施应用电子技术等7个专业的中高职贯通培养试点工作,新增2个中高职贯通专业、1个中本贯通专业,积极探索高本贯通。开展教风学风建设,及时解决教学运行管理中的突出问题,加强对全体教师的师德教育,规范教师个人言行,在全体教师中开展教案评比活动,实行教师坐班答疑制度,坐班答疑量近800人次。组织评选了8门院级精品课程、5支院级教学团队、8名院级教学名师。在"2015年上海市高职高专院校中高职贯通专业建设教学设计比武"中,获得二等奖。

强化师资队伍建设。组织教师参加企业实践14人,教师国内考察12人次,职业能力培训31人次,教育教学能力提升培训134人次,科研(应用)能力提升培训11人次,学历学位进修13人,12人参加市教委教师专业发展工程三大计划,12人参加市高职新教师规范化培训。专业专任教师双师素质比例为67.91%,专业带头人11名,骨干教师20名,双师素质教师146名,青年教师97名,兼职教师283名。4名教师获全国技能大赛优秀指导教师奖,1名老师被评为市教育系统"三八红旗手",通信与信息工程系被评为市教育系统"三八红旗集体"。

促进学生培养工作。学院把社会主义核心价值观教育贯穿于思政理论课教学的全过程。开展纪念抗战胜利70周年系列活动。开展博文大讲堂、第二课堂、主题教育等活动。举办第六届学生职业技能大赛，新增英语口语、数学建模、汉字听写等竞赛项目。促进辅导员专业化发展，开展校内第四届辅导员职业能力大赛，并获得第四届上海高校辅导员团队拓展活动第一名。开展志愿者服务1000余次，有17支队伍200余名学生参加了暑期社会实践活动。在全国技能大赛中，学生获得一等奖4项、三等奖3项。学院安卓俱乐部、通信工程学生工作室、电子科技社等社团获“上海市学生科技创新社团”称号，1名学生获首届全市大学生参加的“职领未来：大学生职业生涯规划大赛”二等奖，1名学生入选第六期“中国100青年英才培养计划”。

加强国际交流工作。学院积极推动国际交流合作，建立了规范化制度、标准化流程以及凸显专业特征的可分享的合作与运行方式。继续开展与德国汉斯·赛德尔基金会、兰茨胡特应用技术学院，英国巴斯思帕大学、巴斯学院，加拿大温哥华岛大学等国外组织、院校的合作，积极开展合作办学、师资培训、学生互访游学等友好合作。借鉴国外院校先进职教理念、管理模式及人才培养的经验，进一步探索学分互认、学历贯通等中外合作内容。学院教师因公出国（境）共计54人次，学生海外学习团组共计11批287人。接待22批128人次来自德国、英国、加拿大、芬兰等国家的友好访问团组。2015年，学院中外合作举办的机电一体化技术专业和通信技术专业等两个高等专科项目通过了市教育评估院的实地评估。

社会服务工作。学院出台《“创新人才培养计划”实施办法》《特色技术开发团队评选与管理办法》等制度，创新跨界管理，加大了对教师开展技术服务、技术创新的扶持力度，学院共获批上海市级项目2项，市高教学会课题、市职业教育协会课题，及其他社团组织的课题共16项，完成省部级以上课题3项，技术服务总收入62万元。完成1.5万人次的各级各类技能培训，对1781人提供了技能鉴定。为云南省楚雄州举办了近百人参加的师资培训班。送教上门，开展了“2015年暑期职教师资培训班”。作为市高职高专教学研究会会长单位，完成三期针对全市文化教育与艺术设计大类、财经大类等三大类150位专业负责人的培训。与各专业教育指导委员会共同实施了206人参加的市级骨干教师培训和168人参加的国培项目，完成了2015年市100个中高职贯通专业教学比武大赛的阶段工作，组织开展了39项科研工作。牵头信息化教育指导委员会工作，举办了“物联网应用技术”等赛项的选拔工作，完成2015年全国职业院校信息化教学大赛市选拔赛和市高职院校教学信息化说课大赛，开展国家和市级信息化教学能力培训工作。作为市教育评估协会高职校专委会副主任单位，开展了构建专业建设质量评估标准及平台工作。发挥中德合作职教优势，承办“2015年中德合作上海中高职院校骨干教师能力提升培训项目”。积极开展沪滇德合作项目、西藏日喀则市职业技术学校师资培训项目、河南省高等专科（职业院校）师资培训项目等，培训教师共计14批420人次。（李　旺）

【在全国职业院校技能大赛中获多项一等奖】 7月4日，2015年全国职业院校技能大赛在天津主赛场落幕。学院在“嵌入式产品开发”“楼宇自动化系统安装与调试”“信息安全与评估”“云计算技术与应用”等4个赛项中获得一等奖。（傅　娟）

获全国职业院校技能大赛一等奖

【开展首届中德合作职业教育教师能力提升项目】 经上海市教委和市政府外办统筹协调，上海电子信息职业技术学院和德国巴伐利亚州文教部、德国汉斯·赛德尔基金会合作，开展了首届中德合作上海市中高等职业院校专业骨干教师能力提升项目。来自本市14所中职学校和5所高职院校的电子技术和机械制造专业31名教师参加该项目。

（傅　娟）

附:学院负责人及地址

(2015年1—12月)

院党委书记:杨秀英
副　书　记:顾剑锋

院　长:杨秀英
副院长:顾剑锋(兼)、徐松鹤、吴依本、张　涛

学院本部(奉贤校区)
地址:瓦洪公路3098号
邮编:201411
总机:57131333

徐汇校区
地址:中山南二路620号
邮编:200032
电话:64172394

上海科学技术职业学院

【2015年概况】 学院按照"特色立校、人才强校、开放办学"的发展战略,紧紧围绕创建"上海市特色高等职业院校"项目终期验收这一中心工作,进一步深化教学改革,不断完善管理机制,推进内涵建设和特色发展,各项事业取得稳步发展。学院设有商贸管理学院、通信与电子信息系、机电工程系、人文与社会科学系和基础教学部,下设安全防范技术、应用电子技术、通信技术、机电一体化技术(数控机床维修)、数控技术、应用英语、社会工作、电子商务等23个专业。有全日制高职在校生4887人,当年招生1626人,面向20个省市招生。2015年共有毕业生1209人,就业率达98.92%,专业对口率和职业稳定性良好。

优化教育教学资源配置。学院强调集约化建设,通过重点专业、核心专业带动专业群建设。"大安防技术"专业群,以"安全防范技术"专业为核心,辐射、带动"通信技术""应用电子技术""信息安全技术""计算机网络技术"等专业,真正实现专业之间"相互渗透、互通互惠、互为支撑、共享成果、共同发展"的新局面。大商贸综合实训中心面向全校商贸管理类专业及部分人文类专业学生,能满足10多个专业的相关课内专业实训,提供教学竞赛、考证服务等功能,是上海首家采用虚拟企业社会环境实训教学软件,并开展跨专业仿真实训实践教学的综合实训中心。

全面推进教育教学改革。机电一体化技术专业在试点经验的基础上,编制了《上海市高等职业教育"双证融通"人才培养改革试点实施办法》和《上海市高等职业教育"双证融通"人才培养改革试点工作指南》,为教育行政管理部门和人力资源管理部门全面推行"双证融通"改革,提出了具体的实施流程、路径和制度保障。电子商务专业基于"资源共享、利益共赢、文化共融"的理念,构建开放灵活的实践教学体系,先后建成课程仿真实训室,"校中厂""厂中校"生产性实践基地以及校外实践基地三类实训环境。"大安防技术"专业群不断完善"校、政、行、研、企"合作共育人才的办学模式,工商企业管理(创业管理)专业形成了"引进吸收、本土化改造、创新推广,培育创业教育体系"的人才培养特色。学院还组织移动互联网技术教学应用专题研讨等一系列教研活动,有计划、有重点、分阶段地推动"互联网+"时代的课程建设和教学改革,已投入专项经费支持《移动互联网语境下的(归纳与装饰色彩)互动体验课程教学研究》等7个教学建设与改革项目立项。学院的教学质量保障体系不断完善。形成《上海科学技术职业学院人才培养质量保障体系工作纲要》,搭建了教学质量保障体系框架。明确了教育运行部门的质保责任、教育支持部门的质保责任、教学质量的检

查与评价流程，同时设计了质量监控的路线图，明确各院系（部）、教务处、督导室的质量保障责任。结合学院专业建设与专业教学管理实践，探索如何构建高职院校专业自适应机制的运行框架，初步形成了学院专业评价的指标体系。

教育科学研究取得突破性进展。承接各类横向和纵向课题项目，合计到账金额364万元。相继完成国家教育综合改革试验区高职高专重点课题《高职院校“双证融通”人才培养模式改革研究与实践》与《机电一体化专业“双证融通”人才培养模式改革》项目。承接了上海高等职业教育质量提升计划项目、上海市教育信息化公共平台项目、上海市经济和信息化委员会建设项目等政府有关部门计划委托项目。

坚持立德树人，促进学生全面发展。以实现“中国梦”为主线，加强国情教育、公民意识教育和理想信念教育。以校园文化活动作为探索和创新德育新途径的载体之一，多层面、多角度开展内容丰富、富有创新意识的学生活动，组织了校园讲座、“知心学长爱心岗”“‘青云志、赤子心’红五月主题集会”、公民警校等活动。注重学生职业素养和能力的培养，注重学生个性化、多元化发展，通过开展各项丰富多彩又富有意义的学生活动及社团活动，营造良好的校园文化氛围。

发挥联动资源优势，服务区域经济社会发展。本年度累计完成职业技能和各类社会培训4573人，累计鉴定14295人次，培训、鉴定、技术服务等收入600余万元，为区域经济建设、社会再就业工程和社会稳定做出积极贡献。重点专业的服务功能和辐射作用不断增强，社会工作专业成立的科嘉社会服务评估事务所在2015年完成教育部课题一项；完成标的120万元的助残项目评估工作；研发制定《嘉定区助残公益服务项目评估手册》并由中国残疾人联合会向全国推广。电子商务专业开展双11实训周已有3年，2015年又有新突破，学院与企业共同创造超过2亿元的销售额，人均在线销售额超过80万元。对口帮扶云南省遵义职业技术学院一期项目基本完成，援建项目推动了遵义职院专业建设、教学团队、科研能力以及社会服务水平的提升。根据市教委统一部署，学院已启动新一轮对口帮扶工作，进一步推进院校交流与合作，促进双方共同发展。

加强校际间交流与合作，共享办学经验。先后接待云南省遵义职业技术学院、四川工商职业技术学院、上海震旦职业学院、上海工商职业技术学院、上海中侨职业技术学院、上海出版印刷高等专科学校、焦作大学、江苏省太仓教育局等政府部门和高校的参观、访问。与澳大利亚技术与继续教育西部学院签署校际合作谅解备忘录。组织“十三五”规划课题组成员到上海建桥学院、浙江机电职业学院、宁波职业技术学院等院校学习考察。（王　影）

【举办高职院校创业教育与专业融合研讨会】 11月6—7日，第三届全国高职院校创业教育与专业融合研讨会在学院举行。来自教育部高等学校创业教育指导委员会及各省市的学者、企业家和高职院校的校长、教师近百人出席会议。与会者交流了高职院校创业教育融入人才培养的探索与实践，探讨了创业教育中的合作机会。（王　影）

第三届全国高职院校“创业教育与专业融合”研讨会与会者合影

【庆祝建校56周年】 10月24日，学院举行“建校56周年庆典暨校友代表大会”。校友会名誉会长、嘉定区原副区长周丽玲，学院董事长朱建新，院党委书记、院长庄顺根及首届校友会会长阚敏等，与校友和全体教职员工欢聚一堂，回顾横跨半个世纪的历程，共襄学校未来发展大计，并为校训“立德博雅，尚实知行”揭牌、启动学院微信公众号。会上，选举产生了第二届校友会理事会。（王　影）

【召开创建“特色高职院校”工作推进会】 5月19日，学院创建“上海市特色高等职业院校”领导小组专题会议召开。嘉定政区政府办公室、区教育局等七个部门有关负责同志参加会议。会上,学院对"创特"工作的整体推进情况进行汇报,审定通过了新修订的建设方案。"创特"领导小组组长、副区长李原要求学院围绕嘉定区"十三五"规划目标,发挥已有资源优势,在支持区科技创新中心建设,助力大众创业、万众创新等方面有所建树。 (王　影)

【获全国职业院校技能大赛团体二等奖】 2015年7月1—2日,全国职业院校技能大赛高职组"电子商务技能"赛项在天津商务职业技术学院隆重举行。学院电子商务专业2013级学生刘捷华、陈志斌、陈薇如、郝红组成参赛队伍代表上海市参赛,经与来自全国各地的77支代表队激烈角逐,获团体二等奖。 (王　影)

获全国职业院校技能大赛"电子商务技能"团体二等奖

【央财实训基地建设项目通过验收】 中央财政职业教育"以奖代补"专项资金验收会于6月30日召开。央财实训基地建设专项资金是机电一体化技术专业获上海市高职高专重点专业教学设计比武三等奖后,通过在全市获奖学校中的激烈竞争获得的。央财实训基地建设项目共设数控机床维修实训室扩建、教学软件建设等七个子项目,建设周期为一年。专家组对项目的建设成效给予了充分肯定,认为项目在发挥"四位一体"作用、推进"三校联动"、深化专业内涵建设、提高学生实践能力以及大幅提高学生职业资格通过率等方面取得了实际成效。(王　影)

【启动新一轮对口帮扶项目】 5月26日"上海市教委对口帮扶遵义市教育工作座谈会暨2015—2020年对口帮扶协议签约仪式"在贵州省遵义职业技术学院举行。上海市教委副主任陆靖、遵义市教育局局长杜富川代表双方签订了《上海市教育委员会、遵义市教育局2015—2020年教育对口帮扶协议》。会后,陆靖副主任考察了学院援建项目建设情况,对援建工作十分满意,希望学院将下一阶段的帮扶项目做得更具特色,成为上海市对口帮扶遵义教育工作的亮点。 (王　影)

附:学院负责人及地址

(2015年1—12月)

董事长:朱建新

院党委书记:庄顺根
副　书　记:周财宝

院　　长:庄顺根(兼)
常务副院长:董大奎
副　院　长:王云飞、俞　伟、韩　芳

地址:金沙路280号
邮编:201800
电话:69990010

上海农林职业技术学院

【2015年概况】 学院有全日制在校学生3942人(其中中职生480人),录取新生1440人(其中中职

生 161 人)。毕业学生 865 人,就业率 96.88%,签约率 85.78%。教职工 293 人,其中,专任教师 145 人,具有高级职称的教师 32 人,占 22.1%。学院可使用土地面积约 96 万平方米,建筑总面积(包括构筑物)为 17.56 万平方米。

学院是上海唯一一所以现代都市农业为办学特色的全日制公办普通高等学校。2015 年入选教育部首批百所现代学徒制试点院校。现有园艺园林系、动物科学技术系、农业生物与生态技术系、农业经济管理系、农业信息工程系、基础部、思政部五系二部和实训中心、继续教育中心等教学单位,开设园林技术、动物医学等 22 个专业,有 18 个农业专业和专业方向,涉农专业比例为 75%(不含专业方向),涉农专业及专业方向的学生数占总学生数的 78.3%。拥有三个校外教学实训基地及实验动物实训中心、农产品检测实训中心、上农动物实训医院、工厂化种苗生产实训园等 60 余个校内教学实训基地。

制订并启动实施教育综合改革方案,深入推进产学研一体化。按照上海教育综合改革要求,学院制定了 2016—2020 教育综合改革方案,确定了今后 5 年改革发展的方向、目标和任务。方案从完善内部治理机构、深化教育教学改革、推进人事管理机制改革、推进校企深度合作和完善资源配置等五个方面提出 16 项重大改革任务。围绕综改方案中"以股权为基础,以资本为纽带,吸引多元涉农投资主体,由学院牵头组建农林职教集团"的设想,开展相关调研和论证工作,并与农科院、家禽育种公司、地产园林发展有限公司建立战略合作关系,在深化产学研融合上迈出了重要一步。

启动创新创业教学改革。学院确立了后特色校时期建设全国一流农林高职院校的目标,确定了优化专业结构、深化创新创业教育改革、深化产教融合、加强课程建设、强化实践教学环节、加强教学管理及加强社会服务和对外交流七大任务。学院成立"双创"领导小组,制订《深化创新创业教育改革实施方案》,初步构建了基于创新创业教育为主题的课程体系。四个创业团队进驻大学生创业孵化中心。成功申请市人力资源与社会保障局的《创业能力》培训项目。

上海市特色院校建设全面收官。学院完成特色校各项目、子项目建设及过程和成果材料的收集和整理,各项目、各维度已做好总结验收准备,完成总报告初稿。

课程建设取得明显成效。推进国家级精品资源共享课程"园林树木"建设,市级精品课程"插花艺术"通过验收。遴选市级教学质量工程,现代农业职教集团精品课程 3 门完成验收。完成人才培养状态数据采集、教育质量年报。完善专业教学资源库。微课程建设稳步推进。中职体育课增设游泳、冰球等项目。

教育教学管理水平不断提升。在 2015 级新生中全面恢复大学生晚自习制度,加强教学管理,成为学院提升人才培养质量的重要举措。应对高招改革和就业形势变化,调整教学组织机构,将校企合作办公室、招生办与就业办进行调整,合署办公。制订《教学工作例会制度》,课堂管理、督导工作得到加强。组织开展教师教学能力提升培训和比赛,提高教师教学能力。

实验实训条件建设与教学融合度进一步提高。实验动物实训中心完成"校中厂"建设,动物医学专业在光明荷斯坦完成"厂中校"建设。完成实验实训室信息化管理系统试用,建成全国农业物联网示范基地,工厂化种苗生产实训园生产能力得到开发,生物技术实训室啤酒和酸奶生产线等投入使用。海湾基地启动"上海农作物病虫草害防控技术的课程资源"项目。

教科研管理更加规范,技术及社会服务能力增强。制订《科研工作管理办法(试行)》《教学研究工作管理办法(试行)》《科研经费管理与监督工作管理办法(试行)》等。教科研立项 13 项(校外科研 6 项),结题 34 项(校外 6 项)。发表论文 86 篇(2014 年度,核心 18 篇)。举办学术讲座 41 场,听讲人数 7607 人次。接待 1298 名中小学职业体验者,学农学生 2186 人。面向社会开展"点单式"专项培训。组建农机队走向社会服务。农业科技服务队开展培训 1147 人,技能鉴定 5346 人。做好农业专家服务团组织工作。继续教育学历教育招生 356 人。其他各类培训 3489 人(非学历教育培训 624 人)。

合作交流工作有突破。首次选派学生赴中国台湾地区、以色列、美国交流学习。签订6份教育合作协议。4名园林专业学生顺利在匈牙利塞格德大学农业学院入学。14名学生赴以色列开展农业相关学习和培训。师生出国(境)对外交流14批次137人次,较去年增加145%;接待到访人员4批14人次。

育人体系建设全面发展。创新思想政治教学工作,特聘1名德育教授,举行3场道德讲堂,4000余人次参与,举办手工报制作大赛。辅导员队伍增加5人,选送12人参加各类培训。出台并落实禁烟专项整治方案。易班举办两周年,中职易班上线。开展"四进四信"100余场主题团日活动,社团活动800余次。参与学雷锋及各类志愿服务有万余人次。中等职业教育学生成立国旗护卫队,每周一开展国旗下的演讲。召开第六次学生代表大会。按时发放各类奖勤补助约366万元。做好心理咨询辅导,完成新生普测回访和接待到访378人次,组织团体活动727人次,处理心理危机个案5例。6名教师和344名学生参加无偿献血。输送34名大学生入伍,获上海市征兵工作先进单位称号。

校园综合保障能力明显提升。①财务资产管理工作。修订了《预算管理办法》《财务报销暂行规定》《差旅费管理办法》《固定资产管理暂行办法》《教师公寓管理办法》等8个财务资产管理制度。建立了预算申报管理系统,实现预算上报下达无缝对接。设备采购申请和招标(采购)实现线上审批提交,完成招标采购82项3966.45万元。新增资产4074.7万元,固定资产总值达2.67亿元。启动节能监管系统平台项目。②校园民生工作。基本实现后勤外包全覆盖。1号学生公寓安装空调66台。完成教师公寓改造、学生宿舍电插板改造等工程。③信息化及图书馆工作。上海教育城域网光纤入校。实现跨校认证、网上离校;建立各信息系统数据交换体系。完成校内无线入网认证。移动图书馆月均点击量超千万次。完成采购纸质图书22400余册、中文电子图书15万余册。(费　明)

【翁铁慧到校调研】 9月16日,副市长翁铁慧就发展现代都市农业职业教育问题到学院进行专题调研。市政府副秘书长宗明、市教委主任苏明、副主任陆靖等陪同。翁铁慧对学院坚持"为农服务　特色立校"的办学定位给予充分肯定。(费　明)

【获评全国文明单位】 2015年2月学院获评第四届全国文明单位。学院连续9届获评上海市文明单位。学院召开精神文明建设表彰大会,启动新一轮文明创建。(费　明)

【完成《上海农林职业技术学院章程》制订工作】 《上海农林职业技术学院章程》于12月获市教委核准。《上海农林职业技术学院章程》是学院依法治校的纲领性文件,编写历时三年。(费　明)

【入选全国首批百所现代学徒制试点院校】 学院入选全国首批百所现代学徒制试点院校,是上海3所入选高校之一。学院与光明食品集团上海五四有限公司、上海农业信息有限公司合作,在园艺技术、农业经济管理、农业信息技术三个专业试点现代学徒制,41名学生签约试点班。现代学徒制试点入选上海市教育综合改革2015年典型案例。(费　明)

【提升与优化专业建设】 上海现代都市农业产教研协同基地建设、动物医学一流专业建设、旅游管理专业双证融通试点入选2015年上海高职教育质量提升计划。学校获中等职业学校内涵发展专项资金和中职校现代职教体系建设布局结构调整专项资助。新增宠物养护与疾病防治、物联网应用技术(农业物联网技术)2个专业,涉农专业比例近80%。农产品质量检测专业实现中高职贯通,申报立项高本贯通。申报设施农业与设备(农业物联网技术)专业中高贯通。(费　明)

【开发《大学语文》"基专贯通"教材】 《大学语文》"基专贯通"教材为园艺技术、园林技术专业的大学语文教学"度身定制",将对学生进行汉语言应用能力培养、农耕文化教育和园艺园林类专业培养,具有"基础课与专业培养目标相贯通"的特点。在内容的设计和编排上,融入项目化教学理论,在每个单元中,建立"作品导语、作品赏读、口语交际、实用写作、文化专题"五个工作步骤,以优秀农耕文明的文学作品为载体，组织作品赏读和农耕文化专题学习，并依据园艺园林专业未来职业发展需要，编写实践案例，在口语交际、实用写作的步骤中进行练习，既强化了读、写、听、说的能力训练，也提升了学生的职业精神、人文素养，较好地实现了汉字语言应用能力培养和农耕文化教育相结合，拓展了《大学语文》课程文化的内涵和外延。（费　明）

【加强实验实训环境建设】 学院以实验动物实训中心和农产品质量检测中心建设为重点，建设与岗位职业环境相一致的实训实习环境，集教学、实训、培训和科研服务于一体。实验动物实训中心支撑学院2项科研项目，并为校外单位提供动物饲养和试验的技术服务。农产品质量检测中心具备开展职业资格培训、职业技能大赛培训、专业教学比武、饲料检验化验行业培训等功能，为学生多元化发展、多层次培养职业人才、职前职后连接、涉农和非涉农行业贯通就业提供平台。生产型发酵实训基地投入生产，服务教学，为生物技术、农产品质量检测和食品工艺与检测专业的发酵实验实训提供条件。实验动物实训中心获上海市实验动物使用许可证，达到全国同类专业领先水平。（费　明）

【人才队伍建设有成效】 年内，分3批共220余名专兼职教师、外聘教师和管理人员赴西北农林科技大学培训，实现师资培训全覆盖。选拔访问学者2人（国外1人）、产学研践习6人，选拔优青教师1人。16人获高校教师资格证。申报教师及其他专业技术高级、中级职务评议6人。获中职校特聘兼职教师资助。2人申报上海高职院校教师企业实践。国内培训进修143人次。聘任1名海外名师。（费　明）

【持续推进校园文化及文明共建】 举办第二十八届“上农之春”文化节，原创话剧《三农有梦，青春无悔Ⅱ》获好评。举办《档案见证上农》图片展、汉字听写大赛、“我心中的校园”摄影大赛、“阅读青春”经典人文读书工程等活动；出版《2014年年鉴》，完成《2015年年鉴》《媒体看上农》（2009—2015年）的编撰。赴青浦区王港村开展“校村携手——文明同行”及结对帮扶文明共建活动，学院与10余家企事业单位持续开展文明共建。（费　明）

原创话剧《三农有梦，青春无悔Ⅱ》

【在各类大赛及评审中获奖】 在第六届全国农业职业教育教学成果评审中，学院的“上海市中等职业学校园林技术专业教学标准”获一等奖，“‘生物化学’项目化精品课程建设”获二等奖。在上海市信息化教学大赛上，学院有3位教师获二等奖，1人获三等奖，3人入围全国决赛。在上海市星光计划大赛中有17位学生获奖，其中获一等奖3项；在全国职业技能大赛中获6项奖励，农产品质量安全检测项目获一等奖。在华东地区第十四届高等农业院校田径运动会上获团体、男子团体及女子团体3项团体第一。（费　明）

华东地区第十四届高等农业院校田径运动会

附：学院负责人及地址

（2015年1—12月）

院党委书记：吴乃山

副 书 记：魏 华（兼）、俞锦禄

院 长：魏 华

副院长：俞锦禄（兼）、仲肇森、谢锦平

地址：中山二路 658 号
邮编：201699
电话：57822666

上海工艺美术职业学院

【2015 年概况】 学院获第十七届（2013—2014 年度）上海市文明单位称号，成为文化部“中国非物质文化遗产传承人群培养基地”，获批全国教育管办评分离改革上海试点单位。制定《上海工艺美术职业学院章程》，编制《上海工艺美术职业学院深化综合改革方案（2015—2020 年）》，启动一批改革任务及相关项目，制定《关于深化综合改革工作——推进学院内涵建设实施办法》，初步确立以年度内涵建设项目支持、落实的“深综改”方案的机制，启动新一轮专业内涵建设，并按照依法治校、规范管理的思路，全面落实改革方案，开展各项制度建设。

调整高职专业设置布局。配合上海高职院校专业设置工作，学院调整和优化了专业布局结构，将原有的 17 个专业调整为 13 个专业，另外新增玉器、陶瓷、动漫、摄影摄像、公共艺术等 7 个艺术设计大类专业。学院重点落实专业人才培养方案的修订与各级各类课程建设，完成 22 个专业（含方向）人才培养方案的修订工作，立项建设 17 门课程。同时利用市教委提供的项目，成功申报影视多媒体技术专业的“双证融通”项目以及工艺美术品设计与制作专业的“一流专业建设”项目。

开展数字云平台建设。5 月，学院启动了数字云平台建设。9 月，完成了徐汇校区全部教室的配套硬件和嘉定校区 23 个数字云平台教室建设。下半年开始推进基于数字云平台建设的教学模式改革工作。目前，WPP 学院和水晶石学院本学期课程教学已全面试用数字云平台教室设备，其他二级学院选定部分课程开始试行，文化基础和专业基础也启动了适用于数字云平台的课程资源开发工作。

校企合作与科研、专利开发继续深化。学院制定了《横向课题管理办法》，鼓励教师开发横向课题、申请科研课题，对结题的课题，学院组织校外专家严格审查科研成果。学院 2015 年申请专利项目 19 项，已立项纵向课题 18 个、横向课题 6 个、院级课题 22 个，教师在各级各类公开刊物上发表论文 43 篇。学院教师牵头了多项横向课题的研究：参加米兰世博会的中海环球米兰世博会互动游戏设计与制作项目、与嘉定区菊园新区管理委员会合作的精神文明建设类手机游戏开发项目、和上海历史博物馆合作的上海历史博物馆展览实景服务项目、和上海汽车商用车有限公司合作的“车轮上的家”——上汽房车可移动的空间设计、和嘉定区旅游咨询服务中心合作的嘉定旅游产品设计开发项目等。

招生就业工作成绩稳中有升。2015 年毕业生 1395 人，就业率达 98.92%，专业对口率达 87.6%。第三方机构评价所获得的数据表明，毕业生就业人数和签约人数持续维持较高水平，专业对口和知名企业就业人数稳中有升。

师资队伍建设富有成效。学院全年共有 7 人通过市教师岗前培训，派出国外访问 3 人，国内访学 1 人，赴企业产学研践习 11 人，其他各类业务培训受益人次共计 514 名。学院引进教授 1 人、副教授6人，具有海外留学经历6人。学校聘请行业兼职教师59人、兼职教授3人、客座教授4人。制定《兼职教授管理暂行办法》、《客座教授管理暂行办法》，启动后备领军人才培育计划，制定相关的管理激励制度。

深入开展国内外交流。学院全年共完成10个国际交流项目，113人次出访交流；同时接待6批共30人次的到访交流。学院聘请法国、英国、美国、日本、韩国等国的不同专业的专家、教师来校授课或开设讲座。学院与国内行业、学界合作，举办了多场高水准的展览，如玉雕论坛、"中国(上海)国际首饰设计年会"论坛和"薪技艺国际青年工艺美术展暨学术研讨会"等。学院在"创新、创造、创业"国际项目实施的基础上，深度开展与英国剑桥大学创业中心的合作，第一批的25名学生赴剑桥完成了为期一周的"三创国际项目"课程培训，开启学院创业教育的国际化合作，第二批学生也完成了遴选与培训。学院还主办首届WeLight国际青年创新峰会暨"进化圈"创业进阶实训营，学院学生赢得最佳项目奖。

学院承办2015国际首饰设计年会

提升校园软硬件条件。硬件上，学院全面装修重整徐汇校区旧教学楼，提高空间利用率，得到13300平方米的优质教学生活空间。学院租赁了紧邻徐汇校区的商务楼，获得位于市中心的1800平方米空间，彻底解决WPP学院和水晶石学院的教学用地。嘉定校区体育馆内部装饰与设施得到了更新，"现代艺术设计教学实训中心"列入市级重大建设项目，获发改委批准的1.6亿元建设资金。软件上，学院在2015年完成了校园信息系统门户和各应用子系统第一阶段的升级、徐家汇校区一卡通建设、校园主干千兆网升级和无线全覆盖，整体信息环境得到大幅改善。

（俞晓菁）

【承担文化部非遗传承与培训项目】 学院承办了两期文化部的中国非物质文化遗产传承人群研修培训班，培训学员124人。学员来自全国14个省份和2个直辖市，分属9个民族，非遗项目涉及蜀绣、山东绒绣、苏绣、泥塑、铜版画、草编、苗绣、银饰、漆艺、雕版、顾绣、钩针编织、剪纸以及云南各民族刺绣等。学院成为文化部"中国非物质文化遗产传承人群培养基地"。（俞晓菁）

【在各类竞赛中获奖】 WPP学院学生连续第三年参加D&AD大赛获奖，获得石墨铅笔奖(相当于全球第二名)。获得第24届时报金犊奖、银犊奖各1项，在ONESHOW中华创意竞赛决赛中获得在校生一项金奖、两项银奖，毕业学生三项金奖、一项银奖的成绩，在艺指委优秀毕业设计大赛中获得金奖1项，银奖2项，铜奖3项。水晶石学院学生参加第七届全国大学生广告艺术大赛全国决赛获影视类二等奖、微电影类二等奖、影视类三等奖各1项。时尚学院学生在艺指委优秀毕业设计大赛中获得金奖、银奖各1项。视觉学院学生获得第七届全国大学生广告艺术大赛上海分赛区一、二、三等奖、艺指委优秀毕业设计大赛银奖。数码学院学生获得第三届全国高校数字艺术作品大赛学生组一、二、三等奖。环艺学院学生获得第五届"中国营造"2015全国环境艺术设计双年展高职高专组银奖，第九届全国商科院校展示设计大赛一等

WPP学院学生在英国D&AD大赛中获银奖

奖3项、二等奖1项、三等奖3项等。　(俞晓菁)

【完善学院治理体系】《上海工艺美术职业学院章程》获市教委核准。学院按照《章程》确立的治理结构和行政逻辑,梳理现有的规章制度,制定、修订了《信息公开实施细则(试行)》《贵重物品管理办法》《上海工艺美术职业学院教职工手册》《新媒体平台管理办法》等11项规章,建立法律顾问制度,进一步完善学院治理体系。　(俞晓菁)

附:学院负责人及地址

(2015年1—12月)

院党委书记:许　涛

院　长:姜　鸣

副院长:杨　勃、王　敏

地址:嘉行公路851号

电话:69977888

邮编:201808

上海建峰职业技术学院

【2015年概况】 学院现有六系一部,分别为土木工程系、工程管理系、环境艺术系、机电工程系、外经外贸系、医检与护理系和公共基础部,共开设专业25个,其中国家级重点专业1个、省部级重点专业3个、市级教学团队4个、市级精品课程5门,土建类专业占到专业总数近50%。在校高职全日制学生4282人。教职工总数197人,其中专任教师115人,副高以上教师29人。学院共录取新生1631人,报到1533人。学院共有23个专业的1203名毕业生。截至2015年8月31日,就业率达97.51%,签约率64.17%。毕业生专业对口率达83%。

土木工程系在实行专业大类招生的基础上,进行专业类别细化,以"土建施工类""工程管理类""市政工程类"三类招生,学生经过一学期的公共课和专业基础课学习后,再通过测试分流至小专业。外经外贸系"旅游管理"专业增设取得导游证可面试入学的新规。这些新措施进一步完善学院招录办法。学院深入了解企业需求,开展全程就业指导,推进职业启蒙;打出就业服务"组合拳",举办"就业工作服务月",全面服务毕业生;培育学生创新创业的开拓精神,举办首届创业大赛。

学院全年引进各类人才34名,继续加强"双师结构"专业教学团队建设,突出抓好青年教师队伍培育,创造各种机会让教师"走出去"——交流、观摩、培训、实践,提升教师教学水平和科研能力。通过"请进来"——邀请上海建筑装饰工程有限公司、同济建筑设计研究院等企业和科研院所的专家与教师来校研讨。通过举办教学竞赛,全面提升教师业务素质和水平。6名教师在各类国家级和省市级比赛中获奖,2名教师当选为全国职业教育类协会委员。学院选派4名教师申报国内访问学者,3名骨干教师进入行业企业实践,1名专业骨干至台湾地区知名职业院校学习,4名教师申报上海高校青年教师培养资助计划,6名教师申报上海高校教师产学研践习计划。学院教师发表科研论文20余篇,获批省级课题立项13项,结题3项。

根据地方经济和行业发展动态,不断优化专业布局,及时开设新专业,拓展现有专业的新方向。学院成功申报新增专业2个(室内艺术设计、建筑设计)。在会计专业中开设建筑会计方向,在物流管理专业下开设建筑材料方向。学院与上海应用技术学院合作申报土木工程专业的高本贯通试点。学院护理(老年护理方向)专业被推荐为全国示范专业上报教育部。"建筑工程技术专业一流专业建设""建筑工程技术双证融通""建筑工程技术产教研基地"以及"老年康复护理仿真实训室"4个项目立项"2015年上海高等职业教育提升计划"。应用艺术系一体化课程作为市教委深化教育综合改革典型案例上报。学院学生在全国大学生数学建模竞赛、市“星光计划”第六届职业院校技能大赛等各类国家级和省市级比赛中获个人奖项30余人次，团体奖项14项。

牢固树立德育在人才培养工作中的首要地位，将大学生思想道德教育列入学院事业发展规划，融入学院的团学活动和文体活动，形成第一课堂和第二课堂、理论教学和实践教学相互支撑、方式方法多样的德育体系。举办首届思政课理论骨干班，开展“朋辈教育”，推动大德育平台构建；首次开展思政课实践教学，推进“四个全面”进教材、进课堂、进头脑；开展“光影中回顾历史，憧憬中走进梦想”“学党史、树理想、跟党走”等主题培育项目。为加强区校团组织交流互动，进一步构建区校团建联建格局，学院团委与共青团上海市虹口区委员会签署共建协议，搭建高职学生职业素养培育平台。13名学生参加虹口区优秀大学生暑期社会实践计划，深入基层一线，刻苦锻炼，进一步提高了政治觉悟和工作能力。校园文化艺术节期间举办高雅艺术进校园系列活动及2015年宝山国际民间艺术节建峰专场。

学院塑造各类志愿活动品牌，将雷锋精神化为日常行为。完成寒假“真情送万家”“学雷锋”爱心主题义卖、三福院“关爱老人家”、静安区阳光之家联合共建等特色项目。学院与第三人民医院共同举办志愿者校园招募会，约100多名学生参加。暑假学院5个团队86人到各地进行志愿活动。全院师生为身患急性淋巴细胞白血病的学生募捐3万余元。446名学生参加无偿献血活动。学院被上海市人民政府、上海警备区授予2014年度征兵工作先进单位称号。

12月31日，市教委核准《上海建峰职业技术学院章程》。上海市教育综合改革领导小组办公室通知，同意备案《上海建峰职业技术学院深化综合改革方案(2015—2020年)》。 (金宁黎)

【暑期社会实践成果丰硕】 年内，学院组织6个院级团队开展暑期社会实践活动。其中外经外贸系和应用艺术系的“新农村建设背景下农产品产业链调研”和“美丽传承——畲族旅游纪念品开发”项目均被评为上海暑期社会实践“市级重点团队”。 (金宁黎)

【获教师板书大赛一等奖】 9月22日，学院周培元老师参加中国教育工会上海市委员会主办的“2015年上海教师板书大赛”，获高校中年组一等奖，学院工会获优秀组织奖。 (金宁黎)

学院周培元老师(右二)获2015年上海教师板书大赛中年组一等奖

附：学院负责人及地址

(2015年1—12月)

院党委书记：徐　辉
副 书 记：杨光辉

校　长：徐　辉
副院长：崔　进、窦争妍、徐德明

地址：漠河路1168号
邮编：201999
电话：56601258

上海工会管理职业学院

【2015年概况】 学院以提高学历教学、干部培训质量为核心，扎实推进“高职特色校”“工会示范校”

建设。全年录取新生1681人，2015届毕业生就业率99.85%。2015届毕业生“双证率”100%，中级以上证书获取率90.86%。

深化人才培养模式改革。进一步完善工学交替实践教学体系，深入开展“校中厂”“厂中校”“定向班”等形式多样的产教融合、校企合作。学院与第三方安监机构共建基地和课程，企业投入资金、带进项目、输送课程和技术骨干、安排学生实习就业，成功申报上海市高职高专“产教研”协同基地建设项目。探索校企一体化人才培养机制，“招商物流定向班”成功申报教育部现代学徒制试点项目。学院教学改革成果获全国“行指委”二等奖1项、中国职业技术教育学会三等奖1项、上海市二等奖1项，上海市教育科学研究重点项目1个。进一步完善实习实训基地建设。依托星惠社工师事务所，与奉贤区总工会共建“工会社工师实务培训基地”，促进服务项目与基层工会工作者培训的有效融合。“双证融通”工作再上新台阶。

加大课程资源建设。通过校企共同开发课程资源、双证融通丰富课程资源、精品课程标准规范课程资源等多种方式，建成包含60多门课程的教学资源库，推进“一师一课”，评出院级优质课程68门。建成教学资源库管理平台，实现课程资源的集成化管理与维护，为信息化教学的实施提供有效支撑。

着力打造优质教学团队。实行专业负责人助理制度，重点专业全部配备助理，形成专业教学团队。加大双师型队伍培养，通过企业践习、国内外进修、优师带教等途径，提升整体业务水平。举办新教师培训班，从理想信念、道德品行、学识水平、授业能力、育人本领等多个方面提出要求，帮助新教师定好位、起好步、快成才。全年共有9个专业团队获上海市奖项，1个团队获市级教学团队称号，在省部级以上技能大赛中，获优秀指导教师称号28人。

持续优化育人环境。狠抓班级管理、园区建设，创新“优良学风标兵班”和“文明寝室”的活动，提升学生管理工作效能。推进劳模育人机制建设，新建劳模育人实践基地5家，总数达到14家，完成劳模文化长廊建设和教学楼、学生活动中心文化墙布置，形成浓厚的劳模育人氛围。注重学生心理健康教育，“系部心理工作室”投入试运行，心理健康教育更加贴近学生。开展首届校园文化建设系列活动和第七届校园文化艺术节，形成具有时代特征和职业特色的校园文化氛围。

不断提升社会服务能力。深入开展“全国工会干部教育培训特色基地”建设，优化教学内容和方法，提高培训的针对性和有效性，打造培训品牌化项目。丰富、规范现场教学点建设，新辟顾村镇总工会、宝钢集团工会、紫竹国家高新技术产业开发区工会3个现场教学点，培训实效显著增强。全年共举办全国工会干部教育培训特色班、市总主体班、业务班、资格证书班、援疆援藏班等各类培训班118期，培训7040人次，为基层工会送教上门和讲座等各类培训活动286期(场)，培训17407人次，较去年增长55%。学员总体满意度超过98%，培训的质和量都有一定提高。

深入开展理论研究。2015年共立项纵、横和学院科研课题24项，其中市级课题8项。《基于现代学徒制的中高职贯通模式研究》获得上海市教育科学研究重点项目立项。完成31个科研课题中期考核任务，其中有10项科研课题考核优秀，优秀率近30%。完成42个纵向、横向和学院课题结题评估任务。共有16项科研成果获奖，其中获得市级奖项13项，部级奖项3项。《“现代学徒制”人才培养模式的探索与实践》获中国职业技术教育学会第三届职业技术教育科学研究成果三等奖。学报《工会理论研究》锐意革新，积极追踪工运热点。通过合一劳动关系研究中心等平台，组织开展工会理论课题研究，研究成果“探索有中国特色的适应国际化和法治化需要的工会工作新路径”得到全国总工会和上海市总工会的高度重视。着力拓展理论深度，新设“学术动态”和“理论探讨”栏目，专注于最新学术专著的研究成果介绍、评论，充分发挥理论对实践的先导作用，被评为“上海市优秀学报”。

制度建设取得新进展。实施依法依规治校，构建以章程为基础的规章制度体系。修订固定资产管理制度，明确责任分工、梳理管理流程，并以此为契机，开展固定资产清查工作，启动资产管理信息系统开发工作。制定《校园安全管理责任制》，除了明确主要领导、分管领导、责任部门“党政同责、一岗双责”外，还结合校园安全10个主要安全点、31

个主要环节，明确每项工作的要求，落实每个部门的责任分工，为做细做实安全工作提供了制度依据。（卢　锟）

【市工会社工师实务培训基地揭牌】 10月22日，上海市工会社工师实务培训基地暨学院学生实训基地正式揭牌。市总工会党组副书记、副主席肖堃涛为基地揭牌并会见基地工作人员。该培训基地由奉贤区总工会和学院合作共建，是充实基层，强化基层工会工作者专业化、项目化训练的实践探索。基地由上海星惠社工师事务所入驻并承担具体的运营管理及实务培训工作。同时，该基地作为学院实践平台与教改探索平台，有助于学生“走出”课堂，开展实务训练，使教学在真实项目环境中进行，探索形成新的教学模式改革路径。（卢　锟）

【共建“劳模育人实践基地”】 5月20日，学院第12家劳模育人实践基地揭牌仪式在上海市普陀区桃浦镇莲花公寓居委会举行。学院聘请上海市劳模、莲花公寓党总支书记梁慧丽为劳模导师。居委会与学院共同实施人才培养工程，引导学院大学生走近劳模，参与一线社区工作，通过劳模精神引领，帮助大学生在实践中受教育长才干，培养“知识、能力、素质”协调发展的高素质人才。学院将“劳模育人实践基地”纳入教学计划，负责配备学生实践期间的指导教师。在基地开展实践活动的老师及学生，将充分利用自己的学科优势和专业技能，积极为基层服务、贡献力量。（卢　锟）

莲花公寓居委会劳模育人实践基地揭牌仪式

【举行“劳模导师进校园”活动】 学院举行“劳模导师进校园”活动。10月21日，上海市劳模协会领导和王军、陶依嘉、孔利明、瞿蕙钧等34位全国、上海市著名劳动模范齐聚学院，共同探讨劳模精神进校园工作，为2015级新生带来“大学人生第一课”。（卢　锟）

“劳模导师进校园”活动举行

【举行杏花楼企管班开班仪式】 11月6日，2015级杏花楼企管班开班仪式暨2013级学生企业奖学金颁奖仪式在学院职业讲堂举行。按照培养协议，双方通过组建“杏花楼集团企管班”，设立“优秀学生企业奖学金”，共同制定人才培养方案、共建课程，促进学生技能水平和职业素养的提升，为杏花楼集团培养、输送准员工，实现职业教育双元化的目的。2013级企管班9名学生获2015年企业奖学金。（卢　锟）

【推动人才培养模式改革】 学院围绕现代学徒制和校企一体化育人理念，推动人才培养模式改革，成效显著。文物鉴定与修复专业以文博艺术品公司和大师工作室为平台，优化调整课程体系，校企合作共同培养文物修复人才，形成“2年工学结合＋1年师徒传承顶岗实习”人才培养方案，有效地保证了教学质量。人才培养模式改革研究成果获中国职业技术教育学会优秀研究成果三等奖、上海市级教学成果奖二等奖。物流管理专业完善基于产教融合的定向班人才培养模式和“厂中校”实践教学模式，实现专业课程与培训课程的合作开发与共享、教学师资与培训师资的互培共用、教学环境与培训环境的互通共建、社会服务项目与教学项目的良性转换。“招商物流定向班”成功申报教育部现代学徒制试点项目。“基于现代学徒制的中高职贯通模式研究”获上海市教育科学研究重点项目

立项。（卢　锟）

【参加职业技能大赛获奖】 学院通过制定《职业技能竞赛奖励办法》，完善课、证、赛融通机制，鼓励师生积极参加各类职业技能大赛，进一步调动学生学习积极性，提升教学质量，达到"以赛促学、以赛促教、以赛促改、赛学结合"的目的，并取得良好成绩。学生全年参加各类职业技能竞赛项目22个，获得第十一届全国职业院校沙盘模拟经营大赛全国总决赛团体、个人一等奖等省部级以上奖项56个，学生职业能力显著增强。（卢　锟）

【承办新疆喀什地区工会干部培训班】 10月20—22日，上海对口支援的新疆喀什地区工会干部培训班在新疆喀什市举办。培训班由学院承办，喀什地区50多名工会干部参加此次培训。学院首次采取"送教上门"的方式，院领导和5位教师前往喀什地区授课。前沿的授课内容和创新的培训方式获得了参训工会干部的欢迎。（卢　锟）

【承担市总工会劳动保护干部培训"百千万工程"】 2015年，学院承担市总工会劳动保护干部培训"百千万工程"，分批对街镇（园区）工会主席和劳动保护干部进行劳动保护业务知识专项培训。6月24日，首期工会劳动保护干部业务知识培训班在上港集团开班，来自浦东新区、徐汇区、黄浦区等8个区的街镇（园区）工会干部近百人参加培训，市总工会洪浩主席出席开班式。全年开展19期培训，1700人参加。（卢　锟）

【建设上海首个工会干部教育培训现场教学基地】 7月15日，学院工会干部教育培训现场教学基地（顾村镇）签约仪式在顾村镇总工会举行。这标志着上海首个工会干部教育培训现场教学基地建设正式启动。现场教学基地建设旨在进一步丰富工会干部教育培训的方式、提高工会干部教育培训质量和水平，助力学院上海工会干部教育培训主阵地、全国工会干部教育培训示范校以及全总"改革开放和现代化建设及中国工运史"特色基地的建设。（卢　锟）

【在全国高职高专社会工作能力与实务竞赛中获奖】 5月29—31日，社会工作专业4名学生赴珠海参加第六届全国职业院校民政技能大赛暨第三届全国高职高专社会工作能力与实务竞赛，获得1个一等奖、2个二等奖、1个三等奖，学院社工代表队获得优秀组织奖。本届大赛由中国社会工作教育协会、全国民政职业教育教学指导委员会、民政部职业技能鉴定指导中心主办，珠海城市职业技术学院承办，来自全国各地38所高职高专院校社会工作专业的152名选手参加。（卢　锟）

【在全国高校模拟集体谈判大赛获奖】 10月24日至25日，"第四届全国高校模拟集体谈判大赛"在北京劳动保障职业学院举行。学院王彩萍和刘青梅两位老师带领8名人力资源管理专业学生组成两支队伍参赛。中国人民大学、上海工会管理职业学院等获大赛二等奖。带队老师获模拟集体谈判大赛优秀指导教师奖。本次大赛由中国人力资源开发研究会主办，北京劳动保障职业学院承办，中国人民大学、西北政法大学、中国劳动关系学院等17所高校的150多名师生参加比赛。（卢　锟）

【获"上海市学生阳光体育运动先进学校"称号】 学院舞龙队获得第八届全国大学生龙狮锦标赛丙组男女团体总分第一名，健美操队获得上海市高职组规定套路第一名，篮球队获得上海市高职组女子第二名，旱地冰球队获得上海市高职组二等奖。在2015年度上海市学生阳光体育运动先进学校评选中，学院获"上海市学生阳光体育运动先进学校"称号，是上海市19所获奖高校中唯一的一所高职院校。（卢　锟）

【举行第十八届"师德论坛"】 9月9日下午，学院第十八届师德论坛在学院举行。论坛的主题是践行"三严三实"，落实《职教决定》，推动学院内涵建设再上新台阶。全体教职工参加论坛。会上，展示了学院2014—2015年度先进党组织、优秀共产党员的主要事迹，激励广大党员干部进一步发挥先锋模范作用，履职尽责创先进、立足岗位争优秀。（卢　锟）

附:学院负责人及地址

(2015年1—12月)

院党委书记:宋钟蓓(5月离任)

副　书　记:吴　萌(兼)

院　长:吴　萌

副院长:张　炜、郭洪涛

地址:南亭公路2080号

邮编:201415

电话:57460188

上海体育职业学院

【2015年概况】 2015年学院有全日制高职生360人,其中运动员高职生170人。2015年毕业生152人,截至8月底签约率达98%(不含在训运动员)。2015年全日制高职生招生人数是148名。2014年开始,招生主体为上海体育学院。

竞技体育工作。在福州举行的第一届全国青年运动会上,学院运动员获得16枚金牌、8枚银牌、19枚铜牌的好成绩,实现金牌、奖牌、总分的三超。学院运动员在田径、游泳基础大项上的提升尤为显著,涌现出一批具有潜力的年轻运动员。游泳项目一举获得青运会决赛32枚金牌中的12枚,田径项目获得男子三级跳远、男子400米和男子400米接力的3枚金牌。

在2015年全国最高级别比赛中,学院运动员共获得18枚金牌、53.5枚奖牌、990.5分。与2014年相比(16.5枚金牌、52.5枚奖牌、960.5分),成绩略有提升。其中上海男排在九连冠之后时隔两年再次夺得中国男排联赛冠军,成就十冠王。自行车项目延续去年较好的备战势头,运动员充分做到了“以老带新,以新促老”。在自行车锦标赛上,自行车队员夺得4枚金牌、11枚奖牌。基础大项田径在今年的最高级比赛中,获得5枚金牌和10枚奖牌。在哈尔滨举行的2015年乒乓球全国锦标赛上,学院运动员许昕一人夺得男单、男双、男团三枚金牌。

学院运动员在世界三大赛上共取得7枚金牌、4枚银牌、3枚铜牌,环比去年6枚金牌、2枚银牌、1枚铜牌,各类奖牌数均有一定提高。其中学院运动员钟天使在自行车世界锦标赛上与国家队吉林籍队友宫金杰,以破世界纪录的成绩获得女子团体竞速赛第一名。

教学质量控制。制定各学期教学质量计划、理论课及术科督导。教师按照每周督导一次的要求,对全体教师的授课进行督导反馈。设计了教学质量反馈表,每两周进行一次反馈,使各部门及时了解教师及学生的上课情况,形成齐抓共管的局面。根据督导教师对学院术科教师上课的总体评价,拟定了《上海体育职业学院术科质量工程提升方案》,为提高术科授课质量提供了支持。

交流访学。学院与香港体育学院签订长期友好交流访学协议。自2013年以来,每年组织一次由教师和高职生组成的访学团赴香港体育学院进行交流访学,参加体验训练、交流座谈、实践锻炼。8月,学院教师代表团赴美国加利福尼亚州州立大学富勒顿分校访学,围绕体能重点专业,从不同角度考察对方的教学训练方式,交流双方的经验。11月,学院教师代表团赴德国访问足球学校等,考察德国运动俱乐部对优秀青少年和成人运动员培养的运行模式及学院教育健康促进专业如何进行科研成果的转化等。

微课程建设。学院于6月组织开展英语、体育营销和运动心理学三门课程的微课程制作工作,其中英语微课程在同济大学组织的2015年全国微课大赛中获得二等奖。

实习实训工作。2012级共有108名高职生(除在役运动员)参加实习实训,与三家企业签订实习协议。至8月31日,106名学生完成签约,签约率达98%(不含运动员高职生)。4月至6月期间,为2013级高职生组织三场宣讲会,使学生了解体育产业的发展趋势及三家校企合作单位岗位需求情况,扩大了学生实习的选择面,提高了实习对口率。

体能训练保障团队建设。现代运动训练发展趋势突出表现为专项化、实战化和个体化。随着近几年国内外体能训练相关运用和研究的不断更新发展,体能训练越来越成为运动队科学训练体系中不可或缺的重要组成部分。目前学院在聘的体能教练共有9人,其中包括两名外籍体能教练。学院为绝大多数参加青运会的队伍都配备了体能教练,并要求各带训青运队伍的体能教练根据年轻队员的体能训练发展特点以及青运会预、决赛的时间安排,制定科学有效的训练计划,为学院圆满完成青运会比赛任务做出一定贡献。为全力做好奥运重点队员许昕、郭爽、钟天使、曹忠荣、王仪涵等人的体能训练工作,学院为他们安排了体能教练,通过与项目教练组的密切配合,全面做好运动员的体能训练服务保障工作。

上海市体能协会工作。上海市体能协会(SSCA)个人会员达到661人,团队会员由原来的16个增加到20个。对协会网站进行改版,加大微信、微博投入力度,微博粉丝关注达到2893,微信粉丝关注达到2342。开展NSCA-CPT&CSCS相关考试认证,考试认证人员达到400人次。

思想政治建设。一是开展思政课题研究。以《优秀运动员思想政治教育研究》为课题,深入运动队,广泛开展问卷调查、个别访谈,不断推进运动员理想信念教育。二是开展队史传承教育。学院组织开展“体育成就梦想　青春闪耀光芒”迎青运优秀运动队思政课题展示活动,积极探索互联网+时代中优秀运动员思政工作的特殊性,探索优秀运动队的队史及核心价值观,提升思政工作的针对性。排球中心开展“居安思危　再铸辉煌”上海排球队队史讲座暨2015年排球运动中心团课教育活动。田径中心举办迎青运“忆岁月峥嵘,铸青春辉煌”上海田径队队史讲座活动。游泳中心开展“传承历史　接力未来”上海游泳队队史讲座活动,宣讲活动增强了广大运动员的自豪感和使命感,为拼搏赛场提供了有力的思想保障。三是创新工作载体。学院建立了“体职院党建信息”公众微信号,及时发布思政工作信息和各类学习资料,共计推送各类信息51条、总点击量达27977次,极大提升了思政工作的时效性。四是大力宣传弘扬先进典型。院团委举办“身边的杰青”访谈活动,邀请“上海十大杰出青年”、伦敦奥运会现代五项银牌选手、学院现代五项队领队兼运动员曹忠荣,讲述自己的拼搏成长经历。此外,学院还以《政工导刊》为平台,通过编辑先进事迹专刊,大力弘扬优秀运动员、教练员、教职员工的先进事迹,激励体职人立足岗位,再立新功。

人才队伍建设。学院举办了第二期青年干部培训班,在组织公文写作和办公软件PPT培训的基础上,开展优秀运动队思政课题研究。立足队史、运动队文化建设和运动员职业发展规划实施,探索加强运动队思想政治教育和职业发展规划工作的新方法、新思路、新建议。经过培训,已有7名青年干部被提拔任用,进一步增强了学院干部队伍的梯队建设。

精神文明创建。为了进一步做好运动员职业发展规划工作,拓展活动内容,学院结合一线运动队的实际需求,开设了法语、日语、英语口语等兴趣班。在冬训来临之际,经过广泛征求意见,举办运动员沙龙活动,邀请老师分赴各训练基地,举办咖啡品尝、美食文化、烘焙、塔罗牌、漫画及外教口语等文化沙龙活动,促进运动员的全面发展。院团委、工会与体科所团总支联合举办“奔跑吧,体育人”定向越野挑战赛。在冬训前夕,举办“体职好声音”十大歌手比赛。学院积极承担社会责任,参加社区的联建、共建工作。学院2名同志自今年起分别担任长桥街道和光华居民区的兼职委员,他们积极参加共建活动,为社区的发展贡献力量。学院击剑队副领队、团委副书记钱震华,助力上海小学一年一度的“爱心义卖”活动,充分展现体育健儿的社会责任感。击剑队前往莘庄中学、田径队前往万航渡路小学,积极参加“运动队进校园”公益活动。学院团员青年踊跃参加长桥街道职业青年篮球赛,并代表长桥街道晋级参加徐汇区比赛。　(叶丽玉)

【赵雯慰问夏训运动队】 8月20日，副市长赵雯赴东方绿舟体育训练基地检查代表上海市参加首届全国青运会的学院运动员的备战工作，看望、慰问运动员和教练员，要求刻苦训练、科学训练，赛出风格、赛出水平，为上海争光。 （叶丽玉）

副市长赵雯慰问学院运动队

【校田径队优秀运动员进小学校园】 11月25日上午，学校田径队的领队和四名运动员，到万航渡路小学开展“科学健身进校园暨优秀运动员进校园”活动。田径队的优秀撑竿跳运动员陆瑶、庄怡，优秀跨栏运动员朱海宝、吴婷婷按照各自运动项目分别为学生们进行了专业的项目介绍和技术示范，期间还邀请感兴趣的学生上场参与，更直观、更全面的了解田径运动。优秀运动员进校园，不仅有利于普及和推广田径运动，提高学生们的健身意识，促进学校体育全面发展，还增强了田径队运动员的社会责任感和从事体育事业的荣誉感。 （叶丽玉）

田径队优秀运动员进小学校园

【赴香港体育学院访学】 2015年9月9—18日，由学校4名教师和16名学生组成的访学团队，顺利完成到香港体育学院访学的任务。学校与香港体育学院缔结长期友好交流访学的协议。

（叶丽玉）

赴香港体育学院访学

【获市大学生足球联盟杯赛女子组冠军】 2015“安信农险杯”大学生足球联盟杯赛于6月8日在东华大学落下帷幕。上海体育职业学院队以全胜的战绩取得上海市大学生足球联盟杯赛女子组的冠军，球队教练员获最佳教练员的称号。 （叶丽玉）

获市大学生足球联盟杯赛女子组冠军

附：学院负责人及地址

（2015年1—12月）

院党委书记：苏清明
副　书　记：沈富麟、魏　燕

院　长：沈富麟
副院长：苏清明、王益民、朱学雷、海　线、邵国民、邱培康

地址：百色路1333号
邮编：200237
电话：64771485

上海东海职业技术学院

【2015年概况】 学院有教学实训中心15个和实训室85个，设二级学院5个、教学系2个、教学部及继续教育学院2个，共30个专业。教职工439人，有专任教师198人，副高以上高级职称76人，其中“双师素质”教师占31.82%。截至年底，在校学生5524人，一次就业率98.41%。全年招收67名新疆籍维吾尔族内职班学生，为新疆维吾尔自治区培养职业教育大学生。

“双百工程”二期已建成65门校优质课程、25门校精品课程、2门市级精品课程，获批一个市级教学团队、一位市级教学名师，出版教材30余种，2500个资料课件进入到网络公开课资源(MOOCs)启动行列中。实训室建设新增金融综合、会计实务、商贸实训、航空模拟舱等8大实训中心。

7000平方米学生宿舍开工建设，每年可供近1000名学生住宿。五大特色专业和校园信息化建设迅速推进，校史馆重新布局，准备迎接市教委特色校的验收。会计专业、电子商务专业分获全国专业竞赛三等奖，及市级教师教学竞赛获二、三等奖。影视动画专业获全市高职教学比武三等奖。会计专业获评市级一流专业建设，影视动画专业获评市级产教研协同基地建设。 (东　海)

【获“上海市安全文明校园”称号】 学校加强安全管理，主动参与校园周边环境治理。经过学校自评，市教委专项组检查、验收、审查、公示等程序，学校被授予“2014—2015年度上海市安全文明校园”称号。全市共有54所高校和1332所中小学、中等职业学校接受此次专项检查验收。 (东　海)

【参与全国报关行业职业教育教学指导委员会工作】 11月27—28日，经教育部批准全国报关行业职业教育教学指导委员会(简称“报关行指委”)成立，副校长尹雷方被聘为全国报关行指委委员，经管学院严玉康院长被聘为行指委师资建设专门委员会副主任委员，陈磊老师被聘为全国行指委秘书。全国报关行业职业教育教学指导委员会是在教育部领导下，对职业院校教学工作进行指导、评价、服务的专家组织。学校参与全国报关行指委工作，将对学校专业建设和品牌构建起到重要的推动作用。 (东　海)

【成立商学院】 为优化人才培养目标，提升教学质量，适应社会需求，12月29日，学院在商贸学院和金融系的基础上成立商学院。新成立的商学院将在学院人才培养模式改革、学生技能技术训练、教师产学研等方面推出新的举措。 (东　海)

校商学院成立

【学生赴美参加暑期培训】 7月14日，学院11名学生参加在美国印第安纳州的瓦尔帕莱索大学为期两周的暑期学习。学习内容有金融、经济专业类讲座、英语口语培训、团队建设活动和商业考察等。 (东　海)

【新疆基层干部培训示范班开班】 12月，新疆基层干部培训示范班开班，新疆泽普县基层一线工作的村党支部书记一行48人到校参加培训。本次培训采取专家讲座和实地考察相结合的形式。在实地考察环节，学员深入闵行区七宝镇九星村、九星市场和吴泾镇一号里了解社区学习创新治理模式。

（东　海）

学生赴美参加暑期培训与专业教授合影

【加强中高职衔接】 10月21日，学校艺术学院邀请群益职业技术学校领导到学校研究中高职教育贯通培养“服装设计”专业教学实施计划，确定中高职教育贯通培养服装设计专业的培养计划和课程设置，加强中高职衔接。（东　海）

附：学院负责人及地址

（2015年1—12月）

董事长：曹助我

院党委书记：赵佩琪
副　书　记：王　玉、项家祥（兼）

校　长：项家祥
副校长：尹雷方、程龙根、赵佩琪（兼）

地址：虹梅南路6001号
邮编：200241
电话：64505555

上海工商职业技术学院

【2015年概况】 学校现有普通高职专科在校生5328名、夜大（业余）学生260名。普专入学报到率80.74%，毕业生1182名、就业率100%。现有党政机构12个、直属部门3个，教学机构有1个二级学院7系1部、招生专业24个。

教职工312人。校内专任教师有171人。校内专任教师中具有研究生以上学位的95人，占专任教师的56%。讲师48人，占专任教师的28%。正教授4人、副教授19人，副高及以上相当职称的合计23人，占专任教师的13.5%。行业类各种高级技师、工程师合计8人，占专任教师的5%。

学院有嘉定、青浦两个校区，拥有土地总面积138662平方米、租用土地面积85703平方米。其中，建筑面积合计82771.69平方米、租用建筑面积合计26182.43平方米、绿化面积合计44978平方米；生均教学行政用房15.5平方米。

学校有纸质图书401382册，2015年新购置34843册，新建万方、超星、上海教育图书维普等3个数据库。已建立54个稳定的校外实训基地、7个具有良好设施和“仿真”职业氛围的校内实训基地、40个综合实验、实训室。现有教学科研仪器设备总值74884121.9元，当年投入约1764万元购置新的教学科研设备。教学用计算机1820台，达到百名学生配备34.2台。多媒体教室和语音实验室座位数6307个，达到百名学生配备118.4个。

学院以公益办学为宗旨，坚持非营利方向。秉承“人才兴校、特色强校”的理念。以学生职业生涯规划为导向，探索和实践工商“四有”人才培养模式。通过“深化校企合作、产教融合、工学交替，打造具有自身特色的校企合作办学品牌”的途径，已形成“以工为主，文商两翼”发展的“一体两翼”专业布局。

为加强文明创建工作，学校“文明在线”于10月1日正式对外开网。为加快信息公开、接受社会监督，10月30日“信息公开”如期开网。由此，为师生提供信息服务，为坚持公益办学接受社会监督迈出坚实的一步。

6月30日，学院二届四次教代会、一届四次工代会首次将民主测评领导干部纳入教代会议题。学院领导公开述职、中层干部书面述职，与会代表无记名投票进行民主测评。这是推进学院民主管理建设的一大举措，也是对干部队伍考核的重大改革。工会首次开展“三八红旗手”及优秀青年评优表彰活动，表彰校级“三八红旗手”9名、“妇女工作积极分子”5名、“十佳青年”10名、“十佳青年”提名奖3名。

成立教师发展中心，对新教师进行了共计80人次的5次专题培训，推动了教师专业能力的提升。在第二届市民办高校教师教学技能大赛中成绩突出：5人参赛、4人入选并全部获奖。在上海市高职高专创意创业大赛中，学院的Times珠宝“私人订制”工作室获特等奖，沪尚食特色茶点店获二等奖。在上海市星光计划第六届职业院校技能大赛中，汽车工程系学生华敏获数控铣加工项目一等奖。（接剑桥）

【打造特色专业群】 在“互联网＋”和中国制造背景下，学院梳理专业群建设，重点打造移动互联网应用技术、先进制造技术、汽车运用技术、珠宝首饰与艺术、餐旅服务等5个专业群。计算机信息系的“移动互联网产业创新人才校企联合培养基地”获批上海市高职教育产教研协同基地建设项目。（接剑桥）

【建成工商易班体验中心】 学院投资300余万元，建成“工商易班体验中心”。该中心12月开始试运行，是上海唯一平地建造的易班体验中心。（接剑桥）

【成立智慧校园运行管理中心】 为创建学院信息化管理特色，6月，智慧校园运行管理中心正式开始工作。该中心建立在CRP平台和数字校园的基础上，集学院监控平台、110报警中心、标准化考场管理平台、校园网络监控平台于一身。中心的运行提高了学院的信息化水平。（接剑桥）

智慧校园运行管理中心成立

【获批高等职业教育质量提升计划】 5月，学院计算机系获批上海高等职业教育质量提升计划（产教研协同基地）——移动互联网产业创新人才校企联合培养基地称号。在此基础上，学院成立由上海市经信委、工商学院、大唐电信科技产业集团、大唐大学（大唐电信科技产业集团主属教育机构）主要负责人组成的“产教研协同基地”指导委员会，及由学院、大唐电信科技产业集团负责人组成的“产教研协同基地”管理委员会。（接剑桥）

召开移动互联网产教研协同基地专家研讨会

附：学院负责人及地址

（2015年1—12月）

院党委书记：陈英南

副　书　记：周　箴（兼）、朱莉莉

院　长：周　箴

副院长：朱莉莉、陈廷雨、吴建蓉

嘉定校区地址：冈峰公路68号

邮编：201806

电话：60675958

青浦校区地址：新凤北路565号

邮编：201708

电话：60258299

上海震旦职业学院

【2015年概况】 学院录取新生1923人（上海市951人，外省市972人），实际报到1574人，报到率81.85%。毕业生就业率98.86%，签约率95.74%。教职员工370人，其中专任教师208人，具有副高及以上职称69人，研究生及以上学历115人，专任教师中双师型教师73人。

一、贯彻教育改革方针、提升教育教学水平。①“以综合素养为基础、以职业能力为本位”制定2015级教学计划和教学大纲，强调理论教学以“够用”为度，着重培养学生的实践能力和职业能力。②紧跟市场需求，调整优化专业结构，新增“工业机器人技术”“数字媒体艺术设计”“呼吸治疗技术”“学前教育”等专业。③举办第四届科技节，开展25项技能竞赛，其中校级竞赛2项。④承办宝山区数控职业技能竞赛，3人分获一、二、三名，其中1人晋升数控车工（三级）。在上海市“星光计划”第六届职业院校技能大赛中，1人获非英语专业英语口语二等奖，1人获平面设计三等奖、2人获网站设计三等奖。⑤与上海交通大学继续教育学院达成合作意向，举办会计、国际贸易等专业专、本贯通班。⑥成立“易会网络学院”，举办“电子商务”线下班。⑦加强与各职业教育集团的联系，申报数字媒体技术技能型人才现代学徒制培养模式的研究与实践等项目。校企合作项目开展顺利，全年学院共获政府补贴15.6万元，合作企业获实训运作费补贴12.86万元。

二、落实立德树人，促进学生全面发展。①开展“第二届辅导员建设月”活动。每月举行一次“辅导员沙龙”，积极推动辅导员队伍建设的专业化和职业化。在第四届上海高校辅导员团队拓展大赛中，荣获三等奖和“最佳团体奖”。②举办以“关爱心灵，携手成长”为主题的第六届心理健康教育活动月，开展团体辅导、心理健康教育海报评比、班级心理沙龙、班级心理主题班会、现场咨询等。③在2015年春季易班高校学生记者团培训中，学院易班记者团获“优秀团体”称号，3人获“优秀记者”称号，1人获“十佳记者”称号。224名青年师生参加上海造血干细胞资料库志愿者招募工作，成功入库。跆拳道社团在上海市高职组比赛中收获14枚金牌。在2015年上海市阳光大联赛跳踢比赛中获团体一等奖，啦啦操比赛获高职组自选球操二等奖。2015年学院共有874名学生顺利毕业，其中29人获上海市优秀毕业生的称号。获特等奖学金18人、一等奖学金48人、二等奖学金99人、三等奖学金174人。获“奉献之星”称号53人，获“拼搏之星”称号51人，获“攀登之星”称号26人。

三、加强师资建设，全面提升教师素养。①充实中层干部2人，提拔年轻干部2人，引进专业教师8人、辅导员11人、行政人员5人。②完善教师全员培训制度，落实教师企业实践制度，推进3个100%政策（100%下企业，100%取得高级技能证书，100%赴国外培训），4人已赴美国进修学习，14人在岗进修，其中5名博士在读，7名硕士在读，2名教辅人员本科在读。20名教师、管理干部参加民办高校“强师工程”研修班。6人先后取得职业资格证书，其中，1人取得高级技师证（摄影），3人取得电子商务师（高级三级），1人取得计算机程序设计员(高级三级)证书。1人获上海高校青年教师培养资助计划课题,2人获国内访学资助,3人获产学研践习项目。在第二届上海民办高校教师教学技能大赛中,2人获优胜奖。在民办高校教师入职教学展示中,1人获最佳教学奖。“中华优秀传统文化教育”项目获批。形成“微课程设计和开发”学术共同体,微课“不定代词”参加了首届“中国外语微课大赛”,获“英语高职组”赛区一等奖和全国三等奖。 (郑兴兰)

【成立上海震旦教育发展基金会】 为促进公益事业发展,董事长张惠莉发起设立上海震旦教育发展基金会。该基金会为非公募基金会,以弘扬公益精神、回报社会襄助为宗旨,开展公益活动。11月27日上海市民政局、上海市社团管理局发文,准予上海震旦教育发展基金会设立登记。 (郑兴兰)

【加强长三角教育协作】 学院与苏州工业职业技术学院、无锡职业技术学院、昆山登云科技职业学院、常州纺织服装职业技术学院签约,共同申报长三角高职教育五校合作论坛项目,积极打造长三角教育协作发展机制,优势互补。与无锡智翔集团签约探索校企协作,共建高职物联网应用技术项目。与苏州工业职业学院签订先进制造业(数控技术、工业机器人技术)现代学徒制双证融通人才培养课题研究项目。 (郑兴兰)

【在技能竞赛中获奖】 在上海赛区“聚文杯”技能竞赛选拔赛中,学院获电子商务团体一等奖和三等奖。代表上海市高职院校参加全国电子商务技能竞赛,学院获全国团体二等奖。 (郑兴兰)

【开启中美合作办学】 经市教委批准,教育部核准,上海震旦职业学院与美国加州浸会大学合作举办物联网应用技术专业高等专科教育项目,每年招生50人,正式开启学院的中美合作办学之路。 (郑兴兰)

与美国浸会大学合作办学

附:学院负责人及地址

(2015年1—12月)

理事长:张惠莉(11月到任)
董事长:张　沈(11月到任)

院党委书记:黄晞建
副　书　记:杜飞龙(兼)、夏　臻

院　长:杜飞龙
副院长:刘　彬、张　沈(11月到任)、王纯玉(11月到任)

地址:市一路88号
邮编:201908
电话:66866920

上海民远职业技术学院

【2015年概况】 根据上海经济发展及市场需求,学校专业调整为13个专业,招生专业10个。现有学生1198人。2015年招生330人,录取报到率82.5%,其中上海“三校生”占98.8%、高中生占96.7%。毕业

生582人，就业率98.1%，较上年提高0.7个百分点。生均占地面积89.03平方米，教学科研仪器设备3211万元，纸质图书23万册。2015年学校引进硕士以上学位人才5人，其中2名具副高级职称的教师作为学科带头人，1名讲师晋升副教授，聘请29名校外中高级教师和能工巧匠担任兼职教师。学校副高以上职称教师占比21.88%、专任教师中硕士占39.06%、专任教师中“双师率”达51.56%。

深化教学改革，加强内涵建设。①学校完成085重点专业集装箱运输管理的专业建设，依照教育部《高等职业学校专业教学标准(试行)》修订了人才培养计划，重点加强对学生掌握专业技能的培养训练，实践类课程增加7.5个百分点，理论类课程下降2.5个百分点，专业课增加10个百分点。“汽车检测与维修”专业的实践实操课时占总课时近50%，“艺术设计”专业的专业课程实践实操课时在67%以上。②按照国家及上海市中长期教育改革和发展规划纲要，“着力培养学生的职业道德、职业技能和就业创业能力”，培养“知行合一”高素质技能型人才。初步形成融“教、学、做”于一体，提高学生的实际应用能力的教学手段、方法。③应用技术系在创新试行“理实一体化”教学的过程中，探索专业教学和职业技能培养、课程评价和技能鉴定方式的衔接、融通，实行学历证书授予和职业资格证书标准的衔接、毕业证书和等级工证书的“双证融通”。中级工考证通过率达到100%，高级工考证通过率达到87%。④现代服务系会计专业实行“双证融通”人才培养模式，融“教、学、做”于一体，毕业生就业率达到99%。⑤学校推行工学结合教学模式，强化校内外实训基地建设，现有18个校内实操实训室，可开展75个项目的实训。国航物流报关实训中心新建“物流仓储配送仿真实训室”投入使用。学校新增校外实训基地3个。

利用现代信息技术强化技能教育。学校网络接入总带宽达700M，楼层之间全部采用千兆网络，每间教室和宿舍都有网络接入点。网络安全系统包括网络防病毒系统、网络运行故障检测系统、数据备份和防灾系统。学校开设5门网络课程，教师利用易班、QQ群开通网络学习空间，并将学习资源上传到网络平台上。教师配备教学用信息化终端设备约为1台/人，授课主要使用PPT课件、教学软件、授课视频、网络课程等数字教学资源。

推进教师“三项能力”建设。①通过培训提升教师教学能力。有20人次教师赴国内外院校作访问学者、考察、培训进修，提高教学能力和教学科研水平，其中3人次参加海外短期访学，5人次参加省外培训，11人次参加上海市民办高校强师工程项目培训，4名教师获“优秀学员”称号，1人参加上海市国内访学项目。②增强教师实践能力。学校制订“关于加强双师型教师队伍建设与管理办法”等文件，要求所有专业教师在假期参加企业践习，去相关企业调研、兼(挂)职，参加各类专业资格培训及考试，有50%以上专业教师获得了相应专业的职业资格证书。③强化教师科研能力。有7个科研课题获得相关单位立项，课题经费达10余万元；16项科研课题完成结题，11位教师在国内学术期刊发表论文共12篇，其中国家级期刊论文2篇、省部级论文10篇；出版著作1本，出版教材4本，其中双语教材《集装箱检验与维修》被列为“十二五”高等职业教育国家规划教材。

坚持高素质技能型人才培养目标，促进学生全面发展。①将新生入学教育列为学生工作常规。2015级新生入学后，有44%的学生向党组织提交入党申请书，69位同学参加了学校中级党校培训班，19名学生成为中共预备党员。②举办普通话推广周专题讲座“演讲与口才”“爱国诗词鉴赏”等。③建立健全大学生心理健康教育咨询中心，完善“学校、院(系)、班级”三级心理健康教育网络体系，将心理健康教育和咨询工作制度化，对新生进行心理普测，建立心理档案。④鼓励各院(系)相关专业带领学生参加全国及上海市的各类技能竞赛活动，参与各类竞赛和活动的学生达数百人次。有18人次学生在6个省级以上职业技能竞赛和文体竞赛中获11个奖项。在市教委和市人保局举办的第六届星光计划大赛中，报关专业学生获报关技能竞赛个人三等奖，IECC报关网络技能大赛获个人三等奖，日语专业学生在首届“科技杯”上海市大学生日本动漫配音比赛获团体三等奖。⑤开展“大众创业、万众创新”创业教育工作。安排3名教师参加教育部及上海市创业指导教师培训。团学联成立了创业社团，定期组织开展创新创业活动。在毕业生中开设了创业教育课，组织2016届学生开展创业能力培训并考证。

拓宽民主办学平台。召开一届五次教代会暨一届六次工代会，报告学校行政工作，听取教职工对学校改革发展意见；调整并修订校园网信息公开网页，共设置公告栏等10个大类，33个二级栏目，其中在信息公开栏目中增设《学校基本情况》《财务资产管理》《重大改革与决策》等栏目，公示学校上一年度财务审计报告、预决算报告、学费调整项目及标准等，新增学校信息102条。（民　远）

【举办首届青年教师教学竞赛】 12月11日，学校举办首届青年教师教学竞赛，各院系推荐的5名教师参赛，分别选讲各专业课程。竞赛评委会评选出一、二、三等奖各1名。（民　远）

【获首届"科技杯"上海市大学生日本动漫配音比赛团体三等奖】 11月6日，4名日语专业学生组队参加了首届"科技杯"上海市大学生日本动漫配音比赛，获团体三等奖。本次比赛共有12所本专科院校参加。（民　远）

【举办人文素质讲座】 为传承中华传统文化，2015年学院将人文素质讲座列入选修课程，对学生进行常规教育。学校组织专家定期开设讲座，向学生讲授礼仪文化、古典诗词、科学思维等，以提高学生的人文素质，年内已举办了三讲。（民　远）

附：学院负责人及地址

董 事 长：陈　彭
副董事长：陈立东

院党总支书记：黄菊良（兼）

校　　长：黄菊良
常务副校长：陶　敏
副 校 长：陈立东

地址：唐陆路3892-3928号
邮编：201210
电话：58960052

上海欧华职业技术学院

【2015年概况】 2014年7月学院由上海震旦职业学院实行整体托管，并按照"整体托管、相对独立、确保教学、平稳过渡"的托管要求，开展正常的教育教学和各项工作。

2013年秋季至2015年秋季学院未招生（包括2014年和2015年的春季自主招生）。至2015年年底，学院在校学生285人；学院教职工13人，其中辅导员2人，行政管理和其他人员11人。2015年，学院305名学生毕业，毕业生就业率98.7%，签约率77.05%。学院285名学生全部落实实习工作岗位，实习率100%。

加强教学管理，提升教学质量。开展期中理论教学检查，对每位专、兼职教师的教案、教学大纲、教学进度等进行检查，重点检查教师的教学大纲、授课计划和教案资料，开展评教评学工作。规范学生的学籍管理、成绩登录和考务工作。对2016届毕业生的学籍数据进行核对录入及数据报盘工作，按时完成他们学籍的电子注册工作。及时处理学生的退学、入伍等学籍事宜，确保学生学籍导动数据的准确；学院严格核实并认真录入学生的考试成绩，对有不及格科目的学生及时通知本人及家长，要求其做好补考的准备工作；学院合理安排课程的考试时间、地点、监考员、巡考员等各项考务工作，仔细记录并通报考试违纪违规的情况。注重抓好学生的各项考证工作。

抓好学生就业工作。①2015年10月至11月学院两次组织学生实习工作研讨会暨2016届毕业生就业工作推进会，邀请20余家企事业单位负责人来校参加座谈，诚恳征求这些单位对学院人才培养的需求，共商学生的实习和就业事宜。会议取得圆满成功，切实加强了校企合作，帮助学生顺利实习和就业。②学院组织成立学生毕业综合实习领导小组和工作小组，修订和完善学生毕业综合实习工作的要求与考核规定，实行指导教师与带班辅导员对毕业生加强实习巡视的管理制度。2015年下半年，学院有关人员共走访42个学生实习的单位，巡视实习学生85人次，面对面地听取了实习单位对学校的要求，实地检查学生的实习情况。为进一步掌握学生的实习情况，学院在2015年下半年共组织学生3次返校，及时指导和帮助他们解决在实习中的问题和要求，同时掌握每位学生在实习单位的工作情况。③至2015年年底，学院285名学生分布在151个实习单位，学生实习到岗率达到100%。在技能实践教学中，各专业指导教师按照学院的要求，对全体毕业生进行毕业实训实习指导和实习报告撰写的指导，学院全体毕业生将在指导教师的指导下填写完成毕业实训手册。④完善学生就业奖励机制。学院进一步修订和完善《学院就业工作奖励办法》，建立更加有效的激励奖励机制。学院为4名低保家庭毕业生申报就业补贴，共计补贴4000元。2015年，学院毕业生有9人被评为市级优秀毕业生；有16人被评为学院级优秀毕业生。

促进课题研究工作。发动和组织广大教师开展科研活动，并从经济上、时间上给予学院教师进行科研活动的大力支持。学院于7月进行教学改革项目中期检查，对各项目和课题研究进行初审和指导，同时调整了学院项目研究的数量，由原来11个项目调整为9个项目。年底，学院召开由校内外专家参加的学院教学改革项目的验收鉴定会，评审各项目负责人提交的教学改革项目结题申请表和项目研究报告，听取各项目负责人的PPT汇报，学院9个课题研究项目全部通过验收结题，其中被评为优秀的4个、良好的4个、合格的1个。

加强学生管理工作。①学院团委和学生会在震旦学院党委的领导和指导下，按照震旦学院团委和学生会的统一安排，并结合欧华学院的实际情况和青年学生的特点，认真开展学院的学生工作。②学院团委和学生会因地制宜开展各种文体活动，全年先后开展阳光体育比赛、心理健康月活动、易班系列活动和普通话推广等系列活动。③学院团委和学生会在团内积极开展争先创优活动，2015年上半年学院团委和学生会组织全体团学干部参观党的一大会址，进行爱国主义教育。2015年暑期，学院组织五支社会调研队伍，60名团学干部参加社会调研，完成5份社会调研报告。动员和组织广大学生积极参与震旦学院文明单位的创建活动，为震旦学院争创市教卫党委系统的文明单位做了大量工作。2015年，学院共评选出优秀团学干部15人、优秀团员18人、优秀团支部2个。④做好学生奖助学金评定工作。按照国家及学院关于奖助学金的评选要求，坚持标准做好学生的资助工作。全年学院共评选出国家励志奖学金7人、学院奖学金40人、国家春季助学金58人、国家秋季助学金26人。2015年学院共计为学生发放各类奖助学金172000元。

确保学院的安全稳定。学院坚决贯彻市教委关于对欧华学院实行整体托管的精神，坚持做到：整体托管、相对独立、确保教学、平稳过渡。学院严格执行《劳动合同法》等国家和上级的有关规定，认真细致地做好学院分流人员的思想工作和经济补偿工作，确保学院的安全稳定。（沈乐华）

附：学院负责人及地址

（2015年1—12月）

院　长：刘　彬

院党总支副书记：刘　彬（主持工作）

地址：市一路88号
邮编：201908
电话：66861707

上海思博职业技术学院

【2015年概况】 学院坚持“双主体办学，全方位育人”的育人模式、“相信人人有才，帮助人人成才”的育人理念，以及“首岗能胜任，转岗能适应，升岗有潜力”的培养目标。学院设置医疗卫生与护理、国际商务、建筑工程技术、工程技术、艺术设计等五个专业大类20多个专业。现有全日制高职在校生6229人，计划内成人教育大专生330人。学院师资队伍总人数为299人。现有专任教师196人，高级以上职称71人，其中硕士及以上学位100人(包括博士9人)，外籍教师3人。

学院面向上海区域经济发展和产业需求，培养一线的高素质高技能人才。2015届毕业生共计1649人，签约率95.51%，就业率99.51%，比2014年同期增加了0.11个百分点。

学院承办了2015年全国职业院校技能大赛测绘赛上海预赛和上海市“星光计划”第六届职业院校技能大赛工程测量项目。学院师生在国家级及市级的多个比赛中取得好成绩，在2015年全国职业院校技能大赛测绘项目比赛中获三等奖，获市第三届民办高校教师教学技能大赛二等奖，在全国第六届BIM应用技能大赛中获得9个奖项，获“第三届上海高职高专大学生创业计划大赛”三等奖。学院人才培养方案获2015年上海市高职高专院校优秀人才培养方案(财经大类)优秀奖。在2015年上海市学生阳光体育大联赛体育舞蹈比赛中获一枚金牌、三枚银牌。

2015年，学院进一步推进相互交流与合作，先后有马来西亚教育部、台湾佛光大学、台湾朝阳科技大学、英国巴斯斯帕大学等到学院参观交流。学院将继续坚持以学生为本，借助国际先进的教育力量，共同培育国际型技术技能人才。 (陈 阳)

【李瑞阳到校调研】 3月5日，市教卫工作党委巡视员李瑞阳等到学院调研并听取工作汇报。院长皋玉蒂、党委书记张建中等陪同调研。李瑞阳一行视察了学院信息化护理实训基地、现代物流综合实训基地和建筑工程实训基地，对学院在重点专业建设、实践能力培养以及校园管理等方面取得的成绩给予高度评价。 (陈 阳)

【教育部发展规划司领导到校调研】 5月14日，教育部发展规划司领导一行到思博学院调研指导工作，参观了学院信息化护理实训基地、现代物流综合实训基地和建筑工程实训基地，肯定了学院优质的实训设施，指出在经济新常态下，职业教育为区域经济发展提供了有力的支持，充满着极大的活力，职业教育办学者要了解态势，明白任务，增强发展信心。 (陈 阳)

【举办首届职业文化节暨“职业体验日”活动】 5月23日，学院首届职业文化节暨“职业体验日”活动开幕。此次活动由第六届上海市“星光计划”职业技能大赛获奖选手颁奖仪式、学院产教协同中心企业家联盟揭牌仪式、职业情境体验、职业教育图片展、校合唱团成立大会等活动组成，向全市中小学生、全体市民、社会各界开放校园，让更多的市民了解职教，了解职教文化。 (陈 阳)

【参加上海市“星光计划”职业技能大赛获好成绩】 学院学生在第六届上海市“星光计划”职业技能大赛中取得6枚金牌、10枚银牌、11枚铜牌的好成绩，获得的一等奖和二等奖的总数位居上海36所高职高专院校第二位。 (陈 阳)

【全国职业院校技能大赛测绘项目获奖】 6月19日，在2015年全国职业院校技能大赛高职组“科力达”杯测绘赛项比赛中，由建筑工程与管理学院4名学生组成的代表队，与来自全国78所院校测绘

专业选手同台竞技，学院团队获得“一级导线测量”比赛三等奖。（陈　阳）

【**获 2015 年上海市高职院校经管类专业教师教学技能竞赛特等奖**】　11 月 25 日，在 2015 年“用友新道”杯上海市高等职业院校经管类专业教师教学技能竞赛决赛中，国际商务与管理学院章晴设计的“导游理论与实务”课程，从析学情、说教材、述策略、解过程、谈反思五个方面展开，全面阐述说课内容，最终凭借良好的教学理念、独特的教学设计、流畅的教学语言以及丰富的行业经验，获本次大赛的特等奖。（陈　阳）

【**举行校企合作基地揭牌仪式**】　12 月 22 日，“上海航天局新力机器厂校企合作基地揭牌暨订单班成立仪式”在工程技术学院先进制造技术实训中心举行。新力机器厂和学院领导为校企合作基地共同揭牌，标志着思博学院与上海航天局新力机器厂的校企合作关系正式缔结。（陈　阳）

附：学院负责人及地址

（2015 年 1—12 月）

院党委书记：张建中

院　长：皋玉蒂

副院长：张学龙、姚大伟、沈小平

地址：城南路 1408 号

邮编：201399

电话：68029005

上海立达职业技术学院

【**2015 年概况**】　年内，学校录取 2610 名新生，实际报到 2253 名。引进各类人员 67 人，其中专职教师 27 人、辅导员 14 人、行政人员 16 人；具有研究生学历的 37 名，占总引进人数的 55.2%，中级职称及中级以上职称 18 名，占总引进人数的 27%。到 2015 年底，学校共有专任教师 346 人，其中具有研究生学历的教师数量为 170 人，占专任教师总数的 49.1%；具有副高以上职称的教师数量为 112 人，占专任教师总数的 32.4%，其中具有正高职称的专任教师 30 人。拥有“双师型”教师 105 人，占专任教师比 30.3%。

一、学校董事会召开会议。2015 年 12 月，学校董事会召开第五届第一次会议，表决通过新一届董事会成员，推选上海立达职业技术学院新董事长、新副董事长。会议同意上海立达职业技术学院申报升格为本科院校的决定，并从资金等各方面保证学校升本工作。

二、完善学校二级管理体制。继续推进教育教学改革，进一步完善二级管理体制，设置有立达—佛光艺术设计与传媒学院、立达—长庚护理与健康学院、立达—醒吾商贸与旅游学院、立达—德明航运物流学院、立达—台北城市机电与信息学院、基础与外语学院以及社会科学部等 6 院 1 部。

三、加大专业建设力度。2015 年护理（老年照护管理）专业经市教委评审通过，成为上海市唯一一家申报通过并报国家四大部备案项目。与台湾长庚科技大学合作举办护理专业项目获市教委批准，并经国家教育部国际合作交流司备案，颁发批准书，成为学校第二个与港澳台地区合作的专业。2015 年申报健康管理、采购与供应管理、冷链物流技术与管理、物联网应用技术等四个新专业。装饰艺术设计、机电一体化技术(工业机器人应用)、会计(国际会计)等三个专业与台湾地区的佛光大学、台北城市科技大学、醒吾科技大学等高校开展合作办学。

四、注重师资结构优化和队伍建设。积极推进立人达人强师工程,加大师资引进与培养力度。继续开展国内外访学、产学研践习“三大计划”项目。派出15位教师赴台湾地区进修培训,1名教师赴查塔姆大学研修获得护理学硕士学位。1名中层干部赴挪威科技大学进修学习。2名教师参加市教委“强师工程”第三期海外硕士研修,提高了自身的教学、科研水平。2015年度学校共选派45位教师分别参加市教委组织的强师工程培训的13个项目。根据强师工程三年规划及《关于教职工进修培训和学历提升费用资助的暂行办法》,2015年资助学历提升7人,4人取得硕士学位。

五、积极申报各类科研项目。学校组织教师申报各类科研项目16项,其中上海市“高校青年教师培养资助计划”项目获批12项,获经费总额54.2万元。教师公开发表论文30篇,其中在全国中文核心期刊发表3篇、在科技核心期刊发表1篇,国际EI检索2篇。公开出版著作(教材)10部,科研成果获奖3项。

六、拓展教育交流。先后与爱尔兰皇家外科医学院,以及韩国东国大学(庆州校区)、汉城大学、瑞逸大学等签订谅解备忘录,为学生出国深造开拓渠道。进一步加强与台湾地区技职院校的合作,先后与台湾地区的朝阳科技大学、佛光大学、德明财经科技大学、中华医事科技大学等七所院校签订合作协议。全年组织98名学生分批赴台湾地区醒吾科技大学、台北城市科技大学、长庚科技大学、佛光大学、德明财经科技大学进行短期或一学期课程学习,并获得学分,先后选派16名教师到上述院校进行短期课程进修。聘请6名台湾地区的合作院校教师到校授课和讲学。首次组织26名学生参加“中国青年领袖训练营”加拿大海外游学项目。

七、推进“立德树人、全员育人”工程。从制度上保障校风、学风的建设,组织各二级学院制定2015年学风建设计划,开展主题教育活动,弘扬校园文化。团委组织五支校级团队开展暑期社会实践活动,2117人次参与。校志愿者服务总队全年累计组织参加常规项目性志愿服务1454人次,服务时长约11628小时(不含暑期社会实践短期志愿服务)。两位毕业生参加西部计划志愿服务项目,分别到贵州省和云南省贫困山区开展志愿服务。2015年6月,学校在校外建成大学生社会实践基地。2015年6月,校团委与武警上海总队一支队五中队签订文明共建协议。

八、推进文明创建工作。组织开展校内文明创建特色项目申报活动,各二级学院及职能部门共申报特色项目11项,内容丰富,形式多样。结合学校实际,组织开展丰富多彩的群众性文化活动,提升校园文化建设的层次。以社团建设为抓手,吸引学生参与校园文化建设。截至2015年底,学校共有40个学生社团,涵盖文娱类、体育类、专业类三大领域。成立艺术教育办公室,开展艺术学习和实践活动,对学生进行爱国主义和美育教育,弘扬中华民族传统文化,体现学校的教育理念,提高广大学生的审美情趣和文化艺术修养,促进校园精神文明建设。

(郑贺春)

【与爱尔兰皇家外科医学院签订交流协议】 3月20日,学校与爱尔兰皇家外科医学院(RCSI)签订教学与学术交流协议书。爱尔兰皇家外科医学院将为学校学生量身定制合作开设的护理学理科学士课程,向学校护理专业已经完成学业并获得护理文凭的注册护士,提供进一步学术研修并助其获得BSC nursing护理学理科学士学历的机会。

(郑贺春)

学院与爱尔兰皇家外科医学院签订教学与学术交流协议

【组织召开辅导员专题工作培训会】 4月15日，学院召开辅导员专题工作培训会，就辅导员工作要求、辅导员队伍建设三年规划设想进行培训。要求辅导员坚持学校管理原则的前提下，充分结合二级学院的管理特点；要严肃对待本职工作，严格规范自己的言行，为学生树立良好的榜样；为适应学校升本要求，辅导员要结合自身实际情况，科学制定职业发展规划，明确个人在考证培训、研修深造、教学科研及职称晋升等方面的目标，全面提升自己的综合素质和能力。 （郑贺春）

【与台湾地区高校开展合作】 4月21日，学校与台湾地区的佛光大学合作成立“立达—佛光艺术设计与传媒学院”，与台北城市科技大学合作成立“上海立达—台北城市机电与信息学院”。12月24日，与台湾德明财经科技大学合作成立“立达—德明航运物流学院”。加之2013年和2014年成立的“立达—醒吾商贸与旅游学院”“立达—长庚护理与健康学院”。五个二级学院全部实现与台湾地区技职院校的专业对接。合作范围涵盖专业建设、师资培训、名师引进、学生互换、学术交流、学历提升等多个方面，切实为双方的学生成才、教师发展、办学层次提升提供了重要的平台。 （郑贺春）

【启动“十三五”发展规划编制工作】 5月4日，学校举行“十三五”发展规划编制工作部署会，对学校“十三五”发展规划编制的主要任务、工作要求、规划体系进行安排部署。学校“十三五”发展规划的编制要体现时代特征、民办特点、立达特色。学校“十三五”期间专业设置和人才培养要服务于上海和国家的经济社会发展战略，新建学科专业要对接大型产业集团或大型企业，紧跟社会经济最新发展对人才培养的需求，使学校逐步发展成培养“应用技术型人才”的多科性技术技能型大学。 （郑贺春）

【大学生暑期社会实践活动获表彰】 在由团市委、市委宣传部、市教委和市学联共同主办的2015年上海市大中学生暑期社会实践评比中，学校学生赵晨、沈丹获先进个人奖，校团委副书记杨政凤获优秀指导教师奖，由基础与外语学院组织的社会实践活动“关爱弱势群体项目”获优秀项目奖。2015年暑期，全校共组织五支社会实践团队、2200多名学生参与暑期社会实践活动。 （郑贺春）

【在国际工程设计挑战赛(上海赛区)中获冠亚军】 5月6日，在英国机械工程师学会举办的工程设计挑战赛(上海赛区)中，机电与信息学院的学生一举包揽冠亚军，同时获得“最佳设计奖”“最佳演讲奖”，获6个奖项中的4项。 （郑贺春）

【在“星光计划”大赛中获奖】 2015年，学校首次组织师生参加上海市第六届“星光计划”大赛。共参加八大类中的9个项目，41名学生入围正式决赛，最终获得一等奖1名、二等奖3名、三等奖7名。（郑贺春）

学生在国际工程设计
挑战赛(上海赛区)比赛中获冠亚军

【获经管类专业教师说课赛特等奖】 11月25日，商贸与旅游学院连锁经营管理专业主任王晓艳在2015年“用友新道杯”上海市高等职业院校经济管理类专业教师教学技能决赛现场说课比赛中获特等奖。 （郑贺春）

附：学院负责人及地址

（2015年1—12月）

院党委书记：何建中(11月离任)、张天启(11月到任)
副　书　记：郦鸣阳(11月离任)

院　长：郦鸣阳(9月离任)、杨存忠(9月到任)
副院长：朱南勤(8月离任)、何建中(8月离任)、张天启(10

月到任)、李　斌(10月到任)、杨昆呈(11月到任)

地址:车亭公路1788号
邮编:201609
电话:57805678

上海济光职业技术学院

【2015年概况】 学院现有二级学院1个、系4个、教学部2个、研究所1个、继续教育学院1个,共设25个专业。学院2015年在校生5000余人,全年招生总计划为2400名,录取2252名,计划录取率为93.83%,到校报到2003名,计划报到率为83.46%,录取报到率为88.94%。学院2015届共有毕业生1269名,毕业签约率84.63%,就业率99.45%。学院现有专任教师176人,拥有高级职称的教师占专任教师总数的23.86%,具有硕士研究生及以上学位的教师占专任教师总数53.4%。校园占地面积约12万平方米,建筑面积约10万平方米。

一、调整优化专业布局。学院根据区域经济发展对技术技能人才的需求,调整优化专业布局,形成了以土木建筑类专业为特色、现代服务管理技术类专业为支撑的格局。四个上海市特色建设专业积极开展多元人才培养模式改革:建筑工程技术专业以现代施工企业岗位能力要求建立课程体系,实施"项目导向、理实组合、分流培养"的组合教学、校企订单的分流培养模式;园林工程技术专业与上海最大园林工程有限公司,探索实施"校园双主体,现代学徒制"人才培养模式;建筑设计技术专业与大型龙头设计企业结成联盟,企业全程介入育人,形成"校企双线交互,双元协同"人才培养模式;金融管理与实务专业与中国人民银行宝山分行开展银校合作,以银行案例整合课程体系,实施"银校一体合作人才培养模式",培养金融证券、保险人才。

二、完善课程建设方案。在课程建设中贯彻工学结合原则,按照"素能一体"的要求重新修订专业人才培养方案。在课程设置上注重与岗位对接,课程内容上注重与职业技能对接,课程设计上注重与资格证书对接,课程整合中关注与专业方向对接,着力构建理实一体的课程体系。四个特色建设专业按人才培养模式改革、实验实训设备设施建设、师资队伍建设、技术服务与社会服务四大模块按预期目标完成,相继完成了建筑实践园的建设,建成了2000平方米的护理、助产实训中心,其中助产实训中心设备条件处于国内领先水平。

三、探索中高职贯通教育模式。学院多个专业对中高职贯通教育模式进行探索:汽车检测与维修技术专业和南湖职业学校合作率先成为双证融通、中高职贯通模式试点,学院"工程造价""物流管理""计算机网络技术"三个专业也分别与上海市城市科技学校、上海市宝山职业技术学校、中华职校三所中职校开展中高职贯通人才培养模式试点申报。

四、取得标志性成果。获得上海市级教学成果奖1项,上海市高等职业教育质量提升计划项目3个、上海高职教育质量决策咨询服务平台建设项目1个,"双证融通"试点专业1个,"中高职贯通试点专业"1个,市级精品课程1门,市级教学名师1人,晨光计划项目2项,入选上海高校教师培养计划2名。在上海市质量提升工程项目的竞争中,应惠清教授团队"基于智慧与绿色建造技术的产教研协同基地"获得了上海市产教研协同基地建设项目900万元,机电系汽车维修双证融通项目70万元。

五、全面推行"2+1"人才培养模式。①学院进一步加大实践教学的比重,以学生大三时全年顶岗实习来进一步强化教学、实训、实习相融合。联系相关企业负责人和专家，成立校企合作指导委员会，加强过程管理与监控，相继出台并实施《顶岗实习工作实施细则》《毕业综合实践教学管理办法》等相关规定。②学院通过信息手段加强顶岗实习的管理和监控，教师和辅导员利用顶岗实习管理GPM平台进行全程、全方位的指导，对实习成果随时进行评价，院系领导、专业教师、辅导员定期回访实习基地，以保证学生顶岗实习阶段学习实践质量。③为确保“2＋1”人才培养模式改革的进行，学院积极挖掘资源建立校企合作基地，2015年有校外实习基地76家、校企合作单位34家。学院与上海现代建筑设计(集团)有限公司、上海园林工程有限公司、上海建工二建集团、上海尊鼎二手车经营有限公司等一批著名企业建立了紧密型的校企合作关系。

六、搭建学生成长育人平台。①学院共有33名“人生导师”与各院系推荐的100名优秀学生结对。②开展纪念反法西斯战争暨抗日战争胜利70周年系列主题活动，大力培育师生爱国主义情怀。组织师生暑期革命根据地考察学习，举办多场阅读、展览以及讲座、座谈和研讨活动。③培养学生创新创业能力，与宝山区人保局就业创业促进中心共同举办主题为“为点亮人生路”的创业沙龙活动。参与上海市六所高职院校参加的宝山区创业园区调研活动，编制了学生参观宝山区创业园区感言录《点燃创业梦想》。④广泛组织和开展职业技能大赛活动，以赛代练，激发师生的创新意识和拼搏精神。⑤学院设立勤工助学岗位40多个，近500人次参与校内勤工俭学。2015年，全院共有532人获得国家助学金170余万元，人均约3000元，受益面达到9.47％。学院还给予2015级中西部申请国家助学贷款的困难学生报销首次到校的车费。25名学生获得国家奖学金，6名学生获得上海市奖学金；149名学生获得国家励志奖学金，奖励金额共计达80余万元。共计440名学生获得学院的一、二、三等奖学金，奖励金额达20余万元。2015年，37名毕业生获上海市优秀毕业生称号，63名毕业生获校级优秀毕业生称号。

七、深化内部体制和机制改革。①完善和实施竞争上岗、定编定岗制度。严格控制管理人员、教学辅助人员比例，不设工勤岗位。②制定实施《教师工作量核定及管理暂行办法》，为教师绩效考核提供重要依据，为进一步建立完善薪酬分配激励机制奠定基础。③制定实施《绩效考核分配制度实施办法》，绩效考核分配制度保持现行薪酬体系不变，绩效考核奖励以工作绩效考核结果作为分配的主要依据，合理拉开了收入差距。

八、加强人才队伍建设。①积极组织和选拔青年教师参加市教委的教师成长发展计划，提升教职工的综合素质。2015年参加强师工程培训20人，国内访问学者1人，企业践习1人，“优青”项目3人。开展校内外、国内外各种专业培训，提升教师教育教学水平。2015年，海外研修3人，国(境)外培训40余人。学院建工系举办上海市教委民办高校建筑类BIM师资培训。②通过多种途径和渠道加大人才引进力度。2015年学院新聘教职工32人，其中专任教师28人，副高级以上职称教师4人，硕士以上具有海外学历5人。新聘4名学术造诣高、教学经验丰富的老教授、学者为学院特聘教授，发挥对青年教师的传帮带和专业带头人作用。

九、加强和改善办学条件。①加强校内实训基地建设，建筑系理实一体化教室、护理学院母婴护理室等实训教学场所先后建成并投入使用，教学效果良好。②新建建筑实践园。这个以土木建筑、园林景观为特色的实训场所，为学生展示实体模型结构。③完成操场整修、学生宿舍与食堂项目的建设，并如期启用。学生活动中心中庭进行重新装修，新添置影音、灯光设备等。

十、编制学院“十三五”发展规划纲要。在充分调研、广泛听取意见的基础上，编制了学院“十三五”规划。规划融入党的十八届五中全会创新、协调、绿色、开放、共享五大发展理念，以立德树人为根本，以服务发展为宗旨，以促进就业为导向，坚持高等职业教育内涵建设，为学院未来发展指明了方向。

(杜　宇)

【校企共建施工型校内实训平台】 学院建筑工程综合实训平台是由学院和上海第二建筑公司合作共建、极具特色的实践平台，涵盖了工程常见的砌体、混凝土、钢和轻钢等结构，以足尺的实体建筑、真实的职场氛围，展现袖珍的实际施工现场。平台分设了示范区、检验区和操作区，将有关专业技能课的知识点和技能点融入实体模型中，提供随时随人和不同层次的训练条件，既可进行随课的教学参观、测试、实训等活动，也可进行集中的专项训练，如模板支撑、墙体砌筑、钢结构吊装等。学院建筑大类6个专业利用平台进行包括认知、验证、操作、设计等不同类型的实践训练1000多人次，接待多所学校的参观与学习。该平台配备了数字化管理及无线讲解器等智能系统，大大提高实训的效率和成效。该平台也向社会开放。 （杜　宇）

【获优秀毕业设计作品比赛一等奖】 7月26日，第十届全国高职高专建筑设计类专业优秀毕业设计作品比赛在青海省西宁市举行，学院园林工程技术专业的12级学生杨广义凭着扎实的专业功底，获一等奖。 （杜　宇）

【在ERP沙盘模拟经营大赛全国总决赛获奖】 9月18日至20日，由中国职业技术教育学会商科专业委员会主办的第十一届全国职业院校“新道杯”ERP沙盘模拟经营大赛全国总决赛在山东商业职业技术学院举行。学院ERP社团挑选出来的5名学生代表学院参加全国现场总决赛获二等奖。这是学院学生连续第二年在这项赛事的全国总决赛中获二等奖。 （杜　宇）

【获“双证融通”培训资质】 市人力与社会保障局、市教委联合下发《关于本市开展“双证融通”试点工作的实施意见》，学院通过申报和专家评审获“物流管理专业（仓储配送）三级双证融通”培训资质，成为上海首批具有“直通车式双证融通”培训资质的学校。 （杜　宇）

【在全国青年教师教学展示活动中获奖】 11月10—12日，由教育部高等学校思想政治理论课教学指导委员会主办的2015年全国高职高专院校思想政治理论课青年教师教学展示活动在北京联合大学举行。学院思政部教师谢国日代表上海市参赛并获“概论组”三等奖。 （杜　宇）

附：学院负责人及地址

（2015年1—12月）

院党委书记：祁学银
副　书　记：李永盛（兼）、王　滟

院　长：李永盛
副院长：祁学银（兼）、姚健敏、潘立本

地址：水产路2859号
邮编：201901
电话：66761065

上海工商外国语职业学院

【2015年概况】 学院设13个教学系部，在原12个系部的基础上增设俄罗斯语系，共计22个专业。2015年学院招生计划数从去年的3100人增加到3200人。新生录取报到率为87.20%，录取总数为3344人。其中自主招生录取719人，“三校生”招生录取153人，上海秋季招生录取492人，外省市秋季

招生录取 1980 人。在校生共计 7991 人。2015 届毕业生人数 2067 人，就业率 99.76%，签约率 98.65%。

一、夯实高职专业基础。2015 年，学院进一步夯实高职教育的专业基础，明确学院的办学定位，学院董事会为此安排了专项资金。为推进“促进中等职业教育与高等职业教育衔接、构建中等职业教育与高等职业教育课程、培养模式和学制贯通的‘立交桥’”的发展目标，促进职业教育的体系建设，学院和东辉职业技术学校联合申请中高职贯通，将商务德语专业纳入培养模式的试点工作中。这是上海市唯一的中高职贯通的小语种合作项目，将为中高职贯通其他专业的合作积累经验。

二、培育青年教师成长。青年教师队伍在不断扩大的同时，在教育教学科研竞赛各方面取得好成绩，整体师资力量呈现稳步提高的态势。青年教师中有研究生学历和高级职称人数比例有较大幅度提高，教学科研能力得到进一步增强。上海市高校辅导员职业能力大赛二等奖 1 人。上海高校教师日语课件制作说课大赛二等奖 1 人。2014—2015 年度上海市高校图书馆阅读推广先进个人称号 1 人。上海高职院校经济类专业（国际商务）营销师技能竞赛中获优秀指导老师奖 2 人。获“全国第四届大学生艺术展演上海市活动艺术教育科研论文二等奖”1 人。

三、加强国际交流。学院承办商务部援外项目“2015 年乌兹别克斯坦国家预算研修班”，是自 2011 年以来第十三次承办商务部援外培训项目。与韩国仁济大学共同举办“工商外 · 仁济”杯长三角地区高职高专韩语技能大赛，比赛为广大师生和相关人员提供了交流的机会。学院接待了英国赫特福德大学、美国肯塔基大学、新西兰林肯商学院、韩国外国语大学、昌信大学、新罗大学以及仁济大学等 50 多个代表团的到访，并与美国凯泽大学、澳大利亚昆士兰科技大学、西班牙萨拉曼卡大学、日本樱美林大学等 6 个国家 10 余所大学签订合作协议或意向书。

四、开展各类学生素质拓展活动。学院重视第二课堂的育人功能，安排专项经费支持各类学生素质拓展活动，持续培育校园文化。由院学生会牵头，学院红十字会承办的冬日送温暖行动深入到民办云翔小学，为进城务工人员随迁子女送温暖。英语系 14 名学生获政府资助海外游学项目，赴英国诺桑比亚大学学习。数控专业 3 名同学，参加了上海市第六届星光计划职业技能大赛数控铣项目决赛并获奖。在“南汇高校国学吟诵校际联赛”的总决赛中，学院共有 8 人参加决赛均获奖项。开展 2015 国际文化节暨职业体验日活动，有意识地培养学生的综合素养。学院为外语情景实训基地建设，提供了大量富有创新性实践性的设计思路，把基地建设成为一个技术设备先进，开放、实用、时尚的外语实训场所。（段仁启、葛春晖）

【中高职贯通培养专业教学设计方案获奖】 在 2015 年上海高职高专院校教学设计比武中，学院和上海市东辉职业技术学校联合举办的中高职贯通培养专业——应用（商务）德语专业的教学设计方案，以 84.7 分的总成绩进入决赛，并获二等奖。

（段仁启、葛春晖）

【入选第六期“中国 100”青年英才培养名单】 “中国 100”青年英才培养计划是旨在培养有社会责任感，推动社会进步，具备领导能力、国际视野的青年社会英才的公益项目。经过选拔，学院有 6 名学生首次被列入该项目培养名单。（段仁启、葛春晖）

【获市阅读推广先进称号】 学院图书馆阅览部获 2014—2015 年度上海市高校图书馆阅读推广先进集体。学院图书馆阅览部主任丁仁娟获 2014—2015 年度上海市高校图书馆阅读推广先进个人称号。这是继 2014 年图书馆同时获市先进集体和个人称号后，又一次同时获这两项称号。（段仁启、葛春晖）

【举行国际文化节暨职业体验日活动】 5 月 16 日，学院 2015 国际文化节暨职业体验日活动举行。学院发挥专业优势，面向全市中小学生、家长和社区居民开放校园，举办多个职业体验活动和各类为民

举行国际文化节与职业体验日活动

服务活动。体验项目集技术性、趣味性、互动性、安全性于一体。（段仁启、葛春晖）

附:学院负责人及地址

（2015 年 1—12 月）

董事长:钱　莹

院党委书记:朱南勤(10 月到任)、夏玲英(9 月离任)

副　书　记:周春林(9 月离任)、朱懿心(8 月离任)、黄　平

院　长:姜海山(9 月到任)、朱懿心(8 月离任)

副院长:朱士昌(9 月离任)、潘家俊、黄　平、毛忠明(12 月到任)

地址:观海路 505 号

邮编:201399

电话:68020621

上海邦德职业技术学院

【2015 年概况】 学院录取新生 1505 人,实际报到 1278 人,与去年相比实际报到生源数上升了 12%。截至 12 月底,学生就业率 99.23%,签约率 88%。2015 年度上海市民办教育政府扶持专项资金项目获批 486.3 万元。

2015 年,学校获评上海高职院校市级教学名师 1 人、上海市高职院校优秀教学团队 1 个、上海市高职院校精品课程 2 门。评出校级教学名师 3 人、校级优秀教学团队 2 个、校级精品课程 11 门。2015 年有师生近 300 人次参加全国、上海市各类竞赛获奖,获包括中国包装设计创意大赛二等奖,上海市民办高校青年教师教学技能竞赛三等奖,全国高职职业技能竞赛银牌,上海市大学生创业大赛暨决策仿真实践大赛二、三等奖,全国外研社杯高职高专英语写作竞赛上海赛区一等奖在内的多项荣誉。

一、明确学院的发展定位与发展战略。学院积极对接上海国际化都市发展需求和学院所在的宝山区域经济发展需求,坚持深化教学改革,大力推进以培养现代服务业人才为主,以“质量、特色、精致”为标志的品牌高等职业院校建设,主动实施“融入行业发展,服务区域经济,创建品牌专业”的发展战略。整合旅游专业、表演专业,对接宝山区域经济社会文化发展需求,开发并成功报批邮轮专业、主题乐园等专业,探索专业群发展新思路。继续扩大中外合作办学规模,获批中日舞台艺术设计专业。

二、加强师资队伍建设。在分类设置全校岗位和制定岗位职责的基础上,通过合理配置人才、提高工作绩效、建立特聘岗位、吸引高端人才到校的工作取得成效。先后成立徐家华人物形象设计专业工作室、潘键华服装设计专业工作室。2015 年共组织 27 人次参加培训,完成 30 人次培训项目的组织报名。先后招聘岗位 31 个,录用 39 人。完善工资管理制度,学校从 9 月起提高教职工考核工资基数,开始计发校龄津贴,普遍地提高教职工工资水平,改善教职工待遇。

三、做好各项学生工作。做好学生奖、勤、助、贷工作,2015 年学校发放校内奖学金 8.49 万元,发放国家奖学金、上海市奖学金、国家励志奖学金合计 39.8 万元,发放国家助学金合计 504 人次共计 79.72 万元,发放勤工助学工资近 9 万元,帮助 68 名学生申请到国家助学贷款和生源地贷款共计 51.6 万元。现有各类学生社团 12 个,会员人数近 2000 人,志愿者公益性社团 3 个,参加人数 1000 余人。学生在各类比赛中共获得国家级奖励 15 项,

省部级奖励 9 项，地市级奖励 4 项。其中空手道社团在“2015 年 JKA 全国空手道交流赛”中有 5 人获奖，并在 2015 年 8 月举行的“JKA 亚洲、大洋洲空手道大赛”中获女子团体铜牌。学校红十字社团在“第五届上海市大学生国际人道问题辩论赛”和“2015 年上海市高校红十字应急救护比赛”中获“优秀组织奖”称号。声乐社团在 2015 年 4 月的第四届大艺展活动中表现突出，获“全国第四届大学生艺术展演上海市活动声乐专场”乙组二等奖，另有 6 名学生获个人单项奖。

四、创建整洁便利的校园环境。学校拨出专项资金扩大学生宿舍面积，改善学生住宿条件，保证招生扩容。重新规划办公楼并加以装修，提高办公室的利用率。完成了近十几项校园环境改善工程，改善提升食堂、宿舍等后勤服务质量。校园网全面升级，为师生信息化需求及教学过程网络化提供有力保障。（郑　楷）

【在市教师教学技能大赛上获奖】 市教委公布“第二届民办高校教师教学技能大赛”评选结果，学校松鹤楼洲际酒店管理学院的周松老师获骨干教师组三等奖。（邵晶雯）

【参加全国高职烹饪技能大赛】 2015 年全国高职烹饪技能大赛在江苏省扬州商务高等职业学校举办，学院与上海旅游高等专科学院共同组队代表上海参赛。在来自全国 36 个代表队、近 400 名选手激烈的角逐中，学校三名学生获两枚银牌。（邵晶雯）

【举办学校第一届教师教学技能大赛】 为促进学校教学改革的深入发展，提升教师教学技能水平，11 月 11 日，学校举办“第一届教师教学技能大赛”。本届大赛以推进教学改革、展示教师的课堂教学技能，选拔与培育优秀教师为直接目的。经过两场紧张激烈的比赛，专家评委共评选出 12 位校级优秀获奖教师。（邵晶雯）

【民办高校重点科研项目中期评审获高分】 学院于 2013 年获立项的上海市民办高校重点项目《基于计算机应用专业岗位能力培养的项目式课程体系建设》，于 2014 年 3 月参加市教委组织的项目中期检查评审，在所有民办高校 44 个重点科研项目中，以总分 132 分（满分 150）位居第一，获追加资金 10 万元，并获得 2015 年重点科研项目优先支持资格。（李千惠）

附：学院负责人及地址

（2014 年 1—12 月）

院　长：葛　朗

院党委书记：李　伟
常务副院长：崔智涛

地址：锦秋路 299 号
邮编：200444
电话：56680657

上海中侨职业技术学院

【2015 年概况】 学校设有外语系、金融与贸易系、工商管理系、信息技术系、应用艺术系、机电工程系、食品系、护理与健康学院。共有 30 个专业或专业方向面向全国招生。学校和复旦大学、上海财经大学、华东师范大学、上海大学等高校实现“专本衔接”，并设 7 个自考本科专业。在校生 5496 人，其中全日制专科生 5342 人，成人专本科在校生 154 人。截至 7 月 1 日，2015 届毕业生就业率达到

98.92%，签约率实现94.33%。学校有专任教师225人，其中双师型教师30人。学校的日本交流项目、日本交换项目、赴美专业实习项目被列入上海市“高校学生海外学习、实习项目”。2015年共55名学生参加学校国际交流项目。2015年教职工参加各类培训324人次，科研项目9人次。

一、推进课程教学改革。将职业资格考证的内容、技能大赛的内容融入课程教学，修订相关课程教学大纲，推进理实一体化课程建设。积极推进考试方式方法的改革，推行多形式、多方面，以能力考察为主的考核形式，将考试融入到教学过程中。对部分专业的数学课教学进行调整和内容改革。试点引入网络课程“职业素质养成”，使学生的学习时间变得更加灵活、方便。将网络课程通过尔雅通识课网站推广到全校，共开设10门选修课程，学生进行在线学习，老师通过后台了解学生学习进度，及时进行反馈和督促。多次组织系(部)和专业负责人进行专业建设研讨，组织青年教师开展授课、教案、板书等竞赛，帮助青年教师提高教学能力。

二、加强校风、学风建设。出台《关于进一步加强新校区学生日常管理工作的规定》《文明宿舍评比细则》《学生校园规范》《关于成立校风学风监督队的通知》《关于加强校园晚间安全管理的通知》，进一步完善校风学风管理制度。建立学工系统校风监督队、宿舍管理委员会、学生自律委员会、校园夜间巡逻队、班级考勤员、任课教师、辅导员三位一体考勤队伍多支监督队伍，形成监督合力，加大力度严肃校风校纪。

三、加强和完善各级各类志愿者服务团队建设。顺利完成花样滑冰世锦赛、短道速滑世界杯上海站、世界青少年台球锦标赛、廊下国际马拉松赛等四项国际赛事的志愿者服务。组织开展上海科技馆、上海自然博物馆、上海公安博物馆等“三馆”志愿服务工作。积极服务金山社会发展，在廊下郊野公园、吕巷旅游服务中心、张堰镇敬老院和周边社区等建立志愿者服务基地。2015年共组织2000余人次参与各类志愿公益服务。《青年报》等市级媒体报道了学校的花样滑冰志愿者工作。在全校师生中形成了“快乐志愿，随手公益”的风尚和“实践育人”的共同理念。

四、围绕“创新　创业　创值”开展学生活动。对接学校创新中心，校学生会成立科技和创业部，在全校范围开展创业情况调研。组织7个团队参加上海市大学生“希望之星”创业团队赛和上海市高职高专创业计划大赛，1个团队脱颖而出并获优秀奖。协助承办上海市民办高校职业生涯规划大赛和学院第四届大学生职业生涯规划大赛等活动。与中国银行金山支行开展“中侨金融季”模拟投资大赛等活动。在上海市“星光计划”第六届职业院校技能大赛上，学院共获1个一等奖、1个团体二等奖、2个二等奖和12个三等奖。全年共有145人次在全国、省市各类技能竞赛中获奖。

五、加强校园文化建设。举办第十二届校园十大歌手比赛、第十一届舞之魅校园街舞大赛、迎新生风采晚会、社团嘉年华、泼墨中侨等活动。开展语言文字知识竞赛、普通话朗诵比赛等活动。配合图书馆举办读书节系列活动。信息系科技协会被评为上海市首批科技创新社团。舞龙队被推荐为上海市明星社团候选单位。　（单驹超）

【推动专业内涵发展】　学校汽车运用与维修技术专业继与上海食品科技学校联合中高贯通之后，2015年成功申报双证融通和现代学徒制试点建设。物流管理专业作为一流专业建设，深化与上海新跃物流公司合作，实施互联网时代新型物流人才定向培养的工学交替教学改革试点。　（单驹超）

【上海金山民间艺术研究所成立】　1月12日，学院与金山区文化局、金山农民画院共同成立上海金山民间艺术研究所，聘请朱希、陆永忠、郑永明等大师为客座教授，共同推进金山民间艺术事业的发展，在青年一代中传承金山民间艺术。　（单驹超）

【举办校长论坛】　4月27日，首届“教育综合改革与职业教育发展”校长论坛在学院召开。论坛以“聚焦教育综合改革，推进现代职教发展”为主题。市教卫工作党委、金山区教育局领导和多位中学校长受邀出席。校长论坛探讨如何深化现代职业技术教育综合改革，培养融合知识型与技能型人才，以及向社会输送高端技术应用型人才。　（单驹超）

举办首届“教育综合改革与职业教育发展”校长论坛

【举办职业体验日活动】 5月23日，学校面向全市中小学生、家长、社区居民等开放校园，举办“西点制作与蛋糕装饰”“艺术彩绘与软陶制作”“智能家居与软件开发”三项职业体验活动。体验活动集技术性、趣味性、互动性于一体，为参与活动的中小学生搭建一个发表体验、收获、感悟的平台，引导广大中小学生了解职业教育、体验职业乐趣，展望职业前景、树立职业理想，提升职业教育的吸引力和影响力。（单驹超）

【翁铁慧到校视察】 9月1日，副市长翁铁慧等领导到校视察工作，看望了2015级新生及迎新志愿者。翁铁慧指出，中侨职业技术学院在办学方向上要进一步紧密对接金山地区的大产业、大行业，培养实实在在的职业技能人才。在教育综合改革的大框架下，把握好自身定位与办学特色，逐步向技术型大学转型。（单驹超）

【“留溪大讲堂”成立】 10月24日，学校与金山区张堰镇合作举办的“留溪大讲堂”揭牌仪式在学校举行。“留溪大讲堂”依托学校优质教育资源，为地方干部提升能力素养，创新社会治理能力，提供智力支持。（单驹超）

附：学院负责人及地址

（2015年1—12月）

董事长：严健军

院党委书记：陈俊傲

院　　长：蒋志明

常务副院长：卓丽环

地址：漕廊公路3888号

邮编：201514

电话：31616009

上海电影艺术职业学院

【2015年概况】 学院设有14个专业，24个专业方向，全日制在校生2000余人，专任教师134名，兼任教师44名。教学仪器设备总值3411.9万元，图书馆纸质藏书22.9万册、电子图书5300GB。学院坚持“面向市场、产学结合”的办学特色。招生录取比率稳中有升，计划招生950人，实际录取864人，实际报到715人，报到率达83%。

提高人才培养质量。一是建立健全教学监控保障体系，加强三级教学督导队伍建设，加强学院督导组、专业督导员、班级督导员之间的联系，形成每周每月教学检查、教学指导、问题排查、情况汇报的常态化工作机制。在原《教学事故认定与处理暂行办法》基础上，进一步修订出台《上海电影艺术学院教学事故分类与级别》细则，将责任与绩效挂钩。完善教师考评办法，分别从师德师风、教学质量、教育科研、公正履职、传帮带教五个方面120个小项，实行教师自查与评议打分的教师综合考评。制定教学质量评价标准，规范教学组织和教学过程管理，与产教融合企业共同开发优质课程，确立人才培养目标，指导学生就业创业。二是注重实践教学，以专业为单位开展课程教学效果汇报展示活动，提高教学质量，促进学生发展。三是加强实训室建设，依托085重点专业建设项目资金投入，新建编导实验片场、达芬奇调色实验室和走廊数字展示屏，基本满足不同专业的实训需求。推进学生就业创业工作。554名应届毕业生中已就业543人，初次就业率为98.01%，专业对口率为65.71%。学院通过举办大学生微电影节和“艺创青春”等品牌活动，搭建创新创业平台。广告专业引入自创品牌“SFAA”开展项目化实践教学，构建创新创业人才培养模式。

深化教学改革。①推进校企融合。学院影视动画专业与上海今日动画影视文化有限公司共同建立产学研合作体“上电今日动画制作中心”，实现“校中企、企中校”校企结合零距离的办学模式。②扩充中高职贯通专业，学院与振华外经职业技术学校、群星职业技术学校开设广播电视技术（影视制作）、游戏设计中高职贯通专业，打通人才培养的“立交桥”。③强化职业教育双证融通，人物形象设计（影视服装与化妆）专业的“双证”融通教育，入选市教委“双证融通”试点，学院成为“上海市职业技能鉴定中心化妆师职业资格考点”。④探索“跨省份中高职贯通”人才培养模式，与南方舞蹈学院合作，探索高技能应用型舞蹈专业人才培养新路径。

师资队伍建设。①引进和培养并举。2015年学院新引进教职员工16人，其中教学和科研人员11人，管理人员5人。选派21名教师参加市教委组织的2015年“强师工程”培训。选派12名教师至企业挂职锻炼，提升双师型教师比例。全年共有21名教师参加高校教师资格认定技能测试，通过18人，通过率85.7%。8名教职工通过中级专业技术职称，2名骨干教师通过校聘副教授。②加强科研平台建设。7名教师获“高校青年教师资助计划”资助。12名教师的项目获“产学研践习”项目立项。6名教师在学术期刊上发表论文。③组织教师参赛。全年共有21位教师先后获第二届上海市民办高校教师教学技能大赛特等奖和一等奖、第一届上海市高校教师语文教学技能大赛一等奖、获上海市教育工会举办的首届高校教师板书教学比赛三等奖等。④完善人才队伍分类管理体系，推进教师、管理人员和兼职科研队伍建设。完善教职工的用工合同，试行系一级对教师的岗位聘用制，明确岗位职责、义务和权利。下发《关于岗位绩效津贴实施的指导意见（实行）》，落实教职工各项薪酬福利待遇改善工作。

国际交流与合作。①加强国际化合作办学，整合优质教学资源推动专业转型发展，与纽约电影学院创新探索“2＋2＋1”国际合作项目。②打造国际化的教学团队，聘请美国纽约大学电影学院和南加大电影学院的教授到校授课。③成立斯通导演工作室、大卫·欧文工作室、曲全立影视特效工作室、克瑞斯电影前视觉工作室。④与加拿大、德国、美国的电影制片厂、公司开展国际化校企合作。⑤举办世界电影教育高峰论坛，引领国内电影教育创新发展，推动学院电影人才培养的国际化进程。⑥成立上海电影艺术学院电影制片厂，聘请好莱坞独立摄影师担任制片厂厂长，推进合拍电影，深化实践育人。

管理保障与社会服务。①加快数字化校园建设，推行信息化办公。开发校园APP，配合官网、微信、微博做好宣传工作。②完善技防设施的建设与管理。投入160万元用于建设科技创安工程，在校园内安装摄像头115个，重点要害部位安装10个高清摄像头。新建技防指挥平台，全面提高校园安全防控技术。③构建志愿服务工作长效机制。开展志愿者活动50余次。承办第三届上海大学生微电影节、“艺创青春”首届上海学生艺术创意作品展示季等活动。

（影　艺）

【翁铁慧到校调研】 3月31日，副市长翁铁慧到校调研。市府副秘书长宗明、市教委主任苏明等陪同调研。翁铁慧视察了综合艺术实践中心、游戏专业实训室、电影制作等专业的课堂教学情况。市领导对学院产教融合、国际化的特色办学思路给予肯定，要求加大对民办高校的支持力度，并希望召开现场会，就学院发展特色和其他高校进行交流。

（影　艺）

【承办上海学生艺术创意作品展示季】 5月29—31日，学院承办的“艺创青春——首届上海学生创意作品展示季”在上海国际时尚中心举行。副市长翁铁慧等市领导出席开幕式，并对展演表示肯定。学院人物形象设计和模特专业的《吾妆十色》专场T台时装秀，展示了11个系列的40套服饰。广告设计与制作专业学生制作的数百件作品突出“SFAA”品牌设计理念，构建了一种学校、企业、学生三方共同投入、利益共享的创业新模式。

（影 艺）

【举办世界电影教育高峰论坛】 10月14日，由学院主办的世界电影教育高峰论坛在海艺数字影城举行。论坛主要围绕“电影教育的改革与创新、国际化发展”等议题展开研讨。上海市海外名师项目专家、上海电影艺术学院制片厂厂长、加拿大卡普兰诺大学艺术学院院长、加拿大温哥华上海电影学院执行院长等参加论坛并发表演讲。 （影 艺）

【“海外名师项目”获批】 学院申报的“海外名师项目”入选2015年上海市“海外名师项目”名单，美国纽约大学教授大卫·欧文成为学院首位海外名师。学院聘任欧文为荣誉教授，成立“大卫·欧文工作室”，开办“短片训练营”，以美国纽约大学电影学院“强技融艺”的教学理念引领编导专业的国际化发展。

（影 艺）

【举办“星光计划”动画制作比赛项目】 4月19日，上海市第六届“星光计划”技能大赛动画制作项目比赛在学院举行，这是首次在高职组开设动画制作比赛项目。由影视动画专业挑选和随机抽取的5名学院学生，经390分钟的连续封闭式比赛，包揽了两个一等奖和三个二等奖，反映了学院影视动画专业的整体教学水平。 （影 艺）

【举办首届上海高职院校“职业体验日”活动】 5月，市内30多所高职院校发挥专业优势，面向全市中小学生和社区居民开放校园，举办首届全国职业教育活动周上海高职院校“职业体验日”活动。活动期间，学院连续三个周末设置上午9点到11点、下午1点到3点两场体验活动，以影视动画、编导、游戏美术专业的教师团队为主体，开设了时尚动漫卡通活动体验、“生化危机”游戏测试和3D特效拍摄体验蓝幕三个项目，深受欢迎。

（影 艺）

【承办第三届上海大学生微电影节】 1月8日，学院承办的第三届上海大学生微电影节在海艺数字影城举办。学生佴文櫟的微电影《火柴之光》获最佳作品一等奖、最佳摄影奖，亚历山大获最佳指导教师奖。米凡的微电影《掌心的糖果》获最佳作品二等奖，微电影《2046公里》获最佳剪辑入围奖。学院获优秀组织奖。 （影 艺）

【获技术技能创新成果交流赛设计类奖】 7月2—4日，在天津国际经济贸易展览中心举办的“2015年全国职业院校学生技术技能创新成果交流赛”中，作为上海赛区首次参赛的高职院校，学院广告设计与制作专业报送了6组学生的300余件作品，其中《茶马古道》《自然的愤怒——台风》获设计类一等奖，《丝绸之路》获二等奖，《中国风》《形意空间——汉字笔画》获三等奖。 （影 艺）

附：学院负责人及地址

（2015年1—12月）

院　长：江　泊

院党总支书记：顾成明

地址：达尔文路188号

邮编：201203

电话：50271101

上海开放大学

【2015年概况】 学校高等教育招生26184人，毕业学生27625人，在校生80322人。学校全年非学历培训6.9万人次，2648名学生注册单科学习，老年教育新注册学习1.2万人次。电视中专中等教育招生3824人，在校生5718人。

深化教育教学改革。推进新专业申报及专业结构优化工作，完成31个专业结构优化，理清学科专业布局，统一课程体系，为专本衔接、课程共享打好基础。“中职—开大”立交桥项目首次得到市教委经费支持，20个中职校13个专业正式立项，9月份实施，2500多名中职学生报读。“直通车式双证融通”完成7个学历教育专业与15张职业资格证书的融通方案，首批开发28门融通课程，595名学生入学。系统建设方面，立项31个系统“改革与发展”项目，在5个学校新设上海开放大学教学点。推进信息化系统和实验室建设，建设并启用新教务管理系统，新建题库试卷转换服务系统，完成英语作文自动批改系统等4个虚拟实验室建设结项，组织专家对与“双证融通”试点专业相关的9个实验室建设项目进行立项评审。

加强师资队伍建设。完善教职工培训进修管理办法，支持25人参加学历进修。组织开展以“开放教育教学模式变革与信息化平台构建”为主题的赴英国开放大学交流培训。组织教师参加第二期“香港公开大学开放教育教学培训活动”。推进系统师资库建设，形成完整的师资数据库。

开展对外合作交流。举办“2015全球化时代开放大学能力建设国际会议”。组织两期国际访问学者短期来华研修项目，来自欧洲、亚洲、非洲共16个国家的20人参加。举办第三届国际学生夏令营暨第一届留学生项目，来自8个国家和地区的15名国际学生参加。

提升信息化水平与应用能力。推进新版学习平台建设及应用，提升在线教育水平。优化无线网络，建设开放大学云计算平台，优化校园信息化基础环境。升级校际主干，提供可靠稳定的网络通道。优化拓展学分银行平台功能。承担“上海市义务教育入学报名系统”建设及业务运行工作，完成全市16万余名小学生网上入学报名和招生，规范民办中小学入学报名。承担“上海市普通高中学生综合素质评价管理系统”建设及业务运行工作。

推进社区教育发展。加强推进18个专题的社区教育课程联合教研室建设。社区教育志愿者人数达4000余人，成功组织第一批志愿者赴贵州省习水县支教。开展第二届社区教育教师教学评比活动。完成上海社区教育资源配送体系基本架构。开展“优秀传统文化进社区”活动，全年培训13.3万人次。完成为期三年的“建智慧城市，做智慧市民”培训活动，百万市民参加培训。出版国内第一套老年人生命教育系列丛书《今天如何做长者》。

学校获“上海市文明单位”四连冠。学生在“上海市大学生决策仿真实践大赛”获特等奖和三等奖各一项。《开放教育研究》被中国知网评为“2014中国国际影响力优秀学术期刊”，被列入“上海高校学术期刊质量提升计划”。由武汉大学中国科学评价研究中心（RCCSE）、武汉大学图书馆、中国科教评价网（www.nseac.com）共同研制第四版《RCCSE中国学术期刊评价研究报告——权威、核心学术期刊排行榜》公布，《开放教育研究》被《中国学术期刊评价报告（武大版）（2015—2016）》评为“RCCSE中国核心学术期刊（A）”。（王会姣、黄复生）

【召开校务委员会会议】 3月6日，召开2015年校务委员会会议。副市长、学校校务委员会主任翁铁慧出席会议并讲话。市政府副秘书长宗明及担任校务委员会委员的各委办局领导参加会议。会议由市教委主任、校务委员会副主任苏明主持。学校围绕2013年校务委员会会议以来主要工作进展和下一步重点工作及拟请支持事项进行汇报。委员们围绕提请议题和学校发展提出意见和建议。翁铁慧在讲话中提出三点要求：一是开放大学要进一步找准定位。二是要创新开放大学教学组织方式。三是要认清开放大学是上海终身教育体系的重要组成部分和关键载体，建好这个平台和系统，积极为上海城市能级提升提供支撑。同时指出，学校体制机制还在初创阶段，还有很大探索空间，希望校务委员会全体成员献计献策，为上海终身教育体系构建作出贡献。 （王会姣、黄复生）

【研究制订综改方案和“十三五”规划】 围绕学校新一轮改革与发展，开展顶层设计和系统设计，完成《上海开放大学深化综合改革方案》的起草。组织20余次各类专题会和研讨会，听取全体教职工的意见。完成《上海开放大学“十三五”事业发展规划》初稿。发动学校各单位、部门围绕规划制订组织开展23项专题研究。 （王会姣、黄复生）

【举办全球化时代开放大学能力建设国际会议】 11月4日，由上海开放大学和“联合国教科文组织远程与开放学习姊妹大学网络”联合主办的“2015全球化时代开放大学能力建设国际会议”召开，来自欧洲、亚洲、非洲三大洲13个国家的200多位代表参加会议。会议围绕开放大学改革探索和在线远程教学新发展，包括时下风靡全球的慕课和翻转课堂，以及支持其发展的专业工作者能力建设、学习支持服务、管理服务等主题展开经验分享和交流讨论。来自海内外的8位嘉宾作大会主旨演讲和专题发言。腾讯网、澎湃新闻等媒体对会议作了报道。 （王会姣、黄复生）

【学分转换搭建终身学习“立交桥”】 修订学习成果认定积累与转换办法、68个高校网点的学分转换规定、认定的非学历证书及其他高校课程，初步形成学分转换机制。组织高校网点开展学历教育不同高校之间、学历教育与职业培训等非学历证书之间的学分转换，截至11月28日，38803人进行学分转换，转换为学历教育学分计331337分，初步搭建起终身学习“立交桥”。 （王会姣、黄复生）

【赴英国开放大学交流培训】 6月28日，学校组织开展以“开放教育教学模式变革与信息化平台构建”为主题的赴英国开放大学交流培训。培训成果汇编形成《上海开放大学2015年度出国（境）培训项目总结及项目成果汇编》，获得市外专局充分肯定。 （王会姣、黄复生）

【参加国际远程教育理事会校长峰会及高层政策论坛】 10月13—17日，学校校长等一行四人参加国际开放远程教育理事会（ICDE）在南非太阳城召开的第二十六届世界大会暨校长峰会和在比勒陀利亚南非大学召开的高层政策论坛。大会主题是“为了远程在线学习可持续发展的能力建设”，下设“开放远程学习的政策、治理和可持续性”“课程开发、教学法及评价”“远程学习成本”等八个分论坛，来自67个国家的900多名代表参加会议。校长蒋红在校长峰会上就中国“互联网＋教育”新趋势下开放大学的改革和发展问题发表观点；在高层政策论坛亚洲区小组介绍学校的改革背景、政府政策支持及学校创新举措，获得与会代表认同。会议期间，蒋红同非洲远程教育理事会（ACDE）、英联邦学习共同体（COL）、欧洲远程教育理事会（EADTU）、亚洲远程教育理事会（AAOU）的主席、秘书长以及其他远程教育国际组织的主要代表进行会见与交流。 （王会姣、黄复生）

【启动“学分认可型双证融通”试点】 4月27日，市终身教育学分银行高校工作会议召开，启动推进全市成人高等教育“学分认可型双证融通”试点。会上，市教委相关处室负责人分别作试点动员及布置试点安排，学分银行管理中心对项目申报等作说明。副校长王宏在会议总结中就学分银行做好“学分认可型双证融通”管理和服务工作明确具体要求。全市各普通高校继续教育学院(成人教育学院)、独立设置成人高校负责人,以及学分银行管理中心工作人员参加会议。上海商学院继续教育学院介绍前期试点经验。与会者就落实推进试点展开研讨和交流。(王会姣、黄复生)

【举办2015年海峡两岸终身学习上海论坛】 7月27日,“培育学习共同体 构建多元学习文化——2015年海峡两岸终身学习上海论坛”举办。论坛由上海市学习型社会建设服务指导中心、上海市终身教育研究会、台湾地区社区教育学会联合主办。来自台湾地区的学者,市教委、华师大、市教科院、上海各区县教育局和社区学院的负责人,市学指办、社区教育青年沙龙成员等70余人参加会议。论坛上,市教委终身教育处作“上海社区教育的实践与思考”报告。论坛出席者听取围绕海峡两岸社区学习共同体的培育、发展、成效及思考等作的主题报告,进行互动交流。(王会姣、黄复生)

【举办“教育创新人才培养计划”平台建设会】 4月29日,教育部—乐高“教育创新人才培养计划”(2015—2019)基础教育创新学习项目平台建设会召开。教育部基教司技术装备处、上海开放大学、市教委基础教育处相关领导及资产管理公司、市电化教育馆、上海教育软件发展有限公司等单位负责人出席会议。与会人员就项目合作机制、实施方案和后期工作计划等深入交流,正式启动项目平台建设工作。教育部—乐高“教育创新人才培养计划”是国家教育部与乐高教育在基础教育领域的合作项目,现已进入第二期。(王会姣、黄复生)

【参展上海市第二届家政博览会】 10月10—11日,上海开放大学女子学院联合各区县分校参加由市妇联主办的第二届家政博览会。学院组建了三支队伍参展:由家政系领衔的专业教师队伍,为市民和家政服务员提供咨询服务;由50多位家政服务专业学生组成的学生队伍,为市民提供专业化、高技能的家政服务;由学校各分校教务长、班主任组成的队伍,为报读家政专业人员提供报名服务。参展人员还接受了上海电视台、东方卫视、教育电视台的采访。(王会姣、黄复生)

【上海开放远程教育工程技术研究中心通过验收】 10月13日,市科委主持召开“上海开放远程教育工程技术研究中心”筹建验收会。验收专家组听取项目组总结报告和案例汇报,形成相关验收意见:中心通过技术工程化,研发形成终身学习云服务平台、智慧学习评估分析系统、网络教研平台、数字教材管理平台等系列,在上海教育领域开展了规模化示范应用。承担纵向课题项目从国际合作到国家级、省部级以及市、校级累计18项,其中新申请11项。发表10篇学术论文和出版2本专著,申请7项软件著作权和3项专利。中心从项目研发到形成产品,构建了“产—学—研—用”的链条。开展教育技术学专业硕博及博士后的联合培养,形成广泛和特色的国际化交流和国内外合作研究机制。专家组认为中心完成计划任务书规定指标,验收通过。(王会姣、黄复生)

附:学校负责人及地址

(2015年1—12月)

校党委书记:杜慧芳(9月离任)、成旦红(10月到任)
副 书 记:王连华、张道玲

校 长:蒋 红
副校长:王 宏、顾晓敏、王伯军

地址:大连路1541号
邮编:200092
电话:25653100

教育科研与考试、评估机构

Institutions of Scientific Research, Examination and Evaluation on Education

上海市教育科学研究院

【2015年概况】 全年共完成各级各类课题185项，其中教育部委托课题38项、市政府部门委托课题84项、规划课题16项。在研课题200项。通过科研活动所形成的成果逾百万字。

申报并获准立项的列入规划项目14项，其中，申报全国教科规划课题10项，1项获准立项为教育部重点课题。申报上海教科规划课题24项，13项获准立项。组织2014年度3项全国哲社教育学重点课题开题和年度检查工作，完成上海教科规划2015年度13项立项课题开题工作。全年完成规划课题14项。其中，全国教科规划课题提交结题材料8项，已获准6项；上海教科规划课题提交结题材料6项，已获准4项。在上海市第十一届教育科学研究优秀成果奖评选中获奖12项，其中一等奖4名、二等奖6名、三等奖2名。

年内，院科研人员编著专业书籍18种；向有关部门提供内参专报60份，其中两篇获市领导批示。编辑出版期刊《教育发展研究》《思想理论教育》《上海教育科研》《中国高等教育评估》。

中国人民大学人文社会科学学术成果评价研究中心联合人大书报资料中心研制发布的“2015年度‘复印报刊资料’转载学术论文指数排名”及《研究报告》，在“教育学”学科期刊转载学术论文转载量(率)排名中，《教育发展研究》以40篇的转载篇数排名第二，以12.66%的转载率排名第十二(发文316篇)，综合指数排名第三。在“马克思主义理论”学科期刊转载学术论文指数转载量(率)排名中，《思想理论教育》以23篇的转载篇数排名第一，以8.71%的转载率排名第四(发文264篇)，综合指数排名第二。 (孙崇文、印成君)

【完成《教育规划纲要》贯彻落实情况总体评估报告】 4月，受国家教育体制改革领导小组办公室委托，由上海市教育科学研究院院长陈国良担任组长，上海市教育科学研究院、国家教育发展研究中心、华东师范大学、湖北教育科学研究院共同组成的联合评估组对《教育规划纲要》5年实施情况进行了总体评估。评估组接到委托后，专门设计贯彻落实《教育规划纲要》情况调查问卷，对31个省份开展问卷调查，深入了解各地具体落实情况。同时，评估组安排大量人力，依托大量系统数据支撑展开统计分析，紧紧围绕教育发展和人力资源开发进行国际比较，并通过多种方式，与政府教育行政部门有关人员、教育领域专家学者、师生和家长等各方面人员进行座谈交流，评估工作前后历时大半年时间。12月10日，实施《教育规划纲要》总体评估情况新闻发布会在教育部召开。总体评估报告结果显示:《教育规划纲要》确定的阶段性目标任务总体实现，各级各类教育发展取得重大进展，教育改革全面推进、一些领域取得重点突破，保障水平明显提升，我国教育事业迈上新的台阶。《人民日报》《光明日报》《中国教育报》《中国青年报》、新华网、中新网、央视视频等数十家媒体对《教育规划纲要》实施5周年评估结果进行了报道。 (付 炜)

【召开新型城镇化与教育发展专题研究汇报交流会】 5月15—16日，市教科院普教所、市教育信息调查队承办的“新型城镇化与教育发展专题研究汇报交流会”召开，来自中国教育发展战略学会、中国国际经济交流中心、国家教育发展研究中心、北京大学、同济大学、华中师范大学等部分科研人员，及苏州、成都、青岛、黑龙江等地的近50人参会。市教科院普教所、市教育信息调查队负责人分享上海经验，并基于徐汇区、闵行区、嘉定区的发言作了评析。市教委副主任贾炜作《新型城镇化背景下上海基础教育资源配置的挑战与对策》的主题报告。（李伟涛）

【承担澳门特区高等教育中长期发展规划前期研究项目】 受澳门特区高等教育人员交流协进会委托，市教科院承担编制澳门特区高等教育中长期发展规划的前期比较研究项目，研究我国台湾、香港、广州、深圳等地区，以及新加坡的高等教育发展水平与成功经验。7月，课题组主要成员对澳门特区政府相关职能部门以及10所高校进行实地走访调研，11月，赴广州、深圳和台湾地区进行专题调研，并于11月底提交研究报告。这是首次参与澳门特区高等教育发展规划的制订工作，为后续开展高等教育发展研究积累丰富素材，奠定扎实基础。

（陈颖慧）

【市民终身学习需求与能力监测研究获阶段性成果】 该项目是国家教育综合改革试点工作的分解项目，聚焦于市民终身学习需求与能力监测的指标设计、数据库建设并最终为上海市终身教育相关政策的制定提供决策依据与政策建议。经过一年半研究，项目组已基本完成"市民终身学习需求与能力监测"理论研究。12月21—27日，项目组对上海四个区县320名样本进行了试测，检测了市民终身学习需求与能力监测题库的信度与效度，为2016年项目组大规模样本监测积累了经验。（周翠萍）

【完成国家教育事业发展"十三五"规划研究报告】 受教育部发展规划司委托，市教科院开展国家教育事业发展"十三五"规划研究。研究报告从分析国内外宏观形势入手，从教育事业发展回顾、教育投入状况、教师队伍建设状况、人才培养改革进展、教育国际交流状况、当前教育发展中面临的问题等方面，分析教育改革发展成就与问题。主要从全国和各地区人口总量变动及影响因素分析，对人口总量与结构进行预测；从中国人力资源开发现状与进展、面临的主要问题、经济社会发展、产业结构调整与升级、国家重大发展战略，从业人员变化趋势等方面进行经济总量及结构变动与人力资源新需求分析；从国家区域发展战略、一带一路发展、京津冀协调发展、长江经济大发展、集中连片特困地区、东北等老工业基地振兴战略与人力资源需求，分析国家区域发展战略与人力资源新格局；从居民生活水平提高和消费结构变化衍生诸多新需求、经济社会转型过程衍生就业与创业需求、人口快速老龄化、国家软实力增强和国民素质亟待提升，分析人民生活水平提高衍生国民素质提升新需求。报告采用滚动预测方法进行"十三五"规划目标预测与研究，包括总体构想、教育发展目标、区域教育和人力资源发展的规模目标、人力资源强国发展目标、学习型社会建设目标研究。报告提出八大发展任务与对策，包括建立确保基本实现教育现代化的战略推进机制、保底线，落实全面建成小康社会的政策举措、融合跨界，落实教育服务经济社会的政策举措、推进区域发展服务国家战略政策举措、构建终身学习和人力资源强国的政策举措等。（付　炜）

【完成市教育改革和发展"十三五"规划前期研究】 受上海市教委委托，市教科究院承担"上海市教育改革和发展'十三五'规划"的前期专题研究及全程参与后期文本起草工作。市教科院副院长张珏等承担和参与完成《上海市教育改革和发展"十三五"规划研究》《上海全面率先实现教育现代化的指标体系及实现路径研究》等课题，课题组先后提交了《上海率先全面实现教育现代化的内涵和指标体系》《我国发达地区人力资源开发亟待调整教育体制》《发达地区人力资源开发亟待调整教育体制结构》等研究报告，一些重要研究成果被采纳吸收为"上海市教育改革和发展'十三五'规划"的发展思路、目标、任务以及改革创新举措等核心内容。

（方建锋）

【参与"上海高等教育布局结构与发展规划（2015—2030）"课题】 9月至12月，市教科院副院长、研究员张珏带领相关科研人员参与"上海高等教育布局结构与发展规划（2015—2030）"的课题研究、文本编制和规划宣传工作。研究提出的2020年、2030年上海高等教育规模目标、类型目标、层次目标和学科专业目标等为“上海高等教育布局结构与发展规划(2015—2030)”文本编制提供了决策参考并采纳。研究提出的按照人才培养主体功能和承担科学研究的差异,将高校划分为“学术研究、应用研究、应用技术和应用技能”四个类型;按照主干学科门类,即本科学科门类和专科专业大类发展情况,将高校划分为综合性、多科性、特色性三个类别的二维分类目标体系已被上海市教委采纳,并成为管理部门未来分类调整和优化高校布局结构的依据和支撑。(杜　瑛)

【PISA2015概况】 4月10—11日,采用科学抽样,来自北京、上海、江苏、广东等4个省(市)268所学校10682名学生通过计算机考试模式顺利完成PISA2015正式测试和调查问卷;268所学校负责人和6423名教师完成在线调查问卷。其中,上海32所学校1272名15岁学生参加测试和问卷调查,759名教师(其中科学学科289名、其他学科470名)和32名校长参加在线问卷调查。PISA2015的主要领域为科学,次要领域为阅读、数学和协作问题解决,还有财经素养选项。本次中国四省测试的组织协调工作是在教育部领导下,由设在教育部考试中心的PISA2015国家中心负责,其中上海的组织协调工作由市教科院PISA中国上海项目研究中心负责,市教育考试院、市教研室分别落实考务和阅卷工作。测试结果将由OECD于2016年12月6日在全球公开发布。(陆　璟)

【召开俄、日、朝-韩文译写规范研制工作会议】 11月28日,受教育部语言文字信息管理司委托,市教科院国家语言文字政策研究中心组织召开公共服务领域俄、日、朝-韩文译写规范研制第三次工作会议,总结俄、日、朝-韩文译写规范前期研制工作,审议各课题组中期成果,研讨标准研制的相关学术问题,研究部署下一阶段工作。与会专家认为,开展公共服务领域外文译写规范研制具有重要意义,并就进一步加强境内相关语种使用需求调研、规范并统一各语种译写条目的中文表述、妥善处理标准中朝鲜语和韩国语的关系、进一步提高译文质量、加强标准的宣传推广和使用监管等提出意见建议。会议要求各课题组根据专家意见对中期成果修订完善,于2016年初形成征求意见稿,并向社会征求意见。(陈颖慧)

【市教育对口支援“十三五”规划项目结题】 受市教委委托,项目“上海市教育对口支援十三五规划”结题。项目组成员分次分批前往新疆喀什、贵州遵义、西藏日喀则等对口支援地区,实地了解当地社会经济发展状况,调查分析“十二五”上海市教育对口支援的成效与问题,形成上海市教育对口支援“十三五”总规划和四个专项规划文本。该课题研究成果得到了市教委和相关对口支援地区领导的肯定与认可。(周翠萍)

【完成中小学素质教育督导评估】 受教育部督导办委托,市教科院开展“中小学校素质教育督导评估指标体系研究与信息系统开发项目”研究。10月25日—11月7日,项目组赴重庆綦江、湖南株洲、福建福州、广西柳州进行指标和进校工具试测,回收各类问卷、测试卷、校园和课堂观察表、资料查阅表16951份,完成信息可采集性评估、工具区分度检验、工具信效度检验,形成试测报告,进一步完善指标。在上述工作基础上,研发网评工具,研制国家中小学校素质教育督导评估信息管理系统,形成学校填报数据、地方分级实施、国家总体评估的督导评估办法。该研究历时2年,主要完成中小学素质教育评估指标设计等工作。指标包括组织与管理、素质与发展、课程与教学三个方面共15个,每个指标包括定义、依据、功能、适用范围、主要观察点、计算公式、信息来源、等级判断标准、测算方式等。(付　炜)

【参加海峡两岸中小学教育学术研讨会】 11月8—15日,市教科院组团赴台湾地区参加在嘉义大学举行的“2015年海峡两岸中小学教育学术研讨会”。会议主题为“中小学教师教育与课程改革”。上海市教科院、华东师范大学、上海师范大学、上海市教研室、江苏省教科院、南京晓庄学院、沈阳师范大学、哈尔滨学院和上海、江苏、山东的部分中小学校长共33人，以及台湾嘉义大学、南华大学、台中教育大学、东华大学、台湾教育研究院等的专家学者和台湾地区中南部中小学校长150人参会。华东师范大学长江学者、教授李政涛和台湾南华大学特聘讲座教授杨思伟分别作《教师的现场学习力》《教师教育政策的发展与检讨》的专题演讲。与会学者就教师职前教育、在职研修、中小学与高校的合作、课堂教学创新、校本课程等发表论文16篇，双方各8篇。研讨会期间，参访了当地高校及中小学。（刘　莉、潘国青）

【开展高等教育清单管理研究】 受市教委委托，市教科院开展高等教育清单管理研究。课题组先后赴清华大学、上海大学等高校进行调研，召开专题讨论会，形成以落实办学自主权、释放办学活力为切入点，重点研究高等教育领域政府治理模式转型，以及探索权力清单、责任清单、负面清单、服务清单等并举的“清单管理”模式创新的基本框架。

（陈颖慧）

【《上海普通教育志》出版】 《上海普通教育志》编纂工作历经25年，8月正式出版。这部志书共116万字，记载了从1843年到2000年间157年的上海普通教育发展史。11月12日，在市教科院召开《上海普通教育志》出版座谈会，市方志办、市教委、市教科院有关领导出席。（张肇丰、夏鸿菊）

【编制《上海现代职业教育体系规划(2015—2030年)》】 项目组联合华东师范大学、上海市学生事务中心等单位，经过充分调研和广泛征求意见，历时两年半完成。这是在体系建设背景下上海市第一个职业教育专项规划，也是第一次坚持大职业教育观的规划，重点面向未来15年的发展，对今后一段时间上海职业教育的发展规模和层次、布局结构和体系建设等进行了一系列的设计，是指导上海职业教育未来发展的重要指南。规划内容注重远瞻性：①科学预测上海市职业教育发展规模与层次。②建立职业教育内部衔接贯通的学历体系，统筹职业教育内部各学段的关系，促进“纵向贯通”，打通学生发展的“天花板”。③树立大职业教育观，服务全体劳动者的终身发展，建设职业教育学历教育系统和终身职业培训系统共同构成的现代职教体系，打造职业教育与就业的旋转门。

（张　鸣）

【举办“预见学习”教师研修工作坊】 学习基础素养项目重点关注如何让儿童更加积极、主动、灵活、持久地学习。项目组以“工作坊”的形式，探讨儿童学习基础素养培养过程中课程、教学、学习等方面的问题。9月，举办第一期工作坊，分别为静安第一中心小学互动型工作坊与上海图书馆聆听思考型工作坊，加州大学洛杉矶分校教育与信息研究学院的两位博士带来了“合作学习”与“建模”的研究和实践。10月，举办第二期工作坊，在静安一中心互动型与市西中学聆听思考型工作坊，香港游戏实验室的三位女士演绎互动体验式游戏教学。11月，在黄浦学校举办第三期工作坊。来自陕西师大、华东师大、市教科院、高安路一小、和田路小学等的专家和预见学习团队分享各自的研究成果。12月，在杨浦小学举办第四期工作坊，上海师大介绍“以情优教”的教育思想，上海儿童医学中心介绍关于睡眠对学业成就影响的研究，上海心理协会基础教育专业委员会带来一系列提升教师社会性的“妙招”，中科院心理研究所介绍了关于脑潜能开发的前沿研究。（崔春华）

【编制《上海职业教育“十三五”发展规划》】 经过充分调研和征求意见，历时近一年，形成《规划》文本，包括规划背景、总体要求、任务与举措、重点发展项目、实施保障等五个部分。同时，明确提出未来五年的发展主线，即全面提升职业院校内涵建设，全面拓展职业教育功能，对标行业、对标国际，构建上海现代职业教育体系，培养知识型、发展型的技术技能人才。在“做精、做特、做强”的基础上，推动上海现代职业教育体系的“开放、融合”。

（张　鸣）

【编制《上海市老年教育“十三五”发展规划》】 项目组联合上海开放大学、上海市学指办、上海终身教育研究院，以及上海市老年教育工作小组办公室等单位，在历时近一年的充分调研和征求意见基础上，编制《规划》文本，明确提出，要确立“在学习中养老”的新理念，实现“三个提升”，即提升老年教育的服务能力、社会活力和学习品质；实施“老年人学习场所倍增项目”“老年教育师资分层培训项目”“老年学习资源配送项目”“老年人学习组织培育项目”“信息化促进项目”“老年志愿者培育项目”等六个重大项目。 （张　鸣）

附：院负责人及地址

（2015 年 1—12 月）

院　长：陈国良

副院长：吴　强（兼，常务）、张　珏、胡　卫、陆　璟

院党委书记：吴　强

副　书　记：陈国良、陆　勤

地址：茶陵北路 21 号

邮编：200032

总机：64167677

上海市教育考试院

【2015 年概况】 认真贯彻党的十八大和十八届三中、四中、五中全会精神，深入开展“三严三实”专题教育活动，围绕落实巡视整改强化规范管理、实施考试招生综合改革方案、组织各类考试招生、加强干部和职工队伍建设、提升服务社会水平推进新院区建设等重点工作，全院团结协作、齐心协力，顺利完成了各项工作任务。

全年承办主要考试共 52 次，考生约 242 万余人次（科次）。这个考生数不包括参加外语口试，参加各项艺术、体育类专业考试及普通高等学校联合招收华侨、港澳地区及台湾省学生上海考点考试的考生数。录取约 22 万余人。 （国　考）

【普通高校招生】 2015 年，报考普通高校生源数共 72694 人（含秋季高考、春季高考、“专科层次依法自主招生”、“三校生”高考等），招生总计划 60468 人（不包括艺术类不作分省计划的院校招生数）。共计录取考生 64495 人，完成招生计划的 106.66%，其中本科录取 38485 人（占 59.67%），高职（专科）录取 26010 人（占 40.33%）。文科录取 18168 人（占 28.17%），理科录取 29621 人（占 45.93%），不分文理录取 16706 人（占 25.90%）。

6 月 5 日，上海市国家教育考试考务指挥中心现场

参加 2015 年本市普通高校春季招生的高校均为本科，有上海大学、华东政法大学、上海理工大学、上海对外经贸大学等 22 所市属高校，计划招生 1640 人，实际报到录取了 1578 人，完成招生计划的 96.22%。2015 年应届高中阶段毕业生首次可以参加春考，使得报考人数大大增加，共计有 26610 人。其中社会考生 1722 人，应届高中毕业生 24888 人。全市文化统考的最低录取资格线为 242 分。

2015 年共有 647 所普通高校在沪进行秋季招生（含 2 所香港地区高校和 15 所军事、武警部队高校），其中上海高校 64 所、外省市高校 583 所。

2015 年参加全市秋季统一高考人数为 49282 人（含复旦大学、上海交通大学两校综合评价录取

1201人，内地新疆班、西藏班考生936人)，其中文科考生17859人(占36.24%)，理科考生31423人(占63.76%)。2015年秋季高考报考人数比2014年减少约1380余人。招生计划为41728人(不含未编制分省招生计划的艺术类高校招生计划数)。共录取新生45174人，完成招生计划的108.26%。

集中录取阶段前录取新生：复旦大学和上海交通大学"深化自主选拔录取改革试验"录取1201人。32所院校专科层次实行依法自主招生改革试点录取10764人。保送生142人。运动训练、民族传统体育新生122人，体育单招生74人。

2015年参加上海市招收应届"三校生"的普通高校共32所，计划招生4345人(不含上海应用技术大学20个听力残障单独招生计划)，本科专业招生计划650人，其中非艺术类专业计划550人，艺术类专业计划100人。高职(专科)专业招生计划3695人，其中非艺术类专业计划2885人，艺术类专业计划招生810人。报考人数6236人，共录取新生4364人。本科专业录取了651人，其中非艺术类专业录取了556人，艺术类专业录取了95人。高职(专科)专业录取了3713人，其中非艺术类专业录取2760人，艺术类专业录取953人。 (黄 琦)

【普通高校招生有关数据统计】 一、报考普通高校共计103915人次(生源数72694人)(含秋季高考、春季高考、"专科层次依法自主招生"、"三校生"高考等)

(一) 按招生类别：①参加春季统一高考考生26610人。②参加秋季统一高考考生48346人(含复旦、交大两校综合评价录取的1201人，不含内地新疆班、西藏班考生936人)。③普通高校招收应届"三校生"生源6236人。④"专科层次依法自主招生"改革试点考生20108人。⑤未参加上述四项考试的其他类型考生2615人(以录取人数计，保送生142人，双学位69人，上海公安高等专科学校招收第二专科808人，运动训练122人，中高职贯通1381人，上海应用技术大学等录取聋哑生19人，体育单招74人)。

(二) 按文、理科：文科考生19042人(占18.32%)，理科考生31919人(占30.72%)，不分文理的春考报名考生26610人(占25.61%)、"专科层次依法自主招生"不分文理考生20108人(占19.35%)、三校生高考不分文理考生6236人(占6.00%)。参加秋季统一高考考生中文科考生17575人，理科考生30771人。

(三) 按性别：男生51209人(占49.28%)，女生52706人(占50.72%)。参加秋季统一高考的男生23550人(占48.71%)，女生24796人(占51.29%)。报名参加普通高校招收应届"三校生"考试的男生1701人(占38.98%)，女生2663人(占61.02%)。

(四) 按生源：①应届高中毕业生72741人(占70.00%)，其中集中阶段录取44743人，春考录取25272人，保送生142人，33所院校专科层次自主招生录取2584人。②往届毕业的高中生和"三校生"(含在职人员)9744人(占9.38%)。③应届"三校生"21430人(占20.62%)，其中参加普通高校招收应届"三校生"考试被录取的考生6236人，参加秋季统一高考603人，32所院校专科层次依法自主招生录取13117人，中高职贯通1381人，体育单招74人，聋哑生19人。

二、普通高校在上海招生计划共计60468人(不含艺术类不作分省计划的院校招生数)

(一) 按招生类别：①除秋季集中录取阶段外，招生计划18740人。其中，保送生142人(按实际录取数)。春季招生1640人。"三校生"(中专、中职、中技)招生4345人，本科650人、专科3695人。双学位69人(按实际录取数)。公安高专第二专科808人(按实际录取数)。运动训练122人(按实际录取数)。32所院校"专科层次依法自主招生"10140人。上海应用技术学院、北京联合大学和天津理工大学3校招收聋哑生19人(按实际录取数)。体育单招74人(按实际录取数)。中高职贯通1381人(按实际录取数)。②秋季集中录取阶段招生计划(公布)41728人，其中：艺术类计划4313人(不含全国统招)，体育类计划229人。

(二) 按文、理科：文科计划16758人，理科计划27585人，不分文理的春季入学招生计划1640人，不分文理的专科层次依法自主招生计划10140人，不分文理"三校生"招生计划4345人。秋季集中录取阶段(含艺体类)文科计划15280人，理科计划

26448人。

（三）按本、专科：本科计划36999人（含招收应届“三校生”本科计划650人），高职（专科）计划23469人[含招收应届“三校生”高职（专科）计划3695人]。其中，秋季集中录取阶段（含艺体类）本科计划34283人，高职（专科）计划7445人。

（四）按上海市、外省市院校：上海市院校计划39963人，外省市院校计划20505人。其中，集中录取阶段（含艺体类）上海市院校计划31434人，外省市院校计划10294人。

三、实际录取考生人数64495人

（一）按招生类别：①除秋季集中录取阶段外，共录取19321人，占录取总数的29.96%。其中，保送生142人（占0.22%，上海市院校91人，外省市院校51人）。春季招生1578人（占2.45%）。5月份考试的普通高校招收应届“三校生”4364人（占6.77%，其中本科专业651人，高职专科专业3713人）。双学位69人（占0.11%）。公安高专第二专科808人（占1.25%）。运动训练122人（占0.19%）。32所院校“专科层次依法自主招生”10764人（占16.69%）。上海应用技术学院等2校招收聋哑生19人（占0.03%）。体育单招74人（占0.11%）。中高职贯通1381人（占2.14%）。②秋季集中录取阶段录取45174人，占录取总数的70.04%。其中，艺术类专业录取5026人（占集中录取数11.13%，占全部录取数7.81%，本科4147人，高职/专科857人）。体育类专业录取246人（占集中录取数0.54%，占全部录取数0.38%，本科246人，高职/专科0人）。

（二）按文、理科：文科录取18168人，占录取总数的28.17%；理科录取29621人，占录取总数的45.93%；春季入学招生（不分文理）录取1578人，占录取总数的2.45%；不分文理高职专科自主录取10764人，占录取总数的16.69%；不分文理“三校生”招生录取4364人，占录取总数的6.77%。秋季集中录取阶段录取文科16701人，理科28473人。

（三）按本、专科：本科录取38485人，占录取总数的59.67%；高职（专科）录取26010人，占录取总数的40.33%。其中秋季集中录取阶段本科录取35830人，高职（专科）录取9344人。

（四）按上海市、外省市院校：上海市院校录取54721人，占录取总数的84.85%；外省市院校录取9774人，占录取总数的15.15%。其中秋季集中录取阶段上海市院校录取35471人，外省市院校录取9703人。

（五）按性别：录取男生30739人，占录取总数的47.66%；录取女生33756人，占录取总数的52.34%。其中秋季集中录取阶段录取男生21471人，录取女生23703人。

四、完成计划情况。2015年实际录取数与计划数相比增招了4027人，完成招生计划数106.66%。集中录取阶段增招了3446人，完成招生计划数108.26%。

五、1995年至2015年秋季集中录取阶段外省市院校在沪招生完成计划情况：

年份	招生计划（人）	实际录取（人）	减招人数（人）	完成比例（%）
1995	2385	1907	478	79.96
1996	2585	2075	510	80.27
1997	3342	2993	349	89.56
1998	3558	3360	198	94.44
1999	4006	3786	220	94.51
2000	5586	4528	1058	81.06
2001	6934	5981	953	86.26
2002	7443	6661	782	89.49
2003	8177	7131	1046	87.21
2004	8955	8046	909	89.85
2005	9351	8095	1256	86.57
2006	9689	8875	814	91.60
2007	9954	9246	708	92.89
2008	10938	9365	1573	85.62
2009	11584	9337	2247	80.60
2010	11974	10122	1852	84.53
2011	12396	10128	2268	81.70
2012	11935	10258	1677	85.95
2013	11182	9935	1247	88.85
2014	10897	10750	147	98.65
2015	10294	9703	591	94.26

六、应届“三校生”情况

（一）报考数21430人，其中报名参加秋季高考603人、报名参加应届“三校生”高考6236人、报名参加32所院校“专科层次依法自主招生”录取13117人（按实际录取数）、体育单招74人（按实际录取数）、聋哑生19人（按实际录取数），中高职贯通1381人。

（二）录取情况。①12993人被普通高校录取，占“三校生”所有报考人数的60.63%。②本科录取1056人，占被录取“三校生”人数的8.13%；高职（专科）录取11937人，占被录取“三校生”人数的91.87%。③被录取的12993人中，参加普通高校招收应届“三校生”考试录取4364人（本科651人、高职/专科3713人），32所院校“专科层次依法自主招生”改革试点录取6572人（全部为高职/专科），体育单招录取74人（全部为本科），聋哑生录取19人（全部为本科），集中录取阶段录取583人（本科312人、高职/专科271人），中高职贯通录取1381人（全部为高职/专科）。

七、报考外省市院校，经济补贴优惠政策执行结果

属于一次性经济补贴发放范围的外省市院校共有178所，录取考生2164人，占集中录取阶段在沪招生外省市院校录取人数的22.40%，其中一、二、三批平行志愿首轮投档录取1764人，征求志愿投档录取400人，应发放一次性补贴共计196.40万元。（黄　琦）

【研究生招生】 一、报名情况。①硕士研究生报名情况。2015年共有122359人报考上海市各硕士研究生招生单位，基本与2014年持平。选择在上海考点参加考试的考生有46264人，比2014年减少了2671人，降幅为5.46%。按考生考试方式统计：参加全国统考的有89378人。推荐免试生11507人，参加单独考试的有350人，参加管理类联考的有17329人，参加法律硕士联考的有3777人，“强军计划”18人。按考生选择的研究方向统计：选择学术型研究方向的考生有68368人，占报考人数的55.87%，选择应用型专业研究方向的考生有53991人，占报考人数的44.13%。②博士研究生报名情况。2015年报考上海市各博士研究生招生单位的考生共有17031人，比2014年减少1720人，降幅为9.17%（中科院10所院校分出）。在17031名考生中，按考生来源统计，应届硕士毕业生4986人，占29.28%。硕博连读考生1668人，占9.79%。科研人员645人，占3.79%；高校教师3984人，占23.39%。行政办公人员699人，占4.10%。其他5049人，占29.65%。

二、招生规模和招生计划情况。①硕士研究生招生规模和招生计划。2015年上海市硕士研究生招生总规模为40503人（含调整计划），其中学术型招生规模为21715人，专业学位招生规模为18788人，比2014年增加125人，增幅为0.30%。②博士研究生招生规模和招生计划。2015年上海市博士研究生招生总规模为6649人（含调整计划），比2014年增加205人，增幅为3.33%。

三、考试情况。上海考区有复旦大学、上海交通大学、同济大学、上海财经大学、华东理工大学、华东师范大学、东华大学、上海理工大学、上海大学、上海师范大学、华东政法大学、上海第二工业大学、杉达学院和应用技术大学14个考点，1555个考场，监考人3300余名。共有109人违规，其中上海市生源考生71人，外地生源考生38人。认定违纪考生45人，作弊考生64人。

四、录取情况。①硕士研究生录取情况。2015年上海市49所硕士招生单位上报录取硕士生42162人，比2014年增招1609人，增幅为3.97%，报名人数和录取人数之比约为2.9∶1。具体录取情况如下：在录取的硕士生中，按考试方式统计，统考生23699人，单考生119人，管理类联考考生5807人，法律硕士844人，推免生11681人（含长学制），“强军计划”12人。②博士研究生录取情况。2015年上海市有24个博士研究生招生单位实际录取考生5643人，比2014年减少755人，降幅为11.80%（中科院10所院校分出）。在录取的博士生中，按考试方式统计：普通招考录取4247人，占录取人数的75.26%；硕博连读录取1396人，占24.74%。（张晓岚）

【同等学力全国统考】 一、报名情况。2015年同

等学力全国统考上海考区共有9261人报考，其中报考外国语水平考试的考生为7024人次，报考学科综合水平的考生为7616人次，合计14640人次，较2014年减少110科次。

各科目人次数统计如下：

科　目　名　称	人次数
德语	22
电子科学与技术	3
动力工程及工程热物理	1
俄语	3
法学	725
法语	66
工商管理	1191
公共管理	444
管理科学与工程	167
机械工程	3
计算机科学与技术	22
建筑学	3
教育学	292
经济学(含理论经济学、应用经济学)	3038
历史学	1
临床医学	1121
其他语种	1
日语	104
社会学	224
生物学	4
图书馆、情报与档案管理	25
心理学	130
新闻传播学	219
英语	6828
政治学	3

二、考试情况。考试共设同济大学和上海财经大学2个考点，506个标准化考场。通过指纹验证入场为11260人次。考试期间共有5名违规考生，其中4人为违纪考生，1人为作弊考生。

（吴　恺）

【在职人员攻读硕士专业学位全国联考】 一、报名情况。2015年在职全国联考报名工作采用全国统一网上报名与现场确认相结合的方式。共有18475名考生最终确认参加考试。

考试报名现场确认点人数和科目数如下：

序号	现场确认点	人数(人)	科目类别	科目数(项)	
1	同济大学	6118	工程硕士	4987	7249
			公共管理硕士	2262	
2	上海交通大学	7217	工程硕士	4431	7217
			农业硕士	195	
			兽医硕士	76	
			风景园林硕士	347	
			职业学校教师在职攻读硕士专业学位	52	
			示范性软件学院软件工程领域工程硕士	2116	
3	复旦大学	2264	法律硕士	1143	4528
			公共卫生硕士	474	
			军事硕士	32	
			工商管理硕士	168	
			会计硕士	447	
4	华东师范大学	2876	教育硕士	3380	4566
			体育硕士	383	
			艺术硕士	803	
合　计		18475		23560	

各招生单位的报名情况统计如下：

招生单位	报名人数(人)	确认人数(人)
10246—复旦大学	3556	3225
10247—同济大学	2402	2159
10248—上海交通大学	3580	3212
10251—华东理工大学	1026	925
10252—上海理工大学	315	270
10254—上海海事大学	155	142
10255—东华大学	453	418
10264—上海海洋大学	113	105
10269—华东师范大学	1233	1046
10270—上海师范大学	567	521
10272—上海财经大学	458	380
10276—华东政法大学	686	611
10277—上海体育学院	323	302

续表

招生单位	报名人数（人）	确认人数（人）
10278—上海音乐学院	266	239
10279—上海戏剧学院	297	264
10280—上海大学	541	470
其他外省市院校	4630	4186
总计	20601	18475

（张晓岚）

【成人高等院校招生】 2015年招生的成人高校共68所，其中上海市成人高校59所，外省市成人高校9所。录取43640人（含“三支一扶”和“退役士兵”），完成招生计划的100%，录取率为84.41%。由于教育部下拨计划数少于实际参加考试的人数，经部属院校内调部分计划，专科起点升本科（以下简称“专升本”）、高中起点升专科（以下简称高起专）的成人高等学校招生计划都满额完成。

2015年成人高校招生统一考试于10月24日、25日进行。全市共设17个考区，82个考点，2153个考场。应考51499人，免考2人，缺考5094人，实考46405人，缺考率9.89%。普通高职（专科）毕业生服义务兵役退役和下基层服务期满免试接受成人本科教育招生工作继续在沪进行，共录取考生152人（其中退役义务兵144人，下基层8人），比2014年减少5人。（张晓岚）

成人高等院校报考人数及招生情况表

招生类型	教育部下拨计划数（含增量）（人）	与2014年相比		报考人数（人）	与2014年相比		录取人数（人）	与2014年相比	
		计划数（人）	比例（%）		人数（人）	比例（%）		人数（人）	比例（%）
专科起点升本科	14781	−1229	−7.7	17003	−1221	−6.7	14781	−1229	86.9
高中起点升本科	3595	−626	−14.8	4641	−561	−10.8	3595	−626	77.5
高中起点升专科	25112	−4099	−14	30057	−3532	−10.5	25112	−4099	83.5
合　计	43488	−5954	12	51701	−5314	−9.3	43488	−5954	84.1

【中等学校高中阶段招生】 2015年报考人数有7.76万人，其中应届毕业生7.68万人，比2014年减少0.2万人。另有6621名在沪进城务工人员随迁子女借用语文、数学、外语试卷，参加了上海市部分中等职业学校的招生入学考试。经各批次招生，被高中阶段各类学校录取的人数为75301人（不含随迁子女），招生录取率达到97.08%，达到市教委制定的预期目标。（董美意）

2015年上海市高中阶段各类学校计划和录取情况表

学校类别	招生计划数（人）	实际录取数（人）	计划完成率（%）
普通高中	53212	52740	99.13
中　专	20577	16762	81.46
职　校	6535	4748	72.65
技　校	1480	1014	68.51
中职校艺体单招与特殊类	680	612（上海市37人）	90.00
全市总计	82484	75301	91.29

注：“全市总计”统计中，单招和特殊类录取只计本市的37人，其他不计入录取总数

【普通高中学业水平考试】 2015年全年共开考10门科目，组织14项考试，其中高一开考地理和信息科技；高二开考历史、物理、化学和生命科学，物理、化学和生命科学含技能操作测试；高三开考语文、数学、外语、思想政治及外语口语测试。全市共有267所高中（含综合高中）报名参加考试，报名人数共计164804人，其中高一考生54422人，参加地理合格考社会考生926人；高二考生54023人；高三考生52873人，外语口试社会考生2560人。报考总人次数为840720。考场设置情况：高一2294个考场，高二2193个考场，高三2255个考场。根据考试时间安排，今年评卷共组织了3次，均集中在上半年，依次为高三外语口语测试、高三4门笔试科目、高一高二5门笔试科目和1门信息科技上机

考。教师来自全市17个区县，评卷教师选聘人数达3191人，评卷总量近54万份试卷，全年共受理成绩复核申请5867科次，均无差错。考试整体情况如下表所示。

2015年上海市普通高中学业水平考试各科目考试情况表

科　目	地理合格考	信息科技	历史	物理笔试	化学笔试	生命科学笔试	物理技能操作测试	化学技能操作测试	生命科学技能操作测试	语文	数学	思想政治	外语	语文附加题	数学附加题	外语口试
报考人数（人）	56268	54153	53698	53570	53569	53569	53523	53523	53524	52731	52731	52730	52731	44568	44568	55264
缺考人数（人）	1083	911	888	895	876	897	823	824	823	652	661	658	664	222	230	1029
实考人数（人）	55185	53242	52810	52675	52693	52672	52700	52699	52701	52079	52070	52072	52067	44346	44338	54235
满　分	100	100	120	100	100	100	20	20	20	120	120	120	100	30	30	20
平均分	66.86	70.98	87.12	70	66.99	68.88	18.42	18.67	18.56	88.56	97.14	75.04	74.59	16.76	10.52	13.82

（王　丽）

【高等教育自学考试】 2015年共开考4月、10月两次考试和5月、11月两次证书考试。其中自学考试92个专业，证书考试7个项目。全年共组织考试12天，开设16720场次考试，报考总数达到386620科次。4月、10月高等教育自学考试开考主考学校为19所，开考专科和本科专业共92个。全年总计参加考试人次数达到117872人次，考试282787科次。相比2014年，考生人数下降了7.82%，考试科次下降了2.78%。其中，4月高教自考实际开考课程336门，参加考试60964人，理论考试142835科次，共有44805人次获得单科合格证书；10月高教自考实际开考课程359门，参加考试56908人，理论考试139952科次，共有44874人次获得单科合格证书。

在5月、11月开考的证书考试中，共有5所主考院校及1家证书管理机构，开设8个证书考试项目：

主考高校	考　试　名　称	5月		11月	
		人数（人）	科次（次）	人数（人）	科次（次）
上海财经大学	中英合作采购与供应管理资格证书考试	4025	8526	3948	8925
	调查分析师资格证书考试	6	11	3	3
上海工程技术大学	中国物流职业经理资格证书考试	841	1344	622	1040
	劳动和社会保障资格证书考试	556	1225	357	658
	中国销售管理专业水平证书考试	473	693	265	429
华东政法大学 华东理工大学 联合主考	中英合作商务与金融专业管理段证书考试	18737	42369	16347	33954
	中英合作商务管理与金融管理专业基础段证书课程考试	465	924	309	538
上海大学	能源管理师职业能力水平证书考试	460	1443	638	1751

2015年考生报考增加最多的专业为“能源管理师职业能力水平证书考试”。与2014年相比考生人数增长了283.9%，报考科次数增长了337.5%。高等教育自学考试上海命题中心共组织8次集中工作，参加命、审题工作的命题教师人数约为852人次；命制课程门数共计422门次，其中新命题课程221门次，新命题套数为497套；组配试卷约505套；制作清样卷共计2211份。中专自考、社会助学

和考籍管理等。2015年1月、7月中等专业自学考试共组织两次统考，上海市经济管理学校等4校开设中专自考，两次分别开考课程27门、23门。共计5293人次参加考试，其中1月为3062人次，7月为2231人次。2015年完成了上海高教自考的标准化考点的建设和验收工作。在2015年10月（第67次）上海高教自考首次大规模试运行考生身份验证系统，为2016年进一步开展考生身份验证工作打下了良好的基础。标准化考场使用率也达到39.80%。（汪成辉）

【各类非学历证书考试】 2015年承办各类非学历证书考试共8项，年度开考15次，考生总规模796582人。具体情况如下：

项目名称	开考次数（次）	考试科目（项）	报考数（人）
大学英语四、六级考试	2	9	564587
上海市高等学校计算机等级考试	1	9	89114
全国计算机等级考试(NCRE)	3	22	59367
全国英语等级考试(PETS)	2	4	37073
中小学和幼儿园教师资格考试（笔试）	2	35	33569
全国中小学教师教育技术水平考试（中级）	1	19	3499
大学英语四、六级口语考试	2	1	1711
浦东新区中小学教师教育技术水平考试（委托项目）	2	29	7662
合计	15	128	796582

（戴芳芳）

【春季高考首次向应届生开放】 为构建高等教育招生考试立交桥，为考生提供多次高考选择的机会，上海多年来积极探索"春季高考"制度，并从2015年起首次向应届生开放，录取采用"一档多投"的方式，增加了考生的选择权，对于符合相关条件的考生来说，春考未被录取，还能继续参加秋考，客观上打破了"一考定终身"的紧张状态，缓解了考生的心理压力，使考生能够更加专注于学业本身。通过院校自主测试环节，改变了以往高校招生主要以分数为依据的录取方式，从关注冷冰冰的分数到重视活生生的人，让招生高校有机会"既看分、又看人""好中选优"。2015年共有22所市属高校参加春季招生，全部为本科计划，共1640个计划，实际录取考生1578人。（王洪波）

【新增综合评价批及特殊类型招生批次】 2015年上海市继续实行考前填报本科志愿（含军事公安专科），根据教育部要求，新增复旦大学、上海交通大学综合评价批及特殊类型（含自主招生、高水平运动队队员、高水平艺术团团员、北京大学博雅人才和清华大学领军人才）招生两个批次，这两个批次的志愿填报在高考成绩公布后进行。在5月志愿填报前通过"上海招考热线"网站及微博、微信等媒体提醒考生，新增加的综合评价批和特殊类型招生两个批次考前无需填报，待成绩公布后再填报志愿。在特殊类型招生填报志愿期间，及时电话、短信提示考生上网填报特殊类型招生志愿，通过这些措施，上海市符合特殊类型招生条件的考生都及时参加了志愿填报。（王洪波）

【翁铁慧视察高考评卷】 6月11日，副市长翁铁慧到设在复旦大学的高考物理、化学和生命科学科目评卷点，视察高考评卷工作并现场慰问评卷教师。市政府副秘书长宗明、市教委主任苏明、副主任陆靖，市教育考试院院长王刚全程陪同。翁铁慧与评卷点教师代表亲切交谈，在询问了今年本市高考评卷相关工作后，她对评卷教师完善的培训遴选机制及严格的评卷工作机制给予肯定，并对评卷教师的辛勤工作表示感谢。翁铁慧强调，高考评卷工作事关千万考生，事关高校科学选拔人才，务必做到科学、规范、公平、公正，而高考命题工作除了要高度重视命题的准确性和测量的科学性，也要利于高校科学选拔人才，利于推进素质教育，利于中学教学改革。（王洪波）

【市人大代表及市政协委员视察高考评卷】 6月12日，部分市人大代表、市政协委员先后视察了复旦大学高考评卷点和设在华东师范大学的语文、政治、历史和地理科目评卷点。代表、委员们察看了评卷过程，对评卷教师工作情况进行了解，并详细了解了评卷教师的遴选、评卷流程及评分标准，评卷工作的安全、科学、严谨，给代表、委员们留下深刻印象。在听取市教委关于当年考试、评卷、录取工作及高考改革推进情况的汇报后，代表、委员们一致表示将全力支持考试招生制度改革，促进学生健康成长和考试招生事业双重发展。（王洪波）

【考生家长代表参观高考评卷点】 6月13日，来自上海市长宁、黄浦、宝山和嘉定4个区的8名考生家长代表参观了设在华东师范大学的高考语文、政治、历史和地理科目评卷点。高考语文阅卷组负责人周宏陪同参观评卷现场，对语文学科评卷过程进行了详细介绍，现场回答考生家长的提问。在随后进行的座谈会中，华东师范大学教务处、市教育考试院高招办考务负责人分别介绍了评卷教师的遴选、评卷技术保障、后勤保障工作以及评卷流程等。考生家长代表在实地参观并座谈后表示，评卷的保密和安全措施严密，评卷的流程科学、规范，评卷的过程公平、公正，他们非常满意、完全放心。

（王洪波）

【考生代表参观高招录取现场】 为全面深入实施高校招生“阳光工程”，健全公开透明的工作体系，主动接受社会监督，7月18日，市教育考试院邀请来自黄浦、普陀、金山和崇明4个区（县）的8名高考考生代表，参观本市高招录取现场。考生代表依次参观了计划投档系统组、网上录取检查组、院校录取联络组、体检与体育组和招生监管办公室等。详细了解每一环节的录取工作。各组工作人员介绍了各组职责和工作内容，使考生零距离了解整个招生录取过程。考生代表表示，参观了动态的录取过程后，打破了原本的神秘感，整个录取流程规范、透明、公平。（王洪波）

7月18日考生代表参观高考录取现场，录取组负责人介绍投档工作

【认真做好公示工作】 为了贯彻阳光招生，保证考生的合法利益，按照教育部的统一要求，2015年市教育考试院对所有在教育部“阳光高考”平台公示的名单均认真审核并补充考生号，同时严格按照教育部规定的时间节点，在“上海招考热线”、高校招生网站和高招周刊上给予公示。由于公示及时，得到的反馈直接准确，保证了政策执行的公平、公正，确保了“阳光工程”的实施。（王洪波）

【承办的主要考试项目数据统计】 据不完全统计，2015年上海市教育考试院承担的各项考试共计52次，考生约242万余人次（科次）（不包括外语口试，各项艺术、体育类专业考试及普通高等学校联合招收华侨、港澳地区及台湾省学生上海考点考试等考生数），录取22万余人。

项　目　名　称	报考人数（人次、科次）	录取人数（人）
全国普通高校招生统一文化考试（秋季）	49282	44715
上海市普通高校招生统一文化考试（春季）	26610	1578
本市应届“三校”毕业生报考普通高校统一文化考试	6236	4364
复旦、交大“综合评价”录取		1201
高职（专科）层次依法自主招生	20108	10764
全国硕士学位研究生招生考试	122359	42162
博士研究生招生	17031	5643
成人高校招生全国统一考试	51499	43640
普通高中学业水平考试	840720	
上海市初中毕业生统一学业文化考试	77566	75301
中等教育自学考试	5293	
高等教育自学考试（4月、10月）	282787	
学历与职业资格证书相结合考试（物流、采购等8项）	103833	
上海市高等学校计算机等级考试	89114	
在职攻读硕士学位全国联考	18475	
同等学力人员申请硕士学位全国统一考试	9261	
全国大学英语四、六级考试（含小语种）	564587	

续表

项目名称	报考人数（人次、科次）	录取人数（人）
全国大学英语四、六级口语考试(含小语种)	1711	
全国英语等级考试(PETS)	37073	
全国计算机等级考试(NCRE)	59367	
全国中小学教师教育技术水平中级考试	3499	
浦东新区中小学教师教育技术水平考试	7662	
中小学教师资格考试(笔试)	33569	
合计	2427642	229368

附:院负责人及地址

(2015年1—12月)

院　长:王　刚

副院长:刘玉祥、雷新勇

院党委书记:褚劲风

副　书　记:刘玉祥(常务)、周　勇

地址:民星路465号

邮编:200433

电话:35367070

上海市教育评估院

【2015年概况】 全年围绕市教卫工作党委、市教委(以下简称"两委")中心工作,完成两委各处室委托的评估项目87项(比上年增加近30%),涵盖基础教育、高等教育、职业教育、终身教育、民办教育、中外合作办学等领域,涉及学校整体评估、专业评估、人员评估、大学章程核准等各类教育教学项目,全面对接市教委15个职能处室。全年,除承担常规评估项目外,还承担市政协、市教委、市发改委、市财政局等有关部门的调研与论证,为市政府提供了教育决策支撑和咨询服务。

扎实做好常规项目,持续提高服务质量。开展近50项常规项目,如教师高级专业技术职务评议、义务教育学校委托管理绩效评估、中职校精品特色专业评估、本科专业达标评估、街道乡镇社区学校标准化建设评估、民办教育专项资金项目评审、体育科研课题评审、中外合作办学到期评估、中小学心理健康教育示范校评审等。通过优化评估方案、规范操作程序、规范专家遴选、严肃工作纪律、定期交流研讨等举措,持续提高工作质量和水平。

参与前期调研与政策制定,提高服务水平。积极参与市教委开展的中小学和中职教师高级职务改革、直属单位高等教育研究人员中级专业技术职务聘任、现代职业教育体系构建、中职校学生综合素质评价、本科专业评估等前期调研,参与制定管理政策,深刻理解改革重点和评估项目立意,以更好地提高服务水平。协助市教委职能处室进行中职校新专业备案系统、中外合作办学管理信息平台等系统平台的日常管理。

努力完成重大新项目,提升承担两委任务的执行力。全年两委委托业务工作急剧增长,多是大型、综合性项目。①市属高校章程核准评议工作,包括专家指导、初审、核准委员会评议工作,涉及32所高校,体现全院业务范围从教学项目拓展到教育管理领域。②市属高校骨干教师激励计划专项检查工作,春季秋季两次检查涉及14所高校,组织110人次专家,随机检查1798门课的教学秩序、2051位教师的坐班答疑到岗情况和963位教师的自习辅导到岗情况。

运用现代教育评估理论,服务教育改革发展。积极学习并灵活运用协商式评估、发展性评估等现代教育评估理论,促进教育改革发展。①高峰高原学科建设方案论证工作,涉及26所高校、96个学科,组织49场论证会,256人次院士、"国家千人"等高层次专家参加(其中外地专家126人次,占49.2%);对11个Ⅰ类高峰学科开展国际咨询,涉及9个国家(地区)的53位同行专家。②中职示范校建设验收评估工作,涉及6所国家级和10所市级示范校,组织15场论证会,231人次专家参加。

丰富教育评估技术,提高专业化水平。探索实施基于数据分析的客观评价法,并应用于市属高校整体办学绩效评估工作,涉及27所高校近3万项数据,按照分类评估的思想计算出各市属高校的办学绩效,落实市教委制定的高校二维分类,评估结果作为财政资金分配依据,在服务教育综合改革试点中发挥评估机构专业化作用。

积极拓展经营项目,提高社会影响力。在完成两委委托业务的同时,全院面向市场开拓经营项目,力求社会效益和经济效益双丰收。先后承担市新闻出版局委托的期刊出版质量综合评估,中国国际工业博览会组委会委托的中国高校展区优秀展品奖,上海多所高校委托的教师高级专业技术职务学术能力评议、研究生优秀论文评选和本科专业评估,上海市幼儿园等级评定,上海市民办非学历教育机构设置评估,上海市外籍子女学校设置评估等项目。

实施专项检查和专题教育,加强党性修养。①完成"10+3"专项整治工作,通过逐项自查、整改、"回头看"等,全部整改到位并持续加强规范管理。②配合市委巡视工作。③开展"三严三实"专题教育工作,逐项整改落实等工作,坚持边学边查边改。④学习贯彻《准则》和《条例》,坚持高线,守住底线,提高思想觉悟水平。

全面修订管理规章制度,加强规范管理。落实巡视整改制度,加强规范管理,修订完善管理规章制度,形成组织建设、人事管理、财务管理和日常管理等4套制度。全面梳理排摸评估工作风险点,逐一制定监管举措和问责办法,加强过程管理,落实"一岗双责"具体化、制度化。

加强文明单位建设,浓郁和谐氛围。全体党员到所在社区党组织报到,参与社区志愿者和公益活动。举办3场"文化讲堂",8位职工在"每会一分享"平台展示风采。乒乓、摄影、瑜伽等兴趣小组丰富了职工生活。踊跃参加市教工运动会和直属单位趣味运动会,积极推进高教所创建市巾帼文明岗和创建巾帼标兵,再次被市教育工会授予"上海市教育系统先进教工之家"称号,是两委直属单位中唯一蝉联单位。

推进信息公开,加强民主管理。继续倡导"公开为常态,不公开为特例"的院务公开机制。坚持"三重一大"事项由院务会议集体审议,加大中层干部和群众代表参加院务会议的力度,向全院职工公开会议纪要,以便职工群众监督。召开职工大会,表决通过各项管理规章制度,积极推进各项提案落实。所有评估项目的专家遴选标准和专家名单均在内网公示。评选"2015年评估院十件大事"。

(刘苹苹)

【上海高校高峰高原学科建设论证】 3—5月,评估院组织开展上海高校高峰高原学科建设方案论证工作。组织召开论证会49场,邀请专家256位(含外省市专家126位),完成26所高校96个学科的论证工作。其中,Ⅰ类高峰学科论证会21场,邀请院士、"国家千人"等专家共92位(含外省市专家61位),市领导出席19场Ⅰ类高峰学科论证会。论证会前,对11个Ⅰ类高峰学科进行同行专家咨询,共向9个国家(地区)的53位专家发送咨询邀请,回收35份专家反馈意见。(夏 燕)

副市长翁铁慧参加上海高校高峰高原学科建设方案论证会议

【市属高校整体办学绩效评价】 8—12月,对"十二五"期间市属高校内涵建设情况组织开展整体办学绩效评估。对包含本科院校和高职高专院校两个层次四种类型的29所市属高校进行评估。运用投入产出比模型以及相对比较评估方法,对市属高校自2010至2014年连续五年的数据进行考量,将定性与定量相结合,规模与质量相结合,总量与人

均相结合，体现发展性评估的思想。（夏　燕）

【市属高校章程核准和评议工作】 受市教委委托，年内，完成全市32所市属高校章程的核准与评议工作。大学章程的核准与评议工作有极高的实践性与理论研究性。9月份起，全院组织上海知名高校的有关专家对大学章程的相关理论与实践问题进行课题研究。经专家论证，共分两批推出15个课题进行研究。课题集中了复旦大学、上海交大、同济大学、华东师大、上海财大、华东政法等高校大学章程的核心研究专家。为了将大学章程工作进一步引入纵深，评估院与《上海教育评估研究》杂志以及高教出版社互动，联合推出专栏讨论与专著出版。（周益斌）

【首批中等职业教育示范学校验收评估】 9—12月，根据《上海市教育委员会关于印发〈上海市中等职业教育改革发展特色示范学校创建工作计划〉的通知》的要求，评估院对"上海市中等职业教育改革发展特色示范学校创建工作计划"首批项目学校进行建设验收。由市政府、市发改委、市人社局、市财政局、市教委和职业院校等单位相关人员组成的专家组，通过材料审阅、实地考察、汇报答辩、学校互评和综合评议等环节，经公示，认定上海音乐学院附属中等音乐专科学校等10所学校为"上海市中等职业教育改革发展特色示范学校"。（李　钰）

【市乡镇成人中等文化技术学校评估验收】 市教委于2015年7月至2016年1月，委托评估院组织开展上海市乡镇成人中等文化技术学校内涵建设评估验收。通过材料评审、实地评估和综合评议等环节，全面考察乡镇成人学校在学校管理、教育教学、发展成效及示范创新上的增量，共有9个郊县(区)14所成人中等文化技术学校通过验收。

（李　钰）

【外籍人员子女学校评估】 评估院承担上海市外籍人员子女学校设置评估及品牌价值评估工作。全年度共开展3所外籍人员子女学校设置(包括增设中学部)评估及1所学校品牌价值评估。7月18日、12月15日分别组织专家开展上海杨浦法国学校、上海杨浦德国学校及虹桥国际学校中学部设置评估会议，对拟设学校的举办者资质、规范性文件、教职工队伍、课程设置、硬件与资金等方面进行审查。4月24日开展上海骏台日本人补习学校品牌价值评估会议，得出"SUNDAI"和"骏台"商标使用权市场价值估值结果。评估的结果是市教委依法做出决定的参考依据，亦是教育行政部门发挥管理职能的保障。（万晓旻）

【中外合作办学到期评估】 年内，评估院对9所院校13个中外合作办学项目开展到期评估，其中包括5个高职高专项目、6个中职项目和2个非学历项目。自2013年起，评估院对上海市专科及以下层次中外合作办学机构和项目开展到期评估，评估结果作为市教委审批该机构或项目延期申请的重要依据。（万晓旻）

【开展民办高校年度检查】 受市教委和市社团局委托，组织专家对由市教委颁发民办普通高校办学许可证并登记设立的20所民办高校进行年度检查。检查内容包括基本办学条件、依法治校情况、资产与财务管理情况、师资队伍建设情况、教育教学与科研情况、党团与学生工作情况，及其他法定事项等七个方面。通过检查发现：法人治理结构进一步完善，财务制度执行情况良好，师资队伍建设力度不断加大，内涵建设措施得力，党团组织建设、学生工作和安全稳定工作总体情况良好。检查中也发现：部分民办高校基本办学条件不达标、校舍出租管理不规范；部分民办高校财务与资产管理不完善，仍有一定比例的高校教师未持有教师资格证、师资队伍结构不合理，教育教学管理有待进一步加强。（王珊珊）

【开展民办高校政府扶持专项资金评审】 受市教委委托，评估院组织专家进行2015年上海市民办高校政府扶持专项资金的评审，共评审18所民办高校申请的159个经费项目，涉及资金3.1亿元。专项资金主要用于民办高校内涵建设、师资队伍建设和安全技防建设。其中内涵建设专项资金主要用于学科专业建设、信息化建设和国际化建设;师资队伍建设专项资金主要用于“上海高校青年教师培养资助计划”“上海高校中青年教师国外访学进修计划”“上海高校青年骨干教师国内访问学者计划”“上海高校教师产学研践习计划”和“海外名师”项目。安全技防建设经费用于学校改善安全保卫技术防范条件。 (王珊珊)

【市“一期课改”和“二期课改”实施情况调研】 4—9月,市教委委托上海市教育评估院牵头,组织实施了“上海市中小学课程教材改革第一期工程(简称‘一期课改’,1988—)和第二期工程(简称‘二期课改’,1998年至今)实施情况”大调研。本次调研按照“学理—转化—应用”的一体化思路,系统梳理本市“两期课改”的历史发展脉络,围绕上海学生核心素养,教材、教学、教师,教材编审机制、考试招生机制,信息技术支撑等四个专题进行点穴式调研,总结“两期课改”主要经验和问题,分析进一步深化课改各领域实践中的问题和需求,并对现在与未来的结合点、学理与应用的转化点进行探索,为深化二期课改提供科学、可靠的决策咨询意见和政策建议。 (郭朝红)

【2015年度学校艺术科研项目立项评审】 6月底至7月初,根据《上海市教育委员会关于开展2015年度学校艺术科研项目申报工作的通知》,评估院受市教委委托,首次开展学校艺术科研类评审。来自教育部艺术教育委员会、上海市艺术教育委员会、上海市教育委员会、上海市文广局、在沪高校等单位的18位专家组成6个评审专家组,对284个申报项目进行独立通讯评审与现场集体评议。专家组意见经市教委相关处室审核,予以立项的有招标项目2项、重点项目10项、一般项目45项、青年项目31项,立项经费共计236万元人民币。

(郝宇曦)

【中学教师高级专业技术职务任职资格评审】 受市教委授权,评估院立足于教师队伍的专业化发展,以申报教师为本位,从师德修养与工作业绩、教育教学能力和教育教学研究水平三方面,公开、公正、公平地开展中学教师高级职务评审工作。本次评审从2015年5月启动,持续至2016年1月结束,共分两个阶段。第一阶段为语文等24门学科教科研成果鉴定工作。2015年共收到送审鉴定的教科研成果1296份。对进入专家鉴定程序的教科研成果采用“双向匿名”方式,由系统依据回避原则随机分发论文,专家匿名评审。第二阶段为德育一等17门学科申报评审工作。申报评审工作于2015年9月启动,2016年1月公示结果。2015年共收到454名教师的申报材料。经资格审核,进入评审阶段的教师为434名。最终,经过随堂听课和面试、笔试、材料审阅、高评委审定、网上公示等环节,有276名教师获得中学高级教师任职资格。 (陈滔宏)

附:院负责人及地址

(2015年1—12月)

院党委书记:陈效民(7月离任)

副院长:冯 晖

院址:陕西南路202号
邮编:200031
电话:54670198

教育电视与报刊

Educational TV and Press

上海教育电视台

【2015 年概况】 围绕"深化转型、强化特色、立足教育、服务社会"，教育电视台进一步聚焦优势、开门办台、整合资源，加强拓展新媒体领域、高清化升级改造等举措，荧屏形象和节目内容都有鲜明变化，收视率排名和市场份额的占有率有明显提升。

在播自制节目有《教视新闻》《教育山海经》《招考就业周刊》《银龄课堂》等传统专业教育栏目，大型健康养生栏目《健康大不同》，公益服务性栏目《帮女郎》《家装新主张》，大型服务类活动《中高考咨询大直播》，以及与上海市老干部局合作的沪上首档老年栏目《常青树》。年内，原创性推出全国首档幼儿成长脱口秀节目《壹零后来了》、全国首档老年居家康复护理节目《银龄宝典》。老牌节目也推出新系列，如《健康大不同》之《健康演说家》季播活动，《帮女郎》之《寻找》《百姓鉴定汇》等系列。

继续推进高清升级改造，启动 500 平方米高清演播室改造，完成非线编辑系统高清二次改造，高清播控室搭建，建成高清视频课程实录教室。同时，完成上海开放大学课程资源建设以及各级协作单位委托制作内容，共计 368 个单元，9118 分钟，刻录各类 DVD 光盘 3350 张。3 月，正式开通实名认证的微信公众服务号。6 月，新版上海教育电视台官网正式上线，新媒体、多平台，开展立体式宣传和全方位服务，收到观众好评。

围绕"纪念中国人民抗日战争胜利暨世界反法西斯战争胜利 70 周年"这一主题，引进《大抗战》《血铸河山》等多档与抗日战争相关的电视节目和剧集，于 9 月 3 日纪念日进行 8 小时特别编排，并举办一系列面向青少年的纪念抗日战争胜利 70 周年主题活动，包括《家乡的怀念——纪念陈云同志诞辰 110 周年主题活动》《心中的长城——2015 上海市青少年"走近边防线"国防教育主题活动电视选拔赛》《国歌在我心中——上海市青少年国歌知识竞赛主题活动》。绿叶荧屏传递出"抒我爱国情，壮志多豪迈"的正能量。

播出高清人文系列专题片《中国之最》、系列微课《我爱汉字美》《舞池之尚》，以及《加油小肥肥》《中国新声代》等多档具有文化品质深受青少年观众喜欢的节目；举办《我爱中华诗词美》《"魅力国学　精彩青春"第一届上海学子"国学达人"挑战赛决赛》等活动；播出上海戏剧学院校庆话剧、高安路第一小学 60 周年校庆、上海中学 150 周年校庆等系列活动以及展示于漪老师 60 余年的教育人生的纪录片《生命与使命同行》。

公益广告制播内容既丰富又有特色。中国梦、社会主义核心价值观、"行进中国精彩故事"等公益广告(宣传片)广受好评，被国家新闻出版广电总局列为 2014—2015 年度广播电视公益广告专项资金扶持项目三类传播机构。通过各类优秀电视节目，弘扬传统文化，传递社会正能量，突出体现了上海教育电视台"正青春、正成长"的全新理念，凸显以教育特色为核心竞争力的价值追求。　（范冬虹）

【《教视新闻》创新闻节目新常态】 3 月 16 日起，原《教育新闻》更名为《教视新闻》并扩容、改版。改版后每天晚间黄金时间 21:20 播出，长度扩充到 20 分钟，设《教育视点》《记者关注》《今日人物》《新观察》等板块，先后推出《科创与高校》《行进中国精彩故事》《市级机关优秀党员》等专题系列报道。《教视新闻》着力反映教育、卫生、科技、文化领域的新鲜事物和新闻人物，辐射社会中的热点话题和观众关注的热点问题。用讲故事、接地气、贴民生的报道手法，凸显新闻的热度、广度和厚度。　（范冬虹）

【全国首档医学电视演讲节目《健康演说家》】 由上海市卫生与计划生育委员会、共青团上海市委员会、上海教育电视台、上海市医药卫生青年联合会共同主办，于5月每周六、周日晚间黄金时间播出的《健康演说家》，是全国首档以健康为主题、以演讲为主要形式、以全媒体为传播方式的季播节目。19位来自上海医疗战线的青年医生演说家用原创、权威、实用的健康知识，传递医学真相和健康真谛，著名的医学专家、主持人及媒体人作底蕴深厚的现场点评。国家新闻出版总局《监听监看》指出："上海教育电视台《健康演说家》用医学知识传播正能量……集知识性、实用性于一体，年轻医生用温暖、理性、真诚的演讲重构和谐的医患关系，有利于缓解医患矛盾……现场点评精到，有经验分享，有观点碰撞，有专业的点拨，也有温情的关怀"。 （范冬虹）

【全国首档老年居家康复护理节目《银龄宝典》】 10月21日，由上海市教委、市民政局、市残联、上海教育电视台联合主办开播的《银龄宝典》，为全国首档老年居家康复护理节目。副市长时光辉出席开播仪式并指出，重阳节开播《银龄宝典》是送给上海老年人的一份大礼。《银龄宝典》面向老年人、部分残疾人以及需要康复照料的家庭成员，以"传递现代康复护理的科学理念；普及老年人康复护理的基础知识；演示老年人居家护理的基本技能"为基本内容，以老年人"看得懂、学得会、用得上"为呈现原则，有效帮助观众养成主动预防、主动护理的意识。《银龄宝典》每集8分钟，每天早、中、晚三个时段滚动播出。 （范冬虹）

【全国首档幼儿成长脱口秀节目《壹零后来了》】 暑期重磅推出的全国首档幼儿成长脱口秀节目《壹零后来了》，由上海教育电视台与市教委信息中心学前教育信息部、央视《开讲啦》的出品方唯众传媒共同研发。《壹零后来了》每期节目邀请六位3—6岁性格各异的萌娃，打造一个完全自由的发声空间，实时观察和采访家长，实现两代人的"隔空对话"。节目以"走进萌娃世界，演绎亲子情怀，端正育儿观念，分享成长喜悦"为主旨，发现并探讨新时代背景下的早期教育话题，对比两代人对同一问题的差异化认知，引发观众对壹零后教育的深入思考，被称为"8090后'育儿教科书'"。 （范冬虹）

【入选国家公益广告播出机构扶植项目】 教育电视台将公益广告制播作为荧屏特色，不断丰富公益广告类型。除中国梦、社会主义核心价值观、爱国主义、反贪倡廉、野生动物救援、关注贫困地区儿童教育等传统公益广告外，还有与市民生活息息相关的诚信经商、安全使用燃气、禁毒、推广普通话、征兵等专项公益宣传。引进最新的"中国梦梦娃篇"、"道德模范"、"三严三实"等相关主题公益片，以及小观众喜闻乐见的"大头儿子小头爸爸"版社会主义核心价值观小故事公益动画片，由华东政法大学学生演唱的《让全世界都爱起来——纪念抗战胜利70周年公益MV》一经播出也广受好评。与上海交通大学联合推出9集《行进中国·精彩故事》系列短片，前往甘肃、云南、重庆、长春、广西和西藏等地寻访中西部、老东北和国家重点行业建设的交大校友，用镜头记录交大学子走向祖国万水千山的故事，向广大大学毕业生传递"到西部去，到祖国最需要的地方去"的人生选择。2015年，上海教育电视台被国家新闻出版广电总局列为2014—2015年度广播电视公益广告专项资金扶持项目三类传播机构，排名全国第18位。 （范冬虹）

【绿叶荧屏抒爱国情怀】 9月3日，为纪念中国人民抗日战争胜利暨世界反法西斯战争胜利70周年，教育电视台通过绿叶荧屏传递"抒我爱国情，壮志多豪迈"，编排8小时特别版面，在上海地区独家引进并强档推出百集大型文献纪录片《大抗战》。暑假期间，举办一系列面向青少年的纪念主题活动："家乡的怀念——纪念陈云同志诞辰110周年主题活动"；2015"心中的长城"——上海市青少年"走近边防线"国防教育主题活动电视选拔赛；《国歌在我心中》——上海市青少年国歌知识竞赛主题活动等；激发当代青少年的爱国主义精神和民族责任感。 （范冬虹）

【推出《帮女郎》新系列】 8月，与上海市公安局合作推出《帮女郎》周四特别节目——《寻找》，作为

"全心全意为百姓服务"理念的又一次强化呈现。通过求助者自述和短片结合的形式，展现其人生经历和寻人诉求，现场嘉宾展开同感式点评，挖掘和剖析当事人的情感需求，对心理创伤进行抚慰，展现节目的温馨和关怀，"帮女郎"和"帮小弟"则承担起帮寻的重任，尽量圆求助者的寻亲梦。《百姓鉴宝汇》是《帮女郎》节目周五特别节目，邀请专业人士担任鉴赏嘉宾，集宝物鉴赏、收藏知识、收藏资讯为一体。年内又推出微信服务平台，线上线下多方位宣传收藏知识，举办讲座，受到藏友热烈欢迎。全年，"帮女郎"栏目收到来自上海市民热线表扬通告20余次。《生命大营救》节目分别获得上海广电奖三等奖和上海新闻奖三等奖，《怨怼母女能否重拾亲情》获得2014—2015年度全国电视法制节目调解和故事类节目三等奖。以女记者为主力军的《帮女郎》栏目组还荣获2015年度上海市教育系统巾帼文明岗。 （范冬虹）

【首届"国学达人"挑战赛举行】 "魅力国学 精彩青春"第一届上海学子"国学达人"挑战赛，由中共上海市教育卫生工作委员会、共青团上海市委员会、少先队上海市工作委员会和上海市学生联合会主办，上海教育电视台承办。54名入围决赛的小选手，分小学、初中、高中三个组别在国学达人电视决赛舞台上以学会友。比赛分晋级阶段的"百家争鸣""舌战群儒"与决胜阶段的"诗情画意""扭转乾坤"四个环节。邀请高校专家学者、国学文化名人和语文教学权威担当评委导师，确保比赛公正公平，通过现场答疑解惑，将国学中一些有趣知识传播给青少年。各中小学积极组织学生收看，作为国学教育资源，节目播出后也广受好评，学校、家长都来电要求重播。 （范冬虹）

附：台负责人及地址

（2015年1—12月）

台党总支书记：张伯安

台　长：蒋　红

副台长：陆　生、张伯安

地址：大连路1541号

邮编：200086

电话：65834001

上海教育报刊总社

【2015年概况】 围绕市教卫工作党委和市教委的中心工作，积极服务教育发展大局，着力提升教育新闻宣传和教育服务能力，大力加强各媒体品种专业化、品牌化建设，取得良好的社会效益和稳定的经济效益。

深化新闻宣传中心功能，构建教育宣传新格局。制定《上海教育新闻宣传工作重点选题计划》，遴选出53个重点选题，完成48个，调整5个，新增25个重点选题、136个一般选题，全年共完成209个选题宣传，重点宣传培育践行社会主义核心价值观、传承弘扬中华优秀传统文化、深化教育综合改革、加强教育法治建设、党建工作、"十三五"规划编制等，组织召开新闻发布会6场（含配合召开市政府新闻发布会1场）、新闻通气会24场，组织记者集体采访207场，接待境外媒体采访近10次，主动发布通讯稿249篇约20余万字，组织专家评论文章50余篇。加强新媒体建设、妥善应对舆情，在营造良好舆论环境，维护上海教育系统良好形象等方面，充分发挥出综合功能。报送舆情快报51篇，整理网友反馈信息47件，代表市教委完成30次权威回应，在应对重大公共事件、处置个别突发事件等方面，有力地维护了上海教育系统的社会公信力。承接运营的市教委政务微博和政务微信“上海教育”、市教委官方微信“教师博雅”快速发展，上海教育政务新媒体用户总数已突破52万，并与教育系统及上海市主要政务新媒体积极联动，传播力长期位居全国省级教育政务新媒体第一名，受到教育部肯定。“教师博雅”微信公众号获得“全国工会系统百家最有影响力新媒体奖”。

加强媒体内容建设，逐步提升媒体品牌形象。报刊总社各媒体运用专题、专辑、专版、专栏等形式，有计划有步骤地开展重点报道。一是围绕重大时政选题，开设“学习贯彻十八届五中全会精神”专栏，全面持续宣传报道上海教育系统学习贯彻的整体情况；结合纪念抗日战争胜利70周年，开辟“教育中的抗战故事”和“口述实录”专栏，获得上海教育新闻奖策划组织奖。二是聚焦教育综改，针对区县综改方案、学区化集团化办学、高考改革措施等热点话题，全覆盖、高密度进行宣传报道，《上海教育》推出“局长谈综改”专栏、《东方教育时报》推出《专家共话教育改革新思路新办法》等专题报道形成较大传播力和影响力。三是关注区县教育和基层学校的典型经验和创新做法。《上海教育》连续推出12所新优质学校的系列报道；提炼总结了普陀、杨浦、徐汇、虹口、崇明等区县教育发展特色的新课题、新经验。《东方教育时报》开辟“中国梦·校园美”栏目，推出一大批高校师生的感人故事。上海教育新闻网精心策划《雪域高原的沪藏教育情》专题报道，以互联网图文形式呈现上海教育援藏工作的丰富内涵与丰硕成果。报刊总社被中央精神文明建设指导委员会评为“全国未成年人思想道德建设工作先进单位”。《当代学生》《好儿童画报》等期刊被国家新闻出版广电总局评为“全国优秀少儿报刊”。报刊总社数字化布局初见成效，形成以“第一教育”为代表的17个媒体微信号，拓宽了教育新闻服务的受众面，有效提升了新闻传播的效益。

媒体经营稳定发展，教育服务创新拓宽。在纸媒发行整体滑坡的情况下，总社员工坚守校园文化阵地，尽心尽职、规范有序地开展报刊发行订阅收费工作。学生类报纸发行有所下跌，面向教师、学生的教育类期刊出现不同程度的增长，总体上较好完成全年发行经济目标。报刊总社坚持把社会效益放在首位，重点打造教育服务品牌项目。全年由总社主办或承办的市级层面活动63项，教育博览会、学前教育年会、“中国好作业”、市民诗歌创作等传统项目的规模和社会影响力都有明显提升。全年承担政府购买服务项目70个。（姚明强）

【举办第十四届中学生古诗文阅读大赛】 1月23日，由市教委教研室、上海教育报刊总社主办、《当代学生》杂志承办的第十四届中学生古诗文阅读大赛在上海图书馆举行团体决赛暨大赛颁奖仪式，上海市文来中学、上海市七宝中学、上海商业学校分获初中、高中、中职组团体金奖，480名同学获得各组别的个人一、二、三等奖。（吴永安）

【举办第九届上海市中学生现代文阅读大赛】 3月28日，由报刊总社主办、《上海中学生报》承办的第九届上海市中学生现代文阅读大赛举行颁奖仪式。大赛吸引了近10万名中学生参赛，近3000名学生进入全市决赛，最终有717名学生获奖，其中一等奖66名，二等奖147名，三等奖224名，优胜奖280名。（许　诺）

【承办健康行系列活动】 3—12月，由市教委指导、报刊总社《康复》杂志社承办的“社区健康行”系列主题活动，在闸北、宝山、松江、黄浦、普陀、徐汇、长宁和浦东等区县举办健康巡展63场、专家讲座14场、健康检测5场及医师义诊3场，参与市民高达7万余人次。其间，8—11月，在浦东新区、徐汇区等区县学校举行2015“校园健康行”系列主题活动，开展学生健康讲座、编发学生健康手册等，受益中小学生达数万人次。（王　璐）

【举办第十二届上海教育博览会】 4月9—12日，2015第十二届上海教育博览会在上海展览中心举行，展会主题为“教育奠基未来、未来为你而来”。本届教博会由市教卫工作党委和市教委指导，上海教育报刊总社主办。市级展区携手148家参展单位呈现于1.8万平方米的五大展区中。展会举行了5场高峰论坛、16场模拟课堂、10场新闻会客厅、6场新闻发布会、24场教育影片放映和68场舞台表演，吸引近15万名观众入场参观。

（杜守龙）

【承办“首届上海市民诗歌节”】 4月23日，由上海市学习型社会建设与终身教育促进委员会办公室、上海市语言文字工作委员会办公室、上海市作家协会主办，上海教育报刊总社《东方教育时报》承办的“首届上海市民诗歌节”暨第九届市民诗歌创作活动启动仪式举行。活动在全市范围开展市民及大中小学诗歌创作征集、诗歌普及系列讲座以及市民诗歌节展示等项目，共收到原创诗歌4万余首，并征集设计诗歌节徽标。12月24日，“首届上海市民诗歌节”诗歌朗诵会暨颁奖仪式在上海儿童艺术剧场举行。

（周俊峰）

【举办第十二届上海市中学生时政知识大赛】 4月25日，由市教委教研室、上海教育报刊总社主办，《当代学生》杂志、上海市学生德育发展中心、上海市中等职业学校德育研究会承办的第十二届上海市中学生时政知识大赛在上海图书馆举行颁奖仪式。大赛以“自觉践行社会主义核心价值观”为主题，吸引近2500名初中、高中、中职学生参加，最终550余名学生获得各组别一、二、三等奖。

（方林建）

【评选2014上海大学生年度人物】 4月27日，由市委宣传部、市教卫工作党委、市教委、团市委指导，报刊总社承办的“2014上海大学生年度人物表彰会”举行。复旦大学的王传超、华东师范大学的次仁更才、华东理工大学的周元凯、同济大学的彭婧，以及东华大学国旗护卫队等10名优秀学生及学生团队当选“2014上海大学生年度人物”。上海交通大学的马仁义等10名学生荣获提名奖。

（胡思华）

【举办2015上海市少儿新闻大赛】 6月，由市精神文明办、市教委、团市委、市少工委联合上海教育报刊总社《少年日报》编辑部等单位，开展“向陋习说不，为文明点赞——2015上海市少儿新闻大赛”。共收到团体参赛“访一访”微报告近600份、个人参赛“写一写”文字类作品近5000篇、“拍一拍”摄影作品近4000幅、“画一画”绘画作品近5000幅。最终评选出最佳微报告11份、创意微报告1份、文字类一等奖6名、摄影类一等奖5名、绘画类一等奖6名及其他奖项若干。

（郭　莹　盛志云）

【主办第七届鲁迅青少年文学奖评选活动】 6月，由上海鲁迅文化发展中心、上海教育报刊总社《东方教育时报》联合主办的第七届鲁迅青少年文学奖评选活动面向全国中小学生征稿。活动吸引近百万名学生参与。通过评选，上海中学高三学生侍奕君荣获万元大奖，来自深圳、山东的三名学生分获小学、初中、高中组特等奖。

（周俊峰）

【举办2015年中国长三角校长高峰论坛】 9月25—26日，由沪、苏、浙、皖4省市教育报刊总社（教育宣传中心）共同主办的2015年中国长三角校长高峰论坛在安徽省合肥市第八中学举行。论坛主题是“校长视角下的管、办、评分离”。金卫东、孙纳新等10名校长被授予“中国长三角最具影响力校长”称号。

（姜新杰）

【举办“中国好作业”公益活动】 10月17日，由上海教育新闻网与上海交通大学官微联合主办的2015“中国好作业”公益活动展示交流会举行。本年度“中国好作业”共出24道题。上海、北京、重庆、广东等10多个省市的报名数达25703人，成功提交作业数15382篇，活动页面点击率突破100万次，外省市学生报名率超过15%。活动历时3个多月，共评出金奖10名、银奖20名、铜奖260名。

（刘晓晶）

【举办第十一届“亲子嘉年华”】 10月30日至11月1日，由报刊总社主办，《上海托幼》杂志、上海市幼儿游戏研究所共同承办的第十一届“亲子嘉年华”活动举行。围绕“我是游戏王”的活动主题，64家优质幼儿园展示了近百个精心设计的各类幼儿互动得奖游戏，涉及亲子、运动、益智等内容，另有

“宝贝运动会”、大型闯关充气城堡、牙防所专家现场义诊等活动，吸引近万个婴幼儿家庭前来参加。

（吴　丙）

【举办第六届上海学前教育年会】 11月26—28日，由上海市教育学会幼教专业委员会主办，上海教育报刊总社《上海托幼》杂志、华东师范大学学前教育学系承办，上海市学前教育信息部、上海市托幼协会协办的第六届上海学前教育年会举行。年会以“聚焦儿童，促进学前教育的优质发展”为主题，共收到征文5200篇。参会人次达1.2万。年会开展60场专题交流、15场工作坊展示，并有39所幼儿园作现场观摩展示、10位专家作专题报告。

（吴　丙）

【承办第四届上海市中小学生“我爱集邮”系列活动】 12月17日，由市教育系统集邮协会主办，上海市教育系统集邮协会青少年分会、上海教育报刊总社《少年日报》社承办的第四届上海市中小学生“我爱集邮”系列活动落下帷幕。活动历时8个月，全市有90多所学校参与，开展了知识竞答、集邮课本剧表演、猴年生肖邮票设计、出版集邮知识竞答专辑、中外青少年书信交流和新邮首发式访谈等多项活动。

（孙　宏）

【承办“科普校园行”科学家巡讲活动】 12月20日，“科学点亮校园”——上海市中小学“科普校园行”科学家巡讲活动三周年总结会暨科学家见面会在科学会堂国际会议厅召开。巡讲活动由市教委主办，九三学社上海市委、上海市科普作家协会协办，上海教育报刊总社承办。从2013年以来，巡讲活动共组织科学家走进中小学校开展讲座328场，惠及上海17个区县的十万多名中小学生。巡讲三年讲座成果已结集出版。总结会上，举行了《科学如此好玩——上海市中小学“科普校园行”集萃》赠书仪式。

（谭杨红）

附：总社负责人及地址

（2015年1—12月）

社长、社党委副书记：仲立新
社党委书记、副社长：彭东恺（11月到任）
副书记：唐洪平
副社长、总编辑：金志明
副社长：施清平、徐　勇

社址：长宁路491弄36号
邮编：200050
电话：62525555

教育人物

Educational Personage

纪念人物

【吴景祥(1905—1999,诞生110周年)】 男,广东中山人。中国著名建筑师、教育家,同济大学建筑系的创立者之一。1925年考入清华大学土木工程系,1929年毕业获官费留学资助往法国深造,进巴黎建筑专门学院学习建筑,1933年毕业获DESA学位,曾任法国政府总建筑师Albert Laprade(1883—1978)事务所实习建筑师。1934年回国,加入中国建筑学会,创办吴景祥建筑事务所(甲等开业证),后转入中国海关总署担任总建筑师,负责全国各地海关建筑的设计。这一时期作品包括海口海关大楼设计(琼海关)(1936年)、上海海关图书馆(1937年)、天津海关扩建、九龙海关无线电台(1938年)、蚌埠海关办公楼(1940年)、上海海关总税务司公署(1943—1947年)、上海汾阳路海关住宅区、新闸路海关职工宿舍、岳阳路中央研究院学术机关、浦东陆家嘴海关总署改造修理海关职员宿舍(1946年),上海水产研究所鱼油厂专家招待所、食堂、宿舍(1947—1948年)等。还设计北京干面胡同以及上海复兴西路246号两处住宅。

1949年应梁思成之邀参与北京首都规划委员会的工作,期间因病返回上海,与谭垣、李正、黄毓麟、张智等七人组成"中国联营顾问建筑师工程师事务所",并在之江大学执教,兼任中央美术学院华东分院建筑组(杭州中国美术学院的前身)的教授。1952年,转入华东建筑设计院的前身"华东建筑工业部设计公司"任建筑师,后随全国"院系调整"转入同济大学任教,1953年担任中国建筑工程学会上海分会(上海建筑学会前身)"学术委员会"主任,并于1954年出任建筑系主任。1958年,同济大学成立土木建筑设计院筹备委员会任主任,并兼任上海市建筑学会副理事长,致力于将建筑新思想、新建筑理论介绍到中国学界,翻译《走向新建筑》等书籍,并发表一系列关于新建筑理论的文章。积极探索设计教学和实践的结合,发表包括《边教学边生产是理论联系实际的好办法》《一艘大型客轮的室内设计》《船舶设计中的建筑问题》等,在住宅问题研究方面,探索在当时经济条件下低造价住宅的新住宅设计方案,出访法国后发表《法国近年装配式住宅概况》。1970年间,带队前往安徽进行三线厂设计,回上海后历任"五七公社设计组"副主任,1979年设计院重新组建,再次出任院长。1981年任第五届上海建筑学会理事长,同年主持设计同济大学留学生大楼。这一时期研究重点为高层建筑,1987年主编《高层建筑设计》一书。同济大学建筑与城市规划学院于2012年首发《吴景祥纪念文集》。

(同　济)

【冯　契(1915—1995,诞生100周年)】 男,原名冯宝麟,浙江诸暨人。中国现当代著名哲学家与哲学史家,华东师范大学教授。1956年加入中国共产党。1935年考入清华大学哲学系,抗日战争爆发后,曾赴延安,并辗转山西、河北等地,参加抗日工作。1939年前往西南联大复学,1941年毕业。1941年至1944年在清华研究院读研究生期间,师从金岳霖、汤用彤、冯友兰等。离开西南联大后,曾任教于云南大学、同济大学、复旦大学等。

新中国成立后,在华东师范大学任教,历任华东师范大学政治教育系主任、哲学系名誉主任,上海社会科学院副院长、哲学研究所副所长,国务院学位委员会第一届哲学评议组成员,上海市社联副主席,上海市哲学学会会长,中国哲学史学会会长,中国辩证逻辑学会会长等。著作为10卷本的《冯契文集》,主编《哲学大词典·中国哲学史卷》、《中国近代哲学史》等。冯契以智慧的探索为中心，哲学思考涉及中国哲学史、认识论、价值论、伦理学、美学、逻辑学等各个领域，其代表作有“智慧说三篇”(《认识世界和认识自己》《逻辑思维的辩证法》《人的自由和真善美》)和“中哲史两论”(《中国古代哲学的逻辑发展》《中国近代哲学的革命进程》)。

(华　师)

【周淑贞(1915—1997，诞生100周年)】 女，江苏南京人。著名城市气候学家、地理学家和地理教育家，华东师范大学教授。1956年加入九三学社。1938年毕业于中央大学地理系，获理学学士学位，留校任气象学助教。先后任教于重庆中央大学、上海交通大学、上海航务学院，1953年调入华东师范大学地理系。曾任九三学社华东师大副主任委员，上海气象学会副理事长，中国地理学会气候专业委员会委员兼城市气候研究组组长，国家教委高校地理教材编审委员兼气象水文组组长，全国高校城市气候研究中心主任委员，全国高师《气象学与气候学》教学研究会理事长等。

从事大气科学教学与科研50余年，出版《气象学与气候学》《气象学与气候学实习》《城市气候学》等著名教材与专著，在国际国内刊物上发表城市气候与区域气候论文70余篇。于上世纪50年代末在上海发现了城市发展进程中的热岛现象，率先在中国提出城市气候的五岛效应(热岛效应、湿岛效应、干岛效应、雨岛效应和混浊岛效应)，开创了中国城市气候研究的先河。相关研究成果获国家教委颁发的“优秀科技成果奖”“科学技术进步奖”和“优秀教材二等奖”等。多次赴德国、美国、墨西哥、日本等国，在国际城市气候学术会议的讲坛向国际同行介绍有关上海城市气候研究的学术报告；在1989年日本京都城市气候会议上，被国际城市气候学界誉为全球功绩卓著的“五大先驱学者”之一。

(华　师)

【冯纪忠(1915—2009，诞生100周年)】 男，河南开封人。中国著名建筑学家、建筑师和建筑教育家，中国现代建筑奠基人，中国城市规划专业以及风景园林专业的创始人、中国第一位美国建筑师协会荣誉院士、首届中国建筑传媒奖“杰出成就奖”得主。1934年进入上海圣约翰大学学习土木工程专业，1936年赴奥地利维也纳技术大学学习建筑专业，1939—1941年获德国洪堡基金会奖学金，1941年6月毕业获建筑师及工程师学位。1946年回国。1947年起，受聘上海同济大学。1953年担任同济大学建筑设计院首任院长。1955年任同济大学建筑系主任(1955—1986年)。先后参加南京的都市计划工作及上海都市计划工作(1949年)；设计创作武汉“东湖客舍”(1950年)、“武汉医院”(现同济医学院附属医院)主楼(1952年)、华东师范大学化学馆设计(1953年)等具有重大影响的建筑，发表《武昌东湖休养所》《武汉医院》《工业化施工与建筑创作》等一系列相关文章。1970年代末规划设计上海松江方塔园。1960年初提出“建筑空间组合原理(空间原理)”，并在教学上实施。1961年9月当选上海市第四届人民代表大会代表，12月，任中国建筑学会第三届理事会理事。1974年，《建筑设计原理》作为教材内部出版。

(同　济)

逝世人物

【韩建成(1931—2015.3.2)】 男，江苏常州人。华东师范大学化学系教授。1953年加入中国共产党。1953年毕业于华东师范大学化学系。先后任华东师范大学化学系教学法教研室副主任、物理化学教研室主任，上海市化学化工学会物理化学组组长，兼任上海市化学化工学会顾问理事兼物理化学专业委员会主任，中国化学会理事。1993年获国务院授予的政府特殊津贴（终身）。发表《碱式碳酸锌对［UO1（CO3）3］4-吸附机理的研究》，合写有《钛吸附剂对UO2（ClO4）吸铀机理的研究》等论文30余篇，编著《原子结构浅说》《多晶X射线结构分析》等著作。参加“海水提铀用的吸附剂研制及吸附铀的机理研究”，获1980年国防科工委科学技术成果三等奖。所撰写的论文3次获得上海市化学化工学会优秀论文奖。1994年有2项科技成果获国际学术权威机构ICDD（International Center Diffraetion Data）授予的重大贡献证书，并以最优质水平遴选为国际标准。（华　师）

【朱世能（1936—2015.3.16）】 男，浙江绍兴人。教授，博士生导师。1954年考入上海第一医学院攻读本科，1959年毕业留校，先后任助教、讲师、副教授、教授、博士生导师。1963年6月—1966年6月，攻读上海第一医学院病理学专业研究生，师从谷镜汧教授。1975年6月—1977年6月，参加上海市赴西藏医疗队到拉萨和藏北工作。1980年2月—1981年9月，在美国哈佛大学公共卫生学院肿瘤生物学系做访问学者。1984年7月—1994年2月，任上海第一医学院副院长、上海医科大学副校长。1990年起享受国务院特殊津贴。1996—2008年，担任上海医科大学校友会会长。

长期从事肿瘤学研究及病理诊断工作，并致力于肝癌发病机制的研究，是国内研究“乙肝病毒与肝癌发病关系”的著名专家，是“211工程”肿瘤学科学术带头人，在“肝癌肿瘤标志物研究”等领域成绩卓著，发表专业学术论文80余篇，研究成果曾获国家科技进步三等奖、卫生部科技进步一等奖等奖项。主编《肿瘤基础理论》《现代肝脏病理学》等6部学术专著，参编《现代肿瘤学》《实验肿瘤学基础》《临床肝胆病学》等专著10余部。其中《肿瘤基础理论》一书是影响国内病理学研究的重要论著之一；以丰富的病理解剖案例为题材编著的《医林奇案》一书，也已成为中国广大病理学工作者案头必备指导用书，获得全国科技图书二等奖，上海市优秀图书奖等奖项。曾担任两届中华医学会病理学分会副主任委员，担任上海市医学会病理学分会主任委员、名誉主任委员，上海市法医学会名誉理事长等职务，对中国病理学发展做出卓越贡献。

曾获得“上海第一医学院先进工作者”“普康—上海医科大学优秀教师奖”、上海医科大学“我心中的好老师”“上海市教育系统优秀共产党员”“上海市教育系统关心下一代工作先进工作者”“全国归侨侨眷先进个人”等荣誉称号。（张江燕、甄炜旎）

【盛祖嘉（1916—2015.4.28）】 男，浙江嘉兴人。教授，博士生导师。中国微生物遗传学的主要奠基人之一。1940年毕业于浙江大学生物系，获理学学士学位。1946年赴美国留学，进行脉孢菌遗传学研究，1950年获美国哥伦比亚大学哲学博士学位。1951年回国在在浙江大学生物系任教，讲授微生物遗传学课程，进行微生物遗传学研究。1952年院系调整后，先后任复旦大学生物系副教授、教授，遗传学研究所副所长，生物系副主任，复旦大学遗传工程国家重点实验室主任等职。曾任国家自然科学基金委员会生命科学学部首届主任，国务院学位委员会第二届评议组成员，中国遗传学会理事以及中国遗传学会《遗传学报》和《遗传》杂志第三任主编。在国内外杂志上发表论文40多篇，独立或合作翻译遗传学著作4本。1962年完成《微生物遗传学基础》创作，1982年改写成《微生物遗传学》于1987年修订再版，获1988年国家教委全国高等学校优秀教材一等奖，并作为全国高等院校普遍采用教材，2007年又经修改并扩充为第三版，为中国开展分子遗传学和遗传工程研究打下基础。主要负责《大百科全书——遗传学分册》的编辑工作。此外，还曾就自然科学奖评奖标准问题、基础研究与生物工程高技术的关系问题、如何正确对待摩尔根学派遗传学等，发表论文10余篇。

毕生致力于中国遗传学教学后微生物遗传学研究事业的建设与发展。改革开放以后主要进行大肠杆菌染色体DNA复制机制和嗜热细菌方面的研究。在嗜热细菌研究方面，专门对其中的磷酸葡萄糖异构酶基因进行研究。克隆磷酸葡萄糖异构酶的两个同功酶基因，并在离体互补测定实验的基础上，提出受温度调控基因表达的假设。之后又通过克隆另一嗜热细菌的某一基因作为报道基因而验证这一假设，而且发现包括这一基因在内的3个基因的葡萄糖分解代谢操纵子。作为极端环境微生物的典型事例，这一内容已写入《微生物遗传学》第三版中。指导学生克隆了具有自主知识产权的复旦耐热DNA聚合酶基因，并为中国的PCR技术的发展和应用推广作出重要贡献。

（陶无凡、卢大儒、甄炜旎）

【乔登江(1928－2015.5.8)】 男，江苏高邮人。两弹功臣、著名核物理学家、核技术应用专家，中国工程院院士，华东师范大学终身教授。1949年加入中国共产党。1952年金陵大学（当年并入南京大学）物理系毕业后，先后在金陵大学物理系、南京师范学院物理系、江苏师范学院物理系任教。1963年入伍，历任总装备部驻疆某基地研究所研究室副主任、主任，研究所副所长，基地科技委副主任兼研究所科技委主任等职。1988年被中央军委授予胜利荣誉勋章，并任西北核技术研究所研究员、博士生导师，同年6月因患肾癌离休。1997年当选为中国工程院院士。1999年6月始担任华东师范大学教授、博士生导师，先后指导了10余名军地博士后、博士研究生和硕士研究生，大都已成各自领域的学科带头人。

作为中国核爆炸理论、应用与抗核辐射加固技术研究的开创者之一，在核爆炸火球发展的过程，冲击波、光辐射、早期核辐射和核电磁脉冲的传播，以及放射性沾染等方面，进行了系统深入的研究和总结。主持编写《核爆炸效应参数手册》，为核武器防护和核效应研究提供科学依据，被誉为是一部“丢掉洋拐杖”全面反映中国核试验成果的专著。富有成效地主持了核试验安全工作，根据弱击波传播中发生聚集的理论，创造性地开展了只要知道零时的气象实况就能通过简捷计算报知空中、地面冲击波强度的方法，保证了中国大气层核试验的安全，获国防科工委科技进步一等奖。编纂出版近70万字的《核爆炸物理概论》，全面反映中国核试验中核爆炸物理的研究成果，是中国在此领域中的唯一专著，对推动中国核爆炸物理的深入研究做出重要贡献。主持编写的“战略目标核效应手册”获国家科技进步三等奖、“核火力应用手册”获1994年国防科工委委级科技进步二等奖。在抗辐射加固技术研究方面首先提出在平洞试验开展抗辐射加固技术研究并付诸实施，开创新的研究局面。发表学术论文30余篇。先后获国家级科技奖9项、部委级科技奖7项，获国家出版二等奖1项，出版专著5部。

（华　师）

【钱伯文(1917—2015.6.8)】 男，江苏无锡人。中国共产党党员，中国农工民主党党员。教授、中医药学家。1939年毕业于上海新中国医学院。1957年起任教于上海中医学院。全国首届500位名老中医药专家学术经验研究班导师，1992年起享受国务院颁发的政府特殊津贴。曾任中华人民共和国药典委员会委员，上海中医研究所肿瘤研究室主任，上海中医学院中药系副主任，上海中医药大学专家委员会副主任委员，上海市中医药研究院专家委员会副主任委员，上海中医药大学终身教授，上海康复食疗协会名誉会长，中国中医药学会外科学肿瘤专业委员会顾问，上海中药学会顾问，上海中医药学会肿瘤学专业委员会负责人等职。撰有《肿瘤的辨证施治》《抗癌中药的临床效用》两部专著，主编《中国食疗学》《养生指南》《抗衰老中药与食物》等5部著作，并组织编写《中药学》《方剂学》等教材。参加《辞海》中药部分的编写工作。发表论文80余篇。曾先后获得上海市卫生局科技进步一、二等奖，第二届世界传统医学优秀成果奖，国际中医学术会议优秀论文奖。美国生物研究所1990年授予其“国际文化荣誉证书”。

（朱国福）

【万嘉若(1925—2015.7.1)】 男，江西南昌人。华东师范大学电子科学与信息科学教授。1959年加入中国共产党。1948年毕业于暨南大学物理系，1952年高校院系调整，转华东师范大学任教。历任同济大学物理系助教、讲师；华东师范大学物理系讲师、副教授（1960年）、教授（1981年）、副系主任，华东师范大学电子科学系教授、华东师大教育信息技术系首任系主任、华东师大现代教育技术研究所首任所长等职务。兼任中国人工智能学会第一届副理事长，中国空间遥感技术学会第一、二届副理事长，上海人工智能学会第一届理事长，上海电子学会第三届副理事长，上海信息专业委员会主任委员，上海高校电化教育研究会第一届理事长。长期从事电子与信息科技研究，主编或合著《无线电电子学》《无线电基础》《数字电路》《电子线路基础》《计算机教育应用》《计算机辅助教育》和《现代教育技术学》等著作，在数字图象处理与模式识别、计算机辅助教育等学术领域发表数十篇论文，其中《卫星图片的数字处理和计算机辅助语言教学系统》等论文曾获得教育部奖励。负责研制了各型微波仪器，相关仪器和功率谱仪。1962年被评为上海市教育系统先进工作者。 （华　师）

【刘学照(1935—2015.7.1)】 男，江苏建湖人。华东师范大学历史学系教授、享受国务院特殊津贴专家。1960年毕业于华东师范大学后留校任教。曾兼任上海中日关系史研究会副会长、中国中日关系史学会理事、上海中山学社理事。从事中国近现代史教学与研究近40年，培养硕士、博士20余名。在中国近代史、中国近代思想史以及近代中日关系史领域，发表了不少学术新见解。1982年，在史学界首先提出“洋务思潮”新概念，旋在系列论文中全面阐述了洋务思潮的产生及其演进规律，引起较大反响。“洋务思潮”这个概念被学术界广泛接受和采用。曾应邀赴日本明治学院大学讲学。著有《洋务思潮与近代中国》《日本帝国主义侵华史略》等著作，发表《论洋务思潮》《论李鸿章和伊藤博文》《李鸿章家书辨伪》《“从同”和“超越”：孙中山近代化思想的特色》《晚清诗史中的林则徐》等论文90余篇。其中《论早期维新派的重民思想》获上海市(1979—1985)哲学社会科学论文奖。 （华　师）

【张涤生(1916—2015.8.19)】 男，江苏无锡人。医学家、教育家、科学家，中国整形外科和修复重建外科的开拓者和奠基人之一。中国工程院院士。上海交通大学医学院一级教授。曾任上海第二医科大学附属第九人民医院院长，上海市整复外科研究所所长、中国修复重建外科学会主任委员。

1941年毕业于中央大学(今南京大学)医学院；1946年赴美国宾夕法尼亚大学医学进修学院学习整形外科；1948年回国任国防医学院(今第二军医大学)颌面外科主任。1951年在长春建立新中国首家战伤、烧伤和冻伤治疗中心，1955年担任上海第二医学院附属广慈医院颌面外科主任，1961年建立整形外科；1966年，将科室迁到上海第二医学院附属第九人民医院更名为“整复外科”。

在显微外科、颅面外科和淋巴医学等领域有重要创新和建树。1964年，首创烘绑疗法治疗肢体象皮肿。1965年，在《中华外科杂志》上发表中国首篇通过血管吻接、游离皮瓣移植成功的文章；1966年，与陈中伟合作首例断指再植成功。20世纪70年代，应用显微外科技术，首创前臂皮瓣一期再造阴茎、跖趾关节移植重建颞颌关节、游离肠段移植修复食管缺损、大网膜游离移植加植皮治疗头皮难愈创面等手术。1976年，开展中国首例颅面外科手术。1978年，合作主编中国首部显微外科专著《显微外科》；20世纪80年代，多次举办显微外科学术会议和学习班，推广显微外科技术。同时，开展动物实验，探索烘绑疗法治疗机制并向国际同仁介绍，现烘绑疗法是国际淋巴学会认可的两项有效治疗手段之一。1989年，成立中国首个颅面外科协作组；1999年，出版中国首部颅面外科学专著《颅面外科学》。共发表论文130余篇，主编学术著作12部，参加编写中外专著30余部。

先后获得40余项国家级、部级及上海市级科技成果奖。1999年，获“上海市医药荣誉奖”。2000年，获“何梁何利科技进步奖”。2008年，获“第七届光华工程科技奖”，入选“光荣与力量——2008《走近他们》年度十大人物”。2009年，入选“上海科技创新杰出贡献人物”和“‘城市魂、英雄谱’上海市建国60周年60位杰出人物”。2010年，获“中国显微外科终身成就奖”。2011年，获上海交通大学“杰出校友卓越成就奖”。先后担任美国整形外科学会通讯会员和荣誉会员、国际显微外科学会理事会员、国际颅面外科学会终身荣誉会员、亚太颅面外科学会创始会员和理事会员、国际淋巴学会终身会员、国际美容外科协会理事会荣誉主席。1982年获美国整形外科学会的“Maliniac讲学奖”。1988年入选美国整形外科学会“年度巡回讲学教授”，赴美国八大城市讲学。2008年获"波兰科学院医学科研成果奖"。2012年获美国整形外科医师协会的"整形外科国际人道主义奖"。（谈　争）

【黄晓同(1933—2015.8.24)】 男，贵州贵阳人。著名指挥家、音乐教育家，上海音乐学院指挥系教授，中国音乐家协会理事。1950至1955年，在上海音乐学院学习小提琴和钢琴演奏，学习作曲。1956至1960年，赴前苏联莫斯科柴科夫斯基音乐学院留学，学习歌剧、交响乐指挥。

1960至1997年，在上海音乐学院指挥系担任教授，先后培育指挥人才80余人，其中有陈燮阳、汤沐海、谭利华、张国勇、王永吉、林友声、余隆、侯润宇、瞿春泉和许忠等。先后指挥了贝多芬专场、莫扎特系列专场等重要演出，以及星期音乐会、协奏曲专场、歌剧片段及作曲教师新作品演出等。1979年，在上海大剧院指挥歌剧《蝴蝶夫人》的演出。1980年指挥上海芭蕾舞团演出芭蕾舞剧《天鹅湖》。指挥中央乐团、北京交响乐团的演出。1989年出访日本，在日本应警指挥教学中心开展教学交流。多次赴台湾地区访问，客席指挥台北市立乐团演出并讲学。1999年出访澳大利亚，指挥塔斯玛利亚交响乐团演出。（王金晶）

【张　煦(1913—2015.9.12)】 男，江苏无锡人。通信工程学家、教育家、科学家，中国科学院院士，中国通信界元勋、光纤通信的奠基人之一，上海交通大学一级教授。上海市第七届、第八届、第九届人大代表。1934年毕业于交通大学电机系。1935年考取清华大学留美公费生。1936—1940年在美国哈佛大学先后获科学硕士学位和博士学位。1940年学成回国，开始通信科学的教学和科研生涯，任交通大学教授。1949—1956年任交通大学电信系教授，兼任同济大学、沪江大学和大同大学教授。1956—1978年任成都电讯工程学院教授。1978年回到上海交通大学，先后担任电子工程系教授、系主任，名誉系主任。1980年当选中国科学院学部委员(院士)。

从教60余年，始终站在通信科技发展的前沿，引领中国通信事业的发展，在中国通信建设事业的历史性发展跨跃中发挥带头和推动作用。20世纪50年代，结合教学实践，编著出版了《长途电话工程》《无线电工程》等12部高校教材和科技参考书。翻译出版了《通信论简述》，这是国内首次推出的信息论领域科技书。20世纪60年代，率先在成都电讯工程学院（现电子科技大学）开出"晶体管电路"课，并指导研制成中国首批晶体管载波机。20世纪70年代，又首次讲授数据传输，翻译出版了《数据通信原理》等3本美国学术名著，被认为是中国第一批关于数据通信的系统教材。20世纪80年代，又率先为研究生开设了光纤通信原理课程，继而编撰出版了《光纤通信原理》《光纤通信系统》等专著。一生共编著、译著著作和教材56部，公开发表文章400余篇，先后培养出近千名各类高级专业人才。2006年，获全国光纤通信杰出贡献奖。（交　大）

【恽才兴(1935—2015.9.28)】 男，江苏常州人。中国共产党党员。华东师范大学河口海岸研究创始人之一，教授，享受国务院特殊津贴。1957年毕业于华东师范大学地理系，留校任职。1974—1976年间援藏，1980年任副教授，1986年晋升为教授，1993年起任博士生导师，华东师范大学河口海岸学国家重点实验室第一任主任。长期从事河口海岸动力地貌及海洋遥感的研究工作，在河口河槽演变、潮滩动力地貌过程及海洋遥感应用等方面取得显著成就。先后承担国家"六五""七五""八五""九五""十五"科技攻关项目及"863""神舟三号"对地观测等海洋高新技术项目多项，主要涉及长江口拦门沙航道演变规律研究、成像光谱在海岸带的应用示范研究、民用遥感器应用基础研究、海洋水色遥感等。曾获国家科技进步二等奖2项，国家部委、省、市科技进步一等奖4项、二等奖7项、三等奖3项。出版的主编或参编著作9本。为国家教委科技委地学学科组成员，国际海洋研究委员会(SCOR)中国海平面变化与海岸侵蚀工作组委员，中国海洋遥感学会副理事长，中国海洋地理专业委员会副主任。（华　师）

【孙　沩(1915—2015.9.29)】 女，浙江建德人。华

东师范大学半导体物理与半导体器件物理学教授。1986年加入中国共产党。1936年毕业于浙江大学物理系并留校任教，师从“二弹一星”元勋之一王淦昌院士。1952年院系调整，调任华东师范大学实验核物理检验室主任。从事物理及物理实验教学工作，负责高级物理实验室、中级物理实验室建设及原子核物理专门化建设。后因工作需要从事半导体物理专业建设工作，建立了“半导体物理和器件物理”硕士点和“固态电子学”本科专业，为华东师大半导体及微电子学科发展奠定了基础。一直处于教学、科研、学科建设第一线，所承担的“微电子测试结构图形及测试系统项目”被评为1985年国家教委优秀科技成果。发表论文《可靠性基础知识》等，合著《微电子测试结构》。在全国开展电子产品可靠性技术培训，培养了一批教学和科研人才。1978年获上海市三八红旗手称号，1981年被评为上海市妇女“六好”积极分子。（华　师）

【范绪箕（1914—2015.11.21）】 男，江苏江宁人。中国航空教育的重要奠基人，空气动力学研究的先驱者之一，著名力学家、教育家，一级教授。1956年加入中国共产党，第三届全国人民代表大会代表。中国航空学会的发起人之一，中国力学学会第一、二届理事，上海力学学会第三届理事长。出生于北京名门世家，1935年毕业于哈尔滨工业大学机械系。1935年赴美国加州理工学院机械系、航空系学习，成为世界航空航天宗师冯·卡门迁美后第一个中国学生，获硕士学位、博士学位（候选）。1940年夏学成返国，适值抗日战争最为艰困之期，更坚定其献身航空事业之决心。不远千里冒险跋涉，辗转贵州、四川、云南数省，先后任职于浙江大学、航空委员会航空研究院、清华大学。1945年再次受聘为浙江大学教授。1952年全国院系调整，奉命主持南京大学、交通大学和浙江大学三校航空系合并及筹建华东航空学院的工作。1956年任南京航空学院副院长。1979年就任上海交通大学副校长。1980—1984年任上海交通大学校长。

毕生致力于航空事业教学、科研和管理工作。创建了浙江大学航空系，任系主任。在无参考样板、缺建设经费、少专业人手的情况下，建成中国第一座3英尺低速风洞。1958年，在国内最早提出研制“无人机”构想，主持研制出“南航一号”靶机，为以后“长空”系列靶机的制成奠定基础。20世纪60年代初，在国内率先开展热应力理论和实验应用方面的研究，完成了南京航空学院亚、跨、超音速风洞和热应力模拟试验设备。在办学方面，提出了尖子教师的培养制度，提倡教学科研并举并以科研促进教学的办学思想。长期从事热弹性力学的理论和应用研究，为中国热应力学科的发展作出了贡献。

（交　大）

【邹剑秋（1924—2015.11.22）】 男，广东揭西人。曾任复旦大学党委副书记、副校长。1939年8月加入中国共产党。1944年8月—1946年8月，在重庆北碚复旦大学就读，并于1945年参加中共南方局青委领导下的复旦大学“据点”领导核心小组。1946年8月至1950年12月，至上海就读复旦大学新闻系，毕业后留校。任复旦大学党支部书记、党总支书记；1952年2月，复旦大学党委成立，任党委第二副书记；1955年1月，任复旦大学党委常委、学校办公室主任；1959年1月，任复旦大学党委常委、副书记，兼任党委办公室和校长办公室主任；1961年1月—1964年3月，调任中共中央宣传部，先后任国际处（对资本主义国家、地区）负责人，教育处高教负责人。1964—1966年2月，调回复旦大学，仍任党委副书记。1966年2月—1972年6月，调任上海市高教局（1969年12月上海市高教局与教育局合并，称教育局）副局长、党组副书记。1972年7月—1977年6月，任上海市教育局党委副书记，兼任副局长，并兼任上海市对外友协副主任等职务。1980年4月—1985年9月，调回复旦大学，任复旦大学副校长。1985年11月，任校务委员会副主任，1989年9月离休。

长期分管、负责教育领域的党政工作，在工作中既坚持原则，又注意团结同志，协调各方关系，使各项工作有序开展，在教育界和广大师生中的声望有目共睹。在任职中宣部，以及担任上海市教育局、高等教育局和学校领导职务期间，始终保持坚定的政治立场和求真务实的工作作风，以其自身的马克思主义理论水平和丰富的党政工作经验，殚尽竭虑、一心为公，为教育的改革创新、事业的发展做出了积极、重要的贡献。他善于思考和研究问题，坚持理论联系实际，发表了多篇理论文章，为中国的高等教育事业发展发挥了积极的引导作用。

（张江燕、甄炜旎）

【马革顺(1914—2015.12.19)】 男，陕西乾县人，著名合唱指挥家、教育家、九三学社社员、上海音乐学院指挥系教授。历任中国音乐家协会理事、中国合唱协会顾问、上海音乐学院艺术委员会委员、上海音乐家协会常务理事、美国合唱指挥家协会终身会员等。首届中国音乐金钟奖“终身荣誉奖”获得者。1933年，考入南京中央大学（今南京大学）音乐系，师从奥地利人史达士博士学习指挥法，1937年毕业获学士学位。1947年赴美国西南音乐学院的威斯敏斯特合唱学院研修合唱指挥，获硕士学位。1949年回国后，任教于沪江大学、上海美专、华东师范大学。1956年与杨嘉仁教授共同筹建上海音乐学院指挥系，还曾担任上海乐团、上海广播乐团合唱团、上海教工合唱团的指挥。

1954年创作出版圣诞大合唱《受膏者》，并指挥演出。1963年，出版中国第一部合唱学术专著——《合唱学》。1982年发表论文《西欧时期合唱作品的主要表现性》。1989年发表《合唱指挥的教学与排练随笔三篇》等。2008年出版《合唱与合唱指挥简明教程》。

曾指挥中央乐团、总政歌舞团及全国多个省市、军区的合唱团体演出，举办讲学、指导活动。在专业指挥教学中，培养出一批又一批青年合唱指挥家。多次出访新加坡、菲律宾、泰国、印度尼西亚、澳大利亚等国家进行讲学和演出。1981年2月，应美国合唱指挥家协会邀请，前往美国21所大学讲学和举行音乐会，先后被美国威斯敏士特合唱学院授予“荣誉院士”、瓦特堡学院授予“荣誉音乐艺术博士”、古斯塔夫学院授予“艺术荣誉奖章”。2015年11月，国际合唱联盟(IFCM)在澳门举行世界合唱博览会，百岁教授马革顺获得国际合唱联盟颁发的“终身成就奖”。

（王金晶）

大 事 记

Chronicles

2015年1—12月上海教育大事记

1月

4日　市委副书记应勇、副市长翁铁慧到华东理工大学检查实验室安全管理及食品安全工作。市教卫工作党委书记陈克宏汇报系统安全管理工作情况。市委副秘书长彭沉雷,市政府副秘书长宗明,市委研究室副主任周志军,市教卫工作党委副书记、市教委主任苏明,市卫生计生委书记黄红,市食药监局局长阎祖强等参加检查。

5日　市委副书记应勇到市教卫工作党委、市教委调研。市委副秘书长彭沉雷参加调研。市教卫工作党委书记陈克宏作了关于2015年党委工作总体考虑的汇报,市教卫工作党委副书记、市教委主任苏明作了关于2015年市教育综合改革工作安排的汇报。

同日　副市长时光辉到金山区调研农村综合帮扶工作实施情况,考察学府小学,了解教育综合帮扶成果。

7日　市教委召开上海教育改革发展情况通报会。市教卫工作党委副书记、市教委主任苏明通报了2014年市教委人大书面意见和政协提案办理情况、2014年上海教育工作取得的主要成效及2015年的工作打算。教育界市人大代表、市政协委员,市人大、市政协相关专门委员会、各民主党派领导出席通报会。

8日　市委副书记应勇、副市长翁铁慧召开市教育体制改革领导小组第21、22、23、24次专题会议,研究制定市政府关于加快发展现代职业教育的决定、部分高校房地产权证办理及房屋修缮、部市共建国家教育宏观政策研究院以及2015年文教结合工作等事项。市委副秘书长彭沉雷、市政府副秘书长宗明,市教卫工作党委、市教委和有关委办局领导出席会议。

10日　由市老教授协会主办、华东师范大学老教授协会承办的“上海老教授教育论坛”举行。教育部原副部长周远清、中国老教授协会会长徐锡安、市教委副主任陆靖出席会议并讲话。

12日　由市教卫工作党委、市教委、嘉定区委和区政府联合主办的“凝魂聚气育芳菲 立德树人铸品质——上海市教育系统培育和践行社会主义核心价值观现场推进会暨嘉定区优秀作品发布活动举行。副市长翁铁慧,市政府副秘书长宗明,市委宣传部副部长、市文明办主任燕爽,市教卫工作党委书记陈克宏,市教卫工作党委副书记、市教委主任苏明,市教委副主任王平等出席活动。

16日　副市长翁铁慧到宝山区行知中学视察,听取行知中学历史沿革和当前办学情况的介绍。

同日　由上海海洋大学主办的21世纪海上丝绸之路上海论坛举行。论坛主题为“21世纪海上丝绸之路建设中上海的机遇与挑战”。国际海洋协会主席,联合国开发计划署政策顾问,以及市政协副主席周汉民等出席论坛。

20日　市教委与奉贤区政府签署“培育新型职业农民、强化农教合作”框架协议。副市长翁铁慧,市政府副秘书长宗明,市教卫工作党委副书记、市教委主任苏明,奉贤区区委书记周平、区长庄木弟等出席签约仪式。

同日　副市长翁铁慧在奉贤区召开基础教育改革发展座谈会,听取奉贤区师生的意见建议。市政府副秘书长宗明,市教卫工作党委副书记、市教委主任苏明,市教委秘书长王志伟等出席座谈会。

22日　副市长赵雯视察上海应用技术学院中欧知识产权管理研究中心,并听取了研究中心工作开展情况的汇报。

同日　副市长翁铁慧到长宁区检查学校安全管理工作，并召开教育卫生系统安全管理工作调研会。市政府副秘书长宗明，市教卫工作党委巡视员李瑞阳，市教委副主任贾炜等参加调研。

23日　副市长翁铁慧到上海理工大学考察调研协同创新与科学技术成果转化等相关工作。市教委副主任袁雯参加调研。

同日　副市长翁铁慧到上海大学调研，并听取上海温哥华电影学院及上海大学延长校区规划调整建设、上海大学美术学院建设等工作汇报。市政府副秘书长宗明，市教委副主任丁晓东、袁雯等参加调研。

同日　上海海事大学召开领导班子调整宣布会议。市委组织部副部长陈皓，市教卫工作党委副书记虞丽娟出席会议。会议宣布市委、市政府任免决定：任命金永兴担任中共上海海事大学委员会书记，於世成因年龄原因不再担任中共上海海事大学委员会书记职务；免去金永兴上海海事大学副校长职务。

27日　市教卫工作党委、市教委主办"青春放歌——2015上海学生新年音乐会"。市人大常委会主任殷一璀、市委副书记应勇、市人大常委会原主任陈铁迪、副市长翁铁慧等市领导，全国教书育人楷模，全国教育系统先进工作者，全国模范教师，上海特级教师代表等出席了此次音乐会。

31日　市委、市政府印发《关于建立上海市教育综合改革领导小组等事宜通知》(沪委〔2015〕86号)，撤销上海市教育体制改革领导小组，建立上海市教育综合改革领导小组。领导小组组长由市委副书记应勇、副市长翁铁慧共同担任，副组长由市委副秘书长彭沉雷、市政府副秘书长宗明、市教卫工作党委书记陈克宏、市教委主任苏明担任，成员单位包括全市相关的32个委办局。领导小组"在市委、市政府的领导下，负责市教育改革发展中重要制度、重大事项、重点项目的审议决策、统筹部署和督促检查"。领导小组办公室设在市教卫工作党委、市教委。

2月

4日　市教育综合改革领导小组第一次专题会议审议并通过组建上海健康医学院(暂名)工作方案。

10日　由科技部组织实施的2014年度"中国科学十大进展"评选结果在京揭晓。复旦大学脑科学研究院教授朱剑虹、基础医学院沙红英博士研究组与安徽医科大学曹云霞研究组合作的科研成果"提出并证实极体移植可有效阻断线粒体遗传病的传递"入选。

11日　市十四届人大常委会第十九次会议表决通过了《上海市教育督导条例》，于2015年5月1日起实施。

13日　副市长翁铁慧到七宝中学调研新疆班工作，看望并慰问上海市教育功臣、七宝中学校长仇忠海和新疆班师生。市政府副秘书长宗明、市教委副主任贾炜参加调研和慰问。

15日　副市长翁铁慧到上海交通大学附属中学调研新疆班工作并看望慰问新疆班教职工。市政府副秘书长宗明、市教委副主任贾炜参加调研和慰问。翁铁慧参观了新疆班学生宿舍并与教职工进行了座谈。

27日　市教卫工作党委、市教委召开2015年春季上海市高校党政负责干部会议。副市长翁铁慧出席并讲话。市政府副秘书长宗明出席会议。会议传达了第23次全国高校党建工作会议精神，并就加强高校党建工作、深化教育综合改革和做好2015年上海高等教育工作等作了重点部署。

3月

9—10日　由中央政研室副主任、中央宣传部副部长王晓晖担任组长的中央全面深化改革领导小组办公室督察组，来沪督察上海高考综合改革试点工作推进落实情况。督察组高度评价上海推进落实高考综合改革试点工作的四方面特点：一是上海市委、市政府高度重视，组织工作高效有力；二是上海试点工作目标明确，方向准确，思路清晰；三是上海试点工作体现细致、扎实、周密的特点；四是上海试点工作已积累的宝贵经验值得好好总结推广。

16日　华东理工大学召开领导班子调整宣布会议。教育部党组成员、副部长杜占元出席并讲话。会议宣布杜慧芳任中共华东理工大学委员会书记，曲景平任华东理工大学校长；免去杨贤金的中共华东理工大学委员会书记职务，免去钱旭红的华东理工大学校长职务。

同日　东华大学召开领导班子调整宣布会议。教育部党组成员、副部长杜占元出席并讲话。会议宣布蒋昌俊任东华大学校长，徐明稚不再担任东华大学校长职务。

18日　副市长翁铁慧到上海商学院调研。市政府副秘书长宗明，市教卫工作党委副书记、市教委主任苏明，市教委副主任丁晓东等参加调研。

19—20日　国家教育咨询委员会、国家教育考试指导委员会到沪调研高考综合改革试点工作情况。

20日　上海市民族工作会议举行。会上，上海体育学院、华东师范大学体育与健康学院、上海第二工业大学、上海市回民中学被市民族宗教委、市体育局命名为上海市少数民族传统体育示范基地。

25日　副市长翁铁慧到上海政法学院调研指导工作。市政府副秘书长宗明，市教委副主任丁晓东等参加调研。

26日　市教卫工作党委、市教委印发《市教卫工作党委、市教委所属企业领导干部兼职(任职)及薪酬管理规定(试行)》，明确了委所属企业领导干部兼职和任职的原则、薪酬标准。

28日　国家统计局和上海财经大学共建“大数据统计科学中心”揭牌。国家统计局党组成员、总统计师鲜祖德出席揭牌仪式。

30—31日　由中国教育学会名誉会长顾明远带队的国家教育咨询委员会推进素质教育改革组一行到沪调研区域深化教育综合改革、推进教育均衡发展情况，了解学校推进素质教育、高中体育专项化教学改革试点等工作。

31日　副市长翁铁慧到上海建桥学院调研。市政府副秘书长宗明，市教卫工作党委书记陈克宏、市教卫工作党委巡视员李瑞阳参加调研。

4月

1日　副市长翁铁慧到格致中学调研。市政府副秘书长宗明，市教卫工作党委副书记、市教委主任苏明参加调研。

2—3日　教育部副部长杜占元在沪调研高校“2011协同创新中心”建设工作并召开座谈会。副市长翁铁慧、市教委主任苏明陪同调研。

7日　副市长时光辉到上海工程技术大学国家大学科技园调研大学生创业工作，并听取该校大学生创业工作汇报。

9日　市委全面深化改革领导小组第六次会议审议并原则通过了《上海市普通高中学业水平考试实施办法》《上海市普通高中学生综合素质评价实施办法》。中共中央政治局委员、市委书记韩正主持会议。

9—12日　由上海教育报刊总社主办的“第十二届上海教育博览会”在上海展览中心举办，主题为“教育奠基未来，未来为你而来”。市教卫工作党委书记陈克宏，市教卫工作党委副书记、市教委主任苏明，市教卫工作党委副书记、市教委副主任高德毅等出席开幕式。

10日　“2015年上海—喀什职业教育联盟工作推进会暨校企合作论坛”在沪举行。副市长翁铁慧在会议期间看望了参会的喀什职教系统负责人、教师和学生，听取了联盟运作情况汇报，观摩了上海职业院校学生技能大比武活动。市教卫工作党委副书记、市教委副主任高德毅出席论坛。

同日　上海市高校学生资助工作会议暨2014年度“国家奖学金、国家励志奖学金、上海市奖学金”表彰大会召开。会上，“上海市学生资助管理中心”同时揭牌。

12日　市教委主任苏明做客由新华社长三角新闻采编中心、上海人民广播电台、解放日报、东方网联合举办的“2015上海民生访谈”，对媒体和公众关心的上海教育工作重点、高校和中小学招生、学生综合素质评价、高校毕业生就业、面向2030年的上海高等教育布局结构规划和上海现代职业教育体系建设规划等事项作了解答。

14日　副市长赵雯、劳伦斯体育学会主席埃德温·摩西到大同中学，共同为“劳伦斯上海公益足球校园行”活动项目揭幕。

15日　上海市职业教育工作会议召开。市委副书记、市长杨雄出席并讲话。副市长翁铁慧主持会议。副市长时光辉宣读相关表彰决定和第四批“上海市高技能人才培养基地”名单。

同日　市教卫工作党委印发《市教卫工作党委系统单位和市教卫工作党委、市教委直属单位领导干部(人员)经济责任告知制度》,推进党风廉政建设和反腐倡廉工作。

20日　上海电机学院召开领导班子调整宣布会议。市委组织部副部长陈皓、市教卫工作党委书记陈克宏出席。会议宣布市委、市政府任免决定:胡晟任上海电机学院院长、陈信任上海电机学院副院长。

22日　复旦大学与国际金融论坛(IFF)战略合作谅解备忘录签约仪式暨国际金融论坛第七期领袖对话会举行。国际金融论坛联合主席、澳大利亚前总理陆克文,市委常委、常务副市长屠光绍出席并致辞。根据备忘录,双方将依托复旦大学相关学科的专业性和深厚影响力,以及北京国际金融论坛的高端资源优势,在学科建设、智库建设、学术交流、学术阵地建设等方面展开合作。

23日　同济大学与芬兰阿尔托大学签署合作协议,共建同济大学上海国际设计创新学院。副市长翁铁慧出席并致辞。市教委副主任丁晓东等出席仪式。

24日　人力资源和社会保障部副部长、国家外国专家局局长张建国一行到上海交通大学调研学校外国专家引智及国际化示范学院建设工作。

同日　市教委公布《上海市普通高中学业水平考试实施办法(试行)》《上海市普通高中学生综合素质评价实施办法(试行)》。

28日　市教卫工作党委、市教委召开领导班子调整宣布会议。市教卫工作党委书记陈克宏主持会议。会议宣布王从春任上海市教育委员会秘书长,免去王志伟上海市教育委员会秘书长职务;王志伟任上海市教育委员会副巡视员。

29日　外交部副部长程国平到上海政法学院考察指导中国—上海合作组织国际司法交流合作培训基地建设工作。副市长翁铁慧会见了程国平一行,市政府副秘书长宗明参加会见。

同日　市政协副主席方惠萍率部分市政协委员到上海第二工业大学调研上海市职业教育和第二工业大学改革与发展情况。

29—30日　市教卫工作党委副书记、市教委副主任高德毅带领上海戏剧学院等6所高校师生赴云南省红河州蒙自市,开展“青春放歌,相约蒙自”上海大学生文化志愿者巡演活动。

5月

8日　科技部副部长曹健林到复旦大学调研科研工作。

同日　上海交通大学研制的中国自主研制的首台4500米级无人遥控潜水器作业系统——“海马”号ROV作业系统通过了科技部组织的验收。

9日　由复旦大学牵头,北京大学、中国人民大学、解放军军事科学院、现代国际关系研究院和中国社科院美国研究所共同参与筹建的中美新型大国关系协同创新中心在复旦大学揭牌成立。

11日　交通运输部党组副书记、副部长翁孟勇到上海海事大学上海国际航运研究中心调研。

11—13日　全国政协副主席马飚率全国政协无党派人士界委员考察团在沪考察,了解上海提高青少年审美和人文素养工作情况。市政协主席吴志明,副市长翁铁慧,市政协副主席方惠萍、张恩迪,市政府副秘书长宗明等出席座谈会。翁铁慧代表上海市政府汇报了上海开展美育和艺术教育工作情况。考察团先后到上海大学、闵行区田园外语实验小学、闵行区青少年活动中心、上海市格致中学、黄浦区教育学院考察调研。

12—13日　中共中央政治局委员、市委书记韩正到复旦大学和同济大学调研,听取专家学者、科研人员对上海建设具有全球影响力的科技创新中心的建议。

14日　民进中央副主席、民进上海市委主委、市人大常委会副主任蔡达峰到上海交通大学调研民进上海交通大学委员会工作。

同日　上海第二工业大学召开领导干部调整宣布会议。市教卫工作党委书记陈克宏、副书记虞丽娟出席会议。会议宣布:邹龙飞任中共上海第二工业大学委员会副书记、中共上海第二工业大学纪律检查委员会书记;俞涛任上海第二工业大学校长;徐余法任上海第二工业大学副校长,免去其上海电机学院副院长职务;吴沛东、谢华清任上海第二工业大学副校长,免去邹龙飞、瞿志豪上海第二工业大学副校长职务;徐玉芳任上海第二工业大学副校长。

16—17日、23—24日、30—31日 市教委举办以"支撑中国制造 成就出彩人生"为主题的2015年全国职业教育活动周——上海高职院校"职业体验日"活动。

19日 市政协副主席方惠萍带领部分政协委员到上海中医药大学调研。方惠萍希望学校继续以"治根治本"的治学态度为祖国医学推广和发展作出更多贡献。

21日 市教卫工作党委召开2015年上海市教卫工作党委系统精神文明建设工作表彰暨培育践行社会主义核心价值观推进大会。市教卫工作党委书记陈克宏出席并讲话,市教卫工作党委副书记、市教委副主任高德毅作工作报告。

22日 上海健康医学院成立暨领导班子干部任命宣布大会召开。市委组织部副部长陈皓,市教卫工作党委副书记、市教委主任苏明出席会议。市教委副主任丁晓东主持会议。上海健康医学院整合上海医药高等专科学校、上海医疗器械高等专科学校、上海健康职业技术学院相关办学资源组建,系全日制普通本科学校。郑沈芳、黄钢分别担任上海健康医学院党委书记和院长。

23—25日 复旦大学和韩国高等教育财团主办的"上海论坛2015"年会举行。本届论坛的主题为"亚洲的责任:创新合作模式"。市委常委、常务副市长屠光绍等出席开幕式并致辞。

26日 市教卫工作党委、市教委举行2015年上海市教育系统全国及上海市劳模先进事迹宣传表彰活动。活动主题为"师·范——社会主义核心价值观的践行楷模"。13个单位获得市模范集体荣誉称号,59位教师分获2015年全国和上海市先进工作者(劳模)荣誉称号。市总工会巡视员杜仁伟出席并致辞。市教卫工作党委书记陈克宏出席并讲话。

27日 副市长翁铁慧会见国际数学教育委员会主席斐迪南多·阿扎雷罗一行。

29—31日 由市教委、杨浦区政府主办的"艺创青春——首届上海学生创意作品展示季"举行。副市长翁铁慧出席开幕式,并观看了现场展演。东华大学、上海大学等院校的毕业生艺术创意作品参展。

6月

2日 市质监局、上海交通大学联合上汽集团、上海电气、华谊集团、临港集团、振华重工、华测导航、联影、新时达、神州数码等9家企业签署深化战略合作框架协议,结成以"提升质量"为核心目标的"2+9"战略联盟。市人大常委会副主任、上海交通大学党委书记姜斯宪,副市长时光辉出席并讲话。市政府副秘书长吴建融等出席签约仪式。

2—6日 市教委组团赴爱尔兰、英国举办"2015中国上海教育展"。上海25所高校、8所中学参展。

3日 副市长翁铁慧到上海视觉艺术学院调研。市教卫工作党委副书记、市教委主任苏明,市教卫工作党委巡视员李瑞阳,市教委副主任丁晓东参加调研。

4日 副市长屠光绍到上海交通大学调研,并出席上海交通大学出版传媒研究院成立仪式。市政府副秘书长金兴明参加活动。

5日 中国社科院和上海市政府共建上海研究院签约仪式举行。市委副书记、市长杨雄,中国社科院院长王伟光出席。副市长翁铁慧、中国社科院副院长李培林签署共建协议。根据协议,院市双方将全面依托中国社科院相关研究所、上海大学和上海市政府发展研究中心,积极创新治理结构,完善相关领导体制和运行机制,以项目制为核心,重点围绕国家战略和上海作为全面深化改革前沿所承担的重要任务展开,努力建设成为高端智库、人才培养基地、国际交流合作平台和国情调研基地。

9日 上海市校园排球联盟成立大会举行。副市长翁铁慧,复旦大学党委书记朱之文,市政府副秘书长宗明,国家体育总局排球运动管理中心主任潘志琛,国家体育总局青少司副司长张智,市教卫工作党委副书记、市教委主任苏明,市体育局局长黄永平等出席并共同为上海市校园排球联盟揭牌。上海22所高校和127所中小学加入联盟,主席单位设在复旦大学。

11日　副市长翁铁慧到2015年高考评卷点，视察物理、化学和生命科学三门科目的高考评卷工作，并慰问参与评卷的教师和工作人员。

12日　市属公办高校深化综合改革方案编制工作推进会举行。市教委秘书长王从春出席并讲话。

14日　由团市委、市教委、市科委、市科协、市学联主办的第十四届"挑战杯"上海市大学生课外学术科技作品竞赛颁奖仪式举行。团市委书记徐未晚、副书记刘刚，市教委秘书长王从春等出席并为获奖选手颁奖。直接参与本次比赛的有近万名大学生，辐射影响近十万名大学生。

14—17日　国务院教育督导委员会对上海市开展职业教育专项督导检查。督导组认为，上海职业教育战略地位稳固确立，现代职教体系框架初步形成，职业教育人才培养质量稳步提升，职业教育经费保障机制逐步完善，职业教育办学活力不断增强。

15—19日　由教育部职业教育与成人教育司主办、华东师范大学承办的首届"全国社区教育专题研讨班"举行。市教委副主任袁雯出席开班典礼并作了题为《终身教育体系是城市发展的基础设施——区域终身教育政策发展的前瞻思考》的报告。

16日　文化部副部长项兆伦到上海大学调研非物质文化遗产保护和人才培养工作。项兆伦对上海大学非遗保护工作和取得的成绩表示肯定，并希望上海大学发挥综合大学的优势，深入推进相关工作。

17日　副市长翁铁慧到上海健康医学院调研，对学校创业初期的工作提出意见。市政府副秘书长宗明，市卫生计生委党委书记黄红、申康医院发展中心主任陈建平、市教委副主任丁晓东、市卫生计生委副主任肖泽萍等参加。

同日　2015年上海市未成年人暑期工作会议召开。市教卫工作党委副书记、市教委副主任高德毅出席会议并讲话。

18日　科技部副部长侯建国到上海交通大学视察暗物质实验室和新落成的李政道图书馆，并调研李政道研究所的建设进展情况。

同日　上海金融学院召开领导班子调整宣布会议。市委组织部副部长陈皓、市教卫工作党委书记陈克宏出席并讲话。会议宣布唐海燕任中共上海金融学院委员会书记。

19日　中共中央政治局委员、市委书记韩正会见参加第三十六届世界头脑奥林匹克决赛的上海获奖队。市委常委、秘书长尹弘，副市长翁铁慧参加会见。

同日　科技部副部长侯建国到复旦大学调研脑科学研究工作，并视察了复旦大学脑科学研究院实验室和神经科学公共技术平台。

同日　市教卫工作党委、市教委、市总工会主办的"劳模精神进校园"系列活动在上海第二工业大学启动。教育部思政司副巡视员俞亚东，市教卫工作党委副书记、市教委副主任高德毅，上海市总工会巡视员杜仁伟、副主席李斌等出席会议。

23日　"三十再启航——上海老年大学教学成果展演"举行。副市长翁铁慧出席并观看演出，陈铁迪、罗世谦、胡正昌、胡延照、王生洪等上海市老领导出席活动。

同日　上海公安高等专科学校举行上海公安禁毒实训馆开馆仪式。市委常委、政法委书记姜平，副市长白少康出席。实训馆以"识毒、防毒、拒毒"为主题，突出"珍爱生命、拒绝毒品"理念。

同日　华东师范大学举行"上海教育立法咨询与服务研究基地"揭牌仪式。教育部政策法规司副司长黄兴胜、市教卫工作党委巡视员李瑞阳出席讲话并为基地揭牌。

24日　由上海交通大学主办的城市公共外交与"一带一路"国家驻沪总领事高峰论坛举行。市政协副主席周汉民出席并致辞。埃及、土耳其、乌克兰、意大利、巴基斯坦、韩国、德国、哈萨克斯坦等国的10余位驻沪总领事、副总领事及相关专家学者出席论坛。

同日　杨浦区集团化办学10周年工作推进会暨新集团成立大会举行，平凉路第三小学、上海音乐学院实验学校、复旦大学附属学校3个新教育集团揭牌成立。市教委副主任贾炜出席。

同日　华东师范大学与法国里昂商学院、闵行区政府、上海紫竹高新区（集团）有限公司共建“亚欧商学院”合作协议签署仪式在沪举行。亚欧商学院旨在培养全球企业领袖，加速基于碳能源的经济体向基于知识的经济体转型。

25日　中国海洋装备工程科技发展战略研究院成立大会暨第一次工作会议在上海交通大学举行。中国工程院院长周济，总装备部科技委主任刘国治，副市长翁铁慧等出席。中国海洋装备工程科技发展战略研究院是我国海洋领域第一个国家级战略研究机构，其任务是开展战略性、前瞻性、综合性、持续性的具有全球视野的战略研究和咨询服务，围绕我国海洋装备产业发展的顶层设计、战略规划、国际合作与竞争、重大工程项目决策等方面提供高水平的咨询服务。

26日　2015年上海市区县教育工作会议召开，推进区县教育综合改革。副市长翁铁慧出席并讲话。市政府副秘书长宗明出席并宣读了上海市区县教育综合改革专家工作组名单。市教卫工作党委书记陈克宏、市教委主任苏明等作了工作部署。

7月

5日　上海大学上海电影学院成立暨院长受聘仪式在上海大学举行。市教卫工作党委书记陈克宏、市文广局局长胡劲军出席并为上海大学上海电影学院成立揭牌。著名导演陈凯歌受聘为上海大学上海电影学院首任院长。

6日　第七届长三角教育协作发展会议在安徽省马鞍山市召开。上海市教委、安徽省教育厅、浙江省教育厅、江苏省教育厅签署了《长三角地区加强青少年学生法治教育合作协议》《长三角地区联合推进现代学校制度建设协议》《扶持长三角地区社会力量跨省市办学协议》《长三角地区教育协作项目联合监管协议》等4份省级教育行政部门合作协议。市教卫工作党委副书记、市教委主任苏明出席并发表主旨演讲。

6—30日　由市委组织部、市委宣传部、市委党校、市教卫工作党委、市教委、市财政局联合主办的“2015年上海哲学社会科学教学科研骨干研修班”举行。市委副书记应勇出席结业典礼并讲话。市教卫工作党委书记陈克宏对本次研修作了总结。市委组织部副部长陈皓，市委宣传部副部长燕爽，市教卫工作党委副书记、市教委副主任高德毅等出席开班典礼。

7日　市教委与市气象局签署校园气象防灾避险战略合作协议。市教卫工作党委巡视员李瑞阳、市气象局副局长杨引明出席签约仪式。双方的战略合作包括完善预警联动加强校园安全管理、共同开展气象科普宣传、优化教育专项气象服务保障以及建立长效工作机制等四方面内容。

9日　教育部副部长鲁昕、副市长翁铁慧到同济大学嘉定校区调研学生社区建设工作。市政府副秘书长宗明，市教卫工作党委副书记、市教委主任苏明，市教委副主任丁晓东等参加调研。

10日　上海大学召开领导班子调整宣布会议。市委组织部副部长陈皓、市教卫工作党委书记陈克宏出席。会议宣布：金东寒任上海大学校长，宋彬任上海大学总会计师；免去罗宏杰的上海大学校长职务。

11—17日　由教育部、中国侨联、上海市政府联合主办，市教委、市体育局、市侨联等承办的2015中国（上海）国际青少年校园足球邀请赛在沪举行。中国、德国、澳大利亚、俄罗斯、泰国、斯洛伐克、喀麦隆、西班牙8个国家的12支U18男子青少年校园足球队参加比赛。教育部副部长杜占元、中国侨联副主席乔卫、副市长翁铁慧出席闭幕式并为获奖队伍颁奖。

18日　由复旦管理学奖励基金会与复旦大学联合主办的“2015复旦管理学国际论坛”举行。本次论坛的主题为“新常态·新机遇·新挑战”。第十届全国政协副主席、复旦管理学奖励基金会理事长徐匡迪出席开幕式并致辞。

31日　市教卫工作党委、市教委举行“青春放歌”——2015年上海学生纪念中国人民抗日战争暨世界反法西斯战争胜利70周年歌会。

8月

1—10日　由教育部、总参谋部主办，市教委、上海警备区司令部承办的2015全国第二届学生军事训练营在东方绿舟举行。本届训练营的主题为：

中国梦、强军梦、青春梦。来自全国32支代表队的370多名大、中学生进行了为期10天的训练。教育部体卫艺司司长王登峰出席训练营结营式并讲话。

3日 市政府印发《关于进一步做好新形势下本市就业创业工作的意见》，提出深入实施就业优先战略，全力推进创业带动就业，加强职业教育和职业培训，统筹推进高校毕业生等重点群体就业，加强就业创业服务，强化组织领导。

4日 副市长翁铁慧到上海大学调研上海电影学院建设工作。市教卫工作党委书记陈克宏、市教委副主任丁晓东参加调研。

5日 副市长翁铁慧到复旦大学调研。市政府副秘书长宗明，市教卫工作党委副书记、市教委副主任高德毅，市教委副主任丁晓东，市卫生计生委副主任肖泽萍等参加调研。

同日 副市长翁铁慧到上海交通大学医学院附属新华医院慰问在高温一线工作的医务工作者。市政府副秘书长宗明，市卫生计生委党委书记黄红等参加慰问。

10日 市人大常委会副主任钟燕群率教科文卫委部分组成人员到上海海洋大学调研科技创新工作情况。

20日 副市长翁铁慧到静安区调研教育卫生工作。市政府副秘书长宗明等参加调研。

同日 上海电力学院召开领导班子调整宣布会议。市教卫工作党委书记陈克宏出席。会议宣布：李和兴任上海电力学院院长；顾春华、封金章、翁培奋任上海电力学院副院长；李艳玲任上海电力学院党委副书记、纪委书记；李国荣因年龄原因不再担任上海电力学院党委副书记；姚秀平、张浩因干部"任期制"相关要求不再担任上海电力学院副院长职务。

21日 全国新闻出版职业教育工作会议在上海出版印刷高等专科学校举行。国家新闻出版广电总局党组成员、副局长孙寿山出席并作了题为《创新培养模式 构建特色体系》的主题报告。副市长翁铁慧出席并致辞。

28日 副市长翁铁慧到华东理工大学调研科技创新和产业发展情况。市政府副秘书长宗明，市教卫工作党委副书记、市教委主任苏明，市教委副主任袁雯参加调研。

同日 市教卫工作党委、市教委印发《关于进一步加强直属事业单位领导班子建设的若干意见》。

29日 市教卫工作党委、市教委召开2015年秋季上海高校党政负责干部会议。市委副书记应勇、副市长翁铁慧出席并讲话。市政府副秘书长宗明出席会议。市教卫工作党委书记陈克宏作上海高校党建工作报告，市教卫工作党委副书记、市教委主任苏明作上海高等教育改革发展工作报告。

31日 市教委、市财政局、市民政局印发《关于对本市学前教育阶段家庭经济困难适龄幼儿实施资助的通知》《关于对本市义务教育阶段家庭经济困难学生实施资助的通知》《关于对本市普通高中家庭经济困难学生实施资助的通知》《关于对本市全日制普通中等职业学校学生实施资助的通知》。

同日 市教委、市财政局、市残疾人联合会印发《关于对本市基础教育阶段残疾学生实施免费教育的通知》。

9月

1日 副市长翁铁慧到金山区朱泾小学等学校视察新学期开学工作，并调研该区教育和卫生工作。市政府副秘书长宗明，市教卫工作党委副书记、市教委主任苏明，市卫计委主任沈晓初，市教委副主任贾炜等参加调研。

同日 副市长翁铁慧到松江区永丰街道老年学校，视察市政府实事项目——老年学校能力提升工程实施情况，并调研该区教育和卫生工作。市政府副秘书长宗明，市教卫工作党委副书记、市教委主任苏明，市教委副主任袁雯、贾炜等参加调研。

同日 上海工程技术大学召开领导班子调整宣布会议。市教卫工作党委书记陈克宏出席会议并讲话。会议宣布夏建国继续任上海工程技术大学校长，裴小倩兼任上海工程技术大学副校长，姚秀平任上海工程技术大学副校长，史健勇、鲁嘉华继续任上海工程技术大学副校长。程维明因年龄原因，不再担任上海工程技术大学副校长。

2日 副市长翁铁慧到东华大学协同创新中

心调研。市政府副秘书长宗明，市教卫工作党委副书记、市教委主任苏明，市教委秘书长王从春等参加调研。

6日　市教卫工作党委副书记、市教委主任苏明，市教委副主任贾炜作客上海人民广播电台“政风行风热线”节目，对高中阶段学生参与社会实践的意义、学区化集团化办学的情况、支持大学生创新创业方面的举措等教育热点问题进行解读。

7日　由教育部教师工作司主办，市教卫工作党委、市教委、华东师范大学承办的“播种希望与未来——乡村特岗教师巡回报告会”在华东师范大学举行。市教委副主任王平出席报告会。

8日　市委副书记、市长杨雄会见2015年上海市优秀教师代表。市委副书记应勇、副市长翁铁慧参加会见。

同日　副市长翁铁慧慰问首届“国家级教学名师”华泽钊教授，并向工作在高等教育第一线的广大教师致以节日的祝贺。市政府副秘书长宗明，市教卫工作党委副书记、市教委主任苏明，市教委副主任王平，市教委秘书长王从春等参加慰问。

同日　市政协副主席方惠萍到华东师范大学软件学院调研信息加密存储和生物特征识别领域前沿技术发展情况。

同日　2015上海市教书育人楷模表彰暨校园原创话剧《钱宝钧》演出活动在上海戏剧学院举行。

9日　中共中央政治局委员、市委书记韩正到华东师范大学调研，代表市委、市政府，向全市广大教师和教育工作者致以节日祝贺和问候，并出席“传承师大精神、加强教风学风建设”学术沙龙。市委常委、秘书长尹弘，副市长翁铁慧参加调研。

同日　副市长翁铁慧到华东政法大学调研。市政府副秘书长宗明，市教卫工作党委副书记、市教委主任苏明，市教委副主任丁晓东参加调研。

同日　市教卫工作党委、市教委联合市教育发展基金会及静安区委、区政府，在静安公园举行新教师宣誓仪式暨尊师重教纪念碑修缮揭幕活动。

10日　副市长翁铁慧到同济大学就加快推进“同济大学上海国际设计创新学院”项目落地进行调研。市政府副秘书长宗明，市教卫工作党委、市教委主任苏明，副主任丁晓东等参加调研。

15日　副市长翁铁慧到普陀区、闵行区调研教育卫生工作。市政府副秘书长宗明，市教卫工作党委副书记、市教委主任苏明，市教委副主任贾炜，市卫生计生委副书记邬惊雷等参加调研。

16日　副市长翁铁慧到上海对外经贸大学就上海市属高校深化综合改革与“十三五”规划开展调研。市政府副秘书长宗明，市教卫工作党委副书记、市教委主任苏明，市教委副主任丁晓东等参加调研。

同日　副市长翁铁慧到上海农林职业技术学院就发展现代都市农业职业教育开展调研。市政府副秘书长宗明，市教卫工作党委副书记、市教委主任苏明，市教委副主任丁晓东等参加调研。

同日　副市长翁铁慧到上海工程技术大学调研。

同日　市发展改革委、市教委、市财政局印发《上海市幼儿园收费管理办法》，规范幼儿园收费行为。

17日　市政协副主席张恩迪一行到临港主城区调研教育工作。

18日　市政府与清华大学在沪签署战略合作框架协议。市委副书记、市长杨雄，市委常委、浦东新区区委书记沈晓明，清华大学校长邱勇，清华大学党委书记陈旭出席签约仪式。双方将共同推进燃气轮机、高温气冷堆等关键和新技术产业化进程，培育以集成电路为代表的新一代信息技术产业，继续扩大在生命科学领域合作的深度和广度，巩固和提升对国家战略性新型产业的支撑能力；合作在沪设立创新研究中心，该中心将成为清华大学进行全球科技布局的关键环节，同时也是上海建设张江综合性国家科学中心的重要组成部分。

同日　市政府办公厅转发市教委等制订的《上海市校车安全管理规定》。

21日　教育部党组成员、中央纪委驻教育部纪检组组长王立英到华东师范大学作党风廉政建设专题报告。

22日　上海—喀什职业教育联盟“构建喀什特色现代职业教育体系”专题论坛在新疆喀什举行。市教委与喀什行署签署《沪喀共建喀什特色现代职业教育体系协议》，双方决定就应用型人才培养研究、纺织服装人才培养、校际合作帮扶、筹建喀什职业技术学院、中高职衔接等项目进行合作，依托上海市优质职业教育资源，加强双方合作力度，助推喀什职业教育发展。副市长翁铁慧，市教卫工作党委副书记、市教委主任苏明，市卫生计生委党委书记黄红，新疆自治区教育厅副厅长同继敏等出席会议。

同日　市教委、市民政局、市社团管理局印发《上海市民办非学历教育机构管理办法》《上海市民办非学历教育机构设置标准》，旨在进一步规范上海民办非学历教育机构的审批和管理。

23 日　市委全面深化改革领导小组举行第十次会议，听取关于以高峰高原学科建设率先对接国家一流大学和一流学科建设情况的汇报，部署推进重点改革工作。会议审议并原则通过《上海市中等职业学校学生学业水平评价实施办法》《上海市中等职业学校学生综合素质评价实施办法》。中共中央政治局委员、市委书记、市委全面深化改革领导小组组长韩正主持会议并讲话，市委副书记、市长、市委全面深化改革领导小组副组长杨雄，市委副书记、市委全面深化改革领导小组副组长应勇出席会议并讲话。市领导屠光绍、沈晓明、董云虎、尹弘、钟燕群、周波、翁铁慧、蒋卓庆、周太彤等出席。

24 日　市委副书记应勇到上海大学调研。市委副秘书长陈寅，市教卫工作党委书记陈克宏，市教卫工作党委副书记、市教委主任苏明，市委研究室副主任周志军等参加调研。

同日　上海交通大学校长、中国科学院院士张杰被美国核物理学会授予 2015 年度爱德华·泰勒奖。这是我国科学家首次在激光聚变领域获得的国际最高奖项。

25 日　市政协副主席张恩迪率部分市政协委员到复旦大学调研，了解一流大学建设等相关情况。

29 日　市教委印发《上海市中等职业学校学生综合素质评价实施办法》《上海市中等职业学校学生学业水平评价实施办法》。中职学生学业水平评价包括专业技能学习成果记录和公共基础课程学业水平考试两个方面；中职综合素质评价突出职业学校学生专业技能和职业素养，主要评价品德发展与公民素养、修习课程与学业成绩、专业技能与职业素养、身心健康与艺术素养四个方面。

10 月

8 日　复旦大学大数据学院和大数据研究院成立。副市长翁铁慧出席仪式并为大数据学院揭牌。市政府副秘书长宗明，市教委副主任袁雯等出席揭牌仪式。

同日　市教委与工商银行上海市分行签订推进“银教结合”战略合作协议。副市长翁铁慧出席会议并讲话。市政府副秘书长宗明出席会议。双方将着力推进银教互融，深化服务内涵，完善合作机制，还将在学生综合素质评价实践基地建设、区域高校科研信用等级管理和信用“黑名单”制度构建、高校金融专业“双师型”队伍建设、学生金融知识宣传普及等方面进行深入合作。

9 日　市教委、市发展改革委、市财政局等 9 家单位联合印发《促进本市城乡义务教育一体化的实施意见(暂行)》，就上海义务教育阶段公办学校建设、设施设备配置、信息化建设、教师配置与收入、生均经费等统一标准提出要求。

12 日　教育部关工委主任李卫红到沪调研。听取了市教卫工作党委、同济大学、华东师范大学、上海工程技术大学、上海交通大学医学院的工作汇报。

同日　上海交响乐团正式成为“上海市学生艺术教育实践基地”。市教委副主任王平为基地授牌。

12—17 日　新疆维吾尔自治区和新疆生产建设兵团组成联合督查组，代表国务院教育督导委员会对上海市教育领域重要指标和任务完成情况进行了专项督查。

13 日　首届全国大学生网络文化节上海地区成果展示及工作推进会召开。教育部思政司司长冯刚出席会议并讲话。国家网信办网络社会工作局副局长孙爱萍，市教卫工作党委副书记、市教委副主任高德毅出席会议。

14 日　市人大常委会副主任钟燕群到华东理工大学，围绕上海建设具有全球影响力的科技创新中心工作开展专题调研。

16日　由市委宣传部、市文明办、市教卫工作党委、市教委、团市委、市学联主办，主题为“创新，我们在行动”第七届“知行杯”上海市大学生社会实践大赛决赛举行。35所高校的100个社会实践项目入围决赛。

17日　上海中学举行庆祝建校150周年大会。中共中央政治局委员、市委书记韩正发信祝贺。市教卫工作党委书记陈克宏出席并讲话。市教委副主任贾炜等出席。

18日　市教委印发《上海市高中体育专项化课程改革指导意见(试行)》，就“高中体育专项化”课程改革的背景与意义、主要任务、组织实施和管理保障提出要求。

19日　以“创业创新——汇聚发展新动能”为主题的2015年全国大众创业万众创新活动周上海分会场启动。市委副书记、市长杨雄等领导参观展区。

同日　市教委举办“2015年上海大学生创业论坛”。其间，市教委与联想集团签定了战略合作备忘录，确定共同建设创新创业人才培养实训室，开发创新创业人才培养体系，培养创新创业教师队伍，构建创新创业人才大数据平台，建立人才培养与就业创业的直通平台。

27日　上海市第四次老年教育工作会议召开。市委副书记应勇出席会议并讲话，副市长时光辉主持会议。会议公布了全国首个基层老年教育机构建设标准:《上海市老年学校建设标准指导意见(试行)》。

同日　市政协副主席张恩迪率部分市政协委员到上海市杨浦职业技术学校和上海出版印刷高等专科学校，就“发展现代职业教育，培养高技能人才”进行考察。

27—28日　由科技部和上海市政府共同主办，主题为“全球创新网络 汇聚共同利益”的2015浦江创新论坛在沪举行。国务院总理李克强和以色列总理本雅明·内塔尼亚胡发信祝贺。全国政协副主席、科技部部长万钢和以色列副总理兼内政部长西尔万·沙洛姆分别作主旨演讲。市委副书记应勇，市委常委、常务副市长屠光绍，江苏省副省长徐南平出席开幕式。

29日　上海首个高校后勤产学研对接项目——上海高校冷链物流基地大学生实习实训基地挂牌。该基地是首个正式投入使用的教育部、商务部、农业部高校食堂农产品采购“农校对接”试点项目。

11月

2日　中共中央政治局原常委、国务院原副总理李岚清在复旦大学作题为《知识分子与文化修养》的讲座。市委常委、秘书长尹弘出席讲座。

同日　“育人为本以德为先:发挥课程育人功能”——上海市中小学乡土课程贯彻“两纲”现场会在青浦区崧泽学校举行。市教卫工作党委副书记、市教委副主任高德毅，市教委副主任贾炜等出席会议。

3日　全国人大常委会原副委员长陈至立到杨浦区大学生创业示范园调研。

5日　市委副书记应勇到上海视觉艺术学院调研。市委副秘书长陈寅，市教卫工作党委书记陈克宏，市教委副主任袁雯等参加调研。

6日　上海教育综合改革和上海、浙江高考综合改革试点工作座谈会召开。中共中央政治局委员、国务院副总理刘延东主持会议并讲话。中共中央政治局委员、上海市委书记韩正出席座谈会并讲话。国务院副秘书长江小涓，市长杨雄，市委常委、秘书长尹弘等出席座谈会。教育部副部长林蕙青、上海市副市长翁铁慧、浙江省副省长郑继伟分别汇报了全国考试招生制度改革进展情况、上海市教育综合改革和高考综合改革进展情况、浙江省高考招生制度改革试点情况。

9日　市教委印发《上海市新优质学校集群发展三年行动计划(2015—2017年)》，提出要按需集群，聚焦“新优质教育”开展实践；培育范例，提炼“新优质教育”的核心经验；多维分享，创建“新优质教育”的展示平台；培养队伍，打造“新优质教育”的中坚力量；市区联动，营造“新优质教育”的绿色生态；深化研究，形成“新优质教育”的品牌效应。

同日　上海应用技术学院召开领导班子调整宣布会议。市委组织部副部长陈皓出席会议并讲话。市教卫工作党委书记陈克宏主持会议。会议宣布市委、市政府干部任免决定：刘宇陆任上海应用技术学院党委书记；吴松不再担任上海应用技术学院党委书记职务；陆靖任上海应用技术学院院长；刘宇陆不再担任上海应用技术学院院长职务。

12日　市教委印发《关于促进优质均衡发展、推进学区化集团化办学的实施意见》，提出要大力推进学区化办学，进一步推进集团化办学，促进优质课程资源共享，推进骨干教师流动，完善招生入学制度，探索多种办学形式。

13日　市人大常委会主任殷一璀到同济大学调研市级财政高等教育投入与经费监督管理情况。市人大常委会副主任钟燕群、吴汉民、洪浩、薛潮参加调研。市教委副主任袁雯汇报了上海高峰高原学科建设与投入情况，以及目前取得的成效。

同日　上海合作组织秘书长到上海政法学院调研“中国-上海合作组织国际司法交流合作培训基地”的建设情况。

18日　市教委、市人力资源和社会保障局印发《上海市高等职业教育“双证融通”人才培养改革试点实施办法》，要求试点专业要制定人才培养方案，开发“双证融通课程”，开展教育教学改革，优化课程考核方式；试点院校要切实加强组织领导，加强师资队伍建设，完善实训考核条件。

19日　第二次全国教育信息化工作电视电话会议召开，会后上海召开分会场会议。贯彻落实全国会议精神，部署“十三五”期间上海教育信息化工作。市政府副秘书长宗明出席会议并讲话。

21日　第四届上海大学生创新创业论坛举行。市教委副主任袁雯出席论坛并讲话。

21—22日　“2015—2016DI上海青少年创新思维竞赛”举行。市政府副秘书长宗明出席活动。

24日　市教委、市发展改革委、市卫生计生委等9部门印发《上海市学前教育三年行动计划(2015—2017年)》，提出上海学前教育发展的目标和措施是：进一步强化政府职能，完善学前教育公共服务体系；加强和优化学前教育资源配置，满足全市符合条件的常住人口中适龄儿童接受学前三年教育的需求；创新符合幼儿发展规律的教养方式，整体提升和优化保教质量；建立规范化的早教服务体系，提供多样的早教指导服务；实施面向0—6岁婴幼儿的快乐启蒙教育，努力建设坚持公益、开放多元、优质均衡、充满活力、具有上海特色的学前教育。

同日　文化部副部长项兆伦视察上海大学，慰问来自青海省果洛州参加“中国非物质文化遗产传承人群研修研习培训计划”的藏族学员。文化部非物质文化遗产司巡视员马盛德、青海省文化新闻出版厅副厅长吕霞、青海果洛州副州长张新文等陪同视察。

28日　上海市儿童青少年体育健身指数研究工作专家座谈会举行。副市长翁铁慧出席会议并讲话。市政府副秘书长宗明，教育部体卫艺司司长王登峰，市教委主任苏明等出席会议。会上，上海体育学院“学校体育与学生体质健康研究团队”发布了“上海市儿童青少年体育健身指数”。该指数由体育健身环境、体育健身行为、体育健身效果三个维度构成，包含10个二级指标、39个观测指标的统计体系。

28—29日　2015年全国体育院校德育工作研究会年会在沪召开。年会主题为“立德树人，兴体报国——新形势下体育院校德育工作的新发展”。副市长翁铁慧出席会议并作专题报告。市教卫工作党委副书记、市教委副主任高德毅出席会议并致辞。

29日　教育部体卫艺司司长王登峰，市教委主任苏明、副主任王平到徐汇区南洋中学和普陀区曹杨二中观摩校园足球现场训练课，并为上海市校园足球精英训练营徐汇区分营和普陀区分营揭牌，同时宣布市级精英训练营办公室成立。

30日　市教委印发《关于教育行政处罚的裁量基准(试行)》，旨在严格规范行政处罚裁量权行使，避免行政执法的随意性。

12月

3日　市委副书记应勇到同济大学设计创意学院，就如何加强高校创新创业教育和人才培养水平等议题进行调研。

同日　市委常委、政法委书记姜平视察奉贤区金汇学校“奉贤区交通法治示范区‘小警察’实训基地”，并调研了奉贤区南桥小学恒贤校区创建“交通安全示范区”工作。

5—6日　中国大学智库论坛2015年年会在复旦大学举行。本届论坛以“2020:在‘四个全面’战略布局中谋划中国发展”为主题，由教育部和上海市政府指导，复旦大学和中国大学智库论坛秘书处主办。全国政协教科文卫体委副主任李卫红出席开幕式，教育部副部长杜玉波、上海市副市长翁铁慧参加开幕式并致辞。

6日　中共中央政治局委员、国务院副总理刘延东到上海理工大学，视察上海太赫兹波谱与影像技术协同创新中心建设和发展情况。中共中央政治局委员、上海市委书记韩正，国务院副秘书长江小涓，教育部部长袁贵仁，上海市副市长翁铁慧，市教委主任苏明等陪同视察。刘延东对中心的协同创新模式给予高度肯定，要求进一步服务上海科创中心的建设，拓宽太赫兹技术在各个领域的应用，推进产品的产业化进程。

6—7日　第十届孔子学院大会在上海世博中心召开。大会主题为“适应需求，融合发展”，由国家汉办、上海市政府联合主办。国务院副总理、孔子学院总部理事会主席刘延东出席开幕式并致辞，为全球孔子学院先进个人和先进单位颁奖。上海市市长杨雄在开幕式上致辞。上海市副市长翁铁慧，市政府秘书长李逸平、副秘书长宗明出席开幕式。来自134个国家和地区的大学校长和孔子学院代表，各国驻华使节，以及国内有关中方承办高校代表、中资企业代表等共计2300多人出席会议。

11日　教育部深化教育督导改革工作会在上海召开。教育部部长助理陈舜出席会议并讲话。会议要求各地进一步明确思路，抓住重点，加大教育督导信息化统筹力度，加强教育督导信息化队伍建设，促进信息技术与教育督导督政、督学和评估监测实践的深度融合，加强教育督导信息安全保障，创新思路，开拓进取，推动教育督导信息化跨越式发展。

14—16日　第二届“世界考古论坛·上海”在上海大学举行。论坛主题为“文化交流与文化多样性的考古学探索”，由中国社会科学院、上海市政府联合主办。市长杨雄、中国社会科学院院长王伟光、中国社会科学院副院长李培林、国家文物局局长刘玉珠等出席开幕式并致辞。

16日　第六届“上海市青少年科技创新市长奖”颁奖活动举行。市委副书记、市长杨雄出席活动并为10名“市长奖”获得者颁奖。

17日　上海市教育综合改革专家咨询委员会成立。教育部原副部长、市教育综合改革专家咨询委员会主任吴启迪，市教育综合改革领导小组副组长、市政府副秘书长宗明，市教育综合改革领导小组副组长、市教卫工作党委书记陈克宏出席会议并为与会的咨询委员颁发聘书，来自全国各地的31位咨询委员出席了成立大会。

同日　上海市高等教育投入评估咨询委员会成立。市政府副秘书长宗明、市教委主任苏明等出席会议。市人大教科文卫主任委员薛明扬任组长。

28日　市政府发布《上海高等教育布局结构与发展规划(2015—2030年)》《上海现代职业教育体系建设规划(2015—2030年)》。

教育统计

Educational Statistics

上海市普通高等学校本专科教育基本情况

单位：人

指　　标	学校数（所）	本专科学生数								教职工数	
		毕业生数	#本科	招生数	#本科	在校生	#本科	预　计毕业生	#本科		#专任教师
总　计	**67**	**128711**	**85435**	**140709**	**91984**	**511623**	**367233**	**142131**	**94986**	**73578**	**41570**
部　属	10	25605	24786	28157	25661	112438	105939	28071	26494	32423	15553
市　属	57	103106	60649	112552	66323	399185	261294	114060	68492	41155	26017
民　办	20	22633	8718	32052	11390	100105	43373	27587	10721	6893	4461
综合大学	4	17528	16255	15979	15739	68810	68043	18582	18282	25013	10982
理工院校	25	47731	31295	54564	34158	192667	134545	53491	35130	20703	12900
农业院校	2	4186	3061	4360	3040	15532	11987	4173	3091	1474	1034
医药院校	3	5203	871	3648	1043	16575	3878	5920	993	2169	1324
师范院校	2	8847	8370	8614	8614	35241	34630	9710	9199	6823	3942
语文院校	3	4652	1453	5934	1471	19001	5990	5462	1479	2078	1336
财经院校	18	29248	16099	36693	19916	122902	75865	33112	18585	9705	6412
政法院校	3	6524	5315	5980	5170	22762	20704	6377	5271	2535	1769
体育院校	2	1122	970	1117	970	4422	4060	1194	1079	1203	647
艺术院校	5	3670	1746	3820	1863	13711	7531	4110	1877	1875	1224

上海市各级普通学校基本情况

单位：万人

指　　标	学校数（所）	毕业生数	招生数	在校学生数	教职工数	#专任教师
总　计	**3306**	**65.58**	**73.25**	**266.38**	**27.50**	**19.53**
研究生	**48**	**3.79**	**4.60**	**13.82**		
高等学校	27	3.73	4.54	13.65		
科研机构	21	0.06	0.06	0.17		
普通高等学校	**67**	**12.87**	**14.07**	**51.16**	**7.36**	**4.16**
本科院校	38	9.95	10.02	39.75	6.53	3.64
高职（专科）学校	29	2.92	4.05	11.41	0.83	0.52
普通中等学校	**888**	**18.33**	**20.11**	**67.49**	**8.33**	**6.36**
普通中学	790	14.55	16.87	57.05	7.02	5.50
高　中		5.12	5.34	15.82		1.74
初　中		9.43	11.53	41.23		3.76
职业中学	27	0.97	0.66	2.32	0.38	0.28
高　中	27	0.96	0.65	2.31	0.38	0.28
初　中		0.01	0.01	0.01		
中等专业学校	51	2.49	2.22	7.24	0.78	0.48
技工学校	7	0.25	0.32	0.78	0.10	0.06
工读学校	13	0.07	0.04	0.10	0.05	0.04
小　学	**764**	**13.79**	**15.58**	**79.87**	**6.03**	**5.23**
特殊教育	**29**	**0.08**	**0.06**	**0.45**	**0.16**	**0.12**
幼儿园	**1510**	**16.72**	**18.83**	**53.59**	**5.62**	**3.66**

注：1. 表中幼儿园招生数指当年入园幼儿数。2. 2014 学年起，中科院、煤炭院所属科研机构不纳入本市研究生培养机构统计

上海市各级成人学校基本情况

单位:万人

指　　标	学校数(所)	毕业生数	招生数	在校学生数	教职工数	#专任教师
总　计	**669**	**175.16**	**9.90**	**194.65**	**1.90**	**0.93**
成人高等学校	**14**	**4.97**	**4.79**	**15.81**	**0.15**	**0.07**
独立设置成人高校	14	0.29	0.21	0.69	0.15	0.07
广播电视大学	1				0.03	0.01
职工高等学校	10	0.26	0.17	0.59	0.09	0.05
管理干部学院	3	0.03	0.04	0.10	0.03	0.01
普通高校举办	(50)	4.68	4.58	15.12		
函授部	9	0.26	0.21	0.74		
业　余	41	4.42	4.37	14.38		
成人脱产班						
成人网络本、专科		**4.77**	**4.42**	**11.36**		
成人中、初等学校	**19**	**0.78**	**0.69**	**1.82**	**0.05**	**0.03**
成人中等专业学校	13	0.71	0.69	1.64	0.04	0.02
全日制		0.48	0.49	1.37		
非全日制		0.23	0.21	0.27		
成人中学	6	0.07		0.18	0.01	0.01
成人小学						
职业技术培训机构	**636**	**164.64**		**165.66**	**1.70**	**0.84**

注:1. 表中成人中学、职业技术培训机构在校学生指累计注册数,毕业生数指累计结业数。2. 普通高校举办的函授、业余、脱产班学校数是指举办这类教育的学校点数,扩号内是点数之和

研究生教育基本情况

单位:人

指　　标	合　计	中央部委所属	教育部所属	其他部委所属	地方所属	教育部门	其他部门
毕业生数	**37868**	**24787**	**24433**	**354**	**13081**	**12827**	**254**
攻读硕士学位	33378	20991	20645	346	12387	12165	222
攻读博士学位	4490	3796	3788	8	694	662	32
招生数	**46005**	**29511**	**29155**	**356**	**16494**	**16207**	**284**
攻读硕士学位	39512	24053	23733	320	15459	15212	244
攻读博士学位	6493	5458	5422	36	1035	995	40
在校学生数	**138287**	**92411**	**91450**	**961**	**45876**	**45019**	**851**
攻读硕士学位	109677	68534	67722	812	41143	40449	688
攻读博士学位	28610	23877	23728	149	4733	4570	163
预计毕业生数	**53259**	**35308**	**34927**	**381**	**17951**	**17645**	**306**
攻读硕士学位	40366	25093	24783	310	15273	15050	223
攻读博士学位	12893	10215	10144	71	2678	2595	83

研究生分学科学生数

单位：人

指　　标	毕业生数	招生数	在校学生数	预计毕业生数
总　计	**37868**	**46005**	**138287**	**53259**
女　生	18710	23616	66621	24404
学术型学位	23017	26977	88488	33725
专业学位	14851	19028	49799	19534
哲　学	267	312	1143	501
经济学	2450	3296	8424	3453
法　学	3521	3822	11431	4445
教育学	1787	2375	6249	2638
文　学	2270	2830	8295	3236
历史学	321	411	1377	573
理　学	2820	4003	12851	4217
工　学	12804	15376	47567	18226
农　学	397	451	1452	556
医　学	3434	4206	12604	4092
管理学	6824	7634	23219	10089
艺术学	973	1289	3675	1233

普通本科分学科学生数

单位：人

指　　标	毕业生数	招生数	在校学生数	预计毕业生数
总　计	**85435**	**91984**	**367233**	**94986**
哲　学	112	106	525	132
经济学	8205	9198	34927	8768
法　学	5918	5548	22123	5831
教育学	2213	2321	9117	2472
文　学	8824	9406	37278	9543
历史学	209	199	855	223
理　学	4908	5443	21729	5561
工　学	29406	31262	125840	33086
农　学	520	466	1886	532
医　学	2231	2854	11594	2465
管理学	16631	18018	73146	18981
艺术学	6258	7163	28213	7392

普通专科分学科学生数

单位:人

指　　标	毕业生数	招生数	在校学生数	预计毕业生数
总　计	**43276**	**48725**	**144390**	**47145**
农林牧渔大类	595	809	2262	789
交通运输大类	3820	5103	14429	4405
生化与药品大类	375	328	1127	417
资源开发与测绘大类		215	431	
材料与能源大类	64	56	60	4
土建大类	2344	2624	8499	3043
水利大类				
制造大类	4715	5140	15121	4862
电子信息大类	2560	3568	9282	2805
环保、气象与安全大类	162	222	665	167
轻纺食品大类	1107	1590	4254	1313
财经大类	8915	9647	27602	8662
医药卫生大类	5519	5299	18951	6486
旅游大类	2265	2690	7724	2510
公共事业大类	778	644	2166	829
文化教育大类	3706	3732	11130	3711
艺术设计传媒大类	5256	6048	18383	6095
公安大类	712	756	1501	745
法律大类	383	254	803	302

普通高等学校专任教师基本情况

单位:人

指　　标	专任教师数	正高级	副高级	中　级	初　级	未定职称
总　计	**41570**	**7541**	**13541**	**16358**	**2743**	**1387**
学　历						
研究生	33107	6803	10762	12616	1814	1112
博　士	20172	5992	8012	5604	102	462
硕　士	12935	811	2750	7012	1712	650
本　科	7967	684	2658	3551	835	239
专科及以下	496	54	121	191	94	36
年　龄						
29岁及以下	2936	2	34	852	1361	687
30～34岁	7094	114	871	4924	834	351
35～39岁	8984	437	3174	4924	296	153
40～44岁	6988	1000	3270	2526	109	83
45～49岁	5168	1416	2347	1328	42	35
50～54岁	5835	2273	2300	1184	45	33
55～59岁	2795	1195	1095	432	46	27
60～64岁	1145	745	263	120	7	10
65岁及以上	625	359	187	68	3	8

普通高等学校分科专任教师

单位：人

指　标	专任教师数	正高级	副高级	中　级	初　级	未定职称
总　计	**41570**	**7541**	**13541**	**16358**	**2743**	**1387**
哲　学	980	175	281	385	88	51
经济学	2323	400	870	873	82	98
法　学	2918	478	823	1228	230	159
教育学	3579	296	894	1747	506	136
文　学	6505	735	1795	3191	445	339
历史学	479	160	135	149	11	24
理　学	4249	1255	1598	1223	80	93
工　学	11708	2608	4421	4064	437	178
农　学	294	76	106	76	33	3
医　学	2226	470	685	850	187	34
管理学	3611	566	1224	1430	256	135
艺术学	2698	322	709	1142	388	137

中等职业学校基本情况

单位：人

指　标	总计	普通中专	职业高中	技工学校	成人中专
机构数合计(所)	**98**	**51**	**27**	**7**	**13**
中央部委属	2	1		1	
地方所属	90	48	24	6	12
教育部门	50	20	24	1	5
非教育部门	40	28		5	7
民　办	6	2	3		1
教职工数(人)	**13023**	**7824**	**3805**	**1015**	**379**
中央部委属	288	182		106	
市　属	12540	7516	3740	909	375
民　办	195	126	65		4
专任教师数(人)	**8337**	**4796**	**2814**	**552**	**175**
中央部委属	138	62		76	
市　属	8107	4683	2773	476	175
民　办	92	51	41		

普通中等专业教育学生数

单位：人

指　　标	毕业生数	招生数	在校学生数	预计毕业生
总　计	**24944**	**22176**	**72405**	**24617**
中央部委属	487		901	400
市　属	24054	21841	70386	23805
民　办	403	335	1118	412
农林牧渔类	365	371	912	284
资源环境类	401	220	814	328
能源与新能源类	336	418	1100	300
土木水利类	1834	1827	6043	2207
加工制造类	4085	3337	11829	3777
石油化工类	540	445	2118	633
轻纺食品类	191	324	855	251
交通运输类	2745	2437	7836	2732
信息技术类	2825	2387	7844	2794
医药卫生类	2843	2541	8151	2763
休闲保健类	121	62	213	89
财经商贸类	5970	5170	15923	5664
旅游服务类	732	707	2080	772
文化艺术类	1329	1286	4745	1326
体育与健身	240	248	691	229
教育类	93	99	340	126
司法服务类				
公共管理与服务类	203	223	797	342
其　他	91	74	114	

分区县职业高中学校(班)基本情况

单位：人

指　　标	学校数(所)	毕业生数	招生数	在校学生数	预计毕业生	教职工数	#专任教师
全市合计	**27**	**9591**	**6542**	**23097**	**8932**	**3805**	**2814**
黄浦区	3	721	530	1731	658	472	313
徐汇区	2	540	266	1307	522	239	170
长宁区	2	403	434	1070	334	195	118
静安区	1	36	32	133	53	207	141
普陀区	1	302	261	775	317	156	113
闸北区	1	176	182	811	355	146	104
虹口区	2	920	500	1813	711	337	228

续表

指　　标	学校数（所）	毕业生数	招生数	在校学生数	预　计毕业生	教职工数	#专任教师
杨浦区	2	488	270	1171	467	154	115
闵行区	1	531	601	1699	614	183	149
宝山区	2	854	614	2096	797	217	133
嘉定区	1					63	47
浦东新区	5	3476	2128	7961	3075	750	658
金山区							
松江区	2	258	211	691	252	323	260
青浦区	1	172	34	192	93	66	39
奉贤区							
崇明县	1	714	479	1647	684	297	226

职业高中(班)学生数

单位:人

指　　标	毕业生数	招生数	在校学生数	预计毕业生
总　计	**9591**	**6542**	**23097**	**8932**
中央部门办				
地方教育部门	9094	6217	22003	8514
地方非教育部门				
民　办	497	325	1094	418
农林牧渔类	104	84	207	83
资源环境类				
能源与新能源类				
土木水利类				
加工制造类	878	670	2539	1052
石油化工类				
轻纺食品类				
交通运输类	1605	1176	4159	1608
信息技术类	1169	593	2741	1239
医药卫生类	77	70	206	78
休闲保健类	50	24	116	53
财经商贸类	2195	1259	4517	1717
旅游服务类	1574	1410	4335	1520
文化艺术类	789	462	1492	521
体育与健身	63	43	152	62
教育类	827	528	1746	661
司法服务类				
公共管理与服务类	60	36	135	56
其　他	200	187	752	282

职业高中学校专任教师基本情况

单位：人

指　　标	专任教师	正高级	副高级	中　级	初　级	无职称
合　计	**2814**		**503**	**1574**	**650**	**87**
学　历						
研究生	231		34	90	82	25
本　科	2562		469	1479	555	59
专　科	18		0	4	12	2
高中及以下	3		0	1	1	1
年　龄						
29 岁及以下	307		0	12	225	70
30～39 岁	1006		67	616	309	14
40～49 岁	1030		266	669	93	2
50～59 岁	470		169	277	23	1
60 岁及以上	1		1			

普通中等专业学校专任教师基本情况

单位：人

指　　标	专任教师	正高级	副高级	中　级	初　级	无职称
合　计	**4796**	**28**	**1163**	**2366**	**1073**	**166**
学　历						
博　士	32	3	11	9	8	1
硕　士	1049	7	186	488	274	94
本　科	3535	13	936	1810	714	62
专　科	156	4	29	54	63	6
高中及以下	24	1	1	5	14	3
年　龄						
29 岁及以下	605			65	421	119
30～34 岁	927		11	524	366	26
35～39 岁	719		97	483	127	12
40～44 岁	705	2	192	446	64	1
45～49 岁	706	6	328	332	39	1
50～54 岁	774	7	373	358	34	2
55～59 岁	348	9	157	155	22	5
60 岁及以上	12	4	5	3		

普通中等专业学校分学科专任教师数

单位：人

指　标	合　计	正高级	副高级	中　级	初　级	无职称
总　计	**4796**	**28**	**1163**	**2366**	**1073**	**166**
文化基础课	1798		425	937	365	71
专业课	2806	28	723	1360	622	73
农林牧渔类	25		7	12	6	
资源环境类	26		5	12	9	
能源与新能源类	47		19	20	5	3
土木水利类	145		46	54	39	6
加工制造类	404		126	187	81	10
石油化工类	93		37	38	13	5
轻纺食品类	58		20	28	10	
交通运输类	174		32	100	33	9
信息技术类	336		75	188	70	3
医药卫生类	250	7	84	113	33	13
休闲保健类	7			4	2	1
财经商贸类	458	1	93	243	110	11
旅游服务类	69		15	37	15	2
文化艺术类	316	15	69	160	69	3
体育与健身	204	5	58	87	53	1
教育类	67		12	20	33	2
司法服务类						
公共管理与服务类	24		9	6	9	
其　他	103		16	51	32	4
实习指导课	192		15	69	86	22

中学校数、班数

单位：人

指　标	全　市	城　区	镇　区	乡　村	另有：后方基地
学校数(所)	**790**	**625**	**131**	**34**	**8**
完全中学	93	83	6	4	1
高级中学	141	119	19	3	2
初级中学	362	285	63	14	3
九年一贯制学校	175	119	43	13	2
十二年一贯制学校	19	19			
班数(班)	**17189**	**14317**	**2418**	**454**	**147**
初　中	12533	10296	1889	348	95
高　中	4656	4021	529	106	52

中学分年级学生数

单位：人

指　　标	全　市	城　区	镇　区	乡　村	另有：后方基地
总　计	**570546**	**477362**	**79990**	**13194**	**5773**
初中小计	**412345**	**341531**	**61061**	**9753**	**3497**
初　一	115485	93947	18425	3113	920
初　二	103047	84968	15494	2585	956
初　三	100378	83741	14434	2203	992
初　四	93435	78875	12708	1852	629
高中小计	**158201**	**135831**	**18929**	**3441**	**2276**
高　一	53721	46279	6250	1192	643
高　二	52482	45110	6224	1148	893
高　三	51998	44442	6455	1101	740

教育系统所属中学校数、班数、学生数

单位：人

指　　标	全　市	城　区	镇　区	乡　村
学校数(所)	**673**	**520**	**125**	**28**
完全中学	67	60	5	2
高级中学	126	106	18	2
初级中学	325	249	62	14
九年一贯制学校	150	100	40	10
十二年一贯制学校	5	5		
班数(班)	**15024**	**12268**	**2349**	**407**
初中	10849	8677	1847	325
高中	4175	3591	502	82
学生数(人)	**496365**	**406175**	**77721**	**12469**
初中	352672	283409	59863	9400
高中	143693	122766	17858	3069

民办中学教学机构数、班数、学生数

单位：人

指　　标	全　市	城　区	镇　区	乡　村
机构数(个)	**117**	**105**	**6**	**6**
完全中学	26	23	1	2
高级中学	15	13	1	1
初级中学	37	36	1	
九年一贯制学校	25	19	3	3
十二年一贯制学校	14	14		
班数(班)	**2150**	**2034**	**69**	**47**
初　中	1682	1617	42	23
高　中	468	417	27	24
学生数(人)	**73885**	**70891**	**2269**	**725**
初　中	59663	58112	1198	353
高　中	14222	12779	1071	372

分区县高中分年级在校生情况

单位：人

指　　标	毕业生数	招生数	高中在校生	一年级	二年级	三年级
全市合计	**51227**	**53439**	**158201**	**53721**	**52482**	**51998**
黄浦区	3072	3381	9936	3389	3369	3178
徐汇区	3604	4278	11787	4305	3840	3642
长宁区	1763	1665	4994	1680	1643	1671
静安区	1262	1508	4356	1516	1454	1386
普陀区	2644	2673	8142	2702	2742	2698
闸北区	2366	2262	6917	2271	2225	2421
虹口区	2529	2267	7020	2293	2336	2391
杨浦区	3674	3677	10989	3701	3675	3613
闵行区	3623	3915	11467	3919	3899	3649
宝山区	3399	3393	10308	3405	3443	3460
嘉定区	1975	2249	6488	2258	2182	2048
浦东新区	11124	11968	35273	12006	11681	11586
金山区	1970	2036	6086	2075	1970	2041
松江区	2354	2573	7472	2585	2496	2391
青浦区	1932	1878	5683	1883	1863	1937
奉贤区	1915	2053	5936	2066	1899	1971
崇明县	2021	1663	5347	1667	1765	1915

分区县初中分年级在校生情况

单位：人

指　　标	毕业生数	招生数	初中在校生	一年级	二年级	三年级	四年级
全市合计	**94274**	**115278**	**412345**	**115485**	**103047**	**100378**	**93435**
黄浦区	3458	3517	13349	3527	3224	3349	3249
徐汇区	5974	6278	23685	6293	5652	5804	5936
长宁区	3285	3095	12163	3107	2941	3062	3053
静安区	1902	1830	7289	1833	1815	1805	1836
普陀区	4486	4912	18491	4933	4404	4588	4566
闸北区	4030	4016	15911	4019	3908	4002	3982
虹口区	3858	3876	14875	3883	3728	3611	3653
杨浦区	5149	4854	19074	4859	4595	4812	4808
闵行区	7602	10534	36417	10540	9454	8906	7517
宝山区	7276	9519	32783	9552	8422	7652	7157
嘉定区	4318	6375	22527	6395	5814	5708	4610
浦东新区	22580	29573	100900	29600	25281	24168	21851
金山区	3763	5210	18005	5210	4435	4415	3945
松江区	5473	7902	26660	7929	6717	6346	5668
青浦区	3603	4745	16782	4753	4168	4076	3785
奉贤区	4564	5850	21685	5858	5502	5401	4924
崇明县	2953	3192	11749	3194	2987	2673	2895

分区县中学基本情况

单位:人

指 标	学校数(所)	完全中学	高级中学	初级中学	九年一贯制学校	十二年一贯制学校	初高中学生数	教职工数	#专任教师	初 中	高 中
全市合计	**790**	**93**	**141**	**362**	**175**	**19**	**570546**	**70231**	**54962**	**37564**	**17398**
黄浦区	36	6	9	17	4	0	23285	3532	2664	1495	1169
徐汇区	39	9	9	18	2	1	35472	4316	3438	2067	1371
长宁区	26	4	4	14	2	2	17157	2865	2004	1332	672
静安区	15	4	3	6	2	0	11645	1659	1186	688	498
普陀区	46	9	4	13	19	1	26633	3724	2773	1969	804
闸北区	37	9	6	17	5	0	22828	3145	2301	1503	798
虹口区	39	5	10	18	6	0	21895	3207	2613	1590	1023
杨浦区	50	5	11	26	7	1	30063	3987	3191	1929	1262
闵行区	68	6	13	30	17	2	47884	5954	4613	3340	1273
宝山区	58	5	8	26	18	1	43091	4346	3712	2745	967
嘉定区	39	1	7	18	12	1	29015	3146	2528	1884	644
浦东新区	160	21	28	78	25	8	136173	14449	12078	8421	3657
金山区	32	3	7	19	3	0	24091	2908	2289	1599	690
松江区	36	3	5	9	18	1	34132	3903	2819	2048	771
青浦区	29	1	5	14	9	0	22465	2786	2203	1635	568
奉贤区	44	0	7	14	22	1	27621	3240	2428	1835	593
崇明县	36	2	5	25	4	0	17096	3064	2122	1484	638

实验性示范性中学(含重点及现代寄宿制)基本情况

单位:人

指 标	总 计	市实验性示范性	市区	郊县	区县重点	市区	郊县
学校数(所)	**147**	**63**	**62**	**1**	**84**	**80**	**4**
班数(个)	**4356**	**1934**	**1895**	**39**	**2431**	**2332**	**90**
初 中	857	137	135	2	720	720	
高 中	3499	1797	1760	37	1702	1612	90
毕业生数	**47783**	**22310**	**21678**	**632**	**25473**	**24308**	**1165**
初 中	8213	1936	1862	74	6277	6277	
高 中	39570	20374	19816	558	19196	18031	1165
招生数	**48459**	**22751**	**22337**	**414**	**25708**	**24730**	**978**
初 中	7454	1033	1033		6421	6421	
高 中	41005	21718	21304	414	19287	18309	978
在校学生数	**151577**	**68469**	**67066**	**1403**	**83108**	**79938**	**3170**
初 中	30113	4901	4822	79	25212	25212	
高 中	121464	63568	62244	1324	57896	54726	3170

续表

指　　标	总　计	市实验性示范性	市区	郊县	区县重点	市区	郊县
预计毕业生数	**48052**	**22550**	**21996**	**554**	**25502**	**24368**	**1134**
初　中	8237	1950	1871	79	6287	6287	
高　中	39815	20600	20125	475	19215	18081	1134
教职工数	**20287**	**9579**	**9365**	**214**	**10708**	**10074**	**634**
其中:专任教师	16125	7574	7430	144	8551	8100	451
初　中	2559	378	378		2181	2181	
高　中	13566	7196	7052	144	6370	5919	451
学校占地面积(万平方米)	**724.49**	**443.83**	**428.81**	**15.02**	**280.66**	**259.37**	**21.29**
学校建筑面积(万平方米)	**467.46**	**285.24**	**278.11**	**7.13**	**182.22**	**171.94**	**10.28**

2015年普通中学招生、毕业生数

单位:人

指　　标	全　市	城　区	镇　区	乡　村	另有:后方基地
2015年招生数	**168717**	**139835**	**24594**	**4288**	**1563**
初　中	115278	93782	18398	3098	920
高　中	53439	46053	6196	1190	643
2015年毕业生数	**145501**	**123400**	**19101**	**3000**	**1627**
初　中	94274	79647	12672	1955	992
高　中	51227	43753	6429	1045	635

中学教职工、教师分部门人数

单位:人

指　　标	全　市	城　区	镇　区	乡　村	另有:后方基地
教职工数	**70231**	**57668**	**10577**	**1986**	**667**
教育部门办	61276	49306	10202	1768	
其他部门办	0	0	0	0	667
民　办	8955	8362	375	218	
其中:专任教师数	**54962**	**45480**	**8047**	**1435**	**533**
教育部门办	48716	39536	7837	1343	
其他部门办					533
民　办	6246	5944	210	92	

中学专任教师学历情况

指　　标	总　计	研究生	本　科	专　科	高　中	高中以下
初中(人)	**37564**	**3204**	**33734**	**621**	**4**	**1**
所占比重(%)	100	8.53	89.80	1.65	0.01	0.00
高中(人)	**17398**	**3030**	**14350**	**16**	**2**	
所占比重(%)	100	17.42	82.48	0.09	0.01	0.00

中学专任教师职称情况

指　　标	总　计	中学高级	中学一级	中学二级	中学三级	未评职称
初中(人)	**37564**	**4447**	**19603**	**11781**	**103**	**1630**
所占比重(%)	100	11.84	52.19	31.36	0.27	4.34
高中(人)	**17398**	**5453**	**7877**	**3157**	**24**	**887**
所占比重(%)	100	31.34	45.28	18.15	0.14	5.10

中学专任教师年龄情况

指　　标	专任教师数(人)	29岁及以下	30～39岁	40～49岁	50～59岁	60岁及以上
初中(人)	**37564**	**7669**	**13761**	**12188**	**3766**	**180**
所占比重(%)	100	20.42	36.63	32.45	10.03	0.48
高中(人)	**17398**	**2578**	**6755**	**5349**	**2584**	**132**
所占比重(%)	100	14.82	38.83	30.74	14.85	0.76

中学占地和校舍建筑面积数

单位:万平方米

指　　标	全　市	城　区	镇　区	乡　村
学校占地面积	2291.31	1672.25	499.26	119.80
#运动场地面积	615.80	448.53	139.63	27.63
校舍建筑面积	1360.34	1111.20	205.45	43.69

小学校数、班数、学生数、教职工数

指　　标	全　市	教育部门	其他部门	民　办	另有：后方基地
学校数(所)	**764**	**591**		**173**	**8**
班数(班)	**21134**	**17622**		**3512**	**143**
学生数(人)	**798686**	**659249**		**139437**	**4530**
一年级	155905	132210		23695	759
二年级	164455	136350		28105	504
三年级	173179	141870		31309	1120
四年级	156257	126619		29638	824
五年级	148890	122200		26690	907
六年级					416
教职工数(人)	**60293**	**50728**		**9565**	**552**
#专任教师数	52321	44660		7661	488

小学专任教师学历情况

指　　标	合　计	本科及以上	专　科	高　中	高中以下
专任教师(人)	52321	39909	11757	653	2
所占比重(%)	100.00	76.28	22.47	1.25	0.00

小学专任教师年龄职称情况

单位：人

指　　标	专任教师	29 岁及以下	30—39 岁	40—49 岁	50—59 岁	60 岁及以上
总　计	**52321**	**13533**	**16567**	**18066**	**3982**	**173**
中学高级教师	1101	0	204	750	139	8
小学高级教师	24648	119	6981	14162	3250	136
小学一级教师	19364	8923	7593	2472	368	8
小学二级教师	929	488	297	109	35	0
小学三级教师	66	31	28	6	1	0
未评职称	6213	3972	1464	567	189	21

小学占地和校舍建筑面积数

单位：万平方米

指　标	学校占地面积	运动场地面积	校舍建筑面积
全　市	**993.42**	**310.99**	**551.86**
城　区	725.16	228.58	442.46
镇　区	196.41	58.62	84.5
乡　村	71.84	23.78	24.9

分区县小学基本情况

单位：人

指　标	学校数（所）	毕业生数	招生数	在　校学生数	一年级	二年级	三年级	四年级	五年级	六年级	教职工数	#专任教师
全市合计	**764**	**137911**	**155792**	**798686**	**155905**	**164455**	**173179**	**156257**	**148890**		**60293**	**52321**
黄浦区	29	3249	4125	20274	4130	4292	4361	3794	3697		2137	1718
徐汇区	44	5973	8811	39514	8815	8619	8308	6889	6883		2866	2472
长宁区	23	3399	4263	21484	4269	4578	4595	3980	4062		1890	1564
静安区	12	1678	1929	10163	1933	2226	2113	1883	2008		1033	752
普陀区	25	5286	7895	36310	7896	8186	7579	6407	6242		2727	2538
闸北区	33	3957	4890	24257	4892	5205	5096	4500	4564		2083	1649
虹口区	33	3809	4442	22877	4448	4854	4816	4371	4388		2084	1853
杨浦区	43	4956	7322	32268	7331	7082	6334	5718	5803		2702	2420
闵行区	65	14171	18424	91028	18425	19094	20322	17123	16064		6234	5285
宝山区	73	11194	12999	65294	13015	13768	13293	13031	12187		4942	4567
嘉定区	41	7970	9310	47473	9324	9667	10313	9629	8540		3162	2677
浦东新区	167	33303	38506	201482	38513	42005	45542	38703	36719		13185	12118
金山区	31	5468	4754	26395	4756	4905	5630	5446	5658		2283	1935
松江区	35	12184	12174	61741	12179	12645	13668	12106	11143		4104	3527
青浦区	46	9637	5873	40208	5878	6599	9372	9596	8763		3361	2819
奉贤区	35	8276	7134	40728	7146	7570	8128	9262	8622		3023	2602
崇明县	29	3401	2941	17190	2955	3160	3709	3819	3547		2477	1825

幼儿园基本情况

指　　标	全　市	教育部门	集体办	其他部门	民　办	另　有：后方基地
独立幼儿园	1510	899	25	24	562	9
班数(班)	17967	11888	217	270	5592	40
幼儿数(人)	535877	353485	6906	7138	168348	973
教职工数(人)	56172	32450	819	1077	21826	186
专任教师数	36602	25269	448	532	10353	119

幼儿园园长、教师学历情况

指　　标	合　计	本科及以上	专　科	高　中	高中以下	合计中：幼教专业毕业
园　长	1999	1584	378	37	0	1748
所占比重(%)	100	79.24	18.91	1.85	0.00	87.44
专任教师	36602	24728	10374	1479	21	28130
所占比重(%)	100	67.56	28.34	4.04	0.06	76.85

幼儿园园长、教师职称情况

指　　标	中学高级	小学高级	小学一级	小学二级	小学三级	未评职称
园　长	485	991	231	30	6	256
所占比重(%)	24.26	49.57	11.55	1.50	0.30	12.80
专任教师	175	8491	14260	2706	357	10613
所占比重(%)	0.47	23.19	38.95	7.39	0.97	28.99

分区县幼儿园基本情况

单位：人

指　　标	园数(所)	实际办园点数	入　园幼儿数	离　园幼儿数	在　园幼儿数	教职工数	#专任教师	占地面积万平方米	校舍面积万平方米
全市合计	**1510**	**2076**	**188332**	**167245**	**535877**	**56172**	**36602**	**856.21**	**564.83**
黄浦区	47	64	4412	3844	11575	1337	919	7.48	8.97
徐汇区	85	122	7641	7092	23198	2778	1708	31.74	21.00
长宁区	39	59	4932	4114	14382	1716	1144	56.86	15.63
静安区	20	31	2282	1591	5947	785	466	5.10	4.97
普陀区	77	123	10343	8556	28301	2746	1967	34.45	26.42
闸北区	60	75	5493	5052	15540	1703	1136	21.37	17.17
虹口区	52	66	4507	4469	13516	1548	1069	17.78	13.77
杨浦区	82	121	7228	7397	24267	2379	1639	31.67	23.26
闵行区	174	237	23341	21461	69836	9510	4883	108.35	72.07
宝山区	159	175	18646	16145	54123	4831	3183	78.30	53.79
嘉定区	76	96	11668	10011	33039	3130	2172	57.60	36.79

续表

指标	园数(所)	实际办园点数	入园幼儿数	离园幼儿数	在园幼儿数	教职工数	#专任教师	占地面积万M²	校舍面积万M²
浦东新区	290	430	39235	36801	119113	10632	7892	198.65	138.57
金山区	37	59	6162	5148	16084	1632	1176	37.50	20.21
松江区	111	142	19663	14049	45689	4232	2682	57.08	40.83
青浦区	84	130	10645	8749	24632	3099	1914	41.44	24.92
奉贤区	80	95	8856	9144	26487	2947	1824	45.51	30.52
崇明县	37	51	3278	3622	10148	1167	828	25.33	15.94

注:实际办园点数由市教委基教处提供

分区县托儿所基本情况

指标	独立设置托儿所(所)	班数(个)	托儿数(人)	教职工数(人)	#教养员
全市合计	**35**	**252**	**5222**	**845**	**426**
黄浦区	1	4	103	16	13
徐汇区	3	13	224	42	27
长宁区					
静安区	2	8	175	28	22
普陀区					
闸北区	2	8	190	57	19
虹口区	4	32	822	66	38
杨浦区	3	10	243	41	16
闵行区					
宝山区					
嘉定区					
浦东新区	17	164	3187	537	260
金山区	1	5	125	26	13
松江区	2	8	153	32	18
青浦区					
奉贤区					
崇明县					

特殊教育学校基本情况

单位:人

指标	学校数(所)	班数(个)	学生数	教职工数	#专任教师
总计	**29**	**469**	**7662**	**1590**	**1239**
视力残疾		26	205		
听力残疾		60	588		
智力残疾		364	6516		
其他残疾		19	353		

续表

指　　标	学校数(所)	班数(个)	学生数	教职工数	#专任教师
盲　校	1	26	170	103	58
聋哑学校	4	60	436	245	164
弱智学校	22	346	3570	1104	895
其他学校	2	19	158	138	122
小学附设特教班		11	60		
中学附设特教班		1	3		
中职附设特教班		6	62		
小学随班就读			1182		
中学随班就读			2021		

注:1. 其他学校指对两类以上残疾人进行教育的学校。2. 随班就读学生是普通中、小学学生的其中数,不计入独立的特教校班数据中

工读学校基本情况

单位:人

指　　标	学校数(所)	班数(个)	学生数	教职工数	#专任教师
全市合计	**13**	**73**	**988**	**512**	**404**
黄浦区	1	4	24	26	18
徐汇区	1	4	33	29	21
长宁区	1	3	7	23	18
静安区	1	5	28	37	25
普陀区	1	3	10	27	21
闸北区	1	12	190	35	28
虹口区	1	4	43	31	26
杨浦区	1	6	60	27	21
闵行区	1	4	32	36	31
宝山区	1	9	87	36	29
嘉定区	1	2	50	31	22
浦东新区	1	12	369	109	97
金山区					
松江区					
青浦区					
奉贤区					
崇明县	1	5	55	65	47

成人本、专科分形式学生数

单位:人

指　标	毕业生数	#本科	招生数	#本科	在校生数	#本科	预计毕业生数	#本科
总　计	**49683**	**35041**	**47850**	**32585**	**158012**	**112636**	**58225**	**40229**
函　授	2554	2219	2051	1345	7364	5182	2381	1751
业　余	46787	32822	45517	31240	149735	107454	55384	38478
脱　产	342		282		913		460	

注:含普通高校举办的成人本专科及独立设置的成人高校学生

网络本、专科学生数

单位:人

指　标	毕业生数	#本科	招生数	#本科	在校生数	#本科
总　计	**47701**	**15192**	**44175**	**13978**	**113564**	**32599**
成人生	47701	15192	44175	13978	113564	32599

成人本科分学科学生数

单位:人

指　标	毕业生数	招生数	在校生数	预计毕业生数
总　计	**35041**	**32585**	**112636**	**40229**
哲　学			49	
经济学	2360	1250	6344	2672
法　学	2204	1075	4164	1743
教育学	1169	809	2776	1075
文　学	2889	1893	7672	3148
历史学				
理　学	373	286	1152	526
工　学	5790	5184	18001	6665
农　学	82	124	343	128
医　学	3676	5505	16402	4870
管理学	15335	15411	51722	17936
艺术学	1163	1048	4011	1466

成人专科分学科学生数

单位:人

指　标	毕业生数	招生数	在校生数	预计毕业生数
总　计	**14642**	**15265**	**45376**	**17996**
农林牧渔大类	26	9	229	121
交通运输大类	836	693	1920	462
生化与药品大类	72	2	117	33

续表

指　　标	毕业生数	招生数	在校生数	预计毕业生数
资源开发与测绘大类				
材料与能源大类	161	155	442	139
土建大类	476	413	1292	458
水利大类				
制造大类	557	563	1980	568
电子信息大类	235	246	657	281
环保、气象与安全大类	25	53	82	
轻纺食品大类	17	122	233	53
财经大类	7171	8735	24413	9332
医药卫生大类	1234	520	2673	970
旅游大类	246	325	1222	841
公共事业大类	1859	1722	5119	2531
文化教育大类	1108	1061	2891	1185
艺术设计传媒大类	601	623	2012	964
公安大类				
法律大类	18	23	94	58

独立设置的成人高等学校专任教师学历情况

单位：人

指　　标	总　计	正高级	副高级	中　级	初　级	未定职称
专任教师数	**764**	**17**	**196**	**452**	**85**	**14**
博　士	48	9	24	12	3	
硕　士	250	1	59	160	26	4
本　科	463	7	113	279	54	10
专科及以下	3			1	2	

职业技术培训机构基本情况

单位：万人次

指　　标	学校数（所）	教学班（点）（个）	结业生数	注　册学生数	教职工数（人）	#专任教师	聘请校外教师（人）
总　计	**636**	**32716**	**164.64**	**165.66**	**16991**	**8362**	**10505**
职工技术培训学校	**20**	**11947**	**12.47**	**12.42**	**1202**	**899**	**333**
教育部门办和集体办	11	11805	10.08	9.90	1032	823	100
其他部门办	4	138	0.88	0.95	63	18	202
民　办	5	4	1.50	1.56	107	58	31

续表

指　　标	学校数（所）	教学班（点）（个）	结业生数	注　册学生数	教职工数（人）	#专任教师	聘请校外教师（人）
农村技术培训学校	**95**	**5552**	**48.02**	**37.11**	**776**	**570**	**1839**
教育部门办和集体办	66	4199	35.87	30.36	617	492	1317
县　办	54	3335	26.87	24.32	545	424	1005
乡　办	12	864	9.00	6.05	72	68	312
村　办							
其他部门办	29	1353	12.15	6.74	159	78	522
民　办							
其他培训机构	**521**	**15217**	**104.16**	**116.14**	**15013**	**6893**	**8333**
教育部门办和集体办	21	932	5.02	6.97	1176	941	802
其他部门办	58	3690	18.82	20.60	1130	376	1358
民　办	442	10595	80.31	88.57	12707	5576	6173

注：表中结业生数、注册学生数均指一学年内的累计数

校外教育单位和教职工数

单位：人

指　标	少　年　宫		少年科技站		少　年　之　家	
	单位数（所）	教职工数	单位数（所）	教职工数	单位数（所）	教职工数
全市合计	**17**	**1063**	**4**	**150**	**1**	**27**
黄浦区	2	107				
徐汇区	1	87				
长宁区	1	39	1	35		
静安区						
普陀区	1	74				
闸北区	1	20	1	27		
虹口区	1	59				
杨浦区	1	36	1	44		
闵行区	1	71				
宝山区	1	49	1	44		
嘉定区	1	52			1	27
浦东新区	1	147				
金山区	1	79				
松江区	1	43				
青浦区	1	63				
奉贤区	1	54				
崇明县	1	83				

普通高等学校基本情况一览表(一)

单位:人

指标	专业(个)	在校研究生	#专业学位	普通本专科							
				毕业生	#本科	招生	#本科	在校生	#本科	预计毕业生	#本科
总计	**2200**	**136539**	**49582**	**128711**	**85435**	**140709**	**91984**	**511623**	**367233**	**142137**	**94986**
部委属高校	**565**	**91520**	**34552**	**25605**	**24786**	**28157**	**25661**	**112438**	**105939**	**28071**	**26494**
复旦大学	85	16929	6220	3018	2797	3237	2997	12881	12176	3321	3083
上海交通大学	78	20347	7617	3606	3606	3927	3927	16188	16188	3959	3959
同济大学	99	18336	7817	4405	4310	3923	3923	17474	17474	4195	4195
华东理工大学	68	8886	2676	3601	3601	3882	3882	15153	15153	3666	3666
东华大学	58	6278	2015	3396	3396	3503	3503	14965	14965	4085	4085
华东师范大学	89	12083	3940	3407	3311	3394	3394	14171	13970	3695	3593
上海外国语大学	37	3123	1107	1453	1453	1471	1471	5990	5990	1479	1479
上海财经大学	33	5468	3090	1880	1880	1991	1991	8025	8025	2024	2024
上海海关学院	7	70	70	432	432	573	573	1998	1998	410	410
上海民航职业技术学院	11			407		2256		5593		1237	
市属院校	**1635**	**45019**	**15030**	**103106**	**60649**	**112552**	**66323**	**399185**	**261294**	**114066**	**68492**
本科院校	**1068**	**45019**	**15030**	**74294**	**60649**	**74273**	**66323**	**290651**	**261294**	**79870**	**68492**
上海理工大学	71	6652	2765	4031	4031	4493	4493	17397	17397	4605	4605
上海大学	92	12051	3278	6499	5542	4892	4892	22267	22205	7107	7045
上海工程技术大学	63	1556	125	4564	3786	4972	4215	18581	16425	5175	4433
上海中医药大学	16	2327	1235	1128	871	877	822	3906	3657	1126	993
上海师范大学	100	5970	1835	5440	5059	5220	5220	21070	20660	6015	5606
上海对外经贸大学	32	1997	809	2331	2236	2336	2336	9308	9102	2323	2207
上海应用技术学院	67	989	242	4545	3947	3521	3363	14220	13779	4148	3982
上海海事大学	45	3434	1347	4729	4109	4129	4129	17757	17425	4941	4609
上海科技大学	6					299	299	504	504		
上海纽约大学	2					151	151	451	451		
上海电力学院	30	1159	98	2338	2338	2510	2510	10479	10479	2779	2779
上海海洋大学	50	2384	590	3326	3061	3096	3040	12051	11987	3099	3091
华东政法大学	24	3710	1397	3025	3025	2807	2807	11805	11805	3082	3082
上海体育学院	19	1092	291	970	970	1117	970	4307	4060	1079	1079
上海戏剧学院	15	292	123	473	473	462	462	1838	1838	451	451
上海音乐学院	7	626	363	332	332	397	397	1655	1655	402	402
上海杉达学院	34			2878	2414	3347	3018	12777	11905	3181	2910
上海立信会计学院	33	112	112	2532	2027	2891	2486	11235	9972	2891	2459
上海电机学院	42	224	224	3022	2180	3373	2651	12309	10218	3237	2539
上海金融学院	35			2104	1818	2661	2471	9185	8408	2358	2034
上海政法学院	29	331	83	2787	2290	2417	2363	9456	8899	2550	2189
上海第二工业大学	70	113	113	3076	2127	3491	2628	12107	9509	3203	2373
上海商学院	40			2901	1709	2823	2158	9959	7716	2715	1813

续表

指标	专业（个）	在校研究生	#专业学位	普通本专科							
				毕业生	#本科	招生	#本科	在校生	#本科	预计毕业生	#本科
上海健康医学院	35			4075		2771	221	12669	221	4794	
上海建桥学院	43			3195	2315	4293	3294	14308	11970	3879	3084
上海视觉艺术学院	17			941	941	1004	1004	4038	4038	1024	1024
上海兴伟学院	3			4		36	36	60	57	3	
上海外国语大学贤达经济人文学院	22			1268	1268	1589	1589	6769	6769	1644	1644
上海师范大学天华学院	26			1780	1780	2298	2298	8183	8183	2059	2059
专科院校	**40**			**3079**		**4110**		**10627**		**3608**	
上海出版印刷高等专科学校	26			1410		2098		5572		1679	
上海旅游高等专科学校	13			957		1256		3554		1184	
上海公安高等专科学校	1			712		756		1501		745	
高职学院	**527**			**25733**		**34169**		**97907**		**30588**	
上海行健职业学院	23			1321		1275		3879		1325	
上海城市管理职业技术学院	22			1076		1089		3491		1237	
上海交通职业技术学院	25			1143		1728		4385		1336	
上海海事职业技术学院	13			1393		487		2323		1024	
上海电子信息职业技术学院	30			2192		3049		8643		2781	
上海科学技术职业学院	24			1209		1619		4812		1505	
上海农林职业技术学院	33			860		1264		3481		1074	
上海工艺美术职业学院	18			1395		1242		3970		1463	
上海建峰职业技术学院	27			1140		1533		4327		1368	
上海工会管理职业学院	27			1285		1549		4962		1557	
上海体育职业学院	4			152				115		115	
上海健康职业技术学院											
上海东海职业技术学院	30			1246		1929		5524		1566	
上海工商职业技术学院	28			1101		2050		5438		1477	
上海震旦职业学院	23			870		1549		4270		1211	
上海民远职业技术学院	19			588		319		1198		506	
上海欧华职业技术学院	9			305				285		285	
上海思博职业技术学院	23			1637		2244		6229		1822	
上海立达职业技术学院	27			1317		2240		6069		1735	
上海济光职业技术学院	27			1269		1997		5632		1667	
上海工商外国语职业学院	24			1914		2914		8049		2426	
上海邦德职业技术学院	22			602		1262		3273		889	
上海中侨职业技术学院	35			1189		2115		5342		1449	
上海电影艺术职业学院	14			529		715		2210		770	
上海中华职业技术学院											

普通高等学校基本情况一览表(二)

单位:人

指　　标	成人本专科在校生	#本科	教职工数	专　任教师数	正副高	研究生学历	占地面积(万平方米)		校舍面积(万平方米)	
							学校产权	非产权独用	学校产权	非产权独用
总　计	**151168**	**112636**	**73578**	**41570**	**21082**	**33107**	**3333.85**	**578.89**	**1983.40**	**317.85**
部委属高校	**63699**	**56508**	**32423**	**15553**	**10480**	**14067**	**1288.52**	**193.82**	**953.83**	**39.23**
复旦大学	8411	8151	6002	2575	1946	2434	125.5	119.5	184.13	9.9
上海交通大学	11925	11628	7180	2793	1973	2578	322.58		193.71	0.7
同济大学	12572	11608	6182	2770	1993	2479	255.93	12.52	171.72	14.74
华东理工大学	11574	8611	3471	1816	1110	1644	168.99		91.17	
东华大学	3924	3157	2162	1300	873	1110	124.67		78.63	
华东师范大学	6483	5201	3946	2158	1532	1955	126.4	59.8	121.17	3.31
上海外国语大学	3491	3091	1322	753	370	705	69.43		42.53	
上海财经大学	5061	5061	1584	1047	589	970	55.07	2	57.07	1.11
上海海关学院			282	121	57	98	31.22		9.36	
上海民航职业技术学院	258		292	220	37	94	8.73		4.34	9.47
市属院校	**87469**	**56128**	**41155**	**26017**	**10602**	**19040**	**2045.33**	**385.07**	**1029.57**	**278.62**
本科院校	**82088**	**56128**	**33196**	**21032**	**9299**	**16867**	**1695.88**	**176.86**	**858.97**	**171.34**
上海理工大学	4235	3339	2282	1634	658	1413	60.25	14.53	53.81	10.02
上海大学	17688	12270	5649	2844	1525	2459	183.77		119.07	8.03
上海工程技术大学	5088	3479	1516	1140	455	905	92.84		48.00	
上海中医药大学	3846	3413	1249	745	331	585	11.49	29.53	16.29	16.49
上海师范大学	12570	8701	2877	1784	894	1520	153.24		77.97	
上海对外经贸大学	361	361	966	692	409	625	66.48	0.02	28.63	1.53
上海应用技术学院	4801	2639	1913	1132	512	838	101.39	2.23	58.59	0.92
上海海事大学	1760	1070	1880	1130	510	1018	138.07	5.19	64.12	8.91
上海科技大学			325	140	88	140	59.87			4.1
上海纽约大学			322	85		85		0.86		6.92
上海电力学院	3716	3225	1148	768	405	662	51.15	34.66	40.34	
上海海洋大学	3711	2406	1266	918	446	747	137.05	0.08	40.90	0.13
华东政法大学	2272	2190	1260	996	368	859	63.27		36.88	
上海体育学院	732	580	691	396	237	283	55.14		31.63	
上海戏剧学院	941	812	506	273	110	145	12.20		10.21	0.55
上海音乐学院	249	249	512	295	149	190	6.67	2.05	11.35	
上海杉达学院			770	547	166	436	49.28	4.53	28.64	1.89
上海立信会计学院	3776	2954	832	563	201	408	30.81	5.94	21.45	9.98
上海电机学院	3103	1777	985	714	233	643	76.46	11.60	43.46	
上海金融学院	2770	1885	704	471	204	355	24.03	18.70	13.26	11.51
上海政法学院	2412	1621	702	483	199	430	62.76		21.15	
上海第二工业大学	5020	2809	1045	647	304	448	41.04	5.80	23.50	7.13

续表

指　　标	成人本专科在校生	#本科	教职工数	专任教师数	正副高	研究生学历	占地面积（万平方米）学校产权	占地面积（万平方米）非产权独用	校舍面积（万平方米）学校产权	校舍面积（万平方米）非产权独用
上海商学院	1501	326	640	490	192	287	17.81	4.37	16.03	4.44
上海健康医学院	1397		920	579	153	345	54.91	20.40	19.29	14.24
上海建桥学院	126	22	741	512	205	284	53.26			37.14
上海视觉艺术学院			375	294	108	172	49.21		12.08	4.13
上海兴伟学院	13		36	14	9	12	14.53	8.57	4.65	5.75
上海外国语大学贤达经济人文学院			513	337	101	271	8.66	1.93	7.50	7.27
上海师范大学天华学院			571	409	127	302	20.24	5.87	10.17	10.26
专科院校	**165**		**1172**	**650**	**188**	**290**	**48.16**	**44.36**	**11.02**	**19.34**
上海出版印刷高等专科学校	61		350	202	52	128	3.55	21.88	3.96	4.25
上海旅游高等专科学校	104		249	158	43	105	0.78	20.61	1.57	6.23
上海公安高等专科学校			573	290	93	57	43.83	1.87	5.49	8.86
高职学院	**5216**		**6787**	**4335**	**1115**	**1883**	**301.29**	**163.85**	**159.58**	**87.94**
上海行健职业学院	730		200	154	49	75	7.08	4.24	9.11	2.14
上海城市管理职业技术学院	576		294	170	54	55	19.06		7.85	0.90
上海交通职业技术学院	316		427	276	56	88	4.90	16.94	3.57	8.82
上海海事职业技术学院	244		182	102	26	26	7.39		9.77	
上海电子信息职业技术学院	165		319	246	45	105	27.03	3.12	16.14	2.28
上海科学技术职业学院			256	163	52	89	21.40		11.86	
上海农林职业技术学院			208	116	20	77	26.74	41.33	2.51	9.51
上海工艺美术职业学院	167		300	228	78	65	12.13	0.53	7.88	1.21
上海建峰职业技术学院	185		231	148	31	68	2.99	10.23	5.14	4.4
上海工会管理职业学院	47		293	218	49	121	28.60		11.76	
上海体育职业学院	211		512	251	84	27		9.40		4.76
上海健康职业技术学院										
上海东海职业技术学院	634		442	198	65	79	12.66		9.46	
上海工商职业技术学院	49		396	273	55	133	13.87	8.57	8.28	2.62
上海震旦职业学院	354		371	208	69	115	5.77	9.61	4.47	6.24
上海民远职业技术学院			152	68	15	29		10.67		6.24
上海欧华职业技术学院			13					11.47		10.72
上海思博职业技术学院	330		299	196	63	83	33.19		3.62	7.46
上海立达职业技术学院			429	314	96	141	24.24	5.04	13.07	1.47
上海济光职业技术学院			287	171	42	76	11.25	2.59	5.86	4.3
上海工商外国语职业学院	742		463	365	68	199	19.88	3.43	15.64	3.43
上海邦德职业技术学院	312		201	111	20	49	5.13		4.84	0.57
上海中侨职业技术学院	154		330	225	58	115	17.98		8.75	2.99
上海电影艺术职业学院			182	134	20	68		26.68		7.88
上海中华职业技术学院										

成人高校基本情况一览表

指标	学生情况				教职工数	#专任教师数			占地面积（平方米）		校舍面积（平方米）	
	毕业生	招生	在校生	预计毕业生			正高	副高	学校产权	非产权独用	学校产权	非产权独用
总计	**2975**	**2068**	**6844**	**4213**	**1473**	**764**	**17**	**196**	**636318**	**18961**	**517304**	**70564**
上海科技管理干部学院	27	59	114	36	90	19	3	3	16606		18552	
上海市黄浦区业余大学	430	238	532	294	130	87		21	15415		37206	
上海市徐汇区业余大学	183	144	723	579	93	62		16	40325		22553	
上海市长宁区业余大学	295	227	1708	1481	83	52	1	13	23581		35732	
上海市静安区业余大学	269	238	509	271	90	74		5	48576		59763	786
上海市普陀区业余大学	311	230	548	318	91	56		17	40266		31137	
上海市虹口区业余大学	81	35	177	142	65	37		7	21730	3694	29795	3694
上海市杨浦区业余大学	246	279	770	491	58	39		9	27714		22640	
上海市宝山区业余大学	466	94	267	173	96	50		11	25529		28912	3663
上海纺织工业职工大学	188	55	135	17	76	23		2		15267		32444
上海医药职工大学	168	169	504	113	68	37		11	193802		64759	21190
上海开放大学					293	121	6	46	55904		62564	8787
上海市经济管理干部学院	105	154	410	150	130	34	2	15	24333		45551	
上海青年管理干部学院	206	146	447	148	110	73	5	20	102537		58140	

实验性示范性中学名单(一)

单位:所

地区		全市合计	黄浦区	徐汇区	长宁区	静安区	普陀区	闸北区	虹口区	杨浦区
市实验性示范性中学	校数	**63**	7	5	3	3	3	4	4	5
	校名		光明中学 卢湾高级中学 向明中学 上外附属大境中学 大同中学 敬业中学 格致中学	市二中学 南洋中学 南洋模范中学 上海中学 位育中学	市三女中 延安中学 复旦中学	华东模范中学 市西中学 育才中学	宜川中学 曹杨二中 晋元中学	市北中学 市六十中学 新中中学 回民中学	北郊中学 上外附中 华师大一附中 复兴中学	杨浦中学 控江中学 复旦附中 同济一附中 交大附中
区重点中学	校数	84	4	5	4	4	5	4	5	9
	校名		五爱高级中学 第八中学 第十中学 储能中学	徐汇中学 第四中学 中国中学 五十四中学 西南位育	天山中学 建青实验学校 华东政法附中 仙霞中学	市一中学 七一中学 民立中学 上戏附属高中	同济二附中 甘泉外国语 曹杨中学 长征中学 桐柏中学	风华中学 彭浦中学 久隆模范中学 第八中学	北虹中学 澄衷中学 继光中学 虹口中学 鲁迅中学	市东中学 上理工附中 中原中学 财大附中 少云中学 同济中学 复旦实验中学 民星中学 体育学院附属中学

实验性示范性中学名单(二)

单位:所

地区		闵行区	宝山区	嘉定区	浦东新区	金山区	松江区	青浦区	奉贤区	崇明县
市实验性示范性中学	校数	4	3	2	11	2	2	3	1	1
	校名	闵行中学 七宝中学 上师大附中闵行分校 交大附中闵行分校	吴淞中学 行知中学 上大附中	嘉定一中 交大附中嘉定分校	洋泾中学 实验学校 进才中学 建平中学 华师大二附中 南汇中学 川沙中学 浦东复旦附中分校 上海中学东校 上外附属浦东外国语学校 上师大附中	华师大三附中 金山中学	松江一中 松江二中	青浦中学 朱家角中学 复旦附属青浦分校	奉贤中学	崇明中学
区重点中学	校数	5	5	4	18	4	1	1	2	4
	校名	莘庄中学 闵行二中 文来中学 田园中学 上外闵行外国语中学	罗店中学 宝山中学 通河中学 顾村中学 行知实验中学	上外嘉定外国语实验学校 嘉定二中 安亭中学 疁城实验学校	东昌中学 上南中学 高桥中学 杨思中学 三林中学 华师大附属周浦中学 新场中学 海洋大学附属大团中学 浦东中学 陆行中学 香山中学 建平世纪中学 新川中学 海事大学附属北蔡中学 高行中学 南汇一中 交大附属浦东实验高中 文建中学	上师大二附中 张堰中学 华师大附属枫泾中学 亭林中学	上师大附属外国语中学	青浦一中	致远中学 曙光中学	扬子中学 民本中学 城桥中学 堡镇中学

民办中学名单(一)

单位:所

地区		全市合计	黄浦区	徐汇区	长宁区	静安区	普陀区	闸北区	虹口区	杨浦区
民办中学	校数	**117**	4	7	3	1	6	6	6	10
	校名		明珠中学 震旦外国语中学 立达中学 永昌学校(九)	西南高级中学 西南模范中学 华育中学 西南位育中学 世界外国语中学 位育中学 南模中学	包玉刚实验学校(九) 新世纪中学 新虹桥中学	上外静安外国语中学	兰田中学 培佳双语学校(十二) 新黄浦实验学校(九) 玉华中学 桐柏中学 进华中学	青中初级中学 风范中学 精文中学 田家炳中学 扬波中学 新和中学	迅行中学 新北郊初级中学 上外第一实验学校 瑞虹高级中学 新华初级中学 新复兴初级中学	沪东外国语高级中学(九) 控江中学附属学校 存志中学 杨浦凯慧初级中学 上外附属双语学校(十二) 杨浦实验学校 兰生复旦中学 同济大学实验学校(九) 交大飞达初级中学 上实剑桥外国语中学

民办中学名单(二)

单位:所

地区		闵行区	宝山区	嘉定区	浦东新区	金山区	松江区	青浦区	奉贤区	崇明县
民办中学	校数	16	8	7	26	5	5	3	2	2
	校名	民办文绮中学 燎原实验学校(十二) 万源城协和学校(九) 教育学院附中 协和双语尚音学校(九) 复旦万科实验学校(九) 新清华博世凯外国语学校(九) 上外闵行外国语初级中学 星河湾双语学校(十二) 协和双语高级中学 协和双语学校(九) 教科实验中学 上师初级中学 上宝中学 七宝德怀特高级中学 文来中学	和衷中学 行知二中 建峰职业技术学院附属高中 日日学校(九) 锦秋学校(九) 交华中学 行中中学 同洲模范学校(十二)	远东学校(十二) 嘉一联合中学 桃李园实验学校(九) 华师大附属双语学校(九) 怀少学校(九) 华二初级中学 斌心学校(九)	东方外国语学校(十二) 进才外国语中学 协和双语学校(九) 东方阶梯双语学校(九) 前进中学 金苹果学校(十二) 常青中学 育辛高级中学 尚德实验学校(十二) 弘德学校 民远高级中学 中芯学校(十二) 上师大附属第二外国语学校(十二) 外高桥中学 工商外国语职业学院附属中学 平和学校(十二) 丰华高级中学 洋泾外国语学校 更新学校(九) 新竹园中学 浦东交中初级中学 张江集团学校 光华中学 沪港学校(九) 建南外国语中学 建平远翔学校	金盟学校(九) 师大实验中学 交大南洋中学 枫叶国际学校 永昌中学	西外外国语学校(十二) 上大附属外国语中学 包玉刚实验高中 九峰实验学校 茸一中学	瑞大学校(九) 宋庆龄学校(九) 复旦五浦汇实验学校(九)	帕丁顿双语学校(十二) 铭远双语高中	新纪元双语学校 民一中学

民办小学名单(一)

单位:所

地区		全市合计	黄浦区	徐汇区	长宁区	静安区	普陀区
民办小学	校数	**173**	0	4	2	1	1
	校名			爱菊小学 世界外国语小学 逸夫小学 盛大花园小学	新世纪小学 东展小学	上外静安外国语小学	金洲小学

民办小学名单(二)

单位:所

地　区		闸北区	虹口区	杨浦区	闵行区	宝山区	嘉定区
民办小学	校数	4	4	2	17	14	14
	校名	扬波外国语小学 彭浦实验小学 童园(实验)小学 童的梦实验小学	丽英小学 上外附属民办外国语小学 宏星小学 四中心实验小学	打一外国语小学 阳浦小学	双江小学 振兴小学 银星学校 华虹小学 弘梅第二小学 育苗小学 马桥小学 文博小学 浦江文馨学校 七宝外国语小学 华星小学 华博利星行小学 弘梅小学 咏梅小学 塘湾小学 文汇学校 文河小学	申华小学 海兰小学 蓝天小学 洛和桥小学 沈巷小学 肖泾小学 杨行小学 顾教小学 惠民小学 罗希小学 山海小学 沈宅小学 杨东小学 益钢小学	杨林小学 娄塘小学 沪宁小学 六里小学 仓场小学 桃苑小学 少农小学 中村小学 华武小学 庆宁小学 包桥小学 行知小学 天宇小学 育红小学

民办小学名单(三)

单位:所

地　区		浦东新区	金山区	松江区	青浦区	奉贤区	崇明县
民办小学	校数	43	9	19	23	15	1
	校名	博世凯外国语小学 阳光海川学校 昌林小学 福德小学 航头小学 金德小学 康桥工友小学 联营小学 梅林小学 明光金都小学 浦光小学 唐四小学 新苗小学 新星小学 宣桥小学 振华小学 竹林小学 紫罗兰小学 博奥利星行小学 福山正达外国语小学 上外附属浦东外国语小学 豫息小学 博爱小学 新金童小学 大别山小学 航海小学 淮安小学 精忠小学 利民小学 鲁冰花小学 南浦小学 明辉小学 寿春小学 皖蓼小学 新农小学 徐庙小学 阳光小学 永辉小学 育苗小学 知见小学 智源小学 英才小学 育才小学	金龙小学 东升小学 金安小学 新联小学 红扬小学 查山小学 水库小学 金山嘴小学 九阳小学	薛家小学 花桥村小学 张施小学 北干山小学 刘家小学 联庄小学 南门村小学 打铁桥村小学 众兴小学 陈春小学 潘家浜小学 马汤村小学 永悦小学 善荣小学 世泽小学 向阳小学 古松三村小学 新叶小学 昆港小学	隐贤小学 育才小学 蓝天小学 行知小学 青安小学 明天小学 双佳小学 新希望小学 阳光爱心小学 胜利小学 东方红小学 培英小学 民主小学 华益小学 秀龙小学 华夏小学 晨旭小学 叙中小学 小康小学 联合小学 旧青浦小学 曙光小学 立新小学	敬贤小学 远航小学 民友小学 青溪小学 宏翔小学 厚才小学 童梦小学 蒲公英小学 致和小学 育才小学 超群小学 福星小学 福祉小学 星光小学 志华小学	光辉小学

上海市国际学校名单

学　校　名　称	地　　址
上海美国学校	闵行区金丰路258号
上海日本人学校	闵行区虹梅路3185号
上海英国学校	浦东沪南公路2729弄康桥半岛600号
上海法国学校	青浦区高光路350号
上海德国学校	青浦区高光路350号
上海韩国学校	闵行区华漕镇联友路355号
上海新加坡国际学校	闵行区朱建路301室

续表

学 校 名 称	地 址
上海耀中国际学校	长宁区水城路11—15号
上海长宁国际学校	虹桥路1161号
上海协和国际学校	浦东金桥明月路999号
上海德威英国国际学校	浦东蓝桉路266号
上海西华国际学校	青浦区徐泾镇联民路555号
上海李文斯顿美国学校	长宁区甘溪路580号
上海虹桥国际学校	虹桥路2381号
上海不列颠英国学校	闵行区古北路1988号
上海惠灵顿国际学校	浦东新区耀龙路1500号
奥伊斯嘉上海日本语幼儿园	长宁区茅台路715弄20号
上海美丘第一幼儿园	闵行区虹许路788号(名都城内)
上海泰宁国际幼儿园	复兴西路43号
上海恩吉尔幼儿园	闵行区虹中路375号
上海东进日本人幼儿园	闵行区虹梅路3081号虹桥别墅内
上海骏台日本人补习中心	延安西路2633号美丽华商务中心B308室
上海青海韩国人补习中心	长宁区水城南路37号万科广场北楼705室
上海一麦日本人补习中心	虹梅北路3201弄26号101室
东进上海日本人补习中心	浦东新区花木路1883弄御翠园230号
上海日本人教育补习中心	长宁区水城南路55号六月汇广场5楼501室
上海新大一韩国人补习中心	长宁区荣华东道96号C座3楼
上海飞翔日本人补习中心	长宁区荣华东道96号维多利亚商务楼C座504—505室

上海市老年教育机构情况

指 标	机构数(个)	班级数(个)	学员数(人)
总 计	**291**	**27010**	**765983**
市级老年大学	4	808	28479
市级老年大学分校、系统校、区县老年大学	67	4468	118905
街镇、工业园、老年学习苑级老年学校	220	21734	618599
养老机构办学点	245	811	14778
远程老年大学	1	5486	560945
指 标	教职工数(人)	管理人员(人)	专兼职教师(人)
总 计	**28075**	**8810**	**19265**
市级老年大学	487	106	381
市级老年大学分校、系统校、区县老年大学	2426	490	1936
街镇、工业园、老年学习苑级老年学校	25162	8214	16948
养老机构办学点	2446	1405	1041
远程老年大学	9(兼)	3(兼)	

说明:1. 2015年参加各类老年大学(学校)学习的60周岁及以上学员总数574575人,同比增长了7.2%,占本市老年人总数413.98万人(2014年末统计数据)的13.9%。2. 2015年上海远程老年大学集体收视(241503人)和有组织分散收视(319442人)合计560945人,其中60周岁及以上学员总数509442人,同比增长了9.6%,占本市老年人总数413.98万人的12.3%

历年研究生基本情况

单位:人

年份	合计			普通高等学校			科研单位		
	招生数	在读生数	毕业生数	招生数	在读生数	毕业生数	招生数	在读生数	毕业生数
1996	6507	16835	3860	5915	15307	3537	592	1528	323
1997	6725	18460	4475	6163	16841	4117	562	1619	358
1998	7874	21162	4642	7281	19499	4253	593	1663	389
1999	9413	24420	5611	8758	22656	5196	655	1764	415
2000	12652	30614	5868	11796	28582	5435	856	2032	433
2001	15826	39043	6817	14751	36528	6380	1075	2515	437
2002	19211	48896	7926	17848	45713	7481	1363	3183	445
2003	22524	59090	10079	20767	55092	9501	1757	3998	578
2004	25334	69437	13469	23545	64747	12788	1789	4690	681
2005	27692	78728	16741	25845	73557	15857	1847	5171	884
2006	30099	86906	19931	28250	81487	18833	1849	5419	1098
2007	30610	91763	23926	28748	86177	22691	1862	5586	1235
2008	32142	95498	25753	30195	89778	24431	1947	5720	1322
2009	37425	103492	28291	35418	97639	26949	2007	5853	1342
2010	38643	111717	28207	36619	105711	26843	2024	6006	1364
2011	40080	119017	30816	37971	112902	29431	2109	6115	1385
2012	44229	127014	34606	41899	120503	33189	2330	6511	1417
2013	46223	134799	35669	43659	127803	34148	2564	6996	1521
2014	43930	133554	36572	43353	131806	36013	577	1748	559
2015	46005	138287	37868	45400	136539	37289	605	1748	579

历年普通高等学校基本情况

单位:万人

年份	学校(所)	毕业生数	招生数	在校学生	教职工数	#专任教师
1996	41	3.90	4.38	14.79	6.40	2.10
1997	39	3.90	4.51	15.38	6.26	2.01
1998	40	3.62	4.88	16.51	6.21	2.01
1999	41	4.03	6.32	18.63	6.03	2.01
2000	37	4.09	8.13	22.68	6.08	2.05
2001	45	4.28	9.86	28.00	6.17	2.17
2002	50	5.52	10.92	33.16	6.18	2.29
2003	57	7.12	12.03	37.85	6.31	2.44
2004	59	8.86	13.06	41.57	6.83	2.87
2005	60	10.34	13.18	44.26	7.09	3.18

续表

年　份	学校(所)	毕业生数	招生数	在校学生	教职工数	#专任教师
2006	60	11.05	14.04	46.63	7.17	3.39
2007	60	11.85	14.46	48.49	7.18	3.55
2008	61	12.21	14.58	50.29	7.31	3.69
2009	66	12.69	14.35	51.28	7.45	3.81
2010	66	13.37	14.46	51.57	7.42	3.92
2011	66	13.90	14.11	51.13	7.41	3.96
2012	67	13.98	13.67	50.66	7.33	4.01
2013	68	13.38	14.09	50.48	7.34	4.03
2014	68	13.24	14.19	50.66	7.34	4.06
2015	67	12.87	14.07	51.16	7.36	4.16

历年成人高等学校基本情况

单位:万人

年　份	学校(所)	毕业生数	招生数	在校学生	教职工数	#专任教师
1996	65	1.84	2.70	8.07	1.17	0.48
1997	64	2.32	2.78	8.16	1.15	0.46
1998	40	2.28	2.91	8.69	0.74	0.28
1999	39	2.27	3.67	9.82	0.77	0.33
2000	37	3.10	4.23	11.49	0.66	0.30
2001	31	2.77	5.38	13.83	0.53	0.24
2002	30	3.08	6.73	17.09	0.49	0.22
2003	27	4.24	7.22	19.80	0.45	0.21
2004	22	6.08	11.64	26.67	0.36	0.18
2005	21	7.68	9.32	22.45	0.32	0.15
2006	21	1.50	6.78	19.46	0.31	0.16
2007	21	5.20	7.26	20.68	0.30	0.15
2008	18	5.69	7.25	21.38	0.24	0.13
2009	18	5.97	6.94	21.33	0.23	0.13
2010	17	6.88	6.54	19.86	0.20	0.11
2011	17	6.06	5.79	18.86	0.19	0.10
2012	16	5.66	5.85	18.37	0.17	0.09
2013	15	5.40	5.44	17.46	0.16	0.09
2014	14	5.16	5.24	16.84	0.15	0.08
2015	14	4.97	4.79	15.80	0.15	0.08

历年中等技术学校基本情况

单位：万人

年 份	学校(所)	毕业生数	招生数	在校学生	教职工数	#专任教师
1996	88	1.82	3.11	9.32	1.39	0.54
1997	88	2.10	3.62	10.65	1.35	0.53
1998	85	2.51	4.20	12.15	1.31	0.52
1999	85	2.54	3.48	12.83	1.27	0.52
2000	83	3.80	2.98	11.77	1.25	0.51
2001	81	2.91	3.48	12.06	1.22	0.50
2002	81	2.94	3.93	12.65	1.18	0.50
2003	83	3.39	4.34	13.69	1.19	0.53
2004	82	3.08	3.87	14.05	1.12	0.53
2005	81	3.39	3.33	13.67	1.09	0.53
2006	81	3.52	3.47	13.70	1.06	0.52
2007	76	3.86	3.23	12.81	1.00	0.51
2008	73	3.71	3.24	12.08	0.97	0.51
2009	70	3.39	2.98	11.50	0.94	0.49
2010	65	3.34	2.99	10.91	0.91	0.50
2011	64	3.14	2.78	10.22	0.89	0.50
2012	61	2.77	2.76	9.88	0.85	0.48
2013	55	2.76	2.51	9.23	0.82	0.48
2014	54	3.55	2.25	7.74	0.80	0.48
2015	51	2.49	2.22	7.24	0.78	0.48

历年普通中学基本情况

单位：万人

年 份	学校(所)	毕业生数	招生数	在校学生	教职工数	#专任教师
1996	784	19.14	23.98	76.23	7.38	4.81
1997	812	24.46	23.69	74.43	7.49	4.87
1998	846	25.05	25.67	73.85	7.58	4.93
1999	855	23.28	27.24	76.68	7.67	5.03
2000	861	22.92	26.46	79.54	7.66	5.01
2001	865	24.91	26.42	80.23	7.65	5.04
2002	857	26.40	26.02	78.97	7.63	5.07
2003	844	25.77	23.04	75.47	7.60	5.08
2004	822	25.68	21.81	82.78	7.54	5.13
2005	807	25.39	20.90	77.02	7.46	5.12
2006	794	22.24	17.84	71.17	7.33	5.14
2007	786	21.23	16.72	65.60	7.11	5.13

续表

年　份	学校(所)	毕业生数	招生数	在校学生	教职工数	#专任教师
2008	774	20.09	16.63	61.77	6.89	5.03
2009	762	17.03	16.50	60.37	6.76	5.05
2010	755	16.13	16.33	59.44	6.73	5.07
2011	754	15.48	16.84	59.17	7.53	5.11
2012	760	14.91	17.00	59.04	7.58	5.18
2013	762	14.68	17.34	59.35	6.82	5.26
2014	768	14.32	16.51	58.42	6.95	5.41
2015	790	14.55	16.87	57.05	7.02	5.50

历年小学基本情况

单位:万人

年　份	学校(所)	毕业生数	招生数	在校学生	教职工数	#专任教师
1996	1671	18.83	15.66	106.46	7.07	5.33
1997	1533	16.48	12.46	102.44	6.92	5.24
1998	1382	17.66	11.39	96.14	6.67	4.96
1999	1208	19.19	10.49	87.16	6.40	4.68
2000	1021	18.73	10.28	78.86	6.13	4.43
2001	852	17.43	10.27	72.28	5.87	4.23
2002	751	15.76	10.11	67.24	5.62	4.06
2003	686	12.87	10.05	64.83	5.34	3.88
2004	648	10.97	10.55	53.74	5.07	3.75
2005	640	10.93	10.36	53.50	4.94	3.74
2006	626	10.85	10.87	53.37	4.86	3.75
2007	615	10.55	11.00	53.33	4.84	3.85
2008	672	10.44	12.39	59.06	5.10	4.10
2009	751	11.36	13.86	67.12	5.48	4.43
2010	766	12.44	15.05	70.16	5.58	4.52
2011	764	13.09	16.94	73.11	4.82	4.63
2012	761	12.95	17.23	76.04	4.89	4.81
2013	759	13.45	18.10	79.25	5.81	4.98
2014	757	13.12	16.34	80.30	5.96	5.15
2015	764	13.79	15.58	79.87	6.03	5.23

历年幼儿园基本情况

单位:万人

年　份	独立幼儿园(所)	幼儿数	教职工数	#专任教师
1996	970	26.82	2.95	1.83
1997	937	25.72	2.79	1.73
1998	944	24.91	2.60	1.60
1999	937	24.22	2.53	1.55
2000	958	24.12	2.52	1.50
2001	1003	23.40	2.42	1.44
2002	1001	24.21	2.42	1.46
2003	1014	25.22	2.47	1.49
2004	1017	26.58	2.56	1.55
2005	1035	28.70	2.79	1.70
2006	1057	29.98	3.04	1.88
2007	1058	31.32	3.19	2.02
2008	1058	32.88	3.36	2.17
2009	1111	35.38	3.60	2.36
2010	1252	40.03	4.09	2.67
2011	1337	44.42	4.58	2.92
2012	1401	48.06	4.90	3.13
2013	1446	50.10	5.10	3.29
2014	1462	50.29	5.34	3.49
2015	1510	53.59	5.62	3.66

历年特殊教育学校基本情况

单位:人

年　份	学校(所)	毕业生数	招生数	在校学生	教职工数	#专任教师
1996	39	620	910	6164	1512	929
1997	38	749	793	6313	1512	914
1998	36	656	722	5168	1580	953
1999	35	760	902	5269	1604	973
2000	34	844	1139	5407	1584	943
2001	32	615	731	5463	1599	946
2002	32	639	641	5529	1653	987
2003	31	767	692	5463	1629	985
2004	29	809	650	5358	1597	978
2005	28	853	692	5238	1598	1002
2006	28	869	675	5043	1614	1047
2007	28	886	741	5043	1603	1092
2008	29	828	752	5131	1612	1115
2009	29	901	758	5044	1594	1121
2010	29	918	776	5036	1596	1143
2011	29	907	732	4927	1577	1158
2012	29	876	783	4885	1580	1177
2013	29	813	602	4724	1588	1207
2014	29	844	621	4603	1587	1228
2015	29	775	567	4459	1590	1239

高中生均经费情况

金额单位:元

区县名称	财政拨款生均				实际生均					其中:生均公用经费					2015 年生均公用占%
	2015 年	2014 年	增减金额	增减%	2015 年	位次	2014 年	增减金额	增减%	2015 年	位次	2014 年	增减金额	增减%	
黄浦区	51781.11	51486.24	294.87	0.57	55318.18	2	51952.48	3365.70	6.48	25336.26	2	20361.48	4974.78	24.43	45.80
徐汇区	38008.61	33326.93	4681.68	14.05	41122.52	10	38873.69	2248.83	5.78	12073.64	6	11756.96	316.68	2.69	29.36
长宁区	48593.64	48631.35	−37.71	−0.08	47946.26	4	60479.35	−12533.08	−20.72	14593.10	4	28440.84	−13847.75	−48.69	30.44
静安区	84959.53	83794.39	1165.13	1.39	87114.73	1	77839.75	9274.98	11.92	44975.79	1	38293.58	6682.21	17.45	51.63
普陀区	32438.90	30545.54	1893.36	6.20	37403.18	12	34527.45	2875.73	8.33	11517.96	7	11516.68	1.28	0.01	30.79
闸北区	39272.86	35686.47	3586.39	10.05	42680.42	7	41152.11	1528.31	3.71	6644.26	15	6936.60	−292.34	−4.21	15.57
虹口区	45360.00	37134.41	8225.59	22.15	48225.52	3	40849.60	7375.92	18.06	10775.11	8	6449.28	4325.83	67.07	22.34
杨浦区	39452.15	37355.06	2097.09	5.61	41483.89	8	40974.32	509.57	1.24	9718.06	10	8704.38	1013.68	11.65	23.43
闵行区	42011.96	33212.47	8799.49	26.49	43665.11	6	34553.86	9111.25	26.37	8029.15	12	6959.58	1069.57	15.37	18.39
宝山区	36343.96	34906.96	1437.01	4.12	41368.15	9	38417.69	2950.47	7.68	15524.83	3	15519.21	5.62	0.04	37.53
嘉定区	38758.81	31350.03	7408.78	23.63	38814.00	11	36437.32	2376.68	6.52	13851.25	5	13814.43	36.82	0.27	35.69
浦东新区	28930.73	27413.40	1517.33	5.53	32949.62	15	29765.06	3184.56	10.70	8971.60	11	10005.18	−1033.59	−10.33	27.23
金山区	23133.99	22513.95	620.03	2.75	26379.60	17	27288.83	−909.23	−3.33	2896.00	17	3537.20	−641.19	−18.13	10.98
松江区	32862.37	30883.94	1978.43	6.41	35419.22	13	35416.30	2.92	0.01	5995.97	16	7462.59	−1466.63	−19.65	16.93
青浦区	28141.53	19233.43	8908.11	46.32	30361.07	16	26284.38	4076.70	15.51	7949.41	13	5981.54	1967.87	32.90	26.18
奉贤区	30398.87	27466.25	2932.63	10.68	33651.87	14	26872.43	6779.44	25.23	6715.36	14	4841.90	1873.46	38.69	19.96
崇明县	43698.00	33840.91	9857.08	29.13	45910.51	5	40021.39	5889.13	14.71	10533.38	9	11906.02	−1372.64	−11.53	22.94
郊区小计	32697.32	28746.45	3950.87	13.74	35836.04		32058.21	3777.83	11.78	9161.39		9317.27	−155.89	−1.67	25.56
市区小计	45117.35	42450.74	2666.61	6.28	48024.18		45982.71	2041.47	4.44	15871.11		14948.34	922.77	6.17	33.05
区县合计	37708.70	34146.92	3561.78	10.43	40753.86		37570.27	3183.59	8.47	11868.71		11600.22	268.49	2.31	29.12

初中生均经费情况

金额单位:元

区县名称	财政拨款生均				实际生均					其中:生均公用经费					2015年生均公用占%
	2015年	2014年	增减金额	增减%	2015年	位次	2014年	增减金额	增减%	2015年	位次	2014年	增减金额	增减%	
黄浦区	60294.69	54355.57	5939.12	10.93	55079.57	2	53844.14	1235.43	2.29	26961.96	1	23216.36	3745.60	16.13	48.95
徐汇区	34496.14	32127.53	2368.60	7.37	34641.36	8	32751.22	1890.14	5.77	11271.56	8	10810.41	461.15	4.27	32.54
长宁区	41181.00	37717.61	3463.40	9.18	40439.16	5	43260.51	−2821.34	−6.52	12941.77	5	16161.27	−3219.50	−19.92	32.00
静安区	76211.60	71696.28	4515.32	6.30	55644.60	1	44207.51	11437.08	25.87	23514.00	2	15522.12	7991.88	51.49	42.26
普陀区	31555.03	30433.58	1121.45	3.68	33212.10	9	33207.28	4.82	0.01	12357.11	6	12355.29	1.82	0.01	37.21
闸北区	37431.68	39099.15	−1667.47	−4.26	36162.72	7	37538.74	−1376.02	−3.67	10014.40	9	11337.18	−1322.78	−11.67	27.69
虹口区	42100.81	43321.85	−1221.05	−2.82	42148.07	4	45241.95	−3093.88	−6.84	12291.87	7	13338.02	−1046.16	−7.84	29.16
杨浦区	38775.70	35801.19	2974.51	8.31	40299.70	6	37212.08	3087.62	8.30	13907.73	4	11615.15	2292.58	19.74	34.51
闵行区	28403.93	28385.03	18.90	0.07	29781.91	10	28343.23	1438.68	5.08	7471.90	12	10598.63	−3126.73	−29.50	25.09
宝山区	25372.57	22157.96	3214.61	14.51	25792.50	12	23642.21	2150.29	9.10	8841.80	11	8748.67	93.14	1.06	34.28
嘉定区	27177.15	28617.33	−1440.18	−5.03	27619.04	11	25949.56	1669.48	6.43	9176.89	10	8976.60	200.30	2.23	33.23
浦东新区	22444.50	21231.24	1213.26	5.71	23822.87	15	21213.54	2609.33	12.30	6498.20	13	7210.85	−712.66	−9.88	27.28
金山区	20616.08	26223.69	−5607.61	−21.38	21164.76	17	26376.03	−5211.27	−19.76	3829.55	17	7889.92	−4060.37	−51.46	18.09
松江区	23694.52	19714.58	3979.94	20.19	22581.56	16	21789.34	792.22	3.64	3953.24	16	5255.28	−1302.05	−24.78	17.51
青浦区	24518.40	22069.65	2448.75	11.10	24517.76	14	21456.86	3060.90	14.27	5299.71	15	4011.31	1288.40	32.12	21.62
奉贤区	24861.73	24542.79	318.94	1.30	24795.93	13	21210.29	3585.63	16.91	6440.79	14	5733.39	707.40	12.34	25.98
崇明县	45110.21	39651.67	5458.54	13.77	46927.96	3	36854.90	10073.06	27.33	13999.81	3	8374.67	5625.13	67.17	29.83
郊区小计	25169.34	24039.93	1129.41	4.70	25925.20		23707.58	2217.63	9.35	6970.73		7465.18	−494.46	−6.62	26.89
市区小计	42237.81	40232.95	2004.86	4.98	40469.93		39602.38	867.55	2.19	14573.24		13842.39	730.85	5.28	36.01
区县合计	29903.96	28557.26	1346.70	4.72	29960.82		28132.82	1828.00	6.50	9060.64		9217.37	−156.73	−1.70	30.24

小学生均经费情况

金额单位:元

区县名称	财政拨款生均				实际生均					其中:生均公用经费					2015年生均公用占%
	2015年	2014年	增减金额	增减%	2015年	位次	2014年	增减金额	增减%	2015年	位次	2014年	增减金额	增减%	
黄浦区	50849.18	45957.81	4891.36	10.64	47639.75	2	45889.75	1749.99	3.81	26703.27	1	19481.07	7222.19	37.07	56.05
徐汇区	23849.11	22306.53	1542.58	6.92	23241.11	8	22561.11	680.00	3.01	7627.57	6	7375.86	251.71	3.41	32.82
长宁区	25272.35	25850.50	−578.15	−2.24	24046.85	7	28468.03	−4421.18	−15.53	7078.60	8	9903.12	−2824.52	−28.52	29.44
静安区	41975.03	41872.17	102.86	0.25	49874.39	1	38603.06	11271.33	29.20	23719.33	2	12759.19	10960.15	85.90	47.56
普陀区	21275.05	20561.77	713.28	3.47	21686.82	9	20868.12	818.70	3.92	6570.21	11	6440.20	130.01	2.02	30.30
闸北区	24999.31	29600.76	−4601.46	−15.55	27323.53	5	30136.06	−2812.53	−9.33	9926.81	4	10020.40	−93.59	−0.93	36.33
虹口区	24639.33	27663.99	−3024.66	−10.93	24679.40	6	29151.41	−4472.01	−15.34	6731.73	10	8918.24	−2186.51	−24.52	27.28
杨浦区	30536.87	30509.08	27.79	0.09	30726.08	4	29714.78	1011.30	3.40	12197.36	3	10415.25	1782.11	17.11	39.70
闵行区	20240.75	18236.42	2004.33	10.99	20275.50	12	18597.11	1678.39	9.03	4812.44	14	6240.50	−1428.07	−22.88	23.74
宝山区	20885.59	20500.50	385.09	1.88	21095.10	10	21053.62	41.48	0.20	7107.63	7	8368.37	−1260.74	−15.07	33.69
嘉定区	23295.37	24130.49	−835.12	−3.46	19908.60	13	19406.25	502.34	2.59	7036.28	9	6999.19	37.09	0.53	35.34
浦东新区	18051.53	17699.89	351.64	1.99	18240.00	15	17071.87	1168.13	6.84	5671.02	13	6263.71	−592.69	−9.46	31.09
金山区	15866.68	20515.94	−4649.26	−22.66	16190.52	17	20477.83	−4287.31	−20.94	2866.13	17	5706.84	−2840.71	−49.78	17.70
松江区	16592.43	14741.91	1850.52	12.55	16543.32	16	15689.82	853.50	5.44	3561.20	16	4166.84	−605.64	−14.53	21.53
青浦区	19957.32	19207.87	749.45	3.90	20388.42	11	18554.50	1833.92	9.88	4794.78	15	3724.87	1069.91	28.72	23.52
奉贤区	19928.35	18582.13	1346.22	7.24	19728.41	14	15079.50	4648.91	30.83	6000.20	12	3445.73	2554.47	74.13	30.41
崇明县	37661.73	31571.08	6090.66	19.29	36361.73	3	31406.89	4954.84	15.78	9827.45	5	7607.86	2219.58	29.17	27.03
郊区小计	19777.02	19160.77	616.25	3.22	19597.44		18437.52	1159.92	6.29	5609.83		5989.25	−379.42	−6.33	28.63
市区小计	28645.23	28805.29	−160.06	−0.56	28834.84		29130.63	−295.79	−1.02	11100.89		10073.46	1027.43	10.20	38.50
区县合计	22238.43	21769.64	468.79	2.15	22162.74		21329.18	833.56	3.91	7136.47		7095.65	40.82	0.58	32.20

幼儿园生均经费情况

金额单位：元

区县名称	财政拨款生均				实际生均					其中：生均公用经费					2015年生均公用占%
	2015年	2014年	增减金额	增减%	2015年	位次	2014年	增减金额	增减%	2015年	位次	2014年	增减金额	增减%	
黄浦区	35899.01	35213.90	685.11	1.95	33530.44	2	32886.31	644.13	1.96	14456.09	1	11870.52	2585.57	21.78	43.11
徐汇区	23557.61	21622.82	1934.78	8.95	23401.11	10	21728.61	1672.50	7.70	7343.68	10	7229.87	113.80	1.57	31.38
长宁区	34468.79	30563.02	3905.76	12.78	31855.24	3	30631.73	1223.51	3.99	12034.82	2	11592.36	442.46	3.82	37.78
静安区	40799.36	40750.48	48.88	0.12	42611.67	1	40870.49	1741.18	4.26	11675.59	3	11475.90	199.69	1.74	27.40
普陀区	21266.21	18337.95	2928.26	15.97	21011.32	13	19901.11	1110.21	5.58	9355.90	4	9346.25	9.65	0.10	44.53
闸北区	22788.50	18190.91	4597.59	25.27	23003.27	12	18785.36	4217.90	22.45	6513.67	11	4780.43	1733.23	36.26	28.32
虹口区	23946.25	20149.08	3797.17	18.85	25903.49	6	22589.51	3313.98	14.67	5594.73	14	5160.96	433.76	8.40	21.60
杨浦区	24610.51	22444.41	2166.09	9.65	24043.63	7	22337.52	1706.11	7.64	8240.82	7	7235.96	1004.86	13.89	34.27
闵行区	22732.33	19564.95	3167.38	16.19	23220.94	11	20082.95	3137.99	15.63	8213.29	8	8890.14	−676.85	−7.61	35.37
宝山区	20343.75	18641.36	1702.38	9.13	20887.39	14	17975.07	2912.32	16.20	5515.85	15	6618.39	−1102.54	−16.66	26.41
嘉定区	25581.78	21933.75	3648.03	16.63	26307.14	4	23944.51	2362.63	9.87	8158.10	9	8156.01	2.10	0.03	31.01
浦东新区	19407.98	17990.07	1417.91	7.88	20276.60	15	18639.48	1637.12	8.78	6039.22	13	6712.76	−673.54	−10.03	29.78
金山区	17698.40	17049.98	648.42	3.80	17773.98	16	17089.01	684.96	4.01	2469.09	17	1790.13	678.96	37.93	13.89
松江区	17756.23	17252.80	503.43	2.92	17569.82	17	17734.81	−164.98	−0.93	3595.90	16	4630.42	−1034.52	−22.34	20.47
青浦区	24140.15	21487.85	2652.30	12.34	23883.81	9	21175.67	2708.14	12.79	8655.72	6	7373.24	1282.48	17.39	36.24
奉贤区	23868.31	18695.10	5173.21	27.67	24000.25	8	18721.65	5278.60	28.20	6338.64	12	3524.89	2813.76	79.83	26.41
崇明县	26197.96	20498.76	5699.20	27.80	25944.54	5	20840.81	5103.73	24.49	8656.80	5	5654.93	3001.87	53.08	33.37
郊区小计	21033.11	18836.01	2197.10	11.66	21500.88		19261.23	2239.66	11.63	6288.01		6438.06	−150.05	−2.33	29.25
市区小计	26143.00	23429.87	2713.13	11.58	25794.22		23911.29	1882.93	7.87	8992.95		8263.85	729.10	8.82	34.86
区县合计	22429.94	20098.31	2331.63	11.60	22674.50		20538.97	2135.53	10.40	7027.43		6939.75	87.68	1.26	30.99

特殊学校生均经费情况

金额单位:元

区县名称	财政拨款生均				实际生均					其中:生均公用经费					2015 年生均公用占%
	2015 年	2014 年	增减金额	增减%	2015 年	位次	2014 年	增减金额	增减%	2015 年	位次	2014 年	增减金额	增减%	
黄浦区	144702.45	144616.49	85.96	0.06	144916.87	2	138920.14	5996.73	4.32	73516.66	2	62671.25	10845.41	17.31	50.73
徐汇区	95446.76	82053.71	13393.05	16.32	95784.82	6	82592.36	13192.45	15.97	18680.37	10	18188.60	491.77	2.70	19.50
长宁区	130326.63	125474.93	4851.70	3.87	125757.29	4	127785.08	−2027.79	−1.59	21156.33	6	29895.89	−8739.56	−29.23	16.82
静安区	354433.33	318705.00	35728.33	11.21	372040.69	1	308715.71	63324.97	20.51	138175.11	1	100689.93	37485.18	37.23	37.14
普陀区	76008.42	76000.63	7.79	0.01	81826.80	10	67883.13	13943.67	20.54	16570.78	13	16460.08	110.70	0.67	20.25
闸北区	66858.47	65579.04	1279.42	1.95	60680.97	15	67015.57	−6334.60	−9.45	17363.16	12	25357.87	−7994.71	−31.53	28.61
虹口区	44300.04	47595.07	−3295.03	−6.92	44355.31	17	47604.49	−3249.19	−6.83	8040.70	17	15490.65	−7449.96	−48.09	18.13
杨浦区	79642.62	72030.58	7612.03	10.57	77612.86	11	72732.99	4879.86	6.71	26451.60	4	23274.47	3177.14	13.65	34.08
闵行区	103887.14	84340.20	19546.95	23.18	103238.07	5	90157.20	13080.87	14.51	21897.12	5	27850.27	−5953.16	−21.38	21.21
宝山区	57131.35	54725.41	2405.95	4.40	59336.30	16	51768.38	7567.91	14.62	12804.98	15	10149.01	2655.97	26.17	21.58
嘉定区	125523.30	133528.42	−8005.12	−6.00	138901.58	3	146610.03	−7708.45	−5.26	42235.54	3	51135.00	−8899.46	−17.40	30.41
浦东新区	71049.97	67406.05	3643.92	5.41	73566.55	13	65865.31	7701.24	11.69	19675.94	8	24097.04	−4421.09	−18.35	26.75
金山区	76262.52	82404.70	−6142.18	−7.45	77372.18	12	82688.47	−5316.29	−6.43	11808.18	16	16828.44	−5020.27	−29.83	15.26
松江区	84744.02	78817.99	5926.03	7.52	83297.27	8	77644.09	5653.18	7.28	18647.11	11	20132.81	−1485.71	−7.38	22.39
青浦区	74903.06	72232.09	2670.97	3.70	71244.08	14	68093.18	3150.90	4.63	19733.60	7	16091.16	3642.43	22.64	27.70
奉贤区	81972.09	63595.24	18376.85	28.90	82034.51	9	63737.98	18296.53	28.71	14734.34	14	10230.32	4504.02	44.03	17.96
崇明县	82261.11	69043.96	13217.15	19.14	84102.27	7	68642.93	15459.33	22.52	19568.45	9	14060.05	5508.40	39.18	23.27
郊区小计	79980.93	73091.13	6889.81	9.43	81460.03		73138.68	8321.36	11.38	19700.46		20914.75	−1214.29	−5.81	24.18
市区小计	92481.02	89021.17	3459.85	3.89	91749.30		87477.08	4272.22	4.88	28916.05		29296.95	−380.89	−1.30	31.52
区县合计	86017.84	80888.70	5129.14	6.34	86429.22		80157.16	6272.06	7.82	24151.12		25017.74	−866.62	−3.46	27.94

中专、技校、职校生均经费情况

金额单位:元

区县名称	财政拨款生均				实际生均					其中:生均公用经费					2015年生均公用占%
	2015年	2014年	增减金额	增减%	2015年	位次	2014年	增减金额	增减%	2015年	位次	2014年	增减金额	增减%	
黄浦区	43359.68	61275.04	−17915.35	−29.24	54639.90	3	52750.81	1889.08	3.58	26662.65	2	18881.08	7781.57	41.21	48.80
徐汇区	29659.01	28905.31	753.70	2.61	30075.37	8	29902.41	172.96	0.58	7668.97	7	7256.32	412.64	5.69	25.50
长宁区	51686.86	43515.08	8171.78	18.78	57346.27	2	47844.19	9502.07	19.86	15711.22	4	11004.48	4706.74	42.77	27.40
静安区	64396.40	47264.47	17131.93	36.25	77058.08	1	84174.70	−7116.62	−8.45	27443.71	1	41034.94	−13591.23	−33.12	35.61
普陀区	26690.39	25155.01	1535.38	6.10	29427.67	9	26835.62	2592.04	9.66	6584.94	10	6584.54	0.40	0.01	22.38
闸北区	39444.23	29477.40	9966.83	33.81	39271.91	5	33611.49	5660.42	16.84	4792.08	14	5094.16	−302.08	−5.93	12.20
虹口区	29242.87	26312.14	2930.73	11.14	31598.00	7	30462.54	1135.45	3.73	6467.97	11	7131.31	−663.34	−9.30	20.47
杨浦区	33497.52	32692.00	805.53	2.46	36516.31	6	35753.55	762.76	2.13	9998.55	5	7445.17	2553.38	34.30	27.38
闵行区	19158.22	11939.27	7218.95	60.46	24400.53	13	14459.30	9941.24	68.75	8794.47	6	6557.23	2237.25	34.12	36.04
宝山区	27340.14	18042.75	9297.39	51.53	28236.87	10	22921.73	5315.14	23.19	4536.29	15	2594.68	1941.60	74.83	16.07
嘉定区	16702.53	14881.51	1821.01	12.24	16318.23	17	15674.45	643.77	4.11	2528.44	17	3002.82	−474.37	−15.80	15.49
浦东新区	22732.07	18912.84	3819.22	20.19	25625.37	11	20416.80	5208.56	25.51	7661.71	8	6962.50	699.21	10.04	29.90
金山区	17723.25	16592.52	1130.73	6.81	18432.78	16	18093.77	339.01	1.87	2769.31	16	2625.07	144.24	5.49	15.02
松江区	21143.89	18835.02	2308.87	12.26	22883.65	14	20804.06	2079.59	10.00	5997.40	12	5621.15	376.25	6.69	26.21
青浦区	22266.59	16213.56	6053.02	37.33	22875.49	15	19197.72	3677.77	19.16	5415.66	13	5855.75	−440.09	−7.52	23.67
奉贤区	24570.67	23542.34	1028.33	4.37	25354.66	12	25180.17	174.49	0.69	7408.65	9	7402.38	6.28	0.08	29.22
崇明县	28019.58	28215.08	−195.50	−0.69	45509.29	4	20599.07	24910.22	120.93	26107.64	3	5817.85	20289.79	348.75	57.37
郊区小计	21716.13	17905.17	3810.96	21.28	24847.20		19163.85	5683.34	29.66	7574.00		5604.47	1969.53	35.14	30.48
市区小计	37537.11	38540.83	−1003.72	−2.60	42584.49		41413.40	1171.09	2.83	13798.62		12665.61	1133.01	8.95	32.40
区县合计	25659.77	22776.58	2883.19	12.66	29268.51		24416.25	4852.26	19.87	9125.59		7271.38	1854.21	25.50	31.18

职校生均经费情况

金额单位:元

区县名称	财政拨款生均				实际生均					其中:生均公用经费					2015 年生均公用占%
	2015 年	2014 年	增减金额	增减%	2015 年	位次	2014 年	增减金额	增减%	2015 年	位次	2014 年	增减金额	增减%	
黄浦区	43359.68	61275.04	−17915.35	−29.24	54639.90	4	52750.81	1889.08	3.58	26662.65	3	18881.08	7781.57	41.21	48.80
徐汇区	29659.01	28905.31	753.70	2.61	30075.37	11	29902.41	172.96	0.58	7668.97	10	7256.32	412.64	5.69	25.50
长宁区	51686.86	43515.08	8171.78	18.78	57346.27	3	47844.19	9502.07	19.86	15711.22	5	11004.48	4706.74	42.77	27.40
静安区	64396.40	47264.47	17131.93	36.25	77058.08	2	84174.70	−7116.62	−8.45	27443.71	2	41034.94	−13591.23	−33.12	35.61
普陀区	26690.39	25155.01	1535.38	6.10	29427.67	12	26835.62	2592.04	9.66	6584.94	12	6584.54	0.40	0.01	22.38
闸北区	39444.23	29477.40	9966.83	33.81	39271.91	7	33611.49	5660.42	16.84	4792.08	15	5094.16	−302.08	−5.93	12.20
虹口区	29242.87	26312.14	2930.73	11.14	31598.00	10	30462.54	1135.45	3.73	6467.97	13	7131.31	−663.34	−9.30	20.47
杨浦区	33497.52	32692.00	805.53	2.46	36516.31	8	35753.55	762.76	2.13	9998.55	7	7445.17	2553.38	34.30	27.38
闵行区	17916.82	13266.84	4649.98	35.05	24179.64	14	16678.13	7501.51	44.98	9793.27	8	8405.74	1387.53	16.51	40.50
宝山区	22933.51	15333.76	7599.75	49.56	23333.29	15	18946.51	4386.78	23.15	3611.17	16	2145.88	1465.29	68.28	15.48
嘉定区	984674.00	1006933.27	−22259.27	−2.21	948437.92	1	976935.56	−28497.64	−2.92	82427.36	1	54627.86	27799.49	50.89	8.69
浦东新区	21582.14	17922.63	3659.51	20.42	24230.22	13	19392.31	4837.91	24.95	7313.54	11	6744.79	568.76	8.43	30.18
金山区	0.00	0.00	0.00		0.00	17	0.00	0.00		0.00	17	0.00	0.00		
松江区	21143.89	18835.02	2308.87	12.26	22883.65	16	20804.06	2079.59	10.00	5997.40	14	5621.15	376.25	6.69	26.21
青浦区	30546.72	24340.90	6205.82	25.50	32659.78	9	24387.76	8272.02	33.92	8786.79	9	4191.80	4594.98	109.62	26.90
奉贤区	51426.88	44265.67	7161.22	16.18	51006.24	5	44755.62	6250.62	13.97	11582.01	6	12514.90	−932.89	−7.45	22.71
崇明县	28019.58	28215.08	−195.50	−0.69	45509.29	6	20599.07	24910.22	120.93	26107.64	4	5817.85	20289.79	348.75	57.37
郊区小计	23116.71	19549.25	3567.46	18.25	27504.90		20315.75	7189.15	35.39	9428.42		6386.21	3042.22	47.64	34.28
市区小计	37537.11	38540.83	−1003.72	−2.60	42584.49		41413.40	1171.09	2.83	13798.62		12665.61	1133.01	8.95	32.40
区县合计	28248.36	26110.08	2138.28	8.19	32871.12		27604.14	5266.99	19.08	10983.60		8555.49	2428.11	28.38	33.41

上海市教育技术装备配备状况统计表

统计指标				单位	高中	完中	初中	12年一贯	9年一贯	小学	总计
基本信息	学校数			所	125	66	329	4	145	594	1263
	学生数			人	120663	67880	226474	4747	187136	544570	1151470
	管理人员	实验室	人数	人	559	317	1105	15	618	1187	3801
			专兼职比例		1∶0.47	1∶0.75	1∶1.57	1∶0.15	1∶2.70	1∶2.23	1∶1.47
		图书馆（室）	人数	人	338	149	490	10	285	767	2039
			专兼职比例		1∶0.15	1∶0.33	1∶0.49	全是专职	1∶0.62	1∶1.22	1∶0.61
场所建设	创新实验室学校设置率			%	71.20	56.06	42.86	75.00	43.45	30.81	40.86
	图书馆面积达标率			%	54.17	60.61	68.90	33.33	23.26	67.45	65.28
资产信息	资产值	教学仪器设备	总值	万元	223316.81	86299.36	242486.73	15601.04	130624.16	321598.94	1019927.04
			生均	元	18507.48	12713.52	10707.04	32865.05	6980.17	5905.56	8857.61
		教育信息化设备总金额		万元	64428.15	29507.84	88535.01	4699.48	46905.93	140386.95	374463.36
		图书金额			14879.60	7132.18	25654.20	501.52	15734.00	36964.89	100866.39
	当年投入	教学仪器设备		万元	36511.48	14727.61	36647.13	7030.09	17804.56	50898.42	163619.29
		信息化设备			9163.40	4523.48	13223.80	2576.72	6712.47	21190.84	57390.71
		图书			67346.97	631.50	1812.82	190.62	1829.44	4218.06	76029.41
	物品数量	每百名学生拥有计算机台数		台	65	50	44	53	30	28	37
		生均图书册数		册	68.42	62.14	60.88	66.28	48.65	40.47	50.13
管理信息	实验开出率			%	93.19	83.91	85.14	87.31	84.19	85.53	86.55
	课外开放	体育场馆开放学校百分比		%	88.52	92.06	89.37	100.00	96.24	91.80	91.37
		图书馆(室)开放学校百分比		%	77.42	75.76	77.54	75.00	88.19	74.70	77.31
		创新实验室开放学校百分比		%	73.12	60.53	72.30	100.00	88.89	75.38	74.81
		心理辅导室开放学校百分比		%	72.36	69.70	76.75	100.00	87.05	74.39	76.07

上海市教学仪器设备状况统计表

单位:万元

<table>
<tr><th rowspan="3">指标
区县</th><th colspan="4">总体情况</th><th colspan="3">创新实验室</th><th colspan="3">其他特色专用教室</th></tr>
<tr><th rowspan="2">资产总值</th><th rowspan="2">生均教学仪器设备值(元)</th><th colspan="2">当年投入</th><th rowspan="2">资产值</th><th colspan="2">当年投入</th><th rowspan="2">资产值</th><th colspan="2">当年投入</th></tr>
<tr><th>财政性经费</th><th>其　他</th><th>财政性经费</th><th>其　他</th><th>财政性经费</th><th>其　他</th></tr>
<tr><td>黄浦区</td><td>68088.50</td><td>16673.65</td><td>7433.55</td><td>577.98</td><td>2049.51</td><td>859.14</td><td>8.70</td><td>4273.77</td><td>825.64</td><td></td></tr>
<tr><td>徐汇区</td><td>51458.92</td><td>8643.04</td><td>5696.57</td><td>91.71</td><td>1149.21</td><td>422.51</td><td></td><td>7066.53</td><td>1176.94</td><td></td></tr>
<tr><td>长宁区</td><td>63417.19</td><td>17797.82</td><td>6159.11</td><td>13.03</td><td>723.99</td><td>127.84</td><td></td><td>3235.81</td><td>280.69</td><td></td></tr>
<tr><td>静安区</td><td>44143.92</td><td>20507.26</td><td>5977.69</td><td>279.27</td><td>1125.86</td><td>311.79</td><td>15.33</td><td>3697.39</td><td>813.26</td><td>12.46</td></tr>
<tr><td>普陀区</td><td>85898.47</td><td>15165.96</td><td>10698.73</td><td></td><td>3054.51</td><td>994.67</td><td></td><td>320.39</td><td>209.94</td><td></td></tr>
<tr><td>闸北区</td><td>33189.12</td><td>8275.56</td><td>2587.29</td><td>764.97</td><td>593.22</td><td>170.26</td><td>57.98</td><td>709.45</td><td>63.11</td><td>75.73</td></tr>
<tr><td>虹口区</td><td>41586.59</td><td>12261.64</td><td>5779.69</td><td>306.67</td><td>2671.40</td><td>891.84</td><td>103.51</td><td>2093.52</td><td>653.14</td><td>1.68</td></tr>
<tr><td>杨浦区</td><td>58702.25</td><td>12219.71</td><td>11233.53</td><td></td><td>2357.34</td><td>1025.90</td><td></td><td>3084.16</td><td>816.68</td><td></td></tr>
<tr><td>闵行区</td><td>78611.71</td><td>7875.03</td><td>14308.41</td><td>297.57</td><td>2190.37</td><td>960.06</td><td></td><td>5589.78</td><td>1047.75</td><td>15.65</td></tr>
<tr><td>宝山区</td><td>62254.40</td><td>6832.21</td><td>5949.75</td><td>90.28</td><td>920.63</td><td>431.99</td><td>46.24</td><td>2085.93</td><td>130.40</td><td>3.60</td></tr>
<tr><td>嘉定区</td><td>46697.23</td><td>7780.41</td><td>5958.74</td><td>4.69</td><td>746.07</td><td>238.00</td><td></td><td>585.67</td><td>174.67</td><td></td></tr>
<tr><td>浦东新区</td><td>192414.08</td><td>6526.43</td><td>28020.23</td><td>1039.41</td><td>3736.79</td><td>931.54</td><td>99.50</td><td>10990.58</td><td>2156.93</td><td>206.25</td></tr>
<tr><td>金山区</td><td>37287.78</td><td>8004.76</td><td>7194.15</td><td>795.99</td><td>1584.77</td><td>496.60</td><td>32.99</td><td>1844.03</td><td>419.98</td><td>246.80</td></tr>
<tr><td>松江区</td><td>27721.12</td><td>4079.94</td><td>4462.17</td><td>35.07</td><td>733.31</td><td>239.56</td><td></td><td>2138.04</td><td>301.44</td><td>6.17</td></tr>
<tr><td>青浦区</td><td>22478.12</td><td>4279.35</td><td>5430.58</td><td>115.78</td><td>991.85</td><td>497.97</td><td>51.95</td><td>1609.34</td><td>332.65</td><td>12.70</td></tr>
<tr><td>奉贤区</td><td>42290.66</td><td>7122.28</td><td>7929.86</td><td>34.48</td><td>992.79</td><td>616.65</td><td></td><td>646.82</td><td>454.31</td><td>14.68</td></tr>
<tr><td>崇明县</td><td>29809.33</td><td>9165.33</td><td>2327.02</td><td>947.52</td><td>898.66</td><td>110.57</td><td>100.18</td><td>110.94</td><td>25.35</td><td>6.87</td></tr>
<tr><td>委　属</td><td>33877.65</td><td>32270.58</td><td>17065.11</td><td>4012.69</td><td>3565.60</td><td>1165.95</td><td></td><td>1976.00</td><td>282.00</td><td></td></tr>
<tr><td>总　计</td><td>1019927.04</td><td>8857.61</td><td>154212.18</td><td>9407.11</td><td>30085.88</td><td>10492.84</td><td>516.38</td><td>52058.15</td><td>10164.88</td><td>602.59</td></tr>
</table>

上海市图书馆配备状况统计表

指标 / 区县	文献量				图书经费(万元)						阅览座位		纸质图书流通率(%)
	纸质书刊(册)	生均图书册数(册)	数字文献		纸质书刊	数字文献	合计	当年投入		生均经费(元)	纸质书刊阅览座位(座)	电子阅览电脑(台)	
			(件)	(GB)				财政性经费	其他				
黄浦区	2629699	64.40	138127	26151	3904.46	304.03	4208.49	274.41	1.00	1030.58	5247	1191	16.46
徐汇区	3103448	52.13	62134	12513	5722.68	222.93	5945.61	525.81		998.62	5743	827	10.24
长宁区	1726008	48.44	86199	94297	2419.28	63.88	2483.16	185.71	6.34	696.89	2784	907	7.53
静安区	1450152	67.37	24301	32318	2247.59	55.65	2303.24	203.60	33.44	1069.98	3492	447	16.40
普陀区	3286991	58.03	26814	40651	4752.54	1106.38	5858.92	887.94		1034.43	5928	679	17.75
闸北区	2268558	56.57	193122	116527	4030.20	127.76	4157.96	229.39	24.16	1036.77	4518	1346	17.53
虹口区	2044955	60.29	67788	60249	2282.38	116.81	2399.19	140.98	23.40	707.39	4009	564	16.35
杨浦区	2831959	58.95	14218	7825	4391.58	40.04	4431.62	476.66		922.50	6097	1041	19.13
闵行区	4866375	48.75	70286	20347	8275.52	3296.45	11571.97	812.06	56.89	1159.24	6577	1208	18.78
宝山区	3836247	42.10	4561747	260490	7042.11	199.90	7242.01	1102.76	44.63	794.79	8424	1755	17.87
嘉定区	2659064	44.30	293202	39711	4368.47	214.37	4582.84	542.26	19.52	763.56	5144	1663	36.37
浦东新区	12980919	44.03	801842	114212	20913.82	771.08	21684.90	1869.43	119.80	735.52	20892	3481	19.28
金山区	2376074	51.01	73824	44091	3732.77	104.66	3837.43	166.11	27.87	823.80	3263	704	12.17
松江区	3191986	46.98	44985	7664	5642.71	69.64	5712.35	598.76	7.20	840.73	4101	533	13.99
青浦区	2465933	46.95	61688	2552	3622.68	49.30	3671.98	237.58	71.73	699.07	3369	727	21.30
奉贤区	2930001	49.34	57800	217536	4773.12	145.76	4918.88	443.71	19.56	828.40	5134	881	12.77
崇明县	2389140	73.46	84486	23683	4320.80	223.97	4544.77	171.26	45.35	1397.36	5742	659	14.20
委　属	681032	64.87	20597	1226	1254.37	56.70	1311.07	66623.57	36.52	1248.88	1614	302	8.24
总　计	57718541	50.13	6683160	1122043	93697.08	7169.31	100866.39	75492.00	537.41	875.98	102078	18915	17.46

上海市实验开出率

区县＼指标	物理(%)	化学(%)	生命科学(%)	科学(%)	自然(科学与技术)(%)
黄浦区	94.13	89.39	90.63	70.87	90.02
徐汇区	96.26	92.37	95.72	45.12	83.92
长宁区	87.77	87.73	84.86	74.56	68.97
静安区	88.53	92.00	89.26	73.89	57.73
普陀区	89.90	89.62	86.93	78.20	85.93
闸北区	91.98	90.84	91.47	63.17	86.74
虹口区	97.16	96.23	95.03	45.45	97.32
杨浦区	95.23	93.28	93.00	64.21	95.67
闵行区	94.64	94.42	92.63	77.13	86.15
宝山区	84.62	82.67	77.36	44.56	69.85
嘉定区	95.09	89.03	89.98	72.41	83.82
浦东新区	91.36	90.48	86.57	74.93	86.60
金山区	86.43	85.93	88.85	67.24	84.09
松江区	93.75	92.07	79.34	74.90	87.14
青浦区	90.34	91.42	86.61	68.00	91.71
奉贤区	95.74	95.73	91.94	92.79	93.87
崇明县	91.40	90.03	84.82	82.35	91.57
委　属	100.00	100.00	100.00	100.00	
总　计	92.09	90.80	88.22	69.93	85.21

索　引

Index

索 引

说明：①本索引的主题词索引及人名索引采用主题分析索引方法，按主题词及人名首字的汉语拼音字母顺序排列。串文图片索引按页码先后顺序排列。②索引名称后的数字表示内容所在的页码，数字后面的a、b表示内容所在版面的左、右区域。③在上海的教育单位和在上海发生的事件名称前的"上海"两字一般均予省略。括号内高校名称一般用简称。

主题词索引

A

B

C

D

E

F

G

H

J

K

L

M

N

P

Q

R

S

T

W

X

Y

Z

人名索引

B

C

D

F

G

H

M

N

P

Q

R

S

T

W

X

Y

Z

串文图片索引

《2016 上海教育年鉴》编纂人员

总 编 审:李瑞阳

副总编审:王　磊

《上海教育年鉴》编辑部:刘　捷　蒋侯玲

供稿单位组稿人:(以姓氏笔画为序)

丁晓丹　于　杨　万翰杰　王　欢　王会姣　王金晶　王胤卿　王洪波
王晓红　王晓寅　王　影　方乐莺　邓　宇　卢　锟　叶丽玉　田　原
付　晓　印成君　包玉全　吕颜婉倩　任朝霞　刘　丰　刘红菊　刘丽英
刘利艾　刘　勋　许　凌　孙　慧　杜龙兵　杜　宇　李　莉　李　旺
李惠君　李毓彬　杨　阳　杨怿瑢　吴怀莉　吴　斌　何　杰　汪　海
汪瑞琴　沈　俭　沈乐华　沈萌耀　宋　娟　宋莉莉　宋偲蕾　张仲礼
张胜利　张　喆　陆隽炜　陈　成　陈　阳　陈晓群　范冬虹　岳宝华
金宁黎　金舒莺　周太军　周益斌　郑兴兰　郑贺春　郑　楷　单驹超
项　慧　段仁启　俞　刚　俞晓菁　费　明　秦　凤　袁　源　倪永培
高兰兰　高希杰　高　哲　郭　秀　接剑桥　黄　华　黄成金　梅湘瀛
曹佳凤　曹婷婷　章玲苓　彭玉林　葛春晖　蒋啸天　程　菲　甄炜旎
虞　兰　熊晟钰　潘　旻　戴安然　戴　泓

供稿单位审稿人:(以姓氏笔画为序)

马景红　王占勇　王邦永　王　波　王剑岳　王海兵　毛成功　叶　阳
叶福林　冯　洁　冯　辉　冯　磊　毕秀水　朱桃福　朱　健　刘文星
刘　丽　刘学岚　刘　彬　刘新宇　汤　磊　许国春　孙　键　严　奕
李　川　李希萌　李柏林　李　静　杨卫平　杨存忠　杨　玲　肖建农
吴余洁　邱　晴　何立玉　汪瑞琴　沈亚芳　宋莉莉　张　权　张　军
张锦华　张　瑾　陈其毅　陈国兰　陈　挺　陈莉丽　陈晓萌　陈海荣
罗英华　金志明　周　英　周婉婉　郑　虹　孟祥栋　封　萍　项　慧
赵　健　胡伟青　胡花玉　姜海山　姚赟勤　秦立卿　聂荣鑫　夏　星
顾成明　顾贤凯　钱　俊　倪永培　徐沫扬　徐　虹　徐　斌　高　琳
郭伟钧　陶　强　黄复生　黄菊良　曹士勋　曹绪飞　曹　斌　盛　懿
崔亦田　章甘群　梁晓峰　董伊金　蒋乃平　滑智平　鲍贤俊　管琰琰
戴　莹

特邀审稿人:(以姓氏笔画为序)

王正华　江　岚　孙　慧　杨　琼　沈蕴辉　钟　智　宣念蜀　顾剑华　郭天和　盛　懿　戴安然

主要摄影作者:(以姓氏笔画为序)

叶辰亮　朱水苗　李立基　顾　超

英文翻译:江　岚

责任编辑:鲍　静

特邀编辑:余鸿源

图书在版编目(CIP)数据

2016上海教育年鉴/上海市教育委员会编.—上海：上海人民出版社，2016
ISBN 978-7-208-14151-3

Ⅰ.①2… Ⅱ.①上… Ⅲ.①教育工作-上海-2016-年鉴 Ⅳ.①G527.51-54

中国版本图书馆CIP数据核字(2016)第261279号

责任编辑 鲍 静
特约编辑 余鸿源
封面设计 张志全

2016上海教育年鉴
上海市教育委员会 编
世 纪 出 版 集 团
上海人民出版社出版
(200001 上海福建中路193号 www.ewen.co)
世纪出版集团发行中心发行 浙江新华数码印务有限公司印刷
开本890×1240 1/16 印张42 插页20 字数1055,000
2016年12月第1版 2016年12月第1次印刷
ISBN 978-7-208-14151-3/G·1825
定价 200.00元